武城县志

（1986—2013）

武城县党史史志办公室 编

方志出版社
Publishing House of Local Records

图书在版编目（CIP）数据

武城县志. 1986－2013 / 武城县党史史志办公室编
. --北京：方志出版社，2019. 1
ISBN 978-7-5144-3631-0

Ⅰ. ①武… Ⅱ. ①武… Ⅲ. ①武城县—地方志—
1986－2013 Ⅳ. ①K295. 24
中国版本图书馆CIP数据核字（2019）第022934号

武城县志（1986—2013）

编　　者：武城县党史史志办公室
责任编辑：王　俊

出 版 人：冀祥德
出 版 者：方志出版社
地址　北京市朝阳区潘家园东里9号（国家方志馆4层）
邮编　100021
网址　http://www.fzph.org
发　　行：方志出版社图书经销中心
电话（010）67110500
经　　销：各地新华书店
印　　刷：山东黄氏印务有限公司

开　　本：889×1194　1/16
印　　张：59. 25印张
字　　数：1422千字
版　　次：2019年9月第1版　2019年9月第1次印刷
印　　数：0001～5000册

ISBN 978-7-5144-3631-0　定　价：680.00元

武城县地方史志编纂委员会

（2007年8月）

名誉主任：	邓光亮				
主　　任：	王立来				
副 主 任：	樊兆杰	王志强	刘增瑞	王振祥	宫有学
委　　员：	周其震	张传杰	宋绪原	刘志刚	沙汉斌
	秦子新	王兆林	高洪岩	刘振兰	任希峰
	周洪春	卢长生	张玉清	隋秀鹏	火建国
	周树彬	韩　涛	谢爱民	范福亮	李胜奎
	宋金岭	方勇明	臧振民	孙　新	

武城县地方史志编纂委员会

（2008年8月）

名誉主任：	邓光亮				
主　　任：	樊兆杰				
副 主 任：	郭洪霞	王志强	刘增瑞	常　欣	宫有学
委　　员：	周其震	任希峰	卢长生	张传杰	王风军
	刘志刚	沙汉斌	戴树超	王兆林	卢立彬
	刘振兰	周洪春	张玉清	隋秀鹏	许振中
	周树彬	韩　涛	谢爱民	范福亮	李胜奎
	宋金岭	方勇明	臧振民	孙　新	

武城县地方史志编纂委员会

（2012 年 5 月）

名誉主任：王立来

主　　任：王胜强

副 主 任：高吉刚　刘增瑞　孙金鑫　谢爱民

委　　员：张传杰　牟光勇　王兆林　林茂昌　戴树超

王希辉　高洪岩　刘振兰　范福亮　隋秀鹏

徐卫东　沙汉斌　刘振山　郑新阳　张家海

丰文茂　许振中　容占岭　张宝璞　杜惠来

李胜奎　张　君　臧振民　王如民　王艳梅

李胜才

武城县地方史志编纂委员会

（2014 年 9 月）

名誉主任：张传忠

主　　任：王胜强

副 主 任：季之岭　刘增瑞　孙金鑫　石尚贞

委　　员：张传杰　宋传虎　王兆林　陈　勇　王召华

王希辉　侯志刚　刘振兰　范福亮　沙汉斌

侯文广　林茂昌　郑新阳　牟光勇　隋秀鹏

孙国春　容占岭　张宝璞　徐卫东　张　君（水务局）

张学丰　王献峰　郑惠民　王如民　张　君（史志办）

武城县地方史志编纂委员会

（2017 年 5 月）

《武城县志（1986—2013）》编审人员

序

县之有志，犹国之有史。备受关注的《武城县志（1986—2013）》历经数年编纂终于付梓刊行，堪称武城一大盛事，可喜可贺！

武城，春秋时属晋国，战国间隶赵国，2000多年的建县史，积淀了深厚的文化底蕴。武城，依京杭大运河而居，兼承航运和灌溉之利，繁荣了经济，推动了发展，形成了独具魅力的文化特色。武城，崇文尚武、英才辈出，涌现出一批著名人物，古有赵苞、崔琰、窦建德，近有郭鲁、侯仁之、许振英，激励着后人在这片古老的土地上不断创新、砥砺前行，创造出更加骄人的业绩。

盛世修志，志载盛世。1986—2013年，正是我国实行改革开放、社会主义市场经济体制逐步完善的重要时期，也是武城县政治经济、科技文化、社会人文等各领域发生巨大变化的时期，新材料（玻璃钢）、新能源空调、汽车及汽车零部件三个特色产业蓬勃发展，先后荣获全国第一个玻璃钢县、中国汽车零部件产业城、中国民族毯业城、中国辣椒之乡、中国食用菌之乡等20多项国家级荣誉称号，使武城这个鲁西北小县名扬全国。新修《武城县志（1986—2013）》坚持以改革开放为主线，重点在提高著述性、思想性、资料性上下功夫，坚持开门编史，集思广益、精益求精，突出时代特色和地方特色，客观真实详细地记载了28年间武城县的发展变化，既是了解武城、研究武城的资料性著述，也是各级干部掌握县情、科学决策的必备书籍。

“治天下者以史为鉴，治郡县者以志为鉴”。武城县历来有修志、读志、用志的优良传统，把官修志书始终作为存史、资政、教化的重要历史文献。武城县历史上第一部县志编纂于明嘉靖年间，后清顺治、乾隆、道光、光绪年间先后修志四次，至民国元年《增订武城县志续编》，六部旧志流传至今。《武城县志（1986—2013）》自2014年编纂以来，上级业务部门给予了精心指导，全体修志工作者发扬“修志问道，直笔著史”精神，以对党、对人民、对历史高度负责的精神，汲取众长、兢兢业业、广征博引、精心撰写，数易其稿而成书，达到了县委、县政府“打造精品志书”的要求，为当代提供资政辅治之参考，为后世留下堪存堪鉴之记述。

修志为用，鉴今启后。《武城县志（1986—2013）》既是武城县的发展史，也是一部用事实启迪后人的励志书。希望全县上下、社会各界特别是广大党员干部，都要读懂用好志书，发挥志书“存史、教化、资政”功用，承先辈壮志，扬拼搏精神，奋力开创武城高质量发展新篇章。

值志书出版之际，谨向关心、支持修志工作的领导、专家、学者和社会各界人士及全体编修人员，致以诚挚的谢意！

中共武城县委书记 张 磊

武城县人民政府县长 朱恩鹤

2018年8月

武城县地图（2012年）

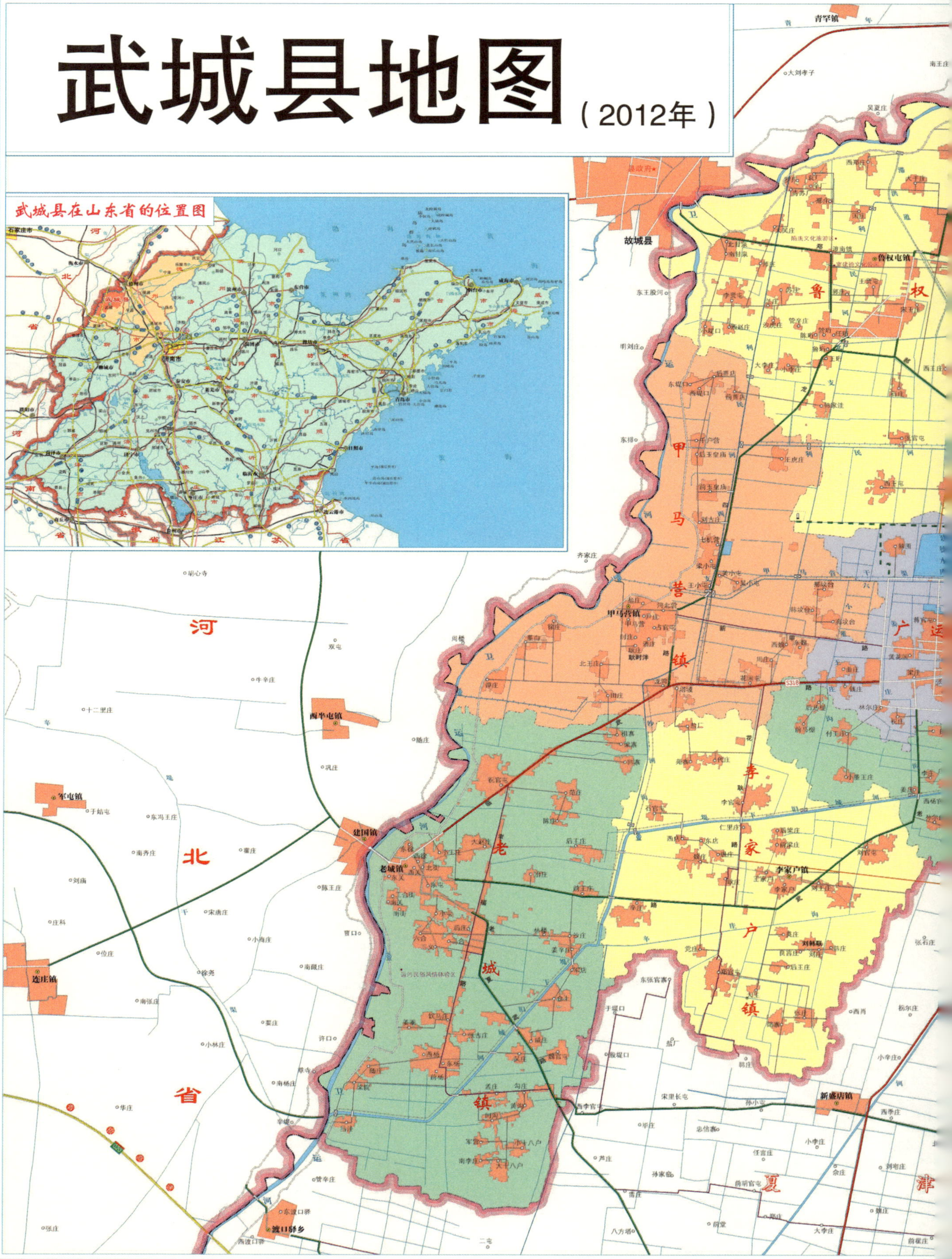

统一书号：1280754·444　2012年7月第1版　2012年7月第1次印刷　印数：0001-3000　定价：40.00元　覆膜：68.00元
鲁SG(2012)072号

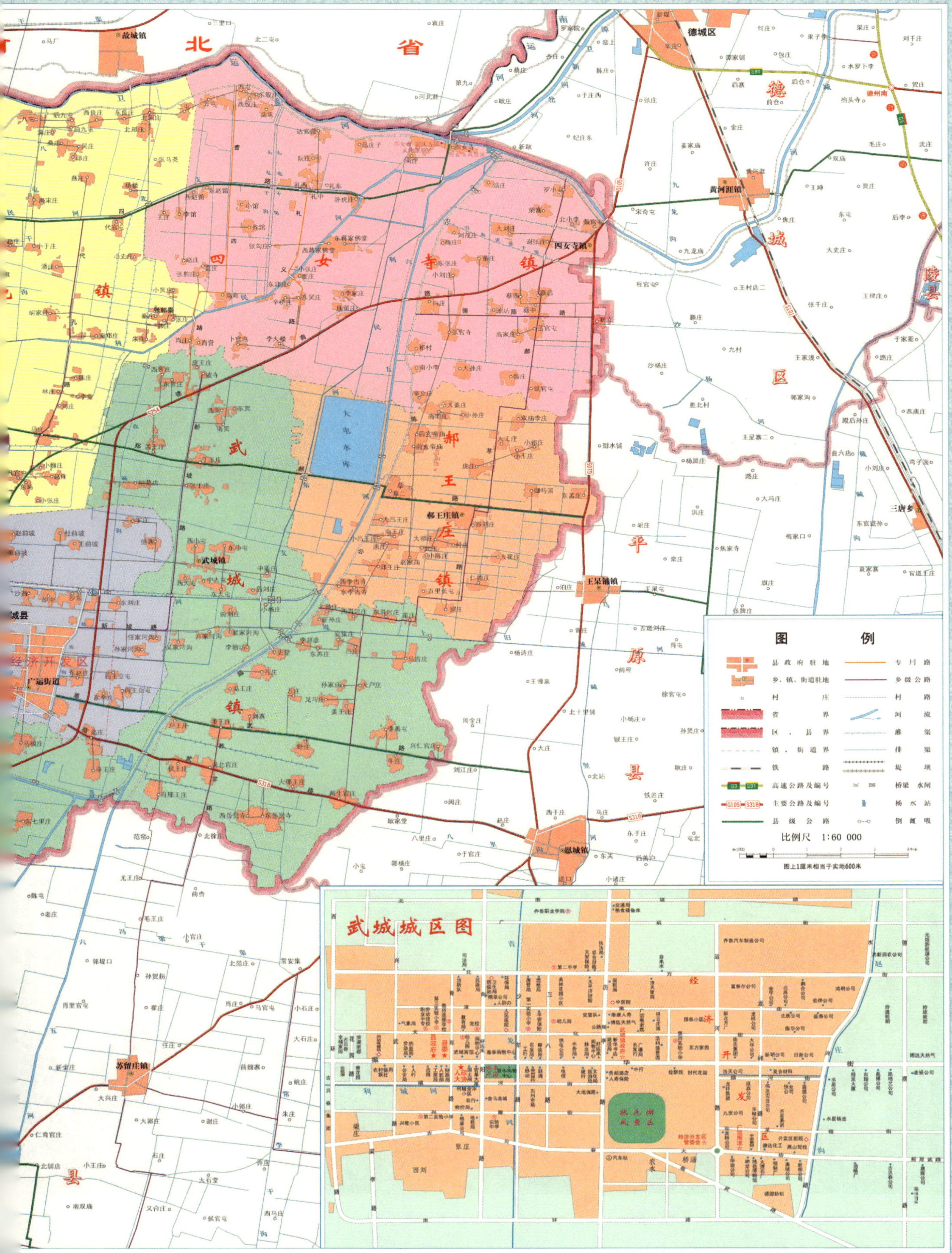

武城县民政局组编
山东省地图出版社编制·出版·印刷
地址：济南市二环东路6090号
电话：0531-88930993 邮编：250014

武城县城街景（1990 年 摄）

升平广场（2015 年 周玉峰 摄）

武城县城鸟瞰图（1986 年 摄）

武城县城鸟瞰图（2018 年 摄）

中共武城县委办公楼（1992 年 摄）

中共武城县委办公楼（2018 年 赵登勤 摄）

武城县人民政府办公楼（1992 年 摄）

武城县人民政府办公楼（2018 年 赵登勤 摄）

武城县人民医院（1990 年 赵登勤 摄）

武城县人民医院（2010 年 摄）

武城县第二中学（1992 年 摄）

武城县第二中学（2018 年 赵登勤 摄）

武城影剧院（1986 年 摄）

武城县数字影城（2016 年 摄）

弦歌湖（2018 年 高洪明 摄）

文昌湖（2018 年 高洪明 摄）

贝州湖（2018 年 信建友 摄）

德上高速武城立交枢纽（2016 年 摄）

省道 254 线武城县孟王庄段（2013 年 摄）

武城运河大桥（2016 年 摄）

省道 318 线武城县侯王庄段（2015 年 赵登勤 摄）

振华街（2018 年 高洪明 摄）

古贝春大街（2018 年 安志彬 摄）

武城县经济开发区一角（2018 年 安志彬 摄）

武城县鲁权屯镇工业园——玻璃钢中央空调产业平台（2018 年 高洪明 摄）

德州玲珑轮胎有限公司生产车间（2014年摄）

中椒英潮辣业发展有限公司加工车间（2013年摄）

古贝春集团有限公司灌装车间（2013年摄）

建德水库（2018 年 信建友 摄）

四女寺水利枢纽（2018 年 信建友 摄）

小麦高产攻关田（2012 年 摄）

鲁棉丰收（2012 年 摄）

收获的玉米（2018 年 武振远 摄）

贝州市场（2018 年 赵登勤 摄）

好运来购物中心郝王庄分店
（2013 年 摄）

武城县盐百购物广场
（2014 年 周玉峰 摄）

武城县第四实验小学（2014 年 摄）

武城县弦歌小学（2015 年 赵登勤 摄）

国泰名都住宅小区（2014 年 周玉峰 摄）

金马商城（2018 年 赵登勤 摄）

黄花园社区（2014 年 摄）

①爱心助学资助仪式（2010 年 摄）
②廉租住房补贴金发放（2012 年 摄）
③喜购补贴机械（2011 年 摄）
④武城县幸福中心（2016 年 摄）

沈阳国际秧歌节武城抬花杠表演（1992 年 摄）

元宵节架鼓表演（2012 年 摄）

柳子戏演出现场（2015 年 摄）

1986—2013 年武城县国内生产总值（GDP）

单位：亿元

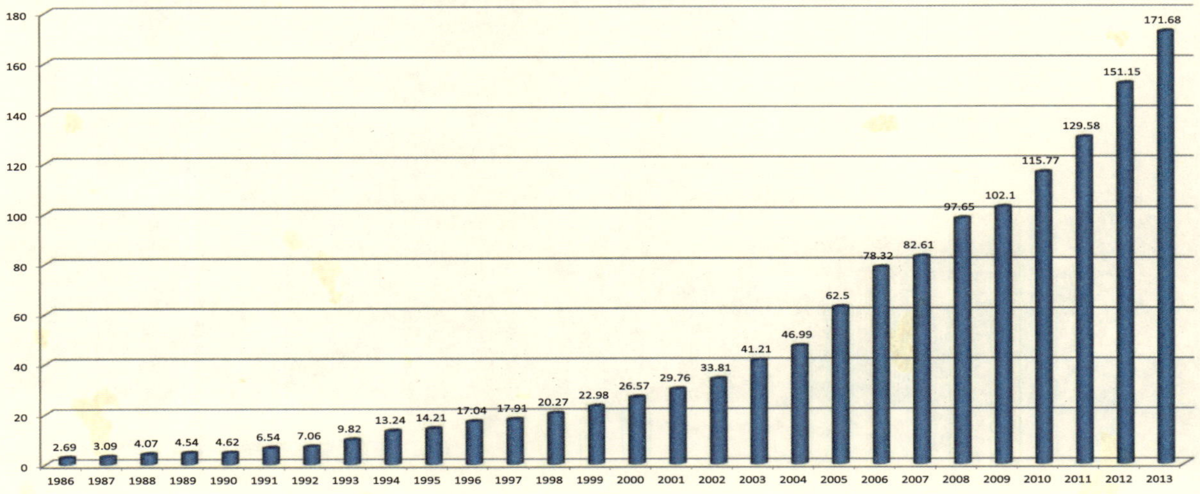

1986—2013 年武城县工业总产值

单位：亿元

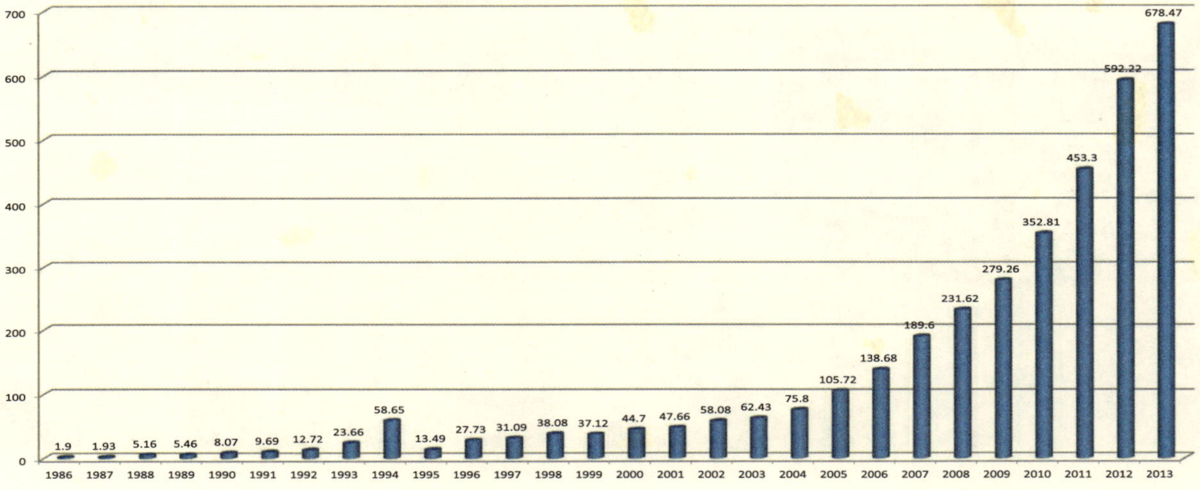

1986—2013 年武城县农业总产值

单位：亿元

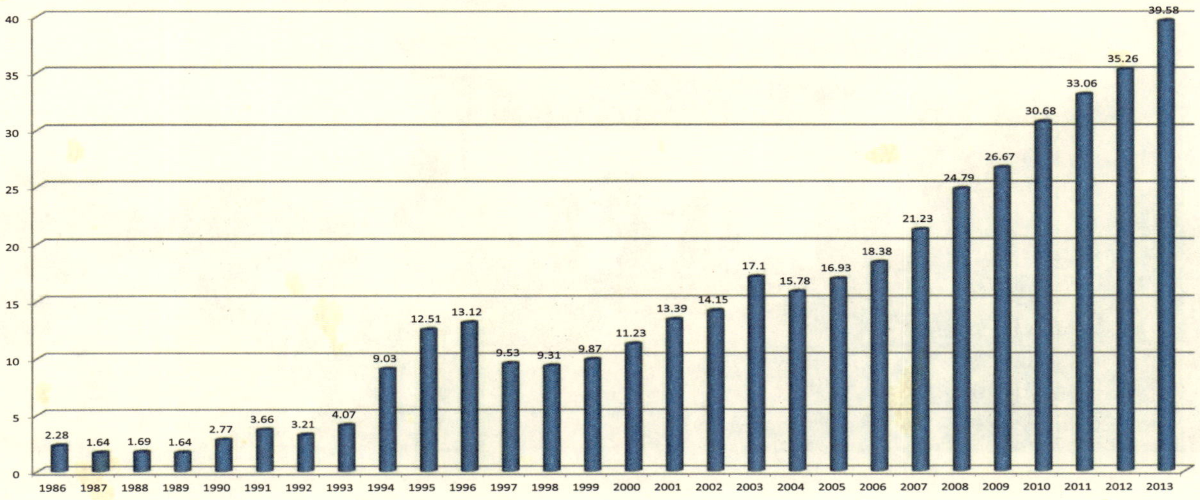

1986—2013 年武城县财政总收入

单位：万元

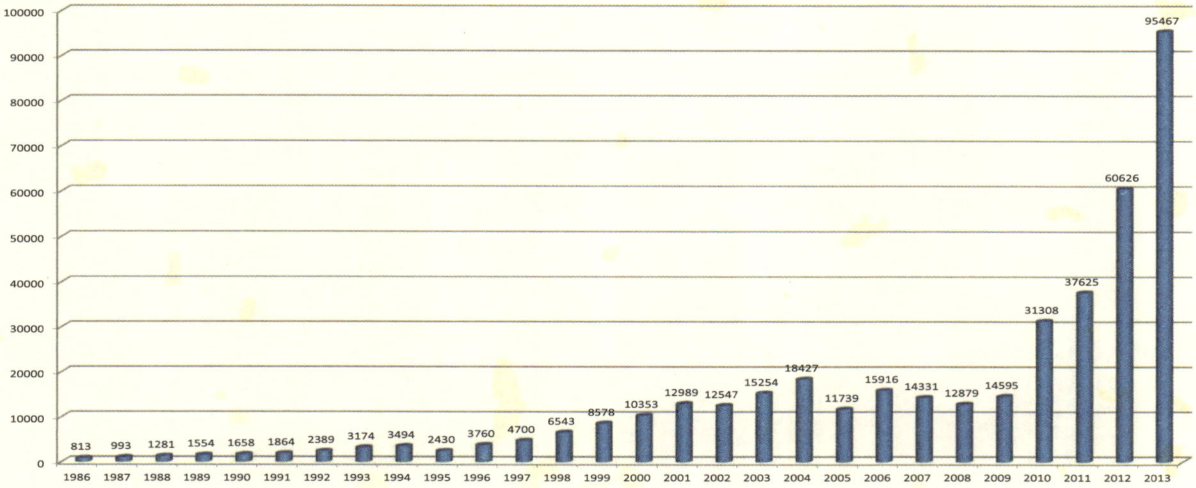

1986—2013 年武城县农民人均纯收入

单位：元

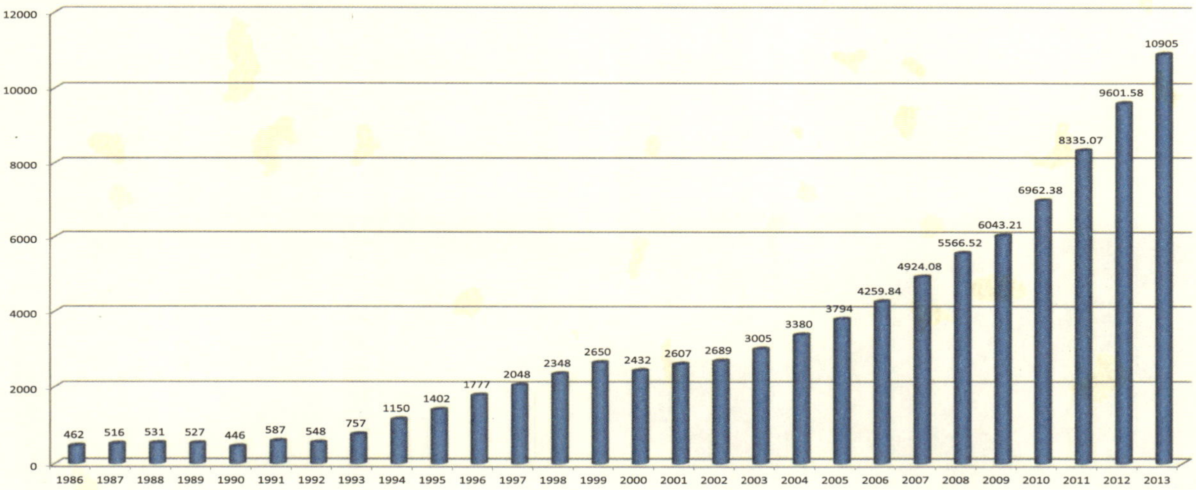

武城县三次产业结构比例示意图

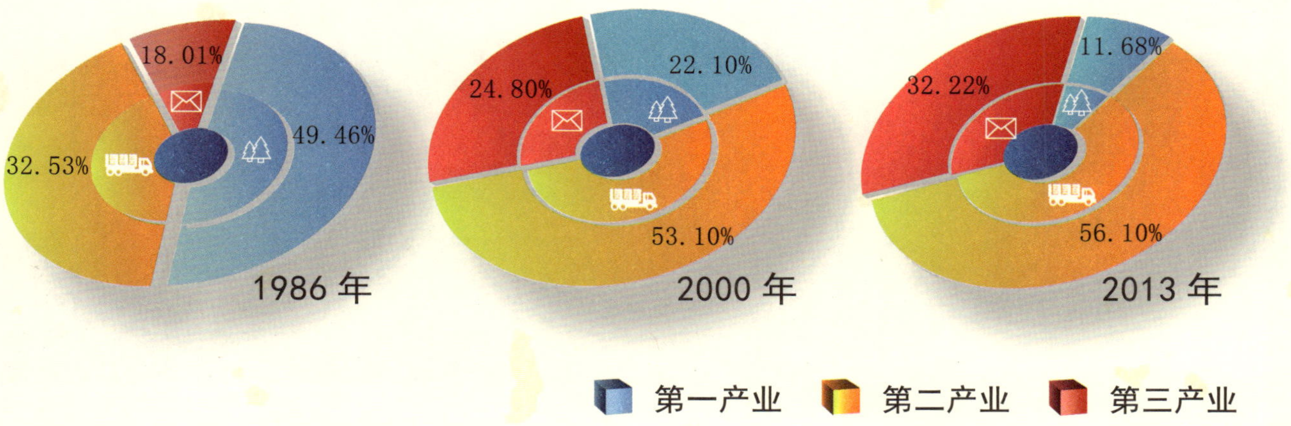

县领导与《武城县志（1986—2013）》编辑人员合影（2018 年 12 月 摄）

前排左起：韩维新　郭能勇　刘之荣　张　磊　朱恩鹤　孙旭红　王德河

后排左起：沙俊霞　吕志会　秦玉林　臧振民　尹　莉　张　君　王瑞瑞　李希宾

县领导及兄弟县市史志同仁出席《武城县志（1986—2013）》志稿评审会（2017 年 11 月 摄）

凡　例

一、指导思想：以马克思列宁主义、毛泽东思想、邓小平理论、“三个代表”重要思想、科学发展观和习近平新时代中国特色社会主义思想为指导，坚持辩证唯物主义和历史唯物主义的立场、观点和方法，遵循国家法律、法规，坚持“直笔著信史，彰善引风气”，突出时代特点和地方特色，全面客观真实地反映28年间武城县自然、政治、经济、文化和社会诸方面的历史与现状，努力做到思想性、资料性和科学相统一。

二、志书断限：本志为第一部社会主义新方志《武城县志（1840—1985）》的续志，上限起于1986年，下限止于2013年。为保持史实的连续性，部分内容酌情上溯或下延。

三、体裁结构：述、记、志、传、图、表、录等体裁并用，以志为主。由概述、大事记、专业志和人物及附录5部分组成。概述总览全书，大事记以编年体为主，兼用纪事本末体。专业志按照“事以类聚”“类为一志”的要求，采用编、章、节、目的结构形式，记述力求横不缺要项，竖不断主线。专业志以外的其他部分不纳入编的序列。

四、行文规范：①使用规范的语体文。记述事物、事件和人物，寓观点于记述之中。交叉记述的内容，采用互见法。②数字用法、标点符号、计量单位分别执行国家标准《出版物上数字用法》《标点符号用法》《国际单位制及其应用》和《有关量、单位、符号的一般原则》，固定用语中的计量单位、转换后难以表述的计量单位沿用历史习惯单位。③各类组织、机构或事物等专有名称首次出现时一般使用全称，重复出现使用简称。

五、人物：遵循生不立传的原则，采用传、简介、表三种形式，以本籍人物且有重大影响突出贡献者为主，兼收在境内生活过并有较大影响的客籍人物。各类人物如未载明性别，均系男性，未载明民族，均为汉族。人物传略以卒年为序，人物简介以生年为序，人物表按荣誉获奖时间为序，同一时间按拼音字母排序。

六、数据和地图：入志统计数据以政府统计部门提供的数据为准。统计部门没有的，采用业务主管部门提供的数据。经济统计数据中，采用当年价。使用不变价时加括号注明。地名使用均为时间发生时的称谓，必要时括注今名。所用地图资料以测绘部门的公开资料为准。

七、纪年：清代和清代以前采用中国历史纪年，并括注公元纪年；公元年、月、日用阿拉伯数字书写，农历年、月、日用汉字书写。本志“××年代”，凡未加世纪者，均指20世纪的年代。

八、表格：数字类表格中缺失的数字用空格表示，无此数字者用“—”表示。

九、资料来源：主要由县直各单位、镇街区、企业提供，部分资料来自档案、地方志、地情文献、报刊和社会调查等，有争议且无定论的资料，多说并存。重要资料、引文注明出处。

目　录

第四编　交通　邮电　电力

第五编　城乡建设　环境保护

第六编　经济综述

第七编　农　业

第八编　林　业

第九编　水　利

第十编　工　业

第十一编　商贸服务业

第十二编　财税　金融

第十三编　经济综合管理

第十四编 中共地方组织

第十五编　地方权力机关

第十六编　地方行政机关

第十七编　政协地方组织

第十八编 人民团体

第十九编 公安 司法

第二十编　军　事

第二十一编　教　育

第二十二编　科　技

第二十三编 文化 体育 旅游

第二十四编 卫 生

第二十五编　民　政

第二十六编
人事　劳动　社会保障

第二十七编　社会生活

第二十八编　组织机构

第二十九编 镇街概况

人 物

附 录

武城县志（1986—2013）

概述

概　述

一

武城县位于山东省西北部边缘，地处鲁冀交界处。地理坐标为北纬37°4′16″—37°22′30″，东经115°51′43″—116°17′。东邻黄河故道，与平原县接壤；南和夏津县交界；西、北两面隔卫运河，同河北省故城县相望；东北濒四女寺减河，与德城区为邻。东西最大横距27千米，南北最大纵距33千米，总面积748平方千米。2013年，全县辖7个镇1个街道1个开发区，118个社区，71个行政村。全县人口392828人，男性199056人，女性193772人。有汉族、回族、满族、蒙古族、壮族、朝鲜族等19个民族。其中，汉族人口389461人，占总人口的99.14%。少数民族人口3367人，占总人口的0.86%。

境内地形平坦，土层深厚，属于典型的黄河冲积平原。地势南高北低，自西南向东北倾斜，海拔在20.8～30.5米之间，最高点为老城镇吕洼村，海拔30.5米，最低点为四女寺镇卜官屯村，海拔20.8米。历史上黄河曾流经县境且多次改道，致使境内地貌分高地、坡地、洼地3种类型。其中，高地占44.4%，坡地占24.3%，洼地占31.3%。卫运河为境内最长河流，全长62.5千米。境内气候四季分明，属暖温带大陆性季风气候区，年均气温13.3℃，年均日照2488小时，年无霜期209天左右，年均降水量493.7毫米。

武城县土地资源丰富。2013年，全县土地总面积7.51万公顷，其中农用地4.9万公顷。水资源年均总量5202.7万立方米，可利用量年均4486.6万立方米，年均引黄河水4600万立方米，年均引卫运河水5200万立方米。植物资源100余种，动物资源74种。随着环境质量持续改善，多年不见的雉鸡、白鹭、水鸭子、斑鸠等迁回栖居。

二

武城县历史悠久。夏商时，属兖州地。春秋时，属晋东鄙地。战国时，为防强齐入侵，赵国在东部边陲筑城备武，武城因此得名。西汉初，设东武城县。西晋初，沿袭东汉建制。太康（280—289）中去“东”字改称武城县，县名沿用至今。北周建德六年（577），置贝州，唐武德六年（623）移贝州治所于今武城县治，故武城又有“贝州”之称。

武城县地处鲁冀交界，古老黄河与大运河，孕育出众多历史名人，犹如灿烂的群星，在历史长河中闪耀。如经济学家崔琰，政治家崔宏、崔浩，数学家张丘建，文学家崔儦，隋末起义领袖窦建德、刘黑闼，状元孙伏伽，诗人张锡、张祜，音乐家张文收，心学家王道，红学家郭种德等。

江山代有人才出，尤其是近现代，武城县更是人文荟萃，贤能辈出。近代，反清志士、为推翻帝制而献身的滦州起义大都督王金铭，抗日民族英雄李海青、节振国，革命烈士戚夯、戚烽等，他们为民族的独立和解放英勇斗争、不畏牺牲。当代，地理历史学家侯仁之、动物营养学家许振英、“口技大王”孙泰、上将周子玉、中将葛东升，中将、计算机专家、中国工程院院士杨学军，小麦育种专家、中国工程院院士赵振东，棉花育种专家庞居勤，中国科学院物理研究所所长、博士生导师王玉鹏，青年数学家王炜。这些人士以高尚的情操，卓越的才能，渊博的知识，为国家的和平与建设做出卓越的贡献，为武城人民赢得荣誉，他们是武城人民的杰出代表，是武城人民的骄傲。

三

农业经济实现历史性突破。中共十一届三中全会后，在农村推广家庭联产承包责任制，激发起广大农民生产的积极性，农业生产迅速发展。1986年，全县农业总产值2.28亿元，是1978年的4倍。为使农民增收，农业增效，1986年后，全县进一步深化农村经营体制改革，坚持用产业化经营农业、市场化引领农业、标准化提升农业、科技化改造农业，加快农业结构调整，拓展农业产业领域，推进有较强竞争力的高产、优质、高效、生态、安全的现代化农业产业体系建设。形成“一红（辣椒）两白（棉花、食用菌）一牧（畜牧业）”四大特色产业。实施高产创建，粮食实现“十二连增”，连续6年亩产过“吨粮”，成为10亿斤产量县。2013年，全县农业总产值39.58亿元，比1986年增长17.36倍，年均增长10.48%。粮食总产量61.41万吨，比1986年增长4.68倍。粮食单产563.1千克，比1986年提高343.1千克。棉花单产101.2千克，比1986年提高31.43%，武城县先后被命名为“全国棉花生产百强县”“全国优质棉基地县”。辣椒常年种植面积5330公顷，总产量12万吨，其生产、加工、销售形成规模，成为农业增收支柱产业之一。“武城辣椒”被农业部认定为农产品地理标志产品，武城辣椒列入山东价格指数体系。食用菌种植面积600万平方米，总产量9万吨，产品远销欧美、东南亚等20多个国家，成为农业经济新的增长点。武城县被评为“全国食用菌产业化建设示范县”。全县发展家庭农场61家。其中，种植业37家，畜牧业13家，种养结合11家。2013年，年末生猪存栏量7.39万头，比1986年多4.5万头。年末羊存栏4.89万只，比1986年多1.79万只。年末家禽存栏129.4万只，比1986年多53.39万只。全年肉类总产量1.56万吨，禽蛋产量7400吨，牛奶产量4300吨。全县森林面积1.99万公顷，林木覆盖率28.9%，林地面积比1986年增加1.74万公顷，是1986年的7.88倍。全县农机总动力60万千瓦，比1986年多40.42万千瓦，是1986年的3.06倍，综合机械化率达到88%，被评为“全省农业机械化先进县”。水利建设实现新突破，全县有效灌溉面积3.78万公顷，比1986年增加4367公顷，有机井、电井8805眼，比1986年增加4695眼。投资11.14亿元修建了大屯水库，投资1.81亿元修建了建德水库，全县增加蓄水能力6169万立方米。

工业经济实现新跨越。县委、县政府始终把“工业立县”作为富民强县的奋斗目标。为促进全县工业快速发展，在企业推行承包经营责任制，聘任承包责任制以及资产承包经营责任制；租赁经营制；股份或股份合作制。深化产权制度改革，按照“产权清晰、权责明确、政企分开、管理科学”的现代企业制度要求，通过破产、出售、股份合作等形式，使企业真正成为“自主经营、自负盈亏、自我发展、自我约束”的法人实体和市场竞争实体。利用高新技术、先进设备和现代管理手段，促进产业优化升级，加速产业集群化、高新化和规模化进程。聚全县之智、举全县之才，出台优惠政策，倾力培植骨干企业，增强核心竞争力，形成汽车零部件、玻璃钢及新材料和农副产品深加工等三大支柱产业。进入21世纪，产业集群优势凸显。经过全县倾力培植，形成汽车及汽车零部件、玻璃钢、中央空调、地毯、棉纺织和农副产品深加工等六大产业集群，集中了全县 90% 以上的工业企业，从业人员达 15 万人，年销售收入突破 200 亿元。2005 年，武城县被命名为“中国汽车零部件产业集群县”。2006 年 5 月，中南控股在新加坡证券交易所成功挂牌上市，实现全市境外上市和民企上市零的突破。全县工业产值由 1986 年的 2.5 亿元发展到 2013 年的 630.52 亿元，是 1986 年的 252.21 倍。

膨胀特色经济。武城县玻璃钢生产全国闻名，1988 年被中国玻璃钢工业协会命名为“全国第一个玻璃钢县”。按照“产业链条—产业集群—产业基地”的发展模式，建成全国第一个中央空调配件城和全国最大的地源热泵产业基地、玻璃钢中央空调产业平台，实现全产业链式发展。形成设施完善、产业配套、特色鲜明的玻璃钢及中央空调制造基地，被誉为“中央空调德州造、产业基地在武城”。玻璃钢总产量由 1986 年的 5000 吨发展到 2013 年的 20 余万吨，年产值由 1986 年的 2100 万元增加到 2013 年的 235.76 亿元，在国内继续处于领先地位。产品由 1986 年的 311 个品种，发展到 2013 年的 48 个系列 3600 多个品种。其中，BW620 型玻璃钢旅行车、XWT-I-II 型方型屋顶风机、蘑菇式消声器、JXC 型节能消烟除尘燃烧器、QM 型风帽、酸雾吸收塔等 8 项产品获国家专利，冷水塔系列产品获亚太地区国际贸易博览会金奖、BLF4-72 型风机获国际商工贸产品博览会金奖、菱镁水泥获中国“爱迪生”杯金奖。BW620 型玻璃钢旅行车、IDG 系列斜流式管道风机等多种产品填补国家空白。欧森公司船舶专用管道打破国际垄断。科莱空气净化系统等一批高新技术全国领先。冷水塔、风机等系列产品打入国际市场，远销加拿大、法国、荷兰、尼泊尔、巴基斯坦等国家。

培植新兴产业。武城县汽车零部件生产异军突起，经过 30 年的发展，形成全县第二大支柱产业，产量占全国的 40%，成为全国主要的汽车零部件生产基地之一。主要产品有密封件、内外装饰件、升降器、铝轮毂等 50 个系列 3000 多个品种，产品覆盖全国 80% 以上的汽车生产厂家，与一汽、东风、中国重汽、长安等 40 余家大型汽车生产企业实现战略合作，并出口到美国、韩国、日本、中东、东南亚等十几个国家和地区。2007 年 9 月，武城县被命名为“中国汽车零部件产业城”。水兴橡塑集团和新通公司获首届中国金榜技术与产品博览会金奖，“宇驰”牌三轮摩托车获“中国知名品牌”。2011 年 11 月，德州玲珑轮胎有限公司开工建设，标志着武城汽车零部件生产再上一个新的台阶。2012 年，武城县被命名为“山东省汽车零部件产品出口基地”。截至 2013 年底，全县有规模以上汽车零部件企业 16 家，工业总产值 33.02 亿元。

壮大基础产业。农副产品深加工进一步提升，逐步发展成为武城第三大支柱产业。古贝春有限公司年产白酒 10 万吨，开发研制的“五星级”古贝春及国蕴系列古贝春，填补山东省无高档白酒空白。与四川五粮液酒集团合作，先后开发出高、中、低度“天贝春”系列白酒，被中国白酒协会称为“江北五粮液”。古贝春商标被评为“中国驰名商标”，2013 年完成销售收入 11.64 亿元，上缴税金 1.26 亿元。依托棉花种植优势，建立起国内知名的棉花生产、加工基地，年棉花交易量 20 万吨，形成种植、收购、加工、纺织、浸出油一条龙生产经营格局，全县有棉花加工企业 300 余家，规模以上纺织企业 29 家，工业产值 43.43 亿元。地毯加工业持续领先，是全国最大的手工业地毯生产、出口基地，有“世界地毯看中国，中国地毯看武城”的美誉，年产各类地毯 300 万平方米，产品有男工地毯、皇宫地毯、机织地毯等17大系列1000多个花色品种，远销欧、美、日等20多个国家和地区。2004年，武城县被命名为“中国民族毯业城”。2013年，有规模以上地毯企业4家，实现产值5.77亿元。辣椒加工由辣椒食品加工向深加工迈进，附加值大幅度提高，主要产品有辣椒干、韩式风味酱、辣椒提取物、辣椒休闲食品等8大系列100多个品种，其中辣椒红色素、辣椒碱的成功提取，提高辣椒的附加值，结束辣椒初级加工的历史，增强企业抵抗市场风险的能力。全县辣椒加工企业已达50余家，年生产能力12.5万吨，产值10亿元。其中，中椒英潮辣业发展有限公司被评为农业产业化国家重点龙头企业和国际绿色食品示范企业。

商贸流通日趋繁荣。1986年，武城县商业以国营为主，个体商业为辅。全县有商业网点1732个，从业人员5205人，社会商品零售额1.18亿元。随着改革开放的不断深入，个体私营经济逐渐进入流通领域，全县逐渐形成以国营商业为主，多种经济成分、多种流通渠道、多种经营方式并存的商贸流通格局。1990年，全县最大的贸易市场贝州市场建成并投入使用，为个体私营经济进入商贸流通搭建了平台。1992年，在国营和供销合作社商业部门推行放开经营范围、放开经营价格、放开收入分配、放开用工管理的“四放开”经营改革和1994年在物资、粮食、外贸等流通领域实行体制改革，推动商贸流通的发展。至此，社会主义市场经济体制逐步建立。为适应市场经济的发展，县委、县政府陆续规划建设尚庄辣椒市场、龙湾粮食市场、建材市场、木材市场、玻璃钢原材料市场、机动车大市场、贝州家具建材城、商贸城等各类市场40余处。其中，尚庄辣椒市场被誉为“中国辣椒第一城”，成为江北最大的辣椒深加工基地。龙湾粮食市场是鲁西北最大的粮食营销市场。截至2013年底，全县共有商贸服务业2000余户，个体、私营、农村合作社户数1.04万户，从业人员3.04万人，服务业总产值占社会总产值的32%，全年完成社会消费品零售总额62.45亿元，是1986年的52.92倍。

改革开放后，金融保险业发展迅速。1986年全县存款余额15853万元，2013年发展到109.65亿元，增加108.06亿元。各类贷款余额1986年为3.09亿元，2013年发展到73.74亿元，增加70.65亿元。保险机构由1986年的1家发展到2013年的14家，保险业务覆盖财产、人身、责任等诸多领域。2013年，全县实现保费收入2.24亿元，各项理赔支出总额5100万元。

四

经济的快速发展，为全县社会各项事业全面发展提供坚实的物质基础，促进基础设施的改善和人民生活水平的提高。

城市建设日新月异。1986年，县城面积2.1平方千米，人口不足万人。县委、县政府按照“小县域大县城，以县城经济带动县域经济”的总体思路，先后对城区进行3次规划，总体规划为“两心两轴两带五区”。根据规划先后对城区进行东扩西延，南展北拓，至2013年城区面积达到20.41平方千米，人口逾10万人，主要街道21条，形成8纵7横1环的道路格局，建有住宅小区24个。城区建设15处景点，园林绿地面积160万平方米，城市居民休闲、娱乐、休憩场地日渐增多，先后修建青龙河景观公园、升平广场、弦歌湖公园等休闲场所，特别是2012年开工建设的运河古城文化风景区项目，进一步提升县城品味。随着弦歌湖、文昌湖、贝州湖的建设完成，“绿意武城，水润武城”的目标逐步实现。

重要基础设施建设不断加快。交通运输业

发展迅速，全县公路交通网络纵横交错，布局合理，并与京福、青银高速路相连。省道254线的竣工、省道318线的升级改造和“村村通”公路工程的实施，进一步改善全县的交通条件。2009年，投资8600万元的运河大桥，将武城与河北紧密地连接起来，促进全县经济的发展。2013年，德上高速公路开工，结束武城县没有高速公路的历史，为武城经济的快速发展奠定坚实基础。2013年，全县公路通车里程1965.6千米，262.8千米/百平方千米，机动车拥有量11.97万辆，社会货运周转量37864万吨/千米，社会货运量669万吨。电信事业变化巨大。1986年，全县拥有固定电话763部，邮路总里程271千米（单程），业务总量54万元。1992年，全县程控电话开通，装机容量1000门。1994年，扩容至3000门，全县实现程控交换数字微波传输。1998年，扩容至10752门，实现光缆传输。2013年，邮路总里程1253千米，业务总量3148.9万元。电信业务总量11960万元，电话交换机装机总容量69695门，移动电话30.66万部。

文化事业有了新的发展。1986年后，随着全县经济迅速发展，县委、县政府加大对文化事业的投入，建立健全文学创作、书法、音乐、摄影等协会，组建运河艺术团、老年大学艺术团、古贝春艺术团等文化团体。2009年，策划实施“月读一本好书，打造书香武城”活动，在全县干部职工中掀起读书高潮。1986年，县图书馆藏书不足万册，到2013年藏书达11.5万册。武城县图书馆被文化部评为“国家二级图书馆”。广播电视事业成效显著。1999年，在全市率先实现全县“村村通”广播电视，获全省“村村通”广播电视先进县。2002年，在全市率先实现有线电视光缆“村村通”。

教育事业取得新的成就。1986年后，县委、县政府加大教育投资力度，教学条件明显改善，教学质量显著提高。自1989年始，武城二中高考成绩、学校综合考核连续20余年位居全市首位，成为鲁西北高中教育窗口学校。1996年，累计投资6500万元，提前一年完成“普九”工作，全县学校面貌焕然一新。2001年，投资1.2亿元，新建武城二中，进一步提升武城教育形象。2013年，全县有各级各类学校（园）80所，在校生50104人，有专任教师3209人。

卫生事业不断发展。随着卫生体制改革不断深入，农村合作医疗制度不断完善，城乡卫生一体化体系建立健全，全县医疗卫生工作取得新的进展。群众就医条件进一步改善。投资4560万元，建成2.2万平方米县医院数字化病房大楼；乡镇卫生院全部进行新建；社区卫生服务体系和村级卫生室建设完成。2013年，全县有公办医疗卫生机构16处，卫生技术人员1278人，万元以上设备437台（件），住院床位869张。参加合作医疗人数30.13万人，累计受益110.67万人次，受益总额3.64亿元。

全面实施“科教兴武”战略，科技水平不断提高，科技成果显著。1996年，武城县被评为“全国科技工作先进县”。2013年，全县有省级高新技术企业5家，市级高新技术企业22家。实施各级、各类科技计划项目142项，科技成果79项。获得国家科技进步奖二等奖1项，国家级星火奖1项，省科技进步奖8项，市科技进步奖74项。专利授权量508件。省级工程技术研究中心3家，市级工程技术研究中心11家，市级企业重点实验室3家。高新技术产业产值241.24亿元，占规模以上工业总产值的39.9%。

人民生活继续改善。改革开放后，随着全县经济快速发展，人民生活发生翻天覆地变化，城乡居民收入显著增加。1986年，农民人均纯收入462元，到2013年提高到10905元，是1986年的23.6倍。1986年，城镇居民人均可支配收入779元，到2013年提高到38325元，是1986年的49.2倍。农村、城镇居民人均住房分别为35平方米、45平方米，居住地由农村向县城及乡镇驻地集中。膳食由吃饱、吃好，转为营养合理搭配。主要交通工具由助力车、汽车代替自行车、摩托车。2013年，全县完成城乡供水一体化建设，实现“同源、同网、同质”，彻底解决饮水安全问题。

五

1986年后的28年，是武城县改革开放的28年，是全县人民干事创业的28年。28年间虽然取得显著的成绩，但是，从总体上讲，武城县经济总量小、产业层次低、资金及科技人才短缺的问题依然存在，仍属经济欠发达地区。全县人民将继续弘扬“团结奉献、开拓发展、求实创新、拼搏争先”的武城精神，脚踏实地，经济由以工业项目为主，向工业、农业、服务业、城市建设并重转变。工作重心向补短板、调结构、促创新、惠民生的领域转移。实行优势互补、产业互动、资源共享、互利共赢。全县人民在县委、县政府的坚强领导下，用创新驱动发展，持续推进大众创业，再掀创业高潮。使命重在担当，实干铸就辉煌。要勤勉尽责干事创业，干字当头，真抓实干、埋头苦干、结合实际创造性地干，与人民群众同心协力，以实干推动发展，以实干赢得未来。回顾过去，成绩来之不易，展望未来，机遇与挑战并存。现在全县各项事业正处在崭新的发展起点，要立足当前，谋划长远，紧紧围绕国家京津冀协同发展、“一带一路”、精准扶贫等重大战略部署，借势借力，加快发展，为建设繁荣、富裕、生态、和谐、文明的幸福武城而努力奋斗。

大事记

大事记

1986 年

1 月 8 日 武城县第一批整党工作总结大会召开。大会总结第一批整党工作经验，部署第二批整党工作。1333 名县直单位的党员参加大会。7 月 25 日，全县第二批整党工作结束，参加第二批整党工作的有 14 个乡镇，160 个党支部，2122 名党员，其中干部党员 1147 名、预备党员 169 名。

1 月 20 日 中共武城县委（以下简称县委）、武城县人民政府（以下简称县政府）研究决定，从 1986 年起，在农村分期分批地逐步实行独女户“间隔式”生育二胎。

3 月 8—9 日 武城县第六次妇女代表大会召开，出席大会代表 272 名。选举产生县第六届妇女联合会，杨桂珍当选为县妇联主任。

3 月 28 日 武城县第九届人民代表大会第三次会议审议通过《武城县国民经济和社会发展第七个五年计划》。

4 月 4 日 根据省委、地委落实政策，解决历史遗留问题工作会议精神，全县共排查出需要落实政策 3948 人，该项工作 11 月结束，共了结问题 3703 件，结案率 99.7%。

5 月 28 日 北京旅行车股份有限公司武城分厂——汽车改装厂成立。开发研制的 BW620 型玻璃钢旅行车试验成功，获国家专利。

6 月 21 日 晚，滕庄乡、鲁权屯两个乡的 28 个村遭受雹灾，受灾面积 1000 公顷，其中 126 公顷棉田及 43 公顷西瓜地绝产。

7 月 10 日 下午，甲马营乡、梁庄乡、马庄乡、武城镇 4 个乡镇的 32 个村遭受雹灾，受灾面积 1533 公顷，其中 584 公顷棉田受灾严重。

7 月底 全县县乡（镇）公路全部铺筑沥青路面。

10 月 18 日 省委常委、省委整党工作办公室负责人杨兴富到武城县调研农村整党工作。

1987 年

4 月 刘富春任武城县委副书记、代县长。

5 月 24—27 日 政协武城县第三届委员会第一次会议召开。会议选举产生政协武城县第三届常务委员会，王金龙当选为县政协主席。

5 月 25—27 日 武城县第十届人民代表大会第一次会议召开。会议选举产生第十届人大常务委员会和第十届人民政府，秦之堂当选为县人大常委会主任，刘富春当选为县政府县长。

7 月 15—17 日 中共武城县第六次代表大会召开。李宗林代表中共武城县第五届委员会作题为《坚持四项基本原则，坚持改革、开放、搞活，加快全县两个文明建设步伐》的工作报告。霍云胜代表中共武城县纪律检查委员会向大会做工作报告。会议表决通过了县委、县纪委工作报告的决议。选举产生由 28 名委员，4 名候补委员组成的中共武城县第六届委员会；选举产生由 13 名委员组成的中共武城县纪律检查委员会。

8 月 17 日 晚，全县遭受暴风雨袭击，降雨时阵风 9 级，1.57 万公顷棉田，1.09 万公顷粮田受灾。

8 月 23 日 中国天主教爱国会主席、主教、全国政协常委宗怀德，省天主教爱国会副主席、济南教区副主教郭传真，神甫张秀清等天主教神职人员到李家户乡刘王庄村同天主教徒一起参加活动。

9月25日 全县实行征收排污费制度。

10月4日 武城县广播站改建为武城县广播电视局。

1988年

2月 武城县汽车改装厂一分厂厂长张鹏、县人大常委会主任秦之堂当选省第七届人大代表。

3月 武城县消声器材厂厂长季万祯当选第七届全国人大代表。

4月 武城县黄淮海平原农业开发办公室成立。

同月 武城县汽车站站务员李玉华获中华全国总工会“全国五一劳动奖章”，被授予“全国优秀服务员”称号。

5月15—19日 县委召开《中国共产党山东省武城县组织史资料（1929—1987)》审稿会。曾在武城县和原恩县战斗、工作过的在职或离（退）休老干部王新、郭鲁、王克东、石新山、夏克、张文光等19人应邀参加审稿会。

5月30日 中共武城县党代会召开，选举王维义、李宗林、张清昌为中共山东省第五次党代会代表。

5月 武城县电视转播台开工建设，投资120万元，1989年5月建成开播。

6月19日 19时和20日凌晨1时，全县遭受两次风雹袭击。甲马营乡、鲁权屯乡、滕庄乡、马庄乡、大屯乡、董王庄乡6个乡的53个村受灾，受灾面积4413公顷，经济损失874万元。

7月 武城县经济体制改革委员会成立。

11月 全县391个自然村实现村村通电。

12月1日 武城县被中国玻璃钢工业协会命名为“全国第一个玻璃钢县”。全县玻璃钢工业产量达8600余吨，占全国总产量的十分之一。

12月20日 中国玻璃钢协会武城县分会成立。

12月27日 武城酒厂生产的“古贝茅”酒获全国首届食品博览会金奖，“古贝春”酒获银牌奖。

12月 武城县标准计量局和武城县环境保护局成立。

是年 武城县被确定为全国优质棉基地县。

1989年

1月3日 武城县地毯厂获轻工部“出口创汇金龙腾飞银牌奖”、轻工部出口创汇先进企业。

1月16日 郭作富任县政府副县长，代县长。

3月10日 中国科学院院长周光召、副院长李振声到武城县考察指导黄淮海开发工作。

3月15日 县政府制定《关于鼓励农民进城经商办企业的暂行规定》，针对农民进城经商办企业的条件、要求、经营方式、所需生产场地等制定6项优惠政策。

5月10日 县委选派320名中青年干部到基层任职锻炼，共分3批，每批半年。

7月2日 18时30分至19时，蔡村乡、郝王庄乡、李家户乡、梁庄乡、甲马营乡5个乡的60个村庄遭受风雹袭击，受灾面积7100公顷，绝产1333公顷。

7月28日 武城县第十届人大常委会第十四次会议审议通过《武城县依法治县总体规划》。

8月5日 省委副书记、省长赵志浩到武城县检查指导工作。听取县委、县政府工作汇报，视察县旅行车厂和地毯厂，对全县的工作提出指导意见。

10月25日 县政府开办招工劳务市场，首次招工210名。

是年 郑郝路竣工。该路西起河北省故城县郑口镇、东至武城县郝王庄乡，长20千米。

是年 武城县医院外科主治医师徐洪明主刀的第一例断肢再植手术和断肢移位再植手术获得成功，填补德州地区空白。

1990年

1月1日 武城县政法机关开展以打击盗窃、流窜作案为重点的集中活动，抓获各类刑事犯罪嫌疑人20人。

3月9—11日 中共武城县第七次代表大会召开。刘富春代表中共武城县第六届委员会作题为《团结实干，努力开创全县两个文明建设的新局面》的工作报告。霍云胜代表中共武城县纪律检查委员会向大会做工作报告。会议表决通过了县委、县纪委工作报告的决议。选举产生由29名委员，4名候补委员组成的中共武城县第七届委员会；选举产生由12名委员组成的中共武城县纪律检查委员会。

3月24—27日 政协武城县第四届委员会第一次会议召开。会议选举产生政协武城县第四届常务委员会，孔繁修当选为县政协主席。

3月25—27日 武城县第十一届人民代表大会第一次会议召开。会议听取并审议通过郭作富作的《政府工作报告》，选举产生第十一届人大常务委员会和第十一届人民政府。谢万盛当选为县人大常委会主任，郭作富当选为县政府县长。

4月5日 副省长王乐泉到武城县视察工作。听取县委、县政府工作汇报，并就卫运河引水和恩县洼滞洪区安全建设进行座谈。

4月 春旱严重，全县受旱面积4万公顷。

5月6日 县城振华街、向阳路绿化工程竣工。该工程自3月1日开工，植树1480棵，折合绿地6400平方米，累计投资18万元。

5月15日 国家防汛办公室副主任李兴洲到武城县视察恩县滞洪区安全建设及卫运河防汛工程。

5月23日 省委书记姜春云到武城县视察小麦生长和武城县旅行车厂生产情况，指出农业要搞好服务、旅行车厂要扩大规模。

5月 武城县法制局成立。

6月8日 麦棉套种小麦新品种“原丰早”在武城县示范种植成功。省农科院在武城县召开现场会，省科委、农委、农业厅、莱阳农学院和省棉花研究中心等部门20多名专家、教授参加会议。

6月23日 1时40分至2时10分，郝王庄乡、董王庄乡、大屯乡、蔡村乡、李家户乡5个乡的60多个村庄遭受罕见风雹袭击，受灾面积6720公顷。其中，棉田3820公顷，粮田980公顷，瓜菜350公顷，果园220公顷。

7月28日 贝州市场建成并投入运营，旧城大集迁入市场，集日由农历逢二、七调整为二、五、八、十。

8月2日 冀鲁两省勘界定桩工作武城段结束，县域内60千米10个界桩全部埋设完毕。该工作涉及武城县7个乡镇的50多个村庄和河北省故城县部分乡镇、村庄。

8月23日 第一部反映合同制工人工作、生活的电视剧《情在人间》在武城县开拍。该电视剧分上、下两集，由中国电视剧制作中心和中国剧协北京音像部滨州拍摄基地联合摄制。

7—8月 全县连降暴雨和大暴雨。两个月累计降雨727.6毫米，比常年同期降雨量多1倍，全县农田积水1.5万公顷，绝产1.16万公顷。

9月3日 武城县电业公司标准化管理通过国家二级验收。

9月15日 武城县组织地毯、“古贝元”酒、“古贝春”酒和油灰刀等优质产品参加在哈尔滨市边贸中心举办的中苏边贸展销会。

10月 武城县旅行车厂生产的BW620型玻璃钢旅行车被国家科委、物价局、工商银行、特资部联合评为国家级新产品，同时被列入国家新产品开发计划。旅行车厂被定为全国唯一全塑车身旅行车重点生产厂家。

11月16日 武城县第四次全国人口结束。此次人口普查的标准点为1990年7月1日0时，全县人口为360703人。

12月6日 省政协主席李子超到武城县检查指导工作。

12月7日 中纪委委员、省纪委书记李发荣到武城县检查指导工作。并视察县地毯厂、旅行车厂和滕庄乡闫庄村工业区。

12月20日 平武河、六五河清淤工程竣工。该工程于10月23日开工，历时59天，完成土方98.6万立方米。在全区工程评比中获一等奖。

12月25日 王庄扬水站扩建工程竣工。该工程系德州地区黄淮海平原农业开发重点项目之一，主要解决武城县引黄灌溉问题。扩建工程新增5个机组，900千瓦，10个流量，扩大灌溉面积1.33万公顷。

12月 武城县残疾人联合会成立。

1991年

1月9日 全县种子经营市场集中清理整顿，取缔无证非法经营单位2个，没收伪、杂、劣种6000余千克。

1月14日 中共武城县委七届二次全委(扩大）会议召开。会议传达贯彻中共十三届七中全会和中共中央、国务院《关于1991年农业和农村工作的通知》精神，总结全县1990年工作情况，部署1991年工作任务。

2月26日 县政府制定出台吸引外商投资优惠政策。1. 鼓励个人和团体向武城引荐外资项目，对引荐成功者，根据具体情况，给予1000～2000元的奖励。2. 对外商独资、合资企业在场地开发费和使用费上给予优惠。3. 外商投资企业经批准免缴地方所得税5年。4. 外商投资企业的出口产品除原油、成品油及国家另有规定的产品外，免征工商统一税。5. 外商投资企业正常经营所需资金经银行审核，优先放贷。6. 保障外商投资企业的建设、生产、经营自主权。7. 外商投资企业有权拒付对企业和个人的乱摊派和不合理负担，并有权向当地政府申诉。

3月15—16日 共青团武城县第十一次代表大会召开，选举产生共青团武城县第十一届委员会，赵云峰当选为书记。

4月3日 武城县第十一届人民代表大会第二次会议审议通过《武城县国民经济和社会发展第八个五年计划》。

4月5日 老城镇获全省首届百乡百镇双文明建设达标竞赛“明星乡镇”奖，是德州地区5个达标乡镇之一。

4月15日 武城县地毯厂生产的“海鸥”牌90道高级羊毛栽绒地毯在北京第二届国际博览会上获金牌。

4月 武城县地毯厂厂长王洪山获中华全国总工会“全国优秀经营管理者”称号和全国“五一劳动奖章”。

同月 全县团员青年为重修小史庄烈士陵墓捐款，共募集资金1.2万元。

5月3日 省委常委、省总工会主席王怀远到武城县地毯厂视察。

5月8日 德州地区新联印刷厂（原武城县印刷厂）被国家新闻出版署命名为“书刊印刷国家定点企业”。

5月20日 县城文化街、兴隆街改造工程竣工。该工程铺设柏油路面2.7万平方米，人行道1.96万平方米，排水管道4120米，供水管道2200米，总投资400万元。

5月30日 武城县被农业部批准为“八五”期间第一批优质棉基地建设县。

6月9日 省委原书记苏毅然到武城县考察工作，听取县委书记刘富春对全县基本情况、“八五”计划、1991年经济指标和今后经济工作计划的汇报。

6月11日 武城县贸易委员会成立。

6月17日 水利部副部长严克强到武城检查防汛滞洪工作，听取县长郭作富的防汛滞洪工作汇报，视察恩县洼滞洪区。

6月21日 16时40分至17时30分，武城镇、梁庄乡、李家户乡3个乡镇的38个村庄遭受风雹、暴雨袭击，3300公顷农作物受灾，造成直接经济损失500余万元。

6月29日 县委邀请在抗日战争时期曾任武城县委书记、县大队政委王新，县大队党总支书记张昭剑作党的优良传统教育报告。

6月 全县发生大面积小麦白粉病、锈病，造成小麦叶片提前干枯死亡，发生面积8000公顷，减产严重。

7月 “古贝春”酒在布鲁塞尔国际白酒评选会上获第二十九届世界优质产品评选大赛金奖，“古贝元”酒获银奖。

8月25日 省政协主席陆懋曾到武城县检查棉花生产。

9月5日 武城县建材、粮食、服装、小商品、牲畜（旧货）5个专业市场投入使用。

10月10日 全县为华东灾区人民捐献11124件越冬衣物和7584件文具。

10月28日 武城县卫校残疾青年教师张九海在省残疾人运动会上取得铅球、铁饼2项冠军。

同日 武城县地毯厂获第一届日本佐野地毯图案创新会总分第一名。

11月29日 武城县第七次妇女代表大会召开，出席大会代表240名。选举产生县第七届妇女联合会，杨桂珍当选为县妇联主任。

11月30日 “齐鲁牌”BWC6440型玻璃钢旅行车获“光辉的历程”暨1991年全国首届国产汽车马拉松大奖赛特别奖。该车是唯一国产化程度达100%的参赛车，并有三项指标在路途检测中名列第一。

1992年

1月3日 中共武城县委七届三次全委（扩大）会议召开。会议讨论并通过全县到20世纪末农村实现小康的奋斗目标。

1月28日 在全省开展的县城齐鲁杯“三上”（城市规划、建设、管理工作全面上台阶）活动中，武城县被省委、省政府评为“齐鲁杯‘三上’先进县城”。

2月14日 全县经济工作会议召开。会议贯彻落实中共十三届七中、八中全会和省、地经济计划会议精神，总结1991年全县经济发展情况，部署1992年工作任务。

3月29日 武城酒厂“固体微生物产己酸”用于酿酒试验成功，并通过轻工业部和省轻工业厅8位酿酒专家的技术鉴定。此项技术属国内首创，填补了国内白酒行业的一项空白。

4月18日 武城县邮电综合楼交付使用。该楼于1991年4月动工，总投资240万元，建筑面积2900平方米。

4月19日 由武城酒厂赞助、体育杂志社和中央国家机关老年网球队联合举办的中央机关古贝春老年网球邀请赛，经过7天的角逐，在北京体育馆落下帷幕。中央机关200名老年网球爱好者参加比赛。国务委员、国家教委主任李铁映等为60名获奖者颁奖。

4月 春旱严重，自1991年冬至1992年7月，仅降雨8毫米，卫运河断流，全县受旱面积4.31万公顷，重旱2.33万公顷。

5月15日 22时至16日3时，全县连续遭受风雹袭击2次，甲马营等8个乡镇的121个自然村受灾，受灾面积1.2万公顷，直接经济损失250万元。

5月21日 “WC双高工程”在武城县试验成功。“WC双高工程”是中国农科院棉花研究所副研究员张裕繁和中国农科院作物育种研究所张志华联合研制的一项棉麦套作双高产工程。

5月31日 南屯引水闸工程竣工，总投资680万元。

5月 武城县多种经营办公室成立。

6月18日 陈公堤滞洪撤退路竣工。该工程总投资295万元，全长24千米。

6月30日 德（州）武（城）路竣工。全长25.6千米，总投资805万元，为武城县主要交通干线之一。

7月13日 史好泉任县政府副县长，代县长。

7月15日 郭作富任武城县委书记。

9月 武城县郝王庄乡大王庄村台胞罗志华捐款6万元用于家乡的教育事业。

10月26日 德州军分区，武城县委、县政府为抗日战争、解放战争时期入伍老战士举行授勋仪式，授予贾朝轩中国人民解放军独立功勋荣誉章，授予李金荣、张金虎、朱之龙、董有义中国人民解放军胜利功勋荣誉章。

11月28日至12月1日 武城县绿化通过省林业绿化达标检查验收。

12月25日 武城县地毯厂在第二届日本株式会社佐野图案设计评比中，有25幅作品获奖，包揽了全部金、银、铜奖。

1993年

1月3—5日 政协武城县第五届委员会第一次会议召开。会议选举产生政协武城县五届常务委员会，孔繁修当选为县政协主席。

1月3—5日 武城县第十二届人民代表大会第一次会议召开。会议审议并通过代县长史好泉作的《政府工作报告》，选举产生第十二届人大常务委员会和第十二届人民政府。谢万盛当选为县人大常委会主任，史好泉当选为县政府县长。

1月31日 县委召开县、乡、村三级干部大会，县委书记郭作富作《明确任务，强化措施，促进农村工作上一个新台阶》的工作报告。会议部署1993年农村工作，提出1993年农村工作的主要经济指标。

3月2—3日 武城县第十二届人民代表大会第二次会议选举牟兰堂、史好泉、孙延亭为山东省第八届人大代表。

3月25日 县委从县直机关单位抽调174名干部，下派到100个先进村和50个后进村以及部分县属企业帮助工作。

3月 武城县玻璃钢龙头企业——山东北方玻璃钢厂建成投产。

4月20日 武城县见义勇为奖励基金会成立。

5月 共青玻璃钢厂开发的抗吸潮返卤性菱镁水泥，在全国科技成果评选中获中国爱迪生杯金奖，获国家专利。

6月2日 武城县筛选100多种产品，参加在西安举办的“93德州产品展销暨经济技术洽谈会”。

6月22日 17时30分至18时30分，全县遭受暴风雨袭击。刮倒或折断成材树6万余株、幼树13万株，刮倒线杆653根，刮断高压线3.28万米，毁坏房屋2万余间，致115人受伤（2人重伤），刮、冲走正在晾晒小麦397.4万千克，直接经济损失2000多万元。

6月25日 国务委员、国家计生委主任彭珮云到武城县检查指导工作。

7月 县委、县政府对县乡党政机构进行全面改革，至12月完成。党、政、群机关由83个减到40个，精简幅度为52%。行政人员由1330人减少到578人，减幅56.6%。

8月27日 县政府聘请中国农科院研究生院副院长、著名畜牧专家、教授杨忠源为县政府畜牧生产顾问，张宏福博士和张甫山、王代军硕士为县长助理。

8月30日 县委、县政府制定《关于鼓励发展个体、私营经济的若干规定》。

9月26—28日 首届中国·武城玻璃钢节举行。来自日本、新加坡、以色列等国家和香港地区的10名客商和国内14个省市自治区200多个厂家1100名客商，参加武城县玻璃钢生产20周年和被中国玻璃钢工业协会命名为"全国第一个玻璃钢县"5周年庆祝活动。

秋 全县发生大面积玉米粗缩病，播种早的田块基本绝产。

10月9日 经省政府批准，梁庄乡撤销，与武城镇合并。合并后武城镇总面积90.44平方千米，耕地5600公顷，人口4.25万人，成为全县地域最大、人口最多的镇。

10月23日 武城县李家户乡纸板厂研制生产的"皮鞋内底纸板"被国家列入本年重点新产品试制鉴定计划。经国家技术部门鉴定，各项技术指标均达到或超过进口纸板，达到国际先进水平。

10月25日 恩（城）武（城）公路新城至老城段重修工程竣工。该段全长20.13千米，总投资1800万元。

10月27日 经省政府批准，鲁权屯乡撤乡建镇。

10月31日 县委、县政府按照"平等自愿，经营互补"的原则，在县属企业内部，围绕骨干企业组建4个企业集团。即以地毯厂为核心，组建宏达实业集团总公司。以酒厂为核心，组建古贝春集团总公司。以棉纺厂为核心，组建棉纺织集团总公司。以北方玻璃钢厂为核心，组建玻璃钢企业集团总公司。

11月5日 县属工业企业、流通企业转换经营机制。全县19处县属工业企业，实行资产经营责任制的3处，租赁的10处，股份制的1处，合并的1处，拍卖、破产的4处。87家流通企业，实行资产经营的61处，租赁的19处，股份制的6处，拍卖的1处。

11月25—26日 国家知识产权局专利局在武城县举办专利技术、科技成果信息发布会。发布会检索专利技术项目11万项，信息咨询390多条，专利技术转让项目6项，转让成交额38万元，达成转让意向73项，意向转让资金500万元。

11月 县政府决定取消农民出河工，改为以资代劳。

12月20日 德州地区第一家乡镇律师事务所——天平律师事务所在武城县武城镇成立。

12月 中国银行武城县支行成立。

1994年

1月10日 县政府制定《关于土地经营管理的实施办法》。该办法共6章17条，就土地经营管理承租（包）方法、权利和义务、管理办法等方面作了具体规定。

1月 武城县经济开发办公室成立。

1月 山东北方玻璃钢厂生产的系列玻璃钢产品，获省建材局生产许可证和进京许可证，被评为全国十大精品生产厂家之一。

2月1日 武城玻璃钢喜获全国“六连冠”。据中国玻璃钢工业协会确认，武城县自1988年被中国玻璃钢工业协会授予“全国第一个玻璃钢县”后，产量、产值连续6年名列全国县级单位榜首。

同日 武城县汽车改装厂生产的玻璃钢复合材料整体车身技术获国家专利，“齐鲁牌”旅行车填补国家空白，获山东省新产品发明科技进步二等奖，评为国家新产品。

3月18日 县委、县政府实施全县农村扶贫解困工程。

4月 《武城县志（1840—1985）》出版。该书分概述、大事记、行政区域、自然环境、基础设施、经济、政治、军事、文化、居民、人物、附录计12编，69万字。上限至1840年，下限止于1985年，部分内容适当上溯和下延。

5月4日 共青团武城县第十二次代表大会召开，大会选举产生共青团武城县第十二届委员会，张旌华当选为书记。

5月30日 全县7.9万农户签订“农民负担合同”。

6月20日 省质监所玻璃钢检测室、德州地区玻璃钢检测中心在武城县成立。

6月 武城县玻璃钢总厂生产的冷却塔系列产品获第五届亚太地区国际贸易博览会金奖。

6—7月 全县棉铃虫大爆发，造成棉花大幅度减产，棉田面积减少。

7月16日 水利部副部长严克强到武城县视察恩县洼滞洪准备工作。

8月21日 省委常委、省军区政治委员刘国福到武城县检查指导工作。

8月 武城县税务局撤销，分别成立武城县国家税务局和武城县地方税务局。

同月 华能玻璃钢制品有限公司生产的BLF4-72系列离心风机，获蒙古国际商工贸产品博览会金奖，填补省内空白。

9月16日 县委、县政府投资92万元，解决县城城区居民生活饮用水含沙、含氟量高的问题。

9月 武城县水产局和武城县植桑养蚕办公室成立。

11月 “古贝春”酒获巴拿马万国博览会金奖。

12月1日 经省政府批准，滕庄乡撤乡建镇。

12月9日 武城县3000门程控电话开通。

12月 武城县畜牧局成立。

1995年

1月19日 县委、县政府决定对全县农村财务实行全面清理，增强农村财务管理工作的透明度。

3月10日 武城县移动通信基站建成。

3月27—30日 武城县第十二届人民代表大会第四次会议听取并审议代县长赵忠新作的《政府工作报告》，选举赵忠新为县政府县长。

3月 山东北方玻璃钢厂生产的玻璃钢风机（总价46万元）出口到巴基斯坦，实现武城县玻璃钢产品出口零的突破。

4月23—25日 中共武城县第八次代表大会召开。史好泉代表中共武城县第七届委员会作题为《全面贯彻执行党的基本路线，为实现富民强县的宏伟目标而奋斗》的工作报告。陈德柱代表中共武城县纪律检查委员会向大会做工作报告。会议表决通过了县委、县纪委工作报告的决议。选举产生由29名委员，7名候补委员组成的中共武城县第八届委员会；选举产生由15名委员组成的中共武城县纪律检查委员会。

5月31日 县委、县政府实施“导、建、联、引”工程，按照“以城带乡，以乡促城，城乡一体，共同发展”的思路，加快农村城市化步伐。

6月13日 省委副书记李文全到武城县检查指导工作，就深化改革，抓好工作落实等问题提出意见。

6月24—26日 四女寺镇、蔡村乡、董王庄乡3个乡镇的30个自然村，不同程度地遭受风雹灾害。全县受灾面积700公顷，造成经济损失650万元。

7月6日 武城县西瓜鉴评会召开，邀请中国农科院等6个科研单位的9名专家教授，按照农业部颁布的标准，对武城西瓜的外观、单体重、剖面、可食性、口感、含糖等8项指标进行综合评定。

7月15日 武城县马庄乡潘庄村台胞鲁舞捐资15万元，用于该村修路、打井。

8月2日 县委、县政府决定，在全县实施“一把手工程”。即全县各级“一把手”按照“培植骨干企业，大上多种经营，壮大县乡财政”的要求，每人重点抓好一个工业项目或农村多种经营的一品。

8月4日 县委组织部、县人事局、县妇联联合印发《关于招聘妇女干部的意见》。经过文化考试、面试和组织考察等程序，择优录用14名妇女干部。

9月21日 全县民营经济工作会议召开，县委书记史好泉就发展民营经济的意义及在全县经济中的地位、作用和发展趋势讲了意见。指出发展民营经济是实现富民强县战略目标的必由之路。县委、县政府制定出具体的政策规定。

9月28日 郑（口）夏（津）路武城段竣工。该路武城段全长19.4千米。1994年11月动工，投工38.21万个，完成路基灰土方34.56万立方米，新建桥梁、涵管16座（道），累计投资836.4万元，工程质量达国家二级路标准。

10月17日 县委书记史好泉、县长赵忠新会见保加利亚客商，并向客商介绍武城投资环境及有关出口企业的生产经营情况，双方达成出口80吨蜡制品的协议。

10月20日 水利部副部长周文智到武城县视察祝官屯微波站。该微波站是国家防总自动化项目之一，用于卫运河流域防汛通信、洪水预报、指挥调度。

10月 恩县洼滞洪区管理处成立，为副县级单位。

11月3日 武城县信息中心建成。该中心与省公共信息网、北京北辰集团信息网联网，服务内容为提供经济信息、开展咨询业务、发送信息等。

1996年

1月17日 武城县通过省级和国家级“全国科技工作先进县”验收。

2月 武城县住房制度改革办公室成立。

3月12日 全县连续5个月基本无雨雪，麦田受灾1.77万公顷，减产八成至绝产的共8000公顷，小麦减产5.6万吨。其中受灾严重的甲马营乡、鲁权屯镇、滕庄镇、马庄乡等乡镇，40%的麦田绝产或基本绝产。

3月13—14日 武城县第十二届人民代表大会第五次会议审议并批准《关于武城县国民经济和社会发展第九个五年计划及到2010远景目标的决议》，选举王金箱为县人大常委会主任。

3月14日 武城县武装部正式收归军队建制，称中国人民解放军山东省武城县人民武装部，为正团级军事单位，编配部长、政治委员、副部长各1人。同日，举行交接仪式。

4月 中国人民保险公司武城支公司撤销，分别成立中保财产保险有限公司武城支公司和中保人寿保险有限公司武城县营业部。

5月 武城县漳南玻璃钢厂购进大型液压机械设备和SMC生产线。该厂生产的SMC组合式水箱被列入国家科委重点推广的新产品项目，填补了省内空白。

5月18日 武城县首次组织10台联合收割机启程南下四川、湖北，渐次北上河南、安徽、山东、河北、内蒙古等地进行小麦收割，作业时间4个月。

6月3日 经省政府批准，撤销祝官屯乡，将其区划并入老城镇及甲马营乡。

7月1日 武城县郝王庄乡大王庄村党支部，被中共中央组织部评为“全国基层先进党支部”。

7月 全县重点工程恩（城）武（城）路竣工。该公路全长15.4千米，油层铺设面积23万平方米，动用土方52万立方米，投入义务工80万个，工程质量达国家二级路标准。

8月6日 漳卫河流域发生新中国成立后第三次大洪水，四女寺闸下泄流量达1600立方米/秒，因河道行洪水位偏高，堤防出现多处险情。全县出动民工3万多人、机动车3000多台，动土360万立方米，使用草袋、编织袋180万条进行抢险。

8月28—29日 省委副书记陈建国到武城县视察灾情，慰问受灾群众。

8月31日 副省长王玉玺带领省直有关部门负责人到武城县视察灾情，指导救灾工作。

8月 武城县被列入国家大型商品粮生产基地建设项目县。

10月 武城县中医院和中国农业发展银行武城县支行成立。

11月20日 省第四届复合材料年会在武城县召开，中国复合材料协会会长杨希真、中国硅酸盐协会会长刘世民、省科委主任马忠兴参加会议。与会人员参观部分玻璃钢企业及地毯总厂。

是年 “一站、一栏、一员”工程建设开展，当年全县建科普站107个、科普宣传栏393个，选拔科普宣传员393人。

是年 古贝春集团总公司研制开发出新产品——五星级古贝春，填补省内无浓香型高档白酒的空白。

是年 全县开展收缴流散在社会上的非法枪支专项行动，县公安局组织警力逐村、逐单位收缴流散在社会上的非法枪支，收缴军用枪、猎枪、火药土枪1576支，子弹94发。

1997年

1月15日 省委常委、政法委书记张惠来到武城县检查指导工作，听取县委、县政府主要领导的工作汇报，实地视察高氧水厂、浸出油厂、大王实业总公司、郝王庄造纸厂和部分种植、养殖小区。

2月 武城县农村财务管理审计局成立。

5月8日 共青团武城县第十三次代表大会召开，会议选举产生共青团第十三届委员会，王洪春当选为书记。

7月 武城二中高三学生吴平，以理科满分的成绩，成为省高考状元。

9月19日 滕庄镇举行工商企业拍卖（出售）大会，敲响全县集体企业拍卖第一槌。

同日 武城县首家私营企业集团——山东金光集团成立。

9月27日 中共中央政治局委员、省委书记吴官正到武城县视察工作。吴官正对武城县乡镇企业发展、个体私营经济、秋收秋种、党风廉政和基层组织建设等工作给予充分肯定。

12月27日 武城县第八次妇女代表大会

召开，出席代表大会204人，选举产生第八届妇女联合会，赵玉香当选为县妇联主席。

是年 全县推广10万亩棉花种子包衣及综合配套增产技术，单产比前三年平均值增长10.5%。

1998年

1月11—12日 中共武城县第九次代表大会召开。赵忠新代表中共武城县第八届委员会作题为《抢抓机遇、团结实干，为实现富民强县的新目标而努力奋斗》的工作报告。任永贵代表中共武城县纪律检查委员会向大会做工作报告。会议表决通过了县委、县纪委工作报告的决议。选举产生由29名委员，6名候补委员组成的中共武城县第九届委员会；选举产生由15名委员组成的中共武城县纪律检查委员会。

1月15—17日 政协武城县第六届委员会第一次会议召开。会议选举产生政协第六届常务委员会，王汉录当选为县政协主席。

1月16—18日 武城县第十三届人民代表大会第一次会议召开。会议选举产生新一届人大常务委员会和县人民政府。王金箱当选为县人大常委会主任，刘治温当选为县政府县长。

2月12日 武城县古贝春集团总公司生产的古贝春系列白酒获“山东名牌产品”称号。

2月17日 日本铃木株式会社山田部长到武城地毯厂考察订货，共计订货30万平方尺。

2月23日 县委决定在全县党政机关、事业单位实行干部轮岗制度。轮岗人员数额占全部工作人员的三分之一，时间为一年。首批轮岗人员1502人，其中1260人确定有经营项目。此后在1999年4月、2000年3月、2001年4月和2002年5月又进行4次轮岗，先后有7000余人次参加轮岗。

3月13日 恩县洼滞洪区安全建设配套研讨会在武城县召开。水利部海河委员会副主任郭权、市人大常委会主任蔚立臻和水利专家参加研讨会。

3月 武城县工业园成立。2001年5月改称武城县科技工业园，2003年改称运河经济开发区，2006年改称山东武城经济开发区。

4月 王金箱、周晓峰、徐秀英当选为山东省第九届人大代表。

6月 全县遭受历史上少有的春旱，夏粮严重减产。大屯乡、马庄乡、李家户乡、四女寺镇等乡镇同时遭受严重的冰雹灾害。

7月3日 全市民营经济工作研讨会在武城县召开，市委书记赵克志、副书记孙永春及各县（市）委书记参加会议。

7月13日 全县突降大暴雨，降雨量100～160毫米，马庄乡、四女寺镇2个乡镇的1.13万公顷农田被淹。8月，县内又连降暴雨，受灾人口7.68万人，直接经济损失5100余万元。

7月17日 聊城市委副书记、市长郭兆信带领个体私营经济考察团，到武城县考察民营经济。

10月14日 副省长林廷生到漳南玻璃钢有限公司、金光集团、北方玻璃钢有限公司、水兴橡塑总厂等企业视察。

是年 引进抗虫棉，在全县范围内示范推广。

是年 武城县被省政府批准为改革开放试点县。

1999年

1月14日 武城县神龙地毯集团总公司生产的35万平方英尺地毯首次销往南美洲大陆，

应用到巴西、阿根廷等国家高级宾馆内。

2月　武城县招商局成立。

3月17日　省军区副政委张纪根到武城县检查工作。

4月5日　县委决定在全县各级领导干部中开展“讲学习、讲政治、讲正气”教育集中学习活动。

5月31日　农业部和中国农科院有关专家到武城县考察农田滴灌技术。

6月18日　副省长陈抗甫考察漳卫运河武城段污染情况。

6月30日　中国玻璃钢协会会长陈博等200余人到武城县参观北方玻璃钢厂等企业。

8月13日　省委副书记、省长李春亭到武城县检查指导工作。

9月10日　武城县在县体育场举行迎澳门回归万人签名活动。

9月13日　县委、县政府决定在农业结构调整中实施“三个一”工程，即一个乡镇一个种植业支柱产业，一个乡镇一个种植业科技示范园，一个乡镇一个畜牧业制高点。

9月16日　省人大常委会主任赵志浩到武城县检查指导工作。

10月13日　“中华环保世纪行”采访组到武城县就漳卫运河污染情况进行采访。

10月26日　全市乡村一体化现场会在武城县召开。

10月　武城县第一个村级“110”——辛王庄“110”成立。

11月9日　省军区副司令员王振初到武城县人武部检查党委班子建设情况。

12月5日　聊城市委书记张振涛带领县委书记考察团，到武城县考察个体私营经济发展情况。

12月23日　省“改革开放试点县”现场会在武城县召开。副省长林廷生、市委书记赵克志等领导出席会议，县委书记赵忠新向省、市领导汇报了工作。

12月27日　武城县人民医院首例再造拇指手术获得成功。

12月　全县爆发口蹄疫疫情，扑杀染疫牛38头。

是年　县委选派171名县直机关干部和39名农村优秀青年到全县61个后进村进行驻村整顿。

是年　武城县在全市率先实现村村通广播电视。

2000年

1月7日　副省长林书香到武城县检查指导个体私营经济。

1月8日　全省民营经济现场会在武城县召开，省长助理臧海强参加会议。

5月1日　“齐鲁风采”电脑福利彩票销售在武城县启动。

5月8日　经省政府批准，撤销郝王庄乡、蔡村乡，以原郝王庄乡、蔡村乡的行政区域成立郝王庄镇，镇政府驻原郝王庄乡人民政府驻地。撤销四女寺镇、马庄乡，将原四女寺镇行政区域和马庄乡的胡家洼、潘庄、代官屯、南郑庄、小史庄、张郭秦、小贾庄、朱庄8个村划归滕庄镇管辖，将原马庄乡其他村（18个村）划归鲁权屯镇管辖。撤销董王庄乡、大屯乡，将其行政区域并入武城镇。

7月13日　副省长韩寓群带领省防指、省水利厅、省海河流域管理局负责人，到武城县视察漳卫河、四女寺枢纽工程、西郑庄分洪闸工程及恩县洼滞洪区建设。

7月　武城县盐务局成立。

8月　《中国共产党山东省武城县组织史资料（1987—1999）》出版发行。该书收录1987

年12月至1999年6月间，全县各级党组织和政权、政协、军事、群团系统以及县属企事业、乡镇企业、行政村的组织机构沿革和领导人名录，收录组织机构700余个，领导人名录1.2万余人次。

11月1日 第五次全国人口普查统计，全县人口为361179人。

11月12日 国家环保总局局长解振华到四女寺枢纽工程察看南水北调线路水质情况。

11月25日 全国人大常委会委员、中共中央文献研究室主任逄先知到武城县部分民营企业视察。

12月12日 全国政协人口资源环境委员会“南水北调”调研组组长陈邦柱带领调研组到四女寺枢纽工程察看南水北调线路。

是年 武城县被省农业厅认证为全省首家无公害食用菌生产基地县。

是年 全县小麦、玉米、棉花良种及农业生产资料实行市场化经营。

2001年

1月4日 省政府在武城县召开改革开放试点县现场办公会议。

1月30日 李玉文任武城县人民政府代县长。

1月 韩建亭任武城县委书记。

同月 县委在全县开展“三个代表”重要思想学习教育活动，99个县直单位、8个乡镇、393个村庄，1万余人参加学习活动。

3月3—4日 武城县第十三届人民代表大会第四次会议召开。会议审议批准《关于〈武城县国民经济和社会发展第十个五年计划纲要（草案）报告〉的决议》，选举李玉文为县政府县长。

3月7日 武城县检察院被最高人民检察院授予“人民满意的检察院”称号。

3月11日 副省长林廷生带领省“三个代表”教育督导组到武城县检查指导“三个代表”重要思想学习教育活动。

4月 中国移动通信集团山东有限公司武城分公司成立。

7月25日 县委书记韩建亭到省政府专题汇报全县2001年改革开放试点县工作。

8月14日 县委、县政府提出加快工业发展扶优培强的政策规定。

9月 省委副书记姜大明到武城县水兴橡塑总厂视察。

同月 武城县人民防空办公室成立。

10月 省委副书记王修智到武城县水兴橡塑总厂视察。

12月24日 副省长林廷生带领省直有关部门、单位负责人到武城县检查指导村级“三个代表”重要思想学习教育活动，主持召开改革开放试点县现场办公会议。

是年 全县大旱，麦田受灾2万公顷，其中重灾1.47万公顷（绝收6667公顷），秋季作物受灾1.33万公顷，受灾人口15万人。因旱灾及风雹灾缺粮人口6万人，缺粮在3000吨以上。

是年 武城县食用菌通过欧盟有机食品认证。

2002年

1月 最高人民检察院副检察长胡克惠到武城县人民检察院调研。

2月 青龙河公园建设工程开工，总投资4000万元，占地13万平方米。其中，绿化6万平方米，硬化3万平方米，水面2万平方米，埋设排水管道4400米，设景观灯260套，青龙河内铺设喷泉260米。同年8月竣工。

2月 武城县安全生产监督管理局和武城县接待办公室成立。

同月 县政府对城区“五路三街”和武城二中新址地形进行详细测量，绘制武城二中新址地形图，编制完成“五路三街”详细规划。

3月29日 中国·武城辣椒城举行奠基仪式，至9月一期工程竣工。

3月 武城县被评为“山东省食用菌十大生产基地县”。

4月18日 武城二中新校开工建设，2003年8月竣工。总建筑面积17万平方米，投资1.2亿元。

4月 武城县冬春连旱，累计降雨量仅18.3毫米，地下水位大幅度下降，50%的机井无法使用，76个村近7万人缺饮用水。全县80%以上的农田受灾，成灾面积2.67万公顷，其中2万公顷小麦全部受灾，受灾人口22万人，直接经济损失3000万元。

5月 共青团武城县第十四次代表大会召开，会议选举产生共青团武城县第十四届委员会，石连革当选为书记。

9月6—16日 中国·武城首届古贝春酒文化节举行。此后至2013年，陆续举办了11届。

9月 旅美华侨郭明桥捐资20万美元，在郝王庄镇兴建武城县明桥小学。建筑面积1.2万平方米，可容纳10个教学班，接受周边8个村庄的500多名学生就读。

10月20日 武城县橡塑行业协会成立。

11月16—18日 武城县举办中国·武城首届辣椒艺术节，日本、韩国及中国香港地区、四川、内蒙古等地的4600余名客商参加，签订贸易合同5万吨，贸易额达2亿元。同时举行“中国辣椒之乡”“中国辣椒第一城”揭牌仪式。

是年 武城县开展省级“双拥模范县”创建，在全市率先实现优抚对象抚恤定补金、优待金县级社会化发放。

2003年

1月18—19日 中共武城县第十次代表大会召开。邓光亮代表中共武城县第九届委员会作题为《同心同德、苦干实干，奋力开启全面建设小康社会的新征程》的工作报告。徐光代表中共武城县纪律检查委员会向大会做工作报告。会议表决通过了县委、县纪委工作报告的决议。选举产生由29名委员，6名候补委员组成的中共武城县第十届委员会；选举产生由15名委员组成的中共武城县纪律检查委员会。选举25人为市第十二次党代会代表。

1月20—22日 政协武城县第七届委员会第一次会议召开。会议选举产生政协第七届常务委员会，王汉录当选为县政协主席。

1月21—24日 武城县第十四届人民代表大会第一次会议召开。会议选举产生第十四届人大常务委员会和第十四届人民政府。邓光亮当选为县人大常委会主任，陈德柱当选为常务副主任，李玉文当选为县政府县长。

3月 县委、县政府实施鲁权屯镇、滕庄镇2个镇工业园区的合龙工程。

4月 王国富、李玉文、周晓峰、矫东平当选为山东省第十届人大代表。

5月1日 武城县防治非典型肺炎指挥部成立，县委下发《关于转发〈中共武城县纪委武城县监察局关于严明纪律严格责任追究确保非典型肺炎防治工作顺利进行的紧急通知〉的通知》，建立疫情专报、疫情监测和流行病学调查三大网络，成立流调队730个、疫情监测点847个，建立发热门诊11个，建成隔离病区、驻守交通站点，消毒过往车辆1.8万辆，体检2.1万余人次，对5008名外来人员和务工返乡人员进行医学观察，未发现“非典”病毒感染者。至7月，疫情解除。

5月30日 古贝路改造工程开工，路面改为双向8车道，油面面积14万平方米，人行道面积2.6万平方米，绿化面积1.1万平方米，更换路缘石8000米，新安路灯166盏，埋设排水管道900多米，沿路电力、通信等线路全部埋设地下，总投资3000多万元。

5月 省委常委、常务副省长林廷生到武城县视察防汛工作。

同月 武城县行政审批服务中心正式揭牌运行，第一批面向社会服务的20个部门134项行政审批服务事项全部进入中心集中办理。

6月11日 武城县遭受严重的暴风雨冰雹袭击，冰雹直径0.8厘米左右，持续降落近25分钟。武城镇、郝王庄镇、李家户乡3个乡镇的109个行政村受灾严重。受灾面积1.21万公顷，造成部分通信、输电线路损坏，直接经济损失5600万元。

6月 武城县招商促进办公室成立。

9月 武城县教育学制由原来的“五、三”制改为“六、三”制，实现九年义务教育。

10月1日 武城县实施肉类市场“准入证”制度。

10月 “村村通”客车工程正式启动，全县开通33条客运线路，投放客车106辆，总营运里程2560千米，通车村庄332个，占总村庄的85%。

同月 市交通局、市汽运有限公司、县交通局及运输公司联合成立的股份制企业德武直快公司正式运营。

11月3日 武城县与美国麻省诺伍德市结成友好市。

2004年

1月 武城县食品药品监督管理局成立。

3月 武城县甲马营乡汽车零部件产业园区开工建设，规划面积66.67万平方米。

同月 武城县第九次妇女代表大会召开，出席大会代表200人，选举产生第九届妇女联合会，赵玉香当选为县妇联主席。

同月 国道105线卅里铺大桥至孟王庄村段升级改造工程动工，按一级公路设计，全长15.37千米，路面宽24米，2006年竣工。

4月17日 经省政府批准，滕庄镇宋王庄村划归鲁权屯镇。

5月16日 全县遭受大面积冰雹袭击，持续降落20多分钟，武城镇、甲马营乡、郝王庄镇、杨庄乡、李家户乡5个乡镇的110个村不同程度受灾，受灾人口14万人，成灾面积1.87万公顷，其中棉花受灾1.33万公顷、小麦受灾5330公顷，直接经济损失2400万元。

9月 经省政府批准，成立武城县广运街道，辖6个居民区，24个行政村。

同月 武城县与省棉花协会共同举办全国首届（济南）棉花推介会，邀请全国各地200多名客商，举办专场推介和洽谈活动。

11月15日 武城县参加在济南举行的中国山东第三届海外人才交流暨经贸项目洽谈会，成功签订中国留日同学会在武城县成立创业基地、天舜现代农业科技园彩色树种和有机水果、有机肥生产等项目协议。

12月16日 武城县被中国轻工业联合会、中国少数民族用品协会授予“中国民族毯业城”称号。

是年 国家小麦直补惠农政策在全县开始实施。

是年 武城县龙祥集团生产的“龙祥”汽车密封件、金光集团生产的“金光”玻璃钢通风设备分获省著名商标。

2005年

1月23日 武城县召开保持共产党员先进性教育活动动员大会，安排部署全县保持共产党员先进性教育活动。

3月 武城县房产管理局和武城县城市管理行政执法局成立。

4月7日 山东大学、山东师范大学等8所高校的毕业生就业处处长一行14人应邀到武城县参加引进本科毕业生到武就业座谈会。7月，106名应届本科毕业生到武城县工作。其中，19人担任乡（镇）长助理，87人分别充实到教育、卫生、农业工作一线。

4月28日 武城县举行庆“五四”暨“武城县十大杰出（优秀）青年企业家”颁奖晚会，表彰为全县经济建设做出突出贡献的十大杰出（优秀）青年企业家。

4月 武城县关心下一代工作委员会（简称关工委）成立，徐光、陈德柱任主任，委员会下设办公室。

6月8日 武城县被命名为“中国汽车零部件产业集群县”称号。

同日 武城县召开第二届中国·武城玻璃钢节暨中国汽车零部件产业发展论坛。

7月 武城县汽车零部件行业协会成立。

8月6日 武城县与青州市经济协作交流协议暨对口帮扶项目捐赠仪式在武城县召开，双方共同签署《经济协作交流协议》。

9月4日 武城籍运动员耿文博，在徐州举办的第十届全国运动会铁人三项赛赛场上，以1小时54分21秒的成绩获得男子个人组冠军。

9月10日 冀鲁两省六县市（河北省南宫市、冀州市、枣强县、清河县、故城县，山东省武城县）划区域治理出生人口性别比协作区正式成立，为两省计生部门创建一个齐抓共管、信息互通、资源共享、协调联动的工作交流平台和长效治理机制。

9月14—15日 武城县举办中国汽车零部件产业集群论坛。邀请中国机械工业企业管理协会、中国玻璃钢工业协会和省复合材料学会的有关领导、权威人士、专家学者，国内重点汽车零部件和玻璃钢企业法人代表300多人参加。

10月22日 省政府农业专家顾问团到武城县视察“村村通”自来水工程，对武城县实施集中连片规模化供水的做法给予充分肯定。

11月14日 武城县被授予“全国婚育新风进万家先进县”称号。

11月17日 武城县天然气工程奠基。该工程总投资1.1亿元，中石油公司投资3700万元，济南博远能源公司投资7300万元。工程于翌年9月28日投入使用。

11月 武城县创建省级园林城工程竣工。完成15条道路、15个景点工程建设。新增排水管道27.8千米、硬化面积6.7万平方米、公共绿化面积34.8万平方米。城区绿化率25%，绿化覆盖率28%，人均公共绿地6平方米。

同月 “古贝春”商标被认定为“中国驰名商标”。

同月 国家统计局公布2004年度全国棉花生产百强县名单，武城县位居44位。

12月20日 武城县利民污水处理厂工程开工建设，占地4万平方米，设计日处理污水3万吨，总投资8340.16万元，2008年9月竣工。出水水质达到国家一级B标准（GB18918-2002）。

12月 武城县汽车零部件产业集群被评为“山东十大（工业）产业集群”。

同月 山东神龙毯业公司生产的“龙禧”地毯、中南集团有限公司生产的“漳南”玻璃钢通风设备分获省著名商标。

是年 德（州）武（城）公路（果里桥—孟庄）改造工程竣工。路面宽24米，总投资1248万元。

是年 全县实现“村村通”公路。

是年 武城县疾病预防控制体系和传染病救治体系建成启用。

是年 武城县在老城镇、杨庄乡、李家户乡开展新型农村合作医疗制度试点。

2006年

1月1日 按照中共中央、省、市规定，全县取消农业税。

2月15日 武城县第十四届人民代表大会第四次会议审议批准《关于〈武城县国民经济和社会发展第十一个五年计划纲要〉的决议》。

3月 县政府编制完成《武城生态县建设规划》。7月26日 武城县第十四届人大常委会第二十二次会议，同意并批准《武城生态县建设规划》。

4月1日 县委、县政府成立社会主义新农村建设工作团，选派57个县直部门、120名业务骨干，组成41个工作组驻村帮助工作。

4月26日 共青团武城县第十五次代表会召开，会议选举产生共青团武城县第十五届委员会，宋传虎当选为书记。

4月 全省第五届职工运动会羽毛球比赛在武城县举行。

同月 山东武城经济开发区被国家发改委批准为省级开发区。

5月5日 中南控股有限公司在新加坡交易所成功挂牌上市，实现全市民营企业上市和境外上市零的突破。

5月11—16日 全县首批50名示范村党支部书记在山东农业大学参加“建设社会主义新农村党支部书记培训班”。

5月20日 县委书记邓光亮在全国社会主义新农村和人口计生网络座谈会上作题为《彰显人口文化大院活力，全力助推新农村建设》的典型发言。

5月26日 在武城县举行全市“青春建功新农村——百千万农村青年创业计划”启动暨重点项目签约仪式。该计划包括万名农村青年致富能手培养、千名农村青年小老板培养、百名农村青年企业家培养3项内容。

5月31日 武城县被确定为全省新农村新家庭建设示范试点县。

5月 武城县被建设部定为全国县域村镇体系规划编制试点县。

6月20日 省人大常委会调研组到武城县调研上半年国民经济和社会发展计划、财政预算执行情况，并就财政转移支付资金到位和使用、取消农业税后县乡经济发展和财政运行等情况进行座谈。

7月11日 省委常委、常务副省长林廷生带领省直部门有关负责人到武城县检查漳卫南运河防汛工作。

7月21日 武城县旅游局成立。

8月 《中共武城地方史（1921—1949）》出版发行。该书客观地反映武城县党、政、军从无到有，由弱到强，不断发展壮大的历程。

同月 武城县技工学校成立，为副县级单位。

9月6日 武城县举行山东古贝春有限公司年产10万吨白酒项目投产、年产10万吨酒精项目奠基和中南汽车城项目奠基仪式。

9月16日 省军区副政治委员鲁建华到武城县考核武装部党委班子。

9月23日 中国人口文化促进会常务副会长兼秘书长朱明媚到武城县考察农村人口文化大院建设。

9月25日 武城县“村村通”自来水工程竣工，成为山东省第九个，德州市第一个整建制实现“村村通”自来水的县。副省长贾万志出席剪彩仪式。

10月18日 武城县老干部活动中心暨老

年大学综合楼正式落成，总投资283万元。

11月 升平广场工程竣工。该广场南北长265米，东西长292米，占地7.73万平方米。

12月28日 武城县城区改水工程竣工。总投资3000余万元，日供原水1万余吨。

是年 武城县与潍坊青州市、临沂罗庄区结成友好县市。

是年 《武城县文化旅游产业发展总体规划》通过专家论证。

是年 全县停止使用久效磷等5种高毒有机磷农药。

是年 武城县实施省级户用沼气建设项目。

是年 山东武城康达化工有限公司"催化法生产农药、医药中间体绿色化工新工艺"项目获国家科技进步奖二等奖。

2007年

1月19日 县十四届人大常委会第二十五次会议表决通过决定任命王立来为县政府副县长，代县长。

1月25日 省委书记张高丽，省委常委、省总工会主席柏继民到武城县调研。听取县委书记邓光亮工作汇报、察看鲁权屯镇和滕庄镇工业基地、走访慰问老党员和困难职工。

1月30日 省军区司令员谈文虎到武城县武装部检查工作。

2月6—7日 中共武城县第十一次代表大会召开。邓光亮代表中共武城县第十届委员会作题为《创造新优势、实现新发展，为加速赶超全省平均发展水平而努力奋斗》的工作报告。徐光代表中共武城县纪律检查委员会向大会做工作报告。会议表决通过了县委、县纪委工作报告的决议。选举产生由33名委员，7名候补委员组成的中共武城县第十一届委员会；选举产生由20名委员组成的中共武城县纪律检查委员会。选举25人为市第十三次党代会代表。

3月 武城县被确定为全国新型农民科技培训工程示范县。

4月 古贝春有限公司被中华全国总工会授予"全国五一劳动奖状"。

5月 武城县振华街西延、广运街建设工程开工。振华街西延全长1400米，总宽45米，路面宽32米，总投资240万元。广运街全长5000米，总宽50米，路面宽16米，总投资460万元。

6月9日 省委常委、常务副省长王仁元到武城县视察恩县洼滞洪区防汛物资仓库、牛角峪退水闸、四女寺枢纽等防汛工程。

6月17日 新（城）甲（马营）路改造工程竣工。该路段全长6160米，油面宽5.5米，总投资220万元。

7月 南水北调工程建设管理局成立。

8月20—24日 山东电视台对武城县进行为期五天的县域经济专题采访，全面拍摄工业、农业等领域重点项目建设情况，并围绕"三城""三县"、六大"国字号"品牌、南融北接、城市建设等工作对县委书记邓光亮、代县长王立来进行专访。

9月22—23日 中国·武城汽车零部件产业发展论坛在武城开幕。其间，举办武城县重点工业项目集中开工投产仪式、"中国汽车零部件产业城"授牌仪式等活动。邀请国内汽车零部件行业有关领导、专家学者，国内知名汽车企业代表等近百名嘉宾参加。

10月18日 国家环保总局华东督查中心检查组到武城县检查指导环保工作，对武城县污染物减排及郝王庄镇造纸厂生产情况进行检查。

11月9日 武城县运河大桥奠基。该桥东接省道318线，西接河北省故郑大线，全长

617.08米，桥面宽度16米，建设标准为双向四车道，设计荷载为公路-I级，设计时速为80千米，总投资8600万元。2008年2月28日开工建设，2009年6月18日竣工。副省长才利民参加通车典礼。

11月9日 省道254线武城段改建工程竣工。总投资2.4亿元，全长31.4千米，路面宽24米，公路两侧均建有5米宽绿化带。

11月 武城县被省委、省政府命名为“山东省发展中小企业先进县”。

同月 武城县台湾工作办公室成立。

12月 武城县开展第一次污染源普查。

12月11—12日 政协武城县第八届委员会第一次会议召开。会议选举产生政协第八届常务委员会，任永贵当选为县政协主席。

12月12—13日 武城县第十五届人民代表大会第一次会议召开。出席大会代表192名。邓光亮当选为县人大常委会主任，史光毅当选第一副主任，王立来当选为县政府县长。

是年 武城县实施国家小麦及棉花良种补贴项目。

是年 武城县与济南市历城区、长清区，天津市武清区缔结友好县市。

2008年

1月26日 古贝春有限公司总经理周晓峰当选第十一届全国人大代表。

1月 武城县被命名为“中国民营经济最具潜力县”。

2月25日 中国邮政储蓄银行武城县支行成立。

3月23日 山东神龙毯业有限公司生产的龙禧牌地毯荣膺“国家质量免检”产品。

3月23—31日 武城县在香港、深圳举办以“山东武城（香港、深圳）招商投资说明会”为主要内容的一系列大规模经贸招商活动，达成投资合作意向、协议18项，签订贸易合同2个，金额30多亿元。

3月24日 武城县第十五届人大常务委员会第二次会议表决通过樊兆杰任县政府副县长，代县长。5月5日，县第十五届人民代表大会第二次会议，选举樊兆杰为县政府县长。

4月8—9日 省委副书记刘伟到武城县视察“村村通”自来水工程，听取全县“村村通”自来水工程建设汇报。检查指导社会稳定和社会主义新农村建设工作，实地视察武城镇尚庄村、古贝春有限公司、武城镇法庭、县供水公司、武城镇司法调解中心。

4月30日至5月1日 世界华侨华人社团联合会副会长、西班牙伊比利亚中国文化基金会主席方新民一行到武城县参观考察，并举行“百市千县服务直通车”签约仪式。

4月 武城县被列为国家测土配方施肥示范县。

5月14日 全县党员交纳“特殊党费”91万元，支援汶川抗震救灾。

5月 武城县玻璃钢展览馆建成并投入使用，展馆共分为前沿区、文化区、产品实物区和企业展示区，集中展示全县玻璃钢产业的发展历程。

6月20日 省委常委、常务副省长王仁元到武城县考察防汛工作。

6月27—29日 《人民日报》、中央电视台、《经济日报》等13家中央媒体在武城县开展“改革开放30年，中央媒体看武城”集中采风活动，对全县和谐社会建设、社会主义新农村建设进行采风。

6月28日 市政府在武城县召开德州市首届运河文化研讨会武城论坛。

6月 武城县新农村建设办公室成立。

7月 古贝春有限公司被中华全国总工会

授予“模范职工之家”称号。

9月18日 武城县在上海举行中国武城玻璃钢材料环保节能高峰论坛暨武城特色产业重点项目推介会。

10月16日 县委印发《关于深入实施爱德工程、诚德工程、孝德工程、仁德工程，加强社会公德、职业道德、家庭美德、个人品德建设的意见》。

10月30日 武城县农业展览馆建成并投入使用，展馆设有综合展区、农业发展史展区、特色农业展区、农业产业化展区、现代农业展区、特色乡镇展区、一村一品展区、新农村建设展区、前景展望区和武城优质特色农产品营销区。

11月 武城县被中国食用菌协会评为全国“小蘑菇新农村建设”优秀示范县。

同月 武城县汽车零部件产业集群被评为“中国县域产业集群竞争力100强”。

同月 “古贝春”被商务部认定为“中华老字号”。

12月 神龙地毯博物馆建成并向游客开放，建有历史馆、珍品馆、新产品馆和腾飞馆4个展馆，建筑总面积4800平方米。

是年 武城县被批准为“全国工业旅游示范点”。

是年 武城县与河北省故城县结为友好县。

是年 武城县齐鲁汽车有限公司生产的“齐鲁”（汽车、救护车、旅行车）汽车获省著名商标。

2009年

1月1日 15时30分左右，武城县合力化工公司在乙腈项目设备调试过程中发生爆炸，1人当场死亡，4人经医院抢救无效死亡。

1月2日 省委常委、副省长王军民到武城县检查指导安全生产工作。

2月 武城县“科学规范和有效监督县委书记用人行为”试点工作获“2008年度全省组织工作创新奖”。

3月2日 县委书记邓光亮带领党政考察团到河北省邯郸市、宁晋县、冀州市、武邑县、景县、故城县参观考察重大工业项目。

4月10日 古贝春集团有限公司成立。

6月9日 武城县老城镇三合街村10亩高产攻关田预测单产667.5千克，创全县小麦单产历史最高纪录。

6月12日 省政协副主席乔延春一行到武城县就“构建全省粮食安全保障体系”进行专题调研。

6月14日 国家防总秘书长、水利部副部长刘宁，国家防总副主任李坤刚一行9人到武城县检查指导防汛工作。

6月15日 省委常委、常务副省长王仁元到武城县检查指导防汛工作。

6月18日 经省政府批准，滕庄镇撤销，其辖区并入鲁权屯镇。

6月18—24日 县委、县政府选派39名干部参加在济南大学举办的首期科级干部进高校更新知识培训班。

6月29日 武城县举行重大项目集中开工竣工仪式，有26个项目集中开工竣工，总投资34.27亿元，省人大常委会副主任时立军出席。

7月7日 武城县汽车及汽车零部件产业获“山东省首批特色产业集群”称号。

8月19日 武城县棉花产业协会成立。

8月25日 上午，由中宣部、中央文明办等10部委共同主办的中央电视台《激情广场》“爱国歌曲大家唱”山东·德州篇在武城县升平广场举行。

8月28日 由省城乡规划设计院编制的《武城县县域村镇体系规划》通过市专家评审。

9月24日 武城县第十五届人大常委会第十四次会议，审议通过《武城县城市整体设计方案》。

9月28日 武城县与德城区、平原县签订《共建平安边界睦邻友好公约》。

9月 武城县食用菌种植面积超过150万平方米，被中国食用菌协会授予“中国食用菌之乡”称号。

10月17日 第十三届德洽会武城投资说明会暨重点项目签约仪式在武城县贵都大酒店举行，会上签约项目35个，总投资27亿元。

10月28日 武城县人民医院利用以色列政府贷款247万美元购置医疗设备获国家发改委批复，总投资2144万元，批复以色列贷款主要用于购置螺旋CT、彩超、麻醉机、全自动生化仪等医疗设备。

10月31日 中华全国供销社总社监事会副主任、中国食用菌协会会长李树萍到武城县视察食用菌产业发展情况。

12月5日 古贝春集团有限公司荣登新中国60年山东百家领袖品牌榜。

12月8日 武城县被水利部列为全国首批水土保持监督管理县。

12月28日 《武城县土地规划（2006—2020）》通过评审。

2010年

1月21日 省委书记姜异康到武城县考察英潮经贸有限公司、齐鲁汽车有限公司、武城县第二中学和县人民医院。姜异康充分肯定全县经济社会发展取得的成绩，要求武城县进一步解放思想，突出特色，加快转变发展方式，调整经济结构，努力推动经济社会全面发展。

1月26日 武城县华兴棉花加工厂获得商标专用权质权融资300万元，此为山东省第一笔。

2月24日 国家海河流域污染防治核查组第三组，到武城县利民污水处理厂进行现场检查。

3月18日 武城县与青岛市城阳区结成友好县市。同时派出14名干部到城阳区挂职工作。

3月 武城县农村社区建设在李家户乡东升社区正式启动，至2014年9月，建成二层别墅区150栋，“4+1”住宅楼12栋，总建筑面积6.5万平方米，入住613户。

4月2—3日 中国台湾海峡两岸促进统一联谊会上海联络处主任杨军浩一行，到武城县考察投资项目并看望其资助的贫困学生。

4月7日 王立来任武城县委书记。

4月26日 武城县振华街改造工程开工。该工程全长5000米，面积14.64万平方米，总投资2000万元，8月16日竣工。

5月5—7日 武城县第十五届人民代表大会第四次会议听取并审议《政府工作报告》，选举王立来为县人大常委会主任。

5月12日 水利部副部长胡四一到武城县检查指导防汛工作。

5月27日 省军区政委南兵军到武城县检查指导工作。

5月31日 引黄济津潘庄线路应急输水穿漳卫河倒虹吸工程开工。总投资1.18亿元，全长1850米，设计输水量80立方米/秒，10月31日竣工。

6月21日 省委常委、常务副省长王仁元到武城县检查指导恩县洼滞洪区防汛工作。

6月22日 海河防总常务副指挥、海河委员会主任任宪韶一行到武城县检查指导工作。

7月6日 南水北调东线一期鲁北段工程建设开工仪式在武城县举行。

7月20日 经省政府批准，甲马营乡、杨庄乡撤乡建镇。

7月29—30日　全省“四德”工程建设工作会议在武城县召开。

7月　武城县被确定为全省小型农田水利重点县和现代农业小麦产业项目县。

8月1日　武城县山东齐鲁汽车制造有限公司与清华大学联合研发的首辆新能源客车成功下线。该车以电能为动力，最大续航里程200千米，与普通燃油客车相比，节能效果可达85%。这是德州市首辆有自主知识产权的新能源汽车。9月10日，该型号客车被指定为第四届世界太阳城大会用车。

8月3—4日　省政协原副主席汪峡带领省水利厅、省南水北调工程建设管理局等部门的专家，到武城县检查南水北调截污导流工程工作开展情况。

8月　武城县汽车零部件技术服务公共平台项目获工业和信息化部审批，获无偿资金280万元，成为德州市唯一一家获得国家资金支持的重点项目。

同月　武城县被省卫生厅确定为全省首批新农合支付方式试点县，参合农民看病付费从后付制向预付制过渡。

9月6日　古贝春集团有限公司在省政府、中国轻工业联合会、中国酿酒工业协会3家单位主办的中国低度白酒发展大会上被授予“中国低度浓香型白酒著名企业”。

9月17日　韩国前国务总理李海瓒、环境部前长官李致范、韩中交流协会会长金容德一行到武城县参观考察。

9月20—21日　第七届中国公民道德论坛在济南市召开，县委书记王立来作为唯一一个县级代表向与会人员介绍武城县“四德”工程建设工作经验。

9月　武城县神龙毯业有限公司生产的拥有自主创新、自有知识产权的机织工艺毯在省第二届工艺美术精品博览会获得金奖。

同月　武城县贸易委员会与对外经济贸易委员会合并，成立武城县商务局。

10月1日　省道318线升级改造工程竣工。该工程于4月20日动工，东起省道254线德商路口，西至新建的武城运河大桥，全长18.99千米，沥青混凝土路面26.6万平方米，总投资7000万元。

10月6日　中国棉花研究所所长喻树迅带领专家小组到武城县检查验收棉花高产创建项目。

10月17日　在中国首届“非物质文化遗产”博览会上，“古贝春”配制工艺传承人周晓峰、赵殿臣、吴兆征、董福新获“优先传承人”称号。

10月23日　引黄济津潘庄线路应急输水工程竣工。水利部部长陈雷，山东省省长姜大明、副省长贾万志，德州市委书记雷建国、市长吴翠云以及天津市、河北省有关领导参加通水仪式。

10月　武城县鲁权屯镇被省机构编制委员会、省发改委等10个部门确定为全省经济发达镇行政管理体制改革试点镇，是德州市唯一的省改革试点镇。

同月　武城县城市资产运营公司成立。

同月　武城县人事局与劳动和社会保障局合并，改称人力资源和社会保障局。

11月1日　武城县开展第六次全国人口普查，零时起进入正式入户登记阶段，普查结果显示，全县常住人口为376063人。

11月12日　中国人权基金会副会长“孝行天下”系列活动筹委会副主任肖平到武城县调研“四德”工程建设和运河文化建设工作。

11月20日　共青团武城县第十六次代表大会召开，会议选举产生共青团武城县第十六届委员会，侯志刚当选为书记。

11月25日　武城县广运街道城关社区、甲马营镇田庄村、杨庄镇瑞杨社区被全国妇联授予首批“全国妇联基层组织建设示范村”。

11月 大屯水库工程开工建设，占地648.89万平方米，库容5209万立方米，总投资11.14亿元，2013年5月27日竣工蓄水。该工程系南水北调东线一期终点站。

12月29日 市委决定，王胜强任武城县委副书记，提名为县政府县长候选人。

2011年

1月1日 县委机关报——《武城时报》正式创刊。

1月11—13日 武城县第十五届人民代表大会第五次会议召开。会议审议通过《武城县国民经济和社会发展第十二个五年规划纲要》。选举王胜强为县政府县长。

1月12日 经省政府批准，将杨庄镇、老城镇合并为老城镇。成立四女寺镇，将鲁权屯镇所辖四女寺村、卧虎庄村等36个行政村和郝王庄镇所辖张官寺村等26个行政村划归四女寺镇管辖。将武城镇所辖董前坡村等8个行政村划归广运街道。

1月 古贝春集团有限公司入选“山东（行业）十大品牌民营企业”，成为全省唯一入选的白酒企业。

同月 武城县教师进修学校被教育部评为“教育奠基中国——全国名优学校”，校长祁兴军被评为“全国名优校长”。

3月12日 德州市“保护母亲河·共建生态林”启动仪式在武城县郝王庄镇举行。

4月7日 国务院南水北调办公室副主任于幼军到武城县调研南水北调东线工程建设及治污环保工作。

5月 武城县建德水库开工建设，占地187.44万平方米，库容960万立方米，总投资1.84亿元。2013年12月蓄水，2014年3月对外供水。

7月 《红色记忆》出版发行。该书由县史志编集研究室编辑，以老党员、老干部回忆录为题材。

9月9日 经省政府批准，李家户乡撤乡建镇。

10月19日 韩国阴城郡副郡首宋任宪带领友好代表团到武城县参观考察。举办中韩友好合作（武城）恳谈交流会，武城县同韩方签订《中国德州市武城县——韩国忠清北道阴城郡关于建立友好县郡关系的意向书》，双方结成友好城市。

11月4日 武城县幸福中心开工建设，占地5.2万平方米，建筑面积3.7万平方米，总投资1.5亿元，集医疗康复、社会养老、健康保健、残疾人康复等功能于一体，设养老床位350张，医疗康复床位62张。2016年9月9日投入使用。

11月8日 德州玲珑有限公司年产1000万套高性能半钢和200万套全钢子午线轮胎项目开工。该项目由中国企业500强、世界轮胎16强企业玲珑集团投资兴建，总投资108亿元。

12月7日 德州银行武城支行成立。

12月 武城县规划局成立。

2012年

1月5—7日 中共武城县第十二次代表大会召开。王立来代表中共武城县第十一届委员会作题为《坚持科学发展、加速跨越赶超，为建设繁荣富裕生态和谐的幸福武城而奋斗》的工作报告。赵华代表中共武城县纪律检查委员会向大会做工作报告。会议表决通过了县委、县纪委工作报告的决议。选举产生由33名委员，7名候补委员组成的中共武城县第十二届委员会；选举产生由20名委员组成的中共武城县纪律检查委员会。选举25人为市第十四次党代会代表。

1月10—11日 政协武城县第九届常务委员会第一次会议召开。会议选举产生政协第九届常务委员会，陈朋金当选为县政协主席。

1月11—12日 武城县第十六届人民代表大会第一次会议召开。县长王胜强代表县政府向大会作《政府工作报告》。选举产生武城县第十六届人大常务委员会和第十六届人民政府，王立来当选为县人大常委会主任，王英华当选为第一副主任，王胜强当选为县政府县长。

1月16日 省委常委、副省长孙伟到武城县走访慰问老党员、困难职工和群众，并到相关企业实地调研创先争优活动开展情况。

2月23日 省级循环经济产业园区发展规划项目论证会在武城县召开。

2月24日 武城县英潮经贸有限公司被农业部确定为农业产业化国家重点龙头企业。

2月 武城县被省委、省政府、省军区授予“省级双拥模范县”。

3月 武城县鲁权屯镇被列入第三批全国城镇发展改革试点镇。

4月5日 南水北调武城灌区影响处理工程8个分部工程通过市级验收并投入使用。

4月12日 副省长王随莲到武城县调研基层医改、全民健身、乡镇计划生育服务站建设、食品安全及项目建设等工作。

4月14日 18名省直单位选派农村第一书记到武城县任职。

4月18日 国家南水北调办公室总工程师沈凤生到武城县调研南水北调工程建设情况。

5月10日 省吕剧院送戏下乡文艺演出暨武城县2012年文化下乡百场演出启动仪式在升平广场举行。

5月22日 省水利厅与国家开发银行山东分行第一批项目签约仪式在济南举行。武城县重点民生工程——建德水库项目在仪式上签约，获3600万元投资支持。

5月 运河文化城市综合体项目开工，总投资5亿元，全长7800米。

6月6日 武城县2011年度小型农田水利重点县项目通过省级验收。

6月29日 县委书记王立来在全省社会主义核心价值体系建设“四德”工程现场观摩会上作题为《深化“四德”工程，构建幸福武城》典型发言。

6月 武城县文化市场综合执法局成立。

7月5日 武城县被省委、省政府授予“2009—2011年全省县域经济跨越发展先进单位”称号，并获奖金200万元，是全市唯一一个受表彰的县。

7月24日 副省长张建国带领省防汛检查组到武城县检查指导海河流域防汛和汛期安全生产工作。

7月26日 水利部党组成员、中纪委驻水利部纪检组组长董力到武城县就漳卫南运河管理工作进行调研。

7月30—31日 30日7时至31日18时，武城县遭受大暴雨袭击，全县平均降雨量142毫米，城区降雨量202毫米。

8月19日 中央电视台《新闻联播》头条以《粮袋子的十年变迁》为主题，报道反映武城县种粮大户生活变化、展示武城县农民崭新精神风貌的新闻，实现武城县对外宣传工作历史性突破。

8月22—24日 武城县在德州举办交通装备产业招商对接大会暨重点项目签约仪式和“抢抓机遇·合作共赢”2011—2012年山东玲珑轮胎合作伙伴大会。

9月16日 中国汽车技术研究中心武城基地揭牌成立。

10月20日 省人大常委会常委、民盟省委副主委仪平策，省政协常委、副秘书长、民盟省委副主委董利忠到武城县开展帮扶工作。

10月31日 国务院南水北调办公室副主任蒋旭光到武城县调研大屯水库建设情况。

11月12日 “陕汽杯”2012全国越野卡车大赛总决赛在武城县举行，CCTV-5现场直播。华夏银行ETC超级卡车队获团体冠军，固铂成山轮胎队获亚军，陕汽长沙环球队获季军。

12月15日 武城县在2012第七届中国全面小康论坛会上，获“2012中国全面小康成长型百佳县市”，成为全市唯一获此殊荣的县。

12月 老城镇棉花产业园区被评为“中国中小企业创新服务先进园区”，全省仅此一家产业园区获此殊荣。

2013年

1月14日 雷锋生前战友乔安山应邀到武城县作“学雷锋倡四德”专题报告会。

1月 武城县获省投资环境最佳县（市）。

3月 武城县党员干部党性教育基地建成并投入使用。

4月16日 农业部副部长陈晓华到武城县调研现代农业及农业产业化工作情况。

4月17日 武城县新奥宇车业股份有限公司在齐鲁股交中心挂牌，是武城县第一家成功挂牌的企业，也是全省低速电动车行业首家实现挂牌的企业。

5月5日 全国政协副主席、民盟中央常务副主席陈晓光率民盟中央调研组到武城县考察调研社会保障、养老及医疗保险、社会救助、老年服务体系建设等情况。

5月15日 “陕汽杯”2013全国超级卡车大赛首站赛在武城县开赛。固铂成山轮胎队获冠军，自由战士服饰队获第二名，华夏银行ETC队获第三名。程雷获蛇形单边挑战赛冠军。

6月8日 省委常委、副省长孙伟到武城县检查漳卫南运河防汛工作。

6月28日 张传忠任武城县委书记。

7月25日 省委常委、省纪委书记李法泉到武城县调研党的群众路线教育实践活动开展情况。

9月21日 中国工程院院士、中国农业科学院副院长吴孔明到武城县调研。

9月23日 古贝春集团有限公司职工赵士君在济南军区总医院为湖北武汉一名白血病患者进行造血干细胞捐献采集，赵士君为武城县捐献造血干细胞第一人。

9月27日 国家质检总局副局长吴青海到武城县调研棉花加工业企业生产情况。

10月15日 省委常委、省军区政委刘从良到武城县检查指导武装工作。

10月18日 17时50分，境内省道254线坡寺路口发生交通事故，4名学生和面包车驾驶员死亡。

11月19日 国务院南水北调办公室副主任于幼军到武城县检查南水北调东线鲁北段大屯水库试运行情况。

11月21日 泰国国会特委会主席顾问、东盟加六国贸易促进委员会主席、泰国华文教师工会主席、泰国通讯记者协会主席罗宗山率泰国国际贸易商会暨东盟加六国贸易促进会代表团到武城县考察。

11月22日 武城县在北京举行2013山东德州融入首都经济圈合作恳谈会暨北京德州商会揭牌仪式。武城县3个工业项目、2个人才项目成功签约，其中工业项目总投资28亿元。

11月29日 9时，中央人民广播电台“中国乡村之声”频道在《乡土乡情》大型直播节目中播出《辣椒之乡——山东武城》专题节目，首次全面介绍武城县经济社会发展情况和独特的地域风情，时长60分钟。

12月17日 古贝春工业旅游园区被评为国家AAA级旅游景区。

12月28日 武城县城乡供水一体化工程竣工。

12月 武城县地方金融监督管理局成立。

2014年

1月6日 武城县运河古镇文化风景区暨中华孝文化传播基地一期竣工。

1月8—9日 武城县第十六届人民代表大会第三次会议选举张传忠为县人大常委会主任。

1月 武城县区域合作办公室和武城县外商服务中心成立。

2月17日 武城县举行重点招商引资项目春季集中开工仪式，全县16个项目同时开工，总投资79.28亿元。

2月22日 省级重点贫困村农户建档立卡试点工作动员会议在武城县召开。武城县是全省唯一承担此次试点工作的县。

3月3日 副省长孙绍骋到武城县就社会养老服务体系建设、维护被征地农民合法权益、推进新型城镇化等工作进行专题调研。

3月6日 按照中央、省、市部署，在全县党政机关开展党的群众路线教育实践活动，主要解决形式主义、官僚主义、享乐主义和奢靡之风“四风”问题。367项即知即改问题、240项集中整改问题、203条意见建议全部整改落实，超标配备公车、公车私用、办公用房超标、公职人员“吃空饷、拿双薪”“慵懒散拖”等一批老大难问题得到清理和纠正。

3月18—21日 水利部水规总院专家评审组到武城县对恩县洼滞洪区建设规划方案进行现场评审。

4月1日 省政协副主席郭爱玲带领省政协调研组到武城县就城镇化进程中历史文化保护与传承情况进行专题调研。

4月2日 环境保护部华东环境保护督查中心副主任缪旭波率国家海河流域“十二五”水污染防治规划实施情况考核组到武城县核查。省环保厅厅长张波、市委书记吴翠云、市长杨宜新陪同。

4月30日 副省长赵润田到武城县调研扶贫开发及农户建档立卡工作。

5月12日 全省农村扶贫开发精准识别工作现场培训会议在武城县召开，副省长赵润田、市委书记吴翠云，省农业厅厅长、省扶贫办主任王金宝等领导出席会议。

5月30日 武城县城区居民生活用水全部供应黄河水。

5月 武城县第一中心敬老院投入使用。该院位于武城镇西贾庄村北，德商路以南。投资800万元，占地3万平方米，建筑面积5000平方米，拥有床位200张。

6月5日 省委常委、常务副省长孙伟到武城县检查指导防汛工作。

6月 武城县于晶家庭获“全国五好文明家庭”称号。

同月 四女寺水利枢纽被列为全国重点文物保护单位，是全县首个国家级文物保护单位。

7月 武城县志远粮棉种植专业合作社被评为全国农民专业合作社示范社。

同月 武城县老城镇韩寨村村民韩富彬发明的多功能农用田间管理机获国家知识产权局颁发的发明专利证书。

同月 《中国共产党山东省武城县组织史资料（1998—2014）》出版发行。

8月1日 省人大常委会常委、民盟省委副主委仪平策，省政协常委、副秘书长、民盟省委副主委董利忠带领山东农业大学专家到武城县视察农业项目。

8月2日 国家档案局局长、中央档案馆馆长杨冬权到武城县调研经济社会发展情况和档案管理工作。

9月4日 “陕汽杯”2014全国超级卡车大赛武城站决赛在武城县开赛，玲珑轮胎车队获冠军，e途行车记录仪队获亚军，自由战士服饰队获季军。

9月22日 中国农科院“玉米吨粮”高效增产综合技术生产模式示范现场观摩会在武城县召开，中国农科院党组书记陈萌山，中国工程院院士、中国农科院副院长吴孔明等出席。

9月26日 武城县与济南大学签订《济南大学·武城县人民政府战略合作协议》和《济南大学·武城县人民政府共建济南大学武城综合技术转移中心协议》。

10月11—12日 副省长赵润田到武城县调研玉米籽粒收获和扶贫开发工作。

10月 武城县四女寺镇岳官屯村人韩雪在省第九届残疾人运动会上，获得短跑100米、200米，跳远3枚铜牌。

11月5日 中椒英潮辣业发展有限公司生产的“英潮”辣椒粉在第十二届中国国际农产品交易会上评为参展产品金奖。

11月10日 省长助理、省政府党组成员、省公安厅厅长徐珠宝到武城县检查指导APEC会议期间安保工作。

11月21日 省人民检察院检察长吴鹏飞带领省人民检察院班子成员，省内各市人民检察院检察长，驻省全国人大代表、全国政协委员以及部分人民监督员到武城县观摩基层监察室建设情况。

11月 武城县四女寺镇入选省首批“宜居小镇”，是全市唯一入选的乡镇。

12月 全市首家农村综合产权交易中心在武城县成立。

2015年

1月9日 武城县农村综合产权交易中心完成第一笔交易，甲马营镇志远粮棉种植合作社理事长牛文志以每亩每年800元的流转价格获得甲马营镇田庄村11户农民18.93公顷土地13年的经营权。

1月 武城县四女寺湿地公园被评为省级水利风景区。

3月15日 一村民在武城县六六河捕获一条娃娃鱼，长62.5厘米，重2.3千克。经省海洋与渔业厅协调，16日被安置到泉城海洋极地世界。

3月20日 山东省物价局确定把武城辣椒价格指数列入山东价格指数体系建设规划，成为德州市第一个被列为该体系的价格指数。

4月7日 古贝春集团有限公司院士工作站揭牌。中国工程院院士、中国农科院副院长吴孔明，中国农科院成果转化局局长袁龙江，省农科院副院长刘兆辉出席。

4月28日 古贝春集团有限公司灌装车间主任王树文被授予“全国劳动模范”称号。

4月 武城县烈士陵园竣工。该陵园位于县城西北、鲁权屯镇西王屯村南，投资2000余万元，占地3.33万平方米，集烈士祭奠瞻仰、爱国主义教育于一体，填补武城县无大型革命烈士纪念设施的空白。

同月 古贝春大街升级改造工程开工。该工程全长6500米，设计路面宽度31米，两侧铺设8米宽人行道、铺设污水管网，横穿路面弱电管道26道，改造桥梁2座。

5月8日 省道318线改建项目获省发改委批准。该路东起高庄，西至后马棚。总投资1.5亿元，全长9200米，双向4车道，设计时速80千米/小时，路基宽24.5米，国家一级公路标准，建设工期 18 个月。

5 月 11 日 省委副书记、省长郭树清到武城县调研城镇化和新农村建设、乡村旅游、农村合作金融、公路项目建设等情况。

5 月 23 日 中椒英潮辣业发展有限公司董事长谭英潮荣膺第 12 届“2014 山东十大财经风云人物”，是德州市唯一获此殊荣的企业家。

5 月 由县委、县政府主办，县党史史志办公室承编的大型地情综合性工具书《武城年鉴》创刊。

6 月 1 日 全县首个家庭分布式光伏发电项目在武城县尚庄村并网发电，装机容量为 5 千瓦，全年发电 1200 千瓦时以上。

6 月 9 日 北京市政府党组成员夏占义在副省长赵润田，市委副书记、代市长陈飞陪同下，到武城县就南水北调东线向北京供水路线可行性进行考察。

6 月 武城县首个电子商务产业园区建成。

7 月 武城县成为全国深化县城基础设施投融资体制改革试点县之一，是全市唯一入选的县市。

同月 国内首家辣椒技术研究院——中椒英潮技术研究院揭牌，由中椒英潮辣业发展有限公司与湖北省农科院、德州农科院共同建立。

8 月 9 日 古贝春集团有限公司的“古贝元及图”商标被国家工商总局认定为中国驰名商标。

8 月 21 日 武城圆融村镇银行开业。

8 月 28 日 省政协副主席雷建国到武城县调研政协委员队伍建设工作。

9 月 9 日 古贝春集团有限公司国蕴六道酒获比利时布鲁塞尔国际烈性酒大奖赛金牌奖。

10 月 21 日 省政协副主席许立全到武城县调研政协界别工作、委员活动及京杭大运河开发治理情况。

11 月 5 日 中国纤维检验局党组书记徐水波到武城县调研棉花加工质量工作。

11 月 24 日 德州市汽车零部件产业联盟在武城县成立。

11 月 25 日 武城县与齐鲁工业大学签订战略合作协议。齐鲁工业大学校长陈嘉川，市委常委、副市长、武城县委书记张传忠出席签约仪式。

12 月 12 日 在北京举行的德州融入京津冀协同发展推介会上，武城县签订 LNG 调峰储备库存和粮食深加工项目，总投资 14.3 亿元。

12 月 28 日 武城县农乐蔬菜专业合作社被农业部授予“全国农民专业合作社示范社”。

12 月 29 日 中共武城县委十二届五次会议召开。全委会深入学习贯彻党的十八届五中全会、省委十届十三次全会和市委十四届八次全会精神，审议通过《中共武城县委关于制定武城县国民经济和社会发展第十三个五年规划的建议》。

12 月 武城县妇幼保健院被国家卫计委、联合国儿童基金会和世界卫生组织授予“爱婴医院”称号。

2016 年

1 月 1 日 武城县仁爱敬老院投入使用，是全县首家医养结合新型养老机构。总投资 3050 万元，建筑面积 1.6 万平方米，设置床位 800 余张，集养老托老、医疗康复、老年养生为一体，以医养结合为特色的“医护型”综合养老护理机构。

1 月 18 日 武城县第十六届人大常务委员会第三十二次会议表决通过张磊为县政府副县长，代县长。

1 月 26—27 日 武城县第十六届人民代表大会第五次会议审议并通过县政府工作报告，审查批准《武城县国民经济和社会发展第十三个五年规划》，选举张磊为县政府县长。

1月 武城县入选国家农村承包土地经营权抵押贷款试点县，是全市唯一县（市区）。

同月 古贝春集团有限公司董事长、总经理周晓峰获“1985—2015中国白酒历史杰出贡献人物”称号。

3月4日 “中国武城英潮辣椒价格指数”项目启动仪式在武城县举行。该指数是全国辣椒行业内唯一一支在编的价格指数。

3月29日 中国农业发展银行总行副行长鲍建安到武城县调研。

3月 武城县被列为全国结合新型城镇化开展支持农民工等人员返乡创业试点县，系全市唯一入选县（市、区）。

同月 武城县农乐合作社负责人吴君获全市首张“农村土地经营权证”证书，标志着德州以农村土地经营权为抵押的贷款模式正式启动。

4月8日 武城县李家户镇郑官屯村人孙立荣获“山东好人”2015十大年度人物。她在父亲卧床不起、母亲残疾的情况下，孝老爱亲，品学兼优，用实际行动践行中华民族的传统美德。

4月28日 按照上级部署，全县“两学一做”学习教育全面启动。

5月10日 武城县大班额和“全面改薄”项目开工，总投资6.39亿元。

5月13日 省委常委、常务副省长孙伟到武城县调研县域就地城镇化工作。

5月 武城县开通县城至郑口（河北省故城县）、县城至鲁权屯、县城至滕庄3条公交线路，首批投入6辆新能源公交车。

同月 中椒英潮辣业发展有限公司谈振永获全国第九届“发明创业奖·人物奖”，是武城县首次在发明创造领域获国家大奖。

6月20日 国家发改委副主任胡祖才到武城县调研新型城镇化和特色小城镇建设工作。

7月1日 武城县城乡居民养老保险基础养老金最低标准由每人每月85元提高至100元。

8月10日 省城镇化工作领导小组第四次全体会议，审议通过《武城县实施产城融合推进就地城镇化试点方案》等有关文件和试点工作方案。

8月12日 德（州）上（饶）高速公路德州至夏津段竣工，武城境内始通高速公路。武城段全长52.5千米，设有漳南镇、武城西、武城北3处互通立交桥。

9月 “三湖一环”水系景观工程竣工。该工程2014年开工建设，东至青龙河、南至北方街、西至西环路、北至六六河，总投资1.7亿元，占地113.34万平方米。

10月14日 “才聚贝州·智汇武城”创新创业对接推介会暨重点项目签约仪式举行。共有11个项目集中签约，涉及新能源空调、汽车及汽车零部件、新型纺织（地毯）、现代机械（农业机械）、现代物流及电子商务等5个产业。

10月17日 鲁权屯镇100兆瓦光伏扶贫电站项目被国家能源局和国务院扶贫办列为第一批光伏扶贫项目。

10月 武城县鲁权屯镇和老城镇被国家住建部、发改委等7部委列为全国重点镇。

同月 全县城乡环卫一体化保洁服务项目，成功入选财政部第三批PPP示范项目。

11月10日 全省实施产城融合推进就地城镇化暨全市户籍城镇化率改革试点工作现场会议在武城县召开。

11月23日 县长张磊在全省“两权”抵押贷款试点工作会议上作题为《强化政府主导、规范平台建设，积极开展农村承包土地的经营权抵押贷款试点工作》的典型发言。

11月30日 副省长夏耕到武城县调研经济社会发展情况。并到昌盛日电光伏科技示范扶贫产业园、县农村综合产权交易中心、中椒英潮辣业发展有限公司、神龙毯业有限公司、常兴集团和欧莱瑞纳有限公司等地考察。

同日 张磊任武城县委书记。

11月 中椒英潮辣业发展有限公司“英潮牌”辣椒及制品获省首批知名农产品品牌。

12月16日 武城县第十六届人大常务委员会第四十一次会议表决通过朱恩鹤为县政府副县长，代县长。

2017年

1月12—14日 中共武城县第十三次代表大会召开。张磊代表中共武城县第十二届委员会作题为《积极地稳，主动的进，让党中央治国理政新理念新思想战略在武城落地生根开花结果》的工作报告。乔咏梅代表中共武城县纪律检查委员会向大会做工作报告。会议表决通过了县委、县纪委工作报告的决议。选举产生由36名委员，7名候补委员组成的中共武城县第十三届委员会；选举产生由25名委员组成的中共武城县纪律检查委员会。

1月14—17日 政协武城县第十届常委会第一次会议召开。会议选举产生政协武城县第十届常务委员会，王志强当选为县政协主席。

1月15—18日 武城县第十七届人民代表大会第一次会议召开。会议选举产生第十七届人大常务委员会和第十七届人民政府，王英华当选为县人大常委会主任，朱恩鹤当选为县政府县长。

1月17日 副省长王随莲到武城县走访慰问困难群众、残疾人和困难企业职工。

1月22日 武城县第一届“星级文明户”评选表彰仪式在郝王庄镇大吕王庄村举行。

3月1日 武城县举行2017年“三个一批”活动重点项目集中开工仪式，确定“三个一批”项目27个，总投资109.5亿元。

3月23日 最高人民法院审判委员会专职委员杜万华，全国妇联权益部部长高莎薇到武城县调研家事审判工作。

3月30—31日 全省推进农业转移人口市民化现场会在武城县召开。

5月5日 全国未成年人保护多部门联动机制与网络平台建设研讨现场会在武城县召开。

5月17日 全国人大常委、教科文卫委员会副主任、致公党中央副主席严以新到武城县调研京杭大运河黄河以北段复航及沿线水资源利用工作。

5月18日 省政协副主席陈光到武城县就“培育山东白酒骨干企业和知名品牌，振兴山东白酒产业”进行专题调研。

7月26日 共青团武城县第十八次代表大会召开。会议选举产生共青团武城县第十八届委员会，元艳青当选为团县委书记。

8月22日 菲律宾总统中国事务特使、上好佳集团荣誉董事长施恭旗到武城县考察。

9月1日 省委常委、常务副省长李群到武城县调研漳卫南运河河长制工作。

11月22日 泰国泰山国际集团有限公司董事长、泰国山东总商会会长冯文亮带领泰国华侨考察团到武城县考察。

11月24日 《武城县志（1986—2013）》志稿评审会议召开。省史志办主任刘爱军、副主任李刚，市史志办主任李其常，省、市史志同仁，武城县领导张磊、刘之荣出席会议。评审专家对武城县志给予充分肯定，也提出了修改意见。

11月25日 中共武城县委十三届二次会议召开。审议通过《中共武城县委关于深入学习宣传贯彻党的十九大精神的决议》。

第一编

建置　区划

西汉初年设东武城县，西晋太康年间（280—289），改称武城县。隋初，属清河郡贝州贝丘县。唐代，属河北道贝州清河郡。北宋初，属河北东路贝州。南宋，武城属大名府路恩州。元代，属东平路。明、清，属山东布政使司东昌府高唐州。民国期间，先后属山东济西道、东临道、德临道、临清专署。新中国成立后，属河北衡水专区。1952年11月，属德州专区。1956年1月，撤销恩县，将恩县的滕庄、旧城两区及刘王庄区大部分并入武城县，同时武城县改属聊城专区。1958年武城县并入夏津县，属聊城专区。1961年6月，恢复武城县，属德州专区。1964年12月，山东省、河北省以运河划界，将卫运河以西地区划给河北省故城县。1965年9月，从平原县划来四女寺、张官寺、郝王庄、董王庄、大屯5个公社，形成今境域。1973年3月，因卫运河展宽，县城迁往现址。

1986年，全县辖3镇12乡，391个行政村。1992年，乡镇数未变，行政村增至393个。随后，经过6次行政区划调整和新农村建设，至2013年底，全县辖7镇1个开发区和1个街道，118个社区，71个行政村。

第一章 建 置

第一节 地理位置

武城县地处山东省西北边陲，鲁西北平原，京杭大运河东岸，隶属德州市。位于北纬37°4′16″—37°22′30″，东经115°51′43″—116°17′之间。东与平原县接壤，南与夏津县交界，西、北两面隔卫运河，同河北省故城县相望，东北与德城区为邻。距省会济南120千米，距首都北京350千米。

全境南窄北阔，东西宽27千米，南北长33千米，面积748平方千米，2013年，耕地面积4.9万公顷。县城位于县域中部偏南，县人民政府驻县城振华西街59号。省道254线、省道318线纵横贯穿全境，国道105线沿县域东界通过，德上（德州—上饶）高速公路从四女寺镇入境经鲁权屯镇、甲马营镇由李家户镇入夏津县域。卫运河自老城镇吕洼村南入境经甲马营镇、鲁权屯镇，由四女寺镇入德城区区域，全长62.5千米。

第二节 隶属沿革

夏、殷（商），属兖州地。春秋时期，属晋国东部边地。战国时期，属赵国，因地处赵国东境边塞，地形平阔，为防御齐国侵犯，筑城备武，武城因此得名。城址在今河北省故城县西半屯镇瓦子庄。

西汉初，置东武城县，治所在原城址。置县时，因左冯翊有一武城县（治所在今陕西省华县东7.5千米处），以坐落方位，故在武城名上冠一“东”字。同时置东阳县，治所在今卫运河东甲马营镇甲马营村西北，均隶属冀州刺史部清河郡。东汉建和二年（148），改清河郡为清河国，东武城县属冀州部清河国。三国时期，属魏国冀州部清河郡。

西晋初，沿袭东汉建制。太康（280—289）中去“东”字，改称武城县。

东晋十六国时期，初属后赵（咸和二年，327年），中属前燕（太和元年，366年），后属前秦（太元七年，382年），一直隶属清河郡。南北朝时期，初属南朝刘宋冀州部清河郡。北魏永安元年（528），在阳平郡平阳（今河北省故城县饶阳店）复建一城，亦叫武城县，原武城地省入贝丘县，均属清河郡。北齐天保七年（556）废阳平之武城县，将武城县移至信城县界。武城县治移至信城县旧城（今河北省清河县尹才庄附近），属清河郡。北周武帝建德六年（577），废清河郡置贝州，武城县属贝州。隋开皇六年（586），改武城县为清河县。析贝丘县武城旧地置武城县，又分置历亭县（县治位于今广运街道四关），属贝州。开皇十八年，改东阳县为漳南县（县治在今河北省故城县故城镇），属贝州。隋炀帝大业二年（606），废州，复置清河郡。隋代，今之武城县境，北部属漳南县，南部属历亭县，西南一隅属武城县。

唐代，属河北道贝州清河郡。唐高祖武德六年（623），迁漳南县城至漳南镇（今鲁权屯镇漳南镇村），仍属贝州。唐高宗调露元年（679）将武城县治移至永济渠（运河）西，即今河北省故城县祖杨附近。

北宋初，属河北东路贝州。宋仁宗庆历八

年（1048），改贝州为恩州，武城改隶恩州。至和元年（1054），漳南县并入历亭县。宋徽宗大观二年（1108），卫运河泛滥，武城县治东移5千米，即今老城镇政府驻地。

金代，金太宗天会十二年（1134），恩州治所迁历亭县（州县两治同城）。

元代，元世宗至元二年（1265），属东平路。至元七年，改隶高唐州。恩州仅辖历亭一县和司候司。

明代，属山东布政使司东昌府高唐州。明太祖洪武二年（1369），降恩州为县，直属东昌府。洪武七年（1374），恩县治东迁20千米之徐官镇（今平原县恩城）。

清代，属山东布政使司东昌府高唐州。清世宗雍正八年（1730）改隶山东东昌府临清州。

民国2年（1913），废除府、州制，山东省改设胶东、济西、岱南、岱北4道，武城县属济西道。民国3年，济西道改东临道，武城县属东临道。民国14年，改属德临道。民国16年，国民政府废除道制，设省、县两级政府，武城县径属山东省政府所辖。民国21年，属临清行政督察区。民国26年，属第四行政督察区。民国27年，属鲁西行署第四行政督察区。民国34年，属鲁西北办事处第四行政督察区。

1940年5月，武城县建立抗日民主政府，隶属冀南行政区，治所在西里屯（今属河北省故城县）。同年8月，改属冀南行政公署第六专区。1941年9月1日，改属晋冀鲁豫边区政府冀南行署第二专区。1945年5月，冀南行署合并为冀鲁豫区，武城县抗日民主政府属晋冀鲁豫边区政府冀鲁豫行署第二专区。

1949年8月13日，武城县改属河北省衡水专区。1952年，改属山东省德州专区。1956年1月（国务院批准时间2月24日），德州专区撤销，改属山东省聊城专区。同时恩县撤销，将恩县西部的滕庄、旧城两区及刘王庄区的大部分并入武城县。1958年12月，将武城县合并于夏津县，隶属聊城专区。1961年6月，夏津、武城分立，并恢复德州专区，武城县隶属德州专区。1964年12月（1965年3月12日国务院批准），山东河北两省以运河为界，将武城县运河以西区域的饶阳店、武官寨、祖阳庄3个公社和甲马营公社的14个自然村，共244个自然村划归河北省故城县。将河北省故城县所属郑口公社的南甘泉、北甘泉2个行政村划归武城县。1965年9月，将平原县的四女寺、张官寺、郝王庄、董王庄、大屯5个公社划归武城县，形成县域。1967年，德州专区改地区，武城县隶属德州地区。1973年，卫运河展宽，县城由今老城镇迁至东北20千米，即今县治。1995年4月，德州地区撤区建市，武城县隶属德州市。

第三节　境域变迁

据清乾隆十五年（1750）《武城县志》载：县境域东西40里，南北70里，治所在今老城镇，其四至四隅为：“东十二里至恩县界，七十里至县治；西二十五里至直隶之广平府清河县界，五十里至县治；南二十里至夏津县界，五十里至县治；北五十里至直隶之河间府故城县界，七十里至县治。东南二十五里至夏津县界；东北二十五里至恩县界；西南十八里至清河县界；西北五十里至直隶之冀州枣强县界，九十里至县治。由县治东南二百八十里达于省城；由县治北七百八十里达于京师。”

此境域一直延续到民国时期。随着政区变化，武城县有四次较大变动。

1912—1949年，县界北起卫运河旁邢庄，向南经漳南镇、兰庄、玉皇庙，跨卫运河至芦庄折回，经吴小屯、龙湾入沙河，至辛庄和恩县接壤。顺沙河南下，至十八户转向西去到卫运河，与夏津县交界。在吕洼过卫运河，经辛堤、吕华庄、张里村，至军营入清凉江北上到北马村，分别与河北省清河、南宫、枣强三县为邻。在北马村转向东去，经李官屯、周辛庄，至河北省郑家口镇与故城县交界。

1949年至1956年3月，北部县界以卫运河区分，其余未变。1956年3月调整行政区划，县界自郑家口镇沿卫运河东去，至二屯南下，经张郭秦、沙窝屯、辛王庄、郎寨、郑官屯入沙河连接老县界，沿线分别与平原县、夏津县接壤。

1964年12月（1965年3月12日国务院批准），山东、河北两省以卫运河划界，自郑家口镇至吕洼段，卫运河以西地区为河北省故城县。

1965年9月，从平原县划来5个公社，东北部以德恩公路为界，至孟庄入沙河，向南到岳觉寺与平原县接壤。而后转向西去，至辛王庄连接原有县界和夏津县为邻。至2013年底，没有发生变化。

第二章　行政区划

第一节　县城

县城位于县域中部偏南。1986年，武城县城有纵横5条街道，青龙河将县城分为东西两部分。东西向称街，共3条；南北向称路，共2条。振华街（原中心街）西起县政府，东至食品公司（今历亭路），横穿全城。顺河街（原前街）在振华街南边，西起公检法南门，东至青龙河。文化街（原后街）在振华街北边，西起农技中学（今职业中专），东至三八路。向阳路（原中心路）系贯通全城南北的主干道，北起外贸局，南至古贝春大街（原恩武路）。青年路位于县城最西边，北起教育局，南至农机局。振华街和向阳路交叉路口，为县城的商业中心。县政府设在振华街西首路北，为县城的政治中心。110千伏变电站在县城东侧，是全县的能源中心。全城面积2.1平方千米。

县委、县政府在1996年、2005年、2011年对城市进行3次规划。经过20多年的规划建设，形成纵横21条主要街道。东西街道以振华街为界，以北依次为文化街、漳南街、北方街、广运街、滨河大道（北环路），以南依次为顺河街、兴隆街、古贝春大街、南环路。南北路以历亭路为界，以东依次为运河路、龙祥路、水兴路、东环路（德商路城区段），以西依次为三八路、少年路、向阳路、青年路、兴武路、惠民路、西环路。

县城由城区、经济开发区组成。运河路以西为城区，为全县政治、商贸、文化、卫生和交通中心。建有时代花园、国泰名都、浩天家园、美林花园、古贝春幸福家园、滨湖丽都等20余处住宅小区，好运来、盐百、宝福邻等3处大型超市。县委、县政府等工作部门，大部分分布在振华街两侧。文化街以北、青龙河以西建有县人民医院，是全县医疗中心。青龙河以东、北方街以北建有武城二中。振华街以南、青龙河以东，建有全县最大的商贸市场。

1998年6月，县政府根据居民居住状况，把城区分为漳南、振东、贝州、兴隆、振华、兴武6个居民区，并设立居民委员会。北方街以南，文化东街以北，青龙河以东，运河路以西为漳南居民区；文化东街以南，顺河东街以北，青龙河以东，运河路以西为振东居民区；顺河东街以南，古贝春大街以北，青龙河以东，运河路以西为贝州居民区；顺河西街以南，古贝春大街以北，兴武路以东，青龙河以西为兴隆居民区；文化西街以南，顺河西街以北，西外环以东，青龙河以西为振华居民区；北方街以南，文化西街以北，兴武路以东，青龙河以西为兴武居民区。

运河路以东为经济开发区，1998 年开发建设，2006 年 3 月被省政府批准为省级开发区，是全县的经济中心。园区内有玲珑轮胎公司、神龙集团、水星集团、龙祥公司、日新公司、新明公司、奥博公司、德源纺织等 20 余家规模以上企业。

截至 2013 年底，县城范围东至新坡路南北段，南至南环路，西至西环路（古贝春集团有限公司东侧），北至滨河大道（北环路），总面积 20.41 平方千米。

第二节　乡镇　街道

1986 年，武城县辖武城镇、老城镇、四女寺镇、杨庄乡、大屯乡、马庄乡、蔡村乡、滕庄乡、董王庄乡、郝王庄乡、李家户乡、梁庄乡、鲁权屯乡、甲马营乡、祝官屯乡 15 个乡镇。

1993 年 10 月 9 日，省政府批准，撤销梁庄乡，其行政区域并入武城镇。同年，10 月 27 日，省政府批准，鲁权屯乡撤乡建镇，其行政区划和镇政府驻地未变。

1994 年 12 月 1 日，省政府批准，滕庄乡撤乡建镇，其行政区划和镇政府驻地未变。

1996 年 6 月 3 日，省政府批准，撤销祝官屯乡，将祝官屯乡的祖寨、梁寨、范庄、韩寨、陈衣庄、后王庄、冶庄、前王庄、祝官屯 9 个行政村划归老城镇管辖；田庄、董白三、徐庄、谭庄、北王庄 5 个行政村划归甲马营乡管辖。1998 年 3 月，武城县工业园成立，位于县城东。

2000 年 5 月 8 日，省政府批准，撤销郝王庄乡、蔡村乡，以郝王庄乡、蔡村乡的行政区域设立郝王庄镇，镇政府驻原郝王庄乡人民政府驻地。撤销四女寺镇、马庄乡，将四女寺镇的行政区域和马庄乡的胡家洼、潘庄、代官屯、南郑庄、小史庄、张郭秦、小贾庄、朱庄 8 个村划归滕庄镇管辖，将马庄乡的陈庄、林庄、刘庄、李堂、马庄、傅家坊、西王庄、傅家楼、孔官屯、东场、小张庄、赵庄、小魏庄、西王屯、东王屯、张官屯、高官屯、刘军户 18 个村划归鲁权屯镇管辖。撤销董王庄乡、大屯乡，将其行政区域并入武城镇。2001 年 5 月，县工业园改称武城县科技工业园，2003 年改称运河经济开发区。同年 12 月，设立广运街道（2004 年 9 月 30 日，省政府批准），将武城镇的振华、兴武、兴隆、振东、漳南、贝州等 6 个区居民和棘围、果里、沙西、沙中、沙东、蒋官屯、黄花园、曲庄、梁庄、钱庄、林尔庄、祝庄、张庄、西刘庄、北关、东关、西关、南关、东赵庄、高庄、东刘庄、前王立屯、后王立屯、东林庄 24 个村，划归广运街道管辖，机关驻东关村。2004 年 4 月 17 日，省政府批准，滕庄镇宋王庄村划归鲁权屯镇。2006 年，运河经济开发区改称山东武城经济开发区。

2009 年 6 月 18 日，省政府批准，撤销滕庄镇，将其行政区域并入鲁权屯镇，鲁权屯镇政府驻地迁至王贤屯村北。2010 年 7 月，省政府批准，撤销杨庄乡、甲马营乡，设立杨庄镇、甲马营镇，其行政区划和镇政府驻地未变。至此，全县辖 6 个镇、1 个乡、1 个街道、1 个经济开发区。

2011 年 1 月，省政府批准，撤销杨庄镇，并入老城镇。设立四女寺镇，将鲁权屯镇所辖四女寺、卧虎庄、礼东、礼西、礼中、吕庄子、阮庄、达官营、东蒋家佛堂、西蒋家佛堂、李庄、庙留庄、崔庄、张勾庄、东邱庄、东吴庄、辛桥、头屯、西殷、东殷、四屯、五屯、小馆、齐馆、东赵馆、西赵馆、李馆、王庄、肖营、肖庄、卜官屯、李大楼、高海、张豹庄、袁庄、东赵庄36个行政村以及郝王庄镇的聂官屯、小刘庄、北小李、刘茂庄、谢张庄、商庄、大刘庄、董庄、荣寨、东张庄、罗小屯、温庄、韩庄、白庄、铁官屯、辛立庄、岳官屯、南李、蔡中、祁村、蔡后、油坊、高庄、张官寺、大孙庄、蔡西26个村（原蔡村乡所辖村庄）划归四女寺镇。武城镇的任家河沟、孙家河沟、军庄、盛寨、董前坡、赵前坡、杜前坡、王前坡8个村划归广运街道。同年9月，省政府批准，李家户撤乡设镇。12月，设立经济开发区农村工作管理委员会，将广运街道前王立屯、后王立屯、东赵庄、东刘庄、东林庄、高庄、军庄、盛寨、孙家河沟、任家河沟10个村划归县经济开发区。

截至2013年底，全县辖鲁权屯镇、武城镇、老城镇、郝王庄镇、甲马营镇、四女寺镇、李家户镇7镇，广运街道和山东武城经济开发区。

第三节　村庄

1986年，武城县辖3镇，12乡，有391个村。其中，武城镇24个，鲁权屯乡29个，滕庄乡27个，四女寺镇35个，蔡村乡26个，甲马营乡28个，马庄乡26个，大屯乡29个，郝王庄乡33个，祝官屯乡14个，梁庄乡21个，董王庄乡31个，老城镇21个，李家户乡27个，杨庄乡20个。1991年，四女寺镇蒋家佛堂村分东蒋家佛堂、西蒋家佛堂2个行政村，四女寺镇辖村增至36个，全县行政村增至392个。1992年4月，郝王庄乡草屯村分草一、草二2个行政村，郝王庄乡辖村增至34个，全县行政村增至393个。

1993年9月，梁庄乡撤销，其所辖村庄并于武城镇，武城镇辖村增至45个。1996年6月，祝官屯乡撤销，祖寨、梁寨等9个行政村划归老城镇管辖，老城镇辖村增至30个。田庄、董白三、徐庄等5个行政村划归甲马营乡管辖，甲马营乡辖村增至33个。

1998年6月，城区内设置6个居委会，由武城镇管辖，武城镇辖45个行政村，6个居民区。2000年5月，郝王庄乡与蔡村乡合并成立郝王庄镇，郝王庄镇辖村增至59个。四女寺镇、马庄乡撤销，将四女寺镇的行政区域和马庄乡的胡家洼、潘庄、代官屯等8个村划归滕庄镇管辖，滕庄镇辖村增至70个行政村，68个自然村。将马庄乡的陈庄、林庄、刘庄等18个行政村划归鲁权屯镇管辖，鲁权屯镇辖村增至47个。董王庄乡、大屯乡撤销，将其行政村并入武城镇，武城镇辖村增至105个。

2003年12月，将武城镇的棘围、果里、沙西、沙中、沙东等24个村和6个居民区划出，成立广运街道。武城镇辖村减至81个。2004年4月，滕庄镇宋王庄行政村划归鲁权屯镇，鲁权屯镇辖村增至48个，滕庄镇辖村减至69个。2009年6月18日，滕庄镇撤销，将其行政村并入鲁权屯镇，鲁权屯镇辖村增至117个。

2011年1月，杨庄镇撤销，并入老城镇，老城镇辖村增至50个。同时设立四女寺镇，将鲁权屯镇五屯村、原四女寺镇辖区及郝王庄镇的聂官屯、小刘庄、北小李、刘茂庄、谢张庄等26个行政村（原蔡村乡所辖村庄）划归四女寺镇，四女寺镇辖村62个，郝王庄镇辖村减至34个，鲁权屯镇辖村减至82个。武城镇的任家河沟、孙家河沟、军庄、盛寨、董前坡等8个行政村划归广运街道，武城镇辖村减至73个，广运街道辖村增至32个。同年12月，将广运街道前王立屯、后王立屯、东赵庄、东刘庄等10个行政村划归县经济开发区管理，经济开发区辖村10个，广运街道辖村减至22个。至2013年底，全县社区建设尚未完成，村庄数未变。

2013年武城县各镇（街道、开发区）所辖村庄一览表

表 1-1　　　　　　　　　　　　　　　　　　　　　　单位：个

名称	村民区	行政村
鲁权屯镇	82	大吴庄　邢庄　国庄　辛厂　罗厂　青苏厂　袁厂 南甘泉　北甘泉　师庄　苏庄　沙虎庄　兰庄　漳南镇 郭庄　王贤屯　李贤屯　小堤口　西赵庄　任珩　鲁珩 管珩　王珩　管辛庄　陈珩　大李庄　小李庄　王庄 韩家洼　石庄　张官屯　西王屯　东王屯　高官屯　刘军户 傅家楼　傅家坊　宋王庄　张庄　东赵庄　东场　孔官屯 小魏庄　马庄　陈庄　林庄　李堂　刘庄　南郑庄 胡家洼　潘庄　朱庄　张郭秦　小贾庄　代官屯　小史庄 二屯　北宋庄　北郑庄　张马窑　杨楼　东良　西良 燕庄　前九屯　后九屯　八屯　满庄　桑庄　西吴庄 西邱庄　南宋庄　小于庄　北赵庄　滕庄　西郑庄　大于庄 大史庄　第十屯　朱家圈　大闫庄　北伍旗
武城镇	73	辛王庄　马粮庄　尚庄　石庄　西七里庄　东七里庄　东杨官屯 西杨官屯　孙尔庄　付王庄　小董王庄　前马棚　后马棚　姜庄 庄科　李庄　田尔庄　西曹庄　东曹庄　庞庄　坡寺 西贾庄　东贾庄　南贾庄　孟庄　桃花店　丁王庄　张王庄 西小屯　东小屯　西大屯　中大屯　东大屯　后刘庄　小杨庄 中姜庄　高王庄　上孙庄　新孙庄　史堂　李邦彦　吴家河沟 方家河沟　李塘坊　前刘庄　翟家河沟　西肖河庄　霍庄　东肖河庄 李善屯　兴仁官庄　牛庄　马言庄　两生官庄　野庄　万庄 姜王庄　董王庄　户王庄　刘寨　大户庄　孙家庙　见马庄 安集　苏庄　吕庄　孔庄　肖邢王庄　侯王庄　西岳觉寺 东岳觉寺　南北官庄　大邢王庄
老城镇	50	西徐　东徐　西关　北街　三合街　东关　小王庄 东屯　赵庄　南关　南街　小屯　后庄　六合 三合　三义　军店　姜辛庄　林楼　沙庄　前王庄 冶庄　仓上　后王庄　梁寨　韩寨　范庄　陈衣庄 祖寨　祝官屯　军营　小十八户　黄沟　李庄　大十八户 闫沟　勾庄　饮马庄　姜圈　戚庄　吴庄　魏官屯 孟庄　前杨庄　东杨庄　西杨庄　张古庄　梁院　吕洼 隋庄
四女寺镇	62	聂官屯　北小李　谢张庄　大刘庄　荣寨　罗小屯　温庄 小刘庄　刘茂庄　商庄　董庄　东张庄　蔡西　韩庄 铁官屯　岳官屯　蔡中　蔡后　油坊　高庄　白庄 辛立庄　南小李　祁村　张官寺　大孙庄　李馆　王庄 小馆　齐馆　东赵馆　西赵馆　头屯　西殷　东殷 四屯　五屯　卜官屯　李大楼　肖营　肖庄　高海 张豹庄　袁庄　东赵庄　四女寺　卧虎庄　东礼义庄　西礼义庄 中礼义庄　吕庄子　阮庄　达官营　李庄　庙留庄　崔庄 张勾庄　东吴庄　东邱庄　辛桥庄　东蒋家佛堂　西蒋家佛堂
甲马营镇	33	甲马营　盐庄　河北营　占官屯　耿时潘　龙湾　塔坡 花园屯　周庄　东魏屯　西魏屯　高坟台　韩坟台　邢坟台 吴小屯　黄小屯　王小屯　梁小屯　七机营　刘古庄　前玉皇庙 后玉皇庙　千户营　前曹店　后曹店　西堤口　东堤口　王虎庄 徐庄　董白三　谭庄　田庄　北王庄
李家户镇	27	代庄　苑寨　盐厂　李官屯　石官屯　仁里庄　西店 魏庄　东店　巩庄　耿庄　辛庄　党庄　郑官屯 郎寨　张庄　大王庄　后王庄　刘庄　英庄　刘王庄 刘官屯　梁庄　李家户　王家户　良言庄　韩庄

续表 1-1

名称	村民区	行政村
郝王庄镇	34	郝一　谷刘庄　郝二　郝三　罗庄　五里长屯　付庄 大祁庄　大霍庄　仁德庄　邱王庄　唐庄　南王庄　东李古寺 西李古寺　大吕王庄　小吕王庄　陈庄　武庄　赵家庙　草一 草二　前玄帝庙　后玄帝庙　高明庄　小孙庄　姜庄　前王庄 双庙李庄　小祁庄　庞庄　大王庄　御马园　孟庄
广运街道	22	黄花园　棘围　蒋官屯　董前坡　杜前坡　赵前坡　王前坡 果里　北关　西关　东关　南关　梁庄　林尔庄 曲庄　钱庄　沙东　沙中　沙西　西刘庄　张庄 祝庄
开发区	10	前王立屯　后王立屯　赵庄　东林庄　高庄　孙家河沟　任家河沟 东刘庄　军庄　盛寨

第四节　社区

为贯彻落实中共中央关于新农村建设的有关精神，2009 年初，武城县村庄合并社区工作开始启动，至 9 月结束，全县首次设立社区 74 个，减少行政村 126 个，行政村（社区）总数由 393 个减少到 267 个。2010 年 4 月，县政府对乡镇社区进行第一次调整，调整完毕后，全县设立社区 118 个，71 个行政村。2011 年 1 月，由于行政区划变化，县政府对社区进行第二次调整。至 2013 年底，社区、行政村总数未变。

2011 年武城县村庄合并情况一览表

表 1-2

名称	行政村总数	社区数	村数	减少村数	社区名称	中心村（行政驻地）	并入村
广运街道	9	8	1	23	沙窝屯社区	沙东	沙西　沙中　东刘庄
					运祥社区	曲庄	钱庄
					运鑫社区	蒋官屯	果里　黄花园
					王立屯社区	前王立屯	任家河沟　孙家河沟　东赵庄 后王立屯　东林庄　高庄
					旧城社区	北关	西关
					城关社区	东关	南关
					历亭社区	张庄	西刘庄　祝庄　梁庄　林尔庄
					前坡社区	王前坡	军庄　盛寨　董前坡　杜前坡 赵前坡
					棘围		
武城镇	31	19	12	42	李庄社区	李庄	庄科　姜庄
					河沟社区	吴家河沟	方家河沟
					前刘社区	前刘庄	李塘坊　翟家河沟
					贾庄社区	南贾庄	西贾庄　东贾庄
					大屯社区	西大屯	东大屯　中大屯
					后刘社区	后刘	中姜庄　小杨庄
					董王庄社区	董王庄	户王庄　刘寨

续表 1-2

名称	行政村总数	社区数	村数	减少村数	社区名称	中心村（行政驻地）	并入村
武城镇	31	19	12	42	野庄社区	野庄	万庄　姜王庄
					见马庄社区	见马庄	大户庄　孙庙
					吕庄社区	吕庄	苏庄　安集
					李善屯社区	李善屯	牛庄　兴仁官庄
					肖河庄社区	东肖河	西肖河　霍庄
					岳觉寺社区	西岳觉寺	东岳觉寺
					尚庄社区	尚庄	东七里庄　西七里庄　孙尔庄　东杨官屯　西杨官屯　石庄
					付王庄社区	付王庄	前马棚　后马棚　小董王庄
					桃店社区	桃花店	孟王庄
					曹庄社区	东曹庄	西曹庄　庞王庄　坡寺
					史堂社区	史堂	上孙庄　新孙　李邦彦　高王庄
					南北官社区	南北官庄	大邢王庄
					肖邢王庄　侯王庄　辛王庄　马言庄　东小屯　张王庄　丁王庄　两生官庄　田尔庄　马粮庄　西小屯　孔庄		
老城镇	33	12	21	17	顺杨社区	小十八户	军营　黄沟
					瑞杨社区	饮马庄	姜圈
					兴杨社区	东杨庄	前杨庄　张古庄
					建杨社区	大十八户	李庄
					兴寨新村	韩寨	梁寨
					新和社区	南关	南街
					新街社区	三合街	北街
					新运社区	西关	东徐　西徐
					范庄社区	范庄	陈衣庄
					沙庄新村	沙庄	军店　林楼　姜辛庄
					新南屯社区	后庄	小屯
					东寺庙社区	前王	冶庄
					东关　东屯　祝官屯　三义　后王庄　仓上　三合　六合　祖寨　大赵庄　小王庄　勾庄　孟庄　梁院　隋庄　西杨　闫沟　戚庄　吴庄　吕洼　魏官屯		
鲁权屯镇	40	25	15	42	兴鲁社区	任珩	管辛庄　王珩　管珩　陈珩　鲁珩
					振鲁社区	苏庄	沙虎庄　兰庄
					惠鲁社区	马庄	林庄　陈庄　刘庄　李堂
					欣鲁社区	傅家楼	西王庄　傅家坊
					高官屯社区	高官屯	刘军户
					盛鲁社区	东赵庄	小魏庄　小张庄
					李庄新村	小李庄	大李庄
					小堤口社区	小堤口	西赵庄
					小于庄社区	小于庄	潘庄

续表 1-2

名称	行政村总数	社区数	村数	减少村数	社区名称	中心村（行政驻地）	并入村
鲁权屯镇	40	25	15	42	南宋庄社区	南宋庄	满庄
					良庄社区	西良庄	东良庄
					北郑庄社区	北郑庄	张马窑　北宋庄　二屯
					腾鲁社区	王贤屯	郭庄
					滕庄社区	滕庄	北赵庄
					四厂社区	袁厂	辛厂　罗厂　苏厂
					和乐社区	大吴庄	师庄
					和祥社区	八屯	前九屯　后九屯
					桑吴庄社区	桑庄	西吴庄
					和颐社区	燕庄	西邱庄　杨楼
					和谊社区	胡家洼	南郑庄
					和扬社区	朱庄	张郭秦　小贾庄
					和飞社区	孔官屯	东场
					和悦社区	石庄	张官屯
					和新社区	国庄	邢庄
					代官屯社区	代官屯	小史庄
					漳南镇　宋王庄　北甘泉　韩家洼　西王屯　东王屯　李贤屯　南甘泉　第十屯　大史庄　朱家圈　大闫庄　北伍旗　西郑庄　大于庄		
郝王庄镇	16	14	2	18	陈武赵社区	武庄	陈庄　赵家庙
					孙明庄社区	高明庄	大姜庄　小孙庄
					南邱唐社区	邱王庄	唐庄　南王
					李古寺社区	西李古寺	东李古寺
					郝西社区	郝二	郝三
					付祁庄社区	大祁庄	付庄
					罗长社区	罗庄	五里长屯
					郝东社区	郝一	谷刘庄
					吕王庄社区	大吕王庄	小吕王庄
					庞王社区	庞庄	大王庄
					振兴社区	李庄	前王庄　小祁庄
					草屯社区	草二	草一
					玄帝庙社区	后玄帝庙	前玄帝庙
					昌盛社区	大霍庄	仁德庄
					御马园　东孟庄		
李家户镇	15	7	8	12	李官屯社区	李官屯	仁里庄
					东升社区	良言庄	刘庄　韩庄　英庄
					祥瑞社区	代庄	苑寨　盐厂
					祥顺社区	耿庄	王家户
					郎寨社区	郎寨	后王庄　大王庄

续表 1-2

名称	行政村总数	社区数	村数	减少村数	社区名称	中心村（行政驻地）	并入村
李家户镇	15	7	8	12	祥和社区	西店	东店　巩庄
					郑官屯社区	郑官屯	党庄
					石官屯　辛庄　张庄　刘官屯　魏庄　梁庄　刘王庄　李家户		
甲马营镇	18	10	8	15	魏屯社区	西魏屯	东魏屯
					花园社区	花园屯	周庄
					新屯社区	黄小屯	王小屯　梁小屯　吴小屯
					凤凰台社区	高坟台	邢坟台　韩坟台
					龙兴社区	龙湾	塔坡
					北园社区	田庄	北王庄
					运兴社区	甲马营	盐庄
					新兴社区	七机营	刘古庄
					后营社区	千户营	后玉皇庙
					金鑫社区	东堤口	西堤口　后曹店　前曹店
					占官屯　王虎庄　耿时潘　徐庄　河北营　董白三　谭庄　前玉皇庙		
四女寺镇	27	23	4	35	聂北社区	聂官屯	北小李
					东刘庄社区	东张庄	小刘庄
					三合社区	大刘庄	董庄　温庄
					刘茂商社区	刘茂庄	商庄
					蔡庄社区	蔡西	谢张庄
					蔡东社区	蔡中	蔡后
					岳高社区	岳官屯	高家庄
					张官寺社区	张官寺	油坊
					韩铁社区	铁官屯	韩庄
					罗寨社区	荣寨	罗小屯
					孙李庄社区	大孙庄	辛立庄　南小李
					和朋社区	头屯	东殷　西殷　四屯
					馆庄社区	小馆	齐馆
					和洽社区	东赵馆	西赵馆　李馆　王庄
					礼义庄社区	东礼义庄	中礼义庄　西礼义庄
					和惠社区	高海	肖庄　肖营
					友和社区	张豹庄	东赵庄　袁庄
					四女寺社区	四女寺	卧虎庄
					东吴庄社区	东吴庄	崔庄　东邱庄　张勾庄
					和丽社区	阮庄	达官营　吕庄子
					佛堂社区	东蒋家佛堂	西蒋家佛堂
					和兴社区	李庄	辛桥
					卜官屯社区	卜官屯	李大楼
					五屯　庙留庄　祁村　白庄		

第二编

自然环境

武城县地处华北平原，地势平缓，西南高、东北低。境内微地貌复杂，分河圈地、河滩高地、高坡地、平坡地、洼坡地、浅平洼地、背河槽状洼地、沙质河槽地8种类型。属暖温带大陆性季风气候。1986—2013年，年均气温13.3℃，年均降水量493.7毫米，年均日照2488小时。境内河流属海河流域卫运河系，主要有卫运河、减河、岔河、六五河、六六河、旧城河、利民河等7条河流，总长197千米。武城县水资源匮乏，水资源年均总量5202.7万立方米，可利用量4486.6万立方米，水资源人均占有量140立方米。矿产资源主要有黏土和地热。野生动植物资源170种。

第一章　地质　地貌

第一节　地质

地层

武城地壳运动总趋势以下降为主，长期接受堆积覆盖有深厚的新生界地层。地层上段属于第四系，厚度超过 280 米，为冲积、风积的黏质沙土和淤泥为主的疏松沉积物。底部为一淤泥层或以沙层及第一海相层为界，埋深 15 ～ 30 米。县内东南部的浅地层主要是锈黄色、黄土类土，岩性一般以黏质沙土为主，其次是沙质黏土夹粉沙、细沙透镜体。其显著特征是锈染特别发育，含为散钙，结构较上复表面地层密实。常见虫孔构造及植物残体。在 60 ～ 70 米处均有淤泥层，淤泥层厚度 10 米左右，沙层一般为粉细沙、细沙层，厚 2 ～ 4 米。

构造

武城大地构造属华北地台，辽冀台向斜，沧东大断裂，北北东向。西盘上升，东盘下降。南起夏津县郑保屯，经武城、河北省故城县，德城区卫运河以西，在河北省境内沿北北东向继续延伸。

第二节　地貌

武城县属华北平原，地势平缓。由于受黄河历代决口改道和泛滥的影响，微地貌比较复杂，形成西南高、东北低的地势。老城镇吕洼村一带地势最高，海拔 30.5 米。四女寺镇卜官屯村一带地势最低，海拔 20.8 米。高低相差 9.7 米，坡降约 1/6000。根据黄泛平原地貌类型的划分和武城县的地貌特征，境内地貌分为 8 种类型。

河圈地

境内河圈地由卫运河行洪沉积而成，分布在卫运河大堤内，包括老城镇、甲马营镇、鲁权屯镇、四女寺镇的沿河村庄。面积约 2987.93 公顷，占全县总面积的 3.99%。土质以轻壤为主。海拔 25.5 ～ 31.0 米，吕洼村附近最高，潜水埋深 4 ～ 8 米，矿化度较低，潜水运动受卫运河水位影响，以侧渗为主。

河滩高地

境内河滩高地由古黄河河床沉积而成，呈带状分布。陈公堤以东、东沙河以西的武城镇、郝王庄镇 2 个镇及卫运河右岸的老城镇、甲马营镇、鲁权屯镇 3 个镇的沿河村庄，均为河滩高地。面积为 3272.47 公顷，占总面积的 31.11%。土质以轻壤、沙壤为主，海拔 24.5 ～ 30.5 米。潜水埋深 4 ～ 10 米。年际变化较小，水质较好。矿化度在 1.0 克 / 升左右。地表和地下径流畅通，水土流失较严重。淋溶作用强，无盐渍化现象，易旱不易涝。

高坡地

境内高坡地由黄河漫流沉积而成，主要分布在武城镇、李家户镇 2 个镇及鲁权屯镇西郑庄村、大史庄村一带。面积 4786.67 公顷，占总面积的 6.4%。土质多为轻壤和中壤。潜水埋深 4 ～ 8 米，矿化度 1 ～ 3 克 / 升。淋溶作用弱，易碱易旱。

平坡地

境内的平坡地，由漫流静水沉积而成，主

要分布在恩县洼周围。土质多为轻壤和中壤，面积1.34万公顷，占总面积的17.9%。地势平缓，潜水埋深3～5米。矿化度在1～5克/升左右。淋溶作用差，径流不畅，部分土地盐渍化。

洼坡地

境内洼坡地形成和平坡地基本相同，主要分布在鲁权屯镇东半部。面积1.25万公顷，占总面积的16.67%。地势平缓，土质多为盐化潮土和盐土。

浅平洼地

境内浅平洼地，由黄河泛滥尾闾静水沉积而成，有莲花池洼、祝官屯洼、小董王庄洼及恩县洼中部。面积4333.33公顷，占总面积的5.79%。土质多为轻壤和中壤。潜水埋深一般在1～3米。矿化度5～15克/升。由于洼地大多呈口袋状和碟形封闭状，所以极易积水成涝。

背河槽状洼地

境内背河槽状洼地由古黄河河道淤积增高而形成，呈带状分布，主要在陈公堤以西鲁权屯镇、武城镇两镇的东部。面积4633.33公顷，占总面积的6.2%。潜水埋深2米左右，矿化度4～15克/升。土质多为重盐化土和盐土，排水不畅，易碱易涝。

沙质河槽地

境内沙质河槽地，由黄河河床沉积而成，呈带状分布，中间有明显河槽。境内有东沙河和西沙河，面积约2000公顷，占总面积的2.7%。土质多为细沙土，风沙严重，水土流失大，高亢易旱，多沙丘，俗称沙土岗。经多年改造，2013年，已不存在。

第二章　气候　物候

第一节　气候

武城县属暖温带大陆性季风气候，气候特征主要表现为冷热、干湿区分明显，四季分明。冬季受西伯利亚高压控制，盛行自大陆吹向海洋寒冷而干燥的偏北风；夏季受西太平洋副热带高压控制，盛行自海洋吹向大陆的暖湿偏南风，闷热多雨;春秋季两种气流交替出现，干湿、冷热变化显著。

四季划分

按天文季节划分，3—5月为春季，6—8月为夏季，9—11月为秋季，12月至次年2月为冬季。按照气候学季节划分标准，平均气温大于22℃为夏季，小于10℃为冬季，10℃～22℃为春秋季。春季约55天，始于3月29日至5月22日；夏季约105天，始于5月23日至9月4日；秋季约60天，始于9月5日至11月3日；冬季约145天，始于11月4日至次年3月28日。

四季特征

春季（3—5月）　平均气温13.7℃、降水70毫米、蒸发量816毫米、相对湿度58%，由于天气回暖快、降水少、空气干燥、风速大、蒸发强，形成“十年九旱”的气候特点。

夏季（6—8月）　平均气温25.9℃、降水404毫米、蒸发量843毫米、相对湿度73%，由于天气湿热、风速小、降水多、变率大、不稳定，易形成内涝或伏旱。

秋季（9—11月）　平均气温13.3℃、降水94毫米、蒸发量411毫米、相对湿度71%，由于风速小、降温快、雨量小、易干旱，构成秋高气爽天气。

冬季(12月至次年2月) 平均气温-1.9℃、降水15毫米、蒸发量555毫米、相对湿度62%，盛行偏北风、天气寒冷、少雨雪。

气温

武城县年均气温13.3℃，极端最高气温41.8℃（出现在2002年8月15日），极端最低气温-18.7℃（出现在1990年1月31日）。气温年际变化大，昼夜温差大。

1986—2013年武城县月均气温及气温极值统计表

表2-1 单位：℃

项目	1月	2月	3月	4月	5月	6月	7月	8月	9月	10月	11月	12月	均值	极值
月均气温	-2.6	1.1	7.2	14.9	20.8	25.6	26.8	25.4	20.8	14.4	5.9	-0.7	13.3	—
月极端最高气温	16.6	23.3	29.3	33	39.9	40.3	41.8	36.2	37.2	31	26.6	18.9	—	41.8
月极端最低气温	-18.7	-15.7	-8.8	-1.7	4.6	10.3	17	12.8	4.9	-3.6	-16.2	-15.6	—	-18.7

霜期

武城县初霜日一般出现在10月中旬至11月上旬，终霜日出现在3月下旬至4月中旬，平均无霜期209天，基本能够满足农作物生长要求。

1986—2013年武城县初终霜日变化统计表

表2-2 单位：天

年份	初霜日	终霜日	无霜期	年份	初霜日	终霜日	无霜期
1986	10月21日	4月21日	184	2000	10月12日	3月30日	197
1987	10月18日	4月1日	201	2001	10月13日	3月29日	221
1988	10月12日	4月24日	172	2002	11月6日	4月9日	194
1989	10月15日	3月29日	201	2003	10月21日	3月27日	209
1990	10月24日	4月5日	203	2004	10月23日	2月26日	230
1991	10月18日	4月2日	200	2005	10月21日	3月30日	206
1992	10月22日	3月25日	212	2006	11月4日	3月10日	240
1993	10月29日	4月11日	202	2007	11月5日	3月11日	221
1994	10月20日	4月10日	194	2008	10月19日	3月4日	249
1995	10月30日	4月4日	210	2009	11月9日	1月4日	214
1996	10月25日	4月20日	189	2010	11月2日	3月16日	225
1997	10月24日	4月2日	203	2011	10月28日	4月3日	204
1998	10月18日	4月3日	199	2012	10月25日	4月3日	216
1999	10月28日	2月22日	249	2013	11月6日	4月6日	201

地温

1986—2013年，全县地表温度年均14.9℃，极端最高地温69.7℃(出现在1988年7月1日)，极端最低地温-25.4℃（出现在1993年11月

21 日）。地表温度年际变化大，最高最低月份相差 30 多度。

1986—2013 年武城县月均地表温度及各月地温极值统计表

表 2-3　　单位：℃

项目	1月	2月	3月	4月	5月	6月	7月	8月	9月	10月	11月	12月	均值	极值
月均地温	-2.8	1.4	8.5	17.9	24.3	29.3	29.8	28.5	22.9	15	5.6	-1.1	14.9	—
月极端最高地温	21.6	22.9	43	55	60.8	69.7	64.5	61.8	56.4	46.5	33.3	25	—	69.7
月极端最低地温	-25.3	-20.8	-12.5	-6.1	0.9	9.1	14.6	11.6	2.3	-6.4	-25.4	-25.2	—	-25.2

降水

武城县年均降水量 493.7 毫米，年最多降水量 996.9 毫米（出现在 1999 年），年最少降水量 266 毫米（出现在 2002 年）。降水时空分布不均匀，主要集中在 7—8 月。

1986—2013 年武城县月均降水情况统计表

表 2-4　　单位：毫米

项目	1月	2月	3月	4月	5月	6月	7月	8月	9月	10月	11月	12月	年均降水量
月均降水量	3.1	5.7	10.4	20.7	44	64.4	126.9	123.7	47.9	32.9	10.7	3.3	493.7
月最大降水量	9.5	19.3	29.3	49.6	58.4	56.6	128.8	189.6	97.5	160.5	24.8	7.5	
月最大降水量出现年份	2001	1990	2007	2003	2006	2009	2010	1990	1983	2003	1993	1989	

风和气压

武城县年均风速 2.5 米 / 秒，极大风速 22.3 米 / 秒（出现在 2009 年 4 月 15 日），盛行风向为偏南风。

1986—2013 年武城县风速情况统计表

表 2-5　　单位：米 / 秒

项目	1月	2月	3月	4月	5月	6月	7月	8月	9月	10月	11月	12月	年均风速
日均风速	2.2	2.5	3.2	3.5	3.2	2.9	2.3	1.9	2	2.3	2.3	2.2	2.5
月极大风速	16	17.3	20.1	22.3	17.8	20.2	19.4	13.9	15.2	15.9	13.9	16.6	
月极大风速出现年份	2009	2008	2009	2009	2005	2005	2007	2005	2009	2009	2005	2008	
月极大风速出现日期	22	22	19	15	21	10	31	1	20	18	28	21	

武城县年均气压 1014.0 百帕，极端最高气压 1046.2 百帕（出现在 2006 年 2 月 3 日），极端最低气压 986.5 百帕（出现在 1990 年 7 月 7 日）。

1986—2013 年武城县气压统计表

表 2-6　　单位：百帕

月份	月均气压	月极端最高气压	月极端最高气压出现年份	月极端最高气压出现日期	月极端最低气压	月极端最低气压出现年份	月极端最低气压出现日期
1 月	1025.6	1045.9	2000	31	1004.4	2009	22
2 月	1022.6	1046.2	2006	3	990.6	2009	12
3 月	1017.7	1039.5	2010	9	994.6	2004	9
4 月	1011.4	1032.8	1991	1	988	2006	29
5 月	1006.8	1025.3	2006	12	987.2	2004	19
6 月	1002.2	1016.5	2004	12	987.6	2006	9
7 月	1000.6	1012.2	1992	12	986.5	1990	7
8 月	1004.5	1017.9	2009	29	991.7	1984	10
9 月	1011.7	1025.5	2001	21	998.3	1999	9
10 月	1017.8	1039	2010	26	998.9	2009	18
11 月	1022.1	1044.3	2009	2	1004	2009	7
12 月	1025	1044.3	1981	2	1000.8	2010	10
年均	1014						

湿度和蒸发

武城县年均湿度 65%，春季风大相对湿度偏低。年蒸发量 1857.5 毫米，主要集中在 3—10 月。

1986—2013 年武城县月均相对湿度与蒸发量统计表

表 2-7

项目	1 月	2 月	3 月	4 月	5 月	6 月	7 月	8 月	9 月	10 月	11 月	12 月
月均相对湿度（%）	61	58	55	55	61	60	77	81	74	67	65	64
月蒸发量（毫米）	42.3	67.4	152	136.4	271.8	299.9	213.7	173.3	152.3	130.3	73.8	44.3

日照

武城县年均日照 2488 小时，冬季因太阳高度角偏小，11 月至次年 3 月日照较少。

1986—2013 年武城县月均日照时数统计表

表 2-8　　单位：小时

项目	1 月	2 月	3 月	4 月	5 月	6 月	7 月	8 月	9 月	10 月	11 月	12 月	年均合计
月均日照时数	169.8	164.2	210.7	248.3	267.7	244.8	213.6	218.2	205.9	203.5	178.3	163	2488

雾

武城县年均大雾天数 18.5 天，主要集中在 9 月至次年 2 月。

1986—2013 年武城县月均雾天数统计表

表 2-9　　单位：天

项目	1月	2月	3月	4月	5月	6月	7月	8月	9月	10月	11月	12月	年均合计
月均雾天数	2.8	1.6	0.5	0.2	0.4	0.1	0.7	1	1.4	2.3	3.3	4.2	18.5

第二节　物候

一年四季，春夏秋冬，自初春至隆冬，周而复始，全县各种动植物的活动动态基本是循物候现象而起伏变化的。以日均气温＞3℃为春季开始，＞19℃为夏季，＜19℃为秋季，＜10℃为冬季，以此为标准划分春、夏、秋、冬四季，又将 4 个季节划分为初春、仲春、季春，初夏、仲夏、季夏，初秋、仲秋、季秋，初冬和隆冬 11 个季段。

春季

平均 66 天，约占全年总天数的 18%。春季气温回升快，日差较大，大风多，降水少，气候干燥。

初春　日均气温＞3℃～5℃，为初春时令。物候指标为榆树和垂柳花芽开放。一般为 3 月 2—12 日，历时 11 天。此时冬小麦及其他越冬作物开始返青、生长，莎草、马蔺萌芽，麦蒿展叶，雪基本终止。主要农事活动：开始春耕，冬小麦划锄、浇水。

仲春　日均气温＞5℃～10℃，为仲春时令。物候指标为榆树开花始期。一般为 3 月 13—27 日，历时 15 天。此时主要物候现象是旱柳、加拿大杨和杏树花芽开放，垂柳开始展叶，麦蒿进入展叶盛期，冬小麦起身。主要农事活动：春耕备播，植树造林。

季春　日均气温＞10℃～19℃，为季春时令。物候指标为加拿大杨、杏树开花盛期，垂柳始花。一般为 3 月 28 日至 5 月 5 日，历时 39 天，占春季总天数的 60%。日平均气温 14.1℃时的物候现象最多，旱柳、桃树等大部分树木开花、展叶，枣树发芽，燕归来，青蛙始鸣，霜终止。此时遍地花开，垂柳飞絮，冬小麦拔节、孕穗，是麦田浇水、追肥和春作物播种的适时季节。

夏季

平均 143 天，约占全年总天数的 39%。气温逐渐升高，天气越来越热，盛夏炎热，常有雷阵雨。

初夏　日均气温＞19℃～24℃，为初夏时令。物候指标为冬小麦开花、授粉、籽粒形成到灌浆，刺槐进入开花盛期。一般为 5 月 6—30 日，历时 25 天。物候现象是杜鹃（布谷鸟）鸣叫，枣树、葡萄开花，旱柳飞絮，桑葚成熟，有些草本植物（如麦蒿、莎草等）种子均已成熟。农事活动：浇小麦灌浆水，喷施小麦叶面肥，防治小麦蚜虫，棉田定苗、治虫。

仲夏　日均气温＞24℃～27℃，为仲夏时令。物候指标为紫穗槐开花末期。一般为 5 月 31 日至 8 月 9 日，历时 71 天。此时期降水多、湿度大、温度高，日均气温为 26.2℃，最高气温常达 32℃以上。＞35℃的最高气温年均出现 15.6 天，＞40℃的最高气温年均出现 0.5 天，都出现在仲夏。平均降水量 320 毫米，占全年

总降水量的54%。高温高湿，天气闷热。此时令，合欢、槐树、栾树、木槿等次第开花，刺槐和紫穗槐种子也相继成熟，蚱蝉始鸣，布谷鸟终鸣，冬小麦成熟，棉花现蕾、开花，夏玉米从播种到抽穗大部分生长在此期间。主要农事活动：夏收夏种，秋作物的田间管理。

季夏　日均气温＜27℃～19℃，为季夏时令。物候指标为木槿花开花盛期，栾树开花末期。季夏一般为8月10日至9月25日，历时47天。此时日均气温22.9℃，溽暑渐消，初期天气比较热，但早晚已有凉意。这时合欢和栾树种子成熟，枣和苹果成熟，棉铃开裂吐絮，玉米成熟。主要农事活动：早秋作物开始收割。

秋季

平均39天，约占全年总天数的11%，是四季中最短的一季。气温下降，降水减少，天气晴朗，秋高气爽，气候宜人。秋作物相继收获，树木、花草的果实、种子成熟，树木开始变色、落叶。

初秋　日均气温＜19℃～16℃，为初秋时令。物候指标为泡桐种子成熟。初秋一般为9月26日至10月7日，历时12天。此时日均气温17℃，桃树叶开始变色，个别年份可出现初霜。农事活动：冬小麦播种最为适宜。

仲秋　日均气温＜16℃～13℃，为仲秋时令。物候指标为栾树叶开始变色。一般为10月8—20日，历时13天。此时日均气温14.7℃，合欢、枣树、紫穗槐、桑树等叶子相继变色，加拿大杨、桃树开始落叶，槐树种子成熟，蚱蝉终鸣，蛙绝见。冬小麦继续播种。

季秋　日均气温＜13℃～10℃，为季秋时令。物候指标为旱柳叶开始变色。季秋一般为10月21日至11月3日，历时14天。此时，日均气温11.4℃，刺槐、紫穗槐、合欢、枣树、桑树等开始落叶，继而榆树、苹果、杏树等叶开始变色，一些草本植物开始黄枯，蟋蟀终鸣，豆雁南飞，初霜，棉花停止生长，冬小麦分蘖。

冬季

平均118天，仅次于夏季，约占全年总日数的32%。冬季风盛行，天气寒冷干燥，雨雪稀少，树木落叶，野草枯黄，有些动植物进入冬眠。

初冬　日均气温＜10℃～5℃，为初冬时令。物候指标为旱柳和泡桐开始落叶。初冬一般为11月4—19日，历时16天。此时日均气温7.2℃，槐树、苹果、垂柳叶全部变色，杏树、木槿、葡萄和桑树已到落叶末期，千叶紫菀完全枯黄。

隆冬　日均气温低于5℃到次年回升到3℃，为隆冬时令。物候指标为槐树、垂柳落叶末期。隆冬一般为11月20日至次年3月1日，历时102天，为全年最长的季段，占全年总天数的28%。此时日均气温-1.2℃，极端最低气温年均-16.5℃，落叶树叶子次第落尽，最迟落叶的垂柳到12月上旬也全部脱落；土壤开始冻结，河流湖泊封冻，降雪开始，冬小麦停止生长。

第三章　河流　洼地

第一节　河流

武城县河流属海河流域卫运河系。县境内主要有卫运河、减河、岔河、六五河、六六河、旧城河、利民河等7条河流，总长约197千米，流经全县150多个村，可供1.33万公顷耕地灌溉。

卫运河

卫运河南自老城镇吕洼村南入县境，经饮马庄村、姜圈村、南屯村、祝官屯村、谭庄村、董白三村、甲马营村、前庙村、小堤口村、甘泉村、邢庄村、西郑庄村、五屯村、头屯村至四女寺水利枢纽，长62.5千米。左岸为河北省，右岸为山东省。沿河建有武城运河大桥、郑口运河大桥、祝官屯节制闸和四女寺水利枢纽。经多年治理，至2013年底，卫运河河道顺直宽阔，堤防坚固，林木茂密。

减河

减河是卫运河的主要分洪河道。据《行水金鉴》记载，明永乐五年（1407）尚书宋礼建议在德州城西南开一小渠，将运河洪水泄入老黄河，然后入海。也就是从四女寺村北开挖一条支沟至德州市九龙庙入老黄河古道，当年凿通长6千米。此河开挖后，运河洪水大为减少，因而定名为四女寺减河。减河上起四女寺水利枢纽，经罗小屯村至聂官屯村出境，又经平原县、德城区、陵县、河北省吴桥县、宁津县、庆云县至滨州市无棣县埕口入海，长231.8千米，分洪流量1500立方米/秒。

岔河

岔河于1971年10月减河扩大治理时开挖，设计分洪2000立方米/秒，上起四女寺水利枢纽减河左侧，在金钩盘河古道上开挖，经德城区、陵城区至河北省吴桥县大王铺村汇入原减河，长43.4千米，岔河与减河合称漳卫新河。

六五河

六五河，因1965年开挖定型而得名。上起夏津县卫运河土龙头闸，向东北经杨庄东至郑保屯南折东，经七屯村、双庙村、孙庄村至西关沿陈公堤向东北，至肖邢王庄入县境，至四女寺牛角峪入减河。全长71.8千米，流域面积1065.8平方千米，排涝流量129.8立方米/秒，水深3.7～4.94米，底宽39～43米。东岸为陈公堤，西岸为弃土筑堤。六五河为排

图2-1 减河武城段（2013年 周玉峰 摄）

灌蓄多功能河道，沿河建有李邦彦节制闸和牛角峪泄洪闸。南水北调东线工程实施后，六五河输水工程作为鲁北输水工程的主要工程，对六五河进行清淤疏浚、重建生产桥，维修加固交通桥，新建涵闸及配套工程。

图 2-2　六六河（2013 年 赵登勤 摄）

六六河

六六河，因 1966 年设计而得名。上起甲马营镇王小屯村南，经吴小屯村向正东再经果里村、沙窝屯村至小杨庄村转向东北至李古寺村入六五河。长 18.6 千米，流域面积 153.4 平方千米，排涝流量 39.1 立方米 / 秒。六干三以上底宽 4 米，水深 3 米，边坡 1∶3。六干三以下底宽 8 米，水深 4 米，边坡 1∶3。1968 年开挖，左岸弃土筑堤。1971 年，建成卫运河甲马营扬水站后，将其左岸大堤改造成输水干渠，并在河上修建董前坡、高坟台 2 座渡槽。由于卫运河时常断流，甲马营扬水站无水可提，干渠和灌溉设施逐渐废弃。

旧城河

旧城河以陈公堤为界，分堤上旧城河、堤下旧城河。全长 45 千米，境内长 34.91 千米。

堤上旧城河　1966 年底开挖。西起六五河李邦彦节制闸，穿陈公堤东去，经马言庄村至罗庄村过东沙河出境入平原县，至王庄村入马颊河。全长 15.5 千米，县境内长 5.5 千米。底宽 10 米，边坡 1∶3，比降万分之一。两岸弃土筑堤。

堤下旧城河　上起卫运河吕洼引水闸，向东至杨庄村东折向东北，经姜辛庄村至石官屯村转向东，又经石官屯村至辛王庄村东南入六五河，长 29.5 千米，流域面积 217 平方千米，排涝流量 49.93 立方米 / 秒，水深 3.53 米。底宽 10 米，边坡 1∶3，起点河底高程 21.13 米，比降万分之一。两岸弃土筑堤。

旧城河为灌排两用河道。灌的作用有二：一是引卫济马，将卫运河水引入马颊河；二是引黄。1978 年，卫运河水源短缺，于是改从马颊河津期店闸上引黄河水入马减竖河，经堤上旧城河入六五河。由于马颊河过水较少，1982 年，德州地区在马颊河王庄修建扬水站，将黄河水提入堤上旧城河至六五河，流量 13.2 立方米 / 秒。1990 年，王庄扬水站扩建，增加流量 10 立方米 / 秒。至此，王庄扬水站提水量增至 23.2 立方米 / 秒。排的作用是当减河分洪水位高于六五河水位时，拦截六五河上游来水排入马颊河，减轻恩县洼排涝压力。

利民河

利民河西起鲁权屯镇沙虎庄村西南与西支交会处，向东经鲁珩村、傅家坊村至朱庄村转向东北，经高海村、崔庄村至蒋家佛堂村北折向东，至商庄村西与东支汇合至牛角峪入减河。长 22.73 千米，流域面积 205.2 平方千米，排涝流量 46.18 立方米 / 秒，水位 21.07 ～ 22.21 米，水深 2.57 米，底宽 5.5 ～ 32 米，边坡 1∶3，比降两万分之一。

利民河是排灌两用河道，有东、西、南、北、中 5 条支流，其中东支和北支较大。

东支　南自武城镇小杨庄村与六六河相接，北至商庄村与利民河汇合后，从牛角峪入减河，长 16.4 千米，流域面积 84 平方千米，底宽 6 ～ 13.6 米，边坡 1∶3，排涝流量 25.22 立方米 / 秒。

北支　南自鲁权屯镇韩家洼村，向北经鲁权屯镇郭庄村至国庄村折向东，经滕庄村至代官屯村转向东北，至东赵馆村又折向东，在卧虎庄村向东北，经四女寺镇南至牛角峪过低水涵洞入减河。长 27 千米，流域面积 102 平方千米，排涝流量 32 立方米 / 秒，河底宽 7 ～ 15 米，边坡 1∶2.5。

第二节　洼地

武城县属于黄泛冲积平原区，海拔高度在 20.8 ～ 30.5 米之间，坡降为 1/6000。由于历史上黄河多次变迁流经县境，再加卫运河冲击，造成全县地势周围高中间低，遂形成著名的恩县洼。

按 1982 年土壤普查可利用面积统计，全县洼地 7031.6 公顷，占 12%，可分为浅平洼地和背河槽状洼地 2 种类型。（详见第一章第二节地貌）

第四章　土壤　植被

第一节　土壤

武城县土壤分潮土类、盐土类、风沙土类 3 个土类、5 个亚类、5 个土属、67 个土种。潮土类面积 58365 公顷，盐土类面积 678 公顷，风沙土类面积 122 公顷。

潮土类

潮土类是武城县土壤的主要类型，面积最大，范围最广，面积为 58365 公顷，占耕地面积的 98.65%，本土类所处的地形部位较为复杂，潜水埋深在 2 ～ 5 米之间，成土过程受潜水的制约，剖面中下部有明显的锈纹锈斑或细小的铁锰结核，中上部有假菌丝体，pH 值一般在 7.5 ～ 8.5 之间（中性至微碱性），根据潮土对潜水作用的强弱、盐化程度的差异又分为 5 个亚类，全县有褐土化潮土、潮土、盐化潮土 3 个亚类。

褐土化潮土　褐土化潮土是在潜水位下降，出流加强的条件下，由潮土演变而来的一种土壤，主要分布在卫运河以东，城区以南和陈公堤以东的河滩高地上，主要分布在郝王庄镇、李家户镇、武城镇、老城镇，面积 1.75 万公顷，占耕地面积的 29.65%。褐土化潮土由于分布在地势较高的河滩高地上，受潜水的影响较小，潜水埋深在 4 ～ 5 米，部分大于 5 米，淋溶作用较强，无盐渍化，排水畅通，有轻度水土流失，易受干旱威胁。心土层有明显的黏粒淀积物（黏化层）和假菌丝体（碳酸钙沉淀物），底土层有锈纹锈斑，表土质地较轻，透气性较好，土壤养分含量较高，宜于作物生长，是粮棉高产区。

潮土　潮土亚类在潜水作用下，水盐运行保持平衡。表层多为壤质土，剖面下部有明显的锈纹锈斑。其分布地形较高，但较褐土化潮土低。多分布于高坡地，平坡地和浅平洼地上，潜水埋深 3 ～ 4 米，部分大于 4 米，平均 3.2 米，受潜水作用较强，但大面积为弱矿化水，矿化度为 0.5 ～ 2 克 / 升。主要分布在武城镇、鲁权屯镇、郝王庄镇，其他乡镇也有小面积的分布，面积 2.94 万公顷，占耕地面积的 49.8%。土壤质地多为轻壤土和中壤土，个别低洼地带为重壤，土体构型多为均质壤、厚黏腰，次为厚沙腰、厚黏心。剖面中下部有明显的锈纹锈斑。土壤养分含量较高，粮棉高产潜力大。

盐化潮土　多分布于洼坡地和背河槽状洼地。地面高程 22 米，潜水埋深较浅在 2 米左右，矿化度为 5 克 / 升，土壤中含可溶性盐分较多，地表有不同程度的盐斑出现，表层多为轻质土壤。全县盐化潮土面积 1.14 万公顷，占可利用面积的 19.2%。盐化潮土主要有三大片：第一片在鲁权屯镇、甲马营镇交界处。第二片在四女寺镇卜官屯村、武城镇坡寺村一带。第三片在郝王庄镇陈公堤下六五河以西。此类土壤含盐量高，养分含量较低。应增施有机质，改善土壤结构，速效肥应少施、勤施，种植耐盐作物，及时中耕，改良土壤。据 2011 年耕地地力调查，全县轻度盐化潮土面积 250.7 公顷，中度盐化潮土面积 59 公顷，盐化潮土大面积减少。

盐土类

盐土是指地表或接近地表的土层，含有大量可溶性盐分的土壤，它是在潜水埋深及高浓度矿化水长期恶化的情况下，地表盐分在不断积累，由重度盐化潮土演变而来，地表明显产生盐结皮，含盐量在 1% 以上，作物拿苗困难。自然植被为碱蓬菜、黄须菜、红荆条、芦草等抗盐植物。此盐土多处在地势低洼的洼坡地和背河槽状洼地上，高程在 22 ～ 23 米左右，地下水矿化度在 5 ～ 10 克 / 升，个别的超过 10 克 / 升，主要分布在鲁权屯镇傅家楼村、石庄村一带，郝王庄镇六五河以西、窑厂以北，面积 678 公顷，占可利用面积的 1.15%。随着地下潜水深度变化和生产条件的改善，全县盐土类面积逐年缩小，盐化程度逐渐减轻。至 2011 年，全县已无重度盐化潮土和盐土。

风沙土类

风沙土是发育在黄河古道沙丘地带上的一种土壤，全剖面为沙质土壤，没有层次排列。主要分布在老城镇的韩寨村东南、武城镇两生官庄村、郝王庄镇孟庄村东，面积 122 公顷，占可利用面积的 0.2%。风沙土地处沙丘，旱的威胁很大，灌溉条件很差，又由于全剖面为沙质土壤，结构性差，易造成漏水漏肥。所以，这类土壤肥力很低，并且常受风沙危害，易造成水土流失，侵蚀周围良田。在土地利用上以植树造林，防风固沙为主。至 2013 年，随着植被增加和生产性改良，风沙类土质危害大大减轻，大多已被改造成粮棉丰产田或林果生产用地。

第二节　植被

武城县植被以人工植被为主，各种作物的种植面积约占可利用面积的 71.89%。林木总覆盖折实面积 1.23 万公顷，覆盖率 16.8%。自然植被见于东、西沙河，塘畔、堤岸和少量撂荒地。陈公堤上主要有各种草类植物，陈公堤下和恩县洼周围盐碱地里主要有碱蓬棵、曲曲菜及野生灌木，两部分合计面积 2626 公顷。

第五章　自然资源

第一节　土地资源

土地面积

1986年，全县土地总面积748平方千米，其中，耕地面积4.35万公顷。由于城市、村镇建设用地以及农田基本建设（沟、路、渠）面积扩大，耕地面积逐年减少。1990年，全县实有耕地面积4.32万公顷。到2000年，全县实有耕地面积4.28万公顷。进入21世纪，实施土地复垦、整理、荒地开发工程，全县耕地面积有所增加。

根据2006年《武城县土地利用现状更新调查报告》，全县农用地5.79万公顷，占土地总面积的77%，其中耕地5.01万公顷，占农用地的86.6%，果园180.25公顷，占农用地的0.3%；林地2457.67公顷，占农用地的4.3%；其他农用地5140.86公顷，占农用地的8.9%。截至2013年底，实有耕地面积4.9万公顷，比1986年增加5500公顷，增长12.64%。

土地等级

2011年，按照农业部耕地质量调查和评价的规程及相关标准，武城县对全县37800公顷耕地资源进行评价，共划分为6个等级。各等级耕地比例相对均衡，以一级地、二级地、三级地和四级地为主，各等级占耕地面积的比例接近或超过20%，四者面积之和占耕地面积的87.9%。其次五级地，占耕地面积的8.93%。六级地面积较少，占3.17%。

一级地综合评级指数＞0.89，耕地面积6443.2公顷，占耕地总面积的17.05%。其中水浇地6425.7公顷，占一级地面积99.72%。菜地17.5公顷，占一级耕地面积的0.28%。主要分布于鲁权屯镇、郝王庄镇、武城镇、甲马营镇、广运街道，其中以鲁权屯镇原滕庄镇分布面积最大，为1460.8公顷。此外，李家户镇、老城镇也有少量或零星分布。

二级地综合评价指数为0.87～0.89，耕地面积8378.9公顷，占耕地总面积22.17%。其中水浇地8368.3公顷，占二级耕地面积99.87%，菜地10.6公顷，占二级耕地面积的0.13%。主要分布在武城镇、郝王庄镇、鲁权屯镇、老城镇，以鲁权屯镇分布面积最大，为2041公顷。老城镇、李家户镇、广运街道也有少量或零星分布。

三级地综合评价指数为0.84～0.87，耕地面积12246.5公顷，占耕地总面积的32.4%，是全县耕地面积最大的一个等级。其中水浇地1222.9公顷，占三级地面积的99.85%。菜地17.3公顷，占三级耕地的0.15%。主要分布在武城镇、郝王庄镇、李家户镇、甲马营镇、鲁权屯镇，其中以武城镇和郝王庄镇所占面积最大，分别为2838.5公顷和2151公顷，共占三级耕地面积的40.74%。老城镇、广运街道有少量或零星分布。

四级地综合评价指数为0.81～0.84，耕地面积6152.1公顷，占耕地总面积的16.28%。其中水浇地6148公顷，占四级耕地面积的99.93%。菜地4.1公顷，仅占四级地面积的0.07%。主要分布在武城镇、鲁权屯镇、李家户镇、甲马营镇，其中以武城镇分布面积最大，为1568.3公顷，占该镇耕地面积的20.41%，占四级地面积的25.49%。鲁权屯镇、郝王庄镇、老城镇、广运街道有少量或零星分布。

五级地综合评价指数为0.77～0.81，耕地面积3374.7公顷，占耕地总面积的8.93%，其中水浇地3372.3公顷，占该级面积的99.92%。菜地2.4公顷，仅占该级面积的0.08%。主要分布在武城镇、鲁权屯镇、甲马营镇，其中武城镇分布面积最大，为841.3公顷，占该镇耕地面积的10.95%，占五级耕地面积的24.93%。李家户镇、老城镇、广运街道、郝王庄镇有少量或零星分布。

六级地综合评价指数＜0.77，为1204.7公顷，占耕地总面积的3.17%，其中水浇地1203.3公顷，占该级面积的99.88%。菜地1.4公顷，占该级面积的0.12%。主要分布在武城县的东西两端，主要是郝王庄镇、老城镇，其他乡镇也有零星分布。

第二节 水资源

武城县水资源具有资源性和水质性严重匮乏的特点。降雨少，径流量少，地表水资源量少，地下水补给量有限，可开采量少。浅层地下水多为咸水，水质较差，可利用的水资源总量缺乏。

地表水资源　全县径流年均深度23.8毫米，径流量1787.8万立方米，最大径流深度187.5毫米。汛期径流量占82.8%，非汛期径流很少。

浅层地下水资源　浅层地下水资源是指浅层淡水地下水综合补给量。武城县浅层地下水淡水区总面积334平方千米。其年均降水入渗补给量3375.6万立方米，年均地表水补给量392.9万立方米，井灌回归补给量131.1万立方米，重复计算量484.7万立方米。水总补给量3899.6万立方米。全县年均水资源总量5202.7万立方米，可利用量4486.6万立方米。人均水资源占有量140立方米。

客水资源　全县可利用客水资源主要为黄河水、卫运河水。年均引黄4600万立方米，引卫5200万立方米。唯一引黄入口——王庄扬水站，距县境10千米。因地处引黄灌区边缘、引卫下游，受上游制约。

第三节 生物资源

植物资源

武城县可见树种共计34科、52属、73种。农业作物有小麦、玉米、棉花、谷子、高粱、地瓜、大豆、花生、芝麻、绿豆、黍子等。瓜菜作物有茄子、豆角（芸豆、扁豆、蛇豆等）、黄瓜、白菜、菠菜、芹菜、韭菜、茴香苗、小葱、西红柿、冬瓜、西瓜、南瓜、西葫芦、圆葱、大葱、辣椒、大蒜等。

用材林木有榆树、毛白杨、黑杨（46杨、沙兰杨、107杨等）、泰青杨、刺槐、柳树、泡桐、臭椿、旱柳、J172柳、圆柏等。果树主要有苹果、李子、椹果、山楂、葡萄、梨、桃、杏、枣等树种。灌木有白蜡、杞柳、紫穗槐、红荆等。

野生草本植物有灰菜、碱蓬、节节草、苦菜、苋菜、茅草、附子草、青蒿、地丁、狗尾草、大碗花、马齿苋、蒺藜、三棱草、曲曲菜、刺儿菜、苍耳子、蒲公英、艾蒿、枸杞、车前子等。其中，灰菜、马齿苋、苋菜、地丁、苦菜、附子草可食。

2013年武城县可见木本植物统计表

表 2-10

科	属	种	科	属	种
杨柳科	柳属	旱柳　垂柳　杞柳	桑科	桑属	桑树
	杨属	毛白杨　加杨　小叶杨　新疆杨　箭杆杨　八里庄杨　北京杨　欧美杨类		榕属	无花果　榕树
蝶形花科	槐属	国槐　龙爪槐		朴树属	朴树
	香槐属	香槐	葡萄科	葡萄属	葡萄
	紫穗槐属	紫穗槐		爬山虎属	爬山虎
	刺槐属	刺槐　江南槐（毛刺槐）	芸香科	花椒属	花椒
榆科	榆属	白榆	柿树科	柿树属	柿树　君迁子
	榉属	大叶榉	苏木科	皂荚属	皂荚
松科	雪松属	雪松	苦木科	臭椿属	臭椿
	松属	黑松　油松　白皮松	楝科	香椿属	爵椿
柏科	侧柏属	侧柏		楝属	苦楝
	圆柏属	圆柏　铅笔柏	无患子科	文冠果属	文冠果
	刺柏属	刺柏	木犀科	白蜡属	白蜡
蔷薇科	苹果属	苹果　海棠		女贞属	大叶女贞　小叶女贞　金叶女贞
	梨属	白梨　杜梨　西洋梨		丁香属	丁香
	梅属	榆叶梅	紫葳科	梓树属	楸树
	蜡梅属	蜡梅	茄科	枸杞属	枸杞
	火棘属	火棘	玄参科	泡桐属	兰考泡桐　毛泡桐
	绣线菊属	绣线菊	含羞草科	合欢属	合欢
	李属	李子　紫叶李	胡桃科	核桃属	核桃
	桃属	桃	竹科	刚竹属	刚竹　毛竹
	杏属	杏　美人梅	锦葵科	木槿属	木槿
	山楂属	山楂	梧桐科	梧桐属	梧桐（青桐）
	樱属	樱桃	卫矛科	卫矛属	大叶黄杨　卫矛
	蔷薇属	月季　玫瑰　蔷薇	银杏科	银杏属	银杏
石榴科	石榴属	石榴	千屈菜科	紫薇属	紫薇（百日红）
柽柳科	柽柳属	柽柳	豆科	紫藤属	紫藤
悬铃木科	悬铃木属	悬铃木（法桐）	槭树科	槭树属	五角槭　三角槭　鸡爪槭
鼠李科	枣属	枣　酸枣		黄栌属	美国黄栌

动物资源

1986年，全县畜禽、野兽益鸟、昆虫有78类群。家畜有牛、驴、骡、马、猪、羊、兔。家禽鸡、鸭、鹅。有鱼虾15种。由于人类长期有选择地开发活动，饲养的动物新品种不断增加，又因大量投入化学农药及水污染、天气等因素，使野生动物群落逐年减少。进入21世纪，随着环境保护力度的加大，除人工饲养的牛、驴、马、猪、羊、兔、鸡、鸭、鹅等畜禽外，麻雀、燕子、灰喜鹊、黑喜鹊、白脸山雀、雉鸡、啄木鸟、斑鸠以及獾、刺猬、黄鼬、田鼠、蜥蜴等野生动物逐年增多。截至2013年底，全县有陆生动物76种。其中，哺乳动物9种、鸟类55种、爬行动物7种、两栖动物5种。另有水生动物鲤鱼、鲫鱼、鲢鱼、鲶鱼、鳝鱼、草鱼、青鱼及泥鳅、虾、乌龟等10余种，昆虫类蝎、蜂、蝶、蜻蜓、螳螂、蜘蛛、蟋蟀、蜈蚣、蚰蜒、蚂蚁、蝈蝈、蚯蚓等20余种。

2013年武城县可见野生动物统计表

表2-11

类别	目	科	种
兽类	食虫目	刺猬科	刺猬
		鼩科	小麝鼩
	翼手目	蝙蝠科	普通蝠翼
			东方蝙蝠
	兔形目	兔科	野兔
	啮齿目	鼠科	黑线姬鼠
		仓鼠科	仓鼠
	食肉目	犬科	狐
		鼬科	黄鼬
鸟类	鹈鹕鹳形目	鹭科	仓鹭
			池鹭
			草鹭
	雁形目	鸭科	大天鹅
			鸿雁鸭
			赤麻鸭
			绿头鸭
			普通科沙鸭
			中华秋沙鸭
	隼形目	鹰科	鸢
			苍鹰
			普通鹰

类别	目	科	种
鸟类	鴷形目	啄木鸟科	棕腹啄木鸟
			星头啄木鸟
	雀形目	百灵科	小沙百灵
			凤头百灵
			云雀
		燕科	家燕
			金腰燕
		鹡鸰科	山鹡鸰
			灰鹡鸰
			白鹡鸰
		伯劳科	红尾伯劳
			虎纹伯劳
			棕嘴伯劳
		黄鹂科	黑枕黄鹂
		卷尾科	黑卷尾
		椋鸟科	灰椋鸟
		鸦科	灰喜鹊
			喜鹊
			寒鸦
			大嘴乌鸦
		山雀科	大山雀

续表 2-11

类别	目	科	种	类别	目	科	种
鸟类	隼形目	隼科	红隼	鸟类	山雀科	绣眼鸟科	暗绿绣眼鸟
	鸡形目	雉科	鹌鹑			文鸟科	树麻雀
			雉鸡（山鸡）			雀科	燕雀
	鸻形目	鸻科	凤头麦鸡				金翅雀
			金眶鸻				鹀
		鸥科	黑嘴鸥	爬行类	龟鳖目	鳖科	鳖
	鸠鸽目	鸠鸽科	山斑鸠		有鳞目	壁虎科	无蹼壁虎
			灰斑鸠			蜥蜴科	丽斑麻蜥
			珠颈斑鸠			游蛇科	黄脊游蛇
	鹃形目	杜鹃科	四声杜鹃				虎斑游蛇
			大杜鹃				赤链蛇
	雨燕目	雨燕科	楼燕				白条锦蛇
			白腰雨燕	两栖类	无尾目	蟾蜍科	中华蟾蜍
	佛法僧目	翠鸟科	普通翠鸟				花背蟾蜍
		戴胜科	戴胜			蛙科	泽蛙
	䴕形目	啄木鸟科	黑枕啄木鸟				黑斑蛙
			大斑啄木鸟				北方狭口蛙

第四节　矿产资源

武城县矿产资源主要有黏土和地热。黏土在境内广泛分布，质量较好的黏土主要集中在老城镇、甲马营镇。矿用黏土资源利用始于农村就地取土，人工切坯，土窑烧砖，其工艺落后，产量低。20 世纪 70 年代，采用砖机制坯，轮窑烧砖，生产效率大幅提升。进入 21 世纪，土地保护力度加大，砖瓦厂陆续关闭，土地被复垦，至 2010 年，全县已无黏土砖瓦厂。

武城县地热资源一般分布在地表下 1300 ～ 1800 米，平均温度在 60 ℃ ～ 65 ℃。2004 年，武城县时代花园住宅小区首次对地热资源进行开发，主要用于冬季取暖。此后，国泰名都、兴隆花园、美林花园、利城金岸、金马商城等住宅小区均采取用地热资源取暖。截至 2013 年底，全县有地热井 42 眼。

第六章　自然灾害

第一节　干旱

1986年，出现春旱和秋旱，春季降水量42.6毫米，比常年偏少31.0毫米，影响正常春播和春季小麦正常发育。秋季降水量42.2毫米，比常年偏少42.7毫米，影响秋作物正常灌浆成熟和足墒秋播。

1991年冬至1992年7月，降水量仅8毫米，卫运河断流，全县受旱面积4.31万公顷，重旱2.33万公顷。1993年，春旱严重，3—5月降水量仅27.9毫米。比常年偏少45.7毫米，影响正常春播和春季小麦的正常发育。1996年，全县连续5个月基本无雨雪，麦田受灾面积1.77万公顷，减产八成至绝产的8000公顷，共计减产小麦5.6万吨。其中，受灾严重的甲马营乡、鲁权屯镇、滕庄镇、马庄乡等乡镇，40%的麦田绝产或基本绝产。1997年，出现严重初夏旱和盛夏旱，6月降水量27.2毫米，比常年偏少36.4毫米，影响夏播和棉花蕾期正常生长。7—8月，累计降水量111.4毫米，比常年偏少170毫米，仅占常年降水量的39.6%，影响各种夏播作物正常生长和棉花花铃期正常生长。2000年，出现严重春旱，3—5月降水量27.2毫米，比常年偏少46.4毫米，影响正常春播和春季小麦正常发育。

2001年，全县大旱，麦田受灾面积2万公顷。其中，重灾面积1.47万公顷，绝收面积6666.67公顷，秋季作物受灾1.33万公顷，受灾人口15万人。因旱灾及风雹灾缺粮人口6万人，缺粮3000吨以上。2002年，全县冬春连旱，累计降水量仅18.3毫米，地下水位大幅度下降，50%的机井无法使用，76个村近7万人缺饮用水。全县80%以上的农田受灾，成灾面积2.67万公顷，其中2万公顷小麦全部受灾，受灾人口22万人，直接经济损失3000万元。2006年10月和11月上旬气温较常年偏高，降水不足，经调查全县3333.33公顷耕地发生轻旱，造成直接经济损失40万元。2008年10月24日至2009年2月7日，全县106天无降水，土壤失水严重，冬小麦生长受影响。

第二节　暴雨与洪涝

1987年8月17日夜，全县自西向东普降暴雨，夹杂冰雹，并伴有8级以上大风，降雨时阵风9级。老城镇半小时降水量97.6毫米，公路两侧直径25厘米的大树拦腰刮断。据统计，14个乡镇不同程度受灾，其中杨庄乡、甲马营乡、梁庄乡、李家户乡、武城镇、老城镇受灾严重。全县倒塌房屋220间，刮倒树木1.78万棵，1.57万公顷棉田，1.09万公顷粮田不同程度减产，158.4公顷果园减产35%以上。

1990年7月1日、6日、7日，分别降暴雨，降水量分别为56.8毫米、81.2毫米和69.3毫米，累计降水量207.3毫米，全县多数农田严重积水2～3天，各种秋作物不同程度减产，个别低洼地绝产。同年8月26日，骤降大暴雨，降水量189.6毫米，个别乡镇超过200毫米，由于7月降水量多达424.3毫米，本次大暴雨再次造成全县大多数农田严重积水3～5天，减产30%～50%，有1.16万公顷绝产，损失严重。1998年7月13日，全县降大暴雨，降水量100～160毫米，马庄乡、四女寺镇1.13万公顷农田被淹。同年8月，连降暴雨，6个乡镇、1.13万公顷良田、7.68万人受灾，直接经济损失5100余万元。

2010年7月1日夜，降大暴雨，降水量128.8毫米，造成农田和城区积水，其中棉花、玉米等作物受灾面积2548公顷，倒塌损坏房屋13间，经济损失150万元。同年8月9日，杨庄乡辖区遭遇50年一遇特大暴雨袭击，累计降水量269毫米，造成全乡20个村庄积水，1341.13公顷耕地内涝。其中，棉田内涝、倒伏1001.93公顷，玉米内涝、倒伏339.2公顷，减产面积802.8公顷，绝产面积538.33公顷，受灾人口1.7万人。因暴雨造成地面严重积水，排泄不畅，有16个村庄街道积水30厘米以上，1127户村民屋内进水。冲塌生产桥2座，冲毁涵洞9个，倒塌房屋37座、大门19座、院墙923米。银山棉业基地内排水沟损坏1400米，院墙倒塌760米。全乡直接经济损失1578.6万元。10日凌晨，李家户乡辖区遭大暴雨袭击，累计降水量100毫米，造成27个村内涝，内涝耕地面积1200公顷，减产面积7333.33公顷，绝产面积466.67公顷，受灾人口1400人，倒塌房屋46间，全乡直接经济损失2200万元。

2012年7月30日至31日18时，全县降大暴雨，平均降水量142毫米，城区降雨量高达202毫米。全县受灾面积2.6万公顷，受灾人口12万人，受损房屋134间，损毁桥涵闸132座、道路25.74千米，经济损失1.3亿元。2013年7月29日，出现强降水，发生涝灾。农田受灾面积315公顷，受损房屋111间，损坏桥24座，经济损失40万元。同年8月12日，再次出现强降水，玉米、棉花等农作物受灾。全县受灾面积1.17万公顷，绝产面积2125公顷，经济损失3000万元。

第三节　大风与冰雹

1986年6月21日23时20分，滕庄乡、鲁权屯乡2个乡的28个村降大雨，并伴有冰雹，1000公顷农田受灾，126.27公顷棉株被砸成光杆，沿河43.33公顷西瓜基本绝产。同年7月10日16时30分左右，降雨并伴有冰雹，甲马营乡、梁庄乡、马庄乡、武城镇4乡镇的32个村遭受雹灾袭击，降雹持续半小时，受灾面积1533.33公顷，其中重灾584.33公顷。1988年6月19日19时和20日凌晨1时，甲马营乡、鲁权屯乡、滕庄乡、马庄乡、大屯乡、董王庄乡6乡的53个村两次遭冰雹袭击，雹粒小者如小枣，大的似杏，同时伴有7级大风，成灾面积4413.33公顷，经济损失874万元。同年9月7日17时，县内再受雹灾，历时10～30分钟，并伴有6～7级大风，马庄乡、大屯乡2个乡的18个村庄受灾，成灾面积2066.67公顷。1989年

图2-3 2012年7月30—31日，全县普降大暴雨

5月16日3时，蔡村乡的十几个村庄290公顷棉田受雹灾袭击，其中被砸成光杆和生长点的30%左右。同年7月2日18时30分至19时，梁庄乡、甲马营乡、李家户乡、蔡村乡、郝王庄乡5个乡的60个村受雹灾，农田受灾面积7100公顷，绝产1333.33公顷。

1990年6月23日1时40分至2时10分，郝王庄乡、董王庄乡、大屯乡、蔡村乡、李家户乡5个乡的60多个村庄遭到罕见风雹袭击，受灾面积6720公顷。其中，棉田3820公顷、粮田980公顷、瓜菜353.33公顷、果园220公顷。1991年6月21日16时40分至17时30分，武城镇、梁庄乡、李家户乡3个乡镇的38个村庄遭受风雹、暴雨袭击，3333.33公顷农作物受灾，直接经济损失500余万元。1992年5月15日22时至16日3时，全县连续两次遭到风雹袭击，甲马营等8个乡镇的121个自然村受灾，农田受灾面积1.2万公顷，直接经济损失250万元。1993年6月22日17时30分至8时30分，全县遭受暴风雨袭击。刮倒或折断成材树6万余株、幼树13万株，刮倒线杆653根，刮断高压线32.8千米，毁坏房屋2万余间，致115人受伤（2人重伤），刮、冲走正在晾晒的小麦3749吨，直接经济损失2000万元。1995年6月24—26日，四女寺镇、蔡村乡、董王庄乡3个乡镇的30个自然村，不同程度地遭受风雹灾害。全县受灾面积666.67公顷，经济损失650万元。

2001年5月30日22时10分左右，滕庄镇的前九屯村、后九屯村、桑庄村、南宋村、代官屯村、礼义西村、礼义中村、礼义东村、东蒋家佛堂村、西蒋家佛堂村、卧虎庄村、庙留庄村、李庄村13个村遭受雹灾袭击，降雹历时15分钟左右，总受灾面积533.33公顷。其中，小麦、棉花分别成灾200公顷，西瓜成灾133.33公顷，直接经济损失334万元。2003年6月11日傍晚，武城镇、郝王庄镇、李家户乡的109个村遭受冰雹袭击，冰雹直径0.8厘米左右，持续降落近25分钟。受灾面积1.21万公顷，造成部分通信、输电线路损坏，直接经济损失5600万元。2004年5月16日，全县遭受大面积冰雹袭击，持续降落20多分钟，武城镇、甲马营乡、郝王庄镇、杨庄乡、李家户乡5个乡镇的110个村不同程度受灾，受灾人口14万人，成灾面积1.87万公顷。其中，棉花受灾1.33万公顷，小麦受灾5333.33公顷，直接经济损失2400万元。2005年5月21日18—19时，武城县出现雷阵雨天气，不少乡镇伴有冰雹，甲马营乡、郝王庄镇和杨庄乡的棉花、小麦、辣椒、西瓜等农作物受灾面积1535.33公顷，直接经济损失500万元。2006年8月5日，杨庄乡饮马庄村一带出现冰雹灾害，冰雹最大直径1.2厘米，棉花和玉米受灾面积367公顷，直接经济损失210万元。2007年8月2日，鲁权屯镇出现雷雨大风

图2-4 2004年5月16日，全县遭受冰雹袭击

天气，玉米出现倒伏，受灾面积 135 公顷，经济损失 64 万元。

第四节　低温连阴雨与霜冻

1986 年，终霜结束在 4 月 20 日，比常年偏晚 26 天，影响小麦、果树正常开花、授粉，并影响幼果生长。1988 年,终霜日为 4 月 23 日，比常年偏晚 29 天，影响小麦和果树正常开花、受粉，果树幼果生长受影响。

1991 年 3 月 27 日，气温骤降 7℃～8℃，出现低温冷害，日最低气温 -1.6℃，致使冬小麦严重受冻害，影响小麦穗分化，当年穗粒数比常年减少 5～7 粒；同时影响果树发芽，造成减产。1993 年 4 月 10 日，出现低温冷害，极端最低气温 -1.7℃，果树花蕾及幼果 70% 受害，同时麦叶发黄，叶尖干枯，影响小麦孕穗，造成小麦减产。同年 11 月 15—24 日，骤降雨雪，气温在 10 天内由 18℃降至 -20℃，温差接近 40℃，果树遭到不同程度的冻害，果农毁树严重，水果产量由 1993 年的 12328 吨，减至 1994 年的 8587 吨。

第五节　病虫害

武城县经济作物主要是棉花。主要害虫有棉蚜、棉铃虫、红铃虫、盲蝽蟓、棉叶螨、小地老虎等。棉花病害：炭疽病、立枯病、枯萎病，此外县内低洼积水和缺钾棉田发生红叶茎枯病。

粮食作物主要是小麦、玉米。小麦害虫有麦叶蜂、麦蜘蛛和蚜虫。小麦病害有白粉病、叶锈病、叶枯病。玉米害虫有玉米螟、棉铃虫、甜菜夜蛾、黏虫、蚜虫、红蜘蛛、土蝗。玉米病害有叶斑病（褐斑病、弯孢霉叶斑病、大、小叶斑病）、顶腐病、茎基腐病、黑粉病、锈病等。

1991 年，全县发生大面积小麦白粉病、锈病，造成小麦叶片提前干枯死亡，发生面积 8000 公顷，减产严重。2010 年，发现二点委夜蛾，影响农作物生长。

武城县志（1986—2013）

第三编

人口

20世纪80年代后，随着国民经济的恢复和发展，人民生活水平日益提高，医疗条件不断改善，人口增长较快。1986年，全县有80383户，总人口329824人，当年出生4477人，死亡2292人，人口自然增长率6.6‰。1990年，全县有86406户，总人口352962人，登记当年出生及往年漏报人口11346人，人口自然增长率25.3‰。此后，计划生育政策不断完善，人口出生率得到有效控制。1994年，人口出现负增长，当年出生1865人，死亡2275人，人口自然增长率-1.1‰。到2000年11月1日0时，第五次全国人口普查时，全县总人口361179人，家庭户104592户，出生3993人，死亡2291人，人口自然增长率4.6‰。随着改革开放的不断深入，人们的生育观念发生重大变化，人口思想、文化、身体等综合素质显著提升，流动人口逐年递增。2000年，迁入3077人，迁出224人，机械增长率7.75‰。到2010年11月1日0时，第六次全国人口普查时，全县总人口376063人，家庭户107587户，出生1976人，死亡2843人，人口自然增长率-2.2‰。至2013年底，全县有20个民族，125110户，392828人，当年出生1148人，死亡1938人，人口自然增长率-2.0‰，人口呈“少生优生优育”的人口再生产类型。

第一章　人口状况

第一节　人口数量

1986 年，全县有 80383 户，总人口 329824 人,户均 4.1 人。1986—1990 年,共增加 23138 人,年均增加 4627.6 人。1990 年，全县有 86406 户，352962 人，登记当年出生及往年漏报人口 11346 人，人口自然增长率 25.3‰。1990 年 7 月 1 日 0 时，第四次全国人口普查，全县总人口 360703 人，同第三次全国人口普查的 1982 年 7 月 1 日 0 时的 311711 人相比，8 年间增加 48992 人，增长 15.72%，年均增长率 1.84%。1994 年，人口呈负增长，为 -1.1‰。1995 年后，人口自然增长率趋于平稳，呈“少生优生优育”的人口再生产类型。2000 年 11 月 1 日 0 时，第五次全国人口普查，全县总人口 361179 人，同第四次全国人口普查 1990 年 7 月 1 日 0 时的 360703 人相比，10 年零 4 个月增加 476 人，增长 0.13%，年均增加 47.6 人。年均增长率 0.01%。2003 年、2010 年、2012 年和 2013 年人口呈负增长，分别为 -1.1 ‰、-2.2 ‰、-0.3 ‰ 和 -2.0 ‰。2010 年 11 月 1 日 0 时，第六次全国人口普查，全县总人口 376063 人，同第五次全国人口普查 2000 年 11 月 1 日 0 时的 361179 人相比，10 年间增加 14884 人，增长 4.12%，年均增加 1488 人。年均增长率 0.41%。截至 2013 年底，全县有 125110 户、392828 人、户均 3.14 人。

图 3-1 武城县第六次人口普查宣传（2010 年 摄）

1986—2013 年武城县人口状况统计表

表 3-1

年份	户数	人口数			农业户口人数	非农业户口人数	人口密度（人／平方千米）
		合计	男	女			
1986	80383	329824	165761	164063	307166	22658	441
1987		333478	168048	165430			446
1988		338864	170603	168261			453
1989	84011	341639	171667	169972	310254	31385	457

续表 3-1

年份	户数	人口数			农业户口人数	非农业户口人数	人口密度（人/平方千米）
		合计	男	女			
1990	86406	352962	177370	175592	321843	31119	472
1991	89935	360368	181749	178619	327879	32489	482
1992	90061	360732	181490	179242	326708	34024	482
1993	91111	360019	181421	178598	324538	35481	481
1994		361225	182086	179139			483
1995	94738	360900	181998	178902	317528	43429	482
1996	94667	360109	181785	178324	315993	44116	481
1997		361656	182298	179358			483
1998		361716	182149	179567	315136	46580	484
1999	104589	365217	183501	181716	315560	49657	488
2000	104895	368143	185177	182966	318170	49973	492
2001	106693	370994	186436	184558	319804	51190	496
2002	107355	371643	186782	184861	319572	52071	497
2003	107819	371668	186859	184809	307408	64260	497
2004	103444	372317	187332	184985	305219	67098	498
2005	101575	372959	187734	185225	298198	74761	499
2006	103162	374684	188786	185898	300094	74590	501
2007	104198	377495	190303	187192	301306	76189	505
2008	105715	380547	191877	188670	303351	77196	509
2009	108709	384622	194118	190504	306852	77770	514
2010	112861	387748					518
2011	116852	391917	198437	193480	312467	79450	524
2012	119847	391917			313489	78516	524
2013	125110	392828	199056	193772	314612	78216	525

第二节　人口分布

1986 年，全县总人口 329824 人，人口密度 441 人／平方千米。其中，农业人口 307166 人，非农业人口 22658 人。分布在县城及 15 个乡镇。其中，老城镇 26310 人，杨庄乡 20383 人，李家户乡 30154 人，梁庄乡 16130 人，武城镇 29284 人（县城人口统计在内），马庄乡 16183 人，大屯乡 16966 人，董王庄乡 22518 人，郝王庄乡 21593 人，蔡村乡 17499 人，四女寺镇 19613 人，滕庄乡 25629 人，鲁权屯乡 23918 人，甲马营乡 24537 人，祝官屯乡 19087 人。此后，随经济社会的发展，全县总人口逐年增加，人口密度也相应增加，人口逐步向城镇集中，特别是鲁权屯镇、老城镇、武城镇、广运街道等工业、商贸重镇及县城驻地，常住人口逐年增加。同时，受行政区划调整的影响，部分乡镇人口数量变化较大。1997 年，全县总人口 360109 人，人口密度 481 人 / 平方千米。其中，农业人口 315993 人，非农业人口 44116 人。老城镇 41457 人，杨庄乡 21292 人，李家户乡 31456 人，武城镇 61873 人（县城人口统计内），马庄乡 17632 人，大屯乡 17544 人，董王庄乡 22953 人，郝王庄乡 22502 人，蔡村乡 18367 人，四女寺镇 20255 人，滕庄镇 26218 人，鲁权屯镇 25207 人，甲马营乡 33353 人。

2000 年，全县总人口 368143 人，人口密度 492 人 / 平方千米。其中，农业人口 318170 人，非农业人口 49973 人。老城镇 42368 人，武城镇 109568 人（县城人口统计内），鲁权屯镇 35913 人，滕庄镇 52160 人，郝王庄镇 42493 人，杨庄乡 21470 人，李家户乡 31220 人，甲马营乡 32951 人。2005 年，全县总人口 372959 人，人口密度 499 人 / 平方千米。其中，农业人口 298198 人，非农业人口 74761 人。老城镇 41786 人，武城镇 58872 人，郝王庄镇 42480 人，鲁权屯镇 36344 人，滕庄镇 51092 人，杨庄乡 22073 人，甲马营乡 33636 人，李家户乡 31740 人，广运街道 54936 人。2011 年，全县总人口 390650 人，人口密度 522 人 / 平方千米。武城镇 55590 人，老城镇 65275 人，四女寺镇 41438 人，鲁权屯镇 71130 人，郝王庄镇 25082 人，甲马营镇 36557 人，李家户镇 32773 人。2013 年，全县总人口 394858 人，人口密度 528 人 / 平方千米。武城镇 55522 人，老城镇 66268 人，四女寺镇 40661 人，鲁权屯镇 72018 人，郝王庄镇 24749 人，甲马营镇 37016 人，李家户镇 33231 人，广运街道 59722 人，开发区 5671 人。

第三节　人口变动

自然变动

1986 年，全县出生人口 4477 人，死亡 2292 人，人口自然增长率 6.6‰。1986—1988 年，人口自然增长率逐年上升，1988 年，人口自然增长率 12‰。1989 年，人口自然增长率回落至 5.6‰。1990 年第四次全国人口普查，清理登记当年出生及往年漏报人口 11346 人，死亡 2425 人，人口自然增长率 25.3‰。此后，人口自然增长率呈下降趋势。1992 年，人口自然增长率 3.2‰。1994 年，人口呈负增长，为 -1.1‰。1995 年后，人口自然增长率趋于平稳，呈“少生优生优育”的人口再生产类型。2003 年、2010 年、2012 年和 2013 年人口呈负增长，分别为 -1.1‰、-2.2‰、-0.3‰和 -2.0‰。2013 年，全县出生人口 1148 人，死亡 1938 人，人口自然增长率 -2.0‰。

1986—2013 年武城县人口自然变动统计表

表 3-2　　　　单位：人

年份	出生	死亡	自然增长率（‰）	年份	出生	死亡	自然增长率（‰）
1986	4477	2292	6.6	1992	3447	2294	3.2
1987	5192	2344	8.5	1993	2258	2230	0.1
1988	6442	2372	12	1994	1865	2275	-1.1
1989	4145	2233	5.6	1995	2529	2333	0.5
1990	11346	2425	25.3	1996	2681	2334	1
1991	8033	1898	17	1997	3876	1993	5.2

续表 3-2

年份	出生	死亡	自然增长率（‰）	年份	出生	死亡	自然增长率（‰）
1998	3090	2220	2.4	2006	2896	2116	2.1
1999	4084	2069	5.5	2007	5097	2757	6.2
2000	3993	2291	4.6	2008	5090	2612	6.5
2001	5378	2071	8.9	2009	2152	1553	1.6
2002	4964	3208	4.7	2010	1976	2843	-2.2
2003	2900	3299	-1.1	2011	4784	1055	9.5
2004	3322	2911	1.1	2012	4666	4780	-0.3
2005	2700	2200	1.3	2013	1148	1938	-2

机械变动

1986年，全县人口机械变动变化不大，随着大中专毕业生回流和农转非数量的增加，全县人口机械变动呈增长趋势。2000年，迁入3077人，迁出224人，机械增长率7.75‰。进入21世纪，中专毕业生在外就业人口和迁出外出创业人口增多，人口机械增长呈下降趋势。2002年，迁入2205人，迁出3545人，机械增长率-3.61‰。特别是2005年和2006年，人口机械增长率均在-10‰以上。2006年后，武城县实施人才强县战略，加大高素质、高技能人才的引进力度，通过实施事业单位考试、举办人才交流会等形式，不断从全国各大高校引进优秀毕业生。2006—2011年，人口迁入、迁出基本持平，机械变动幅度较小。2011年，迁入1651人，迁出1585人，机械增长0.17‰。从2012年开始，人口机械增长率呈负增长。2013年，全县迁入人口1415人，迁出1880人，人口机械增长率-0.88‰。

2000—2013年武城县人口机械变动情况统计表

表 3-3　　　　单位：人

年份	迁入	迁出	机械增长率（‰）	年份	迁入	迁出	机械增长率（‰）
2000	3077	224	7.75	2007	3611	3883	-0.72
2001				2008	3336	3388	-0.14
2002	2205	3545	-3.61	2009	2125	1662	1.2
2003	2187	4120	-5.2	2010	343	273	0.18
2004	1321	241	2.9	2011	1651	1585	0.17
2005	255	4214	-10.62	2012	228	2816	-6.6
2006	280	4047	-10.05	2013	1503	1847	-0.88

第二章　人口构成

第一节　性别构成

1982 年，第三次全国人口普查，全县人口 311711 人。其中，男性 155555 人，占总人口的 49.9%；女性 156156 人，占总人口的 50.1%；男女性别比为 99.6。1986 年，全县总人口 329824 人。其中，男性 165761 人，占总人口的 50.3%；女性 164063 人，占总人口的 49.7%；男女性别比为 101.2。

1990 年，第四次全国人口普查，全县人口 360703 人。其中，男性 179605 人，占总人口的 49.79%；女性 181098 人，占总人口的 50.21%。男女性别比为 99.18。

1990 年第四次全国人口普查武城县总人口和性别比统计表

表 3-4　　　　单位：人

名称	总人口			性别比（女 =100）
	合计	男	女	
总计	360703	179605	181098	99.18
老城镇	29093	14489	14604	99.21
武城镇	35901	17991	17910	100.45
四女寺镇	20768	10328	10440	98.93
杨庄乡	21679	10794	10885	99.16
李家户乡	31956	15812	16144	97.94
梁庄乡	18748	9302	9446	98.48
马庄乡	17728	8779	8949	98.1
大屯乡	18301	9078	9223	98.43
董王庄乡	23858	11866	11992	98.45
郝王庄乡	23386	11723	11663	100.51
蔡村乡	19040	9476	9564	99.08
滕庄乡	27697	13921	13776	101.05
鲁权屯乡	26450	13221	13229	99.94
甲马营乡	25892	12814	13078	97.98
祝官屯乡	20206	10011	10195	98.2

2000 年，第五次全国人口普查，全县总人口 361179 人。其中，男性 180833 人，占总人口的 50.07%；女性 180346 人，占总人口的 49.93%。男女性别比为 100.27。

2000年第五次全国人口普查武城县总人口和性别比统计表

表 3-5　　　　单位：人

名称	总人口			性别比（女=100）
	合计	男	女	
合计	361179	180833	180346	100.27
武城镇	107450	53220	54230	98.14
老城镇	41313	20638	20675	99.82
滕庄镇	51678	26405	25273	104.48
鲁权屯镇	36484	18258	18226	100.18
郝王庄镇	40773	20621	20152	102.33
杨庄乡	20232	10135	10097	100.38
李家户乡	30282	15028	15254	98.52
甲马营乡	32967	16528	16439	100.54

2010年，第六次全国人口普查，全县总人口376063人。其中，男性190503人，占总人口的50.66%；女性185566人，占总人口的49.34%。男女性别比为102.66。2013年底，全县总人口392828人。其中，男性199056人，占总人口的50.67%；女性193772人，占总人口的49.33%。男女性别比为102.73。

第二节　年龄构成

20世纪80年代初期，全县总人口中学龄前儿童、青少年所占比例较大，随着人口生育的计划管理，县内人口出生率、自然增长率得到有效的控制，人口年龄结构、年龄构成指数发生明显变化。

0～19岁人口显著减少。1990年，第四次人口普查110152人，占总人口的30.54%。2000年，第五次全国人口普查76603人，占总人口的21.24%，比1990年减少33549人，下降30.46%。2010年，第六次全国人口普查62716人，占总人口的16.68%，比1990年减少13887人，下降18.13%。

20～49岁人口呈现马鞍形变化。1990年，为189313人，占总人口的52.48%。2000年，为206435人，占总人口的57.16%，比1990年增加17122人，增长9.04%。2010年，为205977人，占总人口的54.77%，比2000年减少458人，减少0.22%。

50～64岁人口明显渐增。1990年，为38453人，占总人口的10.66%。2000年，为51422人，占总人口的14.24%。2010年，为72281人，占总人口的19.22%。

65岁及以上老人呈上升趋势。1990年，为22785人，占总人口的6.32%。2000年，为26719人，占总人口的7.40%。2010年，为35089人，占总人口的9.33%。

2013年，全县少年儿童（0～19岁）99806人，占总人口的25.41%。青壮年（20～49岁）159515人，占总人口的40.61%。50～64岁78837人，占总人口的20.07%。65岁以上老人54650人，占总人口的13.91%。100岁以上老人20人。

第四、五、六次全国人口普查武城县年龄构成统计表

表 3-6　　　　单位：人

年龄段（岁）		1990 年	人数合计	占总人口百分比	2000 年	人数合计	占总人口百分比	2010 年	人数合计	占总人口百分比
0 ～ 19 岁人口	0 ～ 4	42361	145243	30.54%	16197	108633	21.24%	23454	81977	16.68%
	5 ～ 9	33269			16851			21497		
	10 ～ 14	34522			43555			17765		
	15 ～ 19	35091			32030			19261		
20 ～ 49 岁人口	20 ～ 24	34493	154222	52.48%	27055	174405	57.16%	36016	186716	54.77%
	25 ～ 29	26842			30246			28672		
	30 ～ 34	26290			36025			28644		
	35 ～ 39	28656			28082			30837		
	40 ～ 44	23579			24675			35234		
	45 ～ 49	14362			28322			27313		
50 ～ 64 岁人口	50 ～ 54	14052	38453	10.66%	23431	51422	14.24%	24160	72281	19.22%
	55 ～ 59	13390			14323			26847		
	60 ～ 64	11011			13668			21274		
65 岁及以上老人	65 ～ 69	9773	22785	6.32%	10663	26719	7.4%	12426	35089	9.33%
	70 ～ 74	6738			7482			9631		
	75 ～ 79	4075			5127			7224		
	80 ～ 84	1664			2438			3685		
	85 ～ 89	457			809			1632		
	90 ～ 94	69			171			390		
	95 ～ 99	8			27			101		
	100 岁以上	1			2					
总人口数		360703			361179			376063		

第三节　文化构成

1982 年，第三次全国人口普查，全县总人口 311711 人，具有小学以上文化程度的 183511 人，占总人口的 58.87%。其中，大学文化 407 人（含大学肄业或在校 31 人），占总人口的 0.13%；高中文化 14363 人，占总人口的 4.61%；初中文化 52428 人，占总人口的 16.82%；小学文化 116313 人，占总人口的 37.31%；文盲半文盲 82130 人，占总人口的 26.35%。

1990 年，第四次全国人口普查，全县总人口 360703 人，具有小学以上文化程度的 236839 人，占总人口的 65.66%。其中，具有大学本科、专科文化程度的 1256 人，占总人口的 0.35%；具有中专、高中文化程度的 16544 人，占总人口的 4.59%；具有初中文化程度的 80530 人，占总人口的 22.33%；具有小学文化程度的 138509 人，占总人口的 38.40%。

1990 年第四次全国人口普查武城县各乡镇文化程度统计表

表 3-7　　　　单位：人

名称	总人口	小学	初中	高中	中专	大学专科	大学本科
总计	360703	138509	80530	13632	2912	1083	173
老城镇	29093	11527	7048	1465	268	136	14
武城镇	35901	11148	10743	3253	1619	667	144
四女寺镇	20768	8763	4079	511	52	6	0
李家户乡	31956	14242	6339	1022	104	29	1
梁庄乡	18748	7323	4557	912	123	66	2
马庄乡	17728	8319	3638	411	71	24	1
大屯乡	18301	8253	4525	469	81	19	2
董王庄乡	23858	9296	6183	1128	94	16	2
郝王庄乡	23386	10922	5130	616	73	17	2
蔡村乡	19040	8276	4727	729	79	20	0
滕庄乡	27697	11593	6392	771	104	31	1
鲁权屯乡	26450	9968	6071	761	87	17	1
甲马营乡	25892	10706	5942	874	82	20	2
祝官屯乡	20206	8173	5156	710	75	15	1

与 1982 年人口普查数字相比，每 10 万人中拥有各种文化程度的人数有如下变化：具有大学文化程度的由 131 人上升到 352 人，具有高中文化程度的由 4608 人上升到 4753 人，具有初中文化程度的由 16819 人上升到 23373 人，具有小学文化程度的由 37314 人上升到 41065 人。

2000 年，第五次全国人口普查，全县总人口 361179 人，具有小学以上文化程度的 308012 人，占全县总人口的 85.28%。其中，研究生 25 人，占总人口的 0.007%；具有大学本科、专科文化程度的 4451 人，占总人口的 1.23%；具有中专、高中文化程度的 24716 人，占总人口的 6.84%；具有初中文化的 144611 人，占总人口的 40.04%；具有小学文化程度的 134209 人，占总人口的 37.11%。

2000年第五次全国人口普查武城县各乡镇文化程度统计表

表3-8　　　　单位：人

名称	6岁及以上人口	未上过学	扫盲班	小学	初中	高中	中专	大学专科	大学本科	研究生
合计	342267	30443	3812	134209	144611	18796	5920	3714	737	25
武城镇	101905	8158	965	32082	43280	9855	4211	2677	665	12
老城镇	39339	3528	208	14019	18536	2288	345	379	33	3
滕庄镇	49012	3160	917	22124	20921	1489	256	127	12	6
鲁权屯镇	34559	3812	153	14548	14442	1125	307	162	9	1
郝王庄镇	38674	3235	686	16947	16272	1157	251	116	10	0
杨庄乡	19157	2072	412	9541	6450	520	99	59	3	1
李家户乡	28505	3080	294	12890	10737	1126	262	111	4	1
甲马营乡	31116	3398	177	12058	13973	1236	189	83	1	1

2010年，第六次全国人口普查，全县总人口376063人，具有小学以上文化程度的333105人，占全县总人口的88.58%。其中，研究生251人，占总人口的0.07%;具有大学本科、专科文化程度的14905人，占总人口的3.96%；具有中专、高中文化程度的38235人，占总人口的10.17%；具有初中文化的179341人，占总人口的47.69%；具有小学文化程度的100373人，占总人口的26.69%。

第四节　民族构成

1982年，全县有汉族、回族、满族、苗族、朝鲜族5个民族。其中，汉族人口308881人，占总人口的99.09%；少数民族人口2830人，占总人口的0.91%。1990年，第四次全国人口普查，全县有17个民族。全县人口中，汉族人口357558人，占总人口的99.13%；少数民族人口3145人,占总人口的0.87%。其中,回族3018人,满族65人,蒙古族10人,朝鲜族9人,壮族12人,苗族9人，土家族6人，布依族1人，藏族3人，彝族5人，哈尼族2人，黎族1人，拉祜族1人，东乡族1人，鄂伦春族1人。与1982年相比，8年间汉族人口增加48667人，增长15.76%，各少数民族增加315人，增长11.13%。8年间新迁来民族有藏、彝、壮、布依、土家、哈尼、黎、拉祜、东乡、鄂伦春等10个民族。

2000年，第五次全国人口普查，全县有13个民族。全县人口中，汉族人口358857人，占总人口的99.36%；少数民族人口2322人，占总人口的0.64%。其中，回族2142人，满族34人，蒙古族87人，彝族10人，朝鲜族10人，藏族8人，壮族13人，苗族7人，土家族2人，布依族6人，维吾尔族2人，塔吉克族1人。与1990年第四次全国人口普查相比，汉族人口增加1296人，增长0.36%。各少数民族人口减少820人，下降26.10%。

2010年，第六次全国人口普查，全县有14个民族。全县人口中，汉族人口390665人，占总人口的99.42%。少数民族人口2290人，占总人口的0.58%。其中，回族2212人，满族30人，蒙古族14人，朝鲜族9人，壮族6人，苗族5人，土家族4人，布依族3人，黎族2人，鄂温克族2人，维吾尔族1人，羌族1人，乌孜别克族1人。与2000年第五次全国人口普查相比，汉族人口增加31808人，增长8.86%。各少数民族人口减少32人，下降1.38%。

2013年底，全县有汉族、回族、满族、蒙古族、壮族、朝鲜族等 19 个民族。其中，汉族人口 389461 人，占总人口的 99.14%。少数民族人口 3367 人，占总人口的 0.86%。其中以回族最多，总计 3004 人，占少数民族的 89.19%，其余依次为满族 173 人，蒙古族 72 人，壮族 29 人，土家族 21 人，朝鲜族 17 人，苗族 12 人，布依族 7 人，达斡尔族 7 人，侗族 5 人，彝族 4 人，藏族 4 人，鄂伦春族 3 人，土家族 3 人，京族 3 人，黎族 1 人，傈僳族 1 人，羌族 1 人。

第五节　职业构成

2000 年，第五次全国人口普查抽样统计，全县抽样总人口 35550 人，15 岁及 15 岁以上人口 27651 人，在业人口 23636 人，在业率 85.48%，占总人口的 66.49%。各行业中从事农、林、牧、渔业的 20743 人，占在业人口的 87.76%。从事工业的 1063 人，占 4.50%。从事建筑业的 94 人，占 0.40%。从事交通运输及邮电通信业的 107 人，占 0.45%。从事批发零售贸易及餐饮业的 536 人，占 2.27%。从事金融保险业的 96 人，占 0.41%。从事社会服务业的 84 人，占 0.36%。从事卫生体育和社会福利业的 123 人，占 0.52%。从事教育文艺及广播电视业的 360 人，占 1.52%。国家机关和社会团体 406 人，占 1.72%。其他行业 15 人，占 0.06%。全县失业人口 101 人，失业率为 0.37%。全县非在业人员 4015 人，占总人口的 11.29%。其中，在校学生 1043 人，料理家务 922 人，离退休 462 人，丧失工作能力 1339 人，从未工作正在找工作 39 人，失去工作正在找工作 62 人，其他 148 人。

2000 年第五次全国人口普查武城县各乡（镇）分行业在业人口抽样统计表

表 3-9　　　　单位：人

名称	合计	农林牧渔业	采掘业	制造业	电力、燃气及水的生产和供应业	建筑业	地质勘查业水利管理业	交通运输、仓储邮电通信业	批发和零售贸易、餐饮业	金融保险业	房地产业	社会服务业	卫生、体育和社会福利业	教育、文化艺术及广播电影电视业	国家机关、政党机关和社会团体	其他行业
武城镇	6659	4888	0	562	41	36	4	57	297	78	2	53	84	182	362	13
老城镇	2611	2260	3	164	0	24	0	25	53	7	0	14	14	42	5	0
滕庄镇	3449	3306	0	68	0	1	0	1	32	2	0	1	5	30	3	0
鲁权屯镇	2516	2317	5	95	0	1	0	6	50	4	0	3	4	22	9	0
郝王庄镇	2854	2729	0	26	0	1	0	5	32	0	0	4	6	36	14	1
杨庄乡	1352	1279	0	23	0	0	0	4	28	0	0	3	0	9	6	0
李家户乡	2045	1903	0	45	0	22	3	6	17	3	0	5	7	28	5	1
甲马营乡	2150	2061	0	31	0	9	0	3	27	2	0	1	3	11	2	0
合计	23636	20743	8	1041	41	94	7	107	536	96	2	84	123	360	406	15

2010年，第六次全国人口普查抽样调查统计，全县抽样总人口35215人，16岁及以上人口28920人，经济活动人口24344人，其中就业人口24143人，就业率83.48%，占总人口的68.56%。各行业中从事农、林、牧、渔业的16618人，占在业人口的68.83%。从事工业的3397人，占14.07%；从事建筑业的401人，占1.66%；从事交通运输及邮电通信业的226人，占0.94%；从事批发零售贸易及餐饮业的2216人，占9.18%；从事金融保险业的97人，占0.40%；从事社会服务业的147人，占0.61%；从事卫生体育和社会福利业的165人，占0.68%；从事教育文艺及广播电视业的262人，占1.09%；国家机关和社会团体430人，占1.78%；科学研究技术服务人员8人，占0.03%；其他行业169人，占0.70%。2010年，全县失业人口201人，失业率16.52%，占总人口的0.57%，非经济活动人口4576人，占总人口的13%。

2013年，根据抽样调查统计，全县抽样从业人员31635人。各行业中从事农、林、牧、渔业的605人，占在业人口的1.91%。从事制造业的4336人，占13.71%。从事电力、热力、燃气及水生产和供应业的366人，占1.16%。从事建筑业的1006人，占3.18%。从事批发和零售业的2708人，占8.56%。从事交通运输、仓储和邮政业的294人，占0.93%。从事住宿和餐饮业的245人，占0.78%。从事信息传输、软件和信息技术服务业的569人，占1.80%。从事金融保险业的1819人，占5.75%。从事房地产业的650人，占2.05%。从事租赁和商贸服务业的1342人，占4.24%。从事科学研究和技术服务业的2344人，占7.41%。从事水利、环境和公共设施管理业的887人，占2.80%。从事居民服务、修理和其他服务业的85人，占0.27%。从事教育工作的5410人，占17.10%。从事卫生和社会工作的2670人，占8.44%。从事文化、体育和娱乐业的138人，占0.44%。从事公共管理、社会保障和社会组织工作的6161人，占19.48%。

第六节　姓氏

1986年，全县有姓氏220多个，其中张、王、李、刘四姓所占比例最大，赵、陈、霍、郭、孙、范、崔、宋、田、许、任、高亦属于大姓。1987年，在第一代身份证登记期间，由于笔下误，有的“傅”姓登记为“付”，“阎”姓登记为“闫”，“戴”姓登记为“代”，沿用至今。进入21世纪，由于外来人口的迁入，全县姓氏逐年增加。先后增加元、席等姓。截至2013年底，全县有姓氏238姓，张、王、李、刘4姓约占全县总人口的四分之一。陈、赵、崔、霍、孙、郭、朱、范、田、任、许、宋、高、林等10余姓，人口均在万人左右。

各姓按音序排列如下：

A：安、艾

B：班、暴、白、柏、箔、毕、卞、卜、邴

C：曹、才、蔡、昌、常、车、陈、程、池、楚、储、褚、丛、崔

D：刀、代、戴、党、邓、董、窦、刁、丁、杜、都、段

F：法、范、樊、方、房、丰、冯、付、傅

G：高、盖、干、葛、联、弓、巩、宫、龚、勾、谷、顾、国、郭、关、管、桂

H：韩、郝、何、贺、黑、洪、侯、胡、扈、花、黄、火、霍、回

J：吉、纪、金、季、冀、贾、姜、蒋、焦、矫、靳、景、鞠

K：阚、亢、康、孔

L：郎、冷、雷、龙、李、廉、梁、林、刘、柳、卢、芦、陆、鲁、栾、罗、骆、吕、律

M：马、满、毛、孟、梅、牟、弥、秘、苗、闵、明、穆

N：南、倪、乜、牛、钮

P：庞、潘、彭、裴、平

Q：齐、祁、戚、乔、钱、秦、邱、曲、屈

R：冉、任、荣

S：桑、沙、尚、商、单、邵、沈、生、师、史、时、石、舒、盛、宋、孙、隋、苏

T：谈、谭、唐、陶、滕、腾、田、铁

W：万、宛、王、汪、韦、危、位、魏、温、吴、武

X：席、夏、肖、解、谢、向、熊、辛、信、邢、许、徐、荀、穴、薛、蕇

Y：姚、闫、严、阎、颜、杨、叶、尹、殷、邮、于、玉、予、元、苑、袁

Z：宰、臧、翟、詹、占、张、仉、掌、赵、甄、郑、钟、周、朱、祝、庄、禚、子、宗、邹、祖、左

第七节　婚姻家庭

婚姻

1986年，全县执行1982年9月10日颁布的《中华人民共和国婚姻法》，结婚年龄男不得早于22周岁，女不得早于20周岁，并提倡晚婚晚育。境内青年结婚年龄一般推迟到男25周岁，女23周岁。

2000年，第五次全国人口普查百分比抽样推算，全县15周岁及15周岁以上人口共27651人，其中男性13653人、女性13998人。未婚5484人，其中男性2907人、女性2577人，未婚占15周岁以上人口的19.83%。初婚有配偶的19960人，其中男性9896人、女性10064人，初婚有配偶占15周岁以上人口的72.19%。再婚有配偶、离婚、丧偶的共2207人，占15周岁以上人口的7.98%。

2000年第五次全国人口普查分性别、婚姻状况的15岁及15岁以上人口统计表

表3-10　　单位：人

名称	15岁及15岁以上人口			未婚			初婚有配偶		
	合计	男	女	小计	男	女	小计	男	女
合计	27651	13653	13998	5484	2907	2577	19960	9896	10064
武城镇	8361	4165	4196	1584	862	722	6113	3046	3067
老城镇	3088	1535	1553	694	383	311	2191	1081	1110
滕庄镇	3855	1908	1947	806	429	377	2739	1355	1384
鲁权屯镇	2827	1366	1461	595	307	288	2005	982	1023
郝王庄镇	3201	1582	1619	580	296	284	2344	1171	1173
杨庄乡	1542	774	768	316	165	151	1097	544	553
李家户乡	2322	1129	1193	457	234	223	1670	821	849
甲马营乡	2455	1194	1261	452	231	221	1801	896	905

2010年，第六次全国人口普查百分比抽样推算，全县15岁及15岁以上人口29196人，其中男性14456人、女性14740人。未婚4518人，其中男性2569人、女性1949人，未婚占15周

岁以上人口的15.47%。有配偶的22670人，其中男性11205人、女性11465人，有配偶占15周岁以上人口的77.65%。离婚的187人，其中男性131人、女性56人，离婚占15周岁以上人口的0.64%。丧偶的1821人，其中男性551人、女性1270人，丧偶占15周岁以上人口的6.24%。

2013年，全县结婚登记8334人，初婚7201人，占结婚登记人数的86.4%，男性3677人，女性3524人。再婚1133人，占结婚登记人数的13.6%，男性490人、女性643人，其中复婚188人，占再婚人数的16.6%。结婚登记年龄在20～24岁的4092人。其中，男性1971人，占男性结婚登记人数的47.3%，女性2121人，占女性结婚登记人数的50.9%。结婚登记年龄在25～29岁的2087人。其中，男性1107人，占男性结婚登记人数的26.6%，女性980人，占女性结婚登记人数的23.5%。结婚登记年龄在30～34岁的400人。其中，男性208人，占男性结婚登记人数的5%，女性192人，占女性结婚登记人数的4.9%。结婚登记年龄在35～39岁的228人。其中，男性116人，占男性结婚登记人数的2.8%，女性112人，占女性结婚登记人数的2.7%。结婚登记年龄在40～49岁的1001人。其中，男性501人，占男性结婚登记人数的12%，女性500人，占女性结婚登记人数的12%。结婚登记年龄在50～59岁的392人。其中，男性194人，占男性结婚登记人数的4.7%，女性198人，占女性结婚登记人数的4.8%。结婚登记年龄在60岁以上的134人。其中，男性70人，占男性结婚登记人数的1.7%，女性64人，占女性结婚登记人数的1.5%。

2013年武城县结婚登记分年龄段统计表

表3-11　　　　单位：人

年龄段（岁）	人数			占结婚登记人数（%）	
	合计	男	女	男	女
20～24	4092	1971	2121	47.3	50.9
25～29	2087	1107	980	26.6	23.5
30～34	400	208	192	5	4.9
35～39	228	116	112	2.8	2.7
40～49	1001	501	500	12	12
50～59	392	194	198	4.7	4.8
60岁以上	134	70	64	1.7	1.5
合计	6370	3185	3185	—	—

家庭

1986年后，由于人们传统家庭观念的转变及计划生育工作的深入开展，全县一孩家庭逐渐增加，户均人数逐渐减少，家庭小型化趋势越来越明显。

1990年，第四次全国人口普查，全县有90768户、360703人，户均3.93人。其中，家庭户90437户，占总户数的99.64%。集体户331户，占总户数0.36%。家庭户人口数355707人，占总人口的96.81%。集体户人口数4996人，占总人口的3.19%。

2000年，第五次全国人口普查，全县有家庭户104592户，家庭户人口347817人，占总人口的96.30%，户均3.33人，比1990年第四次人口普查的 3.93 人下降 0.6 人。按家庭类型分：一代户 25054 户，占 23.95%。二代户 64289 户，占 61.47%。三代户 13460 户，占 12.87%。四代户 411 户，占 0.40%。五世同堂户 1 户。按家庭规模分：一人户 8717 户，占总户数的 8.33%。二人户 18589 户，占 17.77%。三人户 29572 户，占 28.27%。四人户 26835 户，占 25.66%。五人户 13546 户，占 12.95%。六人户 4323 户，占 4.13%。七人户 1164 户，占 1.11%。八人户 297 户，占 0.28%。九人户 98 户，占 0.09%。十人及十人以上户 74 户，占 0.07%。

2010 年，第六次全国人口普查，全县有 108469 户，376063 人，户均 3.47 人。其中家庭户 107587 户，家庭户人口 348670 人，户均 3.24 人。集体户 882 户，27393 人，户均 31.06 人。按家庭类型分：一代户 30936 户，占 28.75%。二代户 55507 户，占 51.59%。三代户 20225 户，占 18.8%。四代户 919 户，占 0.85%。按家庭规模分：一人户 9318 户，占总户数的 8.66%。二人户 24939 户，占 23.18%。三人户 32220 户，占 29.95%。四人户 22708 户，五人户 11784 户，占 10.95%。六人户 4566 户，占 4.24%。七人户 1228 户，占 1.14%。八人户 533 户，占 0.50%。九人户 199 户，占 0.18%。十人以上 92 户，占 0.09%。从数据看，三人户、四人户最多，两种户型之和占到所有家庭户的一半以上。截至 2013 年底，全县常住户数 125110 户，392828 人，户均 3.14 人。

第三章　人口控制

第一节　政策措施

生育政策

1986 年，实行持生育证生育政策，采取一孩夫妇放环、二孩及多孩夫妇结扎，已婚无生育计划的采取避孕节育措施。坚持一对夫妇只生育一个孩子。1986 年 1 月 20 日，县委、县政府制订《关于实行农村独女户“间隔式”二胎生育政策的暂行规定》，在执行《山东省关于二胎生育政策暂行规定》的基础上，从 1986 年起，对只生一个女孩，母女均系农业户口的，女方年满 31 周岁，间隔生育时间满 3 年后经县计划生育部门批准，可生育二胎。

1988 年 7 月，执行《山东省计划生育条例》的规定。实行生育证制度，持有生育证的夫妇方可生育；提倡优生优育，逐步推行婚前孕前健康查体，对患有可能造成下一代严重缺陷遗传性疾病的禁止生育；在坚持国家生育政策的基础上，对二胎生育政策进行规范，废止“再育夫妇一方原有两个孩子，另一方没有孩子的可以照顾生育二孩”的规定，落实任何情况都不能生三胎的国家政策要求。对只生一个女孩，母女均系农业人口的继续执行照顾生育二胎，同时规定符合生育二胎政策要求。申请生育二胎女方必须年满 30 周岁。

1991 年，执行中共中央、国务院《关于加强计划生育工作、严格控制人口增长的决定》中规定的生育政策，提倡晚婚晚育、少生优生；提倡一对夫妇只生育一个孩子；国家干部和职工，城镇居民除有特殊情况经过批准外，一对夫妇只生育一个孩子；农村也提倡一对夫妇只生育一个孩子，确有实际困难，经过批准可以间隔几年后生第二个孩子；少数民族也实行计划生育。

1993年开始，全县普遍实行晚婚晚育（男方25周岁以上，女方23周岁以上），女方必须23周岁以上，男方必须达到法定婚龄(22周岁)，领取结婚证后，方可办理一胎生育证。

1996年10月，执行修改后的《山东省计划生育条例》。主要内容是：1.病残儿医学鉴定必须经市（地）病残儿医学鉴定组鉴定;2.申请生育二胎，女方系再育的需年满30周岁，初育的需年满25周岁；3.针对新生儿性别比偏高的问题，禁止任何单位和个人进行非医学需要的胎儿性别鉴定，持生育证中期妊娠后，不得无正当理由随意流引产。

2002年9月，执行修改后的《山东省人口与计划生育条例》，鼓励公民晚婚晚育、少生优生，提倡一对夫妻生育一个子女，符合本条例规定条件的公民，经批准可以生育第二个子女。男年满25周岁、女年满23周岁初婚的为晚婚，已婚妇女年满23周岁妊娠生育第一个子女的为晚育。

2013年6月，执行《山东省人口与计划生育条例修正案》，取消合法生育二胎的生育间隔，不再执行二孩生育女方需年满30周岁的人口计生政策。

奖惩措施

1986年，执行县委、县政府制定的《关于推行计划生育的试行规定》的奖励政策，对晚婚、晚育、自愿终身只生一个孩子并落实节育的育龄夫妇给予精神上的鼓励和生活上的照顾。对自愿终身只生育一个孩子的夫妇发给《独生子女光荣证》，国家干部和职工实行晚婚晚育者，可以适当延长婚产假，对早婚早育和超计划生育的征收计划外生育费。

每年进行科学测算，确定年度人口控制目标，按年末总人口控制数、出生人数、出生率、自然增长人数、自然增长率具体分解到各乡镇，年初与各乡镇签订“人口与计划生育目标管理责任书”，将计划生育工作的责任落实到各级党委“一把手”身上，年终考核达不到目标要求的，实行“一票否决”，取消该单位及其领导综合先进评选和提拔资格。

1993年，县委印发《关于在计划生育工作中对乡镇、村及领导干部实行奖惩的规定》，对乡镇党委书记、乡镇长、计生专职书记、计生助理，村支部书记、村主任按照对人口控制目标执行情况抽样调查考核结果及综合考核，制定具体的奖惩标准。

1995年，开始实行对照顾生育二胎的对象，一次性征收社会抚养费政策。2002年9月，《山东省人口与计划生育条例》颁布实施，社会抚养费停止缴纳。

2006年，开始对符合计生政策的农村家庭，年满60周岁实行奖励扶助政策。对象及范围：1.夫妻均为农业户口或界定为农村居民户口。2.1933年1月1日后出生；1973年后没有违反计划生育法律、法规和政策规定生育。3.现存一个子女或两个女孩或子女死亡现无子女。4.年满60周岁。奖励扶助标准：对符合上述条件的农村计划生育夫妻，按照每人每年960元的标准发放奖励扶助金，直到亡故为止。已经超过60周岁的，以该政策开始执行时的实际年龄为起点发放。

对独生子女死亡、伤、病残后未再生育或收养子女的家庭，实行计划生育家庭特别扶助。对象及范围：1.一般应在1933年1月1日后出生；2.女方年满49周岁；3.只生育一个子女或合法收养一个子女；4.现无存活子女或独生子女被依法鉴定为残疾（伤病残三级以上）。特别扶助标准：对象独生子女死亡家庭的每人每月400元，独生子女伤残的城镇居民每人每月 270 元，农村居民 150 元。

2013 年，将 2201 名 60 岁以上的农村部分计划生育家庭老人和 115 个独生子女伤残和死亡家庭，分别纳入奖励扶助和特别扶助范围，扶助金 230 万元。组织实施计划生育家庭“双进共建”工程，与农村信用社联合，对 141 户有创业意向的计划生育家庭纳入贴息贷款扶持政策范围，发放贷款 705 万元。

第二节　宣传教育

20 世纪 80 年代，计划生育宣传教育在内容、形式和方法上都有新发展。1986 年，开展以“采取节育措施，提倡只生一个孩子，杜绝多胎”“提倡晚婚晚育”为主要内容的宣传教育。1991 年，贯彻“宣传教育为主，避孕为主，经常性工作为主”方针，开展以农村为重点的人口与计生宣传教育。各乡镇普遍建立“婚育学校”配备电教设备，设置 125 个《计生墙报》与《人口家庭报》阅览栏。每村有 1～2 条固定标语，全县制作固定宣传画、跨街标语、固定标语 1200 多幅。1998 年，实施“计生宣传标语一条街”创建，在城区主要街道建立宣传展板和悬挂宣传条幅，在乡镇、村居主要道路两边的墙壁上粉刷计生标语，宣传弘扬婚育新风。2000 年开始，开展“宣传教育进村、婚育新风进家”活动，县、乡、村普遍开展培训，举办知识讲座、趣味竞赛、文艺巡演等，印发宣传单 10 万余份，制作宣传画、磁带、年历 2 万余份。2007 年，全县开展计划生育专项治理。期间，在县广播电视台开辟计生专栏，出动宣传车 100 余辆（次），粉刷标语 1000 余条，张贴、发放宣传单 1 万余份。2011 年 4 月，在武城县四女寺镇启动全市计划生育万场文艺演出。截至 2013 年底，全县共举办计划生育宣传教育文艺会演 100 余场。

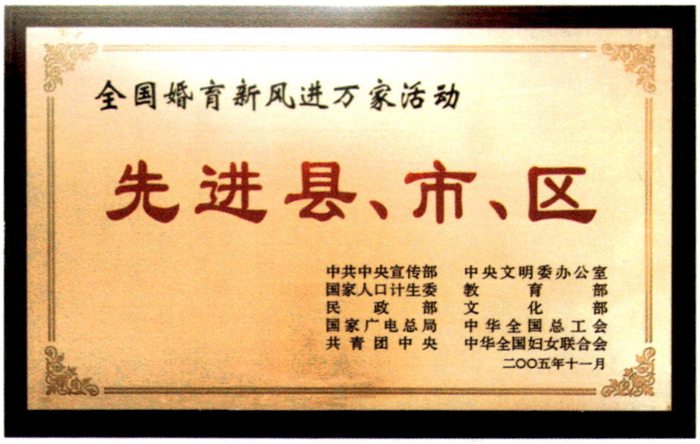

图 3-2 全国婚育新风进万家活动先进县

第三节　计划生育管理

1986 年，全县计划生育实行县、乡（镇）、村三级管理，县计划生育委员会协调领导，乡（镇）、村具体负责。县、乡（镇）计划生育服务站负责已婚育龄妇女检查。县计划生育服务站负责城区县直各单位及企事业单位已婚育龄妇女检查，乡镇计划生育服务站负责本乡镇已婚育龄妇女检查。进入 21 世纪，全县建立健全计划生育管理制度，建立已婚育龄妇女档案，对已婚育龄妇女定期开展检查。全面落实国家计划生育政策，依法征缴社会抚养费，计划生育工作步入规范化管理轨道。

管理机构

县计生站　成立于 1992 年，主要职责是为育龄夫妇进行孕检，开展优生优育、婚前婚后、孕期、产后及生育保健等咨询。1992 年，有工作人员 5 人。2013 年，工作人员增至 25 人。

乡镇计生站　始建于 1979 年。1986 年后，每个乡镇均配有专职计生助理员、专职干部和临时工。1988—1992 年，省、地政府连续 5 年下达转招指标，转正招用在基层工作多年的计生系统临时工。1994 年，增设专职微机员。1996 年，全县乡镇计生工作人员 180 多人。2005 年，成立广运街道计生办。2012 年，成立开发区计生办。截至 2013 年底，全县有 9 处乡镇（开发区、街道）

计生办，10处计生服务站，县乡镇计生工作人员159人。其中，中专以上文化程度的在80%以上，中级职称39人，初级职称42人。

村计划生育领导小组　1986年，村级由村妇女主任或村支书兼管计划生育。1992年，建立以村支书、村主任为组长的计生领导小组，选配一名计生专职主任，健全和管理计生档案。1995年开始，全县村级计生主任逐步由女性担任，并达到初中文化以上。2002年后，乡镇开始公开选聘，选拔素质高、能力强的优秀年轻妇女担任村计生主任，以村民小组为单位建立育龄妇女小组。

工作目标管理

1986年后，县委、县政府每年专题听取人口计生工作汇报，为计划生育工作提供"要钱给钱、要人给人、要政策给政策"的优越条件。坚持常抓不懈，每年开展2～3次集中专项治理活动，对常住人口生育、避孕节育措施落实、社会抚养费征收以及流动人口计生管理等情况逐家逐户进行清理核查。1994年，组建出生人口性别比治理专线，利益导向机制专线，违法生育处理处罚专线，社会抚养费征收专线，下岗职工、破产企业人员清理清查专线等5条"工作专线"，建立人口计生工作齐抓共管的长效机制。90年代后期，推行计划生育工作与发展经济相结合，与帮助群众勤劳致富相结合，与建设文明幸福家庭相结合"三结合"，实现计划生育工作由单纯抓计划生育向采取综合措施解决人口问题的转变，由以社会制约为主向宣传教育综合服务、科学管理的转变。2000年，全县总出生4381人，人口出生率9.68‰，计划生育工作逐步转为稳定低生育水平。

2000年后，县委、县政府狠抓计划生育政策的落实，人口出生率得到有效控制，人口再生产类型实现由高出生、低死亡、高增长到低出生、低死亡、低增长的历史性转变。2013年，印发《武城县人民政府关于进一步加强和规范社会抚养费征收与管理工作的意见》《关于户口迁移过程中社会抚养费征缴问题的意见》《关于社会抚养费清查工作的通知》等文件，全面规范社会抚养费征收管理，清除历年欠缴的社会抚养费；实施节育措施"倒查责任制"和有奖举报制度，确保节育措施全面、及时落实到位；认真落实计划生育群众自治工作机制，同年，4个村被评为省级计划生育基层群众自治示范村，1个村被评为国家级计划生育基层群众自治示范村。

常规管理

1986年后，县委、县政府加强计生服务阵地建设，对乡镇服务站、村服务室、人口学校等乡村两级计生服务设施进行全面改造和扩建，更新配备计生服务器械，健全规章制度，科学规范乡村两级档簿资料，实现基础设施标准化、档簿资料规范化、工作开展服务化。把全县农村计生专职主任工资全部列入县财政预算，对村计生专职主任实行动态管理、工效挂钩、定期考核，对不符合工作要求的及时进行调整和充实，提高基层计生干部工作的主动性和积极性。

2005年，对城区计生管理模式进行改革，在原有广运街道计生办城区和农村混合管理的模式下，单独组建广运街道城区计划生育办公室，与农村计生办完全分离出来，专职负责城区常住人口、暂住人口、流动人口以及驻地的国家机关、事业单位、社会团体及广运街道辖区内企业计划生育管理服务工作，实现城区流动人口管理服务无缝隙覆盖。

针对全县普遍存在的出生人口性别比偏高的问题，2005年12月，武城县成立出生人口性别比综合治理工作领导小组，完善乡村两级孕情跟踪随访服务制度，严格终止妊娠县级调查审批程序，凡私自流引产人员，一律取消生育计划，终生不再安排生育指标，再生育的，按违法生育从严处罚。集中定期开展医疗机构、个体门诊B超机管理使用、终止妊娠药品管理使用清理清查活动，严厉打击“两非”行为，全面堵塞非法鉴定胎儿性别、非法终止妊娠、非法销售终止妊娠药品的各类渠道。

2013年，为确保出生人口性别结构的平衡稳定，县政府重新研究制定《关于加强“两非”案件政策处理的意见》，明确涉及“两非”案件的单位、个人以及所涉及镇街负责人的责任，对查实的案件视情况给予举报人3万～10万元的奖励，对县级相关部门监管不力、系统内出现“两非”行为的，坚决实行“一票否决”。强化对各医疗卫生保健机构的拉网检查，同年，开展三次集中整治“两非”专项行动，对3对流出到外地私自流引产、未进行药物监测的夫妇，收回《生育证》，1例暂缓安排生育计划，2例撤销生育计划，终生不再安排生育；辞退1名非法鉴定胎儿性别的工作人员，给予罚款3万元的处理；封存2家医疗机构违规使用的B超机，查实1家医疗机构违规销售终止妊娠药品，对2家民营医院进行重点监控。

第四节　计划生育服务

计生服务中心建设

1986年后，县乡财政拿出专项资金，用于县计生服务中心建设和乡镇计生站升级改造建设。2012年，县政府投资1200万元新建计划生育服务中心。2013年8月，新建的县计划生育服务中心投入使用，新购置五分类血细胞分析仪、全自动生化分析仪、化学发光免疫分析仪、酶标仪等仪器及优生检查配套设备，建立规范的优生健康检查实验室、优生宣教室、优生咨询室、女性检查室、男性检查室等科室，设立便民服务大厅、咨询台、开水间等各项便民服务设施。

孕前检查

1986年后，县计生服务部门对农村育龄夫妇实行有偿孕检。自2013年1月开始，全县对农村育龄夫妇全面实行免费孕检政策，可免费优生检测19项。县委、县政府将免费孕前优生健康检查项目列入民生实事工程，当年免费孕前优生健康检查5000多对，服务目标人群覆盖率居全市前列。

节育技术

1986年，对计划生育对象实行放环、皮埋等节育技术服务，避孕药由村药管员上门免费发放。是年，全县节育人数7222人，计划生育率为85.8%。1991年，节育人数达18738人。同年，县乡两级服务站开展办理生育证的证前服务查体、妇科病检查治疗服务。1992年，各乡镇普遍建立计划生育服务站，并设立优生优育门诊，开展优生优育、婚前婚后、孕期、产后及生育保健等咨询，提倡已生育过子女的夫妻，选择长效避孕节育措施，节育人数不断上升。1994年，对城区青年男女实行婚前体检。1997年，婚前体检在全县推广。

进入21世纪，全县计划生育工作管理更趋严谨。2001年起，推行避孕节育措施知情选择。同年10月，计划生育服务实行国家指导与个人自愿相结合的原则，让育龄妇女自愿选择安全有效、适宜的避孕措施。2001年，节育人数3395人，计划生育率99.1%。已婚育龄妇女74576人，落实独生子女证人数15936人，期末节育率89.3%。2013年，全县已婚育龄妇女82442人，节育人数9291人，落实独生子女证人数30602人。

第四编

交通 邮电 电力

1986 年，全县公路通车里程 138.4 千米。2003 年，“村村通”公路工程全面启动。至 2005 年底，全县通油路村庄 393 个，通车总里程 1050 千米，实现“村村通”公路目标。2013 年，县内第一条高速公路——德上高速修建，境内通车总公路里程 1965.6 千米，比 1986 年增长 14 倍。1986 年，境内公路桥梁 20 座，总长 1330.2 米。至 2013 年，全县共有公路桥梁 165 座，总长 6934.58 米，是 1986 年的 5.2 倍。全县交通运输更加快捷便利，交通运输能力逐渐增强。1986 年，全县交通部门客运量为 24.7 万人，货运量 5.5 万吨，货运周转量 812.6 万吨千米。至 2013 年，客运量 62.7 万人次，货运量 669 万吨，货运周转量 37864 万吨千米，分别比 1986 年增长 24.4 倍、121 倍和 46 倍。

1986 年，全县邮电支局 14 处，邮路里程 1284 千米。2013 年，全县邮电支局（网点）17 处，邮路里程 1253 千米，实现邮政线路全县覆盖，可开展邮件、包裹、汇兑、报刊发行、机要通信等多项业务。

1986—1998 年，国家实行邮政电信合营、政企合一经营模式。1998 年 9 月，县邮政局和县电信局分营。此后，电信业几经拆分，至 2008 年形成了联通、移动、电信 3 家公司独立运营的格局。电报、程控电话、无线寻呼、移动电话、网络宽带等不断更新迭代，武城通信事业已步入信息时代高速路，成为武城经济发展的重要助力。

1986 年，县境内有供电线路 41 条，变电站 5 座。至 2013 年，全县有各类输电线路 35 条，变电站 14 座，构成完整供电网络，供电能力达到 72228 万千瓦时。

第一章　交通设施

第一节　干线公路

1986 年，全县有省道 318 线和夏武公路 2 条省级公路，总长 64.2 千米。1992 年，夏武路降为县级公路。1999 年，德武路升级为省线干线公路。2010 年，省道 318 线完成改造。2013 年 9 月，德上高速开工修建。至 2013 年，县境内有高速公路（在建）1 条，省道 2 条，总长 115.52 千米。

省道 318 线

省道 318 线（S318，临邑—武城），又称临武路，建于 1950 年 1 月，境内长 31.66 千米，路面宽 7 米，平原微丘三级公路。1992 年，改建武城西段路面加宽至 10 米；祝官屯乡路段加宽至 18 米，三块板式路面，长 700 米；老城镇内街道宽 12 米。龙湾村经田庄村至韩寨村原路段移交地方政府管理。1997 年，改建原武城二中东青龙河桥向东 1700 米，路面宽 31 米。2000 年，改修武城东段，部分路段改线，平原县界向西穿两生官庄村段，以及侯王庄村西至侯王庄村桥段，路面宽 7～31 米。其中，两生官庄村、南北官庄村和侯王庄村穿村段宽 9 米，棉纺厂桥至历亭路段宽 12 米。老汽车站至武城酒厂段将三块板式路面改造为一块板式路面，宽 31 米，其余路段宽 7 米。2001 年，武城区段 4000 米扩宽改建，路面宽 32 米，双向 6 车道。2003 年，修建南环路（棉纺厂桥至林尔庄村）和西环路（林尔庄村至历亭路），共长 6065 米，路面宽 16 米，原省道 318 线穿城区段移交地方政府管理。2008 年，修建新武城大桥及改线路段，长 1388 米，宽 15 米，2009 年竣工。2010 年，武城西段改建，长 14.38 千米，宽 15 米；原老城镇街道段 1700 米改建后移交地方政府管理。

图 4-1 省道 318 线修补（1999 年 摄）

省道 254 线

省道 254 线（S254，德州—商丘），北起德城区（国道 105 线卅里铺大桥），南至夏津县界，平原微丘一级公路，境内全长 31.36 千米，路面宽 24 米。1992 年，修建德武路时为县乡公路，按二级公路标准设计，路面宽 9 米。途经四女寺镇、鲁权屯镇、武城镇、马庄乡 4 个乡镇。1999 年，升级为省级干线公路（省道 254 线）。2004 年，升级改造国道 105 线卅里铺大桥至孟王庄村段，按一级公路设计，长 15.37 千米，路面宽 24 米。同年，修建改线段孟王庄村至夏津

图 4-2 德上高速武城段建设现场（2013 年 摄）

县界，按平原微丘一级公路设计，长 15.99 千米，路面宽 24 米，2006 年 9 月竣工。2007 年，孟王庄村至省道 318 线路段交由地方政府管理。

德上高速公路

德上高速（G3W，德州—江西上饶）武城段起点位于鲁权屯镇辛厂村东，经鲁权屯镇、甲马营镇、李家户镇 3 镇，于李家户镇郑官屯村东入夏津县境。境内长 52.5 千米，双向四车道，设计时速 120 千米 / 小时，2013 年 9 月开工建设。县境内设有互通立交桥 3 处，分别为漳南镇、武城西和武城北，在四女寺景区设互通预留条件。

第二节 县乡公路

1986 年，全县有县乡公路德武路（县城—马庄—四女寺—德州）、武城—大屯—郝王庄公路、田庄—代官屯公路、武城—李家户—老城公路、祝官屯—杨庄公路、董王庄—郝王庄公路、武城—滕庄公路等 7 条，总长 150 千米。同年，修建郑郝路、新老路、新坡路等，增加公路里程 69.32 千米。20 世纪 90 年代，先后修建德武路、花耿路、夏武路、苏董路、武勾路、新甲路等，共计 90.98 千米。2004 年，德甲路、代孔路进行改造重修。2005 年，改造孟王庄村至果里桥段，长 7200 米，宽 24 米，为超二级公路标准。2012 年，前坡路修建，恩武路改造完成。2013 年，境内有县道 6 条，乡道 9 条，专用路 4 条，总长 288.28 千米。其中，县道长 150 千米，乡道长 91.04 千米。专用路长 38.24 千米，村道长 1578.16 千米。县道、乡道桥涵配备齐全，均为晴雨通车。

县级公路

恩武路　原恩武路与省道 318 线重合。起点为县汽车站，终点为武城镇两生官庄村东县界，全长 13.24 千米，宽 9.32 米。1996 年，在原恩武路北侧修建新恩武路，西起县汽车站，东至武城县界，全长 15.4 千米，宽 15 米，油面铺设面积 23 万平方米，国家二级公路标准，同年 7 月建成通车。2012 年，县城至六五河大桥段进行重修。

德甲路　此路分两段，由四女寺镇至鲁权屯镇代官屯村为原德武路，由代官屯村延伸至甲马营镇龙湾村接省道 318 线为原田代路。1986 年，代官屯村至龙湾村路段建成通车，全长 22 千米。甲马营乡政府驻地至田庄村北段降为村路，德甲路由甲马营乡占官屯村东侧向南延伸至龙湾村。2004 年分段重修，全长 36.27 千米，宽 5.5 ～ 15 米。

郑郝路　1986 年建成通车。全长 31.74 千米，宽 6 ～ 12 米，西起郑口运河大桥经鲁权屯镇、武城镇、郝王庄乡至国道 105 线。2011 年，德武路口至金光大道段实施改造，长 7.38 千米，宽 9 米。2013 年，马庄村至省道 254 线路段建设完成。同年，郑郝路东段改建。全长 10.8 千米，路面宽 12 米。

新老路　起点为县城北棘围村棘围桥，终

2013 年武城县县乡主要公路里程统计表

表 4-1　　　　单位：千米

序号	路线编码	道路名称	起点	讫点	里程总计	等级公路（二级）	等级公路（三级）	等级公路（四级）	沥青路面	水泥路面	简易铺装	桥梁（座）
1	X001371402	德甲路（德州—甲马营）	四女寺村入口	省道 318 线	36.25	5.87	2.81	27.58	5.19	4.15	26.91	6
2	X006371426	恩武路（恩城—武城）	县界	历亭路	13.26	2.74	10.52	0	5.48	0	7.78	2
3	X008371428	夏武路（夏津县—老城镇）	运河大桥	县界	10.36	2.48	7.87	0	2.52	0	7.84	1
4	X025371428	郑郝路（郝王庄—郑口）	国道 105 线	郑口大桥	31.12	31.12	0	0	29.29	1.83	0	3
5	X026371428	新老路（武城—老武城）	棘围村	夏武路	24.13	9.83	13.4	0.9	9.72	0.92	13.48	4
6	Y035371428	代孔路（代官屯—孔官屯）	德甲路	德武路	8.42	0	0	8.42	0	1.08	7.34	2
7	Y036371428	武勾路（幸福路，武城—勾庄）	省道 318 线	勾庄村	13.5	4.23	8.96	0	0	4.23	8.96	1
8	Y037371428	新坡路（新城—坡寺）	新城历亭路	坡寺村东	13.54	5.17	0	8.37	2.88	0.38	10.27	3
9	Y038371428	德陈路（陈公堤—国道 105 线）	陈公堤	国道 105 线	5.18	2.01	0	3.17	0	1.14	4.04	0
10	Y039371428	前坡路（郑郝路—赵前坡）	郑郝路	德武路	2.96	0	2.96	0	2.96	0	0	1
11	Y040371428	苏董路（董王庄—徐庄）	恩武路	县界	2.81	1.37	0	1.44	2.29	0.52	0	0
12	Y041371428	花耿路（花园屯—耿庄）	省道 318 线	县界	12.53	0	5.66	6.06	1.71	8.64	1.37	2
13	Y042371428	新甲路（新城—甲马营）	城区兴武路	德甲路	7.65	7.65	0	0	7.65	0	0	2
14	Y043371428	郝董路（郝王庄—姜王庄）	罗小屯运河大堤	野庄村	22.89	0.62	1.15	21.12	0	5.15	17.74	2
15	Y118371428	郝董路支线（郝王庄—姜王庄）	东肖河庄村	孙庄村	1.36	0	0	1.36	0	1.36	0	0

点为老城镇东外环，全长24.15千米，宽7～34米，贯穿广运街道、武城镇、李家户镇、老城镇4个镇街，辐射县域西南村庄60余个。1986年修建，2006年拓宽改造。2012年，武勾路至老城镇东屯村段重修改建。

德武路　1990年10月开工，为县城至德州直达公路，长25.6千米，宽12米，面积24.9万平方米，沥青路面宽9米，灰土厚度36厘米（其中四女寺镇李大楼村至庙留庄村段灰土厚度42厘米），油层厚3厘米，属于国家二级公路标准。城区历亭路（原古贝路）全长2400米，宽度45米。其中，快车道15米，慢车道各6米，隔离带各2.5米，两侧人行道各6.5米。1992年6月竣工通车。

夏武路　原为夏津县城至老城镇土质公路，全长26千米，宽6米。1984年改为沥青路。1992年降为县道，重新修建。

乡镇公路

代孔路　1986年前升级建成，北起鲁权屯镇代官屯村接德甲路，南至鲁权屯镇孔官屯村接德武路。全长8.44千米，宽5.5米，为四级公路。2004年改造，并新建南郑庄大桥，属于“村村通”公路工程前期修建道路，等级低，因超出使用年限，至2013年，路面出现不同程度破损。

新坡路　1986年建成，起点为县城历亭路与北方街十字路口，东向经县经济开发区至河沟路，北延至武城镇坡寺村东，全长13.43千米，宽5.5～32米。2004年，升级改造河沟路至坡寺村段。2011年，修建北方街至河沟路段，为县城连接广运街道和武城镇村庄主要公路。

德陈路　1989年修建通车，起点为国道105线，终点陈公堤，全长5190米，宽5.5～16米，为四女寺镇主要公路，2012年部分路段修建改造。

花耿路　1991年修建，起点为甲马营镇花园屯村，终点为李家户镇耿庄村，全长12.67千米，宽4～9米。其中沥青混凝土路面长3.87千米，水泥混凝土路面长8800米，等级为三、四级公路。1996—2010年，多次维修改造，是李家户镇连接省道318线主要公路。

苏董路　1993年修建，北起恩武路武城镇董王庄村，南至夏津县界，全长2080米，宽5～12米。2006年与2013年两次改造董王庄村内段，等级为二、三级路。

武勾路　又称幸福路，1994年修建，起点老城镇祝官屯村省道318线，终点为老城镇勾庄村接夏武路。全长13.54千米，宽7～10米，2004年，重修祝官屯村至杨庄银山工业园区段。

新甲路　1998年修建，起点为县城兴武路，终点为甲马营镇占官屯村连接德甲路，全长11.2千米，路面宽5米。东西连接广运街道、武城镇和甲马营镇3个镇街。2012年，新甲路拓宽改造，长6110米，路基宽28米，路面宽24米。

前坡路　2012年修建，起点为郑郝路，终点为德武路赵前坡村，全长3000米，宽9米，为三级公路。

郝董路　该路分两段，干线北起郝王庄镇罗小屯村运河大堤，南至武城镇野庄村连接恩武路，支线东起武城镇东肖河庄村西至孙庄村连接陈公堤，两段全长24.21千米。大部分路段为四级公路，其中17.74千米为简易铺装。

专用公路　（恩县洼滞洪区专用道路）

陈公堤路　1992年修建，起止点为牛角峪至省道318线，代号Z003。后分段进行修筑。至2013年，白庄村以北段路况良好，其他路段有损坏。

礼义庄路　2011年修建，北起礼义庄村前德甲路，南至李大楼村省道254线，全长5380米，油面宽5.5米，代号Z004。

滨河大道　2013年开工建设，西起西环路，东至运河路，全长5000米，路面宽32米，代号Z008。

王前坡—沙东路　北起王前坡村，南至沙东村。2013年建成，全长1710米，油面宽6米。

村庄公路

1986年，全县绝大多数村庄不通硬化路，仅有土路、砂砾路连接，每逢雨雪天，泥泞难行。至2000年，全县393个行政村中通油路村庄141个，仅占35.96%。2003年，启动“村村通”公路工程，当年完成乡村公路149条，总里程325千米，新增通公路村庄116个。2004年，完成村路项目82个，建设里程392千米。2005年，完成通村公路建设项目49个，新修油路183.43千米。2005年末，全县通车总里程1050千米，通油路村庄393个，实现“村村通”公路目标。其后，相继开展“村村通”公路工程扫尾战、千村公路扶贫集中行动等村级公路建设。截至2013年底，全县村路总里程1578.16千米。

干线公路桥梁

1986年，全县干线公路主要有武城大桥、侯王庄桥、高庄桥、龙湾桥、棉纺厂桥5座。1993年，修建祝官屯桥。2006年，修建白王庄桥等桥梁14座。2008年，重修新武城大桥和侯王庄桥。2010年，重修龙湾桥。截至2013年底，全县有干线公路桥梁20座，总长1397.38米。

武城运河大桥　位于老城镇与河北省故城县建国镇之间，跨越运河。1958年始建，桥长150米，宽6米。1974年，东接引桥537米，宽7.5米。2006年，停止使用。

2008年2月，投资8600万元，修建新武城运河大桥，属特大型桥梁。位于原大桥下游，东端距旧桥1100米，西端距旧桥1300米。全长617.08米，宽15米，双向四车道，设计荷载为公路一级。桥梁两侧引线公路等级为平原微丘级公路二级，河北省引线全长7820米，山东省引线全长10千米，行车时速80千米/小时。2009年6月，竣工通车。

白庄桥　2006年7月建成通车，长126米，宽24米，横跨六五河，设计荷载公路一级。

侯王庄桥　位于武城镇侯王庄村西，1965年2月建成通车，长54.4米，宽6.8米，跨

第三节　桥梁　涵洞

1986年，境内公路桥梁20座，总长1330.2米。其中，大型桥梁1座，长687米；中型桥梁12座，长554米；小型桥梁7座，长89.2米。2008年2月，新武城运河大桥开工修建，全长617.08米。至2013年，全县共有公路桥梁165座，总长6934.58米。其中，干线公路桥梁20座，长1397.38米。县乡村公路桥梁145座，长5537.2米。

图4-3 新武城运河大桥通车（2009年 摄）

越六五河。2008年10月19日重建，长66米，宽15米，设计荷载公路二级。

2013年武城县干线公路主要桥梁统计表

表4-2 单位：米

干线	桥梁名称	长	宽	设计荷载	建设时间
省道254线	白庄桥	126	24	公路一级	2006.7
	谢张庄桥	75	24	公路一级	2006.7
	李庄桥	75	24	公路一级	2006.7
	庙留庄东桥	22	24	公路一级	2006.7
	庙留庄西桥	22	24	公路一级	2006.7
	坡寺桥	22	24	公路一级	2006.7
	曹庄桥	22	24	公路一级	2006.7
	孟庄桥	22	24	公路一级	2006.7
	军庄桥	16	24	公路一级	2006.7
	沙东桥	28	24	公路一级	2006.7
	大屯桥	21	24	公路一级	2006.7
	马粮庄桥	24	24	公路一级	2006.7
	旧城河桥	73	24	公路一级	2006.7
	东杨新桥	24	24	公路一级	2006.7
省道318线	文胜桥	22	16	公路二级	1969.7
	棉纺厂桥	23.5	6.7	公路二级	1986.6
	祝官屯桥	54.8	11.5	公路二级	1993.9
	新武城运河大桥	617.08	16	公路一级	2008.2
	侯王庄桥	66	15	公路二级	2008.10
	龙湾桥	42	15	公路一级	2010.9

县乡公路桥梁

1986年，全县县乡公路桥梁有高庄桥、四女寺桥、卧虎庄桥、南郑庄桥、马庄桥、沙东桥、大屯桥、丁王庄桥、王小屯桥、鲁权屯桥、姜庄桥、刘官屯桥等16座。1995年，修建户王庄大桥、赵庄桥等5座。自2003年始，在“村村通”公路工程基础上，开展农村公路桥梁改造工程。同年5月28日，德州市桥梁建设启动仪式在武城县召开，全县桥梁升级改造全面展开。2004年，完成新建桥梁1座，在建桥梁4座。2005年，建设桥梁30座，其中当年竣工桥梁20座，投资1150万元。2006年，完成桥梁建设14座。2008年后，完成青龙河医院桥、运河路赵庄沟桥等城区桥梁，以及新老路辛庄桥、旧城河东杨官屯桥、历亭路果里桥、滨河路桥等改建工程，总投资2.1亿元。截至2013年底，全县有县乡公路桥梁145座。其中，县道桥梁18座，总长774.2米；乡道桥梁12座，总长456米；村级道路桥梁115座，总长4307米。

2013年武城县县乡公路主要桥梁统计表

表 4-3　　单位：米

桥梁名称	长	宽	跨径类型	荷载等级	建设时间
西大屯桥	30	7	小桥	公路二级	1965
孔官屯桥	20	10.6	小桥	公路二级	1965
王小屯桥	13	6	小桥	公路二级	1972
吕庄桥	54	4.5	中桥	公路二级	1978
辛庄沟桥	27	4	小桥	公路二级	1979
宋王庄桥	37	11.5	中桥	公路二级	1980
四女寺桥	90	7.6	中桥	公路二级	1983
戚庄桥	37	8	小桥	公路二级	1983
龙湾公路桥	39	7.6	小桥	公路二级	1985
户王庄大桥	118	10	大桥	公路二级	1995
赵庄桥	20	11	小桥	公路二级	1995
草屯桥	95	15	中桥	公路二级	1995
利民河东支桥	7.6	12.6	小桥	公路二级	1995
鲁权屯镇政府桥	24	17.5	小桥	公路二级	1995
棘围桥	30	18	小桥	公路二级	1995
卧虎庄桥	58	8	中桥	公路二级	1997
南郑庄桥	68	6.6	中桥	公路二级	2000
幸福桥	46	7	中桥	公路二级	2001
赵庄沟桥	39	34.6	中桥	公路二级	2005
李官屯桥	41	9	中桥	公路二级	2005
谢张庄桥	69	7	中桥	公路二级	2005
任珩南桥	30	9	小桥	公路二级	2005
刘官屯桥	38	9	小桥	公路二级	2005
姜庄桥	44	13.6	中桥	公路二级	2008
马庄桥	27	7.8	小桥	公路二级	2008
黄花园桥	32	26	小桥	公路二级	2008
辛庄桥	45	10	中桥	公路二级	2012
沙河沟桥	30	25	中桥	公路二级	2013

公路涵洞

1986年，公路涵洞用于排水和雨后顺水，一般设于路口，多为群众自发集资修建。20世纪90年代后期，县政府加大对公路涵洞建设投资力度，先后在省道和县乡公路修建涵洞多处。截至2013年底，全县有涵洞279道，长4364米，倒虹吸183道。其中，县乡公路涵洞92道，长1672米；倒虹吸56道，长760米。

第四节　公路养护与绿化

公路养护

1986年，全县有养路队13个，养路员110人，养护公路里程152.7千米。养护工班4个，为恩武路官庄工班、恩武路田庄工班、恩武路梁庄工班和恩武路旧城工班，隶属县公路站，负责干线恩武路养护工作。1993年，县交通局与县公路局分设，县道养护由县交通局负责，设立专职养护员，对恩武路、武郑路开展管理养护，督促乡镇对所辖道路做好常态化养护。

自2003年开展“村村通”公路工程后，武城县创新农村公路养护做法，动员社会力量参与管理养护。李家户乡组建党员护路队、鲁权屯镇实行路林产权拍卖和出让道路冠名权等，解决农村公路管理难、资金筹措难等问题。《中国交通报》刊文介绍武城养护经验。2006年12月，启动农村公路管理养护体制改革，成立县农村公路管理所，各乡镇成立专门组织。按照《中华人民共和国公路法》《山东省农村公路条例》等法律法规，实行“县道县管、乡道乡管、村道村管”。2013年，整修路基25.4千米，治理水毁路基1.87万立方米，路树刷白1.5万余株，绿化新植补植2100株，省道254线综合好路率93.8%，省道318线综合好路率90.7%。

公路绿化

干线公路绿化　1996年后，干线公路绿化资金由省级负担。2003年后，省道干线公路两侧建设“百米林带”“绿色通道”，每年植树数万株。干线公路绿化设计，宜乔则乔，宜灌则灌，宜花草则花草。坚持以功能和生态效益为主，兼顾经济效益和社会效益。公路绿化借鉴园林绿化方法，树种选择上从乔木拓展到灌木、由落叶树种拓展到常绿树种。2010年，完成省道318线临武路西段大修工程，种植国槐4039株、龙爪槐144株、紫叶李127株、黄杨球62株、冬青球8810株。截至2013年底，省道254线德商路种植国槐1585株、香花槐6554株、紫叶李1994株、蜀桧422株，杨树3112株，穿村路段种植冬青300株、龙爪槐180株、小叶女贞1.36万株等低灌木。省道318线临武路东段种植垂柳3011株。

县乡公路绿化　1986年，全县有树里程99.4千米，成荫路段6000米。主要有杨树、柳树、刺槐等。1996年后，县乡公路由县内出资，各乡镇出工，乡村公路由各乡镇按境内路段自行栽植。2003年后，农村公路每年在路旁植树达200余万株。截至2013年底，全县有树里程1654千米，成荫路段1126千米。

第五节　站点建设

汽车站点

1986年，全县有武城汽车站和老城汽车站2处。武城汽车站位于城区向阳路（原中心路）南端路东，恩武路路北。建有办公、候车综合楼，沥青面停车场等，占地1万平方米，总投资28万余元。老城汽车站位于老城西关北，恩武路北侧。建有候车室和沥青面停车场，房屋26间，总占地6000平方米，投资10万元。

1998年9月，武城汽车站由德州市运输总公司转入交通局建制，业务直属县交通局管理。1999年9月，新武城汽车站开工建设，位于古贝春大街南、历亭路东，2000年9月竣工，主体营业楼总建筑面积3553平方米，总投资460万元。2005年，启动基层综合客运站、基层综合货运站、基层交通管理所、基层公路管理所“四位一体”站所建设。同年9月，滕庄汽车站建成，建筑面积630平方米，总投资46.43万元，为全市最早综合性基层汽车站。

后相继完成老城、杨庄、甲马营、郝王庄、鲁权屯、四女寺等6处乡镇级综合汽车站，累计投资440余万元。截至2013年底，全县有二级客运站1处，三级客运站6处，乡镇候车亭4个，停车牌156个。

省道254线武城收费站

2007年10月设立，地点位于四女寺镇张官寺村，编号为106号，收费里程（起止桩号）K13+159-K80+315，收费期限15年，自2007年10月8日起至2022年10月7日止。

第二章 交通运输

第一节 陆路运输

客运

1986年，全县有客运车辆28辆、摩托车133辆、轻骑312辆。公路客运量39.5万人次，客运中转量164.61万人千米。个体客运起步于农民合资购置客车，承担客运。李家户乡李官屯村两位村民集资2万元购买33座客车1辆。四女寺镇吕庄子村村民、甲马营乡村民先后购进中型客车。以老城至德州线为主，承揽出租、旅游等业务。三部客车计75座，年均日发2个班次，日客运量150人次，日周转量10.5人千米。至20世纪90年代末，个体运营客车占县内客运的70%，城际客运的40%。2003年9月，武城快运客车公司成立，开通武城至德州直达快车。2004年5月，对县内线路客车进行整合收购，武城至老城线路以9辆绿色19座中巴车取代18辆老旧车辆，德武线路由66辆客车整合为30辆客车，至此个体客运退出市场。进入21世纪，全县出租车业快速发展。2001年11月，城区“招手停”出租车公司成立，投放面包车28辆，票价1元。2006年，武城县运达出租车有限公司成立，首批投入出租车20辆。2013年，全县有长途客车67辆，过路班车23辆，县内客运班车44辆，出租车160辆，其中城乡出租车115辆、“招手停”出租面包车45辆。中长途营运线路11条，农村营运线路18条，形成集长途客车、城际客车、县内公交、出租客运“四位一体”客运体系。

1986—2013年武城县公路客运量统计表

表4-4

年份	人次	客运周转量（人／千米）	年份	人次	客运周转量（人／千米）
1986	395063	1646095	1993	495576	2064900
1987	405576	1689900	1994	519873	2166137
1988	419873	1749470	1995	531589	2214954
1989	421589	1756620	1996	563826	2349275
1990	414058	1725241	1997	592685	2469520
1991	464538	1935575	1998	563578	2167607
1992	473578	1937241	1999	616953	2372896

续表 4-4

年份	人次	客运周转量（人／千米）	年份	人次	客运周转量（人／千米）
2000	635287	2443411	2007	644403	2478473
2001	581589	2236880	2008	628447	2417104
2002	605834	2330130	2009	568991	2188427
2003	632865	2424096	2010	562484	2163400
2004	643567	2474178	2011	571329	2197419
2005	663426	2551638	2012	675658	2598685
2006	671224	2581631	2013	627070	2411808

货运

1986 年，全县有货运机动车 378 辆，油罐车 2 辆，拖拉机 1020 辆，交通部门货运量 5.5 万吨，货运周转量 812.6 万吨千米。运输货物种类主要有粮食、棉花、辣椒、畜禽等农用物资和工业生产原料与产品、建筑材料、玻璃钢制品等。1995 年，全县货运机动车拥有量 6940 辆，其中拖拉机 4927 辆，社会货运量 23.3 万吨，社会货物周转量 2524.1 万吨千米。2002 年 7 月，县货运市场建成，对城区货运车辆实施规范化管理。2004 年 11 月，县交通运输服务有限公司成立，将零散货运车辆纳入集约化管理。全年社会货运量 252.9 万吨，周转量 12563 万吨千米。2010 年后，按照农村交通物流发展规划，实施“1648”工程（即 1 个县级农村物流分拨中心，6 个乡镇级物流站，48 个中心村物流店），依托中央空调、汽车零部件、农副产品深加工等产业。建成德武物流园区、玲珑物流园区、老城兴宏物流园区等 3 个物流产业园。全年货运量 493 万吨，周转量 27966 万吨千米。截至 2013 年底，全县有货运营运车辆 4600 辆，专业货运公司 26 家。其中，重型车占营运货车的 13%，专用车占 10%，厢式车占 8%，危险品专用运输车 53 辆，全部安装 GPS 定位系统，实行公司化经营。

1986—2013 年武城县公路货运量统计表

表 4-5

年份	货运量（万吨）	周转量（万吨／千米）	年份	货运量（万吨）	周转量(万吨／千米)
1986	5.5	812.6	1996	35.49	3800
1987	6.11	816.9	1997	42.59	4370
1988	7.03	1071.3	1998	63	5186
1989	6.7	837.7	1999	82	8500
1990	5.85	678	2000	189.3	7821
1991	7	947	2001	225.7	11150
1992	6.87	920	2002	205.9	10785
1993	5.44	817	2003	237.6	10965
1994	20.5	2399	2004	252.9	12563
1995	23.3	2524	2005	280	24920

续表 4-5

年份	货运量（万吨）	周转量（万吨/千米）	年份	货运量（万吨）	周转量(万吨/千米)
2006	320	28674	2010	493	27966
2007	383	16251	2011	541	30760
2008	383	17850	2012	620	35059
2009	452	48892	2013	669	37864

说明：1986—1993 年为交通部门货运量和周转量，其他则为社会货运量和周转量

2013 年武城县运输企业统计表

表 4-6

企业名称	成立时间	管理车辆（辆）	运输能力（万吨）
武城县联合运输有限公司（危货 41）	1996. 10	64	18. 4
武城县康达联运运输有限公司	2003. 4	113	32. 5
武城县鑫通运输有限公司	2004. 8	46	13. 2
武城县保祥运输有限公司	2004. 9	168	48. 3
武城县交通服务公司	2004. 11	21	20（万人次）
城县运达出租有限公司	2005. 9	120	178. 1（万人次）
德州市安速达汽车运输有限公司	2006. 9	120	34. 5
武城县德顺物流有限公司	2007. 12	59	16. 9
武城县运输总公司老城运输有限公司	2008. 3	28	8. 1
武城县运输总公司物流运输有限公司	2008. 3	67	19. 2
武城县运输总公司新城运输有限公司	2008. 3	31	8. 9
武城县晟达运输有限公司	2008. 10	179	51. 5
武城县鑫盛运输有限公司	2008. 11	63	18. 1
武城县鑫达城区出租有限公司	2008. 11	40	4. 3（万人次）
武城县腾珅物流运输有限公司	2009. 1	29	8. 3
武城县国杰运输有限公司	2009. 3	5	1. 4
武城县合力运输有限公司（危货 5）	2009. 3	170	48. 9
武城县通达运输公司	2009. 8	149	42. 9
武城县广通运输有限公司	2009. 9	51	14. 6
武城县众鑫运输有限公司	2009. 10	201	57. 8
武城县顺凯运输有限公司	2010. 3	159	45. 7
武城县天赋物流运输有限公司	2010. 3	63	18. 1
武城县凯德物流有限公司	2010. 7	74	21. 3
德州天祺商品混凝土有限公司	2010. 8	6	1. 7
武城县捷达运输有限公司	2011. 4	9	2. 5
武城县晟沣运输有限公司	2011. 5	189	54. 4

续表 4-6

企业名称	成立时间	管理车辆（辆）	运输能力（万吨）
武城县金鑫物流运输有限公司	2011.7	66	19
武城县顺鑫运输公司	2012.9	117	33.6
武城县顺通物流运输有限公司	2013.1	41	11.8
武城县隆运盛运输公司	2013.3	6	1.7

第二节　水路运输

1981 年，运河停航，武城港务局撤销。此后，运河渡运处于自发状态。沿河两岸村庄河滩多“插花地”，为方便生产和村民交流交往，运河设有浮桥、渡船，多为村民自发集资修建，主要是本村村民使用，同时对外服务，收取渡费。1986 年，运河武城段有浮桥 7 座、渡船 9 艘，年客运量 1.2 万人次，货运量 2800 吨。2007 年，开展运河水运渡口渡点改造工程，对辖区浮桥、渡船、渡口进行更新改造，投资 850 余万元，完成北宋庄村“渡改桥”项目，改建西郑庄村北岸、南岸和八屯村北岸、南岸渡口 4 处，更新钢制缆渡船 2 艘。同年 12 月，建成老城浮桥，新建改造鲁权屯镇袁厂村、苏厂村、第十屯村和老城镇姜圈村等码头 4 座，更新钢制缆渡船 4 艘。截至 2013 年底，全县有浮桥 3 座，渡船 6 艘，年客运量 3 万人次，年货运量 196 万吨。

第三章　交通管理

第一节　运政管理

运输市场

1986 年，县道路运输管理所负责机动车管理。国营运输公司货源（先专业后副业最后个体）管理由统管统运改为“谁受托谁承运”。1988 年，县交通局成立交通运输管理所（简称交管所）。1992 年，客运办公室成立，负责监督检查汽车站和客运车辆经营行为。20 世纪 90 年代后，加强客运市场管理，对超员超限、非法营运等载客车辆依法给予经济处罚。2000 年，出租车办公室成立，加强对出租车市场管理。规范出租车乱跑、乱放、宰客、甩客等行为，规范出租车公司管理，制定统一收费办法和收费标准。2004 年，整合德武线路客运车辆，更新县城至老城线路客车。2006 年，安全管理办公室成立，对客货运输企业强化安全管理。在客货运输较集中乡镇驻地，依路建设老城镇、武城镇、甲马营乡等 7 处基层交管所。2009 年，基层交管所调整缩减为 4 处。交管所及基层交管所主要任务是优化运输结构，合理配置运输资源，核发车辆营运证、经营许可证、路单、客车线路牌，按时征收各种交通规费等。货运开展源泉管理，对武城辣椒市场、龙湾粮食市场、肖河庄黄牛市场、老城苹果市场、郝王庄镇后玄帝庙村辣椒市场等进行场站管理，为业户办理规费服务。2013 年，全县运政管理规范完善，道路运输市场经营有序，黑车和超范围经营现象减少，运输秩序及竞争行为规范。

交通稽查

1986年，县交通检查站负责全县交通安全、经营资质检查。1997年，县交通运输稽查大队成立，负责县乡道路稽查任务。职能主要是检查运政管理有关法规的执行情况以及国家禁运和限运物资；检查“三小”车辆（摩托车、三轮汽车、四轮低速载货汽车）养路费、运管费和客货运基金等交通规费缴纳情况；委托代查事项等。2002年10月，县交通稽查大队统一换发新式服装，更新稽查执法装备。2004年，开展交通稽查规范化建设，投资40万元，设立违章处理服务大厅。2012年6月，交通稽查大队更名为交通运输监察大队。2013年底，县交通运输监察大队设中队4个、执法小队8个。开展治理超载超限，协助市稽查支队在鲁冀站、零点收费处，进行车辆检查工作，针对“双超”车辆绕行县道和乡村路现象，在县境内主要道路进行巡查。

规费征管

1986年，交通规费征收工作由运管所和交管所负责，均为手写式缴费凭证。1992年，收缴规费310.2万元。1993年12月，县交通局设立微机室，负责规费征收开票、收缴工作。1997年，县交通局运政管理楼竣工，设立交通局规费征稽大厅。2003年，交通全部收费项目一次性并入县行政审批服务中心。2009年1月1日起，停止征收公路车辆养路费、运输管理费等交通规费。全县公路运输管理费按月计征，征收率为运输营业额的1%，营业额难以计算的按车辆标记座位和吨位计征。

客运站队建设基金　1986年，征收标准为每位旅客购买全程票价之外，每千米里程加收3厘钱（0.003元），交通专业运输企业和其他运输单位，凡有健全的会计制度者，每月按统计里程计算缴纳，凡统计会计制度不健全的单位和运输业户按每座10.5元统缴。1992年4月，公路客运站队建设基金每人千米0.01元，统计会计制度不健全的单位和运输业户按每座每月40元统缴。公路客运站队建设基金，用于汽车站、客车队和联运设施新建改造，代征基金上交省交通厅，由省交通厅返还基金总额的70%用于场站建设。

货运建设基金　1990年1月1日起开征，征收标准为公路货物运输按0.02元/（吨•千米）计征。对统计资料和会计制度不健全的公路运输代收单位和个体业户按核定车辆吨位计缴。汽车按每月每吨45元，汽车挂车、拖拉机和其他机动车每月每吨24元缴纳。货运建设基金是发展交通专用资金，由省交通厅统一管理使用，返还比例为15%，返还基金主要用于乡镇汽车站点、港站、车场、交管所和县乡公路建设和改造。

图4-4 交通执法演练（2004年 摄）

车辆购置附加费　1985年5月1日起开征，标准为国内生产或组装车辆，其车辆购置附加费由生产厂家代征，为车辆实际销售价格的10%。国外进口车辆由海关代征，以“到岸价格 + 关税 + 增值税”为计费依据，费率15%。1994年1月，车辆购置附加费费率统一改为10%，征收环节由车辆落籍地交通征管机构直接向义务缴费人征收。2002年12月，国家实施税费改革，车辆购置附加费改为车辆购置附加税。2003年12月，车辆购置附加税由县交通局车购办移交国税部门管理。

第二节　路政管理

公路路政

干线公路管理　1986年后，县公路局负责全县干线公路路政管理。2003年，全县开始查处超限车辆。截至2013年，累计完成路政巡查45.2万千米，查处路损案件3676起，回收路损索赔358.56万元，累计查处超限车辆8458辆，收缴罚没款486.78万元。

县乡公路管理　1986年，全县路政管理由县交通局、县公路站和监理站三个单位管理，形成“三位一体”路政管理模式。1993年后，县交通局与县公路局分置，农村公路管理划归县交通局路政科，负责保护路产、维护路权、维持秩序、保护权益和环境监督。1997年，为保障路产路权，县政府出台《关于加强公路路政管理的规定》，根据“属地管理”原则，县级道路由县交通局负责路政执法和巡查，乡村道路由乡镇政府协助县交通局管理。农村公路用地为两侧边沟（截水沟、坡脚护坡道）外缘起不少于1米的土地，农村公路建筑控制区为农村公路两侧建筑物边缘与农村公路边沟外缘间距，县道不少于10米，乡道不少于5米，村道不少于3米。农村公路行道树砍伐更新，须按有关规定报相关部门批准。严禁超限超载车辆上路行驶。2013年，完善“县主管、镇街协助配合”路政管理模式，开展麦秋两季集中清理上路打场晒粮行动，定期清理浇“过路水”、路面建筑垃圾等，配合城乡环卫一体化，做好乡村路卫生保洁工作。全县专职路政管理人员5名，兼职路政管理人员14名。

公路工程

1986年，全县管理沥青路里程为150千米。1990年10月，德武路施工建设，属山东省专项工程、德州地区交通建设重点项目，总建设里程25.6千米，宽12米，国家二级公路标准。城区历亭路（原古贝路）全长2400米，宽45米，沿路大桥3座，中桥10座，涵洞10座，倒虹吸76道。1992年6月竣工通车，总投资805万元。

2003年后，在农村公路建设和改造中，探索出“五四三”建设管理模式，即落实两级业主负责制、招投标制、合同管理制、工程监理制和质量责任终身制“五项制度”，把住原材料、施工工艺、施工工序和试验“四个关口”，实施规划设计、技术标准、检测验收“三个统一”。2009年后，开展城区街道建设和园区道路新建改造。县城至镇街快速路建设实施路面冷再生、同步碎石封层等先进工艺。

渡口浮桥

2004年11月，县港航所（县地方海事处）成立，隶属县交通局，负责全县辖区内水上交通运输安全监管及水路交通管理工作，业务隶属市交通局港航处（市地方海事局），至此航运业务纳入交通管理范围。港航所多次联合县安监局、沿运河乡镇政府打击取缔非法渡运。2007年后，启动内河渡口渡点改造工程，新建改造甲马营、甘泉、老城、北宋庄、朱家圈等5处浮桥，苏厂、袁厂、姜圈、八屯、第十屯等5个渡点，修建码头，更新钢制缆渡船，累计投资2260万元，其中上级资金500万元。2007年，采取企业化运作方式，成立武城县运河浮桥有限公司，对浮桥建设管理实行公司化管理，山东众川路桥建设有限公司投资500万元，建设浮桥。至2010年，运河渡口渡点改造完成。截至2013年底，全县渡口12处，浮桥3座。

第三节　运输服务

证件办理

1986年，武城县证件办理主要有审定营运路线、核发运输证照等。交通运输证件办理服务增加道路运输从业资格证、道路运输证、车辆二级维护证的审验与核发等业务。2003年，交通运输规费征收采用“一站式”服务，全部收费项目一次性并入县行政审批服务中心，主要办理规范征收、营运证核发、二级维护卡等。2004年12月，车辆购置附件费改为车辆购置附加税。2009年1月1日，税费改革实施，运输管理费、客运附加费、货运附加费、“三小”车辆养路费改为成品油燃油附加税，相应证件办理服务调整。至2013年，主要办理道路运输证年审、换证、车辆技术等级评定注册等业务。

维修服务

1986年，全县有公路站修理车间、运输公司汽车修理厂、武城县运输公司二队修理车间3处。20世纪90年代，全县车辆维修企业发展迅速，财政局汽修厂、张庄汽修厂、老城汽改维修厂、北关汽修厂等先后建立，主要维修三轮车、农用车以及各类车辆。2006年12月，县安达机动车检测站投入运用，对营运车辆开展机动车综合性能检测，年上线检测车辆1.2万辆，对全县及周边县市区营运车辆提供检测服务。截至2013年底，全县有汽车维修经营企业90家。其中，一类维修12家，二类维修3家，三类业户75家，可承接各种类型汽车维修业务。

驾培服务

1986年，全县交通安全及机动车与驾驶员管理由交通监理站负责。1987年3月，交通监理站脱离交通序列，成立武城县交警大队，隶属公安局。20世纪90年代，专门驾驶员培训机构应运而生。1994年6月，武城驾驶员振武培训学校（简称振武学校）成立，年培训驾驶员300余人，后达到每年600余人。2005年10月，振武驾校与交警大队分离，更名为军骧驾校。同年11月，燕山驾校成立。同年，驾驶员培训工作从公安交警划归交通管理。2006年7月1日，武城驾校监管大厅投入使用，实现招生、驾培“一站式”服务。2008年2月，汽车驾驶证有关业务由县级车辆管理所负责。至2008年底，审验、换证、补证、降级驾驶证1664个。2011年9月，德武驾校成立。截至2013年底，全县有军骧驾校、燕山驾校、德武驾校3家，年培训学员2200人，上岗证换证教育400人次。

2013年武城县交通服务企业统计表

表4-7

企业名称	主要业务	等级	成立时间
武城县保明拖修厂	汽车维修	二类	1995.5
武城县广运保祥汽修厂	汽车维修	二类	1996.5
武城县城区水兴汽车修理厂	汽车配件、维修、装饰	二类	2002.5
武城县润丰汽车修理有限公司	汽车修理、维护、装饰	二类	2004.7

续表 4-7

企业名称	主要业务	等级	成立时间
武城县军骧驾驶员培训中心	机动车驾驶员培训	一级	2005.10
武城县燕山驾驶培训有限公司	机动车驾驶员培训	一级	2005.11
武城县安达机动车检测站	营运车辆检测	—	2006.10
武城县德武机动车驾驶培训有限公司	机动车驾驶员培训	普通一级	2011.9

第四章　邮　政

第一节　邮政网络

1986 年，全县邮政业务由县邮电局负责，有老城镇、杨庄、祝官屯、李家户、武城镇、董王庄、郝王庄、蔡村、四女寺镇、大屯、马庄、滕庄、鲁权屯、甲马营邮电支局 14 处，邮路里程 1285 千米。1989 年，武城镇邮电支局撤销。1990 年，全县邮政里程 1225 千米。1994 年，增设北甘泉、青年路、开发区邮电支局 3 处。1998 年，增设贝州城区支局 1 处。2001 年，开发区支局撤销。2002 年，全县有县局营业厅和贝州、武城二中、鸿雁城区邮政网点 3 处及杨庄、老城、李家户、鲁权屯、甲马营、北甘泉、滕庄、马庄、大屯、董王庄、郝王庄、蔡村、四女寺农村邮政支局 13 处。城市投递线路 12 条，农村投递线路（段道）34 条，单程合计 1085 千米。截至 2013 年底，全县有邮政支局（网点）17 处，邮路里程 1253 千米，其中农村投递线路里程 1023 千米。

图 4-5 武城邮政大厦（2004 年 摄）

干线邮路

1988 年，设立德州—武城邮政线路，邮路里程 75 千米，每日 2 班次。2008 年，调整为每日 3 班次。

支线邮路

1986 年，全县有支线邮路 6 条。其中摩托车环形支线邮路 3 条，县邮电局至老城，途经甲马营、祝官屯、杨庄，单程 61 千米。至大屯，途经董王庄、郝王庄、旧城，单程 65 千米。至滕庄，途经马庄、鲁权屯，单程 65 千米。直线支线邮路 1 条，县邮电局至李家户，单程 31 千米。辐射型邮路 2 条，四女寺至德州、四女寺至蔡村，单程分别为30千米和16千米。2013年，全县有支线邮路4条。南线由县邮政局出发，经李家户镇、杨庄村、老城镇、祝官屯村、甲马营镇返回县邮政局，全程57千米。东线由县邮政局出发，经董王庄村、郝王庄镇、大屯村、马庄村、武城二中返回县邮政局，全程51千米。北线由县邮政局出发，经鲁权屯镇、甘泉村、滕庄村、甲马营镇、鸿雁支局返回县邮政局，全程54千米。四女寺线由四女寺镇出发，经白庄村至蔡村，再由蔡村返回白庄村接收德州邮车的邮件，再经蔡村返回四女寺镇，全程30千米。

第二节　邮政业务

国内邮件

函件　1986年，全县邮政函件出口68.13万件，进口97.42万件。1987年7月1日，开办有声信函业务，同时停用信封上印有广告的信函。1990年7月31日，取消邮件回执业务。1991年1月起，各级法院按挂号信函交寄的诉讼文书继续使用回执业务。同年12月，首次发行贺年明信片，当年售出1.06万枚。随着电信业务发展，函件收发有所下降。1998年，全年函件出口29.2万件，进口52.07万件。进入21世纪，函件量逐年增长。2008年，函件出口量505.4万件，进口量320.25万件。2013年，全年函件出口129.85万件，进口201.38万件。

国内信函资费分为本埠和外埠。1986—1990年，本埠信函每20克0.04元，外埠0.08元。1990年7月31日，信函资费调整为每20克本埠0.1元，外埠0.2元。1996年12月1日，信函调整为不分本外埠，每20克0.5元。2005年2月，资费重新调整，函件首重100克内，每重20克本埠0.6元，外埠0.8元，明信片每件0.6元。印刷品首重100克，本埠0.3元，外埠0.6元。2007年12月，邮政业务资费标准调整为：首重100克，每重20克本埠0.8元，外埠1.2元，明信片每件0.8元。印刷品首重100克本埠0.4元，外埠0.7元。

包裹　1986年，包件业务分为民用包裹、商品包裹和大件包裹。大件包裹体积以装满4号袋为限，重量25千克以上，限重30千克。同时在民用包裹中增设纸质品包裹。是年，全县邮政包裹出口量4.41万件，进口量2.31万件。1988年9月1日，暂停收寄香烟包裹。1993年3月1日起，恢复烟草及其制品的邮寄业务，并规定邮寄卷烟、雪茄每件以2件为限（二者合寄时亦限2件）；邮寄烟叶、烟丝每件以5千克为限（二者合寄不超过10千克），每人每次限寄1件，不准一次多件或多次交寄。进入21世纪，随着私营物流业和商品流通业发展，邮政部门包裹邮寄量呈逐年下降趋势。至2013年，全年包裹出口量4085件，进口量3581件。

1986年，包裹试行一区一费，每件加收邮费0.2元，保价包裹按保价金额1%计收。1986—1990年，保价金额以每件5000元为限。1990年7月，包裹资费在原订标准基础上提高130%，处理费调整为0.5元。规定保价金额以1万元为限。内件价值超过1万元，只保1万元，并按所填价值1%收取保价费，每件最低收0.3元，过期保管费每天为0.05元。自1996年12月1日起，包裹资费标准提高50%，每件加收1元挂号费。取消商品包裹、纸质包裹资费和大件商品包处理费。2003—2008年，包裹每件挂号费3元。普通包裹、快递包裹，保价金额最高10万元，每件最低收费1元。普通包裹限重40千克，快递包裹限重35千克。

邮政快件　1988年5月1日，县邮电局和14个支局同时开办邮政快件业务。邮政快件业务一律按件、重量计收资费，实行窗口纳费，按给据邮件交寄。1988年，省邮电管理局规定：

凡开办邮政快件的，均可办理快件汇款业务。邮政快件使用邮政快件专用信封，信封封面标有“邮政快件”字样。同年，邮政快件资费为每20克0.5元。1990年7月，调为每20克1元。1996年12月1日起，每20克调为2元。1998年7月1日，国家邮政局取消邮政快件业务。

特快专递　1993年7月，开办特快专递业务，在营业室设立特快专递柜台，有营业员1名，投递员1名，因条件限制，特快专递业务只在县邮电局开办。收费标准为，每件起重0.2千克，收费14.9元，每续重0.2千克及其零数收费3元。是年，特快专递业务收入3.1万元。1994年12月，县邮电局速递公司成立，实行承包经营，配备机动三轮车1辆。1998年，配备特快专递面包车1辆，业务收入16.27万元。2006年，速递公司改为速递营业公司，配备特快专递专业作业车2辆，业务收入60.58万元。

准寄范围为信函、文件、图纸、汇票、凭证、物品、货样、报表等，凡符合寄递条件的物品均可按特快专递邮件交寄，禁寄物品与普通包裹相同。国内特快专递邮件资费：信函类邮件寄递区域不论远近，实行均一收费；寄递物品则按重量收费；国际特快专递按照不同国家实行不同资费。1996年12月，调整特快专递资费，规定200克以上每续重200克（不足200克按200克计算），收费6元。2008年，资费标准为，起重500克及以内20元，每续重500克或其零数，1500千米及以内加收6元，1500～2500千米加收9元，2500千米以上加收15元。

国际邮件

1986年，国际邮件业务由国内邮政营业员兼办，未设专职营业员。当年国际函件业务出口量129件，资费为平信每重20克，一般国家0.8元，亚太地区0.7元。1987年，出口量136件。1992年，国际函件业务量有所增长，出口量达2106件。2004年，国际业务走向正规，函件有普通函件、邮简、印刷品、盲人读物、小包、印刷品专袋、保价信函、回执等。包裹有普通包裹、脆弱包裹、保价包裹。2013年，全县国际邮件累计业务量400件。

汇兑

邮政汇兑业务分为国内汇兑和国际汇兑2种。国内汇兑又分为4种。实时（3—5分钟）汇款，称特急业务，加收10元特急业务费；2小时汇款，称加急业务，加收加急业务费；24小时汇款；48小时汇款。另外，开设礼仪业务。

1986年，全县进口汇票业务量为1.89万张，1996年为2.79万张。进入21世纪初期，汇票业务量有所下降。2007年，汇票业务量增长，全年3.14万张。2008年，达到最高3.81万张。随着网络电子支付结算类业务发展，汇票业务有所下降。截至2013年底，全县汇票业务量累计67.67万张。

集邮

1986年，全县开始办理集邮业务。1992年12月，武城县集邮协会成立，召开第一次代表会议。讨论并通过武城县集邮协会章程，选举产生武城县集邮协会理事会。至2004年底，全县集邮爱好者由1992年的150人增加到800余人。1998年，集邮业务收入累计完成16.33万元。2008年，集邮收入增长比例为206.39%，收入75.25万元。2011年，集邮收入过百万元，为103.7万元。2013年，集邮收入为101.09万元。截至2013年底，全县集邮收入累计691.28万元。

1998—2013年武城县集邮收入统计表

表4-8

年份	收入（万元）	增长（%）	年份	收入（万元）	增长（%）
1998	16.33	15.37	2006	18.97	-24.18
1999	18.84	15.37	2007	24.56	29.47
2000	21.45	13.85	2008	75.25	206.39
2001	16.83	-24.45	2009	37.68	-49.93
2002	20.02	18.95	2010	61.86	64.17
2003	24.48	22.27	2011	103.7	67.17
2004	35.07	43.26	2012	90.13	-13.08
2005	25.02	-28.66	2013	101.09	12.16

报刊发行

1986年，全县报纸期发4.72万份，杂志3.54万份。1997年，报纸期发累计512.36万份，杂志累计69.85万份。2006年，报纸期发2.89万份，杂志期发5.76万份。至2013年，县邮政局统一发行报刊超过5000余种，报纸期发3.36万份，杂志期发7.64万份。

机要通信

1986年，县邮电局配设机要员1名，办理县及以上机要业务，是年，机要文件数量为1000件。机要文件资费规定，每件重100克以内的收费标准为：20克以内，省外0.24元，省内0.22元。每超重20克及其零数，加收资费省外0.01元，省内和县内0.08元。每件重100克以上的，一律按省内文件资费标准收费。1988年7月，机要文件不分国内省内，每件以500克为限，每超重100克及其零数，加收附加费0.2元。1990年，调整资费，文件类每重20克（不足20克按20克计算）收费0.25元，另加收1元挂号费和保密费。刊物类每重100克（不足100克按100克计算），收费0.15元，另加收1元挂号费和保密费。1996年12月，机要资费上调，文件类资费由0.25元调为0.5元。刊物类由0.15元调为0.3元。挂号费和保密费由1元调为2元。2007年，机要资费文件类：1～20克，埠内收费4.6元，埠外4.8元；21～40克，埠内收费5.2元，埠外5.6元。刊物类：1～100克，埠内收费4.3元，埠外4.6元费；101～200克，埠内收费4.45元，埠外4.9元。光盘类：1～20克，埠内收费4.9元，埠外5.2元；21～40克，埠内收费5.8元，埠外6.4元。2007年和2008年，机要文件分别为2240件和1975件，为历年最高。县城每日投递1班。截至2013年底，全县机要文件业务量累计13339件。

1986—2013年武城县机要文件业务统计表

表4-9　　　　单位：件

年份	数量	年份	数量	年份	数量	年份	数量
1986	1000	1988	571	1990	679	1992	484
1987	508	1989	633	1991	647	1993	570

续表 4-9

年份	数量	年份	数量	年份	数量	年份	数量
1994	662	1999	259	2004	59	2009	42
1995	544	2000	20	2005	93	2010	54
1996	526	2001	393	2006	16	2011	48
1997	412	2002	287	2007	2240	2012	71
1998	191	2003	291	2008	1975	2013	64

邮政物流

县邮电局利用原有邮政网络、组织管理经验，以及全县邮政201个邮区中心局处理场地和实物传递网，为客户提供区域性物流仓储、货物集散中转、区域物流运输、市场物流配送等业务。2000年10月，武城邮政与乳业公司和纯净水公司合作，代理鲜奶和纯净水业务。2003年，零担快递业务成为国家“863”发展项目，有机肥、洗衣粉等十多项产品由武城邮政总代理。2004年，成为古贝春集团“古贝春状元酒”“武城春酒”代理。至2013年，又增加节日礼品代理。

快递

进入21世纪，随着电子商务发展，各快递公司入驻武城，以物流公司和商店为代理点，且仅限于城区，数量少，业务多以放件为主。中通公司、申通公司、韵达公司等先后在武城设立分公司。武城快递市场有市邮政局管理，负责依法开展快递等邮政市场准入相关工作，承担市场准入后日常管理；监督快递服务质量，依法处理快递等邮政服务质量申投诉和举报等有关事务，查处侵犯用户合法权益的违法行为。快递公司主要负责揽件和放件业务，业务信息通过计算机系统与公司总部直接交互。

第五章 电 信

第一节 电报

1986年，全县电报业务分为天气、水情、公益、政务、新闻、普通、汇款和公电8种，另有特急、加急和邮送3种特别业务。是年，电报收发量4.9万份。1987年5月，武城邮电载波电报电路接入全省256路自动转报网，实现电报转报自动化。1988年，全县电报业务量达到历史高峰，全年收发量8.33万份。1989年6月，电报通信设备更新为BDD4202型电子电传机，数量为2部。1992—1998年，为TJ-412型中英文公众电报智能终端机2部，使用1部，备用1部，从县邮电局至农村支局则利用传真机收发电报。电报投送区域：以县城为中心，半径为2～3千米，其投递范围是城区、老城镇机关、企事业单位和旧城四关，以及化肥厂和石油公司。农村支局以支局所在地为限，收到超出投送区域范围的农村电报实行专送专费。随着程控电话开通和移动电话普及，以及传真机用户增加，电报收发量逐年下降。1997年，全年电报收发量为9300份。1998年9月，电报业务划归县电信局。至2005年，全年电报收发量仅有数百份。其后，电报通信业务逐渐被新型通信工具所取代。

第二节　电话

1986年，全县有电话763部，电话普及率0.23%。1992年，有电话857部，用户615户。进入21世纪，电话安装进入快速发展阶段。2006年，有电话6.41万部，移动电话11.5万部。随着移动电话的普及，市内电话、农村电话用户逐年减少，小灵通及无线传呼退出市场。截至2013年底，电话机数2.05万部，其中市内电话8027部，农村电话1.25万部。移动电话用户30.66万户，全县实现电信业务量1.2亿元。

固定电话

长途电话　1986年，全县有二级长途电话电路5路。其中，武城至德州4路(载波电路3路，实线电路1路)，至夏津实线电路1路。1987年，开通长话明线载波3路（济南1路，德州2路)，长话电路总数计8路。1990年6月，3路载波机停用，增开12路载波机。1992年12月，开通至德州30路微波电路，计45路（其中5路专线线路)，包括武城至德州41路。其中，数字电路30路，明载10路，明线1路。至夏津人工1路，至平原人工1路，至济南人工2路。1995年5月1日，撤销人工长途台。同年12月17日，县局C4本地网与市局C3本地网联网，长途用户实现直拨。至1998年8月，全县长途电话全自动电路150路，人工电路15路，其中出租3路，公众电报电路1路，C3本地网电路180路。

1986年9月，安装50门长话交换机和ZJ12型载波机各1部。1987年11月，购置上海DD14型长途对端设备1架，全年长途去话、来话分别为6万余次。1988年6月，增加高12路载波机设备，并设有长途交换机2台。1992年，增设DDZ-33载波机和PCM端机各1架，设有人工长途交换机5台。同年12月，购置WSF6-08A型480路微波收发信机4部。1993年，增加插报机1部。1996年5月，安装ALCTEL1651型1890路长途光端机1架。1997年，全县长途电话交换量223万次。2001年，全县长途电话交换量480.5万次。至2013年，全县长途电话用户数4.43万户，交换量200万余次。

市内电话　简称市话。1986年，市内电话营业区域仅限于城区，有电话机367部。1992年4月，市内电话由磁石改制为HJD04纵横制自动交换设备，装机容量1000门，替代“摇把子”式电话。1993年11月，电话计费全部实现微机自动化和脱机处理，取消人工册报和手工开具手续。1994年12月，市话开通数字程控交换机，长途电话、市内电话、农村电话联网，实现传输数字化、交换程控化。程控电话开通后，用户交换机全部淘汰，市话改制一步到位。增办119火警、110匪警、120急救、122交通事故、185特快专递等业务。1995年5月，县长途台撤销。同年12月，与市局C3本地网联网后，电话号码由6位升至7位，实现国内、国际电话直拨。同年，营业厅安装磁卡电话。1996年，在营业厅安装IC卡电话2部。至1998年9月，全县有市话数字程控交换机10752门，实占容量7142门，市话出局电缆12800对，长途传输微波站1个，微波通信站波道数4个，无线寻呼基站1个，模拟蜂窝移动电话基站1个，信道总数90个，GSM数字蜂窝移动电话基站2个，信道总数28个，县城到乡镇全部实现光缆传输。

1999年8月，建设中心模块局9处，启动村村通电话工程，投资1800余万元，完成13

处农村支局和1个中心村交换机扩容改造，增设交换机容量11520门，其中市话3584门。市话管道扩容工程214管孔千米，市话交换机总容量11008门，增设出局电缆12180对。2000年，结合“千百万工程”，新建21处农村中心模块局，增设模块局达30处，上半年投资4200余万元。是年7月，建设6处中心村模块局，对13处支局进行扩容，增设交换机容量10477门，增设主干电缆8550线，配线电缆1050线，投资2257万元。至2000年底，建设农村交换网点36处，交换网点总数达50处，交换机总容量6.35万门，实装用户5.62万户，电话普及率15.49%，入户率64.15%。建设农村中心模块局36处，模块局总数达50处，对县电信局及13处农村支局进行设备更新和增容，通信电缆线路通达全县8个乡镇及393个行政村，实现村村通电话。

2002年，完成振华街、武城二中新校、北方街、尚庄辣椒市场线路改造和扩容，5ESS交换机COM板升级改造、割接及新基站调试，完成97计费工程延伸。2004年，增设固定电话交换容量2048线，总线路81712线，修建管道2920米，增设光缆1632.9千米。2005年，市内电话18163部，本地网去话接通率累计完成80.53%，本地网来话接通率累计完成70.01%，长途去话接通率累计达56.3%，长途来话接通率累计达72.76%，综合接通率累计达72.19%。2007年，调整交换机10048线，用户容量由81792线下降到71744线，实装率由82.26%提高至92.77%，市内电话2.26万部。截至2013年底，全县市内电话8027部。

农村电话　1986年，农村电话交换机容量为1400门，杆路长度259千米，电话机396部。1988年，农村电话业务分区内电话和区间电话。1991年，老城、大屯、董王庄安装农村自动用户交换机各1台。1992年，马庄、滕庄、鲁权屯邮电支局安装STO-200型480门，自动交换机各1台。至此，全县农话交换机23部。其中，县邮电局经营15部，乡镇经营8部。农话交换机总量2912门，杆路长189千米。1993年，李家户、四女寺各增程控交换机462门和240门。1994年12月，农村数字本地网组建完成，全县13个乡镇全部实现程控交换数字微波传输，县直、各乡镇实现等位拨号。1998年，完成本地网电源改造和交换机扩容工程，其中农村电话交换机扩容2000门。至1998年7月底，农村电话用户7888户。1999年8月，建设中心模块局9处，实施村村通电话工程后，新增农村电话1.58万部，农村电话总容量达2.02万门，县到乡镇全部实现光缆传输。2003年，开通农业科技服务热线。2005年，农村固定电话用户量4.35万部。截至2013年底，全县农村电话1.25万部。

移动电话

1994年3月28日，全县移动电话开始使用，先后由县邮电局、电信局、移动公司和联通公司经营。1995年3月，投资130万元，建成900兆赫蜂窝式模拟移动电话基站，实现基站覆盖范围内手机与电话直接拨叫。是年底，有用户306户。1997年3月，开通139全球通数字基站，设置RBS2202型端机设备2部，载频9个，供电设备为RPS21-1000A高频开关型直流电源系统。是年底，移动电话累计1413部，其中，模拟移动电话1174部，数字移动电话239部。1998年8月，全县有移动电话用户2115户，其中数字移动电话823户，主要品牌有摩托罗拉、爱立信、诺基亚等。2000年6月，县联通公司在邮政大楼设立营业厅。2001年，县联通公司出台新时空CDMA/133移动通信运营，推出点对点短信、公众信息及股票查询、联通在线、超级短信、手机点歌等新业务。2004年3月，武城营业厅更名为武城分公司。2005年底，县联通公司GSM九期基站扩容工程完成。2009年，推出WCDMA制式3G业务，在城区安装10处3G基站设备。截至2013年底，全县移动电话用户30.66万户。

小灵通

2003年3月，全县建设“小灵通”无线市话网络。小灵通资费标准与固定电话相同。同年5月，首期网络建设竣工运行，覆盖11平方千米。至2003年底，小灵通交换容量为9696门。小灵通业务逐渐拓宽，实现小灵通和固定电话并机使用业务，小灵通用户呈逐年上升趋势。至2009年底，全县小灵通用户达1万余户。至2011年，小灵通退出市场。

第三节　电话信息

无线寻呼

1993年，全县开办无线寻呼业务，开设无线寻呼发射机2台，无线寻呼操作终端机1台，当年发展用户71户，传呼机（俗称“BP”机）以摩托罗拉模拟数字机为主，寻呼机只能显示呼叫方电话号码。无线寻呼服务费按显示形式分为数字显示用户每月15元，汉字显示用户每月35元。1994年，C4数字本地网建成开通，实现与德州市联网，寻呼台撤销。1995年4月，更新GL-E5310型无线寻呼发射机1部。是年底，发展用户702户，其中数字215户，汉字487户。1997年4月，开办9898台无线寻呼业务，设有PT、PS系列寻呼发射机2台，发射机功率各为100瓦特、200瓦特。是年，寻呼用户累计3997户，9898台。1998年4月，开办旅游寻呼业务，并设有PS100信号发射机1台。同年7月，开通全国联网280兆高速寻呼198、199，设备为GL-T8521型信号发射机1台。至此，全县有无线寻呼用户4693户。1998年9月，寻呼业务划分至县电信局。1999年，寻呼业务由县电信局剥离至德州国信寻呼公司，由武城鲁通公司和武城联通公司代理经营。2001年，无线寻呼业务停办。

电话声讯服务

1995年，全县开通168自动电话信息服务台。是年12月，进入全市C3网，为全县电话用户开放160、168信息台，除收取通话费外，另根据信息内容不同按分钟收取信息咨询费。1997年7月，168信息台住宅电话信息费实行2元封顶。1998年8月，改为6元封顶。2005年9月，武城网通公司开办“幸福农家168”业务，设有农业科技、小品、相声与幽默、流行歌曲、评书联播、戏曲联播、卫生保健、儿童歌曲、灵通悦铃等栏目。至2013年，服务业务未变。

第四节　数据通信

分组交换

1995年，引进安装DPN-100型分组交换设备，总容量28个端口。其中，中继端口4

图4-6 现代通信设施（2010年 摄）

个，使用1个；用户端口24个，使用17个。县建设银行首先使用该设备，实现与市建设银行联网。1998年8月，全县用户为17户。资费由市邮电局统一规定，每月向用户收取资费。1998年6月，增装DPN-100分组交换设备1套，端口28个。2009年，分组交换业务停止。

数字数据网

1996年11月，安装DDN-3630设备1台，容量27端口，其中用户端口10个，由县中国银行率先使用该设备，实现与市中国银行联网。加入德州DDN本地网，由德州网管中心管理并计费。1998年8月，实装用户4个。2002年，完成DDN信用联社扩容。截至2013年底，全县安装用户25万户。

第五节　互联网络

1998年1月，全县开办国际互联网普通拨号上网业务（163国际计算机互联网和169国内多媒体）。是年底，全县互联网用户169户。1999年，县电信局在城区开办“一线通”（ISDN）上网业务，可同时进行多种互联网业务和对话。2000年，全年PC机上网用户613户，“一线通”净增58户。2001年，新建宽带小区16个，年终用户1105户。2004年，累计新增宽带设备端口256个，共计2376个，全年新增宽带用户1483户，累计用户2732户。2007年后，武城网通公司相继建成乡、镇政府网站以及武城信息港、大王集团、古贝春集团、武城农业网、武城招商网等网站。推进农村远程教育上网工程，全县村庄实现宽带上网数量达85%，武城政府网站被评为“全市优秀网站”。2007年，推进“光进铜退”工作，安装杨庄营业部小吴庄、广运街道棘围、马庄营业部傅家楼和李家户乡刘官屯村4个模块局。对ADSL设备进行扩容和网格优化，新建1376线，替换656线。2008年，互联网用户8149户。2011年，建设立项扩容工程项目26个，一期“光进铜退”建设网点17个，二期网点93个。2012年，开展FTTH改造工程8项，新建FTTH端口3832个。2013年，开展FTTH新建改造工程14项，新建FTTH端口6548个。截至2013年底，全县有线宽带端口35680个，用户2.15万户。

第六节　移动通信

网络建设

第二代移动通信系统（2G）　即GSM。移动公司分营初期，主营第二代移动通信系统。分营时2G基站50余座，用户不足万人。1999年，开通武城镇、董王庄乡、滕庄镇、鲁权屯镇北甘泉村等8个基站。2000年，开通前庙村、坡寺村、东赵馆村、前王村等9个基站。每年保持3～5个基站建设，历经10余年GSM网络工程及各期扩容工程建设，乡镇覆盖率达到99.9%，重要公路达到无缝覆盖。截至2013年底，全县有传输机房4个，2G基站200余座。

第三代移动通信系统（3G）　即TD。2009年，全县推出第三代通信系统TD-SCDMA网络。是年9月，开通首个TD-SCDMA基站，成功进行首个视频电话测试，武城通信业进入3G时代。2010年5月，开展“无线数字城市”建设，在城区进行TD-SCDMA网络建设。是年，先后建设梁庄村、计生站、鲁通公司等3个TD-SCDMA基站，TD客户突破5000人。2011年，先后建设县农业银行、县医院等10个基站，TD客户2万人。截至2013年底，全县有TD-SCDMA基站90余个和WCDMA基站65个，基本实现城区和农村覆盖。

无线局域网络　即WLAN。2011年，开始铺设WLAN线路，在移动公司家属楼小区首先开通 WLAN 网络。2012 年，全县 54 个小区开通 WLAN 网络，用户达到 8000 余户。2013 年，建设 WLAN 热点 50 余个，基本实现城区社区、集团、专业市场和校园热点覆盖。截至 2013 年底，全县建有 WLAN 热点 80 个。

通信服务

基础业务　1999 年 7 月，全县移动用户较少，在网客户不足万人。2001 年 5 月，开通一卡双号业务。同年 10 月，开通移动梦网业务。2002 年，先后开通 12590 业务、亲情号码业务。同年 5 月，开通 GPRS 业务，移动公司与联通公司实现点对点短信互通。10 月，推广智能网 VPMN 业务，当年加入 VPMN 突破千人。2003 年 5 月，推出小区短信、百宝箱、手机福彩、音信互动、手机动画、主被叫付费等业务。同年 9 月，推出手机邮箱、语音短信、语音信箱、会议电话及彩铃等新业务。2004 年 10 月，开通手机银行、手机 WAP、移动 IP 新业务、语音杂志精品业务。2005 年 11 月，开通移动全时通业务。2008 年 5 月，手机闹钟业务上线。同年 10 月，彩信照片业务开通。2009 年 7 月，短号短信业务上线。同年 9 月，家庭 V 网业务开通。2013 年 4 月，短、彩信微课堂业务上线。

增值业务　2006 年 6 月，USSD 业务、魔幻话吧业务开通商用。同年 12 月，CCTV 手机电视业务上线。2007 年 2 月，手机电视流媒体业务商用。同年 10 月，音乐随身听和全曲下载功能开通。至 2013 年，先后开通手机地图、手机阅读、政协手机报等 8 项业务。

信息化业务　2007 年，在中小学开通“校讯通”业务，为县水务局开通无线抄表业务，为县政府和古贝春公司推出企业信息机业务。针对个人客户先后开发应用银信通、移动飞信、股信通等个性化业务，实现手机媒体化、多用化。2008 年，推出武城农业平台农信通项目、GPRSVPN 无线抄表、企业信息机等行业应用项目。2009 年，县政府建设电子政务办公系统。2011 年，为 15 家集团单位提供专线业务。2013 年，开展“智慧武城”建设。

第六章　电　力

第一节　设施

输电线路

1986 年，县境内供电线路 41 条。其中，110 千伏输电线路 1 条，35 千伏输电线路 8 条，10 千伏配电线路 32 条。2000 年，有 110 千伏输电线路 3 条，35 千伏输电线路 12 条。截至 2013 年底，全县有供电线路 35 条。其中，110 千伏输电线路 9 条，35 千伏输电线路 26 条，总长 331 千米。

110 千伏输电线路　1986 年，全县有 110 千伏输电线路 1 条，由平原千伏变电站供电，全长 35.3 千米。1995 年，全县先后建设赵庄变－白庄变、白庄变－新城变 110 千伏输电线路，全长 31.17 千米，双回路 2.1 千米。2004 年，修建武城变－运河变、武城变－后庄变 110 千伏输电线路 2 条。2013 年，修建武城变－石庄变、武城变－新城变、武城变－后庄变 110 千伏输电线路 3 条。截至 2013 年底，境内建有 110 千伏输电线路 9 条，长 153 千米。

2013 年武城县 110 千伏输电线路统计表

表 4-10

线路名称	起讫点	线路长度（千米）		杆塔基数	运行时间	改造时间
		单回路	双回路			
—	平原变－新城变	35.3	—	—	1984	—
赵武线	赵庄变－白庄变	10.15	—	49	1995.1	2001.8
白新线	白庄变－新城变	21.02	2.1	96	1995.1	2002.10 2011.6
运河线	银城变－运河变	25.63	—	111	2004.9	1999.11
武运线	武城变－运河变	9.41	2.25	77	2004.9	2008.12
武后Ⅰ线	武城变－后庄变	13.44	0.15	60	2004.9	2008.12
武石线	武城变－石庄变	12.64	1.29	51	2013.8	—
武新线	武城变－新城变	11.61	2.1	59	2013.11	—
武后Ⅱ线	武城变－后庄变	14.23	5.65	56	2013.12	—

35 千伏输电线路　1986 年，全县有 35 千伏输电线路 8 条。1997 年，建设漳滕线、牛角峪线 2 条。1999 年，建设新西线、真元线、运董线、棉纸线、后杨线Ⅱ 6 条。2000 年，建设后李线、白滕线、白郝线 3 条。进入 21 世纪，全县输电线路建设加快，至 2007 年，先后建设郝董线、合力线、东翔线、河电Ⅰ线等输电线路 8 条。2008 年，全县有 35 千伏输电线路 22 条。其中，供电公司产权 17 条，总长度为 138.43 千米；客户产权 5 条，总长度为 30.09 千米。2010 年，王庄线线路全线改造，沿原供电通道设计新线路，当年 9 月投产。2011 年 6 月，原 35 千伏新郝线中间开断改造后，由郝变出线线段更名为 35 千伏郝造线（公用），由新变出线线段更名为 35 千伏合力线。24 号至 31 号角钢塔 7 基（与 110 千伏白新线同杆 1216 米），原用户线路 35 千伏郝造线断停。截至 2013 年，全县有 35 千伏输电线路 26 条。其中，供电公司产权 20 条，总长 144 千米；客户产权 6 条，总长 34.13 千米。

图 4-7 电力建设现场（2008 年 摄）

2013年武城县35千伏输电线路统计表

表4-11

线路名称	起讫点	线路长度（千米）		杆塔基数	运行时间	改造时间	产权
		单回路	双回路				
后甲线	后庄变－甲马营变	15.44	—	147	1980.12	2004.9	供电公司产权
新甲线	新城变－甲马营变	7.82	1.73	135	1985.11	2000.3	
漳滕线	漳南镇变－滕庄变	10.1	—	94	1997.12	2008.10	
新李线	新城变－李家户变	11.86	5.34	177	1999.6	2004.12	
新西线	新城变－西郊变	0.78	1.73	25	1999.11	2000.3	
真元线	新城变－真元变	1.25	1.73	32	1999.11	2005.10	
运董线	运河变－董王庄变	3.85	—	52	1999.11	2005.10	
棉纸线	运河变－棉纺变、造纸变	5.22	—	59	1999.11	2007.1	
后杨Ⅱ线	后庄变－杨庄变	4.32	—	35	1999.12	2004.9	
后李线	后庄变－李家户变	7.45	5.34	159	2000.6	2004.9	
白滕线	白庄变－滕庄变	14.71	—	136	2000.8	2001.8	
白郝线	白庄变－郝王庄变	9.2	—	70	2000.11	2000.11	
甲漳线	甲马营变－漳南镇变	12.26	—	103	2002.12	2002.12	
郝董线	郝王庄变－董王庄变	11.05	—	95	2002.12	2002.12	
郝造线	郝王庄变－郝王棉纺站	12.71	—	82	2003.2	2003.2	
合力线	新城变－郝王庄变	2.23	1.22	31	2003.2	2011.6	
后杨Ⅰ线	后庄变－杨庄变	4.38	—	41	2004.9	2004.9	
东翔线	新城变－东翔变	0.77	1.73	28	2007.11	2007.11	
武代线Ⅰ线	武城变－钢厂变	—	4.24	20	2011.12	—	
武代线Ⅱ线	武城变－钢厂变	—	4.21	20	2011.12	—	
王庄线	郝王庄变－王庄站	14.38	—	110	1984.1	2010.9	客户产权
牛角峪线	白庄变－牛角峪站	6.2	—	38	1997.12	—	
河电Ⅰ线	运河变－热电厂	0.4	1.35	13	2005.4	—	
河电Ⅱ线	运河变－热电厂	0.4	1.35	13	2005.4	—	
大屯水库Ⅰ线	白庄变－水库变	3.18	—	18	2013.5	—	
大屯水库Ⅱ线	郝王庄变－水库变	9.57	—	43	2013.5	—	

变电站

1986年，县境内110千伏变电站1座，35千伏变电站4座。1989年，改建35千伏漳南镇变电站，将户外简易变电站改建为户内式变电站，占地3025平方米。1993年，新建董王庄、西郊35千伏变电站2座，投运主变4台，总容量达23150千伏安。1995—1999年，新建滕庄、杨庄35千伏变电站2座，110千伏白庄变电站1座。2004年，新建后庄110千伏变电站。2005年，修建运河110千伏变电站。2008年12月，全县首座220千伏变电站投运。2013年，修建石庄110千伏变电站。截至2013年底，全县共有220千伏变电站1座，110千伏变电站5座，35千伏变电站8座。

220千伏武城变电站　位于武城镇付王庄村北250米处，双回220千伏，线路长度2.5千米，2008年12月投入运行，为全县第一座220千伏电压等级变电站。

110千伏新城变电站　位于县城历亭路东侧，占地1.44万平方米。初为35千伏变电站，建于1975年6月。1982年5月扩建为110千伏变电站，由县供电公司自行施工、安装、调试。

110千伏白庄变电站　位于郝王庄镇白庄村北侧，占地6300平方米，1996年建成投运。主变2台，容量各为3.15万千伏安。110千伏开关为SF6开关，35千伏、10千伏开关均为真空开关，继电保护设备采用微机保护装置，操作票微机自动生成系统，防误闭锁采用智能型微机闭锁装置。

110千伏后庄变电站　位于老城镇后庄村东1000米处，占地3888平方米，2004年9月投产。主变2台，容量各为3.15万千伏安。110千伏采用单母线分段接线方式，进出线2回。35千伏采用单母线分段接线方式，投运出线4回。10千伏采用单母线分段接线方式，投运出线7回。

110千伏运河变电站　位于武城镇前屯村南200米处，占地4108平方米，2005年12月投运。主变2台，容量2万千伏安。110千伏采用单母线分段接线方式，进出线2回。35千伏采用单母线分段接线方式，出线4回。

110千伏石庄变电站　位于鲁权屯镇郑郝路南侧、宏海路西侧，2013年9月投运。110千伏采用内桥接线方式，进线1回。35千伏采用单母线分段接线方式，出线4回。10千伏采用单母线分段接线方式，出线8回。主变1台，容量5万千伏安。

35千伏漳南镇变电站　原位于鲁权屯镇漳南镇村南侧，1970年5月建成投运，为户外简易变电站，为全县首座35千伏变电站。1989年，在原址东南500米处，设户内式35千伏变电站，占地3025平方米，建筑面积275平方米，1990年5月建成投运。主变2台，容量分别为8000千伏安、4000千伏安。

35千伏郝王庄变电站　位于郝王庄镇郝三村西1000米处，占地2288平方米。1979年12月建成投运，为全县第一座户内式变电站。主变2台，容量各4000千伏安。35千伏采用单母线接线方式，投运出线5回。10千伏采用单母线分段接线方式，投运出线4回。

35千伏甲马营变电站　位于甲马营镇河北营村东500米处，占地2255平方米。1980年12月建成投运。2台主变，容量分别为8000千伏安、1万千伏安。35千伏采用单母线接线方式，投运出线3回。10千伏采用单母线分段接线方式，投运出线6回。

35千伏李家户变电站　位于李家户镇李家户村西1500米处，占地2009平方米，1984年建成投运。主变2台，总容量1.03万千伏安。35千伏开关为SF6开关，10千伏开关为真空开关，继电保护设备采用微机保护装置。

35千伏董王庄变电站　位于武城镇董王庄村南侧，占地3600平方米，1993年8月建成投运。主变2台，容量各为4000千伏安、3150千伏安。35千伏采用单母线接线方式，出线2回。10千伏采用单母线分段接线方式，出线6回，电容器1回。35千伏开关、10千伏开关均为真空开关。

35千伏西郊变电站　位于城区振华街西头北侧，占地1667平方米，1993年12月建成投运。

主变 2 台，容量各为 8000 千伏安。35 千伏开关、10 千伏开关均为真空开关，继电保护设备采用微机保护装置，采用电容自动投切装置，实现按功率因数和无功需求量自动投切电容器，并且配备图像监控系统。

35 千伏滕庄变电站　位于鲁权屯镇滕庄村北侧，占地 2000 平方米。1998 年建成投运，为全县第一个无人值班变电站。35 千伏开关、SF6 开关、10 千伏开关均为真空开关，继电保护设备采用微机保护装置。防误闭锁装置功能齐全，配备图像监控系统。

35 千伏杨庄变电站　位于老城镇东杨村东侧，占地 1872 平方米。1999 年建成投运，由县供电公司自行设计、施工、安装、调试。运行主变 2 台，容量分别为 6300 千伏安、8000 千伏安。35 千伏开关为真空开关和 SF6 开关、10 千伏开关为真空开关，继电保护设备采用微机保护装置。

第二节　供电　用电

电力调度

调度管理　1986 年，全县电力调度由县电业公司调度所负责。县调度所值班调度员为全县电网运行和操作指挥人，按照年度运行方案对调度范围内值班人员发布调度命令。每年 1 月，县调度所编制年度运行方案，报市供电公司调度所备案，并下发有关单位执行。

调度通信　1986 年，调度通信全部使用电力载波机。1996 年，滕庄、杨庄变电站各新增扩频设备 1 台，与调度所实现微波通信。2002 年底，投资 380 万元，架设光缆 118.7 千米，建成环形自愈网 2 个、调度通信中心 1 个、光纤通信分站 12 个，安装成套光端设备，实现所有变电站、供电所与电力公司之间光纤通信，并解决以往通信方式多、信息传输容量小、误码率高、管理难问题。

调度自动化　投资 400 余万元，对调度自动化系统进行改造，安装投运调度自动化主站系统，安装调度室背投彩色显示屏，电力调度具备遥信、遥测、遥控、遥调、遥视功能，35 千伏及以上变电站全部安装远程图像监控系统，具备“遥视”和预警功能。

负荷调度　1986 年，电力供求矛盾突出，负荷调度按计划实施。1996 年，电力放开供应，武城电网最高负荷达到 2.3 万千瓦。2008 年，全县总体经济呈上升趋势，电力最高负荷达到 7.2 万千瓦。2013 年，全县电力最高负荷达到 17.64 万千瓦。

经济调度　1986 年后，变电站主变压器采用“一大一小”设计，平时运行小容量变压器，排灌时运行大容量变压器。2002 年，绘制 35 千伏以上变电站主变经济运行曲线，并严格按曲线调整运行。同时，对 35 千伏及以上线路多种运行方式损耗进行比较，确定最佳经济运行方式。

图 4-8 电力调度中心（2005 年 摄）

供电

电网分布　110千伏系统构成武城电网主网架，220千伏武城变电站为电网主电源，带110千伏后庄站、新城站、运河站、石庄站。110千伏赵武线自220千伏赵庄变电站进入白庄站，作为武城北部电网电源。110千伏运河线自220千伏银城变电站进入武城，作为武城电网备用电源。

2013年，武城电网主体结构分为北、中、南3个部分。北部电网由110千伏石庄站、35千伏滕庄站、35千伏漳南镇站、110千伏白庄站和35千伏郝王庄站组成。由220千伏武城站出线的110千伏武石线带石庄变电站负荷，再经110千伏石庄站出线的35千伏石滕线、石漳线分别带35千伏滕庄变电站和漳南镇变电站负荷。由220千伏赵庄站出线的110千伏赵武线带110千伏白庄站负荷，由110千伏白庄站出线的35千伏白郝线带35千伏郝王庄站负荷。中部电网由110千伏运河变电站、110千伏新城变电站、35千伏董王庄变电站和35千伏西郊变电站组成。由220千伏武城站出线的110千伏武新线带110千伏新城站负荷，由110千伏新城站出线的35千伏新西线带35千伏西郊站负荷，由220千伏武城站出线的110千伏武运线带110千伏运河站负荷，由110千伏运河站出线的35千伏运董线带35千伏董王庄站负荷。南部电网由110千伏后庄变电站、35千伏杨庄变电站、35千伏李家户变电站、35千伏甲马营变电站和35千伏代庄开关站组成。由220千伏武城站出线的110千伏武后Ⅰ线和武后Ⅱ线带110千伏后庄站负荷，由110千伏后庄站出线的35千伏后杨Ⅰ线、后杨Ⅱ线带35千伏杨庄站负荷，由后庄站出线的35千伏后李线、后甲线分别带35千伏李家户站和甲马营站负荷，由220千伏武城站出线的35千伏武代Ⅰ线和武代Ⅱ线带代庄开关站负荷。

农村电网　1999年1月，全县实施一期农村电网建设与改造工程，项目投资6027.56万元，实际完成资金6045.18万元。其中，110千伏项目3个，改造110千伏变电站2座，改造110千伏线路1条。35千伏项目15个，新建35千伏变电站1座，改造35千伏变电站5座，新建35千伏线路2条，改造35千伏线路7条。10千伏项目39个，改造10千伏改造线路39条。400伏改造391个村，426个台区。二期农村电网建设与改造工程，项目规划资金4025万元，实际完成4021.67万元。其中，110千伏项目3个，改造110千伏变电站2座，改造110千伏线路1条。35千伏项目16个，改造35千伏变电站9座，改造35千伏线路7条。10千伏项目49个，新建10千伏线路2条，改造10千伏线路47条，400伏项目改造265个村，419个台区。

2010年，农网改造升级工程，批复资金1054万元。改造10千伏线路3条，长28.92千米，新增配电台区7个，改造配电台区9个，改造低压线路34.32千米，户表改造6287户。2011年，农网改造升级工程批复资金2064万元，改造10千伏线路8条，长85.12千米。改造400伏线路，长40.11千米。改造配变19台，户表改造8173户。2012年，农网改造升级工程批复资金3097万元，新建、改造高低压线路108.91千米，10千伏线路17条，400伏台区42个。新建及改造环网柜11台，柱上开关68台，新建及更换配变26台，配变容量3.3兆伏安。2013年，农网改造升级工程批复资金3097万元，完成投资3085.87万元。共计新建、改造高低压线路108.91千米，10千伏线路17条，400伏台区42个。新建及改造环网柜11台，柱上开关68台，新建及更换配变26台，配变容量3.3兆伏安。

城区电网　2003年度和2004年度项目分别

投资3100万元，实施县城电网建设与改造项目。其中35千伏及以上项目15个，新建110千伏变电站2座，改造110千伏变电站2座，新建110千伏线路1条。改造35千伏变电站1座，改造35千伏线路9条，实际完成资金4485.78万元。10千伏项目31个，改造10千伏线路31条，实际完成资金828.94万元。400伏项目实际完成资金629.18万元。自动化及通信工程项目6个，实际完成资金256.1万元。2013年，实施城区配网自动化改造工程，总投资2254.01万元。其中，投资1106万元，新建配电自动化主站1座；投资1148.01万元，对城区14条10千伏线路进行自动化改造，改造10千伏架空线路7.2千米、电缆线路1.35千米，新增环网柜7台、柱上开关64台，智能化终端FTU34套、TTU30套、DTU7套。2013年12月，实现城区配电线路自动化功能，城区供电可靠性达99.99%。

供电量　1986年，全县供电量2097.48万千瓦时。1998年达到12331万千瓦时。2008年达到34042.5万千瓦时。随着工农业发展，全县供电量逐年递增。2013年，全县供电量72228万千瓦时，是1986年的34.44倍。

用电

用电结构　1986年，工业用电1402万千瓦时，农业用电695.48万千瓦时。1999年，全县社会用电量1376万千瓦时。其中，工业用电7271万千瓦时，占52.8%；农、林、水利用电2584万千瓦时，占18.8%；居民生活用电3467万千瓦时，占25.2%；其他事业用电248万千瓦时，占1.8%；建筑业、交通运输邮电业、商饮物供等行业共用电193万千瓦时，占1.4%。2008年，农、林、水利用电激增，同比增长2.25倍。2011年后，建筑行业用电呈上升趋势，年均上升35%。2012年，农、林、水利用电锐减，同比减少54%；工业用电增加，同比增长39.25%，全县社会用电量突破7亿。2013年，全社会用电量72228万千瓦时。其中，工业用电49402万千瓦时，占68.40%；农、林、水利用电2738万千瓦时，占3.79%；居民生活用电14274万千瓦时，占19.76%；建筑、商业、交通等行业用电2999万千瓦时，占4.15%；其他事业用电2815万千瓦时，占3.90%。

1999—2013年武城县行业用电统计表

表4-12　　单位：万千瓦时

年份＼项目	全社会用电量	农林水利	工业	建筑业	交通、运输、邮电	商饮物供	其他事业	居民生活
1999	13763	2584	7271	23	115	55	248	3467
2000	14785	2274	8434	25	107	40	260	3645
2001	15999	2158	9624	33	116	45	281	3742
2002	18693	2862	10799	40	102	42	290	4558
2003	19661	1981	12518	45	107	55	314	4641
2004	21668	1723	14157	51	110	66	344	5217
2005	25688	2062	16990	61	153	151	912	5359
2006	28502	2233	18911	67	158	160	979	5994
2007	30247	1896	20160	85	168	185	1049	6704
2008	34043	6162	18724	87	173	204	1045	7648

续表 4-12

年份＼项目	全社会用电量	农林水利	工业	建筑业	交通、运输、邮电	商饮物供	其他事业	居民生活
2009	37463	5571	22035	93	185	225	1110	8244
2010	40258	5803	23233	94	192	237	1135	9564
2011	57002	5055	36485	527	263	1059	2316	11497
2012	71109	2311	50806	726	629	1353	2330	12954
2013	72228	2738	49402	1098	498	1403	2815	14274

用电管理 1986年，全县供电用电由电业公司负责。1987年10月，县供电公司投资600万元，购买电权3000千瓦，供电期限为20年。自1999年1月开始，农村电工由县电业公司进行统一管理、统一培训考试、择优聘用，实行职业化、专业化、正规化管理。2000年10月，设立乡村电管部和客户服务中心。乡村电管部下设12个供电所，按行政区域划片管理。2002年，农村用电推行统一电价、统一发票、统一抄电、统一核算、统一考核，销售到户、抄表到户、收费到户、服务到户，实行电量公开、电价公开、电费公开管理制度。2007年11月，乡村电管部和客户服务中心分别更名为乡镇电管部和营销部。至2013年底未变。

武城县志（1986—2013）

第五编

城乡建设　环境保护

1986 年后，武城县城乡建设加快，县城初具规模。进入 21 世纪，规划建设更加科学合理，城区基础设施日臻完善，城市功能更加齐全。城区道路纵横 20 余条，四通八达；镇村公路实现村村通，出行便利。升平广场、弦歌湖公园等居民休闲场所相继建成。截至 2013 年底，县城面积 20.41 平方千米，人口 3.4 万人，住宅小区 24 处。鲁权屯、老城、四女寺等镇村建设步伐加快，先后建成现代化农村社区集中住宅小区 22 处。

1988 年 12 月，武城县环境保护局成立，环保力度逐年加大。2008 年，县环境监测中心成立，实施环境质量监测。2011 年，通过省级审验，武城县被授予“省级创建文明城市工作先进县”称号。2013 年，城区空气优良天数达 310 天以上。有国家级生态镇 2 个，省级生态镇 3 个，市级生态镇 4 个。

第一章　城乡规划

第一节　县城规划

1984 年后，全县先后进行城市规划 4 次。是年，第一轮县城总体规划编制完成。确定武城县城市性质为以农副产品加工为主，农机修理为辅的轻工业基地，全县政治、经济、文化中心。1996 年，第二轮武城县城市总体规划编制完成，确定城市性质为以玻璃钢、地毯为主导产业的轻工业小城市。城市发展方向为向东向北，以向东发展为主。城市总体布局确定城市道路骨架为“两横、两纵、一外环”形式，用地布局上规划城市采用集中发展模式，中心城区随着临武路改线，汽车站搬迁和运河公园建设向东南移动。2005 年，第三轮武城县城市总体规划编制完成，县城中心地区，建立以商业、商务为主的服务产业区；在中心商业商务区外围，建立以市民居住和为日常生活服务的综合居住区。在城市西北位置，结合中高级学校建设设立文教科研区。在城市西南位置，依据土地利用现状情况设置以货物批发为主的集中商贸区。在县城东部重点建设开发区，形成未来武城经济增长重点区域。

2011 年，编制完成第四轮武城县城市规划。城镇空间组织为“一心、两轴、一带、两区”。一心：强化武城县中心城区建设，依托与德州市的区位关系，进一步扩大规模、提高品质，提升城市公共服务与经济职能。两轴：依托省道 254 线和省道 318 线打造两条县域主要服务业发展轴，强化中心城区与周边城镇相互联系。一带：强化鲁权屯镇与县城之间二、三产业联动效应，建设一条县域南北向工贸产业发展带。两区：分别以老城镇为中心联合甲马营镇、李家户镇和以四女寺镇为中心联合郝王庄镇建设县域东、西生态农业产业片区 2 个。

第二节　镇村规划

乡镇规划

1986 年，老城镇第一个完成镇驻地规划，鲁权屯、滕庄等乡镇陆续展开驻地总体规划编制工作。20 世纪 90 年代，部分经济发达乡镇开始工业园区规划。进入 21 世纪，各乡镇将乡镇驻地规划纳入工作议程。2007 年 10 月，全县 2 镇 3 乡完成驻地总体规划编制工作，经县政府批复实施。2013 年，鲁权屯镇和老城镇完成新一轮总体规划。

鲁权屯镇　鲁权屯镇规划人口规模 10 万人。在镇域北部建设连接线与德州相连，历亭路北延接高速公路连接线，德商路北延接龙四路，宏海路南延接县城西环路，腾达大街、中远大街东延接历亭北路，腾鲁大街西延接龙四路。完善镇区客运站，结合德上高速路出口设置加油站等交通服务设施。规划由建德水库水厂为全镇统一供水，以深水井作为辅助水源。在镇区东北部建设污水处理厂 1 处，循环经济产业园单独建设污水处理厂 1 处。在镇区北部、南部建设区域锅炉房 2 处，为镇区居民集中供热，以地热为辅助热源。其他农村社区根据需要建设区域锅炉房或利用太阳能、电能等清洁能源供热。在镇区南部建设天然气门站 1 处，为镇驻地和全镇居民统一供应生活燃气。

老城镇　老城镇经济发展规划确定老城镇近期城市化水平为53.5%，城镇人口3万人。远期为66.7%，城镇人口4万人。以发展棉花深加工、辣椒深加工、地毯加工、玻璃钢加工业为主，第三产业以商贸市场、现代服务业为主。农业以棉花、蔬菜、食用菌为主。建设“一带、二轴、一心”，即城镇西部卫运河生态休闲旅游带，省道318线和幸福路两条城镇经济发展轴线，老城镇驻地为全镇政治、经济、文化、工贸及流通中心。

郝王庄镇　规划城镇人口4万人，按照现代化小城镇标准，建设功能完善的城镇公共服务设施中心。其主要项目有管理机构、商店、小学、幼儿园、卫生所、邮政所、储蓄所等。

甲马营镇　规划城镇人口1.5万人，镇政府配置便民服务大厅和为民服务代理站，建筑面积不少于200平方米。在镇驻地，新建小学1所和幼儿园1所。扩大镇区卫生院，按照人口3床/千人标准，规划卫生用地3万平方米。采用雨污分流制，生活污水由污水干管收集后排至污水处理厂。规划集中供暖，以工业园区内新建热电厂为热源，沿振华街向西铺设供热管网。实现燃气管道供气，减少煤炭等高污染燃料，鼓励以沼气作为气源。

四女寺镇　规划城镇人口4.5万人。依托四女寺风景区，形成“一带、四区”旅游结构。一带即利民河东支——陈公堤生态旅游带；四区为四女寺风景区、游乐中心、温泉度假村、水上乐园。挖掘四女寺历史文化，恢复历史文化建筑，丰富旅游景点。完善停车场、商业服务等旅游服务设施。

李家户镇　规划城镇人口2万人。新建中心小学1所。将商贸大道向东延伸至省道254线。将老武路北段向南取直，与商贸大道相接。将老武路南段向东取直，向东延伸至省道254线。规划在商贸大道与老武路交叉路口西北角新建客运站1处，并配套建设交通服务设施及仓储、物流中心。

村庄规划

2000年，全县村庄规划工作全面展开。2002年，首次编制完成80个村庄粗线条控制性建设规划。2003年，经县政府批复实施，村庄建设步入正轨。至2008年，累计完成120个村庄控制性详细规划。2009年4月，由省城乡规划设计院编制的《武城县县域村镇体系规划》通过市专家评审。至2013年底，村庄规划未发生变化。

第二章　县城建设

第一节　道路　桥梁

道路

1986年，城区道路以南北和东西向为主，呈棋盘状分布，主要道路有中心街（现振华街）、中心路（现向阳路）等6条柏油路，总长7500米。1990年后，城区道路建设步伐加快，先后修建了古贝春大街、历亭路、少年路，总长10.1千米。2000年，城区道路14条，总长33.4千米。进入21世纪，随着县城规模的不断扩大，先后修建了北方街、兴武路、南环路、西环路、广运街、滨河大道等道路，总长26.6千米。2010年，先后对振华街、向阳路、历亭路进行升级改造。

图 5-1 振华街改造工程（2010 年 摄）

截至 2013 年底，城区主要道路 20 条。其中，南北向 10 条，东西向 10 条，总长 71.9 千米。

振华街　西起西环路，东至工业路，全长 7476 米，原名中心街。修建于 1973 年，1988 年改建，西起兴武路，东至历亭路（原古贝路），全长 1960 米，宽 36 米。其中，快车道宽 12 米，慢车道 2 条各宽 4.5 米，两侧隔离带各宽 2 米，两侧人行道各宽 5.5 米。1989 年 5 月，更名为振华街。1996 年，东延建设历亭路至运河路路段，长 1130 米，宽 36 米。1999 年，建设运河路至水兴路（原东环路）路段，长 980 米，宽 36 米。2002 年，对兴武路至历亭路路段进行改造，长 1960 米，宽度改造为 45 米，中间沥青油面宽 25 米，两侧人行道各宽 10 米。2004 年，西延建设兴武路至养殖场路段，长 528 米，宽 45 米，中间沥青油面宽 25 米。2007 年，振华街西延 1400 米，宽 45 米，路面宽 32 米，投资 240 万元。2010 年 4 月，实施振华街改造工程，全长 5000 米，面积 14.64 万平方米，投资 2000 万元，同年 8 月竣工。2012 年，西延至西环路。

向阳路　北起六六河，南至南环路，全长 4096 米，原名中心路。1973 年修建，1988 年改建，北起北方街，南至古贝春大街（原历亭街），长 1780 米，中间沥青油面宽 18 米，两侧人行道各宽 6.5 米。1989 年 5 月，改称向阳路。2002 年，建设古贝春大街至南环路路段，长 1080 米，宽 44 米，中间沥青油面宽 18 米。2011 年，实施向阳路升级改造工程，对北起北方街南至古贝春大街路段进行重铺改造。后又修建北方街至六六河路段。

三八路　北起北方街，南至古贝春大街，全长 1906 米。1989 年，修建北方街至兴隆街路段，长 1500 米，中间沥青油面宽 12 米。2001 年，建设兴隆街至古贝春大街路段，长 406 米，中间沥青油面宽 10 米。

文化街　西起兴武路，东至水兴路，全长 4090 米。1990 年，修建兴武路至历亭路路段，长 1950 米，宽 24 米，中间沥青油面宽 14 米，两侧人行道各宽 5 米。2002 年，东延建设历亭路至水兴路路段，长 2140 米，中间沥青油面宽 14 米。

兴隆街　分为兴武路至三八路路段和运河路至水兴路路段，全长 3476 米。1991 年，建设三八路至第二实验小学路段，长 1200 米，中间沥青油面宽 12 米。1998 年，改造青年路至兴武路路段，长 510 米，中间沥青油面宽 12 米。1998 年，建设运河路至水兴路路段，中间沥青油面长 880 米，宽 12 米。

古贝春大街　西起西环路，东至省道 254 线，全长 6652 米。1992 年修建，原名历亭街。1999 年进行改造，全宽 45 米，中间沥青油面宽 31 米，两侧人行道各宽 7 米。2009 年 12 月，改称古贝春大街。

历亭路　北起滨河大道，南至南环路，全长 5682 米，原名古贝路。1992 年，修建六六河至古贝春大街路段，长3290米，车行道宽15米，两侧隔离带各宽2.5米，两侧人行道各宽6.5米。1999年，修建古贝春大街至南环路路段，长850米，中间沥青油面宽15米。2003年，改造油面宽32米，两侧人行道各宽6.5米，双向8车道。2009年12月，改称历亭路。2012年，对全段进行升级改造。

少年路　北起广运街，南至南环路，全长3521米。1992年，修建振华街至古贝春大街路段，长937米，沥青油面宽10米。2002年，建设北方街至振华街路段，长640米，中间沥青油面宽10米。2009年，建设南环路至古贝春大街路段，长890米，沥青油面宽6米。

漳南街　西起兴武路，东至水兴路，全长4329米。1993年，修建青年路至历亭路路段，长1400米，宽24米，中间沥青油面宽12米，两侧人行道各宽6米。2001年，西延修建青年路至兴武路路段，长558米，中间沥青油面宽12米；东延至水兴路，长2092米。

青年路　北起北方街，南至古贝春大街，全长2100米。1994年修建，全长1710米，中间沥青油面宽10米，两侧人行道各宽7米。2010年后向北延伸390米。

顺河街　西起兴武路，东至历亭路，全长1940米。1996年，修建三八路至少年路路段，长281米，宽28米，中间沥青油面宽10米。1997年，修建少年路至向阳路路段，长333米，宽28米，中间砼路面宽10米，两侧人行道各宽9米。1998年，建设向阳路至青年路路段、历亭路至三八路路段、青年路至兴武路路段。

运河路　北起六六河，南至南环路，全长3478米。1996年，修建古贝春大街至振华街路路段，长1160米，中间沥青油面宽15米。2001年，修建振华街至北方街路段，长920米，中间沥青油面宽15米。此后，修建古贝春大街至南环路路段、北方街至六六河路段。

龙祥路　北起广运街，南至古贝春大街，全长2156米，原名东风路。1998年，修建古贝春大街至顺河街路段，长948米，中间沥青油面宽15米，两侧人行道各宽6.5米。2003年，建设顺河街至北方街路段，长1210米，中间沥青油面宽12米。2009年12月，东风路改称龙祥路。

水兴路　北起六六河，南至南环路，全长4106米，原东环路。1998年，修建北方街至南环路路段，长2450米，中间沥青油面宽14米。2009年12月，东环路改称为水兴路。后陆续修建北方街至六六河路段。

北方街　西起西环路，东至德商路，全长6543米。2001年，修建兴武路至水兴路路段，长5000米，宽65米，中间沥青油面宽32米。后又修建兴武路至西环路路段、水兴路至德商路段。

兴武路　北起广运街，南至古贝春大街，全长2642米。2001年，修建北方街至古贝春大街路段，长1825米，中间沥青油面宽15米。后修建广运街至北方街路段。

南环路　西起西环路，东至德商路，全长6307米。2003年，修建西环路至水兴路路段，全长5780米，中间沥青油面宽16米。后修建水兴路至德商路路段。

西环路　北起滨河大道，南至南环路。2004年修建，中间沥青油面宽16米，全长4040米。

广运街　西起西环路，东至德商路，全长6619米。2007年5月，修建向阳路至东刘庄村东路段，长5000米，宽50米，路面宽16米，总投资460万元，后修建青年路至西环路路段、东刘庄村东至德商路路段。

滨河大道　西起西环路，东至运河路，亦称北环路。2013年开工建设，路面宽32米，全长5000米。

桥梁

1986 年，城区有跨越青龙河桥梁 3 座。1992 年，修建漳南街桥。1996 年，修建古贝春大街青龙河桥和兴隆街桥，重修顺河街桥。2000 年，修建跨越利城河龙祥路桥和水兴路桥 2 座。2005 年，修建跨越赵庄沟北方街桥和龙禧街桥 2 座。2012 年，修建历亭路果里桥。2013 年，修建新园路桥、梁李路北延桥、向阳路向阳桥及滨河大道 1 号、2 号桥 5 座桥梁。截至 2013 年底，城区桥梁有 25 座。其中，跨越青龙河桥梁 9 座，赵庄沟桥梁 5 座，利城河桥梁 6 座，六六河桥梁 2 座，其他公路桥梁 2 座，总长度 825.3 米。

2013 年武城县城区桥梁统计表

表 5-1　　单位：米

跨越河流	桥梁名称	所在街道	长	宽	建设年份
青龙河	顺河街桥	顺河街	20	17.6	1965 年修建 1996 年重修
	青龙河桥	振华街	26	25	1975 年始建 2002 年重修
	文化街桥	文化街	25.5	14.4	1978 年修建 2008 年加宽
	漳南街桥	漳南街	24.5	9.8	1992
	古贝春大街桥	古贝春大街	22.6	22.6	1996
	兴隆街桥	兴隆街	25	8	1996
	北方街桥	北方街	25.5	64	2002
	南环公路桥	南环路	25	24	2003
	广运街桥	广运街	25	24	2007
赵庄沟	振华街桥	振华街	40	32	2004
	北方街桥	北方街	32	34	2005
	龙禧街桥	龙禧街	36.7	15.5	2005
	赵庄沟桥	广运街	41.5	24	2006
	新恩武路桥	新恩武路	20	10.5	2009
利城河	运河路桥	运河路	18	14	1999
	龙祥路桥	龙祥路	18	15.1	2000
	水兴路桥	水兴路	20.5	16.2	2000
	新园路桥	新园路	20.5	16	2013
	梁李路北延桥	梁李路北延	20	24	2013
	向阳桥	向阳路	104	31	2013
六六河	工业路桥	工业路	30	16	2011
	果里桥	历亭路	114	31	2012
—	滨河大道 1 号	滨河大道	33	24	2013
—	滨河大道 2 号	滨河大道	33	24	2013

第二节　绿化　亮化

绿化

1986年，城区绿化由县城乡建设委员会负责，绿化以路旁树为主，主要树种有垂柳、毛白杨、刺槐、泡桐等。1989年，振华街、向阳路两条主干道更换为法桐，振华街设有隔离绿化带。1991年10月，城区绿化划归县园林环卫管理所。1993年后，先后绿化历亭路、古贝春大街、振华街东段（历亭路以东）等街道，种植行道树，建设绿化隔离带。1998年10月，城区绿化划归县园林绿化公司。2002年，绿化青龙河景观带，种植青桐。同年，改造振华街和历亭路，去除隔离带，在人行道建设花池。2003年，绿化北方街、西环路等街道。2005年，县政府提出省级园林城和省级文明城“双城同创”，依据《武城县城市总体规划（2005—2020）》进行建设。2006年，建设升平广场、检察广场、车站广场、金盾园、水星公园等广场公园，绿化兴武路等10余条街道。2008年，城区绿化划归县城市管理行政执法局。2012年10月，投资200万元，实施弦歌湖公园绿化一期工程，种植国槐、法桐、白蜡、合欢等大树30余株，沿湖沿河种植垂柳300余株。种植银杏、大叶女贞、金叶榆、栾树、柿子树、核桃树、杏树等500余株，搭配种植迎春、连翘、海棠、樱花、碧桃、红王子锦带、冬青球、龙柏球等。2013年，投资700多万元，对历亭路实施绿化改造，完成绿化面积10余万平方米。同年3月，投资120万元，实施振华街西段、东段及贵都广场绿化工程。种植法桐、白蜡、金叶榆、小龙柏等乔灌木20多万株，绿化面积4万余平方米。截至2013年底，城区种植有行道树近2万株，公共绿地面积160万平方米，建成区绿化覆盖率25.5%，绿化率23.8%，人均公园绿地面积10.4平方米。城区种植各类苗木100余种，主要有落叶乔木、常绿树木、花灌木、地被小灌木、爬藤类植物、球类植物以及草花类和高草坪类植物等。

亮化

1986年，县城亮化由电业公司管理，主要亮化道路有振华街和向阳路。在振华街安装长臂灯79套，向阳路安装长臂灯72套。1989年，实施振华街和向阳路亮化改造工程，投资52余万元，在向阳路、振华街分别安装高杆灯118套、130套。1996年，沿振华街两侧机关楼房安装霓虹灯。进入21世纪，全县亮化工程加快。2002年，投资2.82万元，在龙禧街安装单臂灯17套。2004年，县委、县政府实施城区主要道路亮化工程，投资85余万元，在北方街安装路灯196套。投资10.08万元，在青年路安装双臂灯32套。投资29.09万元，在运河路安装双臂灯86套。至2005年，城区主要道路实现亮化全覆盖。2006年，投资34.27万元，在德商路安装双臂灯89套。2007年，投资16余万元，在广运街安装路灯15套。2008年，投资37.17万元，在文化街安装单臂灯、双臂灯118套。此后，随着镇驻地建设和新农村建设发展，全县乡镇政府驻地和农村并居点逐步实现亮化。2010年，累计投资1541.31万元，在振华街、向阳路、西环路、水兴路等街道安装路灯487套。同年，县政府投资376余万元，在省道254线安装路灯1600套，其中城区段442套。2011年，累计投资58.48万元，在顺河街、广运街、少年路等街道安装路灯126套。2012年，历亭路更换路灯220套。2013年，累计投资445.9万元，在兴隆街、三八路、历亭路等主干道安装路灯773套。铺设电缆9千米，安装低压分线箱36面。截至2013年底，全县累计投资2735万元，安装路灯2200余套，实现城区道路和镇街驻地亮化全覆盖。

第三节 公园 广场

青龙河景观公园

2002年2月开工修建，为开放式公园，同年8月竣工，投资4000万元，占地13万平方米。建有文化休闲区、中央景观区、老年休憩区、青年娱乐区。整个公园花草树木相间，景石点缀，步步有景，景景有别，相映生辉，浑然天成。其中，绿化面积6万平方米，硬化面积3万平方米，水面面积2万平方米，埋设排水管道4400米，青龙河内铺设喷泉长260米。苗木主要有青桐、栾树、黄金柳、红栌、金银木等50余个品种。并设有草坪灯、仿真梅花灯、泛光灯等各类景观灯260余套。2008年，青龙河公园升级改造，更换草坪2万平方米，补植苗木15万余株，铺设排水管道4400米，完善亮化系统。2009年，修建青龙河节水闸，用于调控景观河道水量。

图5-2 青龙河景观公园（2009年 摄）

升平广场

2005年10月开工建设，2006年底竣工。南北长265米，东西长292米，占地7.73万平方米，投资1亿元。广场由地上广场和地下购物中心组成。地上广场部分有东西主轴线和南北次轴线，绿化休闲区4个，中央景观区1个。其中，中央景观区2.13万平方米，绿化休闲区3.73万平方米，绿化率58%。

2008年，实施升平广场改造，浇水方式改为喷灌，完善亮化系统。2010年，维修更换广场景区破损护栏等设施。2011—2013年，先后安装26米LED高杆灯和球形景观灯40个，补植乔木200余株，灌木20万余株，新建8202平方米塑胶运动场，新安装石桌、石凳11套，修建公厕3座。

弦歌湖公园

2012年4月开工建设，投资约5000万元，总面积11.97万平方米。其中，铺装1.2万平方米，绿化5.12万平方米，水体面积4.47万平方米，园路9120平方米。弦歌湖公园布局为"一湖一河三景"。"一湖"即弦歌湖，"一河"即景观河道，"三景"自南向北为弦歌楼、游船码头和休闲广场。截至2013年底，累计种植各类乔木、灌木10余万株。

运河文化风景区

2012年5月，运河文化风景区开工建设，总投资5亿元，全长7800米，占地266.67万平方米，以原六六河旧河道为基础，进行拓宽和景观建设，建设集历史、文化、休闲、旅游于一体运河微缩景观带。2013年，部分河段对外开放。

第四节 供水 排水

城区供水

1986年，城区供水由县自来水公司负责，铺设主管道6100米。供水水源为400余米深机井2眼，浅机井4眼，500立方米水池1个，高25米、容量100立方米水塔1座。1988年8月，第二水厂建成，日供水能力1500立方米。1990年，第三水厂开工建设，位于德武路东500米、大屯公路南，有深水井1眼，浅水井4眼，泵房1座、蓄水池1座、化验室2间。1992年，全县开始征收水资源费，对全县90多家用水单位进行调查登记，建立用水档案。1993年，发放取水许可证93家。1995年，县政府投资92万元，解决城区居民饮水含沙、含氟高的问题。2001年9月，自来水公司更名为武城县供水总公司。2004年，投资3700万元实施城区改水工程。对城区管网进行改造，废除原有的铸造管网，采用新型PE管材和PVC管材。2006年，新建净水厂1座，处理工艺为活性氧化铝降氟+二氧化氯消毒。建有吸附滤池1座，再生间1座，3000立方米半地下式清水池2座，二级泵房1座，还有溶液池、消毒间、高低压配电室、库房等，日供水能力2万吨。实施井泉及配套设施建设工程，在城区北方街两侧新打700米左右深水井6眼，配套安装深井泵，铺设DN500输水钢管5000余米至净水厂吸附滤池。实施城区管网铺设工程，铺设各类管道总长90余千米，形成城区主环状管网和城区44个方格铺设环形支管网。2007年3月，安装GPRS水资源远程管理系统，对水资源管理数据进行远程监测。2008年1月，公司被山东力量集团兼并，成立武城县自来水供水有限公司。2009年1月，县委、县政府将公司收回，由个人承包经营，承包期3年，改称武城县惠民供水有限公司。是年底，全县工业用水户26家，有井34眼，为年取水量2万立方米以上的12个工业用水大户安装控制柜，安装智能水表31块。安装GPRS水资源远程管理系统，可在控制中心调取任何一个用水户取水信息。2011年，水厂升级改造项目开工，总投资3600万元。日处理地表水4万吨，新建机械搅拌澄清池2座、加药及臭氧发生器间、V型活性炭及臭氧接触池、连续砂滤池、反冲洗水池、清水池等设施。2012年9月，武城县惠民供水有限公司改称武城县瑞源城乡供水有限公司。2013年12月，水厂升级改造项目竣工，完成投资3125.76万元。建成V型活性炭池及臭氧接触池1座，机械搅拌澄清池2座，加药间及臭氧发生器间1座，反冲排水池1座，以及连续砂滤池、反冲洗回收水池、反冲洗水池、鼓风机房等建筑物。城区饮用水水源由地下水置换为长江水和黄河水。截至2013年底，城区及周围供水管线150余千米，日供水能力4万吨。城区年供水量304.45万吨，居民生活用水户数20846户。全县工业许可用水33家，有机井70眼。

农村供水

农村饮水建设工程 1990年，全县打深机井27眼，浅机井3眼，解决30个村庄2.81万人口饮水问题。至1996年底，全县累计打深机井34眼，浅机井23眼，有66个村庄5.79万人用上自来水。至2004年底，全县通上自来水村庄212个，未通村庄181个。2005年，全县启动“村村通”自来水工程。2006年9月25日，在鲁权屯镇傅家楼村举行全县“村村通”自来水工程竣工剪彩仪式。“村村通”自来水工程累计投资8850万元，修建农村集中连片及单村供水工程196处，动用土方286万立方米，铺设管道4770千米，通水村338个，通水率86%。由此，武城县成为全市第一、全省第七个实现“村村通”自来水县市。2008年，武城县被省政府评为“全省‘村村通’自来水先进县”。

农村饮水安全工程 2004年11月，由市水文水资源勘测局进行地下水水质调查，全县符合饮用水功能区域面积13.3平方千米，占全县面积的1.8%。深层地下水主要超标项目为氟

化物，含量为3.5～4.5毫克/升。2005年，启动农村饮水安全工程，深井水源安装除氟设备，降低深井水含氟量。同年3月，在林尔庄水厂率先安装除氟设备，并投入运行。经测试水质，达到国家农村饮水标准。至2009年底，全县安装除氟设备16套，12万人饮用水达安全标准。

2010年，东部乡镇饮水安全改造工作启动，利用平原县恩城水厂作为供水水源，供水范围为郝王庄镇31个村。2011年，以平原恩城水厂出厂水为水源，延伸供水管网，重建武城镇侯王庄村和四女寺镇温庄村管网，新建信息化调度中心，铺设村外主管道45.6千米，村内管道42.43千米，开挖回填土方2.28万立方米，混凝土258立方米，工日8.62万个，总投资2145.88万元。2013年，全县开展农村饮水安全工程，累计投资1.18亿元，解决301个村庄23.38万农村人口和2.17万学校师生的生活用水。

农村供水精品工程　马庄水厂位于鲁权屯镇马庄村东，2008年开工建设，2009年3月底竣工，总投资580万元。建有综合办公楼、泵房、清水池、库房，设有降氟中心、监控中心及水质化验中心。设计日供水能力720立方米，建有420米深机井1眼，配备变压器及变频设备。辐射马庄、陈庄、李堂等15个村庄，可解决1.2万人生活用水。董王庄水厂位于武城镇董王庄村，2009年1月开工，同年3月竣工，总投资540万元。建有综合办公楼、泵房、清水池、库房，设有降氟中心、监控中心。建有400米深机井1眼。辐射董王庄、孔庄、刘寨等12个村庄，可为1.2万人提供饮水安全保障。三合水厂位于老城镇三合村西北，占地面积4000平方米，2009年9月开工，同年12月竣工，总投资150万元。建有综合办公楼、泵房、清水池、蓄水池，设有降氟中心、监控中心，安装先进水处理设施和监控系统，建有400米深机井1眼。辐射三合村、三义村、东屯、东徐等15个村庄，可供2万人生活用水。

城区排水

1986年，县城主要街道两旁设有排水沟，用于城区排涝和居民生活污水排放。1988年，振华街的兴武路至历亭路路段两侧埋设直径80厘米砼排水管道，运河路至水兴路路段两侧埋设直径60厘米砼排水管道。向阳路的古贝春大街至烈士陵园路段西侧埋设直径70～120厘米砼排水管道。1990年，文化街的历亭路至兴武路路段两侧埋设直径60～80厘米砼排水管道。1997年，顺河街的向阳路至青龙河路段两侧埋设直径60厘米砼排水管道。古贝春大街的运河路至青龙河路段两侧埋设直径60～80厘米砼排水管道。历亭路的顺河街至六六河路段东侧埋设直径80～120厘米砼排水管道。1998年，顺河街的三八路至历亭路路段北侧埋设直径60厘米砼排水管道，南侧埋设直径80厘米砼排水管道，向阳路至青年路路段两侧埋设直径60厘米砼排水管道。少年路的西侧沿青龙河两侧自古贝春大街至漳南街路段埋设直径80～150厘米砼排水管道。龙祥路的古贝春大街至顺河街路段两侧埋设直径60厘米砼排水管道。漳南街的历亭路至青龙河路段两侧埋设直径60厘米砼排水管道。兴隆街的青龙河至向阳路路段两侧埋设直径60厘米砼排水管道。运河路的顺河街至古贝春大街路段东侧埋设直径60厘米砼排水管道。1999年，古贝春大街的梁李路至青龙河路段两侧埋设直径60～120厘米砼排水管道。2000年，兴隆街的青年路至兴武路路段南侧埋设直径60厘米砼排水管道。顺河街的青年路至兴武路路段两侧埋设直径60厘米砼排水管道。向阳路的古贝春大街以南路段埋设直径60厘米砼排水管道。2001年，漳南街的青龙河至向阳路路段两侧埋设直径60厘米砼排水管道。青年路两侧埋设直径60厘米砼排水管道。三八路建设古贝春大街至兴隆街路段，两侧埋设直径60厘米砼排水管道。兴武路的振华街至文化街路段东侧埋设直径60厘米砼排水管道。2002年，对青龙河进行治理，河道两侧埋设地下污水管道，蓄水与排污分开。2003年，运河路的文化街至顺河街路段东侧埋设直径60厘米砼排水管道。兴武路的农民城至利城河路段西侧埋设直径60厘米砼排水管道。历亭路的顺河街至六六河路段西侧埋设直径80～120厘米砼排水管道。少年路的北方街至沙西街路段两侧修建内径为1.5米排水暗渠。2004年，振华街的兴武路至养殖场路段两侧埋设直径60～80厘米砼排水管道。运河路的振华街至顺河街路段西侧埋设直径80厘米砼排水管道。北方街埋设34.8千米砼排水管道。2009年，投资255万元，铺设三八路、漳南街、龙祥路排水管道14千米。2010年，投资70万元，铺设振华街、向阳路排水管道2000米。2011年，投资500万元，铺设城区古贝春大街、向阳路、文化街、顺河街、西环路、广运街、振华街、历亭路等排水管网16.8千米。2012年，投资1500万元，铺设城区德商路、公园路、玲珑路、广运街、兴武路、历亭路、向阳路、振华街等排水管网21.2千米。2013年，投资1000万元，铺设城区历亭路、振华街、水兴路、兴武路、西环路、新园路、顺河街、梁李路、贝州市场等排水管网19千米。

第五节　供暖　燃气

城区供暖

1986年，机关企事业单位多安装燃煤锅炉供暖，居民多使用燃煤土暖炉取暖。2003年，漳南小区、花园小区等实施燃煤锅炉集中供暖。2004年，武城热电有限公司建立，位于经济开发区，设计建设装机容量15兆瓦抽凝机组2台，配备75蒸吨/时循环流化床锅炉3台。自2005年5月，从时代花园小区开始，城区新建居民小区多采用地热井水供热取暖方式。2006年，县城引进管道天然气，天然气成为新的取暖能源。2007年10月，北方街沿线、部分机关单位和居民使用天然气采暖。水兴真元公司、县房管局、县建委、泰康药店等10余个单位采取燃气锅炉供暖。2008年，建成“两炉一机”，调试运行后，机组为维护备用状态。同年，对部分住宅区推广燃气壁挂炉取暖，居民安装壁挂炉800余户。2013年，全县供暖面积80万平方米。

燃气供应

液化石油气　液化气供应始于1980年初，一个体户在农贸市场设液化气销售点，对城区居民供气。1984年，县液化气站成立，实行凭证供应。全县有燃气储备站6个，集中供气企业1个，主要分布在城镇。气源为大港液化石油气和沧州液化石油气，均为汽车运输，储罐储存。2008年，城镇居民95%以上，农村村民

图5-3 武城县天然气工程通气仪式（2006年 摄）

70% 以上使用瓶装液化气作为生活燃料，用气人口 29 万人，占总人口的 80%。2008 年后，液化气价格呈上升趋势，规格 10 千克瓶装居民用气价格在 30 ～ 70 元之间不等，2008 年，最高时达 72 元 /10 千克。随着管道天然气建设进度的加快，全县液化气购买量逐年减少。

管道天然气　2005 年，武城县引进西气东输冀宁连接线武城支线项目和城区供气项目。气源为中原油田天然气，设计规模日供气 10 万立方米。先后建成白庄分输站、供气输配站，城区管网建设中压管道 30 千米，低压管道 35 千米。2008 年，天然气居民用户 3000 户，主要分布在国泰小区、时代花园等 20 余个居民小区和单位住宅。截至 2013 年底，全县有大型输气门站 1 座，日供气量 120 万立方米，加气母站 1 座，加气子站 1 座，加油加气站 1 座，铺设中低压管网 271.46 千米。其中，中压管网 170 千米，低压管网 101.46 千米。居民用户 2.96 万户，其中壁挂炉 6571 户，用户单位（小区）156 个。

第六节　市容管理

2005 年后，全县开展市容管理集中整治活动，加强环境卫生、店外经营、流动摊点、墙体乱贴乱画治理。至 2009 年，累计取缔临时摊位 800 余个，清除小广告 2000 余处。2010 年，规范店外经营和流动商摊 200 余处，清除占道门店灯箱 50 余个，清除小广告 1000 余条。2011 年，先后组织各类城区环境整治 30 余次，发放宣传整治通告 5000 余份，清理占道经营摊点 100 余处，清除乱贴乱画 2000 余处，规范乱停乱放车辆 1000 余辆次。2012 年，对城区主要街道、十字路口及校园门口摆摊设点现象进行重点整治。2013 年，开展背街小巷环境卫生集中整治活动 30 余次，清理店外经营、灯箱 100 余个，规范流动摊点 200 余个。

第三章　镇村建设

第一节　镇驻地建设

2001 年，县政府出台《关于乡镇规划建设管理实施办法》，由县建委组织各乡镇具体负责实施，对各乡镇驻地建设实行“一书二证”（即建设项目选址意见书、建设用地规划许可证和建设工程规划许可证）管理制度，对村镇建设工作制定若干管理办法，由村镇建设科负责实施。

鲁权屯镇

鲁权屯镇民营经济起步较早，工业较为发达，镇驻地建设相对较早较快，以工业园区带动城区发展。1993 年，建设鲁权屯镇经济开发区，占地 4 平方千米。1997 年，进行路域开发，先后在郑夏路两侧完成三联工贸区、漳南镇工贸区、镇驻地工贸区建设。2003 年 3 月，实施鲁权屯镇、滕庄镇两镇工业园合龙工程。2004 年，园区总体规划为居民区、工业区、商贸区、休闲区、别墅区五大功能区。铺设“四纵六横”交通网络，实施“东扩北连西延”工程，完成鲁权屯、滕庄两大工业园对接。修建建德公园，占地 26.67 万平方米。建设鲁权屯新镇区，占地 8 平方千米。投资 4000 万元，实施道路改造。2009 年 6 月，滕庄镇撤销，其辖区并入鲁权屯镇。建设模式由工业生产为主向服务、公共建设、休闲娱乐等多功能城镇转变。2013 年，新建连接县城的宏海路。重新规划建设汽车站、卫生院、学校等公共设施。截至 2013 年底，鲁权屯镇驻地面积 25.14 平方千米，驻地居民 3.2 万人，流动人口 7 万人，镇区内街道 22 条，居民小区 8 处，供排水设施齐全。

老城镇

老城镇是武城县旧治，2010 年，新建运河大道商贸物流区，全长 3960 米，宽 100 米，主路为水泥路面。完成振兴路建设，路面宽 15 米，两侧铺设排水管道。北端多层商铺基建工程竣工，建筑面积 5 万平方米。拓宽改造幸福路祝官屯至红旗桥路段长 7200 米，宽 16 米，两侧经营带长 10 米。沿路修建五层商住楼房 40 栋，建镇便民服务中心 1 处，占地 5.33 万平方米。新运路建材城项目沿线拆迁 183 户，两侧商铺 700 余间，吸纳全镇建材、木材、钢材经销商入驻经营。投资 2 亿元，建设新运家园，建筑面积 10 万平方米。2013 年，镇驻地累计投资 8.5 亿元，对“六路三街”进行改造修建，铺设沥青油面 26.8 万平方米，铺设排污管道 23 千米，铺设花砖 6 万余平方米，完成弱电管网入地 37 千米。扩建市场 2 处，翻建门市楼 1400 余间，安装路灯 760 盏，地名标识牌 150 块，栽种观赏树 3200 余株，修建排水沟 41.47 千米，镇区道路硬化率 100%，绿化率 27%，镇区人均绿地面积 13.2 平方米，人均建设用地 110 平方米。在省道 318 线南侧规划建设运河明珠多层住宅小区，占地 4.67 万平方米。投资 1.2 亿元，修建超市 1 处，占地 1 万平方米。天然气门站占地 10 万平方米，居民天然气或液化石油气使用率 90% 以上。投资 560 万元建设水厂 1 处，配置除氟设备，镇区自来水入户率 100%。截至 2013 年底，老城镇镇区面积 10 平方千米，常住人口 3.8 万人，流动人口 4 万人。镇区道路“五纵八横”13 条，东西走向道路 8 条，南北走向道路 5 条。

郝王庄镇

1986 年，郝王庄乡仅有东西向街道 1 条，两侧平房商店 10 余处。2007 年，镇驻地实施改造工程，郑郝路改路为街，建设“两横两纵”街道和萱草水乡、中心社区 2 个住宅小区。街道两侧修建二层及多层楼房门店，架设路灯，建设供排水等城镇公共基础设施，初具小城镇雏形。2013 年底，完成饮水管网改造。

甲马营镇

1986 年后，乡驻地进行大规模建设改造，新建赟兴农贸市场，扩建中学、信用社等公共建筑。进入 21 世纪，街道两侧修建二层门市楼房。2010 年，甲马营乡撤乡建镇，先后修建便民服务中心、幼儿园、新甲路等基础设施。

四女寺镇

1986 年，四女寺镇驻地位于四女寺村，城镇建设缓慢。2000 年 5 月，四女寺镇被撤销，建设停止。2011 年 11 月，重新组建四女寺镇。先后修建孝女路、富民路，规划建设德武新区、便民服务中心。

李家户镇

1986 年，乡政府设在李家户村旧民居庭院，驻地村庄街道和公共设施简陋。1992 年，乡政府办公地点迁至李家户村东北。1993 年，投资 100 万元，修建农贸市场，占地 4.1 万平方米。2011 年，李家户乡撤乡建镇，先后修建富民商业大街、商贸大道、便民服务中心及幼儿园。

第二节　村庄建设

20 世纪 80 年代，县内多数村民建有瓦房，开间 4 米左右，进深 5～6 米，脊高 4 米，且大多墙体为纯砖石结构，上盖苇箔、黏土瓦，石灰、水泥砂浆抹墙，安装有玻璃门窗并带走廊檐板。少数富裕家庭修建钢筋混凝土结构平房和楼房。2000年，农村规划全面展开，房屋建设面积、结构、设施配套等标准提高。至2008年底，全县393村5100户修建新瓦房1.46万间，其中楼房300间，总建筑面积497.98万平方米，占农户总数的65.3%。农村中小学校、敬老院、医疗室、幼儿园、旅馆、饭店、门市部、会议室等各类公共建筑总面积75万平方米，生产建筑总面积70万平方米，其中钢筋混凝土结构40万平方米。截至2013年底，农村电力、通信、交通等基础设施显著改善。

第三节　农村社区建设

2009年下半年，县政府将189个社区村庄规划为68个并建农村社区，并完成规划编制。2010年3月，农村社区集中住宅小区建设在李家户镇良言庄村开工。2013年8月，县政府对全县社区、行政村重新规划布局，由118个社区、71个行政村调整为48个社区。其中，农村社区30个，城镇社区18个。截至2013年底，全县建成现代化农村社区集中住宅小区22处，安置农民居住9766户。

鲁权屯镇社区

鲁腾社区　位于鲁权屯镇政府两侧，2010年开工，由罗厂、袁厂、西郑庄、大于庄、青苏厂、辛厂、邢庄、国庄、大吴庄、王贤屯、郭庄、漳南镇等12个村合村并居而成，社区占地10万平方米，分三期建设，分步安置，建设“4+1”模式安置楼69栋，建筑面积29万平方米。2013年，建设91栋，入住68栋，2000余户。幼儿园、卫生室、娱乐活动场所齐全，宽带、有线电视等设施全部入户。

和悦社区　2013年开工，由张官屯、石庄、西王屯、韩家洼等4个村合村并居而成。张官屯村900余人为整村迁建，建成居民楼9栋，建筑面积4.5万平方米。社区综合服务大楼建筑面积1.5万平方米，包括社区服务中心、商场超市、社区卫生服务中心、培训中心等。规划将和悦社区与学府华庭小区合并打造成万人社区，学府华庭小区一期占地1.33万平方米，建设楼房8栋，建筑面积3.8万平方米。

武城镇社区

李善屯社区　2010年开工，2013年4月竣工，投资7000余万元，占地5.67万平方米，拆迁腾空土地31.87万平方米。建设二层住宅楼24户，“4+1”模式住宅楼15栋及社区办公楼1栋，建筑面积4.92万平方米（不含16户自建二层楼），安置416户。

东杨官屯社区　2012年6月开工，投资6400余万元，建设二层别墅32户，面积6000平方米。“4+1”模式多层住宅楼8栋256户。“5+1”模式2栋80户，建筑面积3.8万平方米。老年公寓25户，面积1250平方米。421户完成拆迁，复垦土地22.33公顷。

图5-4　武城县农村社区（2011年 摄）

老城镇社区

范庄社区　2010年开工，2013年完成，占地10万平方米，建有二层连体住宅楼44户。“4+1”模式多层住宅楼15栋496户，老年公寓145户。拆迁旧房807座，复垦土地49.13公顷。

孟庄社区　2011年开工，2013年完成，占地6万平方米，建有“4+1”模式多层住宅楼11栋，二层门市楼51间，老年公寓48户。拆迁旧房378座，复垦土地28.53公顷。

郝王庄镇社区

萱草水乡社区　由草一村、草二村合村并居而成，2010年6月开工，2013年6月竣工，占地10万平方米，建成住宅楼33栋，建筑面积15万平方米，入住群众1000余户，3300余人。草屯旧村拆除房屋780余座，土地复垦通过市级初验。

邱王庄社区　2011年5月开工，位于郝王庄镇驻地西南3千米，邱王庄村西侧，社区一期占地2.58万平方米，建成“4+1”模式楼房6栋144户，建筑面积2.21万平方米。其中2栋楼为商住5层，一层门市，四层住宅。其余2栋为住宅，一层车库、储藏间，四层住宅。后期规划建设住宅楼6栋。

郝王庄中心社区　2012年7月开工，位于郝王庄镇政府驻地，由郝一、郝二、郝三等村庄组成，居民1568户。社区一期建设住宅楼8栋和沿街门市50间。按照规划，由东向西滚动式建设成万人社区。

甲马营镇社区

凤凰台社区　由高坟台、邢坟台、韩坟台3个村合村并居而成。2010年开工，2012年6月竣工，投资7819万元，占地12万平方米，建设“4+1”模式安置楼16栋，生产储物间250余间，374户村民入住。

四女寺镇社区

四女寺社区　位于四女寺村南，2011年开工，投资1.3亿元，一期工程建设“5+1”模式住宅楼6栋，建筑面积10.36万平方米，占地2.67万平方米，可容纳576户。

蔡村社区　蔡村社区包括蔡中、蔡西、蔡后、岳官屯、铁官屯等村，人口5000余人，2012年开工，占地6.67万平方米，一期建设多层住宅楼11栋，建筑面积3.6万平方米，可安置居民380户，沿街商业门市面积2.4万平方米，可容纳商户126户。

聂北社区　2013年开工，一期工程总投资2.5亿元，建设三层沿街门市7000余平方米，“4+1”模式住宅楼10栋，可容纳居民600余户。

李家户镇社区

东升社区　位于李家户镇驻地东南方，由良言庄、刘庄、韩庄、英庄4个村合村并居而成，总人口2103人，558户。2010年3月开工，一期工程修建二层别墅区150户，“4+1”模式高层住宅4栋，建筑面积4.5万平方米，安置农户285户，880人。二期工程，2013年开工，建有多层安置楼6栋，居住面积2.7万平方米，可容纳198户，594人。社区硬化街道2800平方米，建成休闲广场3000平方米，老年公寓12户。

广运街道社区

状元小区　2009年10月，拆迁东关村古贝春大街以北部分，原地安置，建设住宅楼7栋，建设面积3.5万平方米，商业安置楼2栋，面积6000平方米，2013年10月安置完毕。

张庄小区　2009年11月，一期拆迁向阳路以西，古贝春大街以南区域，拆迁面积9.07万平方米，361户。2012年10月，二期拆迁向阳路以东，古贝春大街以南区域。分两期安置，一期建设14栋安置楼，建筑面积7.16万平方米，安置510户，2012年10月安置完毕。二期建设6栋安置楼，2013年7月开工，建筑面积3.2

万平方米。

黄花园社区　2010年8月，进行整村迁建。位于惠民路西，振华街南。投资9000余万元，修建安置楼22栋，占地8万余平方米，2011年9月，完成回迁安置，成为全县第一个入住楼房农村社区。

梁庄社区　位于古贝春大街北、梁李路西。2013年8月拆迁，拆迁房屋289处，面积10.8万平方米，小区规划建设“5+1”模式安置楼14栋，建筑面积7万平方米，可安置610户。

棘围安置小区　2013年8月，拆迁棘围村房屋52户和空闲宅基9处，面积6770平方米。拆迁采用村民自主拆迁和委托指挥部拆迁相结合方式，同年10月底全部完成。

蒋官屯社区　位于县城青年路西、北方街北，占地5.33万平方米。2013年11月拆迁，拆迁房屋373处，面积14万平方米。规划建设“5+1”模式安置楼14栋，建筑面积8万平方米，可安置600户。

果里社区　位于县城育英小学北、向阳路西，占地10.67万平方米，2013年11月拆迁，拆迁房屋646处，企业厂房20多家，拆迁面积30余万平方米。规划建设“5+1”模式安置楼21栋，可安置800余户。

龙禧家园社区（赵庄新村）　位于开发区龙禧街南侧，2013年5月开工，占地3.33万平方米，建设电梯安置楼11栋，建筑面积6.3万平方米，43个单元，516套房屋。

第四章　房产管理

第一节　住房制度

公房改革

1988年8月，全县开始公有房屋确权发证工作。1994年4月，住房制度改革工作启动。县粮食局、建委、电业局、建设银行、工商银行等5个单位作为房改试点单位。1996年2月，县住房制度改革办公室成立。同年6月，开始出售公有住房，房改工作全面推开。此次公房改革，主要是以成本价出售、低价出租公房，原则为“先售后租，租购自愿，原户优先”。规定限购标准和各级干部职工面积标准，超面积部分价格加倍。至1999年1月，全县房改工作结束，参改单位86个，参改户数2617户，参改房屋面积15.3万平方米，归集房改资金124万元。1999年12月，换发全国统一房屋权属证书。通过房改，城区各单位自管公房逐步向市场化过渡。进入21世纪，商品住宅房屋按市场化运作，依法纳入房产管理范畴。

廉租房

2010年，启动廉租房建设，城镇低收入家庭廉租房保障人均建筑面积不低于15平方米，租金每年3.8～4.5元/平方米。截至2013年底，全县建设廉租房190套。

住房公积金

2010年6月，开展住房公积金归集业务，首次为缴存职工建立住房公积金个人账户。缴存基数为职工基本工资，缴存比例为单位缴纳2%，个人缴纳2%。2011年6月，县政府向市政府进行住房公积金管理部人、财、物上划交接。同年9月，县行政事业单位住房公积金缴存基数由基本工资调整为工资总额。10月，开展住房公积金贷款业务，最高贷款额度10万元。当年归集资金1220万元，公积金提取20万元。2012年，住房公积金最高贷款额度调整为15万元。当年归集资金1567万元，公积金提取40万元，贷款2105万元。2013年2月，住房公积金缴存比例调整为单位缴纳3%，个人缴纳5%，住房公积金贷款最高额度调整为20万元。同年10月，开始办理公积金缴存额冲抵还贷业务。当年归集资金3849万元，公积金提取207万元，贷款3172万元。截至2013年底，全县归集单位159个，缴存职工人数2.13万人，归集金额累计6874万元。

第二节　开发建设

1986年，城区主要部门均建有职工家属院和宿舍。20世纪90年代，集资建房维持较高增长比例，同时住房面积小、不配套、质量差和建设管理难等问题突出。1992年，全县第一个商品住宅小区漳南住宅小区开工建设。1996年，全县实施住房制度改革，住宅户型仍以平房、单位家属楼、沿街商住型楼房为主，多为砖混结构。同年，武城县花园小区开工建设。2003年2月，武城商城动工建设，由全县第一个商品房开发商山东花园工贸有限公司负责，同年建成下商上住四层商品楼房22栋。10月，获全县第一个商品房预售许可证。由此，全县住房建设进入开发市场化轨道。楼房结构由砖混向框架转变，房屋质量向外墙保温、集中供暖、绿化环保等高层次、舒适型发展。至2008年，房地产开发投资累计完成3亿余元，房屋总开发面积82.4万平方米，其中建成面积31.3万平方米，当年商品房成交价格1600元/平方米左右。2010年，全县建成住宅小区14个，建筑面积127.69万平方米。2012年，全县商品房住宅投资6.4亿元，建筑面积104.54万平方米，商品房销售面积28.56万平方米，商品房销售额8.08亿元。2013年，全县商品房住宅投资7.63亿元，建筑面积116.57万平方米，商品房销售面积41.11万平方米，商品房销售额13.11亿元，最高成交价3800元/平方米。截至2013年底，先后有16家房地产开发企业在城区开发建成住宅小区24处，已建成面积218.1万平方米。

漳南小区　位于少年路东、县实验小学北侧。1992年开工，1994年竣工，占地3.18万平方米，建筑面积3.2万平方米，居民总户数240户，建有住宅楼15栋。

花园小区　位于振华街南，历亭路东。1996年开工，2000年竣工。占地3.34万平方米，住宅楼19栋，建筑面积5.7万平方米。

时代花园　位于振华街南侧、运河路西侧。2003年开工，2005年竣工，占地7.2万平方米，建筑面积7.4万平方米，其中公寓面积3.7万平方米，别墅面积1.2万平方米。建筑以2～3层别墅楼为主，独立别墅5栋，联排别墅16栋，公寓15栋。绿地率30%，建筑密度30%～35%。

彩虹小区　位于文化街南、少年路东。2004年开工，2005年竣工，占地1.17万平方米，建筑面积3.6万平方米，住宅楼5栋，绿化率30%。

兴隆花苑　位于兴隆街南、兴武路东。2004年开工，2006年竣工。占地3.99万平方米，住宅楼10栋。

国泰名都　位于文化街北、运河路西。2005年开工，2013年竣工，占地13万平方米。住宅楼75栋，楼房以多层为主，高度大于16米，绿化率30%，建筑密度小于45%。

浩天家园　位于历亭路东、北方街南。2007年6月开工，2011年6月竣工，占地6.67万平方米，住宅楼22栋，建筑面积10万平方米，绿化率40%。

名仕家园　位于文化街南、历亭路西。

2007年11月开工，2008年11月竣工，建筑面积1.8万平方米，占地1.07万平方米，住宅楼4栋，门市8套，绿化率35%。

美林花园　位于漳南街北、三八路东。2007年开工，2010年竣工，占地4.44万平方米，建筑面积8万平方米，单体建筑16栋。其中多层（5～6层）住宅楼14栋，高层（12层）住宅楼2栋。总户数558户，户型以80～120平方米中小户型为主。

东方花园　位于振华街北、运河路西。2007年开工，2009年底竣工，占地8.42万平方米，建筑面积12万平方米，绿化率36.6%。

畅和苑　位于历亭路东、漳南街南。2008年开工，2010年竣工，占地9227平方米，建筑面积3万平方米，住宅楼4栋，绿化率30%。

滨湖丽都北区　位于振华街北、新园路东。2009年4月开工，2013年9月竣工，占地11.77万平方米，建筑面积23.6万平方米，住宅楼38栋，门市50套，绿化率35%。

祥云庄园　位于漳南街南、公园路西。2009年11月开工，2010年10月竣工，占地2.78万平方米，建筑面积4.72万平方米，住宅楼18栋，绿化率31%。

利城金岸　位于顺河街南，向阳路西。2009年12月开工，2010年9月竣工，占地6.6万平方米，建筑面积11万平方米，住宅楼19栋，绿化率37%。

金马商城　位于顺河街南、向阳路东。2010年3月开工，2013年竣工，占地7.08万平方米，建筑面积16.9万平方米，楼房18栋，（其中商业门市楼12栋、住宅楼6栋），绿化率27%。

畅和名居　位于顺河街南、三八路东。2010年开工，2012年竣工，占地4.01万平方米，建筑面积9.47万平方米，楼房15栋，绿化率30%。

盛景园　位于振华街北、公园路西。2011年3月动工，占地4.69万平方米，规划建筑面积5.3万平方米，住宅楼18栋，绿化率38%。

古贝春幸福家园　位于振华街西首路北。2011年5月开工，占地8.98万平方米，规划建筑面积20万平方米，住宅楼41栋，绿化率35%。

宏图嘉苑　位于振华街南、青年路西。2011年开工，占地8万平方米，规划建筑面积18.6万平方米，住宅楼24栋，绿化率38%。

鼎盛小区　位于文化街南，青年路西。2012年5月开工，占地4.23万平方米。规划建筑面积11.8万平方米，住宅楼11栋，绿化率37%。

玲珑君悦欧典　位于北方街北、公园路西。2012年10月开工，占地4.56万平方米，规划建筑面积9.62万平方米，住宅楼13栋，绿化率31%。

阳光瑞景　位于古贝春大街南、向阳路东。2012年12月开工，占地10.16万平方米，规划建筑面积19.72万平方米。住宅楼27栋，便民市场1处，幼儿园1所，商业楼1栋。绿化率35%。

佳地苑　位于北方街南、向阳路东。2013年3月开工，占地1.32万平方米，住宅楼4栋，沿街商铺1处，规划建筑面积4.73万平方米，绿化率31%。

滨湖丽都南区　位于振华街南、新园路西。2013年11月开工，占地3.96万平方米，规划建筑面积8.72万平方米，住宅楼13栋，门市60套，绿化率35%。

第三节　产权产籍管理

1986年，全县公有房产由各单位自行管理。1988年8月，对全县行政事业单位公房确权发证。1991年，对县城贝州市场所有房屋进行私有房屋确权登记发证。至1993年，完成贝州市场209户私有房产确权发证工作。进入21世纪，随着全国房地产市场趋热，全县房地产市场进一步活跃，房产初始登记、转移登记、抵押登记等业务量逐年增长。2005年4月，县政府对县房产管理局职能进行批复，由县房产管理局正式行使有关房产、房改管理职能。自此，全县房产管理逐步规范，对买卖、交换、继承等转让房屋，依法进行确权、转移、变更、注销登记，对新建、拆建、翻新、改造房屋依法办理房屋所有权登记或房屋变更登记手续，及时颁发证书。截至2013年底，累计完成房屋产权登记发证11255件，登记面积375.16万平方米，整理房产档案2万余卷，提供产权户籍纠纷和法律仲裁查询帮助2万余次。

2005—2013年武城县房屋确权登记统计表

表5-2

年份	登记发证（件）	登记面积（万平方米）	年份	登记发证（件）	登记面积（万平方米）
2005	736	38.45	2010	2897	90.8
2006	483	7.9	2011	1374	42.9
2007	873	43.9	2012	1435	65.3
2008	757	12.6	2013	2365	60.8
2009	335	12.51	—	—	—

第四节　房产交易

1986年，全县房屋交易很少，一般私人房屋交易由买卖双方私下签订契约办理，特殊情况由县公安部门办理。1994年1月，房产交易受全县经济发展及宽松金融政策影响，开始办理个人和单位房产抵押贷款登记业务。2007年5月，武城县房产交易中心成立，对房产交易市场和办理抵押手续进行管理，主要办理房地产转让、抵押、租赁、评估等业务。截至2013年底，累计房产交易11190宗，面积23.68万平方米，交易价值2.28亿元。累计办理抵押10602宗，面积277.95万平方米，评估价值55.5亿元，贷款额22.69亿元。累计提供房产信息1.1万条，代办房产买卖、租赁手续421件。

2007—2013年武城县房产交易抵押统计表

表5-3

年份	房产交易			房产抵押			
	宗数	面积（平方米）	价值（万元）	宗数	面积（平方米）	评估价值（万元）	贷款额（万元）
2007	403	59052	3525	200	15891	60342	25171
2008	132	32596	2439	161	10655	22000	11000
2009	163	53088	3030	144	92800	39730	19865
2010	103	17986	3987	1560	398660	90128	49580

续表 5-3

年份	房产交易			房产抵押			
	宗数	面积（平方米）	价值（万元）	宗数	面积（平方米）	评估价值（万元）	贷款额（万元）
2011	111	19885	2687	2933	1196000	121600	60800
2012	147	35899	4677	841	645783	121000	60500
2013	131	18264	2437	4763	419729	100212	50106

第五节　物业

1986 年，全县公有职工住房水电、卫生、维修由所在单位管理。2005 年，商品住宅小区建立起由县房管局统一管理的物业管理模式。为规范商品住宅小区物业管理，全县出台《武城县物业管理暂行办法》。县房管局负责对引进物业公司进行资质认证、登记备案、监督管理、指导检查，为从业服务人员建立信用记录；管理并监督各小区住宅公用部位共用设施设备维修基金使用。开展物业管理示范小区建设，督促引导物业公司提高服务水平。截至 2013 年底，全县有物业管理公司 9 家。

第五章　建筑业

第一节　建筑企业

1986 年，全县建筑企业由县建委统一管理，各乡镇均建有小型私营建筑队，当年竣工房屋价值 122 万元。1994 年，国家放开建筑市场，鼓励集体、合伙、个体参与建筑业，同时整顿规范建筑市场。1995 年，有资质建筑企业 38 家。是年，竣工房屋价值 7200 万元。2000 年，国家进行建筑业企业资质改革，建筑业资质分为总承包、专业承包和劳务类，全县建筑业总产值 2.27 亿元。至 2008 年，全县有规模以上房屋建筑总承包企业 5 家、专业承包企业 7 家，建筑业总产值 8.33 亿元。截至 2013 年底，全县有规模以上建筑企业 11 家，当年竣工房屋面积 19.1 万平方米，建筑业总产值 18.78 亿元。

武城县建筑工程有限公司　资质等级二级，年施工能力 15 万平方米。公司下设水泥构件厂、铝合金加工厂、轻质砌块厂等附属企业 10 个。承建工程合格率 100%，优良率 70% 以上。建成住宅小区有国泰名都、富泰康居等。

武城县华丰建筑工程有限公司　原武城县甲马营建筑工程有限公司，成立于 1973 年，三级资质建筑总承包企业。业务有房屋建筑、装饰装修、预制构件等，下辖项目部 15 个，水电暖安装部 2 个，预制构件厂 2 个。年施工能力 8 万平方米以上。建设项目有武城二中 9 号住宅楼、德州金光集团办公楼和 2 号与 3 号车间、职业中专教学楼、广电公寓住宅楼、县人防办综合楼等，工程合格率 100%，优良率 50% 以上。建成名仕家园、滨湖丽都等住宅小区。

山东贝州房地产开发有限公司　原武城县镇北建筑安装公司，成立于 1985 年，是一家三级施工承包企业，下设房地产开发公司、预制构件厂、防水分公司等。2000 年，更名为山东贝州房地产开发有限公司，固定资产 900 余万元，流动资金 1200 余万元，年施工能力 11 万余平方米。建成彩虹小区、浩天家园等住宅小区。

1986—2013 年武城县建筑业总产值统计表

表 5-4　　　　单位：万元

年份	总产值	年份	总产值	年份	总产值
1986	122	1996	3983	2006	28942
1987	198	1997	7472	2007	48283
1988	19	1998	14215	2008	83258
1989	26	1999	22734	2009	83617
1990	40	2000	22689	2010	99927
1991	91	2001	31849	2011	117014
1992	137	2002	20540	2012	150602
1993	186	2003	28379	2013	187759
1994	328	2004	93509	—	—
1995	7200	2005	25231	—	—

说明：1986—1995 年为竣工房屋价值量

第二节　建筑设计

设计管理

1986 年，县政府制定对建筑设计工作管理办法。各建设单位在工程项目确定后，应向持有设计营业证书的建筑设计室申请设计，取得合格图纸。严禁设计单位超越资质等级和核定营业范围进行设计，一律不准无证设计，建设单位对无证设计图纸一律不准采用。设计图纸在开工前应交工程质量监督站进行审查，确定图纸是否可用。

设计机构

1985 年 6 月，武城县建筑设计室成立，为自负盈亏事业单位。2000 年 5 月，为适应建筑市场需要，设计室改制为事业性管理企业单位，更名为武城县建筑设计有限公司。2008 年，设计资质为丙级，有工作人员 18 人。其中，高级工程师 1 人，工程师 6 人，助理工程师 8 人，技术员 3 人。2000—2008 年，完成设计项目 300 余个，建筑面积 90 余万平方米，年均完成设计产值 12 万元。2009—2013 年，年均完成设计任务 25 余万平方米，年均完成设计产值 60 余万元。

第三节　建筑施工

基础工程施工

20 世纪 80 年代起，随着标准设计及地震 7 级设防标准推行，基础工程开始增设混凝土圈梁，个别厂房、车间和框架结构建筑采用钢筋混凝土独立基础及柱结构基础。进入 21 世纪，境内大型桥梁建设多采用混凝土灌注桩基础，高层建筑多采用乱石基础、柱基础、桩基础、钢筋混凝土箱形深基础等，城区建设大厦、经济发展大厦等高层建筑，均采用钢筋混凝土箱形深基础施工技术。

主体工程施工

20世纪80年代，楼房建筑砖砌体施工逐步形成抄平、放线、立皮数杆、立门框、排砖、挂线、砌筑等一套施工程序。楼房每层均有不完全封闭混凝土圈梁（仅外墙满设）。混凝土施工皆采用木模板，楼板施工多采用非预应力空心板，模具为翻转模。后期，楼板施工普遍使用预制空心楼板，模具采用挤压机或拉模设备一次成型。新抗震标准实施后，建筑物从设计到施工均增设构造柱，混凝土圈梁满设。高层楼房框架结构砖墙或加气混凝土、实心砖仅作为填充结构。混凝土施工模板，大多采用钢模板。

屋顶工程施工

1986年，县境内传统屋顶多采用双面坡，木屋架，木檩条，秫秸把子、草编笆基层，麦秸草泥漫被，红瓦苫盖。瓦屋面坡度小，起架坡度在26.5～45度之间。农村住宅亦有采用砖混屋架，城区楼房多采用钢筋混凝土现场浇灌或预制板、预应力钢筋混凝土空心板吊装平顶屋面，用蛭石或炉渣覆盖50～120毫米，形成保温隔热层，防水层用油毡或油纸加沥青胶结分层粘贴，多用加热法施工，亦有冷法施工者。工厂车间屋顶亦有采用拱形或双曲形，用石棉瓦做屋面。随着防水材料更新，先后采用SBS卷材防水屋面、拒水粉防水屋面等施工技术。进入21世纪，城区部分办公楼采用平顶防水屋面，同时加盖起脊四面坡形红平瓦房顶。

外饰与地面工程施工

20世纪80年代末至90年代初，建筑外墙多采用玻璃马赛克贴面，部分采用釉面砖，高层建筑均采用釉面砖或大理石外饰。进入21世纪，建筑房屋外部墙体多采用涂料粉刷。城区住宅多采用地板砖地面，宾馆、营业楼、办公楼门厅、商店门市等公用建筑地面采用大理石、花岗石铺面。

第四节 建筑监理

1986年5月，武城县建筑工程质量监督站成立，负责监督全县建设工程质量实施。建设单位必须委托工程质量监督站进行工程监督，办理监督手续，监督站派遣监督员定期检查，对工程施工过程中所用预制构件严格执行质量合格证制度。1998年4月，县工程监理公司成立。主要业务是承揽工程监理业务，向建设单位派驻监理工程师，对工程投资、进度和质量进行监督和管理。2001年2月，工程建筑材料质量检测科从工程质量监督站分离出来，成立工程质量检测站，有各类试验、检测设备和仪器40台（件），人员8人，其中工程师1人、助理工程师6人。主要承担全县建设工程构件制品、现场所用材料检测，负责全县企业内部实验室及三级预制构件厂管理，参与建设工程结构安全、建筑功能技术评价及现场所用材料质量抽查，并对建设工程新产品、新材料进行鉴定和推广。2005年，取得建材检测二级资质。截至2013年底，工程质量监督站有工作人员25人。全年监理工程455个，建筑面积245万平方米，检测覆盖率100%。

第五节 公共建筑

1986年，全县公共建筑主要有县医院、县影剧院、县委招待所、县汽车站、县委办公楼、县政府办公楼等8处。进入21世纪，全县公共建筑建设步伐加快，至2008年，建成各类公共建筑1106座，建筑总面积34万平方米，占城区房屋建筑总面积的20.9%。截至2013年底，各类公共建筑2202座，总建筑面积63.5万平方米。

县委办公楼 位于振华街北、青年路西。

1984年5月开工，1985年5月竣工。为砖混结构，主楼4层，高13.65米，副楼3层。全楼东西长69米，南北宽15米，建筑面积3100平方米。2008年5月，进行翻新装修。

县政府办公楼　位于振华街北、县委办公楼西侧。1985年4月开工，同年12月竣工。为砖混结构，整个大楼4层。全楼东西长77米，南北宽15米，建筑面积4700平方米。2009年5月，进行翻新装修。

县委招待所大楼　位于振华街北、青年路东。1996年10月，修建综合楼1栋，为砖混结构，建筑面积2856.39平方米。

武城汽车站候车大厅　位于古贝春大街南、历亭路东。1999年9月，修建新武城汽车站，总投资460万元，占地2.07万平方米，建筑面积3553平方米。2000年9月，投入使用。

县人民医院病房楼　2007年7月开工，2009年11月竣工，主楼12层，建筑面积2.2万平方米。

武城邮政大厦　位于振华街北、三八路西。1996年10月开工，1998年9月竣工。主楼10层，建筑面积6890平方米。

县广播电视大厦　原文化大厦，位于振华街95号。2000年2月开工，同年6月竣工。2008年10月改为广播电视大厦。为框架结构，主楼12层，建筑面积3556平方米。

经济发展大厦　位于振华街东首、省道254线西。2008年8月开工，2010年竣工。框架结构，主楼12层，占地1.16万平方米，建筑面积9290平方米。

武城县幸福中心建筑群　位于兴隆街北、兴武路西。一期投资1.5亿元，占地5.2万平方米，2011年11月开工，规划建筑面积3.7万平方米，由综合服务、养老、医疗康复等7栋建筑组成，计划2015年建设完成。

第六章　环境保护

第一节　环境监察

重点排污企业监管

1986年，全县企业排污监管不到位，污染事件时有发生，化工、造纸污水尤为严重，时常造成农田减产甚至绝产。进入21世纪，全县建立健全环境监察机构联动查处制度，增加现场监察频次，定期和不定期进行现场监察，对辖区内污染企业进行明察暗访，发现问题及时解决。2001年，拓宽环境投诉渠道，公开举报电话，开通“12369”环境污染举报热线和微博网上举报，建立24小时接诉制度，规范环境信访案件接访、查处、结案等程序。2008年，对市控以上重点企业划分监管等级，实行24小时在线监控，督促重点排污企业污染治理设施正常运转，污染物稳定达标排放。开展环保专项行动，查处污水排放、废气超标排放、建筑噪声、冬季采暖锅炉煤烟超标排放、乱倒滥烧玻璃钢废料及汽车密封条等违法行为。2009年后，对全县工业园区企业进行排污登记，依法对排污企业进行排污申报登记制度，加强排污申报审核。依法核定、征缴排污费，在法定时间内进行收缴、催缴，强制执行或处罚。2010年，对工业园区、公路沿线锅炉进行清理整顿，淘汰工业小锅炉。

2013 年，现场监察排污企业 60 余家，开展各类环保专项行动 7 次，依法关停取缔落后产能企业 16 家。

环保专项检查

1989 年后，全县先后开展“整治违法排污企业，保障群众健康”“百日环保大检查”“土小企业集中整治”等各类专项行动 30 余次。先后关停李古寺化工厂、郝王庄造纸厂、四女寺镇新兴化工厂、裘皮制衣有限公司等企业。截至 2013 年底，依法关停取缔不符合国家产业政策、不具备环保手续、擅自进行建设生产的土小企业 36 家。环保与公安部门联合查处环境违法案件 15 件，行政拘留 16 人，刑事拘留 7 人。

固体废物和危险废物规范化管理

1986 年后，全县严格固体废物、危险废物和医疗废物标准化管理，对固体废物和工业危险废物产生单位进行规范化管理。2008 年，对县人民医院、县中医院、镇街卫生院等 15 家医疗废物全部实行集中收集处置。对重点行业企业开展环境风险及化学品检查、辐射环境安全检查、涉液氨制冷企业安全检查及涉铅、涉汞等重金属污染专项调查整治。

环境安全应急应对和管理

1986 年后，县政府先后编制《武城县突发环境事件应急预案》《武城县空气重污染天气应急预案》《武城县南水北调沿线突发环境事件应急预案》《武城县辐射事故应急预案》等一系列应急预案，督导重点企业编制相应企业应急预案，加强日常应急演练和培训。截至 2013 年底，全县未发生一起重大环境安全事件，亦未发生一起因自然灾害、事故灾害和公共卫生事件诱发的环境污染事件。

第二节 环境监测

1990 年 8 月，县环境保护监测站建立，隶属于县环境保护局，业务上受德州市环境监测中心站指导，开展水、大气、噪声等 23 项常规项目监测。2000 年，首次对全县地表水、污染源企业进行定期检测，对工业企业厂界噪声、城区交通噪声进行监测。2009 年，对集中式地下饮用水源地进行定期检测，建成空气质量自动监测站 3 个，新购置各类监测仪器 30 余台套。2010 年，面向社会开展项目验收监测等各类服务性监测。截至 2013 年底，累计完成 100 余家企业环评验收监测。

水资源监测

2000 年，全县设定牛角峪、肖邢王庄南、吕洼等 3 个监测断面，每年对平水期、丰水期、枯水期进行监测，经检测达到《地表水环境质量标准》(GB3838-1988) V 类水标准。2005 年，增设马言庄监测点位，监测频次每月 1 次，对境内六五河、利民河、利民河北支等主要河流进行不定期取样监测。监测项目为 COD（化学

图 5-5 武城县环境监控中心（2008 年 摄）

需氧量)、氨氮含量、pH值（酸碱度）。2009年，对县自来水公司6个地下水取水口每年进行取样监测2次，饮用水水质各项指标均达到《地下水环境质量标准》(GB/T14848-93)V类标准。同年，建成河流水质自动监测站3个。2010年，实验室取得资质认定证书，地表水监测项目增加溶解氧、BOD（生化需氧量）、六价铬、挥发酚、水温、色度、悬浮物、流量等19项。监测点位增加小杨庄闸、李邦彦闸、肖邢王庄闸、六六河德商路桥等13个，监测频次为每旬1次。截至2013年底，全县有监测点位20个。

污染源监测

2000年，开始对县境内伟达纸业有限公司、郝王庄纸业有限公司、古贝春集团等企业进行废水监测和燃煤锅炉废气监测。废水主要监测COD、pH值、氨氮含量、烟尘等。2005年，二氧化硫列入锅炉废气监测项目。2011年，增加氮氧化物监测。2000—2013年，县监测站取得监测数据1.5万余个，质控数据5000余个。

第三节　环境污染防治

水污染防治

1986年，全县污水排放130万余吨，主要是工业污水和生活污水。1987年，开始向排污企业征收排污费。2000年，伟达纸业有限公司投资700万元扩建污水处理厂。2003年，关闭草浆生产线，COD排放由2184吨减少到218吨。2004年，县政府投入7500万元污染防治资金，对康达化工三分厂和德州大王集团蛋白食品有限公司废水进行限期治理。2006年，全县重点企业实施污染物总量减排，德州大王集团蛋白食品有限公司投资450万元进行污水治理设施改造，所排废水污染物浓度达到COD≤150毫克／升。

2007年，第一次全国污染源普查，对全县154家工业污染源，221家生活污染源，990家农业污染源进行入户调查，全面掌握污染物产生、治理、排放现状。对重点排污企业全部安装COD自动监控装置，其中伟达纸业有限公司、德州大王集团蛋白食品有限公司分别安装自动监控装置，并与环保部门联网。当年，水体污染物COD排放量3575.6吨。

2008年，伟达纸业有限公司所排COD浓度在100毫克／升以下，在线监控数据稳定达标。是年，对全县重点企业进行综合治理，依法关闭裘皮制衣有限公司。2010年，通过“十一五”国家海河流域水污染防治验收。是年，水体污染物COD排放量7278吨，氨氮700吨。2013年，投资1.3亿元，建成利民污水处理厂二期工程、水质净化工程、四女寺千亩湿地等污水治理项目。当年，水体污染物COD排放量5808吨，氨氮636吨。

大气污染防治

1986年，全县氮氧化物排放量490余吨。“八五”期间，全县2吨以上锅炉全部安装除尘器，减少烟尘排放量。2003年，投入7200万元污染防治资金，对县中医院、计生站等单位锅炉进行限期治理。2004年，对部分单位锅炉进行限期治理，对企业锅炉实施脱硫、脱硝、除尘等大气污染治理设施升级改造。推进10吨以下燃煤锅炉整治，划定城区禁燃区，全县176台燃煤锅炉完成治理。2007年，主要大气污染物二氧化硫排放量减少到1814.3吨，消减率12%。2008年，县热电有限公司建设脱硫工程，关闭实心黏土砖（瓦）生产企业3家，全年二氧化硫排放量控制在2300吨。2009年，成立机动车尾气检测机构2家，对高污染排放机动车实行报废淘汰。完成武城热电有限公司脱硫工程，关停大屯砖瓦厂，二氧化硫排放量2559吨。2011年，全县主要大气污染物二氧化硫排放量2983.1吨，城区空气环境质量良好天数超过90%以上。2012年，实施“蓝天工程”，加强工业废气、机动车尾气污染防治，削减二氧化硫1.6吨，氮氧化物0.29吨。2013年，全县二氧化硫排放量1338吨，氮氧化物排放量1742吨。

噪声污染防治

1986年后，县城噪声源主要是工业噪声、建筑施工噪声、社会生活噪声和交通噪声。自1991年开始，对噪声源进行调查与评价分析，划分为居民文教区、一类混合区、二类混合区和工业集中区等。1996年后，中、高考期间集中清理噪声源。至2011年，城区声环境质量达到国家相应功能区标准。

工业固体废物污染防治

1986年，全县固体废物排放1万余吨。工业固体废物主要是炉渣、粉煤灰和企业污泥，通过企业内部处理和再利用等方式进行处理，大部分用作建筑材料。严禁企业私自外排、外放，逐步实现固体废物的减量化、无害化、资源化。2010年，全县砖瓦厂关停后，工业固体废物大量减少。2013年，全年工业固体废物8900吨。

第四节　生态环境保护

1997年，环保工作实绩纳入全县年度考核。1998年，对重点排污企业治理和污染物排放总量进行控制，达到分配总量控制指标。“三同时”（工业项目污染防治设施必须与主体工程同时设计、同时施工、同时投入使用）制度合格执行率100%。排污费征收面100%，并按规定完成排污费解缴任务。重点污染企业污染防治设施运行率90%以上。2001年10月，县政府制定《武城县生态环境保护规划》。2003年5月，县政府与各乡镇、街道、县直部门签订2003—2005年度环境保护目标责任书。2006年3月，武城县制定《武城生态县建设规划》。至2013年，全县生态环境按照《武城生态县规划》要求执行。

污水处理

1988年，城区开始铺设地下排水沟，但仍是雨污合流。2003年，实施六五河治理、生态农业县建设和工业污染治理项目，总投资2309.2万元。2004年，投资2525.7万元，用于污染源治理、新建项目环保投资和河流治理及绿色社区建设。2005年12月，武城县利民污水处理厂开工建设，占地4万平方米，投资5077.83万元，后追加污水深度处理投资2156.6万元，出水水质到达一级A标准。一期工程总投资6200余万元，配套铺设截污管网38.6千米，处理工艺为一体化氧化沟。2008年9月，利民污水处理厂一期工程建成。同年，投资905万元，建设截污导流工程，新建拦河闸2座，节制闸6座，重建交通桥2座，对六六河河道清淤。2013年11月，建设完成二期工程，处理能力1.5万吨/日。管网工程基本配套，

图5-6　武城县利民污水处理厂（2010年　摄）

先后铺设配套污水管网188千米。投资799万元，建设利民污水处理厂污泥厂外处置工程，设计规模为日处理污泥20吨。采用高压板框压滤压榨、太阳能干化工艺。干化后污泥含水率降至40%以下，作为县振兴新型建材厂烧制新型河泥砖原材料。

垃圾处理

1986年，全县城区各单位设有垃圾存放点，由县建委统一外运，填埋处理。2005—2010年，全城累计清除杂物60余处，清除垃圾1520余立方米。县直部门组织全体干部职工开展义务劳动，对无主垃圾进行清理，累计清除垃圾杂物1000多立方米，修整人行道和垫坡3000余米。

2011年，购置道路清扫车1辆，道路电瓶清扫车2辆，人力三轮保洁车10辆，流动垃圾箱单臂运输车2辆，流动垃圾箱18个，以及其他劳动工具。将密闭垃圾箱放置居民住宅小区，方便群众生活垃圾存放。在文化街东首北侧建设垃圾转运站1处，占地面积1400平方米，建设面积586平方米。其中，用于城区生活垃圾处理业务用房4间，面积213平方米；办公及车间用房10间，面积373平方米。配备垃圾压缩设备2套，工程投资380万元。同年7月，开始正常运转，实现生活垃圾异地处理。

2012年后，环卫职工每天对城区道路普扫和道路杂物循环捡拾2次。不间断清理城区及城乡接合部建筑垃圾和生活垃圾，以及背街小巷和小区无主垃圾。动用人工和机械设备，清除无主垃圾800余车。为郝王庄镇、李家户镇、武城镇的47个行政村（社区）配备垃圾运输车、垃圾箱（桶），推动农村环境综合整治工作。申请生态示范创建补助资金18万元，用于甲马营镇、老城镇污水处理设施建设。按照全县城乡环卫一体化分工，综合整治郝王庄镇和四女寺镇所辖96个村庄环境卫生，两镇配置垃圾运输车、垃圾桶等设施，形成“户集、村收、镇运、县处理”管理模式。2013年5月，老城镇、甲马营镇垃圾转运站开工建设，同年8月竣工。9月，鲁权屯镇、四女寺镇、武城镇、广运街道、郝王庄镇、李家户镇垃圾转运站开工建设，8座垃圾转运站总投资1000余万元。截至2013年底，全县有国家级生态乡（镇）2个，省级生态乡（镇）4个，省级生态村7个，省级生态工业园1个，省级绿色学校2所，市级生态村73个，市级生态文明机关2个，市级生态文明企业2个，市级绿色学校4所，市级绿色社区2个。

武城县志（1986—2013）

第六编

经济综述

1986 年，全县国内生产总值 2.69 亿元，到 2013 年达到 171.68 亿元，28 年间增长 62.82 倍。其中，第一产业由 1.33 亿元增长到 20.05 亿元，增长 14.08 倍；第二产业由 0.87 亿元增长到 96.31 亿元，增长 109.7 倍；第三产业由 0.48 亿元增长到 55.32 亿元，增长 114.25 倍。三次产业结构由 1986 年的 49.46∶32.53∶18.01 调整为 2013 年的 11.6∶56.1∶32.22，二、三产业大幅增长，第一产业占比下降，产业结构由较低层次的“一、二、三”型，转变为较高层次的“二、三、一”型。固定资产投资由 1986 年的 710 万元，增长到 2013 年的 141.67 亿元，28 年间增长 1994.35 倍。其中，生产性建设投资比例由 1986 年的 96.95% 下降为 2013 年的 88.53%，非生产性建设投资比例由 1986 年的 3.05%，上升为 2013 年的 11.47%。全县财政收入由 1986 年的 813 万元，增长到 2013 年的 7.05 亿元，28 年间增长 85.82 倍，年均增长 17.98%。

第一章　经济状况

第一节　综合经济状况

国内生产总值

2013年，全县实现国内生产总值171.68亿元，比1986年的2.69亿元增长62.82倍，年均增长16.64%。人均国内生产总值45313元，比1986年的815元增长54.6倍，年均增长16.04%。“七五”末比“六五”末增长1.8倍，年均增长12.47%。“八五”末比“七五”末增长2.08倍，年均增长25.2%。“九五”末比“八五”末增长86.98%，年均增长13.33%。“十五”末比“九五”末增长1.35倍，年均增长18.65%。“十一五”末比“十五”末增长85.23%，年均增长13.12%。2013年比“十一五”末增长48.29%，年均增长14.04%。

工农业总产值

2013年，全县完成工农业总产值718.05亿元，比1986年的4.18亿元增长170.78倍，年均增长21%。其中，“七五”期间年均增长26.9%，“八五”期间年均增长19.12%，“九五”期间年均增长16.56%，“十五”期间年均增长17.01%，“十一五”期间年均增长25.61%，“十二五”期间的前3年年均增长23.25%。

财政收入

2013年，实现公共财政总收入9.55亿元，比1986年的813万元增长116.43倍，年均增长19.3%。其中，“七五”期间年均增长19.5%，“八五”期间年均增长7.95%，“九五”期间年均增长34.1%，“十五”期间年均增长2.54%，“十一五”期间年均增长21.68%，“十二五”期间的前3年年均增长24.97%。

固定资产投资

2013年，全社会固定资产投资完成141.67亿元，比1986年的710万元增长1995.35倍，年均增长32.5%。其中，“七五”期间年均增长率为-6.9%，处于徘徊下降阶段，“八五”期间年均增长21.43%，“九五”期间年均增长26.23%，“十五”期间年均增长59.7%，“十一五”期间年均增长9.71%，“十二五”期间的前3年年均增长23.81%。

社会消费品零售总额

2013年，实现社会消费品零售总额62.45亿元，比1986年的1.18亿元增长51.9倍，年均增长15.83%。其中，“七五”期间年均增长8.56%，“八五”期间年均增长18.5%，“九五”期间年均增长10.38%，“十五”期间年均增长22.95%，“十一五”期间年均增长15.03%，“十二五”期间的前3年年均增长10.04%。

1986—2013年武城县国内生产总值、固定资产投资情况统计表

表6-1

年份	生产总值（亿元）	其中（亿元）			人均生产总值（元）	固定资产投资额（亿元）
		第一产业	第二产业	第三产业		
1986	2.69	1.33	0.87	0.48	815	0.07

续表 6-1

年份	生产总值（亿元）	其中（亿元）			人均生产总值（元）	固定资产投资额（亿元）
		第一产业	第二产业	第三产业		
1987	3.09	1.49	1	0.6	926	0.06
1988	4.07	2.01	1.3	0.76	1200	0.02
1989	4.54	1.87	1.84	0.83	1327	0.02
1990	4.62	1.79	1.93	0.9	1308	0.05
1991	6.54	3.07	2.53	0.93	1814	0.13
1992	7.06	2.11	3.15	1.8	1958	0.27
1993	9.82	3.02	4.58	2.22	2728	0.3
1994	13.24	4.73	5.74	2.76	3665	0.37
1995	14.21	6.19	4.53	3.5	3939	1.41
1996	17.04	6.7	6.71	3.61	4732	2.3
1997	17.91	6.26	7.63	4.02	4952	2.24
1998	20.27	5.83	9.45	4.99	5604	4.61
1999	22.98	5.01	11.58	6.4	6323	6.58
2000	26.57	5.88	14.1	6.59	7249	4.52
2001	29.76	5.69	16	8.07	8055	6.77
2002	33.81	5.91	18.62	9.28	9106	9.46
2003	41.21	6.57	22.85	11.79	11078	17.12
2004	46.99	8.42	25.78	12.79	12632	20.66
2005	62.5	9.08	34.92	18.5	16771	46.96
2006	78.32	8.95	46.77	22.61	20950	42.74
2007	82.61	10.31	48.28	24.01	21965	48.18
2008	97.65	11.57	56.36	29.73	25765	49.26
2009	102.1	13	58.38	30.72	26547	51.61
2010	115.77	15.19	69.25	31.33	26335	74.64
2011	129.58	16.77	75.75	37.06	33063	83.73
2012	151.15	17.89	84.7	48.56	38566	116.05
2013	171.68	20.05	96.31	55.32	45313	141.67

第二节　分行业经济状况

农业

2013 年，全县实现农业增加值 20.05 亿元，比 1986 年的 1.33 亿元增长 14.08 倍，年均增长 10.57%。其中，“七五”期间年均增长 7.7%，“八五”期间年均增长 28.16%，“九五”期间年均增长 -1.03%，“十五”期间年均增长 9.08%，“十一五”期间年均增长 10.84%，“十二五”期间的前 3 年年均增长 9.7%。

在 2013 年农业总产值中，种植业、林业、牧业、渔业分别完成产值 26.13 亿元、7800 万元、10.72 亿元、7000 万元。与 1986 年相比，种植业增长 12.68 倍、林业增长 11.96 倍、牧业增长 47.72 倍、渔业增长 183.2 倍，年均递增分别为 10.17%、9.95%、15.48%、21.31%。

2013 年，全县耕地面积 4.9 万公顷，比 1986 年的 4.34 万公顷增加 5600 公顷。粮食播种面积 7.34 万公顷，比 1986 年的 3.98 万公顷增加3.36万公顷。其中，夏粮播种面积3.67万公顷，比1986年的2.06万公顷增加1.61万公顷，秋粮播种面积3.67万公顷，比1986年的1.91万公顷增加1.76万公顷。

2013年，粮食总产量61.41万吨，比1986年的13.12万吨增长3.68倍；夏粮产量29.17万吨，单产530.2千克/亩，分别比1986年的7.4万吨、220千克/亩，增长2.94倍、增加310.2千克/亩；秋粮产量32.24万吨，单产585千克/亩，分别比1986年的5.71万吨、199千克/亩，增长4.65倍、增加386千克/亩。

2013年，棉花播种面积1.05万公顷，总产量1.59万吨，单产101.2千克/亩，分别比1986年播种面积减少6680公顷，总产量减少4200吨，单产增加24.2千克/亩。

2013年，水果总产量6000吨，油料作物总产量1700吨，分别比1986年的3400吨、2000吨增加2600吨和减少300吨。

2013年末，农业机械总动力60万千瓦，比1986年的19.6万千瓦增加40.4万千瓦。

工业

1986年，全县工业企业133家。其中，全民所有制工业14家，集体所有制工业119家，工业总产值1.9亿元（现价）。到2013年，全县工业企业445家，完成工业总产值678.47亿元，实现工业增加值120.85亿元。其中，规模以上工业主营业务收入630.38亿元，利税75.02亿元，实现利润36.7亿元；民营企业10394家，营业收入703.2亿元，上缴税金5.94亿元。

2013年，高新技术产业产值241.24亿元，占规模以上工业企业总产值的39.9%。全年用电量72228万千瓦时，其中工业用电49402万千瓦时，占全县用电量的68.4%。

商贸流通业

1986年，实现社会商品零售额1.18亿元。1990年，实现社会商品零售额1.78亿元，比1986年增长1.5倍，年均增长8.56%。1991年后，深化商业体制改革，全县逐步形成国有、集体、私营等多种经济成分共同发展的市场新格局。1995年，实现社会商品零售额4.17亿元，比1991年增长2.27倍，年均增长17.81%。“九五”期间，非国有经济增长加快，2000年，实现社会商品零售额6.84亿元，是1995年的1.64倍，年均增长10.4%。“十五”末的2005年，全县实现社会消费品零售额14.76亿元，“十五”期间年均增长21.2%。“十一五”末的2010年，全社会消费品零售额达到40亿元，是2005年的2倍，“十一五”期间年均增长15%。2013年，全县限额以上贸易企业101家，实现社会商品零售额62.5亿元，比1986年增长51.97倍，年均增长15.84%。

第二章　经济结构

第一节　三次产业结构

结构特征

1986年，全县三次产业结构为49.46：32.53：18.01。到“七五”末，第一产业占国内生产总值的比重为44.68%，第二产业占36.53%，第三产业占18.79%，二、三产业占比略有增长，第一产业仍占国民经济的主导地位，三次产业结构顺序为一、二、三型。

“八五”末，一、二、三产业占国民经济的比重分别为37.59%、40.37%、22.05%，与“七五”末时相比，第一产业由44.68%下降为37.59%，第二产业由36.53%上升为40.37%，第三产业由18.79%上升为22.05%，第二、三产业对经济的拉动作用明显增强，结构顺序成为二、一、三型。

“九五”末，三次产业比重为27.32∶47.57∶25.11，与“八五”末相比，第一产业由37.59%下降为27.32%，第二产业由40.37%上升为47.57%，第三产业由22.05%上升为25.11%。第二、三产业在国民经济中所占比例进一步提高。

“十五”末，三次产业比重为16.65∶55.15∶28.2，与“九五”末相比，第一产业由27.32%下降为16.65%，第二产业由47.57%上升为55.15%，第三产业由25.11%上升为28.2%。第一产业所占比重降到20%以下，第二产业所占比重超过50%，第三产业提高3个百分点，结构顺序调整为二、三、一型。

“十一五”末，三次产业比重为12.9∶61.08∶26.02，与“十五”末相比，第一产业由16.65%下降为12.9%，第二产业由55.15%上升为61.08%，第三产业由28.2%下降为26.02%。第二产业所占比重超过60%，占国民经济发展主导地位。

到2013年末，三次产业结构比重为11.68∶56.1∶32.22，与“十一五”末相比，第一产业由12.9%下降为11.68%，第二产业由61.08%下降为56.1%，第三产业由26.02%上升为32.22%。1986—2013年，三次产业在国民经济中所占比重的变化，第一产业呈连续下降趋势，第二、第三产业持续上升。

结构变化

2013年，全县实现国内生产总值171.68亿元。其中，一、二、三产业增加值分别为20.05亿元、96.31亿元和55.32亿元，与1986年相比，第一产业增加18.72亿元、第二产业增加95.44亿元、第三产业增加54.84亿元。三次产业增加值在经济总量中的比例由1986年的49.46∶32.53∶18.01，调整到2013年的11.68∶56.1∶32.22。第一产业所占比例由高到低，下降37.78个百分点；第二产业比例稳步上升，增长23.57个百分点；第三产业发展较快，所占比重由低到高，上升14.21个百分点。产业层次由较低层次的“一、二、三”型，转变为较高层次“二、三、一”型。

第二节　投资结构

投资规模

1986年，全县完成固定资产投资710万元。其中，建筑工程314万元，安装工程32万元，设备工器具购置175万元，其他费用189万元。2013年，全县完成固定资产投资141.67亿元。其中，建筑工程83.78亿元，安装工程1.2亿元，设备工器具购置46.62亿元，其他费用2.22亿元。28年间，固定资产投资年均递增32.5%。其中，建筑工程、安装工程、设备工器具购置、其他费用的投资分别年均增长33.93%、24.55%、33.93%、26.73%。1986年，竣工房地产建筑面积2.62万平方米。2013年，竣工房地产建筑面积138.06万平方米，28年间，年均增长15.82%。

投资产业

1986年，完成投资项目4个。其中，工业项目3个，商业项目1个。2013年，完成规模以上固定资产投资项目195个。其中，5000万元以上的项目91个，实现全社会固定资产投资141.67亿元。其中，工业项目投资82.18亿元，服务业项目投资59.01亿元，城镇规模以上投资133.23亿元。28年间，第一产业投资稳步增长，第二产业投资占主导地位，第三产业基础设施的投资力度加大。按用途分，生产性建设投资所占比重不断下降，非生产性建设投资明显上升。1986 年，生产性建设投资所占比重为 96.95%，非生产性建设投资比重为 3.05%。其中，住宅占到非生产性建设投资比重的 76.47%。2013 年，生产性建设投资比重下降到 88.53%，非生产性建设投资上升到 11.47%，其中住宅占非生产性建设投资比重的 97.29%。

第三章　国民经济“五年规划”执行情况

第一节　“七五”（1986—1990）计划执行情况

国民经济总体水平

1990 年，全县国内生产总值 4.62 亿元，比 1986 年增长 71.75%，“七五”期间年均增长 12.47%。全县财政收入 1658 万元，比 1986 年增长 1.04 倍，年均增长 19.5%。农民人均纯收入 446 元，比“七五”期间平均水平 494 元低 48 元，是“七五”期间最低的一年。城镇居民人均收入 1673 元，比 1986 年 969 元增长 72.68%，年均增长 14.63%。社会商品零售总额 1.78 亿元，比 1986 年的 1.18 亿元增长 58.15%，年均增长 10.82%。城乡储蓄余额 1.39 亿元。

农业经济

1990 年，全县农业总产值 3 亿元，比“七五”期间的年平均值 3.06 亿元减少 600 万元，年均减少 2%。“七五”期间，以提高农业和农村经济效益为中心，在稳定粮棉生产的同时，着力发展畜牧、林果、瓜菜生产。1990 年，粮食总产 12.5 万吨，比“七五”期间年平均值 12.22 万吨增加 2800 吨。棉花总产 1.26 万吨，比“七五”期间的年平均值 2.01 万吨减少 7500 吨，棉花产量连续 4 年下滑。

工业经济

“七五”期间，通过优化工业产业、产品结构，不断壮大白酒、汽车制造、造纸、化工、地毯、玻璃钢、棉纺织、橡塑生产体系，培植了武城酒厂、造纸厂、旅行车厂、地毯厂、棉纺织厂等一批骨干企业。1990 年，工业总产值达到 8.07 亿元，工业在国民经济中的比重超过 40%，成为全县财政收入的主要来源。

其他各业情况

“七五”期间，商业、社会服务业等平稳发展。1990 年，商业实现产值 2120 万元，比 1986 年增长 1.81 倍，年均增长 12.6%；运输邮电业实现产值 403 万元，比 1986 年增长 2.15 倍，年均增长 16.6%；金融保险业实现产值 2209 万元，比 1986 年增长 1.6 倍，年均增长 9.8%；社会服务业实现产值 557 万元，比 1986 年增长 2.08 倍，年均增长 15.8%；房地产业实现产值 1134 万元，比 1986 年增长 2.12 倍，年均增长 16.2%；卫生体育福利业实现产值 479 万元，比 1986 年增长 3.93 倍，年均增长 31.5%。

第二节　“八五”（1991—1995）计划执行情况

国民经济总体水平

1995 年，全县国内生产总值 14.21 亿元，比1990年的4.62亿元增长2.08倍，“八五”期间年均增长25.2%。全县财政收入2430万元，年均增长7.95%，农民人均纯收入1469元，年均增长26.9%，城镇居民人均收入3010元，城乡储蓄余额8.32亿元，比“七五”末增长6倍。

农业结构调整

“八五”期间，以提高经济效益为中心，在稳定粮棉生产的同时，着力发展“两高一优”（高产、高效、优质）农业，形成以畜牧、林果、瓜菜、桑蚕和庭院经济为主的系列化、多业化生产和“一村一品”“一乡一业”的农村经济发展新格局。1995年，粮食总产20.3万吨，棉花总产1.01万吨，名列全国百个棉花大县第98位，多种经营收入达到12.5亿元，被列入“全国优质棉花基地县”“全国种子集团化试点县”“全国秸秆养牛示范县”和“全省畜牧强县”。林业生产通过省“八五”绿化达标验收。乡镇村企业、民营经济成为农村经济的生力军，农村非农业经济比重大幅度提高。

工业投入和主导产业

“八五”期间，全面实施“工业带动战略”，全县县乡工业企业累计投入基建、技改资金2.8亿元。同时，优化产业、产品结构，培植形成了玻璃钢、棉纺织、地毯、橡塑生产体系。

基础设施投资

“八五”期间，全县基础设施投资增加。城区规模进一步扩大，城市面貌大有改观，城市功能逐步健全完善。公路建设五年累计投入资金4100万元，新建和改建干线公路43.2千米，铺设乡村公路328千米，全县柏油路通达村数258个，占村总数的66%，百平方千米柏油路通车里程49.4千米，万人均10.3千米，高出全省平均水平，居全市首位。新架设的第二条110千伏输变电工程交付使用，新增变电站4座，年供电量1亿千瓦时。邮电条件改善，通信实现全国联网，市话交换机容量7168门，长途电话电路480条。新建商品住宅1.8万平方米。武城县获省政府颁发的“齐鲁杯”三上活动优胜奖；鲁权屯乡被建设部列为全国小城镇建设试点镇；老城镇、滕庄乡被列为省级小城镇；其他乡镇驻地的城镇建设也有明显改观。

商贸流通业

“八五”时期，全县形成国营、集体和个体私营共同发展的多渠道、少环节、开放型的流通网络。建成老城商贸市场、龙湾粮食市场、尚庄辣椒市场、聂官屯蔬菜市场和北甘泉建材市场五大有带动力的专业市场。1995年，社会消费品零售总额4.17亿元，年均增长18.42%，集市贸易成交额达4.4亿元，年均增长72.5%。外向型经济有了新发展，外贸出口供货总值完成2.5亿元，年均增长22.1%，三资企业发展到9家，实际利用外资500万美元。

社会事业

“八五”期间，全县取得科技成果78项，科技进步对经济增长的贡献率达到35%，主要农作物良种覆盖率80%，创建全国科技进步先进县工作通过市级验收。校改投资6500万元，省级验收全部达标，九年义务教育覆盖面90%。1995年，本科上线人数214人，居全市首位，武城二中成为省级规范化学校，并获得省第五批校改验收总分第六名，全县中小学校改获省第五批第五名，职业教育和成人教育不断发展。卫生事业基本实现初级卫生保健目标，医疗水平和服务设施得到提高和改善，县医院门诊楼落成并投入使用。

第三节　“九五”（1996—2000）计划执行情况

国民经济总体发展情况

2000年，全县国内生产总值26.57亿元，与上年同比增长13.2%，比1995年增长86.98%，年均递增13.3%。其中，一、二、三产业增加值分别5.88亿元、14.1亿元、6.59亿元，年均递增分别为-1.02%、25.49%、13.49%，地方财政收入1.04亿元，比1995年增长3.33倍，年均递增34.1%。全社会固定资产投资4.52亿元，年均递增26.23%。农民人均纯收入2432元，比1995年增长65.55%，年均递增10.6%。城镇居民可支配收入4617元，比1995年增长80.42%，年均递增12.52%。

农业结构调整

“九五”期间，以提高农业综合效益为中心，缩减粮田面积，培植起棉花、辣椒、西瓜、食用菌4个支柱产业，形成一批种植基地。畜牧业制高点初步形成，黄牛和波尔山羊改良取得明显成绩。“九五”时期，围绕主导产业资源优势，新上辣椒、食用菌、棉花等农产品加工企业100多家，新建和扩建一批农产品专业交易市场，农业产业化进程步伐加快，农业开发和水利设施建设也有新进展，利用世界银行贷款二期项目建设，进一步改善项目区的生产条件。

工业企业规模增长情况

“九五”期间，全县落实重点抓工业、关键抓投入的工作方针，大上工业，县域工业规模不断膨胀。2000年，全社会固定资产投资4.52亿元，比1995年增长2.21倍，年均递增26.23%。其中，工业投入5.5亿元，比1995年增长1.93倍，年均递增24%。到2000年底，全县限额以上工业企业59家，培植起古贝春有限公司、水利橡塑厂、神龙地毯集团、银河纺织公司、金光集团、北方玻璃钢有限公司、郝王庄造纸厂、康达化工有限公司等一批骨干财源企业。在玻璃钢、橡塑、地毯、化工、白酒等行业新上一批科技含量高、市场前景广阔的项目。企业管理更加规范，通过ISO9000国家质量体系认证的企业12家。新建科技工业园被列为国家级乡镇企业示范区，入园企业48家。全县限额以上工业销售收入19.47亿元，实现利税2.8亿元，分别比1995年增长2.11倍和4.6倍，年均递增25.47%和41.14%。

市场建设和商贸流通业

“九五”期间，全县统一规划，建设建材市场、木材市场、玻璃钢原材料市场、机动车大市场和商贸城，扩建尚庄辣椒市场、龙湾粮食市场。2000年，实现社会消费品零售总额6.84亿元，比1995年增长64.03%，年均递增10.4%。

体制改革与对外开放

“九五”末，全县158家国有、集体企业基本完成改制任务，产权明晰，资产盘活，企业焕发生机和活力。扩大对外开放，多层次引进外商资金。2000年，实现出口创汇52万美元，实际利用外资101万美元，分别比上年增长98.5%和261%。

基础设施建设

县城区域内沿街进行全面改造，先后完成振华街东延、旧城街西延、向阳路南延及新汽车站的建设与搬迁。乡镇驻地改貌工程和部分中心村规划建设全面启动，小城镇面貌呈现新特色。“九五”时期，全县农村电网改造工程全面完成，实现同网同价。通信及网络建设步入快车道，“九五”末，政府及企业上网工程启动，电话入户率达到62%。县乡公路建设进展迅速，新建、改建公路536千米，全县公路通车里程607千米，公路密度达到81.15千米/百平方千米。

第四节　“十五”（2001—2005）计划执行情况

国民经济综合水平

2005年，全县国内生产总值62.5亿元，年均增长18.65%。其中，第一产业9.08亿元，年均增长9.08%；第二产业34.92亿元，年均增长19.89%；第三产业18.5亿元，年均增长22.93%；地方财政收入1.17亿元，年均增长2.48%；城镇居民人均可支配收入6441元，年均增长8.7%；农民人均纯收入3794元，年均增长10.2%;城乡居民储蓄存款余额25.47亿元，年均增长111.27%。

农业经济

粮食呈现恢复性增长。2005年，全县粮食产量22万吨，年均增长2.7%，农业结构调整向纵深方向发展，辣椒、棉花、食用菌、畜牧业等“一红两白一牧”四大主导产业形成规模。辣椒、棉花、食用菌种植规模分别在666.67公顷、2万公顷和15万平方米以上，畜牧业产值占农业总产值的比重超过40%。林木种植突破1.33万公顷，覆盖率25.7%，比2000年增长18%。节水灌溉、农村饮水解困、“村村通”自来水三大工程实施，发展节水灌溉6666.67公顷，解决293个村庄、23.12万人的吃水问题，农田有效灌溉面积4.3万公顷。2005年，全县农业总产值16.7亿元，年均增长9.02%，从事非农生产的农村剩余劳动力超过10万人。

工业经济

培植起汽车零部件、玻璃钢、地毯、农副产品深加工、白酒等五大支柱产业，形成以汽车零部件为龙头，玻璃钢、农副产品深加工为两翼的“品”字形经济格局。武城县被命名为“中国民族毯业城”“中国汽车零部件产业集群县”。获得全国驰名商标1个，省著名商标5个。五年工业投入超过100亿元，新增规模以上工业企业140家，总量达到189家。2005年，规模以上工业企业增加值19.39亿元，利税11.5亿元，年均增长分别为26.57%、32.65%。

民营经济

年销售过亿的民营企业超过15家，发展高新技术企业11家，五年累计取得各项专利成果86项。构建起民营企业信用担保、行业协会、电子信息、信用评价、教育培训等五大服务体系，民营经济发展条件进一步优化。2005年，全县民营经济总户数1.64万户，注册资金22.3亿元，年均增长52.9%，民营经济营业收入235亿元，年均增长42.8%，上缴税金超过1亿元，年均增长19.2%，占全县地方财政收入的比重超过60%。

服务业

电子物流配送、连锁经营、专卖、法律咨询服务、劳务中介等新型服务业竞相发展，服务水平明显提升。市场建设取得新进展，杨庄和老城棉花市场实现合龙，辐射带动能力显著增强，辣椒、粮食、建材、商贸城等各类市场健康发展。“十五”末，全县有各类市场37处，年成交额过亿元的市场4个。2005年，集市贸易成交额59.5亿元，年均增长17.1%。实现社会消费品零售总额19.22亿元，年均增长22.95%。

基础设施建设

“十五”期间，先后新建和改造振华街、古贝路、北方街、文化街；完成青龙河景观公园拆迁；新建武城二中、汽车站；城市改水、城区天然气工程开工建设，住宅小区连片集中开发，县城面貌大大改观，城市功能不断增强；交通、通信、信息产业迅猛发展。到2005年，全县通车里程1425千米，是2000年的2.35倍。乡村基本实现“五通”，即村村通油路、通电话、通有线电视、通客车、通自来水。

社会事业

2005年，科技贡献率49.5%，科技进步对经济增长的贡献能力不断提高。教育工作稳步发展。人口和计划生育工作强力推进，人口自然增长率控制在7‰以内。养老保险扩面征缴工作进展顺利，医疗保险改革基本到位，到

2005年底，参保人数2万人。新建中医院、县人民医院门诊楼、县疾病预防控制中心。城、乡居民人均住房面积分别达到26平方米和29平方米。

第五节　“十一五”（2006—2010）规划执行情况

经济实力

2010年，全县国内生产总值115.77亿元，比2005年增加53.27亿元，增长85.23%。地方财政一般性预算收入实现2.56亿元，是2005年的2.19倍。规模以上固定资产投资完成70.96亿元，是2005年的1.51倍。全社会消费品零售总额38.71亿元，是2005年的1.94倍。2010年，第一产业实现15.19亿元，年均增长10.84%。第二产业实现69.25亿元，年均增长14.68%。第三产业实现31.33亿元，年均增长11.11%。

工业经济

2010年，全县规模以上工业378家，比2005年增加189家，总量、增量均居全市前列。全县实现工业总产值352.81亿元，比2005年增加247.09亿元，是2005年的3.34倍。其中，规模以上工业实现增加值、利税、利润分别为77.46亿元、39亿元、24.5亿元，分别是2005年的3.99倍、3.39倍、3.53倍，年均分别增长31.92%、27.67%、28.73%。五年累计完成技改投入125.6亿元，年均增长18.1%。万元GDP能耗下降6.9%。古贝春集团有限公司酒类技术研究中心被评定为“省级企业技术中心”，奥博环保公司等6家企业技术中心被评定为“市级企业技术中心”，9家企业获山东省著名商标，“古贝春”商标获中国驰名商标，“龙禧”牌高档机织地毯获中国名牌产品。2010年，全县民营业户8517户、私营企业885家，分别比2005年增加3571户、392家。民营经济实现营业收入420亿元，上缴税金2.5亿元，分别是2005年的1.8倍和2.9倍，年均增长17.6%和23.8%。县经济开发区成为省级经济开发区和“全国30家强势汽车工业园区”之一，汽车零部件产业集群入选“中国县域产业集群竞争力100强”，齐鲁客车公司生产的新能源客车被第四届世界太阳能大会指定为接待用车。

农业发展

全县培植“一红两白一牧”特色农业，农业产业化水平不断提高，获“中国食用菌之乡”“全国优质棉生产示范基地”“全省农业产业化先进县”等称号，获无公害农产品、绿色食品、有机食品“三品”认证证书22个。2010年，农业实现总产值30.7亿元，是2005年的1.8倍，年均增长12.7%。全县粮食总产量37.9万吨，实现“吨粮县”建设目标。森林覆盖率28.9%，比2005年增长9%。开工建设潘庄引黄灌区末级渠系改造工程、南水北调武城县截污导流和引黄济津工程，先后清淤治理利民河、利民河南支、堤上旧城河、小董王庄沟、六六河、赵庄沟、堤下旧城河、头屯东干沟等骨干河道。严格落实种粮补贴、良种补贴、农机具购置补贴等国家惠农政策。国家商品粮基地建设、粮棉高产创建、中低产田改造等工程进展顺利。

服务业

2010年，全县服务业实现税收1.44亿元，占全部税收的56%。全县各类市场42处，其中年交易额过亿元的13处。2010年，全县年货运量实现452万吨、客运量69万人次。物流业快速发展，全县拥有千里马物流等17家配送企业和5家快递公司。旅游业快速起步，四女寺风景区开工建设，古贝春酒文化馆、地毯博物馆、玻璃钢展览馆和农业展览馆建成并对外开放。覆盖城乡的金融服务网络体系基本形成，通信网络建设进一步加强，房地产、中介等新兴服务业快速发展。

社会事业

五年累计新增就业岗位1.6万个，城镇失业率控制在3%以内。2010年，城乡医疗保险参保率超过98%，被确定为“省级新型农村合作医疗改革支付方式试点县”，城镇养老保险覆盖人数达到5.5万人。义务教育保障机制全面落实，县第四小学建成并投入使用，齐鲁职业学院建成。五年累计申报科技专利296件，被授予“山东省知识产权试点县”。卫生基础设施建设累计投资近亿元，县乡村三级医疗卫生机构新建、扩建率达100%。五年引进各类人才9000人。五年累计实际利用外资3500万美元，自营出口10459万美元，年均分别增长58.5%和23.7%。

第六节 “十二五”（2011—2015）规划前三年执行情况

前三年的经济发展情况

2013年，全县国内生产总值171.68亿元，是2010年的1.48倍，年均增长8.2%。地方财政一般性预算收入实现7.05亿元，是2010年的2.75倍，年均增长40.17%。全县完成固定资产投资141.67亿元，是2010年的1.9倍，年均增长23.81%。全社会消费品零售总额达到62.5亿元，是2010年的1.61倍，年均增长17.31%。完成进出口总额3584万美元，比2010年增加741万美元，年均增长8%。城乡居民人均纯收入分别为3.83万元和10905元，年均增长41.05%和16.13%。

粮食生产实现“十一连增”。2013年，粮食播种面积7.34万公顷，比2010年的4.97万公顷增加1580公顷，粮食产量61.41万吨，比2010年增加23.59万吨，年均增长17.54%。棉花播种面积1.05万公顷，比2010年的1.26万公顷减少2100公顷，棉花产量1.59万吨，比2010年的1.5万吨增加500吨。农业产业化龙头企业发展到28家，其中，国家级1家、省级4家、市级23家。农业机械化走在全省前列。小农水工程和河流治理等项目陆续通过验收并交付使用。

2013年，完成规模以上工业增加值107.14亿元，是2010年77.46亿元的1.38倍，年均增长11.41%。高新技术产业产值248.94亿元，是2010年的1.82倍，年均增长16.14%。3年间，高新技术产业产值占规模以上工业总产值的比重平均为40.09%。2013年，重点技术改造项目72个，完成工业投资82.18亿元，全县纳税过百万的企业120家。

2013年，全县民营经济户数10394户，比2010年增加2498户，实现营业收入703.2亿元，上缴税金5.94亿元，分别是2010年的1.66倍和2.21倍，年均分别增长18.33%和30.22%。

2013年，完成服务业增加值55.32亿元，是2010年的1.77倍，年均增长20.87%。

城乡建设

2013年，新建改造城区道路12条，主干道路全部实现亮化，铺设雨污管网19千米。弦歌湖文化城市综合体完成景观打造和公共服务设施建设；运河文化城市综合体完成全部拆迁任务；状元湖文化城市综合体完成规划设计。运河文化风景区初具规模。镇村建设实现突破。鲁权屯镇被列为“全省经济强镇”，四女寺镇被评为“全省旅游名镇”。新建、续建社区22个，6800余户群众入住新居。新甲路、郑郝路等骨干道路竣工通车，成为全市第一个县镇快速通道全部打通的县；德上（德州—上饶）高速武城段开工建设，在武城设出口4个。大屯水库、建德水库成功蓄水，城乡供水一体化全面覆盖，成为全市唯一实现“双水源”供水的县。截至2013年底，县境内公路里程1942.1千米，固定电话用户2.05万户、移动电话用户30.66万户、互联网宽带接入用户 2.15 万户。实现城区集中供热。镇镇通天然气工程稳步推进。完成农村电网升级改造工程。实施利民污水处理厂一级 A 工程、乡镇生活垃圾转运站，依法关停取缔土（小）企业 5 家，城区污水集中处理率 96% 以上。

社会事业

3 年间，新增城镇就业累计 20520 人，农村劳动力转移就业累计 28969 人。2013 年，城乡居民社会养老保险参保人数 208199 人；城镇基本养老保险参保人数 32467 人；城镇医疗保险参保人数 87496 人；失业保险参保人数 19214 人；新型农村社会养老参保人数 207852 人；新农合参合率 100%；城市和农村低保标准提高到每人每月 360 元和 200 元。至 2013 年底，城镇居民最低生活保障人数 2318 人，农村居民最低生活保障人数 18291 人，农村“五保”供养 1203 人。3 年间，累计建成保障性住房 190 套。新建、改建 18 所公办幼儿园，完成武城县第五小学、第六小学建设。

第四章　开放型经济

第一节　招商引资

从 20 世纪 90 年代初开始，武城县加速开放开发工作步伐。20 多年间，县委、县政府多次出台招商引资优惠政策，在土地、税收、奖励等方面给予优惠，吸引国内外客商到县投资、合作。其间，通过组织举办玻璃钢节、辣椒节、汽车零部件发展论坛等重大招商活动，赴外地参加各类洽谈会、恳谈会、展销会等对外交流活动，引进众多项目和企业。

优惠奖励政策

1992 年，县委、县政府出台《武城县关于引进人才、资金、技术、项目的有关规定》，对引进的人才在工资待遇、住房、家属工作、子女入学、职称评聘、工龄计算等方面给予优惠，并根据贡献大小给予其所创造利润 15% ～ 30% 的奖励。对引进国内外资金的，根据资金数额多少、使用期长短、利息的高低，按照引进额的一定比例进行奖励。对引进新项目、产品、技术，并产生经济效益的，按照资金数额的 1% ～ 2% 给予一次性奖励。同年，出台《武城县关于鼓励外商投资的有关规定》，对引荐外商投资项目、引荐劳务输出者给予奖励。对外商投资项目在场地使用费方面给予优惠，保障其所需的水、电、气、热、运输条件和邮电通信设施，并按照本地最低价收费。外商投资企业的出口产品，除原油、成品油和国家另有规定的产品外，免征工商统一税。对外商投资企业在资金信贷方面实行优先放贷政策。保障外商投资企业生产、建设、经营、用人自主权。

1999 年，县委、县政府出台《关于对外招商的优惠政策》，在土地使用方面给予政策优惠；对客商企业的所得税、固定资产投资方向调节税、外籍人员个人所得税实行返还政策。对参与地方国有企业改革的客商，根据参与形式的不同，分别给予利润分成、所得税返还等相应奖励。

2000 年，县委、县政府出台《关于引进资金项目和人才的奖励政策》，对引进资金的，按照引进额的一定比例给予奖励。引进投资项目的，根据客商国内、国外的不同分别给予投资额 3%、4% 的奖励。引荐向境外输出劳务的，每输出 1 人，奖励 500 ～ 1000 元。引进人才、技术等，使企业效益增加的，按照新增利润的 10% 给予奖励。

2001 年，县政府出台《武城县招商引资考核奖惩办法》，对各乡镇、县直部门招商引资工作按年度进行考核，并制定表彰奖惩办法。

2002 年，县政府出台《关于加快运河经济开发区发展的优惠政策》，对在运河经济开发区投资的企业在土地使用和税费缴纳方面提供便利，并给予优惠。对年纳税额 100 万元以上的企业根据纳税额度给予 4% ～ 10% 的奖励。实行“筑巢引凤”工程，投资设备及其他资产超过 500 万元的，可申请由开发区管委会修建厂房，并低价租赁。

2004 年，县委、县政府出台《关于招商引资的优惠政策》，对到运河经济开发区投资的企业，建设用地由县政府统一提供。企业自投产之日起五年内给予上缴企业所得税同等额度的奖励，境外投资者享受企业所得税“免二，三减半”政策，项目自注册之日起五年内免收地方行政性收费。对引进固定资产 500 万～ 1 亿元以上项目的分别给予 2 万～ 100 万元的奖励，引进投资额特别巨大的，一事一议。对招商引资工作业绩突出的国家公务员，由组织部门优先提拔重用，其他人员由县委、县政府授予荣誉称号。

2005 年，县委、县政府出台《关于促进招商引资发展民营经济的优惠政策》。提高项目引进推荐人的奖励水平，引进固定资产投资 500 万～ 1 亿元的分别给予 4 万～ 100 万元的奖励。鼓励金融部门为工业加工项目提供中长期贷款，一次性提供贷款 5000 万元的奖励 40 万元，提供 1 亿元的奖励 100 万元。对固定资产投资 500 万元以上的企业，在土地证办理、土地使用缴费方面给予优惠。固定资产投资过亿元的项目，每投资 1 亿元补贴 1000 万元；在行政审批、基础设施、客商子女择校等方面制定保障措施。

2011 年，县委、县政府出台《武城县招商引资优惠政策（试行）》，针对固定资产投资 500 万元以上项目和 100 万美元以上的外资项目制定优惠政策。项目前两年税收地方留成部分的 100%，后三年税收地方留成部分的 50% 由县财政奖励企业用于扩大再生产。要求公安、工商、交通、公路、教育等部门做好投资者权益维护和保障工作。对过亿元的项目，高科技、环保、节能类项目，外资、上市公司、中国名牌、中国驰名商标生产企业、龙头带动项目，在用地、税费方面实行一事一议。

招商活动

1993 年，参加西安 93 德州产品展销暨经济技术洽谈会，全县筛选 100 多种产品参展。2002 年，举办中国·武城首届辣椒洽谈订货会，4600 余名国内外客商参加，签订贸易合同 5 万吨，贸易额 2 亿元。同年，举办首届中国

图 6-1 玻璃钢节及重点工程签约仪式（2005 年 摄）

武城古贝春酒文化节，通过大型文艺演出宣传古贝春酒品牌价值和形象，此后陆续举办10届。2003年，参加第七届德洽会、德州（深圳）经贸恳谈会和上海2003年中美经济合作洽谈会。2004年，与省棉花协会共同举办全国首届（济南）棉花推介会，邀请全国各地客商200多人到会。举办第二届中国·武城辣椒贸易洽谈会，参加中国山东第三届海外人才交流暨经贸项目洽谈会。2005年，组织招商团赴浙江舟山、诸暨、金华、绍兴、鄞州等地进行上门招商，举办武城（浙江宁波）经济交流恳谈会和中国汽车零部件产业集群专家论坛暨第二届中国·武城玻璃钢节。赴韩国举行武城（韩国）招商恳谈会；举办第二届棉花洽谈会。2006年，参加2006海内知名企业家齐鲁行暨中国德州第十届投资贸易洽谈会。2007年，举办中国·武城汽车零部件产业发展论坛、中国重汽集团德州配套基地建设恳谈会。举办武城县融入济南经济圈恳谈会及人才（技术）项目合作，在天津滨海新区举办武城（天津）产业对接招商活动，邀请国内外驻津大公司、大企业代表200多人参加。2008年，举办山东武城（香港、深圳）招商投资说明会，赴杭州开展经贸招商活动，在上海举办中国首届复合材料在汽车工业中应用论坛，举行中国武城（上海）玻璃钢材料环保节能高峰论坛暨武城特色产业重点项目推介会。同年，参加第十二届德洽会。2009年，先后赴香港、台湾、上海、江苏等地开展招商活动50余次，举办第七届古贝春酒文化节和第三届辣椒文化艺术节，参加第十三届德洽会，举行武城投资说明会。2010年，开展“招商引资突击月”活动，开拓西部招商区域，先后赴银川、太原等地与鲁宁企业联合会、山西省山东商会进行接洽会谈。2011年，举办第六届全国辣椒产业大会暨德州国际辣椒节。2012年，举办中国·德州第二届国际辣椒节暨国际辣椒产业发展高峰论坛、交通装备产业招商对接大会。2013年，举行德州·武城对外经贸合作（上海、北京）恳谈会。同年，分别在沈阳、天津举办“三回工程”在外武商座谈会，并在天津市举办“2013山东德州融入首都经济圈合作恳谈会”。

主要成果

1993年，县建材公司与香港智联发展有限公司合资兴建山东华兴红泥塑料有限公司。1996年，台湾独资企业德州谊春饮料有限公司建立。进入21世纪，全县招商力度逐年加大。到2005年，先后引进山东真元水兴汽车部件有限公司、德州华迪生物制品有限公司和合力科技有限公司、德州多元食品有限公司等项目446个，到位资金52.5亿元。2009年，引进台湾叶家香集团剥皮辣椒项目和中国华垦集团大型粮油储备项目等28个，到位资金32.8亿元。2011年，开展全民招商、专业招商，推进“一把手”招商。是年，引进德州玲珑集团有限公司、双一风力发电叶片模具生产项目等过亿元项目

图6-2 武城县重点项目签约仪式（2010年 摄）

49个。2012年，引进德州金正大生态工程有限公司、欧森公司等过亿元项目35个。2013年，引进四川华西希望饲料、中石化绿源公司地热能开发、英利集团光伏发电、盐百购物广场等42个项目。截至2013年底，全县累计引进过亿元项目145个，到位资金286.5亿元。

第二节　园区建设

山东武城经济开发区

总体规划　1998年3月，武城工业园成立，位于县城东，规划范围南起省道318线，北至北方街，西起运河路，东至赵庄沟，规划面积2.4平方千米。2003年，改称运河经济开发区。2006年，改称山东武城经济开发区，同年3月，被省政府批准为省级开发区。2011年，将广运街道10个行政村，2.6万人，993.33公顷耕地，划入经济开发区。截至2013年底，经济开发区建成面积10平方千米。

基础设施　1998年7月，园区主干道建设开工，建设面积2.1万平方米，同年8月竣工。1999年3月，“三路一街”（运河路、东风路、东环路、顺河街）开工建设，全长4.15千米，建设面积5.4万平方米，投资505万元，同年7月竣工。2004年，古贝春热电厂开工建设。2005年，建成污水处理厂等相关服务设施。2012年9月，县行政审批服务中心投入使用。2013年，全区绿化面积50余万平方米，实现市政道路、雨水、污水、自来水、天然气、电力、通信、供热、有线电视管网和地面平整的“九通一平”。

入驻企业　1998年，奥绒服装有限公司、康达化工有限公司、新明玻璃钢制品有限公司、白天鹅浴业先后开工建设。1999年，引进水利橡塑厂。2000年，引进华其特艺品有限公司，主要生产手工地毯，产品销往土耳其。2001年，引进山东龙祥橡塑制品有限公司、武城恒和车业2家企业。2003年，引进武城县大力农业机械有限公司，占地2.3万平方米，建筑面积7200平方米，注册资金500万元，总资产900万元。2004年，引进武城县民福棉业有限公司。2005年，引进山东高新润农化学有限公司，2006年1月投产，投资9800万元。2006年，引进山东浩科新型建材有限公司，投资1.5亿元，占地16万平方米，主要从事新型节能墙体材料—加砌混凝土制品的开发、生产制造和服务。2007年，引进山东奥博环保科技有限公司公司、山东齐鲁汽车制造有限公司。2008年，引进德州北辰复合材料有限公司。同年9月，新和祥纸品包装有限公司建成投产，占地2.33万平方米，投资1.1亿元。2010年，引进宏烨复合材料有限公司。2011年，引进德州玲珑集团有限公司、武城康妮纺织有限公司。2012年，引进德州金正大生态工程有限公司。2013年11月，引进德州欧典环保科技有限公司，主要生产环保设备、供水设备、空气净气化设备等产品。截至2013年底，园区内有汽车及汽车零部件生产制造企业54家，包括整车制造、汽车零部件、新能源和非机动车生产等。新能源新材料企业62家生产的产品，主要用于建筑、航天、军工、交通等领域。园区内有省级技术研发中心1个，市级研发中心1个，市级重点实验室1个。

中国武城新材料产业园

总体规划　该产业园源自鲁权屯经济开发区。1993年，鲁权屯经济开发区建立。1994年，设立滕庄经济开发区。2003年，县委、县政府为扶持做大做强玻璃钢中央空调产业，将鲁权屯、滕庄两个经济开发区合并，建立中央空调、玻璃钢制造业基地。2009年，成立鲁权屯工业园，确定为县经济开发区分区，享受县经济开发区政策，定名中国武城新材料产业园，规划面积17平方千米，东起德武路，西至郑郝路，北起龙四路，南至利民河南支。截至2013年底，中国武城新材料产业园形成以玻璃钢、中央空调产业为主导，汽车零部件、新型建材等产业同步发展的多元化产业体系。

基础设施　按照“南延东扩、对接县城”的思路进行新区公路建设，先后投资2亿元，建设鲁权屯镇南外环、完成宏海路南延以及南环路西延工程，总长20余千米。投资1200万元对园区及周边道路逐步进行升级改造。规划建设中央空调产业平台园、地源热泵科技园、邦合生态园、商贸物流园、新材料产业园5个特色园区，每个园区规划面积均在300万平方米以上，按照“特色产业+龙头企业+加工业户”布局，构建起产业发展新格局。

入驻企业　截至2013年底，园区有玻璃钢、中央空调生产企业1126家，其中规模以上企业163处。可生产中央空调主机，地源热泵，冷却塔，风机，SMC模压水箱，电缆桥架，缠绕管、罐，汽车模压配件等40多个系列1000多个品种。产品被应用于人民大会堂、首都机场、西昌卫星发射中心等国家大型重点建设项目，远销东南亚、非洲、中东等十几个国家和地区，年产值200多亿元。

甲马营汽车零部件产业园

总体规划　2004年，甲马营乡设立汽车零部件产业园区，位于县城西5千米、临武路北侧，规划面积66.7万平方米。2008年，乡党委、政府实施园区北扩工程，修建“两纵一横”园区路。

项目引进　2004年后，先后引进山东晨光橡塑工程有限公司、山东新奥宇股份车业有限公司、山东琪胜汽车零部件有限公司、武城县日升体育器材有限公司等企业。截至2013年底，形成以武豪、新通、晨光、新奥宇等6家公司为龙头，辐射带动150多处私营企业与加工点共同发展，以汽车零部件生产为主，三轮运输车生产、铝合金加工、玻璃钢加工、工程橡胶制品等为辅的产业园区。

杨庄银山工贸园

总体规划　1994年3月，杨庄乡党委、政府依托县棉麻公司，在乡政府驻地东杨村东开发建设全县第一处露天棉花交易市场，占地3.5万平方米。2000年，随着国家棉花收购、加工政策的逐步放开，县委、县政府会同杨庄乡政府对市场进行全面规划，兴建银山工贸园，规划土地面积33万平方米，位于勤政街、聚鑫街和文化街两侧。2001—2002年，实施二期建设

图6-3 鲁权屯工业园（2011年 摄）

工程，总投资8600万元，新建设幸福路张古庄小区，增加园区面积14万平方米。2003年，进行三期建设，新建勾庄小区、隋庄小区。新增园区面积67万平方米。2004年，实施杨庄、老城两大棉花基地合龙工程，聘请省规划设计院专家对园区重新规划，以幸福大道为南北轴，以银山路为东西轴，在银山路两侧兴建棉纺城、织布城、浸出油城。项目总投资6亿元。其中，棉纺城投资3亿元，织布城投资1.4亿元，浸出油城投资1.6亿元，占地100万平方米。至2006年全部建设完成。

基础设施 2000年，投资2000万元，建设幸福路、兴杨街、勤政街、聚鑫街、育才街，全长5800米。2001年，投资120万元，铺设花砖1.5万平方米。架设110千伏电力线路1条，联通公司、移动公司、电信公司均在杨庄乡设立营业部。

入驻企业 1996—1999年，先后入驻企业30家，其中规模100万元以上的12家，50万～100万元的18家。2000年，入园企业32家。2001—2002年，新增棉花加工厂46家，总投资8600万元。有25家企业通过省发改委棉花收购加工企业资格认定。2004年，兴建高标准棉花加工厂18处，浸出油厂1处，提净厂5处，脱绒厂3处，总投资6亿元。

中国武城辣椒城

总体规划 1992年10月，武城镇尚庄村对村北、郑夏路东侧的500米长东西走向的街道进行平整硬化，两侧统一规划建设辣椒交易门店，设立辣椒专业市场。1996年，武城镇党委、政府将市场延伸至德商路两侧，市场呈“丁”字状，两侧门店增至140余家。2000年，市场沿德商路延伸南至石庄、北至东杨官屯，规模进一步扩大。2002年初，县委、县政府确定按照建设、规模、管理、服务“四个一流”的总要求和“买全国、卖全国、连国外”的总目标，对辣椒市场实施扩建，设立中国武城辣椒城。一期工程占地35万平方米，投资1.03亿元，道路呈“三纵三横”格局，建设辣椒交易区、企业加工区、管理服务区，城内可容纳企业经营户200余户。同年，原辣椒市场东西路两侧的经营户全部迁入辣椒城。2004年初，聘请省设计院、省发改委等多家单位的专家进行实地考察、论证，制定辣椒市场30年长远发展规划，对市场进行“北延东扩”。至2013年，建设完成中国武城辣椒城“北延东扩”发展框架，新建门店100余间，辣椒城扩展建设27万平方米。

基础设施 1993年，尚庄村辣椒专业市场接入有线电话。2002年，投资240余万元，建起“三纵三横”6条道路，铺设沥青路面5.2万平方米；投资40万元，建设桥涵5座。同年，门店全部实现宽带上网，同时架设110千伏专用电力线路，安装100千瓦变压器1台，路灯56盏，铺设4200米排水管道、4400米引水管道。2004年，投资200余万元，新铺

图6-4 中国武城辣椒城（2009年 摄）

设“一纵两横”柏油路3条，面积2万平方米，改造旧路5万平方米。投资50万元，建设桥涵4座。2011年，投资80万元，对市场内两条道路进行改造，并对电力线路进行升级，变压器扩容200千瓦。

入驻企业　2002年，引进项目63个，投资2亿元，其中规模较大的企业有英潮公司、亚星公司、黑马集团辣椒加工厂、东顺斋食品有限公司等。后又陆续引进奥泰龙食品有限公司、金椒工贸有限公司、多元食品有限公司、皓月新科技有限公司、亿佳瓷业等企业。截至2013年底，市场入驻企业69家，总投资13亿元。

武城镇中小企业创业园

总体规划　2009年，武城镇党委、政府在桃花店村西、德商路西侧，规划土地80万平方米，建设武城镇中小企业创业园。截至2013年底，入园企业占地30万平方米。

基础设施　2009年，投资200万元，完成“四横两纵”道路硬化2万平方米。2010年，投资100余万元，在道路两侧铺设花砖1万平方米，种植景观树木4000余株，铺设排水设施2800米、引水管道1000米，引入专用110千伏线路1条，安装路灯120盏。

入驻企业　2010年，引进华安油脂3万吨食用油加工项目、悦浩羊绒制品有限公司200吨羊绒精梳项目、锦茂羊绒制衣400吨羊绒纺项目、岳东实业有限公司建设项目，总投资2.6亿元。2013年，引进山东腾腾复合材料有限公司，德州繁森新型建材有限公司年产30万吨矿渣微粉项目，总投资2亿元。截至2013年底，园区有企业6家，总投资5.8亿元，实现销售收入10亿元，税收136.9万元。

市南经济开发区

总体规划　2011年1月，经县委、县政府批准，在四女寺镇设立德武新区。规划范围南起蔡村街，北至省道254线，西起富民路，东至国道105线，总面积5.3平方千米。2013年8月，更名为市南经济开发区，东起国道105线，西至陈公堤，南至国道105线甜水铺收费站，北至德上高速连接线，规划面积35平方千米。

基础设施　2011年，投资700万元，建设蔡村街、工业路、海伟街，架设路灯101盏，铺设排水管道4836米、引水管道1000余米。同时，互联网接入园区。2013年，投资2600万元，建设蔡村街、振兴街、海伟街西延、富民路和工业路南延5条干道，全长4500米。

入驻企业　2011年，引进德州天琪商品混凝土项目、德州巨星暖通造纸通风设备生产项目、鼎昌地铁轻轨附属设施生产项目、正兴食品加工项目、双一风力发电叶片模具生产项目、鑫佳日化高效洗涤用品生产项目、天惠保温材料生产项目、远新空调设备生产项目、远凯玻璃钢制品加工项目、创一玻璃钢饮水设备生产项目，总投资10.5亿元。2012年，引进海伟集团玉米收获机生产项目、德州昆仑天然气加气母站项目、德州牧佳孵化设备生产项目、华西希望特驱饲料加工项目、宏宇玻璃钢制品加工项目，总投资14.5亿元。2013年，引进项目5个，总投资4.6亿元。截至2013年底，园区入驻企业33家，规模以上企业21家，总投资49.23亿元，实现产值35.78亿元，利税4000余万元。

第五章　乡镇企业　民营经济

第一节　乡镇企业

20世纪70年代，全县乡镇企业开始起步，以公社办企业为主。中共十一届三中全会后，生产大队、生产队办企业不断发展壮大。80年代，随着农村经济体制改革的深入和商品经济的发展，乡镇企业发展加快。到1986年，全县乡镇办工业93家，实现工业总产值5074万元（1980年不变价格），村办工业实现产值9013万元（1980年不变价格），比1978年分别增长318.72%和1687.83%。主要有建筑、建材、金属、机械加工、玻璃钢加工、木器加工、农具加工、橡胶加工、粮食加工、食品加工、棉油加工、地毯加工、服装加工、塑料加工等门类。

1988年4月，县委、县政府制定《关于加快发展乡镇企业若干问题的暂行规定》，全县实行乡镇办、村办、联办、户办等多层次共同发展。同年10月，为加强对乡镇企业新上项目的可行性论证，避免和解决盲目上马、重复建设、布局不合理、经济效益差等问题，县政府成立武城县乡镇企业项目论证委员会，凡乡镇企业投资在10万元以上的新上项目，都要报请县项目论证委员会统一进行论证审批，不经论证审批，工商部门不予办理营业执照，农行不予办理开户和贷款，土地管理部门不予办理征地手续。不足10万元的项目，由乡镇政府考察审批报论证委员会备案。

1990年，县委、县政府确定抓好重点行业、重点企业、重点村庄，把玻璃钢、地毯、抽纱作为乡镇企业重点发展行业，筛选30个重点企业、35个重点村，县直有关部门及各乡镇在资金、能源、原材料供应上实行重点倾斜。各乡镇建立自己的支柱企业，培植发展2～3家产值在百万元以上骨干企业。是年，全县乡办企业105家，实现产值1.06亿元，村办企业962家，实现产值3.14亿元，农村个体户3915个，实现产值1.12亿元。

1993年初，重新修订乡镇企业发展规划，确定发展劳动密集型、资源加工型、外引内联型、出口创汇型“四型”企业，在投入上搞突破，在引进人才、引进资金上搞突破，在增加科技含量上搞突破，在基础设施建设上搞突破，突出抓好地毯、玻璃钢两大重点行业。同年8月，县委、县政府出台《关于加大乡镇企业改革力

图6-5 2000年，全省个体私营经济会议在武城县召开

度，转换经营机制的意见》，在全县乡镇企业中全面推行租赁经营制、股份合作制，并对亏损企业进行拍卖。是年，全县乡镇办企业104家，实现产值2.97亿元，村办企业813家，实现产值11.16亿元，农村个体户6719个，实现产值6.82亿元。

1995年，县委、县政府下发《关于实施“一把手工程”加快经济发展的意见》，要求乡镇党委书记每人抓出一个产值过千万元的乡镇企业、利税超百万元的乡镇办骨干企业或新上一个投资100万元以上的新项目。

1996年，乡镇企业总投资1.64亿元，新上14个乡镇办项目，82个村办项目。郝王庄造纸厂完成第三期技改项目，年生产能力由3000吨提高到1.5万吨。全县有乡镇办企业58家，实现工业产值3.27亿元，村办工业企业51家，实现工业总产值2.39亿元。

1997年，乡镇企业进行产权制度改革，大部分改制为民营性质的个体私营企业或股份制企业。

第二节　民营经济

1986年，全县民营经济主要有玻璃钢加工业、橡塑制品业、手工业、建筑业、运输业、木器加工业、服务业、粮油加工业。是年底，全县有个体工商户1620户，从业人员2100人，以玻璃钢加工为主。到1988年底，全县玻璃钢从业人员1万余人，产品品种290余种，实现产值1亿元，占工业总产值的19.63%。1990年，全县有个体工商户6479户。其中，农业企业1户，工业企业4984户，建筑企业123户，交通运输业562户，商贸、餐饮企业726户，服务业70户，其他企业13户。从业人数42564人，年产值3.6亿元。其中，农业企业年产值90万元，工业企业年产值3.3亿元，建筑企业年产值1093万元，交通运输业年产值474万元，商贸、饮食业年产值1102万元，服务业年产值49万元，其他年产值42万元。1992年，县委、县政府把发展个体私营经济作为富民的途径，强县的基础，鼓励千家万户进入二、三产业。到1995年，全县民营行业有机械制造业、玻璃钢加工业、橡塑加工业、地毯加工业、服装加工业、食品加工业、建材加工业、家具制造业、粮食加工业、交通运输业、建筑业、白酒、批发业、零售业、住宿餐饮业、养殖业等。以玻璃钢加工、橡塑加工、地毯加工为主，有个体工商户7344户。其中，农业企业25户，工业企业2460户，建筑企业214户，交通运输业2099户，商贸、餐饮企业1920户，服务业462户，其他企业164户。从业人数4.26万人，年产值12.4亿元。其中，农业企业年产值1291万元，工业企业年产值8.6亿元，建筑企业年产值1.7亿元，交通运输业年产值8917万元，商贸、饮食业年产值1.1亿元，其他年产值50万元。2000年，全县实施“四业一品”兴县战略，围绕玻璃钢、汽车零部件、地毯、农副产品加工和白酒生产五大产业办企业上项目。2004年，实施园区带动战略，投资35亿元，完成运河经济开发区和鲁权屯—滕庄玻璃钢制造业基地、杨庄—老城棉花加工基地、武城镇尚庄辣椒购销基地“一大龙头、三大基

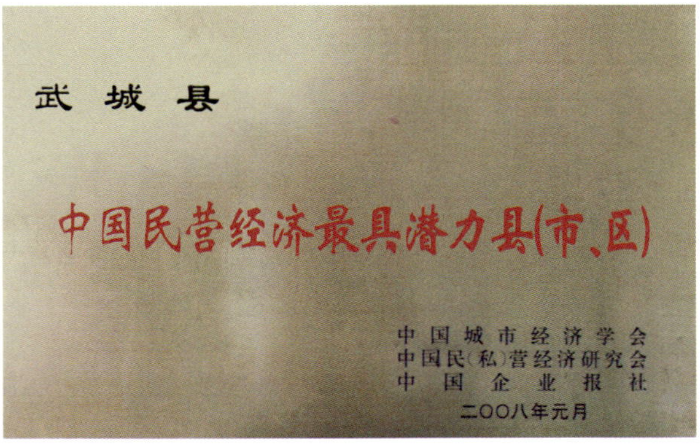

图6-6　中国民营经济最具潜力县（2008年　摄）

地”建设。到2005年，全县民营业户达1.64万户，民营经济营业收入232亿元，上缴税金8630万元。

2006年，全县实施民营经济“百村千企万户”工程，膨胀经济总量，狠抓中小企业提升和小企业培育，重点发展与骨干企业相配套、与特色产业相衔接的行业。按照“龙头企业拉动、配套企业跟进、产业集群发展”的思路，做强玻璃钢及中央空调、新能源汽车制造、汽车零部件、地毯、棉花、辣椒等特色产业。到2010年，全县民营经济营业收入424.35亿元，从业人员1.78万人，注册资金37.21亿元，上缴税金2.69亿元，个体、私营户数7896户。截至2013年底，全县形成农副产品加工业，食品制造业，酒、饮料制造业，纺织业，服装、服饰业，造纸和纸制品业、印刷和记录媒介复制业，文教、工美、体育和娱乐用品制造业，化学原料和化学制品制造业，医药制造业，化学纤维制造业，橡胶和塑料制品业，非金属矿物制品业、商贸服务业、建筑业、房地产业等16个行业。民营经济营业收入703.2亿元，上缴税金5.94亿元，个体、私营、农合户数1万余户，从业人数3.04万人，注册资金65.17亿元。

第七编

农业

武城是典型的农业县，以粮棉生产为主，主要农作物有小麦、玉米、棉花、大豆、谷子、西瓜、辣椒等。中共十一届三中全会后，全县农村推行家庭联产承包责任制。1986 年，农业总产值实现 2.28 亿元，比 1978 年增加 1.11 亿元，增长 94.8%，农民人均纯收入 462 元，比 1978 年增长 7.72 倍。1986 年后，随着计划经济体制向社会主义市场经济体制转型，全县农业经过不断调整内部产业结构，大力推行农业产业化经营，走上现代农业发展轨道。2013 年，实现农业总产值 39.58 亿元，比 1986 年增加 37.3 亿元。粮食总产 61.41 万吨，棉花总产 1.59 万吨，蔬菜总产 14.6 万吨。与 1986 年相比，粮食增加 48.3 万吨，棉花减少 4200 吨，蔬菜增加 12.21 万吨。农民人均纯收入 10905 元，比 1986 年增长 22.6 倍；农业生产效益大为提高，每亩耕地创造总产值 5384 元，农业劳动力人均创造产值达到 43502 元，与 1986 年相比，分别增长 14.38 倍和 21.74 倍。武城县先后被评为“全国优质棉基地县”“全国棉花生产百强县”，获得“中国辣椒之乡”“中国食用菌之乡”“山东省畜牧业强县”等称号。

第一章　农村经济体制改革

第一节　农村土地使用制度改革

1979年，全县开始进行农业生产责任制试点。1981年11月，县委制定《武城县实行联产计酬农业生产责任制六十三条试行办法》，对全县推行农业生产责任制进行指导。1982年，全县普遍实行"大包干"生产责任制。2002年，《中华人民共和国农村土地承包法》颁布实施，赋予农民长期而有保障的土地使用权。2006年，取消农业税征收，国家惠农强农政策加强，社会资本开始进入农业领域，规模化、集约化、专业化成为新的农业生产模式，农业和农村经济得到进一步发展。2007年7月，《中华人民共和国农民专业合作社法》施行，推动农业向产业化经营的现代农业方向发展，形成各种农民专业合作社、家庭农场等新的农业经济组织。党的十八大后，国家实行"四化同步"（工业化、信息化、城镇化、农业现代化）经济发展战略，为农业农村经济发展带来新契机，促使农村经济体制发生新变革。

家庭联产承包责任制

联产到组　生产队对作业组在实行土地、劳力、牲畜、农具四固定基础上，包工、包产、包成本，实行全奖全罚，或比例奖罚，包产以内统一分配，组员自由结合。这种形式比原生产队统一经营规模小，管理方便，但组内仍需包工、定额、评工记分等，仍有一定程度的平均主义。生产责任制初期的1979年，大部分社队采用这种方式。1980年，全县378个生产大队、1617个生产队，实行"四小管理"（小组作业、小段计划、小段定额、小段评比验收）的大队80个，实行"五定一奖"（定劳动力、定土地、定牲畜和农具、定产量、定农药肥料、超产奖励）到组的大队248个。其中，粮棉统包生产队103个，单包棉花的生产队145个。

联产到劳　在实行家庭联产承包责任制初期，没有包产到户的情况下，实行的一种生产责任制形式，除去承包土地不是按人口平均承包，而是按劳力承包以外，其实质与包产到户无大差别。1980年，全县有1214个生产队实行联产到劳，占生产队总数的75%。

两田制　生产队把耕地分成口粮田、责任田两部分，口粮田按人口承包，全部收入顶口粮，不承担任何负担；责任田按劳力承包，有的地方引入竞争机制，投标承包，承包指标内的收入交集体，由集体承担税赋和定购、议购及集体提留，超指标收入全部归承包者。1980年底，全县实行分口粮田的生产队26个。

包产到户　生产队把耕地承包到户，实行包工、包产、包成本，包产以内的由生产队统一分配，超产部分归承包户。1980年，实行包产到户的生产队49个，占生产队总数的3%。至1981年，全县除个别集体经济发展较好村庄（如祝官屯公社的范庄村、梁庄公社的果里村等）外，基本都实行以包产到户为主要形式的生产责任制。

包干到户　生产队把耕地按人口承包到户，或拿出部分耕地按劳力承包，既不包工也不包产，只把生产队应该完成的税赋、包购、议购任务、乡镇统筹费和村队的集体提留，按地亩数分摊到户，一次定死，承包户完成上缴任务后，全部收入归自己。这种形式方法简便，利益直接。1982 年后，全县各村队基本都采用这种方式，农民只按全村土地实有数量平均承包土地。

农村土地承包责任制的调整与完善

责任制初期，多数村队为追求承包土地数量、质量绝对平均，地块划分零碎，一个农户一般都有 3 ～ 5 块地。耕种不便，先进技术推广困难。1987 年，县政府对完善农村土地承包做出十条具体规定。规定土地所有权归集体，农户承包土地只有使用权和管理权，不能私自转为非农用地，承包费方案经群众大会讨论通过，报乡镇政府审批后，签订土地承包合同，承包期延长到 10 ～ 15 年（规定自 1984 年始，至 1998 年为第一轮承包期）。同时各村队对地块按地力等级划分折算，因地制宜，实行均田制（按人口平均承包土地）；针对农户，则减少承包地块数量，使每户承包土地相对集中。在延长承包期前，群众有调整土地要求的，本着“大稳定、小调整”原则，由集体统一调整。自此，大部分村庄实行均田制，少数村庄实行两田制。1994 年 1 月，县政府制定《关于土地经营管理的实施办法》，就土地经营管理承租（包）方法、权利与义务、管理办法等做出具体规定。1997 年，为稳定和完善农村土地承包责任制，在第一轮承包期满后，实行第二轮承包，承包期 30 年（1998—2028 年）不变，并取消两田制，适量保留机动地，其余土地均分到户，以县、乡（镇）政府名义向农户发放土地承包证书。2002 年，全县借农村税费改革之机，对农户承包地进行重新丈量，对二轮承包工作进行完善，稳定土地承包关系。2003 年，《中华人民共和国农村土地承包法》实施，同年 3 月，县政府印发《关于做好＜农村土地承包法＞学习宣传与贯彻实施工作的意见》。2005 年 5 月，全县开展农村土地承包政策专项整治，全县耕地 39570.2 公顷，集体机动地 190.3 公顷，承包农户 82445 户，发放土地承包经营权证书 80645 份，纠正违法延包后仍实行调整土地的村 108 个。2013 年，根据农业部等六部门《关于开展农村土地承包经营权登记试点工作的意见》，针对承包地块面积不准、四至不清、空间位置不明、登记簿不健全等问题，开展农村土地承包经营权重新登记，把承包地块、面积、合同、权属证书全面落实到户，实现“四相符”和“四到户”。

图 7-1 土地承包纠纷仲裁庭成立（2007 年 摄）

土地流转

武城县最早的土地流转出现在 20 世纪 90 年代中期，主要是不从事或无力从事农业生产的农户，将自己承包的土地转让给别人耕种，仅收取很少一部分资金或者粮食作为出让租金，或无偿转让，此期土地流转是看管性的。2003 年，国家减免农业税。2006 年，全部免除农业税以及“三提五统”等各项税费，部分农民看到农业发展商机，开始通过有偿转让方式集中部分土地搞农业规模化、产业化经营。2009年，全县农村土地经营权流转面积466.67公顷，建起绿丰、农乐等专业合作社，专门从事蔬菜、辣椒、种苗、西瓜等规模化、专业化、集约化生产，以土地经营为目的的流转开始兴起。至2010年，全县农村土地经营权流转面积达1800公顷。此后，国家出台现代农业发展政策，鼓励农村土地承包经营权流转，发展休闲农业、旅游农业，引导农业向集约化、规模化、专业化、产业化、机械化、科技化的大农业方向发展。部分工商资本开始下乡承包土地，农村土地经营权流转加快。2012年，全县土地流转面积6000公顷。2013年，流转面积8800公顷。土地流转逐步向开发规模化、经营集约化、生产专业化、形式多样化、程序合法化方向发展。截至2013年底，全县有流转土地面积1.48万公顷。

图7-2 农乐蔬菜合作社（2007年 摄）

第二节 农村合作经济组织

合作社

1987年，县政府根据中央发展集体经济，增强村级服务功能精神，在信贷、资金、技术、物资等方面给予扶持，壮大集体经济，增强服务功能。随着农业生产需求变化以及农村劳动力的转移，农村涌现出一批以生产能手、机械能手为主的浇水、播种、收割、机械服务等专业户，专门从事农业生产的各项服务，后出现以种子、化肥、农药、技术等物资供应和产品销售为服务内容的合作经济组织，这些专业户、合作经济组织承担农业生产中大部分服务功能。

2007年8月，武城县注册成立第一家合作社——武城县老城镇奶牛养殖专业合作社。此后，农民专业合作社快速发展，产业覆盖粮食、蔬菜、畜牧、农机、林业、农资供销等方面。截至2013年底，全县农民合作社723家，吸纳社员1.8万人，统一组织销售农产品总值6.9亿元。培育一大批经营规模大、服务能力强、产品质量优、民主管理好的示范社。先后有农乐蔬菜专业合作社、光达食用菌养殖专业合作社、富民奶牛养殖专业合作社、绿丰瓜菜种植专业社、丰茂农机专业合作社、志远粮棉种植专业合作社等19家合作社被评为国家级或省级示范合作社。

家庭农场

2013年，全县实行家庭农场登记注册制度，由县农村财务管理局负责申报、登记。家庭农场由种植、养殖专业户发展而来，以家庭成员为主要劳动力，从事农业规模化、集约化、商品化生产经营，并以农业收入为家庭主要收入来源的新型农业经营主体，通过土地流转实现规模经营。通过完善管理制度、争取政策扶持，鼓励有一定规模的种养大户成立家庭农场。截至2013年底，全县登记注册家庭农场61家。其中，从事种植业37家，畜牧业13家，种养结合11家。

第三节　农村财务管理与税费改革

农村财务管理

1986年，农村财务由各村自行管理，上级在业务上给予指导。1988年1月，县委农村工作部制定《农村财务管理制度》《农村财务开支标准》。财务开支包括差旅费、干部补贴、办公费（含接待费）、“五保”户供给等项目，并对各项开支标准作出具体规定。1995年，全县推行两级管账、一级管钱（乡镇、村两级管账，乡镇一级管钱）的“双代管”办法。1997年，武城县农村财务管理局设立，专门负责农村经济审计和农村财务管理。成立农村集体经济审计领导小组，出台《武城县农村财务管理制度》《武城县集体经济审计暂行办法》等文件，统一建立健全县、乡、村三级财务管理体制，制定收支预决算、民主理财、固定资产管理、财务公开、农村财务双代管、财务审计等11项制度，全县村村健全五本账簿，村村建立固定永久性公开栏，明确审计内容及重点、方法、步骤，为农村集体经济审计工作规范化、制度化、标准化奠定基础。2003年，全面推行农村财务电算化管理，各乡镇经管站配备微机，改变过去纯手工记账。从2006年起，各村所有会计账簿、表册、单据，一律由县主管部门统一印制，改变过去账、据使用混乱现象。每月业务终了，村会计与出纳必须统一集中到乡镇做账，避免过去随意做账或不做账的问题。2010年，在全省农村集体三资管理座谈会上，武城县作典型发言。2012年，在全县开展农村集体经济组织清产核资，清查核实金额3.6亿元，盘盈23.8万元，盘亏491万元，核销资产504.5万元。

农民负担和税费改革

农村实行大包干责任制后，用于基层村级集体服务性支出和行政管理的公积金、公益金和行管费，按土地面积分摊，以提留形式收取，简称“三提”。乡镇一级政府收取的教育附加费、计划生育费、民兵训练费、乡村道路建设费和优抚费等5项统筹款，也按耕地面积或农业人口分摊，简称“五统”，同时还要承担农业税、行政事业性收费和农民承担的劳务等。“三提”和“五统”各占乡村筹款的50%。随着各项工作开展，基层开支加大，出现乱摊派、乱罚款、乱收费等加重农民负担现象。1993年7月，县委、县政府对乡镇、村提出不准向农民强制性推行生产、生活方面的技术和商品；不准强制农民参加各种保险；不准向村组和农民强行摊派各种报刊和书籍，以及由个人参加、个人收益的各种函授学习；不准强行向农民摊派各种有价证券；不准强制农民出钱演电影、演戏、演文艺节目；不准向农民强行摊派社会治安费、环境保护费等；不准让农民出钱为村组干部买保险；不准学校代收学生保险费，学生按规定交纳书本费和学杂费后，学校不准以任何方式，任何理由再向学生收费；不准任何单位、任何人以任何名义向村组集体组织赊借财务、物资和公款等“九不准”工作纪律。

1994年5月，县政府坚持实行农民负担总量控制和“三提五统”控制在上年人均纯收入5%以内的两条根本原则，与全县7.9万农户签订《农民负担合同》，人均负担不得超过84元。1996年，全县农民承担费用实行预算方案审核制，实行总量控制，控制村提留和乡统筹的人均负担比例，“三提五统”不超过上年人均收入的5%，其他生产服务收费和社会负担控制在7%以内。2002年，全县农村进行“三取消、两调整、一改革”的税费改革。取消乡统筹和农村教育集资等专门向农民征收的行政事业性收费和政府性基金、集资；取消屠宰税；取消统一规定的劳动积累工和义务工。调整现行农业税收政策，将原农业税附加并入新的农业税，新的农业税税率全县统一降为6%；调整农业特产税政策，按照农业税和农业特产税不重复交叉征收的原则，对在非农业税计税土地上生产的农业特产品，继续征收农业特产税，对在农业税计税土地上生产的农业特产品，可以只征收农业税或只征收农业特产税，农业特产税税率按照略高于农业税税率的原则进行适当调整。根据全县农业生产实际情况，改革后农业特产税取消，只剩农业税。改革现行村提留征收使用办法，废止“三提五统”，依据土地面积征税。是年，全县农民承担税费总额4197万元，人均承担税费133.52元，与2001年相比，人均减少21.56元。2003年，农民承担税费总额3194万元，人均承担税费101.52元，与2002年相比，人均减少32元。2004年，农业税税率降至3%，全县农民人均承担税费50.38元。2005年，为征收农业税最后一年，税率降为1%，全县农民人均承担税费16.36元。2006年，全面取消农业税。至此，农民负担监督管理工作的重点，也由合同内收费监管向所有涉农收费监管转变。

第四节　粮棉补贴

种粮补贴

2004年，为鼓励农民种粮，国家把原来补在流通环节的粮食风险基金，直接补贴给种粮农民，称为种粮直接补贴。全县按小麦种植面积核算，补贴标准为每亩14元。是年，补贴面积21.36万亩。2006年，国家开始对农民购买生产资料（包括化肥、农药、柴油、农膜等）进行直接补贴，称为农资综合补贴，补贴标准为每亩14.2元，与种粮补贴合并发放。是年，以上两项补贴发放标准是每亩28.2元，全县补贴面积36.83万亩，获国家补贴资金1045万元。2007年，农资综合补贴标准增至每亩30.5元。以后，随着物价上涨，以上两项补贴标准逐年增加。2013年，种粮直补资金和农资综合补贴标准增至每亩125元，是年，全县获国家补贴资金6877.5万元，补贴面积55.02万亩，9.7万户农民受益。

2009年开始，国家实行种粮大户奖励政策，每户小麦种植面积在100亩（含100亩）以上的种粮大户，在发放粮食直补和农资综合补贴基础上，每亩再增加种粮大户奖励资金10元。2012年，国家取消每亩10元的种粮大户奖励政策，改为种粮大户补贴试点，补贴标准是种粮面积300亩以上（小麦、水稻150亩以上，含150亩）的种粮大户，每亩补贴230元。2013年，调整为每亩补贴100元。补贴方式是通过银行“一本通”个人账户直接到户。同时，国家对种粮大户投资建设小型农田水利设施，晾晒、仓储及相关设施，农业机械设备及相关农业生产资料购置等，按照规定程序和标准进行一定比例补助。

良种补贴

2007年，国家对农民购买小麦、棉花良种实行补贴，补贴标准为小麦每亩10元，棉花良种补贴15元。补贴办法是根据各县上报的棉花和小麦种植面积和种植品种，由省政府采购中心统一采购种子，统一供给农户种植。2008年，国家实行对玉米良种补贴，补贴标准为每亩10元。是年，全县补贴棉花面积20.05万亩，补贴玉米面积10万亩，补贴小麦面积33.9万亩。良种补贴改为省级公开推介良种，农民自愿购种，补贴资金通过财政涉农补贴资金“一本通”直接发放到农户。2013年，小麦良种补贴56.01万亩，补贴金额560.1万元。棉花良种补贴12.1万亩，补贴金额181.52万元。玉米良种补贴49.55万亩，补贴金额495.5万元。截至2013年底，累计发放小麦良种补贴

2778.61 万元，棉花良种补贴 1988.38 万元，玉米良种补贴 2209.05 万元。

第五节　农业产业化经营

20 世纪 90 年代初期，国家从计划经济体制向市场经济体制转轨过程中，农民单家独户分散经营与大市场的矛盾逐渐显现。农业生产“多了砍、少了赶”“一哄而上、一哄而下”“大贵大贱、大起大落”现象反复出现，农业比较效益低，农民收入增长减缓，投入严重不足，农业持续发展面临挑战。1994 年，县委、县政府制定“确立主导产业，实行区域布局，依靠龙头带动，发展规模经营”农业产业化发展思路。1999 年 4 月，出台《加快农业结构调整，推进农业产业化经营的实施意见》，以“一牧一菜”为重点，以辣椒、西瓜和牛、羊四大系列为主导产业，构建农业产业化格局，并制定考核办法。2001 年，县委、县政府印发《关于进一步加快全县农业产业化发展的意见》，要求在保证粮食生产前提下，把辣椒、棉花、食用菌、畜牧业作为全县农业特色重点培植，简称“一红（辣椒）两白（棉花、食用菌）一牧（畜牧业）”。鼓励兴办农产品加工企业；鼓励兴办优质农产品生产基地；鼓励兴办农产品批发市场。通过“建基地、上加工、办市场”延伸产业链条，形成产业化经营。截至 2013 年底，全县棉花产业形成种植、皮棉加工、榨油、纺纱、织布、制衣、销售等一条龙棉花产业链。辣椒产业形成“区域化布局、规模化种植、标准化生产、品牌化经营、社会化服务”产业化发展大格局。食用菌形成“产业园区 + 龙头企业 + 标准化基地 + 专业合作社 + 农户”闭环式产业模式。畜牧业形成规模化养殖，专业化加工销售。

第二章　农业生产条件

第一节　土壤　肥料

土壤肥力

1982 年，武城县土壤有机质含量 7.7 克 / 千克，全氮素含量平均为 0.55 克 / 千克，按全国土壤养分六级分级标准，属于 4 ～ 6 级肥力标准。全磷含量平均为 0.54 克 / 千克，除一级地外，其余 2 ～ 6 级均有分布，钾素含量较为丰富。土壤肥力总体为有机质含量偏低，氮素不足，速效磷缺乏，钾素较丰富，氮、磷及碳、氮比例失调。

2011 年，全县进行耕地地力调查，结果显示，耕层土壤有机质含量平均值由 1982 年的 7.7 克 / 千克提高到 12.7 克 / 千克；有机质含量＞ 10 克 / 千克耕地，占耕地总面积的百分比由 3.3% 提高到 83.89%；有机质含量＜ 6 克 / 千克耕地，占耕地总面积的百分比由 6.4% 下降到 0.45%。耕层土壤有机质含量，平均水平由缺乏提高到中等肥力水平。耕层土壤全氮含量平均值由 0.55 克 / 千克提高到 0.74 克 / 千克；全氮含量＞ 1.00 克 / 千克耕地，占耕地总面积的 26.73%；全氮含量＜ 0.50 克 / 千克的耕地，占耕地总面积的百分比由 31.6% 下降到 31.3%。耕层土壤全氮含量呈逐年上升的趋势。土壤有效磷含量平均值由 7.3 毫克 / 千克提高到 20.9 毫克 / 千克，提高幅度近 190%；有效磷含量＞ 20 毫克 / 千克耕地，占耕地总面积的比例由 0.4%

提高到 39%；有效磷含量＜ 10 毫克 / 千克耕地，占耕地总面积的百分比由 80% 下降到 21.86%，有效磷含量普遍增加。耕层土壤速效钾含量平均值由115.5毫克/千克提高到130毫克/千克，含量>200 毫克 / 千克耕地，占耕地总面积的百分比由 1.5% 提高到 8.25%，含量小于 100 毫克 / 千克耕地，占耕地总面积的百分比由 42.6% 减少到 31.24%。

肥料

全县农民使用的肥料分有机肥和无机肥 2 种。有机肥主要包括堆肥、绿肥、饼肥、土杂肥及猪、羊、鸡等粪便和牛、驴、马、骡等厩肥以及人粪尿等。堆肥用圈粪、土杂草料和轧碎秸秆等拌以熟土、人粪尿混合堆积，通过发酵腐熟而成。饼肥有棉仁饼、豆饼（豆粕）、花生饼、香油酱等，这类肥料多做饲料过腹还田，棉仁饼、豆饼、香油酱可直接做肥料。绿肥主要有苜蓿、田菁等，苜蓿一般做牲口饲料过腹还田。秸秆肥主要是小麦、玉米、棉花等作物秸秆直接粉碎还田，或用小麦、玉米等秸秆作为饲草过腹或沤制土杂肥还田。进入 21 世纪，随着农村沼气推广，有机肥增加沼渣、沼液。

化肥具有养分含量高、肥效快、便于运输、使用方便快捷的特点。但长期过量使用易使土壤板结，通透性变差，影响土壤物理性状。经常使用的化肥有氮肥、磷肥、钾肥、复合肥、专用肥、微量元素肥料等。氮肥主要有尿素、碳酸氢铵、硫酸铵、硝酸铵。磷肥主要有过磷酸钙、钙镁磷肥、磷矿粉等。钾肥主要有硫酸钾、氯化钾。有些农作物使用氯化钾会影响产量和品质，成为忌氯作物，如西瓜、马铃薯、辣椒、白菜、苹果、葡萄、烟草以及茄科作物等，忌氯作物只能使用硫酸钾。复合肥主要有磷酸二铵、磷酸二氢钾等。进入 21 世纪，为平衡养分吸收，出现氮、磷、钾三元素复合肥，针对不同作物生产氮、磷、钾含量不同配比的专用复合肥。微量元素肥料剂量较小，一般做叶面喷施，主要有铁肥（硫酸亚铁）、锌肥（硫酸锌）、硼肥（硼砂）、锰肥（硫酸锰）、钼肥（钼酸铵）、铜肥（硫酸铜）、稀土微肥等。2010 年，随着复合肥生产技术提高，微量元素肥料被结合在三元素复合肥中混合使用。

20 世纪 80 年代后，全县施肥情况可分为三个阶段：1986—1990 年，以有机肥为主，主要是牲畜粪便和堆沤土杂肥以及棉仁饼，一般做基肥使用。耕地前把肥料均匀撒于地表，随耕地翻入地下。使用的化肥以氮肥为主，复合肥只有磷酸二铵，使用量较少。20 世纪 90 年代，随着农户散养使役性大牲畜大量减少，造成圈肥不足，致使化肥使用量增加。出现轻有机肥、重化肥现象，该时期以化肥为主。第三阶段为 2000—2013 年，随着测土配方施肥及秸秆还田技术推广应用，在施肥习惯上发生变化，开始重视平衡施肥技术，肥料配比日趋合理。此期使用的肥料虽以化肥为主，但已是不同配比的三元素复合肥，并有各种微量元素肥料、生物菌肥作补充，尤其粮食作物的秸秆还田，有效改良土壤，培肥地力，促进作物增产。

第二节　作物良种

棉花

20 世纪 80 年代初，全县通过推广棉花新品种鲁棉 1 号，实现棉花单产突破性增长，皮棉单产由 1978 年的 12.5 千克 / 亩，提高到 1986 年的 77 千克 / 亩，后因品质较差而被淘汰。1987 年，引进棉花新品种鲁棉 6 号，在蔡村乡、武城镇集中扩繁。翌年，推广全县，主要解决棉花品质问题，是改革开放后第二次棉花品种更新。此期，由于棉花枯、黄萎病蔓延，造成棉花大面积减产。1990 年，开始引进推广抗病品种中棉 12 号、17 号等，为第三次棉花品种更新。第四次是在 1997 年，主要针对黄淮流域棉区出现棉铃虫大爆发而推广抗虫棉，开始推广品种为转基因抗虫棉冀岱 33B、99B，后被鲁棉系列品种取代，主要品种有鲁棉研 18、23、28、32 号，鑫秋 1 号等。截至 2013 年底，抗虫棉仍为全县棉花当家品种。

小麦

1986 年，全县小麦主要品种有济南 13、山农辐 63、烟农 15，泰山 5 号及昌乐 5 号等。20 世纪 90 年代后，小麦品种更新加快，尤其适应高、中、低肥水条件的品种配套更加合理。2004 年，随着国家良种补贴政策实施，小麦实行全县统一补贴供种，重点推广济麦 22、良星 66、良星 99、邯 00-7086 等品种。

玉米

1986 年，全县玉米主要品种有丹玉 6 号、中单 2 号、鲁原单 4 号、鲁玉 3 号、鲁 39 号、鲁单 36 号等。1986 年后，全县玉米重点推广紧凑型单交种。紧凑型单交种叶片与主茎夹角小，每亩可密植 4000 ～ 5500 株，甚至更密，比松散型单交种种植密度增加 50% 左右，配套技术更加完善，促进玉米产量提高。至 20 世纪 90 年代，紧凑型玉米面积已占到全县玉米播种面积的 70%。主要品种有鲁玉 1 号、鲁玉 2 号、掖单 4 号等。进入 21 世纪，玉米品种性状更加优良，除株型紧凑耐密外，抗病性、丰产性、抗逆性更加突出，主要有郑单 958、农大 108、农华 101、鲁单 818、鲁单 6006、鲁单 981、浚单 20、德利农 988、登海 618、登海 701、登海 605、金海 5 号等品种。

谷子

1986 年，全县谷子主要品种有杨村谷、冀谷 32、青到老、衡研 130、安 316 等。此后，先后引进谷丰 1 号、谷丰 2 号、鲁谷 10 号、豫谷 9 号、冀谷 20 号、冀谷 21 号、衡谷 9 号等品种。2010 年后，引进济谷 13 号、济谷 15 号等品种。

高粱

1986 年，全县高粱主要品种有鹿邑歪脖、反修高粱、多穗高粱、千斤准、原杂 10 号、晋杂 10 号、渤杂 3 号等。后陆续引进品质好、产量高的锦杂 93 号、抗 4、吉杂 123、龙杂 7 号等品种。

地瓜

1986 年，全县地瓜主要品种有华壮 553、济南红、徐薯 18、济薯 1 号、烟薯 3 号、南京 92、济薯 5 号等。上述品种因品质差，逐步淘汰。后陆续引进口感好、糖分高的鲁薯 8 号、鲁薯 7 号等品种。

第三节　植物保护

病害

小麦锈病　4 月份如果降雨偏多，小麦抗病性差，外来菌源量大，则可能发生流行。20 世纪 80 年代后，推广抗病品种，锈病得到控制。后因锈病生理小种发生变化，主要小麦品种逐步丧失抗病性，导致 90 年代锈病大流行。此后，经过大面积推广使用三唑酮等高效农药，结合推广新的抗病品种，小麦锈病再未大发生。

小麦白粉病　全县范围均有发生，遇春季多雨年份或氮肥施用过多，贪青晚熟地块，白粉病发生较重。防治措施以使用抗病品种、叶面喷药为主，使用药剂主要是粉锈宁、多菌灵等。

小麦纹枯病　全县时有点片发生，主要集中在播种较早、施肥不平衡（氮肥过多、磷钾肥偏少、化肥过多、有机肥偏少）地块，未造成大面积流行。

小麦丛矮病　系麦田、棉田害虫交叉危害引起的病毒性病害。20 世纪 80 年代末，因推广麦棉套种或粮棉田种植布局不合理，造成部分地块发病较重，90 年代初期达到高峰，全县麦田均有不同程度点片发生。通过采取药剂拌

图 7-3 小麦一喷三防作业（2011 年 摄）

种和苗期喷药、粮棉田种植合理布局等措施，至 90 年代末基本得到控制。

小麦赤霉病　发生程度取决于小麦扬花期气候条件，气温在 15℃以上，且阴雨天较多，可能造成流行。防治措施除选用抗病良种、合理施肥外，施以喷药保护，一般选用多菌灵、甲基托布津等农药在扬花期出现阴雨天气时，抢在雨前喷洒。

玉米粗缩病　主要发生在苗期，感病后叶片变厚，叶色浓绿，节间缩短，植株矮化，严重的不能抽穗，造成绝产。20 世纪 90 年代点片发生，后逐年加重，由灰飞虱传播病毒引起。重视苗期灰飞虱防治并实行药剂拌种，可有效控制病害。

玉米青枯病　也叫玉米茎基腐病，是危害玉米根和茎基部的一类重要土传真菌病害，主要发生于玉米乳熟期，雨后天晴，太阳暴晒时发生较重。进入 21 世纪，全县每年均有点片发生。主要防治措施为选用抗病品种、进行药剂拌种和药剂喷雾。

棉花病害　主要分苗期病害和铃期病害。苗期病害分为根、叶 2 类，前者有立枯病、炭疽病、红腐病等病害，主要危害棉苗根部。后者有黑斑、角斑、褐斑、茎枯等病害，主要危害子叶、真叶。苗期病害多由低温阴雨引起，全县每年 4 月下旬至 5 月上旬常遇冷空气侵袭，容易引起苗病发生，轻者补种，重者翻播。传统管理方法多用松土提温来减轻病害。随着技术进步，多采用农业措施和化学防治相结合的办法。铃期病害主要有疫病、红腐、炭疽、角斑、黑果等，多发于每年八九月份，连阴雨天气高发。传统防治方法以抢摘棉铃减低损失。棉花枯、黄萎病在 20 世纪 60 年代末随良种引进带入武城，至 80 年代，全县大部村庄均有点片发生，90 年代，发生程度加重。轮作换茬可降低发病率，棉花与小麦、玉米等禾本科作物轮作 6 年以上，病株率下降 95%。选用抗病品种是控制枯、黄萎病最有效方法。地膜覆盖对枯萎病控制效果明显。药剂防治一般效果不佳且成本过高。

辣椒病害　主要有病毒病、辣椒疫病、软腐病以及辣椒日灼病等。病毒病主要症状是叶片变黄，形似柳叶，主要由桃蚜和农事操作传播。防治方法一是选择抗病品种，二是药物防治。雨季雨后骤晴辣椒疫病易流行，防止雨后积水可减轻发生程度。发病后喷施乙磷·锰锌、杀毒矾、甲霜铜、百菌清等可收到良好防治效果。辣椒日灼病多发生于夏季，在天气干热，土壤缺水，或者忽雨忽晴、雨后暴热情况下容易发生，与玉米、高粱等高秆作物间作，可以减轻日灼病，药物防治采用硫酸锌、硝酸钙溶液等喷雾。软腐病多发生在青果上，低洼潮湿、阴雨连绵天气病害重，防治措施是用新植霉素、硫酸链霉素可溶性粉剂、杀菌剂、络氨铜水剂防治蛀果害虫。雨后及时排出积水，实行与非茄科作物及十字花科蔬菜轮作可减轻病害。

虫害

麦蚜　俗称“蜜虫子”，20世纪50年代前很少发生，70年代后逐渐加重，高峰期百株蚜虫量可达上千只，为小麦穗期主要害虫。1980年以前，蚜虫抗药性低，化学防治效果很好。80年代中期到90年代，蚜虫抗药性增强。1995年，吡虫啉等新型农药投放市场，防治效果提高。全县虽没因麦蚜造成大量减产，却是每年必治的常见小麦害虫。

麦叶蜂　一般在地势低洼高产麦田发生，如武城镇东北部恩县洼、四女寺镇、鲁权屯镇部分地块，防治用药以菊酯类、有机磷类药剂为主。

麦蜘蛛　一般在干旱年份或旱地小麦，或靠近棉田的麦田发生较重。防治药剂用三氯杀螨醇、哒螨灵、阿维菌素类农药效果较好。

玉米螟　幼虫孵化后钻入玉米心叶危害，随着幼虫长大，蛀入茎秆、雌穗危害。防治措施为使用农药拌成的毒砂或颗粒剂撒入心叶进行防治。在冬春两季清理玉米秸秆、玉米穗轴，可降低虫源基数，减少危害。

黏虫　20世纪60年代前，全县时有大发生。进入21世纪发生较少，成为次要害虫。防治黏虫一般用有机磷类、菊酯类农药。

二点委夜蛾　2009年，县域内首次发现并造成危害，属外来虫源。2010年后时有发生，有的年份发生程度较重。幼虫在6月下旬至7月上旬危害夏玉米，麦秆较厚的玉米田发生较重，尤其在夏日雨后易于发生。除危害玉米外，也危害大豆、花生等作物，还取食麦秸和麦糠下发芽的小麦籽粒和自生苗。防治方法一是清除田间麦秸，二是喷洒触杀类农药，三是用毒饵或毒土顺垄撒施。

棉铃虫　全县棉田普遍发生。棉铃虫食性很杂，除危害棉花外，还危害小麦、玉米、蔬菜等作物。每年发生四代。一代危害小麦，二、三、四代危害棉花，同时危害花生、玉米、蔬菜等作物。由于长期使用单一化学农药，棉铃虫抗药性增强。至20世纪90年代，县域内棉铃虫呈现大爆发趋势。1994年，二代棉铃虫百株累计卵量8200粒，三代棉铃虫百株累计卵量6500粒，超过防治指标200倍，属大爆发程度，药物控制已是力所不及，人工下田捕捉，每日可捉300余头。县政府动员各村在田间安装黑光灯，灯下挖坑贮水，用以诱杀棉铃虫蛾统一收集，并按数量给予报酬。每日每乡镇收集虫蛾可达数百千克，收到一定成效。1997年，试验种植转基因抗虫棉获得成功，2000年推广全县，棉铃虫危害得到有效控制。

棉蚜　过去点片发生，不构成危害。20世纪60年代后，伏蚜猖獗，苗蚜、伏蚜持续危害时间近百天。经使用化学农药，其危害得到控制，但蚜虫天敌（七星瓢虫）也被一同杀死，生态平衡被打破，棉蚜防止难度增加。至2013年，主要靠药物控制。

棉红蜘蛛　俗称“火龙虫子”，20世纪50年代前曾严重发生，干旱年份无水浇条件地块受害较重。进入21世纪，随着化学农药的应用和生产条件的改善而得到控制。

棉盲蝽　以成虫和若虫危害棉花顶心和幼蕾幼龄等幼嫩部分，形成“无头棉”“破头疯”，造成蕾铃脱落。20世纪90年代前发生程度较轻。推广种植抗虫棉后，由于生态条件发生变化，发生程度逐年加重，渐成棉田主要害虫。

其他棉田害虫　危害棉花的害虫还有地老虎、蝼蛄、金针虫、蛴螬等，以危害棉苗为主，利用药剂拌种和包衣棉种防治效果很好。其他害虫如棉蓟马、棉象甲等，在防治棉铃虫、盲蝽象等害虫时利用复配药剂兼治。

草害

全县田间杂草品种较多，20世纪80年代

以前对作物危害并不严重，后来随着河水灌溉面积增大，带来大量草种，农田除草成为农业生产的必要措施。

小麦杂草主要有播娘蒿、泽漆、猪殃殃、灰绿藜、荠菜、田旋花、看麦娘、雀麦、野燕麦、节节麦等10余种，其中播娘蒿、灰绿藜、田旋花等所占比例较大。2010年后，雀麦、野燕麦、节节麦因使用单一除草剂不能兼治，呈蔓延趋势。冬春两季的麦田除草，成为全县小麦生产常规措施。玉米田间杂草主要有马塘、稗草、牛筋草、狗尾草、早熟禾、千金子、铁苋菜、看麦娘等。棉田杂草主要有马塘、狗尾草、茅草等单子叶杂草，以及灰绿藜、铁苋菜、马齿苋等双子叶杂草。

20世纪80年代前，草害防治基本靠中耕除草、人工拔除。1990年后，各种专属性的除草剂被广泛应用，对杂草控制起到关键作用。进入21世纪，专门针对小麦、玉米、棉花、蔬菜等大田作物的专属性除草剂投放市场，田间除草简便易行。如小麦除草仅在冬春两季针对草害种类喷施两次除草剂即可控制全生长期的杂草。玉米在播种后、出苗前（也可在出苗后）喷施一次除草剂即可控制主要草害。棉花在播种前用除草剂混土或播种时膜下喷施除草剂，即可起到控制杂草作用。

农药

1986年，全县使用的农药主要有1605、久效磷、敌敌畏、氧化乐果及菊酯类农药。1990年后，开始引进生物农药。进入21世纪，高效杀虫剂、杀菌剂、除草剂和植物生长调节剂被广泛应用。

杀虫剂　20世纪80年代初，农田开始使用杀灭菊酯等菊酯类农药和久效磷、氧化乐果等高效有机磷农药。随着农药使用量增加和用药不合理性存在，害虫抗药性增强。90年代开始使用灭多威等氨基甲酸酯类药剂和BT、NPV等生物农药。以后推广灭幼脲、氟铃脲等特异性杀虫剂。烟碱、楝素等抗物源农药有少量使用。90年代后期，开始使用氯化烟酰类的吡虫啉等高效杀虫剂。进入21世纪，主要使用啶虫脒等杀虫剂。根据国家规定，从2005年开始，全县禁止田间使用有机氯、有机氮、有机磷类高毒高残留农药。

杀螨剂　1986年，主要使用三氯杀螨醇、单甲脒、水胺硫磷等药剂来防治红蜘蛛，后来主要应用哒螨灵等专用杀螨剂。20世纪90年代末期，开始使用阿维菌素类药剂，至2013年未变。

杀菌剂　20世纪80年代以前，农业病害发生较轻，对病害防治重视程度不高，防治药剂品种也较少，主要是土法熬制的石硫合剂、波尔多液以及五氯硝基苯、代森铵等，防治对象主要是果树病害以及用于棉花拌种。80年代后，小麦白粉病、锈病等病害发病程度加重，杀菌剂用量增加，主要使用多菌灵、三唑酮等。90年代后，随着种植制度改革，大棚、小拱棚种植面积扩大，蔬菜面积增加，作物田间小气候改变，病害种类、数量发生变化，发生程度加重。大量的杀菌剂被应用，主要有百菌清、杀毒矾、烯唑醇、代森锰锌、甲基托布津、农用链霉素等品种。

除草剂　全县大面积使用除草剂始于20世纪90年代，主要在棉田中使用，品种主要有乙草胺。进入21世纪，使用的主要除草剂为氟乐灵，在播前混土除草，至2013年为全县应用最广泛棉田除草剂。麦田除草剂主要有苯磺隆、20％二甲四氯钠盐水剂和56％二甲四氯钠可湿性粉剂、噻吩磺隆、精恶唑禾草灵（骠马，威霸）、异丙隆、巨星、世玛等品种。玉米田除草剂使用始于90年代后期，主要品种有氟乐灵、烟嘧磺隆、阿特拉津（又名莠去津）、乙草胺（50%乳油）、丁草胺（剂型有50%、60%乳油）、乙莠水（阿特拉津与乙草胺的混配剂）等，以上药剂均在玉米播种后出苗前使用。但很多作物对玉米除草剂敏感，每年在玉米田喷施除草剂过程中，均有不同程度除草剂药害事故发生。蔬菜田除草剂以除草通、都尔、盖草能、喹禾灵等为主，果园除草剂主要有克无踪、草甘膦等品种。

植物生长调节剂 全县应用植物生长调节剂始于20世纪70年代，主要用赤霉素（920）促进作物生长。70年代末80年代初，推广矮壮素控制作物徒长，因剂量不好控制未能大面积推开。至80年代中期被助壮素代替。果树应用比久和多效唑控制枝条生长，促进花芽分化。蔬菜主要应用赤霉素促进生长。20世纪90年代后期，推广芸薹素内脂和复硝酚钠等新型植物生长调节剂。乙烯利是一种植物催熟剂，主要用于棉花和瓜果催熟，效果明显。

药械

20世纪80年代，喷洒农药药械主要有552丙型手动喷雾器以及手摇式喷粉器。80年代后期粉剂农药渐被淘汰，552丙型喷雾器也被压杆式喷雾器所取代。泰山-18型机动喷雾器引入武城，具有风量大、雾滴细密的特点，劳动效率大幅度提高。2010年后，新型充电式电动喷雾器投放市场，充一次电可使用一日，农民劳动强度减轻。随着科技发展和农业规模化、区域化种植的实行，不同幅宽自走式、牵引式喷雾机械被广泛应用，飞机防治成为提高防治效果有效途径。2010年后，美国白蛾防治，高产创建方小麦的“一喷三防”，玉米中后期病虫害防治等，均由小型农用飞机完成。

第四节 农业技术推广

推广体系

农村实行家庭联产承包责任制后，农技推广服务对象由集体变为家庭个体，“四级农科网”出现线断、网破、人散情况，生产大队以下农科队、农科组全部解散。1981年，全县为每个村配备农民技术员1名，享受村委主任待遇。1993年，农技推广由单一服务向综合服务转变。国家农技推广机构由财政拨部分经费，允许其兴办经营性实体，开展技术承包，实行“技物结合、开方卖药”，从事经营性服务创造收入。1992—1996年，连续五年减拨农口事业经费，农技推广人员只领取60%～70%的工资，其余靠经营收入补充，推广队伍处于不稳定状态。1993年，县乡机构改革，原隶属县直有关业务部门的“八大站所”下放乡镇，成立农业综合服务站，由乡镇政府管理。乡镇农业技术推广站的人员编制、工作关系、工资福利全部下放乡镇，县农业局只负责业务指导。1996年10月，全县落实《中华人民共和国农业法》《中华人民共和国农业技术推广法》，恢复对公益性农业技术推广机构全额财政拨款，农业技术推广经费不再靠经营补充。1999年8月，县政府对农业技术推广机构人员编制进行定员定岗，建成以县乡两级公益性农技推广机构为主，以农村科技带头户为示范点，多元化推广服务组织参与的新型农技推广体系。

推广工作

家庭联产承包责任制后，农技推广的方式方法主要有：（1）实行技术承包责任制，开展有偿技术服务。形式主要有三种：一种是单项技术承包，主要承包技术性比较强，一家一户干不了或干不好的技术措施；第二种是定产定酬综合技术承包，即以作物为单位的联产技术承包；第三种是科技与物资相结合的集团承包责任制。全县主要针对作物病虫害防治开展技术承包。县植保站和各乡镇农技站均成立植保公司或机防队，针对作物病虫害发生情况，确定防治指标，核定防治成本，签订防治合同，

图 7-4 田间技术指导（2009 年 摄）

采取统一用药，统一防治办法，解决农民治虫不统一，防治效果差问题。该项工作尤以梁庄农技站和滕庄农技站开展较好。后因承包指标不好量化，农民思想难以统一而未能大面积推开。（2）成立县农技推广中心。1991 年 3 月，根据上级机构改革精神，把农业技术推广站、土壤肥料工作站、种子管理站、植物保护站合并，成立县农业技术推广中心，实行试验示范、培训、推广、经营服务相结合的技术推广方式。1996 年，农技推广服务中心撤销，恢复原来的站室设置。（3）兴办科技服务经济实体。1985 年，县农技推广站成立农用生产资料经营部，15 个乡镇农技站开办种子、化肥、农药等经营实体，“既开方又卖药”，后因经营体制不适应市场而放弃。2000 年，县、乡农技推广站兴办的经营实体全部关闭。（4）按项目实施推广农业技术。为使技术推广与经济责任制相结合，自 1980 年开始，实行按项目推广新技术办法。对国家和省的重点农业科技推广项目，由项目区的农技推广部门组成协作组，因地制宜推广应用。1987 年实施“武城县 10 万亩棉花综合丰产计划”项目，1998 年实施“10 万亩棉花种子包衣及配套技术”“棉薯套种栽培技术研究与示范推广”“无公害西瓜保护地栽培技术开发”等项目，这些项目均获市级以上推广成果奖。2008 年，开展粮、棉高产创建，集成最新农业生产技术，通过培养高产点、片、方来带动大田生产，推动农技推广工作开展，效果显著。至 2013 年，全县重点推广新品种改良与提纯复壮、立体种植、模式化栽培、地膜覆盖、配方施肥、病虫害综合防治等多项技术。

第五节 农产品质量安全

农业标准化

20 世纪 90 年代，根据国家发展“两高一优”农业的要求和上级指示精神，在全县开展农业标准化知识宣传教育，贯彻落实国家有关农业标准，按照“有标贯标、无标制标、缺标补标”的原则，积极推进农业标准化生产。1998 年，先后制定了《10 万亩棉花种子包衣及配套技术》《棉薯套种栽培技术研究与示范推广》《无公害西瓜保护地栽培技术开发》等标准化技术操作规程。2008 年，开展粮、棉高产创建，集成最新农业生产技术，编制技术规程，推行标准化生产。同时，广泛开展无公害产品、绿色食品、有机食品认证和农产品地理标志认定，推行三品一标生产技术标准。截至 2013 年底，全县实行标准化生产的农产品涵盖小麦、玉米、棉花、辣椒、蔬菜、蘑菇等作物，累计实施面积 8.67 万公顷。

农产品质量检测

全县农产品质量检测业务由农业局土肥站化验室承担，可做农产品质量安全的定性分析，具体农残含量的定量分析检测，送市农产品质量监测站检测。样品由生产基地和市场随机抽取。检测内容主要是甲胺磷、水胺硫磷、氧化乐果、甲拌磷、对硫磷、甲基对硫磷、毒死蜱、敌敌畏、乙酰甲胺磷、三唑磷、杀螟硫磷、氯氟氰菊酯、溴氰菊酯、氯氰菊酯、氰戊菊酯、甲氰菊酯、氟氯氰菊酯、联苯菊酯、三唑酮和百菌清等22种农药。同时，在农产品生产的投入环节，严控投入品的使用，严禁自2007年元月已全面禁止的甲胺磷、甲基对硫磷、对硫磷、久效磷、磷铵等5种高毒有机磷农药的生产销售，从源头上把控农产品质量安全。

“三品一标”认证

“三品一标”产品的生产，责任主体有备案、生产过程有记录、主体责任可溯源、产品流向可追踪、监管信息可共享。2008年，全县开展无公害产品认证、绿色食品认证和有机产品认证。是年，武城县英潮经贸有限公司生产的辣椒干、辣椒粉、辣椒圈、辣椒碎、辣椒片、辣椒丝、辣椒籽通过无公害产品认证，建立无公害辣椒生产基地6666.67公顷。2009年，武城县森源菌业有限公司生产的双孢菇、香菇、平菇、茶菇、鸡腿菇通过欧盟有机食品认证，认证面积11.13公顷。2010年，英潮经贸有限公司的辣椒干、辣椒碎、辣椒粉和鲜辣椒4个产品通过有机食品认证，辣椒红色素通过绿色产品认证，认证面积133.33公顷。2012年，武城县金桥蔬菜种植农民专业合作社申报的韭菜、辣椒、萝卜、地瓜、西红柿、黄瓜、茄子、马铃薯、西瓜、花生等10种产品通过有机转换食品认证，认证面积32.67公顷。古贝春有限公司的国蕴白酒通过有机产品认证，中椒英潮公司的“武城辣椒”通过农产品地理标志认定。截至2013年底，全县标准化食用菌基地600万平方米，规模化农业示范基地20余处。

第三章　农业生产效益

第一节　农业生产值

1986年，全县农业总产值22823万元，其中种植业产值19050万元，占比达83.5%，畜牧业占9.5%，林业、副业、渔业三业合计占7%，农业生产结构不合理，农林牧副渔业发展不平衡。1990年后，县委、县政府开始优化调整农业产业结构，在稳定粮食生产基础上，加大林牧副渔各业投资比重，促进农林牧副渔业全面增长。2000年，实现农业总产值11.23亿元。其中，种植业产值7.04亿元，占农业总产值的62.69%，畜牧业产值2.69亿元，占23.95%，林业、副业、渔业三业合计占13.36%。2008年，农业总产值达到24.79亿元。其中，种植业产值16.32亿元，占农业总产值的65.83%，畜牧业产值6.55亿元，占26.42%，其他各业产值合计1.92亿元，占农业总产值的7.75%。2013年，全县实现农业总产值39.58亿元，比1986年增长16.36倍，年均增长11.15%，种植业产值占农业总产值比重，由1986年83.5%下降到66.02%；畜牧业产值由9.5%上升至27.1%；林业、副业（服务业）、渔业产值比1986年7%略有下降，为6.89%。

1986—2013年武城县农业总产值统计表（现行价格）

表 7-1　　　　单位：万元

年份	总计	种植业	林业	畜牧业	渔业	服务业
1986	22823	19050	602	2170	38	963
1987	16420	14148	412	914	11	
1988	16868	13489	419	1965	24	971
1989	16362	12622	381	2295	29	1035
1990	27664	18954	649	6878	153	1030
1991	36608	27395	727	7158	218	1110
1992	32076	22085	991	7612	225	1163
1993	40721	27208	997	12238	278	
1994	90290	52792	3666	33087	745	
1995	125078	67443	740	51345	720	4830
1996	131159	72731	1471	50784	853	5320
1997	95303	82229	1397	10610	1067	
1998	93056	65926	376	18174	920	7660
1999	98705	63930	436	19690	949	13700
2000	112288	70384	225	26937	1050	13692
2001	133938	85419	270	31866	1183	15200
2002	141466	79406	592	46296	1022	14150
2003	171023	116370	409	52931	1313	15000
2004	157768	105273	388	50912	1195	
2005	169285	113032	405	49731	1702	4415
2006	183837	121228	445	55104	1852	5208
2007	212332	152387	2030	51425	1740	4750
2008	247864	163179	7790	65511	3134	8250
2009	266663	171358	7874	74581	3363	9487
2010	306770	179918	4562	106705	5181	10404
2011	330567	211308	4864	97656	5579	11160
2012	352617	225099	5155	104567	6278	11518
2013	395786	261321	7844	107266	7007	12348

说明：服务业统计数字始于2005年，1986—2004年为农村副业产值，包括农业生产以外的产值和家庭工副业产值

种植业产值

1986年，全县种植业产值19050万元，占农业总产值的83.5%。至1995年，种植业产值67443万元，增长2.54倍，年均增长15.08%，

是改革开放后，种植业产值增长最快的十年。2000年，种植业产值70384万元，与1995年相比，增加2941万元，增长4.4%，年均增长0.85%，是改革开放后增长速度最慢的五年。2005年，种植业产值113032万元，比“十五”初的2000年增加42648万元，增长60.6%，年均增长9.94%。2010年，种植业产值179918万元，比“十一五”初期的2005年增加66886万元，增长59.17%，年均增长9.74%。2013年，种植业产值261321万元，比2010年增加81403万元，增长45.2%，年均增长13.25%。

畜牧业产值

1986年，全县畜牧业产值2170万元，占农业总产值的9.5%。20世纪80年代末到90年代初，县政府鼓励农户开展使役和肉用兼用大牲畜饲养，发展规模化家禽养殖，促使畜牧业发展。1995年，全县畜牧业产值51345万元，比1986年增加49175万元，增长22.66倍，年均增长42.12%，占农业生产总值的41.05%，是畜牧业占比最高年份。是年，武城县被省畜牧局命名为“全省畜牧业强县”。2002年，上海光明乳业落户德州，武城县开始规模化奶牛养殖。2003年，全县建成挤奶站8处。2004年，武城县被评为“德州市奶牛养殖先进县”。2013年，全县畜牧业产值107266万元，与1986年相比，增加105096万元，增长48.43倍，年均增长15.54%。占农业总产值比例由9.5%提高到27.1%，提高17.6个百分点。

林业产值

1986年，全县林业产值602万元，占当年农业总产值的2.6%。1994年，林业产值3670万元，占当年农林牧渔总产值的4.1%。2000年，林业产值225万元，仅占当年农业总产值的0.2%。此后十几年，林业生产呈现“波浪式”增长。2013年，全县林业产值7844万元，比1986年增加7242万元，年均增长10%，占当年农业总产值1.98%。

渔业产值

1986年，全县渔业产值38万元，占当年农业总产值的0.17%。2000年，渔业产值1050万元，占农业总产值的0.93%。2013年，随着南水北调东线工程通水，武城县水利条件得到改善，渔业生产得到发展。是年，渔业产值7007万元，占当年农业总产值的1.77%，与1986年相比，增加6969万元，年均增长21.32%。

第二节　农业生产投入

农膜用量

20世纪80年代中期，地膜被应用于棉花生产。起初农民认识不足，用量很少。1990年，全县使用量仅400吨。在农业生产过程中，农民发现地膜覆盖可明显提高产量，改善品质，棉花生产开始广泛使用。1991年后，随着辣椒种植面积的增加，农膜又被应用于辣椒种植上，加上蔬菜小拱棚生产以及早春蔬菜的大棚建设等，全县农膜用量大幅增加。截至2013年底，农膜用量达到1484吨，比1990年增加1084吨，增长2.71倍。

农药用量

农药用量与病虫害发生程度有关。1990年，全县农药施用量550吨，亩均0.85千克。主要应用对象为棉花，以杀虫剂为主。1994年前后，棉铃虫大爆发，农药用量陡增，1994年施用量929吨，1995年为915吨，分别比1990年增加379吨和365吨，分别增长68.9%和66.4%。1995年后，棉田面积减少，农药用量随之减少。2000年后，全县推广种植抗虫棉，一定程度减少用药量。至2004年，全县农药用量减少至374吨，亩均0.65千克。自2008年始，众多高效低毒农药品种投放市场，杀菌剂、除草剂被广泛应用于大田作物，棉花以外的作物用药量增加，导致全县农药总用量上升。至2013年，全县农药总用量1145吨，与1990年相比增加595吨，亩均用量1.56千克，增长83.5%，其中杀菌剂、除草剂用量明显增加。

化肥用量

1986年，全县亩均化肥用量12千克，全年总用量7875吨（折合纯量，下同），其中氮肥5731吨、磷肥1015吨、钾肥141吨、复合肥988吨，氮、磷、钾肥比例为72.8%、12.9%、1.8%，复合肥占12.5%，氮素用量明显偏多。1990年后，磷肥、钾肥用量虽有增加，但变化不大。进入21世纪，在配方施肥和平衡施肥技术推广后，人们重视磷肥、钾肥应用，其用量增加。至2005年，全县磷肥用量3128吨，钾肥用量1300吨，分别比1986年增加2113吨和1159吨，氮、磷、钾肥占比为59.3%、14.4%、5.9%。此后，随着配方肥推广和复合（混）肥生产技术提高，三元素复合肥市场占有量增加，磷、钾肥用量增加。至2013年，全县化肥用量2.39万吨，亩均用量32.44千克，与1986年相比，总用量增加1.6万吨，亩用量增加20.44千克，分别增长2.03倍和1.7倍，年均增长分别为4.19%和3.75%。其中，氮肥总用量9846吨、磷肥3531吨、钾肥1613吨、复合肥8862吨，分别比1986年增加4115吨、2516吨、1472吨和7874吨，分别增长0.72倍、2.48倍、10.43倍和7.97倍。氮、磷、钾肥料比例为41.28%、14.8%、6.8%，复合肥占37.2%。单一氮肥用量明显减少，复合肥用量明显增加，氮、磷、钾肥料配比渐趋合理，但钾肥用量仍偏少。

1986—2013年武城县农业生产物资投入统计表

表7-2　　单位：吨

年份	农膜	农用柴油	农药	氮肥	磷肥	钾肥	复合肥
1986				5731	1015	141	988
1987				5743	1333	90	1540
1988				5978	1648	66	1926
1989							
1990	400		550	5806	1824	118	1576
1991	140		446	6410	1859	229	1687
1992	280		639	6111	1948	833	2633
1993	131	2547	506	7311	1929	627	3047
1994	969	2883	929	5166	1835	664	2672
1995	158	3445	915	7612	2242	779	4225
1996	340	3550	714	7662	2368	1009	3378
1997	173	3720	618	8270	3039	1490	3963
1998	342	3783	611	8741	2962	1156	3857
1999	798	4093	640	10960	2461	1168	4563
2000	1146	3847	429	11541	2032	374	4164

续表 7-2

年份	农膜	农用柴油	农药	氮肥	磷肥	钾肥	复合肥
2001	1157	3834	358	11881	2240	554	4079
2002	1800	4371		9255	2087	807	4377
2003	918	4146	575	9513	2024	913	3433
2004	1520	5197	374	10694	2384	1129	4312
2005	1237	7511	396	12913	3128	1300	4429
2006	1237	7511	396	12913	3128	1300	4429
2007	1298	7986	426	12270	3447	1377	4844
2008	1426	7531	458	11417	2925	1303	5813
2009	1420	6863	880	9808	3028	1333	8216
2010	1406	6786	881	9682	2895	1314	7808
2011	1427	6813	1154	9756	3265	1507	8169
2012	1432	6760	1143	9788	3300	1520	8187
2013	1484	6821	1145	9846	3531	1613	8862

说明：化肥为折纯量

第三节　劳动生产率

1986 年，全县从事农林牧副渔业劳动力人数为 11.93 万人，占当年农村人口的 38.84%，占农村劳动力的 86.5%，农业劳动者人均负担耕地 5.47 亩，供养人口为 2.76 人。随着生产条件改善和科学技术进步，全县农村剩余劳动力增多，单纯从事农业生产人员减少，大量农村劳动力转移出农村从事其他行业。至 2013 年底，全县从事农林牧渔业的劳动力为 9.1 万人，占农村人口的 26.68%，占农村劳动力人数的 43.9%，农业劳动者人均负担耕地 8.08 亩，供养人口 4.17 人。与 1986 年相比，从业人员减少 2.8 万人，所占农村人口的比例减少 12.16 个百分点。农业劳动者人均负担的耕地面积增加 2.61 亩，负担的人口数增加 1.41 人。

1986 年，农业劳动者人均创造的农业总产值为 1913 元。2013 年，农业劳动者人均创造的农业总产值为 43502 元，28 年间增加 41589 元，增长 21.74 倍。2013 年，全县每个农业劳动者生产粮食 6749 千克，比 1986 年增加 5649 千克，增长 5.14 倍。生产棉花最高时达 352.5 千克，比 1986 年增长 184.2 千克，增长 1.09 倍。2013 年，劳动力人均生产蔬菜 1689 千克，比 1986 年增加 1312 千克，增长 3.48 倍，其中 2003 年达 4151 千克，比 1986 年增加 3774 千克，增加 10 倍。每个劳动者生产果品在 1993 年和 2001 年分别为 103 千克和 127 千克，比 1986 年分别增加 74.7 千克和 98.7 千克。后因品种更新不及时，导致产量下降，2013 年，劳动力人均生产果品 33 千克。肉类产量统计始于 1988 年，当年农业劳动者人均生产肉类 49 千克，至 2013 年达 171 千克，增加 122 千克，增长 2.49 倍。禽蛋生产增长幅度较大，1989—2013 年，劳动者人均生产量增加 45.43 千克，增长 126.5%。

1986—2013 年武城县农业劳动生产率统计表

表 7-3

年份	农业劳动人口（万人）	农业劳动者人均			农业劳动者人均创造的主要农产品（千克）					
		负担耕地（亩）	供养人口（人）	创造农业总产值（元）	粮食	棉花	蔬菜	肉类	水果	禽蛋
1986	11.93	5.47	2.76	1913	1100	168	377		28	
1987	12.35	5.3	2.7	1971	869	210	199		25	
1988	12.18	5.3	2.78	2612	903	192	256	49	25	29
1989	12.69	5.1	2.69	1289	1103	141	237	20	26	36
1990	12.77	5.1	2.77	2353	980	99	270	59	30	51
1991	12.5	5.2	2.88	2928	1242	181	223	27	32	55
1992	12.29	5.25	2.93	2610	1223	125	156	65	37	65
1993	11.98	5.38	3.0	3399	1655	85	340	132	103	72
1994	11.62	5.69	3.1	7770	1800	106	387	304	74	125
1995	12.17	5.27	2.97	10278	1666	83	3593	441	42	177
1996	12.31	5.2	2.9	10653	1778	74	902		31	168
1997	12.26	5.2	2.94	7769	1818	88	932	59	54	41
1998	12.14	5.26	2.98	7665	2460	94	1133	89	47	10
1999	11.42	5.6	3.2	8643	2591	61	2075	60	48	87
2000	12.32	6	3.45	7872	1855	248	3084	83	53	252
2001	11.59	5.52	3.2	11556	1715	288	2939	92	128	103
2002	12.23	4.83	3.08	11730	1518	205	4029	168	19	113
2003	11.25	5.16	3.3	15202	1632	255	4151	224	22	204
2004	11.99	4.77	3.1	13161	1785	306	3846	269	22	181
2005	10.93	5.16	3.4	15462	2058	283	2058	402	27	99
2006	10.93	5.2	3.42	16819	2382	253	1578	163	26	113
2007	9.96	5.7	3.79	21315	2881	301	1838	175	32	136
2008	10.68	6.74	3.56	23194	2747	353	1381	149	25	101
2009	10.33	7.2	3.72	25811	2977	316	1299	157	28	120
2010	10.32	7.2	3.76	29175	3664	145	785	146	20	104
2011	10.17	7.3	3.85	32488	4486	208	550	145	18	67
2012	10.17	7.24	3.85	34609	5912	155	781	145	25	71
2013	9.1	8.08	4.17	43502	6749	175	1689	171	33	81

第四节　土地产出率

1986年，全县农业总产值2.28亿元，耕地亩均农业总产值350元。至2013年，农业总产值达到39.58亿元，耕地亩均农业总产值5383元，与1986年相比，每亩耕地产值增5033元，增长14.38倍，年均增长10.65%。1990年，耕地亩均农业总产值427元，与1986年相比，增加77元，增长22%，年均增长5.1%。1995年，耕地亩均农业总产值1939元，比1990年亩均增加1512元，增长3.54倍，年均增长35.3%，是改革开放后增长最快的五年。2000年，耕地亩均农业总产值1750元，与1995年相比，亩均减少189元，降低9.7%。2005年，耕地亩均农业总产值3002元，五年内亩均增加产值1252元，增长71.5%，年均增长11.4%。2010年农业总产值是30.68亿元，耕地亩均农业总产值4124元，比2005年亩均增加1122元，增长37.3%，年均增长6.6%。截至2013年，实现农业总产值39.58亿元，耕地亩均农业总产值是5383元，比2010年亩均增加1259元，增长30.52%，年均增长9.29%。

1986年，全县粮食平均播亩（下同）单产220千克。1990年，粮食亩产248千克，比1986年增长12.7%。1991—2000年，众多农业科技成果被应用于生产，农作物单产大幅提高。十年间，由1990年的248千克提高到388千克，增长56.5%。2010年后，国家加大粮食生产补贴力度，粮食生产投入增加，在粮食高产创建活动的带动下，粮食单产进一步提高。2013年，全县粮食播亩单产557.6千克，比1986年增加337.6千克，增长1.53倍，年均增长3.5%。

棉花生产受自然灾害影响较重，20世纪80年代枯黄萎病蔓延，90年代棉铃虫大爆发，对棉花单产提高造成不同程度影响。90年代末，随着抗病、抗虫棉种推广以及大量科技成果的应用，棉花单产由1986年的77千克，提高到2013年的101.2千克，增长31.4%。

第五节　农业增加值

1986年，全县农业增加值为1.36亿元，占当年农业总产值的59.7%，至1995年，全县实现农业增加值6.69亿元，占当年农业总产值的53.4%，十年间，农业增加值增加5.32亿元，增长3.9倍，年均增长19.32%。1996—2000年，由于物价上涨，农业生产成本增加，效益降低，农业生产处于徘徊不前的状态。2000年，农业增加值为5.88亿元，占农业总产值的52.4%，比1995年减少8000万元，减少12%。2001—2005年，农业增加值增长到9.08亿元，占农业总产值的53.6%，略有上升，与2000年相比，增加3194万元，增长54.3%，年均增长9.07%。2010年，实现农业增加值15.19亿元，占当年农业总产值的49.5%，比2005年增加6.11亿元，增长67.3%，年均增长10.8%；2013年，全县实现农业增加值20.05亿元，占农业总产值的50.64%，与2010年相比，增加4.86亿元，增长31.97%，年均增长9.7%。

第四章 种植业

第一节 种植制度

轮作

轮作俗称“调茬”，即在同一块地轮换种植不同的作物。全县农民自古有轮作的优良传统，有“调茬如上粪”之说。一般轮作是在粮食作物与棉花或其他经济作物之间进行。如棉田改粮田，即在棉花适当早收获的情况下，接茬种冬小麦—夏玉米或夏大豆、谷子等，秋收后种冬小麦。如粮田改种棉花或西瓜，即在秋季夏玉米或大豆、谷子、地瓜等收获后，不再种植其他作物，闲茬至第二年春天再种棉花或西瓜。全县农民轮作多以棉麦为主，避免重茬引起病虫害发生程度加重。同等条件下，调茬作物好于重茬作物，其中以大豆、西瓜、地瓜、花生等最忌重茬。

一年一熟制　一年一熟作物以棉花为主，一般在每年春季4月中下旬播种，10月收获。其次是辣椒，一般在每年的4月中旬播种，或在3月育苗，4月底5月初移栽入大田，10月收获。

一年两熟制　一年两熟制的作物主要是以小麦、玉米为主的粮食作物。一般每年6月上中旬收小麦后，播种玉米或者大豆、谷子、地瓜、花生等，秋季收获后，继续播种小麦。随着生产条件的改善和良种的不断更新进步，全县两熟作物面积占粮食面积的99%以上，亩产量最高达1753千克。

二年三熟制　20世纪60年代前，二年三熟制是全县种植制度主体。主要形式是春播高粱或谷子—冬小麦—夏播大豆或玉米。春播小杂粮—冬小麦—夏大豆或地瓜。至2013年，二年三熟制已不多见，主要为改换种植茬口而调整，第一年为棉花，秋收时提前拔棉柴种植小麦，麦收后种植玉米或是大豆、谷子等作物。反之，玉米、大豆等作物秋收后不再种植冬小麦，等至第二年春天播种棉花或辣椒以及其他春播作物。

蔬菜一年三作　老城镇姜圈、梁院等村庄，地处运河沿岸，素有种植蔬菜的传统。春种韭菜、菠菜、茼蒿、小葱，夏种西红柿、茄子，秋种西芹、白菜等，形成大路菜和拱棚反季节蔬菜交替种植的一年三作种植模式。

间作套种

全县主要有棉粮间作、棉花绿豆间作、棉花圆葱间作、棉蒜间作、棉花西瓜间作和棉薯间作等多种间作套种形式。间作套种可增加农民收入，但用工较多。2010年后，随着用工成本增加，间作套种面积逐年减少。

棉粮间作　棉花小麦套种（简称棉麦套）20世纪70年代兴起，90年代广泛推广。主要模式有三一式、三二式、四二式。三二式有利于多产棉花，三一式有利于多产小麦，四二式兼顾粮棉产量。应用最多的是三二式，即三行小麦套种两行棉花，三行小麦占地40厘米，两行棉花之间的行距50～60厘米，小麦与棉花之间相隔33厘米，小麦收获后形成100厘米的棉花大行。

棉花绿豆间作　在棉花播种前或播种同时，按正常行距隔两行播种一行矮棵绿豆，在棉花进入大生长期前绿豆成熟，每亩可产

50～100千克，一般棉花不减产。截至2013年底，部分农民仍采用。

棉花圆葱间作　采用四一式（四行圆葱一行棉花）种植。此方具有共生期短，投资少，省工等特点，每亩可增收千元以上。棉花、圆葱间作须选择土壤肥力高，水源好的地块种植。

棉蒜间作　一般在第一年秋季棉花收获后播种大蒜，1.5米一带，按五二式设计，五行大蒜两行棉花，第二年春季，在预留行中播种两行棉花。因大蒜具有驱虫杀菌作用，棉花病虫害较少，产量较高。这种种植模式主要集中在四女寺镇。

棉花西瓜间作　两行棉花间种植一行西瓜，称为二一式，棉花直播，西瓜用小拱棚；二二式大拱棚，是两行棉花间种植两行西瓜。这种种植模式主要集中在李家户镇、老城镇。

棉薯间作　每180厘米为一个种植带，种两行棉花两行马铃薯，称二二式。马铃薯和棉花都采用大小行种植，马铃薯起垄种植，垄宽30厘米，垄距30厘米，垄高15厘米，马铃薯播种深度15～18厘米，密度每亩4000株。马铃薯与棉花行距30厘米，棉花大行120厘米，小行60厘米，密度每亩4000株。棉薯间作需高肥水地块。1994年，全县进行农业结构调整时，在李家户乡种植试验成功并逐步推广，比单种棉花每亩可增加收入1000元左右。

第二节　种植结构

20世纪80年代，农村经济体制、农产品管理体制和价格政策改革，对种植业结构起到宏观调控作用。农业科技成果推广应用加快，农田投入增加，人均占有粮食增加，为发展经济作物和瓜菜提供条件，促进种植作物结构较大幅度调整。1990年，人均占有粮食354千克，粮食播种面积占作物播种面积的61.4%。棉花、油料、辣椒、瓜菜等经济作物，占作物播种面积近的40%。随着技术进步和品种更新，复种指数增加，农作物播种面积扩大。至2000年，达到8.31万公顷，农业种植结构进一步发生变化，粮食播种面积占作物播种面积的比例降到47.1%，而棉花、油料及其他经济作物的播种面积占到53.9%，其中油料、瓜菜等增至27.21%。

2004年后，国家实行农业补贴政策，对粮食补贴力度逐年加大，粮食价格不断上涨，粮食面积呈现增加趋势。2013年，全县农作物播种面积8.61万公顷。其中，粮食播种面积7.34万公顷，占85.27%；棉花播种面积1.05万公顷，占12.19%；辣椒、瓜菜、油料等其他经济作物播种面积2187公顷，占2.54%。

第三节　粮油作物

小麦

小麦是全县主要粮食作物，种植面积和产量均居粮食作物首位。20世纪80年代后，由于生产条件改善和农业科技的发展，小麦生产水平逐步提高，由中低产作物变为高产稳产作物。

生产水平　1986年，小麦播种2.06万公顷，亩产239千克，比1978年提高104.27%，总产增加3.86万吨，增加1.09倍。进入21世纪，随着农业科技发展和品种更新步伐加快，农业科研成果转化率和机械化程度提高。2013年，全县小麦播种面积3.67万公顷，亩产530千克，总产29.17万吨。与1986年相比，总产增加21.76万吨，增长2.94倍，亩产提高291千克，提高121.8%。其中高产创建的攻关典型地块，亩产达到703.3千克。

1986—2013年武城县小麦播种面积、产量统计表

表 7-4

年份	小麦			粮食播种面积（万公顷）	小麦面积占粮食作物（%）	粮食总产（吨）	小麦产量占粮食总产（%）
	面积（万公顷）	亩产（千克）	总产（吨）				
1986	2.06	239	74080	3.98	51.89	131205	56.46
1987	1.67	189	47150	3.46	48.24	106013	44.48
1988	1.7	202	51477	3.06	55.64	110012	46.79
1989	1.82	301	82025	3.33	54.54	139925	58.6
1990	1.88	312	87845	3.36	55.9	125010	70.27
1991	2.23	300	100235	3.62	61.47	155241	64.57
1992	2.17	324	105208	3.45	62.77	150375	69.96
1993	2.27	310	105550	4.34	52.24	198247	53.24
1994	2.2	345	113686	4.14	53.06	209164	54.3
1995	2.15	353	113740	4.21	51	202708	56.11
1996	2.2	334	110733	4.45	49.7	218925	50.58
1997	2.67	416	166650	5.16	51.7	222984	74.74
1998	2.67	372	149098	5.21	51.31	298608	49.93
1999	2.47	416	154378	4.88	50.73	295962	52.16
2000	2.44	374	137069	3.92	62.4	198067	69.2
2001	2	390	116937	3.3	60.67	198777	58.83
2002	1.78	389	103937	3.51	50.67	183053	56.78
2003	1.43	386	82439	2.94	48.53	183600	44.9
2004	1.42	451	96201	2.94	48.4	214004	44.95
2005	2.03	393	119899	3.49	58.17	224742	53.35
2006	2.35	439	154912	3.85	61.1	260349	59.5
2007	2.26	447	151659	4.09	55.26	286755	52.89
2008	2.23	450	150077	4.1	54.22	293611	51.11
2009	2.28	451	154215	4.23	53.86	307561	50.14
2010	2.54	470	179477	4.97	51.15	378242	47.45
2011	2.73	474	194098	5.93	46	456463	42.52
2012	3.64	517	282239	7.28	50	601455	46.92
2013	3.67	530	291733	7.34	45.13	614125	47.5

整地施肥 播种前需视土壤墒情确定是否造墒。整地前，施入总施肥量70%肥料做基肥。20世纪80年代至90年代，底肥以农家肥和氮素化肥为主，一般亩施土杂肥2000～3000千克，标准氮肥25千克，有的农户施入饼肥50千克左右。进入21世纪，随着机械化程度的提高，

图 7-5 小麦收割（2011 年 摄）

家养牲畜减少，以厩肥为主的有机肥使用量减少，玉米秸秆还田成为补充土壤有机质，培肥地力的主要途径。化肥以氮肥为主，辅以三元素复合肥。施肥后，耕翻、耙耢待播。

播种　20 世纪 80 年代前，小麦多为冬性品种，适宜播种期在 9 月下旬至 10 月上旬初，俗语“白露早，寒露迟，秋分麦子正适时”。进入 21 世纪，随着小麦品种更新和生产条件改善，播种适期逐渐推迟至 10 月 1—15 日。调茬地播种可推迟至 11 月上旬，但需增加播种量。1986 年后，小麦机械条播耧普及，播种实现机械化。2004 年，开始推广新型宽幅精播耧。2010 年，推广免耕宽幅小麦播种楼，实现小麦旋耕、施肥、播种一次性完成，既省工又增效。

追肥浇水　小麦出苗后，底墒不足或冬前旱情严重，地薄苗弱地块，可浇越冬水或早浇返青水。生长期间，一般在起身、拔节期浇水并配合追肥，每亩追施尿素 15 千克。有条件的在孕穗和灌浆期遇旱浇水。

收获　1986 年后，渐有割晒机推广，用 12 马力拖拉机牵引，割倒后，再用人工敛拾，运往场院打压脱粒。20 世纪 90 年代，开始推广联合收割机收获，收割、脱粒一次完成，农民只需将麦粒运回晾晒后、入仓即可。截至 2013 年底，全县麦田已全部实现联合收割机收获。

玉米

武城县是玉米主产区。随着种植技术进步，特别是杂交种普及应用，玉米单产不断提高，是仅次于小麦的第二大粮食作物。20 世纪 80 年代后期，玉米成为畜牧业发展的主要饲料来源。

生产水平　20 世纪 80 年代，农田投入空前增加，一批高产、抗病、紧凑型玉米新良种用于生产，单产大幅提高。1986 年，玉米亩产 219 千克。进入 21 世纪，国家不断出台粮食补贴政策，引导、鼓励发展粮食生产，尤其是粮食高产创建工作，对促进单产提高，起到示范带动作用。2013 年，全县玉米亩产 586 千克，比 1986 年每亩增加 367 千克，提高 167.58%，其中超高产创建攻关田达到亩产 1053 千克，单季粮食突破吨粮关。全县总产 32.23 万吨，比 1986 年增加 29.27 万吨，增长 9.89 倍。玉米播种面积从 1986 年的 0.9 万公顷增加到 2013 年 3.67 万公顷，所占粮食播种面积的比例提高 29.79 个百分点。

1986—2013 年武城县玉米播种面积、产量统计表

表 7-5

年份	面积（万公顷）	亩产（千克）	总产（吨）	占粮食播种面积（%）	占粮食总产（%）
1986	0.9	219	29589	22.66	22.55
1987	0.91	253	34565	26.42	32.6

续表 7-5

年份	面积（万公顷）	亩产（千克）	总产（吨）	占粮食播种面积（%）	占粮食总产（%）
1988	0.71	338	36006	23.35	32.73
1989	0.75	348	39236	22.6	28.04
1990	0.85	182	23233	25.42	18.58
1991	0.76	322	36788	21	23.7
1992	0.76	261	29876	22	19.87
1993	0.99	371	55247	22.89	27.87
1994	1	426	63840	24.2	30.5
1995	1.28	349	66906	30.41	33
1996	1.5	372	83357	33.57	38.07
1997	1.7	158	40143	32.8	18
1998	1.96	431	126578	37.6	42.39
1999	1.84	430	118688	37.7	40.1
2000	1.08	466	76000	27.75	38.37
2001	1.1	449	74140	33.36	37.3
2002	1.5	303	67837	42.5	37.06
2003	1.3	460	89038	44.04	48.5
2004	1.4	533	112082	47.62	52.37
2005	1.37	490	100915	39.3	44.9
2006	1.4	483	101494	36.33	38.98
2007	1.8	496	134340	44.17	46.85
2008	1.86	511	142633	45.3	48.58
2009	1.9	524	152859	46	49.7
2010	2.4	546	198315	48.82	52.43
2011	3.2	547	262365	53.98	57.48
2012	3.64	585	319216	50	53.07
2013	3.67	586	322280	49.96	52.48

种植制度　玉米分春种和夏种。春种一般在 4 月中下旬播种，秋季收获。1986 年后，除玉米制种田外，只存有少量鲜食玉米种植户采取春播方式。除此之外，全县玉米多为夏播，一年一季与小麦轮作，即每年 6 月上旬收获小麦后，当即播种玉米，9 月底 10 月初收获。也可在西瓜地套种玉米，即在西瓜尚未收获时，于西瓜行间点种玉米，因西瓜地力肥沃，玉米产量较高。

播种　20 世纪 80 年代，因玉米品种生育期较长，一般在小麦收获前，于行间点种。1990 年后，随着品种更新和技术进步，麦田套种玉米改为麦后直播，播种方式改为播种耧条播。2010 年，多采用单粒播种，播前即按密度要求设计好行、株距，每穴一粒下种，出苗后省去间苗、定苗工序。播种方式为麦后铁茬直播，播后浇蒙头水，5 天左右即可出苗。

种植密度　20 世纪 80 年代，玉米品种多为紧凑型，种植密度一般在 4000 ～ 4500 株。90 年代推广大穗、大棵的半紧凑型品种，种植密度在 3000 ～ 3500 株。2008 年，推广耐密型品种，种植密度在 4000 ～ 5000 株，高产地块 5500 株以上。至 2013 年，全县普遍种植耐密型品种。

田间管理　灌溉：玉米生长期间正值雨季，多雨年份全生育期可不浇水。遇旱年，在大喇叭口期和灌浆期浇 2 次水。中耕除草：按传统习惯，整个生育期间要中耕、除草 2 ～ 3 次。20 世纪 90 年代开始使用除草剂。2005 年后，全部采用化学除草，中耕已无人实施。一般于播种后，出苗前，喷施玉米田专用除草剂，基本可杜绝草害发生。追肥：20 世纪 80 年代，玉米追肥多采用棵下穴施，多用农家肥或氮素化肥。90 年代后，推广轻施苗肥、稳施秆肥、重施穗肥技术。2000 年后，随着缓释肥、控释肥的应用，玉米施肥变得简单、方便，一般采用一次性施足种肥，或分种肥、穗肥两次使用，肥料品种大多为三元素复合肥。

收获　1986 年，玉米收获靠人工掰穗。2005 年，玉米联合收获机应用于生产。2010 年，玉米联合收获机械在全县普及，玉米收获实现机械化。

谷子、大豆及其他杂粮

谷子　由于谷子具有耐旱、省水、产量高、耐贮存，粟米（小米）营养丰富等特点，而成为农家必备之粮。武城县是谷子主要产地，20 世纪 70 年代至 90 年代，全县种植面积最多时为 5333.33 公顷，成为第二大夏播粮食作物。此后，引进鲁谷 5 号、6 号，聊农 6 号等一批新品种，单产由 150 千克提升到 400 千克以上。谷子传统种植方式，是春播谷子与其他作物构成二年三作，即春播谷子—秋种小麦—夏播玉米、大豆等。20 世纪 80 年代后，重点推广夏播品种，形成小麦—夏播谷一年两熟制。一般在 6 月上旬至月底播种，每亩留苗 4 万～ 5 万株。谷子成熟时易遭鸟啄，尤以对小片零星种植地块危害更重，除人工看护驱鸟外，尚无良方。进入 21 世纪，因效益低于玉米，种植面积逐年减少。2010 年，全县谷子播种面积仅有 79.2 公顷。

大豆　大豆因种植省工省肥，营养丰富，可做农民的主食、油料以及大牲畜饲料，为传统的粮食作物。生产责任制前，运河两岸、黄河故道等生产条件较差的沙薄偏远地多种植大豆，一年一季。后因大豆单产低，逐渐被玉米等其他高产作物所代替，种植面积逐渐缩小。

其他杂粮　全县高粱、绿豆、小豆、黍子等小杂粮面积较小，多与其他作物间作套种，如棉田间作绿豆、玉米地套种小豆等，全县每年种植面积不超过 666 公顷。高粱在 20 世纪 80 年代前，在低洼地块曾有小面积种植，后

图 7-6　玉米高产创建示范方（2012 年　摄）

来面积逐渐减少。2010年，古贝春集团有限公司在恩县洼建立原料基地，高粱又部分恢复种植。

油料作物

花生　全县花生种植主要分布在东部沙河沿岸以及其他土质偏轻的沙壤土地块，种植面积不稳定。1986年，为1140公顷，总产2031吨。1990年，降为160公顷，总产369吨。2000年，增加到866.67公顷，总产3311吨。2010年，降至109.7公顷，总产369吨。20世纪80年代前，花生亩产量较低，只有100千克左右。20世纪90年代，通过推广鲁花9号、海花1号、海花5号等优良品种，单产可达200～350千克。2013年，全县花生播种面积72.47公顷，总产270吨。

芝麻　芝麻种植历史悠久，分布面广。但群众很少净面种植，多在棉田混种或在地瓜、花生田中间作，一般亩产量50～60千克。

油葵　2000年引进种植，随着棉籽油渐渐退出消费市场，油葵作为食用油原料，种植面积逐渐扩大。2001年，全县油葵播种面积3333.33公顷，总产8530吨。油葵每年春季3月中下旬播种，6月中下旬收获，亩产葵花籽200～300千克，出油率可达40%～50%。收获后，可接茬种玉米、谷子或白菜、萝卜等作物。

第四节　棉花

武城县是全国重要产棉区。1986年，全县棉花种植面积1.73万公顷，总产达2.01万吨，亩产皮棉77千克。1991年，武城县被农牧渔业部列为“全国优质棉生产基地县”。1994年，武城县跻身全国棉花生产百强县，居全国第44位。2008年，全县棉花种植面积2.7万公顷，总产达3.77万吨，种植面积和产量为历史最高。此后，随着棉花种植比较效益降低，种植面积逐年减少。2013年，全县棉花种植面积1.05万公顷，总产1.59万吨，亩产皮棉101.2千克。

1986—2013年武城县棉花面积、产量、产值统计表

表7-6

年份	面积（公顷）	亩产皮棉（千克）	总产皮棉（吨）	棉花产值（万元）	占种植业比重（%）
1986	1.73	77	20077	9550	50.1
1987	2.18	78.1	25615	11978	59.1
1988	2.63	59	23420	8014	59.4
1989	2.2	54	17941	6137	48.6
1990	1.97	43	12645	8070	42.58
1991	2.64	57	22622	14467	52.8
1992	2.52	41	15312	9856	44.63
1993	1.95	35	10197	6495	23.87
1994	2.17	37.85	12300	14812	28.06
1995	1.56	43	10126	19239	26.62
1996	1.33	45	9087	17265	22.1
1997	1.07	68	10819	21638	26.31
1998	1.07	71	11379	14793	20.1

续表 7-6

年份	面积（公顷）	亩产皮棉（千克）	总产皮棉（吨）	棉花产值（万元）	占种植业比重（%）
1999	0.74	63	6948	6253	8.05
2000	2.14	83	26451	23806	28.3
2001	2.48	90	33403	30063	29.9
2002	1.99	83	24729	24729	26.4
2003	2.33	82	28700	36847	31.7
2004	2.38	102.6	36635	40018	38
2005	2.17	93.86	30631	44363	39.2
2006	2.16	85	27626	36411	30
2007	2.24	90.26	30340	55095	36.15
2008	2.7	93	37679	57088	35
2009	2.37	91.7	32658	59157	34.52
2010	1.26	79.2	14952	14502	8.06
2011	1.49	94.7	21188	19069	9.02
2012	1.09	96.5	15786	19471	8.7
2013	1.05	101.2	15923	22830	8.7

说明：棉花产值均按当年价格计算。1994 年前棉花产值因无单独统计数字，由当年棉花价格计算而得

栽培措施

耕地造墒　老棉区都有“秋耕地”习惯，一般从拔棉柴到封冻前进行。2000 年后，为减少用工，大部分农户不再冬耕，而是在第二年春天实行春灌、春耕、施肥、整地、播种一连五作的耕作方式，这种方式土地易板结，病虫害、草害发生严重，影响棉花生长。水利条件较好的东部乡镇多用河水冬灌造墒，西部高亢地区则为春季井灌，一般在棉花播种前 7 ～ 10 天完成。

适时播种　全县植棉旧有“枣芽发种棉花”“杨叶铜钱大，正好种棉花”的谚语。一般地温稳定在 14℃即可播种，约在 4 月中下旬。20 世纪 80 年代播种毛籽一般用种 6 ～ 7 千克，进入 21 世纪，改用药剂包衣的光籽，使用精播机，播量降为 1.5 ～ 2.5 千克。

图 7-7　棉花技术指导（2008 年　摄）

地膜覆盖　20世纪80年代开始推广，90年代全面普及，成为棉花种植常规措施。具体做法：在播种后用塑料薄膜覆盖，待棉苗出土后再打孔放苗。6月下旬在浇透水后将地膜揭除，无水浇条件者，在初花期下透雨后揭膜。

查补定苗　棉苗出土后，本着“留壮去弱，留大去小”之方破膜放苗，2～3片真叶时，根据种植密度定苗，留苗密度视地力而定，一般每亩4500株左右。缺苗断垄处可催芽补种或移苗补栽。

整枝修棉　整枝修棉一般从棉花第一果枝出现后进行（5月下旬），直至秋后。立秋后不论棉棵高矮壮弱，均应把顶心和边心打掉，让养分只供给棉铃，称之为“四门落锁”，素有“立了秋，把头揪”之说。

科学化控　过去对棉花旺长无有效管理办法，20世纪70年代用过矮壮素，因剂量不易控制而未推开。1980年后，开始使用助壮素、缩节安一类的新型植物生长调节剂，效果较好。

中耕培土　中耕是棉田管理的基本措施，一般在6月中下旬至7月上旬进行。

第五节　辣椒

20世纪70年代，原旧城公社（今武城镇）尚庄村为发展集体经济，曾小面积种植辣椒销往肥城煤矿，此为全县成方连片种植辣椒的开始。80年代初，种植面积扩大，至80年代末，达2000公顷。1991年，在武城镇尚庄村建成专业性辣椒市场，带动周边村庄形成辣椒种植相对集中区。同年，英潮经贸公司采用订单形式推广“益都红”辣椒品种，与种植户形成利益共同体，奠定辣椒产业化经营基础。此后，全县辣椒种植面积逐年增加。2000年，种植面积4000公顷。2002年，县政府重新规划建设尚庄辣椒市场，并依托市场规划辣椒加工产业园区。2013年，全县辣椒种植面积5333.33公顷，年产12万吨，农民人均可获得直接经济收入2000～2600元。辣椒成为继棉花之后的第二大经济作物，全县春白茬地基本为棉花和辣椒所占用。

辣椒品种及品质特性

武城属黄河冲积平原，土壤肥沃，四季分明，春秋降雨较少，夏季雨热相对集中，使得武城辣椒具有皮薄、肉厚、色鲜、味香、辣度适中、营养丰富等品质，以及成熟集中，果实脱水快，上色好，既可收鲜椒又可收干椒的独有特性，是辣椒加工业的好原材料。2011年，武城辣椒成功注册地理标志证明商标，是全市五大地理标志证明商标之一。全县种植品种有三大类型，一是以英潮红4号为代表的微辣型品种，筛选自“益都红”辣椒，其特点是皮薄、肉厚、味香、果皮紫红色，形似羊角，商品性好，是提取天然色素、食品加工及外贸出口的最佳品种，推广面积最大。二是以英潮红3号为代表的线型椒，类似于望都辣椒，果长8～13厘米，宽1～2厘米，辣度适中，产量大、色红、肉厚、味香、久放不坏，营养价值高，可腌渍，可鲜食，可制干。三是朝天椒类，代表品种是英潮红8号，果实生长于主茎和分枝顶部，果实上冲，簇生或散生，色鲜红，味高辣，生长期相对较长，可鲜收，亦可干收。郝王庄镇及武城镇陈公堤以东村庄多有种植，年种植面积1330公顷。

种植方式

辣椒种植可分2种方式，一是育苗移栽，二是大田直播。育苗移栽一般于每年3月上旬苗床播种，4月中下旬定植；大田直播一般于4月上中旬开始，因管理较为粗放，虽产量不如育苗移栽，但省工省力，易于被农民接受，大田辣椒种植主要采用直播方式，一般亩产干椒300～400千克，如收鲜椒亩产1500～2500千克。

栽培措施

辣椒直播栽培一般在春季进行，和棉花播期相当或略早，一般在4月上中旬，5厘米地温稳定通过12℃时开始播种。主要技术如下：

耕地造墒 耕地前可每亩施入含高钾的三元素复合肥40～50千克。播前造墒，井水灌溉掌握在播前3～5天进行，河水灌溉比井水灌溉提前3～5天。

整地播种 耙平耢实，选择晴好天气，利用棉花精播机播种。播种量掌握在每亩400～500克。播后盖地膜（同棉花）。

放风定苗 播后7～10天出苗，出苗后及时破膜放风，并将放风口用土压严。待长出3片真叶后定苗，留苗密度按照行株距，每亩3000～4000墩，每墩2～3株。

田间管理 辣椒喜温、喜水、喜肥，但高温易得病，水涝易死秧，肥多易烧根。定植后采收前要促根、促秧。开始采收至盛果期要促秧、攻果。进入高温季节后要保根保秧，防止败秧和死秧。结果后期要继续加强管理，增产增收。定植15天后追磷肥10千克、尿素5千克，并结合中耕培土高10～13厘米。进入盛果期后，结合浇水施肥，每亩追施磷肥20千克，尿素5千克，并再次对根部培土，注意排水防涝。

适时采收 商品干椒一般待果实全部成熟后一次性采收。为提高红辣椒产量和质量，也可分次采收。收鲜辣椒一般分次采收。4千克左右鲜辣椒可晒制1千克干椒。

第六节 食用菌

武城县人工栽培食用菌，始于20世纪70年代末80年代初。主要是利用作物秸秆、畜禽粪便、棉籽壳等作为培养基，种植凤尾菇、平菇等。栽培方式为半地下式，每100千克棉籽壳配好的基料可产鲜菇120～150千克。1997年，开始种植双孢菇。作为一种副业，在秋天利用简易小拱棚进行季节性栽培，每平方米产量5～6千克，收益10～15元，每个小拱棚纯收入800～1000元。因为设施简陋、技术水平低，病虫害严重，市场销量有限，未得充分发展。

2000年，烟台九发公司在武城设立分公司，与农户签订双孢菇最低保护价收购合同，实行订单式生产，形成产、供、销一条龙。是年，聘请省农科院专家做指导，发展半地下大棚600多栋，每平方米产菇7.5千克左右，收益约15元，一个大棚纯收入3000元左右。2001年，食用菌成为全县“一红二白一牧”四大特色农业支柱产业之一，县政府连续多年出台文件扶持食用菌产业发展。2005年，九发分公司投资2000万元新建加工车间和冷库，引进双孢菇速冻生产线，公司改称山东凯运食品有限公司，带动全县食用菌种植快速发展。一些闲置学校、棉厂、旧库房被改造成蘑菇栽培房种植

图7-8 武城辣椒（2008年 摄）

食用菌。是年，引进福建漳州模式，采用坚固耐用砖结构菇房，内部用竹木搭造8层床架立体栽培，同样占地面积，比传统畦栽大棚多出7倍栽培面积。栽培原料为稻草、麦秸、牛粪，推广培养料后发酵新技术，每平方米产量10～13千克。县政府与企业当年筹资200万元，每平方米补贴农户15元，发展砖结构示范棚15万平方米。通过采用新技术，双孢菇产量和品质提高，每平方米收益30元，一栋菇房（1000平方米）年可获利2万～3万元。随着蘑菇价格年年攀升，农民自发修建蘑菇大棚。2009年，研发WLJ－Ⅱ型多功能恒温菇房，增加地面保温和覆盖层厚度，设置缓冲通道，完善通风系统，加大床架层距，采用双门设计，管理操作更方便。采用单冷机组，增设锅炉增温，节能增效更佳，每平方米可产鲜菇15千克，单栋菇房（350平方米）每批次产菇5吨，收入4万～5万元，纯利润2万～3万元（反季节生产效益更高），全年栽培3至4个周期，纯收入在8万～12万元左右。是年，李家户乡政府沿花（花园屯）耿（耿庄）路两侧发展大棚栽培平菇、秀珍菇、金针菇、猴头菇等品种，形成食用菌集中种植区。同年8月，森源菌业注册“贝州”牌商标，5种蘑菇产品获有机产品认证。2010年，借助现代农业果菜产业项目，发展双孢菇反季节、半工厂化生产，利用当地材料成功建成适合农村发展的恒温菇房设施，引进隧道发酵技术，使用草炭土混合覆土材料、水源热泵控温方式，实现冬、夏两季反季节栽培，产品全部销往上海、北京等市场，每栋菇房（栽培面积400平方米）年产双孢菇10吨，经济效益提高3倍。是年，丰裕食用菌有限公司引进瓶栽生产线，成为德

图7-9 真姬菇种植（2011年 摄）

州市唯一一家生产真姬菇工厂化企业，日产鲜菇3.6吨。同年8月，成功申报现代农业果菜产业食用菌项目，争取省级补助资金1200万元，发展工厂化生产食用菌模式。2011年，丰裕公司二期食用菌工厂化示范园项目开工建设，其中与美国合资成立山东乔治丰裕菌种有限公司，采用尖端菌种选育扩繁技术，实现年产2000万升菌种，生产培养料20万吨，供应国内食用菌生产基地；工厂化栽培车间采用机械化设备，中央空调控温，环境条件适合蘑菇生长，全年栽培6个周期，平均单产25千克/平方米，日产鲜菇近30吨，全年总利润31.9万元，每平方米收益586元，是传统方式的近20倍。2013年，丰裕公司投资1.12亿元，西扩11.34万平方米，发展农民专业合作社模式生产食用菌，建设双孢菇工厂化养殖车间15栋，通过由企业统一供种、统一供料、统一技术指导，统一机械化操作，统一产品回收，带动全县食用菌产业发展和一园一区建设。

2013年，全县食用菌栽培面积增加到600万平方米，年产量9万吨，产品畅销国内大中城市，远销欧洲、北美等30多个国家和地区，销售收入突破10亿元，产业规模、技术水平国内

领先，成为全国食用菌强县。先后获得“中国食用菌之乡”“全国食用菌产业化建设示范县”“全国小蘑菇新农村建设优秀示范县”“全国食用菌行业优秀基地县”“山东省食用菌十大生产基地县”“山东省食用菌行业先进县”等称号。

第七节　蔬菜　瓜类

武城县蔬菜、瓜果栽培历史悠久，主要分布在运河沿岸和靠近县城及德城区与武城交界村庄。1986 年，全县蔬菜种植面积 620 公顷，总产 2.39 万吨。瓜类种植面积 667 公顷，总产 2.12 万吨，总产值 1178 万元。随着人们物质生活水平提高，蔬菜瓜果种植面积逐年增大。老城镇姜圈村、梁院村、南关村，甲马营镇徐庄村、董白三村，以大路菜为主。武城镇赵庄村、杨官屯村、马棚村，四女寺镇聂官屯村、祁村、南小李村、礼义庄村，郝王庄镇油坊村等以反季节大棚菜为主。老城镇范庄村、前王庄村、后王庄村、陈庄村，李家户乡辛庄村、魏庄村、大王庄村等是武城西瓜生产基地。2000 年，烟台九发公司在武城设立分公司，发展订单农业，推广蘑菇种植，李家户乡李官屯村、戴庄村、巩庄村、李家户村、王家户村等村庄成为食用菌生产基地。2002 年，全县蔬菜种植 1.67 万公顷，为历史最高值，总产 31.05 万吨，产值 1.78 亿元。2013 年，全县蔬菜种植面积 1575 公顷，总产 14.6 万吨，西瓜、甜瓜种植面积 167 公顷，产量 7680 吨，蔬菜总产值 6.95 亿元，占种植业产值的 26.59%。

1986—2013 年武城县蔬菜、瓜类种植情况统计表

表 7-7

年份	蔬菜（包括菜用瓜）			瓜类（西瓜、甜瓜）			产值（万元）
	面积（公顷）	总产（吨）	亩产（千克）	面积（公顷）	总产（吨）	亩产（千克）	
1986	620	23859	2565	667	21175	2117	1178
1987	567	13059	1536	387	11228	1936	596
1988	527	20057	2538	433	11113	1710	1682
1989	707	19435	1833	400	10707	1785	
1990	527	17055	2159	533	17368	2171	
1991	480	15028	2087	393	12894	2185	
1992	373	9872	1763	227	9283	2730	
1993	770	20834	1803	581	20939	2404	
1994	620	10742	1155	827	34234	2761	2233
1995	614	11365	1234	678	32370	3185	3164
1996	5300	81860	1030	939	29173	2071	11006
1997	3530	55687	1052	2865	58676	1366	10733
1998	3037	51630	1133	3187	85946	1798	6896
1999	6400	93440	973	4795	143555	1996	12176
2000	11728	153001	870	6687	176350	1758	15636
2001	11933	163691	914	6667	176930	1769	19213
2002	16570	310520	1249	4143	195824	3151	17754

续表 7-7

年份	蔬菜（包括菜用瓜）			瓜类（西瓜、甜瓜）			产值（万元）
	面积（公顷）	总产（吨）	亩产（千克）	面积（公顷）	总产（吨）	亩产（千克）	
2003	11607	301310	1731	3667	165700	3013	35839
2004	8088	351944	2900	2181	109248	3339	37302
2005	9292	224774	1613	1984	89810	3018	33519
2006	6400	173000	1802				38877
2007	5434	154183	1878	673	28872	2860	43949
2008	5158	127086	1643	457	20558	2999	48046
2009	4853	117190	1610	377	17055	3018	51398
2010	2963	69344	1560	265	11732	2951	45868
2011	2113	51058	1611	130	4958	2546	49039
2012	1567	72919	3102	160	6482	2706	55682
2013	1575	145990	6180	167	7680	3066	69487

说明：该统计表中包括辣椒和食用菌的面积、产量、产值

蔬菜种类

武城县常见蔬菜有叶菜类，果菜类，豆菜类，根、茎菜类，花菜类，瓜菜类，菌类蔬菜7大类。

叶菜类　主要有韭菜、菠菜、白菜、小白菜、茴香苗、小葱、芫荽、包头菜、甘蓝、生菜、茼蒿等品种。

果菜类　主要有茄子、辣椒、西红柿3大类。茄子有紫茄、绿茄、白茄等品种。辣椒有尖辣椒、羊角辣椒、柿子椒、甜椒等品种。西红柿有樱桃西红柿、毛粉802等品种。

豆菜类　主要有豇豆、芸豆、扁豆等品种。

根、茎菜类　主要有白萝卜、红萝卜、大葱、圆葱、蒜、马铃薯、莴苣、芹菜、山药等品种。

花菜类　花菜类品种较少，原以黄花菜、韭菜花为主。20世纪80年代引进黄菜花、绿菜花（亦称西兰花）等新品种

瓜菜类　菜用瓜种类较多，其类型分为生熟2类。熟菜瓜类有西葫芦、吊瓜、南瓜、冬瓜、金瓜、丝瓜、瓠子、番瓜、佛手瓜等品种。生菜瓜类主要有黄瓜、苦瓜、菜瓜、脆瓜等品种。

图 7-10 武城县"栓马棚"牌有机韭菜发布会（2010年 摄）

菌类蔬菜　主要品种有平菇、凤尾菇、金针菇、香菇、杏鲍菇、双孢菇、鸡腿菇、滑子菇、茶树菇、草菇、黑木耳、白木耳、白玉菇等，其中以双孢菇产量最大。

瓜类

西瓜　是武城县特产之一，种植历史悠久。1996 年，全县种植西瓜 662.87 公顷，产量 3.2 万吨。2009 年，经国家商标局审核，“武城西瓜”成功注册为地理标志证明商标，是全县第一件地理标志证明商标。西瓜传统种植方式为露地栽培，每年 3 月于室内育苗，4 月初移入大田，按不同品种的生长期，一般在 6、7 月成熟，且不可重茬种植。主要品种有手巾条、三结义、三白（白籽、白瓤、白皮）等，瓜个大皮薄，瓜瓤分红、白、粉、黄、橙多色。瓜子较大，有黑、白、红 3 色。20 世纪 90 年代，西瓜品种逐渐增多，先后引进新红宝、金钟冠龙、庆丰、京欣、郑杂 5 号、郑杂 7 号等品种。具有高甜度、高产量，并逐渐取代传统品种。随着品种更新，西瓜种植技术不断进步。诸如抗病育种、幼苗嫁接、平衡施肥、地膜覆盖、冬暖式大棚等新的技术和栽培方式被广泛应用于西瓜生产。西瓜上市的时间被提前或延后，西瓜种植效益增加。老城镇范庄村、后王庄村、冶庄村、前王庄村，李家户乡辛庄村、石官屯村、魏庄村等形成西瓜生产专业村。2005 年，西瓜生产专业户开始组织西瓜生产合作社，为种植户提供种苗、肥料、塑料薄膜、大棚建设材料以及技术指导、产品销售等各项服务。2013 年，全县种植西瓜 93.67 公顷，产量 5094 吨。

甜瓜　甜瓜亦称香瓜，分面甜瓜、脆甜瓜 2 类。脆甜瓜品种有“铁把子”“蜜罐”“小红种”等。面甜瓜品种有“黄金香”“老鸹翎”等。全县甜瓜种植多与棉花或其他农作物间作，纯种植面积较小，一般于田间地头种植一、二分地，做时令瓜果销售。20 世纪 90 年代，引进绿宝石、蜜宝、丰甜 1 号等新品种。2000 年，引进新疆“香瓜”，但未能大面积推开。

脆瓜　俗称小瓜，生食瓜果，产量高，每叶一瓜，累累相连。其瓜圆形，口感酥脆，味清香微甜。春季栽种，6、7 月上市，全县普遍种植，大面积种植较少。

栽培模式

露地菜栽培　20 世纪 80 年代前，蔬菜多数为露地栽培，根据生长习性，大部分在春季播种。茄子、辣椒、西红柿、西葫芦、吊瓜、丝瓜等多数蔬菜均在每年 3 月播种育苗，4 月上、中旬移栽，5、6 月开始结果，秋季结束。西葫芦一般结果期较短，7 月结束。韭菜、芫荽一般在春季播种，芫荽一种一收，一年中可多次播种；韭菜可一次播种多次收获。菠菜一般在秋季（10 月）播种，第二年春季收获，亦可春季播种，春季收获；大白菜、萝卜、胡萝卜夏季播种初冬收获，俗语有“头伏萝卜二伏菜，末伏种荞麦”说法，即伏天第一个 10 天期间播种白萝卜、胡萝卜，中伏期间播

图 7-11　武城西瓜（2009 年　摄）

种大白菜。2000年，引进春季栽培夏季收获的短季大白菜，主要应用于大棚等反季节栽培。大蒜于每年秋季播种，第二年5月中下旬收获。圆葱于每年9月前后播种育苗，11月移栽，第二年5月底6月初收获。

保护地栽培 随着塑料薄膜应用，20世纪80年代中期后，开始推广保护地栽培，用以提高农作物产量和品质，实现反季节栽培。

地膜覆盖 即用厚度0.004～0.008毫米塑料薄膜于作物播种后覆盖于地表，可起到提高地温、防止失墒、抑制杂草生长和促进壮苗早发的功能，最早应用于棉花，1985年后在全县推广。2000年后，群众将这一技术逐步应用于花生、地瓜、蔬菜栽培中，尤其在早春和秋延迟露地菜种植中，可提前上市时间。

小拱棚 主要应用于反季节蔬菜生产和早春苗圃育苗，兴起于20世纪80年代中期。具体做法是，将竹篾弯成半圆形骨架，上蒙塑料膜，可起到采光、保暖、提温的作用。老城镇的姜圈村、梁院村等多用小拱棚种植韭菜、菠菜、芫荽、茴香苗等反季节蔬菜。一般霜降扣棚，元旦、春节、早春分期供应市场，比常规种植效益增加。武城镇前马棚村“拴马棚牌”有机韭菜也采用此种植方式。

春秋式大棚 20世纪90年代，由寿光等地引入，主要种植秋延迟和早春蔬菜。建棚方法是以水泥杆做立柱，以竹竿做横梁搭建成拱形骨架，上蒙塑料膜，占地300—700平方米，南北宽6～8米，东西向建棚，南北向种植，以种植黄瓜、西瓜、西红柿、菠菜、茄子、西葫芦、芹菜等蔬菜为主，用以解决秋季和早春的鲜菜市场供应。

冬暖式大棚 冬暖式大棚建造方法与春秋式大棚建设方法相似，东西向建棚，南北向种植，棚宽8～10米，东西长80～100米，坐北向南，东、北、西三面筑土墙或砖墙用以防寒保暖，北墙高2.5～3.5米，南墙高1米，水泥立柱，竹竿或钢筋以及玻璃钢等材料制成拱形骨架，上蒙塑料膜，每个棚占地面积1000—2000平方米，适宜种植西瓜、黄瓜、西葫芦、茄子、西红柿、甘蓝、辣椒、芹菜等多种蔬菜，也可种植桃、樱桃、杏、葡萄等水果。1995年，县政府进行农业产业结构调整，鼓励农民发展大棚蔬菜生产，各乡镇引导有条件的村庄，通过土地流转，集中土地，划出专门区域建设大棚蔬菜生产区。截至2013底，冬暖式大棚主要分布在四女寺镇、郝王庄镇、老城镇、武城镇等镇的部分村庄。

第五章 畜牧业

第一节 畜禽结构

畜牧业是全县“一红两白一牧”四大农业特色之一，其产值占到全县农林牧渔总产值三分之一。改革开放后，规模养殖和现代化养殖业已成为武城畜牧业发展主要方式，肉、蛋、奶产量不断增加。武城县先后获得“德州市生猪基地建设先进县”“山东省畜牧业强县”。

1986年，全县存养大牲畜（牛、马、骡、驴）、猪、羊共计12.48万头（只）。其中，大牲畜6.49万头，占52%；猪2.89万头，占23.2%；羊3.1万只，占24.8%。家禽存养量76.01万只。全县畜牧业产值2170万元。此时期畜禽饲养全部为家庭散户饲养，大牲畜饲养量比重较大，主要是役用。1990 年，全县存养大牲畜、猪、羊共计 20.01 万头。其中，大牲畜 7.6 万头，占 38%；猪 4.43 万头，占 22%；羊 7.98 万只，占 40%。家禽养殖达到 125.2 万只，兔存养量 3.35 万只，禽蛋产量达到 6536.7 吨。进入 21 世纪，随着养殖成本增加，一家一户散养模式逐渐被市场淘汰，部分养殖户利用国家畜牧惠农政策，通过上规模、上档次，逐渐将畜牧养殖作为主业，全县规模化、标准化养殖发展壮大。2001 年，县政府出台《大力发展畜牧业生产的意见》，鼓励发展以牛、羊、猪、鸡为重点的畜牧业生产。至 2004 年，全县大牲畜、猪、羊存养量 62.01 万头。其中，大牲畜 20.13 万头，占 32.5%；猪 21.37 万头，占 34.5%；羊 20.51 万只，占 33%。家禽 376.13 万只，兔 10.03 万只。产蛋 2164.2 吨。全年畜牧业产值达到 50912 万元，占农业总产值的 32.3%，大牲畜、猪、羊的产值达到 36492 万元，占畜牧业产值的 71.7%，家禽饲养产值 13306 万元，占畜牧业产值的 26.1%。2013 年，全县畜牧业产值 10.73 亿元。其中，牛的饲养产值 1.28 亿元，占畜牧业产值的 11.93%；猪的饲养产值 7.09 亿元，占 66.1%；羊的饲养产值 3407 万元，占 3.2%；家禽饲养产值 1.17 亿元，占 10.9%；其他畜牧产值 336 万元，占 0.3%。

1986—2013 年武城县部分年份畜禽产值结构表

表 7-8

项目＼年份	1986		1995		2000		2004		2010		2013	
	产值（万元）	占比（%）	产值（万元）	占比（%）	产值（万元）	占比（%）	产值（万元）	占比（%）	产值（万元）	占比（%）	产值（万元）	占比（%）
合计	2170	100	51345	100	26937	100	50912	100	106705	100	107266	100
大牲畜	903	41.6	5116	9.9	7791	28.9	21883	43	25607	24	20891	19.5
猪	335	15.4	12818	25	5063	18.8	11973	23.5	51083	47.9	70938	66.1
羊	66	3	1270	2.5	520	1.9	2675	5.2	3424	3.2	3407	3.2
家禽	148	6.8	21055	41	2655	9.9	13306	26.1	24192	22.7	11694	10.9
其他	718	33.2	11086	21.6	10908	40.5	1114	2.2	255	0.2	336	0.3

第二节　畜禽饲养

家畜饲养

大牲畜　1986 年，全县大牲畜饲养量达 6.49 万头，比大包干生产责任制前的 1979 年增加 4.41 万头，平均 1.15 户 1 头。其中牛 4.3 万头、驴 1.5 万头、马 2000 匹、骡 4300 匹。1995 年，武城镇东曹庄村曹云山创建全县第一家肉牛育肥场，存栏育肥牛 200 头，全县肉牛生产进入专业化、规模化和分户散养相结合发展阶段，黄牛饲养由使役型向肉用型转变。2000 年后，随着农业机械化程度提高，马、驴、骡饲养量逐渐减少。2005 年，全县马、驴、骡存栏量分别为 2800 匹、1.32 万头、1300 匹。2012 年，全县已无马匹饲养，驴存栏仅 135 头。2013 年，全县年末肉牛存栏 3.06 万头，牛肉产量 4244.62 吨。

奶牛　1988 年，武城县特种养殖场引进奶牛 5 头，随后，在全县陆续出现 1～2 头的散养户。2002 年，老城镇范庄村范连祥创立武城县第一家奶牛养殖场，存栏奶牛 100 头。2003

年，县政府制定鼓励发展奶牛生产的优惠政策，在全县8个乡镇分别建立挤奶站，建成“挤奶站—小区—大户”模式的奶牛养殖产业化小区8处。是年，武城县富民乳业有限公司成立，投资2200万元，修建可存栏奶牛1800头的标准化养殖小区。2004年，全县奶牛产奶7234吨，人均占有19.43千克。2012年，富民乳业有限公司扩建养殖小区，新建小区占地6.53万平方米，建设开放式牛棚12栋，凉棚18栋。至2012年底，合作社存栏奶牛2600多头，社员年收入均10万余元，日产鲜奶10余吨，成为德州市最大的奶牛养殖基地。截至2013年底，全县规模较大的奶牛养殖场4处，奶牛存栏5917头，年产奶4300吨。

猪 1986年，全县猪存栏量2.89万头。规模小，饲养管理粗放，饲料以泔水、草粉为主，生长周期一般七八个月，肉料比1：7左右。1990年后，随着饲料添加剂和快速育肥技术推广，生猪出栏周期缩短为四五个月，肉料比降至1∶2.5左右，经济效益和社会效益提高，农村逐渐出现存栏10～20头以上的养猪专业户。1995年，武城镇张德勇创建全县第一家种猪场，存栏2000头。1996年，县粮食局建成存栏4000头大型种猪场1处。1998年，县政府出台《关于进一步搞好牛猪改良规模饲养推进畜牧业产业化发展的实施意见》，建成鲁权屯镇李贤屯，武城镇林庄、林尔庄，郝王庄乡唐庄，甲马营乡后曹店，杨庄乡吕洼，马庄乡赵庄，大屯乡张王庄等8处生猪养殖场。1999年，县政府在农村实施“三个一”工程，要求每个乡镇培育“畜牧制高点”1处，大部分乡镇建成生猪养殖小区。至2000年底，全县共建成生猪养殖小区10处，存栏13.5万头。2004年，县政府出台《鼓励畜牧业生产的生猪生产考核办法》，要求每个乡镇建设存栏基础母猪100头或存栏育肥猪1000头的繁育场或养殖小区，并发展一批存栏二元母猪5头或育肥猪50头以上养猪专业户。是年底，全县生猪存栏21.37万头。2005年，全县落实能繁母猪补贴和保险政策。2013年，全县生猪存养量9.64万头，猪肉产量7297.64吨。

羊 1986年，全县主要有山羊、大尾寒羊等品种。饲料以农作物秸秆、树叶、青草为主，分布区域遍布全县各乡村，存栏3.1万只，多为一家一户散养，饲养量多者3～5只，少者1～2只。进入21世纪，随着县政府鼓励畜牧业发展政策出台，养羊户不断增加，饲养规模不断扩大，尤其出现众多百只以上的养羊大户。2001年，全县存栏量14.1万只，2003年突破20万只。2007年，全县第一家肉羊育肥场在鲁权屯镇潘庄村建成，存栏量超过千只。截至2013年底，全县存栏羊5.37万只，出栏6.78万只，羊肉产量493.08吨，较大的养羊专业户5家。

兔 20世纪70年代，全县饲养长毛兔较多，主要为外贸生产兔毛。80年代后，肉食兔饲养开始增多。1990年，全县兔存栏3.35万只。2001年，全县存栏10.6万只。2003年，养兔达到高峰期，全县存栏19.4万只，主要是肉食兔和裘皮用兔。2005年后，养兔经济效益下滑，饲养数量逐年减少。2013年，全县兔存栏1200只。

家禽饲养

鸡 改革开放以前，养鸡是武城农民主要家庭副业。饲养方式多为家庭散养，多者几十只，少则数只，以蛋鸡为主。20世纪80年代，开始出现规模养殖。1985年3月，郝王庄乡李古寺村孙延亭创建全县首家肉食鸡养殖场，至是年底，鸡舍建筑面积4万平方米，存栏量3万只，年出栏15万只。1988年，武城县外贸公司建成全县首家蛋鸡种鸡场，存栏种鸡5万只。1993年，杨庄乡姜圈村与聊城一大型畜禽产品

图 7-12 规模化蛋鸡饲养（2009 年 摄）

公司合作，建成全县第一家肉食鸡养殖小区，存栏量 50 万只，年出栏量超过 300 万只。后因合同纠纷而停产，但其养殖模式带动了全县养鸡业健康发展。1995 年，老城镇沙庄村赵其友建立蛋鸡养殖场，存栏 4 万余只。2003 年，全县肉鸡存栏量 374.8 万只。2005 年后，因禽流感暴发，养鸡业受到冲击。2008 年，全县鸡的存栏量 103.4 万只。2013 年，全县存栏 234.4 万只。

鸭、鹅　全县养鸭养鹅一般为农户家中散养。2010 年，李家户乡辛庄村王会斌，建成第一家肉鸭养殖场，存栏 10 万只，带动一批养鸭专业户，后因经营不善而关闭。至 2013 年，全县养殖肉鸭大户 44 户，存栏 31.1 万只，出栏 45.3 万只，生产禽类肉 3531.93 吨。

1986—2013 年武城县畜禽存养量表

表 7-9

项目 / 年份	大牲畜					猪（万头）	羊（万只）	家禽（万只）				兔（万只）
	牛（万头）	其中奶牛	马（万匹）	驴（万头）	骡（万匹）			鸡	鸭	鹅	合计	
1986	4.3	—	0.2	1.5	0.43	2.89	3.1				76	
1987	4.33	—	0.34	1.52	0.34	3.11	4.47				69	
1988	4.08	—	0.49	1.51	0.81	5.28	5.98				105	
1989	4.37	—				4.62	7.85				105	
1990	5.03	—				4.43	7.98				125.2	3.35
1991	5.01	—				4.63	7.99				152	3.94
1992	5.29	—				5.05	8.17				144	6.55
1993	6.01	—				6.01	8.62				258	4.95
1994	8.13	—				9.05	9.02				893	3.88
1995	13.5	—				14.6	13.7				997.5	4.5
1996	14.5	—				16.2	13.1				855	5.6
1997	15.9	—				16.7	13.8				769	5.7
1998	6.9	—				6.78	6.6				261	2.05
1999	14.48	—				7.59	7.77				161	22

续表 7-9

项目 年份	大牲畜					猪 （万头）	羊 （万只）	家禽（万只）				兔 （万只）
	牛（万头）		马 （万匹）	驴 （万头）	骡 （万匹）			鸡	鸭	鹅	合计	
		其中奶牛										
2000	17.1	0.15	0.29	1.07	0.01	13.5	10.6	353.4	5.5	6.9	365.8	8.25
2001	18.48	0.16	0.36	0.56	0.08	15.4	14.1	258.1	3.23	3.86	265.2	10.6
2002	20.33	0.3	0.17	0.42	0.06	20.7	18.0	361.6	2.95	1.67	366.2	17.7
2003	21.19	0.5	0.14	0.38	0.04	22.67	20.1	374.8	2.73	1.28	378.8	19.4
2004	19.23	0.54	0.23	0.6	0.07	21.37	20.51	372.1	2.7	1.27	376.13	10.03
2005	11.95	0.39	0.28	1.32	0.13	17.01	19.61	260.3	44.53	3.04	307.9	10.63
2006	6.07	0.22				9.6	10.24	172.5	7.21		184.4	
2007	6.31	0.21	0.1	0.34	0.07	9.58	10.24	160	0.36		160.4	3.5
2008	5.07	0.27	0.08	0.27	0.05	8.94	8.82	103.4	0.73	0.87	105	2.85
2009	5.01	0.5		0.11	0.03	4.73	8.8	105.3	24.79	1.13	131.23	10.25
2010	3.48	0.27		0.09	0.03	5.89	6.84	108.8	14.93	0.44	124.2	0.17
2011	2.83	0.43		0.02		7.43	5.82	118.4	16.33	0.18	134.89	0.06
2012	2.05	0.52		0.01		7.43	4.81	119.8	17.5	0.2	137.5	
2013	3.06					9.64	5.37	234.4	31.1	0.3	265.8	0.12

第三节 畜禽改良

20 世纪 80 年代前，全县畜禽品种多以农家传统品种为主，生长期长，出肉率低，品质差。80 年代后，随着畜禽规模养殖的发展，一些新的优良品种逐步引入。2005 年，国家实施畜牧良种补贴政策，对购买优质种猪（牛）精液或者种公羊、种公牛等给予价格补贴，每头能繁殖母猪补贴 40 元，每头能繁殖母肉牛补贴 10 元，每头能繁殖母奶牛补贴 20 元。

牛

1986 年，以饲养当地黄牛为主，品种改良主要靠本交方式，品种单一。1988 年，县畜牧站引进利木赞、西门塔尔等优良品种，通过人工授精方式，对现有黄牛品种进行改良。后发现西门塔尔改良效果表现不好，主要应用利木赞。1998 年 6 月，全县推行畜牧产业化，实行牛、猪品种改良，制定黄牛改良目标和措施，县、乡均建黄牛改良站，县改良站对全县实行液氮、冻精、器械供应、技术指导四个统一服务。是年底，全县 13 个乡镇建立黄牛改良站，其中大屯、马庄、蔡村 3 个乡镇建有 9 处。黄牛改良率 60%。1999 年 4 月，全县对劣质种公牛进行强制淘汰。2000 年后，建成的规模养殖场均采用利木赞等改良品种。

猪

20 世纪 80 年代，陆续引进国内外知名优良品种长白猪、杜洛克、皮特兰、大约克等纯种猪，二元、三元杂交猪不断普及。随着养猪业规模化、集约化、规范化，对猪肉品质提出更高要求。1998 年 6 月，县政府下发文件对猪的品种改良提出具体要求，先后引进新长白、新大约克、汉普夏等优良品种，建立原种场、

图 7-13 波尔山羊（2012 年 摄）

繁殖场、育肥场三级配套的二元和三元杂交改良生产体系，以推广种公猪为重点，采用级进或轮回杂交方式，对当地原有母猪改良利用，选优汰劣。武城镇、马庄乡、滕庄镇、鲁权屯镇，分别建立大型种猪繁育基地。武城镇建立猪原种场 1 处，负责良种猪的引进、选育、纯繁扩群，向繁殖场提供二元杂交母猪和良种公猪。2002 年，存栏原种基础母猪 600 头，存栏纯种母猪 100 头。截至 2013 年底，全县猪的良种普及率 95% 以上。

羊

1986 年，全县羊的主要品种有大尾寒羊和本地山羊。1992 年，开始引进繁殖率高、生长快、肉质比较好的小尾寒羊。2000 年，引进波尔山羊和杜泊绵羊，对当地原有品种进行改良。鲁西黑头羊即由杜泊羊和小尾寒羊杂交选育而成。其体格大，结构匀称，背腰平直，后躯丰满，肉用体型明显。小尾寒羊肉质细嫩，肥瘦适度，鲜而不膻。波尔山羊是世界上公认的肉用山羊品种，有“肉羊之父”美称。截至 2013 年底，全县羊优良品种普及率达 90% 以上。

鸡、鸭

1985 年，肉食鸡的品种主要是艾维茵、爱拔益加（Arbor Acres 简称 AA）、海布罗等。蛋鸡品种主要有来克航、星杂 579 等品种。1988 年，县外贸公司在曲庄村南建成大型蛋鸡种鸡场 1 处，建有现代化孵化器 12 台，引进“罗曼褐”蛋鸡种鸡 1 万套，“京白 904”5000 套，开始良种蛋鸡孵化，年出栏 110 万只优良蛋鸡苗，后又引进星杂 288、海兰等品种。1995 年，新上樱桃谷肉食鸭种鸭 5000 套。进入 21 世纪后，蛋鸡品种主要有罗曼褐蛋鸡、京白系列蛋鸡、伊萨褐壳蛋鸡、海兰褐棕壳蛋鸡等。肉食鸡品种有艾拔益加（AA、AA+）、艾维茵、罗斯、科宝等。鸭的饲养品种多为樱桃谷肉食鸭。

第四节　畜禽饲料

精细饲料

粮食类饲料有玉米、高粱、谷子、小麦、大豆、黑豆等，其中玉米占粮食类饲料的 80%。糠麸类有小麦麸、大米糠、小米糠、细谷糠。薯类主要是地瓜干。蛋白质饲料主要有大豆饼、棉籽饼、花生饼、菜籽饼等，以大豆饼、棉籽饼、花生饼为大宗来源，其中大豆饼和花生饼占比较低。酒糟、各种粉渣、酱渣、豆腐渣等糟渣类饲料早期仅用于养猪业，2000 年后，在肉牛、奶牛养殖中被大量应用。随着养鸡、养猪业发展，动物蛋白饲料被广泛应用于全县畜牧业生产，主要有鱼粉、骨粉、全鱼粉、虾糠、蛋壳粉、血粉、羽毛粉、肉骨粉等。矿物质饲料主要是食盐、贝壳粉、轻质碳酸钙、麦饭石、膨润土、沸石等。

粗饲料

主要是各类作物秸秆、糠秕、各种树叶及

各类杂草和人工种植的牧草。作物秸秆主要有小麦秸秆、玉米秸秆、地瓜秧、谷秸、大豆秸、大豆夹皮、高粱叶、麦糠、粗谷糠、谷秕子等，以小麦秸秆和玉米秸秆量最大。1995年，全县发展秸秆养牛，当年青贮玉米秸秆12万吨，直至2013年，青贮玉米秸秆仍然是养牛业的主要饲料来源。树叶类主要是杨树叶、柳树叶、槐树叶、榆树叶、枣树叶等。杂草类主要是芦苇、翅碱蓬、獐茅、补血草、羊角菜、白茅草、狗尾草、猪毛菜、马唐草、狗尾根，以及各类散生于农田隙地的杂草。人工种植的牧草主要是紫花苜蓿、草木樨、沙达旺等。2000年，县畜牧水产局引进“冬牧-70”牧草发动全县种植，因认识程度不够，未能大面积推开。

饲料添加剂

主要有喹乙醇、氯化胆碱、多种维生素、盐霉素、液体多维、尼卡巴嗪、磷酸脲、大蒜制剂、甲酸钙、复合酶制剂、高稳定维生素C、山梨酸、有机稀土、螯合蛋氨酸铁、螯合蛋氨酸铜、螯合蛋氨酸锌、螯合蛋氨酸锰、饲用抗菌素、苯甲酸等。

配合饲料

最先应用于猪的育肥和产蛋鸡的饲养。1988年3月，县饲料公司成立，针对不同日龄的鸡、猪、牛等畜禽生产复合饲料。1990年，开始针对兔、奶牛、猪、蛋鸡、肉鸡、鹌鹑等不同畜禽的不同生长发育期，生产系列化的配合饲料。后因经营体制僵化倒闭。2000年后，市场上销售的复合饲料均为外地企业生产。大的畜禽养殖户为降低成本大部分自己混配饲料。

第五节 特种养殖

貂、狐狸

20世纪80年代初期，甲马营乡、梁庄乡等部分村庄农户在河北特种养殖业的影响下，出现水貂饲养业户，获利颇丰，带动部分农户参与其中。1986年，梁庄供销社在蒋官屯村东建立养貂场，以貂、狐狸等特种动物养殖为主，从丹麦、挪威等国家引进优良品种，通过精心饲养，科学管理，养殖规模不断扩大。是年，以养殖场为基础成立养殖专业合作社，养貂场及入社养殖户存养水貂1万只。1988年，养殖场存养蓝狐77只、水貂252只。后投资48万元，引进银狐31只。同年11月，投资90万元，在县城西黄花园村东征地3.47万平方米，修建仓库10间、鸡舍20间、貂棚40间、狐狸棚60间、貉棚30间、甲鱼池6个，1989年迁入新址。是年底，存养蓝狐225只、银狐148只、水貂40只、貉子12只、甲鱼1500尾。1990年，生产蓝狐300余只、银狐29只、貉子450只，两年实现毛利47万元，扶持网点涉及全县13个乡镇，36个村庄，700多个养殖专业户。1997年，养殖规模进一步扩大，存养优良种蓝狐达1000余只、种银狐400只、种貂500只、种貉200只。在全县13个乡镇27个自然村吸收社员200多户，发展养殖特种动物4000余只，初步形成以养殖社为龙头，以农户为依托，集饲养、繁育、销售为一体的特种养殖产业化经营模式，成为全省四家规模较大的养殖场之一，是鲁西北最大特种动物养殖场。当年实现产值260万元，利税60万元，实现社会效益120万元。2008年，合作社存养优良种蓝狐3500只，种银狐600只，种貂800只，种貉1000只，帮助全县9个乡镇（街）38个自然村的400多户农民发展养殖特种动物2万余只，形成集饲养、繁育、销售为一体的龙头企业，当年实现产值800万元，利税240万元，实现社会效益1200万元。2010年后，皮毛市场行情下跌，各种皮毛产品严重滞销，养殖户廉价处理，特种养殖行业元气大伤。2012年7月，因县城规划原址需拆除，养殖场迁往广运街道曲庄村西天元棉花集团公司院内。新场占地4.67万平方米，棚舍22栋，安置狐狸、貉子计1.5万余只。2013年，有干部职工16人，固定资产100万元。

鸽

全县有信鸽和肉食鸽2个品种。2000年后，随着膳食结构的多元化，饲养肉食鸽成为一种产业，出现一批养鸽专业户，饲养规模上万羽。规模比较大的有林海鸽业和祥瑞鸽业，存栏分别为10万羽和5万羽。产品主要销往京津沪地区。

第六节　疫病防治

疫病

农村实行生产责任制后，全县畜禽社会饲养量增加，流通频繁，动物疫病发生与流行概率增加。截至2013年底，全县主要动物疫病20余种。一类动物疫病有口蹄疫、猪瘟、绵羊痘和山羊痘、禽流行性感冒（高致病性禽流感）、鸡新城疫等。二类动物疫病有伪狂犬病、狂犬病、炭疽病，牛传染性鼻气管炎、牛结核病，猪乙型脑炎、猪丹毒、猪肺疫，鸡传染性喉气管炎、鸡传染性法氏囊病、禽霍乱、禽伤寒、鸡白痢、兔球虫病等。三类动物疫病有多种动物共患病，如黑腿病、牛流行热、牛病毒性腹泻、黏膜病、牛皮蝇蛆病、传染性脓疱皮炎、腐蹄病、猪传染性胃肠炎、猪副伤寒、猪密螺旋体痢疾、禽传染性脑脊髓炎、禽结核病等。

防疫

1986年，县城和各乡镇均设有兽医门诊、药房，村有包片兽医和防疫员，一般疾病均可得到及时诊治。重大动物疫病防控主要由县畜牧水产局统一协调，由县动物卫生监督所与各乡镇畜牧办具体实施。规模养殖场的防疫，根据程序自行防疫；散养户防疫，由动物卫生监督所、各乡镇畜牧办、村级防疫员负责实施。1996年，山东省被列为牲畜口蹄疫发生疫区。1997年5月，县政府对全县牲畜采取强制免疫措施。1998年3月，对全县养殖场和养殖大户进行普查，密切监测疫情。1999年12月，在李家户乡梁庄村发现疫情，随后陆续在良言庄村、李家户村、王家户村，杨庄乡十八户村、隋庄村、西杨村，甲马营乡高坟台村，鲁权屯镇青苏厂村，滕庄镇北伍旗村，四女寺镇李大楼村，武城镇田儿庄村，董王庄乡李善屯村，郝王庄乡邱王庄村，蔡村乡岳官屯村等相继发生口蹄疫。共计扑杀染疫牛38头。2000年，大规模爆发，成为全县最大一次口蹄疫疫情。经过采取隔离、消毒、免疫、治疗等手段，大部分治愈，疫情得到有效控制。2001年，对全县所有牛、猪、羊进行秋季强制免疫，防疫密度100%。2003年，高致病性禽流感在全球蔓延，为控制疫情发展，各级政府制订防治预案。2004年12月，县政府印发《关于建立健全动物防疫及畜牧兽医体

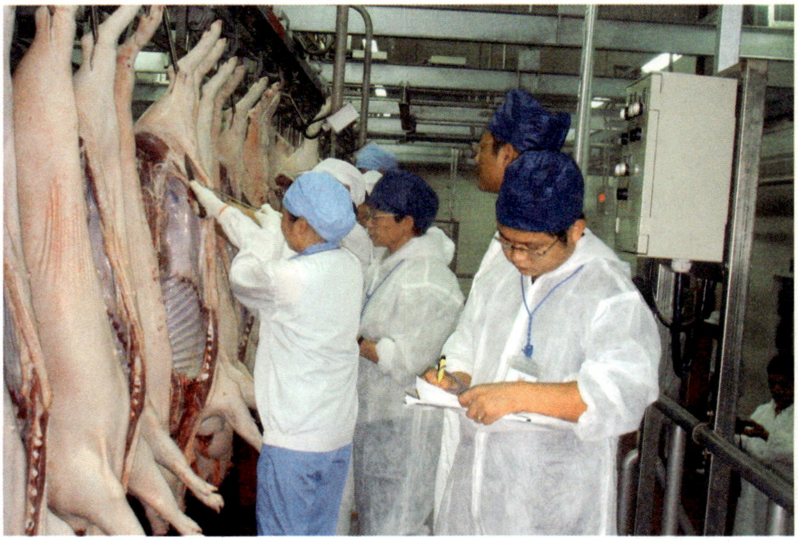

图7-14 屠宰检疫（2008年 摄）

系的意见》，在各乡镇畜牧办公室加挂动物防疫办公室的牌子，增加动物防疫业务，配备3～5名工作人员，开展动物防疫；村级设立动物防疫监督员，规模饲养场设立防疫员，经费、疫苗、人员培训，均由县畜牧局统一管理。2006年，全县发生狂犬病疫情，经卫生、公安、畜牧等部门通力合作扑灭。至2013年，全县没有大的疫情发生。

检疫

1996年1月，县政府下发《关于实行生猪定点屠宰管理工作的意见》，在全县全面推行生猪定点屠宰制度，加强生猪宰前检疫，宰后检验，确定县城屠宰业务全部由津武肉联厂统一组织宰杀，各乡镇按照方便群众原则，合理布局，定点屠宰，同时组建生猪屠宰市场管理稽查大队，由县财贸委员会管理，县畜牧局协助。1998年1月1日，《中华人民共和国动物检疫法》实施。县畜牧局设立动物卫生监督检验所，配备专业人员负责动物及动物产品检疫检验。2001年7月，经审核，全县确定屠宰点13处。2004年12月，在武城镇、老城镇、郝王庄镇、城区设立4个片区分所，分别依法负责对辖区范围内的动物、动物产品进行检疫，遇有重大疫情统一行动，归县畜牧局统一调度管理。检疫对象主要是高致病性禽流感、口蹄疫、鸡新城疫等高传染性病害以及其他需要防控的动物病害和寄生虫。对跨省调运的家禽需做血清学检测检验。2005年8月，印发《关于进一步加强生猪定点屠宰管理工作的通知》，对生猪定点屠宰进行集中整顿，将全县13处屠宰点缩减到10个，同时充实稽查队伍，配备公安人员配合工作。2013年底，全县实现畜禽检疫电子出证。

第七节　水产养殖

1986年，全县水产养殖面积200公顷，渔业产值38万元。品种主要有草鱼、鲢鱼等，属上层鱼类，放养密度大，耐肥水，疾病少、易管理，但肉质差、价值低。1989年，县供销社特种养殖合作社曾饲养甲鱼，效益较好。此后，先后引进黄河鲤鱼、罗非鱼、胡子鲶、杂交鲤鱼等生长快、易饲养的品种。1994年9月，武城县水产局成立，负责全县水产养殖工作。1996年，全县水产养殖面积367公顷，渔业产值484万元。1999年2月，水产局与畜牧局合并。2000年后，随着引蓄黄河水量增加，县域东部乡镇淡水养殖户增多。2005年，全县渔业产值1185万元，比1986年增长30倍。2010年，郝王庄镇张玉兴引进小龙虾，养殖面积3公顷，效益较好。同时，随着水源条件改善，南美对虾、泥鳅、牛蛙等有零星养殖。2013年，全县渔业产值6623万元。

第六章　农业机械

第一节　农机具

1986年，全县主要农业机械有柴油机12775台，电动机3226台，汽油机33台，农用拖拉机1724台，农用汽车93台，农用三轮车32台，机动喷雾器1442台，农业机械总动力19.58万千瓦。随着农业产业结构调整和农村经济发展，为农业机械化发展带来新的机遇和活力，农用运输车、小麦联合收割机、玉米收获机、秸秆还田机、免耕播种机等新型农业机械得到推广和应用，农业生产的机械化程度大幅度提高。2004 年 11 月 1 日，《中华人民共和国农业机械化促进法》颁布实施，农机化发展步入依法促进阶段。2005 年，中央对农民购买技术先进的大型农业机械给予财政专项资金补贴。截至 2013 年底，全县农机补贴总额 4679.7 万元，累计受益农户 3024 户。全县拖拉机保有量 15268 台，其中大型拖拉机 684 台；小麦联合收割机 1054 台，玉米收割机 924 台，播种机械 3265 台，农机总动力 58 万千瓦，农机总值 1.98 亿元。小麦生产实现全程机械化，玉米生产机械化程度超过 90%。农业排灌、农业工程开发、农副产品加工基本实现机械化，全县农业综合机械化水平 88%。

耕作机具

1986 年，全县耕作机械在动力结构上，仍处于人、畜、机并存阶段，大型耕作机械较少。1995 年，随着拖拉机保有量增加，畜引犁逐渐被机引犁代替，农田耕作机械化程度大幅提高。2000 年后，推广机引旋耕犁，基本实现耕作机械化。旋耕犁耕作速度快，作业面平，可以免除耙耢程序，省时、省工，但旋耕犁旋耕的土地耕层浅，犁底层坚硬，长期使用旋耕犁，不利于作物生长，需要每隔 2～3 年进行一次深耕。2010 年，随着科技进步、国家农机补贴力度加大，机引深耕机、深松机先后投入使用。2013 年，全县机耕面积 4.53 万公顷，占耕地面积的 94%。

播种机具

小麦机械播种推广始于 20 世纪 70 年代，推广机型主要是与泰山 -12/25/50 型拖拉机配套的 2BL 型 9 行、11 行、13 行播种机。80 年代，推广与小麦高产技术配套精量、半精量播种机。1990 年后，机引精量播种机普及。进入 21 世纪，小麦播种全部实现机械化。同时，为推广玉米秸秆还田技术，与之配套的圆盘式小麦播种机应用于生产。2009 年，作为小麦高产创建的配套机械，小麦宽幅精量播种机开始在全县普及。该播种机播量精准、种幅宽、行距大、便于田间管理，适合高产地块儿。同期，一种集旋耕、施肥、播种于一体的新型小麦免耕播种耧也被应用于生产。2013 年，全县小麦机播面积 3.67 万公顷，占小麦种植面积的 99.96%。其中，推广小麦免耕播种 1 万公顷。

20 世纪 80 年代初，玉米播种主要靠人力或畜力牵引的独脚铁耧或利用改造后的耘锄播种。1990 年后，随着玉米中早熟品种普及，农民改麦田串种为麦收后铁茬直播，播种机械由人工串种耧改为机引播种耧或自走式播种耧。自走式小型机械播种耧，既可播种玉米，也可用于耠施肥料、田间松土。后又出现玉米穴播机。2010 年前后，随着种子质量提高，生产上开始推广玉米单粒播种机，省工省种，利于培育壮苗。2013 年，玉米机播面积 3.67 万公顷，占玉米种植面积的 99.96%。

图 7-15 农机深松作业（2013 年 摄）

20世纪80年代前，棉花播种机械主要是畜力牵引马拉播种机，是针对当时棉花实行毛籽播种设计的棉花专用播种机械。1985年，祝官屯乡祝官屯村农民苏敦喜研制成功棉花穴播机并获得国家发明专利，由此全县开始使用光籽播种，即减少生产用工，又节省种子。1990年后，随着地膜覆盖技术普及，棉花播种机加装覆膜装置，并改畜力牵引为机械牵引。经不断改进、完善，至2013年底，棉花播种机已实现单穴播种、铺施种肥、喷洒除草剂、播后镇压、覆盖地膜五道工序一次性完成。

收获机具

20世纪80年代前，收获小麦、玉米、杂粮等作物，一般都是人工用镰刀收割。80年代初期，出现小麦割晒机，由12马力小型拖拉机牵引，在田间割倒后再运往场间打轧。1986年，引进新型立式稻麦收割机，当年推广48台。1987年，推广169台，机收面积1333.33公顷。1992年，农机主管部门购买上海Ⅲ-A型背负式联合收割机2台，为全县首次引进小麦联合收割机械。1996年，为推广小麦联合收获机及配套动力农田作业机械，县政府出资30万元用于购机补贴，全县共推广23台，配套动力拖拉机21台，有背负式和自走式两种机型，其他配套作业机械25台套。至2000年，大型联合收获机基本取代小型小麦割晒机。2005年后，背负式小麦联合收割机被淘汰。此后，全县落实国家农机购置补贴政策，农民最高可报销购机款的30%，小麦联合收割机保有量增加。至2010年，全县基本实现小麦收获全程机械化。

图 7-16　玉米联合收割机作业（2008年 摄）

2002年，开始推广玉米联合收获机，因技术等原因，推广效果不明显。2005年后，经不断改进、完善，玉米联合收获机技术逐渐成熟，并被列入国家推广补贴范围，玉米联合收获机逐渐普及。至2013年，玉米联合收获机实现玉米穗收获、脱粒、秸秆还田多个环节一次完成，全县玉米机械化收获率96%。

植保机具

20世纪50年代，全县大都使用压缩式手动喷雾器防治农田病虫害，主要型号是552-丙型和工农-16型背负式喷雾器。80年代初，开始推广机动喷雾机，主要机型是泰山18型机动喷雾器和东方红牌机动喷雾机，90年代得到普及。2010年后，市场出现电动喷雾器，充电后打开电源即可喷药，充一次电可喷雾8～10桶。同年，适合大面积操作的大型植保机械引入武城，机械牵引式、自走式大型喷雾机被应用于生产。2012—2013年，借助国家惠农政策，在粮食高产创建方使用小型农用飞机防治病虫害，效果良好。

排灌机具

20世纪80年代前，农田排灌机械多以柴油机为动力，带动水泵作业。水泵分分立式、卧式2种，主要是离心泵和轴流泵。90年代后，农业生产用电得到保证，柴油动力机械开始逐步被电力机械取代，农田灌溉开始使用

1～2千瓦电动机带动水泵或使用电动潜水泵。

运输机具

20世纪80年代，农田运输使用畜力拉车代替人力车。此后，农用四轮拖拉机以其动力足、耐用、适应性强而普及。1996年，农用机动三轮车操作性能好、适应性广得到推广，保有量逐年增加。进入21世纪，农用三轮车、农用载重汽车成为农业生产主要运输工具。

农副产品加工机具

1986年，全县农副产品加工机具主要有磨面机、粉碎机、碾米机、榨油机、铡草机、弹花机、轧花机等几种。磨面机有60对琨式和278型锥式2种。粉碎机有330F型、45A型齿盘式粉碎机和40型锤片式倒料粉碎机等。碾米机有6NS-20型搅龙式和60型砂轮式2种。由于搅龙式结构简单，生产单一且效率低，1986年后基本停销。砂轮式碾米脱皮机可脱麦皮、玉米皮兼碾米。榨油机有ZL-75型螺旋和6YS-90型手动液压90吨榨油机。铡草机有齿轮琨式和转盘式2种，主要用于养牛场饲草加工。弹花机、轧花机有20片和40片锯齿轧花机、33英寸皮琨轧花机和780型齿条弹花机等。2005年后，大型棉花加工企业均采用新型加工设备，小型棉花加工设备只存在于小型加工作坊，用于加工居民生活用棉。

第二节　经营　维修

农机经营

1986年，全县农机经营市场形成国营、集体、股份、个体等多种形式并存，多层次、多渠道经营农业机械及其配件的局面。1986—1996年，全县柴油机主要型号有95系列水循环式柴油机，如195型12马力、295型24马力、495型50马力柴油机。水蒸发式195型12马力柴油机。风冷式F165型、F175型柴油机以及适宜菜农使用的F170型柴油机联泵组。其中，195型柴油机销量较大，年均销量350台，295型、495型销量很小，累计190台。1996年，随着拖拉机、三轮车不断增加，柴油机销量直线下降。至2013年，累计销售500台。磨面机、碾米机、粉碎机均为小型加工机械，在1996年前有一定销量，随着大型粮食加工企业建成投产，销量骤减，2005年后已不再是农机经营主要品种。

拖拉机主要型号有泰山-12、25型拖拉机，1994—1996年为高峰期，年均销售600台。1996年后，受三轮车发展影响，销量逐年下降，年均销售250台。2005年后，随着农业装备业发展，福田雷沃、时风等新的品牌逐渐占领全县农机市场，品种更加丰富。

1996年，开始经营销售小麦联合收割机，主要型号有新疆2号、河北自走式联合收割机和上海向明背负式联合收割机。2005年，受农机购置补贴政策刺激，销量逐年增加，以福田雷沃谷神系列最受农机户欢迎，年均销售100余台。

2002年，开始销售玉米收获机，主要型号是4YW-2型背负式玉米收割机，因技术不过关，销量不佳，累计销售10台。2005年后，随着久保田、奇瑞重工等国际企业进入农业装备制造行业，玉米机械收获技术日益成熟，自走式玉米收获机技术优势突显，背负式玉米收割机被淘汰。山东宁联4YZ-2、山东春雨4LZ-3、武城县春明机械厂生产的春明4LZ-3收割机深受欢迎。至2013年，年均销量150台。

农机维修

1975年，武城县拖拉机修配厂建立，能承担拖拉机、汽车维修业务，还可生产棉花播种机、七寸步犁、拖车、水泵等机械机具。各公社建有农机修配车间，承担当地农机修配业务。1985年后，乡镇农机维修车间大都承包给个人经营，并逐渐成为农机维修主力军。1998年，县拖修厂破产。2005年后，受农机购置补贴政策推动，小型农机维修网点先后改建扩建，福田雷沃、重联重工等大型农机企业在武城建立农机售后维修网点。截至2013年底，全县共有农机维修厂（点）101个，修理工256人，均为个体经营，基本形成遍布城乡的农机维修网络。

第三节　管理培训

1986年，农机安全监理站负责全县农机安全监理、组织安全检查、进行技术考核、核发农用拖拉机牌证、处理拖拉机违章和事故。至2013年，全县建成县、乡、村三级农机安全监督管理网络。

1956年，武城县建立农机培训班。1982年，农机训练班更名为武城县农业机械化学校。2005年，该校取得国家拖拉机驾驶员培训许可证。截至2013年底，累计培训拖拉机驾驶员、农机操作手及其他农机技术人员1.8万人次。

第四节　农机跨区作业

20世纪80年代初，随着粮食面积种植扩大和产量大幅度提高，麦收期间对机械需求骤增，禹城、乐陵、平原等县拖拉机农户到武城开展轧场作业，按作业时间收费，一般每小时10元左右。至80年代末，全县拖拉机保有量增加，此种作业形式逐渐消失。从90年代初开始，随着深耕机械和技术推广，大型拖拉机跨区域开展深耕或旋耕作业，形成秋季机耕跨区作业市场，武城每年引进和派出机械都在100台以上。1996年，县农机局首次组织10台小麦联合收割机，奔赴四川、湖北、河南、安徽、山东、河北、天津、内蒙古等地，参加全国组织的跨区作业。2004年秋季，组织大型玉米收获机22台赴河南、河北、内蒙古等地区开展机收服务。2008年，全县机收机播市场日趋饱和，参加跨区作业农机数量和规模迅速扩大。截至2013年底，参加跨区作业的农业机械增加到180台，参加跨区作业农机人员480人，每年作业收入500万元，作业范围扩展到4省8个地市，作业对象由单纯小麦机械收获，扩展到“三夏”“三秋”期间小麦和玉米联收、秸秆还田、旋耕、深松、播种等生产环节。

第七章　农业开发

第一节　农业区划

1986年，全县有武西沿河高地粮棉瓜菜区、武南坡地棉粮林区、武东陈公堤上高地棉油果区、武北洼地粮林牧区4个综合农业生产区。

2010年，全县以“农业提质增效、农民持续增收、农村和谐稳定”为总目标，从全县农业发展现状与未来发展需求出发，科学规划，围绕发展“高产、优质、高效、生态、安全”现代农业总体要求，形成以“一园六区”建设为重点，发展“产业园区+龙头企业+标准化基地+合作社+农户”闭环式经营战略。

“一园”：即农产品加工产业园，地处县城南环路以南，德商路两侧，占地15平方千米。规划建设辣椒加工区、食用菌加工区、棉花加工区、粮食加工区、农业观光区五大功能区。“六区”：辣椒产业聚集区，以辣椒城为中心，发展辣椒加工企业50家、带动武城镇、广运街道一镇一街发展标准化辣椒面积6666.67公顷；食用菌产业聚集区，以李家户乡食用菌基地为中心，带动周边发展食用菌栽培面积1000万平方米，建成全国食用菌强县；棉花产业聚集区，以老城棉花加工产业园为中心，发展棉花标准化种植1.3万公顷，建成百里棉花加工长廊；粮食产业聚集区，以武城镇6666.67公顷粮食高产创建示范方为核心，依托龙湾粮食市场在武城镇、郝王庄镇、甲马营镇、鲁权屯镇整建制推进粮食高产创建。畜牧产业聚集区，以广运街道沙东奶牛养殖、鲁权屯镇韩家洼生猪养殖为重点，发展畜牧养殖业，建设全国畜牧强县；观光农业聚集区，以大屯水库为核心，建德水库和四女寺风景区为两翼，以卫运河、六五河、六六河、利民河水系为连接线，建成德州休闲农业“南花园”。截至2013年底，全县农产品加工产业园建设初具规模，入驻企业36家，建设辣椒基地3333.3公顷，以李家户镇为中心的食用菌种植面积600万平方米，以武城镇为中心的6666.67公顷粮食高产创建方，小麦单产668千克，玉米单产853千克。

第二节　农业综合开发

1988—2013年，全县先后实施黄淮海地区农业开发、世界银行贷款加强灌溉农业、农业综合开发土地治理、农业开发产业化经营及贷款贴息等项目。

黄淮海农业开发项目

黄淮海一期农业开发项目（1988—1990）总投入550万元，共15个项目，分三年实施。主要分布在武城镇、大屯乡、梁庄乡、蔡村乡、老城镇等乡镇。共改造中低产田1733公顷。开挖沟渠3.2万米，渠道衬砌2000米，埋设输水暗管2万米，打机井10眼，建引水闸3处，渡槽1个，扬水站3座，中小型桥、涵、闸327座。建设良种繁育基地800公顷，玉米制种133.33公顷。建设林网面积13.33公顷，植树12万株，育苗36.67公顷，低产园开发233.33公顷，造丰产林133.33公顷。建设2000平方米养鸡场1座，购鸡笼156组，解决贷款5万元。建猪舍100平方米，购饲料加工设备1套。购置悬挂四铧犁、五铧犁各7部，开沟犁7部，六行小麦精播机16台。中低产田新技术示范推广1.09万公顷。

黄淮海二期农业开发项目（1991—1993）总投资689万元，集中投放在郝王庄乡西部和马庄乡北部。1991年，投资222万元，完成改造中低产田400公顷，开垦宜农荒地533.33公顷，造林66.67公顷。开挖疏浚沟渠64千米，兴建桥涵闸200座，修建扬水站3座。整地改土。机械平整，深翻耕地，秸秆还田，配方施肥733.33公顷。建小麦良种繁育基地53.33公顷，建种子仓库40平方米，技术推广、培训1000人次。新建和补植农田林网66.67公顷，新建果园6.67公顷，建育苗基地3.73公顷。购置推土机2台。扩建畜禽养殖场1处，建禽舍1000平方米。开挖鱼塘2公顷，开挖配套沟渠500米，购进水泵4台，架设电线200米，修建渠道500米，建进出水闸4座。1992年，投资233万元，完成改造中低产田266.637公顷，开垦盐碱荒地533.33公顷。开挖疏浚沟渠88千米，兴建桥涵闸191座，修建扬水站3座。深翻耕地466.67公顷，秸秆还田、配方施肥各466.67公顷。建技术推广示范田333.33公顷，修建晾晒场400平方米，建仓库50平方米，技术示范推广技术培训1000人次。新建和补植农田林网200公顷，新建果园33.33公顷，建育苗基地2.67公顷。购置挖掘机1台，购置195柴油机10台，水泵10台。扩建畜禽养殖场1处，购饲料加工、饲养设备各1套。1993年，投资234万元，完成改造中低产田466.67公顷，开垦宜农荒地600公顷。开挖疏浚沟渠48千米，兴建桥涵闸210座，修建扬水站2座。深翻耕地866.67公顷，秸秆还田866.67公顷，配方施肥866.67公顷。新建农田林网866.67公顷，植树6万株，新建苗圃3.6公顷。购置推土机1台，购置195柴油机10台，水泵10台，种子加工机械设备1台，建化验室60平方米，购化验仪器5台。扩建畜禽养殖场1处，购饲料加工、饲养设备各1套。

黄淮海三期农业综合开发项目（1994—1997） 总投资684万元，项目区主要分布在四女寺镇、郝王庄乡、鲁权屯镇、祝官屯乡等4个乡镇。改造中低产田2733.33公顷，造林1766.67公顷，水产养殖26.67公顷。开挖疏浚沟渠200千米，渠道衬砌17千米，修石料结构桥涵闸232座。建农技服务站600平方米，技术示范田533.33公顷，建小麦良种基地133.33公顷，荒地植棉66.67公顷，技术培训各类人员1.3万人次。新造农田林网1793.33公顷，植树25.5万株，新建经济林33.33公顷，枣农间作33.33公顷。利用闲散的河滩地种植浅水藕26.66公顷。改建、改良黄牛育肥厂600平方米，养牛300头，建冷冻精站1处，扩建郝王庄鸡场1处。扩建日光温室200座，总面积6.67公顷，小拱棚6.67公顷。购置推土机2台。

利用世界银行贷款加强灌溉农业二期项目（1998—2002）

总投资3270.7万元，实施地点在李家户乡和武城镇2个乡镇。开挖排水沟199千米，动土方223万立方米，渠道衬砌6.8千米，砌石面积1.36万平方米，新建桥23座，涵洞463座，水闸5座，新建排灌站5座，维修排灌站8座，新打机井129眼，新建井房219座，埋设PVC管道491.8千米，架设农电线路36千米，建设农田道路144.4千米，运行维修设备17台（套），喷灌150公顷。完成深耕5393.33公顷，平衡施肥累计1.5万公顷。新建种子仓库800平方米，晒场2000平方米，种子加工车间250平方米，采购种子精选加工生产线1套。购置仪器14台套，建设门市部320平方米。完善乡镇农技站4个，建筑物1230平方米，晒场400平方米，购置仪器28台，小型运输车3辆。完善乡镇农机服务站1个，投资购置大型拖拉机6辆、秸秆还田机6台、旋耕犁6台，站房改造471平方米。完成苗圃建设6公顷，建设农田林网259公顷。

农业综合开发项目

2003年农业综合开发项目 项目区位于老城镇，总土地面积1000公顷，投资266万元。开挖疏浚沟渠20千米，动土方15万立方米，修建生产桥1座，涵洞55座，新打机电井100眼，修建晒场600平方米，埋设PVC管道36千米，架设农电线路5000米，修建田间生产路15千米，建农田林网40公顷，植树6万株。

2003年辣椒酱系列产品加工项目 总投资294万元，财政补助131万元。

2004年农业综合开发项目 项目区位于李家户乡北部，总投资156万元。开挖疏浚沟渠10千米，动土方10万立方米，修建桥涵20座，打机电井30眼，埋设PVC管道21千米，发展节水灌溉面积233.33公顷，架设农电线路5千米，修机耕路10千米，建农田林网20公顷，植树6万株。技术培训6000人次，推广农业技术4项。

2005年农业综合开发项目 项目区位于李家户乡北部，总投资367万元。开挖排水沟15千米，动土方25万立方米，修建涵洞30座，新打机井50眼，修建井房50间，埋设PVC管道42千米，架设农电线路20千米，修机耕路15千米，改良土壤666.67公顷，新建农田林网 40 公顷，植树 6 万株。

2007 年农业综合开发项目　项目区位于郝王庄镇，总投资 500 万元，改造中低产田 666.67 公顷，开挖沟渠 30 千米，动土方 40 万立方米，修建涵洞 44 座，新打机井 152 眼，新建井房 152 座，埋设地下管道 42 千米，架设农电线路 13 千米，修建田间生产路 20 千米，平整土地 500 公顷，平衡施肥 666.67 公顷，新建农田林网 666.67 公顷，植树 6 万株，农技推广部门的标准化农业推广项目 2 项，培训技术人员 2000 人次。

2008 年农业综合开发项目　项目区位于郝王庄镇，总投资 500 万元，改造中低产田 600 公顷，开挖疏浚沟渠 32 千米，修建生产桥 55 座，打机电井 84 眼，修井房 84 间，埋设地下管道 37 千米，架设农电线路 3 千米。

2009 年农业综合开发项目　项目涉及滕庄镇李家庄、东吴庄等 7 个村庄。总投资 750 万元，改造中低产田 666.67 公顷。开挖疏浚沟渠 43 千米，完成土方 27.2 万立方米，修建桥 94 座，修建涵 92 座。新打机电井 125 眼，埋设地下管道 59 千米，修建田间生产路 43 千米，其中砂石路 2 千米。新建成农田林网 40 公顷，植树 6 万株。

2009 年产业化经营财政贴息项目　中椒英潮辣业发展有限公司年产 10 万吨辣椒制品二期建设项目财政贴息 89 万元。

2010 年农业综合开发项目　项目区位于郝王庄镇，总开发面积为 533.33 公顷，总投资 720 万元。开挖疏浚沟渠 31 千米，完成土方 25 万立方米，修建生产桥 216 座，打机电井 84 眼，埋设地下管道 39 千米，架设农电线路 10 千米，增容 250 千伏安，修建田间生产路 31 千米，植树 5 万株。

2010 年产业化经营财政贴息项目　补助华一棉业有限责任公司年产 4 万吨棉花深加工项目，财政贴息 30 万元。昊源油业有限公司年产 5000 吨棉籽油加工项目，财政贴息 53 万元。山东辣贝尔食品有限公司年产 600 吨无色辣椒精项目，贴息 31 万元。

2011 年农业综合开发项目　土地治理项目：位于武城镇境内，东起利民河东支，南以郑郝路为界，西至丁王庄、贾庄，北至大屯水库临时道路，总面积 666.67 公顷，工程总投资 912 万元，其中财政资金 855 万元、自筹资金 57 万元。共开挖疏浚沟渠 36 千米，新建桥涵建筑物 202 座，泵站 20 座，修防渗管道 20 千米，架设农电线路 20 千米，安装变压器 10 台，新修田间生产路 36 千米，植树 6 万株。产业化经营财政补助项目：由武城县振丰养猪合作社实施，新建年繁育 1000 头父母代种猪祖代种猪场项目，财政补助 45 万元。产业化经营中央财政贷款贴息项目：山东辣贝尔食品有限公司建设年产 1000 吨辣椒红色素生产项目，贴息 31 万元；武城县昊源油业有限公司实施年产 3 万吨棉粕 1 万吨棉油加工项目，贴息 52 万元。

2012 年农业综合开发项目　项目位于老城镇境内。东起旧城河，南至老城镇与原杨庄镇边界，西至幸福路，北至林楼路，改造中低产田 666.67 公顷。项目总投资 976 万元，其中财政投资 915 万元。共开挖疏浚沟渠 37 千米，完成土方 37.27 万立方米，修建生产桥 140 座，直径 80 厘米涵洞 20 座，新打机井 100 眼，修井房 100 座，配套潜水泵 100 套，射频器 100 套，埋设 PVC 防渗管道 60 千米，架设农电线路 25 千米，安装变压器 9 台，新修田间生产路 37 千米，植树 6 万株。

2013 年农业综合开发项目　土地治理项目：包括武城镇、李家户镇 666.67 公顷中低产田改造项目和县扶持省直“第一书记”帮包村建设旱涝保收田建设项目。改造中低产田 1040

公顷，总投资1516万元。开挖疏浚沟渠64千米，完成土方68.6万立方米，修建渠系建筑物170座，新打机电井及配套145眼，埋设PVC管道60千米，架设农电线路27.4千米，安装变压器18台，新修田间生产路50.5千米，植树10.4万株。产业化经营财政补助项目：由武城县兴业养牛专业合作社扩建年出栏1000头优质肉牛项目，财政补助37万元。武城县华兴集团棉业有限公司扩建年产5000吨棉籽油加工项目，财政贴息51万元。

第三节 农业扶贫

2012年，全县31.59万农业人口中，尚有45389人生活水平处于贫困线以下，贫困发生率为14.4%。重点贫困村100个，其中李家户镇20个村，武城镇20个村，郝王庄镇23个村，四女寺镇37个村，贫困人口33723人，占全县贫困人口的74.29%，其余贫困人口散居于其他镇。同年，武城县被省政府列为山东省贫困县，县委、县政府制定扶贫计划和方案，针对武城镇、李家户镇、郝王庄镇、四女寺镇4个镇的100个重点贫困村庄进行扶贫，借助省委选派农村第一书记机会，选定其中8个贫困村进驻第一书记帮助脱贫，计划在“十二五”末，实现48个贫困村庄、2.38万名贫困人口脱贫，其余贫困人口和贫困村将在2018年前陆续脱贫。同年，县、乡各级争取上级扶贫资金937.3万元，制定扶贫方案、措施，选准扶贫项目，开辟致富门路，利用产业扶贫，知识扶贫，帮助农民脱贫致富。2013年，争取扶贫资金792万元，争取雨露计划资金20万元，举办短期技术培训班，共有300余人掌握新的劳动致富技术。同年，选派2名贫困生由雨露计划资金资助，到职业技术学校学习。全县获得产业项目资金450万元，转移支付资金300万元。

第四节 农村能源

节柴改灶

1987年，承担节柴改灶项目，由县农村能源办公室组织实施。首先在老城镇、李家户乡、甲马营乡3个乡镇进行试点，后逐渐推广全县，重点推广WN-I型省柴节煤灶。至1990年，全县共培养节柴改灶技术员2600余人，印发宣传资料2万份，成功改造省柴节煤灶6.9万个，占全县农村户数的92%以上。同年12月，通过省级验收。

沼气建设

20世纪70年代，为解决农业、畜牧业污染，开发新能源，改善农村卫生条件，国家推广农村沼气建设，县政府设有沼气办公室。由于技术落后，沼气池中发酵原料没有定量配比，产气量较少，使用二三年即废弃。1984年，沼气办公室并入县农业局，改称农村能源办公室，为县农业局内设机构。1993年，更名为农村生

图7-17 秸秆气化站（2008年 摄）

态能源办公室，成为县农业局内设事业站（室）。

20世纪90年代，畜牧业的发展，为沼气生产提供了原料，沼气生产技术逐步成熟。2003年，全县以养殖大户为重点再次推广沼气建设。在武城镇钱庄村、前马棚村、祝庄村建小型沼气工程示范点4处，发展示范户20余户，建沼气池600余立方米，运行效果良好。一般一个10立方米沼气池，日产沼气5～8立方米，年可节约燃煤1.5吨，减少开支500元。

2000年，国家扶持农村新能源开发建设，对农村户用沼气建设实行政策性补贴，按户用10立方米标准沼气池，每个池子补贴800元。2006—2013年，全县共获得6次（2006、2007、2008、2010、2011、2013年）实施国家沼气项目，获上级沼气建设补贴资金860万元，在全县9处镇（街、开发区）建成93个沼气示范村，建沼气池7250个，同步进行厨房和厕所改造（即“一池两改”）。年可节约燃煤1.09万吨，减少开支362.5万元以上。2007年、2008年，在广运街道果里村，李家户乡刘王庄村、良言庄村，郝王庄镇郝二村建成秸秆气化站4处，统一供气1513户，年利用作物秸秆1.2万余吨。2012年，在武城镇李善屯村建成秸秆气化站1处。每处建设单位，国家补助50万元。截至2013年底，全县共建成沼气服务网点35处，沼气服务站7处和农村生态能源服务中心1处，建设储料池、发酵池，配备出料车、秸秆粉碎机、甲烷检测仪等设施、设备，对沼气用户进行技术培训、设施维修维护，实行“全托式”“半托式”“日常式”服务。

第八编

林业

1986年，武城县林种资源有40科，62属，118种，以落叶阔叶林为主，年末实有林地面积2524.47公顷，林木覆盖率16.9%，活立木蓄积22.93万立方米，林业总产值432万元，占农业总产值的2.7%。此后，通过实施植树造林、退耕还林、林业资源保护等工程，对沙河进行综合治理，桐粮间作，改碱造林，建造农田林网、速生丰产林，实施河道绿化等措施，林业生态和生产得到改善和发展。1994年，提前一年实现省"八五"绿化达标。2000年，开展全国森林资源清查，全县年末实有农田林网化面积3.53万公顷，林木覆盖率7.6%，活立木蓄积31.25万立方米，林业总产值811万元，占农业总产值的0.87%。2001年，贯彻《山东省人民政府关于推进林权制度改革的意见》，按照"谁造林、谁所有、谁受益"的原则，推广以宜林地拍卖为主的林业产权制度改革，调动农民植树造林的积极性。2002年后，先后实施公路绿化、河道绿化、农田林网、成片造林、村镇绿化、特色经济林等林业生产重点工程，实现林业生产跨越式发展。2009年，是"奋战三年，实现德州大地园林化"的最后一年，全县重点实施绿色长廊、农田林网、沟渠路池塘绿化、绿化示范村建设、城区绿化、万亩育苗六大工程，武城县被评为"全市林业生产先进县"。截至2013年底，全县有防风林带10多条、300多千米，防护林、用材林、经济林1.24万公顷，木材蓄积量92.56万立方米，森林覆盖率达28.9%。

第一章 林业资源

第一节 林地资源

1986年，全县年末实有林地面积2524.47公顷，成林抚育面积200公顷，活立木蓄积22.93万立方米，“四旁”（宅旁、村旁、路旁、水旁）植树140万株。1990年，全县实施优惠宽松的林业政策，加大技术指导和服务力度，引进新型优良品种，林业生产进入快速发展时期，林木覆盖率逐年扩大。是年，年末实有林地面积7869.2公顷，活立木蓄积量25.43万立方米。1992年，年末实有林地面积36302公顷，比1990年增加28432.8公顷，增长361.32%，“四旁”植树150万株，实现部颁平原绿化标准。

2000年，全县林木总覆盖面积5581.1公顷，活立木蓄积31.25万立方米，林木覆盖率7.6%。其中，林地覆盖3519.1公顷，覆盖率4.8%；“四旁”折实覆盖2062公顷，覆盖率2.8%。

2010年，全县有林面积2.16万公顷，其中集体林地4570.8公顷。按土地类型分，林业用地1124.67公顷，非林业用地3446.13公顷。按森林类别分，商品林1840.67公顷，宜林地2730.13公顷。活立木蓄积80.89万立方米。其中，有林地蓄积65.2万立方米，占全县活立木总蓄积的80.6%；林网蓄积7.9万立方米，占9.8%；“四旁”植树110万株，树木蓄积7.8万立方米，占9.7%。

2013年，林业用地18030公顷，占全县土地面积的24%。活立木蓄积量92.56万立方米，人均2.36立方米。全县有林地12995公顷，未成林造林地2152公顷，苗圃地200公顷，宜林地2677公顷。其中，有林地中防护林3415公顷，占林地面积的26.3%；用材林8350公顷，占林地面积的64.3%；经济林1230公顷，占林地面积的9.4%。林网折实面积3369公顷。“四旁”植树582.78万株，“四旁”树木覆盖面积3532公顷。

第二节 古树名木

1986年后，县政府重视对古、稀树种的保护，百年以上树龄古树全部登记造册，实行挂牌、专人保护。截至2013年底，全县现存百年以上古树名木9株。其中，柏树4株，毛白杨2株，皂荚树1株，槐树2株。

岳觉寺古柏　位于武城镇西岳觉寺村，有3株，树龄均在600年以上，为国家一级古树。其中，两株位于岳觉寺小学院前，树干直立挺拔，并排矗立。院前东侧古柏树，树高14.1米，胸径62厘米，胸围1.95米，冠幅7米；西侧古柏树高13.2米，胸径65厘米，胸围2.1米，冠幅7米。第三株位于学校院后，刘氏祖坟前，树高8米，胸径58.2厘米，胸围1.77米，冠幅7.5米，树干呈螺旋状。

四女寺古树　位于四女寺镇四女寺村，有2株，树龄均在500年以上，为国家一级古树。一株为明代的皂荚树，位于村东北角清真寺内，树高10米，胸径59.3厘米，胸围1.87米，冠幅5米。另一株为明代的槐树，位于该村郭鲁小学院内，树高8米，胸径55.7厘米，胸围1.75米，冠幅7米。

赵庄毛白杨　位于老城镇赵庄村北，有2株，均为国家一级古树。其中，一株树龄在300年以上，树高9米，胸径150厘米，胸围4.71米，冠幅7米。此树曾遭雷击，老树干又生出新的树干，当地人称为“返老还童杨”。另一株树龄为150年，树高20米，胸径90厘米，胸围2.83米，冠幅12米。相传明初祝氏始祖大公由莱阳迁至武城县赵庄时其兄弟三人各迁居一方，为以后便于相认，约定各自在茔地植白杨为标志。

运河古柏　位于甲马营镇徐庄村，有1株，树龄在400年以上，为国家一级古树。树高12米，胸径54.5厘米，胸围1.71米，冠幅6.5米，树干呈顺时针螺旋形生长，树干向西伸出的侧枝呈传说中龙的形态，远望树冠又像一把椅子的形状，被当地称为“神树”。

老城刺槐　位于老城镇戚庄村，有1株，树龄在100年以上，为国家三级古树，树高30米，胸径100厘米，胸围3.14米，冠幅7米。

第二章　植树造林

第一节　植树

1981年12月，第五届全国人民代表大会第四次会议审议通过《关于开展全民义务植树运动的决议》。县委、县政府开始组织干部群众，常年开展义务植树活动，共青团、妇联、民兵组织，广造“青年林”“三八纪念林”“民兵林”，每年有数万人参加义务植树。1986—1989年，全县义务植树415万株。1991年，全县开展形式多样的纪念全民义务植树10周年活动，植树242万株。1997年3月，开展义务植树活动，植树1331万株。进入21世纪，重点在国道、省道干线公路两旁营造“百米绿化带”和“绿色通道”，每年植树数十万株。2003年，全县实施“大树进城”工程，实行“谁植树，谁管护，谁受益”承包责任制，先后完成运河大堤、国道105线、德武路、郑郝路、恩武路、夏武路、龙四路、幸福路、撤退路等主干公路及村村通公路的绿化任务，初步形成相互贯通的绿色通道。2008年，实施大地园林化，植树150万株。2009年，重点实施绿色长廊、农田林网、沟渠路池塘绿化、绿化示范村建设、城区绿化、万亩育苗六大工程，新植树100万株，截至2013年底，全县累计植树4598万株。

图8-1 植树造林（2013年 摄）

1986—2013 年武城县植树情况统计表

表 8-1　　单位：万株

年份	植树	年份	植树	年份	植树
1986	140	1996	41	2006	90
1987	102	1997	1331	2007	30
1988	81	1998	30	2008	150
1989	92	1999	432	2009	100
1990	150	2000	65	2010	50
1991	242	2001	60	2011	110
1992	150	2002	100	2012	115
1993	350	2003	120	2013	100
1994	67	2004	200	—	—
1995		2005	100	—	—

第二节　造林

1986 年，通过实施公路绿化、河堤绿化、农田林网、成片造林、村镇绿化、特色经济林等林业生产重点工程，实现林地面积、活立木蓄积、林木覆盖率的持续增长，全县营造经济林、防护林、用材林，造林面积 656.4 公顷。1991 年，武城县绿化委员会成立，组织全县 10 余万劳动力在春季和秋种前后，开展 3 次大规模的林果会战，植树 150 余万株，新建果园 133.33 多公顷，育苗 269.27 公顷，清沟扶路 1800 余条，总长 200 千米，挖树坑 150 万个，动土 800 多万立方米。1992 年，省林业绿化达标检查验收小组对武城县的林业绿化进行检查验收，农田林网化率、宜林荒地绿化率、“四旁”植树覆盖率、林木总覆盖率全部合格，达到部颁平原绿化标准。1994 年，实施沙荒地造林工程建设，加大黄河故道沙化土地和盐碱涝洼地治理力度，建设综合防护林体系，提前一年实现省“八五”绿化达标。2002 年后，重点实施公路、河道防护林建设，提高主干公路、河道的绿化标准。2012 年，开展三年大绿化造林，将重点公路、水系全部进行高标准绿化，完成造林 1267 公顷，植树 133.2 万株。

“十二五”期间，围绕建设“生态武城、美丽武城”总体目标，实施干线公路及水系绿化、鲁冀边界防护林、农田林网、社区（村庄）绿化“四大”重点工程。按照省道两侧 50 米、县主干道 30 米的标准见缝插绿，打造“绿色通道”。鲁冀边界防护林建设，造林宽度均在 100 米以上。对实施农业开发、粮食高产创建等项目的农田，构建综合生态防护林体系，提高抵御自然灾害的能力，打造武城镇粮食高产创建示范方，完成方内 31 条生产路绿化，种植苗木 3 万余株。社区（村庄）绿化工程，重点村庄建设围村林，村路、街道两侧栽植行道树，实现住户庭院绿化美化、街道绿树成荫、村镇绿树环绕，社区（村庄）绿化覆盖率 30% 以上。

2013 年，实施省道 254 线、六五河两大市级重点工程和李老路、龙四路、代孔路、郑郝路等县乡主要公路及水系绿化，全县完成造林 674 公顷，植树 100 万株。同年 5 月，通过省林业厅检查验收。

1986—2013年武城县造林面积统计表

表 8-2　　单位：公顷

年份	面积	年份	面积	年份	面积
1986	656.4	1996	3238	2006	200
1987	190.67	1997	67	2007	150
1988	545.53	1998	485	2008	2222
1989	1000	1999	200	2009	733
1990	722.93	2000	206	2010	1733.4
1991	198	2001	1433	2011	1307
1992	1474	2002	10	2012	1267
1993	1334	2003	397	2013	674
1994	4333	2004	2180	—	—
1995	1633	2005	200	—	—

用材林

1986年，全县用材林面积147公顷，主要树种有柳树、杨树、榆树、国槐、刺槐、侧柏、泡桐等。此后，全县加大用材树种引进力度，先后引进欧美杨、樟子松、铅笔松、马尾松、石林刺槐、箭杆刺槐、丁172槐、沙兰杨、196杨和三倍体毛白杨等数十个品种。1989年，从聊城市冠县引进毛白杨、旱快柳等优良用材树30万株。1990年，全县用材林面积219公顷。20世纪90年代，因重点发展桑园、果园，以及将部分成材林木采伐后改种农作物，用材林面积增速放慢。2000年，全县用材林面积1968公顷。同年，开始营造速生三倍体毛白杨丰产林。2008年，结合"防沙治沙""绿色通道""河道绿化""村村通绿化""围村林""标准化林网建设"等工程，营造速生丰产林木2800余万株。2009年，加大以改碱治沙为主的速生丰产林建设，引进臭椿、白蜡、172柳等耐盐碱树种，对盐碱地进行综合治理，在鲁权屯镇盐碱地段采取工程治理措施，开挖池塘，抬田植树造林，建立盐碱地综合治理模式。截至2013年底，全县用材林面积8350公顷。

防护林

20世纪80年代后，在东、西沙河区域集中发展防风固沙林，结合农业开发实行综合治理，栽植防护林1000多万株。1992年，完成德武路全长32千米的绿化，累计栽植毛白杨5万株、大青杨50万株、柳树1万株。2000年，开展沟、渠、路植树活动，着力建设农田林网，全县建设农田林网3.5万公顷，主要树种为杨树。2009年，实施防沙治沙造林工程，引进速生杨107、108，在黄河故道沙化土地营造防风固沙造林，完成造林面积266.67公顷。2010年，实施水系林业生态保护带建设，主要包括六六河、平武河、小董王庄沟等，绿化130.6千米，植树90.4万株，新增造林面积700公顷。2013年，在武城镇、四女寺镇、老城镇、李家户镇实施高标准农田林网建设，建设农田林网面积2000余公顷。采用欧美杨107、108，按照每个网格不大于13.33公顷，主林带4行以上，副林带2行以上的绿化标准完成，全县农田林网总面积42112公顷，防护林面积3415公顷。

经济林

全县经济林以果树为主，传统品种有苹果、杏、梨、桃、枣等树种。20 世纪 80 年代，全县苹果林、桃林发展较快，各乡镇的村庄多有面积不等的苹果林、桃林。1986 年，经济林面积为 300 公顷。90 年代经济林面积有所下降。到 2000 年，经济林面积 2521 公顷，其中苹果、梨、杏、桃、葡萄、核桃种植发展较快。2010 年，全县实施特色经济林建设工程，建设六五河百里经济林观光长廊和孟庄经济林示范基地，新增经济林面积 433.33 公顷。2011 年，聘请泰安果科所和山东农业大学 5 名专家，组成专家组，负责经济林管理技术全过程指导和跟踪服务。2011 年，县政府把发展经济林作为调整农业产业结构、增加农民收入的一项重点工作来抓，建设标准化示范园，种植经济林 400 公顷，发展苹果、梨、杏、桃、核桃等名优特果品，加快品种更新换代，全面提高科技含量。截至 2013 年底，全县经济林面积 666.67 公顷，以苹果、桃、梨、杏、葡萄、核桃树种为主，主要分布在四女寺镇、郝王庄镇、李家户镇、武城镇。

第三章　苗木　花卉

第一节　苗木

育苗

1986 年，全县育苗 43 公顷。当年，出圃树苗 193 万株，树苗品种以抱头毛白杨为主，其次有泡桐、刺槐、泰山青等。1986—1988 年，重点对 23.33 公顷毛白杨基地进行接炮捻育苗。进入 20 世纪 90 年代，随着市场经济的发展以及国家对生态环境治理的重视，苗木繁育由过去指令性计划逐步转变为以市场需求为导向，绿化树种苗木需求量不断上升。武城县立足市场需求，以繁育用材苗木为主，兼而发展经济、观赏苗木，引进合欢、小叶桢、红叶小檗、槭树、龙柏等观赏树新品种。1991 年，县林业管理部门举办毛白杨基地芽接和嫁接一条龙育苗技术培训，培训乡村技术员 200 余人次。1992 年，全县育苗面积 170 公顷，年产优质苗木 765 万株，主要树苗品种有抱头毛白杨、泡桐、刺槐、泰山青、白蜡等。除自用外，还供应山西、河北、河南及东北三省，不少村民依靠育苗走上致富路。2002 年，全县育苗面积 60 公顷，年繁育苗木 270 余万株。进入 21 世纪，苗木繁育朝着

图 8-2 苗圃基地（2013 年 摄）

见效快、效益高的方向发展。根据市场需求引进石林刺槐、黑杨、速生泡桐、速生柳、樟子松等 10 多个用材林新品种以及香酥梨、油桃、富士苹果等名优果树品种。2009 年，全县新引进的用材树种达 28 个品种。2013 年，全县育苗面积 300 公顷，年繁育苗木近千万株，繁育有秋木、紫木、丝绵等新品种。

苗圃

20 世纪 80 年代，全县苗圃基地少，且面积小，不具规模。90 年代，县委、县政府重视林业建设，带动苗圃建设发展。1993 年底，全县植桑建园 333.33 公顷。1996 年，在县城北用酸枣做砧木，建枣树育苗基地 6.67 公顷；在老城镇苗圃建枣树采穗圃 3.33 公顷。1997 年 3 月，建立三年生银杏采叶园和结果园 1.33 公顷，在鲁权屯镇韩家洼村进行银杏种子育苗 0.4 公顷。2009 年，实施万亩育苗工程，苗圃建设逐渐扩大。2012 年 3 月，绿鑫苗木基地成立，位于武城镇史堂村，占地 33.33 余公顷，建有种苗繁育区、地栽区、袋栽区和产品展示区。以种植绿化苗木为主，主要有楸树、金叶榆、红叶椿树、白蜡、国槐、法桐等 20 多个树种。截至 2013 年底，全县有绿鑫苗木、世超园林、广运光明苗木、果树科研品种推广中心等多家苗木生产基地。

第二节　花卉

20 世纪 80 年代，全县传统花卉品种有夹竹桃、玫瑰、凌霄、金银花、蔷薇、月季、菊、凤仙、石竹等。引进的品种有君子兰、龟背竹、巴西木、非洲茉莉等。20 世纪 90 年代起，城镇绿化面积大量增加，长寿树、常青树、风景树逐渐增多。2010 年，全县实施林果种苗花卉产业基地建设，新建花卉基地 7 处，总面积 133.33 公顷。在县城周边先后建立三秋园林、青州万红、广运园林等花卉公司。另外还有经营各种百合、玫瑰等“鲜插花”的商户。2011 年，县政府抢抓全市扶持、奖励花卉苗木产业发展的有利时机，大力发展花卉苗木产业，以鲜切花、园林苗木、盆栽植物、特色花卉为重点。是年，建立尚开兰园兰花繁育基地、鲁权屯镇天舜玫瑰鲜切花繁育基地。其中尚开兰园兰花繁育基地，投资 1100 万元，以繁育兰花系列花卉为主。至 2012 年，全县新发展花卉苗木繁育面积 146.67 公顷，改建新建大棚 40 个，种植玫瑰 50 余万株，兰花 20 余万株，花卉产业已逐渐成为武城县林业的一大主导产业。截至 2013 年底，全县有花卉基地 20 余处，面积 186 公顷。

第四章　果　品

第一节　品种

1986 年，县境内果树有 11 个属、29 个种，103 个品种，以苹果、梨、杏、桃、枣等为主。20 世纪 90 年代初，县委、县政府大力发展多种经营，鼓励扶持经济林建设。1996 年，全县实施“红枣工程”，从河北省赞皇县、井陉县，山东省泰安市引进枣树 120 多万株，因管理不到位，成活率低。进入 21 世纪，引进和选育的果树品种逐年递增。截至 2013 年底，全县果品品种主要有苹果、梨、桃、杏、葡萄等 5 大类，数百个品种。

苹果

1986年，全县苹果主要品种有金帅、红星、印度、国光、红玉、祝光、青香蕉7个品种。此后，先后从国内外引进数十个新品种。美国品种有一代红香蕉、二代红星、三代元帅、短枝新红星、锦丽、玫瑰红、五龙红等。日本品种有长富2号、长富12号、藤木、王林、北斗、静香、北海道9号、潘明、未来希望、黄王、黑系乔纳金、芳明津轻、红将军等。新西兰品种有嘎拉、皇家嘎拉。国内品种有辽伏、华冠、华帅、富嘎。另有青香蕉（烟青，短枝型）、国光（短枝）、大国光、印度青（绿光，短枝型）、乔纳金、美八等品种。

梨

1986年，全县梨主要品种有鸭梨、茌梨、巴梨、香水梨、黄县长巴梨5个品种。此后，陆续引进白梨系、沙梨系、梨子梨系、西洋梨系4个系列新品种。白梨系有冠县大青皮鸭梨、阳信鸭梨和金坠子鸭梨以及早酥、胎黄、马蹄黄、青花梨、花梨、红香酥、苹果梨等品种。沙梨系有菊花、新水、丰水、幸水、金玉梨等品种。梨子梨系有面酸梨、青皮甜面梨、京白梨等品种。西洋梨系有富茄梨、红茄梨、红巴梨、康德、日面红等品种。

桃

传统品种是普通白桃，山桃属于引入品种，可做砧木。栽培品种有五月鲜、万寿桃（俗称大红尖）、雪桃、保平桃、肥城桃、深圳蜜桃、青州蜜桃、早花露、春蕾、雨花露、上海水蜜、大久保、白风、京玉60、蟠桃（撒花红蟠桃、晚蟠桃、油蟠桃）、油桃（五月红、尼格兰特）等。2010年，武城镇沙中村引进永莲蜜桃新品种获得成功，开始大面积种植。

杏

杏的种类繁多，本地品种均系华北品种群，曾有60多个栽培品种的记录。主要栽培品种有毛核白、鹅翎白、酸白杏、四月黄（酸桄子）、小满黄、麦黄尖、老鸹枕头杏、青州果杏、姚河大杏、白梅子杏、红梅子杏等。另有小亚细亚群种，如小李光杏、大李光杏。欧洲品种，有意大利1号、美国玛瑙杏、凯特杏、金太阳杏。杏梅品种有景县大杏梅、孤山杏梅等。

葡萄

20世纪90年代后，全县开始大面积种植葡萄，主要品种有巨峰、玫瑰香。进入21世纪，葡萄品种增多，品种主要有红富士、先锋、龙眼、泽香、无核白、里扎马特、京秀、京亚、红提。用于酿造酒的品种有赤霞珠、蛇龙珠等。

枣

全县枣树种植历史悠久，品种众多。1986年，全县枣的品种分大枣、小枣两大类型。大型枣果实个大，有圆铃形、长圆形、菱形、葫芦形等。小枣果实个小，呈圆形、长圆形。主要品种有大紫枣、灵宝圆枣、婆枣、圆铃小枣、大白铃、长红枣等。20世纪90年代末，在赞皇县等地引进冬枣、金丝小枣等品种。进入21世纪，由于枣树品种退化，人们疏于管理，致使病虫害加重，经济效益降低。

核桃

1986年，县境内有零星种植。进入21世纪，随着经济价值提高，核桃种植户不断增多。2010年，在张王庄繁育核桃苗1.5公顷。2012年，武城镇孟庄村建立10公顷的核桃园标准化示范园1处，主要品种为美国垂铃。截至2013年底，全县有核桃园20公顷。

除上述品种外，樱桃、石榴、无花果、山楂等也有零星种植。

第二节 产量

20世纪80年代初期，农村实行联产承包

责任制，果树种植规模、产量不断增加。1986年，全县进行产业结构大调整，大力发展果品生产，形成种植果树的热潮。是年，全县水果产量3376吨，实有零星果树株树6万余株。1990年，全县水果产量3865吨，比1986年增加489吨。此后，果园面积、水果产量逐年递增。1993年，全县水果产量12328吨。同年，全县果树遭遇到百年不遇的冻害，给果农造成巨大损失。1994年，水果产量骤减至8587吨，比1993年减少3741吨。1999年，全县水果产量5489吨。2000年，水果产量5489吨。进入21世纪，全县推广标准化示范园建设，发展苹果、梨、杏、葡萄、桃、核桃等名优特果品。2001年，全县水果产量14799吨，历史最高。2009年，水果产量2906.56吨。2013年，全县水果产量6011.52吨。

第五章　植桑　养蚕

第一节　植桑

武城县植桑养蚕有近百年历史，农民利用空闲地植桑养蚕，但没有形成规模。1992年，全县零星种植桑树3万株，主要集中在李家户乡。1993年，县政府调整农业产业结构，各乡镇开始大规模植桑。全县植桑建园333.33公顷，主要品种为湖桑、选792、苏育2号等，分布集中在鲁权屯镇、滕庄乡、甲马营乡、李家户乡、董王庄乡。1994年，县政府制定出台《关于桑园管理的规定》，建立桑蚕办公室，加强对桑园的管理，保证养蚕业的健康发展。是年，全县桑园面积570.67公顷，其中李家户乡新建桑园102.6公顷。1995年，甲马营乡把桑园建设当作农民致富的重点产业来抓，通过积极引导，实行政策倾斜，全乡建设桑园400公顷。李家户乡新建桑园179.4公顷，全乡桑园282公顷。1995年，全县桑园1159.8公顷，为历史最高。自2000年起，因经济效益不佳，农民植桑积极性降低，毁桑改种粮食、棉花、蔬菜、果树，桑园面积逐年下滑。2002年，全县桑园面积仅存166公顷。截至2013年底，县内只零星植桑。

第二节　养蚕

1993年起，在全县实行“集体养蚕，企业化管理”模式，推广小蚕共育、大蚕稀放、大棚养蚕等技术，养蚕规模逐年扩大，以家中室内饲养为主。1994年，开始在乡镇建蚕茧收购站，董王庄乡投资26万元，建立占地1.33万平方米的桑蚕站。收购站实行“预约收购、售前初验、平台抽样、密码验级”的蚕茧收购方法。收购鲜茧后，就地烘干。干茧由省丝绸总公司实行计划调拨，主要销往莱阳、沂源、临朐、淄博、禹城等国营制丝企业。1994年，全县鲜茧产量5吨。1995年，全县鲜茧产量27吨。1998年，养蚕技术趋于成熟，一年可养春、夏、中秋、晚秋四季蚕。2000年起，蚕茧总产量开始下降。至2013年，县内无农户养蚕。

第六章　林业管理

第一节　林权制度改革

2001年，县政府成立林业分类经营工作领导小组，按照“谁造林、谁所有、谁受益”的原则，推广以宜林地拍卖为主的林业产权制度改革，通过拍卖、承包、租赁等多种形式，放开、搞活林地使用权，植树造林地块到户，树木到人，做到人定心、树定根，调动农民植树积极性。随着林业产权改革的不断深化，民间资本逐渐成为林业投资的主要来源。2001年，甲马营乡前曹村8名村民承包乡镇林业生产用地667公顷，投资70万元，用于植树造林。武城镇野庄村民投资10万元，建成5万株的个体林场。

2010年，县政府印发《关于深化集体林权制度改革推进武城林业发展的意见》，开始以明晰产权、明确经营主体、确权发证为主要内容的集体林权制度改革工作，全县参与林改的有8个镇街、365个村，7万户、25.24万人。是年，通过调查摸底、勘界确权，完成集体林地确权勘界4564.33公顷，确权率99.8%，颁发林权证2399本，宗地2574块。林权证全部发放到户，发证率100%。

第二节　林业资源保护

野生动物保护

1988年、1992年，《中华人民共和国野生动物保护法》《中华人民共和国陆生野生动物保护实施条例》分别颁布，全县野生动物保护进入有法可依和依法保护的阶段。林业部门通过散发传单、举办野生动物保护普法培训班，宣传野生动物保护知识。加大对集市、饭店、河流的监督检查。对违法猎捕、收购、运输麻雀、青蛙等动物的行为开展专项整治。随着野生动物保护法规的宣传和人们对野生动物保护意识增强，时常有群众将受伤野生鸟类送交县林业局，其中有国家二级保护动物天鹅、夜鹭、大雁等。进入21世纪，县境内斑鸠、灰喜鹊、黑喜鹊、雉鸡、白脸山雀、白头翁等野生留鸟数量不断增加。可见的鸟兽有啄木鸟、灰喜鹊、杜鹃、戴胜、家燕、黄鹂、猫头鹰、蝙蝠、狐狸、黄鼠狼以及青蛙、蟾蜍、蛇等。

湿地保护

全县湿地主要位于县境东部的四女寺镇。北起减河，南至省道318线，以六五河大部分河段、大屯水库、四女寺景区为主体，包括利民河、利民河东支、利民河北支部分河段，南北横跨19.7千米，东西长3千米，总面积2011.9公顷，其中湿地面积901.6公顷，湿地率44.8%。2013年，县委、县政府启动生态湿地公园建设工程，聘请清华大学、中国海洋大学、省环保厅的湿地建设专家现场考察论证并提出指导意见。湿地公园规划占地200万平方米，投资4800余万元，以湿地生态系统保护为核心，集湿地景观观赏、休闲旅游、科普宣教、文化展示、保护环境为一体。

检疫检测

1988年，全县正式启动检疫工作，形成县、乡、村三级林业有害生物测报网络，对出入境木材进行检疫，防止林业有害生物传播蔓延。全县有乡（镇）监测点11个、专职测报员24名。

是年，对85批出入境木材进行检疫。1993年，县政府印发《武城县林业植物及植物产品检疫实施办法》。截至2013年底，全县先后对5000批出入境木材进行检测。

第三节　林政

林地管理

20世纪80年代，县内破坏森林资源、湿地资源和野生动植物资源的案件时有发生，乱砍滥伐现象依然存在，征用林地大多不履行合法手续。到90年代初，县政府加强林地征用管理，按照《中华人民共和国森林法》《中华人民共和国森林法实施条例》等法律法规，规范服务，依法行政，坚持做到依法治林、依法护林、依法办案，全力维护森林资源安全。1991年，武城县护林防火指挥部成立。1992年，出台《关于加强林木资源管理的工作意见》。1999年，印发《关于保护林木资源制止毁林开垦和乱占林地的通知》，严禁违法征占用林地，征用林地及时办理合法手续，林业行政案件查处率100%。

2012年，县森林公安局成立，隶属县林业局。全县建立健全林木资源保护管理责任体系，加大日常巡查监管力度，从源头上保护好森林资源。依法打击各类破坏森林资源的违法犯罪行为，全年依法查处各类涉林案件130余起。严查无证采伐、少批多伐等违法现象。截至2013年底，依法查处各类涉林案件300余起。

林木采伐

1986年，全县木材采伐量为980立方米。1990年，县政府印发《关于立即刹住乱砍滥伐林木的通知》。2000年，全县木材采伐量为200立方米。2008年后，随着全县林业生产的迅速发展，全县木材采伐量也相应有所增加，采伐量为6000立方米。2009年，全县木材采伐量达到1.21万立方米。2011年，全县木材采伐量为1.6万立方米。2013年，县委、县政府实施“生态靓县”战略，更加注重生态环境保护。是年，全县木材采伐量为8600立方米。截至2013年底，全县累计采伐7.52万立方米。

第四节　病虫害防治

1986年，全县林木主要害虫有榆兰金花虫、杨树天社蛾、光肩星天牛、桑天牛、青杨枝天牛、白杨透翅蛾、榆木蠹蛾、柳毒蛾、杨黄卷叶螟等。病害主要有杨树腐烂病、泡桐丛枝病。2001年、2002年，全县对林木病虫害及天敌资源进行全面调查，全县有林木害虫300多种，发生面积大、危害较重者以榆兰金花虫、大袋蛾、杨尺蠖等为主。病害200多种，主要有杨树溃疡病等。2007年后，美国白蛾对林木危害较大。

主要病虫害

榆兰金花虫　20世纪80年代发生严重，每年两次将榆树叶大部吃光或全部吃光，危害率90%以上，使榆树年生长量降低36%，有60%的榆树成“小老树”。因榆兰金花虫久除不尽，到90年代后，榆树栽植量大量减少，加上综合防治，虫害随之减轻。2009年后，榆兰金花虫基本绝迹。

大袋蛾　大袋蛾主要危害泡桐、刺槐、法桐、白榆等多种树木。20世纪80年代中后期，随着泡桐面积的增加，大袋蛾危害率95%。90年代，泡桐、刺槐、白榆栽植量逐年减少，危害随之减轻。21世纪后，进入低虫口发生期。

杨尺蠖　20世纪90年代中期，杨尺蠖开始出现，尤其2000年后，随着杨树栽植面积的增加，到2005年，杨尺蠖在局部区域呈爆发趋势。2010年春，采用烟雾机、人工防治同时采用阻隔法（在树干绑塑料膜，阻止成虫上树）取得较好防治效果。

美国白蛾　美国白蛾属灯蛾科又名秋幕毛

虫、网幕毛虫，是一种以危害绿色植物为主的国际性检疫害虫。2007年，在县境内发现。美国白蛾食性杂，危害300多种植物，主要喜食树种有榆、法国梧桐、泡桐、白蜡树、杨树、桑、臭椿、山楂、杏、苹果等。发生严重时，可将树叶吃光，转移危害田间作物。此害虫食量大，虫灾爆发时可在一夜之间吃光一片果园及附属的绿色植物。

武城县主要林木病虫害种类

表8-3

树种	害虫	病害
杨树	光肩星天牛 青杨枝天牛 透翅蛾 杨扇舟蛾 杨尺蠖 白杨透翅蛾 桑天牛	杨树溃疡病 腐烂病
柳树	柳毒蛾 木蠹蛾 柳瘿蚊 柳小吉丁虫 柳蓝叶甲	煤污病 柳褐斑病
榆树	榆兰金花虫 榆毒蛾 榆木蠹蛾 榆长翅卷叶蛾	榆溃疡
枣树	枣尺蠖 枣粘虫 日本龟蜡蚧 枣食心虫	枣疯病
山楂	山楂红蜘蛛 桃小食心虫	白粉病
国槐	国槐尺蠖 六星吉丁虫 桑白蚧	国槐枯枝病
苹果	山楂红蜘蛛 苹褐卷叶蛾 顶梢卷叶蛾	苹果轮纹病 苹果锈病 苹果腐烂病
葡萄	葡萄二星叶蝉 葡萄短须螨 葡萄瘿螨	白腐病 炭疽病 褐斑病 灰霉病 黑痘病
梨树	大小食心虫 木虱 树螨	黑星病 花腐病 锈病 黑斑病
桑树	桑圆蚧 草履蚧 桑天牛 日本绵柳蚧	白粉病 叶污病
臭椿	沟眶象 盲椿象	白粉病
泡桐	大袋蛾	丛枝病
法桐	大球坚蚧 大袋蛾	枝枯病

主要防治措施

防治榆兰金花虫 20世纪80年代初，榆兰金花虫在全县范围内大爆发，采取人工抹杀、乐果涂环防治等方法，取得良好效果。90年代后，坚持以“预防为主，综合防治”和“谁主管，谁防治”方式，实行病虫害防治目标管理制度，采取以化学药物防治为主，树木混交和混合栽种等综合措施，防治病虫害的发生，并以保护、引诱益鸟、益虫的方式进行生物防治。

防治大袋蛾 1992年，全县大袋蛾大面积发生，县委、县政府拨专款，组织专业队伍进行防治，病虫害得以遏制。

防治天牛 1995年，采用乙磷铝毒杀光肩星天牛、桑天牛的幼虫之法颇佳，以毒药棉堵洞法效果良好。

防治杨树水泡型溃疡病 2000年后，杨树水泡型溃疡病呈爆发趋势，感染率达90%以上，由于杨树造林面积大、树种单一，防治效果较差。

防治美国白蛾 2007年，美国白蛾入侵武城县并迅速蔓延。2008年8月，全县发现美国白蛾危害13处，树种为榆树、白蜡、法桐。2009年，美国白蛾全面爆发，全县发生面积1.53万公顷。县政府对省道318线、城区等重点区域进行系统监测，开展普查和药防工作。录制美国白蛾防控专题片，在电视台连续播放，印发防治明白纸、技术材料等2万余份，粉刷固定性标语1000余条，举办防控培训班20余次，培训4000余人。2010年，全县美国白蛾

图 8-3 防治美国白蛾（2012 年 摄）

实行虫情监测日报告和零报告制度。全县共完成防治作业面积 4 万公顷，其中飞机喷药防治 1.4 万公顷，人工捕捉成虫 5000 余只、摘除卵块 1 万余个、剪除网幕 3 万余个，全县平均有虫（网）株率不到 0.1%，叶片保存率 99% 以上，武城县成为全市唯一的连续 3 年没有形成灾情的县市区。2011 年，对省道 318 线、运河大堤、陈公堤林带，东沙河片林及林网、村庄围村林等实施全覆盖飞防，飞机喷药防治面积

疫情发生面积 2600 公顷。县政府采取空防和地防相结合的办法，投入防控资金 300 余万元，储备器械 1000 余台套，药剂 40 余吨。启动越冬代成虫测报，建立虫情测报点 67 个，专兼职测报员 100 余人，安装诱杀灯 208 台，4733.33 公顷。对飞机喷药防治以外的树木实行防治专业队无缝隙防治。2013 年 5 月，对全县主要干线公路、主干河流和大面积片林实施美国白蛾飞机喷药防治，面积 3333.33 公顷，美国白蛾得到有效防治。

武城县志（1986—2013）

第九编

水利

武城县为平原地形，地势西南高东北低，高处多旱，低洼易涝。境内河流有卫运河、减河、六五河、六六河、利民河、旧城河、青龙河等，其中流域面积30平方千米以上河流15条，全长243.9千米。1986年后，境内基本上未发生重大水涝灾害，抗旱是全县水利工作重点。为确保工农业生产的需要，县政府投入巨资先后对六五河、六六河、利民河水系、旧城河、青龙河进行治理。2010年，投资11.14亿元建设大屯水库。2011年5月，建德水库开工，2013年成功蓄水，实现长江水、黄河水、运河水三水在境内汇流，彻底解决了武城缺水的局面。2013年，县自来水厂完成升级改造，设计地表水日供水能力4万吨。至此，全县告别饮用高氟地下水的历史。截至2013年底，全县有水库2座，机井8805眼，灌排泵站166处，有效灌溉面积3.78万公顷。

2004年，武城县被确定为“全省节水型社会建设试点县”。2008年，被授予“全省村村通自来水工作先进县”称号。

第一章 河道治理

第一节 卫运河治理

卫运河自老城镇吕洼村入境至四女寺水利枢纽，全长62.5千米。1986年，漳卫南运河管理局对牛角峪退水闸进行抗震加固。1986—1991年，治理卫运河完成项目有郑口公路桥引道修建工程，维修加固陈公堤口工程，23条滩地高渠清除工程，恩县洼滞洪区西郑庄闸导流堤修建工程，六五河蒋家佛堂、崔庄、李庄3座生产桥修建工程，武城县城搬迁后配套建设工程等。20世纪90年代后，卫运河河道治理工程归漳卫南运河管理局负责。

第二节 六五河治理

1986年后，县政府对六五河先后进行5次较大规模治理。1986年10月至12月底，全县动员7个乡镇1.2万名民工，对六五河清淤。北起李邦彦，南至县界，长8700米，完成土方62.8万立方米，工日30.5万个。1990年10—12月，对六五河下游清淤。南起李邦彦，北至牛角峪，长18千米，完成土方98.6万立方米，工日62.8万个。2010年，“引黄济津”武城段工程开工，主要包括河道治理和建筑物工程。河道治理工程主要扩建头屯干渠，长4500米。对六五河进行治理，长2500米。建筑物工程主要包括新建头屯干渠分水闸1座，改建头屯干渠入六五河涵闸1座，头屯干渠交通桥3座，头屯干渠公路桥1座。2011—2012年，实施“南水北调”七一河、六五河向县境输水工程，清淤河道13.2千米，建设桥、涵、闸、倒虹吸等配套建筑物34座。2012—2013年，六五河被列入国家规划重点中小河流治理项目，清淤疏浚河道及复修左岸大堤9206米，改建牛角峪涵闸，维修前玄帝庙、后玄帝庙、高明庄、祁村、白庄、东张庄等6座穿堤涵闸。

图9-1 六五河武城段治理（2010年 摄）

第三节 旧城河治理

1990年10—12月，县政府实施堤上旧城河全线清淤工程。以东沙河为界，沙河以东由平原县施工，沙河以西由大屯和祝官屯两乡实施，出工4300人，完成土方19.7万立方米，工日25.8万个。2010年5—8月，县政府实施堤下旧城河清淤治理工程，该工程被列入全国重点中小河流治理规划项目。清理卫运河吕洼引水闸至六五河段，全长29.5千米，治理流域面积217平方千米，完成土方185万立方米，维修改建辛王庄节制闸、石官屯节制闸、赵庄沟分水闸和青龙河分水闸等4座涵闸，总投资2800万元。

第四节　利民河治理

利民河有东、西、南、北、中5条分支。1986年11月，实施利民河北支清淤，长19.7千米，完成土方62.8万立方米，工日30.5万个。1991年7月，实施利民河东支清淤，长5800米，完成土方9.1万立方米，工日3.6万个，改善除涝面积5.6万公顷。2007年4月，县政府对利民河及利民河南支清淤，当年7月竣工，总投资1300万元，动用机械120台（套），总长36.7千米。其中，利民河22.44千米，利民河南支14.29千米。并重建蒋家佛堂桥、崔庄桥，修护傅家楼桥。2010年，对利民河北支清淤治理，长31.85千米。2011年，全县实施水网工程，对利民河东支清淤，长12.85千米，完成土方42.17万立方米。

第五节　其他河道治理

1987年11月，县政府实施西沙河及利民河西支清淤工程，出动民工6000人，完成土方43.4万立方米，全长15千米，工日15.2万个。祝官屯、甲马营、鲁权屯等乡镇灌溉条件得到改善，解决43.8平方千米排水问题。1993年11月，实施六六河清淤，长7000米，完成土方12.4万立方米，工日6.2万个。2002年4月和2003年5月，县政府分两期治理青龙河，长2300米，安装防护栏6206米，路缘石6455米，铺设鹅卵石1.95万平方米，总投资552.7万元。2008年11月，县政府实施小董王庄沟清淤治理工程，长7500米，完成土方19.4万立方米，投资433.44万元。2009年，县政府实施赵庄沟清淤治理工程，南起堤下旧城河，北至六六河，长6400米，清淤土方28.46万立方米。同年，县政府实施六六河清淤复堤工程，投资1559万元，长18.3千米，新建改建节制闸7座。2011年，实施六六河下游清淤治理工程，长9500米，完成土方49.26万立方米。同年，对辛庄沟清淤治理，长11千米，完成土方32万立方米。2013年，对六六河东段清淤治理，长5000米。同年，实施改碱沟人工湿地建设，长8200米，清淤土方40.7万立方米。

第二章　水工建筑物

第一节　四女寺水利枢纽

四女寺水利枢纽位于四女寺镇四女寺村东北，漳卫新河和南运河入口处。1957年11月至1958年5月兴建，建有进洪闸、节制闸、船闸和电站（后拆除），完成钢筋混凝土3.9万立方米，砌石3.7万立方米，国家投资946.7万元。1972年至1973年7月，新建北进洪闸、兄弟灌区引水涵洞，改建南进洪闸、节制闸、船闸，完成土方195万立方米，钢筋混凝土2.7万立方米，砌石3.9万立方米，总投资1045万元。由南进洪闸、北进洪闸、节制闸、船闸、兄弟灌区引水涵洞5部分水工建筑物组成。

南进洪闸　位于减河口，1958 年建成。钢筋混凝土结构，共 12 孔，每孔净宽 10 米，总长 135.6 米，闸室长 14.5 米。弧形钢板闸门，高 5.5 米，机架桥装有人工、电动两用卷扬式启闭机，附公路桥 1 座，宽 7 米。闸上水位 25.27 米，闸下水位 25.09 米，设计流量 1500 立方米 / 秒，校核流量 2200 立方米 / 秒。

北进洪闸　位于岔河口，1972 年建成。右侧与南进洪闸相连，左侧与节制闸相接，共 12 孔，每孔净宽 10 米，总长 137.4 米。中间 8 孔为反拱底板，两侧 2 孔一联，为整体式，闸孔 10 米 ×9.7 米。机架桥装有人工、电动两用卷扬式启闭机，附汽 -10 级公路桥 1 座。闸上水位 25.27 米，闸下水位 25.14 米。设计流量 2000 立方米 / 秒，校核流量 2800 立方米 / 秒。

节制闸　位于北进洪闸以北、南运河入口处，1958 年建成。共 3 孔，每孔净宽 8 米，总长 27 米。平板钢板闸门，高 5.6 米，机架桥装有人工、电动两用卷扬式启闭机 3 台，附汽 -6 级交通桥 1 座。闸上水位 25.27 米，闸下水位 21.82 米，流量 300 立方米 / 秒。其作用是调控南运河洪水流量。

船闸　位于节制闸西北角，1958 年建成。可通过 400 ～ 1000 吨船队，长 252.5 米。闸室断面为“U”型，长 210 米，净宽 15 米。

第二节　涵闸　渡槽

运河涵闸

吕洼引水闸　位于吕洼村北，卫运河右岸，旧城河西首。1970 年 10 月开工，1971 年 6 月竣工。包括引水闸和防淤闸 2 座建筑物，其作用是引卫运河水入旧城河灌溉农田。引水闸为拱涵 3 孔，每孔净宽 3 米，总底宽 15 米，洞长 55.6 米，闸底高程 21.27 米。闸前水位 24.77 米，引水流量 40 立方米 / 秒。采用 3.4 米 ×4 米钢筋混凝土闸门，机架桥面宽 2.5 米，长 12.6 米，桥面高程 33.69 米，安装 10 吨手摇齿杆式启闭机 3 台，背水面设交通桥与大堤连接。防淤闸位于引水闸上游 270 米引河口处。1978 年 5 月

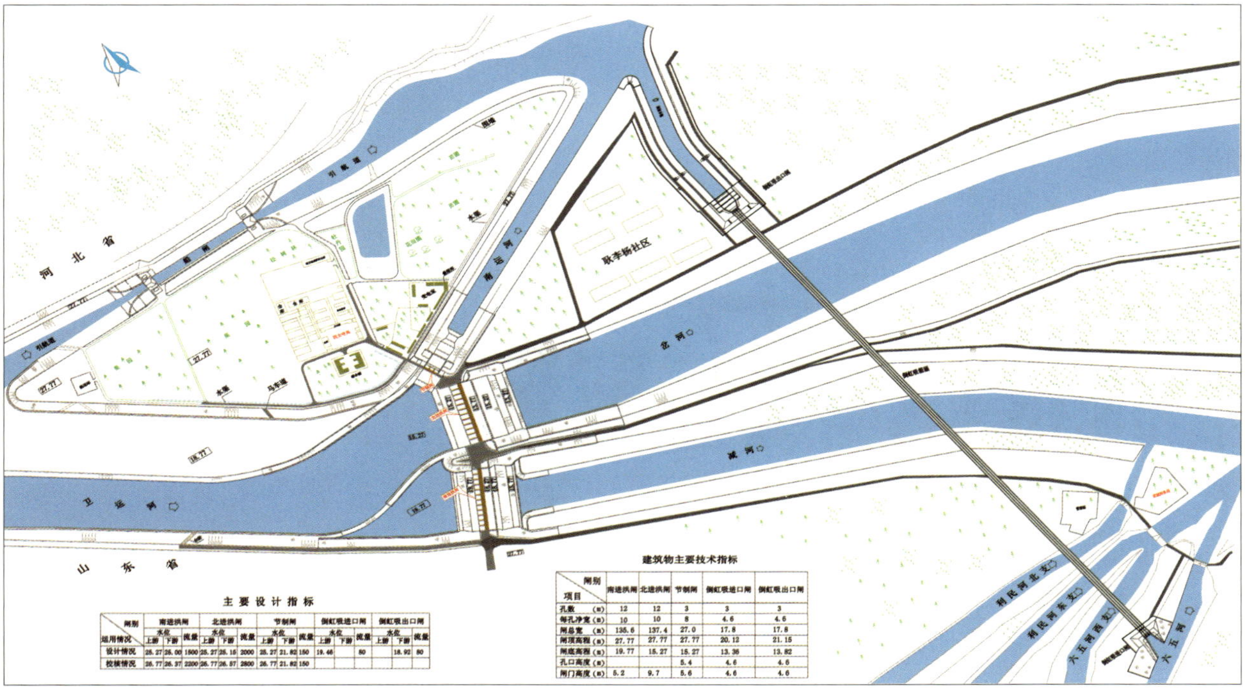

图 9-2 四女寺枢纽工程平面布置图

开工，是年12月竣工。共3孔，每孔净宽3.6米，总长14米，闸室长5.98米，底板高程21.77米，挡水位26.23米，引水位24.97米，流量40立方米/秒。闸下游设大车桥，桥面宽3.5米，闸门为3.8米×3.4米钢丝网水泥薄壳闸门，安装10吨手摇齿杆式启闭机3台。机架桥面高程29.92米，长13.4米，宽2.1米。

西郑庄进洪闸　位于卫运河右岸西郑官村西，1968年建成。共11孔，孔径6米×6米，总长80米，底板高程21.77米，分洪流量1200立方米/秒。闸门启闭，于两岸各设卷扬机1台，分次分级进行操作。1982年10月至1983年9月，投资80万元，对闸门启闭设备进行改建，增建机架桥，完成机架桥面板混凝土400立方米，浆砌石护坡1200立方米，改装吊点11孔，安装钢结构20吨及启闭机11台。

祝官屯水利枢纽　位于祝官屯西卫运河主槽上，1974年4月开工，1977年春竣工，投资757万元。由节制闸和船闸两部分组成。节制闸共9孔，每孔净宽10米，总宽105.6米，总长111.6米，闸门为平板翻转平卧钢闸门，高6.67米，底板高程为20.1米，设计排涝流量1150立方米/秒，行洪流量4000立方米/秒，校核流量5500立方米/秒，闸上排涝水位27.74米。船闸在节制闸右侧，两闸中心线相距130米。设计标准为100吨级。由上下游引航道与上闸首、闸室、下闸首组成。上闸首底板高程21.07米，宽12米，长12米，安装平板翻转平卧钢闸门，QPQ2×25吨卷扬启闭机1台。闸室宽12米，长140米，底板高程19.27米。下闸首宽12米，长16米，安装人字形钢闸门及齿杆式启闭机。

南屯引水闸　1992年5月竣工，投资175万元，完成土方12万立方米，浇筑混凝土1100立方米，砌块1600立方米。引水能力为30立方米/秒，可扩大灌溉面积1.23万公顷，改善灌溉面积1.1万公顷。

卫运河、四女寺减河涵洞　卫运河、四女寺减河涵洞为穿堤涵洞，其作用为灌溉和排水。至2013年底，卫运河、减河有穿堤涵洞52座，按其结构形式分为浆砌砖石拱涵和钢筋混凝土管涵。其中，拱涵12座，管涵40座。

四女寺倒吸虹工程　位于武城县四女寺镇与德城区境内，起于六五河牛角峪闸上游，穿越六五河西支、利民河东支、利民河北支、减河和岔河，止于南运河四女寺闸下游。2010年5月开工，10月竣工，投资1.18亿元。是引黄济津潘庄线路的重要组成部分。全称为引黄济津潘庄线路应急输水漳卫新河倒虹吸工程，箱涵全长1850米，由倒虹吸工程、新挖明渠工程和河道防护组成。

图9-3 西郑庄进洪闸（2010年 摄）

内河涵闸

1986年，全县内河涵闸主要有牛角峪退水闸、李邦彦节制闸、石官屯闸、沙东闸等59处涵闸。1987年，修建郑郝路节制闸、曹店节制闸、杨楼节制闸3处。

1988年，修建利民河南支马庄东节制闸。1991年，修建利民河北支国庄节制闸，修建六六河头屯南干沟进水闸。1992年，修建利民河北支礼义庄沟进水闸。1996年8月，修建堤下旧城河赵庄进水闸和六六河棘围沟进水闸。1999年10月，修建利民河北支进水闸和六六河董前坡沟进水闸、沙东挡水闸。2005年，修建减河罗小屯涵闸。2007年，修建利民河南支王虎庄节制闸。截至2013年底，全县内河涵闸74处，涵管、涵洞75座，基本满足抗旱排涝的需要。

牛角峪退水闸　位于四女寺镇四女寺村东1千米处，六五河和利民河尾闾。包括低水涵洞、防洪闸和退洪闸3座水工建筑物。2012年，对牛角峪退水闸进行除险加固，低水涵洞改为一孔闸，防洪闸改为二孔闸，退洪闸改为五孔闸，共8孔，设计总流量378立方米/秒。一孔闸位于二孔闸以西，共1孔，钢闸门结构，闸门宽7米，高4.5米，闸室总宽10米，长13米，设计流量37立方米/秒，设计闸上水位21.91米，闸下水位17.2米，闸底板高程18.7米，交通桥桥面高程27.6米。二孔闸位于五孔闸以东六五河口，共2孔，钢闸门结构，闸门宽8米，高4.5米，闸室总宽22.5米，长15米，设计流量84立方米/秒，设计闸上水位21.91米，闸下水位17.2米，闸底板高程18.7米，交通桥桥面高程27.6米。五孔闸位于二孔闸与一孔闸之间，共5孔，钢闸门结构，闸门宽5.8米，高6米，闸室总宽37.5米，长15米，设计流量257立方米/秒，设计闸上水位21.91米，闸下水位17.2米，闸底板高程18.7米，交通桥桥面高程27.6米。

李邦彦节制闸　位于武城镇李邦彦村西北角六五河上，1973年5月建成，共7孔，每孔净宽4米，总长34.3米，闸底高程18.93米，防洪流量197立方米/秒。机架桥安装10吨齿杆式手摇启闭机7台，闸下游端建有生产桥。其作用一是调节六五河上游洪水流量，二是拦截卫运河通过旧城河汇入马颊河之水，三是蓄水灌溉。2011年11月至2012年12月进行重建，为开敞式水闸，闸底板高程18.68米，输水流量13.7立方米/秒，输水水位20.36米。排涝流量129立方米/秒，排涝水位22.6米。防洪流量197立方米/秒，防洪水位24米。常挡水高度4.02米。闸门型式为露顶式平面定轮钢闸门，共4孔，每孔6米×4.35米。卷扬式启闭机4台，每台电机功率8.5千瓦，配有备用发电机1台，功率40千瓦。

石官屯闸　位于李家户镇石官屯村西南角旧城河上，共3孔，每孔净宽3.5米，总长27.82米，闸底高程20.44米，流量40立方米/秒。机架桥安装10吨齿杆式手摇启闭机3台，上游设有生产桥。1977年建成，其作用是调节控制旧城河水量。

沙东闸　位于广运街道沙东村东六六河上，1977年10月建成。共2孔，每孔净宽3.6米，总长28.7米，闸底高程19.27米，流量57.7立方米/秒，机架桥安装10吨齿杆式手摇启闭机2台。1999年10月，修建沙东拦水闸，共2孔，闸孔净宽3.5米，启闭机2台，设计流量36.6立方米/秒。

王虎庄节制闸　位于甲马营镇王虎庄村，设计过闸流量3立方米/秒，闸孔净宽1.4米，有启闭机1台，2007年8月投入使用。

陈公堤涵洞　陈公堤高地沥水倾泻堤下，形成大溜沟，冲刷堤岸，水土流失，淤积河道，影响交通。堤下六五河是排灌两用骨干河道，沿河建有扬水站21处，排灌均需穿堤涵洞。1965—1970年，修建涵洞11座，涵管34座。其中灌溉涵洞规模较小，均由受益单位自筹资金修建。

其他内河涵洞　全县有小型河道15条，沿岸有排涝或灌溉涵洞30座，多是砖拱涵洞，建筑技术要求低，工程数量少，采取民办公助方式修建。

渡槽

1986 年，县内有蔡村扬水站渡槽、四女寺渡槽、礼义庄渡槽、辛桥吴庄渡槽、王庄渡槽、高坟台渡槽、沙西渡槽 7 座，全部为 20 世纪 70 年代修建。截至 2013 年底，全县渡槽全部报废，停止使用。

第三节　水库　坑塘

水库

大屯水库　位于武城县恩县洼东侧，利民河东支西侧，"南水北调"东线一期鲁北段工程终点站。2010 年 11 月开工，2013 年 5 月竣工蓄水，投资 11.14 亿元。距德州市德城区 25 千米，距武城县城区 13 千米，为全国最大全库盘防渗铺膜平原水库。水库围坝大致呈四边形，水库围坝坝轴线总长 8913.99 米，占地 648.86 万平方米。最高蓄水位 29.8 米，相应最大库容 5209 万立方米，死水位 21 米，死库容 745 万立方米，水库调节库容 4464 万立方米。向德城区年供水 10919 万立方米，向武城县城区年供水 1266 万立方米。主要工程包括围坝、入库泵站、德州供水洞和武城供水洞、六五河节制闸、引水闸、六五河改道工程等。

建德水库　位于县城西北部，鲁权屯镇和广运街道交界处，六六河北岸，棘围村东南部，距县城 2.3 千米。2011 年 5 月开工，2013 年 12 月正式蓄水，投资 9000 万元。水库为围坝式平原水库，占地 180.77 万平方米，坝轴线长 4405 米，水库库容 960 万立方米，设计蓄水位 27.8 米。库区地面高程 23.3 米，库底高程 19.8 米，坝顶高程 28.8 米，挖深 3.5 米，筑坝高 5.35 米。水库主体工程包括围坝工程、入库泵站、供水泵站、输变电工程及管理设施建设工程等。

坑塘

县内坑塘多数分布在村内、村旁、窑厂附近，因取土形成。主要用于排涝蓄水、灌溉和水产养殖。1992 年 8 月，县政府成立坑塘建设指挥部，开展坑塘建设。至同年 9 月底，新挖坑塘 341 个，完成土方 930 万立方米，增加蓄水量 1040 万立方米，扩大灌溉面积 5466.67 公顷。截至 2013 年底，全县有坑塘 652 个，可蓄水 1392 万立方米，灌溉面积 7333.33 公顷。

图 9-4　大屯水库施工现场（2012 年　摄）

刘官屯三兴湖　位于李家户镇刘官屯村西，长 335 米，宽 190 米，深 4.7 米，边坡 1∶2，占地 6.9 万平方米，蓄水量 25.46 万立方米，灌溉面积 212.13 公顷。

七机营坑塘　位于甲马营镇七机营村东，长 456 米，宽 297 米，深 5.2 米，边坡 1∶2，占地 13.54 万平方米，蓄水量 60.94 万立方米，灌溉面积 508 公顷。

石庄窑厂坑塘　位于鲁权屯镇石庄村西北，有 2 个水池组成。一号池长 210 米，宽 120 米，深

4.7米，占地2.53万平方米。二号池长250米，宽100米，深5米，占地2.5万平方米。总蓄水量19.32万立方米，灌溉面积161公顷。

闫庄坑塘 位于鲁权屯镇闫庄村西，有2个水池组成。一号池长370米，宽120米，深3.7米，占地4.44万平方米。二号池长263米，宽120米，深3.7米，占地3.16万平方米。总蓄水量22.79万立方米，灌溉面积189.9公顷。

孔官屯水库 位于鲁权屯镇孔官屯村南、德武路两侧，有5个坑塘组成。一号池长200米，宽120米，深4米，占地3.33万平方米。二号池长250米，宽230米，深4米，占地6.33万平方米。三号池长280米，宽1020米，深4米，占地3.4万平方米。四号池长140米，宽110米，深4米，占地3.66万平方米。五号池长140米，宽120米，深4米，占地3.26万平方米。水库总占地20万平方米，蓄水46.86万立方米，灌溉面积390.67公顷。

果里坑塘 位于广运街道果里村东，长260米，宽119米，深7.2米，边坡1：2，占地3.12万平方米，蓄水量17.64万立方米，灌溉面积147公顷。

董王庄中心湖 位于野庄窑厂，有2个水池组成。一号池长390米，宽90米，深4米，占地3.53万平方米。二号池长250米，宽50米，深4米，占地0.87万平方米。总蓄水量19.32万立方米，灌溉面积161公顷。

第四节 南水北调工程

武城县地处南水北调东线工程必经之路，东线一期工程鲁北输水工程在境内输水线路长13千米，于武城镇肖邢王庄村西南六五河入境，至郝王庄镇草屯村西，经泵站提水入大屯水库，保障南水北调东线鲁北输水工程完成供水目标。

2008年12月，南水北调东线一期工程武城县截污导流工程开工，2009年12月完成。新建郑郝东支、东大屯2座拦河闸，改碱沟、棘围沟、利民河北支、小东王庄沟、青龙河、姜庄沟6座节制闸和韩坟台、吴小屯、小李庄3座交通桥。2010年11月，大屯水库工程开工。2011年4月，南水北调东线一期鲁北段工程七一河、六五河段工程开工。同年6月，南水北调东线一期鲁北段工程武城灌区影响处理工程开工。扩建治理沙河沟、利民河西支、调水沟等沟渠，总长20.97千米。其中，沙河沟长8560米，利民河西支长10.98千米，调水沟长1430米。配套新建、重建桥涵闸41座，维修加固桥涵闸15座。2013年9月，南水北调东线一期工程德州市续建配套工程武城供水单元工程开工，先期建设武城供水泵站及输水管道12.6千米。

第三章 农田水利

第一节 井泉建设

1986年，全县多以地下水为农业灌溉用水，有机电井4110眼。此后，机井建设发展较为迅速。至1995年，有机电井5620眼。自1998年起，全县开展农业开发项目，先后在李家户乡、郝王庄乡、四女寺镇钻打机井，解决当地生产生活用水。2000年，实施国家节水灌溉项目，在见马庄、两生官庄等地先后打机井73眼。

2002 年，干旱少雨，申请抗旱应急节水项目，在董王庄村打机井 7 眼。2004 年，实施农村饮水安全项目，在武城镇和李家户乡打深机井 3 眼。2005 年，推广科技兴农灌溉新技术，在鲁权屯镇大史庄科技示范园打机井 15 眼。2006 年，武城镇董王庄修建较大型节水灌溉项目，打机井 40 眼。同时，在小董王庄规划建设小型农田节水项目 1 处，打机井 21 眼。2005—2006 年，全县实施“村村通”自来水和饮水安全工程，打机井 59 眼。2008 年，在老城镇小十八户、赵庄、仓上、三合街和李家户乡李官屯先后打深机井 10 眼，每眼造价 15.5 万元，并进行管网改造。2009 年春，全县遭遇 50 年间特大旱情，上级拨付抗旱资金 108 万元，新打沙管井 1100 眼。截至 2013 年底，全县配套机电井 8805 眼。

第二节　引水灌溉

引黄（河）灌溉

潘庄引黄灌区于 1971 年 10 月开工建设。其中十三干在津期店闸上入马颊河，马减竖河则由闸上入四女寺减河，马减竖河与堤上旧城河交叉处即为引黄处。水流沿堤上旧城河逆坡而上进入县境内。1980 年，引用黄河水 500 万立方米。由于十三干淤积严重，马减竖河引水量小且无保障，1982 年 10 月，在马颊河西岸修建王庄扬水站，装机 6 组 1080 千瓦，最大提水能力 12 立方米 / 秒，1983 年 9 月完成。年均提取黄河水 5026 万立方米，经过堤上旧城河输送至六五河李邦彦节制闸前，再向堤下旧城河、六六河、利民河分流，保障武城县东部灌溉用水。灌溉总面积 2.67 万公顷，其中武城县 1.8 万公顷、平原县 0.87 万公顷。1986 年后，上级每年分配黄河水 6000 万立方米。20 世纪 90 年代，由于黄河断流，为引黄灌溉带来不确定性。90 年代后期，国家实施科学调水计划，武城县引水得到保障。截至 2013 年底，全县年均引黄河水量 4600 万立方米左右。

引运（河）灌溉

武城县引卫运河灌溉主要口门为吕洼引水闸。1958 年初建，1970 年重建，使用至今。1961 年，对输水河道吕洼干渠进行调整，从杨庄前改道向东北，经戚庄过夏武路，至姜辛庄入西沙河，利用二支渠为主河道，从杨官屯延伸至辛王庄入六五河，从吕洼至六五河全长 29.5 千米，为旧城河。旧城河是引卫运河水的唯一河道。1986 年，引运河水量 5700 万立方米。截至 2013 年底，年均引运河水量 5200 万立方米。

第三节　节水灌溉

1983 年，全县开始实施节水灌溉，在老城镇沙庄村修建 U 型渠，长 800 米。随后几年，蔡村乡、武城镇果里村等进行渠道衬砌，衬砌 13.4 千米，灌溉面积 1066.67 公顷。1990 年后，

图 9-5　小型农田分水闸（2011 年 摄）

扬水站陈旧老化，渠道衬砌节水灌溉发展停滞，以井水为水源的低压管道灌溉逐步发展。进入21世纪，节水项目发展较快。节水主要采取渠道防渗、滴灌、低压管道灌溉等形式。2005年，在鲁权屯镇大史庄村建成全县第一个生态农业生产示范园，采取滴管、喷灌节水新技术。至2009年底，发展节水灌溉面积6726.67公顷。其中，渠道防渗213.33公顷，滴灌64公顷，低压管道灌溉6446.67公顷。2010年，武城县被列入全国第二批小型农田水利重点县，投资1.12亿元，分三年实施小型农田水利建设，先后建设小型泵站30处，完成节水灌溉面积8133.34公顷，其中末级渠系衬砌配套改造2666.67公顷，管道灌溉高效节水面积5466.67公顷。2011年，实施新增千亿斤粮食产能项目，投资2300万元，建成管道节水灌溉面积1533.33公顷。2012年，实施灌区高效节水和水源基础设施建设，投资3354.3万元，建成管道节水灌溉面积1600公顷。2013年，武城县被列入全国第五批小型农田水利重点县，实施新增千亿斤粮食产能项目，投资1627.5万元，建成管道节水灌溉面积1100公顷。截至2013年底，全县建成管道节水灌溉面积1.34万公顷，累计发展节水灌溉面积2万公顷，占有效灌溉面积的51.7%。

图9-6 卧虎庄扬水站（2013年 摄）

第四节　扬水站

1986年，全县有扬水站95处，装机容量达1.62万马力。1993年底，有固定扬水站166处，装机容量2.17万马力，其中县属扬水站8座。20世纪90年代末，由于水源不足、渠系工程变更等，大部分扬水站停用或废弃。县属扬水站除王庄扬水站、辛王庄扬水站、四女寺排涝站及少数乡镇扬水站外，其他已不能正常使用。2011年，实施扬水站扩建改造工程，先后对沙东、辛王庄、石官屯等3座扬水站进行维修重建，对李家户、八屯、孙儿庄、前玉皇庙、西肖河、李古寺等6座扬水站进行更新改造，总投资2500万元。2013年，新建卧虎庄扬水站，解决利民河北支长期断流问题。截至2013年底，全县有扬水站167处。

罗庄扬水站　位于郝王庄镇罗庄村南堤上，旧城河左岸，1976年建成。安装6160型柴油机2台198.4千瓦，20ZLB-70型电动机2台110千瓦，Y160L-8型电动机1台75千瓦。轴流泵2台，丰产型卧式水泵3台，总提水能力3.12立方米/秒，灌溉面积1706.67公顷，实际灌溉733.33公顷。1988年7月，投资27万元，扩建罗庄扬水站，安装55千瓦轴流泵2台，提水能力达到2.6立方米/秒。1995年11月再次扩建，投资20万元，提水能力3.8立方米/秒，可扩大灌溉面积666.67公顷。2011年，在原站西侧重建，安装500QZ-70型水泵2台，配备55千瓦电机，提水能力1.2立方米/秒，灌溉农田面积1673.33公顷。

沙东扬水站　位于沙东村六六河北岸，1980年修建，投资24.88万元。安装JO2-40千瓦电动机4台，JO2-80千瓦电动机1台，共325马力，水泵7台，扬程4.3米，提水能力2.4立方米/秒，灌溉1666.67公顷。因水源无保障，渠系不配套，其效益未能正常发挥。2011年，进行改址重建，移至赵庄沟与六六河交叉口六六河南岸。安装900ZLB-100型水泵4台，配套电机功率185千瓦，提水能力10立方米/秒。代替辛王庄扬水站，向堤下旧城河送水。

王庄扬水站　位于马颊河左岸，堤上旧城河入口处，是武城县引黄唯一口门。1982年9月开工，1983年10月竣工。投资230万元，装机6组1080千瓦，提水能力12立方米/秒，可灌溉全县耕地1.8万公顷。1990年6月，扩建王庄扬水站，12月25日竣工。投资283万元，新增机组5个900千瓦，提水能力10立方米/秒，扩大灌溉面积1.33万公顷。主要解决武城县引黄灌溉问题。

石官屯扬水站　位于李家户镇石官屯村西南旧城河右岸。1983年建成，投资25万元。安装JSL-10型80千瓦电动机3台，28ZLB-70型轴流泵3台，扬程3米，提水能力3.35立方米/秒。有机房3间，管理房12间。由于渠系不配套，水源不足，开车时间较少。2011年，对原站更换700ZLB-125C水泵3台配备130千瓦电机3台，提水能力4立方米/秒。在原站东侧扩建扬水站1座，安装900ZLB-125C水泵3台，配备180千瓦电机，提水能力7.5立方米/秒。

李家户扬水站　位于李家户镇李家户村东北堤下旧城河右岸，始建于1985年，安装电动机4台265千瓦，提水能力1.47立方米/秒，灌溉面积1000公顷。

辛王庄扬水站　位于李家户镇辛王庄村南，旧城河右岸。1992年11月底建成，投资183万元。安装机组5台900千瓦，提水能力10立方米/秒。其作用是当旧城河下游水位低时，开动扬水站向上游翻水，灌溉上游农田。2011年，进行改建维修，安装700ZLB-125C水泵5台，配备130千瓦电机5台，提水能力10立方米/秒。

四女寺排涝站　位于四女寺镇牛角峪排水枢纽低水涵洞与防洪闸之间，1985年6月建成。投资165万元，装机4组1600千瓦，提水流量10立方米/秒。其作用一是当恩县洼滞洪区沥水受减河行洪顶托时，承担恩县洼东洼84平方千米的排水任务。二是当旱情严重时，抽六五河水入利民河北支，浇灌四女寺镇大部、鲁权屯镇部分农田。

占官屯扬水站　位于甲马营镇占官屯村，1988年10月建成，投资14万元，新装150千伏变压器1台，并配备排灌机器，灌溉面积66.67公顷。

刘官屯扬水站　位于李家户镇刘官屯村，1990年5月进行扩建，投资27.01万元，新装40千瓦电动机3台，100千伏变压器1台。扩建后，提水能力由0.9立方米/秒提升至2立方米/秒，灌溉面积由666.67公顷增加到1666.67公顷。

仁里庄扬水站　位于李家户镇仁里庄村，1990年9月开工建设，同年10月下旬竣工，投资6万元。提水能力0.9立方米/秒，灌溉面积466.67公顷。

魏官屯扬水站　位于老城镇魏官屯村，1990年9月建成，投资4万元，灌溉面积80公顷。

马言庄扬水站　位于武城镇马言庄村，1990年10月竣工，投资35万元，可扩大灌溉面积1000公顷。

第五节 抗旱防汛

抗旱

自1983年马颊河王庄扬水站建成后，县内沿河中小型扬水站灌溉沟渠逐年增多。1991年11月至1992年4月，春旱严重，降雨仅14.4毫米，全年降雨361.4毫米。卫运河断流，黄河水引不进来。全县受旱面积4.31万公顷，重旱2.33万公顷，102个村吃水困难。县直部门抽调50名干部，组建工作组15个，分赴各乡镇帮助抗旱。同年6月，县抗旱防汛指挥部在马庄乡召开抗旱工作现场会，推广马庄乡抗旱打快井的工作经验。会后掀起打井抗旱高潮，全县投入抗旱劳力10余万人，动用机械6780台，利用机井4000余眼，新打机井813眼，手压井2173眼，修复旧机井698眼，棉田造墒2.33万公顷，灌溉小麦1.33万公顷。是年，夏粮总产10.53万吨，秋粮总产2.99万吨，大旱之年夺得大丰收。

1995年11月至1996年3月，遭遇罕见干旱，连续5个月无有效降雨，高亢区域地下水位降至地表以下40～60米，农田真空机井抽水困难，全县小麦受灾面积1.77万公顷。农民群众抗旱自救，挖坑降位，将井口下卧(沉)4～6米，坑内安装水泵。水利、农业、农机、电力、金融等部门指导农民抢打新型潜水泵（机电）机井，推广应用小畦灌溉和“小白龙”节水灌溉。是年，全县机电机井达到6365眼，排灌动力机械1.77万台（套），分别比上年增加745眼和220台（套）。

进入21世纪，农田动力排灌电网基本实现全覆盖，机电动力抽水机械使用率近100%，金融部门及时发放贷款支持打井抗旱。截至2013年底，全县机电井8805眼，排灌动力机械1.29万台（套），机电灌溉面积3.4万公顷。

防汛

武城县防汛工作任务主要在卫运河，历史上多次决口成灾。经几次较大治理，河道行洪能力提高。但新堤段险工、险段有13处，防汛任务艰巨。

防汛组织与队伍 武城县防汛工作按照“安全第一、常备不懈、以防为主、全力抢险”方针，实行各级政府行政首长负责制。防汛指挥人员包河道、包险工、包涵闸等。每年汛期(6—9月）之前，县防汛指挥部调整充实县防汛指挥部领导班子，县、乡（镇）防汛办公室运行办公，24小时值班。汛期成立防汛常备队（距离卫运河5千米村庄组成常备队)、抢险队（沿河2.5千米村庄挑选18～45岁男性劳动力组成抢险队)、后备队（内地村庄组成后备队)。

防汛预案 为做到有计划、有准备地防御洪涝灾害，最大限度避免或减少人员伤亡和财产损失，每年对县内河道、滞洪区和漳卫河制定防洪预案，由县水务局据实详定预案内容，经县防汛抗旱指挥部审批，然后执行。

物料备置 2004年，修建防汛物资储备库，储备防汛物资。每年检查、补充库存常备物资，增加有效库存量。在沿河村庄筹措后备物料，并登记造册，评价上报，用后赔偿。宁可备而不用，不可用而无备。

工程检查 汛前，按照防汛责任分工，县、乡政府对度汛工程进行一次大检查，对险工险段进行除险加固，落实抢险措施。在建工程抓紧施工，对内河督促完成河道清障，对涵、闸进行维修调试，保证启闭灵活。

避险安置 武城县滞洪区主要是恩县洼，当卫运河超标准行洪时，适时滞洪。每年汛期对移民撤离安置计划进行检查落实，如有变化，及时调整，避免滞洪撤离时乱而无序。地面高程在24.3米以上，最大淹没水深不足0.5米的村庄不撤离，抢修围堰加强保护。滞洪区以撤人为主，兼顾企业贵重原料、产品等外运存放，撤离人员按照撤退路线安置到指定村庄。

第四章 恩县洼滞洪区

恩县洼位于县境北部，是黄河故道左岸河滩高地与卫运河相交形成的封闭碟形洼地。古称“高鸡泊”，又称“恩北大洼”“四女寺大洼”。1954 年，国家正式将恩县洼定为滞洪区，是卫运河防洪工程重要组成部分。恩县洼滞洪区南北长 22 千米，东西宽 20 千米，平均高程 22 米，自然坡度 1/2500 ～ 1/4500，总面积 325 平方千米，最大滞洪水量 7 亿立方米。滞洪区内人口 14 万人，耕地 2.33 万公顷，粮食作物以小麦、玉米为主，经济作物主要有棉花、蔬菜、瓜果。滞洪区东界为陈公堤，县境内长 23 千米。南界以县城围堤、六六河左堤延伸至陈公堤为界。西界原为卫运河右岸大堤，历经演变，现为自然地形。北界由卫运河南岸大堤（郑口至四女寺段）和四女寺减河南岸大堤组成。曾于 1954 年、1955 年、1963 年 3 次滞洪。

第一节 工程建设

恩县洼滞洪区按照“以撤离为主、就地避险为辅”原则，自 1987 年后，逐年投资开展安

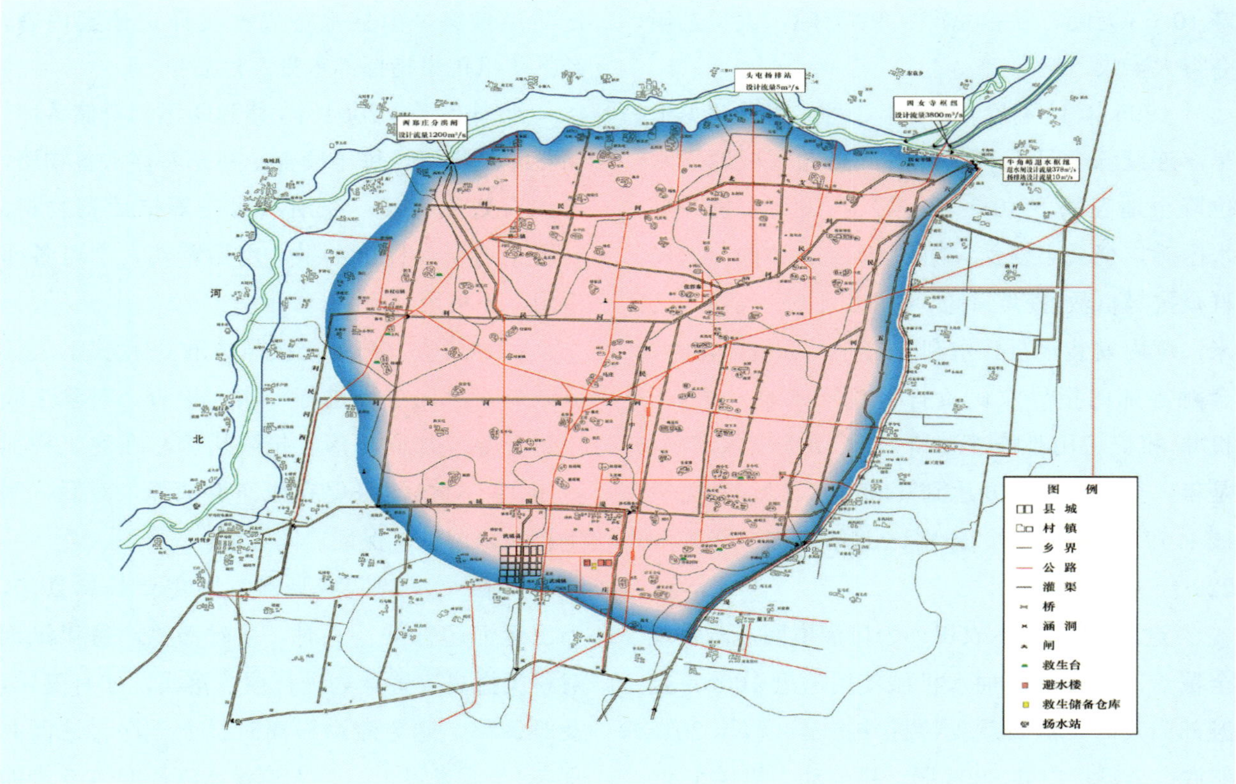

图 9-7 恩县洼滞洪区工程建设示意图

全设施建设。先后建成骨干撤退路17条，围堤18.4千米，导流堤3.06千米，配套桥涵155座，避水台9处，避水楼3座，物资储备仓库2座，通讯楼1座，通讯塔1座，购置救生船102艘，救生衣2000件，总投资1.55亿元。2006—2013年，国家启动恩县洼滞洪区安全建设应急工程，主要有导流堤加固工程、六六河复堤工程和利民河隔堤工程。

1987—2005年武城县恩县洼滞洪区安全建设资金投入统计表

表9-1 单位：万元

年份	投资	国家	省	市县
1987	277.35	20	0	257.35
1988	392	80	0	312
1989	309.89	83	0	226.89
1990	60	30	0	30
1991	1095.82	147	7	941.82
1992	429.67	100	30	299.67
1993	534.01	70	30	434.01
1994	619	220	30	369
1995	756.2	220	30	506.2
1996—1997	160.4	0	60	100.4
1998	1400	400	50	950
1999	2502	1502	50	950
2000	600	300	0	300
2001	—	—	—	—
2002	300	0	100	200
2003	800	500	100	200
2004	2000	1300	0	700
2005	1582	1050	0	532
合计	13818.34	6022	487	7309.34

水闸设施 恩县洼滞洪区主要有西郑庄进洪闸和牛角峪退洪闸。（详见第二章水工建筑物涵闸、渡槽一节）

河道工程 恩县洼滞洪区内有排水河道8条，总长123.5千米。其中，六五河长23.7千米，利民河长22.7千米，利民河东支长13.3千米，利民河西支长4千米，利民河南支长11千米，利民河北支长23.6千米，六六河长18.7千米，头屯干沟长6.5千米。

堤防工程 恩县洼防洪堤有陈公堤、县城围堤、导流堤3条。陈公堤原为黄河故道左堤，经历代修筑而成，南自武城镇肖邢王庄，北至四女寺镇四女寺牛角峪，境内长24千米，为恩县洼滞洪区东部屏障，堤顶高程26.77米，顶宽8米，外坡1∶3，内坡1∶5。县城围堤是县城防洪屏障，全长18.4千米，堤顶高程26米，保护面积24平方千米。导流堤为西郑庄分洪闸配套工程，北起分洪闸，南至宋王庄东，两岸堤长11千米，顶宽3米，边坡1∶2.5，堤顶高程24.8～28米。

撤退路　撤退路用于蓄洪区群众撤退和财产转运。恩县洼滞洪区主要撤退道路有6条。傅家楼至县城，全长10千米。庙留庄至吕庄子，全长6.5千米。杜前坡至陈公堤，全长8.76千米。杨楼至北郑庄，全长3.1千米。县城围堤东延，全长7.15千米。陈公堤境内全长24千米，是恩县洼东部屏障，亦是主要撤退路之一。

武城县恩县洼滞洪区撤退路（堤）建设统计表

表9-2

年份	内容
1987	大屯至坡寺7千米，郑口至郝王庄18千米
1988	续建大屯至坡寺，郑口至郝王庄路基，修建陈公堤路基24千米，配套公路桥涵13座
1989	铺设郑口至郝王庄路面10千米，路涵4座
1990	铺设郑口至郝王庄路面8千米，建桥1座
1991	修建陈公堤路6千米和建筑物11座，建德武路滞洪区范围内10千米
1992	修建陈公堤路18千米，德武路2千米，河沟路4.5千米
1993	修建德武路4.5千米，导流堤复堤3.06千米
1994	修建河沟路4.5千米，滕庄路22千米，桥涵15座
1995	修建县城围堤18.4千米
1996—1997	修建李庄至礼义庄路5.38千米
1998	修建坡寺至四屯路7.35千米，围堤建筑物54座，南郑庄至卜官屯路4.75千米
1999	修建撤退路35千米，桥3座，涵管43座
2000	修建杨楼至北郑庄路3.1千米，支线路4千米，桥1座，涵管13座
2003	修建陈公堤撤退路、牛角峪至李邦彦段18千米，配套涵闸9座
2004	修建庙留庄至吕庄子路6.5千米，蒋家佛堂公路桥，礼义庄公路桥，配套涵管7座，南郑庄公路桥，利民河东支公路桥，陈公堤撤退路（李邦彦至平武公路段）6千米，配套涵管10座，王前坡至陈公堤8.76千米
2005	修建崔庄公路桥

安全房及避水楼、台　1989年，修建安全房（也叫平顶房）4097平方米。1995年，修建安全房4500平方米。1998年，修建安全房1300平方米。1999年，修建避水台9座。鲁权屯镇王贤屯、桑庄、韩家洼、王珩，武城镇东小屯、吴河沟和广运街道棘围各1座，建筑面积均为2500平方米。武城镇孙河沟2座，建筑面积5000平方米。2000年，实施滞洪区安全建设项目，修建避水楼3座，一号避水楼建在鲁权屯原镇政府驻地，主楼5层，局部6层，

图 9-8 韩家洼避水台（2010 年 摄）

处，有关乡镇、村组成相应的撤离、安置、防守领导小组。

预警机制

滞洪警报分警戒警报、待命警报、行动警报、结束警报四级。当漳河和卫河在馆陶汇合洪水可能超过警戒水位时，县滞洪指挥部请示上级防汛部门发布警戒警报，滞洪区各级组织进入滞洪状态，昼夜值班。当馆陶已发生超警戒水位（馆陶保证水位 42.82 米），预报南馆陶流量超过 3000 立方米 / 秒的可能时，根据省防汛指挥部调度指令，由县滞洪指挥部发布待命警报，各级各部门做好滞洪准备工作。当南馆陶保证水位达到 42.82 米，流量超过 3000 立方米 / 秒，并且预报上游洪水仍继续上涨时，由县滞洪指挥部发布行动警报，滞洪区立即组织人员撤离。当卫运河临清至四女寺段达到保证水位（西郑庄闸水位达 27.79 米，四女寺水利枢纽闸水位达 25.27 米），且河道堤防发生严重险情时，由国家防总发布分洪调度命令，漳卫南运河管理局负责开启西郑庄分洪闸向恩县洼滞洪区分洪。滞洪结束后，根据省防汛指挥部调度指令，由县滞洪指挥部发布解除警报，继续监视水情、工情，及时准确反馈汛情信息。

分区滞洪

根据滞洪区地形状况，将滞洪区分为三个不同滞洪区域，进行分区滞洪建设。将利民河以北作为一区，面积 32.65 平方千米，设计蓄水约 1 亿立方米。头屯南干沟及利民河东支以西区域为二区，面积 94.23 平方千米，设计蓄水约 2 亿立方米。其余部分为三区，面积 198.12 平方千米，设计蓄水约 4 亿立方米。

实施分区滞洪，根据滞洪量大小灵活滞洪，避免滞洪时小水大淹状况，减轻滞洪时防守压

建筑面积 2073 平方米。二号避水楼建在鲁权屯镇小魏庄附近，共两层，建筑面积 1087 平方米。三号避水楼建在滕庄，共两层，建筑面积 1086 平方米。

储备仓库 2000 年，修建救生安置仓库 2 座。每座长 71.88 米，宽 30.48 米，建筑面积 2190.9 平方米。工程设计采用仓库结构形式，即单层、双跨排架结构，总占地 4381.8 平方米。

第二节 滞洪预案

根据山东省海河流域水利管理局《恩县洼滞洪区安全建设应急工程实施预案》，按照“牺牲局部，保护全局”原则，保障防洪需要和居民生产生活目标，制定恩县洼滞洪区滞洪预案。

组织领导

武城县设有滞洪撤离安置指挥部，县委书记任政委、县长任指挥，滞洪时实行县、乡（镇）、村行政首长负责制，统一指挥，分级分部门负责，各有关部门实行滞洪岗位责任制。县滞洪指挥部下设办公室、秘书处、水情处、通信处、撤离安置处、抢险救援处、卫生防疫处、物资财务处、治安保卫处、交通运输处、工程防守

力。当启用恩县洼滞洪区条件具备时，腾空一区蓄水，等待分泄特大洪水。当来水量在1亿立方米之内，启用一区滞洪。当卫运河行洪流量满足洼区内洪水下泄时，通过一、二区内工程设施向三区内大小河道排放，留存洪水资源。多余洪水经牛角峪排入减河。当来水量超过3亿立方米时，除启动一、二区外，启动三区滞洪。

滞洪区撤离安置

当地面高程在24.3米以上，最大淹没水深不足0.5米村庄不撤离，由本村抢修围堰加强保护。滞洪区内工厂、企业、商店由其主管部门安置，以撤离人员为主，兼顾仓库贵重原料、产品、商品等外运存放。高于滞洪水位的村台、安全房、堤防、树木等皆可为紧急避难场所，可暂时避洪以等待救援船只，再行转移至安全地带。人员撤离按照规定路线撤离到指定村庄安置。原滕庄镇、四女寺镇的35个村庄经龙四路牛角峪、德武路白庄撤离至郝王庄镇北部31个村庄安置。武城镇、大屯乡的29个村庄经郑郝路草屯、河沟路李邦彦撤离至郝王庄镇9个村庄和武城镇堤上18个村庄安置。鲁权屯镇原马庄乡的26个村庄经傅家楼县城路蒋官屯、龙四路甲马营撤离至武城镇24个村庄安置。原滕庄镇16个村庄经田寺路甲马营、郑郝路鲁权屯撤离至甲马营镇12个村庄安置。鲁权屯镇10个村庄就近在本镇西部7个村庄安置。善后工作包括撤离人员返回、生活安排、生产恢复、卫生防疫、损失调查、水毁工程修复等。

第三节　抗洪抢险

1993年7月9日、10日，境内连降暴雨，降水量100多毫米，随着雨量增加和上游客水涌入，主要河道六五河、利民河水位上升，六五河、利民河达警戒水位，对滞洪区内10万群众和2.33万公顷良田构成威胁。7月11日1点20分，漳卫南运河管理局下达提闸放水指令，牛角峪泄洪闸开机排水。至11日9时洼区内积水基本排除，六五河、利民河水位降到警戒线以下，洼区人民生命财产安全得到保证。

1996年8月7日，漳卫运河洪水进入武城河段，洪峰通过四女寺水利枢纽，流量1640立方米／秒，闸上最高水位24.54米，超警戒水位2.54米。8月11日，卫运河武城谭庄段200米大堤前戗出现裂缝、湿陷。县委、县政府组织450名民工、150台拖拉机抢修围堰，调运13万条麻袋，奋战17小时，控制住险情。西郑庄进洪闸闸内水深十几米。由于水深压大，进洪闸底部突然蹿水进洪，水柱喷出十几米高，情况危急。全县干部群众组织抢险，十余台推土机、轧路机，数百名民工日夜奋战，经两昼夜抢筑，在闸外围起一道阻水堤堰，控制渗漏险情。8月15日，洪峰出境，历时9天。

第五章　水土保持

第一节　水土流失现状

1986年，全县水土流失面积1.47万公顷，占全县耕地总面积29%。全县水土流失区域主要分布在西沙河南端、东沙河南中端、二股河零星村庄，以及六五河、六六河、旧城河、沙河沟、利民河等内河堤岸弃地，陈公堤沿线水

图 9-9　沙河风沙片区治理前（1986 年　摄）

土流失基本得到控制。1993 年 11 月，县政府制定《武城县实施〈中华人民共和国水土保持法〉办法》。从此，水土保持工作进入依法治理轨道。20 世纪 90 年代，县境内水土流失现状为：东沙河是风沙和干旱；西沙河南端主要是风沙；县内沟河主要是堤岸弃土雨水冲刷流失；农田水土流失主要是因为雨水冲刷河沟所致；陈公堤主要是缺少穿堤排水涵洞，东水西下冲刷土地。截至 2013 年底，全县水土流失范围缩小至东沙河和西沙河的零星区域，分布在十几个村庄，面积减少至 9093.33 公顷，占耕地总面积的 18.4%。

第二节　水土流失治理

1986 年后，全县水土保持工作，根据不同类别，逐区、逐块、逐项进行治理。开展农田生产方治理，主要依靠乡村自行组织进行，每年汛期过后，秋收之前进行“清沟扶路”，恢复河沟路况。对沟河堤岸弃土流失治理，主要依靠水务部门和地方镇村，通过承包经营、退耕还林等方式进行整治。陈公堤治理主要依靠漳卫南运河管理部门，投资修建穿堤排水涵洞，完善相关设施。成方连片的沙河治理则主要由县水土保持部门组织实施。累计争取中央及省财政补助水土保持综合治理项目 10 个，依次治理两生官庄、魏官屯、甲马营、野庄、董王庄、侯王庄、见马庄、大邢王庄、吕庄、五里长屯等水土流失严重风沙片区。2002 年，全县风沙区面积 123.46 平方千米。截至 2013 年底，全县风沙区面积 91 平方千米。

两生官庄风沙片治理　包括 4 个村庄，即东岳觉寺、西岳觉寺、两生官庄和牛庄。南北长 5.74 千米，东西宽 1.5 千米，面积 8.61 平方千米，有大小沙丘 7 个，自然灾害主要是风沙和干旱。风季可使沙丘移动 5 米以上，飞沙常常埋没庄稼，使树木根系裸露，农作物产量低。当地群众流传这样一首歌谣，“大风刮，沙搬家，干活睁不开眼，做饭揭不开锅”，风沙区群众深受其害。

从 1988 年开始，对两生官庄风沙片实行全面规划综合治理，投资 42.7 万元。至 1990 年，植树造林 92.87 公顷，加上原有植树面积共计 215.2 公顷，耕地全部实现林网化，封育沙丘 4 个，林木覆盖率由 8.5% 提高到 25%。为解决风沙区水源问题，1989 年开挖两生官庄至肖邢王庄扬水站输水沟渠 1 条，长 10 余千米，当年引水 6 万立方米，增加灌溉面积 46.67 公顷。1989—1991 年，区内打机井 50 眼，增加灌溉面积 66.67 公顷。

魏官屯风沙片治理　位于杨庄乡东南部，包括大十八户、小十八户、勾庄、黄沟、魏官屯等 5 个村庄，南北长 5.89 千米，东西宽 2.06 千米，面积 12.15 平方千米，耕地 748.07 公顷。

图 9-10　沙河风沙片区治理后（1992 年　摄）

1990 年，县水土保持办公室制订治理规划，被省水土保持处列入平原风沙区重点治理项目。经过三年建设，建成沟、渠、路、林配套高标准农田林网格 88 个，每格 2 公顷，平整土地 140 公顷，植树造林 106.67 公顷，建果品基地 120 公顷。挖引水沟渠 10 千米，建扬水站 1 座，打机井 26 眼。植树 18.4 万株，其中果树 5.4 万株，林木覆盖率由 4% 提高至 22.6%，风蚀量由每年 3150 吨 / 平方千米降至 1570 吨 / 平方千米。1992 年，风沙区群众在新开发 243.33 公顷沙荒地上种植棉花、花生、红薯等农作物，其中棉花由每亩 10 余千克（仔棉）增到每亩 175 千克，人均增收 120 元。

建德水库项目区水土保持治理　位于广运街道和鲁权屯镇，辖 5 个村庄，土地面积 11.5 平方千米，水土流失面积 8.15 平方千米。2011 年，建设农田林网 659 公顷（折实林地面积 38 公顷，整地改土 450 公顷），打井（沙管浅井）30 眼，种植水土保持林 96.5 公顷，经济果林 59.5 公顷，六六河坡面保护 1.5 千米，修复排（灌）沟 21 千米，道路 21 千米；修建桥涵 2 座。项目于 2012 年底建成，森林覆盖率由 10% 提高至 23%。

第十编

工业

武城县历史上工业基础比较薄弱，直至改革开放初期，大部分工业企业是围绕农产品加工而建立。1986 年，全县有工业企业 133 家，其中县属国有 14 家，县属集体 26 家，乡村工业 93 家。工业总产值 1.9 亿元。其中，以农产品为原料的加工业产值 1.45 亿元，占 76.4%。工农业产值之比为 60.61∶39.39。1986 年，县委、县政府贯彻落实上级深化企业改革精神，出台一系列有关工业企业改革的政策。在管理体制上，简政放权，调整职能，适应新形势。在发展上，实施“工业带动”战略，落实“全党抓经济，重点抓工业，关键抓投入”的指导思想，树立“工业立县、工业强县”的发展理念，围绕玻璃钢、汽车零部件、地毯、农副产品深加工和白酒五大产业实施“四业一品”兴县战略，工业经济实现跨越发展。至 2005 年，全县汽车零部件、玻璃钢、地毯、农副产品深加工和白酒五大产业集群全部进入省重点产业集群行列，汽车零部件产业集群被评为“山东省十大特色工业产业集群”。截至 2013 年底，全县完成工业总产值 678.47 亿元，实现工业增加值 120.85 亿元，与 1986 年相比，分别增长 355.83 倍和 365.2 倍。工、农业总产值之比为 94.5∶5.5。

第一章　工业体制改革

第一节　经营体制改革

承包经营责任制

第一轮承包（1987—1990）　1986 年 12 月，国务院颁布《关于深化企业改革　增强企业活力的若干规定》，提出“推行多种形式的经营承包责任制，给经营者以充分的经营自主权”。1987 年，全县工业系统全面推行承包经营责任制，承包期限自 1988 年始，到 1990 年底结束，承包期 3 年。承包形式一般为“包死基数、确保上缴、超收多留、歉收自补”。同时，在企业内部贯彻执行《山东省企业职工奖惩条例》，实行工效挂钩的考核制度，扩大企业用人自主权，体现多劳多得的社会主义分配原则，调动职工生产积极性。1988 年 3 月，县政府印发《关于试行企业承包经营责任制后有关上缴税利方面具体问题的通知》，规定各企业的税利承包基数只包括产品税，增值税，营业税，城市维护建设税，国营、集体企业所得税，其他税种仍按规定依法缴纳；对超过承包基数的部分可暂不缴纳，但不得自行处理；对新上项目或扩建项目，必须按税法规定向税务机关和有关单位申报;代扣代缴税款不算承包基数。是年，织布厂、地毯厂、一木厂、机械厂、汽车改装厂、印刷厂、针织厂、造纸厂、化工厂等 9 家县属企业和 11 家乡镇企业实行承包经营。

第二轮承包（1990—1993）　1990 年，县政府印发《关于完善发展新一轮企业承包经营责任制的若干规定》，凡实行独立核算的县属国营、集体企业以及实行企业化管理的事业单位，全部实行承包经营，签订承包合同。承包形式以经营者集体承包为主，个别企业实行企业法人承包或个人承包。实行经营者集体承包的，以厂长、经理为法人代表，企业领导班子集体承包，企业内部成立明确的经济责任制，实行分工负责，风险共担，党政工合唱一台戏。不搞基数分解、层层承包，以免造成人财物力的分散失控。个别小型、分散、微利企业可以实行包干或超额分成的方式，并对承包经营者的选定做出规定。对第一轮承包完不成承包任务的，短期行为比较突出，职工意见大的或对新一轮承包指标不能接受的厂长、经理，不能进行新一轮承包。承包企业全面实行效益指标、管理指标和后劲指标复合考核。效益指标主要包括：实现利润、上缴利润。管理指标包括：产值、销售额、实现利税、全员劳动生产率、全部资金利润率、产品质量、成本降低率、主要原辅材料消耗、自由流动资金积累、资金周转、费用水平、经营品种、有效库存、地产品销售额、安全生产、安全经营、环境保护、文明服务、精神文明建设、职工教育与培训等。后劲指标包括：技术改造、发展规模、新产品开发、固定资产完好率、归还贷款等。企业主管部门和有关职能部门根据考核细则，对企业产值、利税、上缴利润和技改项目、发展规模等主要指标每半年考核 1 次，全部指标每年考核 1 次。凡是承包经营的企业都实行包上缴利润，包技术改造任务，实行工效挂钩。承包期限一般为 3 年，技术改造任务重的企业可以为 5 年。县属国营企业由主管部门和财政局共同为发包方。集体所有制企业由企业主管部门和税务部门共同发包。承包合同由县体制改革委员会监督，公证机关公证。承包期结束后由审计部门对承包企业进行承包经营终结审计。是年，县酒厂、织布厂、地毯厂、一木厂、机械厂、汽车改装厂、印刷厂、修配厂、针织厂、造纸厂、化工厂、棉纺厂、塑料厂等13家县属国营、集体企业，105家乡镇企业实行第二轮承包经营责任制。

公司制改革与聘任承包　1993年10月，县委、县政府按照"平等自愿，经营互补"的原则，在县属企业内部，围绕骨干企业组建4个企业集团。即以地毯厂为核心，组建宏达实业集团总公司。以酒厂为核心，组建古贝春集团总公司。以棉纺厂为核心，组建棉纺织集团总公司。以北方玻璃钢厂为核心，组建玻璃钢企业集团总公司。同时，出台《关于对县属企业实行聘任承包责任制的若干规定》，根据前两轮承包经营情况，坚持基本稳定、个别调整、责权利相结合、聘任制为主、多种经营并存等原则，针对实行独立核算的县属工业企业实行以保实现利税、保上缴利润、保固定资产增值、实行工效挂钩为主要内容的"三保一挂"聘任承包经营责任制。由县经济委员会配合有关部门制定受聘者标准、承包基数等实施细则，统一发包给受聘者，聘任承包期自1994年1月至1996年12月31日。同时，制定具体的审计考核办法和考核细则，年终兑现奖惩。是年，实行聘任承包责任制的有宏达实业公司、古贝春集团总公司、旅行车厂、玻璃钢集团总公司、自控机械厂等企业。

"两权分离"经营

1993年11月，中共十四届三中全会通过《中共中央关于建立社会主义市场经济体制若干问题的决定》，要求进一步转换国有企业经营机制，建立适应市场经济要求，产权清晰、权责明确、政企分开、管理科学的现代企业制度。同年12月，县委印发《关于深化企业改革的意见》，推行以转换经营机制为核心，以强化资产经营管理为重点，实行以"两分离（政企分离、所有权和经营权分离），四强化（强化资产的经营管理，实现保值、增值；强化厂长、经理的责任，落实厂长经理责任制；强化激励和制约机制；强化公开竞争）"为目标的新的国企改革措施。其主要形式：资产承包经营责任制、租赁经营制、股份或股份合作制。对长期经营亏损，短期内扭亏困难的企业，实行租赁、拍卖或破产。同时出台《武城县县属工业企业资产租赁经营试行办法》《县属工业企业资产承包经营责任制试行办法》。《租赁经营试行办法》规定：凡是公有资产和资源，只要适宜租赁经营的均可以实行租赁制经营，可以是全部资产，也可以是部分资产，承租者可以是个人、合伙，也可以是社会法人，通过招标确认。通过清产核资、资产评估、产权界定、核定经营情况等确定租赁标的，同时签订租赁合同，交纳租金和风险抵押金，并对租赁企业的收益分配、职工安置、职工待遇、债权债务的处理等做出相应规定。《资产承包经营责任制试行办法》共7章25条，主要是以资产经营合同形式确定国家与企业的责、权、利关系，使企业能自主经营、自负盈亏、自我约束、自我发展，具有独立法人资格，承包期内保证资产保值、增值，并使实现利润和上缴利润逐年递增，递增率不低于8%。亏损企业制定减亏目标，限期扭亏。承包期满，根据审计结果兑现奖惩。是年，县织布厂、塑料厂、化工厂、兽药厂、自控机械厂、印刷厂、橡塑厂、拖修厂、机械厂等9家企业实行租赁制经营。宏达实业总公司、古贝春集团总公司、旅行车厂、棉纺织集团总公司、北玻璃钢企业集团总公司等5家企业实行聘任承包制。

第二节 产权制度改革

兼并

1988年，全县经济效益好的企业开始对经营不善、扭亏无望企业的部分或全部资产进行兼并，并接收被兼并企业的全部在册职工。是年9月，县制鞋厂面临倒闭，为盘活存量资产，被县造纸厂兼并。1992年，县第一木器厂被织布厂兼并，同时成立织布厂新城分厂，并接收其全部资产、债务和职工。1995年5月，县造纸厂被兼并，改称宏达造纸厂。同年8月，县自控机械厂、抽纱厂分别被宏达实业总公司下属的特种电源厂、太空棉厂兼并，有效资产、债权、债务、在册职工等全部由宏达实业总公司接收。

股份制改革

1993年4月，县长办公会议确定成立股份制改革领导小组，并确定县塑料厂、百货大楼、面粉厂、燃料公司、生产资料公司、第三棉厂作为股份制改革试点企业。因缺乏经验，导致改制不彻底而未获成功。1996年3月，县委常委会议重新确定资不抵债的塑料厂和印刷厂作为股份制改革试点，由县体制改革委员会牵头，县经济委员会配合，组成专门工作组分别进驻塑料厂和印刷厂，推进改制工作，将部分资产定向出售给企业内部职工，成立按劳分配和按股份分红的股份合作制企业，后因入股职工数量少，募集股金有限，难以启动生产而再次被迫放弃。1997年7月，县委、县政府出台《关于加快进行企业产权制度改革的意见》，要求以转换企业经营机制，减轻企业负担，盘活资产存量，充分调动企业干部职工积极性，增强企业活力为目标，以改组、联合、兼并、租赁、承包经营和股份合作制、破产、出售等为全县企业改革的主要形式，采取因厂制宜、一企一策的办法，全面推进全县企业产权制度改革。对有净资产的企业，原则上实行由内部职工持股，企业资产通过评估，净资产（生产经营性）出售给内部职工，组建股份制企业。对无净资产、但非资不抵债且规模较大、生产经营较为稳定的企业，可实行先成立有限责任公司，然后由新公司租赁老厂有效资产进行经营。对资不抵债数额较小的企业，现有资产评估后，企业职工要认缴不低于股份制企业法定注册资金的股本金组建新的股份合作制企业。对长期亏损、严重资不抵债、不能偿还债务的企业要坚决依法破产，先破产后改制，即用募集的股本购买破产企业的有效资产，组建新的股份制企业。企业可面向社会整体出售或拍卖，也可部分出售或拍卖，可以出售净资产，也可出售有效资产，可面向企业内部，也可面向社会。对整体难以盘活，局部尚有一定优势的企业，可通过划小核算单位分块经营、分块搞活。分离出的单位可以是委托法人，也可以是独立法人。优势企业可以承担债务、控股、购买或行政划拨等方式兼并劣势企业。可以实行挂靠联合、托管经营、组建企业集团和其他符合企业实际的形式改革。同时，县政府颁布《关于企业产权制度改革若干问题的处理办法（试行）》，针对改革中的资产转移、职工和退离休人员安置、债务负担、改制费用收取和土地使用权等，制定40条具体规定。同年8月，作出《关于县属企业改革若干问题的补充规定》，明确县属企业改革的指导思想和目标，本着因企制宜的原则，盘活存量资产，推进多元化产权结构的形成。9月，县属企业进入清产核资和资产评估程序，工业企业产权制度改革正式进入实质性操作阶段。1999年8月，县织布厂由原承包人发起，内部职工入股，组建股份制成龙纺织有限责任公司，具有独立法人资格，使企业成为职工共同出资、共同劳动、共享利益、共担风险的共同体，成龙纺织有限责任公司接收原织布厂全部资产，承担全部债务，接收全部在岗职工，8月28日，县政府批复改制方案。2000年8月，县化工厂由原承包人发起，以内部职工入股形式，组建武城县康达化工有限责任公司，购买化工厂部分资产，购买资金用承担债务的方式偿还。康达化工另租赁化工厂其余资产，用租金偿还原化工厂工人工资、福利待遇和原厂债务，康达化工负责原厂退离休职工安置费用，接收90%以上原厂在册职工上岗。同月，县棉纺厂以同样方式组建银河纺织有限公司，成为股份制企业。山东北方玻璃钢厂也以承担债务方式改为股份制，成立山东北方玻璃钢有限责任公司。自此，全县企业股份制改革进入快车道，县政府先后批复棉纺织厂、古贝春集团总公司、中天植物油厂、旅行车厂、地毯厂等多家企业的改制方案，其中县棉纺厂经历资产剥离经营，织布厂经历零资产改制，造纸厂、旅行车厂抵贷返租等形式过渡，均采取由自然人发起、内部员工入股的股份制有限责任公司的改制形式。其中古贝春集团总公司改为山东古贝春有限责任公司，隶属于县粮食局的中天植物油厂改为金马油脂有限责任公司，旅行车厂改为齐鲁客车有限责任公司，地毯厂改为神龙地毯有限责任公司。至2003年底，全县13家县属企业改为股份制有限责任公司。

破产、拍卖

1993年，针对资不抵债、扭亏无望的企业开始探索破产重组。直到1998年4月，企业破产改革才进入实质性操作阶段。同年5月，县拖拉机修配厂、塑料厂、印刷厂、兽药厂、机械厂等5家企业先后进入破产程序。6月，县拖拉机修配厂经过严格的法律程序后，率先宣布破产。同年，县塑料厂破产后被大树橡塑制品有限公司购买。县印刷厂破产后被郝王庄乡造纸厂购买。县针织厂、机械厂相继破产后出售给个人经营。

1999年5月，县政府出台《武城县企业改革实施方案》，在总结前段改革经验的基础上，规范改革程序和改革方式，使产权制度改革有序健康推进。至2003年底，全县158家县、乡企业，已有154家进行不同形式的改革，其中出售（拍卖）58家，破产10家，股份制（股份合作制）改造20家。2007年底，全县国有、集体企业全部实行不同形式的产权制度改革。截至2013年底，全县工业企业所有制结构由单一的公有制，发展到以有限责任公司为经济主体，股份有限公司和股份合作经济、私营经济等多种经济形式共同发展的新格局。

1986—2013年武城县工业经济指标统计表

表10-1

项目 年份	企业个数（个）		总产值（亿元）		增加值（亿元）	产品销售收入（亿元）	利润总额（亿元）	利税总额（亿元）	流动资产年均余额（亿元）	固定资产原值（亿元）	年均人数（万人）
	合计	其中规模以上	合计	其中规模以上							
1986	133	133	1.9	1.9	0.33	1.57	0.07	0.03	0.94	0.68	1.17
1987	134	134	1.93	1.93	0.82	1.86	0.09	0.03	0.75	0.81	1.33
1988	4458	137	5.16	3.16	0.67	2.52	0.16	0.1	0.24	0.98	1.36
1989	4867	143	5.46	2.58	0.89	3.22		0.3	1.29	1.19	1.51

续表 10-1

项目 年份	企业个数（个）		总产值（亿元）		增加值（亿元）	产品销售收入（亿元）	利润总额（亿元）	利税总额（亿元）	流动资产年均余额（亿元）	固定资产原值（亿元）	年均人数（万人）
	合计	其中规模以上	合计	其中规模以上							
1990	5031	154	8.07	3.81	0.71	3.02		0.3	1.26	1.99	
1991	4706	152	9.69	4.04	1	3.29		3	2.98	2.02	
1992	5149	149	12.72	5.37	1.26	4.32		0.5	3.66	2.39	
1993	7672	140	23.66	6.57		5.08		0.34	3.2	3.01	
1994	9301	135	58.65	8.36	2.34	5.55	0.23	0.6	4.61	3.47	2.26
1995	2962	117	13.49	6.4	2.15	6.26	0.28	0.5	5.65	4.16	1.67
1996	2217	111	27.73	8.39	2.61	7.37	0.34	0.8	6.04	4.19	1.82
1997	1039	96	31.09	9.34	3.11	7.45	0.37	1	8.4	5.36	1.81
1998	5672	48	38.08	9.97	3.81	9.6	0.61	1.6	8.08	5.39	1.36
1999	5067	47	37.12	13.12	4.94	12.6	0.82	2	8.28	5.39	1.45
2000	5219	49	44.7	19.88	5.97	19.47	1.13	2.8	8.34	5.51	1.66
2001	5709	54	47.66	22.66	8.6	24.57	1.54	3.6	10.18	6.57	1.66
2002	5730	75	58.08	32.8	28.65	28.08	2.09	4.4	10.99	6.57	1.89
2003	4784	94	62.43	41.55	10.95	47.33	3.61	6.8	13.25	7.28	1.76
2004	5361	139	75.8	44.8	17.18	54.6	2.81		16.7	19.37	2.12
2005	16631	189	105.72	77.02	19.3	85.72	6.93	11.5	18.3	15.94	2.77
2006	6560	306	138.68	107.98	57.74	121.14	9.15	18.5	31.96	43.79	4.54
2007	7661	323	189.6	157.87	40.03	158.15	10.52	24.7	31.58	45.27	4.57
2008	7479	354	231.62	198.89	51.91	200.59	11.91	26.2	43.34	61.39	4.5
2009	8339	366	279.26	249.5	62.77	250.26	18.96	31.8			4.52
2010	7582	378	352.81	315.78	77.46	323.91	24.5	39		92.85	4.67
2011	7578	372	453.3	415.27	72.45	402.7	29.3	51.7		240.91	4.65
2012	7679	372	592.22	549.73	93.12	522.4	33.7	62.4		246.49	4.38
2013		445	678.47	630.52	120.85	630.38	36.7	75		288.75	4.68

说明：表中工业企业个数和工业总产值为全县全部工业总产值，其他指标 1986—1997 年为乡及乡以上独立核算工业企业统计指标，1998—2013 年为规模以上工业企业。其中，1998—2006 年全部国有工业和主营业务收入 500 万元以上的非国有工业为规模以上工业；2007—2010 年规模以上工业企业标准统一定为主营业务收入 500 万元以上，不再分所有制形式；2011 年，调整为 2000 万元以上

第二章　工业结构

第一节　所有制结构

1986年，国有、集体经济在全县工业企业中占主导地位。1988年，开始将个体工业纳入经济发展统计范围。是年，全县有企业4458家。其中，全民工业14家，集体工业123家，个体工业企业3402家。工业总产值5.16亿元，按工业总产值所占比重计算，国有工业总产值7400万元，占全部工业总产值的14.3%；集体工业总产值2.42亿元，占全部工业总产值的46.9%；个体工业产值4100万元，占全部工业总产值的7.9%，其他所有制工业产值1.59亿元，占39.91%。随着改革开放的日益深入，全县工业企业逐步打破单一的公有制形式，所有制结构发生变化，国有、集体工业比重下降，个体工业比重上升。1997年，全部工业总产值达到31.09亿元，比1988年增加25.93亿元，增长5倍。其中，国有工业总产值2.34亿元，比1988年增2.16倍，占全部工业总产值的7.5%，所占比重比1988年减少6.8个百分点。集体工业总产值达到6.77亿元，增长179.75%，占比降到21.8%。个体工业产值增加到14.36亿元，增长34倍，占比上升到46.2%。三资工业、联营工业从无到有，产值分别达到0.11亿元和4.87亿元，分别占全县工业总产值的3.5%和15.7%。

1998年后，工业体制改革开始触及所有制形式，部分国有、集体所有制工业企业破产拍卖。同时，鼓励个体私营经济发展的政策陆续出台，个体私营工业、联营工业企业迅速发展，全县工业经济总量增速明显。到2006年，全部工业企业6560个，总产值达到138.68亿元，其中规模以上工业306个，总产值107.98亿元；规模以下工业6254个，总产值30.7亿元。规模以上工业中，国有工业产值占全部工业产值的1.06%，集体工业产值占2.98%，股份合作企业产值占3.79%，私营工业企业占50.62%，联营工业、有限责任和股份有限责任工业以及其他所有制企业占30.92%。2007年，全县工业企业7661个，工业总产值189.6亿元，其中规模以上工业323家，产值157.87亿元；规模以下工业7338家，产值31.73亿元。到2013年，全县工业总产值678.47亿元，其中规模以上工业产值630.52亿元，规模以下工业总产值47.95亿元。实现工业增加值120.85亿元，占全县生产总值的70.39%。

1986—1997年武城县工业所有制结构及效益统计表

表10-2

项目 \ 年份		1986	1987	1988	1989	1990	1991	1992	1993	1994	1995	1996	1997
企业个数（个）	总计	133	134	4458	4867	5031	4706	5149	7672	9301	2962	2219	1039
	全民	14	11	14	14	16	16	15	18	17	19	19	17
	集体	119	107	123		138	136	134	122	116	94	81	77
	三资	—	—	—	—	—	—	—	—	2	4	2	2

续表 10-2

项目		年份 1986	1987	1988	1989	1990	1991	1992	1993	1994	1995	1996	1997
企业个数（个）	联营	—	—								1		112
	个体			3402	3736	3915	3514	3907	6719	8348	2797	873	776
	其他		16	919		962	1040	1093	813	818	47	1244	55
工业总产值（亿元）	总计	1.9	2.84	5.16	5.46	8.07	9.69	12.72	23.66	58.65	13.49	27.73	31.09
	全民	0.34	0.28	0.74	0.46	1.02	1.13	1.07	1.39	1.3	1.49	1.74	2.34
	集体	1.56	1.75	2.42	4.99	2.79	2.91	4.3	5.18	6.76	4.42	6.48	6.77
	三资	—	—	—						0.3	0.5	0.54	0.11
	联营										0.11		4.87
	个体			0.41		1.12	1.63	2.36	6.65	27.5	5.28	12.4	14.36
	其他		0.81	1.59	0.01	3.14	4.02	4.99	10.44	22.79	1.69	6.57	2.64

说明：1986 年、1987 年无个体工业统计数字

1998—2006 年武城县工业所有制结构及效益统计表

表 10-3

项目			年份 1998	1999	2000	2001	2002	2003	2004	2005	2006
工业企业个数（个）			5672	5067	5219	5709	5730	4784	5361	6631	6560
工业总产值（亿元）			38.08	37.12	44.7	47.66	58.08	62.43	75.8	105.72	138.68
规模以上工业	企业个数	合计	48	47	49	54	75	94	139	189	306
		国有	14	14	11	5	5	3	4	2	2
		集体	10	9	11	18	18	4	4	10	21
		股份合作	—	—	1	1	1	1	1	1	1
		联营	1	1	1	1	1	2		3	3
		有限责任	—	1	1	7	8	10	7	15	15
		股份有限	—	—	1	8	8	10	5	9	11
		私营	20	20	21	12	32	61	114	143	246
		其他	3	2	2	2	2	3	4	6	6
	工业总产值	合计	9.97	13.12	19.88	22.66	32.8	41.55	48.8	77.02	107.98
		国有	2.34	3.12	4.28	0.8	0.81	0.32	1.31	0.68	1.48
		集体	2.6	3.18	4.22	8.69	7.3	0.84	1.86	2.06	4.14
		股份合作	—	—	1.11	1.06	0.7	1.26	1.3	2.07	5.25
		联营	0.11	0.1	0.13	0.16	0.1	0.5		0.66	1.28
		有限责任	—	0.35	0.42	3.47	2.36	6.71	4.29	10.45	16.6
		股份有限	—	—	0.07	4.68	3.18	8.11	2.3	7.12	21.2
		私营	3.33	4.37	6	2.8	6.68	21.93	39.38	49.38	70.2
		其他	1.59	2.02	3.65	0.99	0.7	1.88	0.74	4.6	3.8

续表 10-3

项目 \ 年份			1998	1999	2000	2001	2002	2003	2004	2005	2006
规模以下工业	企业个数	合计	5624	5020	5170	5655	4700	4690	5222	16442	6254
		企业	256	257	303	320	493	490	590	1753	486
		个体	5368	4763	4867	5335	4207	4200	4632	14689	5768
	工业总产值	合计	25.57	24	24.82	25	26	26.5	27	28.7	30.7
		企业	10.4	14.4	11.06	13	13.5	13.5	13.5	13.7	13.75
		个体	15.17	9.6	13.75	12	12.5	13	13.5	15	16.95

2007—2013 年武城县工业所有制结构统计表

表 10-4

项目 \ 年份			2007	2008	2009	2010	2011	2012	2013
全县工业企业个数（个）			7661	7479	8339	7582	7578	7679	
全部工业总产值（亿元）			189.6	231.62	279.26	352.81	453.3	592.22	678.47
规模以上工业	企业个数（个）		323	354	366	378	372	372	445
	产值（亿元）		157.87	198.89	249.5	315.78	415.27	549.73	630.52
规模以下工业	企业个数（个）	合计	7338	7125	7973	7204	7206	7303	
		个体	6507	6393	7197	6393	6389	6479	
		企业	831	732	776	811	817	828	
	产值（亿元）		31.73	32.73	34.08	37.03	38.03	42.49	47.95

第二节　行业结构

1986 年，全县有乡及乡以上工业企业 133 家，产值 1.9 亿元。其中，以纺织、棉花加工为主的 11 家棉纺企业产值 9700 万元，占当年乡及乡以上工业企业总产值的 51.08%。以粮油加工、糕点糖果制作为主的食品制造企业 37 家，产值 2500 万元，占工业总产值的 13%。以酿酒为主的饮料制造业 1 家，产值 1100 万元，占 5.9%。工艺美术品制造企业（地毯编织）4 家，产值 900 万元，占 4.7%。以水泥、砖瓦、石灰以及轻质建筑材料为主的非金属矿物制品业（主要是砖瓦窑厂）26 家，产值 1200 万元，占 6.1%。通用机械设备制造业产值 1300 万元，占 6.8%。其他行业产值均未超过 5%。1990 年后，玻璃钢及橡塑制品业成为新的经济增长点。到 1994 年，全县有乡及乡以上工业企业 135 家，产值 8.36 亿元。其中，纺织企业 18 家，产值 2.06 亿元，占比下降到 24.6%；工艺美术品制造企业（地毯）3 家，产值 9500 万元，占 11.39%；非金属矿物制品企业增加到 52 家（其中玻璃钢制品企业 30 家），产值 3 亿元，占比上升至 35.85%。20 世纪 90 年代末，以产权制度改革为核心的工业企业改革促进了工业经济发展，行业结构发生变化。1999 年，全县 47 家规模以上（全部国营和主营业务收入超过 500 万元的非国有工业）工业企业实现产值 13.12 亿元。其中，纺织工业实现产值 1.93 亿元，占 14.69%；非金属矿物制造业实现产值5.43亿元，占41.37%。农副产品加工业实现产值1.54亿元，占比由1986年的0.3%，上升到11.71%；橡胶制品（主要是汽车密封条）制造业实现产值1.48亿元，占比由1986年的0.08%，上升到11.3%。进入21世纪，县委、县政府确立“全党抓经济，重点抓工业”的指导思想，提出“工业立县”“工业强县”的发展理念，工业经济发展环境更加宽松，并逐步形成以农副产品加工业、酿造业（饮料制造业）、汽车及汽车零部件生产业、玻璃钢产品及中央空调制造业、棉纺织业、通用机械制造业为主的新的工业产业结构。2007年，全县323家规模以上工业企业实现产值158.15亿元。其中，6家酿造企业实现产值11.92亿元，占7.54%；66家农副产品加工企业实现产值12.28亿元，占7.77%；29家纺织企业实现产值12.38亿元，占7.83%；非金属矿物制品制造业134家，实现产值59.13亿元，占37.89%（其中玻璃钢制造业130家，产值58.71亿元）；通用机械设备制造业11家，实现产值40.73亿元，占25.75%。2010年，县委、县政府提出“工业立县、产业富民、城乡统筹、和谐发展”的工作思路，将汽车零部件、特色新材料和农副产品深加工三大产业作为支柱产业来推进新型工业化。到2013年，全县规模以上工业企业发展到445家，实现工业总产值678.47亿元。其中，农副产品加工业94家，实现产值110.19亿元，占当年工业总产值的16.24%；汽车及汽车零部件（包括橡塑制品、塑料制品、交通运输设备）制造业42家，实现产值91.38亿元，占9.87%；非金属矿物制品（主要是玻璃钢及其他新型材料）制造业151家，实现产值247.98亿元，占36.55%；通用机械设备制造业45家，实现产值69.11亿元，占10.19%。同时出现黑金属冶炼与加工、计算机及通信电子元器件生产与加工等新兴行业。

1986—2013年部分年份武城县工业主要行业结构统计表

表10-5

项目		1986	1994	1999	2004	2007	2010	2013
工业企业总计	单位（个）	133	135	47	137	323	378	445
	总产值（亿元）	1.9	8.36	13.12	50.05	158.15	320.25	678.47
自来水	单位（个）	1	1	1	1	1		
	总产值（万元）	25	67	102	1172	88		
食品制造业	单位（个）	37	1	1	3	11	10	7
	总产值（亿元）	0.25	24	1.5	1.02	3.52	9.89	13.56
饮料制造业	单位（个）	1	1	2	3	6	8	7
	总产值（亿元）	0.11	0.13	0.87	1.26	11.92	14.65	19.29
食（农副产）品加工业	单位（个）	2	10	5	22	66	94	94
	总产值（亿元）	0.006	0.37	1.54	7.46	12.28	54.21	110.19
纺织工业	单位（个）	11	18	6	13	29	32	33
	总产值（亿元）	0.97	2.06	1.93	4.04	12.38	26.36	43.43
服装业	单位（个）	4	2	—	1	2	3	9
	总产值（亿元）	0.005	0.06	—	0.22	0.37	2.13	101.84

续表 10-5

项目	年份	1986	1994	1999	2004	2007	2010	2013
皮毛及制品业	单位（个）	4	—	2	1	2	2	3
	总产值（亿元）	0.02	—	0.11	0.15	0.72	3.67	7.57
木材加工及竹藤草制品业	单位（个）	1	—	—	—	—	—	—
	总产值（亿元）	7	—	—	—	—	—	—
家具制造业	单位（个）	6	3	—	—	—	—	—
	总产值（亿元）	0.01	0.04	—	—	—	—	—
造纸及纸制品业	单位（个）	2	5	2	2	3	3	4
	总产值（亿元）	0.07	0.31	0.73	0.44	0.49	1.74	3.39
计算机电子元件	单位（个）	—	—	—	—	—	—	1
	总产值（亿元）	—	—	—	—	—	—	0.87
印刷业	单位（个）	1	1	1	1	2	3	4
	总产值（亿元）	0.008	0.04	0.03	0.11	0.45	2.22	8.03
工艺美术品制造业	单位（个）	4	9	2	2	5	4	6
	总产值（亿元）	0.09	0.95	0.52	0.44	2.39	5.76	7.13
电力、源气、热水	单位（个）	1	1	1	1	1	1	1
	总产值（亿元）	0.01	0.04	0.08	1.02	1.59	2.17	3.64
炼焦、煤气、煤制品	单位（个）	3	—	—	—	—	—	—
	总产值（亿元）	28	—	—	—	—	—	—
化学原料及制品制造业	单位（个）	1	5	1	5	11	14	16
	总产值（亿元）	0.01	0.21	0.17	2.17	3.5	9.97	25.36
橡胶制品业	单位（个）	1	2	6	8	10	14	16
	总产值（亿元）	0.002	0.1	1.48	3.3	2.6	12.79	33.02
塑料制品业	单位（个）	1	2	1	2	10	6	7
	总产值（亿元）	0.012	0.18	0.018	0.21	2.28	6.58	10.94
非金属矿物制品业	单位（个）	26	52	14	65	134	135	151
	总产值（亿元）	0.11	29.98	54.29	22.53	59.13	114.69	247.98
金属制品业	单位（个）	9	3	—	1	4	7	9
	总产值（亿元）	0.046	0.25	—	0.4	0.51	3.71	13.83
机械（通用）设备制造业	单位（个）	3	2	—	3	11	21	45
	总产值（亿元）	0.06	0.04	—	5.52	40.72	28.85	69.11
专用设备制造业	单位（个）	—	8	—	—	3	2	3
	总产值（亿元）	—	0.14	—	—	0.34	0.63	3.22
电气机械器材制造业	单位（个）	1	3	—	—	—	4	7
	总产值（亿元）	0.002	0.06	—	—	—	2.73	8.16
交通运输设备制造业	单位（个）	—	3	1	5	10	14	19
	总产值（亿元）	—	0.32	0.06	0.74	2.77	17.13	22.81

续表 10-5

项目		1986	1994	1999	2004	2007	2010	2013
其他工业	单位（个）	8	1	1	—	—	—	—
	总产值（亿元）	0.02	0.02	0.15	—	—	—	—
医药制造业	单位（个）	—	1	—	—	—	1	1
	总产值（亿元）	—	0.008	—	—	—	0.34	1.1
黑色金属冶炼及加工	单位（个）	—	—	—	—	2	—	1
	总产值（亿元）	—	—	—	—	0.14	—	1.94

第三节　轻重工业结构

1986 年，全县有乡及乡以上国营和集体工业企业 133 个。其中，轻工业 87 个，产值 1.6 亿元；重工业 46 个，产值 3000 万元。轻重工业产值之比为 84.1∶15.9，全县工业以农产品为原料的轻工业为主。随着玻璃钢产品、汽车及汽车零部件制造业等行业发展，轻重工业比例发生变化。1997 年，全县轻重工业产值分别达到 5.35 亿元和 3.99 亿元，轻重工业产值之比降为 57.3∶42.7。进入 21 世纪，县委、县政府进一步调整工业发展战略，支持重点行业，重工业所占比例进一步上升。2006 年，全县 306 家规模以上工业企业中，轻工业 124 家，产值 37.7 亿元，重工业 182 家，产值 86.28 亿元，轻重工业产值之比为 30.4∶69.6。到 2013 年，全县工业总产值 678.47 亿元。其中，轻工业产值 211.95 亿元，重工业产值 466.52 亿元，轻重工业产值之比为 31.24∶68.76。

1986—1997 年武城县轻重工业结构统计表

表 10-6

年份	乡及乡以上工业企业（个）							乡及乡以上工业产值（当年价格，亿元）						
	总计	重工业			轻工业			总计	重工业			轻工业		
		合计	原料工业	加工工业	合计	以农产品为原料	以非农产品为原料		合计	原料工业	加工工业	合计	以农产品为原料	以非农产品为原料
1986	133	46	2	44	87	69	18	1.9	0.3	0.02	0.28	1.6	1.45	0.15
1987														
1988	137	54	25	29	83	71	12	3.16	0.91	0.46	0.45	2.25	2.2	0.05
1989														
1990	154	64			90			3.81	1.41			2.4		
1991	152	62			90			4.04	1.24			2.8		
1992	149	68			81			5.37	1.59			3.78		
1993	140	76			64			6.57	2.32			4.25		
1994	134	75	35	40	59	50	9	8.36	4.12	2.93	1.2	4.24	3.97	0.26
1995	117	58	23	35	59	49	10	6.4	2.06	1.27	0.79	4.35	4.18	0.17
1996	111	54	21	33	57	49	8	8.39	3.16	2.06	1.1	5.24	5.11	0.12
1997	96	46	19	27	50	44	6	9.34	3.99	3.13	0.86	5.35	5.12	0.23

1998—2006年武城县轻重工业结构统计表

表10-7

年份	规模以上工业（个）							规模以上工业产值（亿元）						
	总计	重工业			轻工业			总计	重工业			轻工业		
		合计	原料工业	加工工业	合计	以农产品为原料	以非农产品为原料		合计	原料工业	加工工业	合计	以农产品为原料	以非农产品为原料
1998	48	25	16	9	23	21	2	9.84	4.28	3.45	0.83	3.3	3.23	0.07
1999	47	24	16	8	23	21	2	13.12	7.24	5.68	1.56	5.88	5.73	0.16
2000	49	26	19	7	23	21	2	19.88	11.96	8.6	3.36	7.92	7.82	0.1
2001	54	22	15	7	32	31	1	22.66	11.94	10.21	1.73	10.72	10.71	0.01
2002	75	21	15	6	54	53	1	32.08	15.84	12.18	3.66	16.24	16.23	0.01
2003	94	54			40			41.55	27.55			14		
2004	139	89			50			51.19	35.78			15.41		
2005														
2006	306	182			124			123.98	86.28			37.7		

说明：自2007年始，工业发展情况只按行业统计，不再按轻重工业分类统计

第三章　古贝春酒业

第一节　企业发展

1973年，县城迁现址后，县酒厂留在了老县城。1983年，县酒厂投资800万元，在县城西郊建立新城酒厂，占地6.83万平方米，总建筑面积2万多平方米。1984年8月，“古贝春”酒获轻工业部优质产品（铜杯）奖。1985年，新城酒厂投产后，生产能力扩大，酒的质量提高。1988年12月，用茅台工艺生产的“古贝茅”

图10-1 山东古贝春有限公司（2008年 摄）

酒（1990年改称古贝元）获全国首届食品博览会“金牌奖”，“古贝春”酒获“银牌奖”。1991年4月，厂部搬迁到新厂，老县城酒厂作为分厂保留。同年7月，在第29届世界优质产品评选大赛中，“古贝春”酒、“古贝元”酒分获金奖、银奖。是年底，武城酒厂实现产值2506万元，比1985年的609万元增加3.11倍，实现利税总额847.7万元。

1993年9月，山东省武城县古贝春集团总公司成立。1994年，研制成功“磁化古贝春”，同年11月，“古贝春”获“巴拿马万国博览会国际最高金奖”。是年，古贝春集团总公司上缴税金1000万元。

1996年，古贝春集团总公司与五粮液酒厂达成技术联营协议，派出5人赴五粮液酒厂学习，研发成功“五星级”古贝春，填补山东省高档白酒空白。1999年9月，古贝春集团总公司由地方国营企业改制为股份制企业，组建山东省武城县古贝春有限责任公司。同年，与四川宜宾五粮液股份有限公司合作，开发研制天贝春系列酒。2000年，古贝春有限公司产品不断丰富，产量进一步提高，是年底，实现产值1.61亿元，年销售收入首次突破亿元大关，达到1.69亿元，实现利税1924万元。2004年4月，聘请著名相声表演艺术家、相声大师马季为古贝春企业形象代言人，提高古贝春知名度。2005年，实施“扩大主业，多元经营”的企业战略，先后建成热电联产、生物科技、粉煤灰制砖等项目。同年3月，在全国浓香型白酒质量鉴评会上，“38度古贝春”酒在低度酒鉴评中位居第一，“52度古贝春”酒在高度酒鉴评中名列第二。8月，改称山东古贝春有限公司。9月，10万吨白酒扩产项目一期工程举行奠基。11月，“古贝春”商标被认定为中国驰名商标。是年，古贝春公司在中国酿酒工业协会公布的“2004年度中国酿酒行业百强企业名单”中名列第27位。2006年9月，扩产项目一期工程竣工投产，同时，年产10万吨酒精扩产项目奠基。2007年7月，部分产品被中国食品工业协会白酒专业委员会批准使用“纯粮固态发酵白酒标志”。2008年6月，经北京北方亚事资产评估有限责任公司评估，“古贝春”品牌价值60.23亿元，“古贝元”品牌价值6.69亿元。2008年，完成产值11.26亿元，主营业务收入11.06亿元，上缴税金9200万元。

2009年4月，古贝春集团有限公司成立。同年5月，古贝春集团有限公司制定以扩张主业规模、拓展多元项目为标志的第三次创业战略规划。新上10万吨白酒扩产二期工程、玉米深加工、玻璃制瓶、陶瓷制瓶、彩印包装项目以及成立小额贷款公司和房地产开发公司。6月，10万吨白酒扩产二期工程开工，9月完工。修建江北最大的机械化酿酒车间及总面积7000平方米的酒库楼和6000平方米的储酒罐库等附属设施，实现年产原酒5000吨、成品酒产能10万吨。8月，古贝春小额贷款有限责任公司成立，注册资金1.2亿元，面向全县中小企业与个人快速简易办理各项贷款业务。2010年10月，古贝春集团有限公司武城房地产开发有限公司成立。同年11月，推出中国人文鉴赏级白酒—国蕴酒，有“三合”和“六道”2个系列。2012年，“国蕴”商标被国家工商总局认定为中国驰名商标。截至2013年底，公司辖老城酒厂、古贝春小额贷款有限责任公司、古贝春集团武城房地产开发有限公司、热电厂、生物科技公司等分支机构，有职工2300人。占地116万平方米，其中建筑面积26万平方米，车间7.5万平方米。完成销售收入12亿元，上缴税金1.26亿元。

第二节　企业产品

浓香型

酿造工艺　浓香型酿造工艺沿袭1975年武城酒厂改良后的传统酿造技法，1996年又吸取五粮液酿造工艺萃取而成。以其“多粮跑窖包包曲、三高一长和一低、特制人工老窖泥”等特点，成为适合北方自然气候条件和地理位置条件的生产工艺，也是长江以北比较完善的五粮白酒酿造工艺。原酒分级入库，单独存放。第一阶段储存期满后行二次分级。选择达到勾调品种要求的基础酒，对具有明显质量缺陷的原酒须降级使用。同时，选出具有调味酒特点和储存价值的原酒，继续单独存放。所有储存酒均建有详细档案，包括类型、级别、生产班组、窖池号、生产日期、酒度、重量、指标参数、酒质口感（香、味等特点）等，并定期巡查和检评，随时记录酒质情况。

2009年8月，古贝春浓香型酿造工艺被认定为德州市市级非物质文化遗产。

主要品种　浓香型酒是古贝春酒的主打产品。它包括1975年刘洪昌与马绍星等人采用浓香清蒸清烧续糟工艺研制的武城特曲、武城大曲（后分别更名为古贝特曲、古贝大曲），1978年生产的“古贝春”，1996年采用五粮液酒工艺生产的“五星级”古贝春，1997年推出的“三星级”古贝春，1999年与五粮液股份有限公司合作生产浓香型“天贝春”系列酒，“百年老窖”“十年陈酿”“十五年陈酿”。2004年，推出内部招待酒。2010年，推出的“国蕴”系列。2012年，推出生态系列、舒适系列、洞藏系列等。

酱香型

酿造工艺　源于1983年聘请茅台酒厂原生产技术科长杜安民创制的酱香型生产工艺。该生产工艺萃取茅台酒工艺精华，经过6个方面的改进，形成独特风格，在江北酿酒业独树一帜。该工艺端午制曲，重阳投料，八次发酵，七次摘酒。九个月为一个发酵大周期，一个月为一个发酵小周期。其特点为四高一低一多一长，即高温制曲、高温堆积、高温发酵、高温馏酒，低用糠量，多用曲量，长储存期。所酿酒质醇厚绵柔，酱香浓郁，被称为酱香北宗。

主要品种　酱香型产品最初被命名为东阳好酒，后改称古贝元酒，先后推出过花坛、十年、十五年、三十年4个品种。2010年11月，推出酱香型高端产品“三合”“六道”国蕴系列酒。

图10-2 国蕴三合酒（浓香型）（2011年 摄）

第三节　产品营销

古贝春酒自1976年试制成功后，请浙江美术学院教授陈汉民及弟子马雄设计三角型酒瓶，请中国书协主席舒同题写《古贝春赞》，用于产品包装。1986年，武城酒厂成立供销科，销售工作开始步入组织化、正规化。先后印制宣传册11次，投放市场，广为宣传。1997年，面向全国征集广告语6000多条。经专家评定，选取"千年大运河，万家古贝春"作为企业形象广告宣传语。1999年10月，成立古贝春销售公司，建立规范化、系统化的销售管理机构和营销网络。2000年，成立天贝春销售公司，专门销售天贝春系列酒。销售公司下属各品牌公司独立运营，相关服务部门相互配合，营销网络遍布全国，业务人员达380人。建有石家庄、邢台、沧州、衡水、济南、滨州、济阳、德州、齐河、平原10处直销处、241家旗舰店。

进入21世纪，开始在央视投放广告。自2002年起，先后举办11届"古贝春酒文化节"。2010年8月，举办第二届广告宣传语征集大奖赛。2013年，逐渐主攻中高端产品的销售市场阵地，产品结构也向中高端产品倾斜。

第四章　玻璃钢制品业

第一节　生产规模

20世纪70年代，武城县引进玻璃钢产品加工业，因其投资少、见效快、工艺简单而迅速在全县普及。1985年，全县玻璃钢企业151家，产量5189吨，实现产值2764万元。1988年，全县玻璃钢总产量达到8600吨，占全国的十分之一，实现产值1亿元，占全县工业总产值的19.6%。蓬勃发展的玻璃钢产业，引起中央、省、地各级领导和政府部门的关注。同年12月，中国玻璃钢工业协会武城分会成立，有会员单位58家。至1992年，全县有玻璃钢产品生产企业564家，产量1.84万吨，占全国产量的13.8%，产值3.5亿元，占当年全县工业总产值的27.5%。1993年，武城县举办第一届玻璃钢节，同时庆祝武城县玻璃钢生产20周年和被授予"全国第一个玻璃钢县"称号5周年，进一步扩大武城玻璃钢产业的影响力。1994年，国家执行适度从紧的财政政策和货币政策，减少基础建设投资，全县玻璃钢生产出现波动。1995年，全县玻璃钢产量7.12万吨，产值4.86亿元，占当年工业总产值的52.8%。1998年，国家实行以拉动内需为主的积极财政政策，大规模增加基础设施建设，玻璃钢产业进入稳步增长阶段。同年，全县工业企业开始实行产权制度改革，原国营、集体所有制的玻璃钢生产企业，均改制为股份制企业。2000年，全县工商登记的玻璃钢企业652家，比1988年增加490家。其中，规模以上企业17家，产值8.21亿元，比1988年增长7.1倍，占当年工业总产值的18.4%，利税1.38亿元，占当年工业利税总额的50.2%。进入21世纪，随着玻璃钢制品用途的不断开发，全县玻璃钢产业进入快速增长阶段，企业规模迅速膨胀。2010年，全县规模以上玻璃钢企业发展到130家，实现产值108.74

图10-3　1988年12月1日，武城县被命名为"全国第一个玻璃钢县"

亿元，占当年工业总产值的 30.8%，利税 14.54 亿元，占当年工业利税总额的 37.3%。2013 年，全县有规模以上玻璃钢企业 141 家，实现产值 235.76 亿元，占当年工业总产值的 34.75%。

第二节　产品种类

1970 年，武城县玻璃钢产业处于起步阶段，仅能生产玻璃钢球阀、玻璃钢球阀配件和玻璃钢胶木轴瓦。1983 年 10 月，由机械工业部第四设计研究院设计，武城县玻璃钢总厂制造的系列玻璃钢冷却塔，通过来自国家科研单位 48 位专家的评审鉴定。1987 年 4 月，净化空调设备厂生产的 BLK 玻璃钢组合式空调器通过省级鉴定，获地区科技进步二等奖。旅行设备厂生产的玻璃钢游艇被省政府授予科技进步发明奖。1988 年 7 月，轻化设备厂研制的玻璃钢酸雾吸收塔获国家专利；玻璃钢分米波天线罩通过省级鉴定，填补国内空白。玻璃钢制品业，成为全县的主导产业之一。同年 12 月，被中国玻璃钢工业协会授予“全国第一个玻璃钢县”称号。到 20 世纪 90 年代，武城县开发的玻璃钢产品有玻璃钢车身汽车、玻璃钢游艇、电缆桥架、冷水塔系列、风机系列、消声器，防腐槽、罐，风淋室、通风柜、高档洁具、头盔、水滑梯、SMC 座椅、汽车配件等 20 多个系列 300 多个品种。其中，7 种产品获国家专利，9 种产品填补国内空白，24 种产品获地区以上科技成果奖。新产品的开发，使各生产企业不再满足简单的加工生产，纷纷向大专院校、科研单位寻求帮助，加强联合，提高玻璃钢产品科技含量，开发新的产品，拓展应用领域。进入 21 世纪，玻璃钢产品大到游船、导弹保护罩、中央空调末端设备，小到生活中的精巧器皿，门类众多。生产工艺，从手工制作到机械缠绕、注射、模压、挤拉，一应俱全。截至 2013 年底，全县玻璃钢产品已涵盖缠绕管道、电缆桥架、管材、汽车零部件等多个产业，共 48 个系列 3600 多个品种，被广泛应用于纺织、矿业、铁路、建筑、石油、化工、交通、汽车及船舶、航天、军工等领域。武城县也成为全国以厂家多、规模大、品种全、产量高、质量好而蜚声全国的玻璃钢制品生产基地。

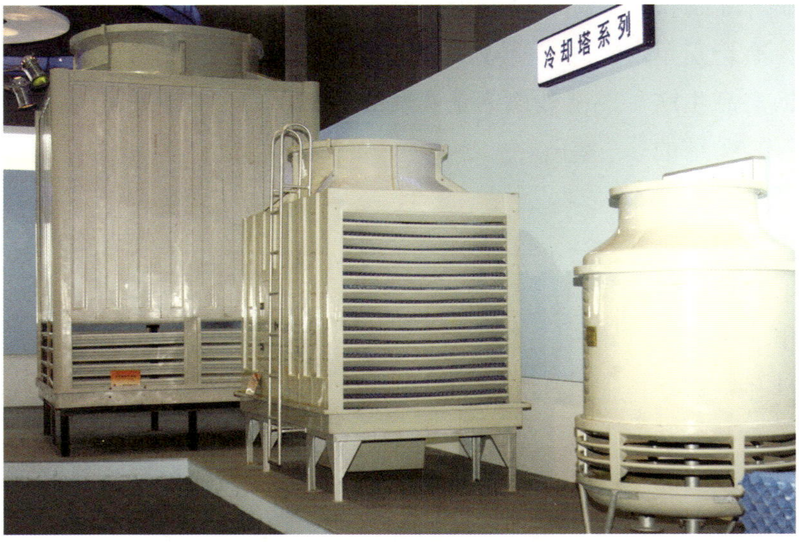

图 10-4 玻璃钢冷却塔（2008 年 摄）

第三节　生产企业

1986 年，全县玻璃钢加工企业 150 余家，其中规模较大的企业有武城县玻璃钢总厂、武城县玻璃钢风机厂、武城县消声器材厂。1990 年，县委、县政府筹集资金 2000 余万元，组建集生产、科研和监测于一体的大型玻璃钢企业——山东北方玻璃钢厂。1993 年 9 月建成投产，安装有缠绕、拉挤、压注、喷涂等先进生产设备。建有玻璃钢产品质量检测中心，系山东省产品质量监督检验所检测室和德州地区玻璃钢检测中心，成为省、市、县三级合一的玻璃钢制品检测机构，其检测能力位居全国第四。是年，全县玻璃钢企业1136家。其中，县属企业2家，乡镇企业4家，村办企业16家，联办企业40家，个人企业1074家。1994年，滕庄乡的闫庄、滕庄、第十屯等村级工业园区相继建成投入使用。随着玻璃钢加工企业数量增加和规模扩大，鲁权屯、滕庄2个乡镇，形成玻璃钢制品业的加工连片长廊。1993年6月，鲁权屯乡经济开发区开工建设，武城县玻璃钢总厂、玻璃钢风机厂、华能玻璃钢制品有限公司、中亚实业有限公司、腾龙公司、轻工机械厂、宏达玻璃钢公司等数十家玻璃钢企业入驻园区。

1997年，全县玻璃钢生产企业有1280家，经工商注册的600多家，其中鲁权屯、滕庄2个乡镇的56个自然村，村村生产加工玻璃钢制品。较为有名的有鲁权屯镇的苏庄、漳南镇、吴庄、邢庄、北甘泉、南甘泉、小李庄等16个村庄，滕庄镇的闫庄、滕庄、西郑庄等15个村庄。

2003年，县委、县政府因势利导，实行强强联合，对鲁权屯、滕庄工业园实施“合龙”工程，按照“产业链条—产业集群—产业基地”的发展模式，建成面积15平方千米，设施完善、产业配套、特色鲜明的玻璃钢及中央空调制造基地，成为全市最大的乡镇级工业园。2009年，滕庄镇整体划入鲁权屯镇，工业园区得以统一规划、统一建设，为玻璃钢中央空调基地建设拓展了空间。经过5年建设，鲁权屯工业园已形成以玻璃钢、中央空调产业为主导，汽车零部件、新型建材等产业同步发展的多元化产业园区。

2010年，县委、县政府提出“扩大产业规模，提升产业层次”的发展战略。重点培植金光集团、中南集团、日新公司、贝州集团、中远公司等骨干企业，其中金光集团等8家企业跨入省级企业集团行列，金光集团和中南集团被列入全市50家工业强市战略骨干企业名录，中南集团等3家企业被命名为“省级高新技术示范企业”，金光集团被评为“山东省特色产业镇明星企业”。截至2013年底，全县玻璃钢、中央空调及新材料产业销售收入过千万元的企业30家，过5000万元的企业12家，过亿元的企业4家。

重点企业简介

山东金光玻璃钢集团公司　始建于1970年，始称鲁权屯农机厂，属社办企业。1982年，转产玻璃钢制品，改称武城县玻璃钢总厂。1995年，与新加坡合资设立山东金光玻璃钢制品有限公司。1997年，组建金光玻璃钢集团公司。1998年，由乡镇企业改制为民营企业。截至2013年底，拥有德州、武城2个生产基地，占地50万平方米，资产6.2亿元。有员工2600余人，其中教授级高级工程师12人，高级工程师130人，工程师680人。有国家级企业质量检验员4人，中国质检协会会员3人，CQC质量体系内审人员7人。

图10-5　鲁权屯镇中央空调车间（2012年　摄）

华能玻璃钢集团有限公司 始建于1987年，位于鲁权屯镇经济开发区，始称武城县共青玻璃钢厂。1993年，改称华能玻璃钢制品有限公司。2003年，组建华能玻璃钢集团有限公司。注册资金5000万元，占地12.8万平方米，总资产1.2亿元，拥有大中小型机械加工生产设备150多台，是专业生产中央空调，采暖、供热设备，通风系统的大型企业。

德州中威空调设备有限公司 始建于1990年，位于鲁权屯经济开发区，注册资金2100万元，占地9.9万平方米，建筑面积6.6万平方米。是德州市空调玻璃钢协会常务理事单位，省级守合同重信用企业，建设部非金属（复合）通风管道行业标准及JG/T-2008版参编单位。截至2013年底，有职工300余人，其中各类技术人员100人。

山东新明玻璃钢制品有限公司 始建于1999年，位于山东武城经济开发区，址在运河路东、振华东街北侧，占地7.4万平方米，固定资产1.2亿元。系国家防空门指定生产企业，专业生产防空门、电动汽车和SMC汽车外饰件及其他玻璃钢制品。截至2013年底，有职工180人，其中专业技术人员23人。

1988—1997年武城县玻璃钢企业统计表

表10-8

年份	企业个数（个）		年产量（吨）	年产值（万元）
	总数	工商登记数		
1988	162	162	8600	10132
1989				
1990	509	178	12544	16308
1991	561	231	15273	27040
1992	564	510	18391	35016
1993	1136	564	43382	80074
1994	1515	584	70003	159146
1995	1415	598	71238	48600
1996	999	598	27357	53626
1997	1280	600	57000	75000

2000—2013年武城县规模以上玻璃钢企业统计表

表10-9

年份	企业个数（个）			规模以上企业效益（亿元）	
	总数	工商登记数	规模以上数	产值	利税
2000	1280	652	17	8.21	1.38
2001	1290	660	13	8.93	1.59
2002	1280	665	14	11.05	1.59
2003	1280	672	37	11.79	
2004	1297	678	65	22.54	

续表 10-9

年份	企业个数（个）			规模以上企业效益（亿元）	
	总数	工商登记数	规模以上数	产值	利税
2005	1293	680			
2006	1290	695			
2007	1299	701	130	58.71	9.39
2008	1351	715	111	53.67	7.44
2009	1382	727	114	85.18	
2010	1417	753	130	108.74	14.54
2011	1469	778	130	139.84	19.3
2012	1566	810	132	208.1	
2013	1592	834	141	235.76	

说明：表中企业个数由民营经济发展局提供，产值、利税来自武城县统计年鉴

第四节 人才培训

1986 年 5 月，为促进玻璃钢行业发展，滕庄乡举办 100 多人的玻璃钢业务员培训班。同年，鲁权屯乡召集玻璃钢企业厂长经理和业务员，研究玻璃钢发展方向，开发新产品，探索玻璃钢使用新领域。1987 年，鲁权屯乡被评为“全国农村科普先进集体”。1988 年 7 月，县政府邀请国家玻璃钢工业协会和中国玻璃钢研究机构专家到武城举办玻璃钢知识培训班，地点分设在县城、滕庄乡和鲁权屯乡，历时 3 个多月，培训 1000 多人。1989 年 8 月至 1991 年 9 月，对县玻璃钢协会会员进行重点培训，邀请山东建筑材料工业学院教师授课，培训地点分设在滕庄乡和山东建筑材料工业学院，100 多名学员取得大专毕业证书。1990 年 5 月，武城县乡镇企业业务员协会成立，针对全县玻璃钢知识、玻璃钢业务的培训工作全面展开。至 1993 年 10 月结束，历时 3 年。1991 年，举办玻璃钢业务人员培训班 3 期，受训人员 1000 余人。在玻璃钢空白乡镇举办培训班 3 期，培训人员 1000 余人。1992 年，在全县 7 个乡镇礼堂举办培训班，参加培训人员 2000 多人。1993 年，县委、县政府印发《关于批转乡镇企业局〈在全县开展普及玻璃钢知识的意见〉的通知》，在全县设立 16 个场所，每个场所有 1000 多人参加培训，为期 1 个月。

2001 年 7 月，邀请中国玻璃钢工业协会专家、教授到武城，召开玻璃钢工业发展座谈会。同年 8 月，邀请清华大学教授到武城举办市场营销培训班。2005 年 9 月 14—15 日，武城县举办中国汽车零部件产业集群专家论坛暨第二届中国·武城玻璃钢节。邀请中国机械工业企业管理协会、中国玻璃钢工业协会和山东省复合材料学会的有关领导、权威人士、专家学者，国内重点汽车零部件和玻璃钢企业法人代表 300 多人参加。2007 年 9 月 22—23 日，武城县召开中国·武城汽车零部件产业发展论坛。原机械工业部部长、中国汽车工业协会、中国机械工业企业管理协会名誉理事长何光远，东风汽车股份有限公司、天津一汽公司、中国重汽集团等 30 余家国内知名汽车企业代表及武城县汽车零部件和玻璃钢企业法人代表 400 多人参加。此后，县委、县政府每

年组织 3～5 次专家论证会，邀请国内外知名专家对玻璃钢及新材料产业发展规划进行论证分析。截至 2013 年底，全县玻璃钢制品业从业人员达到 4.62 万人，其中业务员 1.58 万人。

第五章　汽车及汽车零部件制造业

20 世纪 70 年代，武城县汽车零部件产业起步，主要由橡塑和玻璃钢产品不断延伸升级而来。在 40 多年的发展过程中，先后经历从简单的初级产品到高级产品、从零散的家庭作坊式生产到相对集中的规模化经营、从产品的单一化生产到多元化开发等阶段，逐步使“小配件”发展成“大产业”，成为拉动县域经济快速发展的支柱产业。“古贝虎”“龙祥”“武豪”“武岩”等一批产品品牌在国内汽车零部件市场上享有较高声誉。武城县先后被中国机械工业企业管理协会、中国玻璃钢工业协会、《中国汽车界》杂志社命名为“中国汽车零部件产业集群县”，被省政府命名为“山东省十大特色产业集群”。武城的汽车零部件产品主要涉及整车改装生产、机电金属制品生产、玻璃钢外饰件生产、橡塑及密封条生产等 4 个系列。全县汽车及汽车零部件产业占德州市整体规模的 43%，是德州市汽车零部件产业的主导县。

第一节　汽车制造

汽车改装与制造

1986 年 5 月，县农机厂与北京旅行车厂合作，组建北京旅行车厂武城分厂（也称武城汽车改装厂），开发研制玻璃钢车身旅行车。主要改装生产 BW620 型玻璃钢车身旅行车及变型车，系全国唯一全塑车身定点骨干生产厂家。1988 年，通过海南 3 万千米可靠性试验和国家级鉴定。同年，玻璃钢手工整体成型车身获全国优秀新产品奖及国家专利局“实用新型专利”证书。1989 年，武城汽车改装厂更名为山东武城旅行车厂。1990 年，改装生产汽车 510 辆，实现产值 2414 万元。1991 年 11 月，开发研制 BWC6440 型玻璃钢旅行车，生产汽车 530 辆，实现产值 2904 万元。1992 年，开发研制 BWC6470 和 6480 型玻璃钢旅行车。1993 年，被机电部定为一等品，产品销往 20 多个省、市。2000 年，山东武城旅行车厂进行产权制度改革，组建山东武城齐鲁汽车有限公司。2007 年 3 月，由中南集团重组并购，改称山东齐鲁汽车制造有限公司。成为以传统客车制造为核心，以电动汽车、新能源客车等产品为战略发展的高新技术企业，拥有独立的技术研发中心。2008 年，“齐鲁牌”客车被评为山东省著名商标，并被省政府列入山东省汽车工业调整振兴规划重点支持项目。2009 年，自主研发 BWC6602C 节能型“村村通”公交客车、BWC6100HG 型后置柴油公交车、BWC6100NG 天然气公交车，并通过国家汽车检测中心的检测。2010 年，公司研发新能源客车。7 月，第一辆 7 米纯电动考斯特新能源客车成功下线，填补国内纯电动商务汽车空白。随后，10.5 米纯电动客车、混合动力客车、天然气客车也相继下线。公司生产的汽车获第四届世界太阳城大会唯一指定接待用车。同年，公司全面实行 ERP 管理，制定满足 GB/T19001：2000 标准要求的质量管理体系和质量工作标准，并通过中国质量认证中心的“CCC”认证。截至 2013 年底，齐鲁汽车制造有限公司已成长为能

图 10-6 齐鲁汽车有限公司生产车间（2009 年 摄）

够生产普通客车和油电混动、电动等新能源大型高档客车的汽车改装生产企业。

新能源汽车制造

2000 年，新明玻璃钢制品有限公司研制成功全塑玻璃钢车身电瓶车。2001 年，恒和车业有限公司成立，主要生产新能源电动车、旅游观光车。随后，宇驰车业股份有限公司、贝州星车业有限公司、德兴车业有限公司相继成立，产品也由最初的电动旅游观光车生产，转向生产两轮、三轮、四轮电动微型车、老年代步车，兼营玻璃钢制品、汽车配件、摩托车配件、机械配件加工销售等。2008 年底，全县新能源汽车制造业实现产值 4050.7 万元。2010 年后，随着市场的开拓，全县生产的低速电动四轮微型代步车已行销全国。行业的发展，吸引大量民间资本投资该行业，高峰期全县生产厂家达百余家。随着消费市场的逐渐成熟，部分企业因技术、资金等因素影响，逐渐被市场淘汰。截至 2013 年底，全县有规模以上企业 57 家，实现销量 3.5 万辆。

重点企业简介

山东新奥宇车业股份有限公司　2004 年 4 月建立，位于甲马营镇工业园，始称宇驰车业股份有限公司，2013 年改称山东新奥宇车业股份有限公司。占地 6.67 万平方米，注册资本 3600 万元。系生产、研发电动四轮车、旅游观光车和老年代步车的企业，获国家设计专利 4 项。2013 年 4 月，在齐鲁股权交易中心挂牌交易。

德州威柯瑞电动车业有限公司　位于甲马营镇工业园，是晨光集团旗下的全资子公司，占地 10 万平方米，固定资产 3.8 亿元，员工 380 人，其中专业技术人员 58 人。专业从事低速四轮电动车的设计、研发、生产、销售。建有国内最先进的电动汽车检测线、整车性能检测试验场和电机、电控、电池及零部件检测中心。

第二节　车用橡塑制品

1985 年 3 月，甲马营乡韩坟台村村民韩金祥率先从事汽车橡塑装饰条的研发。同年秋，韩金祥与邢坟台村民邢德新建立邢坟台综合厂。专事汽车橡塑密封装饰条，给天津大发汽车厂供货，完全可以替代进口产品。由此，这一完全依赖进口的汽车配件实现国产化。1986 年 3 月，韩金祥与陈永和等人合伙，在甲马营乡花园屯村建起武城县汽车密封配件厂，从事橡塑密封装饰条生产。1987 年，县水利橡胶厂成功开发汽车密封装饰条，同时又成功研制橡塑复合体、三角橡塑密封件等多种汽车橡塑配件。1988 年 5 月，韩光荣建立武城县第一汽车配件厂，这是全县橡塑汽车配件生产裂变的开始。同年 9 月，县汽车密封配件厂生产的黑蓝白灰五颜六色的橡塑密封装饰条，在全国汽车配件邯郸展销会上，受到有关专家和一些大型汽车厂家的肯定。1989年3月，韩金祥创办武城县新城汽车密封件厂。同年12月，武城县汽车密封配件厂注册“武豪”商标。1990年，全县橡塑产品生产厂家开发的产品近百种。1991年，水利橡胶厂开发复合体橡胶密封条、一次注射成型角窗密封条获得成功，打开全县橡塑产品向高档次、多类型产品生产的通道。1994年6月，水兴橡塑总厂生产的26种橡塑合成系列配件产品，获首届中国金榜技术与博览会金奖。此后，新光橡塑厂、武城县宏源注塑厂等30多家企业相继成立。到20世纪90年代中后期，全县橡塑生产企业已经能够开发和生产各种车辆所需的多种橡塑配件。

图10-7 水星公司密封条生产车间（2013年 摄）

进入21世纪，全县先后建立武城县宏达密封件厂、德州奥太工贸有限公司、德州北辰复合材料有限公司等20多家橡塑制品生产企业。2006年，实现产值124亿元、利税15亿元，出口创汇9200万美元，从业人员10万余人，35家企业通过ISO9000和QS9000系列质量体系认证。2011年，山东龙祥橡塑制品有限公司开发研制工程橡胶，获得成功，实现橡塑产品向多元化发展。同年，山东玲珑集团在武城建立德州玲珑集团有限公司，实现武城县汽车零部件生产由量变到质变的跨越。截至2013年底，全县工商注册的汽车配件生产企业159家，其中规模以上企业15家，实现工业产值19.42亿元，主营业务收入17.3亿元。有12家企业通过ISO9002国际质量体系认证、QS9000质量体系认证。龙祥公司被评为中国100家最具成长型中小企业、晨光集团公司被评为山东省100家最具成长型中小企业。注册“武豪”“龙祥”“常青”“武岩”“龙涛”“奥宇”“德兴”“润晨”“福华”9大商标，其中“奥宇”被评为中国知名品牌，“龙祥”“武岩”被评为山东省著名商标。

重点企业简介

山东水星汽车部件集团　总部位于县经济开发区，是武城县汽车零部件产业集群的龙头企业，在全国同行业中居前五位。1986年建立，始称武城县水利橡胶厂。1991年改称山东省武城县国营水利橡塑厂。2000年，组建武城县水利橡塑有限责任公司。2001年12月，改为山东水兴橡塑股份有限公司。2005年，组建山东水星汽车部件集团。2009年，新设山东水星博惠汽车部件股份有限公司。截至2013年底，拥有员工1100人，其中大专以上中高级技术人员85人。

山东龙祥橡塑制品有限公司　1989年3月建立，始称武城县新城汽车密封件厂。2001年，迁入县经济开发区，改称山东龙祥橡塑制品有限公司。2004年，“龙祥”商标被评为山东省著名商标。2011年，公司新开发球型桥梁支座。系山东省橡胶行业50强。

德州玲珑轮胎有限公司　始建于2011年9月，位于县经济开发区，主要生产全钢载重子午线轮胎和高性能半钢子午线轮胎。2012年5

图 10-8 德州玲珑轮胎有限公司（2013 年 摄）

月，第一条产品下线。2013 年 5 月，年产 1000 万套高性能半钢子午线轮胎项目开工。截至 2013 年底，实现工业产值 14.2 亿元，主营业务收入 12.42 亿元。

第三节 其他汽车零部件

随着橡塑制品业产业链条的延伸，带动起多种汽车零部件生产，形成汽车零部件生产集群效应。2005 年 5 月，由韩国 KMC 公司控股的山东真元水兴汽车部件有限公司成立，以橡塑制品起家的山东水星汽车部件集团有限公司，其产品种类也在不断增加。2010 年，全县汽车金属制品类生产企业 25 家，实现销售收入 45.09 亿元，实现利税 2.21 亿元。截至 2013 年底，全县汽车零部件企业可生产汽车保险杠、玻璃钢车身、前脸、各种吊车、挖掘机驾驶室总成、座椅总成、玻璃升降器总成、汽车密封件、汽车仪表盘、汽车环保内饰件、大型成型件、刹车油管等 50 多个系列 3000 多个品种，可为各种轿车、农用车、摩托车等进行配套。销售市场遍及北京、上海、哈尔滨、长春、武汉、大连、青岛等 30 多个大中城市，产品覆盖全国 60% 以上的汽车生产厂家，并与中国第一汽车集团、东风汽车集团股份有限公司、北京汽车集团有限公司、上海汽车工业集团、中国重型汽车集团有限公司、中国长安汽车集团股份有限公司、哈尔滨哈飞汽车工业集团有限公司、江西昌河汽车有限责任公司等 40 余家大型汽车生产企业实现定向联系，为其配套生产或独家生产。

2013 年汽车主零部件种类一览表

表 10-10

主部件	零部件
发动机	汽缸体、汽缸盖、汽缸套、汽缸垫、轴瓦
车身	驾驶室、玻璃、车门车窗加工件、玻璃升降器、遮阳板、车灯、刮水器、洗涤器等
底盘—制动	制动器、刹车片
底盘—行驶	车轮、轮胎
电子电器	暖风机
汽车安全系统	保险杠、中控锁、排挡锁、车轮锁、脚踏板锁
通用件	轴承、油封、密封件、橡胶、塑料件、硬管、软管、标准件、紧固件、粉末冶金、摩擦材料
汽车（内外）饰品	遮阳用品、方向盘套、汽车外罩件等

重点企业简介

山东真元水兴汽车部件有限公司　2005年5月成立，是一家中韩合资企业，由韩国KMC公司控股经营。占地12.2万平方米，建筑面积6.5万平方米，一线员工300人，注册资金1400万美元，固定资产投资额2.8亿元，建有年产120万件汽车高档铝合金轮毂连续生产线。系美国JCA、欧洲现代、北京现代、江苏东风悦达起亚等知名汽车厂家的铝合金轮毂合格供应商。

第六章　机械制造业

第一节　农业机械制造

1986年，全县有农业机械制造企业3家，以生产农机配件为主，实现产值410万元。其中，县农机厂属国营企业，主要生产GT-800型皮辊轧花机、6NS-20型碾米机、B-655牛头刨、Z5-25型摇臂钻、QT-580型动力轧花机、MTY-20型锯齿轧花机以及小麦脱粒机等产品，同时针对农用拖拉机、内燃机等机械生产配件和进行维修。同年5月，县农机厂与北京旅行车厂合作，成立汽车改装厂。至1990年，不再从事农业机械生产，其他两家以生产农机具配件和农机具维修为主。

1990年，从事农机维修、小农具制造的春明农机修配部改称春明机械厂，主要生产播种耧、机械牵引犁、拖拉机车斗等农用机械、机具。2009年，春明机械厂组建德州春明农业机械有限公司，开始生产玉米收获机、田园管理机、秸秆粉碎还田机、玉米免耕深松施肥精播机等现代化大型农用机械，产品远销新疆、内蒙古、甘肃、东北三省。“春明”牌系列农机具拥有17项国家专利，产品均获得农业技术推广鉴定证书，当年实现产值6500万元，利税1500万元。

2009年，武城县志鑫机械厂更名为武城县志鑫机械有限公司，主要生产田园管理机，中型、大型玉米脱粒机，背负式、自走式玉米收获机等各种大、中、小型农业机械，并可根据用户要求设计、生产适合不同地区不同模式的机械产品。田园管理机获得省级农业机械推广鉴定证书，自走式玉米收获机获得省级及部级农业机械推广鉴定证书。2012年，公司产品进入山东省农机产品补贴目录，销售区域辐射东北三

图10-9　玉米联合收割机（2013年　摄）

省、河北、山东。2013年，年产各种农用机械1000余台，有4种产品进入国家支持推广的农机产品目录，销售区域扩大至甘肃、宁夏、陕西、内蒙古、山西、安徽、江苏、河南。年实现产值6350万元。

2012年8月，德州海伟机械有限公司入驻四女寺镇市南经济开发区，主要生产4YW-2、4YW-2B、4YZP-2型玉米收获机，自主研发的4YZP-2S（四驱）、4YZP-3（当地型）、4YZP-3（东北型）、4YZP-4（东北型）玉米收获机通过山东省鉴定。截至2013年底，全县规模以上农业机械设备制造业实现产值2.41亿元，主营业务收入2.28亿元。

第二节　电机生产

2000年5月，德州亨力电机厂在鲁权屯镇工业园成立，主要生产为各种型号的中央空调配套的电机。2002年，德州金磊电机制造有限公司在鲁权屯镇工业园建立，主要从事Y系列三相异步电动机、风机制造，中央空调末端产品、玻璃钢制品加工销售，是山东省制冷协会会员单位，中国电器工业协会、中小型电机分会会员单位。2004年4月，德州市神力电机制造有限公司、德州市强力电机有限公司相继投产，专门从事各种电机制造、销售及配件加工。2009年，金力特电机有限公司成立，主要生产Y、Y2、三相异步电动机、YD、YDT、变极多速三相异步电动机、YSF、YT风机专用三相异步电动机。产品通过CCC认证、能效标识认证，企业已通过ISO9001：2000质量管理体系认证，产品远销省内外。截至2013年底，全县电气机械与器材生产厂家7家，可以生产Y系列三相异步电动机、防爆电机、减速机、风机等产品，年销售收入8.16亿元，主营业务收入7.96亿元。

第三节　通用机械（设备）制造

1986年，全县机械（通用设备）制造企业3家，年产值587万元。其中，县机械厂主要生产轴承、液压件等产品，年产值231万元。1997年，县机械厂改制为民营企业，改称武城县鑫元液压机械有限公司，主要生产液压元件、人造金刚石及制品、微型电机加工销售。1999年5月，山东武城东方筑路机械厂建立，主要生产沥青加温罐、乳化沥青设备、沥青库等，年产值2000万元。2004年3月，山东由尼机械电力设备有限公司建立，主要生产销售电力配套设备、电表箱、配电箱、环网柜、箱式变电站、电缆分支箱、开关箱、电能计量箱（配电板）、电力变压器、高低压开关柜、农网箱（低压成套开关设备）、燃气表箱、水表箱、水箱、风机盘管、复合材料及玻璃钢制品等产品。2004年，全县有机械加工企业12家。2007年，建立武城县东风筑路机械厂、武城县远通机械设备有限公司、武城县金正机械有限公司、德州瑞金机械设备有限公司、武城县金鼎机械有限公司6家企业，主要生产沥青常压容器、风机配件，机械配件加工、折弯机、冲床、压力机、剪板机、中央空调末端设备、疏松机、铸件加工、塔机配件等。同年，山东贝州集团机床设备有限公司建立，是武城县第一家机床生产企业，国家机械工业部定点生产锻压机械的企业，年生产机床1500台。2010年，全县机械工业发展到23家。截至2013年底，全县有通用设备制造企业45家，实现产值69.11亿元，主营业务收入73.88亿元。

重点企业简介

山东贝州集团有限公司　位于鲁权屯经济开发区。1995年，称武城县贝州通风空调设备制造厂。2005年，组建山东贝州集团有限公司。

注册资金1.17亿元，占地26.67万平方米，建筑面积10万平方米。拥有制冷机组生产线、风机盘管生产线、机床设备生产线、铝合金生产线、BZ-A外墙保温生产线17条。截至2013年底，有员工800人，其中技术人员296人，中高级工程师35人。

双一集团　始建于2011年，位于四女寺镇蔡西村、德武路北侧，系四女寺镇回乡创业的企业。总投资5亿元，一期投资1.5亿元，建成2.5万平方米生产车间1栋，投资5000万元从意大利订购生产设备。主要承接制作大型风力发电机舱罩、风力发电叶片、豪华游艇生产模具。二期2013年开工建设，投资4000万元，引进日本年产1万台装载机外壳模压设备。截至2013年底，有员工130人，其中技术人员35人。

第七章　农副产品加工业

第一节　辣椒加工

1989年，尚庄村民安装两台磨粉机加工辣椒片，赚取加工费。1992年，湖南、四川客商要求加工鲜辣椒酱外运，此为武城辣椒粗加工的发端，也是武城辣椒市场收购鲜辣椒的开始。此后，众多辣椒经销户从事辣椒粗加工。同年，谭英潮在老城镇成立联购分销综合经营部，从事辣椒经营。1994年，中韩合资的武城亚星食品有限公司成立，经营干、鲜辣椒，速冻鲜椒，并加工内销、出口级辣椒粉、辣椒碎等产品。1996年，联购分销综合经营部改称英潮经贸有限公司。同年，武城县鑫达食品加工厂、宏图辣椒制品有限公司相继成立，主要从事干、鲜辣椒购销和辣椒粉、辣椒碎以及鲜椒酱的加工。2002年，英潮经贸有限公司在辣椒市场修建英潮经贸有限公司尚庄分公司，开始加工辣椒粉、辣椒片、辣椒碎、辣椒干等初级产品，为外地辣椒加工企业提供原料。2005年，英潮经贸有限公司与青岛多元食品有限公司共同投资，成立德州多元食品有限公司，投产一年的时间就出口辣椒酱半成品6000吨，创汇600万美元。自此，全县辣椒加工业开始进入发展快车道。2006年，辣贝尔食品有限公司新上的辣椒红色素和辣椒碱提取项目成功投产，日加工辣椒20吨。2008年，德州多元食品公司的成品辣椒酱投产。2010年，辣椒碱和色素提取项目扩产至50吨，年产辣椒天然色素1500吨，年产值过亿元。2012年，中椒英潮辣业发展有限公司与多家国际500强食品企业建立贸易合作关系。建设20万亩无公害辣椒种植基地，2.5万亩出口备案绿色辣椒种植基地。截至2013年底，全县有辣椒加工企业50余家，实现销售收入15亿元。产品远销美国、加拿大、韩国、日本等国家和港澳地区。

重点企业简介

中椒英潮辣业发展有限公司　始建于1992年，始称联购分销综合经营部，1996年改称武城县英潮经贸有限公司。2002年，在武城镇尚庄村建立英潮经贸有限公司尚庄分公司。2012年改称中椒英潮辣业有限公司。总资产10.5亿元，注册资金7000万元，占地30万平方米。主营产品有辣椒干系列、韩式风味酱系列、辣椒提取物系列和辣椒休闲食品系列等8大系列100多个品种。公司先后被认定为

图 10-10 中椒英潮公司生产车间（2007 年 摄）

农业产业化国家重点龙头企业，全国绿色食品示范企业。

第二节　棉花加工

1986 年，全县有棉花加工厂 8 家，其中隶属于县棉麻公司的 6 家、隶属于乡镇企业的 2 家，当年加工产值 8171 万元，占全部工业总产值的 42.97%，棉花的收购、加工、销售均执行国家指令性计划。1987 年，甲马营棉花代收站扩建为油棉厂。1995 年，为便于统一管理，大屯乡、鲁权屯镇棉花加工厂划归棉麻公司。此期，棉花加工业主要进行籽棉加工、棉籽脱绒、皮棉打包等工序。其中，第二油棉厂、第三油棉厂、甲马营油棉厂、大屯油棉厂还可进行棉籽榨油。随着纺织工业发展，棉花需求量不断增大，原有的棉花流通体制已不适应经济形势的发展。1996 年，民间资本开始参与棉花收购与加工。1998 年 11 月，《国务院关于深化棉花流通体制改革的决定》颁布，自 1999 年新棉上市起，国家取消供应和调拨计划，棉花加工厂和县级棉麻公司可直接与用棉单位进行交易。大量民间资本涌入棉花加工行业。借助资源优势，县政府因势利导，在老城、杨庄建起露天棉花交易市场，设立银山工贸园，引导加工企业入园生产。到 2000 年底，全县棉花个体私营企业达 30 余家，生产设备多为 40 片锯齿轧花机，双杠型打包机等。2001 年，棉花加工企业生产设备更换为 80 片至 90 片锯齿轧花机。同年 12 月，武城县聚鑫棉花加工厂成立，拥有 400 型棉花打包机 1 台，天鹅 96 轧花机 4 台，年加工销售棉花 1 万余吨，2004 年，仅杨庄乡就兴建高标准棉花加工厂 18 处。此期的棉花加工设备也已更新为 96 型新型轧花机、420 型皮棉清理机、90 型籽棉清理机、400 型棉花打包机等。2008 年，全县具有收购加工资格的棉花收购加工企业 138 家，经营业户多达 300 余家。其中聚鑫棉花加工厂加工皮棉国家公检包数和吨位名列山东省第五位，被国家发改委列为全国棉花行业重点企业。此后，受世界金融危机波及，棉纺、服装行业产品出口受挫，加上政策导向和粮价提高，使得粮棉比价失调，棉花种植面积缩减，众多企业经营举步维艰，大量资本退出棉花收购加工行业。截至 2013 年底，全县棉花收购加工企业 54 家。

重点企业简介

武城县兴宏棉花加工厂　始建于 2000 年，位于老城镇工业园。占地 1.32 万平方米，注册资金 2000 万元。固定资产 2857 万元。年（皮棉）生产能力 1 万吨，产值 1.96 亿元。2008—2013 年，累计交售国家储备棉 1.2 万余吨。

第三节　粮油加工

粮食加工

1986 年，全县独立核算的粮食加工企业

10家，实现产值975万元。其中，直属于县粮食局的面粉厂属于较大型的面粉加工企业，当年销售收入152万元，产值345万元。其余9家集体企业均为乡镇、村办的中、小型粮食加工厂。随着粮食产量提高，粮食加工企业数量增加，大部分分布在村庄。1988年，全县乡镇以上粮食加工企业9家，实现工业产值670万元，村办粮食加工企业50家，实现产值283万元，年产面粉4.69万吨。1989年8月，武城县面粉厂由老城镇迁址县城振华街西首，以生产标准粉为主。1990年，全县乡及乡以上粮食加工企业7家，其中县属企业2家、乡镇属5家，实现产值7567万元。同年，李家户乡张庄村新建面粉加工厂1处，主要生产超级特精粉、砂子粉、超级特一粉、水饺专用粉、天然面粉、精制系列挂面等。1998年9月，县面粉厂升级改造，达到日处理原粮200吨，并成立中天皓面粉有限公司，日生产面粉150吨，可生产精粉、特一粉、特二粉、标准粉等，年销售收入890万元，产值1880万元。1997年5月，老城镇三合面粉厂建立，固定资产2152万元，总资产3020万元，拥有自动化等级面粉生产线1条，挂面自动生成线2条，年生产面粉5200吨，挂面780吨，1998年注册“古贝雪”系列商标。2003年，原属于县粮食局的中天皓面粉有限公司实行租赁制经营，资产全部出租给夏津县发达面粉厂。2010年4月，武城县新伟面业有限公司成立，址在老城镇东环路南首，主要生产小麦粉、挂面。2013年3月，武城县广利米业有限公司在龙湾粮食市场建成投产，以小米加工和杂粮加工销售为主。同年12月，德州华浩面业有限公司建立，日加工小麦350吨，年加工能力12.8万余吨。截至2013年底，全县规模以上粮食加工企业3家，产值4亿元。

植物油加工

1986年，全县植物油加工企业8家，除县油厂外，其余7处均隶属棉麻公司的油棉加工厂或乡镇企业，大部分以加工棉籽油为主，全年实现产值1141万元。1988年，乡镇以上办植物油加工企业7家，实现产值485万元；村办植物油加工企业12家，年产植物油6316吨，产值94万元。1996年10月，武城县植物油厂竣工投产，日处理原料150吨，年生产国标一、二级大豆油和高级烹调油4000多吨，年产值9600多万元。2004年，植物油厂改制为股份制企业，更名为金马油脂有限公司。是年底，全县植物油加工企业19家，实现产值5.5亿元，利税3456万元。2008年9月，武城县茂泰油棉有限公司成立，位于老城镇工业园，主要业务是棉花加工、植物榨油，是德州市农业产业化重点龙头企业，注册有“兄弟村”“茂泰”商标。截至2013年底，全县规模以上植物油加工企业84家，产值96.34亿元。

第四节　食品加工

副食品加工

1986年，全县有副食品加工企业19家，完成工业产值365万元。其中，糕点、糖果制造业15家（除隶属于商业局的新城副食品厂和老城副食品厂外，其余均隶属各乡镇供销社），罐头食品制造厂2家，其他食品制造厂2家。此期，农村还散落着若干副食品个体加工户，主要生产蛋糕、面包、月饼、桃酥等副食品。1994年，商贸系统实行租赁制经营，基层供销社的副食品加工厂或由个人租赁，或关闭停产。到1998年，全县已无国营、集体所有制的副食品加工企业，代之而起的是大量的副食品加工个体户。2006年6月，德州天信食品有限公司建立，主要生产加工预制肉制品、蛋制品、面制品，经营冷冻（藏）制品。2013年，武城县丰利食品有限公司、武城县麦萨食品有限公司、武城县瑞佳食品有限公司先后建立，从事糕点加工。截至2013年底，全县有规模以上食品加工企业3家，产值11.5亿元。

屠宰及肉类加工

1986年，全县屠宰及肉类加工企业仅有津武肉联厂1家，1983年由武城县食品公司与天津市食品公司联合建设，1984年投产。拥有日宰杀生猪1000头、牛100头的机械化屠宰加工车间各1座，并有冷藏能力1500吨的冷藏库1座，产品主销天津，为山东省出口牛肉定点宰杀注册企业。1993年，肉品购销渠道放开，产品销往全国各地。2000年后，主营白条鸡的加工冷藏业务，日宰杀量1.5万只，产品主要销往德州扒鸡美食城以及山西等地。2003年10月，改为股份合作制企业，固定资产1100万元，年产值1200万元。

2010年，山东正兴食品有限公司成立，是山东和美集团新建的一家大型肉鸭屠宰加工企业，主要从事家禽收购、屠宰、冷冻冷藏、加工与销售，蔬菜代购代储，饲料及饲料原料销售。年加工肉鸭1000万只，吸纳1000余人就业，带动辐射四女寺镇周边60千米范围内肉鸭养殖。

第八章　纺织　服装

第一节　棉纺织

1986年，全县有棉纺织企业2家，当年实现产值1534万元，占当年工业总产值的8.1%。产品销售收入1515万元，占当年工业产品销售收入的9.7%。年末固定资产原值957万元，占全县工业固定资产原值的14%。20世纪90年代，县委、县政府把县棉纺厂作为全县十大重点企业培植，到1995年，县棉纺织厂年产值8000万元，上缴利税400多万元，是德州市棉纺织行业的骨干企业。随着民营经济的发展壮大，许多民间资本开始投资棉纺行业。1996年9月，南洋纺织有限公司成立。至2000年，全县有纺织企业4家，年产值10.42亿元。2002年，华兴棉业集团成立，设计规模5万纱锭，年产棉纱6000吨。2003年，武城县盛源织布有限公司、清波纺织有限公司等纺织企业相继建立。2004年5月，武城县民福棉业有限公司建成投产，引进国外先进的全自动气流纺生产设备，专业生产高档7S-32SOE纱线。2005年6月，武城德亿安棉纺织有限公司建立，主要生产精纺棉纱，年产4000吨，产值8000万元。2008年3

图10-11 棉纺车间一角（2012年 摄）

月，武城县龙腾纺织有限公司成立，拥有全套智能纺纱流水线，主要生产60S以内的各种精梳纯棉、麻纺，年生产棉纱2000多吨。至2010年底，全县有规模以上纺织企业32家，实现产值26.36亿元，占全县规模以上工业总产值的7.47%，比1986年增加174.73倍。2010年后，受国际市场影响，棉纺织行业经营效益降低，个别棉纺企业经营业绩萎缩。截至2013年底，全县有规模以上纺织企业29家，工业总产值38.98亿元，占规模以上工业总产值的5.74%。

图10-12 神龙毯业公司机织生产线（2011年 摄）

重点企业简介

山东武城德源纺织有限公司 位于县经济开发区，前身为武城县棉纺厂。是一家集轧花、棉纺、织布、服装于一体的中（二）型企业。主要生产以纯棉、莫代尔、竹纤维、粘胶、氨纶为主要原料，以21～40支为主的各种纱线。2002年2月，公司获得自营进出口权。2003年7月，与香港国际之星制衣有限公司合资成立山东德州金象国际制衣有限公司。2010年，生产的出芳纶布，广泛应用于工业、汽车行业。

华兴集团棉业有限公司 始建于1996年8月，位于杨庄工业园，始称华兴棉花加工厂，2000年，扩展到3家分厂。2001年，注册“大运河”“杨庄花”2个商标。2002年，成立华兴棉业有限公司。2004年，组建华兴集团，占地9.07万平方米，总资产近亿元，年生产棉纱达6000吨、皮棉2万吨。截至2013年底，有职工278人，其中技术人员64人。

第二节 地毯编织

1986年，全县地毯工业总产值831万元，产品销售收入784万元，利税141万元。20世纪80年代末，在县地毯厂的带动下，地毯加工逐步向广大农村辐射，一家一户安装一台地毯织机，就近召集二三人即可生产。到1996年，全县地毯加工机已达6000余台，从业人员1万余人，年产量30万平方米，创汇1200万美元，社会效益4000万元，武城成为全国栽绒地毯最大生产县。是年5月，以县地毯厂为龙头组建德州地毯集团总公司。1997年2月，改称山东神龙地毯集团总公司。2003年7月，由原企业承包人发起，组建山东神龙毯业有限公司，改为股份制企业，可生产栽绒地毯、皇宫地毯、胶背地毯等11大系列1000余个品种，年产各类地毯100万平方米，出口美国、日本等20多个国家和地区。被国家质量监督检验检疫总局授予“中国名牌”产品，产品质量获国家免检。“龙禧”商标被审定为山东省著名商标。同年，引进世界最先进的德国、英国、比利时产电脑制图，电子多臂、计算机控制生产的地毯织机及后整生产线13条，形成200万平方米的手工新工艺地毯生产能力。先后购置电脑及设计开发软件30余台套，引进专业技术人才20多名。其中，国家级工艺美术大师1名，山东省工艺美术名人1人，山东省技能大师3人，高级设计师10人。200余幅图案获国家外观设计专利。2008年，修建神龙地毯艺术博物馆，为国内首个地毯艺术博物馆。

1999年8月，武城县炳海地毯厂建立。2000年，华其特艺品有限公司建成投产。2010年，李家户乡引进山东凯地兰纺织有限公司，主要从事“凯地兰”系列机织地毯、进口机织地毯等纺织品的加工及销售。截至2013年底，全县地毯编织企业19家，其中规模以上企业4家，实现工业总产值5.77亿元，销售产值5.57亿元。

第三节　服装加工

1986年，全县服装制造业多为不同规模的个体缝纫加工作坊，以门店为主，还有部分个体服装缝纫加工户在集市经营，全县独立核算的服装制造企业仅3家，当年实现工业产值32万元，产品销售收入8万元。1992年，山东省奥绒服装有限公司建成投产。1995年，宏源服装店、中天服装有限责任公司成立。2003年7月，武城县银河纺织有限公司与香港国际之星制衣有限公司合资成立山东德州金象国际制衣有限公司，主要生产衬衣、休闲装、西裤、裙子、各式男女睡衣等。2007年4月，山东省奥绒服装有限公司新上德国杜克普、日本重机公司的高档服装生产线，运用美国进口CAD/CAM电脑设计、排版系统，生产休闲系列防寒服、标志服、被服、服装辅料、针刺热熔保暖材料等，是江北最大纤维絮片、无纺布、硬质棉生产基地。2010年后，全县服装加工业借助资源优势进入发展快车道，先后建立锦依尚服装厂、海源纺织服装有限公司等企业。截至2013年底，全县服装加工业户151家。其中，规模以上服装生产企业9家，实现工业产值10.18亿元。

第九章　化工　塑料

第一节　化学工业

1986年，全县只有县化工厂1家化工企业，由县磷肥厂转产而来，主要生产树脂胶、热溶胶、鞋用胶和涂料，年产值112万元。1988年4月，四女寺镇染化厂建立，总资产86万元，生产直接桃红12B，产品出口国外。1990年，武城县染织助剂厂、武城县福利树脂厂、武城县洗涤剂厂相继建成投产，主要生产纺织染色助剂、不饱和树脂、无磷洗衣粉等。是年，全县化工企业5家，实现产值885.8万元。随着武城县玻璃钢产业的发展，树脂、玻璃布、稀料等化学原料用量增加，民营化学工业兴起。济南树脂分厂、北甘泉树脂厂、玻璃钢原材料厂等9家生产企业先后建成投产，主要生产不饱和树脂、玻璃布、热熔胶等产品，因产品质量不稳定，部分企业倒闭。至1997年，全县有化工原料及化学制品制造企业4家，产值542万元。2000年8月，县化工厂实行股份制改造，组建武城县康达化工有限公司，主要生产腈、酮、羧酸、氯苄4大系列20多个品种。进入21世纪，一批以日用化工、生物科技、精细化工为主的民营化工企业相继成立。以生产日用品为主的企业有美洁斯日用化工厂、鑫佳日化，主要产品有无磷高效浓缩洗衣粉、香皂、洗衣皂。以生产生物肥料为主的企业有武城县华迪生物制品有限公司、山东永旺生物科技有限公司。2001年12月，山东日新复合材料有限公司成立，主要产品有不饱和聚酯树脂、热熔胶、金属清洗剂、切削液、无苯稀料等9大系列40多个品种，重点为玻璃钢企业提供原材料，主要销往新疆、四川、河南、河北、山东等地。2005年8月，山东高新润农化学有限公司成立，主要产品有间溴基甲醛、间苯氧基苯甲醛、二甲氧基甲烷、甲醇、头孢类抗生素医药中间体以及DV菊酸甲酯、DV菊酰氯，贲亭酸甲酯，3-戊酮、甲基异丙基酮等农药中间体。2012年12月，德州金正大生态工程有限公司成立，主要从事复合肥、缓控释肥料及其他新型肥料的研发、生产和销售，具备年生产复合肥、控释肥20万吨的能力。拥有300平方米实验室，仪器设备60台（套）。截至2013年底，全县规模以上化学原料和化学制品制造企业16家，年产值25.36亿元。

第二节　塑料制品业

1986年，全县有塑料厂1家，为县办集体企业，主要生产鞋底、管材、彩印袋、地膜、农膜、输水带等产品，年产值122万元。1988年，武城塑料厂与青岛化工学院联合研制开发出多功能无滴大棚膜、除草膜等产品，经专家鉴定，达到国内先进水平。1990年，塑料厂对设备进行技术改造，形成农地膜、彩印袋系列化，生产能力提升10多倍。1992年，研制出防老化多功能大棚膜、韭菜专用色膜等产品。同年9月，山东红泥塑料股份有限公司成立，主要生产塑料管道、塑料板材、塑料管件等，产品具有强度高、抗老化性能。1994年，实现产值749.8万元，上缴税金60万元。1997年，全县塑料制品产量1088吨，其中生产塑料薄膜780吨、农用薄膜684吨，塑料棒、管材308吨，产值981万元，上缴利税8.4万元。1998年，县塑料厂改制为股份制私营企业，以生产农用地膜为主。2000年，红泥塑料股份有限公司因经营不善破产倒闭。2003年，山东利达超高分子管材有限公司成立，主要生产各种地膜，大棚膜，PE80、PE100管材，超高分子管材。大棚膜、土工膜机组日产48吨，最大宽幅18米，是全国最大的生产线之一。2008年，全县塑料制品企业4家，年产值4.15亿元。2012年，山东史蒂夫医疗科技有限公司建立，主要生产胃管、胃管包、导尿管、导尿包、吸痰管、泪道引流管等医用塑料产品，其中泪道引流管是该公司独家专利技术。截至2013年底，全县规模以上塑料制品企业7家，年产值10.94亿元。

第十章　造纸　印刷

第一节　造纸

1986年，全县有造纸厂1家，年产值605万元，产品销售收入659万元。1995年5月，在工业经营体制改革过程中，县造纸厂被合并于宏达实业总公司，改称宏达造纸厂。1997年，划归县电业公司管理，改称光明纸业有限公司。2000年，实行股份制改制，组建武城县伟达纸业有限公司，主要产品有单胶纸、双胶纸、胶印书刊纸、书写纸等。2003年6月，关闭草浆生产线，新上以废纸原料脱墨生产书刊纸，原料由15万吨减少到6万吨，生产用煤炭由5万吨减少到2.5万吨，COD排放量由2184吨减少到218吨。2005年，通过省级清洁生产绩效审核认定，成为全省首批清洁生产达标单位。先后获省级节能减排模范单位、德州市环保信用等级A级企业、德州市环境保护工作先进单位。2008年4月，更名为武城县吉强纸业有限公司。截至2013年底，有职工600多人，其中技术人员80余人。

1988年，郝王庄乡政府投资兴建郝王庄造纸厂。至1995年，年生产能力1.5万吨，年产值900万元，主要产品有凸版纸，胶印书刊卷筒，书写、有光等类白纸，20多种规格，所产白纸达到国家标准，销往北京、天津，上海、广州、福建、浙江等地，出口马来西亚、朝鲜等国家。2006年，因环保措施不到位，停产关闭。

第二节　纸制品

1990年，全县有包装箱厂和纸板厂2家纸制品企业，年产值525.7万元，产品销售收入128.5万元，利税9万元。1998年5月，武城县水利橡塑厂成立纸箱分厂，2002年6月停止生产。1999年4月，武城县远大纸品有限公司成立，从事印刷品印刷、电脑设计服务、纸制品加工销售。2003年12月，武城县宏祥纸箱制品有限公司成立，主要从事纸箱加工。2006年12月，武城县中骐纸品包装有限公司成立，从事纸箱、纸盒加工。2008年9月，新和祥纸品包装有限公司在县经济开发区建成投产，一期投资5100万元，建有五层瓦楞纸板生产线。2009年，武城县新峰纸制品包装有限公司设立，主要从事纸箱、纸板、包装用纸制品生产销售。2013年，新和祥二期工程开工建设，生产二层、七层瓦楞纸板，年产板纸4500万平方米。截至2013年底，全县有规模以上纸制品企业3家，总产值2.84亿元。

第三节　印刷

1986年，全县仅有县印刷厂1家印刷企业，主要设备有四开机动胶印机1台、卧飞印刷机1台、对开自动印刷机1台、四开平台印刷机1台、方箱印刷机1台、方盘印刷机1台，其他附属设备5台（套），年产值75万元。1991年，购置双面胶印刷机1台、单面胶印刷机2台及激光照排系统，生产工艺由普通印刷提高到书刊、挂历、年画等高精密印刷，被国家新闻出版署命名为书刊印刷国家定点企业。1993年9月，县印刷厂改称德州新联印刷厂，当年实现产值624万元，销售收入857.7万元，有职工394人。1997年2月，组建德州新联印刷股份有限公司。1998年6月，公司宣布破产，被郝王庄造纸厂收购。1998年12月，东兴印刷有限公司成立，主要印刷日历、台历、作业本、商标等产品。2008年，全县印刷业产值4.38亿元，上缴税金211万元。截至2013年底，全县有规模以上印刷工业企业3个，产值4.6亿元。

第十一章　建　材

第一节　砖瓦　预制件

砖瓦

1986年，全县有乡镇村砖瓦厂22家，年产值1074万元。随着经济的快速发展，基础设施建设投资逐年增大，工业、民用建筑对砖瓦的需求大量增加，黏土砖瓦生产效益较好。1997年，全县乡及乡以上所属砖瓦场13家，年产值1519.9万元，销售收入1063.7万元，利税188.4万元。1999年，农村开始出现个体户开办的砖瓦场。老城镇东屯砖瓦场、大屯乡丁王庄砖瓦场、大屯乡张王庄砖瓦场相继开业。2000年，董王庄乡侯王庄新兴砖瓦场成立。同年底，实施产权制度改革，全县13家乡镇砖瓦场全部出售给个人经营。2001年，滕庄第二砖瓦场、郝王庄镇砖瓦场等6家砖瓦场建成投产。到2005年底，全县个体砖瓦场18家。随着城区建筑禁止使用实心黏土砖，到2010年底全县黏土制砖瓦场陆续关闭。

预制件

1986年，水泥预制件全部由建筑单位现场制作，自产自用。1990年，蔡村乡开办全县第一家乡办水泥预制件厂，生产楼板、水泥过梁等预制件，年产值9.5万元。1992年，祝官屯乡开办预制构件厂，生产楼板、水泥过梁、水泥涵管等，当年实现产值161.4万元。1997年，李家户乡水泥预制厂建成投产，当年实现产值99.5万元。2008年8月，德州鼎泰路桥工程有限公司成立，从事商品混凝土、混凝土预制构件加工、销售。截至2013年底，全县有预制件加工厂8家，其中规模以上企业3家，年产值3.5亿元。

第二节　新型建筑材料

1989年，武城县新型建材厂建立，固定资产900万元，主要生产水泥复合板。同年，县建材厂成立，生产釉面砖，固定资产210万元，年产值225万元。因管理不善，至2000年相继破产。2005年，山东贝州集团有限公司生产销售彩钢板、保温板等新型建筑材料，投放市场。2006年，山东浩科新型建材有限公司成立，主要产品有水泥标砖、水泥彩瓦、路面彩砖、水泥涵管、各种大型预制构件等。2008年，德州汇特环保科技有限公司成立，位于滕庄镇工业园南首腾达大街南侧，拥有A级轻质保温板生产流水线8条，EPS复合保温板生产流水线3条，EPS板生产线2条、自动切割线2条，可实现年产A级轻质保温板1000万平方米，EPS复合保温板2000万平方米，EPS板20万立方米。其中，A1级和B级外墙保温系列产品，获得山东省新型墙材建筑节能技术产品。截至2013年底，全县新型建材行业完成工业增加值8.2亿元，主营业务收入35.6亿元，利税3.8亿元。

第十二章 专用设备制造业

第一节 蓄电池

1995年，武城县成立特种电源厂，生产免维修蓄电池，为济南轻骑、新大洲等摩托车厂家供货配套，年产值500余万元。2009年12月，老城镇政府引进山东派森科技有限公司，主要生产免维护“猎豹”“派德森”“玥神”铅酸蓄电池，6V、12V、24V 3个系列100多个规格型号，可供汽车、重型机车、拖拉机、纯电动汽车、船舶、助力车、风光电储能蓄电池使用，为北汽福田、中国重汽、中航黑豹、福田雷沃国际重工、山推重工等国内知名企业提供配套服务，部分产品出口东南亚、非洲、日韩、欧美等国家和地区。2012年，实现销售收入1.8亿元，缴纳税金560万元，有员工321人，技术人员48人。2013年，因管理不善，企业进入调整期。

第二节 环保产品

1986年，全县环保产品主要有玻璃钢节能风机系列产品、各种型号的玻璃钢冷却塔、玻璃钢酸雾净化塔、太阳能灶。2007年10月，山东奥博环保科技有限公司成立，位于县经济开发区振华街东首南侧，主要生产保温棉、过滤棉、过滤袋、过滤器等，承揽环境工程领域气、水、渣的治理设备制造、安装、施工、工程设计、产品销售等。生产的环保机械设备，可用于大型电站和工业锅炉及各类燃煤设备，可为纺织、钢铁、建材、化工等行业解决除尘难题。该公司与上海东华大学合作承担国家“863”课题，共同研制开发环保材料新产品20余种，完成国家级创新项目4项，省级创新项目9项，市级创新项目10余项，获专利15项，其中发明专利4项。与省科学院新材料研究所、华东大学和东北大学国家滤料检测中心建立科技合作关系，系合作单位硕士研究生工作站。2008年10月，武城县华蓬科技新材料有限公司建成投产，主要生产聚酯纺粘针刺长丝土工布、短丝土工布、防水板、土工膜、复合土工布、复合土工膜、编织布、编织袋、机织布等。2011年，山东奥博环保科技有限公司技术中心被省科技厅批建为山东省袋式除尘工程技术研究中心。2013年11月，德州欧典环保科技有限公司在县经济开发区成立，主要生产环保设备、供水设备、空气净气

图10-13 山东奥博环保科技有限公司（2012年 摄）

化设备等产品。同年，山东奥博环保科技有限公司被认定为省级高新技术企业。

第三节　光伏产品

2005年，腾龙集团投资5000万元成立山东晶威特电子科技有限公司，主要生产高科技产品单晶硅。2007年，腾龙集团销售额2.3亿元，利税642万元。同年，成立德州意达石英坩埚有限公司，生产拉制单晶硅容器。2010年，山东新博科技有限公司成立，业务包括太阳能电池组件、光伏照明产品、光伏发电系统、大型光伏电站、太阳能交通系列产品等多个领域的研发、系统设计、生产、销售和服务。2012年，德州东帝光电科技有限公司成立，专业从事自然能源和可再生能源产品开发、生产、销售、服务。经营范围包括LED灯具太阳能路灯、控制器、逆变器、太阳能电池及组件、太阳能发电系统、电子电器设备、太阳能热水器、配电箱的生产销售，蓄电池、丝网制品销售及以上项目的进出口业务。2013年，实现销售收入2100万元，利税360万元。同年，英利能源（山东）有限公司成立，是英利能源（中国）有限公司控股子公司，主要业务为集硅太阳能产品及配套产品、风机及配套产品、热发电产品、控制器、逆变器、兆瓦级跟踪器，太阳能光伏、风光互补发电电站工程的开发、设计、安装、施工及技术咨询服务。

武城县志（1986—2013）

第十一编

商贸服务业

20世纪80年代，全县商贸流通企业实行体制改革，个体工商业和经济联合体有了很大发展，初步形成多种经济成分、多种经营形式并存，多渠道、少环节的流通体制。1984年，全县商贸流通企业推行厂长（经理）负责制。1987年，实行第一轮承包经营责任制。1991年，实行第二轮承包经营责任制。1992年，实行“四放开”（放开经营范围、放开经营价格、放开收入分配、放开用工管理）经营。1993年，国有、集体资本退出，推行抽本租赁经营。1998年，推行股份制改造为主要形式的产权制度改革。到2007年，武城国有、集体所有制的商贸流通企业全部完成体制改革。个体私营和股份制商业成为商贸流通行业的主力军。是年，全县社会消费品零售总额24.76亿元，是1986年的20.98倍。为适应市场经济的新形式，县委、县政府多次出台政策，鼓励加快发展商贸服务业，大力实施国家“农超对接”工程、“万村千乡”市场工程，使全县商贸服务业向城乡一体化发展。截至2013年底，全县建起各类市场43处，实现社会消费品零售总额62.5亿元，比1986年增长52倍。

在经营体制改革的过程中，武城商贸流通行业的行政管理体制不断变化。1991年县政府设立财贸委员会，1993年更名为贸易委员会，主要从宏观上指导、协调粮食、商业、供销、物资等流通部门的工作，行使行政管理职能。2010年，贸易委员会与对外经济贸易委员会合并，成立武城县商务局，代表县政府行使管理职能，推进全县商贸流通业、商贸服务业发展。

第一章　经营体制

第一节　国有商业

管理体制

商业体制　1986年，县商业局下属有百货公司、百货大楼、副食品公司、食品公司、饮食服务公司、五金交电化工公司、津武肉类联合加工厂、副食品加工厂、石油公司（1987年划出商业系统）及老城商业批发站等，干部职工800余人。1993年7月，百货大楼被确定为股份制改革试点单位。同年10月，县商业局整体转为商业总公司，由行政管理部门转变为经营管理的企业单位。1994年，商业总公司对下属企业的管理主要通过承包方式，将经营权充分下放，重点管理经营指标完成情况。1997年，开始在商贸系统进行股份制改革和资产剥离经营，国有商业的所有制形式发生变化。2007年，国有商业系统所属公司（厂、站）全部改造完毕，商业总公司不再对全县商业经营活动进行管理。至2013年，商业总公司靠收取4个下属企业的租金对仅存的部分国有资产进行管理。宏观管理职能移交县商务局。

物资体制　1986年，全县物资供应实行计划调拨和市场调节“双轨制”，县物资局下辖木材公司、金属建材公司、机电化轻公司、燃料公司以及物资综合服务公司，是全县物资供应的主渠道，按国家计划组织物资供应销售。1992年，国家指令性计划取消，物资流通渠道并轨，各种物资供应完全由市场配置。同年10月，物资局由行政管理科局转为企业性质的物资总公司。1994年，系统内各企业全部推向市场，实行自主经营，自负盈亏。1997年，物资系统大部分下属公司经营困难，职工下岗。2013年，物资总公司下属企业已无经营业务，物资流通行业的宏观管理职能移交县商务局。

经营体制

商业系统　1984年，全县商业系统开始实行厂长（经理）负责制；1987—1990年，实行第一轮经营承包责任制；1991—1994年，实行第二轮经营承包责任制。1992年，推行“四放开”经营，扩大企业经营自主权。同年，商业总公司组建鸿基实业公司、典当商行经营实体2个。同时，在企业主要负责人任用上，实行竞争上岗。所属企业零售商店开始抽回经营资本，试行柜组承包经营责任制，推行承包者自筹资金、自主经营、自主定价、自负盈亏的经营方式。是年，百货大楼65个柜组中，56个柜组实行承包经营责任制。同年，五金公司、副食品公司、食品公司、饮食公司、百货公司等企业相继实行“四放开”经营。1994年，县百货公司依法破产，重新组建日用品公司和泰恒电子公司，五金公司利用商场二楼组建鸿运服装加工厂，食品公司组建针织厂和加油站，百货大楼在北京组建永昌饭店。1996年，鸿基公司以租赁方式接管百货大楼，同时撤销日用品公司及泰恒公司。饮食公司组建向阳商场。同年，县城拆迁改造，原商业局下属的零售网点拆除，新建网点大部分转让给私人经营，国有商业仅剩几个中心商场。1997年，商业系统推行股份制改造和资产剥离经营，盘活存量资产，利用新建网点对企业进行重新组合。是年，食品公司组建新兴商城。1998年，副食品公司组建裕丰商城。

同年，先后对乡镇基层食品站、副食品加工厂、饮食服务公司和津武肉联厂以及新兴商城等新建企业以不同方式进行股份制改造。2003年，饮食服务公司参股组建东山商业大厦。2006年，县政府规划修建升平广场，五金公司被全部拆迁，在向阳路东古贝春大街北侧修建经营门店，组建鸿丰公司，实行租赁经营。随着原场所拆迁和新建场所重组、改制、出售，原有老企业，如副食品加工厂、副食品公司、食品公司、饮食公司、五金公司等，相继退出市场。截至2013年底，全县国有商业企业仅存百货大楼、老城商业大楼、裕丰商城、鸿丰公司4家。国有参股企业1家，即东山商业大厦，全部实行租赁式经营。商业总公司在岗干部职工12人。

物资系统　1986年，县物资局所属公司经营范围包括木材、钢材、建材、机电化工产品、燃料等。主要是将国家调拨给县内的物资，按县政府计划部门分配的指标组织供应。此后，物资供应实行计划调拨和市场调节“双轨制”，在经营上以计划调拨为主，加收服务费或管理费。随着经济体制改革深入，国家调拨物资逐渐减少，计划外物资购进增加。1988—1991年，实行第一轮经营承包，全系统完成销售收入760万元。1991—1994年，实行第二轮经营承包，完成销售收入870万元。

1992年，国家指令性计划取消，物资流通渠道并轨，各种物资完全由市场配置。同年3月，物资系统实行经营、价格、分配、用工“四放开”经营。1994年，系统内各企业全部推向市场，各物资企业在开展主营业务的同时，拓展经营渠道，扩大物资流通覆盖面。1995年，以物资服务公司为基础组建华通物资有限责任公司，主要经营汽车、钢材、玻璃钢原材料等，当年实现销售收入1000余万元。1995年后，随着市场开放，物资系统各企业经营业绩开始下滑，至1997年大部分企业运行困难，职工下岗。1995年10月，燃料公司脱离物资系统，实行独立经营。2002年，国营物资经营部门因缺乏竞争力，下属各公司倒闭，工人下岗自谋职业，机关仅剩10余人负责剩余资产管理。此后，国营物资经营企业基本退出物资流通市场，物资流通主渠道全部市场化。

第二节　供销合作商业

管理体制

1986年6月，县供销社与棉麻公司合并（一个党委，两个行政机关）。县供销合作社设有若干内设机构和供销学校。辖生产公司、土产公司、空调设备厂及15个基层供销社。

1988年4月，武城县联购分销公司（简称双联公司）成立。同年，将梁庄供销社养殖场剥离出来成立县养殖专业合作社（简称养殖社）；将原土产公司农副产品贸易公司分离出来成立果品公司。1990年，将土产公司回收股分离出来组建县再生资源回收公司。1993年5月，县供销社与棉麻公司再次分开，县供销社更名为供销集团总公司。1995年，15个基层社同时成立生产资料分公司。1998年10月，双联公司撤销，人员合并到供销宾馆。同年，将新华商场与梁庄供销社剥离，梁庄供销社破产撤销，新华商场独立经营。2002年，烟花爆竹专营公司成立。同年，再生资源公司撤销。2005年3月，撤销供销集团总公司，恢复武城县供销合作社联合社称谓。2006年，县烟花爆竹公司脱离县社。2013年，县供销社下属单位有生产公司、土产公司、空调设备厂、养殖场、新华商场及老城、杨庄、祝官屯、武城镇、广运街道、李家户、甲马营、滕庄、鲁权屯、马庄、董王庄、郝王庄、大屯、四女寺、蔡村15个基层供销社。

经营体制

1986年，县供销社下辖的基层供销合作

社均设于乡镇驻地，下设生产资料、百货文具、五金交电、土产日杂、烟酒副食等经营门店以及石油、煤炭供应点和废旧物资回收站等，每处基层社下辖 3 ～ 5 处中心店，8 ～ 10 处经销点。1987 年，包括 15 处基层供销社在内的县社系统 17 个独立核算单位的 191 个门店，全部实行租赁式承包经营，承包期 3 年。到第一轮承包经营结束，供销系统直属单位由 17 个发展到 23 个，新增销售网点 25 处。1992 年，实行“四放开”经营，供销社除担负化肥、农药、棉花、食盐等重要物资的国家计划购销外，其他经营项目、经营方式全部市场化。在个体私营经济冲击下，基层供销社再次出现亏损。1993 年，进行抽本租赁经营（俗称“租壳卖瓤”）试点，供销社抽回资本金，由承租职工（个人）自筹资金，自主经营，自负盈亏，上缴租金及必要费用。到 1994 年 3 月底，所有门店全部实行抽本租赁经营，并开始对连年亏损的边远小门店进行拍卖（俗称“卖壳”），基层经营网点、社有资产逐年减少。1998 年，全系统经营网点减到 95 个，资产 6662.1 万元，负债 5007 万元，950 名干部职工开始下岗自谋职业，供销系统陷入严重经费短缺。是年，出售贝州市场双联公司供销贸易大楼。2000 年，将供销社办公楼及贝州宾馆大楼转给劳动局，用于抵顶离退休人员补充养老金，将再生资源公司土地开发后售出。2003 年，供销宾馆营业楼出售。生产公司、土产公司、空调设备厂及基层供销社等下属单位相继将门市部、中心店、厂、站等营业设施及土地、院落等出售或开发后出售。除烟花爆竹公司实行承包经营外，其他业务活动基本停止。截至 2004 年底，全县供销系统尚有 19 个基层单位，其中无资产、无在岗人员、无经营业务活动的空壳单位 6 个。全部固定资产用于银行抵押。2005 年 6 月，剩余资产被县法院查封。

随着市场开放，商品经销全部社会化，供销社原有职能基本消失，转变工作职能成为必然。2006 年，县供销社开展招商引资工作，先后引进投资 5000 万元的山东省供销社联华超市项目，争取到省供销社扶持资金 30 万元兴建郝王庄社区服务中心。创建以天元棉花种植合作社为主体的新型棉花经营服务体系，重构以沃丰农资公司为龙头的农资经营服务体系，参与郝王庄镇社区、甲马营镇凤凰台社区的服务设施建设，领办创办农民专业合作社 10 余家。截至 2013 年底，县供销社领办创办农民专业合作社 36 家，注册资金 1688 万元，入社农户 8035 户，入社耕地 4153 公顷，辐射带动农户 2.42 万余户，经营服务范围涉及果蔬育苗、畜牧养殖、蔬菜种植、订单农业、农机服务、农产品加工销售等，县供销社为全县各类农民合作社争取上级政策性财政扶持资金 400 余万元。

第三节　个体、股份制商业

个体私营商业

改革开放后，个体私营商业是最先放开的行业之一。依靠灵活的经营方式、较低的经营成本和优质的服务，在流通领域争得一席之地。1986 年，全县个体有证商业经营户 1266 户，从业人员 1620 人，实现社会商品零售总额 1053 万元。随着国有商业、供销商业破产、改制，商贸流通领域中个体私营成分迅速成长，或市场出摊、或租赁门头营业、或将原国营、集体所有的经营场所承包、买断，从事商业贸易。到 1995 年，全县零售贸易业个体私营经济法人机构 3859 个，经营网点 3878 个，从业人员 14208 人，实现社会消费品零售总额 27241 万元。个体业户所经营的商品涉及人们生产生活的方方面面。好运来购物有限公司、宏达家电家具商场、三联家电商场、庆丰农机商城等均成长为全县本行业旗舰店。2000年，全县个体私营商业实现社会消费品零售总额49155万元，占当年全县社会消费品零售总额的71.86%，个体私营商业已成为商品流通领域的主力军。2013年，全县注册商贸服务业2000余户，其中个体业户1700余户。社会消费品零售总额62.45亿元，其中企业零售总额27.01亿元，个体经营户零售总额35.44亿元。

股份制商业

2003年，隶属县商业总公司的饮食服务公司与个人张东山，以股份合作方式联合组建武城县东山商业大厦，饮食服务公司以土地入股，修建营业楼1座，位于振华街中段原服务楼旧址，营业面积4600平方米，2003年9月开业，固定资产总值500万元，在册职工61人。主要从事商品零售、餐饮、住宿、洗浴等业务。2005年后，实行租赁经营，年收入30万元。同年10月，原津武肉类联合加工厂实行企业改制，组建津武食品有限公司，成为私人股份合作企业，延续肉类加工冷藏业务。固定资产总值1100万元，参股职工38人，年产值1200万元。2013年，大部分职工买断工龄，部分职工缴纳养老保险后归人社局管理。

2007年，新兴商城有限公司完成所有制改造，成为股份制企业，参股职工6人，固定资产380万元。到2009年，全县国有控股限额以上股份制零售企业5家，主营业务收入4.59亿元，利润总额4397万元；私人控股的限额以上批发和零售股份法人企业60家，固定资产13.54亿元，主营业务收入93.15亿元，利润总额7.57亿元。2010年后，随着社会主义市场经济体制逐步完善，股份制商业模式成为全县商品流通行业的重要组成部分。截至2013年底，全县国有控股的限额以上批发和零售股份法人企业6家，主营业务收入3.63亿元；私人控股的限额以上批发和零售股份法人企业87家，主营业务收入35.81亿元。

第二章　经营场所

第一节　市场

市场建设

1986年，县政府致力于市场的规划和建设，建成一批功能齐全、档次高、辐射面大的农副产品、工业产品和生产资料市场，逐步形成以县城市场为中心，辐射带动乡（镇）、村集市贸易的格局。1989年，贝州市场建成并投入使用。老城运河市场、甲马营赟兴市场、鲁权屯漳南市场、滕庄腾祥市场等乡镇驻地农贸市场和老城果品市场、龙湾粮食市场、尚庄辣椒市场等专业市场相继建成投入使用。至1992年，全县有各类市场37处。其中，专业市场5处，农贸市场32处。1992年8月，县政府出台《关于加快市场和商业网点建设的意见》，本着因地制宜、统筹安排、搞活市场、繁荣经济的原则，建立并形成城乡结合、布局合理、功能齐全、辐射力强、开放式、全方位的统一市场体系和综合服务体系，并从资金投入和税收政策上给予倾斜。1999年，规划建设郝王庄乡朝天椒专业市场。2002年，二次规划建设尚庄辣椒市场。2013年，建设贝州家居建材城。截至2013年底，全县有各类市场42处，年交易额过亿元的13处。

其中，过20亿元2处，过50亿元1处。

集市交易

城乡集市贸易是全县农产品交易以及其他商品流通的重要途径。1986年，全县有农村集市19处，贸易总额1259万元。随着改革开放不断深入，城乡集市贸易得到迅速发展，由最初的本地小区域、小范围农副产品、生活必需品购销，发展到专业与综合、批发与零售、生产与加工相结合的多类型、多层次、多功能、跨区域市场网络，交易品种和交易额逐年增加，带动和促进全县商贸流通行业快速发展。到1999年，全县集市贸易总额6.6亿元。2003年，商贸流通呈现“整体增强、多点开花”特点，消费品市场稳中趋旺，市场建设不断完善。截至2013年底，全县有集市和专业市场42处。其中，规模较大的县城集市农历二、五、八、十为交易日。老城镇集市以农历四、九为大集日，逢二、七为小集日，交易时间可持续一天。

物资交流

改革开放后，为繁荣经济，疏通物资流通渠道，满足人民生活需要，县政府组织安排商贸流通企业，在县内较大集镇举办物资交流大会，每年春秋农闲时进行。会间邀请外地剧团、杂技团、歌舞团等前来助兴演出。商业、供销等经营单位以及个体商贩参与交易。一般会期7～10天。交流的物资包括农具、家具、布匹、四季服装、粮食、蔬菜等生产、生活用品。20世纪80年代，举办物资交流大会较多，每年1～2次，主要举办地在县城、老城镇、甲马营、滕庄、四女寺、李家户等。进入21世纪，随着商品流通形式的变革，物资交流大会规模逐年减小。

图11-1　老城秋季物资交流会（2000年　摄）

第二节　仓储　物流

仓储

1986年，全县有粮管所16处，开展粮食储备业务。四女寺镇建有小型冷库1座，以储存蒜薹为主。1987年，县林业局修建800吨冷库1座，主要储存果品、蔬菜，用以调剂市场余缺，后因经营不善关闭，于2003年出售给英潮经贸有限公司。1990年，武城镇田尔庄村建成小型冷库1座。1993年，县电业公司建小型冷库1座，库容500吨。同年，武城镇梁庄村村民建成小型冷库1座，以储存果品为主。1996年，县粮食局利用国债项目建成国家粮油储备库1处，负责全县粮食储备和周转（详见本编第六章第四节）。2010年3月，兴宏物流仓储有限公司在老城镇工业园开工，投资1.76亿元，一期修建封闭式钢结构皮棉储备库19栋，建筑面积4万平方米。修建露天储备库3个，建筑面积1.2万平方米，可一次性储存皮棉10万吨，并建有1.2万平方米物流停车场。2012年2月，二期工程建设封闭式皮棉储备库35栋，建筑面积6万平方米，露天货位6个，可一次性储存皮棉12万吨，2013年12月投入使用。2010年，中椒英潮辣业发展有限公司利用冷链物流项目建成万吨冷库1座，储存能力1.1万吨，以储存干鲜农产品为主。截至2013年底，全县有兴宏仓储物流、中椒英潮农产品冷链物流、银山农产品加工及冷链物流、海嘉顺物流等4家仓储企业，总仓储面积17.4万平方米，涵盖棉花、辣椒、电器等产业门类。

物流

全县最早的物流企业是县邮政局开办的邮政物流业务。1998年，利用原有邮政网络和各中心分局处理场地，开展物流仓储、货物集散中转、区域物流运输、市场物流配送等业务。2003年后，随着经济发展，物资流动需求增加，物流业逐渐发展起来，主要为玻璃钢原材料及其制品、建材、汽车零配件、粮食、辣椒、棉花等大宗物资的流通服务。2008年，全县有德顺物流、千里马物流、椒城物流公司等14家物流配送企业。德邦物流、顺丰快递、申通快递等17家国内知名物流快递企业相继在武城县设立分支机构。截至2013年底，全县物流运输企业已发展到39家，配货站500余家，有送货车辆3480辆，年货运量640万吨，货运周转量35914万吨千米，吸纳就业人数4000余人。

第三节　商场（超市）

1986年，县城较大的购物商场为百货大楼，营业面积4800平方米。主要经营日用百货、服装鞋帽、五金交电、文体用品、金银首饰、家居用具等。1999年改制后，实行租赁经营。1989年，县供销社在贝州市场修建供销商场，经营日用百货、服装、布匹等。1998年，随着供销系统业务萎缩，经营业务停止，供销商场营业大楼售出。老城商业大楼，地处老城镇，始称老城百货商店，由县城搬迁后的遗留商业网点和县商业批发站组建而成。1990年，改建为商业大楼。1998年改制后，实行租赁经营。1997年，个体经营者开办宏达家电家具商场，经营品种包括冰箱、空调、洗衣机、炊用电器、电动自行车、家具等商品。2005年，迁至振华街北、工商银行东侧，经营品种达1万余种。

2002年11月，引进第一家联华超市，由浙江温州人租赁场地开办，址在历亭路西、振华街南（新兴商城营业楼）。2004年，在振华街北、向阳路西开办第二家连锁店。2009年合同到期，投资方撤走。2004年，好运来购物超市开业，以经营食品、日用百货为主，当年销售额555万元。2005年，商务部启动万村千乡市场工程，以补助或贴息方式，引导城市连锁店和超市等流通企业向农村延伸发展“农家店”。2006年10月，升平广场建成，其地下部分引进上海大型连锁零售企业——联华超市，营业面积1.5万平方米，主要经营主副食品、服装、鞋帽、文体用品、金银首饰、日用百货等商品，是当时全县最大的商业服务中心。继之，贵都购物广场、德百超市、嘉泰超市等陆续开业。2007年3月，县政府成立“万村千乡”市场工程领导小组，推动连锁门店和超市向农村普及。截至2013年底，全县农村超市500余家，农村社会消费品零售额19.99亿元，与1986年相比，增长33.27倍。

百货大楼

位于县城振华街与向阳路交界的十字大街西南侧。始建于1976年，属国有商品零售企业，原隶属县百货公司，1984年转为独立核算企业，营业面积4800平方米。1988年，扩建中心大楼、新建市场大楼。主要经营日用百货、服装鞋帽、五金交电、文体用品、金银首饰、家居用具等。1988年始，开展两轮经营承包责任制。1993年，实行柜组承包经营，效益增加。同年7月，百货公司被县政府确定为股份制改革试点，未获成功。1994年，百货大楼在北京组建永昌饭店，后因经营不善关闭。1996年，公司经营难以为继，在实行资产剥离后，由新组建的鸿基实业公司以租赁方式接管百货大楼，改称鸿基大厦，时有在册职工410人，年营业收入30万元，固定资产总值500万元，负债1300万元。1999年，隶属于百货大楼的市场大楼划归劳动局抵顶职工养老保险金，职工全部下岗实行身份置换。或租赁柜台继续经营，或自谋职业。2008年后，只剩少数行管人员负责有效资产出租管理。2013年，鸿基大厦内所有柜台全部为个体租赁经营，年营业额4000余万元。

好运来购物有限公司

总店位于振华东街与历亭路交会处。1996年11月，投入运营，以生产、经营副食品为主。2004年，注入资金500万元兼营超市。截至2013年底，建有乡镇综合购物中心3个、县级综合购物中心5个和配送中心1个，年营业额2200万余元，上缴税金100万余元。

武城盐百购物广场有限公司

由河北盐山百货公司投资兴建。2013年3月开工建设，同年10月营业。投资2.5亿元，主要经营商品3万多种以及餐饮、娱乐等服务项目，是集购物、餐饮、休闲、娱乐等为一体的大型现代化综合商业服务中心。

第三章　商品经销

第一节　社会消费品

1986年，全县商业机构1732个，从业人员5525人，全年实现社会消费品零售总额11848万元。其中，全民所有制商业机构144个，从业人员1445人，实现社会消费品零售总额3474万元，占当年社会消费品零售总额的29.32%。集体所有制（包括供销社商业）商业机构310个，从业人员2140人，实现社会消费品零售总额3092万元，占当年社会消费品零售总额的26.1%。个体有证商业1266个，从业人员1620人，实现社会消费品零售额1053万元，占当年社会消费品零售总额的8.9%。1994年，全县具有法人资格的商业机构32家，营业网点3793个，从业人员11556人，全年社会消费品零售总额29214万元，比1986年增长146%。其中，国有零售贸易机构15家，零售网点51个，从业人员1219人，实现社会消费品零售总额8605万元，占全部总额的29.46%。集体所有制商业机构17家，营业网点117个，从业人员586人，实现社会消费品零售总额4834万元，占全部总额的16.5%。个体私营经济商业网点3625个，从业人员9751人，实现社会消费品零售额15775万元，占全部销售额的53.9%，占比较1986年增加45个百分点。1998年，以产权制度改革为重点的经济体制改革在全县铺开，众多商贸批发零售企业通过破产重组、出租、出售、股份制改造等方式进行改革。2007年，改革全部完成。是年底，全县实现社会消费品零售总额24.76亿元，比1998年增长44.46倍。其中，国有单位实现零售额2.51亿元，个体经济零售额8.72亿元，私营经济零售额8.33亿元，其他经济零售额2.72亿元，分别占全部零售总额的10.1%、35.2%、33.6%、11%。批发零售贸易业实现零售总额15.43亿元，占总额的62.3%。截至2013年底，全县限额以上（年主营业务收入2000万元及以上的批发企业和主营业务年收入500万元以上的零售企业）批发和零售业法人企业93家，实现零售额12.29亿元，限额以下企业实现社会消费品零售额14.72亿元，个体经营户实现零售额35.44亿元。

1986—2013年武城县社会消费品零售总额统计表

表11-1　　　　单位：万元

项目 年份	零售总额	按经济类型分					按行业分			
		国有	集体	私营	个体	其他	批零贸易	餐饮业	制造业	其他
1986	11848	5942	4340		1349		7619	170	2645	1413
1987	12572	6536	4091		1607		8676	196	2500	1200
1988	16932	7216	7608		1663		11365	260	4332	975
1989	17715	6303	8054		2760		12834	363	3586	932
1990	17864	8563	6679		2305		12320	1786	3441	299
1991	18338	7963	7387		2988		13553	449	3259	282
1992	23871	9530	8806		5535		15756	3790	4804	1818
1993	26077	9865	7577		8635		17787	1516	4282	1740
1994	29214	8605	4834	15070		705	16290	2206	6506	4212
1995	41746	9819	4686	2948	24293		28045	2913	6133	4655
1996	47675	8094	2832	2930	33820		27784	2793	11587	5512
1997	45223	7818	4269	3201	26134	3800	22968	4685	9895	7675
1998	53180	8254	3862	5164	35039	861	27328	4912	12633	8307
1999	63068	13293	6640	7963	33181	1991	23727	5975	20829	12582
2000	68402	17033		13781	35374	2214	53408	5998	6796	8996
2001	85055	21176		24671	34885	4323	67043	9570	6709	1733
2002	100890	17258		31711	48033	3888	82407	9005		9478
2003	105127	16695		32850	53059	2523	89161	5486		10480
2004	147567	27305		45460	65669	9133	104460	18262		24845
2005	192189	41612	40584	47548	51489	10936	133536	39267		19386
2006	223146	50768	45863	48372	60206	17390	153549	47267		22330
2007	247554	25068	24753	83264	87239	27230	154302	83446		9806
2008	302996	145264	69909	75355	156889	77483	193584	3576	27510	842
2009	356650	151240	64720	86520	205410	97249	227442	3086	28873	
2010	387141	165149	70588	94561	221992	105566	246584	3526	31465	
2011	464840	198294	88766	109528	266546	126855	296181	4136	37668	
2012	545722	231811	102214	129597	313911	142527	349284	5306	48605	
2013	624534	270136	122914	147222	354398	532749	91785			

第二节　物资

金属建材

1986年，金属建材实行计划供应与市场调节相结合的价格“双轨制”，以市场调节为主，计划调拨为辅，由金属建材公司负责供应。经营品种主要有圆钢、角钢、钢板、钢管、有色金属以及水泥等，全年销售钢材1047吨，水泥2557吨，有色金属1.6吨。1988年，实行省统配钢材统一销价价差返还暂行办法，即按照省统配钢材、分配计划进行价格补偿，代替实物分配，按计划分配渠道，定期组织返还。是年，销售钢材1630吨，水泥3479吨。1993年，金属建材计划供应指标取消，市场放开，国有、集体、个体私营业户均可经营金属建材，国营公司经营效益大幅下滑。至1994年，已无法正常运转。1995年，金属建材公司实行租赁经营。随着市场放开，金属建材全部转为个体经营。2000年，县政府在贝州市场南侧建成占地7万平方米的建材专业市场。2010年，山东广丰置业有限公司，投资2.88亿元，在广运街道张庄村东修建贝州家居建材城。截至2013年底，全县有工商注册金属建材经销企业39家（全部为私营企业），个体经营户56家，大部分分布于县城和鲁权屯镇工业园区。

木材

1986年，县木材公司负责全县木材经营，经营的木材分计划内和计划外两部分。是年，年销售木材230立方米，完成销售收入35万元。1988年，实行第一轮承包经营责任制。至1990年，三年销售收入320万元。1992年，木材计划供应指标取消，木材市场放开。随着个体经营木材者逐年增多，县木材公司经营业绩每况愈下。1995年，木材公司已无法正常经营，大部分职工下岗自谋出路。1998年，县政府在贝州市场南侧规划木材经营专区，主要经营原木，以农村民居建筑用材为主。2001年，在武城镇（现广运街道）西刘庄村西侧，修建新的木材市场，占地6万平方米，有经营业户50户，年销售原木、板材等木材2万立方米。2005年后，由于新型建材的兴起，木材交易呈逐年萎缩的趋势。截至2013年底，全县木材加工企业3家，个体加工户21家。

机电化工

1980年，县机电化轻公司成立，负责全县机电化工产品及原材料经营，按需求实行计划供应。主要经营二类机电、轻工化学产品，包括有色金属、工卡量具、钢材、电机、电线、电表、轴承以及化工原料等。1988—1990年，第一轮承包经营责任制，完成销售收入165万元。1991—1993年，实行第二轮承包经营责任制，完成销售收入230万元。其间，1992年，全县机电化轻产品市场放开，个体经营业户大量增加，市场竞争日趋激烈，对国营机电公司冲击较大。至1995年，机电化轻公司已无法正常运营，大部分职工下岗。进入21世纪，个体私营业户逐渐成为机电化工产品和原料的主要经营者和产品供应主渠道，县城、鲁权屯镇、老城镇、武城镇，形成机电化工产品经营的专业市场。同时，随着汽车进入家庭，全县汽车经销业也有较大发展，尤其2010年后，大众、丰田、奇瑞、现代、吉利等众多名牌汽车厂家在武城设立代销点或代理处。截至2013年底，全县注册机电、化工原料、化工产品经营业户108家，企业10家，汽车及汽车零部件经销业户17家。

煤炭

1986年，全县煤炭经营商店9个，从业人员62人。其中，县城1个，直属燃料公司，从业人员9人；乡镇煤炭供应点8个，按区域由基层供销社代理，从业人员47人。全年销售煤炭 4.12 万吨，营业额 187 万元。随着工业发展和人民生活水平提高，煤炭消费量不断增加，到 20 世纪 80 年代末，全县煤炭年消费量 8 万余吨，燃料公司供应 4 万余吨，其余由各企业自行采购。1989 年，煤炭实行专营。1990 年，县政府对全县煤炭经营市场进行专营规范整顿，效果不明显。1991 年，煤炭市场全面放开，价格随行就市，出现国营、集体、个体等多种经营形式并存局面。1997 年，全县有煤炭批发企业 1 家，零售单位 62 家。2002 年，县燃料公司因严重亏损停止经营。2005 年，管道天然气接入武城，许多燃煤用户改用管道天然气，煤炭销售数量减少。截至 2013 年底，全县注册煤炭经销企业 29 家，个体分销户 5 家，年销售煤炭 9 万吨。

第三节　专卖（管控）商品

食盐

1986 年，县境内食用盐和工业盐购销均由土产公司经营，按计划供应，隶属县供销合作社管理。1989 年，武城县成立果品盐业公司，经营食盐和果品，在老城、滕庄设批发站，15 处基层供销社设批发点，392 个自然村设零售点。1993 年，国家实行食盐专营制度，武城县成立盐业管理办公室、盐业稽查队。1993 年 11 月，县政府批转供销总公司《关于加强盐业管理，整顿盐业市场的报告》，要求食盐个体经销户由各零售点向批发机构申请进货，并执行县内准销证制度，任何单位和个人不得私自运销盐产品。1996 年，全县开始普及加碘盐。2000 年，销售食用盐 439 吨，其中加碘盐 210 吨，占当年民用食盐销售量的 47.8%。2001 年 2 月，全县开展整顿和规范盐业市场秩序专项行动。重点整顿非法印制食盐包装袋、私自加工销售假冒合格碘盐的地下窝点、不按国家规定私自购进小工业用盐、饭店餐厅等食品加工单位使用不合格碘盐、无许可证经营食盐等违法行为。是年，总计供应食盐 581 吨。2005 年，武城县被认定为高碘地区，不再强制食盐加碘，并停止加碘盐供应。是年，供应食盐 1150 吨。截至 2013 年底，全县设有食盐零售网点 1000 余个，销售各类盐产品 5615 吨。其中，民用食盐 931 吨，企业用盐 4532 吨，工业盐 1152 吨。实现销售收入 746 万元。

烟草

营销　1984 年 5 月，烟草实行专卖后，县境内所销售卷烟主要从济南、青岛、德州购进，只有少数卷烟从青州（益都）、云南、河北等地购进，实行依托基层供销社代理批发和自主批发相结合的经营模式。1989 年，省烟草公司将名烟进货权下放，县级烟草公司可以直接从厂家进货。1993 年，建设农村卷烟批发网络，代批店全部取消，对零售户实行送货上门。2003 年 2 月，收回下伸网点，对全县注册经销户实行走访订货、送货上门。2005 年 2 月，推行电话访销。2006 年，实行按客户订单组织货源的改革。2009 年，网上订货替代电话访销。2013 年，建立德州泰山 1532 物联供应链有限责任公司武城分公司，设立直营店 1 家，特约网络店 5 家，网络店 95 家，卷烟零售客户 1238 户。2013 年，全县销售卷烟 1.59 万箱，其中一、二类烟销售 4495.35 箱，实现销售收入 3.81 亿元，实现毛利 9617.9 万元。

专卖管理　1984 年 5 月，县烟草专卖局成立稽查大队，对全县卷烟市场实施专卖管理，实行烟草专卖许可证制度。1991 年，烟草专卖局与公安、工商等执法部门建立联合执法协作机制。2013 年，暂停经营资格 16 户、注销经营户 134 户，查获涉烟案件 303 起，查获卷烟 54.63 万支，案值 16.68 万元，打掉非法经营大户 59 个，查获烟丝 5.3 吨，案值 36 万余元，刑事拘留 12 人，逮捕 4 人。

典型案例　2010 年 9 月，县烟草专卖局稽查大队在鲁权屯镇闫庄村查获假冒伪劣哈德门卷烟 4.73 万支，抓获涉案人员 33 人，涉案卷烟 3000 万支，涉案金额 260 余万元。2012 年 5 月，查获假冒伪劣哈德门（软）卷烟 2.6 万支，查证原辅材料（盒皮、盘纸、黄纸）往来账 22 万余元，涉案价值 117 万余元，刑事拘留 17 人，逮捕 7 人，判刑 7 人。2013 年，配合河北省清河县烟草专卖局，联合侦办“6.04”网络案件，查获涉嫌违法新版利群烟 1194 条，价值 15 万余元，现场查获涉案卷烟 39.99 万支，涉案总价值 70 万余元，刑事拘留 3 人，逮捕 3 人。

石油

1986 年，县石油公司负责辖区内成品油供应，归县商业局管理，基本按照国家政策实行统购、统销，定量供应，独家经营。1987 年 5 月，县石油公司划归德州地区石油公司（中石化）垂直管理。此后，平价油计划定额逐年减少，计划外购销业务量增加。1993 年，成品油经营业务放开，石油公司经营业务以自采为主，计划定额为辅，社会经营开始进入石油市场。1996 年，计划内供应取消，成品油经营实行行业管理，由县贸易委员会负责，对全县成品油经营单位进行全面清理整顿，对符合条件的经营单位颁发成品油零售经营许可证。1997 年 2 月，县石油公司破产。之后，中石油、中海油等大型石油企业进入武城成品油市场。2010 年，中石化、中石油、博远、中海油等石油企业，通过租赁有资质加油站，在武城开展业务。截至 2013 年底，全县共有加油站 48 处。其中，中石化加油站 7 处，中石油加油站 4 处，其他（个体）加油站 33 处，年销售成品油 1.3 万吨。

医药

1986 年，武城县医药经营业务由县药材公司独家承揽，集批发、零售于一体。设县城、老城零售门市部 2 处。对县人民医院、第二人民医院、14 处乡镇卫生院、391 处农村卫生室和所有县直企事业单位卫生室开展药品、药械批发业务。1988 年，德州地区医药总公司在武城县医药公司实行承包经营试点，对销售任务、利润、费用、购进、库存等指标进行分解，年终考核兑现奖惩，当年实现销售额 535 万元，比 1987 年增加 134 万元，增长 33.4%。1993 年，国家取消药品统购统销，一、二、三级批发均可从药厂直接进货，药品经营进入无序竞争状态。1999 年，医药市场全部放开，县医药公司效益下滑。2000 年，实现营业额 249.4 万元，比 1987 年减少 151.6 万元。2001 年 2 月，县医药公司进行所有制改革，由国家出资（原土地等）36.5 万元，职工个人出资 33 万元，重新组建县医药有限公司，成为具有独立法人资格的医药批发企业，拥有一个法人批发证照和一个非法人批发证照，实行统一购进、统一验收、统一保管、统一养护、分证销售的经营模式。由于市场竞争激烈，公司生存艰难，职工收入不稳。2002 年 9 月，医药批发和零售分设。2003 年 11 月，成立武城县泰丰医药连锁有限公司。2006 年 8 月，医药公司成立药品配送中心，在全县范围内实现各连锁药店、各乡镇卫生院所需药品的统一配送。建立 68 项管理制度，加强药品采购、验收、保管、养护、售后服务等环节管理。截至 2013 年底，全县设有泰丰连锁药店 24 家，药品配送中心 1 处，建有符合 GSP 要求的常温库、阴凉库、冷库，总面积 1960 平方米，营业额 2105.6 万元，比改革前的 1987 年增加 1704.6 万元，增长 4.25 倍。

1986—2013 年武城县医药有限公司购进、销售情况统计表

表 11-2　　　　单位：万元

年份	购进额	销售额	年份	购进额	销售额
1986	279	315.2	2000	215	249.4
1987	334	401	2001	318.3	340.7
1988	485.2	535	2002	469.2	482.3
1989	554.5	633	2003	454.1	566.4
1990	616.4	705.9	2004	277.9	272.8
1991	711	805.5	2005	188.2	220.6
1992	788.9	1038.8	2006	703	646
1993	738.4	1054.6	2007	1887.6	1886.5
1994	418.8	662.4	2008	1804.1	1865.8
1995	459.5	705.1	2009	1901.3	1881.9
1996	530	797.7	2010	2173.1	2184.2
1997	314	546.8	2011	2100.6	2245
1998	164.6	355.2	2012	2271.2	2318
1999	180.3	248.4	2013	1967.1	2105.6

第四节　涉农商品

农资

1986 年，国家对化肥、农药、农膜实行专营制度，统一出厂价和综合零售价，由农业生产资料公司和各基层供销社的生产资料门市部经营。1987 年 3 月，全县奖售化肥开始凭票供应，粮食定购与柴油挂钩，生产资料公司是唯一供应渠道。是年，供应计划内化肥 1.45 万吨（自然吨，下同）。至 1989 年，三年共供应各种肥料 10.78 万吨，农药 884 吨，柴油 4979 吨。1993 年，农业生产资料实行放开经营，全供销社系统农资经营实行租赁承包，个体经营者大量增加。是年，全县销售化肥 1.3 万吨（折纯吨，下同）。其中，氮肥 7311 吨，磷肥 1929 吨，钾肥 627 吨，复合肥 3047 吨。销售农药 506 吨，销售农用塑料薄膜 131 吨。1998 年，县城贝州市场扩建，市场三八路成为农用生产资料经营一条街，销售门店近百家。2006 年，供销社所属的农业生产资料公司和各基层生产资料门市部，除承包给个人经营者，其余全部停止经营活动，农用生产资料供应的主渠道由集体变为个体，价格随行就市，其经营方式由单纯物资售卖，转为生产资料供应和技术推广相结合方式。2010 年后，出现一批以技术服务为手段，以销售生产资料为目的的农业生产合作社，有的负责农产品回收和销售，形成产供销一条龙的服务模式。截至 2013 年底，全县化肥、农药、农膜等农用生产资料个体经营者 52 户，农资代销店 400 余家。全年销售化肥 6.44 万吨（自然吨，下同）。其中，氮肥 2.77

万吨，磷肥1.29万吨，钾肥4031吨，复合肥2万吨。销售农用塑料薄膜1484吨，农药1145吨。

果品

1984年6月，全县15个基层供销社建立农副产品购销公司，在县土产公司建立农副产品贸易公司，承担全县农副产品购销业务，与基层社实行分购联销或联购分销。1986年，发展蔬菜基地2133公顷，果品基地14处，为农民调运春菜725吨，西瓜600吨，果品416吨。1988年9月，农副产品贸易公司从土产公司分离出来，成立武城县果品公司。1990年，老城镇政府筹资在临武路南侧修建果品市场1处，购销范围辐射山东烟台、山西、陕西、河北、辽宁等地，经营业户全部为个体。1991年，公司有干部职工35人，固定资产总值100余万元，购销额700余万元，上缴利润20万元。1993年，食盐批发业务由供销社专营后，交给果品公司经营，并更名为果品盐业公司。果品经营市场放开后，果品盐业公司的果品经营业务逐渐萎缩直至停业。

日用杂品

1986年，县土产杂品公司有干部职工81名，流动资金120.22万元，经营项目包括土产日用杂品、干鲜瓜果蔬菜等土特产品收购及外调，又增添的副食品、木材、布匹以及废旧物资回收业务，总品种达738个，年均上缴利润4万元。1989年，经营市场逐步放开，公司经营规模及品种逐渐萎缩，年利税下降到1万元左右。1990年，土产公司体制改革，分为土产公司和日杂公司，维持一年左右，又合并为土产日杂公司。此期，公司经营开始出现亏损，部分职工下岗，年亏损5万余元，在册职工113人，在岗职工减少至51人。1994年，有职工119人，固定资产原值107.4万元，净值83.9万元，低值易耗品5.9万元，银行借款354.8万元，当年完成商品销售200万元，减亏4.5万元，收缴职工风险抵押金2.5万元，上缴县社资产使用费8万元。1995年，再次将土产杂品公司分开，成立日杂公司和土产公司。1997年，在经营无法维系的情况下，除数人留守外，职工全部下岗。2002年，土产公司与日杂公司再次合并为土产杂品公司。此后，土产杂品公司停止经营。

体制改革后，原公司部分职工利用业务优势，经营个体土产日杂门市部。同时，由于土产日杂行业单项商品经营成本相对较低，经营方式灵活，吸引大量个体户进入该行业，个体土产经营市场反而更加活跃。截至2013年底，全县土产日杂用品个体经营业户90余户，经营商品100余种。

废旧物资

供销系统体制改革前，农村可利用废品（再生资源）回收业务由各基层供销社下属的废品回收站承担，由土产公司废品收购股运营。1990年，在县城西北角蒋官屯村东南征地6666.7平方米，土产公司废品回收股迁至此处开展业务。1991年6月，在废品回收股基础上成立再生资源公司。1993年，全县废旧物资放开经营，再生资源公司由职工承包经营。截至2013年底，全县有工商登记的废品回收个体经营业户14户。其中，县城9户，乡镇5户。

第四章　棉花购销

第一节　棉花收购

收购机构

1986年，全县有第一（老城镇）、第二（武城镇）、第三（滕庄）、第四（蔡村）、第五（李家户）、第六（南北官庄）6个棉花收购加工厂，以及杨庄、祝官屯、郝王庄、四女寺、梁庄、甲马营、马庄7个棉花收购站点（站为厂代收）。另有大屯和鲁权屯2个乡办棉花收购加工厂。1988年，甲马营棉花代收站扩建为甲马营油棉厂。1991年，大屯和鲁权屯2个乡办棉花收购加工厂划归棉麻公司管理。是年，全县有棉花收购加工厂9家，收购站点6处。1996年，民营棉花收购加工厂建立。1999年，棉花市场放开，全县有棉收购加工厂19处，其中民营收购加工厂12处。2001年，县属棉花收购加工企业为适应市场要求，实行改组、联合、兼并、出售、股份制及股份合作制等多种形式改革。2008年，全县具有收购加工资格的棉花加工收购企业138家，经营业户300多家，多数为合作经营或股份制企业。同年，受世界金融危机影响，棉纺、服装行业出口受挫，全县棉花收购加工企业受到较大影响，大量资本退出棉花收购加工行业。2013年，全县棉花收购企业54家，参与收购的17家。

收购形式

20世纪80年代初，全县棉花大丰收，棉农出现卖棉难。1985年，县政府决定增建棉花加工厂（站），提高收购加工能力。1996年，民间资本开始参与棉花收购。1999年，国家放开棉花市场，民营资本大量涌入棉花流通领域，棉花可在市场中自由贸易，个体商贩走村串乡，入户收购。各棉花经营企业一边坐等棉农和商贩上门交售，一边派出人员进村收购或在路边拦截售棉车辆。截至2013年底，棉花收购形式以棉农自行到棉花加工厂家交售和个体商贩进村入户收购为主，结算方式为即售即结，现金交易。

图11-2 棉花收购现场（2008年 摄）

收购价格

1985年1月1日，取消棉花统购政策，改为合同定购，收购价格仍由国家确定，在同一价格基础上，按比例加价收购。1985年，加价比例为“倒三七”，每50千克标准级皮棉176.42元。1986年，降为“倒四六”，每50千克标准级皮棉172.04元。1987年，调为“倒三七”。1988年，除执行上年收购价外，每50千克标准级皮棉增加20元生产扶持费，收购价提高至211.42元，1989年提高至236.42元，取消比例加价。1990年，提价26.89%。1993年，棉花收购价格提高至每50千克330元，1994年提高至544元，1995年为700元。1998—1999年，每50千克标准级皮棉降价50元，允许上下浮动5%。1999年后，国家取消供应和调拨计划，棉花市场逐步放开，棉花价格由棉花经营企业和纺织用棉企业协商确定，在市场中形成。2001年7月，建立在政府指导下的市场价格机制。2001—2003年，籽棉收购价格3.2～5.6元/千克。到2008年，籽棉价格攀升至12～14元/千克。此后，随着经济形势变化和国家收储政策的干预，棉花价格逐步回落。截至2013年底，籽棉价格降至4～6元/千克。

收购资金

1986年，全县棉花收购企业收购资金统一由棉麻公司贷款，下拨各棉厂使用，棉麻公司统一上缴一切税费，统一还贷。1996年，各棉花收购企业根据情况自行贷款。同年，民营资本进入棉花市场，个体棉厂利用股金和抵押贷款筹集棉花收购资金。1998年，国营收购企业利用农业发展银行提供政策性贷款进行封闭式运行，并利用部分商业贷款。随着棉花市场全面放开，企业实行自筹资金，自主经营，自负盈亏。

第二节　棉花销售

1984年前，棉花销售执行供应和调拨方式。供应和调拨必须执行国家统一价格和调拨计划。1985年1月，实行合同定购后，对定购指标外和7级以下的棉花，允许农民上市自销，允许用棉单位在农村直接选购棉花。同年9月，国家将自由选购改为有计划地选购，工业部门不能直接向棉花生产者购棉。由于连续两年棉花总产大幅度下降，供需矛盾突出。1987年，国家把棉花供应列入指令性计划管理，关闭棉花市场。全县棉花调拨，均通过平原棉麻二级站来完成。1996年，个体企业加工的皮棉，直接销售至用棉企业。1998年11月，国务院颁布《国务院关于深化棉花流通体制改革的决定》，自1999年新棉上市起，国家取消供应和调拨计划，售棉方式转为自销。售棉价格由棉花经营企业与纺织用棉企业协商确定，根据市场供求情况自由形成，国家出台指导性价格。销售渠道不再通过棉麻二级站，棉花加工厂和县级棉麻公司可直接与用棉单位进行交易。1999年后，棉花市场全面放开，全县棉花购销范围逐渐扩大，并利用资源优势扩建杨庄棉花交易市场。至2013年，形成辐射新疆、湖南、湖北以及江苏、浙江、天津、河北等20多个省市自治区的棉花集散地。

第三节　棉花储备

棉花储备是国家在20世纪80年代，为应对全国性棉花大丰收，解决卖棉难和国际棉花市场价格变化而采取的一项措施。1986年，国家投资98万元，征地2.2万平方米，在第六棉厂，修建国家储备库5栋，面积5000平方米，可存储皮棉6250吨。1991年，第六棉厂第一次承担国家棉花收储任务，分两次储备皮棉1.43万吨。2008年，再次收储皮棉8400吨。随着国家收储计划增加，2009年、2010年，储备库两度扩建，投资400万元，修建4栋高标准库房6000平方米，可储存皮棉增至2万吨。2010年3月，武城县兴宏物流仓储有限公司成立，主要进行储备棉的收购加工和期货棉花的仓储管理，可一次性储存皮棉10万吨。2012年2月，二期工程开工建设，2013年12月竣工并投入使用。

第五章　粮油购销

第一节　经营体制

1986年，国家取消粮食统购统销，改为合同定购。1987年，实行粮油定购数量与供应平价化肥、柴油和发放粮油预购定金三挂钩政策，简称粮食定购三挂钩。1992年，放开全县粮油销价，人口定量供应由统销改为市场调节，结束长达40年的统销历史。放开粮油销售价格后，坚持“批发从严，零售从宽”原则，允许粮油经营单位和个人从事零售业务，销售价格随行就市。对粮食企业实行财务包干。自1992年起，取消对粮食企业价格补贴和企业经营亏损补贴，对1991年以前的财务挂账，由企业在以后年度实现的利润和粮食储备金中予以弥补，对粮食企业实行零承包，确保不再出现新的挂账。1993年，县粮食局撤销，组建武城县粮油集团总公司，属企业性质，以粮食经营为主，兼有粮食管理职能。1998年11月，执行国家粮油收购政策，按保护价敞开收购农民余粮；坚持保本微利原则，实行顺价销售粮食；加强资金监管，确保粮食收购资金封闭运行；推进企业自身改革，实行政企分开，建立国有粮食收储企业自主经营、自负盈亏新机制。2004年，开始对种粮农民实行直接补贴机制；允许粮食加工企业直接进入市场收购。2005年11月，县政府出台《武城县国有粮食购销企业改革实施方案》，恢复成立县粮食管理局。由县粮食收储中心和基层粮管所改制组成山东武城中天粮油集团股份有限公司，从事市场化经营业务，应急需要时承担政府政策性业务委托，调控粮食市场；按照一所一策原则，推进粮食工业企业改制，将县面粉厂整厂出租给夏津发达面粉集团。县植物油厂、谊春饮料有限公司，按照现代企业制度实行股份制改造。县榨油厂、饮料公司实施破产；对国有粮食购销企业职工全部实行身份置换，通过股份合作形式组织起来承租原企业资产，自主经营，自负盈亏。至2006年底，全县粮食系统有干部职工84人。

第二节　粮油收购

粮油定购

1986年，对粮食定购政策进行完善，全县共收购粮食5.17万吨，食用油品1350吨，食用油料977吨。1987年，实行粮食订购三挂钩政策，共签订6000吨粮食定购合同，发放粮食预购定金57.8万元。此后，定购数量三年没变。1991年，将粮油合同定购改为国家定购，不再与农民签订定购合同，而作为农民义务必须完成，由乡镇政府向村、户颁发国家粮食定购任务通知单。1992年，全县下达粮食定购任务5875吨。1993年，食用油退出计划收购。1998年，根据敞开收购、顺价销售、收购资金封闭运行三项政策，粮食系统实行常年常时挂牌收购粮食，严格执行户交粮、户结算政策，除按国家规定代扣农业税外，一律不准代扣其他款项，收购资金“库贷挂钩、钱随粮走”，收多少粮食，农业发展银行发放多少贷款。2004年，粮食定购制度取消，市场全面放开，国家粮食调剂不再依靠计划调拨，而是依靠市场价格自由流通，各级粮食主管部门只是依据国家赋予的行政执法职能，对粮食购销机构的资质进行认证许可。

粮食议购

1985年，国家实行合同定购之后，对合同外的粮油实行议价收购。县粮食局成立粮油议价购销公司，各级粮食部门根据市场行情，在粮食多渠道流通中发挥主渠道作用，常年开展议价收购业务，发挥平价、议价统一库存优势，实行内购外销与外购外销相结合的政策，扩大业务，调剂余缺。1992年，粮食价格放开，粮食企业全部融入市场，议购议销范围扩大到县外。1998年，国家实行顺价销售政策，议购数量逐年增加。2004年，国家定购制度取消，粮食收购价格由市场决定。自此无平价议价之分。

保护价收购

2006年，为保护农民利益，国家实行最低保护价粮食收购政策。根据小麦的种类、等级制定收购价格，获得收购资格的国有粮食企业根据国家规定收购标准，依质论价，不限收、不拒收、不给农民打白条、当场结算粮款。是年，三等混合小麦最低收购价1.38元／千克，三等白麦1.44元／千克，全县共收购托市小麦5.54万吨。2007年，保护价未变，收购托市小麦1.5万吨。2008年，三等混合麦保护价涨至1.48元／千克，三等白麦1.54元／千克，每提高或降低一个等级相应增加或减少0.04元，是年，收购托市小麦2万吨。此后，因小麦市场价格高于国家规定的小麦最低收购价，至2013年未启动小麦最低收购价收购，粮食价格随行就市。

第三节　粮油销售

定量供应

1986年，城镇非农业人口仍实行凭证、凭票和定量按平价供应粮油。按户口所在地，分别以集体伙食单位或单户进行登记造册，粮食定量指标按体力大小分特、重、轻三等9级；脑力劳动者分2级；大中专学生分6级；不满1周岁至9周岁每个岁别1级。10周岁以上居民粮食定量为13.5千克／月·人，工作人员定量为16千克／月·人，食用油定量为250克／月·人。粮食供应品种为细粮（主要是小麦粉）70%，粗粮（包括玉米面、大米、小米等）30%。是年，全县粮油供应商店17个，从业人员382人。1992年10月1日起，全县粮油价格放开，城镇居民主要从市场购买粮油。粮油价格放开后，职工增加的支出，按照国家、集体、个人共同承担的原则，城镇干部职工（包括离退休人员）每人每月补贴3元，随工资发放；大中专学生每人每月补贴2元；部队用粮补贴，按购粮渠道由县财政按行政单位职工补贴标准给予补贴。城镇非农业户口居民粮本结余粮食指标供应到当年9月底，其余部分暂时冻结。1993年，取消粮油定量供应办法，各级粮油票证失去作用，各级粮油供应场所实行承包经营，自负盈亏。

议价销售

1986年，县粮食局以季度为单位向各基层单位下达粮油销售计划，同时以县粮油议价公司为龙头，以基层粮所为依托，批零兼营，开展粮油议价经营。1992年，放开粮食市场。为防价格波动过大，规定小麦特二粉每千克1.06～1.08元，其他杂粮高低差价控制在0.02～0.06元／千克。2003年，议购议销数量6.01万吨。2004年，购销数量43.19万吨。2005年，购销数量81.32万吨。此后，随着粮食产量和粮食价格行情变化，每年购销数量不等。2013年，购销数量12.17万吨。

粮食市场

粮油统购统销时期，粮食自由贸易只限于完成国家征购任务后的剩余部分和群众结余的少量粮油。20世纪80年代末期，甲马营乡龙湾村，借助交通便利，形成以玉米交易为主的粮食市场，购销范围涉及晋、冀、鲁、豫以及京、津等地。90年代，县政府对其进行规范、扩建，交易品种增加小麦、小米等。1998年，国务院颁布《粮食收购条例》和《粮食购销违法行为处罚办法》，规定除国有粮食购销企业外，其他企业和私商粮贩不能直接到农村收购粮食，粮食自由贸易只限于农民剩余粮食。2004年，国家全面放开粮食市场，实行粮食购销市场化，经营粮食品种有玉米、小麦、谷子、高粱等。2010年，完成粮食购销量110万吨，先后被评为“山东省十大农产品专业批发市场”“山东省十大粮油肉禽交易市场”。至2013年，市场中有大型粮食收贮公司8家，粮食营销企业40余家，个体营销户67家，小杂粮加工户7家，面粉厂2家，年产10万吨饲料厂1家，带动其他行业工商业户46家，粮食运销户1000多家，年营业额3亿元，从业人员240人。

2006年，县粮食局与益海集团开展合作，利用其资金1.4亿元，合作购销小麦1万吨，玉米6万吨，大豆3.5万吨，为益海集团代存玉米、小麦、大豆3万吨。同时，开拓东北粮食收购市场，与牡丹江密山粮库合作，利用其资金4500万元，共购销玉米2万吨，大豆1.8万吨。自2011年开始，县粮食局与法国罗盖特公司合作，按照“公司 + 合作社 + 基地 + 农户”模式，开展订单玉米业务。由粮食局与农户签订种植合同，县粮食局委托合作社统一品种，统一提供专用配套化肥，统一技术指导，统一病虫害防治，粮食局委托下属企业高于市场价10%统一收购，全部销售给罗盖特公司。

第四节　粮油储备

1986年，全县有储粮单位16个，仓容共1.9万吨。1996年，在德武路东、广运街北建起国债项目——武城国家粮食储备库，占地5.8万平方米，分二期建设，一期投资1100万元，建设仓库6栋，仓容3万吨，1997年建成投入使用。二期投资1355万元，扩建平房仓4栋，增加仓容2.5万吨，2001年建成投入使用。2004年9月，经县政府批准，建立地方储备小麦2000吨。2010年，建立地方储备食用植物油200吨。截至2013年底，全县国有粮食企业仓容达5.8万吨，各粮管所均配有输送机、扬场机、振动筛、衡器、水分检测仪、容重器、天平、微机等先进仪器设备。

第六章　服务业

第一节　餐饮　住宿

餐饮

1986年，全县有餐饮企业140家。其中，全民所有制14家，从业人员62名；集体所有制10家，从业人员58名；个体餐饮经营业户116家，从业人员146名。全县饮食业零售额170万元，占社会商品零售总额的1.4%。由于受当时经济条件限制，从事餐饮业的业户，或摆地摊提供早餐，或开办中小型餐馆，主要经营油条、包子、馒头、水饺、面条、米饭、馄饨、老豆腐、豆浆以及时令炒菜等。随着市场的繁荣，个体私营餐馆数量增加，居民家中红白喜事用餐开始由饭店承办。1995 年，全县餐饮业法人企业 4 家。其中，国营 2 家，集体 2 家。经营网点 687 处，从业人员 3578 人。其中，个体私营 678 处，个体经营从业人员 3400 人。2000 年，全县餐饮业零售总额 5998 万元。随着生活水平日渐提高，餐饮业随之发生变化。早餐经营花样更多，除传统早餐以外，增添了面包、牛奶、汉堡等西式早点。路边摊点被各类快餐店取代，居民早餐饮食卫生得到改善。在市场竞争中，餐饮住宿业经营理念更新，中高档饭店增加，服务质量提高。2003 年，天成大酒店、三回头大酒店相继开业。2005 年 9 月，贵都大酒店开业，该酒店占地 4.1 万平方米，建筑面积 2.8 万平方米，是武城首家集住宿、餐饮、娱乐、商务于一体的三星级旅游涉外酒店，拥有各种中、高档客房 99 间，中、西风味餐厅 30 多个，可同时为 1000 多人提供就餐服务。2007 年 7 月，古贝春大酒店竣工，可容纳 70 人住宿，300 人就餐。菜品结构也发生变化，川菜、湘菜、火锅、朝鲜面、兰州拉面等各地名吃落户武城。本地传统特产名吃得到开发，武城旋饼、三回头灌汤包被列为“山东省名小吃”。

住宿

1986 年，全县有旅馆 12 家，其中县城 4 家，从业人员 23 人，除县委招待所、饮食公司的服务楼接待能力稍强外，其余均为十几张床位的个体私营旅馆，全县城接待能力不超过 200 人。乡镇有旅馆 8 家，从业人员 19 人，住宿服务标准处于较低水平。1993 年，县粮食局建成中天大酒店，主营餐饮、住宿。1994 年 6 月，县邮政局的鸿雁大酒店开张营业，主营餐饮、住宿，并可接待中小型会议。县委招待所改建为武城宾馆。县供销社修建贝州宾馆、供销宾馆，服务水平和服务设施均有较大提高和改善，宾馆设有单人间、三人间、标准间、商务套房、豪华套房等多种类型，房间内设置独立卫生间并装有有线电视、中央空调、电话等，24 小时热水供应。进入 21 世纪后，随着城市建设的发展和流动人口增加，县城宾馆数量逐渐增加，如家、豪庭、阳光假日等连锁商务宾馆陆续落户武城。截至 2013 年底，全县共有许可餐饮住宿服务单位 473 家，零售额 9.18 亿元。

地方名吃

武城旋饼 明末，闯王李自成进京路过武城时，发现路边席棚内烙制馅饼的工艺奇特，便下马品尝，食后感觉味道鲜美，按制作技艺命名旋饼。武城旋饼经世代改良，日臻完善，旋饼大如盘，厚如指，色泽黄褐油亮，皮油酥焦脆，馅松软鲜嫩。焦而不糊，嫩而不生。肉肥而不腻，面厚而不粘，兼有焦香、清香、芝麻香味道，深受食者欢迎。主要品种有猪肉馅旋饼和羊肉馅旋饼。特色品种有牛肉馅的“雪里红”，猪肉韭菜加鸡蛋的“凤加雪”，猪腔油加冰糖制成的“水晶参”。2004 年、2006 年武城旋饼被认定为“山东省名小吃”。

图 11-3 武城旋饼（2010 年 摄）

“三回头”灌汤包　1996年10月，由武城特一级厨师张森然多年研制而成。包子皮薄馅大，汤汁浓厚，香而不腻，营养丰富。1997年申请注册国家专利。自1997年始，连续多次被评为“山东省名小吃”。

崔记糖葫芦　由四女寺镇蒋家佛堂村崔瑞军开发研制，具有风味全、口感好、留香久，酸甜绵软、回味无穷、老少咸宜的特点。有蜂蜜糖葫芦、QQ软糖糖葫芦、老北京糖葫芦、嘎嘣脆色拉油糖葫芦、脆皮巧克力冰糖糖葫、糖炒山楂、蜜山楂冰红果、冰爽冷冻糖葫芦等8个系列。曾被列为共青团中央青年创业报道项目。

第二节　照相　洗浴

照相

1986年，全县共有照相馆12家，从业人员20人。其中，县城4家，从业人员8人；乡镇8家，从业人员12人。12家照相馆中，国营、集体经营3家，个体经营9家。1990年后，国营和集体经营的照相馆逐渐改为个体经营。1996年，恒俊照相馆引进彩色底片洗印设备。进入21世纪，数码相机得到普及，至2005年，各照相馆胶片相机基本被淘汰。此后，服务项目更加细化、专业，出现专门为青年（婚纱摄影）、老人、儿童等特定人群服务的专业照相机构，如蒙妮坦婚纱摄影、金色童年专业儿童摄影等。截至2013年底，全县照相馆发展到39家。其中，县城16家，镇街23家，以婚纱摄影和儿童摄影居多。

洗浴

1986年，全县仅有浴池1处，由商业局饮食服务公司经营，位于向阳路南首路西，服务人员3名，床位40张，分男女两部，设有淋浴、池浴，提供热水、毛巾、搓背等服务项目，票价每位顾客0.2元。1989年，因亏损停止营业。1995年，贝州市场开办个体经营浴池，服务项目有修脚、搓背、按摩。进入21世纪，个体开办浴池数量增加，现代服务、休闲、保健理念融入洗浴业。2003年，开办中亚浴城，设有池浴、淋浴、冲浪浴、土耳其浴、桑拿浴，分单人洗浴间、双人浴间等，提供足疗、按摩、踩背、刮痧等服务项目。2005年后，随着房地产业的发展，新开发的住宅小区普遍带有太阳能热水器，或安装室内沐浴器。2009年，国家实行4年家电下乡补贴政策，太阳能热水器在农村得到一定程度普及，洗浴逐渐发展为家庭化。截至2013年底，全县共有洗浴经营业户21家。其中，县城5家，镇街16家。

第三节　美发美容

1986年，全县理发服务机构29家，从业人员46人。其中，县城5家，从业人员18人；乡镇24家，从业人员28人。专营理发、烫发、染发、刮脸。进入21世纪，专门针对女士的美容、美体、按摩、理疗、皮肤护理等美容行业兴起，兼营化妆品，实行套餐式服务，价格数十、数百元不等，高者达数千元。截至2013年底，全县美容美发业注册经营业户42家。

第四节　修理业

1986年，全县日用品修理门店167家，从业人员243人。其中，县城8家，从业人员12人；乡镇159家，从业人员231人。其他服务业196家，从业人员500人。主要修理电视机、收录机、钟表、冰箱等家用电器以及自行车、摩托车、三轮车等交通工具和农用机械。进入21世纪，汽车、农机、家用电器增加，经营商家实行售后跟踪服务，配有专门维修人员，安装、修理上门服务。截至2013年底，全县登记注册修理业经营业户316家。其中，汽车修理40家，摩托车修理31家，农机修理34家，家电、手机等其他修理经营业户211家。

第五节　庆典娱乐

20世纪80年代初，民间文艺团体恢复，逢年过节或借婚丧嫁娶、开业开张之际应邀表演。农村青年结婚时，多雇用民间娱乐团体，演唱一些流行歌曲，或是京剧、豫剧、河北梆子等地方戏曲唱段来烘托气氛，一般有独唱、男女对唱，简单的表演唱等，多由笙、笛、管、萧、唢呐、二胡、锣鼓等乐器伴奏。以娱乐为主，根据事主家庭经济状况，佣金可多可少。进入21世纪，出现较为专业的庆典公司，其中经营较好的有好日子婚庆庆典公司、世纪缘婚庆公司、天赐良缘婚庆中心、金声艺术团等。另外承接婚嫁、开业、节日庆典、广告宣传等活动。可提供彩虹门、气球、彩带、地毯、鲜花、灯光、音响设备、迎亲车队、全程摄影录像，安排婚礼程序、提供婚礼主持人、演出队伍等，服务费用少者一两千元，多者万元甚至几万元不等。截至2013年底，全县登记注册的婚庆礼仪服务业户36家。

20世纪90年代后期，城乡各地出现游戏厅、棋牌室、KTV、舞厅等休闲娱乐场所，娱乐业与餐饮业结合，提供餐饮、娱乐综合服务。进入21世纪，娱乐业脱离餐饮业，成为单独经营的行业，棋牌室、KTV、练歌房数量增多。截至2013年底，全县登记休闲娱乐业经营业户24家，有麻将、象棋、扑克、台球、音乐、动漫等项目。

第六节　中介服务

1988年4月，全县第一家中介机构——审计事务所成立。1992年，劳动就业办公室成立，负责全县城镇待业青年和农民进城务工人员登记、审查工作，为社会提供用工、求职和劳动力资源信息，开展劳务中介和劳务输出业务。1994年，用工制度全面放开，出现个体经营的劳务中介机构。2002年11月，诚信会计咨询有限公司成立，主要经营财务、税收、审计业务的咨询服务，代编、代审会计报表，代理建账、记账业务。随着经济活动的增加，对中介服务的需求旺盛，中介服务的范围扩大，法律服务、技术咨询、房产买卖、家政服务、商务咨询、商务代理、科技服务、商业信息、婚姻中介等均成为中介服务的范围。截至2013年底，全县从事中介服务的注册企业有24家，主要集中在县城和鲁权屯镇、老城镇。

第七章　对外贸易

第一节　外贸进出口

1986年后，全县对外贸易由县外贸局管理，接受上级下达的出口供货任务，按要求组织货源。县内传统出口产品有工艺品、土特产品、畜产品等，各类商品年出口收购额2342.5万元。其中，地毯和柳编制品120余万元，土特产品2000余万元，畜产品200余万元。地毯和柳编制品主要销往日本、美国等国家和香港地区。土特产品主要有小枣、绿豆、辣椒等，主要销往日本、韩国等。畜产品主要有黄牛、山羊板皮、绵羊板皮，主要销往俄罗斯和香港地区。1990 年 10 月，成立县对外经济贸易委员会，负责外贸出口、利用外资和劳务输出工作。1992 年，全国外贸体制改革，县级外贸业务由中央直属划归地方管理，外经贸委员会负责管理外贸公司。同年，县外贸公司停止经营，职工下岗，对外贸易业务市场化。2000 年，全县自营出口金额 126.8 万美元。2003 年，全县进出口贸易增幅明显，全年实现进出口贸易总额 545.18 万美元，同比增长 91.2%。其中，出口 535.18 万美元，增长 101.95%；进口 10 万美元，下降 50%。2005 年，全县实现进出口总额 1701 万美元。其中，出口创汇 1603 万美元，进口 98 万美元。2008 年，全县对外贸易快速增长，实现进出口总额 3350 万美元，增长 58.8%。其中，出口创汇 2609 万美元，进口 741 万美元。2009 年，全县实现进出口总额 1993 万美元。其中，出口创汇 1864 万美元，进口 129 万美元。2013 年，武城县被列入省级出口农产品质量安全示范区范围，建立出口农产品质量安全标准体系、可追溯体系、监控评估预警体系、企业质量安全诚信体系、生产环节化学投入品控制体系及多元化国际市场体系 6 大体系。全县进出口总额 2732.55 万美元。其中，出口额 2173.58 万美元，进口额 558.97 万美元。截至 2013 年底，全县共有外贸进出口企业 77 家，有进出口实绩的企业 18 家。出口产品主要有辣椒制品、食用菌、地毯、服装、铝轮毂、裘革制品等，主要销往美国、俄罗斯、韩国等国家和地区。

第二节　利用外资

1995 年，武城县开始引进国外资金，当年实际利用外资 211 万美元。2000 年，合同利用外资 493 万美元，实际利用外资 101 万美元。2001 年，全县推进大开放、大招商、大发展，利用现有企业的品牌、技术、市场以及闲置资金进行招商，实际利用外资 317 万美元，增长 214%，增幅列全市第一。2003 年，开展“招商引资年”活动，推行“一把手招商”，全年引进县外项目 172 个，合同利用外资 1826 万美元，同比增长 103%，实际利用外资 1521 万美元，同比增长 92.53%。2005 年，全年合同利用外资 1258 万美元，同比下降 49%，实际利用外资 836 万美元。2006 年，全县利用外资达到 2913 万美元，为 2000 年以来最高值。2012 年，全县实际利用外资 159.1 万美元，同比下降 78.69%。2013 年，全县实际利用外资 489 万美元。截至 2013 年底，全县注册外资企业有 8 家，总注册资本 7290 万美元。

第十二编

财税　金融

1986年，全县地方财政总收入813万元，总支出1411万元。此后，全县地方财政总收入稳步提高。2013年，全县地方财政总收入9.55亿元，总支出19.08亿元。

1986年，全县征收的税种有增值税、营业税、企业所得税、个人所得税、农业税等。当年，全县税收收入857.5万元。1994年，县国家税务局和地方税务局分设，对征收范围做出划分。当年，国税收入2643万元，地税收入745万元。此后，税务体制不断改革完善，征收管理日趋科学规范，全县税收除个别年份较上年下降外，总体保持增长态势。2013年，全县国税收入3.34亿元，地税收入5.58亿元。

1986年，全县有人行、工行、建行、农行和农村信用联社，各项存款余额1.59亿元，贷款余额3.09亿元。28年间，中行、农发行、邮储银行、德州银行4家银行机构相继在武城县设立分支。截至2013年底，全县有银行9家，各项存款余额109.65亿元，贷款余额73.74亿元。

第一章　财　政

第一节　体制改革

县级财政体制改革

1986年，全县实行“划分税种、核定收支、分级包干”财政管理体制。财政收入分中央固定收入、地方固定收入及中央和地方共享收入。1988年，实行“大包干”财政管理体制，将城乡个体工商户所得税及营业税、个人收入调节税、个人所得税、国有企业工资调节税、契税、农林特产税、奖金税等划归地方固定收入，并抵顶支出，支出定额上解。1994年，进行分税制财政体制改革，实行“核定收支、超收分成、短收减支”财政管理体制。消费税为中央收入，增值税中央分享75%，地方分享25%。新旧财政体制同时运行，以1993年净上划中央的收入为基数，核定县级税收返还基数，后根据每年上缴中央两税（增值税和消费税）数额，按1:0.3的比例逐年增加税收返还数。2002年，企业所得税和个人所得税全部实行中央与地方共享，营业税纳入省、县分享范围。企业所得税中央、省、县按60%、8%、32%分成，个人所得税中央、省、县按60%、15%、25%分成，营业税省、县按20%、80%分成，返还额以2001年税收为基数。2007年起，实行税收分享体制改革，增值税中央、市、县按75%、10%、15%分成，营业税省、市、县按20%、30%、50%分成，企业所得税中央、省、市、县按60%、8%、5%、27%分成，个人所得税中央、省、市、县按60%、15%、10%、15%分成。返还额以2006年税收为基数。至2013年未再调整。

乡镇财政体制改革

1986年，全县实行“定收、定支、分级包干、定额补助”一定三年的乡镇财政管理体制。1994年，实行“定收、定支、定上交或补助”一定三年的管理体制。1997年，实行“核定收支、定额上解或补助”一定三年的管理体制。2007年起，实施“乡财县管”，执行“划分税种、核定收支、定额补助或上解、超收全留、短收自补”一定三年的管理体制。至2013年未变。

农村税费改革

1986年，全县农村实行税费并行的政策，对农业用地征收农业税，农民缴乡统筹费和村提留费。2002年，取消乡统筹费、农村教育集资等专门面向农民征收的行政事业性收费和政府性基金、集资，取消屠宰税，取消统一规定的劳动积累工和义务工。调整农业税政策，农业税按照农作物常年产量和规定的税率依法征收，将原农业税附加并入新农业税，新农业税统一实行6%的税率。调整农业特产税政策，对在非农业税计税土地上生产的农业特产品继续征收农业特产税；对在农业税计税土地上生产的农业特产品，只征收农业税或农业特产税。改革村提留征收使用办法，村干部报酬、“五保”户供养、办公经费，除由集体经营收入开支的继续保留外，凡由农民上缴村提留开支的，采用农业税附加方式统一收取，比例为农业税正税的20%。2004年，农业税率由6%降为3%，附加相应减半。2005年，农业税率由3%降为1%。2006年，根据中央、省、市决定，全县农业税取消。

第二节　财政收入

1986年，全县地方财政总收入813万元。1992年，政府性基金收入纳入预算管理，参与预算内平衡，当年入库188万元。1993年，社保基金入库133万元。1994年，实行分税制改革后，上级财政转移性补助逐年增长，成为全县财力的重要来源，当年县财政转移性收入2658万元。1997年，开始征收地方教育附加收入，当年入库18万元。2000年，实现地方财政总收入10353万元。2008年，残疾人就业保障金和彩票公益金纳入基金管理，当年分别入库10万元、26万元。2013年，全县地方财政总收入95467万元。一般预算收入70462万元。其中，税收收入56579万元，非税收入13883万元。政府性基金收入25005万元。其中，地方教育附加收入906万元，地方其他水利建设基金收入453万元，残疾人就业保障金收入20万元，土地出让金收入23028万元，彩票公益金收入165万元，地方水利建设基金划转收入377万元，教育资金收入35万元，农田水利建设资金收入21万元。

第三节　财政支出

1986年，全县地方财政总支出1411万元。其中，农林水事务支出76.4万元，文教、科学、卫生事业支出546.3万元，行政管理支出335.1万元，财政价格补贴支出208.1万元。1992年，政府性基金支出纳入预算管理，当年支出235万元。由于政策性增资等原因，县财政连年出现赤字。1995年，实现收支相抵，消化赤字58万元，赤字财政从此结束。1999年，县地方财政总支出首次突破亿元，实现12283万元。其中，一般预算支出11986万元，政府性基金支出297万元。2011年，县地方财政总支出114371万元，突破10亿元。其中，一般预算支出110398万元，政府性基金支出3973万元。2013年，全县地方财政总支出190821万元。公共财政预算支出152592万元。其中，一般公共服务支出14612万元，公共安全支出5191万元，教育支出38220万元，科学技术支出2151万元，社会保障和就业支出22603万元，医疗卫生支出16843万元，节能环保支出4921万元，城乡社区事务支出7397万元，农林水事务支出27001万元，交通运输支出4117万元，住房保障支出4444万元。政府性基金支出38229万元。其中，教育支出724万元，文化体育与传媒支出65万元，社会保障和就业支出568万元，城乡社区事务支出34503万元，农林水事务支出1758万元。

1986—2013年武城县地方财政总收入支出统计表

表12-1　　　　单位：万元

年份	收入			支出		
	合计	一般预算收入	基金收入	合计	一般预算支出	基金支出
1986	813	813	—	1411	1411	—
1987	993	993	—	1630	1630	—
1988	1281	1281	—	2187	2187	—
1989	1554	1554	—	2654	2654	—
1990	1658	1658	—	2578	2578	—

续表 12-1

年份	收入			支出		
	合计	一般预算收入	基金收入	合计	一般预算支出	基金支出
1991	1864	1864	—	2250	2250	—
1992	2389	2201	188	3809	3574	235
1993	3174	3041	133	4413	4280	133
1994	3494	3494	0	4152	4152	0
1995	2430	2430	0	5930	5930	0
1996	3760	3760	0	7349	7349	0
1997	4700	4682	18	7699	7670	29
1998	6543	6543	219	9991	9674	317
1999	8578	8327	251	12283	11966	297
2000	10353	10097	256	14742	14410	332
2001	12989	12537	452	17658	17146	512
2002	12547	12547	0	20360	20150	210
2003	15254	15062	192	23323	22962	361
2004	18427	18427	0	30898	28549	2349
2005	11739	11710	29	26881	25092	1789
2006	15916	15809	107	34425	34055	370
2007	14331	14178	153	41396	41052	344
2008	12879	12689	190	50437	49742	695
2009	14595	14344	251	55648	55261	387
2010	31308	25601	5707	81897	81422	7015
2011	37625	35867	1758	114371	110398	3973
2012	60626	48084	12542	152396	136969	15427
2013	95467	70462	25005	190821	152592	38229

说明：1992 年政府性基金纳入预算管理，1992—2008 年部分年份武城县统计年鉴未统计基金收支情况，本表中相关年份基金数据来源于县财政局

第四节　财政管理

预算管理

1986 年，县财政预算管理实行“基数加增长”的方法。1994 年实行分税制后，根据财源、税源变化情况，将收入任务层层分解，实行目标管理责任制。将预算管理的着力点转移到部门，按部门编制预算，统筹考虑部门预算内外资金，改变“基数加增长”办法，实行综合零基预算。对个人工资性支出，按标准逐人核定。对公用经费按不同定额和项目编制，优化支出结构，压缩一般性支出。2008 年 10 月，对 35 个预算单位实行国库集中支付改革试点。2013 年，推行公务卡改革。

预算外管理

1986年，行政事业单位的预算外资金主要实行“单位自行收取、支出编报计划、财政审批、结余财政专户储存”的管理方式。1990年，随着国有企业改革和新企业会计制度的实施，企业不再提取专用基金。1996年12月，县预算外资金管理局成立，进行预算外资金征收方式改革，由各行政事业单位直接征收改为由预算外资金管理局直接征收和委托单位征收，将全县县直单位的预算外资金纳入“收支两条线”管理，实行“单位开票、银行收款、财政统管”的票款分离管理体制。2006年，由预算外资金管理转向政府非税收入全面管理，先后将土地使用权出让收入、行政事业单位的房屋租赁收入和城市户外广告资源有偿使用收入等纳入管理范围，将非税收入全部纳入计算机网络化管理。2013年，全县预算外资金收入2.04亿元。

行政事业单位财务管理

1986年，行政事业单位采取“预算包干”办法，划分不同类型分类包干，控制支出增长。包干的主要形式：经费和任务挂钩，一年一定；核定基数，比例递增；包死基数，一定几年；核定基数，比例递减。1993年，行政及文教、卫生等事业单位的资金供应和财务管理实行全额预算管理、差额预算管理和自收自支管理。全额预算单位实行“预算包干、结余留用、超支不补”的管理办法，差额预算单位实行“核定收支、差额补助或差额上缴”的管理形式，部分企业化管理的事业单位转为经费自收自支单位。2001年8月，全县行政事业单位工资由财政委托代理银行统一发放，至2013年无变化。

企业财务管理

1986年，全县国有企业继续实施第二步利改税方案。大中型盈利企业按55%上缴企业所得税，部分企业按利改税方案核定比例上缴调节税，小型盈利企业按八级超额累进税率缴纳所得税，亏损企业的亏损额由以后年度实现利润税前弥补，超过3年未补足的由企业税后利润弥补。1987年，国有工业、商贸企业实行承包责任制改革，县财政局和企业主管部门为发包方，分别采取“包死基数、确保上交、超收全留、歉收自补”和“上缴利润逐年递增包干，超收分成”等不同措施，与企业签订承包经营合同。1993年，新旧财务制度接轨，企业财务管理由微观管理变为宏观调控，取消专用基金管理办法，实行资本保全制度，企业所得税全部交由税务部门征收，财政部门不再负责。1997年，县供销合作社系统、县农村信用合作社纳入管理范围。1998年起，除特殊企业外，国有企业年度报表不再实行财政审批制度，实行国有企业年度报表注册会计师审计的办法。此后，企业财务管理不再限于国有企业，而以企业规模划分，将较大规模企业和节能环保企业纳入管理。1999年，对供销、棉麻等集体企业潜亏挂账进行清理。2013年，核销棉花企业挂账1156万元，剩余341万元。

农业税收管理

农业税　1986年，全县农业税实行实物征收和代金征收两种方式。凡从事农业生产、有农业收入的单位和个人，根据种植粮食作物和经济作物的常年产量计算农业收入，由财政部门按税率每年分夏、秋两季征收。是年，征收131万元。2002年，农村税费改革，税率最高为6%。是年，征收2020万元。2005年，税率降为1%，征收279万元。2006年，取消农业税。

农业特产税　1986年，开始单独计征农林特产税，征税范围包括园艺收入、林木收入和水产收入。园艺收入税率为6%，林木和水产收入税率为5%。1988年，征收3万元。1994年，将原税务部门征收的牲畜产品列入，统称为农业特产税，采取查账征收、查实征收、查验征收、委托代征、核定收入征收等方法征收。2001年，征收112万元。2002年，农村税费改革，根据全县实际种植作物情况，不再征收农业特产税。

耕地占用税　1987年开征。在县境内占用耕地建房或从事其他非农业建设的单位和个人，须经县及以上人民政府批准，纳税人以实际占用耕地面积交税。1988年，征收19万元。2008年起，执行新修订的《中华人民共和国耕地占用税暂行条例》。2009年，征收1100万元。2013年，征收8538万元。

契税　1990年，征管工作全面恢复。在县境内转移土地、房屋权属时向承受单位和个人征收的税种。1991年，征收1万元。1995年，征收2万元。1997年10月起，执行新的《中华人民共和国契税暂行条例》，按土地、房产交易额的3%征收。是年，征收2万元。2005年，征收111万元。2013年，征收3176万元。

1986—2013年武城县农业四税征收统计表

表12-2　　单位：万元

年份	农业税	农业特产税	耕地占用税	契税	合计
1986	131	0	—	—	131
1987	130	0	-2	—	128
1988	131	3	19	—	153
1989	138	11	81	—	230
1990	127	9	9	—	145
1991	138	14	28	1	181
1992	169	10	58	1	238
1993	207	15	20		242
1994	309	25	45	1	380
1995	309	53	40	2	404
1996	459	577	26	2	1064
1997	439	620	26	2	1087
1998	459	296	35	1	791
1999	434	352	311	5	1102
2000	362	112	0		474
2001	342	112	1		455
2002	2020	—	—		2020
2003	1857	—	—	2	1859
2004	1055	—	—	135	1190
2005	279	—	—	111	390
2006	—	—	90	22	112
2007	—	—	—	1313	1313
2008	—	—	—	1280	1280
2009	—	—	1100	90	1190

续表 12-2

年份	农业税	农业特产税	耕地占用税	契税	合计
2010	—	—	5757	1227	6984
2011	—	—	8438	1205	9643
2012	—	—	9804	2960	12764
2013	—	—	8538	3176	11714

支农资金和项目管理

1986 年，农业财务管理以增加农业投入，提高资金使用效益，促进农业生产、农民增收、农村发展为中心，筹集安排资金，增加农业有效投入。1994 年后，县财政支农投入稳步增长，按不同时期，突出支农重点，在稳定粮食生产的同时，扶持综合开发，加强农田水利基础设施建设。1998—2002 年，利用世界银行贷款投入灌溉农业项目资金 3484 万元。2003—2005 年，发放“村村通”公路资金 4970 万元。自 2007 年起，每年对种粮农民发放每亩 10 元的小麦良种补贴（差额实物补贴），对种棉农民发放每亩 15 元的棉花良种补贴。2007—2008 年，发放能繁母猪补贴 150 万元，发放“村村通”自来水补贴 316 万元。2008 年，发放优质后备母牛补贴 106 万元；开始对种粮农民发放每亩 10 元的玉米良种补贴；实施家电下乡补贴。自 2009 年起，实施粮棉高产创建、测土配方施肥、新型农民培训、基层农业技术推广体系建设等项目，至 2013 年累计投入财政资金 535 万元。自 2010 年起，实施新增小型农田水利建设重点县高效节水项目，至 2013 年累计投入财政资金 1.5 亿元。2011 年，为平抑猪肉市场供给和价格上涨，再次发放能繁母猪补贴 100 万元。2011—2012 年，财政投入资金 403 万元改善水土保持环境，投入资金 50 万元实施增殖放流项目。2011—2013 年，向省级现代农业生产发展资金等项目投入财政资金 1800 万元，推进食用菌产业建设。截至 2013 年底，累计发放小麦粮食直补 5425.36 万元，小麦良种补贴 2778.65 万元，棉花良种补贴 1988.38 万元，玉米良种补贴 2209.05 万元。

2004—2013 年武城县支农补贴统计表

表 12-3

年份	小麦粮食直补				农村综合补贴		家电下乡补贴	
	户数（户）	面积（万亩）	标准（元／亩）	金额（万元）	标准（元／亩）	金额（万元）	户数（户）	金额（万元）
2004	71404	28.38	13	368.97	—	—	—	—
2005	77809	37.2	13	483.65	—	—	—	—
2006	76979	36.84	14	515.69	14.2	523.05	—	—
2007	70198	32.66	14	457.26	30.5	996.17	—	—
2008	68710	32.69	14	457.63	72.78	2379	2337	49.03
2009	70807	35.95	14	503.33	69.97	2515.6	12559	323.89
2010	73513	43.69	14	611.63	69.15	3021	22630	700.43
2011	73211	45.23	14	633.29	84.45	3820.1	38226	1360.8

续表 12-3

年份	小麦粮食直补				农村综合补贴		家电下乡补贴	
	户数（户）	面积（万亩）	标准（元/亩）	金额（万元）	标准（元/亩）	金额（万元）	户数（户）	金额（万元）
2012	73822	50.43	14	705.97	86	5345.2	—	—
2013	70980	49.14	14	687.94	111	5454.4	—	—
合计	727433	392.21	—	5425.36	—	24054.52	75752	2434.15

2007—2013 年武城县良种补贴统计表

表 12-4

年份	小麦良种补贴			棉花良种补贴			玉米良种补贴		
	面积(万亩)	标准（元/亩）	金额(万元)	面积(万亩)	标准（元/亩）	金额(万元)	面积(万亩)	标准（元/亩）	金额(万元)
2007	20	10	200	25	15	375	—	—	—
2008	20	10	200	25	15	375	10	10	100
2009	36.83	10	368.34	20	15	300	34.03	10	340.26
2010	43.7	10	437.01	27.45	15	411.71	39.5	10	395.04
2011	45.6	10	455.96	25.68	15	385.19	43.15	10	431.5
2012	55.72	10	557.2	17.33	15	259.96	44.68	10	446.75
2013	56.01	10	560.14	12.1	15	181.52	49.55	10	495.5
合计	227.86	—	2778.65	152.56	—	2288.38	220.91	—	2209.05

社会保障资金管理

1999 年，县财政局成立社保科，将各项保险基金纳入财政专户管理，实行收支两条线。是年，县社会保障基金财政专户收入 77 万元，支出 44 万元。2005 年，启动新型农村合作医疗保险。是年，农村合作医疗保险基金收入 142 万元，支出 4 万元。2008 年，启动城镇居民医疗保险。是年，农村合作医疗保险基金收入 2490 万元，支出 2375 万元。2013 年，县社会保障基金财政专户收入 40570 万元，支出 36652 万元。其中，企业养老保险基金收入 13088 万元，支出 11088 万元。失业保险基金收入 449 万元，支出 359 万元。医疗保险基金收入 3155 万元，支出 3053 万元。农村合作医疗保险基金收入 10769 万元，支出 10094 万元。工伤保险基金收入 629 万元，支出 557 万元。机关养老保险基金收入 12480 万元，支出 11501 万元。

1999—2013 年武城县社会保障基金财政专户收入统计表

表 12-5　　单位：万元

年份	收入合计	企业养老保险基金	失业保险基金	医疗保险基金	农村合作医疗保险基金	工伤保险基金	机关养老保险基金
1999	77	77	—	—	—	—	
2000	44		44	—	—	—	
2001	1525	1296	163	66	—	—	
2002	1152	887	98	167	—	—	

续表 12-5

年份	收入合计	企业养老保险基金	失业保险基金	医疗保险基金	农村合作医疗保险基金	工伤保险基金	机关养老保险基金
2003	1414	1059	80	275	—	—	
2004	1602	1147	165	290	—	—	
2005	2036	1324	146	424	142	—	
2006	3810	2236	98	637	839	—	
2007	5644	1811	72	779	1437	3	1542
2008	10991	3462	181	1193	2490	13	3652
2009	15864	4370	237	1158	2960	76	7062
2010	19451	5824	351	1739	3937	83	7518
2011	26512	7189	415	2243	7491	161	9014
2012	36386	13454	282	2774	8894	343	10638
2013	40570	13088	449	3155	10769	629	12480

2000—2013 年武城县社会保障基金财政专户支出统计表

表 12-6　　单位：万元

年份	支出合计	企业养老保险基金	失业保险基金	医疗保险基金	农村合作医疗保险基金	工伤保险基金	机关养老保险基金
2000	44	—	44	—	—	—	
2001	1231	1225	6	—	—	—	
2002	1128	1009	25	94	—	—	
2003	1219	988	58	173	—	—	
2004	1495	1220	78	197	—	—	
2005	1662	1269	102	287	4	—	
2006	3201	1942	3	568	688	—	
2007	6637	3377	38	618	1247	0	1357
2008	10543	3676	138	946	2375	2	3406
2009	15642	4462	254	1104	2899	4	6919
2010	18974	5686	549	1801	3628	36	7274
2011	24371	7222	335	2196	6063	144	8412
2012	31486	8400	282	2701	9422	502	10178
2013	36652	11088	359	3053	10094	557	11501

政府采购管理

2013 年 5 月，县财政局成立政府采购办公室。是年，完成政府采购项目 38 个，实际采购额 20080.05 万元，节约财政资金 3447.14 万元，节支率 17.17%。

会计管理

1986 年，会计事务主要由县财政局企业财务科负责管理。1988 年，县会计专业技术职务评审委员会成立，负责对会计人员专业技术职务进行评审。1990 年，县财政局设立会计事务所，负责会计职称评考、从业资格管理、会计人员培训和会计基础管理工作，指导会计电算化工作。1992年起，根据财政部、人事部《关于会计专业技术资格考试暂行规定》《会计专业技术资格考试实施办法》，会计专业技术资格实行全国统一考试制度，全县专业技术职务评审工作终止。1997年，根据《山东省〈会计管理办法〉实施细则》换发新会计证，对无证会计人员实行统一考试、统一发证。1999年，县财政局会计师事务所改称会计科，职能不变。2001年，根据新修订的《中华人民共和国会计法》《山东省会计从业资格管理实施办法》，把会计证统一换发为会计从业资格证书，对持证会计人员建立档案，实行微机化管理和年检制度。对无证会计人员实行从业资格考试制度，考试采取网上报名，统一考试。截至2013年底，全县持有会计从业资格证3000余人。

第二章　国有资产管理

第一节　企业国有资产管理

1991年，县政府对国有企业实行产权登记管理。是年，全县企业国有资产2.4亿元。自1992年开始，县国有资产管理部门在每年进行国有资产产权登记和年度检查的基础上，开展清产核资、产权界定、企业改制、资产评估等事务，完善国有资产管理制度，企业国有资产管理步入规范化轨道。1993年，在推行承包、租赁和股份制改革过程中，制订改制方案，核实企业资产，完成全县40余家国有、集体企业改制。1995年、1996年，对全县国有企业国有资产保值增值情况进行考核。1998年，从德州市接收县汽车站和老武城汽车站资产。2006年，从德州市接收县医药公司资产。是年，全县企业国有资产6.48亿元。2011年，县电业公司资产上划省电力集团管理。截至2013年底，县属企业国有资产总额2.78亿元。

1990—2013年武城县企业国有资产统计表

表12-7　　　　单位：万元

年份	资产	年份	资产	年份	资产
1990	24021	1998	81559	2006	64832
1991	31637	1999	81272	2007	60923
1992	38086	2000	59555	2008	47855
1993	42561	2001	71002	2009	39070
1994	54159	2002	82737	2010	29619
1995	52852	2003	64801	2011	28079
1996	61219	2004	71270	2012	24180
1997	73116	2005	76323	2013	27822

第二节　行政事业单位国有资产管理

1992 年，县国有资产管理部门制定行政事业单位国有资产管理制度，开始资产清查、产权界定、资产处置审批等工作。1995 年，对全县行政事业单位国有资产进行产权登记，最初登记 97 户，资产总额 1.73 亿元。1996 年，对行政事业单位非经营性资产转经营性资产进行全面调查，初始投资额 405 万元。其中，固定资产 392 万元、流动资产 12 万元、无形资产 1 万元。2005—2008 年，审批资产处置项目 30 项，涉批金额 949 万元。2009 年，对全县行政事业单位土地使用证和房产所有证进行统一收缴管理，共收到 33 家单位上缴的证本 62 本。其中，土地使用证 38 本，房产所有证 24 本。2010—2013 年，审批资产处置事项 30 项，涉批金额 560 万元。截至 2013 年底，产权登记行政事业单位 106 户，资产总额 9.15 亿元，固定资产 7.63 亿元，土地面积 201.94 万平方米，房屋建筑面积 106.93 万平方米，汽车 503 辆。

1995—2013 年武城县行政事业单位国有资产统计表

表 12-8

年份	统计户数（户）	资产总量（万元）	固定资产（万元）	土地面积（平方米）	房屋建筑面积（平方米）	汽车（辆）
1995	97	17339	13474	1810427	409257	179
1996	90	18569	14719	1970769	429243	173
1997	96	19411	15189	1916907	441779	161
1998	104	23330	18673	1908865	434288	165
1999	100	24035	18549	1916950	436263	166
2000	91	22890	18106	1549127	409766	140
2001	98	32336	23185	2247462	440879	191
2002	93	38178	23728	2347169	413735	214
2003	98	38946	22933	2347783	477455	213
2004	99	61886	35212	2616678	630300	235
2005	101	70002	41282	2262827	656124	267
2006	108	64165	42915	1593394	681471	283
2007	107	72373	44098	1689022	669908	284
2008	104	71837	46403	1677623	660741	323
2009	111	74955	46672	1079718	599072	388
2010	109	61885	53474	1144742	520906	441
2011	111	90759	62272	1411532	677685	464
2012	111	93077	70145	1876157	707158	484
2013	106	91472	76297	2019375	1069262	503

第三节　资产评估

1993年，县国资局设立评估中心，开展资产评估。1998年，改称评估事务所。2000年，事务所注销，资产评估业务由社会中介机构承担，县国资部门对资产评估项目实行核准备案制度。1993—2000年，配合县国有企业改革，开展评估业务29项，评估资产1.19亿元。2001—2008年，办理资产评估核准备案6项，评估资产8585万元。2009—2013年，办理资产评估业务25项，评估资产513万元。

第四节　清产核资

1993年，全县开始对行政事业单位进行清产核资，当年清查67户，清查核实后资产总额1.31亿元，国有资产1.04亿元，固定资产1.07亿元，土地243万平方米，房屋36万平方米，汽车183辆。1994年，开展国有企业清产核资，对企业资产价值进行重估。国有企业（包括水利部门）资产价值总额4.43亿元。其中，固定资产原值1.75亿元、净值1.39亿元，比重估前分别升值32.7%和21.1%。1997年，开展集体企业清产核资，对企业资产价值进行重估。清查户数44户，重估后固定资产原值2.48亿元，净值1.74亿元，比重估前分别升值32%和28%，属重估范围的固定资产重估后原值1.32亿元，净值8700万元，比重估前分别升值84%和80%。1999年，对旅行车厂、古贝春集团总公司改制进行清产核资。2002年，开展行政事业单位清产核资，时间点为2001年12月31日，清查98户，资产总额3.23亿元。其中，国有资产2.19亿元、固定资产2.32亿元。土地面积225万平方米，房屋建筑物面积44万平方米，汽车191辆。同年，对武城县第二中学、实验中学迁址进行清产核资。2003年，对棉麻系统清产核资。2004年，对部分学校改制、乡镇卫生院开展清产核资。2005年，对粮食企业改制开展清产核资。2007年，对县自来水公司改制开展清产核资。同年，开展行政事业单位资产清查，时间点为2006年12月31日，清查108户，资产总额6.42亿元。其中，国有资产4.07亿元，增加860万元，固定资产原值4.29亿元，增加2052万元。土地面积165万平方米，房屋建筑面积69万平方米，汽车283辆。清查出未在账资产891万元，毁损待报废资产1185万元，对35个单位进行委托审计，下达损溢认定批复文件23个，核销资产金额839万元。2008年，全县清产核资工作停止。

第三章　税　务

第一节　税制改革

1986年，城乡个体工商业户所得税由工商所得税分出，新设个人收入调节税，开征房产税、车船使用税。对个人所得的征税制度形成个人所得税、城乡个体工商业户所得税和个人收入调节税三税并存的格局。国税、地税分设前，武城县征收的税种有增值税、营业税、企业所得税、城市维护建设税、土地使用税、车船使用税、印花税、固定资产投资方向调节税等。1994年8月，县国税、地税系统分设。

县国税局分流干部职工121人，设直属征收分局3个、基层税务所14个，负责征收管理的税种有增值税，消费税，进口产品消费税、增值税、直接对台贸易调节税（委托海关代征），地方和外资银行及非银行金融企业所得税，对境内外商投资企业和外国企业的各项税收以及外籍人员（华侨、港澳台同胞）缴纳的个人所得税（按税种分别入中央库和地方库），出口产品退税，集贸市场和个体户的各项税收（按税种分别入中央库和地方库），国家能源交通重点建设基金，国家预算调节基金等。县地税局分流干部职工83人，设基层税务所15个，负责征收管理的税种有营业税、个人所得税、土地增值税、城市维护建设税、车船使用税、房产税、屠宰税、资源税、城镇土地使用税、固定资产投资方向调节税、企业所得税（包括地方国有、集体、私营企业）、印花税。1996年2月，国税、地税征管范围进行调整：集贸市场和个体工商户税收，按照收入归属原则，增值税、消费税由国税局负责征收管理，营业税、个人所得税和其他税收由地税局负责；县国税局将所属15个征收机构及从事交通运输业、娱乐业、服务业等缴纳营业税的3000余家个体业户的税收管理职责移交县地税局。

2002年，再次调整国税、地税机构征管范围。对2001年12月1日前国税局、地税局征收管理的企业所得税，由原来征管机关征收管理不变动。自2002年1月1日起，新设立登记的企业，其企业所得税由国税局负责征收管理，个人合伙、私营独资性质的除外。自2008年1月1日起，对新设立登记的企业所缴纳的所得税征收权限管理范围进行划分，缴纳增值税的企业，其企业所得税由国税局征收，缴纳营业税的企业，其企业所得税由地税局征收。2013年8月，开展交通运输业和部分现代服务业营改增试点，全县76户纳税人由征收营业税改征增值税。对营业税纳税人月销售额不超过2万元的企业或非企业性单位暂免征收营业税。是年，全县有315户次企业享受此项优惠政策。同年12月，开展铁路运输和邮政业营改增试点，全县4户邮政业纳税人符合营改增条件。截至2013年底，县国税局负责征管的税种有增值税、消费税、企业所得税、车辆购置税、对储蓄存款利息所征收的个人所得税。县地税局负责征管的税种有营业税、企业所得税、个人所得税、资源税、城市维护建设税、土地使用税、房产税、土地增值税、印花税、耕地占用税、契税、车船税、地方税的滞补罚收入，同时承担国家和省政府等确定的规费和附加的征收管理，具体包括教育费附加、地方教育费附加、文化事业建设费（娱乐业营业税纳税义务人缴纳的部分）、残疾人就业保障金地方水利建设基金、工会经费（建会筹备金）。

第二节　税种　税率

增值税　1983年开征。是对销售货物或者提供加工、修理修配劳务以及进口货物的单位和个人就其实现的增值额为课税对象征收的税种。1994年，设17%（基本税率）、13%（低税率）以及小规模纳税人6%的征收率三档税率。自2009年1月起，将小规模纳税人的增值税税率调至3%。到2013年，税率有17%、13%、11%、6%、3%等。

消费税　1994年开征。纳税人为从事生产、委托加工和进口应税消费品的单位和个人。消费税按不同的产品设计不同的税率，同一产品同等纳税。

储蓄存款利息个人所得税　1999年开征。纳税人为在中国境内的储蓄机构取得人民币、外币储蓄存款利息所得的个人。纳税对象为纳税人取得的人民币、外币储蓄存款利息所得，税率为20%。县国税局采取各金融机构网点代征代缴的办法征收。2007 年 8 月，征收税率改为 5%。自 2008 年 10 月起，对储蓄存款利息所得暂免征收个人所得税。

车辆购置税　2001 年开征。纳税人为购置（包括购买、进口、自产、受赠、获奖或以其他方式取得并自用）应税车辆的单位和个人，征税范围为汽车、摩托车、电车、挂车、农用运输车，税率为 10%，由交通部门代征。2005 年，改由国税系统直接代征。因当时县国税局未设征收点，全县到期车辆需到德州市办理车辆购置税手续。2009 年 6 月，县国税局开设征收点，车辆购置税回归本县办理。

营业税　1984 年开征。纳税人为境内提供应税劳务、转让无形资产或销售不动产的单位和个人。设置税目 9 个，交通运输业、建筑业、邮电通信业、文化体育业税率为 3%，金融保险业、服务业、转让无形资产、销售不动产税率为 5%，娱乐业税率为 5% ～ 20%。2011 年 10 月 1 日起，娱乐业营业税实行两档税率。其中，高尔夫球娱乐业税率由 20% 调整为 10%，其他娱乐业项目税率由 20% 调整为 5%。2012 年 2 月起，对转让自然资源使用权按照转让无形资产税目依 5% 的税率征收营业税。2013 年 8 月，对营业税纳税人月销售额不超过 2 万元的企业或非企业性单位暂免征收营业税，全县有 315 户企业享受此项优惠政策。

企业所得税　1984 年开征。以纳税人取得的生产、经营所得和其他所得为征税对象。基本税率为 33%，对年应纳税所得额在 3 万元以下（含 3 万元）的企业，暂减按 18% 的税率征收所得税；年应纳税所得额在 3 万～ 10 万元（含 10 万元）的企业，暂减按 27% 的税率征收所得税。2009 年起，基本税率为 25%。非居民企业在中国境内未设立机构、场所的，或者虽设立机构、场所但取得的所得与其所设机构、场所没有实际联系的，就其来源于中国境内的所得缴纳企业所得税，税率为 20%。符合条件的小型微利企业，减按 20% 的税率征收企业所得税。国家需要重点扶持的高新技术企业，减按 15% 的税率征收企业所得税。2010—2011 年，对年应纳税所得额低于 3 万元（含 3 万元）的小型微利企业，其所得减按 50% 计入应纳税所得额，按 20% 的税率缴纳企业所得税。2012—2013 年，对年应纳税所得额低于 6 万元（含 6 万元）的小型微利企业，其所得减按 50% 计入应纳税所得额，按 20% 的税率缴纳企业所得税。

个人所得税　1994 年，实行新《中华人民共和国个人所得税法》，起征点确定为 800 元。纳税人为在境内有住所，或者无住所但在境内居住满一年，以及无住所又不居住或居住不满一年但有从境内取得所得的个人。个人所得税共设税目 11 个，工资、薪金所得适用 5% ～ 45% 的超额累进税率；个体工商户的生产经营所得、对企事业单位的承包经营承租经营所得适用 5% ～ 35% 的超额累进税率；劳务报酬所得，稿酬所得，特许权使用费所得，利息、股息、红利所得，财产租赁所得，财产转让所得，偶然所得，经国务院财政部门确定征税的其他所得适用 20% 的比例税率。2011 年 9 月 1 日起，执行新的个人所得税税率表，将工资、薪金所得的费用扣除标准提高到每月 3500 元。

城市维护建设税　1985 年开征。以纳税人实际缴纳的增值税、消费税、营业税税额为计税依据。城建税税率按照纳税人所在地的不同，税率分别规定为 7%、5%、1% 三个档次。纳税人在城市市区的税率为 7%；县城、建制镇的税率为 5%；不在县城、建制镇的税率为 1%。

房产税　1986 年开征。是以房屋为征税对象，按房屋的计税余值或租金收入为计税依据，向产权所有人征收的一种财产税。依照房产余值计算缴纳的，税率为 1.2%；依照房产租金收入计算缴纳的，税率为 12%。

土地使用税　1988年开征。是对在城市、县城、建制镇、工矿区范围内使用土地的单位和个人，以实际占用的土地面积为计税依据，依照规定由土地所在地的税务机关征收的一种税。县城0.3元/平方米、建制镇0.2元/平方米。1998年起，县城0.7元/平方米、建制镇0.56元/平方米。1999年起，县城0.85元/平方米、建制镇0.68元/平方米。2000年起，县城1元/平方米、建制镇0.8元/平方米。2002年起，县城2元/平方米、建制镇1.6元/平方米。2007年起，县城4元/平方米、建制镇3.2元/平方米。

车船使用税　1986年恢复征收。载人汽车10座以下的税额为108元/辆；11～20座的税额为120元/辆；21～30座的税额为144元/辆；31～40座的税额为204元/辆；40座以上的税额为240元/辆。载货汽车按净吨位征收，每吨每年42元。三轮摩托车每辆48元。二轮摩托车每辆36元。轻骑每辆24元。人力驾驶车辆每辆3.6元。畜力驾驶车辆每辆6元。自行车每辆2.4元。自1999年8月起，小型客车税额为260元/辆；大型客车税额为300元/辆。载货汽车按净吨位，每吨每年征收60元。三轮摩托每辆72元。二轮摩托每辆56元。轻骑一律按二轮摩托税额征收。人力驾驶车辆每辆8元。畜力驾驶车辆每辆12元。自行车每辆4元。自2007年起，大型客车税额为600元/辆；中型客车税额为480元/辆；小型客车税额为420元/辆；微型客车税额为240元/辆。载货汽车按自重吨位征收，每吨每年96元。三轮汽车、低速货车按自重吨位征收，每吨60元。摩托车每辆56元。专项作业车、轮式专用机械车按自重吨位征收，每吨每年96元。

印花税　1988年恢复征收。纳税人为境内书立、使用、领受应税凭证的单位和个人。购销合同、建筑安装工程承包合同、技术合同税率0.3‰；加工承揽合同、建筑工程勘察设计合同、货物运输合同、产权转移书据税率0.5‰；财产租赁合同、仓储保管合同、财产保险合同税率1‰；借款合同税率0.05‰；权利、许可证照每件5元；记载资金的账簿为“实收资本”“资本公积”合计金额的0.5‰，其他账簿按件贴花5元。

土地增值税　1994年开征。纳税人为有偿转让国有土地使用权、地上建筑物和其他附着物产权取得增值性收入的单位和个人。土地增值税实行四级超率累进税率，增值额未超过扣除项目金额50%的部分，税率为30%；增值额超过扣除项目金额50%，未超过扣除项目金额100%的部分，税率为40%；增值额超过扣除项目金额100%，未超过扣除项目金额200%的部分，税率为50%；增值额超过扣除项目金额200%的部分，税率为60%。

固定资产投资方向调节税　1991年开征。纳税人为在境内进行固定资产投资的单位和个人，根据税目不同分别适用0%、5%、10%、15%、30%的税率。1999年7月1日至12月31日减半征收，2000年1月1日起暂停征收。

屠宰税　1985年，国营、集体、个体屠宰业及饮食业屠宰的牲畜按收购价支付3%的工商税，对农村农民及集体伙食为单位屠宰的猪每头征收2元，大牲畜每头征收4元，再按市场价的3%征收屠宰税。1994年税制改革后，屠宰或收购的生猪、牛、羊、马、驴、骡在收购环节或屠宰环节征收。税额分别为：生猪每头10元，牛、马、驴、骡每头20元，羊每只2元。凡在收购环节缴纳屠宰税的，屠宰时不再缴纳屠宰税。

第三节　税收收入

1986年，全县税收收入857.5万元。

1986—1993 年，税收收入保持持续稳定增长，年均增长 19.58%。1993 年，税收实现 2998 万元，比 1986 年增长 2.5 倍。1994 年，国、地税分设，按不同税种分开征收税款。

1986-1993 年武城县税收收入统计表

表 12-9

单位：万元

年份	金额	年份	金额
1986	857.5	1990	1677
1987	971.1	1991	1856
1988	12449	1992	2099
1989	1784	1993	2998

国税收入

1994 年，县国税局组织各类收入 2643 万元，以增值税和消费税为主，分别占总收入的 72.68% 和 21.91%。1999 年，增值税、消费税占国税总收入的比例达到 99.3%。自 2001 年始，企业所得税占比不断提高。2008 年，县国税收入突破亿元，实现 11633 万元。2013 年，全县国税收入实现 33367 万元，是 1994 年的 12.62 倍，年均增长 14.28%。其中，增值税 24491 万元，占 73.4%；消费税 3463 万元，占 10.38%；企业所得税 5409 万元，占 16.21%。纳税额超过 1000 万元的企业有古贝春集团有限公司、德州玲珑轮胎有限公司、古贝春集团销售有限公司、山东水星博惠汽车部件股份有限公司和国网山东武城县供电公司 5 家。

地税收入

1994 年，县地税局组织各类收入 745 万元，其中营业税 355 万元，占 47.65%，所占比重最高。2007 年，县地税收入突破亿元，实现 10323 万元。2011 年，耕地占用税、契税划归地税征管，当年分别入库 4588 万元、799 万元，地税收入实现 27877 万元，较上年度增长 69.47%。2013 年，县地税收入 55775 万元，是 1994 年的 74.87 倍，年均增长 25.5%。其中，营业税 22396 万元，占 40.15%；耕地占用税 8528 万元，占 15.31%；企业所得税 6782 万元，占 12.16%。德州华天房地产开发有限公司滨湖丽都项目、德州宏图房地产开发有限公司武城分公司、山东浩科置业有限公司盛景园项目部、古贝春集团武城房地产开发有限公司、古贝春集团有限公司、武城县农村信用合作联社、武城县英泰置业有限公司等纳税额 1000 万元以上企业缴纳地税税款 15573 万元，占同期地税收入的 27.92%。

图 12-1 办理税务征收（2005 年 摄）

1994—2013 年武城县国税收入统计表

表 12-10 单位：万元

年份	增值税	消费税	企业所得税	个人所得税	营业税	城市维护建设税	车船税	房产税	印花税	固定资产投资方向调节税	教育费附加	合计
1994	1921	579	30	46	44	11	1	2	—	4	5	2643
1995	2548	295	10	266	14	4	—	6	1	1	1	3146
1996	2866	250	17			—	—	—	—	—	—	3133
1997	3118	279	10		13	—	—	—	—	—	—	3420
1998	3511	590	5		42	—	—	—	—	—	—	4148
1999	4365	735	1		35	—	—	—	—	—	—	5136
2000	3884	784		331	180	—	—	—	—	—	—	5179
2001	3274	774	3	573	93	—	—	—	—	—	—	4717
2002	3352	681	40	618	42	—	—	—	—	—	—	4733
2003	3369	307	89	517	10	—	—	—	—	—	—	4292
2004	3642	282	105	670	—	—	—	—	—	—	—	4699
2005	4573	334	303	695	—	—	—	—	—	—	—	5905
2006	6088	436	423	818	—	—	—	—	—	—	—	7765
2007	7276	421	708	940	—	—	—	—	—	—	—	9345
2008	9240	597	1105	691	—	—	—	—	—	—	—	11633
2009	11044	1040	1046	294	—	—	—	—	—	—	—	13424
2010	14186	1810	1379	67	—	—	—	—	—	—	—	17442
2011	18018	2596	2312	29	—	—	—	—	—	—	—	22955
2012	20092	3208	2859	9	—	—	—	—	—	—	—	26168
2013	24491	3463	5409	4	—	—	—	—	—	—	—	33367

1994—2013年武城县地税收入统计表

表 12-11　　单位：万元

年份	营业税	企业所得税	个人所得税	资源税	固定资产投资方向调节税	城市维护建设税	房产税	印花税	城镇土地使用税	土地增值税	车船税	耕地占用税	契税	屠宰税	工商税收税款滞纳金、罚款	教育费附加	地方教育附加	文化事业建设费	残疾人就业保障金	税务部门罚没	地方水利建设基金	合计
1994	355	85	17	—	74	80	84	7	27	—	5	—	—	1	—	10	—	—	—	—	—	745
1995	410	515	77	—	32	119	68	6	35	—	4	—	—	3	—23	13	—	—	—	—	—	1259
1996	465	838	229	—	121	114	95	15	46	1	35	—	—	3	—	14	—	—	—	—	—	1976
1997	399	1705	203	—	17	17	24	6	4	—	90	—	—	23	—	13	—	—	—	—	—	2501
1998	540	1657	359	—	391	521	122	11	70	—	82	—	—	7	—	37	—	—	—	—	—	3797
1999	590	1251	323	1	1061	308	195	6	149	—	104	—	—	3	—	60	—	—	—	—	—	4051
2000	790	2202	511	13	89	505	240	7	234	—	159	—	—	1	—	62	—	2	—	—	—	4815
2001	720	3651	1011	16	1	389	202	8	167	—	204	—	—	2	—	99	—	2	—	—	—	6472
2002	798	2511	1023	253	—	672	687	94	598	—	236	—	—	1	—	324	—	1	—	—	—	7198
2003	2053	1710	1031	246	—	924	775	116	817	—	363	—	—	—	—	370	—	—	—	—	—	8405
2004	1669	1856	1156	296	—	1132	972	229	1178	2	405	—	—	—	—	572	—	1	—	—	—	9468
2005	1732	1443	1127	128	—	529	290	154	330	2	253	—	—	—	—	330	29	1	—	—	—	6348
2006	2921	1395	1180	171	—	535	699	205	699	2	143	—	—	—	—	316	107	—	—	2	—	8375
2007	2914	1767	881	142	—	672	1070	400	1405	343	67	—	—	—	—	507	153	1	—	1	—	10323
2008	3921	1637	722	114	—	683	648	254	1401	569	249	—	—	—	—	462	154	1	11	—	—	10826
2009	4498	1972	849	8	—	686	353	172	1360	195	333	—	—	—	—	465	155	1	13	—	—	11060
2010	7424	1857	1405	14	—	1201	401	272	1696	710	437	—	—	—	—	758	254	—	20	1	—	16450
2011	10351	3089	1406	9	—	1562	515	375	1666	1364	567	4588	799	—	—	931	609	2	25	1	18	27877
2012	15218	5472	1083	7	—	1810	645	455	2764	1775	700	9804	2960	—	—	1082	721	7	36	2	352	44893
2013	22396	6782	1241	7	—	2302	891	622	2380	3746	924	8538	3176	—	—	1376	905	12	23	1	453	55775

第四节　征收管理

1986年，县税务局在每个乡镇设税务所，负责本乡镇的税收管理工作，征收的税种有增值税、营业税、企业所得税、城市维护建设税、房产税、车船使用税、印花税、固定资产投资方向调节税、屠宰税等。1989年1月，成立征管科，负责全县税收征收管理规章制度的贯彻执行，税务登记证的管理与年检，统一发货票的管理制发和税源调查等工作。1994年国地税分设以前，实行"一员进厂，各税统管，征管查合一"的税收征管模式。

国税征收管理

1994年县国税局成立后，实行"以纳税申报和优化服务为基础，以计算机网络为依托，集中征收，重点稽查"的税收征管模式。1995年开始，城区分局、梁庄分局、老城分局、鲁权屯分局、滕庄分局、郝王庄分局分别建立多功能办税服务厅，由专管员上门催税转为纳税人主动申报纳税，在办税服务厅设置税务咨询、税务登记、发票管理、申报纳税等服务窗口，实行"一站式"服务，主动申报率90%。1996年开始，对负责征收管理的纳税人进行税务登记2次。换发税务登记证4996户，清理漏管户800户，补税罚款145.89万元。2000年，以计算机应用为核心推进科技兴税，推行多元化申报。2001年8月，中国税收征管信息系统CTAIS软件上线。2006年10月，根据《山东省国税局、地税局关于统一税务登记代码的通知》，县国税系统会同县地税系统对1833户纳税户办理统一代码的税务登记证。至2008年，一般纳税人和小规模纳税人全部实行电子申报，个体工商户部分实行银行网点申报。2013年10月，月金税三期税收管理系统上线。截至2013年底，全县国税系统所管辖的纳税人登记户数为2408户。其中，单位纳税人844户，个体工商户1564户。

地税征收管理

1996年，县地税局对企业初步推行纳税人自行申报制度。1998年，实行新征管模式的基层征收单位比例为100%，依托市级计算机广域网实现与国税、工商、财政、银行、企业等相关部门的计算机网络联通。1999年，探索试行个体私营税收管理办法，推行定期定额简易申报的报税管理模式，制定《定期定额户分类分级管理暂行办法》《简化申报纳税程序暂行办法》等制度，在全县实行自行纳税申报。2003年起，推行"抓大、控中、定小"和征管责任区管理措施，将30户大户企业、365户中户企业和4023户微机定税户控管起来，实行"重点税源专人管理，中户税源属地管理，小户税源微机定税"的税源分类管理模式。2005年，对双定户全部实行微机定税，全年增加税收收入180多万元。2007年，开展税源普查，普查纳税户4006户，清理漏征漏管户122户。2008年3月，发票系统融入核心征管系统中。2009年，对全县所有经营业户进行拉网式检查清理，清理出无证业户800余户，全部办理税务登记。2010年，年所得12万元以上个人所得税实行自行纳税申报，全年自行申报人数134人，申报应纳税额705.69万元。截至2013年底，全县有地税纳税登记户3144户。其中，单位纳税人662户，个体纳税户2481户，临时登记户1户。

第五节　税务稽查

国税稽查

1994年县国税局成立后，将原税务稽查队升格为稽查局，专业稽查人员11名，负责对全县纳税人进行专项检查、日常检查、发票

图 12-2 服务窗口（2012 年 摄）

协查、举报案件查处等工作。此后，县国税局稽查局根据国家税务总局制定的《税务稽查工作规程》，统一稽查文书，按照选案、稽查、审理、执行的流程开展一系列税务稽查活动：对县重点税源进行轮查，对企业进行专项整治，重点打击发票违法犯罪，联合地税、公安办案等。截至 2013 年底，累计对 652 户增值税一般纳税人进行专业检查，查补税款 3816 万元，罚款 1846 万元。对 821 户纳税人进行日常检查，查补税款 5467 万元，罚款 794 万元。受理举报案件 85 件，查补税款 176 万元，罚款 82 万元。发票协查 2712 份，结案 2460 件，查补税款 215 万元，罚款 100 万元。

地税稽查

1994 年，县地税局成立税务稽查队（后改称稽查分局、稽查局）。1995 年，对电业系统、建筑业进行税收专项检查。1996—1998 年，对供电、建筑安装、金融保险、交通运输、餐饮服务、邮电通信等 74 户纳税户行业进行专项检查，查补入库税款 489 万元。1999 年，开展对建筑安装、房地产、邮电通信、金融和非金融机构的重点税种以及固定资产投资方向调节税的专项检查。2000—2004 年，检查纳税户 202 户，查补入库税款 1470 万元。2006 年，开展对地税发票的专项检查和集中整治，重点打击虚开货物运输发票和制售假发票的违法犯罪活动。2007 年，对实行查账征收的饮食娱乐业纳税人开展重点区域专项整治。2008—2009 年，开展两次打击发票犯罪的专项行动，检查各类纳税户 116 户，各项查补收入 785 万元。2011 年，对资本交易项目、广告业、房地产开发经营、建筑安装业等重点行业以及高收入者个人所得税进行专项检查，全年检查各类纳税户 63 户，各项查补收入 436 万元。2013 年，检查各类纳税户 56 户，查补收入 418 万元。截至 2013 年底，全县地税系统稽查各类纳税户 844 户，查补税款入库 5860 万元，受理涉税违法检举案件 38 起，为国家挽回经济损失 58 万元。

第四章 金 融

第一节 银行业

体制改革

1986年，中国人民银行武城县支行（简称县人行）作为中国人民银行总行的派出机构，承担县域内货币发行、金融统计、经理国库、资金清算以及对金融机构的监管职能，兼办一些政策性贷款业务。全县有中国工商银行武城县支行（简称县工行）、中国农业银行武城县支行（简称县农行）和中国人民建设银行武城县支行（简称县建行）专业银行3家。工行主要负责县城存款业务，专管县城工商业贷款和结算等金融业务。农行主要负责农业、乡镇及农户存贷款业务。建行行使财政职能，管理基本建设投资，办理存贷款、结算业务。3家银行在业务上既有分工，也有交叉。同年10月，与县人行合署办公的县工行独立经营。1993年，中国银行武城县支行成立，是经营外汇的专业银行，办理对公存款、本外币结算、结汇、售汇、国际结算等业务。同年12月，国务院颁布《国务院关于金融体制改革的决定》，明确县级人行履行金融监督管理、调查统计分析、横向头寸调剂、经理国库、发行基金调拨、外汇管理和联行清算等职能。各专业银行开始剥离政策性职能，逐步改革为国有独资商业银行，允许业务交叉，参与市场竞争。1994年，县农村信用合作社联合社从县农行独立。1995年，《中华人民共和国中国人民银行法》颁布，县人行不再向非银行金融机构和非金融部门提供贷款，不对任何单位和个人提供担保。1996年，中国农业发展银行武城县支行成立，是全县唯一一家政策性银行，人员、业务由县农行划转，承担由原县农行负责的农业政策性金融业务。2003年，中国银行业监督管理委员会武城监管办事处成立，履行对县内银行机构的监管职能，县人行部分监管职能随之划出。同年，国家开始对国有独资商业银行推行股份制改革。2005年，县农信社一级法人管理改革完成，信用社社员重新登记为县联社社员，股金上划联社，各信用社法人资格注销，成为县联社的下属机构。同年底，开业运营。2008年，中国邮政储蓄银行股份有限责任公司武城县支行成立。同年，银监会武城办事处撤并至德州银监局。至2009年，中行、工行、建行、农行全部完成股份制改革，县中行、工行、建行、农行完成更名。2011年，德州银行武城支行成立，成为入驻武城的首家城市商业银行。截至2013年底，全县银行机构有人行、农发行、工行、农行、中行、建行、邮储银行、德州银行、农村信用社9家。

银行机构

中国人民银行武城县支行　位于振华西街70号。1948年成立，中国人民银行总行的派出机构，隶属人行德州市中心支行管理，对县内金融业行使管理职能。2013年，内设机构有办公室、综合业务部、调查信息部、纪检监察室。

中国农业发展银行武城县支行　位于振华东街91号。1996年10月成立，主要职责是按照国家的法律法规和方针政策，以国家信用为基础筹集资金，承担农业政策性金融业务，代理财政支农资金的拨付，为农业和农村经济发展服务。2006年，在原有支持粮棉油收购的信贷业务范围内进一步开展与农业相关的商业性信贷业务，客户最多时为15家，贷款余额3亿元。2011年，主营业务涵盖农村基础设施建设、农田水利建设、新农村两区同建等。同年，为县新农村建设、农民集中住房建设发放中长期项目建设贷款2亿元。截至2013年底，存款余额1亿元，贷款余额5.8亿元。

中国工商银行股份有限公司武城支行　位于振华东街1号。1986年6月，中国工商银行武城县支行从县人行分出单设，主要承担工商信贷及城镇储蓄业务。1988年7月，会计结算业务实现微机处理，在全县同行业中率先取消手工记账。1993年3月，各储蓄网点实现微机联网，储蓄业务县域内通存通兑。1994年，开办牡丹信用卡业务。1995年6月，加入全国联行联网，实现资金汇款24小时到账。至2004年，发放流动资金、项目、个人住房、消费等贷款3.79亿元。2005年12月，更名为中国工商银行股份有限公司武城支行。2005年后，发放公司类贷款6.59亿元。截至2013年底，存款余额13.43亿元，贷款余额15.18亿元。

中国农业银行股份有限公司武城县支行　位于向阳南路66号。1980年，中国农业银行武城县支行恢复建制，主要办理农业、乡镇企业贷款，机关企事业单位存款，城乡居民储蓄存款及汇兑结算业务。2009年，更名为中国农业银行股份有限公司武城县支行。累计发放三农贷款100多亿元。截至2013年底，存款余额13.16亿元，贷款余额5.58亿元。

中国银行股份有限公司武城支行　位于振华东街88号。1993年11月，中国银行武城县支行成立，设储蓄专柜、办公室、业务科、信用卡科4个科室。1995年，开办外币业务，是全县第一个开办外币业务的银行。2004年，更名为中国银行股份有限公司武城支行。2003年后，累计发放贷款18.11亿元。截至2013年底，存款余额7.16亿元，贷款余额4.63亿元。

中国建设银行股份有限公司武城支行　位于振华东街36号。1979年3月，中国人民建设银行武城县支行成立，起初是管理基本建设投资，具有银行和财政双重职能的专业银行。20世纪80年代中期，开办现金结算、居民储蓄、固定资产贷款、工商企业流动贷款、住房贷款和各种委托代理业务。1991年8月，成立房地产开发公司。同年11月，成立房地产信贷部。1993年3月，成立银星典当行。1994年3月，更名为中国建设银行武城县支行。先后开办银行卡、信用卡、贴现等业务。2000年后，开办电子银行、速汇通、银证通、代理保险、金融理财、银行承兑业务。2005年10月，更名为中国建设银行股份有限公司武城支行。1986年后，累计发放各类贷款67.44亿元。截至2013年底，存款余额11.71亿元，贷款余额9.28亿元。

中国邮政储蓄银行股份有限公司武城县支行　位于历亭路与漳南街交会处东南。1986年11月，县邮电局开办邮政储蓄业务。1989年9月开始，各支局陆续开办此业务。2008年2月，中国邮政储蓄银行股份有限责任公司武城县支行成立。同年5月，开办小额贷款业务，包括农户小额贷款和小微企业主贷款，贷款最高限额为10万元。2009年，开办消费贷款、商务贷款、理财类、信用卡业务。2010年，开办电子银行业务、小企业贷款业务。2012年，更名为中国邮政储蓄银行股份有限公司武城县支行。2008年后，发放小额贷款7.92亿元，发放消费贷款1.45亿元，发放商务贷款2.93亿元。截至2013年底，存款余额5.2亿元，贷款余额1.9亿元。

武城县农村信用合作社联合社　位于振华

西街84号。1994年成立。主要职责是筹集农村闲散资金，为农业、农民和农村经济发展提供金融服务。2010年，开办钢结构抵押贷款业务。2013年，开办农村土地承包经营收益权抵押贷款、第三方监管动产质押、电子银行承兑汇票等业务，发放企业贷款11.42亿元。截至2013年底，存款余额35.11亿元，贷款余额26.51亿元。

合作基金会　1992年，武城县武城镇成立农村合作基金会。此后，又先后成立农村合作基金会12处，农村扶贫合作基金会6处。由于高息吸存、内部管理混乱、基层政府行政干预及缺乏必要的金融监管，部分资金投放脱离当时有关《章程》规定，基金会运行风险增加。1997年11月，中央决定全面整顿农村合作基金会。1998年8月，县政府成立武城县农村合作基金会领导小组，制定《武城县农村合作基金管理制度》《武城县农村合作基金管理暂行办法》，加强对农村合作基金会的管理，规范其运行操作。1999年1月，国务院发布3号文件，正式宣布全国统一取缔农村合作基金会。同年6月，按照上级要求，县政府关闭县内所有基金会，对全县19处农村合作基金会全面清理整顿。全县组织30个存贷款外核小组，与县清产核资工作组，共同开展清产核资。经核查全县合作基金会筹资总额1.25亿元，投放资金余额1.04亿元，固定资产220万元，所有者权益负395万元。其中老城镇、马庄乡、滕庄乡、鲁权屯镇、武城镇、蔡村乡互助基金会资产总额2708.92万元，负债总额2301.61万元，净资产407.31万元。清产核资后上述基金会有效资产1976.28万元，负债2061.72万元，政府注资92.32万元，净资产6.88万元。9月，将资产大于负债的老城镇、马庄乡、滕庄乡、鲁权屯镇、武城镇、蔡村乡的农村合作基金会由县农村信用合作联社接管。其他合作基金会经由县政府追欠后，陆续被县农村信用合作联社接管。

德州银行武城支行　位于振华东街199号。2011年12月成立，设营业网点1个，业务涵盖本外币、银行卡、电子银行等在内的10大类122个业务产品。截至2013年底，存款余额5.55亿元，贷款余额4.14亿元。

货币

货币发行　1985年，县人行发行库设立，办理货币发行业务。2000年6月，发行库撤销，县级商业银行现金收支业务由其上级行业务库统一办理，县农村信用社现金收支业务由德州市德城区联社代理。自国家开始发行人民币至2013年底，县内发行人民币5套，形成纸币与金属币，普通纪念币与贵金属纪念币等多品种、多系列的货币体系。除1分、2分、5分硬币3种外，第一套、第二套和第三套人民币已退出流通。1987年4月27日，县内发行第四套人民币，与第三套人民币在市场上混合流通，陆续发行1角、2角、5角3种辅币和1元（3种）、2元（2种）、5元、10元、50元（2种）、100元（2种）6种主币。1992年6月1日，发行第四套1991年版1角、2角、5角流通金属币。同年8月20日，发行1990年版带金属防伪安全线的50元、100元人民币9个券别、19种版别。1999年10月1日，境内发行第五套人民币，与第三套、第四套人民币混合流通。第五套人民币取消纸2元和纸2角券别，增加20元券别。2000年7月1日，第三套人民币停止流通使用。2002年11月18日，发行纸5元、金属5角人民币，完成第五套人民币5元、10元、20元、50元、100元和金属1角、5角、1元8个券别、8个版别的发行。

纪念币　1984年10月1日，发行面值1元的“中华人民共和国成立三十五周年”纪念币。1999年，发行中华人民共和国成立五十周年纪念钞。2000年，发行世纪纪念钞。2008年，发行奥运纪念钞。截至2013年底，县内共发放76套98枚普通纪念币。

反假币 1986年后，每年均举办反假币知识培训班，提高出纳人员的反假技能。1995年，县人行牵头，县公安局、工商局、各金融机构共同成立反假货币工作领导小组，其后，每年均开展反假币宣传周活动。2000年，建立反假币联席会议制度，将反假宣传工作扩大到乡镇农贸集市。2013年，逐步建立覆盖城乡的反假币宣传网络，全县金融机构柜面堵截、收缴假币495张，金额2.86万元。截至2013年底，全县共举办反假币知识培训班120次，培训金融机构出纳人员4500余人次，培训企事业财会人员2600余人次。

存款

1986年，全县银行机构各项存款余额为15853万元。其中，企业存款1496万元，占比9.44%；社团集体存款278万元，占比1.75%；储蓄存款8750万元，占比55.19%；财政存款371万元，占比2.34%；信用社存款4736万元，占比29.87%；其他存款222万元，占比1.4%。1986—1992年，存款余额时升时降，总体呈波浪形上升趋势。1992年后，存款余额处于持续增长区间，年均增长19.55%。其间，1996年突破10亿元。截至2013年底，各项存款余额为109.65亿元，是1986年的69.16倍。其中，单位存款23.35亿元，占比21.3%；个人存款82.4亿元，占比75.15%；财政性存款2.8亿元，占比2.55%；临时性存款1000万元，占比0.09%；其他存款1亿元，占比0.91%。

1986—2013年武城县银行业存款余额统计表

表12-12 单位：万元

年份	金额	年份	金额	年份	金额
1986	15853	1996	106782	2006	355167
1987	18524	1997	123594	2007	396338
1988	21224	1998	135275	2008	465287
1989	18939	1999	148702	2009	559050
1990	20998	2000	166876	2010	685519
1991	35026	2001	189781	2011	773789
1992	25782	2002	214139	2012	975905
1993	29977	2003	256829	2013	1096462
1994	69716	2004	273560	—	—
1995	89118	2005	323153	—	—

贷款

1986年，全县银行机构各项贷款余额为30859万元。其中，工业企业贷款3253万元，占比10.54%；商业企业贷款23496万元，占比76.14%；社团及社员农业贷款848万元，占比2.75%；信托贷款459万元，占比1.49%；技术改造贷款587万元，占比1.9%；乡镇企业贷款2089万元，占比6.76%。1986—1993年，贷款余额时升时降，总体呈波浪形上升趋势。1993—2007年，贷款余额持续上升，年均增长16.09%。其间，1996年突破10亿元。2008年，受金融危机的影响，贷款余额同比下降10.93%，之后进入持续增长区间。至2013年底，各项贷款余额73.74亿元，是1986年23.9倍。短期贷款51.42亿元。其中，个人贷款及透支15.77亿元，占比30.67%；单位普通贷款及透支34.49亿元，占比67.08%；银团贷款0.59亿元，占比1.15%；贸易融资0.57亿元，占比1.11%。中长期贷款309742万元。其中，个人贷款14.32亿元，占比64.16%；单位普通贷款6.89亿元，占比30.87%；银团贷款1.11亿元，占比4.97%。

1986—2013年武城县银行业贷款余额统计表

表12-13　　　　单位：万元

年份	贷款	年份	贷款	年份	贷款
1986	30859	1996	108496	2006	315564
1987	31213	1997	134818	2007	332915
1988	30002	1998	143251	2008	296520
1989	25185	1999	150748	2009	357511
1990	28036	2000	151626	2010	433307
1991	47423	2001	163774	2011	512584
1992	41567	2002	196772	2012	623405
1993	41245	2003	225609	2013	737387
1994	76326	2004	251574	—	—
1995	93170	2005	254774	—	—

结算

1986年，全县首家同城票据交换所成立，主要清算各专业银行之间跨系统票据交换业务。1991年，实现异地跨行支付清算业务处理电子化，实施电子联行“天地对接”工程，为同城资金汇划提供清算服务。2002年3月，中国银联股份有限公司成立，建设并运营新一代银行卡跨行信息交换系统。同年11月，组织多家机构共同签订《武城县结算自律公约》。2003年，启动以实现银行卡跨行联网通用为目标的“金卡工程”。2005年1月，完成大额实时支付系统在全县的运用，建立同城票据交换系统。2006年6月，小额批量支付系统建成。2007年6月，支票影像交换系统建成，实现支票异地流通。同年10月，组织各商业银行建立全国银行卡信息交换系统，实现银行卡业务的异地跨行通用。截至2013年底，全县各金融机构开立单位基本存款账户2607户，一般存款账户2746户，专用存款账户405户，临时存款账户43户。设置普通POS机437台，其中在镇街及以下地区布放131台。设置电话POS机2074台。全县所有行政村实现助农取款网点全覆盖。

管理

信贷资金管理　1986年，实行“统一计划、划分资金、实存实贷、相互融通”的信贷资金管理办法，金融宏观调控以控制贷款总规模为主。1988年，贯彻中国人民银行关于《深化信贷资金管理体制改革意见》，建立专业银行自我发展、自我约束机制及地区监控指标体系，全年新发放短期贷款5386万元，年底余额20112万元。1991年，信贷资金管理以优化贷款投向，盘活资金存量，加速资金周转，促进国民经济良性循环为中心内容。1998年1月，取消对国有商业银行贷款限额控制，实行“计划指导、自求平衡、比例管理、间接调控”的信贷资金管理体制。1999年，启动银行信贷登记咨询网络系统，在各金融系统推广使用贷款卡，全年发放贷款卡285张。2000年，对城乡信用社存放商业银行现金及库存现金变动情况进行日监控。2002年，全县金融机构录入银行信贷登记咨询网络系统的信贷业务数据为13.67亿元。2013年，新办理支农再贷款2000万元，余额1.7亿元；新发放农业贷款2.1亿元，余额9.39亿元。截至2013年底，核发贷款卡806张，信贷业务数据入库余额265.29亿元，入库率96%。

利率管理　全县金融机构存贷款利率根据中国人民银行存贷款利率的调整而调整。县人行对各商业银行存贷款利率的执行情况履行监管职责。

同业拆借市场利率管理　1986年10月，各金融机构资金拆借贯彻自愿互利原则，拆借期限和利率由双方协商议定，坚持按期归还。1990年3月，执行中国人民银行《同业拆借管理试行办法》，拆借双方在规定的限度之内协商确定拆借资金的具体期限和利率。1996年1月，全国统一的同业拆借市场建立，同年6月起，放开同业拆借市场利率，由拆借双方根据资金供求自主确定拆借利率。

外汇管理　1995年10月，国家外汇管理局武城县支局成立，县人行正、副行长兼任正、副局长。在金管稽核科设立外汇业务专管员岗位，负责监督管理辖区内外汇指定银行外汇业务及其他相关事务。1996年，外汇管理由直接管理过渡到间接管理，将外汇投资企业的外汇买卖纳入银行结售汇体系。1998年5月，外汇业务监管与人民币业务监管相结合，实行“本外币”一体化监管模式。同年，市外汇管理局批准县中行、县农行为外汇指定银行，县工行、县建行各设外汇存款储蓄所1处。2013年，有18家企业发生进出口业务，出口量2173.58万美元，进口量558.97万美元，出口收汇2292.36万美元，进口付汇779.18万美元。截至2013年底，全县名录登记企业30家。

第二节　保险业

保险机构

1981年12月，县人行设立保险股，成员3人。1984年3月，保险股从人行分离，成立中国人民保险公司武城县支公司，办理企业财产险、运输工具险、家财险、小麦火灾等险种。1996年，保险业分业经营，中国人民保险公司武城县支公司分设中保财产保险有限公司武城县支公司和中保人寿保险有限公司武城县营业部。随着市场经济的发展和人民群众保险意识的提高，县保险机构日益增多，保险体系日趋完善。截至2013年底，全县有保险公司14家。其中，财产保险公司6家，人寿保险公司7家，保险代理机构1家。

中国人民财产保险股份有限公司武城县支公司　位于向阳北路52号。1996年，中保财产保险有限公司武城县支公司由中国人民保险公司武城县支公司分离而成立。1999年1月，复称中国人民保险公司武城县支公司。2003年7月，更名为中国人民财产保险股份有限公司武城县支公司。2013年，实现保费收入3983万元，理赔1606万元。

中国人寿保险股份有限公司武城县支公司　位于历亭路东，振华街南。1996年，中保人寿保险有限公司武城县营业部由中国人民保险公司武城县支公司分离而成立。1999年，更名为中国人寿保险公司武城县支公司。2003年，更名为中国人寿保险股份有限公司武城县支公司。2013年，实现保费收入9781万元，支付各类保险金4254万元。

中国太平洋财产保险股份有限公司武城支公司　位于历亭路西，北方街南。2002年，中国太平洋财产保险股份有限公司武城营销服务部成立，隶属于中国太平洋保险股份有限公司德州中心支公司。2009年12月，获山东省保监局批准，升格为支公司，称中国太平洋财产保险股份有限公司武城支公司。2013年，实现保费收入520万元，理赔166万元。

险种

财产保险　1986年，开办家禽险、养殖险、牲畜险等险种。1987年，开办西瓜险。1988年，增加公路货物运输险等险种。1989年，增加农干一揽子险、农村房屋险等险种。1990年，增加果园险等险种。2001年，增加汽车消费贷款保证险等险种。截至2013年底，全县保险机构办理的财产保险有：车辆保险、家财保险、企财保险、平安家园保险、公路货物运输保险、农干一揽子保险、建筑意外保险、公共责任保险、摩托车保险、政策性蔬菜大棚保险、政策性农业保险、个人账户资金安全保险、建筑工程保险、安装工程保险、货物运输保险、船舶保险、能源保险、国内贸易信用保险、个人账户资金损失险、非机动车综合险、宠物保险、产品责任保险、医疗责任保险、雇主责任保险、机动车交通事故责任强制保险、环境污染责任险、食品安全责任险、光伏组件能效损失补偿责任险、诉讼财产保全责任险等。

人身保险　1987年，开办团体人身意外险、学生平安险、儿童意外险、旅客意外险等险种。随着经济社会的发展，消费者对人身保险的需求日益多样化。截至2013年底，全县保险机构开办的人身保险有：国寿福禄满堂养老年金保险（分红型）、国寿祥瑞终身寿险、国寿鸿福两全保险（分红型）、鑫福一生＋鑫账户（尊享版）、康宁宝贝＋鑫账户（钻石版）、瑞鑫典藏版＋鑫账户（钻石版）、福禄双喜＋鑫账户（钻石版）、国寿康宁宝贝少儿两全保险、国寿瑞鑫两全保险（分红型）（典藏版）、国寿防癌疾病保险、国寿如意随行两全保险、国寿康宁终身重大疾病保险（2013版）（B款）、国寿瑞鑫两全保险（分红型）（2013版）、国寿福禄宝宝两全保险（分红型）、国寿长久呵护意外伤害费用补偿医疗保险、国寿长久呵护住院费用补偿医疗保险、泰康人寿卓越人生终身寿险、泰康永福人生年金保险、泰康财富人生年金保险、泰康新天寿年金保险、泰康智慧宝贝保险等。

保费收入及理赔

1986年，县保险机构保费收入85万元，理赔102万元。随着市场经济的发展，消费者保险意识增强，保费收入及理赔金额扩大。2005年，县财险公司实现保费1200万元，理赔687万元。2013年，县人保财险公司累计实现保费收入3.05亿元，理赔1.49亿元；县人寿保险公司累计实现保费收入8.39亿元，理赔2.27亿元；县太平洋财险公司累计实现保费收入2066万元，理赔910万元。2013年，全县各保险公司共实现保费收入2.24亿元，赔付支出5100万元。

1986—2013 年中保财险武城县支公司保费收入及理赔统计表

表 12-14 单位：万元

年份	保费	理赔	年份	保费	理赔	年份	保费	理赔
1986	85	102	1996	462	286	2006	1148	812
1987	109	103	1997	557	305	2007	1242	665
1988	105	52	1998	624	343	2008	1212	856
1989	134	106	1999	590	338	2009	2307	864
1990	139	91	2000	411	268	2010	3321	1526
1991	100	152	2001	609	347	2011	3257	1288
1992	825	241	2002	680	380	2012	3565	1510
1993	1030	356	2003	853	443	2013	3983	1606
1994	411	275	2004	1108	563	—	—	—
1995	438	328	2005	1200	687	—	—	—

1996—2013 年中保寿险武城县支公司保费收入及理赔统计表

表 12-15 单位：万元

年份	保费	理赔	年份	保费	理赔	年份	保费	理赔
1996	170	65	2002	1780	620	2008	7643	1719
1997	210	92	2003	2346	785	2009	8617	1800
1998	560	210	2004	3870	961	2010	10106	1448
1999	879	380	2005	4625	1183	2011	9806	2346
2000	965	465	2006	5384	1346	2012	8977	2775
2001	1250	568	2007	6892	1685	2013	9781	4254

2002—2013 年中国太平洋产险武城支公司保费收入及理赔统计表

表 12-16 单位：万元

年份	保费	理赔	年份	保费	理赔	年份	保费	理赔
2002	38	11	2006	132	12	2010	208	100
2003	47	18	2007	156	41	2011	158	87
2004	58	23	2008	177	76	2012	300	66
2005	65	30	2009	207	99	2013	520	166

财产保险理赔案例　2012 年夏，武城县连发强降雨，城区严重积水，由县人保财险公司承保的 18 辆机动车遭水淹。接案后，公司员工现场查勘，帮助客户施救，对事故车辆拆件定损。五天内全部赔付完毕，赔付金额 3.2 万元。

2012 年 7 月 3 日 17 时，县华兴棉业集团有限公司车间发生火灾，造成巨大损失。县人保财险公司接案后，立即赶赴现场进行查勘并参与施救，赔付 200 余万元。

2012—2013 年，武城县连续两年受暴雨袭击，农作物大面积受灾。县中华保险公司在受灾严重地区利用卫星遥感技术、无人机飞行、

GPS 地面定点采样的综合手段进行农险灾情查勘。2012—2013 年，公司政策性农业保险收取保费2450.67万元，累计支付赔款4501.29万元，赔付受灾面积46.72万亩，受益农户17.41万户。

人身保险理赔案例 徐某于2007年、2008年分两次在县人寿保险公司投保国寿康宁定期保险和国寿金彩明天保险（分红型）。2013年，徐某因视神经脊髓炎医治无效去世，县人寿保险公司赔付保险金24万元。

冯某于2009年1月在县泰康人寿保险公司购买泰康金满仓两全保险，保费2.6万元。2012年10月，冯某驾驶电动车外出时，发生交通事故死亡。受益人于2012年11月18日提出理赔申请，经调查事故属实，赔付11.14万元。

武城县志（1986—2013）

第十三编

经济综合管理

1986年，在农村改革取得阶段性成果后，国家将改革的重点转向城市，工业企业、商贸服务业等国民经济运行的众多行业的经营体制和产权制度改革陆续展开，逐步建立起以公有制经济为主体，多种经济成分共同发展的社会主义市场经济体制，计划经济时期的经济管理部门的职能和管理方式也相应发生转变。政府在经济领域放开微观发展，掌握宏观调控，充分发挥市场在各种资源配置中的主导作用，突出法制建设，通过不断调整、合并政府经济管理部门和管理职能，形成社会主义市场经济体制下的小政府大服务的经济管理模式。武城县委、县政府结合全县经济发展情况和特点，勇于改革和探索，不断完善、规范对经济工作的管理职能，基本形成以市场调节、政策协调、总量控制、服务监督为主的宏观经济调控体制，经济运行法制化、制度化，管理水平进一步提高。

第一章　计划管理

第一节　计划编制

1986年，全县实行计划与市场相结合的经济管理体制，逐步缩小指令性计划，扩大指导性计划和市场调节的范围。相继取消肉、蛋、菜、糖等产品统派购任务，实行宏观调控和监督，运用行政、经济、法律手段综合调控，使生产、分配、流通、销售等环节相互协调。至1992年，大部分商品随市场供求状况自行定价，通过市场贸易自行流通。自1993年起，年度计划指标全部调整为指导性计划，并增加经济效益指标，计划工作的重点由主要对人、财、物的直接管理，逐步转向宏观管理和社会经济活动的预测、规划、指导、调控，以及对宏观经济政策的研究，制定全县国民经济和社会发展战略、发展规划，并监督实施。

2003年，武城县计划委员会更名为武城县发展计划局，主要职责是在宏观上对全县国民经济进行指导，着力制定经济发展战略和发展规划，企业的微观经济活动由企业自我管理、市场调节。在固定资产投资管理上，主要从投资规模、结构、方向上进行把控。2004年后，落实企业投资自主权，对企业不使用政府投资建设的项目，一律不再实行审批制，区别不同情况实行核准制和备案制。2005年，对国民经济发展的中期计划编制进行改革，五年计划改称规划。2006年，编制“十一五”发展规划，制定2010年武城县经济社会发展目标。2007年，县发展计划局更名为县发展和改革局，其职能转变为全县国民经济和社会发展中长期规划和年度计划的制定；全县社会总需求和总供给等重要经济总量的平衡和重大比例关系的协调；资源开发利用、生态环境建设和生产力布局规划；汇总和分析全县国民经济和社会发展情况；协调和管理县重点工程建设等。截至2013年底，县政府先后编制全县国民经济社会发展的“七五”“八五”“九五”“十五”4个五年计划和各个年度计划，编制“十一五”“十二五”国民经济发展规划。每个年度计划、五年规划都围绕改革和发展组织编制和实施，探索新形势下计划的功能、形式和方法，逐步减少和弱化对微观经济活动的直接管理，强化对宏观经济的指导和调控。

第二节　重点项目建设

20世纪90年代，县政府实施工业带动战略，累计投入基建、技改资金2.8亿元，同时优化产业、产品结构，培植形成玻璃钢、棉纺织、地毯、橡塑生产体系和骨干企业。1995年，累计投入资金4100万元，新建和改建干线公路43.2千米，铺设乡村公路328千米，全县柏油路通达村数258个，百平方千米柏油路通车里程49.4千米，万人均10.3千米，居全市首位。新架设的第二条110千伏输变电工程交付使用，新增变电站4座，年供电量1亿千瓦时。通信实现全国联网，市话交换机容量7168门，长途电话电路480条。

1996年，城区基础设施建设力度进一步加大，城区沿街平房改造全面铺开，县城面貌得到彻底改观，城市功能逐步完善，县科技园规模不断扩大。至20世纪末，农村电网改造工程完成，全县实现“村村通”电话，农村固定电话普及率每百人14部，城镇固定电话普及率每百人26部。新建和改建公路536千米，全县公路通车里程607千米，公路密度每万人16.9千米，位居全省前列。尚庄辣椒市场、木材市场、杨庄棉花市场、龙湾粮食市场、老城瓜果批发市场等一批专业市场陆续投入使用，市场流通进一步活跃。

2000年后，铝轮毂、机织地毯、玻璃钢模压等项目相继建成投产。至2005年，工业累计投入超过100亿元，新增规模以上企业143家，总量达到192家。全社会县以上固定资产投资增幅较大，运河经济开发区的一、二期建设、鲁权屯——滕庄玻璃钢制造业基地、杨庄——老城棉花加工基地、武城镇尚庄辣椒购销加工基地、城市改水、青龙河景观公园拆建、德商一级公路等工程相继开工或建成，累计完成投资155亿元，年均增长40%。“十五”期间，先后新建和改造振华街、古贝路、北方街、文化街，建成新武城二中、新武城汽车站，城区天然气工程开工建设，住宅小区连片集中开发，完成农网城网改造，全县乡村基本实现“村村通”电话、通油路、通有线电视、通客车和通自来水。

2010年，全县引进1000万元以上的招商项目470多个，实际到位资金180多亿元。旅游业快速起步，四女寺景区开工建设，古贝春酒文化馆、地毯博物馆、玻璃钢展览馆和农业展览馆建成并对外开放。“十一五”期间，重点实施升平广场建设、振华街绿化亮化和硬化升级、城区天然气铺网、污水管网建设、自来水管网改造等工程。进行德商路、省道318线等主干道路改造升级，新建、改造农村公路381千米，新武城运河大桥建成通车。大屯水库、建德水库等重大工程陆续开工建设。

2013年，引进山东双一集团年产30套非金属制品精密模具、贝州集团循环太阳能联合式热泵机组、山东奥博公司新型环保过滤材料及高效除尘设备生产等项目。扩建德州玲珑轮胎有限公司年产1000万套高性能半钢和200万套全钢子午线轮胎项目。在建光煜新能源、中央空调配件城、贝州家具建材城、德州海伟机械有限公司年产5万台玉米联合收割机及农机装备产业基地、运河文化风景区等新兴产业项目。金马商城、兴宏棉花储运物流等项目陆续竣工。状元广场、建德公园、“三湖一环”水系景观等工程开工建设，向阳路、文化街升级改造工程竣工通车。

是年，投资11.37亿元的大屯水库建设完成，成功蓄水200万立方米。投资9000万元建成建德水库。投资4500万元建成弦歌湖公园。完成玲珑轮胎二期续建项目、山东平安节能科技有限公司外墙防火保温材料及新型消防产品项目、华西希望集团饲料生产项目。山东昊源物产有限公司一期玉米联合收割机项目、德州凤翔孵化设备生产项目、德州恒辰纺织有限公司气流纺织项目竣工投产。实施城市框架道路提升工程，完成历亭路高标准升级改造，建设新北环路，实施环城水系建设等。德上高速武城段开工建设，省道318线升级改造、254线中修工程竣工通车，完成城区西环路、振华街东延道路建设。2013年，完成固定资产投资141.67亿元。

第二章　统计管理

第一节　统计业务改革

1982年，武城县统计局开始编印全县主要经济指标对比资料——《武城县国民经济统计资料》。1986年，统计业务主要有社会发展统计调查、汇总和分析。调查统计内容主要有综合、农业、工业、交通邮电、基建物资、商业、财政金融、劳动工资、文教卫生等9个专业，100余张报表。1990年，调查统计内容做部分调整，主要有综合、农业、工业、交通邮电、固定资产投资和物资、商业和外贸、财政金融、劳动工资、文教卫生计划生育和民政、城镇调查情况、区间对比等11个方面的情况，110余张报表。随着改革开放的不断深入，国家实行社会主义市场经济体制，调查统计内容、标准、方法不断得到充实、规范和完善。1995年，改称《武城县统计年鉴》，资料更为翔实。2002年，陆续创办《武城统计月报》《武城月度经济运行分析》《武城统计信息》《统计分析》等专刊，2010年，创刊《武城统计工作快报》。同时，对历次全国性的大型调查、普查结果，进行汇总分析，写出报告，为全县经济发展科学决策提供数据支撑和科学依据。2011年，实行“企业一套表”统计联网直报，在工业、建筑业、批发和零售业、住宿和餐饮业、房地产开发经营业等行业实行。2013年，调查统计内容主要有综合，农业，工业，固定资产投资和建筑业，贸易，物价，交通、邮电，财政、金融，劳动工资，人民生活，其他等12个大专业，74张报表，1500多个类别，1.6万余个统计指标。

第二节　统计普查

1986年后，根据国家和省市安排，全县多次开展大型专项统计普查，并形成专题报告。

人口普查

根据全国统一安排，新中国成立后开展人口普查6次。1953年、1964年、1982年分别开展了3次人口普查。1990年，开展第四次人口普查，与第三次普查间隔8年。此后每隔10年开展一次，分别于2000年和2010年开展第五次和第六次人口普查。其间，还分别于2005年、2013年开展两次1%人口抽样调查。1990年后的三次人口普查，主要针对全县人口在数量、结构、分布和居

图13-1 第三届“中国统计开放日”统计法宣传（2012年 摄）

住环境等方面的变化情况进行登记。普查内容主要包括个人姓氏、性别、年龄、民族、受教育程度、行业、职业、迁移流动、社会保障、婚姻生育、死亡以及家庭住房等基本情况。

经济普查

2004 年，全县开展第一次经济普查。普查对象是在县境内从事第二产业和第三产业的全部法人单位、产业活动单位和个体工商户。普查主要内容包括单位标志、从业人员、财务收支、资产状况，以及企业的主要生产经营活动和生产能力，主要原材料和能源消耗及科技开发的投入状况等。

2008 年，县开展第二次经济普查。普查内容为从事第二产业和第三产业数量、企业法人单位个数及从业人员。

2013 年，进行第三次经济普查。普查摸清全县第二产业和第三产业自 2008 年后的发展规模及布局，掌握产业组织、产业结构、产业技术的现状以及各生产要素的构成，查实服务业、战略性新兴产业、小微企业和高技术产业（制造业）的发展状况。

农业普查

1995 年，全县开展第一次农业普查。普查范围包括农村住户、非农村住户类农业生产经营单位，调查项目 38 个。

2006 年，进行第二次农业普查。普查内容包括：从事第一产业活动的单位和农户的生产经营情况；乡（镇、街）、村委会及社区环境情况；农业土地利用情况；农业和农村固定资产投资情况；农村劳动力就业及流动情况；农民生活质量情况。

第三产业普查

1993 年，全县开展第一次第三产业普查。普查范围包括所有第三产业企业、事业、行政单位和社会团体，并对从事第三产业的个体户开展抽样调查。普查内容涉及第三产业机构、人员、资产和企业单位的收入、成本、费用、库存、税金、利润及行政单位的经费支出等。

2003 年，开展第二次第三产业普查，普查对象是县境内从事第三产业的全部法人单位、产业活动单位和个体工商户。具体范围包括：农、林、牧、渔服务业，交通运输、仓储和邮政业，信息传输、计算机服务和软件业，批发和零售业，住宿和餐饮业，金融业，房地产业，租赁和商务服务业，科学研究、技术服务和地质勘查业，水利、环境资源和公共设施管理业，居民服务业，教育、卫生、社会保障和社会福利业，文化、体育和娱乐业以及公共管理和社会组织等。普查内容为单位标志、从业人员、财务收支、资产状况等。

基本单位普查

1996 年，全县开展第一次基本单位普查。普查对象为所有的法人单位及法人单位所附属的产业活动单位，其中包括各类企业法人、事业单位法人、机关法人、社团法人和其他法人，以及这些法人所附属的农业、工业、建筑业、交通运输业、批发零售贸易业、餐饮业、服务业、行政事业单位和社会团体等产业活动单位。普查内容主要有单位的经济类型、所属行业、从业人员、企业规模、营业状态等各类单位的基本属性和主要标识。

2001 年，开展第二次基本单位普查。普查的对象是县境内法人单位及其所属的产业活动单位以及个体工商户。普查内容主要包括单位的基本标识、主要属性、基本状态和主要数据等。

第三节 统计调查

农村住户调查

1979 年，武城县开始农村社会经济抽样调查，是当时德州地区选取的农村社会经济调查的三个代表县之一。1986 年，根据省政府《关于部署农村住户抽样调查的通知》精神，农村住户调查范围由县级扩大到县乡两级，全县 15 个乡镇，每个乡镇抽取有代表性的 3 个村，每村抽取有代表性的 10 户，全县 15 个乡镇选取 450 户。调查内容主要包括收入、支出两大项，10 分项，112 个指标。

城镇住户调查

1989 年 9 月，武城县成立城镇社会经济调查队，开始对城市住户生产生活情况进行调查统计。每年选取 50 户，调查内容包括现金收支情况、消费品拥有量、食品消费情况、衣着消费情况、日用品消费情况、娱乐及用品消费情况、文化用品消费情况等指标 154 个。2013 年，根据国家统计局制定的全国统一的城乡一体化住户调查统计口径和抽样方法及程序，全县实行城乡一体化住户调查制度，不再单独进行城镇居民生活情况调查。

第三章　审计管理

第一节　国家审计

财政审计

乡镇财政决算审计　1992 年，县政府开始对全县乡镇财政决算和财务收支情况，以及财政资金的真实性、合法性、效益性进行审计。至 1999 年，审计乡镇预算执行单位 19 个次，查出各类违规及管理不规范金额 641.77 万元。2000—2004 年，采取每 2～3 年全面审计一次乡镇财政决算的办法，加强乡镇财政管理。2001 年，在决算审计中延伸审计部分村级财务情况。至 2004 年，查出挤占挪用专项资金、超标准列支招待费、个人长期借款、政府债务过重、往来长期挂账等问题，涉及金额 920.07 万元。

2005—2008 年，在对乡镇财政决算审计中，将任期内经济责任审计与财政决算审计结合起来，做到资源共享、成果共用。对老城镇、郝王庄镇、甲马营乡、武城镇、杨庄乡、鲁权屯镇、滕庄镇、李家户乡、广运街道等 10 个乡镇（街）进行审计。累计审计乡镇预算执行单位 21 个，查出违纪违规金额 1682.11 万元。

2011 年，在乡镇决算审计中全面实施计算机审计，缩短审计时间。2013 年，决算审计注重财政收支审计与经济效益审计相结合，重点关注专项资金的使用效益情况。针对乡镇乱收费问题进行专项审计调查，向政府提交专题审计调查报告。其间，针对乡镇年度决算及财政收支情况的审计，查出各类违规及管理不规范金额 8262.63 万元。

县级财政预算执行审计　1996 年 2 月，根据《审计法》《预算法》规定，首次依法对同级财政预算执行情况开展审计。审计重点围绕国家宏观调控政策落实，关系群众切身利益的社会保障、教育、执法收费等进行审计监督。是年，审计单位 25 个，查出违规违纪金额 232 万元。1997 年 1 月，创新实施“账户入手，下审一级”审计方法，财政预算执行情况审计力度和整改落实情况得到加强。1998 年，对预算外资金和专项资金加大审计检查。从宏观角度提出规范财政管理的意见和措施。2003 年，预算执行审计围绕加强宏观调控、推进依法行政、维护群众利益、促进提高财政资金使用效益开展工作。2005 年，审计单位 6 个，查出违规违纪金额680万元。2010年，审计单位7个，查出违规违纪金额5073万元。截至2013年底，全县共审计一级预算单位81个次，二级预算单位24个次，延伸审计纳税单位151个次，查出违规金额4.62亿元，偷漏税款641.89万元。查出虚列专项支出、应转未转预算收入、部门预算编制不完整、滞拨专款、改变项目计划和资金用途、乱收费乱摊派乱罚款、违规使用发票、企业纳税申报不实等问题。

行政事业审计

1984年，全县开展行政事业审计，为常规审计项目，以财务收支审计为主，重点对行政部门、事业单位财务收支管理情况进行审计。1985年，首创行政事业单位报表定期审计模式。经省审计厅指导改进，被审计署、省审计厅和市审计局列为典型方法予以推广。1991年，审计覆盖全县各行政企事业单位。1997年，首次对7个行政事业单位开展预算执行审计，并成为行政事业审计主体。2002年起，行政事业审计逐步形成以部门预算执行情况为基础，重点部门、行业及专项资金为主线，领导干部任期经济责任审计为监督，审计与审计调查相结合的审计制度。2012年，开展全县农村中小学布局调整情况审计调查，获省审计厅通报表彰。2013年，将“三公经费”运行、落实“八项规定”情况等纳入日常重点审计内容，着力查处奢侈浪费、贪污腐化等问题。截至2013年底，全县开展行政事业单位财务收支审计99个次、预算执行审计75个次、专项资金审计及审计调查13项，查处各类违规和管理不规范金额1.71亿元。

企业审计

1986年后，围绕“增产节约，增收节支”，开展企业资产、负债、损益、财务收支及经济效益审计。1988年，对县第三棉厂、百货公司、电业公司等单位1987年经营情况及县医药公司1987年1月至1988年10月的财务状况和经济效益进行审计，查处问题金额36.05万元。

1989年，对县棉纺厂、第二棉厂、百货大楼、五交化公司等47家企业开展承包经营审计，查出问题企业11家、问题资金608.2万元，县政府依据审计结果对36家企业进行奖励，对11家企业进行处罚。德州地区审计局在武城县召开承包经营责任审计现场会，武城经验在全地区推广。至1993年，对全县70家次企业开展财务收支和承包经营情况审计，查出问题资金1633.5万元。

自1994年开始，企业审计重点为企业资产负债、损益的真实性和效益性。1994—1996年，先后对全县28家次企业财务收支情况、资产负债及损益情况进行审计，查出问题金额843.45万元。1997年，对19家次企业的资产、负债和损益情况进行审计，查出资产不实2327万元，负债不实347万元，损益不实2266万元。1998年，到平原县参加全国统一组织实施的粮食财务挂账清查审计。同年，聘用注册会计师参与对造纸厂、兽药厂等5家企业的破产清算工作以及山东北方玻璃钢厂、县棉纺厂等企业的改制工作，开创国家审计与社会审计相结合的企业审计新模式。

1999年，开始对企业资产、负债、损益和财务收支情况进行审计。至2002年，先后审计20家次企业，查出问题资金1615.46万元，查出偷漏税款5.5万元。2003年后，伴随企业改制，国有企业审计范围逐渐缩小，主要针对商业、粮食、供销、外贸等国有流通企业。2003—2007年，先后对山东北方玻璃钢工程有限公司、县电业公司、县棉麻公司、山东神龙毯业有限公司开展资产负债、损益或财务收支审计。2008年后，国有企业审计主要是上级审计机关和县政府交办事项以及延伸审计纳税企业纳税情况。2009年，开展农村电网二期建设项目审计，督促建设单位加强项目核算和工程管理。2010年，对武城县盐业公司2005—2009年的资产负债及损益情况审计。2008—2013年，延伸审计纳税企业109家次，查补税款1307万余元。

金融审计

1990年，在全县开展金融审计工作。同年7月，对工商银行、农业银行财务收支进行审计。1992—1994年，对人民银行武城支行、农业银行武城支行财务收支进行审计，对农业银行武城支行1994年棉花收购贷款进行审计，并对滕庄、鲁权屯、甲马营储蓄所进行延伸审计。1994年8月，审计机关根据财政、财务隶属关系确定审计管辖范围的规定，地方审计机关只负责地方性金融机构的审计，不再对中央性金融机构实施审计。

1995年，对武城县城市信用社财务收支情况进行审计。至1997年，累计查出各类问题资金20.33万元。1998年，对城市信用社和农村信用社进行审计，对全县11个农村合作基金会及其他各类基金会进行重点审计。1999年，重点对城市信用社、农村信用联社、投资公司等各类地方金融机构进行审计。2000年，参与基金会的清欠工作。2002年，对老城信用社、李家户信用社、大屯信用社2001年度的资产、负债、损益情况进行审计。2005年，金融部门审计工作归口垂直管理。

固定资产投资审计

1997年，全县开展固定资产投资审计。是年，审计基建事项34项，核减基建预决算金额130万元。1998年，审计基建事项17项，核减基建预决算金额154万元。2000年，开展沿街开发项目的基建预决算及开发收入的使用情况审计。2001年，先后对伟达造纸有限公司污水处理工程、县汽车站、建设大厦等9个项目的基建财务和工程决算进行审计。2002年，针对农村电网改造项目进行审计并开展对“两改一同价”工作调查，查出各类违规金额800余万元。2003—2007年，对青龙河景观公园和全县“村村通”公路重大资金审计，对全县十大工程进行全过程财务监督。2008年，审计夏武路、运河路和污水处理厂等5个基本建设项目，审计金额3024.95万元，审减194.28万元。2009年，审计县城电网和第二期农村电网建设改造项目，审计金额10225万元，查处管理不规范金额178万元，审减金额16.65万元。同时，对县污水厂深度处理及中水回用工程进行跟踪审计。2010年，对振华街公路改造项目工程进行跟踪审计，涉及工程投资额2000万元。审计经济发展大厦项目，审计金额2600万元，审减196.4万元。2011年，对县第四小学教学楼建设工程开展决算审计，审计金额626万元，审减金额46万元。2012年，完成基建审计项目5个，审计工程资金662.77万元。分别涉及校舍安全工程、拆迁安置、保障性安居工程等3个民生项目。2013年，对涉及民生的政府投资的基础设施建设项目加大审计监督力度，全程参与跟踪审计政府投资项目46个。

经济责任审计

1986年5月，对县塑料厂厂长开展调离审计，首次尝试开展企业厂长离任审计。1989年，开始对厂长、经理的经营承包情况进行审计。1998年，《山东省机关事业单及国有企业法定代表人离任审计条例》颁布。同年，对县计生委等10个单位原法定代表人开展离任审计。2001年，县委下发《武城县党政领导干部任期经济责任审计实施办法》《武城县国有企业及国有控股企业领导人员任期经济责任审计实施办法》。同年，由审计、纪检、监察、组织、人事等部门参与的武城县经济责任审计联席会议制度正式设立。2002年2月，经批准成立武城县经济责任审计办公室，领导干部经济责任审计逐步规范化、制度化。2006 年，创新采取经济责任审计与常规审计相结合方式，对全县 9 个乡镇和 15 个重点行政单位开展审计。2007 年，首次对部分行政事业单位开展主要负责人任中经济责任审计。2009 年，首次对村级干部李家户乡盐厂村原支部书记开展经济责任审计。2012 年后，审计内容逐步涵盖经济政策贯彻执行、重大决策、财务收支、内部管理、机构编制及廉洁从政等方面。2013 年，将县委党群部门纳入经济责任审计范围。

农业与资源环保审计

1987 年，对全县林业局、农业局、农机局、环保局、土地管理（国土资源）局、农业开发办、水利（务）局、畜牧水产局、气象局等单位进行农业与资源环保审计。审计内容包括：各单位的财务收支情况、育林费、检疫费等各项行政事业性收费的征收管理使用情况；土地出让金等政府性基金的征收管理使用情况；农业综合开发资金、抗旱救灾资金（物资）等专项资金（物资）管理使用情况等。1993 年，查处违规资金 10.59 万元。2012 年，审计 11 笔，查处违规资金 5357.92 万元。截至 2013 年底，累计审计单位 43 个次，查处各类违规和管理不规范资金 7367.35 万元。

1989—2013 年武城县部分年份涉农资金及财务收支情况审计统计表

表 13-1　　单位：万元

年份	审计笔数	违规违纪金额	年份	审计笔数	违规违纪金额
1989	2		2007	2	16.63
1993	1	10.59	2008	2	63.7
1994	1	18.54	2009	3	738.76
1998	2	9.75	2010	3	87.41
2003	2	46.68	2011	4	546.79
2004	1		2012	11	5357.92
2005	1	19	2013	4	
2006	2	38.49	—	—	—

社会保障审计

1993 年，开始定期对社会保障部门管理的待业保险金、养老保险基金、失业保险基金、工伤保险基金、城镇职工医疗保险等专项资金的筹集、管理、使用情况进行专项审计。2006 年，对财政部门管理的住房公积金的筹集、管理、使用等情况进行专项审计。2010 年，对 2008 年后的新型农村合作医疗基金与城镇居民医疗保险、城镇职工医疗保险等资金的筹集、管理、使用情况进行审计。2012 年，开始每年对各类城镇保障性安居工程的投资、建设、分配、运营等情况进行跟踪审计。截至 2013 年底，对社会保障性资金审计 20 次，审计单位 50 多个次，查处违规违纪金额 2924.11 万元。

第二节　内部审计

1985 年，全县开展内部审计工作。最初，在县建委、交通局、水利局、劳动局、卫生局、教育局、农业局、粮食局、工业局等 10 个大科局和商业、工交的 5 个企业单位建立内审组织，配备兼职、专职审计人员 15 人。1994 年，在 13 个乡镇设立审计所，配备审计人员 28 名，全县基本形成较为系统的内部审计网络。1997 年 9 月，举办武城县第一期内部审计培训班，聘请省经济学院教授对近百名内审人员进行培训。2008年4月，古贝春集团有限公司审计中心被省审计厅评为“全省内审先进单位”。2011年，创新开展全县内审人员登记建档工作。2013年，成立武城县内部审计协会，有内审单位73个，内审人员194人，专职内审人员25人。全年完成审计项目916个，审计总金额56877.68万元，增收节支441万元。是年，县审计局获“全省内部审计管理先进单位”。截至2013年底，全县内审机构66个，内审人员133人，其中专职人员40人。

第三节　社会审计

1989年3月，武城县审计事务所（以下简称事务所）成立，是县审计局所属的事业单位。主要开展对新设工商企业进行注资验证等社会审计业务。1995年，相继招录财会、基建等专业人员。审计业务从单一的验资，发展为验资、企事业单位财务报表审计、经济案件鉴定、基建工程预决算审计等多个领域。1999年12月，审计事务所与县审计局脱钩，改制为武城县贝州有限责任会计师事务所。注册资本30万元。原事务所在编人员全部由改制的会计师事务所聘用，成为自主经营，依法纳税，自负盈亏的独立法人和社会中介机构。2013年，全年完成审计业务267项，其中验资36户，企业财务报表审计112项，经济纠纷3项，土地增值税汇算清缴费2项，基建工程预决算86项，其他审计业务28项。至2013年底，事务所的业务领域发展到验资、企业财务报表审计、企业破产清算、经济案件鉴定、企业税务鉴证、可行性研究报告、管理咨询服务、基建工程预决算审计，参与和主持有关项目的验收和鉴定等。为工商企业办理注册登记、改制、破产、清算、年度审计、企业年检、基建工程预决算等业务3000多件项。

第四章　工商行政管理

第一节　工商企业登记管理

1986年，县工商局对工商企业通过登记、发放营业执照等进行监督管理和服务。1989年，对公有制企业划分为法人登记和营业性登记。其后，登记范围逐步扩大至所有的营利性企业、事业单位和社会团体。2003年6月，将工商行政许可事项及法律法规依据、条件程序、期限、收费标准等全部公开、公示。实行“一审一核”制，将多环节制约改为审查、核准两个环节登记发照。至2013年未变。

登记注册

国有、集体企业登记　1986年，县工商企业登记的对象分为工商企业、分支机构、筹建企业。独立核算的为工商企业，非独立核算的为分支机构，基本建设满一年的为筹建企业，前两者发营业执照，筹建企业发筹建许可证。同时将科学研究、技术开发和技术服务的科技开发企业，各专业银行、保险公司以及联合经济组织纳入登记范围。1988年，企业登记对象分为法人企业、非法人企业和筹建企业。具备法人资格的企业核发企业法人营业执照，不具备企业法人资格的企业和经营单位核发营业执照，筹建期满一年的核发筹建许可证。企业登记实行企业化经营，将国家不再调拨经费的事业单位纳入登记范围。1989 年，全县工商企业总数 182 家，其中国有、集体企业 163 家，注册资本 11699.6 万元。1990 年，登记范围扩大至邮电企业。是年，新增工商企业 17 家。其中，国营企业 5 家，注册资本 132 万元；集体企业 10 家，注册资本 625 万元。1992 年，对期货经纪公司进行登记。1993 年，会计师事务所、审计师事务所纳入登记范围。1994 年，中介服务、经营性娱乐场所、文化出版、互联网经营服务、图书音像出版等生产经营性行为纳入登记管理范围。1995 年，新发展各类企业 84 家，新增注册资本 5264.1 万元。其中，国有企业 24 家，集体所有制企业 35 家，股份合作制企业 2 家，有限责任公司 17 家。1997 年，全县加快乡镇企业改制步伐，私营企业得到发展，全县登记工商企业 606 家，注册资本 89070.38 万元。其中，国有和全民企业 196 家，注册资本 1.78 亿元；集体企业 290 家，注册资本 2.97 亿元；联营企业 1 家，注册资本 480 万元；股份合作制企业 14 家，注册资本 93 万元；有限责任公司 72 家，注册资本 4 亿元；股份制企业 9 家；其他 24 家。2000 年，全县登记注册企业 859 家，注册资本 15.85 亿元。其中，国有企业 266 家，注册资本 1.81 亿元；集体企业 294 家，注册资本 2.86 亿元。2010 年，全县注册登记企业 1186 家，注册资本 61.43 亿元。其中，国有企业 53 家，注册资本 3500 万元；集体企业 46 家，注册资本 2.08 亿元；股份制企业 28 家，注册资本 5.07 亿元；有限责任公司 495 户，注册资本 45.39 亿元。截至 2013 年，全县注册登记企业 1190 家，注册资本 96.72 亿元。

私营企业登记　1989 年，全县登记私营合伙企业 4 家，注册资本 80.5 万元。1999 年，降低市场准入门槛，简化企业登记程序。允许跨区域跨行业经营，注册资本可分期注入，企业冠名可按个人意愿办理，允许使用国际贸易、对外贸易、进出口贸易等行业用语。是年，全县登记私营企业 64 家，注册资本 8.73 亿元。其中，农林牧渔业 8 家，建筑业 8 家，玻璃钢及空调设备加工业 14 家，汽车配件企业 7 家，其他行业 27 家。随着改革的不断深入，县委、县政府连续出台鼓励私营经济发展的政策文件，促进私营经济快速发展。至 2005 年，全县登记私营企业 271 家，注册资本 23.71 亿元。其中，农林牧渔业 95 家，注册资本 7.63 亿元；玻璃钢及空调设备生产加工企业 38 家，注册资本 6.18 亿元；汽车零部件生产企业 25 家，注册资本 2.58 亿元；建筑业 7 家，注册资本 6800 万元；其他行业 113 家，注册资本 6.64 亿元。2007 年，全县国营、集体工商企业改制基本完成，私营企业迅速膨胀。2010 年后，新的农村合作经济组织纷纷建立，私营企业登记数量大幅增加。截至 2013 年底，全县私营企业登记 2149 家。

个体工商户登记　1987 年，县工商局的企业注册登记管理由以国营、集体为主向个体工商业为主转变，并指导个体经济发展，维护个体经济权益。同年，登记注册个体手工业 298 户，商业 1679 户，餐饮业 223 户，修理服务业 412 户。至 2000 年，全县个体工商户 1808 户，注册资本 1930.9 万元。其中，建筑业 5 家，注册资本 11.6 万元；交通运输和仓储业 19 家，注册资本 190.7 万元；教育机构 2 家，注册资本 7500 元；居民服务、修理及其他服务业 330 家，注册资本 190.99 万元；摄影服务业 11 家，注册资本 7.7 万元；农林牧渔业 15 家，注册资本 104.5 万元；批发零售业 928 家，注册资本 852.38 万元；文化娱乐业 9 家，注册资本 7.67 万元；制造业 288 家，注册资本 470.62 万元；住宿和餐饮业 201 家，注册资本 182.54 万元。2002 年 9 月，实行工商管理机构改革，县工商局撤销企业科，设立企业注册局。2006 年，推进“小局大所”改革，将个体工商户登记发照权下放辖区工商所。截至 2013 年底，全县新增市场主体 2073 户。其中，私营 537 户，农合 88 户，个体 1448 户。全县实有各类企业和个体工商户 10888 户。其中，内资企业 177 户，私营企业 1535 户，农民专业合作社 614 户，个体工商户 8562 户。

监督管理

1989 年，对工商企业通过年检换照、日常管理和清理整顿 3 种方式进行管理。每年的 1 月 1 日至 4 月 30 日集中对上年度企业登记情况进行全面检查，确认企业继续经营资格。通过审查的守法经营业户，定为 A 类企业；经营年度内有违法违规行为，纠正后通过年检，定为 B 类；对有严重违法违规行为的企业，不予通过年检，吊销营业执照。同年，全县开展企业法人重新登记和换发营业执照工作。1995 年，通过年检，重点清理“三无”（无经营资金、无经营场所、无经营机构）企业和假国有、假集体企业，并对违法违规企业进行处罚。1999 年，对粮食、棉花等重点企业进行重点检查，查处“两虚一逃”（公司虚报注册资本，股东虚假出资，股东偷逃出资）和无证经营违法企业 13 家。2003 年，建立起企业情况书式档案、机读档案，动态监管档案输入微机，实行登记机关与属地工商所监管相结合、上下联动、结合配套的双轨制，初步建立“经济户口”属地管理模式，至 2013 年未变。

第二节 经济合同管理

改革开放后，工商行政管理部门恢复对经济合同的管理。1983 年，对工商、农商、商商之间的经济合同进行梳理，举办经济合同培训班 6 期，培训厂长、经理、业务人员 326 人次。1985 年，县工商局设立合同科。

合同鉴证

1987 年，全县实行凭法人代表证明书、法人授权委托书签订经济合同的制度。县工商局深入基层，帮助企业研究制定承包、租赁合同条款，开展合同鉴证。1988 年 3 月，对建筑企业和勘察设计单位与建设单位之间签订的建设工程承包合同实行鉴证。1990 年，对私营企业、城乡个体工商户雇工实行鉴证管理。1995 年 1 月，凭签订经济合同授权委托书签订经济合同。2002 年 11 月，撤销合同鉴证，全县合同鉴证工作停止。

经济合同仲裁

1985 年，武城县成立经济合同仲裁委员会。1986 年，县工商局制定经济合同仲裁委员会制度。1989 年，德州地区工商局在武城县召开经济合同仲裁工作会议，要求基层工商局深入企业，寻找案源，把仲裁办案作为对企业最实际、最有效、最直接的管理。1991 年，经济合同仲裁实行“协议仲裁”。其间，全县累计查结各类经济合同案件 1325 起，合同金额 1518 万元，争议金额 356 万元，为当事人挽回经济损失 958 万元。确认无效合同 16 件，签订经济合同 1859 份。1995 年 9 月，经济仲裁移交法院。

“守合同重信用”企业评选

1985 年，全县开展“重合同守信用”企业评选。至 1995 年，申报认定“重合同守信用”企业 16 家。2003 年，省工商局通知，将“重合同守信用”改为“守合同重信用”企业认定评选。2004 年，山东金光玻璃钢集团有限公司获全国“守合同重信用”企业。2005 年，全县认定“守合同重信用”企业国家级 2 家，省级 12 家，市级 10 家。2013 年，按照发展与规范并重的原则，开展“守合同重信用”企业申报和网上公示工作。是年，全县国家级和省级“守合同重信用”企业 8 家。其中，国家级 2 家，省级 6 家。

第三节　市场管理

图 13-2 农资市场监管（2013 年 摄）

1986 年，全县开展“管理好、卫生好、服务好、宣传好、秩序好”的“五好”农贸集市创建活动。全县拥有手工业户 217 户，商业 429 户，餐饮业 334 户，修理服务业 274 户，集市 19 个，全年成交额 1393.8 万元，占社会商品零售额的 12%。是年，对全县集市进行调整，按行业和布局进行划行归市，规范管理。武城镇、老城镇、董王庄乡等大中型农贸市场，制作市面分界牌，集市示意图。各集市配备公平秤、公平尺、筛子、簸箕、麻绳、针线等物品。对弄虚作假、少秤短尺、以次充好、掺杂使假、哄抬物价等不当经营行为，视情节给予教育和查处。对偷盗、诈骗、赌博、欺行霸市、出售封建迷信物品、假药及有毒霉烂变质商品，进行打击和经济制裁。全年查获投机倒把违法案件 229 件，罚没款 1.1 万元。1998 年，建立“两账一卡”农贸市场监管新机制。即将农资销售情况及使用反馈信息记录在账，实行售后跟踪服务管理，形成“两账一卡”农资监管机制。2004 年 9 月，实施商品准入制度，建立质量监管责任制、进销台账制、索票索证制、市场巡查制、“经济户口”制、信用分类监管制等。开展商品质量和食品专项整治，查获假冒化肥 12 吨，劣质种子 5 吨，劣质柴油 4 吨，假冒伪劣食品 1.2 吨，假烟 26 条，取缔无照经营 97 户，查扣过期、劣质药品 1800 盒。设立“12315”申诉举报中心，推行“12315”进村工程，全县 393 个行政村建立“12315”申诉举报联络站，各大商场、超市、企业等设商品质量监控点 11 个。是年，全县个体工商户 8881 户。2008 年，首次对房地产、典当行、食品制造业进行全面检查，查处“两虚一逃”案件 5 件，商业贿赂案件 6 件，涉案金额 12 万元。开展无传销社区创建，在城乡接合部的梁庄村首次查获一起 50 人的传销团伙。开展服装市场检查，首次查获仿冒国际品牌“NIKE”和“adidas”服装案件 20 件。是年，全市工商系统网络商品交易现场会在武城召开。同年，取消市场管理费及个体经营费征收。至 2013 年，工商部门对市场的管理，主要针对市场经营秩序和市场假冒伪劣商品的查处进行。

第四节　商标广告管理

商标管理

商标注册　1986 年，全县商标申请书件直接向省工商局核转，由省工商局统一向国家商标局核转。是年，为县食品厂的“军乐”牌饼干、“乐哈”牌罐头、“滴露”牌香油办理注册商标核转手续，成为注册商标。1988 年，全县有商标 26 件，其中注册商标 16 件。1992 年，全县商标注册由商标事务所代理。2000 年，实施“红盾帮扶”工程，与企业签订红盾商标帮扶协议，帮助企业设计商标图案，为企业提供申报注册商标服务，帮助企业建立和完善商标注册、使用、管理制度，指导企业把商标注册和争创著名、驰名商标贯穿于企业的生产经营、市场营销、广告宣传、产品开发、市场维护等经营之中。2003 年 6 月，“古贝春”商标获得山东省著名商标。2005 年，“古贝春”商标获中国驰名商标，“龙禧”“漳南”商标获山东省著名商标。是年，全县有注册商标 102 件。其中，中国驰名商标 1 件，山东省著名商标 5 件。2011 年，县政府出台《关于进一步推进商标战略工作的实施意见》，制定《注册商标专用权质权登记程序规定》《注册商标专用权质权融资部门联席会议制度》，全年注册商标 51 件，同比增长 38%。新认定省著名商标 3 件，市知名商标 5 件。注册地理标志证明商标 1 件，国际商标 1 件。2012 年，县政府以“品牌武城”建设为重点，实施商标战略，全年新增注册商标 90 件，比上年同期增长 91.6%，为历年来数量增长最多的一年。其中山东古贝春集团有限公司的“国蕴”商标获中国驰名商标。2013 年，山东古贝春集团有限公司的“古贝元”商标获中国驰名商标。全县新审批注册商标 82 件，知名商标 4 件。截至 2013 年底，全县共有注册商标 785 件。

图 13-3 中国驰名商标（2005 年 摄）

武城县拥有省著名商标一览表

表 13-2

山东省著名商标所有人	认定年份	商标名称	核定使用商品
山东古贝春集团有限公司	2003	古贝春	白酒
山东神龙毯业有限公司	2005	龙禧	地毯
山东古贝春集团有限公司	2006	古贝	白酒
山东齐鲁汽车有限公司	2008	齐鲁	汽车、救护车
山东贝州酒业有限公司	2009	贝州春	白酒
山东古贝春集团有限公司	2010	贝春	白酒
山东古贝春集团有限公司	2011	国蕴	白酒
山东龙祥橡塑制品有限公司	2011	龙祥	桥梁支座
德州新博净化技术开发有限公司	2011	新博	水箱
山东古贝春集团有限公司	2012	古贝元	白酒

商标专用权保护　1993 年，县工商行政管理部门加强对服务商标、集体商标和证明商标专用权以及公众熟知商标的保护，开展以保护商标专用权为重点的执法检查。2000 年，查处

无照经营、超范围经营、挂靠经营等不具备注册商标印刷资格的经营企业和个体印刷户，打击非法印制侵权商标标识的不法行为，开展商标侵权专项整治，查处假冒商标案件100余件，收缴侵权标识4000余张。2001年，为保护古贝春有限公司的商标专用权，对全县各中小型酒厂进行专项治理。查处某酒业有限公司冒充“古贝”注册商标案和某酒厂侵犯“古贝大曲”“吉贝”注册商标专用权案，查获各种侵权酒1万余瓶，商标标识5万余个。

商标专用权质押　2010年，全县实施动产抵押、股权质押、商标专用权质押和推进企业信用体系建设“三押一推”服务，拓宽中小企业的融资渠道。同年1月，武城县华兴棉花加工厂注册的“杨庄花”商标获得商标专用权质权融资300万元，为《注册商标专用权质权登记程序规定》颁布实施后全省首例融资案例。2013年，开展“创业手牵手、帮扶一加一”等活动，全年帮助企业、个体私营业户融资1.2亿元。截至2013年底，累计办理动产抵押登记17件，抵押物价值27436.4万元，融资8144万元。办理商标权质押融资3件，质押额2888万元，融资1590万元。

广告管理

1987年10月，县工商局企业登记科负责全县广告管理。1997年8月，全县第一家广告公司——武城县先锋广告装潢公司成立。2005年4月，县工商局设立商标广告科。2013年，制订《武城县工商局整治虚假违法广告专项行动实施方案》，对广告经营行为进行专项整治，下达广告整改提示书9份，清理户外广告15次，责令停播视频广告7次，立案查处违法广告8件，罚没3.9万元。报送省广告节参赛作品2件，报送公益广告作品2件，其中获省级优秀奖1件。截至2013年底，全县登记注册广告公司9家，个体户28家。

第五节　消费者权益保护

1987年7月，武城县消费者协会成立（设在县工商行政管理局）。同年10月，成立消费者举报中心，设立举报点120个。1997年，开通“12315”投诉举报电话。2002年，县工商局设立消费者权益保护科，行使消费者权益保护的执法职能。2004年，设立“12315”申诉举报中心，推行“12315”进村工程，全县393个村建立“12315”申诉举报联络站，各大商场、超市、企业等设立11个商品质量监控点。通过市场专项整治、与企业联手开展“打假维权”活动以及建立健全“12315”消费者投诉、申诉举报网络等途径或措施，保护消费者的合法权益。至2007年，县消费者协会累计受理各类消费投诉案件2200起，为消费者挽回经济损失360多万元。2008年，建立8个消费者协会分会和30个“12315”联络站和投诉站。2013年

图13-4　3·15消费者权益宣传（2011年 摄）

10月，修改后的《中华人民共和国消费者权益保护法》颁布实施，全县开展以“新消法、新权益、新责任”为主要内容的各项宣传，向群众发放各种宣传材料6000余份。举办培训活动2期，培训经营者37户次，走访经营户112户，销毁假冒伪劣产品400千克。处理消费投诉案件110宗，处结率99%，为消费者挽回经济损失26.8万元。

第五章　国土资源管理

第一节　土地使用制度改革

1986年，全县实行城乡土地统一管理制度。同年7月，武城县成立农村土地管理办公室，各乡镇成立土地管理所。1987年，组建武城县土地管理局。主要职责是贯彻执行国家制定的土地法律、法规和政策；编制实施土地利用总体规划，管理土地征用、划拨、转让和各项土地税费征收工作；监察管理辖区内土地利用，查处违法占地案件等。1991年，国务院确定每年6月25日为“全国土地日”，“十分珍惜和合理利用每寸土地，切实保护耕地”被确定为长期坚持的一项基本国策。1998年、2002年、2004年，全国人民代表大会先后3次对《土地管理法》进行修订，主要目的是保护耕地、加强监管。国土管理工作由单一的用地管理转入对城乡土地实行统一规划、开发、利用、整治、保护的全面管理。

国有土地使用制度改革

20世纪80年代，随着经济社会发展，城镇建设用地和工业企业用地数量不断增加，出现部分单位擅自将使用的国有土地出租、转让、抵押、变卖等隐形交易行为，造成国有土地资产流失。为适应新的经济形势，必须对城镇国有土地使用制度进行改革。1990年5月，县政府针对国有企业用地、经营性用地和乡镇企业用地试行国有土地使用权出让出台政策。1998年，全县建设用地由县政府统一征用，新增建设用地除政策允许划拨的外，全部纳入有偿使用轨道，以出让方式供地，出让金由县政府设财政专户统一征收。2003年，县政府规定对商业、旅游、娱乐等经营性用地、外资企业用地以及具备条件的工业用地，实行有偿出让。同年9月15日，第一次以拍卖形式公开出让经营性用地使用权，拍卖时代花园小区用地7.16公顷，总成交价1930万元。2007年，全县国有

图13-5 全国土地日宣传（2012年 摄）

土地使用权出让，除机关、学校、社会公益事业等非经营性用地实行划拨外，所有企业、公司、其他经营组织和个人用地均采用有偿出让供地，建立城镇国有土地二、三级市场，把划拨土地使用权自发交易行为纳入依法运行轨道。土地所有权、地下资源、埋藏物、市政公共设施等不得出让。土地使用权出让最高年限根据用途不等，规定商业用地40年、住宅用地70年、工业用地50年、其他用地50年。划拨土地使用权不得转让、出租、抵押。截至2013年底，全县出让土地124宗，面积514.54公顷，收取出让金18.06亿元。划拨土地17宗，面积24.4公顷。

农村宅基地使用制度改革

1989年，全县开始推行农村宅基地有偿使用，收取的资金实行村级所有、乡镇管理，主要用于村庄基础设施建设。通过实行宅基地有偿使用，县内农村建房热潮得到控制。1993年，为减轻农民负担，依据中央文件精神，农村宅基地有偿使用费暂停收取。1999年10月，县政府印发《关于农村宅基地用地管理的规定》，本着合理利用每一寸土地和节约用地的原则规定了16条。指出农村宅基地、村内空闲地归集体所有，经县政府批准使用的宅基地，个人只拥有使用权，不准买卖，村内空闲地由村民委员会统一安排使用；农民建房必须符合村庄规划；农村村民一户只能拥有一处宅基地，新建住宅按计划安排占用耕地的，基地面积不得超过200平方米，占用荒滩、盐碱地安排宅基地不得超过264平方米；用地指标实行计划管理，实际占地不得突破年度用地指标，能占荒碱非耕地的，不得占用耕地；农村村民一户两处以上宅基地的，可以由村民委员会将多余宅基地依法收回，统一安排使用或实行有偿使用；农村村民对批准的宅基地不得随意改作他用或自行交换，批准的宅基地一年内未建设的撤回土地使用权，由村委会统一安排；农民建房需提出用地申请，村民会议或农村集体经济组织全体成员讨论同意，报乡镇政府审查，县土地行政管理部门审核，县级政府批准，农村居民宅基地要按规定办理登记手续，办理集体土地使用证，否则不受法律保护。2001年8月，县政府对该规定进行修订，增加“占补平衡”和对非法买卖或转让宅基地进行处罚的内容，即村庄安排宅基地需占用耕地的，应按照占多少、垦多少，实行先补后占，没有条件开垦耕地的，须向县土地管理部门缴纳耕地开垦费，标准为县城规划区和乡镇驻地村庄每平方米5元，其他村庄每平方米3元。对村庄和个人买卖或以其他形式非法转让宅基地的，没收非法所得，并对当事人或有关责任人给予经济处罚。随着县域经济不断壮大，工商业用地数量增加，农村出现非法转让土地、乱占滥用耕地等不法行为。2006年，县政府出台文件，对农村土地使用进行集中治理，重点治理乡村非法批准宅基地、非法买卖宅基地、村民抢占乱占宅基地以及以旧村改造名义利用集体土地非法进行房地产开发等不法行为。自此，全县农村宅基地审批和管理日益规范。

第二节　地籍管理

土地登记

农村宅基地确权发证　2000年，全县开展农村宅基地确权发证工作。至2001年，累计发放证书6000余本。截至2013年底，全县累计颁发集体土地使用证110386册。

国有土地确权发证　1998年，县政府组织国土部门对国家机关、企事业单位使用的国有土地进行申报登记，对权属合法、面积准确、四至清楚的国有土地使用单位及个人颁发国有土地使用证。截至2013年底，全县累计发放国

有土地使用证 1426 册。

农村集体土地确权登记发证　2012 年 10 月，全县进行农村集体土地确权登记。发证范围包括农村集体土地所有权、集体建设用地使用权和宅基地使用权。县政府制定出台《武城县农村宅基地及集体建设用地使用权确权登记发证工程实施方案》《武城县农村宅基地及集体建设用地使用权确权登记发证工程技术方案》。至 2013 年，全县 393 个村庄全部完成地形测量、权属调查，341 个村庄完成地籍测量，233 个村庄按照标准进行数据检查和录入数据库，1478 宗农民集体土地所有权确权登记发证工作通过省、市验收。

土地调查

农村土地利用调查　1988 年 7 月至 1989 年 9 月，全县开展土地资源调查工作，共获得成果 7 项：查清土地数量和利用现状，编制县乡行政村土地面积统计表；编绘分幅土地利用现状图和乡镇级 1：10000 土地利用现状图，县级 1：50000 土地利用现状图；编绘全县分幅土地权属界限图；编绘县乡镇土地边界结合图表；编绘村级地籍图；编写乡镇土地资源调查说明书和土地资源调查报告；进行土地初始登记、统计，组织土地利用现状变更调查并建立地籍档案。全县土地总面积 74914.12 公顷。其中，耕地 49668 公顷，园地 1224.8 公顷，林地 715 公顷，牧草地 62.16 公顷，居民点及工矿用地 9492.8 公顷，交通用地 1812 公顷，水域 6833.2 公顷，未利用土地 5106 公顷。第一次在真正意义上摸清全县土地家底。2007 年 7 月，全县启动第二次土地大调查，按照土地利用分类，全面查清全县土地利用现状，利用遥感、GIS（地理信息系统）先进技术，以正射影像为调查底图，掌握全县各类用地的分布和利用现状，建立互联共享的覆盖国家、省、市、县四级的集影像、图形、地类、面积和权属为一体的土地调查数据库和土地资源变化信息调查统计系统。全县行政区域总面积 75084.39 公顷。其中，耕地 49555.33 公顷，园地 120.14 公顷，林地 2544.75 公顷，草地 1463.75 公顷，城镇村及工矿用地 10884.21 公顷，交通运输用地 2870.3 公顷，水域及水利设施用地 6089.01 公顷，其他用地 1556.9 公顷。

2007 年武城县农村土地利用现状一级分类面积统计表

表 13-3　　　　单位：公顷

行政区域	总面积	耕地	园地	林地	草地	城镇村及工矿用地	交通运输用地	水域及水利设施用地	其他土地
全县	75084.39	49555.33	120.14	2544.75	1463.75	10884.21	2870.3	6089.01	1556.9
广运街道	5044.66	2388.56	24.6	211.81	84.2	1786.86	209.69	257.46	81.48
滕庄镇	12925.06	8207.94	13.85	446.72	208.8	1516.96	603.05	1585.09	342.65
鲁权屯镇	9289.09	6084.14	24.34	180.86	145.33	1257.17	369.07	859.09	369.09
郝王庄镇	9686.01	6133.95	18.43	439.74	248.36	1161.96	360.19	902.47	420.91
武城镇	14500.4	10052.64	22.01	763.34	276.69	1615.40	543.67	964.47	262.18
老城镇	5630.22	3845.04	11.36	69.99	91.82	1141.89	185.55	275.19	9.38
甲马营乡	7395.39	5200.47	2.26	187.77	143.74	972.2	273.61	573.33	42.01
杨庄乡	3930.8	2689.66	2.62	61.95	138.29	620.26	116.97	297.62	3.43
李家户乡	6682.76	4952.93	0.67	182.57	126.52	811.51	208.5	374.29	25.77

城镇土地利用调查 2006年，第一次对城区和建制镇驻地地籍进行调查。结果显示：县城区及建制镇总面积1538.58公顷。其中，耕地315.89公顷，园地5.16公顷，林地9.06公顷，商业服务用地80.39公顷，工矿仓储用地326.19公顷，住宅用地250.9公顷，公共管理与公共服务用地117.52公顷，特殊用地12.79公顷，水域及水利设施用地55.72公顷，其他用地110.28公顷。

第三节 土地规划

1996年2月，县政府成立土地利用总体规划领导小组，以1995年末土地利用现状调查数据为基础资料，以2010年为规划目标年，规划期为1996—2010年。基本任务是对县乡土地资源在各部门之间的合理分配，以及对土地进行开发、利用、整治、保护做出总体安排，包括划定基本农田保护区、规划各项建设用地、制订土地复垦开发规划和农田保护措施等。1998年10月，县乡（镇）两级全部完成土地规划工作。1999年1月，省土地管理局组织有关单位组成鉴定委员会，对全县及各乡镇土地利用总体规划成果进行鉴定，验收合格，组织实施。2009年6月，省市部署县乡土地利用总体规划修编工作。至2010年4月，全面完成武城县县乡土地利用总体规划。省政府于2010年5月批复《武城县土地利用总体规划（2006—2020）》。到2020年，全县耕地保有量不少于49986.64公顷，其中基本农田保护面积不少于41280.02公顷；广运街道耕地保有量不少于1866.9公顷，其中基本农田保护面积不少于634.5公顷；武城镇耕地保有量不少于10809.1公顷，其中基本农田保护面积不少于8263.32公顷。2010年7月，市政府批复《武城县鲁权屯镇甲马营乡等6乡镇土地利用总体规划》。

第四节 建设用地

用地计划管理

1988年起，每年建设用地指标与土地复垦指标由地区行署下达到县，再由县分解下达到各乡镇。2004年后，省、市、县农用地转用计划大幅度削减，土地供需矛盾突出。后因省政府下达部分折抵指标，县域建设用地供需矛盾缓解，基本可满足县域经济建设和社会发展对土地的需求。2013年，根据《山东省土地管理条例》规定，武城县成立土地储备交易中心，县国土局依据年度县城土地出让计划和省、市下达的用地计划指标，及时对县城规划区范围内的部分国有农用地和存量土地实行转用、征用和收储，作为政府储备用地。

用地审批制度

1986年，根据《中华人民共和国土地管理法》规定，征用耕地0.2公顷（3亩）以下，其他土地0.67公顷（10亩）以下由县政府批准，超此标准则需分别报市或省批准。1999年，新修订的《中华人民共和国土地管理法》实施，规定建设项目涉及占用农用地的，必须办理农用地转用手续；征用集体土地以及农用地转用的审批权限只能是国务院以及省政府，市、县政府不得批准征用集体土地以及农用地转用手续。供地方式由以前拨用、无偿划拨逐步向有条件的无偿划拨以及有偿使用的方式转变。自1998年起，对工业企业逐步开展有偿使用土地的供地方式，以收取年租金的转权承租以及协议出让方式为部分国有企业和私营企业提供土地。同时根据国家有关规定，严格限制土地划拨的条件和要求。凡不符合土地管理法等法律、法规规定的划拨项目，均采取有偿使用方式供地。在有偿使用方式上，经营性用地由协议方式出让供地逐步过渡到全面上市公开交易，实行招标、拍卖、挂牌出让供地。

初始土地定级估价和地价管理

1988 年后，土地市场体系逐步形成。2001 年 4 月，根据国务院土地管理局《关于改革土地估价结果确认和土地资产处置审批办法的通知》，在基准地价评估工作基础上，县国土资源局代表县政府行使地价管理职能，建立完善地价管理制度：建立基准地价定期更新与公布制度、地价信息查询制度、地价集体会审决策制度，城镇基准地价每三年调整更新一次，由县政府公布实施。协议出让土地价格的确定，必须坚持土地行政主管部门内部会审，集体决策，加强交易地价的管理。土地交易成交价格要向社会公布，并提供公开查询业务；建立土地估价人员资格认证制度，只有取得土地估价师资格证书的人员，才具有独立从事估价资格；建立土地估价机构资质备案制度；建立土地估价报告和业绩清单备案制度，对有资质的评估机构进行的宗地地价评估结果、报告和业绩清单进行备案，对企业改制所涉及土地资产评估进行初审并备案；建立土地估价机构定期查验制度，重点检查土地估价机构的业绩、报告质量、有无违规行为等。2004 年 2 月，全县完成城区土地级别划定和基准地价测定工作，公布基准地价的基准期日为 2002 年 1 月 1 日，范围为县城建成区，东至赵庄沟，西至黄花园村东，北至六六河，南至南环路。土地使用权年限为法定最高出让年限，商业用地 40 年，住宅用地 70 年，工业用地 50 年，其他用地 50 年。

2004 年武城县城区土地级别基准地价统计表

表 13-4

土地级别	商业用地		住宅用地		工业用地	
	元 / 平方米	万元 / 亩	元 / 平方米	万元 / 亩	元 / 平方米	万元 / 亩
一级	487	32.47	202	13.47	185	12.33
二级	306	20.4	165	11	147	9.8
三级	138	9.2	129	8.6	118	7.87

2007 年 11 月，对基准地价进行更新调整，更新范围：城区近期土地利用总体规划所确定的建设用地范围的所有土地，东至赵庄沟、南至南环路、西至西环路外（含山东古贝春有限公司）、北至六六河，面积 20.41 平方千米。

2007 年武城县各类用地土地级别基准地价表

表 13-5

土地级别	商业用地		住宅用地		工业用地	
	元 / 平方米	万元 / 亩	元 / 平方米	万元 / 亩	元 / 平方米	万元 / 亩
一级	1086	72.4	832	55.5	271	18.1
二级	813	54.2	643	42.9	213	14.2
三级	641	42.7	517	34.5	145	9.7
四级	512	34.1	415	27.7	—	—

2011年3月，组织完成新一轮县城区及老城镇、鲁权屯镇建成区土地级别调整和基准地价更新，并公布实施。调整范围是东至德商路东1000米，南至南环路，西至西环路（含古贝春集团有限公司），北至六六河，总面积31平方千米。鲁权屯镇的范围是鲁权屯镇驻地现建成区，面积9.71平方千米。老城镇的范围是镇驻地现建成区，面积2.67平方千米。

2011年武城县城区土地级别基准地价表

表13-6

土地级别	商业用地		住宅用地		工业用地	
	元／平方米	万元／亩	元／平方米	万元／亩	元／平方米	万元／亩
一级	1086	72.4	832	55.5	271	18.1
二级	813	54.2	643	42.9	213	14.2
三级	641	42.7	517	34.5	145	9.7
四级	512	34.1	415	27.7	—	—

2011年武城县两级建制镇驻地土地级别基准地价表

表13-7

镇名称	土地级别	商业用地		住宅用地		工业用地	
		元／平方米	万元／亩	元／平方米	元／平方米	万元／亩	元／平方米
鲁权屯镇	一级	226	15.07	198	226	15.07	198
	二级	170	11.33	156	170	11.33	156
老城镇	一级	356	23.73	318	356	23.73	318
	二级	270	18	246	270	18	246

2013年，组织完成新一轮城区及建制镇土地级别调整和基准地价更新，并公布实施。本次城区土地级别、基准地价调整的范围是东至孙河沟村至前屯村，南至南环路南，西至曲庄村，北至六六河北700米至省道254线交会处，总面积46.01平方千米。老城镇范围是镇驻地现建成区，面积8.47平方千米。鲁权屯镇范围是镇驻地现建成区，面积16.97平方千米。甲马营镇范围是镇驻地现建成区，面积4.92平方千米。四女寺镇范围是镇驻地现建成区，面积4.61平方千米。郝王庄镇范围是镇驻地现建成区，面积2.37平方千米。李家户镇范围是镇驻地现建成区，面积4.22平方千米。

2013年武城县城区土地级别与基准地价表

表13-8

土地级别	商业用地		住宅用地		工业用地	
	元／平方米	万元／亩	元／平方米	万元／亩	元／平方米	万元／亩
一级	1250	83.33	963	64.2	285	19

续表 13-8

土地级别	商业用地		住宅用地		工业用地	
	元／平方米	万元／亩	元／平方米	万元／亩	元／平方米	万元／亩
二级	930	62	753	50.2	223	14.87
三级	735	49	592	39.47	155	10.33
四级	585	39	476	31.73	—	—

2013 年武城县两级建制镇驻地土地级别基准地价表

表 13-9

镇名称	级别	商业用地		住宅用地		工业用地	
		元／平方米	万元／亩	元／平方米	万元／亩	元／平方米	万元／亩
老城镇	一级	395	26.33	340	22.67	138	9.2
	二级	300	20	265	17.67	130	8.67
鲁权屯镇	一级	364	24.27	215	14.33	136	9.07
	二级	295	19.67	180	12.00	128	8.53
甲马营镇	一级	323	21.53	208	13.87	134	8.93
	二级	249	16.6	175	11.67	127	8.47
郝王庄镇	一级	303	20.2	190	12.67	132	8.8
	二级	234	15.6	170	11.33	125	8.33
四女寺镇	一级	305	20.33	185	12.33	130	8.67
	二级	227	15.13	160	10.67	126	8.4
李家户镇	一级	294	19.6	180	12	130	8.67
	二级	218	14.53	160	10.67	124	8.27

第五节　耕地保护　土地整理

耕地保护

1989 年，全县耕地总量 4.97 万公顷。2003 年，按照省、市下达的基本农田保护总量，对基本农田保护区的定位、定量，确定具体的保护地块，做到尽可能集中连片，进行实地划界定桩、图上标定编号、四至等。全县共划定基本农田保护区 9 个，保护片 17 个，保护块 393 个，基本农田保护面积划定为 4.13 万公顷，其中耕地 4.1 万公顷。制作大型永久性钢结构保护标志牌，埋设在基本农田保护区，做到“面积、位置、标志、档案、责任”五落实，确保全县 4.01 万公顷基本农田的长期稳定。

土地整理

2003 年 11 月，全县开展土地开发整理与复垦工作。2006 年，县政府加大土地开发整理力度，注重土地资源内部挖潜，增加农用地特别是耕地面积，提高耕地质量。截至 2013 年底，全县共承担省级以上土地整理项目 5 个，争取国家和省级无偿资金 1.47 亿元。项目区内完成土地平整 1.09 万公顷。打深、浅机井 950 眼，修机井房750座。修建农桥70座，埋设PVC管道260.5千米，植树17万株，架设电力线路151.02千米。全县土地开发整理总面积1313公顷，新增农用地1260公顷。

第六节　矿产资源管理

1986年，矿产资源管理权由县计划委员会负责。2002年6月，划归县国土资源局。全县矿产资源主要有砖瓦黏土和地热。砖瓦黏土在境内广泛分布，质量较好的集中在老城镇和甲马营镇。其次是地热资源，地热资源埋藏在地下1300～1800米之间，平均温度在60℃～65℃，2004年开始对其开发利用。2006年，县国土资源部门对全县矿产资源开发企业进行全面核查和登记，当年办理采矿许可证的企业23个。截至2013年底，每年对采矿企业进行年度检查，主要检查采矿权设置、依法开采、依法收缴矿产资源补偿费情况，对不符合规定和非法开采企业及时督促整改。

第七节　土地监察

1988年11月，县政府根据《中华人民共和国土地管理法》，对全县违反土地管理情况进行检查。至1989年4月，查处违反土地管理法案件39件，违法占地面积33.73公顷。1993年2月，武城县土地监察大队成立，负责辖区内土地巡查，对土地违法案件进行立案、查处。当年查处非法买卖土地案件1宗和侵犯土地使用权案件2宗，化解各类涉地纠纷3宗。1995年，在全县范围内开展侵占土地案件清查，共查处各类侵占、破坏耕地案件6宗，化解宅基地纠纷1宗，全部依法进行处理。1996年，开展土地管理秩序整顿，重点查处非法转让、买卖土地使用权。至1997年，查处各类非法土地交易案件18起。2005年11月，对全县乡镇国土所实行“人、财、物”垂直管理，乡镇国土所成为县国土资源局的派出机构，承担乡镇辖区内土地监察职能，对辖区内基本农田保护区、公路沿线、城乡接合部、镇街驻地等重点区域进行检查，发现违法行为及时处理。2007年，全县开展土地执法“百日行动”，对2005年1月1日后“以租代征”、违反土地利用总体规划扩大工业用地规模、未批先用等三类土地违规违法行为进行重点整治，整改各类问题16件，补办完善企业用地手续9宗。2008年10月，开展土地违法违规问题专项整治行动，整改违法案件17宗，拆除占用基本农田和不符合规划的违法项目6宗。2009年，开展卫片执法监察，实施动态巡查制度，分片包干，责任到人，建立健全“早发现、早报告、早制止、早查处”的执法工作机制，提报县政府下发《武城县土地卫片执法监督检查工作整改方案》和《武城县委县政府关于加强土地管理制止乱占耕地的紧急通知》，明确乡镇街主要领导是辖区内违法违规用地整改和土地管理工作第一责任人，所有建设项目必须经县政府同意方可建设。截至2013年底，全县累计查处违法占地案件112宗，处理各类土地信访案件316件。

第六章　物价管理

第一节　价格管理

1986年，全县执行国家制定的“放调结合、以放为主”的价格政策，除有关国计民生的重要商品价格及部分经营性收费实行政府定价和政府指导价外，其他商品价格逐步放开，由市场调节。同年7月，放宽工业生产资料的定价权和小企业生产的工业生产资料价格，地区管价的78种工业品（其中包括26种医药品）下放给县物价局管理，扩大工业品实行浮动价格的范围，允许季节差价、批量作价、优质优价。部分原材料、燃料、建筑材料等基础工业产品实行“双轨制”价格。8月7日，恢复执行1983年针棉织品调价地的全国统一规定的定价方法，并以此价格为基础，上下浮动10%。9月21日，将电冰箱、洗衣机、收录机、黑白电视机4种商品的价格放开。1988年5月16日，调整猪肉等4种主要副食品的销售价格。同年7月，放开名酒、名烟价格，同时提高部分高中档卷烟和粮食白酒价格。1989年，全县市场零售商品中，国家定价的比重降到31.2%，国家指导价商品占21.5%，放开价格的商品占47.3%。随着市场的日益活跃，经济增长过热，物价出现大幅上涨。同年，实行“调、放、管”相结合的价格改革，遏制物价大幅上涨的势头。至1990年，完成7%的物价控制目标。

1991年5月，国营商业经营的服装价格全部放开。同年9月10日，地区管理的10种（类）商品价格由县级管理，放开地区管理的167种（类）商品价格，实行市场调节价。9月23日，放开第二批共67种商品价格。12月10日，各国营、集体经营企业及个体零售商户经营的各等级卷烟零售价格全部放开，由经营者自行确定零售价格，并严格执行明码标价。1992年3月5日，放开花布、呢绒、毛线、胶鞋4种产品厂销价格，实行市场调节。同年6月，红麻、机电设备等121种（类）商品价格放开，实行市场调节。7月，提高煤炭、天然气价格和铁路货运价格。7月20日，全面放开机械基础件价格。1993年7月，避孕药（具）、生物制品、生化药品、兽用药品价格除国家物价局和有关部门管理的品种，其他品种价格一律放开。1995年，全县物价上涨幅度为10.5%，低于国务院和省政府确定的物价上涨幅度控制在15%左右的目标。1999年，全县物价运行态势平稳，居民消费价格指数为95.8，与上年相比，回落0.9个百分点；商品零售价格指数94.8，回落3.4个百分点。

2000年，开始实行政府定价药品招标采购中价格备案制度，完善药品明码标价制度和药品价格监测报告制度。2005年，建立完善市场价格监测紧急上报制度，划定规范15个价格监测点。2007年4月，实行涉农价格和收费公示制度，对公安、税务、工商、林业、电业、民政、国土资源、通信、农机和教育、医疗系统37项收费项目和收费标准进行公示。2008年，对全县房地产价格、小区物业费进行规范。同年11月，对冬季取暖费实施价格干预措施。12月，成品粮及粮食制品、食用植物油、猪肉和牛羊肉及其制品、乳品、鸡蛋等食品类商品，由经营者自主定价。2009年

图 13-6 价格监管（2013 年 摄）

9 月，武城县特色农产品干辣椒被省物价局定为特色农产品成本调查项目。2010 年 11 月，对全县建筑用砖出厂价格实行最高限价。2012 年 4 月和 5 月，2013 年 9 月，三次召开民用天然气价格听证会，对民用天然气价格调整征求意见。截至 2013 年底，全县物价总体水平呈现上涨趋势，居民消费价格指数比上年上涨 1.8%。商品零售价格指数上涨 0.6%，农业生产资料价格指数下降 2.4%。

第二节　商品价格

农副产品价格

1986 年，全县小麦、玉米实行合同定购，超购加价办法改按“倒三七”比例作价，即按统购作价的占 30%，按超购加价的占 70%。销售价格由购销倒挂改为购销同价，合同订购以外的粮食实行市场调节。食用油和肉、蛋、菜等副食品价格全部放开。1987 年 11 月，全县生猪收购限价为每千克 2.5 元。活猪调拨价，在收购限价基础上，调县肉联厂加 8%，为活猪进厂最高限价。1988 年 2 月，加强对香蕉、橘子、苹果、梨的价格管理。水果经营单位和个体经营者实行明码标价。1989 年 10 月，调整棉花收购价格，从 1990 年新棉花上市起，标准级皮辊棉（三级 27 毫米）收购价格由现行每 50 千克 236.42 元提高到 300 元，提价幅度为 26.89%。1995 年 6 月，规定本年度订购小麦的收购价格为每千克 1.08 元。1997 年小麦订购价格按冬花麦三等每千克 1.52 元执行。1998 年，玉米（中等质量标准）每 50 千克 61 元，保护价为每 50 千克 54 元。1999 年 4 月 1 日，确定 1999 年棉花收购指导性价格为标准皮辊棉每 50 千克 500 元。同年底，国务院决定放开棉花市场。2001 年 6 月，小麦收购保护价格执行全省统一价，每 50 千克 57 元。2002 年为每 50 千克 55 元。随着物价上涨，每年粮食收购保护价格均在提高。截至 2013 年底，小麦最低保护价涨到每 50 千克 118 元。

工业品价格

1986 年 5 月 15 日，调整石棉制品、玻璃、油毡、石棉瓦、卫生陶瓷、水泥、沥青等 7 个品种的进货费用标准。同年 4 月 9 日，核定县塑料厂生产的微膜（厚 0.006～0.009 毫米，折径不限）出厂价为每吨 8786 元，全区统一零售价格为每吨 9840 元。10 月 6 日，小化肥实行专营，碳酸氢铵（含氮量≥ 17.1%，编织袋包装）综合零售价为每吨 315 元。1989 年 11 月，食盐每千克 0.48～0.52 元。1991 年 1 月 21 日，全县规定块煤、中煤（煤泥）零售价格在 1966 年价格基础上每吨加 23 元和 14 元。1993 年，国家放开煤炭价格，由企业根据市场供求自主确定。1993 年前，钢材是计划内外双轨制价格体制，1996年，钢材价格全部放开。

电、天然气、取暖价格

1992年3月，德州地区物价局、电业局制定农村分类电价最高限价，全县居民照明用电0.32元/千瓦时，非、普工业用电0.41元/千瓦时，农业生产用电0.36元/千瓦时。1993年12月10日，修订农村照明电价最高限价，为0.55元/千瓦时。1996年4月，国家计委、电力部提高居民生活电价，山东省居民生活用电价格0.73元/千瓦时。1996年12月，居民照明用电0.66元/千瓦时，非、普工业用电0.80元/千瓦时，农业生产用电0.78元/千瓦时。2001年9月23日，农村照明用电到户价格为0.66元/千瓦时，非居民照明用电到户价格为0.82元/千瓦时，非、普工业用电和生产用电到户价格为0.76元/千瓦时，工业用电到户价格为0.67元/千瓦时。2002年11月，居民结算电价为0.3084元/千瓦时。随着原煤价格变动和物价波动，全县用电价格不断发生变化。2012年，全县工业用电实行阶梯电价，鼓励企业错峰生产，工业用电均价0.8元/千瓦时，居民照明用电0.55元/千瓦时。2013年，工业用电均价0.766元/千瓦时，居民照明用电0.56元/千瓦时。

2005年，引进管道天然气，供应居民生活用气价格为2元/立方米。2012年5月，调整为2.35元/立方米。截至2013年底，居民生活用气价格未变。

2010年，冬季城区集中供热价实行最高限价，地源供暖最高限价为15.5元/平方米，燃煤供暖最高限价为22.5元/平方米，供暖期与上年度相同，供热温度不得低于18℃。截至2013年底，冬季城区集中供热价格仍执行此标准。

第三节 收费管理

行政事业性收费管理

1986年，行政部门的事业性收费由县物价部门通过收费许可证、收费员证、收费年审等方式进行管理。1987年10月，对违反收费标准乱收费、乱涨价的非商品收费进行检查清理。1989年8月，规定全县中小学执行全省统一收费项目和收费标准。1990年8月，开展收费许可证审验。1993年7月，调整全县幼儿园、托儿所、学前班收费标准。1999年8月，规定武城二中1999年计划外学生培养费每生每学年最高不得超过3000元。2002年4月，规定全县夏季学生装最高价格在省物价局最高价格的基础上下浮10%执行。2003年3月，取消98项行政事业性收费项目，并及时办理收费许可证的注销或变更。2006年，对全县行政事业单位和经营性单位进行年度审验，换发新版收费许可证176个。2008年，对各单位的收费项目、收费标准、收费依据进行审查。对全县各收费单位的346名执收人员进行培训考核，合格率100%。对76个行政事业性及经营性收费单位进行年度审验，完成年审收缴额22万元。同年5月，换发收费许可证，对收费项目、收费标准、收费期限、收费依据等进行复核和彻底清理，对审查出的问题予以变更或注销，换发新证169个。2010年，取消74项行政事业性收费项目。2011年2月1日起，取消涉及企业的行政事业性收费。2013年8月1日，全县14个部门18项收费标准降低，取消314项行政事业性收费。

经营性收费管理

1997年1月，对经营性收费实行收费许可证制度。2000年5月，全县实行企业交费登记卡制度。各收费单位向企业实施收费，必须出示物价部门颁发的收费许可证、收费员证，并如实填写企业交费登记卡。2001年10月，在全市率先发放保护三农运输车辆特别通行证5000份。2002年3月，规定收费单位向房地产开发企业收费，必须出示由物价部门颁发的收费许可证、收费员证，填写收费登记簿。同年，21项收费项目取消或降低标准。

第四节　价格评估

1992年，全县开展涉案资产价值认证。1994年，武城县价值认定中心成立，为德州地区第一家独立设置的价值认证机构。1999年6月，开展道路交通事故车辆物品损失价值认定。是年，办理各类价格评估及价值认定65起，认定金额500万元。2001年，县物价局交通事故车辆物品损失认证办公室成立，设在县交警大队事故科，当年办理价值认定案件120多件，认定标的额800万元。截至2013年底，累计办理价值认定案件680余起，认定标的金额4.34亿元。

第五节　监督检查

1986年，对全县经营的375种商品进行经常性检查，查处各类违纪案件26件，没收非法收入3.7万元。1987年，主要对化肥、柴油、农药等重要生产资料价格进行专项检查，重点是计划内价格执行情况，严厉查处将计划内产品转计划外高价销售或倒买倒卖的价格违法行为。同年，与工商、财政、税务等部门开展财政、税务、物价大检查，查处违价金额24.3万元。至1994年，针对有关国计民生的物价每年均开展专项大检查。1994年后，绝大部分商品价格放开，物价部门价格检查的重点转向督促经销商开展明码标价，防止价格欺诈，以及仍未放开的棉花收购价格执行情况和行政事业性收费标准执行情况，当年查出非法所得金额213.9万元，经济制裁总金额30.6万元。1999年，棉花价格放开，县域内已无国家指令性定价商品，所有商品的价格均由市场确定。物价部门监督检查的重点转向教育收费、农村电价、医药卫生、垄断行业价格执行以及涉及国计民生的生产、生活资料的价格稳定等。截至2013年底，全县累计开展各项大型价格检查68次，查出违价金额756.71万元，收缴违反价格金额及罚款216.07万元。

第七章　质量技术监督

第一节　标准化管理

组织机构代码

1993年，全县开始组织机构代码证书的申报、发证、年审。1996年，配合全国基本单位普查，完成全县包括村级单位在内的代码发放。发放代码证书500余份。截至2013年底，累计为2015个组织机构颁发代码证书。其中，工商企业单位占73%，行政单位占3%，事业单位占4%，个体工商户占19%，其他单位占1%。

标准化生产和产品标准化登记

2000年，在20余家企业推行ISO9000系列标准认证，培训技术人员40名。2001年7月，通过省质量技术监督局组织的消灭无标准生产工作的验收。此后，全县标准化生产和产品标准化登记工作步入正轨。截至2013年底，全县有银河纺织有限公司、水星橡塑集团、龙祥橡塑有限公司、德州大丰玻璃钢制品有限公司等18家企业的18个产品采用国际标准。德州市新博空调设备有限公司、滕翔集团、德州汇特环保科技有限公司等48家企业执行企业标准。41家企业开展ISO9000质量管理体系认证。

第二节　计量管理

1986年7月，全县推行法定计量单位，进行计量器具改制。当年，126家商店改用米尺，236家企业的地、台案秤和木杆秤改为千克秤，86%的个体户用上千克秤。1990年，贸易结算用秤、压力表、液体量杯、血压计等计量器具改制完成，全县广播电视、公文报表、讲义教材、商用装潢、票证等全部使用法定计量单位。1991年，对全县强检范围内的计量器具进行摸底调查，登记计量器具110类，1500余台件。至2011年底，建立计量标准11项，可开展天平类、砝码类、秤类、压力表、血压计、燃油加油机、电磁学计量7大类22种计量器具的检定工作和零售商品、定量包装商品的计量检测工作。2013年，计量检定测试所建立社会公用计量标准18项，拥有70多台套计量标准器具，可开展压力表、血压计、F2等级毫克组砝码、F2等级克组砝码、F2等级千克组砝码、加油机、电子天平、衡器、酸度计、液态物料定量灌装机、常用玻璃量器、医用超声诊断仪超声源、水表、心电图机、分光光度计、环境试验设备温湿度的检定测试工作，每年检定计量器具2000余台套。截至2013年底，全县取得计量保证确认（省级）企业3家，取得计量合格确认（市级）企业3家，取得“C”标志企业1家。

第三节　质量监督　质量认证

质量监督检验

1986年，县标准计量局负责企业的证后监管、年度审查、现场审核。1989年9月，县产品质量监督检验所成立。1992年，开始对食品、建材、化工等产品进行监督检验，随后又增加橡胶密封条、微生物、玻璃钢等检验项目。2001年12月，古贝春集团总公司、贝州酒业有限公司等成为全县首批获工业产品生产许可证的企业。是年，全县有34家企业获得此证。2013年，开展食品类检验256批次，工业类检验308批次。是年，该所通过第6次计量认证和审查验收，检测能力达120种产品的1542个参数。截至2013年底，全县有20家企业、12类产品实行生产许可证管理。

质量认证

1991年5月，全县开展质量认证。1998年12月，古贝春集团总公司的“古贝”牌白酒获山东名牌产品。2002年7月，对大米、小麦粉、食用植物油、酱油、醋等5类食品及其企业实行食品质量安全市场准入制度，对生产条件予以审查。2003年，老城镇三合街面粉厂、滕庄镇面粉厂获食品生产许可证。2004年9月，生产加工环节的食品卫生监督检验划归质监部门。

图13-7 质量体系认证证书（2013年　摄）

2006 年，对 28 类 156 种食品实行市场准入制度。同年 9 月，山东神龙毯业有限公司生产的“龙禧”牌地毯获“中国名牌”产品。2010 年 5 月，古贝春有限公司“古贝”牌白酒，获德州市首届“市长质量奖”。截至 2013 年底，全县有德州亨力防爆电机有限公司、山东齐鲁汽车有限公司、山东水兴博惠汽车部件股份有限公司、武城县鸿明汽车部件有限公司等 13 家企业获得 CCC 认证证书。

第四节　特种设备安全监察

1986 年，全县特种设备安全监察由县劳动局负责，主要承担锅炉、压力容器、电梯、防爆电器等特种设备安全监察监督管理。1993 年 9 月，县政府批准劳动局提出的《强化锅炉、压力容器和起重机械安全监察》报告，加强对锅炉、压力容器和起重机械的安全管理。2001 年，特种设备安全监察工作由县质量技术监督局接管，质量技术监督局成立特种设备安全监察科。同年 9 月，加强锅炉、压力容器、压力管道和特种设备在制造、销售、使用、检修、改造等各个环节的安全监察和监督管理。是年，检查锅炉、压力容器、起重机等各类特种设备 192 台，培训特种设备操作人员 183 人。2010 年，检查各类特种设备 273 台，培训特种设备操作人员 122 人。2013 年，培训司炉工 264 人，起重机械操作人员 322 人，压力容器操作人员 43 人，特种设备安全管理人员 125 人。截至 2013 年底，全县在用锅炉 46 台，压力容器 220 台，电梯 258 台，起重机械 243 台。特种设备操作人员持证上岗率 95%，在用特种设备检验率 100%，消除事故隐患 160 余次，下达安全监察指令书 280 多份。

第八章　食品药品安全监督

第一节　药品质量监督

1986 年，药品质量和药品经营市场的监督管理，由县卫生局药政科承担，药检所负责质量检验。主要对药品经营许可管理，对所经营药品进行定期、不定期，定向或不定向抽检化验。2004 年，全面推进药品供应网络和药品监管网络（简称“两网”）建设。县医药公司对原有经营场所、仓库进行改造，所有药品严格按 GSP（药品经营质量管理规范）要求的储存条件，实行专库、专区、专柜分类存放，并通过国家 GSP 认证；依托 8 处乡镇卫生院代购分发部，组建乡镇药品配送中心，借鉴药品经营企业 GSP 认证标准，实行标准化、微机化管理；对乡镇卫生院、村卫生室、个体诊所药房进行规范，对医疗机构的从业人员、房屋设施、药品医疗器械的管理、制度做出明确规定，规范药品供应网络终端。在药品监管上，每年对全县 400 多家涉药单位普查两遍，建立诚信档案，实行分类管理，并对城乡接合部、重点环节、重点单位实行全年稽查；严格实行 GSP 认证制度，帮促县医药公司、泰丰连锁药店及单体药店等 40 多家药品经营单位，通过 GSP 认证；聘请县级监督员 30 人，乡镇协管员 27 人，村级信息员 392 人，建立乡镇食品机构，形成覆盖全县的县、乡、村三级监管网络。先后开展药品 GSP 跟踪检查、特殊药品专项检查、终止妊娠药品专项检查、兴奋剂专项整治等20余项。每年药品抽验检品在50批次以上，对发现的假劣药品进行及时查处。截至2013年底，累计出动执法人员2万人次，检查涉药单位5898家次，行政处罚立案2999家次，查处假劣过期失效药品、医疗器械300批次，移送司法机关假药案件5起，追究刑事责任人10余人。全县未发生因药品质量问题引起的药品安全事故。

图13-8 食品安全检查（2013年 摄）

第二节　食品安全监督

1986年，食品经营环节的卫生安全监督管理职能，主要由县卫生防疫站承担，通过对食品、餐饮等经营行业的从业人员实行健康资格审查和经营许可进行管理。工商行政管理部门根据卫生防疫部门开出的健康证和许可证核发营业执照，负责食品流通环节的监管。质量技术监督部门对食品生产环节的质量安全，通过生产环境和质量标准进行监督管理。农业行政管理部门通过对农业投入品的管控，监管种植、养殖环节的安全。各部门各司其职，各负其责。2006年6月，建立县、乡、村三级监管网络。各乡镇分别成立食品药品安全协管站，有组织、有专人、有职责、有办公场所，聘任食品药品安全“三员”448人。2008年，聘请418名食品药品安全协管员、信息员，组织开展食品安全专项整治、奶制品专项整治。利用“3·15”消费者权益日等重要节日，开展大型公益宣传活动，在劳动节、中秋节、国庆节、春节前后，开展食品安全专项检查。截至2013年底，食品各环节出动执法人员3.14万人次，检查食品经营业户2.09万家次，行政处罚立案1123家次，收到投诉举报150起，移送司法机关8起。

第九章　安全生产监督管理

第一节　安全生产监督

安全生产责任

1986年，全县安全生产监督管理实行“一岗双责”制，县长是全县安全生产工作的第一责任人，对安全生产工作负全面领导责任。县政府领导班子其他成员对分管业务范围内的安全生产工作负直接领导责任，并根据分管行业领域特点建立安全生产专业委员会。县政府安全委员会各成员单位主要负责人，是本单位本行业领域安全生产工作第一责任人，对安全生产工作负全面领导责任，分管安全生产工作的副职负具体领导责任，班子其他成员对分管业务范围内的安全生产工作负直接领导责任。

2009年，制定县政府及其有关部门安全生产监督管理责任的暂行规定。2011年，制定《武城县安全生产工作制度》，规定县委每季度召开一次常委（扩大）会议，听取安全生产工作情况汇报，及时研究解决影响社会稳定的重大安全问题；县政府每季度召开一次专题会议，听取安全生产工作情况汇报，及时研究解决影响社会稳定的重大安全问题；明确各部门职责抓好各自行业领域内的安全生产工作。

安全生产目标管理

1992年，推行安全生产目标管理，规定年内发生“两起死亡1人以上或重伤3人以上事故的；两起以上一次性直接经济损失超过5万元，且情节严重，使生产受到重大伤害的；一次死亡3人以上或损失10万元以上重大事故”之一的乡镇、部门和单位，年终评优一票否决，并予以处罚。1998年，县政府制定《武城县安全生产责任目标考核办法》。进入21世纪，全县按1998年制定的《武城县安全生产责任目标考核办法》执行。2013年，对全县9个镇街、开发区及其辖区内企业进行责任目标考核，表彰先进单位26个，先进个人34名，先进企业8家。

安全生产检查制度

2000年起，对安全生产实行定期检查制度。即企业一周一查、乡镇和部门一月一查、政府一季一查；每年春、夏、秋、冬和劳动节、国庆节、春节期间集中进行安全大检查。对查出的事故隐患限期整改，跟踪调度，销号管理。2008年4—12月，在全县工业企业、危险化学品、电力、烟花爆竹生产经营、非煤矿山、道路交通、消防、城镇燃气、建筑施工、商业企业、特种设备、食品及饮用水、通信及互联网、桥涵和防汛、学校和幼儿园、医院和医疗系统等16个重点领域，开展安全生产隐患排查和治理活动。2013年，县安监局对一诺化工、日新复合材料公司、滕翔玻璃钢集团树脂车间、派森公司等7家危险化学品生产企业实行重点安全监控，明确责任，落实措施，制定应急救援预案。截至2013年底，全县查处事故隐患700余处，全部落实整改措施。

专项安全检查和整治

2000年起，对化学物品、爆炸器材、烟花爆竹、燃气、锅炉、压力容器等危险物品及非煤矿山、道路交通、建筑工地、公众聚集场所等进行专项检查和整治，对查出的事故隐患，督促有关单位和个人限期进行整改。2003年5月，开展造纸企业安全生产专项检查。2004年8月，开展安全生产专项检查，检查范围包括：县属工业、商办工业、民营企业，道路交通，易燃易爆、危险物品，公众聚集场所，建筑施工等。同年11月，在全县开展“百日安全集中整治”活动，重点整治道路交通、消防、烟花爆竹、危险化学品等重点领域的事故隐患。同年底，县公安局、交通局对全县行驶车辆集中进行整治，查处“三无”车496辆。县公安局集中开展民用爆炸物品专项整治，收缴非法经营烟花爆竹3万余头。每年的棉花收购加工季节（9—12月），开展棉花加工企业防火安全专项检查。每年麦收季节，开展麦收防火工作部署和专项检查。

安全责任事故处理

2004年10月，为应对可能发生的重特大安全生产事故，及时采取有效措施，迅速、高效、有序地组织开展事故抢险救援工作，最大限度地减少人员、财产损失，维护生产生活秩序，县政府制订《武城县重特大安全生产事故应急救援预案》。2006年8月，武城县康达化工有限公司甲氧基乙酸车间发生二氧化氮中毒和窒息事故，造成4人死亡，4人受伤，直接经济损失约120万元。2009年1月，德州合力化工有限公司乙腈装置固定床反应器发生爆炸，事故造成5人死亡，1人重伤，8人轻伤，直接经济损失160万元。2013年6月，山东丰裕食用菌有限公司菌种储藏间发生火灾事故，未造成人员伤亡，直接经济损失10万元。同年11月，山东齐泰实业集团股份有限公司发生钢材坠落事故，造成1人死亡，直接经济损失70万元。是年，全县工矿商贸领域发生生产安全事故6起，其中火灾事故5起，物体打击事故1起。全年事故共造成1人死亡。

第二节　安全生产教育培训

1990年，国家确定每年5月第2周为安全生产周，开展安全宣传教育活动。2002年，国家将安全生产周改为安全生产月，并将此次活动主题定为"安全责任重于泰山"。此后，每年6月为全国安全生产月，2011年6月，举办以"安全责任、重在落实"为主题的"古贝春杯"安全生产知识竞赛，12个代表队72名选手参赛。2013年6月是全国第十二个安全生产月，全县发放《武城县市民应急手册》《消防知识手册》《道路交通安全手册》等安全生产宣传资料2000余份，悬挂条幅230余幅，生产标语78条，发送安全寄语8500余条。开展安全教育书画评选活动，选取优秀字画作品12件，其中书法作品10件，绘画作品2件。

自2011年始，县安监局每年举办电焊工培训班2期。至2013年，共举办培训班6期，其中初次培训电焊工2365人，复审人员237人，有595名特种作业人员考核合格，取得山东省特种作业上网操作证。2013年，对5家砖瓦窑厂25名非煤矿山企业厂长（经理）、安全管理人员进行安全技术和管理知识培训。2011—2013年，每年开展一般行业主要负责人和安全管理人员培训，累计培训人员767人。

图13-9 安全宣传（2005年 摄）

第三节　安全监察

职业卫生监管

2012年，部分职业卫生监管职能划入安监局，在安监局设立职业卫生监督管理科室。同年，县财政拨付17.8万元用于购置执法装备，其中6.7万元用于职业卫生专项执法装备。是年，将职业病防治评估工作纳入全县科学发展综合考评，严格实行职业病危害事故"一票否决"，对发生急性职业病危害事故的坚决取消评先树优资格。通过走访企业，现场办公，定点检查等方式，全面推进职业病防治评估工作。至2013年，走访企业20次，现场办公30次，每家企业每年检查3次，未发生职业病危害事故。

职业卫生宣传

从2002年起，每年4月最后一周为《中华人民共和国职业病防治法》宣传周。2013年，县财政拨付11万元，用于在安全生产月期间的专项宣传。同年，宣传周活动期间，举办现场咨询1次，接受咨询300余人次，通过广播电视等媒体报道3次，深入20余家企业开展《职业病防治法》的宣传，覆盖工人2万余人，发放宣传资料2000余份。

职业危害治理

自2009年起，对全县重点生产经营单位进行全面排查，督促用人单位按照法律法规要求，做好职业危害项目百日申报工作，全县135家企业完成申报。2012年，先后组织开展职业危害治理专项行动、职业卫生专项执法检查等活动。在纺织、玻璃钢制品、机械铸造、化工医药等重点行业领域32家企业中开展职业病危害因素检测和现状评价治理专项行动，分3批次召开专题会议，推动职业卫生百日专项行动，有24家企业签订意向协议，其中18家企业完成检测。截至2013年底，检查企业343家次，下达执法文书67份，整改隐患231处。

第十四编

中共地方组织

1986—2013年，武城县先后召开了7次党员代表大会。历届中共武城县委坚持以改革开放为主线，以经济建设为中心，根据不同历史时期的发展任务，积极推进思想解放，调整完善发展战略，树立“工业立县、工业强县”发展理念，深化企业改革，大力发展民营经济，先后培育起新材料（玻璃钢）、汽车及汽车零部件、食品及农产品深加工等特色产业，先后荣获“第一个玻璃钢县”“中国汽车零部件产业城”“中国民族毯业城”“中国辣椒之乡”“中国食用菌之乡”等20多项国家级荣誉称号。

1986年，全县有基层党委21个，党支部706个，历届县委狠抓党的组织建设、党员队伍建设和党风廉政建设，深入开展“三个代表”重要思想、科学发展观、党风党纪等教育实践活动，党组织的凝聚力、号召力、战斗力显著增强，截至2013年底，全县有基层党（工）委20个，基层党组织867个。在县委的领导下，宣传、统战、政法、信访等各项工作全面提升，成功创建省级文明城市，“四德”工程建设在全省推广；开展平安武城创建，实施平安武城“天网”工程，被省委、省政府评为“平安山东建设先进县”。在政治、经济、文化、社会等各个领域，党组织的战斗堡垒和领导核心作用得到充分发挥，全县国民经济快速发展，综合实力显著增强，城乡一体化建设加速推进，人民生活水平显著提升，社会各项事业都取得丰硕成果。

第一章　党员代表大会

第一节　代表选举

根据《中国共产党章程》规定和全县党员数量，县委确定党代表总名额，并将名额分配到各选举单位。各选举单位党组织采取自下而上、自上而下的方法，酝酿出多于应选代表25%的候选人名单，然后对初选名单进行考察，确定代表候选人预备人选，填写“代表候选人预备人选登记表”，报县委组织部审查。审查后，由选举单位召开党员大会，对党代表候选人预备人选进行充分酝酿，以无记名投票的方法差额选举产生党员代表。党代表较集中的县委领导机关的部分代表，分派到各选举单位参加选举。

第二节　代表构成

全县党代表构成比例是指导性而不是指令性的。根据选举单位的实际情况，对代表构成比例提出不同的要求。坚持实事求是、从实际出发，既保证有一定数量的领导干部代表，又有一定数量的生产、工作一线的先进模范人物代表。重点考虑领导干部、专业技术人员、先进模范人物及妇女、少数民族代表的比例。1987年7月，出席中共武城县第六次代表大会的代表246人。其中，各级党员领导干部142人，占57.7%；各类专业技术人员50人，占20.3%；各条战线先进人物51人，占20.7%；解放军、武警3人，占1.2%。代表中妇女31人，占12.6%；少数民族4人，占1.6%。2012年1月，出席中共武城县第十二次代表大会的代表245人。其中，各级党员领导干部142人，占57.96%；各类专业技术人员49人，占20%；各条战线先进人物52人，占21.22%；解放军、武警2人，占0.82%；代表中妇女45人，占18.37%；少数民族4人，占1.63%。在代表中妇女的比例逐渐提高，2012年比1987年提高5.8个百分点。

第三节　历次代表大会

中共武城县第五次代表大会

1984年12月15—16日，中共武城县第五次代表大会召开。出席大会代表299名，候补代表29名，代表全县13526名党员。县委、县政府各部门各单位主要负责人列席会议。肖金森代表中共武城县第四届委员会作题为《深入贯彻十二大精神，进一步加强党的领导，全面开创全县社会主义现代化建设的新局面》的工作报告。报告提出，到1987年，力争实现工农业年总产值5.5亿元，其中农业总产值2.78亿元，工业总产值2.72亿元，多种经营总收入2亿元，人均分配500元，总人口控制在33万以内。普及小学教育，大幅度发展中等教育，使全县青年和成年的文化素质提高到一个新的水平。实现党风、社会风气和财政经济状况的根本好转。霍云胜代表中共武城县纪律检查委员会向大会做工作报告。会议经过充分讨论，表决通过了县委、县纪委工作报告的决议。会议选举出中共武城县第五届委员会，委员27人，候补委员4人；选举出中共武城县纪律检查委员会委员11人。

中共武城县第六次代表大会

1987年7月15—17日，中共武城县第六次代表大会召开。出席大会代表246名，代表全县14598名党员。县委、县政府各部门各单位主要负责人列席会议。李宗林代表中共武城县第五届委员会作题为《坚持四项基本原则，坚持改革、开放、搞活，加快全县两个文明建设步伐》的工作报告。报告提出，到1989年，全县工农业产值达到5.2亿元，比1986年增长26%，平均每年递增8%。财政收入达到1161万元，平均每年递增12.6%，总人口不突破33.75万人。霍云胜代表中共武城县纪律检查委员会向大会做工作报告。会议经过充分讨论，表决通过了县委、县纪委工作报告的决议。会议选举出中共武城县第六届委员会，委员28人，候补委员4人；选举出中共武城县纪律检查委员会委员13人。

中共武城县第七次代表大会

1990年3月9—11日，中共武城县第七次代表大会召开。出席大会代表251名，代表全县16309名党员。县委、县政府各部门各单位主要负责人列席会议。刘富春代表中共武城县第六届委员会作题为《团结实干，努力开创全县两个文明建设的新局面》的工作报告。报告提出，到1992年，全县工农业总产值达到10亿元，平均每年递增12.1%；财政收入达到1800万元，平均每年递增5%；农民人均纯收入达到600元，平均每年递增4.4%。霍云胜代表中共武城县纪律检查委员会向大会做工作报告。会议经过充分讨论，表决通过了县委、县纪委工作报告的决议。会议选举出中共武城县第七届委员会，委员29人，候补委员4人；选举出中共武城县纪律检查委员会委员12人。

中共武城县第八次代表大会

1995年4月23—25日，中共武城县第八次代表大会召开。出席大会代表271名，代表全县17194名党员。县委、县政府各部门各单位主要负责人列席会议。史好泉代表中共武城县第七届委员会作题为《全面贯彻执行党的基本路线，为实现富民强县的宏伟目标而奋斗》的工作报告。报告提出，今后五年改革与建设的目标和任务。（1）经济实力增强。到1999年国内生产总值达到25亿元，年均增长13%；第一产业增加值10.5亿元，年均增长12.8%，第三产业增加7.5亿元，年均增长22%。财政收入8000万元，年均增长18%，力争实现1亿元。综合经济实力位居全市前列。（2）人民生活水平提高。城镇居民年均收入达到2500元；农业人均纯收入达到1800元。人民群众的衣、食、住、行在数量和质量上都有较大提高。消费结构趋向优化，食品结构支出占收入的比例下降到48%以下。（3）形成区域经济特色。巩固提高全国棉花大县和全省畜牧强县地位；保持和争创玻璃钢、地毯、橡塑制品三个全国第一；分别培育面积10万亩以上的菜园、桑园、果园；建成完善老城镇商贸、龙湾小米、尚庄辣椒、聂官屯蔬菜、北甘泉建材等五大特色市场；培植汽车、白酒、棉纺织、造纸、地毯、橡塑、玻璃钢、化工、畜禽加工、农产品加工等十大“产值过亿、利税过千万”的县属支柱企业，20个“产值过千万，利税过百万”的乡镇骨干企业。（4）改善经济发展的基础条件。集中力量实施“五大强县工程”。一是公路建设工程。两年内力争完成县城至夏津界、县城至郑口、县城至恩城三条干线公路建设；三年内完成县乡主要公路建设；五年内基本实现村村通油路。二是县城建设工程。完善提高现有城区，加速建设工业区，开发东部新区。以“城区15平方千米，容纳10万人”为目标，搭起城市框架。搞好医院、学校、商店、供排水等配套设施建设，增强城市功能。三是小城镇建设工程。把老城镇、鲁权屯、滕庄、李家户、聂官屯建成人口万人以上，街道美观整齐，功能较为齐全的现代化小城镇。四是水利建设工程。抓好以完善王庄扬水站，新建程官屯扬水站为重点的引黄工程；以南屯闸配套为重点的引运工程；以兴建水库为重点的蓄水工程；以渠系井泉配套为重点的提水工程；以通信设施和撤退路为重点的滞洪区建设工程。五是电力通信工程。完成德州至武城110千伏输变电工程和市话增容工程，尽快实现村村电话通，家家电灯亮。（5）人口素质提高。人口自然增长率控制在8‰以内。普及初等义务教育，人人享受初级卫生保健，村村通有线广播电视，文化生活丰富多彩。（6）提高社会文明程度。党政机关高效廉洁，民主法制比较健全，社会道德高尚，精神文化生活充实，人民安居乐业。陈德柱代表中共武城县纪律检查委员会向大会做工作报告。会议经过充分讨论，表决通过了县委、县纪委工作报告的决议。会议选举产生中共武城县第八届委员会，选出委员29人，候补委员7人。选举出中共武城县纪律检查委员会委员15人。

中共武城县第九次代表大会

1998年1月11—12日，中共武城县第九次代表大会召开。出席大会代表277名，代表全县17360名党员。县委、县政府各部门各单位党员领导干部列席会议。赵忠新代表中共武城县第八届委员会作题为《抢抓机遇、团结实干，为实现富民强县的新目标而努力奋斗》的工作报告。报告指出，到2003年的主要目标是：（1）不断增强经济实力。到2002年，国民生产总值达到30亿元，年均增长10.88%；地方财政收入1亿元，年均增长16.3%。（2）提高人民生活水平。城镇居民人均收入达到5000元，年均增长6.79%；农民人均纯收入3500元，年均增长11.31%。（3）形成区域经济特色。加快改革开放步伐，放手放胆发展个体私营经济，使个体私营经济增加值占全县国内生产总值的50%以上，个体私营工商税收占全县财政收入的50%以上，从业人员占全县农村劳动力的50%以上。（4）改善基础设施条件。完成鲁权屯至郑口公路拓宽改造，加快乡村公路建设，实现“村村通”公路；以“城区面积11.8平方千米、城镇人口8万人”为目标，按照“放开搞活”的要求，搞好县城改貌、开发和建设，实施以居民小区为重点的安居工程，以振华街为重点的灯亮工程，以绿地建设为重点的造绿工程。抓好“三电”建设，保证电力供应，提高供电质量；提高电话普及率，实现“村村通”电话；扩大有线电视覆盖面，实现“村村通”有线电视。（5）提高社会文明程度。党政机关树立新形象，精神文明建设取得新成绩，民主法制建设迈出新步伐，治安秩序良好，社会道德高尚，精神文化生活充实，人民安居乐业。任永贵代表中共武城县纪律检查委员会向大会做工作报告。会议经过充分讨论，表决通过了县委、县纪委工作报告的决议。会议选举出中共武城县第九届委员会，委员29人，候补委员6人；选举出中共武城县纪律检查委员会委员15人。

中共武城县第十次代表大会

2003年1月18—19日，中共武城县第十次代表大会召开。出席大会代表239名，代表全县17210名党员。县委、县政府各部门各单位主要负责人列席会议。邓光亮代表中共武城县第九届委员会作题为《同心同德、苦干实干，奋力开启全面建设小康社会的新征程》的工作报告。报告指出，到2007年的主要目标是：（1）增强经济实力。到2007年，GDP总量达到65亿元，年均增长13%；财政总收入4亿元，年均增长18%，地方财政收入2.8亿元，年均增长18%，综合经济实力明显增强。（2）提高人民生活水平。城镇居民人均可支配收入达到8500元，年均增长10%；农民人均纯收入3900元，年均增长8%，城乡人民群众的生活质量显著改善。（3）强化区域经济特色。围绕“三业一品”四大产业，实现民营经济的“二次创业”。到2007年，全县民营经济总户数达到3.5万户，其中民营企业2000家，完成销售收入200亿元，上缴税金2.2亿元，民营经济增加值占全县国民生产总值的80%以上，税收占全县财政总收入的80%以上。大力发展“一红两白一牧”四大特色农业主导产业，特色农业产值占农业总产值的比重达到85%以上。（4）改善基础设施条件。加快城乡公路建设，实现村村通公路；搞好县城开发建设与管理，建成设施配套、功能完备、环境优美、独具特色的文明城市；加强农业基础设施建设，改善农业生产条件；深入开展“彩虹工程”，确保电力供应；加快信息网络建设步伐，为经济发展提供有力保障；扩大有线电电视覆盖面，农村有线电视用户发展到8万户。（5）提高社会文明程度。党政机关高效廉洁，民主法制更加完备，社会道德高尚，精神文化生活充实，人民群众安居乐业。徐光代表中共武城县纪律检查委员会向大会做工作报告。会议经过充分讨论，表决通过了县委、县纪委工作报告的决议。会议选举出中共武城县第十届委员会，委员29人，候补委员6人；选举出中共武城县纪律检查委员会委员15人；选举25人为市第十二次党代会代表。

中共武城县第十一次代表大会

2007年2月6—7日，中共武城县第十一次代表大会召开。出席大会代表245名，代表全县16688名党员。县委、县政府各部门各单位的主要负责人列席会议。邓光亮代表中共武城县第十届委员会作题为《创造新优势、实现新发展，为加速赶超全省平均发展水平而努力奋斗》的工作报告。报告指出，主要奋斗目标是：（1）建设富强武城。到2011年，全县GDP达到160亿元，年均增长15%，三次产业比调整到8∶55∶37；地方财政收入突破4亿元，年均增长20%；科技对经济增长的贡献率达到55%，高新技术产业产值占工业总产值的比重达到45%；全社会固定资产投资年均增长20%以上。（2）建设文明武城。精神文明建设得到加强，科技、教育、文化、体育、卫生等各项社会事业蓬勃发展，全县人民的思想道德素质、科学文化素质、健康素质和文明程度明显提高。依法治县进程扎实推进，民主法制更加健全，党政机关廉洁高效。实现“省级文明城市”创建目标。（3）建设生态武城。到2011年，城市化水平达到50%以上，全县林木覆盖率达到35%以上，跨入省级园林城市行列。人口自然增长率控制在7‰以内，土地、水资源得到有效利用和充分保护。环保工作不断加强，循环经济深入发展，生态环境不断改善。（4）建设和谐武城。城乡差距进一步缩小，人民生活水平显著提高。到2011年，城镇居民可支配收入和农民人均纯收入分别达到11500元和6800元，年均分别增长10%。社会管理和社会保障不断改进，各种矛盾妥善处理。社会治安和安全生产得到强力保证，广大群众安居乐业。徐光代表中共武城县纪律检查委员会向大会做工作报告。会议经过充分讨论，表决通过了县委、县纪委工作报告的决议。会议选举出中共武城县第十一届委员会，委员33人，候补委员7人；选举出中共武城县纪律检查委员会委员20人；选举25人为市第十三次党代会代表。

中共武城县第十二次代表大会

2012年1月5—7日，中共武城县第十二次代表大会召开。出席大会代表245名，代表全县17615名党员。县委、县政府各部门、各单位的主要负责人列席会议。王立来代表中共武城县第十一届委员会作题为《坚持科学发展、加速跨越赶超，为建设繁荣富裕生态和谐的幸福武城而奋斗》的工作报告。报告指出，主要目标是：经济更加繁荣。到2016年，全县GDP

图 14-1 2012 年 1 月 5 日，中共武城县第十二次代表大会召开

突破 260 亿元，年均增速超过 15%；地方财政收入达到 12 亿元，年均增速超过 30%。城乡更加宜居。到 2016 年，县城大规模改造基本完成，城市功能和管理水平显著提高；城区面积达到 30 平方公里，县城驻地人口突破 10 万人。小城镇、新农村建设同步推进，基础设施支撑能力明显增强，城乡一体化水平明显提高，城镇化率达到 55% 以上。生态县建设取得更大进展，林木覆盖率和城区绿化率大幅提升，人居环境明显改善。人民更加幸福。到 2016 年，城镇居民人均可支配收入达到 2.4 万元，农民人均纯收入达到 1.3 万元。年均人口自然增长率控制在 7‰以内，城镇登记失业率控制在 3% 以内。城乡居民普遍享有基本医疗、公共卫生服务，社会保障体系比较健全。社会更加和谐。精神文明建设得到加强，各项社会事业全面发展，全民综合素质普遍提高。社会管理机制更加健全，各类社会矛盾有效化解。各级党组织的凝聚力、战斗力明显增强。民主法制建设进一步加强，人民权益得到切实保障，安全感和满意度不断提高，社会和谐程度明显提升。赵华代表中共武城县纪律检查委员会向大会做工作报告。会议经过充分讨论，表决通过了县委、县纪委工作报告的决议。会议选举出中共武城县第十二届委员会，委员 33 人，候补委员 7 人；选举出中共武城县纪律检查委员会委员 20 人；选举 25 人为市第十四次党代会代表。

第二章　中共武城县委员会

第一节　领导机构

中共武城县委员会是中共武城县地方组织的领导机关。在中共武城县党代会闭会期间，由中共武城县委员会执行上级党组织的指示和县党代会的决议，领导全县工作。每届委员会组成人员由全县党员代表大会选举产生。1984—2013 年，县委先后召开了 8 次代表大会，在每次代表大会结束后的第一次全委会议上选举产生常委 8 ～ 12 人、书记 1 人、副书记 3 ～ 4 人。大会闭会期间，可由上级党组织调动、任免。

1984 年 12 月 16 日，中共武城县第五届委员会第一次全体会议召开，选举出由肖金森、郑学文、李宗林、王有相、孔繁修、孙孝贤、李清章、范双福、谢万盛 9 名常务委员组成的县委常务委员会。肖金森当选为县委书记，郑学文、李宗林、王有相当选为副书记。中共武城县纪律检查委员会五届一次全体会议，选举出由5名常务委员组成的县纪委常务委员会，霍云胜当选为县纪委书记。

1987年7月17日，中共武城县第六届委员会第一次全体会议召开，选举出由李宗林、刘富春、谢万盛、孔繁修、范双福、尹宝生、王金箱、陈德柱8名常务委员组成的县委常务委员会。李宗林当选为县委书记，刘富春、谢万盛、孔繁修当选为副书记。中共武城县纪律检查委员会六届一次全体会议，选举出由5名常务委员组成的县纪委常务委员会，霍云胜当选为县纪委书记。

1990年3月11日，中共武城县第七届委员会第一次全体会议召开，选举出由刘富春、郭作富、范双福、史好泉、尹宝生、王金箱、陈德柱、满春重、霍云胜9名常务委员组成的县委常务委员会。刘富春当选为县委书记，郭作富、范双福、史好泉当选为副书记。中共武城县纪律检查委员会七届一次全体会议，选举出由5名常务委员组成的县纪委常务委员会，霍云胜当选为县纪委书记。

1995年4月25日，中共武城县第八届委员会第一次全体会议召开，选举出由史好泉、赵忠新、满春重、刘治温、陈德柱、尹宝生、任永贵、张栋、刘文河、臧振华10名常务委员组成的县委常务委员会。史好泉当选为县委书记，赵忠新、满春重、刘治温、陈德柱当选为副书记。中共武城县纪律检查委员会八届一次全体会议，选举出由6名常务委员组成的县纪委常务委员会，陈德柱当选为县纪委书记。

1998年1月12日，中共武城县第九届委员会第一次全体会议召开，选举出由赵忠新、刘治温、陈德柱、王德奎、李玉文、任永贵、石敏、王振芳、祝洪良9名常务委员组成的县委常务委员会。赵忠新当选为县委书记，刘治温、陈德柱、王德奎、李玉文当选为副书记。中共武城县纪律检查委员会九届一次全体会议，选举出由6名常务委员组成的县纪委常务委员会，任永贵当选为县纪委书记。

2003年1月19日，中共武城县第十届委员会第一次全体会议召开，选举出由邓光亮、李玉文、宁玉河、樊兆杰、高世伦、徐光、史光毅、李玉梅、王庆菊、张庆良、刘增瑞、于龙浩12名常务委员组成的县委常务委员会。邓光亮当选为县委书记，李玉文、宁玉河、樊兆杰、高世伦、徐光当选为副书记。中共武城县纪律检查委员会十届一次全体会议，选举出由7名常务委员组成的县纪委常务委员会，徐光当选为县纪委书记。

2007年2月7日，中共武城县第十一届委员会第一次全体会议召开，选举出由邓光亮、王立来、樊兆杰、徐光、周成玉、郭洪霞、王洪林、王英华、姚崇军、王志强、陈建军11名常务委员组成的县委常务委员会。邓光亮当选为县委书记，王立来、樊兆杰当选为副书记。在中共武城县纪律检查委员会十一届一次全体会议上，选举出由10名常务委员组成的县纪委常务委员会，徐光当选为县纪委书记。

2012年1月7日，中共武城县第十二届委员会第一次全体会议召开，选举出由王立来、王胜强、马文国、赵华、王志强、高吉刚、王立波、周立志、田志清、刘呈辉、乔咏梅11名常务委员组成的县委常务委员会。王立来当选为县委书记，王胜强、马文国当选为副书记。中共武城县纪律检查委员会十二届一次全体会议，选举出由7名常务委员组成的县纪委常务委员会，赵华当选为县纪委书记。

1984—2013年中共武城县委员会历任书记、副书记、常委一览表

表 14-1

届次	职务	姓名	任职时间	备注
中共武城县第五届委员会（1984.12—1987.7）	书　记	肖金森	1984.12—1987.7	
	副书记	郑学文	1984.12—1987.7	
		李宗林	1984.12—1987.7	
		王有相	1984.12—1987.7	
	常务委员	肖金森	1984.12—1987.7	
		郑学文	1984.12—1987.7	
		李宗林	1984.12—1987.7	
		王有相	1984.12—1987.7	
		孔繁修	1984.12—1987.7	
		孙孝贤	1984.12—1987.7	
		李清章	1984.12—1987.7	
		范双福	1984.12—1987.7	
		谢万盛	1984.12—1987.7	
中共武城县第六届委员会（1987.7—1990.3）	书　记	李宗林	1987.7—1990.1	
		刘富春	1990.1—1990.3	
	副书记	刘富春	1987.7—1990.1	
		谢万盛	1987.7—1990.3	
		孔繁修	1987.7—1990.3	
		于本宗	1987.7—1990.3	挂职
		郭作富	1990.1—1990.3	
		范双福	1990.1—1990.3	
		史好泉	1990.1—1990.3	
	常务委员	李宗林	1987.7—1990.1	
		刘富春	1987.7—1990.3	
		谢万盛	1987.7—1990.3	
		孔繁修	1987.7—1990.3	
		郭作富	1990.1—1990.3	
		范双福	1987.7—1990.3	
		尹宝生	1987.7—1990.3	
		王金箱	1987.7—1990.3	
		陈德柱	1987.7—1990.3	

续表 14-1

届次	职务	姓名	任职时间	备注
中共武城县第七届委员会（1990.3—1995.4）	书　记	刘富春	1990.3—1992.7	
		郭作富	1992.7—1995.4	
	副书记	郭作富	1990.3—1992.7	
		范双福	1990.3—1992.12	
		史好泉	1990.3—1995.4	
		王　毅	1992.12—1995.4	
		李清章	1992.12—1995.4	
		满春重（回）	1992.12—1995.4	
		孙文建	1991.3—1992.11	挂职
		马银忠	1994.5—1995.4	挂职
		刘泽喜	1994.5—1995.4	挂职
		齐传海	1994.5—1995.4	挂职
	常务委员	刘富春	1990.3—1992.7	
		郭作富	1990.3—1995.4	
		范双福	1990.3—1992.12	
		史好泉	1990.3—1995.4	
		王　毅	1992.12—1995.4	
		李清章	1992.12—1995.4	
		尹宝生	1990.3—1995.4	
		王金箱	1990.3—1995.4	
		陈德柱	1990.3—1995.4	
		满春重（回）	1990.3—1995.4	
		霍云胜	1990.3—1992.12	
		任永贵	1991.5—1995.4	
		杨桂珍（女）	1991.5—1992.12	
		张　栋	1992.12—1995.4	
		王汉录	1992.12—1994.3	
		张清昌	1993.2—1994.3	
		臧振华	1994.3—1995.4	
中共武城县第八届委员会（1995.4—1998.1）	书　记	史好泉	1995.4—1998.1	
	副书记	赵忠新	1995.4—1998.1	
		满春重（回）	1995.4—1996.10	
		刘治温	1995.4—1998.1	
		陈德柱	1996.12—1998.1	
		史秀芝（女）	1996.12—1998.1	
		马银忠	1995.4—1995.11	挂职

续表 14-1

届次	职务	姓名	任职时间	备注
中共武城县第八届委员会（1995.4—1998.1）	副书记	齐传海	1995.4—1995.11	挂职
		隋清卫	1995.10—1996.10	挂职
		张　淼	1995.10—1997.4	挂职
		潘士强	1995.10—1997.4	挂职
		张学民	1997.10—1998.1	挂职
	常务委员	史好泉	1995.4—1998.1	
		赵忠新	1995.4—1998.1	
		满春重（回）	1995.4—1996.10	
		刘治温	1995.4—1998.1	
		陈德柱	1995.4—1998.1	
		尹宝生	1995.4—1996.2	
		任永贵	1995.4—1998.1	
		张　栋	1995.4—1998.1	
		史秀芝（女）	1996.12—1998.1	
		刘文河	1995.4—1995.6	
		臧振华	1995.4—1996.12	
		李玉文	1995.6—1998.1	
		石　敏	1996.2—1998.1	
		齐效正	1996.6—1997.6	
		王振芳	1996.12—1998.1	
		祝洪良	1997.6—1998.1	
		史光毅	1996.12—1998.1	
中共武城县第九届委员会（1998.1—2003.1）	书　记	赵忠新	1998.1—2001.1	
		韩建亭	2001.1—2003.1	
	副书记	刘治温	1998.1—2001.1	
		陈德柱	1998.1—2001.2	
		王德奎	1998.1—2003.1	
		李玉文	1998.1—2003.1	
		张学民	1998.1—1999.9	挂职
		任永贵	2001.2—2003.1	
		高国安	2001.2—2003.1	
		孙起生	2001.2—2003.1	
		宁玉河	2002.1—2003.1	
		马绍省	2000.3—2001.2	挂职
	常务委员	赵忠新	1998.1—2001.1	
		韩建亭	2001.1—2003.1	

续表 14-1

届次	职务	姓名	任职时间	备注
中共武城县第九届委员会（1998.1—2003.1）	常务委员	刘治温	1998.1—2001.1	
		陈德柱	1998.1—2001.2	
		王德奎	1998.1—2003.1	
		李玉文	1998.1—2003.1	
		任永贵	1998.1—2003.1	
		石　敏	1998.1—1998.3	
		王振芳	1998.1—2001.2	
		祝洪良	1998.1—1999.7	
		高国安	1998.3—2002.1	
		高世伦	1998.3—2003.1	
		李玉梅	1998.3—2003.1	
		张惠君（女）	1999.4—2003.1	
		郝志新	1999.7—2000.4	
		张庆良	2000.4—2003.1	
		孙起生	2001.2—2003.1	
		王怀勇	2001.2—2003.1	
		刘增瑞	2001.2—2003.1	
		于龙浩	2001.2—2003.1	
		宁玉河	2002.1—2003.1	
		张学民	1998.1—1999.9	挂职
		马绍省	2000.3—2001.2	挂职
		马计房	2001.8—2002.8	挂职
中共武城县第十届委员会（2003.1—2007.2）	书　记	邓光亮	2003.1—2007.2	
	副书记	李玉文	2003.1—2006.8	
		王立来	2006.12—2007.2	
		宁玉河	2003.1—2007.1	
		樊兆杰	2003.1—2007.2	
		高世伦	2003.1—2007.1	
		徐　光	2003.8—2007.2	
		房国庆	2003.3—2004.3	挂职
		张洪全	2004.2—2006.3	挂职
		王振乾	2004.2—2006.3	挂职
		侯复东	2006.3—2007.2	挂职
		康永森	2006.4—2007.2	挂职
	常务委员	邓光亮	2003.1—2007.2	
		李玉文	2003.1—2006.8	

续表 14-1

届次	职务	姓名	任职时间	备注
中共武城县 第十届委员会 （2003.1—2007.2）	常务委员	王立来	2006.12—2007.2	
		宁玉河	2003.1—2007.1	
		樊兆杰	2003.1—2007.2	
		高世伦	2003.1—2007.1	
		徐　光	2003.1—2007.2	
		史光毅	2003.1—2007.2	
		李玉梅	2003.1—2007.2	
		王庆菊（女）	2003.1—2007.2	
		张庆良	2003.1—2003.8	
		刘增瑞	2003.1—2007.2	
		于龙浩	2003.1—2004.1	
		于克君	2003.8—2004.10	
		王洪林	2004.1—2007.2	
		李会录	2004.10—2005.11	
		王英华	2005.2—2007.2	
		姚崇军	2005.11—2007.2	
		颜廷湘	2004.2—2006.3	挂职
		刘　民	2004.6—2005.6	挂职
		田素英（女）	2006.3—2007.2	挂职
		武传成	2006.3—2007.2	挂职
中共武城县 第十一届委员会 （2007.2—2012.1）	书　记	邓光亮	2007.2—2010.4	
		王立来	2010.4—2012.1	
	副书记	王立来	2007.2—2008.2 2010.2—2010.4	
		樊兆杰	2007.2—2010.12	
		王胜强	2010.12—2012.1	
		马文国	2008.2—2012.1	
		康永森	2007.2—2007.4	挂职
		侯复东	2007.2—2008.6	挂职
		王殿凯	2008.5—2010.3	挂职
		李廷玉	2010.3—2011.3	挂职
		楚文凯	2011.3—2012.1	挂职
	常务委员	邓光亮	2007.2—2010.4	
		王立来	2007.2—2008.2 2010.2—2012.1	
		樊兆杰	2007.2—2010.12	
		王胜强	2010.12—2012.1	

续表 14-1

届次	职务	姓名	任职时间	备注
中共武城县第十一届委员会（2007.2—2012.1）	常务委员	马文国	2008.2—2012.1	
		徐　光	2007.2—2010.4	
		孙九鹏	2007.11—2012.1	
		周成玉	2007.2—2007.11	
		郭洪霞（女）	2007.2—2011.11	
		王洪林	2007.2—2011.11	
		王英华	2007.2—2011.11	
		姚崇军	2007.2—2007.7	
		王志强	2007.2—2012.1	
		陈建军	2007.2—2011.11	
		郭簦堂	2007.7—2009.3	
		崔式金	2009.3—2011.4	
		赵　华	2010.4—2012.1	
		陈朋金	2010.4—2011.11	
		王立波	2011.4—2012.1	
		王继峰	2008.8—2011.4	挂职
			2011.4—2011.11	
		高吉刚	2011.11—2012.1	
		刘呈辉	2011.11—2012.1	
		乔咏梅（女）	2011.11—2012.1	
中共武城县第十二届委员会（2012.1—　）	书　记	王立来	2012.1—2013.5	
		张传忠	2013.6—	
	副书记	王胜强	2012.1—	
		马文国	2012.1—	
		楚文凯	2012.1—2012.3	挂职
		刘俊勇	2013.3—	挂职
	常务委员	王立来	2012.1—2013.5	
		张传忠	2013.6—	
		王胜强	2012.1—	
		马文国	2012.1—	
		赵　华	2012.1—	
		王志强	2012.1—	
		高吉刚	2012.1—2013.12	

续表 14-1

届次	职务	姓名	任职时间	备注
中共武城县第十二届委员会（2012.1—　）	常务委员	王立波	2012.1—2013.4	
		周立志	2012.1—	
		季之岭	2013.12—	
		田志清	2012.1—	
		刘呈辉	2012.1—	
		乔咏梅（女）	2012.1—	
		谭清顺	2013.4—	
		汪　丽（女）	2012.5—2013.5	挂职
		谢子平	2012.6—2013.5	挂职
		冯　祯	2013.4—	挂职

第二节　县委主要会议

县委全体会议

由县委常委会召集并主持，参加人员为县委委员、候补委员。县人大常委会主任、县政协主席、县纪委委员及相关单位负责人列席会议。每年至少召开 2 次。会议的主要内容：制定贯彻执行党中央和省委、市委决策部署以及县党代表大会决议、决定的重大措施。讨论和决定全县经济社会发展战略、重大改革事项、重大民生保障等经济社会发展重大问题。讨论和决定全县党的建设方面的重大问题，审议通过重要党内法规或规范性文件。决定召开县党代表大会或者党代表会议，并对提议事项先行审议、提出意见。听取和审议县委常委会工作报告或者专项工作报告。选举县委书记、副书记和常委会其他委员；通过县纪律检查委员会全体会议选举产生的书记、副书记和常委会其他委员。决定递补党委委员；批准辞去或者决定免去党委委员、候补委员；决定改组或者解散下一级党组织；决定或者追认给予党委委员、候补委员撤销党内职务以上党纪处分。研究讨论全县行政区划调整以及有关党政群机构设立、变更和撤销方案。对县委常委会提请决定的事项或应当由全会决定的其他重要事项做出决策。

县委常务委员会议

由县委书记或由书记委托副书记召集并主持，全体县委常委参加。不是常委的人大常委会主任、政协主席、视需要吸收有关领导和部门负责人列席会议。会议主要任务是传达学习上级党委、政府重要会议（文件）精神，讨论贯彻上级重要指示和重大决策；根据党的路线、方针、政策和省、市工作部署及武城县党代会、县委全委会做出的决议做出安排部署；对全县经济和社会发展规划（计划）的建议、有关政府预算的建议、重大工程和重要项目的安排、大额度资金的使用、重要民生问题和社会稳定事项、重要人事任免等方面的重要事项进行讨论决定；按照干部管理权限，讨论决定推荐、任免领导干部，研究县委管理干部严重违纪问题的处理；对县人大常委会党组、县政府党组、县政协党组、各乡镇（街道）党（工）委、县直各党政群机关及直属事业单位党组织请示的重大问题做出决策；对重大突发性事件及时研究并做出相应决定；对需由常委会决定的其他重要问题做出决定。县委常委（扩大）会议由书记主持，副书记和其他常委会委员参加，研究需要提交常委会会议审议的重要事项。书记专题会议不得代替常委会会议做出决策。

县委书记办公会（书记专题会议）

由书记确定召开，书记、副书记、纪委书记参加，其他参加人员由主持人确定。由书记或书记委托副书记主持，可根据工作需要召开。议事范围：研究酝酿干部任免、奖惩事宜

图 14-2 现场办公会议（2012 年 摄）

和需要提交常委会会议讨论决定的问题等；对常委会会议决定事项的组织实施进行协调；商议日常工作及其他重要事项。书记办公会是否记录、编印会议纪要，由主持会议的负责人确定。1996 年，中央制定下发《中国共产党地方委员会工作条例（试行）》，对书记办公会议的性质和作用做出明确规定。书记办公会不是一级决策机构，不得决定重大问题，是在召开常委会前，由书记召集几位副书记沟通意见，酝酿、确定提交会议讨论、决定的议题的一种形式。2004 年 9 月，中共十六届四中全会《关于加强党的执政能力建设的决定》做出决定：取消地方党委运行几十年的书记办公会。

县党政联席会

由县委主要领导负责召集并主持，是一种领导班子集体议事的会议形式。目的是加强党的领导，协调党政联系、保障集体领导，促进工作决策的民主化，及时调度、安排、研究、处理重大问题，及时交流和沟通思想，统一行动，提高工作效率和决策水平。参加人员为县委常委、县政府副县长，县人大常委会主任、县政协主席、议题相关单位主要负责人列席会议。会议的主要任务是研究全县经济社会发展重大问题和需要由县委、县政府共同研究解决的问题；对县委常委会议决定的事项和涉及县政府工作的事项进行部署，听取县委常委、县政府副县长工作汇报，对全县政治、经济和社会发展形势进行分析，通报情况，形成共识；研究全县经济社会发展阶段性工作任务，对议定事项的组织实施进行统筹协调，听取议定事项的贯彻落实情况；研究各乡镇（街道）、各部门请示县委、县政府决定的重大事项；研究其他应由县党政班子联席会议决定的事项。党政联席会议原则上每月召开 1 次，根据工作需要也可随时召开，必须有三分之二以上的成员到会方可举行。

第三节　县委重大决策

党的建设

1986 年 2 月，印发《关于端正党风的八条意见》，要求各级党组织和广大党员、干部，提高对端正党风重大意义的认识，切实把这项工作列入党委的重要议事日程；层层建立、健全抓党风的责任制；从领导机关、领导干部抓起，真正做到领导以身作则，起模范表率作用；加强党性、党风、党纪的教育，提高党员的政治

素质；认真搞好整党工作，巩固和发展整党的成果。严肃查处大案要案；进一步建立健全党内生活；认真搞好学习，从根本上提高党员干部的思想水平、政策水平和业务水平。

1990年8月，印发《关于加强农村党的基层组织建设的意见》，在提高农村党的基层组织建设的认识、全面抓好农村基层党组织配套建设措施等方面进行详细规定，要求进一步加强农村基层党组织建设，争创全省农村党的基层组织建设工作先进县。

1995年7月，印发《关于组织广大干部学习〈邓小平同志建设有中国特色社会主义理论学习纲要〉的通知》。要求学习要坚持理论联系实际的方针，做到学用结合，学以致用。学习形式要根据本单位实际，采取多种形式，有计划有步骤地组织好广大干部的学习。

2003年6月，印发《关于在全县开展思想作风纪律集中整顿活动的意见》，重点解决思想、作风、机关纪律和管理的问题，要求加强干部理论学习、严肃政治纪律、严格政策程序等。

2010年12月，印发《关于贯彻落实党风廉政建设责任制的实施意见》，就指导思想、责任内容、检查考核与责任追究4个方面做出详细说明。

改革开放

1987年12月，印发《关于进一步完善土地承包的若干暂行规定》，在建立农村合作经济组织、规范使用土地、承包期限、土地承包合同等10个方面做出详细规定。

1992年8月，印发《武城县关于引进人才、资金、技术、项目的有关规定》，进一步加快全县改革建设和扩大对外开放的步伐。

1993年12月，印发《关于深化企业改革的意见》，指出企业要转换经营机制，提高对建立现代企业制度的认识，并就转换经营机制的主要形式以及相关的优惠政策做出详细阐述。

1994年1月，印发《关于土地经营管理的实施办法》。《办法》共6章17条，就土地经营管理承租（包）方法，权利和义务，管理办法等方面做出具体规定。同年2月，印发《关于在全县农村大力推行股份合作制的意见》，要求充分认识股份合作制的意义和作用，明确推行农村股份合作制的形式、办法和要求、原则和注意问题。6月，印发《关于全面实施外向型经济带动战略的意见》，从指导思想、计划目标、主要措施、基本政策4个方面做出规定，提高全县对外开放水平。

1996年4月，印发《关于进一步深化农村改革促进经济发展的意见》，在搞好农村土地调整和土地改革，调整种植业结构，实行农业税和农业特产税改革，改革农村干部报酬等5个方面做出细致的规定，对促进农村经济体制和经济增长方式转变，加快农村产业化进程，进一步深化农村改革提供保障。

1997年7月，印发《关于加快进行企业产权制度改革的意见》，主要对改制的指导思想、基本形式、方法步骤、组织领导、纪律约束5个方面进行规定。同年，印发《关于企业产权制度改革若干问题的处理办法（试行）》，对“资产问题、职工和离退休人员安置问题、企业改革中减轻债务负担问题，改制费用收取和土地使用权问题”的处理做出规定。

2000年9月，印发《关于加快发展农村合作经济的实施意见》，明确指出要大力发展农村合作经济，推动农村新一轮改革，在发展过程中要明确指导思想和任务要求，通过宣传引导、结构调整、强化服务等举措确保农村合作经济的发展实效。

2013年10月，印发《关于深入推进“三回工程”的若干意见》，大力推进以“创业回乡、人才回归、资金回流”为主要内容的“三回工程”，制定优惠政策4大类21条，鼓励和支持在外武城籍人士回乡创业、投资兴业。

精神文明建设

1992年2月，县委、县政府提出八五期间（1991—1995年）精神文明建设的基本任务：加强道德建设，树立良好的社会风尚；加强社会主义民主法治建设，巩固安定团结的政治局面；加快科技、教育、卫生、体育事业的发展；搞好城乡建设和环境保护，创造优美舒适的生活环境。

2002年1月，印发《关于贯彻落实〈公民道德建设实施纲要〉的意见》，要求在群众性的精神文明创建活动方面以创建“文明城市”“文明村镇”“文明行业”“文明单位”活动为重点，提高公民的道德素质；加强社会公益、学习先进典型、重要节日和纪念日的庆祝纪念等方面活动的开展。

2008年10月，印发《关于深入实施爱德工程、诚德工程、孝德工程、仁德工程，加强社会公德、职业道德、家庭美德、个人品德建设的意见》。

2011年6月，印发《关于在全县农村实施“乡村文明行动”的意见》，指出在全县农村实施为期五年的“乡村文明行动”，在实施“乡村文明行动”的意义、总体要求、基本内容、工作目标、工作原则、主要任务、工作措施等方面做出明确说明。

经济发展

1989年3月，制定《关于鼓励农民进城经商办企业的暂行规定》，针对农民进城经商办企业的条件、要求、经营方式、所需生产场地等制定6项优惠政策。

1990年11月，印发《关于进一步促进乡镇企业发展的决定》，内容主要包括坚持公有制为基础、多种经济成分并存；抓好重点企业、行业、村庄；加强企业管理，提高企业素质；搞好乡镇企业干部职工队伍建设等14个方面。

1993年7月，印发《关于对县属企业实行聘任承包责任制的若干规定》，在总结首轮企业承包责任制的基础上，对二轮企业承包做出规定。同年8月，印发《关于加大乡镇企业改革力度，转换经营机制的意见》，从目的要求、原则和形式、政策界限、机制工作领导4个方面做出具体说明。印发《关于调整优化农业结构大力发展多种经营的决定》，从筹集资金、科技进步、市场建设等10个方面做出详细规定。印发《关于鼓励发展个体、私营经济的若干规定》，内容包括提高个体、私营经济的社会地位，放开手脚、大力发展，采取优惠政策鼓励其发展，依法保护其合法权益等7个方面。

1994年2月，印发《关于大力发展棉花生产的意见》。

1995年8月，县委、县政府决定，在全县实施“一把手工程”。即全县各级“一把手”按照“培植骨干企业，大上多种经营，壮大县乡财政”的要求，每人重点抓好一个工业项目或农村多种经营的一品。同年9月，印发《关于加快发展民营经济的意见》，明确民营经济发展的指导思想、任务目标以及今后的工作重点、主要措施。

1998年1月，印发《关于进一步放开搞活加快发展的政策规定（试行）》，从鼓励发展个体私营企业、鼓励党政机关、事业单位和人员经商办企业、吸引农民进城、项目资金引入、县属企业产权变更等5个方面做出规定，推动全县企业经济快速发展。同年2月，印发《关于党政机关事业单位工作人员实行岗位轮换的意见》，在“范围和对象、有关政策、方法步骤、时间安排、纪律”等方面做出明确规定。

1999年9月，县委、县政府决定在农业结构调整中实施“三个一”工程，即一个乡镇一个种植业支柱产业，一个乡镇一个种植业科技示范园，一个乡镇一个畜牧业制高点。

2000年4月，印发《关于加强改制企业监督管理的意见》，确立完备的企业法律地位，建立健全企业法人治理结构，完善公司股权管理，建立重大事项报告或信息披露制度，明确改制企业监管主体及其职责。

2001年8月，印发《关于加快工业经济发展扶优培强的政策规定》，从企业投入、企业纳税、获得国家专利情况、国家扶持等12个方面做出明确说明，推进全县龙头企业的培植。

2003年3月，县委、县政府实施鲁权屯镇、滕庄镇2个镇工业园区的合龙工程。

2004年2月，印发《关于招商引资的优惠政策》，明确土地、税费、奖励3个方面的优惠政策。同年8月，印发《关于对县直部门主要负责人工作失职实行责任追究的试行意见》，从必须履行的职责、责任追究办法、责任认定依据和追究程序3个方面做出阐述。

2005年5月，印发《关于实施科技特派员工程的意见》，培训农村科技人员，全面提高全县农民的科技素质，促进农业增产增效，加快农民增收和农村发展的步伐。

2010年12月，印发《关于倾力培植古贝春集团做大做强的意见》，强调做大做强古贝春集团的重要意义以及指导思想、任务目标、组织保障、有关政策和措施。

2011年3月，印发《关于成立乡镇街、经济开发区商会的实施方案》，从指导思想、基本原则、商会职能、组建形式、组建程序、组建期限等方面做出明确说明。

社会事业

1986年1月，县委、县政府研究决定，从1986年起，在农村分期分批地逐步推行独女户“间隔式”生育二胎。

1993年7月，印发《关于切实减轻农民负担的若干规定》，旨在切实解决农民负担过重的问题，从15个方面做出具体规定。

1994年9月，县委、县政府投资92万元，解决县城城区居民生活饮用水含沙、含氟量高的问题。

1995年5月，县委、县政府实施“导、建、联、引”工程，按照“以城带乡，以乡促城，城乡一体，共同发展”的思路，加快农村城市化步伐。

2000年7月，印发《关于进一步加强社会保障体系建设的决定》，指出一是要进一步推进社会保障制度改革，二是大力做好下岗职工再就业工作，三是要加强对社会保障工作的领导。印发《关于武城二中改革办学体制加快学校发展的意见》，提出由政府安排校长，面向社会自主招聘教师，工资发放5年后与政府脱钩，改革中富余人员由教委统一调配。有针对性地消除和化解改革中的热点问题，推进教育改革。

2002年2月，县政府对城区“五路三街”和武城二中新址地形进行详细测量，绘制武城二中新址地形图，编制完成“五路三街”详细规划。

2005年10月，为优化城市环境、提升城市品位，提高市民生活品质，满足广大市民休闲、健身、娱乐等需求，县委、县政府投资1亿元，兴建升平广场。

2011年11月，为提升市民幸福指数，县委、县政府决定建设集医疗康复、社会养老、健康保健、残疾人康复等功能于一体的武城县幸福中心。

第三章　纪检　监察

第一节　党风廉政建设

党风党纪教育

1986年，县委制定端正党风八条意见，在全县进行党风大检查。1988年3月，县委制定《党政领导干部廉洁勤政守则》。1990年，举办“学党章、正党风”党的知识竞赛。1993年，县委制定《关于党政机关保持清正廉洁的规定》，建立干审联席会议制度。对副科级以上领导干部建立廉洁档案。1995年，县委、县政府制定《关于反腐倡廉工作的意见》《关于狠刹用公款大吃大喝，违反规定配备使用小汽车，违反规定修建住房等不正之风的暂行规定》。进入21世纪，先后组织开展“理想信念、廉政纪律”“为民、务实、清廉”“廉政勤政、科学发展”“严肃党纪”等10多项主题教育活动。2004年，开展《中国共产党党内监督条例（试行）》和《中国共产党纪律处分条例》学习教育，建立党风廉政教育联席、协调会议制度。2006年，开展廉政文化进机关、进社区、进家庭、进企业、进学校、进农村“六进”活动，确立“以廉兴县”指导思想，通过建立廉政文化一条街、设立廉政文化广场、开展廉政文化活动等在全县营造“以廉为荣、以贪为耻”的浓厚氛围。武城县被省、市纪委命名为廉政文化示范县、廉政文化进农村示范县，20多个单位被确定为省、市廉政文化示范点。2007年，先后组织开展“八荣八耻”歌曲征集、传唱和征文，新创廉政歌曲大型歌咏比赛，廉政书画展等活动，全市廉政文化进农村现场会在武城县召开。2011年，开通“武城廉政网”“民生热线”栏目，及时倾听群众呼声，及时纠正党员干部不符合党纪的行为。2012年，建设全县反腐倡廉警示教育基地，年接待党员干部2000余人次。2013年，推进“123农廉工程”建设，农村示范点动态调整到103个，村务监督委员会、镇村便民服务、“三务”（党务、村务、财务）公开、“三资”（资金、资产、资源）监管等实现全覆盖、全达标，其中1个社区被评为市级示范点。建成县、镇（街）、村（社区）三级农廉网站群，发布信息7.6万条。深入开展“强纪律、转作风、促廉政”为主题的“廉政教育月”活动，通过专题学习、民主生活会、德廉知识测试、廉政短信、举办农村干部廉政培训班、组织112个

图14-3 2013年5月11日，中共武城县纪委十二届三次全体会议召开

单位3200名党员干部到县警示教育基地开展教育等形式，进一步弘扬廉洁价值观。至2013年，累计举办培训班1063期（场），受教育人数10万余人次，举办党的基本知识、党纪政纪、考核测评、知识竞赛上百场次，参加人数近5万人。

整顿不正之风

县纪委根据不同历史时期的工作特点，对全县党政机关事业单位的领导干部在“孩子、房子、机子、票子、车子、筷子”、公款吃喝、公款旅游、干部子女从业、婚丧事大操大办等几个方面的不正之风进行清查整顿。1986年，按照上级落实党的知识分子政策的规定，对全县知识分子的配偶、子女中符合农转非条件的581户、1727人实行“农转非”。根据群众举报，对不符合条件弄虚作假的139户、174人进行处理，对其中60名党员干部进行通报批评，注销违规户口45户，取消招工资格4人。1986年后，清理党政机关、事业单位及党员干部经商办实体行为。对违规购买的小汽车全部进行清理，对各单位所有车辆的购车时间、资金来源、审批原因及车辆牌照逐一进行清理登记。1992年，对领导干部违纪建房和高标准装修问题进行清理。对全县1990—1992年建房情况进行全面清理，摸清121个单位652户的建房情况。其中，副科级以上干部用公款超标准建房的92户，最多的超面积70平方米；建私房的200户，按照有关政策做出处理。对29个单位违规问题进行纠正。同年，制定《关于继续狠刹用公款请客送礼等不正之风的决定》。1993年10月，县委做出狠刹用公款大吃大喝8条规定。1994年，对全县72个党政机关进行检查，清理出47个单位的283人挪借拖欠公款63.8万元，全部追回。1998年，对全县领导干部的住宅电话和移动电话逐个进行登记，登记住宅电话1325部，作价处理违反规定安装的73部，纠正违反规定公款报销话费的144部，收回资金3.65万元。对公款购置的86部大哥大全部没收。2001年，监督检查4次，检查营业性宾馆饭店49个，对县直50多个有行政管理职能的部门，招待费在财务上单独列支制度的落实情况进行专项检查，纠正问题4个。制定下发《关于坚决制止领导干部及其子女婚丧事大操大办的紧急通知》，组成2个检查组进行突击检查。2003年，收缴护照1个，通行证5个；开展党政机关工作人员借用公款清理工作，清退53.49万元；加强对公款出国（境）的管理，压缩取消团组8个，132人次，节约经费26.4万元。2004年，对9个乡镇（街道）及393个村违规购买商业保险和借用公款问题进行集中清理，清理违规入保资金124.2万元，清理基层干部借欠公款24.5万元。2006年后，对全县105个党政机关、事业单位干部职工虚报冒领工资补贴问题、借欠公款问题进行清理。2007年，对领导干部调动带车情况进行清理，对未如期退还车辆的原负责人和现任负责人进行提醒谈话，责令限期退还。2013年，组建12个专项行动督导小组，定期不定期对各单位执行厉行节约10个方面的问题开展督导检查，督促各级健全公务接待、车辆管理等制度150余项。组织开展会员卡专项清理，132名纪检监察干部率先清退，全县4021名党员干部全部做出零持有报告。从严执行市委“八条禁令”和县委“十条禁令”，扭住“四风”问题不放松，抓住中秋、元旦、春节等关键节点，严明纪律要求，开展多形式、高密度明察暗访91次，查处问责28人，其中通报曝光9人。对群众反映强烈的“升学宴”、公款吃请、公款走访等问题进行治理，查纠问题6个。截至2013年底，累计清退兼职人员7人，脱钩人数23人，51家经济实体与机关全部脱钩。审查清理出违规车辆73辆，按照有关规定追缴违规资金45.5万元，归还欠款320多万元。

第二节　案件查处

1985年后，县纪委开始查处各类违纪违法案件。至1993年，累计查处197起，受撤销党内职务以上处分的56人。其中，公职人员18人，受到开除党籍处分的7人。2010—2013年，强化问题线索受理，实行常委轮流到基层接访制度，创新信访“双向承诺”制度。累计查处科级以上干部18人，万元以上案件54起，受到撤销党内职务以上处分75人，开除公职11人。县纪委始终保持惩腐高压态势，坚持有腐必反、有贪必肃，既坚决查处领导干部违纪违法案件，又切实解决发生在群众身边的腐败问题。2012年，党的十八大后，强化监督执纪问责，强调把纪律挺在执纪前沿，加强纪律审查，严格党的政治纪律和规矩，先后修订纪律审查流程、问题线索统一管理、错案责任追究等制度，提升纪律审查质量。2013年，查处县某局2名工作人员在事业单位招考过程中的违纪违法案件，两人均被开除党籍、开除公职。立案查处广运街道某村原支部书记董某某利用职务之便，伙同他人虚报宅基地，套取补偿款案，涉及金额7.2万元，当事人受到开除党籍、撤职处分。同年，实施纠风护农、护学、护康、护企、护居、护保“六护”行动，严肃查处自来水污染涉民事件，处分处理4人。全县纪检监察机关共受理群众信访举报156件次，立案65件。县纪委自办案件41件，镇街办案15件。截至2013年底，全县查处各类违纪违法案件2418件。

第三节　行政执法监察

减轻农民负担监察

1993年，县委成立全县农民负担监督委员会，印发《农民承担费用和劳务管理规定》，抽调38名副科级以上干部分赴四女寺镇36个村抓试点，发放农民负担卡5000份，减少农民负担118.4万元。全县清理出涉及向农民收费的文件38份，废止和修改21份。清理出涉及收费项目49项，废止32项。减少农民负担820.5万元。全县缓建停建项目24项，减少负担356万元。全县裁减村干部、民办教师、临时工799人，年减少负担87.5万元。2001年，清退乡镇临时工455人，清退乡村代课教师365人，精简超职数配备干部135人。通过参与示范基地建设、到村任职、从事个体私营经济等方式精简乡镇干部1085人。对村级干部实行定编、定酬、兼职等方式压缩村干部职数382个，减轻农民负担600余万元。截至2013年底，取消涉农不合理项目129项，废止87项，修改13项，减轻农民负担5004.4万元，清退乡镇临时工、乡村代课教师1000人次，处理违纪人员20余人。

减轻企业负担监察

1993年，县纪委成立专项治理小组，对县直37个重点单位一年来的财务收入情况进行严格检查。1999年，印发《关于进一步优化经济发展环境支持保护内外商企业发展的若干规定》，成立武城县经济环境保护委员会及经济“110”，对重点企业实行挂牌保护，对企业收费实行“一证一卡一簿”制度。2001年，对公安、工商等10多个部门实行治理优化经济发展环境责任制。2004年，压减和规范收费项目127项，每年减少企业负担1000万元。2010年，印发《进一步优化发展环境的实施意见》。在5个重点工业园区推进涉企收费“一费制”改革。全县20家挂牌企业拒绝“三乱”（乱收费、乱罚款和各种摊派）收费60余次，减轻企业负担30余万元。2013年，完善“企业宁静日”等制度，建立收费公示栏36处，发放监督卡400余张，规范环境监测点41个。全县29家企业纳入“一费制”

管理，减少了对企业干扰。截至2013年底，全县取消不合理收费项目1684项，降低收费标准198项，减少收费单位52家，取消收费关卡8处，查处加重企业负担的“三乱”案件298起，减轻企业负担1.58亿元。

“收支两条线”监察

1986年后，县纪委多次进行“收支两条线”监督检查。每年对全县中小学进行违纪检查，1996—2013年，清理收费金额1491万元，其中违纪收费484万元。对学校提出监察建议127条，协助建章立制125项。1996年，对全县14处婚姻登记管理部门的收费情况进行违纪检查，清理出1994年后的收费金额18.9万元。其中，违纪金额11.4万元，提出建议35条，协助建章立制58项。多次对全县重点建筑工程项目进行检查清理，2002年检查工程项目7个，涉及金额1700万元，查出违规违纪问题18个，对2家实行邀标的单位进行处理。截至2013年底，清理执收执罚和行政事业性收费、罚款、集资等项目，撤销违规账户213个，取消不合法、不合理收费项目920个，查出违规资金616.2万元，追缴财政523.2万元，清退28万元，罚款6.09万元。

医药监察

自2002年起，县纪委对全县12家医疗单位实行药品集中招标采购、“用药一日清”和“中心摆药”等制度进行检查，杜绝“开大处方”“大开处方”等不正之风。至2013年底，清理取缔非法医疗机构175处，非法经营单位26处，清理销毁假劣、过期药品、医疗器械总案值1.02亿元，降低466种常用药品价格，折价218万元。全县12家医疗单位进行招标采购，涉及药品、医用耗材、一次性耗材820种，节约3042万元，让利群众222万元。

治理公路“三乱”

为治理乱设站卡、乱罚款、乱收费“三乱”，县纪委印发《治理公路“三乱”暂行规定》，采取“五定措施”（定点、定向、定时、定人员、定职），即在规定的时间内和固定地点查车；还特别规定只有交通、交警部门上路查车，其他单位一律不准上路查车。有效遏制公路“三乱”现象的发生。截至2013年底，查处公路“三乱”案件40余起，处理违纪违法人员10余名，追缴入库5万余元。

纠正行业不正之风

1986年后，县纪委组织开展多种形式的行风评议。2000年，开展“万家企业评行风”活动。2001年，聘请30名医药行风监督员，加强对医药购销行业监督力度。2003年，对全县执纪执法、行政管理和服务性行业等60余个部门进行以优化发展环境为重点的民主评议，主要包括部门履行职责情况、办事公开情况、依法行政、服务态度、工作效率、治理企业“三乱”情况等10多项。2009年，组织360余名参评人员，首次采用现场微机计票、现场公布结果的方式，开展对全县党群系统、政府系统、双管部门等95个单位的机关效能暨政风行风集中评议。2013年，围绕优化社会发展环境和生产生活环境，对93个部门和87个重点科室进行效能考评暨政风行风评议。建立常规、现场、社调、即时“四评”工作模式，对111个部门现场评议，对50个窗口服务单位实行即时评价，委托统计局调查中心对146个部门（单位）开展社调评议。开展“打造营商环境突击月”活动和“庸懒散”专项治理，明察暗访32次，纠正不规范执法8次，通报1起。每季度对入驻县社会事务服务中心事项办理情况进行专项检查，责令整改单位5个。推进行政审批制度改革，审批事项由原来的257项，压减到65项，减幅达75%。对103宗涉及10亿多元的公共资源交易项目进行监督，节约资金4700多万元。

第四章　组织工作

第一节　组织建设

1986 年，全县有 21 个基层党委。其中，镇党委 3 个，乡党委 12 个，县直部门党委 6 个，党支部 706 个。1988 年 4 月，县委研究制定企业党组织建设和农村党组织建设的实施意见，对企业党组织建设问题提出 4 点具体要求，关于农村党组织建设问题提出 5 点具体要求。1994 年，县委印发《关于进一步加强农村基层党组织“三配套”建设的意见》，对村级党组织“三配套”建设工作进行具体部署。2011 年，全县有 20 个基层党（工）委。其中，镇党委 7 个，街道党工委 1 个。县直部门党委 12 个，党总支 68 个，基层党组织 817 个，其中社区村党组织 189 个。党员 17615 名，其中农村党员 9285 名。截至 2013 年底，全县有 20 个基层党（工）委。其中，镇党委 7 个，街道党工委 1 个，县直部门党委 12 个，党总支 142 个，基层党组织 867 个，其中社区村党组织 511 个（社区党总支 118 个，党支部 393 个）。

机关党组织建设

1986 年，机关工委负责县直 65 个党政机关、企事业单位的党务工作，有党员 2751 名。主要职责为建立健全基层组织，及时充实调整总支、支部班子。1995 年，由机关工委负责县直党政机关、企事业单位的党务工作，有党员 2802 名。按照《机关基层组织工作条例》的要求，在党组织建设中注重新建单位党组织与行政机构同步建立，对因工作需要而有变动的班子成员职务及时调整充实，对任期届满的总支、支部按有关规定及时换届改选。2005 年，机关工委负责县直 71 个党政机关、企事业单位的党务工作，有党员 2810 名。同年，在“保持共产党员先进性教育活动”中，机关工委总结完善县国税局“党员过政治生日制度”的经验做法，在县直机关基层党组织中全面实施。截至 2013 年底，机关工委负责县直 89 个党政机关、企事业单位的党务工作，有党员 3755 名。新建总支、支部 37 个，对 25 个党总支、151 个支部及时进行充实调整和改选。

纳新党员是机关工委的一项主要工作内容，按照《党章》发展党员的有关规定，坚持标准、保证质量、改善结构、慎重发展。机关工委制定执行党员培养对象审批制、公示制、票决制、责任追究制等制度，对各单位培养和发展新党员情况进行检查和指导。发展党员，严格材料审查、党员会议、培训测试、谈话考察等程序，确保纳新党员质量。1986—2013 年，机关工委发展党员 1672 人，审批预备党员转正 1823 人。以组织集中党课为切入点，全面带动“三会一课”组织制度的落实，落实党员领导干部半年民主生活会制度，每年组织开展民主评议党员和评先树优工作，对评选出的先进基层组织、优秀党员、优秀党务工作者进行表彰，对不合格党员采取帮教措施限期改正。

农村党组织建设

党务工作达标升级　1986 年，县委组织部选拔农村后备干部 369 名，建立党的建设工作联系点制度、党员活动日制度、党员联系户制度。1988 年，调整改选 34 个后进村党支部班子，调整充实党支部成员 56 人。1989 年 11 月，制

图 14-4　郝王庄乡大王庄村党支部被评为全国先进基层党组织（1996 年 摄）

定《对农村党支部实行达标升级管理的意见》。1990 年，推行农村党支部达标升级，整顿调整农村三类支部班子 48 个。1992 年，开展活动阵地建设，建成高标准活动中心 328 处。1993 年，制定《关于对后进村党支部班子集中整顿的实施意见》，全年整顿村支部班子 84 个，调整村支部书记 34 人。制定《关于建立农村党支部实绩档案的实施意见》，全县 393 个村支部在乡镇建档，组织部备案。

实施“能人战略”　1994 年，县委组织部对工作不力的支部进行“输血”“换血”，印发《关于选派机关干部到后进村任职的实施意见》，全县 29 名乡镇干部分别到 29 个后进村任实职。其中，任支部书记 25 人，任村委会主任 4 人。1995 年，选派 22 名县直优秀青年干部和 56 名优秀农村青年，组成 28 个工作组，整顿后进村 56 个，全县 52 个后进村建立健全党支部班子，33 个村建立村级服务组织，39 个村发展起大棚蔬菜、植桑养蚕、地毯加工等多种经营项目。开展争创“奔小康红旗党支部”和“奔小康优秀共产党员”活动，全县树立 50 个红旗党支部。56 个后进村中有 28 个村升为二类党支部，9 个村升为一类党支部。

机关干部驻村抓党建　1996 年，全县开展“千名干部驻村到户，抓党建，奔小康，创建文明村”活动，对 50 个奔小康红旗党支部实行动态管理，优胜劣汰。1996 年淘汰 6 个，1997 年淘汰 13 个工作成效不明显且发展潜力不大的红旗党支部，增补 19 个发展快且潜力大的村。1997 年，选派 81 名县直部门干部，39 名乡镇干部组成 40 个工作组进驻 40 个落后村帮助工作。1999 年，选派 171 名县直机关干部和 39 名农村优秀青年进驻 61 个后进村，从乡镇抽调 454 名干部组成 168 个工作组，进驻 168 个村帮助工作。2000 年，选派 180 名县直机关干部组成 60 个工作组到 60 个相对落后的村，从乡镇抽调 356 名脱产干部组成 121 个工作组进驻 121 个村帮助工作。2003 年，县直部门派驻 30 个，乡镇派驻 102 个工作组进村。2006 年，选派 59 个县直部门的 120 名成员组成 41 个工作组，乡镇街 716 人组成 343 个工作组进村助推新农村建设。2008 年，建立县领导联系乡镇街、县直部门包村、龙头企业帮村的“三位一体”帮扶工作新机制，推行“乡镇干部驻村工作日”制度，开展乡镇机关包村干部和大学生村干部“进百家门、访百家情、帮百家难”活动。2012 年，开展“三进三实三提高”主题实践活动，全县 127 个单位与 189 个社区（村）结对帮扶，实现帮扶工作全覆盖。全县为群众办好事实事 4600 余件，投入资金近 500 万元。先后两年选派 179 名县镇干部到村担任“第一书记”。同年，开展网格化联系服务群众工作，创新提出“一包三联一结对”工作方式，9 名县委常委包镇街、开发区，45 名县委委员和县级干部联系社区（村），3000 多名机关干部和党代表联系党员，17996 名党员联系群众，规模以上企业结对联系困难企业，2166 户困难家庭实现全覆盖。投入资金近 700 万元。为群众解难题办好事 1300 多件。

农村会计公职化管理　2000 年，全县实行以“公开考选、持证上岗、政府聘任、异村交流”为主要内容的农村会计公职化管理。通过

图 14-5 2011 年 12 月 29 日，武城县"三进三实三提高"主题实践活动动员大会召开

其他村干部和无职党员，最高为五星级。农村干部的星级与报酬待遇直接挂钩，无职党员星级作为评选优秀共产党员的重要依据。2009 年，制定《关于进一步深化农村党支部书记星级化管理的意见》《农村党支部书记星级化管理实施方案》《退职村主职干部生活补助金制度暂行办法》，把社区（村）党组织书记补贴报酬由原来的单一星级补贴扩大到岗位补贴、星级补贴和绩效补贴 3 部分，将任职十年以上退职村党支部书记和村委会主任生活补助金全部纳入县财政统筹。每年"七一"举行授星颁证仪式，统一发放补贴。2010 年，为 189 名社区（村）党组织书记发放各类补贴 189.5 万元，为 553 名退职村主职干部发放生活补助金 30 余万元。2012 年，将农村党组织书记补贴人均提高 1200 元，人均报酬每年 1 万元。2013 年，村党组织书记报酬人均 9000 元，退职村主职干部生活补助金人均 730 元。

公开考选，政府聘用 319 名农村职业会计（低于 500 人的村庄，两个村由 1 名职业会计管理）。其中，乡镇干部考选 239 名，占 74.9%；农村原任会计考选 43 名（到异村任职），占 13.5%；农村社会青年考选 37 名，占 11.6%。

"三级联创"活动 2003 年，全县开展"创建'五个好'村党支部、乡镇党委和农村基层组织，建设先进县"为主要内容的农村党的建设"三级联创"活动。在农村"两委"换届中选拔政治素质高、群众威信高、带头致富能力强、带领群众致富能力强的"双高双强"型人才进入农村班子。全县 300 多名村支部书记有自己的致富项目，其中 190 人创办、领办民营企业。2004 年，全县 5 个乡镇街党委达到"五个好"要求。其中，老城镇党委受到省委表彰，武城镇和广运街道党委受到市委表彰，218 个村党支部达到"五个好"目标要求。

农村干部党员星级化管理 2003 年，全县对农村党支部书记实行星级化管理，每年年底对农村党支部书记进行考核评议，按照工作实绩和任职年限评定星级，三年晋升一个星级，八星级封顶。2005 年，星级化管理扩展到

农村党组织阵地建设 2004 年，全县村级开展"五个一"建设，即各村建一处标准较高的办公场所，挂一副党支部、村委会牌子，制定一套工作制度，健全一套工作记录，印制一套农村工作学习资料。有 80 多个村筹资 120 多万元，建设高标准的办公场所。2007 年，争取上级扶持，落实补助资金 182 万元，建设完成 43 个村级党组织活动场所。2010 年，采取争取省级以上补助、县财政每处补贴 2 万元、选派县直部门帮扶等办法，使 69 个村级党组织活动场所按时完工。2011 年，69 个社区活动场所达到"规范室内外装修、规范'两委'牌匾、规范配套设施、规范档案资料、规范上墙制度"等"六个规范"要求。2012 年，按新建、修缮、

租借、共用等 4 种方式，对 145 处村级活动场所进行改造提升，实现全覆盖。

企业、非公有制经济组织党组织建设

1986 年，全县开展企业党组织整顿健全工作，51 个乡镇企业建立党支部，46 个企业建立党小组。1988 年，引导企业党组织转轨变型，增设总支部 2 个，支部 13 个。1989 年，在企业、经济联合体中建立健全党组织，全县新建党支部 25 个。1993 年，印发《关于在私营企业建立党组织的意见》，在私营企业建立党支部 14 个，党小组 13 个。1996 年，制定《关于在企业党组织中实施“政治核心工程”的意见》，为 58 个小型（二）以上企业建立管理档案，在 9 个企业进行“政治核心工程”试点。1997 年，实施“政治核心工程”，制定《全县县属企业领导班子考核实施方案》，对全县 66 家企业领导班子及 285 名成员进行考核。2000 年，全县符合条件的 82 家私营企业建立党组织，12 家有条件的企业建立党员活动中心。2003 年，实施党建工作示范工程，5 家企业被列入全市百家非公有制企业党建示范工程。2006 年，开展“为党旗增辉、为企业发展做贡献”活动，企业党组织和党员提合理化建议 220 多条，创造经济效益 800 多万元。2007 年，建立非公企业党建联系点 25 个，向 270 家具有一定规模、但不具备建立党组织条件的非公企业选派党建指导员。2008 年，全县 102 家规模以上非公有制企业全部建立党组织，组建率 100%。2009 年，新建非公企业党支部 5 个，新社会组织党支部 4 个，在非公企业发展新党员 59 名，占发展党员总数的 20%。2010 年，新建非公企业党组织 5 家，新派党建工作指导员 132 名，全县 80% 的非公企业党组织达到有班子、有制度、有活动目标。2011 年，开展“两新”组织“建组织、扩覆盖”活动，新建“两新”组织党组织 69 个，全县“两新”组织覆盖率超过 40%。2012 年，培育 45 个“两新”组织党建示范点，全县非公企业党组织覆盖率 86%，社会组织党组织覆盖率 80%，古贝春集团有限公司获“全国企业党建工作先进单位”。2013 年，深化“建组织、扩覆盖”活动，组织开展“两新”组织党建“双百示范”创建活动，高标准培树 22 个党建示范点。是年，全县非公企业党组织覆盖率 86%，社会组织党组织覆盖率 80%，“两新”组织党的工作覆盖率 100%。

党员队伍建设

1986 年，全县有党员 1.46 万人。1988 年，侧重在党的力量薄弱的单位发展党员。1989 年，贯彻“从严治党”精神，严把党员队伍“入口关”。1991 年，采取“入党材料预审制度，对党员发展对象当面谈话和书面测试”三项措施。1992 年，全县党员 1.55 万人。1993 年，注重在生产一线的工人、农民和贫困后进村、私营企业中发展党员。1995 年，把 5 年以上不发展党员的村作为工作重点，帮助 30 个村确定入党积

图 14-6 基层党组织主题实践活动（2010 年 摄）

极分子84名。2000—2007年，注重在“妇女、知识分子、业务技术骨干”中发展党员。2008年，全县党员16922人，其中女党员2219人。35岁以下的党员2212人、60岁以上的党员4805人、新中国成立前党员340人、高中以上学历党员8023人、在岗职工党员5226人、离退休党员2359人、农民党员9000人、其他方面党员337人。2009年，培训入党积极分子978人，发展党员推行“两推一公示”制度（群众推荐优秀青年、党员推荐入党积极分子，对群众推荐的优秀青年人选、党员推荐的入党积极分子初步人选、党支部确定的入党积极分子、列为发展对象、接收预备党员、预备党员转正等6个环节进行公示）。2010年后，在全县全面推行发展党员全程票决制，健全完善发展党员预审、两推一公示、留影存档制度。县镇两级建立入党积极分子台账，与组织员签订“发展党员工作承诺书”，严格程序，确保党员队伍纯洁性。截至2013年底，全县有党员17996名。

第二节　党员教育

电化教育

1986年，县委组织部通过录音、录像、广播、电视、电影等形式对党员进行教育。1990年，扩大电化教育规模，为党员学习播放教育片64场次，受教育党员5200人次。1994年，全县23个基层党委全部建立党员电教站，将23个村和10个县直部门确定为党员电教固定播放点。1997年，开展“党员电化教育效益年”活动，培训党员干部1.34万人次。2004年9月，全县启动农村党员干部现代远程教育工作。2009年，开通武城党建频道，实现远程教育入户。2010年，全市远程教育站点管理使用工作现场会在武城县召开，站点星级化管理办法在全市进行推广，反映“三位一体”抓学用的做法的专题片《远教花开遍地金》在全省现场会上播放。2011年，144个基层集中学习站点开通互联网。2013年，创新教育载体，推进农村远程教育转型升级，重点加强课件资源建设，提高党建频道节目质量。

“三个代表”重要思想教育

2001年1月至2002年12月，县委在县直部门、乡镇、村级领导班子和领导干部中开展“三个代表”重要思想学习教育，分集中学习、对照检查、整改提高3个阶段。活动分两批进行，第一批是县直部门和乡镇，2001年1月开始，同年6月结束。第二批是农村，2001年8月开始，2002年1月结束，整改提高工作一直持续到2002年底。2004年，制定《关于深入学习贯彻“三个代表”重要思想，加强全县在职干部教育培训的实施方案》，在全县兴起学习贯彻“三个代表”重要思想新高潮。

保持共产党员先进性教育

2005年1月至2006年6月，县委在全县党员中开展保持共产党员先进性教育活动。活动分县、乡镇街及开发区、村三批依次开展。第一批于2005年1月开始，由县委、县人大常委会、县政府、县政协领导班子成员和县直部门的6个党委、14个党总支、126个党支部，2996名党员参加，同年6月底结束。第二批于2005年7月开始，乡镇街及开发区机关的13个党委、6个党总支、161个党支部、4237名党员参加，同年12月结束。第三批于2005年12月开始，县委有关部门5个党支部，农村393个党支部、农村中小学29个党支部，9905名党员参加，2006年5月结束。每个批次的教育活动均分为学习动员、分析评议和整改提高3个阶段。

科学发展观教育

2009年，县委在县、乡镇街、社区（村）

开展第二、三批（省级以上干部是第一批）学习实践科学发展观活动。全县481个单位、681个党组织、1.6万名党员分别参加第二批、第三批学习实践活动，达到“党员干部受教育、科学发展上水平、人民群众得实惠”的目标，群众满意度测评结果为97.8%。2010年，开展“创先争优、争做贝州先锋”活动，全县653个基层党组织、1.67万名党员参加，各级党组织和党员解决制约发展的突出问题140多项，办理各类实事2600多件。经验做法被市级以上新闻媒体刊发170多篇，活动开展情况专题片被省远程教育中心山东网台播放。

第三节　干部工作

干部管理

1986年，县委组织部建立健全《保密守则》《人事、文书档案借阅制度》，对绝密文件实行重点保存。1990年，为解决农村干部的“老有所养”，完善农村干部管理体制，在全县开办农村干部养老金保险。1991年，干部离退休工作正常化、制度化，为62名科级以上干部集中办理离退休手续。加强档案工作规范化管理，由组织、人事、教育三家相对集中管理。1992年，经地委批准，在全县选聘农民合同制干部到乡镇机关任职，通过民主推荐，组织考察，至9月全县有32名农村党支部书记和乡镇企业负责人被选聘，分别到15个乡镇任副乡镇长。1996年，将符合条件的442名政府部门工作人员过渡为国家公务员，将407名符合条件的党群部门工作人员过渡为机关工作者。2008年，出台《关于对乡镇街、部门领导干部实施写实评议制度的意见》，对领导干部“工作实绩每月一记实、季度一分析、半年一评议”，把评价结果运用到领导班子和领导干部评先树优、选拔任用中。2010年，突出领导班子和领导干部实绩考核工作，加大财税收入、招商引资、项目建设等重点工作考核权重，建立重点工作月督查、月通报和末位淘汰机制，调动领导干部干事创业的积极性。2012年，开展组织部部长“集中约谈”活动，摸清各个班子运行情况和干部思想工作状况。开展干部人事纪律“百日集中整治”活动，提出“六个严禁”纪律要求，从源头上预防和治理选人用人的不正之风。2013年，完善干部日常考察制度，重点围绕班子运行、述职表现等6项内容，采取专程上门走访、调查研究、检查工作等形式走访，随时了解干部日常表现情况，作为干部任用的重要依据。开展干部全员谈话，制定《关于建立领导干部全员谈话制度的实施方案》，采取组织部部长和领导干部“双向约谈”方式，共约谈干部807人，收集意见建议18条。规范干部档案信息管理，对全县在职科级干部档案的年龄及各类信息进行集中审核，防止和纠正各类造假现象。

后备干部队伍建设

1986年，县委组织部开始建立后备干部档案和卡片，选派11名后备干部到乡镇挂职，选送25人到各类大专院校深造。1989年，选派320名中青年干部分三批到基层任职锻炼，每期半年。1990年，提拔46名后备干部进入各级领导班子，占提拔总数的65%。1991年，注重妇女后备干部培养，确定60多名乡镇和县直领导班子的妇女后备干部。1994年，制定《关于加强跨世纪后备干部队伍建设的实施意见》，在各级领导班子中注意选拔年轻优秀的后备干部，其中党政机关180名，企业240名，乡镇84名，采取到党校学习、下基层任职、参与重大突击活动等形式加强培养。1996年，制定《关于培养选拔优秀年轻干部三年规划》，根据年度考核和平时工作表现，在县直部门、乡镇及企事业单位选拔建立一支优秀的年轻干部队伍。其中，党政机关干部180名，企事业单位150

名，乡镇52名。2008年，制定《关于加强党政领导班子后备干部工作的实施意见》，对后备干部的条件资格、数量、结构、选拔办法、培养、管理、任用做出具体规定，使后备干部工作走上制度化、规范化轨道。2009—2011年，对46名首届大学生村干部进行专题培训，对引进的250余名大学生人才进行岗前集中培训，选派262名优秀机关干部到城市建设、合村建区等重点工程建设一线挂职锻炼。选拔20名干部赴青岛城阳挂职。在大学学历以上、30岁以下的干部中公开选拔18名科级干部。2013年，选派4名年轻干部分别到国家发改委、省水利厅、济南高新区挂职学习。加强实践锻炼，建立全县党外代表人士实践锻炼基地，选派第一批4名优秀党外干部挂职锻炼。是年，全县后备干部230名。

干部选拔

1988年，县委组织部按照公开、平等、竞争、择优的原则，开始采取考试与考察相结合的办法选调干部。1992年，制定《关于选聘农民合同制干部的意见》《关于改革企业干部人事制度的意见》，打破工人、农民同干部的界限，拓宽选人用人视野。1994年，为政法部门公开考选57名干警，将7名农民合同制干部提拔担任乡镇党委副书记、副乡镇长职务。1995—1996年，改革非国家正式干部不能担任主要领导职务的任用形式，从棉麻、粮食系统选聘2名工人身份的优秀人才担任公司的正、副经理。从农村优秀女青年中为乡镇招聘14名妇女干部。选拔6名工人或聘干身份的人员担任县直部门和企业主要领导职务。1998年，开始将竞争机制引入干部选拔中，制定《关于县直机关实行中层干部竞争上岗的试行意见》，公开考选乡镇党政主要领导干部，有3名书记和6名乡镇长通过“一推双考”选拔上来。采取公开报名、资格审查、面试答辩、组织考核、研究确定人选、任前公示、试用等7个步骤，在全县范围内对县实验中学校长职位进行公开竞聘。2004年，修订完善公开选拔、竞争上岗、考察责任等制度，建立健全干部考察预告、差额考察、考察对象公示等制度。2007年，面向全县党政机关、事业单位公开考选23名30周岁以下、大学本科学历的科级干部。2008年，武城县被省市确定为“科学规范和有效监督县委书记用人行为”试点县，制定出台以《武城县干部选拔任用工作程序及监督办法（试行）》为框架，以动议等8个办法为支架的“1+8”制度体系，探索出一条用机制选人、靠制度管人、凭实绩用人的新路子。中新社以《“八项制度”管住县委书记的“四项特权”——武城县科学规范“一把手”用人权调查》为题对武城县试点做法进行报道刊发，并报中组部及省委主要领导参阅。省委书记姜异康在中新社《内部信息清样》的报道上作出重要批示，省委常委、组织部部长李玉妹在全省几次会议上对武城县的做法给予充分肯定。县委书记邓光亮在全省“科学规范和有效监督县（市）委书记用人行为”试点工作座谈会上作典型发言。此经验做法被《山东组工信息》《山东干部监督信息》《大众日报》、德州《组织工作》《德州通讯》、德州电视台等报刊媒体报道刊发。试点成果被省委组织部评选为“全省组织工作创新奖”。2010—2012年，面向全县公开考选2任团县委书记、5名纪工委副书记、3名正科级干部、7名科技副镇长。选任6名乡镇党政正职。

干部审查监督

1986年，县委组织部收到群众来信38封，接待来访24人次，复查历史案件6件。1988年，为17名干部更改参加革命工作时间。1992年，建立“有严重问题干部”档案卡片。1993年，先后制定《领导干部个人重大问题报告制度》《副科级以上干部亲属回避制度》《干审联席会议制度》，有112人次分别向上级有关部门和党组织报告个人重大问题。1997年，制定《关于解决乡镇领导干部“走读”问题的通知》，解决乡镇干部的“走读”问题。完善“干部谈话打招呼、干部诫勉、干部离任审计、组织函询”等制度，谈话打招呼16人次，对15名领导干部进行离任审计，对13个乡镇负债情况进行调查审议。2004—2009年，聘请县人大代表、政协委员担任干部监督信息员，加强对领导干部的日常监督。制定干部选拔任用工作全程记实办法和责任追究制度，对每个干部动议提名、民主推荐、考察、酝酿、讨论决定等各个程序都严格记录在档，干部一旦出现问题，将按记实情况严肃追究相关人员的责任，防止干部带病上岗，带病提拔。建立领导干部报告个人有关事项制度，有102人次报告个人有关事项，超前预防、防微杜渐。建立干部考察员制度，公开考选40名干部考察员，赋予“五项权利”，独立行使职权。2010—2013年，开展“四项监督制度”学习宣传，发放制度单行本和测试题1000余份，为460多名领导干部专题辅导。成立督查考核办公室，对末位单位“一把手”一年转代理、两年作调整。出台《关于加强干部勤政督查考核工作的实施意见》，防止干部“慵懒散”。

领导班子建设

1986年，县委为推进领导班子和干部队伍“四化”进程，对全县所有乡镇和委办局进行全面、系统地考察和调整。1988年，对不适应改革和建设需要的25个领导班子进行调整充实。1990年，对县直76个部委办局和65个小型(二)以上的企事业单位领导班子全面考核和调整充实。1991年，加大妇女干部和非党干部培养选拔力度，有132名妇女干部参加地、县举办的各种学习班，9名优秀妇女干部提拔进入乡镇班子，使有妇女干部的乡镇由原来的3个增加到12个。1992年，乡镇领导班子换届选举后，乡镇党委政府两个班子平均职数由11.5个降到10.8个，平均年龄降低3.2岁，初中以下文化程度减少55%。1993年，县乡机构改革全面铺开。全县党政群机构由80个减到40个，领导职数减少106人，减少幅度为38%，机关工作人员由1332人减到600人。乡镇由15个减到14个，工作人员由719人减到405人。1995年，乡镇班子换届，交流干部69人，提拔干部48人，34人退出乡镇党政班子。党政班子平均年龄分别下降1.6岁和2.3岁，大专以上文化程度的增加11人，熟悉工业、经贸的干部增加15人。1996年，考核县直部门和乡镇领导班子及领导干部，有12个部门班子、3个乡镇班子和98名班子成员被评为优秀，712人称职，2人不称职。1999年，县直领导班子调整，提拔25名妇女干部。2000年，清理县直部门超职数领导干部，精减109职。每个乡镇班子均配备1名以上妇女干部，不再配备信访助理员。为41名本科学历的年轻干部明确正科级待遇。2004年，全县各部门围绕“树立和落实科学发展观、人才观和正确绩效观、群众观，学习贯彻党内监督和纪律处分条例，弘扬求真务实精神”三个主题，召开民主生活会，增进团结，规范监督，提高各级领导班子的执政能力。2006年，根据市委改革意见，按照“大稳定，小调整”，精减乡镇党委副书记29人、党委委员26人。2007年，完成乡镇人大、政府领导班子换届，精减副乡镇长18人、乡镇人大副主任11人。2008年，分三批对县直部门领导班子进行调整充实，执行“科学规范和有效监督县委书记用人行为”试点工作中出台的各项制度办法，把政治靠得住、工作有本事、作风过得硬、人民群众信得过的干部选拔到领导岗位上来。群众对全县干部选拔任用工作的满意度99.4%，对领导班子配备的满意度99.8%，对新提拔重用干部的满意度100%。2009年，制定《领导干部道德品行考察办法》《科级职数台账式管理办法》《调整不称职领导干部实施办法》。2011 年，激励干部树立标杆，评选表彰 20 个优秀领导班子和 20 名好班长。2013 年，制定《关于加强和改进督促检查工作的实施意见》《武城县督查工作实施细则》，全年下发督办通知 39 期，开展媒体督查及展播活动 29 次。

干部教育

1986 年，县委组织部选拔 41 人参加各类大专院校干部干修科考试，录取 25 人。1988 年，组织 38 名干部参加省科委举办的“领导、管理、决策”函授进修班。1992 年，把增长干部经济知识，提高干部领导经济工作能力作为重点，培训干部 5000 人，13 名干部分别到发达国家学习考察。1993 年，组织 380 名干部到经济发达地区学习。1995 年，培训干部 4900 人，400 多人到经济发达地区学习。1996 年，举办各类干部培训班 75 期，培训干部 2000 人次，科级干部 316 人次。1997 年，制定《关于加强企业领导干部和中青年干部培训工作的意见》《关于建立领导干部政治理论考试制度的意见》，培训干部 8800 人次。2000 年，选派 10 名优秀青年干部参加大学国际贸易专业研究生课程班。2004—2006 年，学习贯彻“三个代表”重要思想，把十六届四中、五中全会精神、科学发展观、构建和谐社会、建设社会主义新农村等理论知识作为县委党校主体班次学习的重要内容，举办 28 期培训班，培训干部 2000 多人次。2007 年，制订《贯彻〈干部教育培训工作条例（试行）〉实施细则》，2008 年，在县委党校举办“贯彻十七大精神，改进工作作风”新进班子和新任副科级干部、新进大学生、文秘等培训班 17 期，参训 1609 人次。2009 年，举办培训班 19 期，参训 3480 人次。2010—2013 年，全县 3000 名干部完成登录在线学习，干部教育培训“全覆盖”。举办各类培训班 26 期，参训干部 6075 人次。

第四节　人才工作

1986 年，县委遵照中央和省委、地委指示精神，落实知识分子政策，解决历史遗留问题。全县复议各类案件 121 起，按政策规定改变原处分结论的 94 起，其中全错全纠的 88 起（包括错划右派 43 起）。1988 年，县委印发《关于选拔管理拔尖人才的试行意见》，1989 年，召开首批 13 名县级专业技术拔尖人才命名表彰大会，3000 名知识分子参加思想教育大讨论，收到典型材料 30 份。1991 年，先后制定《专业技术人才实行目标管理的意见》《关于选拔管理乡村优秀科技人才暂行办法》《关于选聘管理科技副乡镇长暂行办法》《关于进一步搞好人才开发服务工作的意见》《关于选拔县级专业技术拔尖人才的暂行办法》，引进各类专业技术人才 105 名，建起 6177 人的人才库，建立政绩档案，定期考核。2004 年，制定《关于实施人才强县战略，进一步加强人才工作的意见》《关于引进、吸纳高层次毕业生和中级以上职称专业技术人员暂行规定》，建立全县人才资源基本数据库和武城籍在外高级人才数据库，在省人才市场设立固定招聘摊位，开辟武城人才信息网。2005 年，引进 106 名应届本科毕业生，有 208 名中高级人才和 40 多个引智项目落户武城，有 42 名技术人员赴国外培训。2008 年，在全市率先实施“一村一名大学生”工程，建立乡镇街包片书记、包村干部、村党支部书记“3+1”大学生村干部帮带机制。2009 年，评选表彰首届“贝州英才”50 名。2010 年，制定《武城县中长期人才发展规划纲要（2010—2020 年）》《关于选派优秀干部到企业挂职实施意见》。2012 年，推进校企对接合作，组织企事业单位与 12 家高校、科研单位建立技术合作关系，全县市级以上人才平台载体 25 个。

2013 年，实施现代产业人才聚集工程，引进高层次人才 50 余名，争取 6 名中直省直干部到武城县挂职，新增省市级人才平台载体 19 个，申报院士工作站等省级以上平台载体 10 个。

第五节　老干部工作

1984 年，全县共办理退休转离休干部 257 人，异地安置离休干部 59 人。1996 年，全县离休干部 555 人。其中，抗战时期的 145 人，解放战争时期的 410 人。按机构性质分：行政机关 176 人，事业单位 221 人，企业单位 158 人。截至 2013 年底，全县离休干部 155 人。其中，抗战时期的 25 人，解放战争时期的 130 人。按机构性质分：行政机关 85 人，事业单位 38 人，企业单位 32 人。

政治待遇

1986 年，按照中央关于老干部政治待遇不变的要求，全县建立相关工作制度，主要包括参加会议、阅读文件、订阅报纸杂志、参观视察、情况通报、走访慰问等。老干部应该参加的会议，都邀请老干部参加，为老干部订阅《内参选编》《大众日报》《党员干部之友》《老干部之家》等报刊。每年组织老干部开展一次县内视察和外出参观学习，每半年召开一次情况通报会，由县委、县政府主要负责人向老干部通报全县经济社会发展情况和下一步工作打算。“七一”、春节等重大节日期间，县主要领导走访看望老干部。1987 年，离退休干部党支部建设纳入党建工作总体规划，各单位成立老干部党支部、党小组，组织老干部开展思想政治学习。健全完善“三会一课”、民主评议、党员教育管理等各项制度。1990 年，县委、县政府咨询委员会成立，由曾担任过县级实职的老干部组成，发挥老干部的作用。1995 年，成立老干部咨询团，主要任务是当好县委、县政府参谋，宣传好党的方针政策，反映群众呼声，做好监督工作。至 2008 年底，全县有离退休干部党支部 23 个，党小组 20 个。发挥老干部党支部和老干部在参谋咨询、信访民调、关心下一代等方面的作用。历年来，老干部共提各种合理化建议千余条，组织各种关爱活动千余次，受教育学生 4 万人次。2011 年 8 月，县教育局离退休干部党支部被评为“全省先进离退休干部党支部”。县直离退休干部党支部书记李建中被评为“全省优秀离退休干部党员”。2013 年，落实老干部政治生活待遇，坚持情况通报、参加重要会议和重大活动等制度。成立县委离退休干部党工委，提升规范化建设标准，新组建离退休干部党支部 62 个。截至 2013 年底，全县离退休干部党支部 27 个，离退休干部党员 1386 人。

图 14-7 老干部视察全县重点项目建设（2013 年 摄）

生活待遇

1986 年，离休干部工资由离休干部所在单位发放，绝大多数单位能够按时足额发放，部分困难破产企业发放不够及时。2000 年，将发放工资困难单位的26名离休干部的工资纳入县财政，由县委老干部局代发。同年，印发《关于机关事业单位社会养老保险工作的意见》规定，将离休干部的工资纳入养老保险统筹范围，实行社会化发放。2002年，建立完善离休费保障机制、财政支持机制和医疗费保障机制。印发《武城县离休干部医疗基金统筹和管理使用办法》，规定离休干部医药费实行单独统筹，并建立统筹基金数增长机制。是年，统筹基金为每人每年2500元，定点医院为县人民医院。2008年，筹资280余万元，将拖欠多年的老干部医药费全部兑付。2012年，在全县开展困难离休干部和离休干部遗属的帮扶工作，建立老干部帮扶机制，对因重大疾病等导致生活困难的离休干部及遗属给予生活帮扶，帮扶资金为每人每年2000～10000元。2013年，将老干部医疗统筹金基数提高到每人每年8500元。对困难离休干部和离休干部遗属进行重点帮扶，全年帮扶50余人次，金额30余万元。

文化阵地建设

1986年，在顺河街东段南侧建立老干部活动室，建筑面积200平方米，能够开展棋类、阅览、演唱等活动。1988年，在青年路北段路东侧新建老干部活动室，建筑面积500平方米，新增健身器材、乒乓球等活动项目。1996年，在振华街中段南侧建设武城县老干部活动中心，建筑面积1300平方米，活动项目新增门球、书画等。2005年，县老干部活动中心拆迁。2006年，老干部活动中心综合楼建设项目确定为当年全县“十件为民实事”之一，年初批准立项，年底建成启用。位于漳南街中段北侧，总投资368万元，建筑面积3000平方米。离退休老干部以县老干部活动中心、老年大学为载体，成立县老年大学艺术团、运河老年艺术团，每天有百余人次的老干部到中心集中学习，学员们经常带着自编自演的文艺节目，深入到社区、工厂、学校演出，年演出30余场次。

第五章　宣传工作

第一节　理论教育

1986年，根据省委部署，县委宣传部、组织部联合举办为期4年的干部正规化理论教育，经全省统考，600名参加学习的党政干部有530人获省委讲师团颁发的甲级组大学公共政治课结业证书。1987年1月，县委发出学习贯彻中央〔1987〕1号文件的通知，要求各级党组织和全县人民，坚定不移地坚持党的四项基本原则，旗帜鲜明地反对资产阶级自由化，继续坚持改革、开放、搞活的方针。1989年，在全县进行形势任务教育，教育对象为工人、农民、学生、干部和知识分子，重点是党政机关的党员干部，主要学习党的十三届三中全会文件和省委书记姜春云的讲话。1990年，组织学习马克思主义宣传理论选读书目。在党员领导干部中开展党建理论学习研讨活动。开展《关于社会主义若干问题学习纲要》的学习。1992年3月，县委下发《关于认真学习邓小平同志视察南方重要讲话精神的通知》，组织全县党员干部学习邓小平视察南方重要讲话。1993年，组织全县党员干部群众学习邓小平建设有中国特色社会主义理论和社会主义市场经济知识。1994年，重点学习《邓小平文选》第三卷、党的十四届三中全会通过的《决定》和中国社科院编写的《什么是社会主义市场经济》。1995年，在党员中开展建设有中国特色社会主义理论和党章学习活动，开展向孔繁森、王廷江、韩素云的“三学”活动。1996年，组织学习《中共十四届六中全会文件学习读本》，学习江泽民一系列讲话和“九五”计划。1997年，开展解放思想大讨论。1998年，围绕继续深化经济体制改革，加大国有企业改革力度学习。围绕完善所有制结构，发展个体私营经济学习；围绕加强农业基础地位，推动农业和农村经济新发展学习。2003年，组织开展“解放思想谋发展、与时俱进奔小康”主题教育活动。对十六大精神、十六届三中全会和“三个代表”重要思想进行深入系统的学习宣传。2005年，结合保持共产党员先进性教育活动，强化县乡党委中心组和领导干部的学习，深入开展科学发展观及构建社会主义和谐社会学习宣传活动。2006年，学习贯彻邓小平理论和“三个代表”重要思想。学习建设社会主义新农村专题。加强党的先进性建设专题。建设社会主义和谐社会专题。2007年，邀请山东省行政学院教授高焕喜作《县域经济发展的理论与实践》的报告。2008年，开展十七大精神学习宣讲活动5场次，在县电视台推出系列报道6篇。对宣传文化战线改革开放30年来取得的辉煌成就和宝贵经验进行集中调研。2009年，制定《关于进一步加强和改进全县各级党委（党组）中心组学习的实施方案》，发放理论学习书籍1400余册，组织各党委开展辅导报告会12场次。2010年，邀请专家就学习贯彻四项监督制度和党的十七届五中全会精神等专题作辅导报告。全县各级党委中心组成员在市级以上期刊发表文章320余篇。2011年，围绕经济社会发展、“十二五”规划等主题举办辅导报告3场。为县委理论中心组发放《中国共产党简史》等学习资料700余册。全县各级党委中心组在市级以上期刊发表文章100余篇。开展纪念建党90周年理论文章征集活动，收集文章30余篇，其中14篇获市级优秀论文。2012年，为县委理论中心组发放党的十八大报告等学习资料500余套。全县各级党委中心组在市级以上期刊发表文章302篇，其中国家级3篇。是年，县委宣传部被评为全省理论教育工作先进单位。2013年，邀请专家学者到武城县举办专题辅导报告会4场，为各党委（党组）发放学习资料7000余套。新增省委宣讲团宣教基地1处、市级理论大众化示范点3处。

第二节　对外宣传

报刊报道

1986—2013年，累计在市级及以上党报党刊发稿件6588篇，宣传部新闻科连续20余年获《大众日报》新闻报道先进集体。2007年，着力建立大外宣格局，建立通讯报道员网络和工作互动机制。通过培训，提高基层通讯报道员的思想和业务素质。2008年，中华新闻报刊登《反映群众心声、建好文明载体》，报道武城县实施“四德”工程、促进社会和谐的典型经验。2013年，《半月谈》杂志刊登《干群关系亲，就是发展软实力》，报道武城县在群众路线活动中，通过建设“三无”机关大院畅通社情民意的经验做法。《借机借势借力、提质提速提效》反映武城县在“一圈一带”中加速发展的典型做法。《巧打“三张牌”拓宽掘金路——武城县发展农业产业化促农增收纪实》在《农民日报》二版重要位置刊发，反映武城县通过发展农业产业化促进农民增收的经验做法。

《人民日报》稿件　1986年，《人民日报》发表《武城工业生产生机勃勃》。1989年，武城县被命名为全国第一个玻璃钢县，《人民日报》《经济日报》《大众日报》等多家媒体对这一事件进行报道。1991年，《人民日报》社体育部、中央电视台等全国八大新闻单位组织的国产汽车评比活动中，“齐鲁牌”BWC6440型玻璃钢旅游车获“光辉的里程”暨1991年全国首届汽车马拉松大赛特别奖。1996年，《人民日报》十一版头条发表《一个心眼儿当支书》一文，成功将一心为民，带民致富的好支部书记王国富推向全国。

《大众日报》稿件　1986年，头版刊登《武城县对村干部实行目标承包责任制》一文。1987年，二版头条刊发《养鸡业冷热的启示》，介绍养鸡专业户孙延亭发展养鸡的成功经验。1988年，二版头条刊发《跑厂家不如找专家》，详细介绍武城县闫庄村依靠科技促发展的成功经验。1990年，二版头条刊发《繁荣农村经济的好途径》，对武城县探索发展经济小区的典型经验进行深入报道。1994年，头版头条发表《武城县发展边缘经济有声有色》，介绍武城县发挥地处两省四县交界处优势，发展边缘经济，力促县域经济快速发展的好经验。1997年，头版头条刊登《武城引导个体和私营经济健康发展》，介绍武城民营经济发展的典型经验。1999年，头版刊登《不富局长富县长》。2000年，头版头条刊发《武城农村经济结构脱胎换骨》，集中反映武城县抢抓机遇，发展民营经济，使农村经济结构发生质的飞跃的做法，在省内外引起很大反响，吸引省内外5000余人前来参观学习。2001年，头版头条刊登《“反弹琵琶”促发展》。2002年，头版头条先后刊登《武城民营经济驶入快车道》《三业一品兴武城》。2003年，头版头条刊登《干部形象也是环境》。2004年，头版头条刊登《武城民企助名企造汽车》。2005年，头版刊登《武城产业升级引发三大事件》。2008年，刊登《多数人在多数人中选人》，介绍武城县科学规范和有效监督县委书记用人的典型经验，先后被新华网等20多家媒体转载。2010年，刊发《武城培育影视业旅游新名片》，掀起武城文化产业发展的新浪潮。2011年，头版头条刊登《武城科技创新促优势产业升级》，介绍武城县项目建设与产业发展典型经验。

《德州日报》稿件　2000年，头版头条刊登《“试”出一片新天地》。2011年，刊发《武城高端路线激发工业活力》《武城：有机农业生态富民》《武城：68个并居点全部启动》等头版头条9篇，位居全市首位。2012年、2013年，《德州日报》重点稿用稿量一直位居全市上游。

1986—2013年武城县在省级以上报刊部分获奖新闻情况统计表

表14-2

时间	作品名称	作者	发表报刊	获得奖项
1987.6	解铃还须系铃人	王宝庆	大众日报	年度好新闻奖
1987.10	干群关系如何走出“低谷”		大众日报	年度好新闻奖
1988.8	假农药引出的话题		大众日报	好作品二等奖
1988.9	生产力的发展是唯一标准		大众日报	年度好新闻奖
1989.3	政策短期化行为应当克服		大众日报	年度好新闻奖
1989.7	繁荣农村经济的“启动器”		大众日报	年度好新闻奖
1990.7	不容忽视的“死角”	高春山	农村大众	全国“新论语”征文三等奖

续表 14-2

时间	作品名称	作者	发表报刊	获得奖项
1990.12	农民揪心的事就是我们最该办的事	王宝庆 马长顺	农村大众	大众日报好新闻作品二等奖 全国农民报好新闻作品二等奖
1991.1	杜佃龙的“今晚 8 点半”	杜惠来	中国青年报	第四届青春之光人物新闻征文三等奖
1991.2	赊肥记	杜惠来	农民日报	“宝石”杯短新闻竞赛优秀奖
1991.3	武城农民制定家庭“五年计划”	杜惠来	农村大众	全国农民报好新闻三等奖
1992.3	背水一战	王宝庆 康小川	大众日报	优秀作品三等奖
1993.3	咬住“严”字不放松——武城繁育“中17”棉种纪实	王宝庆 康小川 韩风文	大众日报	山东省农业基地建设征文三等奖
1994.2	山东武城农村兴起“一家两制”	杜惠来	信息快报	“阿特斯”杯头条新闻竞赛二等奖
1995.6	武城农民争相改大门	杜惠来	山东经济日报	年度好新闻奖
1998.10	柏油路把李家户乡“背出泥泞地”	杜惠来	山东交通报	第四届全国交通好新闻二等奖
1999.10	武城建起第一个村级“110”	王召华	大众日报	山东省政法新闻一等奖
2007.6	武城：“国字号”品牌征服美国大亨	王召华	大众日报	山东省新闻奖一等奖
2011.7	武城 260 家企业建起研发中心	何　利	山东经济报	山东省科技新闻三等奖
2012.10	武城：200 万元奖金变身奖补基金	王玉磊	大众日报	中国地市级新闻奖二等奖

电视报道

1990 年，县广播电视台获省电台先进集体记者一等奖。1991 年，省电台用稿 65 篇。是年，获省电台先进集体记者二等奖。1995 年，武城西瓜鉴评会召开，中央电视台等多家新闻媒体进行系列报道，在全国范围内提高武城的知名度。当年，省电台用稿 78 篇，获省电台先进集体记者二等奖。1996—2002 年，连续 7 年获省电台和市电台先进集体记者一等奖。2001 年，在中央电视台连续播出《产业“链”连民心》《小小羊毛赚“洋”钱》《特种养殖富农民》3 篇报道。2004—2013 年，连续 10 年获省电视台优秀通讯员先进集体奖。2008—2013 年，连续 6 年获德州电视台电视新闻宣传先进集体一等奖。2009 年，实现独立制作的新闻在中央电视台播出的重大突破。2010 年，电视剧《民为邦本》在武城开机拍摄，山东电视台、《大众日报》、德州电视台、《德州日报》等多家新闻媒体对武城县文化产业发展情况进行报道。2010—2013 年，连续 4 年在德州台上稿名列全市 11 个县市区第一名。2012 年，与中央台联合采制的新闻《粮袋子的十年变迁》在中央电视台《新闻联播》播出。全国超级卡车大赛总决赛在武城举行，中央电视台体育频道直播，全国各大媒体刊发稿件 121 篇，实现武城县在高层次媒体宣传的历史性突破。是年，县电视台获德州电视台特殊贡献奖。2013 年，县电视台新闻外宣部获市级“工人先锋号”称号。

1986—2013年武城县在省级以上电视新闻报道部分获奖情况统计表

表14-3

作品（或节目）名称	获奖情况	时间
抓“贼”何须等举报	全省地方广播台、站优秀作品评选	1991.9
客车特别行动	华东九报现场新闻竞赛二等奖	1991.12
古贝之窗	全省地方广播台、站优秀节目稿件评选	1992.2
别开生面的奖模会	全省优秀广播作品评选一等奖	1994.1
古贝能人闯市场	全省优秀广播电视作品评选一等奖	1995.3
乡村心曲——村里扭出秧歌队	全省地方广播电视台优秀作品评选二等奖	1995
武城有个王国富	全省地方广播、电视优秀作品评选二等奖	1996.1
甲马营乡农民外出考察变得“时髦”	全省广播专项优秀作品评选一等奖	1998.8
于振江的“古稀志”	齐鲁环保世纪行好新闻评比（电视类）二等奖	2000.4
为了故乡那片蓝	齐鲁环保世纪行好新闻评比（广播类）三等奖	2000.4
该出手时就出手	全省社会治安综合治理好新闻奖三等奖	2002.4
给百姓一方平安的天空	被山东省广播电视学会、省广播电视学会纪录片学术研究委员会评为专题片三等奖	2005
武城公车改革敲响拍卖第一槌	第三届山东省反腐倡廉好新闻三等奖	2006.3
小乡村盛行文明风	山东省县（市区）级广播电视作品奖三等奖	2006.8
修鞋女张秀兰	被山东省广播电视协会评为广播电视作品一等奖	2006.8
残废女双手巧修“人生路”	被山东省新闻工作者协会、山东新闻奖专项奖复评委评为专题三等奖	2007.6
武城运河船工号子	第三届山东省纪录（专题）片学术奖短片二等奖	2007.9
村支书走进大学堂	省广播电视协会电视消息一等奖	2007.11
一年级来了个“大”学生 孤儿杨宪伟的故事	被山东省新闻工作者协会、山东新闻奖专项奖复评委评为专题三等奖	2008.5
爱心聚起温暖的家（系列片）	山东省广播电视协会评为广播电视作品三等奖	2008.12
贴心警花打造和谐社区；回家	被省新闻工作者协会、省新闻奖专项奖复评委评为电视消息三等奖	2008
手机连上大喇叭　有贼你就说句话	山东省社会治安综合治理好新闻三等奖	2009.4
于树香：救灾义举感动绵阳	山东新闻奖县市级媒体专项奖评选电视消息类三等奖	2009.8
父爱如山；婶娘	山东新闻奖县市级媒体专项奖二等奖	2010.8
我县在全省首破商标权质押融资坚冰	山东新闻奖县（市）级媒体专项奖评选电视消息类二等奖	2010.8

续表 14-3

作品（或节目）名称	获奖情况	时间
秸秆“点亮”农民低碳生活	山东新闻奖县（市）级媒体专项奖评选广播消息类三等奖	2010.8
永远绽放的红梅	山东省电视片评奖一等奖（省级政府奖）	2011.10
打工妈妈	山东省电视片评奖三等奖（省级政府奖）	2011.10
留守的天空	第三届中国农业电视节目专题类二等奖	2012.4
爱心联盟：以团体的力量传播社会爱心 食用菌嫁接西班牙新技术　蘑菇生产实现“四季红”	山东新闻奖县级媒体作品评选电视消息类三等奖	2012.10
我县盐务部门全力组织食盐调运满足市场供应	山东省县（市、区）级广播电视作品奖（协会奖）评选电视消息类三等奖	2012.12
幸福武城　从富口袋到富脑袋	山东省县（市区）级广播电视作品奖二等奖	2012
我在天堂看着你	山东省广播电视节目奖二等奖	2013.4
购物卡权限不明示　限定消费不合理	山东省第十七届 3·15 好新闻评选广播消息类优秀奖	2013.4
倾力搭建就业平台　万余农民本土就业	第四届中国农业电视节目评选消息类二等奖	2013.4
绿色的追求	全国农业类电视节目评比三等奖	2013.4
徐世娟：母爱自闪耀　光明永留存	山东新闻奖县（市）级媒体专项奖评选电视消息类二等奖	2013.7

第三节　党报党刊

武城时报

2011 年 1 月，由中共武城县委创办，编辑部（报社）设在县委宣传部，有工作人员 5 人。为对开四版，采用新闻纸彩色印刷。一版为党政要闻，二版为综合新闻，三版为社会生活，四版为副刊。每周星期一定期刊出，全年出刊 52 期（不含增刊）。发行范围：县几大班子领导，各乡镇、各部门、各单位（各乡镇站所、村支部、企事业单位），武城籍在外领导、离退休老干部等。每期印刷 5000 份，邮政局免费发行。截至 2013 年底，编印发行 154 期（不含创刊前试刊 2 期），是全县发行量最大的平面新闻媒体。

武城時報

WU CHENG TIMES

满怀希望 携手前行

——《武城时报》创刊词

2011.01.01 星期六/农历庚寅年十一月二十七（创刊号）　总第1期　中共武城县委主办　内部赠阅/新闻热线：6211374

王立来视察《武城时报》编辑部时强调——

架起党群干群“连心桥”

县委书记王立来为《武城时报》创刊题词

聚焦武城发展　倾情民生民意　王立来

图 14-8 武城时报创刊（2011 年 摄）

党报党刊征订

武城县的党报党刊订阅工作每年超额完成上级下达的任务。1986—1998年，侧重于《农民日报》《农民工作通讯》《农民文摘》的征订。1999年开始，县委明确指出，宁可压缩行政费用，也要满足订阅党报党刊的费用，《人民日报》《大众日报》《德州日报》和《求是》杂志等党报党刊成为主要征订对象，并且征订数量逐年增加。2013年，征订《人民日报》636份，《大众日报》2131份，《德州日报》5636份。

第四节　精神文明

公民思想道德建设

1986年，武城县在全县广泛开展“五讲四美三热爱”（讲文明、讲道德、讲礼貌、讲卫生、讲秩序、心灵美、语言美、行为美、环境美、热爱祖国、热爱社会主义、热爱中国共产党）活动，激励全县人民群众发挥更大的积极性和创造性，建设社会主义新中国和美好家园。1990年，县委制定《关于加强社会主义精神文明建设的意见》。1992年，全县开展以“岗位学雷锋，满意在武城”为主题的学雷锋树新风活动，全县涌现出学雷锋小组1000多个，青年服务队800个，做好事2万余件次，建成花园式单位5个，县直各部门出动800多名干部职工清除青龙河淤泥300多立方米，铲除两岸杂草垃圾，平整清理河坡河岸12千米。同年10月，武城县被地委评为“创建精神文明先进县活动先进单位”，老城镇、李家户乡、滕庄乡被评为“文明乡镇”。1995年8月，县委确立“团结奉献，开拓发展，求实创新，拼搏争先”作为鼓舞和凝聚全县人民，拼抢机遇，团结奋斗的武城精神。1996年，加强青少年思想道德建设，培养和造就有社会主义觉悟的“四有”新人。1997年，以十四届六中全会《决议》和《爱国主义教育实施纲要》为教材，引导广大干部群众树立正确的世界观、人生观和价值观。2000年，全县开展讲学习、讲政治、讲正气的“三讲”教育活动，要求县级领导干部提高政治素质，增加党性修养，端正思想作风。并以此为契机，要求全县领导干部切实转变作风，提高工作效率。2004年，全县开展加强和改进未成年人思想道德建设工程。2006年，开展社会主义荣辱观学习教育，推进公民思想道德建设。2012年，开展“德耀齐鲁”道德示范基地建设活动。2013年，广运街道城关社区被命名为全省“德耀齐鲁”道德示范基地。

省级文明城市创建

1986年后，全县不断改进考核管理办法，对各级文明单位创建工作实行经常性动态管理，开展文明单位、文明村镇、文明机关等创建评选活动。2005年，开展争创省级文明城市活动，先后举办“创建文明城市从我做起”“文明交通伴我行”“创建文明城市，争做文明市民”活动，发放《武城公民文明手册》。2007年，开展学礼仪、用礼仪、争当文明公民活动，分发《文明礼仪读本》1600册。2010年，开展第四届世界太阳城大会“迎盛会、讲文明、树新风、建和谐”系列社会活动。2011年，武城县被授予“省级创建文明城市工作先进县”称号。2013年，通过复审。

“四德”工程建设

2008年10月，在全县开始实施以“爱德”“诚德”“孝德”“仁德”为主题的“四德”工程建设。

主要活动　2009年，举办首届“移动杯”“四德”工程建设彩信照片摄影大赛。在武城镇中心小学举行《武城“四德”三字经》授书仪式。举办“英潮杯·赞祖国扬‘四德’”德州市首届书法篆刻大赛作品展暨《英潮杯·赞祖国，扬“四德”德州市首届书法篆刻大赛作品集》首发

图 14-9 “四德”三字经诵读进课堂（2009 年 摄）

式。2010 年，在幼儿园及中小学校开展“传唱优秀童谣、做有道德的人”活动。2011 年，举办“四德”工程建设报告会，邀请省亲情教育系列活动办公室主任，省天下父母文化传播中心秘书长吕明晰作《孝道与幸福》主题报告。2012 年，邀请山东理工大学师生创作《武城孝德漫画册》。同年，省委党校王凤君到武城县观摩经济社会发展及“四德”工程建设工作情况。2013 年，中国老龄事业发展基金会理事长、全国敬老爱老助老主题教育活动组委会主任李宝库到武城举办题为《一颗闪耀人伦之光的璀璨明珠》的专题讲座。

选树典型　2008 年，全县举行首届当代“二十四孝贤”颁奖典礼，至 2011 年，先后评选出 4 届当代“二十四孝贤”。2009 年，连续 3 年开展孝德“千面旗帜”评选活动。2012 年，举办感动武城 2012 年度“四德先锋”颁奖典礼暨“深化四德工程，建设幸福武城”200 万基金启动仪式。2012 年，全县开展评选“武城好人”活动，至 2013 年，先后选出 2 届“武城好人”。

经验推广　2008 年，先后在《人民日报》、新华社等媒体刊发《反映群众心声　建好文明载体》等稿件，展示实施“四德”工程、促进社会和谐的典型经验。2009 年，全市“四德”工程建设现场会在武城召开。2010 年，全省“四德”工程建设工作会议在武城县召开，“四德”工程建设成为武城精神文明建设的一个品牌。司法部原部长高昌礼，中华民族团结促进会副会长、全国政协委员凌孜，省人大常委会原副主任卢洪，中国诗词协会副秘书长、《黄河诗报》原社长桑恒昌参加。同年，省委宣传部副部长刘宝莅，首钢党委书记、中国人权基金会副会长、“孝行天下”系列活动筹委会副主任肖平，菏泽市委宣传部，省委党校乡镇党委书记进修班先后到武城县调研、观摩“四德”工程建设工作。2013 年，在全省“四德”工程现场观摩会议上县委书记王立来作典型发言。同年，全市社会主义核心价值体系建设“四德”工程推进会议在武城县召开。由人民网、新华网、中国网等 50 多家网络媒体组成的“聚焦美丽山东——第九届中国网络媒体山东行”采访团，到武城县就“四德”工程建设成果进行集中采访，武城县被授予“全省四德工程示范县”称号。新华社发表《武城整建制推进“四德”工程》，《农民日报》四版头条刊发《武城县打造新时期“孝德之乡”探访》，反映武城县创新工作载体，加强农村孝德建设的经验做法。

乡村文明行动

1986 年 3 月，县委命名 20 个文明村和 28 个文明单位，评选五好家庭 647 户，好媳妇 1374 人，好婆婆 1488 人，好妯娌 638 人，好姑嫂 160 人。随后，每年组织开展此类评选活动。1991 年，武城镇获全省首届百乡百镇双文明建设达标竞赛“明星乡镇”奖。2012 年，鲁权屯镇被评为全省首批“乡村文明行动”示范镇，8 个村庄（社区）被评为“全市乡村文明行动先进

图 14-10 好媳妇、好婆婆颁奖仪式（2008 年 摄）

单位”。2013 年，全县扎实推进“双十镇双百村”示范工程，3 个村庄列入全省“乡村文明家园”示范工程。推进乡村学校少年宫建设，争取乡村学校少年宫中央支持项目 1 个，扶持资金 20 万元。

人民好公仆评选

1999 年，武城县开始在党政机关、行政管理部门、人民团体中开展人民好公仆评选，由县人大常委会负责，每两年评选一次，并择优推荐参选德州人民好公仆、德州双十佳公仆。是年，评选出首届武城人民好公仆 18 名，德州人民好公仆 7 名，德州双十佳公仆 1 名。2001 年，第二届评选出武城人民好公仆 30 名，德州人民好公仆 6 名，德州双十佳公仆 1 名。2003 年，第三届评选出武城人民好公仆 31 名，德州人民好公仆 6 名，德州双十佳公仆 1 名。2005 年，第四届评选出武城人民好公仆 32 名，德州人民好公仆 6 名，德州双十佳公仆 1 名。2007 年，第五届评选出武城人民好公仆 35 名，德州人民好公仆 6 名，德州双十佳公仆 1 名。截至 2007 年底，评选活动共举办 5 届，累计评选出武城人民好公仆 146 名，德州人民好公仆 31 名，德州双十佳公仆 5 名。此后，人民好公仆评选取消。

第六章　统战工作

第一节　统战政策落实

1978 年，县委按照省委、地委指示精神，开始为错划右派或因右派问题受到处分的人员落实政策。1988 年，先后为 25 名落实政策。其中，改正错划右派的 24 人，改正因右派问题受到处分的 1 人。对因右派问题受到株连的 15 名家属子女，安排工作的 6 人，重回城镇落户的 6 人，子女补办“知识青年”手续的 3 人。原错划右派人员，恢复原职级待遇的 13 人。因受右派问题株连，其家属被下放失去公职的，恢复公职改办退职的 1 人。同时，为 2 人落实起义投诚政策，对核准身份的 2 名起义人员，颁发起义人员证书。因起义投诚问题影响，其家属被下放失去公职的，恢复公职改办退职的 2 人。因错划右派及起义投诚人员受到错误处理，其家属子女受株连回乡的，重新办理农业户口转为非农业户口，计 21 起 83 人。为 2 人落实原工商业者政策，恢复公职改办退职的 1 人。落实台属政策 3 起。5 人因台湾关系影响失去公职，给予复职后改办退休。因台湾关系其家属子女受株连回乡的，重新办理农业户口转为非农业户口，计2起8人。落实宗教房产政策8起。

第二节　党外人士工作

1986年后，全县落实多党合作和政治协商制度，在历届人大代表、政协委员中，民主党派成员和无党派民主人士占较大比例。出台与党外代表人士政治协商计划文件，定期召开全县重点工作征求意见会、党外代表人士队伍建设座谈会、经济运行情况通报会等。1986—2013年，收到党外代表人士意见建议1050余条，组织召开新春茶话会暨党外代表人士座谈会25次，全县协商民主制度实现规范化、程序化。

1986年后，全县先后有10名民主党派成员和无党派民主人士任副处级职位，321人当选人大代表，542人任政协委员。其中，市人大代表26人、市政协委员48人。为做好党外人士的干部培养工作，举办党外人士培训班36期，培训人员1800人次。2012年，县委印发《关于加强新形势下党外代表人士队伍建设的实施意见》，对全县党外干部、知识分子调查摸底，建立档案。省民盟帮扶郝王庄镇孟庄村村级道路竣工通车。2013年1月，省民盟在郝王庄镇孟庄村开展“同心”工程实践基地建设。同年8月，省民盟在武城县开办乡村少年科学营。截至2013年底，全县有民主党派成员15人。其中，民盟2人，民建3人，民进1人，农工党3人，致公党4人，九三学社2人。副科级以上党外干部40人。其中，副处级5人，正科级2人，副科级33人。

第三节　非公有制经济领域统战工作

1986年，县委在非公有制经济人士中开展以“爱国、敬业、诚信、守法、贡献”为内容，做合格的中国特色社会主义事业建设者活动。2005年8月，举办“争当中国特色社会主义事业优秀建设者”活动观摩交流会。2011年9月，全县在甲马营镇举行“两新”组织“建组织、扩覆盖”活动。通过培训、座谈、观摩、论坛、银企对接等方式，开展以“守法诚信、增强发展信心”为重点的非公经济人士理想信念教育实践活动，增强其对中国特色社会主义的信念、对党和政府的信任、对企业发展的信心和对社会的信誉。2013年8月，举办“全县非公有制经济人士理想信念教育实践活动培训班”，邀请省工商联栾文通作专题报告，200余人参加培训。截至2013年底，累计举办各类培训班33次，培训非公经济人士1500余人次。在非公人士中开展慰问“三老”（老英雄、老劳模、老党员）、爱心助学等活动，累计捐款捐物150万元。

图14-11 党外代表人士培训班（2013年 摄）

第四节　民族宗教工作

基层组织建设

1986年，全县民族宗教工作由县委统战部统一管理，每个乡镇配备1名统战干事分管宗教工作，在民族村设立民族宗教事务管理委员会，由村干部和乡老组成。1994年9月，设立民族宗教事务办公室，隶属县委统战部，根据国务院《宗教活动场所管理条例》《山东省宗教活动场所管理办法》规定，保护正常宗教活动，维护宗教活动场所合法权益，对宗教活动场所依法管理。2002年1月，民族宗教事务办公室改称民族宗教事务局。2008年12月，山东省佛教协会秘书长董镇华参加佛光寺暨老人颐养中心奠基仪式。2009年，山东省佛教协会副会长仁昌法师、临沂市普渡寺主持常静法师、江苏省重元寺监院本觉法师先后到佛光寺考察。武城县民族宗教局被评为“全省民族宗教管理先进单位”。

经济扶持

1988年后，县民族宗教管理部门参与全县经济建设，争取省、市少数民族扶持资金。同年，为县地毯厂申报“民族用品定点生产企业”，企业享受国家贴息贷款，累计获得国家贴息款近2000万元。加大对民族村、民族企业扶持。2005年，争取民族扶持资金13万元，民族贴息资金25万元。2006年，争取民族扶贫资金5万元，解决民族村人畜饮水问题，改善少数民族村的生产生活条件。同年，争取民族企业发展贴息贷款5892万元。2009年，争取资金2万元，为四女寺清真寺安装2吨太阳能热水器。四女寺、庙留庄村先后被评为“全省民族团结模范村”。2011年，经多方努力确立英潮公司为少数民族定点生活用品生产企业，争取贴息贷款1亿元。开展少数民族养殖技术培训班，300余人参加培训。开斋节期间，县政府对民族村开展慰问走访，每个民族村发放1000元慰问金。截至2013年底，为民族企业争取扶持资金1.6亿元，为民族村争取扶持资金600余万元。

规范引导

1987年，县委对受“红十字”天主教蒙蔽群众进行教育转化，100多名教徒脱离该非法组织。1996年，县政府根据国务院宗教事务局印发《宗教活动场所年度检查办法》，对宗教活动场所开展年度检查工作，对宗教场所、教职人员逐一登记，规范教职人员的传教活动。1999年，教育转化非法邪教组织人员152名。2000年10月，在全县天主教信徒中，开展反“梵蒂冈”封圣活动。同年，对72名非法邪教组织骨干分子进行转化教育。2006年，在全县开展《宗教事务条例学习巡回讲座》，各乡镇分管宗教的领导、宣传委员、妇女干部、共青团书记、派出所、司法所的全体干警及中小学校长和各村的书记、村主任、治保主任等1000余人参加培训，组织佛教、伊斯兰教、天主教、基督教教职人员、骨干、执事会及宗教上层人士，学习《宗教事务条例》。2008年，教育转化“门徒会”人员5000余人。同年，开展少数民族团结进步书画展，参赛书画40余幅，祁村清真寺阿訇书法作品获全省民族书法展览二等奖。圣母月期间，全力做好天主教信众工作，全县无人赴上海佘山朝圣。2001—2009年，转化教育非法邪教组织人员940多人。2013年，教育转化受“全能神”邪教组织蛊惑群众38人。截至2013年底，累计处理宗教矛盾纠纷10余起，取缔非法宗教活动场所6个，处理非法自封传道人11名。

民族平等

1986年后，县委、县政府在宗教工作中，抓好代表人物工作，建立民族宗教代表人士队伍和后备人才队伍，实行动态管理，通过培训、适当政治安排等方式，使全县宗教形势稳定。每届政协换届中设置少数民族界别和宗教界别。截至2013年底，历任县政协委员的少数民族界人士17人、宗教界人士15人。举办民族宗教代表人士培训班12期，培训人员达300多人。

第五节　台胞工作

宣传交流

1986年，全县台胞工作由县委统战部负责。1989年9月，县委设立对台工作办公室，隶属县委统战部，组织领导与台胞的宣传与交流。对台工作办公室结合形势变化，加强与台胞、台商、台属的联络沟通，不断规范对台宣传和涉台教育工作，利用涉台涉外宣传媒体、互联网等传播手段，在《台湾工作简报》《海峡时空》《德州日报》《台湾联合报》等报刊上发表数篇文稿宣传推介武城。2001年开始，县委、县政府连续6年召开台属座谈会。2008年，利用标语、明白纸等形式向台胞、台商、台属宣传孝、诚、仁、爱“四德”工程。2012年，向台胞、台商、台属宣传党的十八大对台方针政策。2013年，向台胞、台商、台属宣传“两岸一家亲”理念。通过赴台人员和到武城县探亲、考察和旅游的台胞、台商，加强沟通，增加相互了解，加深感情，宣传武城。截至2013年底，全县累计接待台胞、台商216批560人次。组织120个团680人赴台探亲、旅游，组织18个招商考察团80多人赴台考察、交流。

对台服务

1986年，全县有赴台湾人员190人。进入21世纪，随着两岸人员交流不断增多和全县招商引资活动的加强，与武城籍台胞交流日益频繁。2002年，武城县籍台胞有41人，台属41人。2005年，滕庄镇西良庄村台胞史恩印回乡探亲，台办全程安排专人接待，做好各项服务。2008年，建立每月走访台资企业工作制度、传统节日慰问制度、春节寄发慰问信制度。2010年，走访慰问在武城定居台胞和困难台属，为其送去面粉、食用油等生活用品。认真接待到武城探亲的台胞，为其提供便利，帮助赴台探亲的台属办理赴台手续。截至2013年底，武城县籍台胞有860人，台属288人。

台胞情系家乡

1990年3月，甲马营乡北王庄台胞王平生在村内设立教育基金。1992年9月，郝王庄乡大王庄村台胞罗志华为家乡捐款6万元，3万元用于郝王庄乡中学图书馆建设，3万元用于大王庄村幼儿园建设。1995年10月，马庄乡潘庄村台胞鲁舞为家乡捐款15万元，修建公路1000米，打深井1眼。

涉台招商

1986年，县委、县政府采取“走出去”的方法，把武城优势资源宣传出去，广交朋友。先后组织参与“德州台协县市行”“台湾·山东周”农业精品展、省政府“鲁台会”、德州“两岸农业论坛”等两岸交流活动，把武城宣传到岛内去。台商纷纷到武城考察投资环境，先后投资兴建谊春高氧水公司、华迪肥业有限公司等台资企业。依托上级台办、台资协会，把台商“请进来”，宣传武城商业环境和政策优势。2005年，台湾客商李承南建立德州华迪生物制品有限公司，总投资1750万美元，主要生产复合肥、生物缓释肥等。台湾张士贤独资建立台湾合力科技有限公司，投资总额2500万美元，主要生产菊酯等农药中间产品。2008年，华迪生物制品有限公司获省台办、省工商局、省文明办、省台联颁发的“全省重合同守信誉百佳台资企业”称号。组织人员赴厦门参加第十二届中国对台进出口贸易交流和德州市对台招商引资说明会。2009年后，台湾客商以独资或合资的方式，在武城投资兴业，先后建立新奥饮品公司、德州（台湾）元盛科技公司、泰昇购物广场等。截至2013年底，全县规模以上涉台企业3家。

第七章　政法工作

第一节　基层基础建设

1989年8月，全县开展全民性的安全防范工作。县委、县政府与各乡镇党委政府，乡镇党委与村，县直各系统与厂企单位层层签订治安责任书，健全安全防范体系和县乡村三级巡逻队。建立帮教组织208个，重新犯罪率控制到1.2%以下。1991年3月，设立武城县社会治安综合治理委员会（简称综治委）。各乡镇街成立相应组织，各村居成立工作领导小组。1994年，开展重点治理，建立县乡村三级帮教组织，在乡镇建立14所帮教学校，纳管帮教对象153名。1996年，对全县从严治警实行百分制考核，对政法部门实行综合记分考核。1997年，在全县开展“安全文明村镇”创建，建立村民代表议事、财务公开、民主评议3项制度，开展评选“遵纪守法户”、村民荣辱档案活动。1998年10月，县综治办借鉴公安“110”服务机制经验，建立集治保、民调、救助、服务等职责于一体的村级“110”。2000年，在全县8个乡镇的15处中学统一配备法制校长和法制辅导站，全县8个乡镇全部建成司法调解中心。2001年，在全县开展社会治安重点整治百日会战活动，整治治安混乱村、文化市场和重点部位。2005年，推进社区警务建设，在全县六个社区全部建立警务室，一区两警，实行交警、巡警、社区民警分兵把口，联警互动，增强动态控制和快速反应能力。2007年，先后开展平安边界建设维护边界区域稳定活动、建立协助法院执行网络和执行工作考核活动、打击传销活动创建无传销社区（村）活动和核查纠正监外执行罪犯脱管漏管等专项行动。2008年，在全县370个村建立中国移动平安村村通网络，覆盖率94.5%。在全县组建300人的“庄户律师”普法队伍，走村串户宣讲法律。实施社区、农村警备战略，建立驻村警务室32个，城区警备室6个。2009年，组建24支300余人的法制宣传队，先后举办“青少年模拟法庭”47期，培训班主任480多人，为全县企业经营管理人员作报告12场，举办各类法制专题讲座28场次，组织全县公务员和村两委成员3000余人参加年度普法考试，全县受教育人数3万余人。2010年，在村居、社区建设综治维稳工作站，负责矛盾纠纷调解、治安防范、法律宣传等各项平安建设工作的落实；县乡两级综治工作预算135万元，其中乡镇综治维稳中心专项工作投入资金40余万元。2012年，在主要路口、街道、场所新安装监控探头105个，重点单位、企事业单位在要害部位安装监控探头306个，城区接入监控中心探头68个，预防、打击犯罪，控制社会面的能力增强。2013年，成立全市首个社区矫正局，建立以警示、教育、培训于一体的社区矫正中心，组织开展2013年案件评查工作，评查案件100件。

第二节　平安武城建设

2003年，县委印发《关于在全县开展平安武城创建活动的通知》，制定《关于深入推进平安武城建设的实施意见》，确定平安武城建设目标、任务，开展平安武城建设活动。县委把抓好平安建设工作作为各级党政领导的任期目标之一，首先实行责任承诺制度。年初，县委、县政府主要领导分别与乡镇街、部门党政一把手签订《社会治安综合治理暨平安武城建设工作承诺责任书》，明确各级各部门的职责任务，构筑单位主要负责人亲自抓、负总责，分管负责人靠上抓、具体负责，其他领导“一岗双责”共同抓的责任体系。其次建立专项组和联席会议制度。将任务目标细化量化，实行网格化管理，成立实有人口专项组、社会治安专项组等8个专项组和企业及周边综合治理联席会议等4个联席会议，印发《武城县综治委专项组（联席会议）相关工作制度（试行）》和《武城县社会管理综合治理委员会成员单位职责任务》，从制度上保障各专项组和联席会议各司其职，各负其责。创新责任落实机制，建立约谈制度。对工作措施不力、存在安全隐患或者发生轻微问题的单位主要负责人予以警示性谈话，推动各项综治措施的落实，避免小隐患酿成大祸端。先后对23个单位的主要负责人进行综治约谈，被约谈单位就地进行整改。

2004年后，全县开展平安单位、平安企业、平安村庄（社区）、平安校园、平安家庭创建活动。组织律师、公证、基层法律工作者到农村赶“普法大集”，通过设立咨询台、悬挂宣传横幅、发放明白纸、进村入户等形式，宣传与农民利益相关的法律法规，发放宣传材料5万余份，解答群众咨询2000余人次。成立法制宣讲团，到各学校开展法制宣传教育讲座和巡回报告会，教育师生知法、懂法、守法。组建8支法律志愿者服务队，到社区家庭开展“法律进家庭”妇女维权活动，面对面宣讲《婚姻法》《妇女权益保障法》等法律法规，发放法律、法规明白纸3万余份，解答法律咨询3000余人次，办理妇女维权援助案件100余件。开展“关心下一代——关爱青少年”暑期集中普法宣传活动，集中宣传《未成年保护法》《教育法》《预防未成年人犯罪法》《治安管理处罚法》等法律法规，对师生遇到的法律问题进行详细解答，发放宣传资料1300余份。

图14-12　2004年武城县被评为平安山东建设先进县

2013年，在全县实施平安武城“天网”工程，提高技防水平，建立以城区主干道为轴线，以主要路口、要害部位为中心，以重点区域和治安复杂场所为网点的全方位、多层次的技防监控系统平台。建立县政法各部门全面参与的“121”联动联调工作机制，在刑事领域，探索建立“轻刑快审”工作机制。此外，还先后完成奥运会、全运会、世博会、太阳城大会、各级“两会”等重大节庆活动和政治敏感时期安全保卫工作。武城县被省委、省政府评为2004年度、2008年度平安山东建设先进县，被市委、市政府授予2006—2010年普法依法治理先进县。

第三节　执法监督

重大疑难案件协调　2004年，县综治委制定《“五长”联席会议制度》，联席会议由县委政法委、县法院、县检察院、县公安局、县司法局主要负责人组成。每月召开1次，遇特殊情况可以提前或延期召开。联席会议的一项重要任务就是针对群体性案件，重大刑事犯罪案件，社会影响较大、群众比较关注的案件，群死群伤的治安灾害事故、交通事故案件，超期办案或有可能引发信访的重要案件等进行研究、探讨和解决。截至2013年底，召开协调会议117次，协调案件83件，其中，重大疑难案件61件。

案件评查　2010年，县政法委首次开展案件评查活动，制定印发《武城县开展案件评查活动实施方案》《武城县案件评查制度（试行）》等4项制度，对案件评查的任务目标、方法步骤、工作措施做详细部署。成立分管副书记为组长的案件评查小组。每年评查案件100件，重点评查判缓刑案件、自侦案件、不批捕案件、不起诉案件、治安处罚和交通肇事案件。坚持“边评边改，边改边建”的原则，对案件的事实认定、法律程序、法律适用、法律文书方面进行全面评查。做好市委政法委安排的案件评查交叉评查工作，完成对宁津县10件交叉评查案件的评查。

第八章　党校教育　党史研究

第一节　党校教育

党员干部培训

1986年，根据中央关于“对四十五岁以下达不到中专文化程度的干部，要采取有力措施加快培训速度”的指示精神和省、地委要求，县委制定1986—1990年干部培训规划。全县有各类干部4245人，其中45岁以下达不到中专、高中文化程度的871人。县委要求自1986年1月开始，分期分批采取脱产或业余学习的方法，到1990年全部完成培训任务。

1986年后，统筹举办副科级干部、中青年干部、妇女干部、团干部、政工干部、农村支部书记等培训班。副科级干部、妇女干部、政工干部培训班一般培训时间7—15天，中青年干部培训班30天，农村支部书记培训班7天。在培训内容上科级班、中青班、妇女班、团干部培训班侧重于党的各级代表大会精神、社会主义市场经济理论、计生政策、法制讲座等方面知识，农村支部书记培训班根据农村工作实际、学员年龄、知识结构的不同，聘请农业技术方面的专家或技术人员上课，把各个时期党对农村的主要方针、政策以及基层组织建设方面的知识有针对性地给学员进行讲解。其间，举办各类班次78期，培训干部5600余人。

1988—1995年，县委党校每年举办各种类别的干部进修班，至1995年10月，累计举办农村党支部书记进修班14期，培训934人次。副科级干部进修班20期，培训1151人次。农村优秀中青年干部培训班5期，培训285人。理论骨干培训班1期，培训48人。妇女干部学习班1期，培训67人。

2002年，按照党的十六大提出“大规模培训干部、大幅度提升干部素质”要求，县委党校加大培训力度，实施规范化办学模式。每年年初制定严格的培训计划，办齐办全各类主体班次，培训班次数量年均10个以上。开展理论宣讲和送课下乡活动，打通党员干部教育的“最后一公里”。教学中统筹师资资源，外聘党政干部、专家学者为客座教授。改进培训方式，涵盖传统教育、案例式教学、现场教学等多种形式。紧密结合国内外形势及党员干部的工作需求，科学选定培训内容，使党员干部通过培训都能开阔视野、拓展思维、提升素质。截至2013年底，举办各类学习班、培训班、研讨班206期，培训党员干部1.6万人次。其中，科级干部培训班102期，培训6650人次；青年干部培训班26期，培训1820人次；农村支部书记培训班10期，培训3720人次；其他妇女干部、团干部、政工干部、党外人士等培训班68期，培训4260人次。到县直部门、乡镇、企事业单位宣讲265场，听众3.1万人次。学历教育培训学员2717人。党校教师在各级报刊发表各类理论文章278篇。县委党校多次获“全省先进党校”“全省党校系统科研工作先进单位”“全省党校系统理论研究工作先进单位”等称号。

业余函授教育

1986年，县委党校以学历教育为主，开办党员干部中专班，266名党员干部参加脱产学习，教学内容以马列主义、毛泽东思想、邓小平理论、语文、数学等课程为主，通过培训，提升全县广大党员干部的学历水平。1994年9月，县委党校被省委党校干部业务教育学院批准为德州分院武城学区，开办农村干部刊授大专班、业余函授大专班和业余函授本科班，设农业经济管理和经济管理2个专业，学制3年。当年，招收学员176人。翌年，招收学员245人。1994年，党校办学进入学历教育和主体班次教学并重的新时期，继续开展农干班、省委党校函授大专班、省委党校函授本科班等学历教育，累计培养学生2451人。2003年，各级党员领导干部的知识学历水平明显提升，党校进入逐渐淡化学历教育的新时期。2011年，函授教育招生停止。

第二节　党史研究

1986年后，县党史工作坚持“存史、资政、育人”的方针，征集、整理、编辑县委重要党史资料，研究、编撰地方党史专著，走访、函访老干部100余人次，整理老干部录音及口碑资料100万余字，征集珍贵历史照片50余幅，图书资料1000余本，影像资料300分钟，编辑出版了《中共武城大事记》《中共武城县组织史资料》《中共武城地方史》《红色记忆》《红色丰碑》等党史书籍。

党史宣传教育

1986年，举办党史展览，展示版面26块，讲解35场，机关干部、职工、学生1万余人次参观展览。同年，举办党史知识竞赛，邀请在武城工作过的老干部作革命传统报告2次。2005—2007年，连续3年举办庆“七一”纪念党的生日大型书画展。2011年，制作完成新中国成立前武城县党史人物影像资料，拍摄《红色记忆》《武城县第一个党支部》专题片2部，在县电视台播放。2012年，在“贝州大讲堂”栏目中举办《武城县早期党组织的建立与发展》《铭记四·二九》电视讲座2期，同年完成县党史教育基地建设，至2013年底有省内外2万多党员干部参观学习。

党史资料编辑

中共武城县党史大事记　《中共武城县党史大事记（1926—1949）》，1982年5月启动编纂，1988年11月出版发行。主要记述中共武城工委、县委和中共恩县县委及所属区级党组织的组织建立、思想建设，党领导下的政权建设、武装斗争、统一战线、群众运动等重大事件和重要活动。《中共武城县党史大事记（1949—1995）》，1986年7月启动编纂，全书收录1846个条目，计30余万字，1997年2月出版发行。

中共武城地方史组织史资料　《中共武城地方史组织史资料（1929—1987）》，1985年7月开始征集资料，1989年10月出版发行。辑录1929—1987年，土地革命战争时期最早的党员和党支部成员；民主革命时期县工委、县委书记、副书记和委员及其职能部门正、副职，所属区委正、副书记；新中国成立后至1987年历任（届）县委正、副书记，常委、委员、候补委员及其职能部门正、副职，所属区、公社、乡（镇）历任（届）党委书记、副书记，武装系统的党组织正、副职。政权组织收录县政府正、副县长及工作部门的正、副职。县政协、县纪检委各科室正（副）职。记述党组织在各个历史时期的重要活动。全书收录350个工作机构，1319人、5964人次的任职情况。《中国共产党山东省武城县组织史资料（1987—1999）》，1997年3月开始编纂，2000年8月出版发行。收录1987年12月至1999年6月，全县各级党组织和政权、政协、军事、群团系统以及县属企事业、乡镇企业、行政村的组织机构沿革和领导人名录，收录组织机构700余个，领导人名录1.2万人次，54万余字。

《中共武城地方史（1921—1949）》 2004年开始编纂，2006年8月出版。全书24万余字，记述内容以1949年10月前武城县行政区域内发生的史实为主，对原归恩县现划归武城县管辖区域发生的历史和重大事件亦加记述。客观地反映武城县党、政、军从无到有，由弱到强，不断发展壮大的历程。

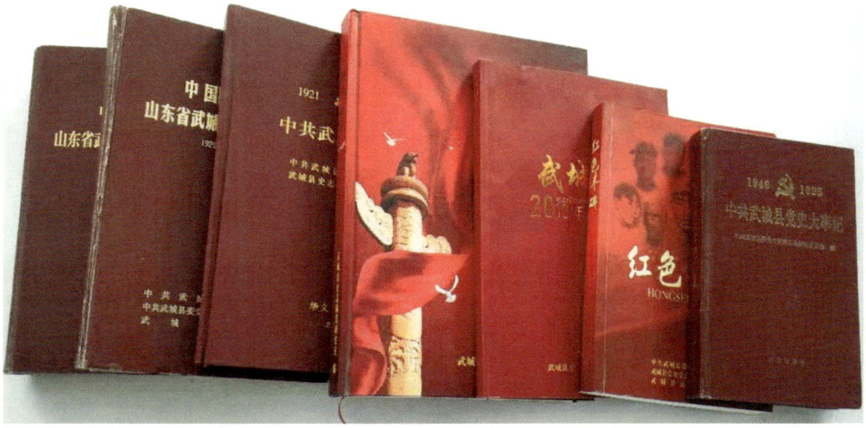

图14-13 党史成果（2013年 摄）

《武城县党史资料》 1984—2013年，先后编印《武城县党史资料》18辑，征集武城县党、政、军诸方面的资料，辑录武城党组织领导全县人民在长期的革命斗争中艰苦奋斗的光辉历程。1989年9月，出版《武城县党史资料汇编》，24.3万字。主要内容包括在武城县工作过的老领导、老同志提供的回忆录及口碑资料；重大事件专题资料；党史人物传记或简介；中共武城党史大事简编；中共武城县委组织机构沿革和领导人名录。历届党代会简介。同时收录原恩县的部分党史资料。

专题调查

抗战课题调查 2006年10月开始，至12月结束，查阅档案文献资料，包括史志书籍10余册，历史档案2248卷，复印有关原始档案资料、回忆录117页，走访调查16831人，完成证言证材1286件，其中抗战时期人口伤亡和财产损失实证材料589件。据调查，日军侵占武城期间，伤亡总人口达到18859人。其中，直接伤亡2369人，间接伤亡16490人，社会财产损失价值1.49亿元。

革命遗址普查 2010年10月开始至11月中旬结束，确定革命遗址6处。其中，革命烈士墓5处，民族英雄墓1处。

党史资料搜集整理

搜集整理《大运河畔的枪声》《小史庄突围战》《武城镇的血泪恨》《光荣的使命》《第一批南下干部纪实》《张庄惨案》《武城惨案》《四·二九铁壁合围》《八路军开辟运东》等专题资料。征集编写戚夯、戚烽、梁振芝、节振国、赵炳图、韩强、刘子蔚等著名英烈、党史人物的传略。2011年6月，出版《红色记忆》，全书30余万字，刊载60多位在武城工作战斗过的老党员、老干部回忆文章100余篇。2012年11月，出版《红色丰碑》，全书28万字，刊载50余篇党史研究成果和老干部回忆文章。

党史专题资政研究

1995年，开始社会主义建设时期党史专题研究，先后编写《武城县“一五”时期的建设与发展》《武城县“大跃进”运动》《武城县1975年整顿》《武城县农业学大寨　工业学大庆》《武城县的“斗、批、改”运动》《新中国成立初期的武城经济形势》《抗美援朝运动在武城的开展》等专题。2008年后，撰写《中流砥柱》《社会主义和谐社会》等论文。截至2013年底，完成专题、论文25篇，计30余万字。

第九章　信访工作

第一节　信访制度

1986年，县委、县政府成立县信访办公室，负责群众信访工作。1988年后，全县信访工作逐级实行责任制。各级党政主要领导为信访工作第一责任人，分管领导为具体责任人。1991年，实行信访考核制度，将信访工作作为基层干部选拔的重要依据。1996年开始，每年集中进行一次积案化解工作，党政主要领导每月各处理一件信访案件。2000年，开始实行县领导轮流公开集中接访制度，每月定期安排3名县级领导轮流公开接待群众来访，分类别分情况予以妥善处理，并由信访局对承办单位进行督办。相继出台《关于加强信访工作扭转被动局面的意见》《关于成立县信访工作领导小组的通知》《关于成立县信访听证委员会的通知》《关于印发〈信访工作处罚金制度〉的通知》《关于印发〈信访工作目标管理考核办法〉的通知》《关于做好县级领导干部和乡镇街领导干部公开接访工作的通知》《关于实行信访工作责任追究制度的通知》《关于成立县处理信访突出问题及群体性事件联席会议的通知》《关于做好劝阻遣返进京到省去市集体上访和群体性事件聚集人员工作的意见》等文件制度，使信访工作有章可循。2004年，实行民情信息员制度，全县农村均设立信访民调组织，每村配信访信息员1名。2005年，开通绿色邮政，畅通信访渠道，群众反映问题更方便、更快捷。实行办信工作“三见面”制度，即同承办单位领导见面、同承办人见面、同信访人见面。2008年12月，成立信访事项复查办公室，维护信访人的合法权益，对无政策依据的进行“三级终结”，避免其重复上访和缠访闹访。2008年、2009年，健全完善矛盾排查、跟踪劝返、领导包案、接访下访、落实稳控、督查督办等10项工作制度，开展县级领导带案下访和预约接访，使群众关注的热点、难点问题得到及时有效解决。2013年，对重点案件实行“五个一”工作制度，即一名包案领导、一个工作班子、一套化解方案、一份会办纪要、一套稳控措施，全部落实包案领导、责任单位、责任人和办结时限。越级访、集体访和进京非正常上访逐年下降，连续9年保持国家重要会议及重大活动期间进京非正常上访“零登记”纪录。

第二节　案件处理

1986年，全年群众到县信访156起378人次，到县以上上访36起40人次，收到来信232件，处结394起，处结率为93%。1988年，全县信访工作开始逐级实行责任制，是年，接待到县来访群众196起331人次，到县以上上访39起56人次，来信来访253件，处结473件，处结率达97%。1996年开始，每年集中进行一次积案化解工作。当年，信访情况为到县来访225起665件，到县以上上访38起49人次，来信196件，结459件，处结率100%。2004年，成立处理信访突出问题及群体性事件联席会议办公室，下设5个工作组，专门负责重大疑难案件的协调处理。乡镇街和县直部门成立信访工作领导小组，配齐专兼职信访工作人员。2005年，在全市第一个成立县级矛盾纠纷调处中心，负责接待处理群众信访问题。当年受理来访群众411起1200人次，到县以上上访83起96人次，收到来信121件，处结615起，处结率100%。2003年，全县落实首办负责、挂牌督办、案件回访等机制，坚持县级领导公开接访和带案下访。2005年起，每年5月为信访法规宣传月。2007年5月，开通全国信访信息系统，及时办理群众诉求。2008年，开展“大接访、大排查、大化解”活动，对涉法涉诉信访积案进行排查化解。在乡镇记录的不安定因素、政法各部门信访案件登记表、群众来信来访登记和上级交办的涉法涉诉信访案件中，排查信访积案，将这些案件分解到政法各部门，规定各部门一把手为第一责任人，包案副职和办案人员为直接责任人，严格按照定人员、定案件、定时间、定结果的“四定”要求进行处理。从源头上预防信访案件发生。2013年，按照国家信访局《关于进一步规范信访事项受理办理程序引导来访人依法逐级走访的办法》规定，梳理出信访部门不予受理或不再受理的7种信访事项，引导群众依法通过诉讼、仲裁、行政复议等法定途径解决。查办信访案件32件，结服20件，群众满意率62.5%。截至2013年底，全县信访起数8669起，2.5万人次，处结1.5万起，处结率97%，处理来信4855件。

第十五编

地方权力机关

1986年后,武城县、乡(镇)级人民代表大会每届任期3年。1995年后,根据《地方组织法》规定，县级人民代表大会每届任期5年，乡（镇）人民代表大会每届任期3年。2004年,乡（镇）人民代表大会每届任期由3年改为5年。至2013年,武城县人民代表大会累计召开8届。县人大常委会先后制定《关于县人大代表持证视察的规定》《关于联系县人民代表大会代表的办法》《人大代表小组活动制度》《关于办理人大代表建议、批评和意见的办法》等一系列重要决定和规范性文件。县人大代表依法履行职责，向县政府、县法院、县检察院（以下简称“一府两院”）提出建议、批评和意见，县第十届至第十五届人民代表大会收集人大代表议（提）案、建议、批评和意见1225件，由县人大常委会交“一府两院”及有关部门办理，办理结果送交县人大常委会，再由县人大常委会分别答复各有关代表。县人大常委会有计划、有重点地组织人大代表进行视察活动并对法律、法规实施主管机关贯彻执行有关决议和落实审议意见的情况进行督促检查。

第一章　武城县人民代表大会

第一节　人大代表选举

县人民代表大会的代表由选民直接选举产生。每届人大代表的选举由武城县选举委员会具体组织。

县选举委员会是县级人大选举工作机构，具体负责选举过程中的各项事务。各选区设立选举工作指导组，分别负责本选区的选举工作。其组成人员均由县选举委员会任命，选区下设选民小组，由选民推选的选民小组长负责本组的选举工作有关事项。

县人民代表大会代表的选举，根据《选举法》规定，一般分为四个阶段：一是建立组织，宣传发动，培训骨干。二是划分选区，分配代表名额和进行选民登记。按选区人口和城乡比例分配代表名额，编制选民名册，并于选举日的20日前公布选民名单，对选民资格进行审查，以选区为单位张榜公布选民名单，颁发选民证。三是确定正式代表候选人。选民、各政党、各人民团体或单位推荐代表候选人，选举日的15日前公布初步代表候选人名单，选举日的5日前张榜公布正式代表候选人名单。四是投票选举。正式代表候选人，选举日前以各种形式同选民见面。做好选举大会、投票站、流动票箱的各项准备工作，精心组织投票。召开选举委员会会议，听取选举结果及情况汇报，确认选举有效后，公布当选代表名单，颁发代表当选证书。

武城县第十届至第十六届人大代表选举统计表

表15-1　　　　单位：人

届次	选民登记人数	参选情况		当选代表人数
		人数	百分比	
第十届	214890	203071	94.5	195
第十一届	223341	214564	96.07	197
第十二届	211867	202121	95.4	199
第十三届	240236	239291	99.6	191
第十四届				192
第十五届	274417	256208	93.36	192
第十六届	281919	273447	97	192

第二节　人大代表构成

1986年11月23日至1987年5月27日，县人大进行县、乡（镇）两级人大换届选举工作。全县有选民214890人，参加选举的203071人，占选民总数的94.5%，选出县第十届人大代表195人。其中，农民95人，占47.5%；工人18

人，占 9%；干部 46 人，占 23%；知识分子 23 人，占 11.5%；科技人才 16 人，占 8%；文艺骨干 1 人，占 0.5%；解放军 1 人，占 0.5%；少数民族 4 人，占 2%；非党 95 人，占 47.5%；妇女 43 人，占 21.5%。大专以上文化程度的占 10.5%，中专、高中文化程度的占 29.5%，初中文化程度的占 30%。根据上级指示，其后的各界人大代表构成逐步有所调整，到第十六届人大代表换届选举，不再有干部、知识分子、科技人才、文艺骨干等类别称谓，新增公务员、教学人员、卫生专业技术人员、金融业务人员等类别。

2011 年 9—12 月，县人大进行县第十六届人大代表的换届选举工作。全县选民 281919 人，参加选举的 273447 人，参选率 97%，选民通过无记名投票的方法，直接选举产生县第十六届人大代表 192 人。其中，公务员 76 人，占 39.6%；公检法工作人员 3 人，占 1.6%；工人 36 人，占 18.75%；农民 64 人，占 33.33%；教学人员 5 人，占 2.6%；卫生专业技术人员 5 人，占 2.6%；金融业务人员 2 人，占 1%；解放军 1 人，占 0.52%。

第三节 历届人民代表大会

1986 年后，县人大根据《地方组织法》规定，武城县第九届至第十一届人民代表大会任期每届 3 年。自武城县第十二届人民代表大会始，任期改为每届 5 年。每次会议均听取并审议“一府两院”工作报告、人大常委会工作报告、上一年度全县财政决算及下一年度全县财政预算，并表决通过各项决议。每届一次会议均进行换届选举，选举出新一届人大常委会和新一届人民政府组成人员，选举出法院院长、检察院检察长。

武城县第九届人民代表大会

武城县第九届人民代表大会共召开全体会议 3 次。1984 年 5 月 21—24 日，第一次全体会议在县委招待所召开，出席会议的人大代表 206 人。会议听取并审议代理县长郑学文所作的《政府工作报告》、县人大常委会副主任张金海所作的《人大常委会工作报告》、县人民法院院长王兆弟所作的《人民法院工作报告》、县人民检察院检察长李茂林所作的《人民检察院工作报告》、县财政局局长胡兆杰所作的《关于 1983 年财政决算和 1984 年财政预算（草案）的报告》，并表决通过各项决议。选举县人大常委会委员 13 人；选举秦之堂为县第九届人大常委会主任，郎同芳、张金海、王清溶、李洪来、安建民为副主任；选举郑学文为县政府县长，范双福、徐长宽、秘玉芹（女）、荆兆玉为副县长；选举张慎行为县法院院长，选举李朝枢为县检察院检察长。1985 年 3 月 25—27 日，第二次会议在县委招待所召开，出席会议的人大代表 213 人。1986 年 3 月 28—31 日，第三次会议在县委招待所召开，出席会议的人大代表 213 人。

武城县第十届人民代表大会

武城县第十届人民代表大会共召开全体会议 3 次。1987 年 5 月 25—27 日，第一次全体会议在县委招待所召开，出席会议的人大代表 195 人。会议听取并审议副县长范双福所作的《政府工作报告》、县人大常委会主任秦之堂所作的《人大常委会工作报告》、县人民法院院长张慎行所作的《人民法院工作报告》、县人民检察院检察长李朝枢所作的《人民检察院工作报告》、县财政局局长胡兆杰所作的《关于 1986 年财政决算和 1987 年财政预算（草案）的报告》，并表决通过各项决议。选举县人大常委会委员 7 人；选举秦之堂为县第十届人大常委会主任，王清溶、李洪来、安健民、李建中、李万居为副主任；选举刘富春为县政府县长，范双福、荆兆玉、李清章、张家臣为副县长；选举张慎行为县法院院长，选举李朝枢为县检察院检察长。1988年1月5—6日，第二次会议在县委招待所召开，出席会议的人大代表195人。1989年5月25—26日，第三次会议在县委招待所召开，出席会议的人大代表195人。

武城县第十一届人民代表大会

武城县第十一届人民代表大会共召开全体会议3次。1990年3月26—27日，第一次全体会议在县委党校召开，出席会议的人大代表197人。会议听取并审议代理县长郭作富所作的《政府工作报告》、县人大常委会副主任李建中所作的《人大常委会工作报告》、县人民法院院长张慎行所作的《人民法院工作报告》、县人民检察院检察长李朝枢所作的《人民检察院工作报告》、县计划委员会主任徐贵廷所作的《关于1989年国民经济和社会发展计划执行情况及1990年计划（草案）的报告》、县财政局局长冯延明所作的《关于1989年财政预算执行情况和1990年财政预算（草案）的报告》，并表决通过各项决议。选举县人大常委会委员8人；选举谢万盛为县第十一届人大常委会主任，李建中、李万居、刘清洲、李朝枢、李玉璞、宋金波为副主任；选举郭作富为县政府县长，范双福、荆兆玉、李清章、张清昌、王洪浩为副县长；选举张慎行为县法院院长，选举赵荣田为县检察院检察长。1991年4月3—4日，第二次会议在县委党校召开，出席会议的人大代表197人。1992年4月28—29日，第三次会议在县委党校召开，出席会议的人大代表197人。

武城县第十二届人民代表大会

武城县第十二届人民代表大会共召开全体会议6次。1993年1月4—5日，第一次全体会议在县委党校召开，出席会议的人大代表199人。会议听取并审议代理县长史好泉所作的《政府工作报告》、县人大常委会主任谢万盛所作的《人大常委会工作报告》、县人民法院院长王庆荣所作的《人民法院工作报告》、县人民检察院检察长张慎行所作的《人民检察院工作报告》、县计划委员会主任臧治国所作的《关于1992年国民经济和社会发展计划执行情况及1993年计划（草案）的报告》、县财政局局长冯延明所作的《关于1992年财政预算执行情况和1993年财政预算（草案）的报告》，并表决通过各项决议。选举县人大常委会委员7人；选举谢万盛为县第十二届人大常委会主任，刘清洲、李朝枢、李玉璞、杨桂珍（女）、李桓为副主任；选举史好泉为县政府县长，王金箱、王洪浩、郭坤一、张文春为副县长；选举王庆荣为县法院院长，选举张慎行为县检察院检察长。同年3月2日，第二次会议在县委党校召开，出席会议的人大代表199人。选举产生史好泉、牟兰堂、孙延亭为出席省第八届人民代表大会代表。1994年3月30—31日，第三次会议在县委党校召开，出席会议的人大代表199人。补选武新掌为县人大常委会副主任，补选县人大常委会委员3人。1995年3月27—30日，第四次会议在县委党校召开，出席会议的人大代表199人。补选王金箱为县人大常委会副主任；补选赵忠新为县政府县长，补选满春重、王立新为副县长；同时选举产生出席市第十三届人民代表大会代表29人。1996年3月13—14日，第五次会议在县委党校召开，出席会议的人大代表199人。补选县人大常委会委员1人。补选王金箱为县第十二届人大常委会主任，补选冯延明、孙连合、张洪臣为副主任。1997年3月8—9日，第六次会议在县委党校召开，出席会议的人大代表199人。补选人大常委会委员1人。

武城县第十三届人民代表大会

武城县第十三届人民代表大会共召开全体会议5次。1998年1月16—18日，第一次全体会议在县委招待所召开，出席会议的人大代

表 191 人。会议听取并审议通过副县长刘治温所作的《政府工作报告》、县人大常委会主任王金箱所作的《人大常委会工作报告》、县人民法院院长刘殿亮所作的《人民法院工作报告》、县人民检察院检察长曲修宝所作的《人民检察院工作报告》、县计划委员会主任才立华所作的《关于 1997 年国民经济和社会发展计划执行情况及 1998 年计划（草案）的报告》、县财政局局长孙其夫所作的《关于 1997 年财政预算执行情况和 1998 年财政预算（草案）的报告》，并表决通过各项决议。选举县人大常委会委员 11 人；选举王金箱为县第十三届人大常委会主任，杨桂珍（女）、刘清洲、孙连合、张洪臣、姜福万、王占斌、王洪山为副主任；选举刘治温为县政府县长，李玉文、史光毅、王庆菊（女）、何连生为副县长；选举刘殿亮为县法院院长，选举曲修宝为县检察院检察长。1999 年 2 月 27—28 日，第二次会议在县委招待所召开，出席会议的人大代表 191 人。补选县人大常委会委员 1 人，补选郭宝君为县检察院检察长。2000 年 1 月 19—20 日，第三次会议在县委招待所召开，出席会议的人大代表 191 人。2001 年 3 月 3—4 日，第四次会议在县委招待所召开，出席会议的人大代表 191 人。会议讨论并审议《关于武城县国民经济和社会发展第十个五年计划》。补选陈德柱、王振芳为县第十三届人大常委会副主任；选举李玉文为县政府县长。2002 年 2 月 1—2 日，第五次会议在县委招待所召开，出席会议的人大代表 191 人。补选张洪庆为县人大常委会副主任；选举苏建军为县法院院长，梁志宝为县检察院检察长。

武城县第十四届人民代表大会

武城县第十四届人民代表大会共召开全体会议 5 次。2003 年 1 月 21—23 日，第一次全体会议在县委招待所召开，出席会议的人大代表 188 人。会议听取并审议县长李玉文作的《政府工作报告》、县人大常委会主任王金箱作的《人大常委会工作报告》、县人民法院院长苏建军所作的《人民法院工作报告》、县人民检察院检察长梁志宝所作的《人民检察院工作报告》、县发展计划局局长周洪春所作的《关于武城县 2002 年国民经济和社会发展计划执行情况与 2003 年计划（草案）的报告》、县财政局局长张金海所作的《关于武城县 2002 年财政预算执行情况和 2003 年财政预算（草案）的报告》，并表决通过各项决议。选举县人大常委会委员 14 人；选举邓光亮为县第十四届人大常委会主任，陈德柱、王振芳、张洪臣、尹吉宽、宋友堂、张洪庆为副主任；选举李玉文为县政府县长，宁玉河、史光毅、周成玉、吕永忠、王振祥、郭洪霞（女）为副县长；选举苏建军为县法院院长，选举梁志宝为县检察院检察长。选举出席市第十五届人民代表大会代表 30 人。2004 年 2 月 3—4 日，第二次会议在县委招待所召开，出席会议的人大代表 191 人。2005 年 1 月 28—30 日，第三次会议在县委招待所召开，出席会议的人大代表 192 人。2006 年 2 月 14—15 日，第四次会议在县委招待所召开，出席会议的人大代表 190 人。会议讨论并审议《武城县国民经济和社会发展第十一个五年计划规划纲要（草案）》。补选李鼎山、张金海为第十四届人大常委会副主任；补选陈朋金为县政府副县长。2007 年 2 月 3—5 日，第五次会议在县委招待所召开，出席会议的人大代表 188 人。补选史光毅、王庆菊（女）、刘增瑞为县第十四届人大常委会副主任；补选王立来为县政府县长，补选王洪林为副县长。

武城县第十五届人民代表大会

武城县第十五届人民代表大会共召开全体会议 5 次。2007 年 12 月 11—13 日，第一次全体会议在县委招待所召开，出席会议的人大代表 192 人。会议听取并审议县长王立来作的《政府工作报告》、县人大常委会常务副主任陈德柱

图 15-1　2012 年 1 月 10—13 日，武城县第十六届人民代表大会第一次会议召开

作的《人大常委会工作报告》、县人民法院院长苏建军所作的《人民法院工作报告》、县人民检察院检察长李景平所作的《人民检察院工作报告》、县发展和改革局局长周洪春所作的《关于 2007 年国民经济和社会发展计划执行情况与 2008 年计划（草案）的报告》、县财政局局长周树彬所作的《关于 2007 年财政预算执行情况和 2008 年财政预算（草案）的报告》，并表决通过各项决议。选举县人大常委会委员 18 人；选举邓光亮为县第十五届人大常委会主任，史光毅为第一副主任，王庆菊（女）、刘增瑞、徐秀英（女）、李鼎山为副主任；选举王立来为县政府县长，孙九鹏、王洪林、陈朋金、常欣、王跃华、沙淑红（女）为县政府副县长；选举苏建军为县法院院长，选举李景平为县检察院检察长。选举出席市第十六届人民代表大会代表 31 人。2008 年 5 月 4—5 日，第二次会议在县委招待所召开，出席会议的人大代表 190 人。补选樊兆杰为县政府县长。2008 年 12 月 31 日至 2009 年 1 月 1 日，第三次会议在县委招待所召开，出席会议的人大代表 192 人。补选人大常委会委员 1 人；补选黄勇为县法院院长。2010 年 5 月 6—7 日，第四次会议在县委招待所召开，出席会议的人大代表 192 人。选举王立来为县第十五届人大常委会主任。2011 年 1 月 12—13 日，第五次会议在县委招待所召开，出席会议的人大代表 192 人。会议讨论并审议《武城县国民经济和社会发展第十二个五年计划纲要》。补选王胜强为县政府县长。

武城县第十六届人民代表大会

2012 年 1 月 10—13 日，第一次全体会议在县委招待所召开，出席会议的人大代表 192 人。会议听取并审议县长王胜强所作的《政府工作报告》、县人大常委会第一副主任史光毅所作的《人大常委会工作报告》、县人民法院院长黄勇所作的《人民法院工作报告》、县人民检察院检察长任少伟所作的《人民检察院工作报告》、县发展和改革局局长隋秀鹏所作的《关于武城县 2011 年国民经济和社会发展计划执行情况与 2012 年计划（草案）的报告》、县财政局局长周树彬所作的《关于武城县 2011 年财政预算执行情况和 2012 年财政预算（草案）的报告》，并表决通过各项决议。选举人大常委会委员 19 人；选举王立来为县第十六届人大常委会主任，王英华、刘增瑞、袁长霞（女）、张玉清、卢长生为副主任；选举王胜强为县政府县长，王志强、周立志、耿建强、杜文陆、孙金鑫、于萍（女）为副县长；选举黄勇为县法院院长，选举任少伟为县检察院检察长。2013 年 1 月 17—19 日，第二次会议在县委招待所召开，出席会议的人大代表 192 人。截至 2013 年底，武城县第十六届人民代表共召开全体会议 2 次。

第二章　武城县人大常委会

第一节　县人大常委会组成人员

1986—1995年，按照《地方组织法》规定，县人大常委会组成人员为11～19人。1997年，省人大常委会按照《地方组织法》规定，县人大常委会组成人员为11～23人。2007年，省人大常委会按照《地方组织法》规定，县人大常委会组成人员为15～27人，至2013年未变。

1984—2013年武城县人民代表大会常务委员会主任、副主任一览表

表15-2

届次	职务	姓名	任职时间
县第九届人大常委会（1984.5—1987.5）	主任	秦之堂	1984.5—1987.5
	副主任	郎同芳	
		张金海	
		王清溶	
		李洪来	
		安健民	
县第十届人大常委会（1987.5—1990.3）	主任	秦之堂	1987.5—1990.3
	副主任	王清溶	
		李洪来	1987.5—1989.10
		安健民	1987.5—1990.3
		李建中	
		李万居	
县第十一届人大常委会（1990.3—1993.1）	主任	谢万盛	1990.3—1993.1
	副主任	李建中	
		李万居	
		刘清洲	
		李朝枢	
		李玉璞	
		宋金波	
县第十二届人大常委会（1993.1—1998.1）	主任	谢万盛	1993.1—1996.2
		王金箱	1996.2—1998.1

续表 15-2

届次	职务	姓名	任职时间
县第十二届人大常委会（1993.1—1998.1）	副主任	刘清洲	1993.1—1998.1
		李朝枢	
		李玉璞	1993.1—1996.2
		杨桂珍（女）	1993.1—1998.1
		李　桓	1993.1—1995.10
		武新掌	1994.3—1998.1
		王金箱	1995.3—1996.2
		冯延明	1996.2—1998.1
		孙连合	
		张洪臣	
县第十三届人大常委会（1998.1—2003.1）	主任	王金箱	1998.1—2003.1
	副主任	杨桂珍（女）	1998.1—2001.1
		刘清洲	1998.1—2003.1
		孙连合	1998.1—2001.2
		张洪臣	1998.1—2003.1
		姜福万	1998.1—2001.2
		王占斌	1998.1—2003.1
		王洪山	
		陈德柱	2001.3—2003.1
		王振芳	
		张洪庆	2002.2—2003.1
县第十四届人大常委会（2003.1—2007.12）	主任	邓光亮	2003.1—2007.12
	常务副主任	陈德柱	
	副主任	史光毅	2007.2—2007.12
		王振芳	2003.1—2006.2
		王庆菊（女）	2007.2—2007.12
		刘增瑞	
		张洪臣	2003.1—2006.2
		尹吉宽	2003.1—2007.12
		宋友堂	2003.1—2006.2
		张洪庆	2003.1—2007.12
		李鼎山	2006.2—2007.12
		张金海	2006.2—2007.11

续表 15-2

届次	职务	姓名	任职时间
县第十五届人大常委会（2007.12—2012.1）	主任	邓光亮	2007.12—2010.5
		王立来	2010.5—2012.1
	第一副主任	史光毅	2007.12—2012.1
	副主任	王庆菊（女）	
		刘增瑞	
		徐秀英（女）	
		李鼎山	
县第十六届人大常委会（2012.1—　）	主任	王立来	2012.1—2013.12
	第一副主任	王英华	2012.1—
	副主任	刘增瑞	
		袁长霞（女）	
		张玉清	
		卢长生	

第二节　县人大常委会会议

县人大常委会会议每两个月至少举行1次，如遇特殊情况，经主任会议决定，可临时召集会议。会议由人大常委会主任召集并主持。或由主任委托副主任主持会议。会议必须有人大常委会全体组成人员过半数出席方可举行。举行会议时，人大常委会组成人员根据会前视察、调查、检查以及平时掌握的情况发表意见，充分反映民意。1986—2013年，共举行人大常委会会议205次。

县人大常委会举行会议时，县政府县长或由县长委托副县长，召集县法院院长、县检察院检察长、县政府办公室主任、县人大常委会各委（室）负责人列席会议。县政协副主席应邀列席会议。乡镇人大主席、街道人大工作室主任、县政府有关部门负责人，经县人大常委会主任会议决定，可以列席会议。必要时，邀请上级人民代表大会代表、县人民代表大会代表或其他有关人员列席会议。

县人大常委会全体会议或分组会议对议案、工作报告进行审议时，有关部门主要负责人应到会听取意见，回答询问。对人大常委会提出的重要意见，会后由人大常委会办公室整理，由人大常委会主任审定后，印送县政府、县法院、县检察院以及有关机关研究办理，有关机关将办理结果于下次常委会会议前报送常委会。

县人大常委会全体会议听取和审议县政府、县法院、县检察院的工作报告。县政府各工作部门受县政府委托，可以向人大常委会报告工作。必要时，人大常委会可以要求县政府、县法院、县检察院作专题报告。在人大常委会会议期间，人大常委会组成人员3人以上联名可以向人大常委会书面提出对县政府及有关部门、县法院、县检察院的质询案。

县人大常委会会议表决议案或作出决议、决定，须由人大常委会全体组成人员过半数通过，表决结果由会议主持人当场宣布。

第三章　权力行使

第一节　决定重大事项

在本行政区域内，县人民代表大会拥有重大事项决定权，主要包括保证宪法、法律、行政法规和上级人民代表大会及其常务委员会决议的遵守和执行，保证国家计划和国家预算的执行；决定本行政区域内的国民经济和社会发展计划、预算；讨论、决定本行政区域内的政治、经济、教育、科学、文化、卫生、环境和资源保护、民政、民族等工作的重大事项。每年召开县人代会时，均审议批准县政府关于上一年度国民经济和社会发展计划执行情况和下一年度计划（草案）的报告，以及上一年度财政预算执行情况和下一年度财政预算（草案）的报告。全县国民经济和社会发展第七至第十二个五年计划均通过人代会充分讨论，征求各方面意见建议，由人代会表决通过，对外公布，然后实施。

县人民代表大会闭会期间，县人大常委会在本行政区域内，保证宪法、法律、行政法规和上级人民代表大会及其常务委员会决议的遵守和执行；召集本级人民代表大会；讨论、决定本行政区域内的政治、经济、教育、科学、文化、卫生、环境和资源保护、民政、民族等工作的重大事项；根据本级人民政府的建议、决定对本行政区域内的国民经济和社会发展计划、预算的部分变更；决定授予地方荣誉称号。

县第十五届人大常委会对听取并审议“一府两院”工作报告、讨论决定重大问题，实行票决制。按照满意、基本满意、不满意 3 个档次当场公开投票表决。满意票占与会人员的 80% 以上者为满意，不满意票占与会人员的 50% 以上者为不满意，居于两者之间为基本满意。经表决为满意或基本满意的，该项报告即为通过。经表决不满意的，报告机关应在下一次常委会会议上报告整改落实情况，然后由人大常委会组成人员再次表决。

1986—2013 年武城县人大常委会部分决议、决定统计表

表 15-3

时间	内容	决定主体
1987.3.26	《关于学习贯彻〈全国人大常委会关于加强法制教育维护安定团结的决定〉的决议》	县第九届人大常委会第十八次会议
1987.11.23	《关于学习、宣传、贯彻中共十三大会议精神的决议》	县第十届人大常委会第四次会议
1989.7.28	《关于依法治县的决议》	县第十届人大常委会第十四次会议
1990.8.17	《关于维护社会稳定加强社会治安的决议》	县第十一届人大常委会第四次会议
1990.10.16	《关于贯彻实施〈山东省保护老年人合法权益的若干规定〉的决议》	县第十一届人大常委会第五次会议

续表 15-3

时间	内容	决定主体
1991.4.22	《关于在全县进行第二个五年法制宣传教育的决议》	县第十一届人大常委会第九次会议
1993.8.24	《武城县县城规划建设管理实施细则》《武城县县城市政设施、绿化、市容和环境卫生管理实施细则》《武城城建管理检查实施细则》	县第十二届人大常委会第七次会议
1994.7.26	《武城县国有土地使用权出让和转让办法》《恩县洼滞洪区撤离安置办法》	县第十二届人大常委会第十四次会议
1995.9.29	《武城县九五科技发展计划及2010年长期规划》《武城县中长期科技发展规划》	县第十二届人大常委会第二十三次会议
1996.9.25	《武城县优抚对象抚恤优待办法》	县第十二届人大常委会第三十二次会议
1997.5.22	《关于对行政执法机关实行过错责任追究的监督试行办法》《关于对司法机关实行错案责任追究的监督试行办法》《关于在国家机关中实行执法责任制、加快依法治县进程的实施意见》《武城县国家机关执法责任制考核暂行办法》	县第十二届人大常委会第三十八次会议
1999.1.5	《关于县城街道命名方案》《关于乡镇选举委员会组成人员调整方案》	县第十三届人大常委会第六次会议
1999.6.28	《关于授予陈安礼等19名同志“武城县人民好公仆”荣誉称号的决定》	县第十三届人大常委会第九次会议
2000.9.25	《关于新建镇人大换届选举的决定》《关于任命新建镇选举委员会组成人员的决定》	县第十三届人大常委会第十七次会议
2001.1.10	《关于授予王振芳等30名同志“武城县人民好公仆”荣誉称号的决定》	县第十三届人大常委会第十九次会议
2001.3.26	武城县城市规划、城市建设、城市管理等6个暂行办法	县第十三届人大常委会第二十二次会议
2001.5.29	《关于批准〈武城县城市管理办法〉的决定》	县第十三届人大常委会第二十三次会议
2001.9.11	《关于开展人大代表向选民述职工作的实施意见》《关于在全县人大代表中集中开展联系选民活动的决定》	县第十三届人大常委会第二十五次会议
2002.5.15	《武城县国家机关执法责任制考核暂行办法》《关于加强对法律法规实施情况检查监督的规定（试行）》《关于对司法机关实行错案追究的监督试行办法》《关于对行政执法机关实行过错责任追究的监督试行办法》	县第十三届人大常委会第三十一次会议
2002.7.20	《关于开展第三届“武城人民好公仆”评选活动实施意见》	县第十三届人大常委会第三十二次会议
2006.8.16	《关于修改〈武城县城市规划管理暂行办法〉的决议》《关于〈武城生态县规划〉的决议》	县第十四届人大常委会第二十二次会议
2007.3.19	《关于第五届“武城人民好公仆”评选活动的安排意见》	县第十四届人大常委会
2007.3.30	《关于加强法制宣传教育的决议》	县第十四届人大常委会第二十七次会议
2007.6.30	《关于表彰第五届“武城人民好公仆”的决定》	县第十四届人大常委会
2007.9.1	《关于在政法机关实行重点案件备案制度的意见》	县第十四届人大常委会

续表 15-3

时间	内容	决定主体
2008.3.24	《关于加强对法律法规实施情况检察监督的规定》	县第十五届人大常委会第二次会议
2009.3.7	《关于进一步加强监督工作的意见》	县第十五届人大常委会第十次会议
2009.4.30	《关于推进全县重大项目建设的决议（草案）》	县第十五届人大常委会第十一次会议
2009.9.24	《关于提请县人民政府办理闭会期间人大代表建议的意见》《关于审议通过〈武城县城市整体设计方案〉的决定》《关于审议通过〈武城县县域村镇体系规划〉的决定》	县第十五届人大常委会第十四次会议
2009.12.31	《关于推进全县教育事业持续发展的决议（草案）》	县第十五届人大常委会第十六次会议
2010.3.30	《关于加快推进全县工业经济发展的决议》	县第十五届人大常委会第十七次会议
2010.12.7	《关于同意将偿还武城县新农村建设贝州安居工程项目建设资金列入财政专项预算的决议》	县第十五届人大常委会第二十二次会议
2011.4.20	《关于在人大代表中开展“推进跨越发展建设幸福德州”建功立业主题活动的实施意见》	县第十五届人大常委会
2011.10.9	《关于武城县2011—2015年依法治县规划（草案）的报告》《关于在全县公民中深入开展第六个五年法制宣传教育的决议》	县第十五届人大常委会第二十七次会议
2012.5.19	《武城县城市总体规划》	县第十六届人大常委会第二次会议

第二节　监督工作

县人民代表大会在本行政区域内行使最高监督权，主要是听取并审议全县的国民经济和社会发展计划、财政预算草案；审议全县上一年度国民经济和社会发展计划执行情况、财政决算执行情况的报告；听取并审议县人大常委会的工作报告；听取并审议“一府两院”工作报告。

县人民代表大会闭会期间，由县人大常务委员会代为行使监督权，主要是监督本级“一府两院”工作，联系本级人民代表大会代表，受理人民群众对上述机关和国家工作人员的申诉和意见。通过听取审议部门工作报告或工作情况汇报，利用开展视察检查、评议工作、信访、专题询问等形式，对“一府两院”进行监督。

听取审议部门工作报告或工作情况汇报

1986—2013年，县人大常委会听取审议部门工作报告或工作情况汇报285次。其中，国民经济和社会发展计划执行情况18次，财政预算执行情况21次，农业生产工作20次，城市建设和管理工作16次，工业企业生产经营情况11次，民营（个体私营）经济工作6次，普法工作7次，社会治安工作11次，减轻农民负担工作7次，卫生工作3次，人口与计划生育工作7次，国土资源管理工作6次，环境保护工作5次，食品药品市场管理工作3次，文化及文化市场管理工作6次，招商引资工作5次，法院工作15次，检察院工作16次，其他工作102次。

视察和检查

视察 1987年9月，县第十届人大常委会第三次会议，根据《宪法》《组织法》《代表法》的有关规定，制定《关于县人大代表持证视察的决定》，规定组织视察，由常务委员会或主任会议确定后，办公室负责组织，开展调查研究，由主任会议或分管的副主任决定，调研科负责组织。自建立视察制度后，县人大常委会把视察工作列入重要议事日程，年初列入工作计划。除每年由县人大常委会统一组织代表进行集中视察外，各代表小组也分别组织视察活动，代表个人也自行开展持证视察活动。县人大常委会还受市人大常委会委托，每年集中组织驻德州市和武城县的全国、省、市人大代表进行视察活动，做好服务和保障工作。有时组织部分县人大代表一同视察。

1990年11月，县第十一届人大常委会制定《武城县人民代表视察制度》，就视察方式、视察内容做出详细规定，要求代表在视察前要通知被视察单位视察时间及内容，提前做好准备。代表在视察工作中，要主动向干部群众宣传法律、法规和政策，要严格依法办事，正确行使职权，模范遵守各项规章制度，自觉接受人民监督。代表视察后，可向被视察单位或政府主管部门提出建议、批评和意见。还要对视察单位进行回查，检查所提建议、批评和意见的落实情况，巩固视察成果。

2002年5月，县第十三届人大常委会第三十一次会议通过《关于人大代表视察办法（试行）》。2003年，县人大常委会主任邓光亮在县人大机关工作人员会议上的讲话中明确要求人大代表对全县招商引资、上大工业和民营经济发展的落实情况进行重点视察，要拿出建议，当好参谋。

2008年3月，县第十五届人大常委会第二次会议修订《关于县人大代表视察办法（试行）》，对代表视察的内容、范围、程序、形式、组织保障以及视察意见和建议的处理做出明确规定。同年7月，为加强对交通公路等重点工程建设的监督，常委会组织40多名人大代表对夏武路、振华街西延、运河路北延、武城运河大桥等重点工程进行了集中视察，提出“加快重点项目建设进度，保证工程质量”的建议。

2011年1月，县第十五届人大常委会工作报告强调，在工业经济、招商引资、项目建设、财源建设等重点工作上，组织视察，推动经济总量扩张、保障和改善民生、维护社会和谐稳定。

检查 1988年11月至1989年4月，根据省第七届人大常委会第五次会议《关于在全省进行执法大检查的决定》要求，集中半年时间，对“一府两院”及15个乡镇有关44个法律法规的实施情况进行检查。法律法规执行好的占70%，执行一般的占20%，执行较差的占10%。查出违规违法案件154件；违反税法案件322件，补缴税金145.3万元；违反经济合同案件48件，违约金额22.7万元；违反土地管理法案件39件，违法占地面积33.73公顷；违反环保法案件1件；违反物价法规案件72件；违反计划生育条例案件269件；违反婚姻法案件45件；违反治安处罚条例案件342件；查处刑事案件9件；查处经济犯罪案件8件。针对检查中发现的问题，县人大常委会督促各执法部门进行整改，建立一案一回头，一季一复查的工作制度。

2002年5月，县人大常委会通过《关于加强对法律法规实施情况检查监督的规定（试行）》，围绕法律、法规实施中涉及本县改革开放、经济发展、社会稳定的重大问题，以及人民群众反映强烈的执法问题，有计划、有重点地开展执法检查。为确保监督实效，县人大常委会还制定《关于对行政执法机关实行过错责任追究的监督试行办法》《关于对司法机关实行错案责任追究的监督试行办法》。

2005年4月，县人大常委会组织执法检查组，对《安全生产法》实施情况进行专题检查。实地查看3个企业的安全生产和1个学校宿舍楼、伙房安全管理情况，听取县政府关于全县贯彻落实《安全生产法》工作情况汇报，在肯定政府安全生产工作成绩的同时，指出工作中存在的问题，提出改进安全生产工作特别是贯彻实施《安全生产法》的意见和建议，督促政府及有关部门加强安全生产监督管理，防止和减少生产安全事故的发生，确保《安全生产法》贯彻实施。

2008年3月，县第十五届人大常委会第二次会议通过《关于加强对法律法规实施情况的检查监督的规定》，结合本县实际情况，从执法检查的对象、重点、计划、方案、原则、形式等方面做出明确规定。

2013年，县人大常委会对《食品安全法》在餐饮领域的贯彻实施情况进行执法检查，提出“理顺监管体制，落实监管责任，深入开展食品安全整治活动”的意见建议，县政府及有关部门加大餐饮领域食品安全整治力度，先后组织开展食品添加剂、食用油等专项整治活动8次，下发监督意见书和责令整改通知书345份，立案查处违法行为59起。

图15-2 县十六届人大二次会议代表意见交办会议（2013年 摄）

评议工作

评议是县常委会对“一府两院”及其被任命人员实施监督的手段和有效形式。

2001年12月1—20日，对县国税局等21个驻武垂直部门进行评议，填补了在本行政区域内对垂直部门监督的空白。评议结果通报全县“一府两院”各部门以及驻武单位的上一级领导机关。2004年12月1—13日，组织开展对县政府部分被任命人员的评议，评议内容包括贯彻执行法律法规及人大的决议决定，接受人大监督的情况；履行职责开拓创新情况；服务群众、民主作风建设情况；勤政廉政、思想道德建设情况。评议采取分组调查、民主测评、述职评议和落实整改的方式进行。2007年，《监督法》实施后，县第十五届人大常委会决定逐年对县政府所属部门工作和两院工作进行评议。2008年，县人大常委会组织代表对35名县政府部门主要负责人和11名法院、检察院副职、24个垂直部门主要负责人开展集中评议，并将评议情况向县委和上级有关部门进行反馈。2010年，总结以往经验，不断完善人大代表评议机制和办法，从依法监督和行使代表权利的角度组织人大代表评议活动。当年，先后两次对全县48个政府部门工作和24个垂直管理单位执法情况进行集中测评，现场计票，现场公布结果。2013年，组织代表对51个政府部门、26个双管部门和30个窗口服务单位进行评议。

信访监督

1990年11月，县人大常委会制定代表来信来访工作制度，规定每月2日为县人大常委会接待人民代表来访日，由主任、副主任轮流接待；要求做好人民来信、来访的接待、登记、转交和催办工作。1993年1月，县人大常委会设置信访科。县人大常委会制定《接待来信来访工作制度》《信访工作规范化制度》。2008年，为全面推进平安武城建设，县人大常委会高度重视并要求认真办理人民群众的来信来访。是年，处理来信来访120余件次。协调督促“一府两院”依法处理一批涉法涉诉和其他案件，维护了群众的合法权益。2012年，县人大常委会制定《关于切实做好人民群众来信来访工作的意见》，建立健全信访情况综合分析制度，加大转办、督办力度，这项工作经验在全市推广。2013年，坚持将处理信访案件与依法监督有机结合，受理群众来信来访，有效维护当事人的合法权益。

专题询问

县第十五届人大常委会通过借鉴全国人大和其他地方人大的经验，结合武城实际，选择“做大县城”这个民生问题并首次进行专题询问。2011年5月31日，县第十五届人大常委会第二十五次会议就如何做大县城进行专题询问，历时3个小时，采取一问一答的形式，7位人大常委会组成人员重点围绕城区建设现状和“十二五”末建设目标，增加城市人口在户籍改革和管理方面应采取哪些政策措施，如何解决进城农民工子女入学，如何保障和扩大就业需求，如何解决进城农民住房、养老、看病需求，如何加强基础设施建设、提高城市管理能力和水平等问题进行提问。县发改局、建委、公安局、教育局、经信局、民经局、商务局、工商局、房管局、城管执法局、卫生局、人社局等12个部门主要负责人作回答。

第三节　人事任免

选举权

依照法律规定，县人民代表大会享有选举人大常委会组成人员，选举县长、副县长，选举县法院院长和县检察院检察长，选举市人大代表的权力。1986—2013年，县人民代表大会共选举国家机关工作人员317人次。其中，选举县人大常委会主任9人次，副主任52人次，委员91人次，选举县长12人次，副县长39人次，选举县法院院长9人次，选举县检察院检察长9人次，选举出席省人民代表大会代表6人次，选举出席市人民代表大会代表90人次。

任免权

1986年后，县人大常委会依据《宪法》和《组织法》，坚持对被任命人员进行任前法律知识考试，任免过程中反复酝酿、充分讨论，最后投票表决。截至2013年底，县人大常委会共任命国家机关工作人员1130人次，免职549人次。其中，任命县人大常委会机关工作人员188人次，免职108人次。任命县政府组成人员343人，免职141人次。任命县法院审判人员404人次，免职262人次。任命县检察院检察人员195人次，免职38人次。

武城县志（1986—2013）

第十六编

地方行政机关

1986—2013年，武城县人民政府共历经8届，每届县长、副县长由县人民代表大会选举产生。

1986年，县政府设工作部门44个，乡镇人民政府15个。经过三次党政机构改革，至2013年，县政府设工作部门25个，镇政府7个，街道1个，开发区管理委员会1个。

历届县政府认真贯彻落实国家各项改革、发展政策，实行依法治县、依法行政、科学施政，坚持以经济建设为中心，全面深化各项改革，把招商引资与工业立县、科技兴县相结合，全县综合经济实力和可持续发展能力不断增强，促进了全县社会各项事业的大发展，尤其在城乡建设、社会保障、人口控制和教育、医疗等领域发生巨大而深刻地变化，人民安居乐业、社会和谐稳定。

第一章　武城县人民政府

第一节　县政府组成人员

武城县人民政府是武城县最高行政机关，由全县人民代表大会选举产生。县政府由县长、副县长、政府各工作部门主要行政负责人组成。县长、副县长在县人民代表大会会议上由人大代表选举产生，政府各工作部门主要行政负责人经县长提名，由县人大常委会批准任命。此次续修县志断限时间内，县政府历经第九届至第十六届共8届。县政府每届任期，第九届至第十一届任期为3年，第十二届至第十四届任期为5年，第十五届任期为4年。各届政府的任期时间分别为：第九届，1984年5月至1987年5月；第十届，1987年5月至1990年3月；第十一届，1990年3月至1993年1月；第十二届，1993年1月至1998年1月；第十三届，1998年1月至2003年1月；第十四届，2003年1月至2007年12月；第十五届，2007年12月至2012年1月；第十六届，2012年1月至2016年12月。

1984—2013年武城县人民政府历任县长、副县长一览表

表16-1

届次	职务	姓名	任职时间	备注
第九届县政府（1984.5—1987.5）	县长	郑学文	1984.5—1987.5	
	副县长	范双福	1984.5—1987.5	
		徐长宽	1984.5—1987.5	
		秘玉芹（女）	1984.5—1987.5	
		荆兆玉	1984.5—1987.5	
		王金池	1986.9—1987.5	挂职
第十届县政府（1987.5—1990.3）	县长	刘富春	1987.5—1990.3	
	副县长	范双福	1987.5—1990.3	
		荆兆玉	1987.5—1990.3	
		李清章	1987.5—1990.3	
		张家臣	1987.5—1990.3	
		王金池	1987.5—1990.3	挂职
		陶　涛	1988.5—1990.3	挂职
		张　平	1989.5—1990.3	挂职
		赵魁义	1989.5—1990.3	科技副县长
第十一届县政府（1990.3—1993.1）	县长	郭作富	1990.3—1993.1	
	副县长	范双福	1990.3—1991.5	
		荆兆玉	1990.3—1993.1	

续表 16-1

届次	职务	姓名	任职时间	备注
第十一届县政府（1990.3—1993.1）	副县长	李清章	1990.3—1993.1	
		张清昌	1990.3—1993.1	
		王洪浩	1990.3—1993.1	
		郭坤一	1991.5—1993.1	
		陈兆昌	1991.7—1993.1	挂职
		杨冬权	1992.9—1993.1	挂职
		赵魁义	1990.3—1993.1	科技副县长
第十二届县政府（1993.1—1998.1）	县长	史好泉	1993.1—1995.3	
		赵忠新	1995.3—1997.12	
	副县长	王金箱	1993.1—1995.3	
		满春重	1995.3—1996.10	
		刘治温	1996.12—1998.1	
		王洪浩	1993.1—1996.2	
		郭坤一	1993.1—1993.12	
		张文春	1993.1—1993.2	
		史秀芝（女）	1993.2—1996.12	
		王德奎	1993.2—1998.1	
		王汉录	1994.4—1998.1	
		王立新	1995.3—1998.1	
		张　栋	1996.12—1998.1	
		臧振华	1996.12—1997.1	
		孙永堂	1994.4—1995.10	挂职
		黄伟忠	1994.4—1995.10	挂职
		时均建	1995.10—1997.4	挂职
		吴　平	1996.2—1997.8	挂职
		赵魁义	1993.1—1993.8	科技副县长
		富德义	1993.8—1995.3	挂职
		石继伦	1994.1—1998.1	挂职
		张军莉（女）	1997.9—1998.1	挂职
第十三届县政府（1998.1—2003.1）	县长	刘治温	1998.1—2001.2	
		李玉文	2001.2—2003.1	
	副县长	李玉文	1998.1—2001.2	
		高国安	1998.3—2002.1	
		王怀勇	2001.2—2003.1	
		史光毅	1998.1—2003.1	
		王庆菊（女）	1998.1—2003.1	

续表 16-1

届次	职务	姓名	任职时间	备注
第十三届县政府（1998.1—2003.1）	副县长	何连生	1998.1—1998.3	
		周成玉	1998.3—2003.1	
		吕永忠	1998.3—2003.1	
		王洪春	1998.5—2001.5	
		宁玉河	2002.1—2003.1	
		王振祥	2001.2—2003.1	
		刘玉辉	2001.5—2003.1	
		张安民	2000.7—2003.1	挂职
		马计房	2001.8—2003.1	挂职
第十四届县政府（2003.1—2007.12）	县长	李玉文	2003.1—2006.8	
		王立来	2006.12—2007.12	
	副县长	宁玉河	2003.1—2007.2	
		史光毅	2003.1—2007.2	
		周成玉	2003.1—2007.11	
		吕永忠	2003.1—2007.11	
		王振祥	2003.1—2007.11	
		郭洪霞（女）	2003.1—2007.2	
		于龙浩	2004.1—2007.2	
		陈朋金	2006.2—2007.12	
		王洪林	2007.2—2007.12	
		孙九鹏	2007.11—2007.12	
		常　欣	2007.11—2007.12	
		王跃华	2007.11—2007.12	
		张洪全	2004.2—2006.3	挂职
		颜廷湘	2004.2—2006.3	挂职
		田素英（女）	2006.3—2007.4	挂职
		武传成	2006.3—2007.4	挂职
		张洪龙	2007.4—2007.12	挂职
第十五届县政府（2007.12—2012.1）	县长	王立来	2007.12—2008.2	
		樊兆杰	2008.2—2010.12	
		王胜强	2010.12—2012.1	
	副县长	孙九鹏	2007.12—2009.3	
		王洪林	2007.12—2011.11	
		陈朋金	2007.12—2012.1	
		常　欣	2007.12—2011.11	
		王跃华	2007.12—2011.11	

续表 16-1

届次	职务	姓名	任职时间	备注
第十五届县政府（2007.12—2012.1）	副县长	沙淑红（女）	2007.12—2010.4	
		周立志	2010.4—2012.1	
		耿建强	2011.11—2012.1	
		杜文陆	2010.4—2012.1	
		孙金鑫	2011.11—2012.1	
		于　萍（女）	2011.11—2012.1	
		张洪龙	2007.12—2008.5	挂职
		王继峰	2008.8—2011.4	挂职
		马　强	2009.3—2010.4	挂职
		傅康荣（女）	2009.3—2010.4	挂职
		丁　一	2010.5—2011.6	挂职
		王学功	2011.2—2012.1	挂职
第十六届县政府（2012.1—　）	县长	王胜强	2012.1—	
	副县长	王志强	2012.1—	
		周立志	2012.1—	
		杜文陆	2012.1—	
		孙金鑫	2012.1—	
		耿建强	2012.1—	
		于　萍（女）	2012.1—	
		王学功	2012.1—2012.2	挂职
		王　静（女）	2012.2—2013.2	挂职
		汪　丽（女）	2012.5—2013.5	挂职
		谢子平	2012.6—2013.6	挂职
		冯　祯	2013.4—	挂职
		高玉林	2013.7—	挂职
		刘加钊	2013.9—	挂职

第二节　施政机制

运行机制

分工负责制度　县政府实行县长负责制和副县长分工负责制。县长主持县政府全面工作；副县长按照工作分工协助县长工作，并在自己职权范围内独立负责地行使职责，对县长负责。常务副县长协助县长主持县政府日常工作。县长外出期间，委托常务副县长主持县政府全面工作。

县政府工作部门和县政府派出机构在县政府统一领导下，实行行政首长负责制和个人分工负责制。行政首长负责本部门、本单位工作，对县政府负责。

公文处理制度　县政府对各乡镇政府、县政府各部门、直属事业单位和重点企业直接行文，并受理请示、报告。

以县政府名义制发的文电，经县政府办公室分管副主任、主任审核后，报县长或副县长审签。涉及综合、全面、重大问题的，经县政府有关会议讨论决定后，由县长或副县长签发。以县政府名义发布的行政性规定，由县政府法制局提出审查意见，经县政府办公室分管副主任、主任审核后，提请县政府常务会议审议通过，由县长签发。经县政府常务会议或县长办公会议讨论决定的事项，由主持县政府日常工作的副县长签发。

以县政府办公室名义制发的文电，属于一般日常工作的，经分管副主任、主任审核后，由分管副县长签发；属于涉及面广、比较重要的，经分管副主任、主任、分管副县长审核后，由常务副县长签发。

部门和乡镇呈报县政府的文电，由县政府办公室按照领导分工和规定的程序送批。部门和乡镇不得直接向县长、副县长报送审批文电。

部门代县政府草拟的文稿，由县政府调研室负责修改，经县政府办公室分管副主任、主任审核后，送分管副县长审定，由县长签发。内容涉及其他部门的，由主办部门组织会签。

属于部门职权范围内的问题，需要发文时，以部门名义行文；涉及几个部门业务的范围的问题，由有关部门联合行文；其中重大事项经县政府有关领导审签后，可加“经县政府同意”字样，由部门单独或联合行文。

政务信息与督查制度　各乡镇政府、街道办事处和县政府各部门开展政务信息工作，及时向县政府反映政府工作及经济社会发展中的重要情况，县政府办公室及时编发、上报信息，为科学领导、民主决策提供依据。

县政府办公室对全县政府系统政务信息工作进行指导，确保网络健全完善、高效运转。同时建立政务信息工作报送通报和考核机制，对信息报送工作先进单位和个人进行表彰，对迟报、漏报信息并造成严重后果的进行通报批评。

县政府办公室对县委、县政府重要决策和领导批示件实行督查办理。重要决策督查工作按照立项通知、检查催办、及时办结、汇总报告程序进行。

各乡镇政府、街道办事处和县政府各部门主要负责人对督查件办理落实情况负责。督查件涉及两个或两个以上承办单位的，由主办单位牵头办理，协办单位配合。办理结果报告由主办单位负责报送。

政务公开制度　2006年12月，县政府门户网站建成上线运行，由县政府办公室信息科负责网站的建设、管理、更新、维护。2010年11月，电子政（党）务系统建成运行，每年传输电子公文2600余件。同年，县政府办公室成立电子政务室，主要负责政府网站的建设、管理、更新、维护，县电子政（党）务系统的建设、管理、维护及政府系统电子公文的发送，政府机关电子屏幕的维护，传真接送等工作。2011年3月，县政府办公室出台《关于进一步做好政府信息公开工作的意见》。2012年，电子政务室增加政府信息公开工作职责，提高政府工作透明度，保障公民知情权。对未主动公开的政府信息，公民根据本人生产、生活、科研等特殊需要，向政府部门申请获取相关政府信息，做到“一事一申请”。完善申请的受理、审查、处理、答复程序，做到既依法公开，又严格保密，按照“谁主管、谁公开、谁负责”，建立由县政府办公室统一管理，监管、保密部门监督检查，职能部门各负其责的工作机制。

应急管理制度　2008年6月，武城县突发事件应急管理领导小组成立。同时，县政府成立应急管理办公室，履行值守应急、信息汇总上报、综合协调等职能。实现应急预案的动态管理，每年根据上级最新修订和新出台的应急预案，对全县专项预案进行修改完善。根据经济社会发展需要，新编制专项应急预案。每年开展综合和专项应急演练，强化全县各级各类应急救援队伍的综合应急反应水平和实战能力，提高突发事件应急处置水平。制订武城县重大突发公共事件应急处置流程图，明确突发事件发生时的处置程序和时限。建立健全“110”“120”“119”“122”应急信息联动机制，全面落实省、市、县应急信息报告制度。2010年8月，县人武部部长带领由民兵组成的抗洪抢险应急分队，前往禹城市支援抗洪抢险。截至2013年底，全县编制《武城县突发公共事件总体应急预案》以及自然灾害、事故灾难、公共卫生事件、社会安全4大类63个专项应急预案。年均处置各类事故310余起，出动车辆540辆次，出动警力3180人次，抢救人员20～40人，抢救财产210万～2800万元不等。

办理人大代表议案、建议和政协委员提案制度 1986年后，县政府在每年“两会”（县人民代表大会和县人民政治协商会）后，都及时召开专题会议，对“两会”议案、建议、提案进行研究，确定分管领导和办理原则，落实承办单位。各承办单位的主要负责人为第一责任人，负责人大代表议案、建议或政协委员提案的落实，各承办单位对议案、建议、提案必须件件给予答复，答复时限1个月，如果情况特别复杂，需延期办理的，要及时向交办机关说明情况，最迟不超过2个月给予答复。书面答复时，经主要负责人签字，加盖公章。县政府办公室每年对办理工作进行督查，发现问题，限期整改。建议、提案办复后，县政府办公室负责走访代表、委员，征求意见，当面答复有关问题。年终，县政府根据各承办单位办理工作情况进行考核，评选出“人大建议政协提案落实工作先进单位”，对不依法答复、办理不力、拖延应付、超期超限、不认真办理的单位，县政府给予通报批评。

2006年，县政府印发《武城县办理人大代表建议政协委员提案工作规程》。2009年，县政府印发《关于加强政府系统人大代表建议政协提案办理工作的意见》。2013年，县政府印发《关于做好人大代表建议办理工作的通知》，从建议提案登记、办理、审阅到发送、反馈等，建立一套完整的制度。实行分级负责、归口办理，督办人大代表建议和政协委员提案144件，办理答复率100%。

勤政廉洁制度 1989年3月，县政府印发《武城县县级党政领导干部廉洁勤政守则》，要求党政领导干部从以下几个主要方面严抓自身勤政廉洁纪律：到乡镇和基层单位检查指导工作，处理问题，不接受烟酒招待，就餐吃份饭；克己奉公，廉洁从政，不利用职权谋私利，不开后门，不走后门，不乱批条子，不乱开财务口子；工作及生活待遇严格按照有关规定执行，不搞特殊；不借工作之便使用公款旅游；实行党务、政务公开，提高工作透明度；对子女及身边工作人员招工、招干、升学、入党、提拔、晋级、调动、参军等方面，不插手干预。

1991年，县政府印发《关于制止领导干部及其子女婚事大操大办的决定》，全县领导干部坚决严刹婚事大操大办的歪风，做到喜事新办、文明节约。1992年，县政府印发《关于继续狠刹用公款请客送礼等不正之风的通知》。1993年6月，县政府印发《关于党政机关保持清正廉洁的规定》，做出以下规定：严禁用公款吃喝送礼、挥霍浪费；严禁向企业和基层索要东西；严禁婚事大操大办；严禁用公款建私房和超标准住房；严格控制党政机关和企事业单位购买小汽车；坚决纠正行业不正之风；坚决制止利用职权谋取私利；不准借兴办经济实体搞权力经商；严禁公费旅游；坚决反对弄虚作假搞形式主义。

2011年，县政府印发《廉政风险防范机制建设实施方案的通知》，成立县政府办公室廉政风险防范工作领导小组，确定岗位自查、排查风险、广泛征求意见、班子研究4个方面的内容；划分风险等级，根据行使权力大小以及产生腐败可能性的大小，将排查出来的风险点划分为一级、二级、三级；制定防控措施，提出实施流程再造、完善工作制度、开展廉政教育三点措施。最后，对查找的风险点和防范措施进行充实完善，确定岗位风险点和防范措施；建立健全自律和他律的各项制度；将廉政风险防范机制建设作为落实党风廉政考核内容，根据考核结果，纠正存在问题，查漏补缺。

2013年，县政府加强作风建设。严格执行县委“十二个不准”规定，实行工作日禁酒，每个科室都做到按时上下班，提前半小时开门办公，做到全天候有人值守。开展“十进”“十联”活动，科级干部主动与联系对象结对子，常联系、勤沟通，帮助联系对象解决实际困难和问题；深入开展“庸懒散”治理工作，就上下班纪律、车辆管理、来电回复、来人来访、环境卫生等项具体工作提出明确要求。

处理人民来信来访制度　1986年2月，县政府批转《关于县级机关归口分工处理人民来信和接待人民来访的规定》的通知，要求按照分工负责，归口办案的原则，主动承办，一抓到底。切实把处理人民来信和接待人民来访的工作做好。同年，县信访科受理人民来信391件，来访214起，共计605件（起），年底处结598件，结案率为98%，解决历史遗留问题1463件（人）。

1988年，县政府印发《关于进一步加强信访工作的意见》，明确提出：切实加强对信访工作的领导；认真搞好信访工作的改革；坚持分级负责，归口办理的原则；进一步抓好基层信访工作；进一步完善信访规章制度。2002年3月，县政府印发《关于进一步强化领导公开接访工作的有关规定》，就县级领导及各乡镇公开接访的形式、时间、地点、接访的透明度及查处力度做出明确规定。2003年5月，县政府制定信访工作责任追究制度、信访工作跟踪处理制度、信访工作保证金制度、信访工作奖惩制度4项制度。

2008年4月，县政府印发《信访工作千分制考核办法》对信访工作制度建设情况、信访任务指标完成情况两方面进行考核。2009年，县政府相继印发《信访工作绩效考核暂行办法》《武城县领导干部定期接待群众来访的实施办法》《武城县领导干部下访实施办法》《武城县矛盾纠纷排查化解工作实施办法》《关于切实做好当前信访工作的实施意见》，对做好接待来信来访做出一系列部署。同年10月，县政府印发《关于加强乡镇街信访工作队伍建设的意见》，明确提出：切实加强对信访工作的领导，切实配强信访工作力量，建立和完善县、乡、村三级信访网络，加大对信访干部的培训力度，加大对信访干部的考核和问责力度。

2012年2月，县政府印发《关于继续做好县级领导干部和镇街领导干部公开接访工作的通知》，明确要求，县级领导干部严格按照既定日期，坚持人员、地点固定原则，每月按时到县人民来访接待中心接待群众来访；县级领导干部接访，本县政务活动服从接访工作；县级领导干部接访实行首接包案负责制，谁接访、谁包案、谁负责；县级领导干部接访实行销号制度；县级领导干部到来访接待中心接访时，镇街和县直有关部门负责人要一同参与接访，以便及时调查研究解决问题；县信访局负责接访工作的对外公告、来访登记、接访纪律、案件督办、公布销号等有关事宜；公安部门负责维护好接访秩序；镇街党政领导干部实行每月四次公开接访制度。截至2013年底，县政府共接待处理人民来信来访2.2万人次。

会议制度

全体成员会议　全体成员会议由县长、副县长、县政府顾问、县长助理、办公室主任、副主任和县政府各部门主要负责人组成。会议议题由县长确立，县长或县长委托常务副县长召集、主持。必要时召开由县政府正科级以上事业单位、上级驻武单位、重点企业主要负责人参加的扩大会议；视情况邀请县委有关部门、县人大和县政协下属委员会、县人武部、群众团体主要负责人参加。县政府全体成员会议原则上每季度召开 1 次，必要时由县长决定随时召开。

常务会议　成员由县长、副县长、县政府顾问、县长助理、县政府办公室主任组成，县政府办公室副主任和与会议内容有关的县政府职能部门主要负责人列席会议，由县长或县长委托常务副县长召集和主持。会议内容主要是听取副县长、县政府顾问、县长助理、县政府部门的工作汇报，研究部署县政府阶段性工作，讨论决定重大政务活动；讨论决定县政府各部门和各乡镇政府报请解决的重要问题，审定县政府重要文件。县政府常务会议一般每月召开 1 次，必要时由县长决定随时召开。

县长办公会议　成员由县长、副县长、县政府顾问、县长助理组成，县政府办公室主任、副主任和与议题有关的部门主要负责人列席会议，由县长或县长委托常务副县长召集和主持。主要交流工作情况，研究处理县政府日常工作中的重要事务。

专题会议　由县长、副县长或县长、副县长委托县政府办公室主任或副主任召集，县政府有关部门负责人参加。涉及两个以上副县长分管工作的会议可共同召集。研究协调解决县政府工作中的专项问题和分工范围内的重要问题。县政府专题会议，根据需要随时召开。

第三节　施政辑要

第九届县政府

一、农村改革不断深入，农业生产稳步增长。1986 年，战胜历史上罕见的旱灾、雹灾，实现粮食总产 13.1 万吨，比 1985 年增长 3.2%；棉花总产 2 万吨，虽比 1985 年减少 1000 吨，仍是历史上第三个丰收年。多种经营收入 1.44 亿元，比 1985 年增长 15%。二、乡镇村企业取得新突破，农村商品生产蓬勃发展。1985 年，全县乡镇企业 96 处，比 1983 年增加 31 处，实现产值 2543 万元；村办企业发展到 1900 多处，比 1983 年增加 377 处，实现产值 5000 多万元。1986 年，总产值 1.4 亿元，比 1985 年增长 30.6%，比 1983 年增长 146.8%。三、县属工业企业改革不断深入，企业活力增强。1986 年，实现产值 1.09 亿元，比 1985 年增长 2.6%，比 1983 年增长 42.6%。四、财贸工作进一步发展，城乡经济日益活跃。1986 年，全县社会商品零售总额 1.18 亿元。全县农民人均分配值

图 16-1 县长办公会（2013 年 摄）

453元，比1985年增长9.2%。职工工资人均1036元。全县城乡储蓄余额8873万元。

第十届县政府

一、调整农业内部结构，增强发展后劲。1989年，全县农业总产值16362万元，年均递增0.3%，农民人均纯收入527元，年均递增5.2%。1989年，粮棉生产在连续严重的自然灾害情况下，全县粮食总产实现13.99万吨，比1986年增长6.6%，创历史最高水平；棉花生产实现总产35.88万担，人均皮棉高于全区平均水平。林业生产较快发展，全县共植树360万株，新建果园1000公顷。畜牧业生产取得新成绩。1989年，全县大牲畜存栏量7.33万头，猪4.62万头，羊7.85万只，鸡105万只。二、增强投入，加强管理，工业生产持续、稳定发展。1988年，全县工业总产值4.37亿元，比上年增长53.6%。其中，县属纯工业产值7513万元，增长47.2%，实现利税1837万元，增长79.2%，乡镇工业产值2.79亿元，增长60.7%。1989年，全县工业总产值5.46亿元，比1986年的2.6亿元翻一番多，年均递增29.8%。县乡工业总产值已位居全地区前列。三、拓宽流通渠道，搞活经营，财贸工作取得新进展。1989年，全县商品零售总额1.77亿元，比1986年增长49.5%，年均递增14.3%；集市贸易成交额2795万元，比1986年增长122%，年均递增30.5%；农副产品收购达到1.45亿元，比1986年增长27.2%，年均递增8.3%；外贸出口产品收购额2992.3万元，比1986年增长68.7%，年均递增19%。四、加强基础建设，改善民生。1987年，能源开发，筹资600万元，购买可用20年的电力债券3000负荷。完成公路建设50千米，完成基建投资147万元。1988年11月，县政府投资135万元对县城中心街和向阳路进行升级改造，改造路段全长2740米。1988年，县政府组织建设贝州市场，占地7.27万平方米，建筑面积5.24万平方米，投资2000多万元，成为全县最大的农副产品、工业产品、生产资料、生活用品等商品集散中心。

第十一届县政府

一、强化农业基础地位，农村经济较快发展。1991年，粮食总产15.5万吨，增长24.2%；棉花总产2.15万吨，增长70.03%。二、工业生产持续增长，经济效益逐步回升。1991年，工业总产值10亿元，比上年增长25%。同时经济效益开始好转，技术改造取得较大进展。计划总投资4217万元，已落实资金3488万元，已竣工投产的项目有37项。三、改革开放迈出新步伐，大力发展乡镇企业。1990年，县政府印发《关于进一步促进乡镇企业发展的决定》，把玻璃钢、地毯、抽纱作为乡镇企业重点发展行业；出台奖励政策，对在乡镇办和村办集体工业企业中做出突出贡献的人员，给予奖励；完善企业承包经营责任制，把竞争机制引入企业。至1992年底，全县乡镇企业112家，总产值1.99亿元，比1990年增加87%。四、流通渠道畅通，财贸工作取得新进步。至1991年底，社会商品零售总额1.83亿元，比上年增长6.1%。集市贸易成交额3999万元，比上年增长37.4%；外贸商品收购额3721万元，比上年增长32.9%。实现财政收入1965万元，比上年增长9.3%。各项存款金额3.5亿元，比年初增加5868万元，比上年增长16.3%，发放各类贷款4.75亿元，比年初增加1.07亿元，比上年增长24%。保险事业取得较大进展，全县承保财产总额5.09亿元，保险费收入365.5万元，比上年增长52%。五、交通、城建等事业开创新局面。1991年，投资805万元修建的德武路（武城—聂官屯）开工。1992年6月，竣工通车，总建设里程25.6千米，建设面积24.9万平方米。

第十二届县政府

一、全面完成“八五”计划，制定并实施“九五”计划。1997年，全县国内生产总值17.9亿元，比1992年增长86.8%，年递增13.3%；全县财政收入6917万元，比1992年增长2.14倍，年递增25.7%，其中地方财政收入4700万元。城乡居民储蓄余额3600万元；农民年人均纯收入2048元，增长15.3%。二、农村经济全面协调发展。1997年，夏粮总产16.67万吨，比上年增长50.5%，秋粮总产5.63万吨，全县粮食总产量比1996年增长1.9%。棉花生产面积大幅减少，总产量仍达1.08万吨。农村产业结构调整，发展多种经营、私营经济，形成以西瓜大棚和高温蔬菜大棚为主的特色瓜菜生产，全县瓜菜播种面积42.27公顷。畜牧业生产呈现商品化、规模化，饲养规模扩大，至1997年底，牛、猪、鸡的存栏量分别比上年增长7.5%、3.1%和1%。发展经济林和用材林，林果业面积达到3330公顷，林木覆盖率达到15%。1996年，开展农田水利基本建设，清淤沟渠125条，动土351万立方米，兴建、维修建筑物25座。1997年，新建辛王庄扬水站，完成封闭大洼的涵、闸工程和导流堤、撤退路、县城围堤等滞洪区建设项目。新打井500多眼，扩大灌溉面积3300公顷，新发展节水灌溉面积667公顷。农业机械化水平明显提高，农业机械总动力达到33.9万千瓦。1997年，农村全面实行农村财务双代管，农村财务管理和减负工作实现制度化、规范化，农村人均负担188.9元，比1996年减少106.7元。三、工业经济运行良好。1993年1月，县委、县政府提出玻璃钢、地毯、橡塑“三品兴县”战略。至1997年底，民营工业企业659家，总产值10.78亿元，是1993年的1.58倍，纳税总额占全县财政收入的32%。1997年，围绕产权制度改革这个核心，突出资本运营，狠抓企业改制。乡镇企业以“卖”为主，县属企业“卖”“送”“租”并举，67家乡镇企业拍卖出售50家，租赁11家，股份合作制的5家，托管的1家，盘活集体资产6800多万元。同年，全县工业企业完成利税8305万元，同比增长2.4%，亏损企业亏损额272万元，比1996年下降6.6%。四、基础设施建设步伐加快，成绩显著。1996年，投资1700多万元，建成武恩公路武城段；1997年，7个乡镇实现村村通柏油路。1996年，投资4000万元，改造完成振华街东延，对振华街、旧城街、古贝路南段进行拓宽改造，实施顺河街商业开发，打通漳南街。1997年，以“两路三街”为重点，对顺河街、旧城街、文化街和三八路等路段实施商业开发。1996年，进行10千伏的电路改造，新建的白庄110千伏变电站投入运行，完成供电总量1.11亿度，增长11%；郝王庄乡投资100万元，率先实现村村通电话；邮电业务总量1727万元，增长48.6%。1997年，滕庄35千伏变电站投入运营，全县供电量1.2亿千瓦时。进行程控电话扩容，电话装机容量1.64万门，百人拥有电话4.03部。五、科教文卫等事业取得较大进步。1996年，普及九年制义务教育，投资6500多万元，建成学校267所，适龄儿童、少年入学率100%。1997年，高中教育取得佳绩，高考本科上线人数292人，继续名列全市第一。医疗卫生条件明显改善。1996年，县医院门诊楼交付使用，新上CT等一批先进设备，医疗保健水平提高。1997年，县人民医院病房楼投入使用，并建立120急救中心；整顿医药市场，规范医疗网点，医疗服务水平显著提高。是年，文化、广播电视事业发展，投资400多元，更新编播设备，完成电视光缆工程，实现与全省有线电视信号联网。农村有线电视取得新突破，全县有127个村接通有线电视信号。

第十三届县政府

一、完成“九五”计划，科学制定“十五”

计划。2000 年，完成“九五”计划。2001 年，编制完成武城县国民经济和社会发展“十五”计划纲要（草案），经县第十三届人大第四次会议讨论通过。至 2002 年，全县国内生产总值 35.5 亿元，比 1997 年增长 98%，年均增长 14.6%。其中，第一产业 6.29 亿元，年均增长 0.9%；第二产业 19.25 亿元，年均增长 20.03%；第三产业 9.96 亿元，年均增长 19.9%，三次产业结构比例由 1997 年的 35∶43∶22 调整为 18∶54∶28。二、三产业成为县域经济的主导力量。财政总收入实现 1.78 亿元，是 1997 年的 1.6 倍，年均增长 20.8%。其中，地方财政收入 1.25 亿元，是 1997 年的 1.7 倍，年均增长 21.7%；城镇居民人均可支配收入 5254 元，比 1997 年增长 641 元，年均增长 5.8%；城乡居民储蓄存款余额 8.4 亿元，比 1997 年增加 7.2 亿元，年均增长 9.2%。二、各项改革成绩显著，对外开放步伐加快。县政府紧抓“德州市放开搞活试点县”和“山东省改革开放试点县”的机遇，发展农村经济、深化企业改革、加快经济调整、放手发展民营经济、扩大开放。截至“九五”末，全县 258 家国有、集体企业已基本完成改制，明晰产权，盘活资产。完成乡镇区划调整。扩大对外开放，2000 年，实现出口创汇 52 万美元，实际利用外资 101 万美元，分别比上年增长 98.5% 和 261%。三、工业企业规模效益同步增长，民营经济蓬勃发展。2000 年全社会固定资产投资达到 8.53 亿元，比 1995 年增长 79.2%，年均递增 12.4%。其中，工业投入 5.5 亿元，比 1995 年增长 1.92 倍，年均增长 24%。全县限额以上工业企业 59 家，销售收入 19.17 亿元，实现利税 2.75 亿元，分别比 1995 年增长 3.11 倍和 4.38 倍，年均递增 32.7% 和 40%。四、抓好基础设施建设，城镇面貌焕然一新。“九五”期间，完成对振华街东延、旧城街西延、向阳路南延及新汽车站的建设与搬迁。县乡新建、改建公路 536 千米，全县公路通车里程 607 千米。2002 年，县政府决定迁建武城第二中学。2003 年 8 月，竣工并投入使用。总投资 1.2 亿元，建筑面积 17 万平方米，建有教学楼 3 栋，实验楼 1 栋，办公楼 1 栋，宿舍楼 4 栋，餐饮楼 2 栋，可容纳 105 个班级 6300 名学生。五、加强民主法制建设，推进政府精干高效务实廉洁。全面实施政府提速工程，建立健全服务承诺、外商服务、首问负责、责任追究等制度。重视社会弱势群体的生产生活，推进企业解困，实施再就业工程，安置下岗职工，保障基本生活。坚持依法治县，2000 年“三五”普法任务完成，累计开展普法宣传 800 多场次，受教育 5 万多人次，探索并推行青少年“三教一体”普法模式和完善普法考评体系。“四五”普法工作顺利推进，干部和群众的法制观念增强。加强基层民主政治建设，顺利完成村民委员会换届工作。加强廉政建设，开展反腐败斗争，查处一批违法违纪案件。落实社会治安综合治理责任制，确保社会稳定。

第十四届县政府

一、县域经济发展势头强劲，经济综合实力显著提升。2007 年，预计全县国民经济总值 91 亿元，是 2002 年的 2.7 倍，年均增长 21.9%；地方财政收入 1.63 亿元，是 2002 年的 2.7 倍，年均增长 22%。三次产业比例由 2002 年的 17.5∶55.1∶27.4 调整为 11.8∶57∶31.2。规模以上工业企业 326 家，比 2002 年增加 251 家，增量、总量均居全市前列。预计规模以上工业企业销售收入 156 亿元、工业增加值 39 亿元、利税 29 亿元，年均增长都在 36% 以上。骨干企业销售过 10 亿元的企业 4 家，利税过 5000 万元的 6 家。品牌建设成果丰硕。武城县先后被命名为“中国民族毯业城”“中国汽车零部件产业集群县”“中国汽车零部件产业城”，新增 1 个中国驰名商标、5 个省著名商标、1个中国名牌产品和1个国家免检产品。民营经济实现新突破。2007年，全县民营业户1.98万户，比2002年翻一番；私营企业2237家，是2002年的3.5倍。注册资金28亿元，是2002年的5.7倍，民营经济增加值占全县国民经济总产值、上缴税金占地方财政收入、吸纳劳动力就业占城镇就业人口“三个比重”均80%以上，被省政府评为全省发展中小企业先进县，鲁权屯镇被评为特色产业镇。新农村建设迈出新步伐。优化农业产业结构，全力培植辣椒、棉花、食用菌、畜牧业等四大特色产业。先后被评为“中国辣椒之乡”“全国棉花生产百强县”和“全国优质棉生产示范基地县”。大力实施“绿化工程”，五年新植树木3200多万株，森林覆盖率25.7%，比2002年增加16%，实现历史性突破。2007年，预计全县农业产值20亿元，是2002年的2倍，年均增长14.9%。二、全面落实体制改革，对外开放迈出新步伐。2007年，推进企业产权制度改革，县属企业全部实现改制。实施城镇职工医疗保险制度，解决职工看病难问题。抢抓“重点扶持县”机遇，引进中韩合资汽车铝轮毂铸造、九发公司食用菌加工、天然气等一批外来投资项目。2003年后，全县实际利用外资近1亿美元，连年保持三位数以上增长，增幅名列全市前茅。2007年，自营出口2500万美元，是2002年的9.4倍，增幅居全市前列。三、城乡建设成效突出、发展条件提升迅猛。累计投资2.5亿元，新建改建城区道路80多千米，形成“九纵八横一环”的城市道路框架，城区面积扩大到18平方千米。投资1.4亿元，实施亮化、绿化、硬化、美化工程，青龙河景观长廊、迎宾广场、升平广场建成启用，新增硬化面积6.7万平方米、绿化面积35万平方米，城市绿化覆盖率达28%。新增住宅小区15个，新增商品房3100套，群众居住条件改善。编制完成8个乡镇驻地和100多个村庄建设规划，被确定为“全国县域村镇体系规划编制试点县”。五年投入5.8亿元，新建改建德商路、临武路、郑郝路、龙四路、梁老路、夏武路、陈公堤撤退路等干线公路226千米，新建桥涵59座、村村通油路1100多千米，全县公路通车总里程1770千米，万人均占有48千米，位居全省前列、全市首位。实施农村“六通工程”，所有村庄全部实现通油路、客车、自来水、有线电视、电话、宽带网，成为全市第一个、全省第七个整建制实现村村通自来水的县，被评为“全国科技农业信息入户示范县”“全省农村人畜饮水解困先进县”。四、社会事业进步明显，和谐社会建设成效显著。至2007年底，新型农村合作医疗参合率达95.09%，被列为“省级新型农村合作医疗试点县”。推进平安武城建设，在全市率先建立县级社会矛盾纠纷调处中心，构建信息预警、治安防范、便民诉讼等六大安全网络，被首批命名为“平安山东建设先进县”。人民生活水平提高。截至2007年底，城镇居民人均可支配收入9000元，农民人均纯收入4988元，分别比2002年增加3795元、2299元。城镇居民储蓄存款余额32.6亿元，比2002年增加14.1亿元。劳动和社会保障工作取得新成绩，新增城镇就业再就业4600人，其中再就业1060人。1096名城市低保对象实现应保尽保，低保标准提高到180元，新建、改建敬老院6处，集中供养率70%。救助贫困学生231名、困难群众2539人，医疗救助233人。

第十五届县政府

一、全县综合实力显著提升。2011年，全县预计完成生产总值140亿元，年均增长14.1%。完成地方财政收入3.59亿元，是2007年的2.56倍，年均增长25.9%。三次产业比例由2007年的12.5∶62.2∶25.3调整为10.6∶60.6∶28.8，产业结构优化。规模以上工业企业由2007年的324家增加到372家，总量、增量均居全市前列。完成工业增加值71亿元、销售收入395亿元、利税41亿元，分别是2007年的1.8倍、2.5倍和1.6倍。民营经济实现营业收入485亿元，增长21%。上缴税金3.65亿元，增长23.6%。至2011年，全县民营业户8359家，其中私营企业1030家，分别比2007年增加1021家和199家。全县纳税过千万元的企业5家，过500万元的14家，20余家企业税收实现翻番。社会消费品零售总额45.7亿元，是2007年的1.8倍，年均增长16.6%。二、人居环境显著改善。2011年，20余个城建重点项目实施。新建改造振华街、广运街等城市主干道路13条，铺设雨污管网17千米。建成现代化居住小区24个，开发房地产面积140万平方米。实施9处城中村、旧城改造。其中，鼎盛社区，宏图嘉苑，畅和名居等旧城区、棚户区改造完成。小城镇建设成效明显，鲁权屯镇被列为“第三批全国城镇发展改革试点镇”。“两区同建”工作走在全市前列，23处示范社区建设扎实推进，6个村庄整村迁建工作全面展开，6000多户群众搬入新居。投资1380万元，完成郑郝路部分路段升级改造。投资1650万元，新建改造县乡公路40千米。投资4601万元，解决156个村庄11.8万人的饮水安全问题。改善灌溉面积2660公顷。三、改革开放成效显著。2011年，实施人才回归、资金回流、创业回乡“三回”工程，双一集团复合材料产业园等20余个返乡创业项目，引进49个亿元以上项目，其中投资108亿元的玲珑项目，是武城县历史上引进投资规模最大的项目，投产后税收达6亿元。2008年至2011年12月底，全县引进招商引资项目74个。其中，投资过百亿元的项目1个，过10亿元的项目2个，过亿元的项目11个，过5000万元的项目14个，5000万元以下的项目46个，完成总投资146亿元。四、社会事业全面进步。2011年，城镇居民人均可支配收入16086元，农民人均纯收入8250元，分别增长17.8%和18.5%，增幅均居全市前列。城乡居民社会养老保险制度全面实施，适龄人员参保率95.8%。为4100名城镇职工办理特病门诊医疗证，报销费用80万元。2万余名低保对象实现应保尽保。新农合制度最高报销封顶线提升至10万元，累计为87.2万人次报销医药费用6066万元。

第十六届县政府

至2013年底，全县经济社会发展情况。一、经济发展平稳较快增长。完成国民经济生产总值189.8亿元，增长14.5%。地方财政收入7.05亿元，同比增长19.3%，高于全市平均水平3.6个百分点。税收占地方财政收入比重80.3%。经济结构优化，第三产业比重提高1个百分点。粮食生产实现“十一连增”，市级以上农业龙头企业28家，现代化农业示范基地突破3330公顷。社会消费品零售总额63亿元，增长16.1%。全社会固定资产投资142.3亿元，增长22.6%。金融支撑作用增强，新增贷款22.2亿元，同比增加4.1亿元。民间融资机构累计投放资金9.36亿元，同比增长94%。抓住“一圈一带”机遇，争取项目34个、总投资1.8亿元，争取各类转移支付和扶持资金10.06亿元。二、统筹城乡建设，县域面貌呈现新变化。新建改造城区道路12条，铺设雨污管网19千米，推进金融大厦、妇幼保健大厦等公共服务项目建设。镇村建设取得突破，新建、续建社区21个，6800余户群众入住新居。重大设施建设取得成效，新甲路、郑郝路等骨干道路竣工通车，成为全市第一个县镇快速通道全部打通的县。大屯水库、建德水库成功蓄水，成为全市唯一实现“双水源”供水的县。生态环境得到改善，森林覆盖率达到28.9%，被评为全省生态文明乡村建设先进县，2个镇被命名为国家级生态乡镇。三、民生事业全面进步。新改建幼儿园22处，弦歌小学、状元小学建成启用。医药卫生体制深入推进，新农合报销比例达到77%，封顶线提高至15万元，为4268人次发放二次补偿款378万元。新增城镇就业5399人，转移农村劳动力7683人。城乡居民社会养老保险参保率达到99%以上。开展低保整治活动，为1.8万余名低保对象发放低保金2630万元，建成第一中心敬老院。四、政府自身建设取得新进展。对土地管理、项目审批、财政预算等重大事项，优化制度设计，严格程序要求，规范政府运行机制受理“12345”市民群众诉求1.2万件，社会满意率达到99.4%。95件人大代表建议、176件政协委员提案全部按期办结。严格招标制度，工程建设、政府采购、产权交易全部纳入公共资源交易大厅，公开交易、阳光操作。

第二章　综合政务

第一节　外事侨务

侨务工作

1985年2月，武城县外事侨务办公室成立，全县侨务工作步入正规化管理。同年，全县有华侨47人、侨眷45人。此后，县政府定期登门走访，为侨眷解决实际困难。春节期间县委、县政府召开侨眷座谈会，开展为华侨写一封信、打一个电话活动。1989年，县医院外科主任刘清洲出席全省归侨侨眷、侨务工作者先进分子代表大会，被评为“山东省先进侨眷代表”。1991年10月，县委、县政府召开侨眷代表座谈会，学习《中华人民共和国归侨侨眷权益保护法》，走访慰问侨眷，为15名贫侨发放救助金。2006年，妥善安置侨眷矫秀珍。2010年7月，县委书记王立来会见旅日华侨乔丙俊。截至2013年底，全县有华侨20人、侨眷31人。

外事工作

1987年4月，在春季广交会上，县酒厂生产的“古贝春”系列产品打入国际市场。1988年3月，美国蒙曼尼畜产进出口公司经理蒙曼尼及格尔钦到武城地毯厂洽谈地毯经销贸易，武城地毯进入美国市场。1991年2月，县政府制定出台吸引外商投资的优惠政策，实施“请进来”战略。同年10月，县地毯厂获第一届日本佐野地毯图案创新会总分第一名。1993年9月，举办首届“中国・武城玻璃钢节”，日本、新加坡、以色列和香港地区的10名客商参加。1994年6月，武城县玻璃钢总厂生产的冷却塔系列产品获第五届亚太地区国际贸易博览会金奖。同年8月，武城县华能玻璃钢制品有限公司生产的BLF4-72系列离心风机，获蒙古国际商工贸产品博览会金奖。1995年10月，保加利亚客商参观县交通局腊制品有限公司，达成出口80吨腊制品的协议。武城县棉纺织厂与新加坡大马纺织有限公司共同投资兴建中新合资德州嘉年华纺织制衣有限公司，合营期限25年，合资资本总额5962.95万元，注册资本3070万元，中方占43%，新方占57%。1998年2月，日本十大财团之一的铃木产株式会社山田部长到县地毯厂考察，订货30万平方尺。2002年11月，举办“中国•武城首届辣椒洽谈订货会”，日本、韩国客商参加。2006年5月，中南控股有限公司在新加坡交易所挂牌上市，成为全市第一家民营企业上市和境外上市公司。2008年9月，在上海举行“中国·武城（上海）玻璃钢材料环保节能高峰论坛暨武城特色产业重点项目推介会”，邀请上海韩国商会事务总长丁洋镇参加。同年10月，“古贝春”商标在美国成功获得马德里国际注册。2010年2月，美国伟力电新能源公司董事长特里维恩一行到武城县与齐鲁汽车制造有限公司合作，就开发新能源汽车有关事项进行考察洽谈。同年，美国、意大利、韩国等国家代表团到武城县参观考察并协商投资事宜。同年9月，古贝春浓香型白酒被联合国相关机构和国际组织授予“千年金奖”称号。2012年，加拿大上寇吉尔、荷兰克里斯汀公司项目总监刘苏敏相继到武城县考察蓄电池产业、食用菌种植情况。2013年7月，中椒英潮辣业发展有限公司举行“中韩辣文化交流合作暨吴文善先生开创韩式酱类产业40周年庆典晚会”，韩国文善多元有限公司会长吴文善出席。同年11月，泰国国会特委主席顾问、东盟加六国贸易促进委员会主席罗宗山率泰国国际贸易商会暨东盟加六国贸易促进会代表团到武城县考察。

第二节　法制建设

规范性文件管理

2004年10月，县政府制定武城县行政规范性文件的制定和备案管理办法，加强对规范性文件的监督管理。2011年9月，进行规范性文件清理，确认继续有效38件，废止2件，修改2件。2012年1月开始，全面实行“三统一”制度，未经“三统一”的规范性文件不得作为行政管理的依据，进一步加强规范性文件的规范化建设。同年7月，废止规范性文件3件。截至2013年底，全县共制定县政府及政府办公室规范性文件329件。

行政执法监督检查

1990年后，县政府重点对行政执法主体适格、执法过程合法、执法案卷规范等方面进行监督检查，推进公正文明执法。主要采取制定监督管理文件、公布行政执法主体、严格行政执法人员资格准入与管理、重点领域重点问题专项执法检查、行政执法案卷评查等方式，加强监督管理。2005年10月，公布县级行政处罚主体，对重点执法部门的执法行为进行监督检查，纠正违法或不当执法行为10起。2006年5月，在全县推行行政执法责任制，并制定行政执法考评办法，全面加强对行政执法行为的监督。2011年，对全县50多个行政执法部门，采用随机抽取的方式对行政处罚、行政强制案卷进行逐一评查，对发现的问题进行反馈并督促整改。截至2013年底，组织或参与行政执法监督检查15次，举办执法培训班26期，年培训执法人员460余人次。

行政复议与应诉

1990年，县政府开始办理行政复议案件。2013年9月，县政府成立行政复议委员会并集中行使行政复议职权，提高行政复议解决行政争议的质量和效率，增强行政复议制度的公信力。同年，处理行政复议案件4件，全部审理完毕。截至2013年底，全县累计办理行政复议案件49件，行政应诉案件83起。

第三节　行政审批服务

服务机制

武城县行政审批服务中心实行“全权负责、窗口服务、一门受理、一站办结”的运行方式，凡进入中心办理的事项全部实行“九公开”和“六类事项办理制”。“九公开”，即公开审批机关、具体内容、依据、申报材料、办理程序、承诺时限、收费标准、责任人和监督投诉电话。“六类事项办理制”，即：办事项实行直接办理制，一般事项实行承诺办理制，重大事项实行联合办理制，上报事项实行负责办理制，控制事项实行明确答复制，特急事项实行紧急办理制。此外，中心实行严格的票款分离制度，窗口开票、银行收付，由进驻中心的银行网点负责款项的扎口收、付，具体办事窗口不再直接收取现金。实现业务办理过程公开、透明，真正让权力在阳光下运行。

图 16-2 营业执照办理（2013 年 摄）

服务项目

2003 年 6 月，县行政审批服务中心开始运行，20 个部门和单位进驻，工作人员 47 人，集中办理各类行政审批服务事项 134 项。2012 年 3—6 月，与县纪委、县法制局、县物价局等部门组成县级行政权力清核小组，对全县行政权力事项进行全面清理，清理出各类行政权力事项 3762 项。其中，行政许可事项 153 项，非许可审批事项 65 项，行政处罚 3020 项，行政强制 146 项，行政征收 97 项，其他行政权力 281 项。同年 11 月，搬迁至振华街东首社会事务服务中心，42 个部门和单位进驻，工作人员 124 人，集中办理各类行政审批服务事项 417 项。截至 2013 年底，对外服务 2696 天，累计办理各类行政审批服务事项 49.5 万件，收缴各类款项 6.67 亿元，支付各类款项 2800 万元，未发生一起乱收费行为。每天接受企业和群众来电咨询 100 余次，日均办理 600 余件。

第四节　政府投资项目管理

2011 年 6 月，县政府投资项目管理中心成立，开始对政府投资项目进行管理。相继对县第五、第六小学建设工程，第二、第三中学综合楼建设工程；历亭路升级改造、滨河大道、西外环北延、振华街东延工程；县城区雨污管网铺设工程、自来水城乡供水一体化工程、建德水库工程、弦歌湖公园建设工程、社会福利中心工程、保障房建设项目、鼎盛社区安置工程，果里、蒋官屯安置楼工程，运河文化城市综合体工程、改碱沟生态湿地水质改善工程、千亩生态湿地工程、天网工程等重点投资工程的建筑单位、施工单位和监管单位进行监督管理，严控工程造价；工程竣工后，协助财政、审计部门做好工程造价的审核（审计）。截至 2013 年底，先后对 21 个政府投资项目进行监督管理。

武城县志（1986—2013）

第十七编

政协地方组织

1981—2013 年，中国人民政治协商会议武城县委员会（以下简称“县政协”），共召开了 9 届全体委员会议。其中，第一届至第四届任期为 3 年，从第五届起任届改为 5 年，其中第八届任期 4 年。按法定程序召开政协武城县全体委员会议，选举产生新一届委员会、常委会、主席、副主席。每届大会期间召开 3 ～ 5 次全体委员会议，12 ～ 21 次常委会议，30 余次主席会议。及时补选常委、副主席、主席，决定重大问题，列席参加县人民代表大会。截至 2013 年底，举行全体委员会议 33 次，常务委员会议 114 次，主席会议 186 次。

县政协成立后，充分发挥政治协商、民主监督、参政议政等职能，形成全体会议总体协商，常务会议专题协商，主席会议重点协商，专委会议对口协商的协商议政新格局。加强委员提案工作，征集提案 2866 件，立案 2517 件，按委员来信回复 349 件，办复率 100%。开展视察和调研活动，先后开展专题调查 37 次，撰写视察和调研报告，提出意见和建议，为县委和县政府的科学决策提供有力依据。召开有关部门主要负责人参加并汇报工作的“知情”座谈会议 23 次，为全县经济建设和社会事业发展献计出力。

县政协将加强与海内外和社会各界人士的联谊交流，促进祖国和平统一和现代化建设服务作为一项重要任务。1986 年后，通过召开“三胞”眷属中秋座谈会、迎春茶话会，深入走访“三胞”眷属，发动“三胞”眷属向海外亲人写信等活动，宣传党和国家“和平统一、一国两制”的政策主张。同时，县政协重视经贸往来工作，宣传武城县投资环境，为引进和利用外资创造有利条件，扩大武城县对外影响，推进全县经济发展步伐。

第一章　政协武城县委员会

第一节　政协会议

政协委员

委员产生　每届政协委员的产生，均根据上级要求和县委批准的委员人选安排方案，由县委召开专门会议进行部署。各乡镇、县直有关部门根据委员安排方案，在本乡镇、本部门进行充分酝酿协商，广泛征求意见，集体研究提出建议人选。对新推荐和提名的人选，由统战部牵头，组织部和政协共同抽调专人进行考察。根据考察情况再同委员所在单位党组织进行考察，并征得组织部和政协党组意见后，报县委审议，最后提请县政协委员会协商决定。

委员结构　委员以界别为身份参加政协。由中国共产党、民主党派成员、无党派人士、人民团体、少数民族、侨胞、台胞、经济、科技、教育、医药、卫生等界别以及特别邀请的人士组成。每届根据实际情况有所调整。政协委员中，中共党员所占的比例一般不超过委员总数的40%。政协武城县第二届委员会（1984年5月至1987年5月）委员由17个界别89人组成。其中，妇女界4人、农民界8人、教育界14人、工商劳协界2人，分别占委员总数的4.49%、8.99%、15.73%、2.25%。政协武城县第七届委员会（2003年1月至2007年12月）委员由16个界别179人组成。其中，妇女界16人、农民界15人、工商联界18人、经济界31人，分别占委员总数的8.93%、8.38%、3.6%、10.06%。政协武城县第九届委员会（2012年1月—　）委员由15个界别220人组成。政协武城县第二届至第九届历次委员会委员名额分配比例，妇女界、青年界、工商联（工商劳协）界委员在委员总数中所占比例不断提高。教育界、科技界委员在委员总数中所占比例逐年递减。农民界委员在委员总数中所占比例较为稳定。第五届开始设立经济界别，在委员总数中所占比例与其他界别相比较高，体现出武城县对经济发展的重视。

县政协全体会议

全体委员会议是县政协最高层次的协商、监督、参政议政会议形式，由每届县政协常委会召集并主持，一般每年举行1次，必要时可临时召集，每届的第一次全体委员会议由会议选举的主席团主持。

每次全体委员会均听取和审议常委会工作报告及其他报告。列席全县人代会，听取并讨论《县政府工作报告》及有关工作报告。讨论本会的工作任务，做出或通过有关决议。对本县的大政方针、重要事务以及群众普遍关心的热点问题进行协商讨论，实施民主监督，提出批评和建议。每届一次会议均选举新一届县政协主席、副主席、秘书长和常务委员。

政协武城县第二届委员会全体委员会议

政协武城县第二届委员会共召开全体会议3次。1984年5月20日，第一次全体会议在县委招待所召开，会期5天，出席委员89人。会议听取并审议县政协副主席黄保林作的《县政协常务委员会工作报告》，常委刘友岭作的《提案处理情况的报告》。列席县第九届人大第一次会议。大会选举产生政协武城县第二届委员会常务委员、主席、副主席。选出常务委员15人。

王金龙当选主席，王景玉、霍吉章、黄保林、刘清洲、董立山当选副主席。通过各项决议和报告。会议期间，收到委员提案38件。1985年3月24日，第二次全体会议在县委招待所召开，会期3天。会议期间，收到委员提案32件。1986年3月28日，第三次全体会议在县党校召开，会期4天。会议期间，收到委员提案34件。

政协武城县第三届委员会全体委员会议

政协武城县第三届委员会共召开全体会议3次。1987年5月24日，第一次全体会议在县委会议室召开，会期4天，出席委员138人。会议听取并审议县政协副主席刘清洲作的《县政协常务委员会工作报告》，副主席王景玉作的《提案处理情况的报告》。列席县第十届人大第一次会议。协商讨论全县经济建设发展计划。大会选举产生政协武城县第三届委员会常务委员、主席、副主席。选出常务委员16人。王金龙当选主席，霍吉昌、王景玉、黄保林、刘清洲、张名岩当选副主席。通过各项决议和报告。会议期间，收到委员提案97件。1988年1月4日，第二次全体会议在县委会议室召开，会期3天，出席委员140人。会议期间，收到委员提案47件。1989年5月24日，第三次全体会议在县委会议室召开，会期4天，出席委员138人。会议期间，收到委员提案51件。

政协武城县第四届委员会全体委员会议

政协武城县第四届委员会共召开全体会议4次。1990年3月25日，第一次全体会议在县委召开，会期3天，出席委员142人。会议听取并审议县政协副主席张名岩作的《县政协常务委员会工作报告》、副主席黄保林作的《提案处理情况的报告》和副主席赵孔先作的《提案审查情况的报告》。列席县第十一届人大第一次会议。大会选举产生政协武城县第四届委员会常务委员、主席、副主席。选出常务委员16人。孔繁修当选主席，黄保林、张名岩、赵孔先、赵恒章、张敬林、郑树理当选副主席。大会通过各项决议和报告。会议期间，收到委员提案61件。1991年4月2日，第二次全体会议在县委会议室召开，会期3天，出席委员148人。增补政协武城县第四届委员会常务委员6人。会议期间，收到提案46件。1991年6月，第三次全体会议在县委会议室召开，会期半天。增补郑树理为政协武城县第四届委员会副主席。1992年4月26日，第四次全体会议在县政法礼堂召开，会期4天，出席委员148人。会议期间，组织委员对全县工农业发展情况进行视察，在影剧院听取赴南方视察汇报和全省对外开放会议精神。会议期间，收到委员提案46件。

政协武城县第五届委员会全体委员会议

政协武城县第五届委员会共召开全体会议5次。1993年1月3日，第一次全体会议在县政法礼堂召开，会期3天，出席委员150人。会议听取并审议县政协副主席郑树理作的《县政协常务委员会工作报告》，副主席张名岩作的《提案联络委员会关于第四届委员会期间提案工作情况的报告》《关于五届一次会议提案审查情况的报告》。列席县第十二届人大第一次会议。大会通过《选举办法》。大会选举产生政协武城县第五届委员会常务委员、主席、副主席。选出常务委员20人。孔繁修当选主席，张名岩、张敬林、郑树理、李玉东、尹吉宽、季万祯当选副主席。大会通过各项决议和报告。1994年3月29日，第二次全体会议在贝州宾馆召开，会期3天，出席委员151人。大会通过《选举办法》，增补政协武城县第五届委员会常务委员3人。会议期间，收到委员提案96件。1995年3月26日，第三次全体会议在贝州宾馆召开，会期4天，出席委员154人。会议期间，收到委员提案37件。1996年3月12日，第四次全体会议在贝州宾馆召开，会期3天，出席委员161人。会议听取并审议通过《政协武城县委员会关于围绕“富民强县”开展“三个一”活动的意见》。增补尹宝生、张祥元为政协武城县第五届委员会副主席，增补政协武城县第六届委员会常务委员6人。会议期间，收到委员提案50件。1997年3月7日，第五次全体会议在贝州宾馆召开，会期3天，出席委员160人。会议听取并审议通过两项决议、《关于开展“三个一”活动的报告》《政协武城县乡镇工作委员会1990年度考核办法》。会议期间，收到委员提案74件。

政协武城县第六届委员会全体委员会议

政协武城县第六届委员会共召开全体会议5次。1998年1月15日，第一次全体会议在县委综合楼召开，会期3天，出席委员146人。会议听取并审议县政协副主席尹宝生作的《县政协常务委员会工作报告》、副主席李玉东作的《提案工作情况的报告》《提案审查情况的报告》。列席县第十三届人大第一次会议。副主席尹吉宽在会议上作《关于县政协开展“三个一”活动的总结讲话》。大会审议通过《选举办法》。大会选举产生政协武城县第六届委员会常务委员、主席、副主席。选出常务委员20人。王汉录当选主席，尹宝生、李玉东、尹吉宽、徐秀英（女）当选副主席。大会通过各项决议和报告。会议期间，收到委员提案50件。1999年2月26日，第二次全体会议在武城宾馆召开，会期3天，出席委员152人。增补政协武城县第六届委员会常务委员1人。会议期间，收到委员提案61件。2000年1月18日，第三次全体会议在县委综合楼召开，会期3天，出席委员158人。增补政协武城县第六届委员会常务委员5人。会议期间，收到委员提案73件。2001年3月2日，第四次全体会议在县委综合楼召开，会期3天，出席委员160人。增补季万祯为政协武城县第六届委员会副主席，宫有学为县政协常务委员。会议期间，收到委员提案102件。2002年1月31日，第五次全体会议在县委综合楼召开，会期3天，出席委员164人。增补杜金忠、周晓峰、矫东平、苏芳志为政协武城县第六届委员会副主席。会议期间，收到委员提案103件。

政协武城县第七届委员会全体委员会议

政协武城县第七届委员会共召开全体会议5次。2003年1月20日，第一次全体会议在县委综合楼召开，会期3天，出席委员148人。会议听取并审议县政协副主席尹宝生作的《县政协常务委员会工作报告》、副主席徐秀英作的《提案工作情况的报告》《提案审查情况的报告》。列席县第十四届人大第一次会议。大会通过《选举办法》。大会选举产生政协武城县第七届委员会常务委员、主席、副主席。选出常务委员24人。王汉录当选主席，任永贵、吕永忠、李玉东、徐秀英（女）、季万祯、周晓峰、矫东平、苏芳志、宫有学当选副主席。大会通过各项决议和报告。会议期间，收到委员提案103件。2004年2月3日，第二次全体会议在贝州宾馆召开，会期3天，出席委员176人。增补任永贵为政协武城县第七届委员会主席。增补政协武城县第七届委员会常务委员11人。会议期间，收到委员提案109件。2005年1月28日，第三次全体会议在县委综合楼召开，会期2天，出席委员173人。会议期间，收到委员提案96件。2006年2月13日，第四次全体会议在县委综合楼召开，会期2天，出席委员169人。会议期间，收到委员提案114件。2007年2月3日，第五次全体会议在贵都大酒店召开，会期2天，出席委员178人。会议讨论通过《关于补选副主席、秘书长的选举办法》，增补于龙浩为政协武城县第七届委员会副主席。会议期间，收到委员提案103件。

政协武城县第八届委员会全体委员会议

政协武城县第八届委员会共召开全体会议

4次。2007年12月11日，第一次全体会议在贵都大酒店召开，会期3天，出席委员169人。会议听取并审议县政协主席任永贵作的《县政协常委会工作报告》、副主席宫有学作的《提案工作情况的报告》。列席县第十五届人大第一次会议。大会通过《选举办法》。大会选举产生政协武城县第八届委员会常务委员、主席、副主席。选出常务委员27人。任永贵当选主席，于龙浩、季万祯、周晓峰、矫东平、苏芳志、宫有学、石尚贞、潘华伟（女）、袁长霞（女）当选副主席。大会通过各项决议和报告。会议期间，收到委员提案140件。2008年12月29日，第二次全体会议在贵都大酒店召开，会期4天，出席委员169人。会议期间，收到委员提案130件。2010年5月4日，第三次全体会议在泉欣丽华商务酒店召开，会期3天，出席委员169人。会议期间，收到委员提案136件。2011年1月10日，第四次全体会议在泉欣丽华商务酒店召开，会期3天，出席委员169人。会议期间，收到委员提案152件。

政协武城县第九届委员会全体委员会议

2012年1月9日，第一次全体会议在泉欣丽华商务酒店召开，会期4天，出席委员214人。会议听取并审议通过县政协主席任永贵作的《县政协常委会工作报告》、副主席宫有学作的《提案工作报告》。列席县第十六届人大第一次会议。大会选举产生政协武城县第九届委员会常务委员、主席、副主席。选出常务委员43人。陈朋金当选主席，周晓峰、矫东平、苏芳志、刘志刚、石尚贞、潘华伟（女）、周树彬、满春元（回）当选副主席。会议表决通过各项决议和报告。会议期间，收到委员提案179件。2013年1月17日，第二次全体会议在武城宾馆召开，会期2天，出席委员214人。会议期间，收到委员提案175件。截至2013年底，政协武城县第九届委员会共召开全体会议2次。

县政协常务会议

政协武城县委员会常务委员会议由县政协主席、副主席及常务委员组成，一般每季度举行一次，可提前、推迟或即时召开，会议议程由主席会议决定。常务委员会议的职能和内容，主要是召集并主持除每届第一次全体会议以外的全体委员会议；组织实现政协章程规定和全体委员会议决议的任务；决定县政协的参加单位、委员人选和工作机构及组成人员；审查向县委、县人大、县政府提出的建议案。讨论决定本会会务工作中的重大问题和事项；听取县委、县政府及所属部门（单位）的方针政策、工作规划或任务部署等情况和问题的报告或说明，并进行协商讨论，提出意见和建议；协商讨论本县的重要事务的决策规划以及群众生活中普遍关心的重大问题；审查重要的视察报告、专题调查报告、委员提案和需要提请审议的专项工作报告。截至2013年底，累计召开

图17-1 2013年1月9—12日，中国人民政治协商会议第九届山东省武城县委员会第一次会议召开

政协武城县常务委员会议 108 次。

县政协主席会议

主席会议（主席办公会议）由主席、副主席、办公室主任组成，由主席或由主席委托副主席主持会议。主席会议一般每月举行一次，必要时可临时召开。根据情况，政协各委室主任及与议程有关的其他单位人员也需列席会议。主席会议的职能和内容，主要是在常委会闭会期间，讨论处理常委会的重要事务；协商讨论本县的方针政策以及群众生活中普遍关心的重大问题；审查以县政协的名义，向县委、县人大、县政府提出的重要建议案；审议向政协常委会提交的文件和决定政协常委会召开的日期、议程；决定委员视察、参观、专题调查活动和主席、副主席的社会活动；听取审议各委室年度计划、工作汇报和审定政协机构的组成人员。截至 2013 年底，累计召开县政协主席会议 159 次。

第二节　县政协常委会组成人员

政协全体会议闭会期间，由政协常委会代行职权。根据政协章程和工作需要，每届政协常务委员人数不固定，一般 20 余人。政协武城县第三届常务委员最少，为 15 人。政协武城县第九届常务委员最多，为 46 人。

1987—2013 年政协武城县委员会主席、副主席一览表

表 17-1

届次	职务	姓名	任职时间
政协武城县第二届委员会（1984.5—1987.5）	主席	王金龙	1984.5—1987.5
	副主席	王景玉	
		霍吉昌	
		黄保林	
		刘清洲	
		董立山	
政协武城县第三届委员会（1987.5—1990.3）	主席	王金龙	1987.5—1990.3
	副主席	霍吉章	
		王景玉	
		黄保林	
		刘清洲	
		张名岩	
政协武城县第四届委员会（1990.3—1993.1）	主席	孔繁修	1990.3—1993.1
	副主席	黄保林	
		张名岩	
		赵孔先	
		赵恒章	
		张敬林	
		郑树理	1991.6—1993.1

续表 17-1

届次	职务	姓名	任职时间
政协武城县第五届委员会（1993.1—1998.1）	主席	孔繁修	1993.1—1998.1
	副主席	张名岩	
		张敬林	
		郑树理	
		李玉东	
		尹吉宽	
		季万祯	
		尹宝生	1996.3—1998.1
		张祥元	
政协武城县第六届委员会（1998.1—2003.1）	主席	王汉录	1998.1—2003.1
	副主席	尹宝生	
		李玉东	
		尹吉宽	
		徐秀英（女）	
		季万祯	2001.3—2003.1
		杜金忠	2002.2—2003.1
		周晓峰	
		矫东平	
		苏芳志	
政协武城县第七届委员会（2003.1—2007.12）	主席	王汉录	2003.1—2004.2
		任永贵	2004.2—2007.12
	副主席	任永贵	2003.1—2004.2
		于龙浩	2007.2—2007.12
		吕永忠	2003.1—2007.12
		李玉东	
		徐秀英（女）	
		季万祯	
		周晓峰	
		矫东平	
		苏芳志	
		宫有学	
政协武城县第八届委员会（2007.12—2012.1）	主席	任永贵	2007.12—2012.1
	副主席	于龙浩	

续表 17-1

届次	职务	姓名	任职时间
政协武城县第八届委员会（2007.12—2012.1）	副主席	季万祯	2007.12—2012.1
		周晓峰	
		矫东平	
		苏芳志	
		宫有学	
		石尚贞	
		潘华伟（女）	
		袁长霞（女）	
政协武城县第九届委员会（2012.1—　）	主席	陈朋金	2012.1—
	副主席	周晓峰	
		矫东平	
		苏芳志	
		刘志刚	
		石尚贞	
		潘华伟（女）	
		周树彬	
		满春元（回）	

第二章　职能履行

第一节　政治协商

1986 年后，政协武城县委员会围绕事关全县经济社会发展全局的重大问题开展政治协商。1990 年，政协武城县第四届第二次常委会议通过县政协党组提出的《政协武城县委员会关于政治协商、民主监督的暂行规定》。规定结合全县实际情况，确定政治协商的主要内容，包括全县对贯彻执行上级大政方针的重要部署和重大措施；全县政治经济体制改革和治理整顿中的重大决策；提交县人民代表大会审议的政府工作报告、财政预算、国民经济和社会发展规划；社会主义精神文明建设及意识形态领域的重要事项；县委提出的县人大、县政府、县政协的领导人选；涉及本县全局性的、重要的规定（草案）；本县乡镇以上行政区划的变动；群众特别关心和反应强烈的重要问题；爱国统一战线内部关系和有关台湾问题、港澳同胞、海外侨胞工作方面的重大问题。通过主席会、常委会、全委会等多种形式，对全县重要决策进行全面协商、重点协商、专题协商。县政协坚持每月一次主席会议，每季一次常委会议，每年一次全委会议，依据《中国人民政治协商会议章程》

图 17-2 2011 年 5 月，召开品质农业发展“知情”座谈会

以及县委、县政府有关要求，坚持重大问题协商在县委决策之前、人大通过之前、政府实施之前。

每年政协全体会议，县几大班子主要领导和有关方面的负责人通过参加大会开幕式、闭幕式、听取大会发言、参加讨论，同委员面对面协商交流，共谋全县发展大计。全体会议期间，委员列席县人代会，就县政府工作报告、财政预决算报告、法院和检察院工作报告、重要人事安排等进行协商。召开常委会议，就全县“八五”“九五”“十五”计划，“十一五”“十二五”经济社会发展规划，每半年经济社会发展情况，政协委员提案落实情况，法院、检察院工作等重点工作进行协商，并提出意见建议，有效地推动相关问题解决。召开主席会议，就提交常委会审议的议题、全县重要决策部署等进行协商讨论。

通过列席相关会议，参加全县政协工作会议、各种座谈会、情况通报会等时机，协商相关问题。通过政协主席列席县委常委会议、副主席分别列席县人大常委会议和县长办公会议，及时了解掌握党委工作意图和人大、政府工作进程，直接参与党委政府决策。1986 年，首创并坚持召开“双月座谈会”。每次座谈会期间，委员们先是听取县委、县政府和主管部门的情况通报，从各个不同方面提出许多建设性意见和建议。2001 年，县委召开全县政协工作会议，就加强和改进县政协工作进行协商，并制定印发支持政协工作的相关文件，协商程序不断完善。参加政协的各党派、各界别委员参与协商座谈会，提出的许多意见建议被采纳。2004 年，在履行职能方式上探索出“知情”座谈会，形成《武城县政协“知情”座谈会纪要》，印发县委、县政府及相关职能部门。2005 年，县政协召开城区绿化工程“知情”座谈会，45 人参加会议，先后视察行道树栽植情况，听取县建委关于近几年县城城区绿化情况的汇报。委员们提出绿化要突出特色、加大绿化资金投入、城区绿化要向深层次发展、加强绿化维护管理等多角度、多层面建议。2009 年，县政协围绕万村千乡市场工程，建设高标准农村社区服务中心，实施家电下乡工程，扩大家电补贴范围，建设测图配方施肥服务站，组建棉花农业合作社等新型农村服务网络建设进展情况进行知情座谈会，建言献策。2013 年，县政协召开民生工程“知情”座谈会，围绕全县社会福利、社会养老、民生保障等民生工程建设情况，视察调研后，提出了意见建议。

第二节　民主监督

人民政协的民主监督，是在坚持四项基本原则的基础上通过提出意见、批评、建议方式进行的政治监督。1986 年后，县政协发挥调研、视察、提案等主要监督形式作用，部分政协委员受县政协委派分别担任执法执纪监督员、特邀检察员、行政监督员，围绕重点工程推进、教育及文化卫生、个体私营经济发展、生态建设与保护、农村社会保障、构建平安武城和新农村建设等热点、焦点问题以及党风廉政建设开展民主监督活动。同时，参与县直执法部门、经济管理部门单位的行风评议活动，不断拓宽民主监督渠道。

第三届委员会期间，召开常委会议 13 次，听取和讨论全县防汛排涝、生产救灾、改善办学条件、棉花收购等项工作的汇报。第四届县政协结合本县实际情况，先后研究拟定并审议通过《政协武城县委员会关于政治协商、民主监督的暂行规定》，促进政协工作规范化、制度化。第五届委员会期间，召开常委会议 20 次、主席会议 30 次，开展农村剩余劳动力转移情况、棉花生产情况等专题调研 10 次。2000 年，县政协组织行风评议，20 名政协委员针对各行业存在的一些具体问题，提出 38 条建设性的意见和建议。第六届委员会期间，召开常委会议 20 次、主席会议 28 次，开展全县个体经营经济发展情况、城区沿街开发情况等专题调研 12 次。第七届委员会期间，进行专题调查 15 次，形成调查报告 9 份，提出建议 64 条。第八届委员会期间，县纪检委、县公安局、县检察院等 20 多个单位先后聘请政协委员监督员 100 余人次，委员提出涉及相关工作的各类建议 300 余条，促进全县政风、行风的转变。2013 年，针对全县人民高度关注的饮水安全问题，建言献策，并对水网建设和自来水升级改造工程项目进行重点督办。

第三节　参政议政

参政议政的主要形式是通过政协例会征集委员提案、组织委员调研视察等。

提案征集办理　县政协每年的全体会议，是提案征集的集中时间。全体会议闭会后，也受理委员提案。经审查立案的提案，根据提案内容确定承办单位。对不予立案的提案，再向提案单位或委员说明情况后，以其他方式酌情处理。县政协每年上半年都及时召开提案交办会议，送县委、县政府相关单位或乡镇办理。每年下半年，县政协都会同县政府办公室对承办数量多、办理难度大的承办单位、部分重点提案进行督办。1989—2005 年，主要采取召开提案交办会议的方法，由县政府召集提案涉及单位开会，涉及单位按政府要求进行承办。第七届县政协期间，共收到提案 544 件，立案 434 件，提出提案人数达 690 人次。提案人数、数量和立案数量为历史最高。2006 年，县政府制定并实施《武城县办理人大代表建议政协委员提案工作规程》，县政协提案联络委员会开始把审查立案后的所有提案交予县政府，由县政府统一交予各承办单位办理。从 1981 年 1 月的政协武城县第一届第一次全体会议至 2013 年的政协武城县第九届第二次全体会议，收到提案 2884 件，均以委员来信的方式转交有关部门，提案办复率 100%。

调研视察　1988 年 5 月，针对群众看病难问题，对全县乡镇卫生院进行视察调研并提出建设性意见和建议。1992—1997 年，针对如何建设好并搞活贝州市场、农村剩余劳动力转移情况、近年棉花生产情况、科技兴农情况、关于如何做好减轻农民负担工作等民生热点问题，开展专题调查，形成专题报告。

1998 年、1999 年、2000 年，连续三年对全县个体私营经济发展情况进行跟踪专题调研，形成《关于武城县个体私营经济发展的调查报告》，提出建议。县委书记赵忠新做出重要批示，转发县级领导及各乡镇、县直各部门，责成有关部门研究相关措施意见。

2001 年、2002 年、2003 年，连续三年对全县民营经济发展情况开展调查研究，形成《关于进一步加快全县民营经济发展的建议》，在县委全委扩大会议上交流。《联合日报》以《武城政协为民营经济发展谋良策》为题转载县政协的建议。2006—2011 年，针对服务业发展情况、教育及计划生育、城镇居民基本医疗保险、优化经济发展环境、惠农政策的落实、食品药品安全等情况，深入基层调查研究，分别写出调查报告。2012 年，围绕农村社区建设开展专题调研，形成《关于新型农村社区建设与管理工作的调研报告》，受到上级政协领导的重视和好评。

2013 年，围绕城镇化开展调研，形成《关于充分发挥县城在城镇化进程中的主体地位的建议案》和《鼓励农民进城，加快城镇化进程调研报告》，就城市规模、城区规划、综合体建设、健全城市功能以及文化体育设施建设，提出一系列建议。市委常委、县委书记张传忠给予充分肯定，县政府吸纳县政协建议，研究出台《2013—2014 年城建计划》，并启动弦歌湖和运河文化综合体建设。

第三章　文史资料征编

第一节　文史资料征集

1981 年县政协成立后，文史资料工作就被列入重要议事日程。政协武城县第一届第三次全体会议提出，要做好文史资料的征集整理工作，请各界人士尤其是老一辈提供文史资料。1984年5月，县政协建立文史资料工作专业队伍，安排文史资料专职人员 2 人。1989 年 11 月，文史资料委员会成立，文史资料专职工作人员增加 4 人，编撰《武城县文史资料征集提纲》。1990 年，完成省政协文史资料征集撰写工作任务。1992 年，文史资料征集工作进一步向著名人物和重大事件上延伸。1998 年，从服务于经济建设入手，开始筹划有关经济方面的资料征集撰写工作。2010 年后，文史资料征集工作向重大历史事件转变，编辑出版《1963 年滞洪纪实》，着手征集县治变迁文献资料。

第二节　文史资料编撰

1985—2013 年，县政协编撰综合性《武城文史资料》4 辑，专辑 5 部，《武城县政协志》1 部。《武城县文史资料》第一辑，1985 年 11 月出版，收录历史史料 17 篇，5.3 万字。《武城县文史资料》第二辑，1986 年 12 月出版，搜集、整理历史资料文章 20 篇，4.7 万字。《武城县文史资料》第三辑，1989 年 11 月出版，收录、撰写史料文章 19 篇，4.3 万字。《武城县文史资料》第四辑，1991 年 5 月出版，收录具有重要历史价值的文史资料 14 篇，6.5 万字。《武城玻璃钢专辑》，1999 年 2 月出版，收录玻璃钢行业文稿 32 篇，另附文稿 10 篇，10 万字。《武城橡塑制品业》，2003 年 9 月出版，收录文稿 31 篇，附文 9 篇，13.5 万字。《武城县政协志》，2008 年 8 月出版，记述 1981—2007 年县政协的全面工作，61.3 万字。《一九六三年滞洪纪实》，2011 年 4 月出版，记述 1963 年全县人民抗洪抢险、生产自救、重建家园的历史。《武城县政协委员书画作品集》，2012 年 12 月出版，收录李玉东、李希元等 13 位政协委员书画作品 100 余幅。《古贝春酒业志》，2013 年 12 月出版，记述古贝春有限公司发展壮大历程。

武城县志（1986—2013）

第十八编

人民团体

1986年，武城县总工会、共青团、妇联、工商联等人民团体注重组织建设和队伍建设，组织各界群众，围绕县委、县政府中心任务，按照各自章程开展活动，拓宽工作领域，自觉当好党联系人民群众的桥梁和纽带。1986—2013年，武城县先后召开7次团员代表大会、5次妇女代表大会、5次工商联合会会员代表大会。全县各级人民团体扎实开展劳模评选，创业就业培训，“职工之家”创建；青年文明号、青年安全生产示范岗创建，保护母亲河行动，青春建功新农村活动；“巾帼建功”创建，“双学双比”竞赛及“五好文明家庭”创建活动；“争当社会主义事业合格建设者”“百企帮百区”等活动，为武城县政治经济和社会发展发挥重要作用。截至2013年底，全县建立工会组织489个、基层团委28个、基层妇女组织278个、工商业联合会企业会员301个，人民团体的吸引力、凝聚力、号召力显著增强。

第一章　工　会

第一节　工会组织建设

1986 年，全县有职工 7823 人，其中女职工 2972 人，占职工总数的 38%。工会会员 7011 人，入会率 89.6%。全县建立系统工会工作委员会 13 个，基层工会委员会 105 个（包括 9 个局级工会委员会），工会小组 921 个。1987 年 10 月，制定《县乡两级党政机关组建工会组织的意见》，全县 15 个乡镇，13 个县直机关全部建立工会组织，1924 名干部职工全部参加工会组织，入会率 100%，并建立县委、县政府机关工会工作委员会 2 个。1991 年 12 月，中国金融工会武城县工作委员会成立。

随着个体私营企业发展，按照全国总工会“最大限度地把职工组织到工会中来”的要求，1998 年县总工会加大新经济工会工作力度，新建新经济工会组织 32 个。其中，私营企业 26 家，乡镇企业 3 家，三资企业 3 家。2000 年，印发《关于加强私营企业工会工作的意见》《武城县委〈关于在新经济组织中加强工会工作〉的意见》，加大新经济组织组建工会工作力度。至 2000 年底，全县私营企业 192 家、乡镇企业 3 家、三资企业 9 家，建会率分别为 98.5%、100% 和 100%。其中，有 21 家建立女职工委员会，占应建数的 96%。

2002 年，转发市委组织部、市人事局、市总工会《关于进一步加强乡、镇、街道工会工作的意见》，健全乡、镇、街道工会工作委员会，形成由党委副书记兼任工委主任，1 名专职副主任主持日常工作的工作格局。2007 年，开展“工会组织规范化建设年”活动，开创以汽车零部件、玻璃钢加工、辣椒加工、棉花加工、餐饮服务业等五大主导行业建会入会模式，被省总工会作为先进经验收录到《山东工会年鉴》中。2008 年，全县共建基层以上工会 24 个。其中，总工会 1 个，开发区工会联合会 1 个，乡镇街工委 9 个，系统（局、公司）工委 13 个。基层工会 497 个，其中独立基层工会 485 个，联合基层工会 12 个，涵盖单位 1315 家，包含职工 42321 人，工会会员 40626 人，入会率 96%。工会干部 1514 人。其中，专职干部 230 人，兼职干部 1284 人。2010 年，贯彻落实“两个普遍”（普遍建立工会组织、普遍开展工资集体协商）的总要求，印发《武城县委组织部　武城县总工会关于深入开展以党建带工建、党工共建活动的意见》，加强党对工会工作的领导，推动工会基层组织建设。2013 年，推进“党工共建”工作机制，以非公有制企业工会组建为重点，开展了“百日建会攻坚行动”，努力扩大覆盖，提高入会率。截至 2013 年底，全县基层工会 23 个。其中，总工会 1 个，开发区工会联合会 1 个，镇街工委 8 个，系统（局、公司）工委 13 个。基层工会组织 489 个，涵盖 1541 家单位，有会员 49194 人。

第二节　维护职工权益

厂务公开

1999 年，县纪委、县委组织部、县经委、县总工会印发《关于在企业中推行厂务公开制度进加强民主监督民主管理的意见》，成立县厂务公开领导小组。2000年3月，转发《德州市厂务公开考核验收办法》。同年5月，把厂务公开工作向事业单位延伸，扩大覆盖面。同年底，全县县属国有企业17家，集体企业16家，文教卫生等事业单位19家全部推行厂务公开。

2001年9月，全市教育系统厂务公开工作现场会在武城县召开，总结、推广武城第二中学实行校务公开经验。至2001年底，全县36家国有，集体企业和19家事业单位全面推行厂（院、校）务公开制度。其中，实行厂（院、校）务公开规范企业30家、事业单位17家。2002年，在非公有制企事业中开展厂务公开。2004年，古贝春有限公司、电业公司、第三实验小学等3个单位被市厂务公开协调领导小组表彰为先进单位。至2008年，全县有61家国有、国有控股、集体企业和39家事业单位全面推行厂（院、校）务公开制度，推行面100%。其中，实行厂（院、校）务公开规范企业36家，事业单位17家。有293家非公有制企事业推行厂务（院、校）公开，推行面83%。

2013年，全县公有制企业全部建立了职代会制度。非公有制企业建立职代会制度631家，建制率达91.5%。事业单位建立职代会制度49家，建制率达100%。全县各镇街全部建立了区域性职代会制度，涵盖企业867家，职工7391人。全县有1家企业通过省级优秀星验收，3家企事业单位通过市级先进星验收。

稳定劳动关系

1995年，全县成立协调领导小组，在企事业中开展平等协商签订集体合同工作，出台《企事业平等协商签订集体合同的意见》，协调稳定劳动关系。2003年，工资协商制度协调小组成立，开展工资协商和平等协商集体合同"新创建"。2006年，开展女职工专项集体合同签订工作。至2008年，全县有373家企业单独签订集体合同，乡镇街（开发区）全部签订区域性集体合同，5个系统（局、公司）签订行业性集体合同，覆盖职工31789人。其中，全县有83家企业签订女职工专项集体合同，乡镇街（开发区）全部签订区域性女职工专项集体合同，覆盖女职工13023人。全县有373家企业推行工资协商制度，覆盖职工25404人。2010年11月，印发《关于依法推动企业普遍开展工资集体协商工作的意见》。截至2013年底，全县累计签订工资专项集体合同520份，涵盖企业1541家，职工3万余人，工资专项集体合同签订率达到建会企业总数的82.5%，全县职工工资平均增长15%以上。

职工救助帮扶

"送温暖"工程　1994年开始，每年元旦、春节期间，县委、县政府对全县困难职工进行走访慰问。1995年，建立"送温暖"基金，当年筹集基金10万元。1997年，实行联系困难户制度，对困难、下岗职工"访、谈、帮"，基层工会干部联系200余户困难职工，"送温暖"

图18-1 古贝春集团有限公司送温暖活动（2012年 摄）

工程做到经常化、制度化和社会化。2003 年 10 月，县困难职工帮扶中心成立，承担困难职工就业援助、困难救助、职业培训、职业介绍、法律援助、信访接待等工作任务。2005 年后，联合古贝春有限公司开展“献爱心”帮扶救助活动。古贝春集团有限公司每年出资 10 余万元向全市的困难职工捐赠爱心物资。同年，对困难职工进行医疗救助帮扶，为 145 户困难职工家庭发放《医疗救助证》，推出检查、住院等费用减免等多项优惠政策。2006 年，开展“温暖职工、关爱会员”活动。全县 9 个乡镇街和 1 个开发区全部成立职工帮扶站。2007 年，滕庄镇困难职工帮扶站、鲁权屯镇困难职工帮扶站被评为市级先进帮扶站。2008 年 5 月，开展“重建家园、再献爱心”行动，向“5.12”地震灾区人民献爱心，捐款 3.74 万元。截至 2013 年底，累计慰问困难职工 2440 多户，发放慰问款 61 万余元。

“再就业”工程　将下岗职工技能培训作为重点任务，为其提供创业培训、就业指导、小额贷款（借款）等“一条龙”服务，开展“送政策、送岗位、送技能、送服务”为主要内容的“四送”活动，鼓励有创业能力的下岗职工自我创业。1998 年，各级工会培训下岗职工 500 人，协助政府安置下岗职工 260 人。至 2008 年，培训下岗职工 4000 余人，使 70% 以上的下岗职工重新走上工作岗位。截至 2013 年底，培训下岗职工 6000 余人，完成再就业安置 8769 人，扶持创业带头人 45 人。

“金秋助学”　1998 年开始，每年对困难职工子女上大学开展救助工作。2003 年 8 月，发起“金秋助学”活动，帮助困难职工解决子女学费困难。2008 年，救助考上大学的困难职工子女 16 人，高中学生 1 人，发放救助金额达 3.2 万余元。2008—2011 年，在“金秋助学”活动中，县总工会共救助考上大学的困难职工和农民工子女 30 余人，救助金额达 5.8 万余元。2012 年，“金秋助学”融入全县“爱心助学”帮扶救助工作中。

第三节　劳模评选

1986 年，全县有各级劳模 7 人，其中全国劳动模范 1 人。按照上级规定，全国劳模每 5 年评选一次，省劳模每 5 年评选一次，市级劳模每 2 年评选一次。1987 年，开展山东省“富民兴鲁劳动奖章”评选活动，是年全县有 3 人获山东省“富民兴鲁劳动奖章”。1993 年，开始县级劳模评选，全县有 61 人被评选为县级劳模。此后，县级劳模又陆续评选了 2 次。2005 年开始，县级劳模每 3 年评选一次。是年，全县各级劳模有 191 人。其中全国劳动模范 1 人，全国“五一劳动奖章”获得者 3 人，省部级劳动模范 17 人，省“富民兴鲁劳动奖章”获得者 8 人，市劳动模范 49 人，县级劳模 113 人。县总工会通过建立劳模档案、落实劳模各项待遇、

图 18-2　武城县庆祝“五一”国际劳动节劳动模范表彰大会（2008 年 摄）

开展劳模慰问、召开劳模座谈会、举办劳模事迹报告会等方式，提高劳模管理服务工作水平。截至2013年底，全县各级劳模有341人。其中，全国劳动模范1人，全国“五一劳动奖章”获得者4人，全国“五一劳动奖状”获得单位1家，为山东古贝春有限公司。省部级劳动模范22人，省“富民兴鲁劳动奖章”获得者11人，省“富民兴鲁劳动奖章”获得单位1家。市劳动模范43人，市级“富民兴德”功臣获得者1人，市“富民兴德”劳动奖状获得单位7家，市“五一劳动奖章”获得者28人，市“五一劳动奖状”获得单位15家，县级劳动模范182人。

第四节　“职工之家”创建

1984年，全县开展整顿工会组织，建设“职工之家”。1986年，县总工会印发《关于开展创建“先进职工之家”和“模范职工之家”活动的意见》，全县建成合格“职工之家”103个，表彰县级“先进职工之家”23个，县总工会被省总工会授予建设“职工之家”活动先进单位。1987年5月，全县105个基层工会全部达到合格“职工之家”标准，教育系统被地区工会评为“建家工作先进单位”，造纸厂、工商银行、三棉厂工会被评为“模范职工之家”。1989年9月，在全县28个党政机关工会中建设“职工之家”。1990年，开展“职工之家”升级活动，印发《关于开展职工之家升级活动的实施意见》《基本条件》和《考核评比细则》，巩固和发展整顿“职工之家”建设成果。1992年8月，对全县122个基层工会的建家升级活动进行验收确认，合格“职工之家”112个，其中评选推荐达到县级、地、省级先进（模范）“职工之家”条件的45个。至2007年，全县32家基层工会获市级先进“职工之家”称号。2008年4月，古贝春有限公司工会被全国总工会授予“全国模范职工之家”称号。截至2013年底，县综合实力50强企业中30%企业完成示范“职工之家”创建。

第五节　劳动竞赛

1986年，全县组织岗位练兵，技术比武、优质服务等活动，动员职工为实现“七五”计划建功立业，组织技术表演69次，观摩7890人次。1987年，开展增产节约、增收节支“双增双节”活动，全县85个单位开展提合理化建议和技术革新活动，提出建议1839条，采纳实施913条。开展劳动竞赛58次，参加人数3200人次。1988年6月，开展跨行业优质服务“十佳”竞赛，评出优胜单位3个，先进班组22个，先进个人96名。1990年，开展以“七赛、七比、七杯”为主要形式的“双增双节”劳动竞赛，全县79个单位6000多名职工参赛，形成“比、学、赶、帮、超”的局面，全年职工提合理化建议1600余条，年人均增收节支240多元。1993年，开展以“优质、降耗、促销、增效”为内容的立功劳动竞赛，全县职工提合理化建议3270条，采纳实施1080条，创效益92万元，小改革67项，增效益13万元。1997年，开展“双文明立功竞赛”，全县有90%以上的单位和职工参加，提合理化建议910条，年内实施370条，创造经济效益80多万元。技术革新215项，创造经济效益123万元。2000年，开展“五创”（创新、创先、创优、创汇、创效）为内容的“经济技术创新工程”劳动竞赛、提合理化建议、技术革新、技术“学、练、比”活动。在劳动竞赛中，职工提合理化建议7926条，年内实施541条，创造经济效益171.5万元以上。2004年，开展“创建学习型组织，争做知识型职工”和“学振超、练绝活、强素质、创一流”劳动竞赛，全年累计举办技术比武110场次，职工提合理化建议1.4万余条，实施560项，完成技术革新124项，创造经济效益210万元。2005年，举办技术比武60场次，涉及9个行业，参赛职工达到3170名。职工提合理化建议1396条，实施578项，创造或节约经济效益555.8万元。完成技术革新81项，创造或节约经济效益200余万元。2007年，开展“争当新功臣”活动，全县80%的企业，2万余名职工参加，组织60家企业实施“经济技术创新工程”，3213名职工参加。举办各种岗位练兵、技术比武62场次。2013年，以“建高地、亮绝活、争先锋”和创建“工人先锋号”为载体，举办各类技术比武、立功竞赛活动180场次，“工人先锋号”创建活动覆盖面达到90%以上，参赛职工达2万多人，有4项职工科技成果获省创新奖。

第六节　文体活动

1986年，开展培养有理想、有道德、有文化、有纪律“四有”职工队伍工作，会同企政部门组织职工读书演讲，举办财会人员珠算培训班、“五一”职工篮球赛和地区象棋选拔赛。1987年，组织职工学习党的十三大会议精神和工会知识，全县961名职工参加。是年，举行各种球类比赛60余场，各类文艺联欢近100场次。1988年，组织各级工会开展学习党的十三大精神征文比赛，全县职工和工会干部创作征文45篇。1989年，开展以“忆十年、话改革”为中心内容，以群众自我教育为主要形式的教育活动。1990年，开展以职业道德为主要内容的“四职”教育，巩固“五教双学”成果。1991年，开展“我怎样为‘质量、品种、效益年’活动做贡献”大讨论，参加讨论的职工达8910余人。是年，举办培训班61期，受训2303人次。开展“双基”“四职”教育，受教育的职工达3200余人。1992年，开展职工读书自学活动，全县有115个单位职工参加，121人取得大专文凭。1993年后，多次举办拔河比赛、篮球比赛等体育活动，增强职工的团队意识和集体观念、提高职工的身体素质。1994年，开展“主人翁与市场经济”主题教育，培养职工主人翁意识。1997年，开展演讲比赛、知识竞赛、篮球比赛等文体活动80场，参加职工5000多人次。2000年，开展“主人翁与加快武城发展”大讨论，组织职工学习十五届四中全会精神。2005年，开展“双十佳”评选，推动职工职业道德水平提高。2006年4月，在武城县举行全省第五届职工运动会羽毛球比赛。2007年，开展“实现新崛起、建设新武城、争当新功臣”演讲报告会和大型演唱会。2010年后，开展以“诚德”为重点的“四德”工程建设、“筑理想信念、促科学发展”为主题教育和“创建学习型组织、争做知识型职工”活动。2012年，开展职工职业道德建设“双十佳”评选。其中，古贝春集团有限公司灌装车间、实验小学、联通公司武城分公司等单位获得德州市职工职业道德建设“十佳单位”称号。建设银行武城支行、供电公司、县医院等单位的3名职工获得德州市职工职业道德建设“十佳个人”称号。2013年，开展职工书屋和基层职工教育培训示范点建设，至同年底，全县建立“职工书屋”13个，“基层职工教育培训示范点”11个，“全国职工书屋示范点”1个。

附：县总工会职工俱乐部（职工学校）

1994年，武城县总工会职工俱乐部（职工学校）建立，为县总工会领导下的科级自收自支事业单位。1997年10月，工会职工俱乐部大楼落成，位于三八路西、文化街北，建筑面积423平方米，一个场所，两个牌子。主要职责是宣传党的工运方针、政策；抓好职工思想教育，为提高职工群众的思想道德、高尚情操，做力所能及的工作；协助总工会加强职工技能培训，建设一支懂业务、懂技术的职工队伍；协助总工会维护职工群众的具体利益，为职工说话办事；为职工群众提供活动场所，开展有利于职工身心健康的各种活动；承办总工会交办的其他工作。

县总工会依托职工学校，每年定期举办文体活动，在活动中突出职能。随着市场经济的发展，职工文化生活水平不断提高，方式也趋于多样化。2008年，职工俱乐部（职工学校）传统的业务和落后的设施已远不能满足广大职工的需求，导致大部分业务停办，只是偶尔组织几次文体活动。此后资源整合，人员全部到工会机关办公。

第二章　共青团

第一节　共青团代表大会

共青团武城县第九次代表大会

1985年2月1—3日召开，出席代表400名，其中女性代表82名。张清昌向大会作《开拓创新，投身改革，带领全县团员青年为富民兴武而努力奋斗》的工作报告。大会审议通过第八届共青团武城县委员会工作报告，选举产生第九届共青团武城县委员会委员29人，候补委员4人，书记1人，副书记2人，张清昌当选为团县委书记。

共青团武城县第十次代表大会

1988年1月8—10日召开，出席代表200名，其中女性代表45名。王合玉向大会作《积极投身改革，锐意开拓进取，在富民兴武振兴中华的伟大事业中建功立业》的工作报告。大会审议通过第九届共青团武城县委员会工作报告，选举产生第十届共青团武城县委员会委员29人，候补委员4人，书记1人，副书记2人，王合玉当选为团县委书记。

共青团武城县第十一次代表大会

1991年3月15日召开，出席代表200名，其中女性代表40名。赵云峰向大会作《团结全县青年，紧跟党的领导，在社会主义宏伟事业中奋勇前进》的工作报告。大会审议通过第十届共青团武城县委员会工作报告，选举产生第十一届共青团武城县委员会委员29人，候补委员4人，书记1人，副书记2人，赵云峰当选为团县委书记。

共青团武城县第十二次代表大会

1994年5月4日召开，出席代表200名，其中女性代表46名。张旋华向大会作《抓住机遇，迎接挑战，肩负起跨世纪发展的历史重任》的工作报告。大会审议通过第十一届共青团武城县委员会工作报告，选举产生第十二届共青团武城县委员会委员29人，候补委员4人，书记1人，副书记2人，张旋华当选为团县委书记。

共青团武城县第十三次代表大会

1997年5月8日召开，出席代表200名，其中女性代表46名。王洪春向大会作《同心同德，开拓进取，用壮丽的青春谱写跨世纪的光辉篇章》的工作报告。大会审议通过第十二届共青团武城县委员会工作报告，选举产生第十三届共青团武城县委员会委员25人，候补委员4人，书记1人，副书记2人，王洪春当选为团县委书记。

共青团武城县第十四次代表大会

2002 年 4 月 30 日召开，出席代表 200 名，其中女性代表 56 名。石连革向大会作《与时俱进，开拓创新，努力促进团的工作再上新台阶》的工作报告。大会审议通过第十三届共青团武城县委员会工作报告，选举产生第十四届共青团武城县委员会委员 19 人，候补委员 9 人，书记 1 人，副书记 2 人，石连革当选为团县委书记。

共青团武城县第十五次代表大会

2006 年 4 月 26 日召开，出席代表 200 名，其中女性代表 56 名。宋传虎向大会作《立足新起点，开启新征程，团结带领全县团员青年为全面建设“富裕、文明、秀美、和谐”的新武城而努力奋斗》的工作报告。大会审议通过第十四届共青团武城县委员会工作报告，选举产生第十五届共青团武城县委员会委员 19 人，候补委员 9 人，书记 1 人，副书记 2 人，宋传虎当选为团县委书记。会上向全县青年发出《建设新武城，青年快行动》的倡议。

共青团武城县第十六次代表大会

2010 年 11 月 20 日召开，出席代表 200 名，其中女性代表 56 名。侯志刚向大会作《立足新起点，开启新征程，团结带领全县团员青年为促进武城经济社会又好又快发展，推动武城在新的起点上实现新跨越而努力奋斗》的工作报告。大会审议通过第十五届共青团武城县委员会工作报告，选举产生第十六届共青团武城县委员会委员 19 人，候补委员 9 人，书记 1 人，副书记 2 人，侯志刚当选为团县委书记。会上向全县青年发出《勇挑时代重担，开创武城未来》的倡议。

第二节　团组织建设

1986 年，全县有基层团委 24 个，团支部 661 个，团员 1.7 万余名。1988 年 11 月，团县委根据中国共产主义青年团第十二次全国代表大会《关于实行团员证制度的决议》，从 1988 年 1 月至 1989 年 1 月底，在全县集中开展颁发团员证工作。1989 年，印发《关于加强共青团组织建设的意见》，提高共青团战斗力和凝聚力。1992 年，按照“组织随人走，团在实体建”的要求，探索在村办企业、乡镇企业、个体私营企业中建立团组织。武城县酒厂被授予“全国五四红旗团委（团支部）”称号。1996 年，开始创建“五好”（致富路子好、团员队伍好、支部班子好、实用技术好、活动阵地好）团支部活动，推进农村团干部配置。2004 年，在全县开展“七团”（学团章、唱团歌、戴团徽、举团旗、知团史、明团情、展团彩）活动，全面加强团员先进性和社会主义荣辱观主题教育活动。2009 年，探索农村专业合作组织和两新组织团建工作，武城镇辣椒城协会，武城县食用菌协会等相继建立团组织。开展“团的基层建设年”“团员

图 18-3“一村一中专生”签约仪式（2007 年 摄）

创先争优”“乡镇团组织格局创新”“党建带团建”主题教育实践活动。2013年，推进团的组织格局创新，新建镇实体化“大团委”100余个，非公企业团组织23家，新社会组织10家。加强团干部队伍建设，新发展团员400名，推荐20余名优秀团员加入党组织，举办各级团干部培训班3次，培训基层团干部90余人次。截至2013年底，全县有基层团委28个，团支部554个，团员1.8万余人。武城县先后被评为“山东省团建先进县”“全国团建先进县创建单位”“全国青年中心建设先进县”。

第三节　团组织活动

青年就业创业

2005年，共青团武城县委依托乡村团组织，在产业集中度高、青年组织化程度高的行业，指导成立辣椒、食用菌、棉花、玻璃钢、汽车零部件等跨越行政区域的5个青年协会，并帮助其规范会员发展、制度建设、财务管理、产品运销等机制，为其培养1200多名青年致富带头人和378名青年组织建设骨干。2006年，实施“青春建功新农村——百千万农村青年创业计划”，探索出“共青团（青年协会、青年中心）+农信社+龙头企业+农户”的“团银企”助推双孢菇产业发展新路子，至2010年，为1家辣椒深加工企业、3家汽车零部件企业、11家棉花深加工企业，126名养殖户协调贷款2927万元。探索建立“返乡青年创业互助会”，引导、支持返乡青年进行创业，至2010年，发展玻璃钢、棉花加工、橡塑制品等互助会6个，吸纳会员200多名，帮助14家企业融资420多万元。

图18-4　古贝春公司灌装车间荣获国家级青年文明号（2005年　摄）

2007年，实施“一村一中专生”培养计划，济南市历城职业中专提供培训资金128万元，为393个行政村每村免费培养1名中专生。开展“咱们村的好青年”评选活动，培养致富带头人400多人。开展青年岗位能手评选活动，引导全县广大青年职工岗位创优质，岗位争一流，争当岗位能手，累计青年岗位能手1800多人。2013年，开展农村青年信用示范户活动，建立农村青年信用评价体系和青年农户信用档案，评定农村青年信用示范户100余户。与农业局联合开展“新型农民培训工程”，年均培训100名有就业创业意向的农村青年。开展定向招工培训，先后为古贝春集团有限公司、神龙地毯有限公司订单式培训青年职工200余名。

青年文明号创建

1994年，全县成立青年文明号活动领导小组，印发《青年文明号管理办法》，对青年文明号单位进行考评。1995年，全县有县级青年文明号4个。2000年，全县有省级青年文明号2个，市级青年文明号3个，县级青年文明号2个。2005年，全县有国家级青年文明号1个，有省级文明号10个，市级青年文明号14个，县级青年文明号17个。2010年，全县有国家级文明号 1 个。省级文明号 11 个，市级青年文明号 32 个，县级青年文明号 28 个。截至 2013 年底，全县有国家级青年文明号 1 个，为古贝春公司新厂灌装车间。省级青年文明号 12 个，市级青年文明号 42 个，县级青年文明号 43 个。

保护母亲河行动

1986 年，全县推进“保护母亲河”行动。1992 年，少先队万名队员护林队伍建立。1999 年，印发《关于组织全县中小学生积极参加“保护母亲河行动”的通知》，开展青少年学生治理水土、保护生态活动，把植树节和中国水周作为“保护母亲河行动周”，将世界水日、国际地球日、防止荒漠化日等作为“保护母亲河行动日”，开展宣传教育、治理保护实践和资金募集活动。2002 年，启动“保护母亲河·青年生态林”重点项目建设。2003 年，建设“青”字号绿化工程，推行“天天环保”、创建“保护母亲河”、建设青少年生态教育基地。2006 年，四女寺镇东赵馆村被评为“省级青少年绿化基地”。2011 年 3 月，德州市在武城县举行“保护母亲河·共建生态林”活动。2013 年，举行“保护母亲河·共建生态林”活动，组织志愿者 500 余人，植树 3000 余棵。

青年志愿者活动

1990 年，全县开展“学雷锋争佳树标”活动，成立“一学三包”小组。1991 年，发起“在全县青少年中深入开展学雷锋、树新风，岗位做贡献，满意在武城”的倡议活动。1992 年，建立学雷锋责任区 40 个，掀起“学赖宁、学雷锋”的高潮。2004 年 3 月，开展“弘扬雷锋精神，创建平安武城”青年志愿者集中活动。2008 年，武城县志愿者协会成立。2011 年 3 月，举行“文明交通我先行”志愿行动，全县 1000 余人志愿者参加活动。2013 年，利用学雷锋活动日、“五四”青年节、重阳节等节日，深入社区、农村、福利院开展尊老爱老、助残活动。联合“爱心联盟”，开展关爱留守儿童、残疾儿童活动。

爱心助学工程

1994 年，武城县希望工程领导小组成立，并建立希望工程基金。1998 年，举办希望工程监督日优秀受助生座谈会。向县第一、第二实验小学各捐赠一套希望书库，填补全县无希望书库的空白。1999 年，争取多方援助，援建希望小学 1 所。救助对象扩大到中学生、城镇下岗特困职工未成年子女。2003 年，开展“献爱心捐献希望书库”活动。2010 年，资助贫困高考新生 100 名。2011 年开始，“爱心助学”工程被县委确立为“十大为民实事”之一。当年，筹集资金 352.2 万元，救助在校高中生 876 名，中小学生 1277 名，应届贫困大学生 120 名，在校大学生 20 名。2012 年，中纪委在武城县举行挂职锻炼组“情系德州 • 关爱成长”助学捐赠仪式，为农村小学捐赠 20 台电脑、2 台投影仪、20 个电脑桌、5000 册图书。2013 年，争取资金 20 万元建成甲马营镇“全球通”希望幼儿园。发放助学资金 78.4 万元，救助贫困学生 300 人。

第四节　青少年维权

1986 年 4 月，在全县青少年中开展普及法律知识展览活动，2 万多名团员青年受到教育。1990 年，武城县未成年人保护委员会建立。1992 年，宣传《中华人民共和国未成年人保护法》《山东省未成年人保护条例》，先后到监狱给服刑人员讲课 3 次。2004 年 3 月，武城县青少年维权中心成立。同年 4 月，举行为期一周的大型法制教育图片展、全县青少年法制教育巡回报告会，开展青少年维权岗创建。2005 年，县工商局城区分局被评为“省级青少年维权岗”。2008 年，在全县中小学开展“关爱明天　普法先行”法制报告巡回演讲。2009 年，深化“青少年维权岗”创建，在中小学建立维权阵地。

对违法犯罪青少年、闲散青少年进行帮教。截至2013年底，全县有省级青少年维权岗2个，市级7个，县级12个。

第五节　少年先锋队

1986年，全县少先队员7.68万人，占队龄儿童的98%，少先队辅导员354人。1989—1991年，在全县少先队员中开展“创造杯”“万枚四有小金星”和“爱劳动的小金星”竞赛，先后涌现出金星队员650人，“奋飞之鹰”活动先进个人100名，连续三年受到团省委的表彰。1991年，各级少先队组织开展争创“金星大队”“为人民的利益”“学赖宁学马丽”活动，涌现出金星队员和赖宁式队员380名，有14名少先队员获全国和全省赖宁式金星队员称号。1994年，在全县少先队员中开展“自学、自理、自护、自强、自律”活动。1995年，第一实验小学被全国少工委授予“雏鹰大队”称号，第一实验小学四（3）中队和第二实验小学四（2）中队被省少工委授予“国旗中队”称号。2000年，在济南陆军学院举办首届“少年军事夏令营”活动。2008年，全县有少先队员5.55万人，占队龄儿童少年的98.7%，辅导员203名。2011年，举办暑期少年军事夏令营活动。开展“感恩励志中国行”武城县感恩励志教育公益巡回报告。2012—2013年，连续两年开展“红领巾心向党”“红领巾相约中国梦”“社会主义核心价值观”实践活动。截至2013年底，全县有少先队员3.76万人，少先队辅导员726人。

第六节　关心下一代

组织建设

2005年4月，武城县关心下一代工作委员会（简称关工委）成立，徐光、陈德柱任主任，下设办公室。2008年，全县有45个县直单位、16个重点企业建立关心下一代工作委员会，9个乡镇街、全县364个村成立关工委组织。有“五老”（老干部、老战士、老专家、老教师、老模范）人员5000余名，组成法制教育宣讲团、农业科技下乡团、和谐文化表演团、创业青年培训团等“五老”双向关爱工作团，深入基层开展多种活动。2011年3月，马文国、陈德柱任关心下一代工作委员会主任，尹宝生任常务副主任，常委7名，委员18名。2012年4月，关工委常委增加至11名，委员14名。同年5月，先后到武城镇野庄社区、郝王庄镇御马园村、四女寺镇张官寺社区等基层示范点进行调研。截至2013年底，全县建立基层关工委322个。其中，镇街、开发区关工委9个，县直关工委53个，学校关工委43个，社区（村）关工委180个，企业关工委37个。建设各类教育基地12处。全县“五老”队伍发展到5186人。

关爱活动

2005年6月，邀请《知心姐姐》杂志社心理健康教育专家沈农华为400多名学生家长作“关注孩子心灵健康成长”的报告。2006年，邀请“知心姐姐”卢勤、高考研究专家王极盛为学生及学生家长传经授业，举办“知荣辱、懂感恩、尽责任”主题青少年讲坛、“科学发展、共建和谐”诚德文化青年职工论坛等“双向关爱讲坛”活动。2007年，以“成长·感恩”为主题，举行“感恩励志中国行”武城县感恩励志教育公益活动，在全县举行巡回报告30多场。实施以“与经典为伴，与圣贤为友”为主题的“读书富脑”工程，在全县各中小学校开办中华传统文化课堂，对学生们进行《论语》《弟子规》《武城四德三字经》等诗文背诵辅导。举办以“健康快乐和谐发展”为主题的花样体操比赛，“庆·六一”少儿才艺展演活动，首届少年儿童书画大赛。同年5月，邀请北京教育专家、《天天爱学习》杂志总编曾曦为300多名在校学生作专题报告。2009年4月，举行“双向关爱”讲坛，在机关、乡镇、农村、学校、社区等举办讲坛70余场，受教育青少年2万余人。2011年9月，举行“感恩励志中国行”武城县感恩励志教育公益活动，先后举办巡回报告会5场，4000余名中小学生、家长、教师受到教育。2012年7月，举行庆祝关工委成立20周年图片展暨“关心下一代——关爱青少年”暑期集中活动月。国防教育宣讲团、普法教育宣讲团、“五老”文化艺术团、安全知识讲解团、“三项活动”培训团、青年创业服务团、爱心助困帮扶团、“五自四好”实践团、科普知识宣讲团、留守儿童关爱团等10个关爱团体从不同方面丰富青少年暑期生活。同年12月，“五老”艺术团精心排练全国关心下一代主题歌《托起朝阳》及经典京剧曲目，在全县巡回演出。2013年1月，邀请雷锋生前战友乔安山、雷锋纪念馆讲解员乔婷娇到武城县作“学雷锋、倡四德”报告，传承雷锋精神，倡树道德新风。

第三章　妇　联

第一节　妇女代表大会

武城县第六次妇女代表大会

1986年3月8—9日召开，出席大会代表272名。会议审议并通过妇联第五届委员会的工作报告，选举产生第六届妇女联合会委员25名、常委5人，妇联主任1人，副主任2人。杨桂珍当选为县妇联主任。

武城县第七次妇女代表大会

1991年11月29—30日召开，出席大会代表240名。会议审议并通过第六届妇女联合会的工作报告，选举产生第七届妇女联合会委员29名、常委9人，妇联主任1人，副主任2人。杨桂珍当选为县妇联主任。

武城县第八次妇女代表大会

1997年12月17日召开，出席大会代表204名。会议审议并通过第七届妇女联合会的工作报告，选举产生第八届妇女联合会委员29名、常委9人，妇联主席1人，副主席2人。赵玉香当选为县妇联主席。

武城县第九次妇女代表大会

2004年3月5日召开，出席大会代表200名。会议审议并通过第八届妇女联合会的工作报告，选举产生第九届妇女联合会委员29名、常委9人，妇联主席1人，副主席2人。赵玉香当选为县妇联主席。

武城县第十次妇女代表大会

2011年3月8日召开，出席大会代表200名。会议审议通过第九届妇女联合会的工作报告，选举产生第十届妇女联合会委员29名、常委9人，妇联主席1人，副主席2人。史洪娟当选为县妇联主席。

第二节　妇女组织建设

1986年，全县有基层妇女组织489个。其中，县直妇委会58个，乡镇街妇联15个，村妇代会391个，民营企业妇代会25个。1991年，注重妇女后备干部培养，确定60多名乡镇和县直领导班子的妇女后备干部，建立妇女后备干部档案和卡片。选拔132名妇女干部参加地、县举办的各种培训班，9名优秀妇女干部提拔进入乡镇领导班子，党政班子中有妇女干部的乡镇由原来的3个增加到12个，占80%。1992年，全县有基层妇女组织493个。其中，县直妇委会58个，乡镇街妇联15个，村妇代会393个，民营企业妇代会27个。是年，在县直单位选拔40名妇女后备干部。1993年后，县、乡镇街的妇联主任改称主席。1995年8月，为全面贯彻中央、省、市《关于培育选拔妇女干部》的精神，从农村优秀女青年中为乡镇招聘妇女干部，在全县116名应聘青年妇女中，择优录用14名干部。1999年，提拔重用妇女干部25人。2000年，每个乡镇领导班子均配备1名以上妇女干部，选拔366名优秀农村妇女进入村“两委”。2005年，发展妇女党员占全年发展党员的21.8%。2008年，开展“新时期妇女现状与妇女工作”调研，掌握全县妇女和各级妇联组织的现状，提高妇联干部的调研能力和理论素养。2009年，全县有基层妇女组织502个。其中，县直妇委会62个，乡镇街妇联9个，村妇代会393个，民营企业妇代会38个。截至2013年底，全县有基层妇女组织278个，其中，县直妇委会62个，镇街开发区妇联9个，社区妇联118个、村妇代会71个，民营企业妇代会18个。

第三节　维护妇女儿童权益

妇女儿童发展规划

1991年，制定《武城县儿童少年事业发展“八五”规划》。1995年10月，武城县妇女儿童工作委员会成立。1996年，《武城县妇女发展规划（1996—2000年）》《武城县儿童发展规划（1996—2000年）》（简称两个《规划》）颁布实施。2002年，县政府颁布实施《武城县妇女发展纲要（2001—2010年）》《武城县儿童发展纲要（2001—2010年）》（以下简称两个《纲要》），两个《纲要》分别提出全县妇女在经济、参政、教育、健康、法律、环境6大领域的34项主要指标和儿童在健康、教育、法律与保护、环境4大领域的18项主要指标。2011年11月，县政府颁布实施《武城县妇女发展“十二五”规划（2011—2015年）》《武城县儿童发展“十二五”规划》（以下简称两个《规划》），明确全县妇女儿童“十二五”时期发展的主要目标和措施。两个《规划》将关注妇女儿童身心健康、提高妇女儿童生命质量放在首位，首次提出为3岁以下儿童免费提供系统保健服务，将学前教育纳入经济社会发展规划和公共服务体系建设，增设妇女与社会保障、儿童与福利等领域。

妇女维权

1986年4月，在全县妇女中普及法律常识教育，以《婚姻法》《继承法》《经济合同法》为主要教育内容。1991年，全县妇女开展第二个五年普法教育，组织学习全国人大常委会《关于严惩拐卖、绑架妇女儿童的犯罪分子的决定》。2000年8月，武城县家庭暴力致伤鉴定中心成立。2006年2月，开展“创平安家庭、建和谐武城”活动，古贝春有限公司董事长周晓峰获全国“平安家庭”标兵户。2008年，成立“110家庭暴力服务中心”，与县法院联合成立“妇女维权合议庭”。同年6月，发放《妇女法律宣传手册》和《妇女儿童保健知识手册》5万份。2011年12月，成立“妇女维权法律服务团”。2012年2月，成立“武城县妇女权益纠纷人民调解委员会”，开通“12338”妇女维权热线，建立维护妇女儿童及残疾人合法权益联席会议制度。同年3月，举行“法律进家庭”妇女维权活动，成立“六五”普法领导小组，利用法制宣传日开展“法律进家庭、进学校”等主题活动。2013年，受理妇女来信来访84人次，处结率98%。

儿童权益保障

1986年5月，开展“一切为孩子，一切为四化”活动，全县各行各业、各单位以及社会群众以捐赠现金、图书、玩具、教具等为主。1995年，宣传普及家庭教育科学知识和方法，总结推广家庭教育成功经验，以优生、优育、优教为主要内容，普及科学育儿知识。2004年4月，将独生子女困难家庭救助纳入“春蕾计划”，将困难独生子女家庭中16岁以下的女童列入救助对象，以每人每年200元标准资助其完成九年义务教育。累计收到捐款10万元，救助女童500人次。同年8月，以“为国教子、以德育人”为主题，开展“争做合格父母、培养合格人才”家庭教育宣传实践活动。2007年，成立全县首届“春蕾中专班”，免费招收三年制学员50名。到2008年，县城有公办幼儿园2处，儿童入园率98%。

2011年5月，全县首个市级留守儿童“快乐成长活动站”在鲁权屯镇滕庄中学成立，开展“恒爱行动”，动员妇女为贫困、孤残儿童编织、捐献毛衣500余件。2012年8月，争取项目资金11万元，建设妇女儿童家园6处。其中，省级妇女儿童家园1处，市级妇女儿童家园5处。2013年5月，李家户镇东升社区妇女儿童家园建立。截至2013年底，全县建立30处留守儿童快乐成长活动站，其中市级留守儿童快乐成长活动站5处。

第四节　“巾帼建功”创建

1992年3月，县妇联举办以“五学”（学政治、学文化、学科学、学技术、学管理）、“五创”（创优质、创高产、创效益、创最佳服务、创一流水平）为主要内容的巾帼建功比赛，47个单位、2285人进行65个项目的比赛，评选出先进单位4个，各类技术能手320名。1996年8月，制定《关于开展“巾帼创业”活动、促进下岗女职工就业工作的实施意见》，组织各种类型的技术比武25次，培训下岗女职工2.24万名，136名下岗女职工找到就业门路。2001年6月，成立“武城县农村妇女科技指导中心”，吸收农业、林业、蔬菜、畜牧、水产等方面的专家参加，培训妇女3600人。2004年，鲁权屯镇李贤屯村奶牛养殖示范基地被省妇联授予“山东省巾帼科技示范基地”，女子农函校武城分校被省妇联评为“山东省巾帼科技培训先进单位”。2007年6月，开展“信贷助推农村妇女创业行动”，为180户农村妇女发放贷款1024万元。到2008年9月，为328名农村创业妇女发放贷款2267万元。是年，全县涌现出巾帼建功标兵7名、科技致富女能手9名、科技致富先进集体2个。在郝王庄镇田园特禽养殖场、李家户乡光达食用菌基地成立巾帼创业基地2处。2009年3月，举办庆“三八”“倡四德，建和谐，展风采”巾帼汇报会，会上表彰9支巾帼文明队，

图18-5 留守儿童活动站（2011年 摄）

图 18-6 “展巾帼风采、建和谐武城”颁奖典礼（2012 年 摄）

7 名增收致富典型，1 个“巾帼文明岗”，2 个“巾帼建功先进集体”，4 个“三八红旗集体”。2012 年，组建 44 支巾帼志愿服务队，600 余名巾帼志愿者，为爱心帮扶、法律宣传、家庭教育、卫生保健等公益事业提供志愿服务。同年 5 月，成立“阳光大姐”家政服务中心，为广大市民提供职业培训、生活护理、月嫂、育儿嫂等服务项目，为失业失地妇女提供再就业平台。2013 年，先后扶持畜牧养殖、粮棉生产、果蔬种植、花卉苗木等 10 个产业示范基地，发放小额贴息贷款 884 万元。在“阳光大姐”家政服务和工艺品加工项目中安置 16 名妇女创业就业。

第五节 “双学双比”竞赛

1986 年 10 月，在全县妇女群众中开展“读书演讲”活动，提高广大妇女群众的素质，丰富妇女群众精神生活。1990 年，在农村妇女中开展“学文化、学技术、比成绩、比贡献，争创粮食、棉花、瓜菜、果园、水产、加工、养殖、手工艺、技术服务、庭院经济十佳能手”，以加工业为龙头、以养殖业为大头、以技术服务为奔头的“双学双比创十佳”。全县 3.5 万名农村妇女参赛，占总数的 50%。1993 年 4 月，在全县农村妇女中开展“金花银花赛”，制定植棉能手评选条件、评选方法及竞赛措施，向全县妇女发出“多种棉、种好棉，多为国家做贡献”的倡议。1995 年 9 月，在全县女个体劳动者中开展“双学双比竞赛”。在女个体劳动者中开展 5 个方面的竞赛，即赛守法经营，照章纳税；赛恪守职业道德，讲究信誉，公平竞争；赛优质服务，文明经营，服从管理；赛经济效益及对国家贡献大小；赛致富不忘他人，团结带领广大群众同致富。评选出 30 户“文明经营户”。2000 年，实施“科技联动工程”，农函校招收妇女班学员 300 名。举办辣椒、西瓜、花生、食用菌等专业培训 125 期，用现代农业科技，经营管理知识武装妇女头脑，培训学员 1 万余人次，涌现出 80 余名女技术能手，建成 30 余个“三八”科技示范基地。2004 年，构建“农村妇女科技培训、科技服务、科技示范”三大网络建设，聘请畜牧、农业、蔬菜专家举办奶牛饲养、棉花种植、辣椒种植等培训班 15 次，培训妇女 5000 人。2008 年，开展双学双比活动，9 人被评为科技致富女能手，2 个单位被评为科技致富先进集体。

第六节 “五好文明家庭”创建

1988 年 5 月，全县开展移风易俗活动。利用各种形式，广泛开展移风易俗宣传教育，开展不同年龄层次的移风易俗大讨论，建立健全必要的规章制度，在各级妇女群众中开展“破除婚姻陋俗，树立文明新风”活动。1996 年 6 月，开展“文明家庭”创建，把家庭文化建设活动由农村、街道向机关、企事业单位推进。1997 年 1 月，开展“家教知识进万家”系列活动。先后召开家教知识进万家系列活动座谈会，举办“家教知识进万家”专题节目，开展爱书读书、“争做合格家长”竞赛、年轻妈妈读书演讲、“我的教子观”征文等活动。1999 年 9 月，在全县家庭中开展“迎国庆，盼回归”家庭文明知识竞赛，发放试卷 2400 份。2005 年 5 月，以提高广大家庭成员的思想道德素质、科学文化素质为目标，立足“道德立家”、着眼“科技兴家”，开展学习型家庭、文明楼院以及美德在农家等群众性精神文明创建。同年 9 月，举办“弘扬新型生育文化，促进男女平等、构建和谐社会”文艺会演，100 多名“巾帼文明队”队员表演 16 个节目。2012 年 6 月，在文化馆举办庆“七一”暨首届家庭文化作品展，活动展出书画作品 110 幅、手工艺术品 50 件。2013 年 3 月，举办“关注妇女健康•享美好生活”的健康论坛，邀请市人民医院妇产科专家作《关注健康 • 关爱自己》报告，400 余名女性参加此次论坛。组织 30 余名领导干部及家属参观武城县廉政教育基地，观看廉政教育影片，听取廉政讲座。

第四章　工商联

第一节　会员代表大会

武城县工商业联合会，简称“武城县工商联”，是县委领导下的以非公有制企业和非公有制经济人士为主体的具有统战性、经济性、民间性有机统一基本特征的人民团体和商会组织，是县委、县政府联系非公有制经济人士的桥梁和纽带，政府管理和服务非公有制经济的助手，隶属县委。1957 年，召开第一届会员代表大会。第二届会员代表大会于 1962 年召开。

第三届会员代表大会

1989 年，第三届会员代表大会召开。参加会议代表 276 人，大会选举产生 40 人的执委会，常委 19 人。王汉录兼任第三届工商联主任。

第四届会员代表大会

1995 年 9 月 15 日，第四届会员代表大会召开。参加会议代表 312 人，大会选举产生 65 人的执委会，常委 32 人。周子山当选第四届工商联主任。

第五届会员代表大会

1999 年 2 月，第五届会员代表大会召开。参加会议代表 252 人，大会选举产生 78 人的执委会，常委 39 人。夏志强当选第五届工商联会长。

第六届会员代表大会

2006 年 12 月 22 日，第六届会员代表大会召开。参加会议代表 312 人，大会选举产生 93 人的执委会，常委 50 人。潘华伟当选为第六届工商联会长。

第七届会员代表大会

2011 年 11 月 12 日，第七届工商联会员代表大会召开，参加会议代表 332 人，大会选举产生 131 人的执委会。潘华伟当选第七届工商联主席。

第二节　工商联组织建设

武城县工商联又称武城总商会。始建于 1957 年，“文化大革命”期间停止工作。1989 年，恢复建制。当年，第三届县工商联40人的执委会召开第一次会议，选出19人的常委会、驻会主任委员1人，驻会副主任委员3人，秘书长1人。至年底，有企业会员96个，个人会员16个。1993年11月，机构改革时，部分工作人员到工商局办公。1994年2月，县工商联召开第四届会员代表大会，选举周子山为县工商业联合会会长，其中，非公有制企业副会长15名，有工作人员5名。1994年12月，县工商联并入县委统战部。1999年，企业会员（单位）133个，个人会员28人。2006年，企业会员（单位）181个，个人会员32人，团体会员2个。2011年11月12日，第七届县工商联131人的执委会召开第一次会议，选出64人的常委会、驻会主席1人，驻会副主席3人，不驻会副主席16人，秘书长1人，县总商会中非公有制经济人士副会长15人。是年底，企业会员（单位）282个，个人会员32人，团体会员7个。截至2013年底，全县企业会员301个，团体会员8个，个人会员72个。

第三节　服务会员

维护会员合法权益

1989年后，县工商联注重从工作职能出发，维护全县工商联会员的合法权益，当好会员企业的“娘家人”。2005年，县工商联组织开展各类非公有制经济人士座谈会，听取会员企业提出建议和意见，改善全县软环境，制止乱罚款、不合理收费等突出问题。2008年，县工商联与广智律师事务所签订合作协议，成立县工商联会员维权中心，聘请律师为企业法律顾问。截至2013年底，县工商联会员维权中心为个体私营企业代理民事、经济案件30多起，挽回经济损失近1200万元。

助推会员企业发展

1989年后，组织会员企业参加国家、省、市举办的洽谈会、商品展销会和博览会66次，针对各个时期以及新形势下非公经济人士的特点和成长规律，发现和表彰宣传先进典型，汇聚非公经济发展正能量。1991年后，举办17期非公有制经济理论学习班和讲座，为会员企业培训586人次，提高非公有制经济人士的经营管理素质和技能。2006年开始，组织会员企业参加人才招聘会。2010年后，组织银企对接活动11次。截至2013年底，累计为企业引进人才126名，帮助企业融资6000余万元。

引导会员回馈社会

2000年，在全县个体私营经济人士中开展“致富思源、富而思进”教育活动，引导会员企业服务社会。2003年，向会员企业发出《致全县工商联会员企业的公开信》，组织广大会员企业投身预防“非典”工作。2008年四川汶川地震，2010年青海玉树地震，会员企业为地震灾区捐款捐物1000余万元。截至2013年底，会员企业出资修路修桥，扶危济困捐助贫困老人、贫困学生，资金过亿元。招用下岗职工1000余人。印发村企对接倡议书200余份，有12家非公有制企业对接贫困村。

第十九编

公安　司法

1986年后，武城县公安和司法部门把维护社会稳定，构建平安和谐武城作为重要工作来抓，按照上级依法从重从快打击严重危害社会治安的刑事犯罪分子的要求，先后开展严打、打黑除恶、扫毒害保平安等专项行动，有效地遏制了犯罪势头。为提高广大群众的法律意识，县委、县政府组织实施6个“五年普法规划”教育。2003年，全县开展平安武城建设，县委印发《关于深入推进平安武城建设的实施意见》，制定了社会治安综合治理倒查工作机制。2013年，全县建立公、检、法、司、交警、信访密切配合的“121”联动联调工作机制，化解矛盾纠纷。各镇街设立综治维稳中心，实行网格化管理。随着各综治组织的常态化运转，执法工作愈加科学化、规范化、法制化，全县接报刑事警情、治安警情案件发案数量呈逐年下降态势。

2001年，武城县检察院被最高人民检察院授予“人民满意的检察院”称号。2005年，武城县公安局被公安部评为“全国公安机关集中接待处理群众来信来访先进集体”。2007年，武城县法院被最高人民法院评为“全国涉诉信访工作先进单位”。2008年，武城县被省委、省政府评为“平安建设先进县”。

第一章　公　安

第一节　维护社会稳定

处理群体性事件

1986年后，群体性事件时有发生。1996年，妥善处置郝王庄乡唐庄村因造纸厂排污引发的群体性事件。这是全县首例较大规模的群体性事件。1999年，商业、供销、外贸、煤炭等单位因欠缴职工养老保险而引发的群体上访事件得到妥善处理。2005年，处置滕庄镇阳光草业有限公司因滕庄镇南郑庄村等村民阻止阳光草业播种而引发的群体性事件。2007年，公安机关完善调解工作机制，全年排查矛盾纠纷1228起，调处1203起，调处率97.9%，避免矛盾激化612起，处置群体性事件苗头22起。2009年，化解集体上访等群体性案件7起。2013年，妥善处置数起因拖欠工程款、拖欠工资、社会福利及占地拆迁、土地合同引发的群体性事件。

严打整治斗争

1986年，组织开展严厉打击各类犯罪活动（简称“严打”）。是年，抓获各类刑事犯罪嫌疑人26人，逮捕25人，追缴赃款5300元，为国家挽回经济损失9.8万元。1991年5月，全县组织严打斗争，摧毁各类犯罪团伙3个，抓获各类犯罪嫌疑人48名，破获案件26起。其中，重大案件8起，解救受害妇女5名，缴获赃款赃物折合人民币3万余元。2008年，在农村冬季严打整治百日会战活动中，破获各类刑事案件146起，抓获犯罪嫌疑人34人。2011年，开展打黑恶、反盗抢，打击“四车”犯罪，治爆缉枪等专项行动，破获刑事案件748起，抓获犯罪嫌疑人91人。2012年，集中开展为期3个月的冬季严打整治、为期1个月的打黑恶、除痞霸、反盗抢集中行动。2013年，开展春季攻势专项行动、扫毒害保平安严打整治活动、夏季严打攻势、缉捕重大逃犯攻坚行动、夏秋严打整治行动等一系列严打整治行动，相继打掉梁某撬盗保险柜、古某尾随银行提款人盗窃车内财物、牟某抢劫盗窃、刘某组织聋哑人盗窃、翁某网上贩卖毒品等一系列犯罪案件。

处理人民来信来访

1986—1991年，累计接待群众来访4644人次，处理人民来信2375件。2005年，实行公安局领导开门大接访，落实“一、二、四”局长接访制度，县局领导每月接待群众次数不少于4天，县公安局长定于每周三公开接访，解决突出信访问题，化解矛盾。2008年，接待群众来访31起，息诉罢访28起。2013年，在实践中探索和拓展信访“110”工作机制，统筹公、检、法、司、信访等部门力量，集中多警种联合作战，快速查办信访案件，治本清源，第一时间息诉罢访，化解矛盾纠纷。

第二节　案件侦查

刑事侦查

1986年后，除每年开展春季、冬季严打整治集中行动外，针对全县各类违法犯罪上升趋势开展专项治理。1987年，组织开展打击流氓、盗窃，打击拐卖妇女儿童和打击偷税抗税等违法犯罪活动的专项斗争。1988年，破获刑事案件9起，摧毁犯罪团伙7个，成员32人。1989年8月，侦破老城镇王某等人破坏电力设施特大案件。1990年，破获各类刑事案件273起，抓获违法犯罪分子94名。1993—1995年，农村盗窃耕牛事件时有发生，严重侵害群众的财产权益，公安机关多次组织专项斗争进行打击。1996年，侦破李家户乡郑某等人特大盗窃耕牛案。同时采取各种防范措施，破获多起案件，惩戒犯罪分子并最大限度地帮助受害群众挽回损失。1998—2002年，盗抢机动车犯罪突出，盗抢目标主要是农用三轮车和摩托车。公安机关组织多次专项斗争，使犯罪活动得到遏制。自2005年，组织开展以打击抢劫、抢夺、盗窃为重点的两抢一盗严打专项行动。2009年，破获各类刑事案件638起，打掉犯罪团伙17个，抓获犯罪嫌疑人216人。2010年6月，破获杨某、徐某系列抢夺案，该犯罪嫌疑人累计作案13起，抢得现金30余万元，并追回部分赃款。是年，破获各类刑事案件688起，打掉犯罪团伙16个，抓获犯罪嫌疑人156人，刑事拘留155人，逮捕70人。2011年，破获牛某、朱某系列抢夺案，该犯罪嫌疑人累计作案3起，劫得轿车3辆、现金20余万元、金银首饰和笔记本电脑等物品1宗，涉案总价值达120余万元。自2012年6月，开展缉捕重大逃犯攻坚专项行动。行动开展后，抓获潜逃多年的命案逃犯陈某、孙某。2013年7月，借力“4+N”合成作战平台，破获1起特大系列流窜撬盗保险柜案以及保险诈骗案。是年，破获各类刑事案件1027起，刑事拘留175人，逮捕89人，移送起诉123人，直诉52人，行政拘留357人。

经济侦查

2000年5月，刑警大队经侦中队与内保科合并组建经侦大队，负责全县经济犯罪案件侦查和县内部重点单位安全保卫工作。2004年，侦破程某涉嫌虚开抵扣税款发票案、孙某等人暴力抗税案。2005年1月，侦破王某等人涉嫌金额120万元合同诈骗案。2005—2007年，连续集中开展利剑二号、利剑三号打击涉税犯罪专项行动。2006年6月，侦破程某等人涉嫌虚开增值税发票案。2007年，侦破姚某涉嫌金额350万元挪用资金、受贿案。2008年，破获陈某合同诈骗案，当场缴获赃款16万元。2009年，立各类经济案件27起，破获26起，抓获各类经济犯罪嫌疑人33人（网上逃犯13人）。其中，刑事拘留26人，逮捕7人，移送起诉7人，挽回经济损失260万元。2010年，立各类经济犯罪案件19起，成功破获16起，抓获各类经济犯罪嫌疑人23人（其中网上逃犯9人），逮捕1人，涉案金额300万元，挽回经济损失180万元。2011年，立各类经济案件11起，破案15起，涉案价值536万元，挽回经济损失392万元，抓

图19-1 刑事案件赃物集体退赃（2008年 摄）

获犯罪嫌疑人15人，刑事拘留12人，逮捕5人，移送起诉2人，抓获上网逃犯8人。2012年，严厉打击各类经济犯罪活动，开展破案会战专项行动。立各类经济犯罪案件24起，破案21起，涉案价值1115万元，挽回经济损失240万元，抓获犯罪嫌疑人27人，刑事拘留16人，逮捕11人，移送起诉15人，取保候审14人，抓获网上逃犯2人。2013年，立各类经济案件17起，破案13起，抓获犯罪嫌疑人18人，抓获网上逃犯1人，刑事拘留8人，取保候审17人，移诉3人，涉案价值2814万元，挽回经济损失286万元。

第三节　治安管理

治安防范

1986年，对全县基层治保组织进行教育培训，推行"三防"（人防、物防、技防）建设。1991年，配合有关单位对全县变压器全部安装变压器防盗锁。1994年，建立县公安局巡警大队，专职负责城区治安巡防任务。至此，全县建立起县、乡、村三级巡逻网。1998年，公安机关在全县推广"气死贼"防盗报警器1800套，在53个村庄推广使用。同年，公安派出所推行警力向夜间倾斜运行机制，强化夜间巡逻。2003年，全县推行治安承包责任制，此做法在全市得到推广。2004年，按照上级的部署开展"三道防线"建设，建立治安检查站、警务工作站、治安卡点。2006年，建成动态监控系统，68个监控探头覆盖城区重点单位、要害部位、重点路段。2010年，推进天网工程向乡镇村延伸，各乡镇党委政府累计投资200万元，8个派出所全部完成治安动态监控平台建设。重点单位、要害部位、企事业单位安装自控监控系统，安装探头1830个，已全部纳入县公安局管理，35家金融场所安装防盗报警装置。此外，50余家重点民营企业、21个高档住宅小区也安装视频监控系统。2011年，启动老城检查站、省道254线白庄检查站、四女寺治安卡点、汽车站治安检查点，抽调民警24小时不间断查控，新设卡口19处。2012年，进一步壮大保安队伍，全县保安人员450人。截至2013年底，全县监控探头安装3000个，建立治安保卫组织400余个，有保安人员460人。

公共场所管理

1993年，全县清理整顿公共场所313处，核发公共场所安全审查合格证145个。1996年起，实行公共场所年审制度。1998年10月，开展扫黄打非专项斗争，对美容院、饭店、录像厅、书亭等进行重点整顿，查处卖淫嫖娼案件41起，传播淫秽物品案件4起，赌博案件8起，治安处罚87人。2001年，开展餐饮、娱乐、美容美发、音像制品经营等场所的清理整顿活动，对不符合要求的场所要求限时整改，对不按要求整改或过时整改不到位的进行严厉警告，对不符合条件又拒不整改的予以取缔。2005年，检查各类公共场所184处，取缔无证经营户12家，整改7家，治安处罚5家。2007年，取消核发公共场所合格证。2010年，开展"净土"行动，检查各类场所186处，查处卖淫嫖娼案件8起，赌博案件9起，收缴赌资1万余元、治安拘留14人，治安处罚16人，下达限期整改通知书15份，停业整顿5家，查处2起容留妇女卖淫案件，刑事拘留3人，治安拘留9人，劳动教养1人，查封服务场所2家。2011年，加大对旅馆的检查力度，3次组织200余名旅馆从业人员进行治安业务培训，先后处罚违反"四实登记"人员28人次。2012年，对全县1995处公共场所逐一进行清查并进行合法经营登记。其中，饭店203家，理发店241家，台球室8家，游戏厅8家，浴池40家，歌舞厅8家，洗脚按摩房15

图 19-2 禁毒宣传（2012 年 摄）

家，棋牌室 5 家，车站、广场、集贸市场、商场、门店等 1475 家。2013 年，集中清查行业场所，开展行动 10 余次，出动警力 300 余人次，检查棋牌室、舞厅、洗浴中心、KTV、旅馆等娱乐场所 220 余次，行政拘留 20 人，治安处罚 20 余人，端掉赌博黑窝点 4 个，收缴具有赌博功能的游戏机 40 台、赌资 1 万余元，处罚游戏厅 4 家，下达限期整改通知书 10 余份，并责令 8 家游戏厅停业整顿，将所有游戏机封存。

特种行业管理

1986 年，全县特种行业共有 37 家。其中，住宿业 18 家，旧货业 16 家，刻字业 2 家，印刷业 1 家。1990 年，换发特种行业许可证，全县特种行业 65 家。1995 年，将回收、拆解、翻新机动车行业列入特种行业管理。1996 年，实行特种行业许可证年审制度。2005 年，推行旅店业信息化管理，旅客信息通过电脑直接上传公安机关。2008 年，对全县 270 家特种行业进行全盘检查。其中，住宿业 43 家，刻字业 12 家，典当行 1 家，旧货业 65 家，印刷业 10 家，机动车维修业 139 家。对符合经营条件的实体，进行经营登记。2010 年，立案查处各类特种行业违法案件 12 起，抓获犯罪嫌疑人 19 人，下达隐患整改通知书 21 份，责令 12 家业户停业整顿，取缔无证经营旅馆 6 家。2012 年，立案查处各类特种行业案件 12 件，抓获犯罪嫌疑人 21 人，下达隐患整改通知书 40 份，责令 6 家业户停业整顿，取缔无证经营旅馆 5 家。2013 年，特种行业户提供犯罪线索 6 条，抓获犯罪嫌疑人 4 名。截至 2013 年底，全县有特种行业户 269 家，从业人员 500 余人。

枪支弹药、爆炸物品管理

1996 年，按照公安部的统一部署，全县开展集中收缴流散在社会上的非法枪支弹药专项行动，收缴非法枪支 1576 支、子弹 94 发。2001 年，在全县开展的“治爆缉枪”专项行动中，收缴非法枪支 580 支、子弹 69 发，收缴非法生产的烟花爆竹 23 万余头，收缴制作工具 200 余件，查处违法人员 31 人。2003 年 1 月，县公安局调集警力，以甲马营乡谈庄村为重点对甲马营乡非法生产烟花爆竹业户进行专项整治，查出非法生产双响业户 21 家，收缴黑火药及火药原料 240 多千克，双响 1000 余个，生产工具若干，查处违法人员 26 人，其中刑事拘留 8 人。2006 年，全县开展集中收缴爆炸物品、枪支弹药、管制刀具专项行动，收缴非法枪支 123 支、子弹 22 发、黑火药原料 110 千克，非法生产的烟花爆竹 15 万余个，查处违法人员 25 人。2010 年，“治爆缉枪”专项行动收缴土枪 5 支、军用子弹 17 发、手榴弹 6 枚、猎枪 1 支、气枪 1 支、发射药 600 克，查处违法人员 10 余人。2011 年，收缴步枪子弹 500 余发，清查村落 279 个、院落 3000 余处、闲置房屋 1700 处，查破非法储存烟花爆竹案件 3 起，抓获违法嫌疑人7人，查获非法烟花爆竹100余万头，双响30余万个。2012年，开展“治爆缉枪”街面集中宣传4次，出动警力200余人次，制作悬挂宣传横幅14条，发放各类宣传资料2000余份，收缴土枪8支、子弹1000余发，查处违法人员8人。2013年，开展对民用枪支和流散社会爆炸物品清理收缴及涉枪涉爆案件查处，缴获5支土枪，子弹500发，管制刀具20把。

信息网络安全监察

2002年，武城县公共信息网络监察科成立，隶属公安局指挥中心，负责全县计算机信息网络安全保护工作，主要监管全县15家网吧。2006年4月，网络警察大队成立，具体负责网络安全保护，网络有害信息巡查处置，涉网违法犯罪案件侦查，网吧安全监管等工作。2008年，对全县54家网吧落实技术安全措施，同年4月，侦破乐陵市苏某传播淫秽网站案。2011年，首次使用网侦手段侦破刘庄杀人案。2012年，利用网侦手段侦破案件9起，抓获犯罪嫌疑人9人。2013年，开展打击整治网络违法犯罪专项行动。其间，破获全市首起公安部督办网络贩毒案，抓获犯罪嫌疑人27人，逮捕9人，治安拘留8人，强制戒毒2人，缴获毒资42万余元，冰毒120余克，麻古2300余克，作案车辆2辆，吸食毒品工具1宗。

“110”服务

1996年，县公安局在原通讯科的基础上设立“110”报警服务台。2013年，购置一批350兆数字集群对讲机，在督促派出所民警处警、保护现场、值班备勤等多方面工作中发挥了重要作用。截至2013年底，“110”报警服务台接警40余万次，接受群众报警8万余起，救助群众2万余人。

“121”联动联调

2011年，县公安局协同县法院，推出“庭所联动”化解矛盾纠纷工作机制，破解疑难矛盾纠纷案件“调不动、送不出、解不开”的难题。派出所在调解疑难案件或纠纷时，对需移送法院通过诉讼解决的，在征得双方当事人同意的前提下，邀请法官提前介入，共同向当事人讲法析理，告知诉讼可能的判决结果、诉讼风险及判决执行情况。调解成功的，派出所当场出具调解协议书；调解仍不成功，引导当事人依法向法院提起诉讼。2013年下半年，结合“社区六进”和正在开展的党的群众路线教育实践活动，县公安局探索、完善提高“庭所联动”，邀请检察、司法行政部门（法律援助）加入，推出“121”联动联调化解矛盾新机制，有效解决联系服务群众“最后一公里”问题。“121”是队伍行进的口令，系县公、检、法、司4个政法部门在县委政法委的统一指挥下协调配合，步调一致。该机制建立后，共成功调处工伤事故、轻微伤害、婚姻纠纷等各类矛盾纠纷201起，占案件总量的16%，调解成功率、协议履行率均达到100%。同时，不断完善该项机制，增加“轻刑快审”“法律服务进社区”等内容。利用“轻刑快审”办结案件5起，“法律服务进社区”活动化解纠纷64起。

第四节　安全保卫

1986年后，县公安局每年在全县人民代表大会和政协会议召开期间，组织安排专门警力负责两会的安全保卫。每年全县高考、中考期间，公安局派出民警负责考场的安全保卫。高考前就对学校周边的网吧、歌厅、录像厅等场所进行治安清查，对城区环境噪音进行整治。高考过程中，组织干警、武警负责试卷押运看守，对考场周边进行交通管制和治安秩序维护。在全县开展的大型春节晚会、演唱会、恳谈会等重要活动中，公安机关组织警力进行安全保卫。2007年9月，“唱响山东——走进武城”演唱晚会在县升平广场举行，县公安干警参加晚会安全保卫。同年，在举办中国·武城汽车零部件产业发展论坛暨中国汽车零部件产业城授牌、中国重汽集团德州配套基地建设恳谈会、德州市汽车行业协会成立大会上，县公安干警执行安全保卫工作。2008 年 12 月，县委、县政府组织纪念改革开放三十周年暨“四德”工程建设歌咏比赛，县公安局组织警力参加安全保卫。2011 年 10 月，在古贝春有限公司举办的“第九届古贝春酒文化节暨封坛大典”期间，县公安局组织干警参加安全保卫。2012 年，陕汽杯全国超级卡车大赛武城总决赛在四女寺举行，县公安局投入警力进行安全保卫。2013 年，县公安局完成全市加快县域经济发展现场观摩会、陕汽杯 2013 年全国超级卡车大赛（山东武城站）等 30 多项安保任务。

第五节　户政管理

常住人口管理

1986 年，全县常住人口户籍由各单位自行管理，公安局备案。1990 年，县公安局户籍科设立，负责全县户政管理工作。1998 年，实现常住人口信息计算机管理，城乡统一更换新式居民户口簿。2004 年，县级公安机关人口信息系统和市局系统联网，实现户口迁移“一站式”办公。2006 年，加强实有人口“社会人”的管理工作。2008 年，全县开展常住人口该销未销清理专项行动，清理注销常住户口 2335 人。2009 年 5 月 15 日，在全县集中开展为期 6 个月的农村地区无户口人员落户工作专项行动。2010 年，配合第六次全国人口普查在全县范围内开展为期半年的户口核对工作，并部署全县开展跨省居民身份证号码重号纠正工作。2011 年 4—9 月，在全县开展对来历不明妇女儿童、疑似被拐卖和失踪、被拐妇女儿童的集中排查行动。2011 年 6 月，全县开展全国人口基本信息资源库“同名同号”人口清理核对工作。2013 年，在全县开展为期一年的疑似问题人员信息清理核查专项工作。

暂住人口、流动人口管理

1988 年，各乡镇设立暂住人口管理站，由所在地派出所管辖，开展暂住人口管理工作。1995 年，开展清理整顿出租房屋专项行动。2000 年起，每年对暂住人口聚集地、出租户、工地、旅店、公共复杂场所等进行清理整顿。至 2005 年，全县登记暂住人口 1420 人，清理“三无”人员 38 人，整顿出租房屋 1175 户。2008 年，全县围绕奥运会安保，开展流动人口和租赁房屋集中清理整顿专项行动，清理登记流动人口 4255 人。其中，新办暂住证 2535 人，清理出租房屋 1539 户，签订治安责任书 1539 份。2011 年 5 月，开展流动人口、出租房屋互联网信息采集工作。2012 年 3 月，全县建立流动人口租赁房屋治安管理专刊通报制度。2012—2013 年，全县推行流动人口互联网采集点建设工作。

居民身份证管理

1988 年，开展第一代居民身份证颁发工作，年满 16 周岁的公民办理居民身份证，居民身份证（亦称一代证）号码有 15 位，有效期为 10 年、20 年、长期 3 种。1990 年，全县居民身份证颁发工作基本完成，累计颁发居民身份证 20.97 万张。2005 年，开展第二代居民身份证的颁发，二代居民身份证加强防伪功能，办理第二代居民身份证不受年龄限制。至 2008 年，全县换发二代居民身份证 29.53 万张。2010 年 10 月，全县开展持一代证换发二代证，累计受理持“一换二”人员 9655 人。2011 年，集中清理军人居民身份证遗留问题。2013 年，开展人口信息无相片人员清理核对，并开始在全省实行异地办理居民身份证。

第六节　交通管理

1986年，县交通局建有交通监理站，负责全县交通管理工作。1987年3月，县交通监理工作划归县公安局，成立武城县公安交通警察队（股级），有民警17人，职责是处理交通事故，维护交通秩序。1989年4月，更名为武城县公安局交通警察大队（副科级）。1995年，组建武城县公安局车辆管理所，隶属交通警察大队，负责全县机动车办牌和驾驶员管理。1999—2002年，交警大队完成各项交通警卫任务300余次。2003年10月，交警大队隶属德州市公安局交警支队领导，改称德州市公安局交通警察支队武城大队（正科级）。2004年，在开发区设立武城县机动车检测中心，检测汽车尾气排放、测速、底盘、灯光、制动和侧滑6项内容。2006年，投资48万元在城区安装红绿灯、减速带、黄闪警示减速信号灯和警示标志。2007年，投资150余万元在城区主干道路口安装电子监控设施，购置1部测速仪。2008年10月，成立武城县第一家民营机动车检测线。

图19-3 车辆检查（2013年 摄）

车辆管理

1986年，机动车号牌实行人工管理。1995年，对机动车行车证和驾驶员驾驶证开始实行打印制作。1999年，随着计算机的广泛应用，车辆开始使用计算机注册车辆及驾驶证业务。是年，全县有机动车数9135辆，主要以摩托车、农用车为主。2003—2013年的11年间，全县机动车数量增长呈现两个高峰阶段。第一阶段高峰出现在2003—2005年，增长的数量以摩托车、农用车为主，当时摩托车已进入普通家庭，成为出行的主要交通工具。第二个高峰期是2004—2013年，仅2013年全县注册挂牌的小型汽车数量超过1万辆，汽车已进入普通百姓家中，成为重要的交通工具。

随着机动车数量增加，车号牌样式先后经历数次换发。1986年，机动车牌号为鲁N加5位数字，号段为“60000～69999”。1994年7月，机动车换发“九二”式机动车号牌样式车牌号为鲁N加5位数字，号段为“40000～49999”。随着汽车数量的增长，纯数字号牌已不能满足需求。2006年4月，机动车号牌增添鲁NG加4位数字，后来发展成鲁NG加字母加3个数字，摩托车号牌发展到鲁NG加字母2个数字。2007年7月，开始使用自编号牌，号牌样式为鲁N4加字母加3个数字，2008年10月，添加鲁NG加数字加字母加2个数字。2010年12月，添加鲁N4加数字加字母加2个数字。2012年10月，添加鲁NV加数字加字母加2个数字。在自编选号的同时，机动车自选号牌也在发生变化。2004年，启用二选一号方式。2006年，启用十选一号方式。2013年，全市自主选号开始实行三十选一号方式。

驾驶员管理

1986年，全县驾驶员管理按《城市机动车驾驶员考试暂行办法》执行。是年，全县有汽车驾驶员496人，“四小”机动车（农用车、农巴车、简易机动车、摩托车）驾驶员1465人。1997年，对全县机动车驾驶员进行年审，每年年审驾驶员1万余人。2001年5月，德州驾驶学会武城工作委员会成立，下设分会16个，会员6000余人。2001年9月起，实行驾驶员IC卡制度，对驾驶员实行违章记分，年内满12分后，扣留其驾驶证，驾驶员到道路交通安全学校学习后，经考试合格再迁入下一次累计积分。2006年7月，德州市交通安全学校武城分校成立。2008年，IC卡满12分到学校学习者达800余人次。2013年，对一次性记满12分或累计记满12分的驾驶员实行推送制度，推送至所在辖区派出所进行管理，累计推送管理驾驶员671余人次。截至2013年底，全县有驾驶证人员6.02万人。其中，“五小”车辆（轻便摩托车、摩托车、三轮农用机动车、小四轮农用机动车、四轮农用机动车）驾驶员3871人，注销驾驶证537本。

交通事故处理

1987年3月，交警队安全科成立。1989年，改称事故科。1999—2008年，事故科分为事故一科和事故二科。2007年12月，事故科改称事故处理中心，设置事故科、追逃科、事故救援室和内勤室。2011年，增设执法办案区、案件分析室、法医室、物证室、人民调解办公区。2011年下半年，交警大队在全市率先建立“四位一体”的道路交通事故损害赔偿人民调解制度，由法院合议庭、保险理赔中心、律师及人民调解委员会组成，旨在解决因道路交通事故损害赔偿引发的矛盾纠纷。伴随着经济的发展，人们生活水平的提高，交通工具愈加普及，三轮车、电动车、摩托车、小汽车等数量急剧增长，因无证驾驶、酒驾以及无视交通规则、缺乏交通意识造成的交通事故呈上升趋势。2002年，交警大队受理交通事故193起。2007年，受理538起。2009年，交通事故发生660起，交通事故死亡50人，受伤351人，造成经济损失670万元。截至2013年底，全县累计发生道路交通事故4648起，死亡377人，受伤2649人，直接经济损失7809万元。

驾驶员培训

1986年，驾驶员培训由地区交警队负责。1994年6月，县交警大队在县城开发区建驾驶员培训中心——武城驾驶员振武培训学校（简称振武学校），年培训驾驶员300余人，后达到每年600余人。2004年，振武驾校与交警大队分离，改名为军骧驾校。之后燕山驾校和德武驾校先后成立。每年全县培训驾驶员6000余人。2008年2月，汽车驾驶证有关业务下放到县级车辆管理所，至年底，审验、换证、补证、降级驾驶证1664个。2009—2013年，新增驾驶员计21473名，补换证14885本。

第七节　消防管理

1986年，全县消防工作由县公安局负责，县公安局设消防科，负责全县消防监督和检查，人员列武警编制。1998年7月，改称武城县公安局消防大队，下设公安消防中队，负责全县消防监督、执勤灭火和抢险救援任务。2008年，购置大吨位消防车2部。2013年，大队有现役官兵13人，政府专职消防队员21人，有执勤消防车5部。其中，泡沫消防车3部，24米登高平台消防车1部。

消防宣传

1992年起，每年11月9日是全国消防安全宣传日，消防大队按照当年的宣传主题，在辖区内进行消防宣传活动。2000年，成立消防

图 19-4　消防知识宣传（2013 年　摄）

宣传教育基地，于每月第一个星期六对外开放。2008 年，设立消防科普教育室。每年县消防大队组织消防重点单位负责人、消防安全员参加省、市、县举办的消防培训班。2012 年，建立“大、中、小”消防安全三级管理网格 855 个。2013 年，在社区显著位置设置消防公益广告牌、消防宣传栏；在鲁权屯镇嘉和社区建立消防体验室，让群众零距离接触消防、了解消防、认识消防；投资 17.6 万元采购社区消防车，在鲁权屯镇和老城镇投入执勤。

消防监督

1986 年 1 月，公安消防部门把建筑防火审核工作纳入管理。县消防大队每年与县直有关部门组成联合检查组，对全县棉纺企业、化工厂、加油站、商场、宾馆等易燃易爆场所和人员密集场所进行消防安全专项治理检查，督促整改安全隐患。是年，发生火灾 12 起，经济损失 1.2 万元。1991—1996 年，累计发生火灾 195 起，造成经济损失 51 万余元。1996 年，按照上级部署调整消防大队重点单位，一级由市公安消防支队负责，二级由县消防大队负责，三级由派出所列管。2008 年，围绕奥运会安全保卫，加大对全县 64 个消防重点单位的检查督改力度，防止火灾事故的发生。2009—2013 年，每年联合相关部门组织各类消防安全专项整治，查处消防违法案件 170 起。截至 2013 年底，县消防中队成功扑救各类火灾 1923 起，参加抢险救援 300 余次，抢救遇险群众 320 人，保护价值近亿元。

火灾案例　2007 年 3 月 17 日，武城县康达化工有限公司甲基异丙基酮车间外氧化塔起火，异戊二烯储罐顷刻被大火包围，火势发展迅猛。因异戊二烯本身比水轻，容易形成地面流淌，随时都有爆炸的危险。经市、县两级消防大队 3 个小时奋力扑救，将火扑灭。

2013 年 8 月 19 日早 6 时 30 分许，四女寺镇山东省天惠保温材料有限公司生产车间发生火灾。县消防中队出动 20 名消防官兵、4 部消防车赶赴火灾现场，在德州市、德城区、平原县等消防部门的 20 余名官兵、5 部消防车的援助下，经过 8 个小时的扑救将火扑灭。

2013 年 12 月 25 日早 7 时许，鲁权屯镇玉健玻璃钢制品有限公司一车间发生火灾。县消防中队出动 18 名消防官兵、4 部消防车到达火灾现场，冒着浓烟连续奋战 5 个小时成功将大火扑灭，为企业挽回损失近百万元。

第八节　监所管理

1986 年，看守所和拘留所均为县城搬迁后修建的砖混平房。2002 年，新建拘留所拘室和两所办公楼。2004 年，对看守所和行政拘留所的监管合并组建监管大队，升为副科级二级单位。2005 年，国家和地方投资 190 万元对监所进行标准改造，并安装全方位电子监控、电教及巡更系统，实行监控、巡视二岗合一。2008年，监管大队下设看守、拘留、狱侦3个中队。2011年4月，新建看守所、拘留所，当年10月投入使用。监室、拘室全部实行床位制，是当时全省第二家床位制监所。同时，看守所对在押人员实行统一被服，所有衣物由看守所提供，统一标识，随季换装。连续19年安全无事故。截至2013年底，看守所累计羁押人犯7000余人次，拘留所拘押行政拘留人员6000余人次。2004—2013年，看守所连续10年被公安部评为二级看守所。

第九节　出入境管理

1989年，台湾允许台胞到大陆探亲，入境人员开始增多。1998年，随着经济的发展，招商引资人员增加，政府重视并组织招商人员到有关国家出境考察。2000年，启用1997版护照及新《公民因私出国规范》，简化手续，放宽境外人员临时住宿限制。2002年，出入境管理科成立，仍挂靠政保科。同年4月，开展不批准出境人员集中清理整顿活动和清理非法入境、非法居留、非法就业（简称“三非”）外国人专项行动，未发现“三非”现象。6月，实行特殊身份人员登记备案制度和按需申领护照制度。2003—2007年，查处2名非法居留境外人员，对其进行行政处罚，限期出境。2008年，县公安局出入境管理科独立办公。是年，出国（境）人员497人，入境人员6人。2009年，因私出国（境）人员539人次，临时入境外国人52人次，常住境外人员13人次，办理外国人签证延期31人次，居留许可10人次。2012年3月，开始受理电子普通护照申请并试点签发电子普通护照，增加生物特征采集系统和签名。2013年1月，数字化审批工作开始试运行。2001—2013年，先后办理出国（境）5886人，入境383人，常驻境外人员35人次，办理寄养1起，居留许可14人次，签证延期等64人次。

第二章　检　察

第一节　刑事检察

1983—1988年，县检察院重点开展在“扫黄”“除害”及“严打”专项斗争。1986年，受理公安机关提请逮捕人犯26人，批准逮捕25人，受理移送起诉人犯25人，决定起诉19人。1988年，受理公安机关提请逮捕人犯37人，经审查批准逮捕32人，受理公安机关移送起诉案犯27人，决定起诉24人。1989年，审查批捕工作的重点是打击严重危害社会治安的犯罪分子和犯罪团伙。是年，受理公安机关提请的逮捕各类刑事案犯76人，经审查批准逮捕65人。受理公安机关移送起诉的各类刑事案犯56人，经审查已起诉51人。1991年，审查批捕的重点为“打拐”和“盗窃”犯罪。1996年，以打击涉枪犯罪、流氓恶势力为重点，全力维护社会稳定。1998年，刑事检察工作的重点为严厉打击严重刑事犯罪和执法监督，加大立案监督和侦查监督的力度；开展“打黑除恶”及打击“四霸”专项斗争。2005年，全县受案72件103人，批准逮捕60件81人。2013年，县检察院全年受案99件141人，批准逮捕73件97人。截至2013年底，县检察院累计受案

1674件2416人，批准逮捕1322件1937人，不捕320件433人，退捕38件45人，追捕110人。

第二节　反贪污贿赂

1986年，立查经济犯罪案件是由经济检察科负责，是年受理经济犯罪案件65件，立案25件26人，挽回经济损失112万元。当时，经济检察科只有4名干警，除立查贪污、贿赂和挪用公款等经济犯罪案件外，还兼具打击偷税抗税、假冒商标、投机倒把、诈骗等犯罪工作。1996年，成立武城县人民检察院反贪污贿赂局，设1个综合科和3个侦查科。同年，受理经济犯罪案件32件，立案10件14人，逮捕1人，移交起诉10件14人，挽回经济损失84万元。2000年，受理经济犯罪案件25件，立案14件15人，挽回经济损失121万元。2013年，立查贪污受贿案件11件14人，挽回经济损失300万元。查办刘某等人贪污国家家电下乡补贴款系列案，办案经验在全市得到推广。截至2013年底，全县累计受理案件558件。其中，立案347件424人，逮捕27人，移送起诉347件424人，撤诉案件6件7人，无移送免诉案件，挽回经济损失3448万元。

第三节　渎职侵权检察

1986年，县检察院受理反渎职侵权案件12件，立案10件12人。重点对非法拘禁、非法侵入他人住宅、重婚、玩忽职守等严重影响广大人民群众人身、生命、财产安全和正常生活、生产秩序案件进行检察。2005年6月，全国检察机关统一更名为反渎职侵权局。2009年，立查职务犯罪11件16人。其中，涉嫌贪污案件8件11人，涉嫌挪用公款案件2件2人，侵权渎职犯罪案件1件3人，侦查终结11件15人，为国家挽回经济损失150多万元。2010年，出台《关于建立惩防结合工作机制的实施办法》，增强惩治和预防职务犯罪整体效能。2013年，查办渎职侵权案件5件7人，向各发案单位、相关部门提出预防检察建议5件。截至2013年底，全县累计受理渎职侵权案件180件，立案103件134人。

第四节　监所检察

1986年，县检察院开展监管人犯和改造人犯教育工作。采取多种形式，对人犯进行政策教育、认罪服法教育和狱规教育。1991年，开展看守所“百日安全无事故”竞赛，实现全所无事故。1997年，对监所执行罪犯的检察实行“三个转变”，即在检察内容上由帮教为主向执法监督为主转变；检察对象由监外罪犯为主向执行机关为主转变；检察形式由检察院自行检察向公、检、法三机关联合检察转变。2004年，开展减刑、假释、保外就医专项检查和“双加强、双保障”创建。截至2013年底，向公安机关发出书面纠正违法通知书122份、检察建议书119份，口头纠正违法181次，全部得到纠正和采纳。检察人员累计驻所2200多天，检察长为在押人员上课83次，驻所检察人员上课207场次，与在押人员个别谈话9000余人次。另外，对监外执行人员每年进行考察2次，累计考察84余人次。

第五节　控告申诉检察

1986年，控告申诉检察科负责受理群众控告申诉和经济犯罪举报工作，并实行控告申诉备案审查上报制度。1989年，设立举报中心，设专人受理人民群众的举报。1995 年，《中华人民共和国国家赔偿法》实施，开始受理刑事赔偿申请。2000 年，建立检察长接待来访制度，检察长直接接待人民群众来访。2003 年，控告申诉检察科被最高人民检察院授予“全国文明接待室”。2004 年，开展涉检信访集中处理专项活动，处理“两访一户”案件 9 件，至 2005 年底全部结案，结服率 100%。2007 年，开展带案下访、定期巡访、有案办案、无案宣传下访巡访活动，全年组织下访巡访 18 次。2008 年 6 月，省检察机关“民生检察服务热线”开通，控申科设热线联络员负责处理热线案件。同年 7 月，制定《武城县人民检察院涉检信访评估预警暂行办法》，把涉检信访评估预警贯穿执法办案全过程，把执法办案与化解矛盾有机结合，从源头上控制和减少涉检信访的发生。至 2008 年底，累计受理群众来信来访 1300 余件次，解答法律咨询 1000 余件次，化解各类矛盾纠纷 600 余件次。2009—2013 年，累计受理各类信访 197 件，安排检察长接访 122 次，累计下访巡访 61 次，发放宣传材料 1.5 万余份，解答法律咨询 700 余人次。

图 19-5 检察官送法进校园（2012 年 摄）

第六节　民事行政检察

1991 年 7 月，县检察院设民事行政检察科。监督县法院判决后已发生法律效力的民事及行政判决、裁定，发现确有错误或者违反法定程序，可能影响案件正确判决、裁定的依法提出抗诉。至 1998 年，开展民事行政案件检察受案范围宣传，接待人民群众法律咨询 90 余人次。受理民事行政案件 57 件，立案 34 件，提请、建议提请抗诉 23 件。2000—2013 年，受理民事行政案件 280 件，立案审查 243 件，提请抗诉、建议提请抗诉 151 件。

第七节　技术检察

自 1987 年，开始承办对案件现场进行勘验，对案件有关的文件进行技术鉴定，提取、收集、固定证据。是年，现场勘验 15 件、文件检验 1 件、物证照相 54 件、出具鉴定书 1 份、现场勘验记录 15 份、证据照片 2146 张。1995—1998 年，法医检验 107 件、文件检验 91 件、痕迹检验 15 件、司法会计鉴定 1 件、现场勘验 44 件、视听技术 284 件。同时，进行文证审查 87 件，出具文证审查意见书 87 份、鉴定书 97 份、现场勘验记录 46 份、证据照片 6000 余张。同年，成立检察技术鉴定、咨询中心。1997 年、1998 年，在市检察机关业务评比中分别获得第二名、第一名的良好成绩，同时获市先进集体称号。1999—2003 年，法医检验 412 件、文件检验 434 件、痕迹检验 29 件、司法会计鉴定 5 件、现场勘验 108 件、视听技术914件。同时，进行文证审查311件，出具文证审查意见书298份，鉴定书59份、现场勘验记录25份、证据照片1万余张。2004—2008年，检察信息化并入检察技术业务，法医检验46件、文件检验115件、痕迹检验26件、现场勘验64件、视听技术250件、同步录音录像2件。同年，进行文证审查157件，出具文证审查意见书86份、鉴定书24份、证据照片215张。2008年9月，在全省文件检验技术业务竞赛中获得第二名。2009—2012年，办理各类技术案件94件。其中，检验鉴定12件，证据性证据审查24件，现场勘验16件，同步录音录像42件。2013年4月，技术、信息分设，分别成立技术科和信息管理科，技术科负责技术案件的办理，信息化工作划归信息管理科。是年，办理各类技术案件101件。其中，检验鉴定12件，证据性证据审查32件，技术协助24件，同步录音录像33件。

第八节　审查起诉

审查起诉工作先后由刑事检察二科、审查起诉科负责。1997年，《刑事诉讼法》修改并实施，审查起诉科改称公诉科。负责对侦查机关移送起诉的或不起诉的刑事犯罪案件（包括人民检察院立案侦查的贪污贿赂、国家机关工作人员渎职侵权案件）进行审查，做出起诉或不起诉的决定；出席基层法院一审刑事案件庭审，支持公诉；对县法院的刑事审判活动实行监督；对县法院确有错误的刑事判决或裁定依法提出或提请抗诉；结合办案参与社会治安综合治理。2008年，受理公安机关提请刑事公诉案件51件77人，提起公诉41件67人，起诉正确率100%。至2013年，公诉科平均每年审查起诉各类案件90件左右，年均出席法庭支持公诉80余件。

第三章　审　判

1986年，县法院审判工作主要审理刑事、民事和经济案件。是年，审判刑事案件95件，民事案件380件，商事案件115件。1988年10月，开始受理并审理行政案件。20世纪80年代末，审判方式由“纠问式”向“控辩式”转变，但立、审、执不分。1984—1997年，法院使用“筒子”式审判法庭。1994年，成立立案处，实行立、审分离。1998年12月，推行法官等级评定，中层推行双向选择，竞争上岗。1999年，推行“大立案、精审判、强执行、重监督”，立、审、执分开。2000年12月，实行审判长、独任审判员选任制，首选审判长35名，实行审判长负责制。2002年，实行开庭审理案件法官穿法官袍、用法槌制度。2003年，成立审判委员会办公室，向审委会汇报的案件，需先由审委会办公室成员阅卷审批；实行审委会成员旁听案件庭审和亲自开庭审理案件制度，以解决审委会“判而不审”的问题。2008年，使用外观大方，内部设施齐全，大、中、小配套的审判法庭。2013年，县法院发挥少年审判庭职能作用，注重对失足青少年进行定期回访考察、帮教工作。对每一起涉及青少年案件都开展“庭前”“判后”“服刑期”“释放后”的四访工作，帮助未成年人认罪悔罪，重塑人生。截至2013年底，县法院累计审判各类案件31573件。其中，刑事2342件，民事21619件，商事7612件，行政 988 件，审判监督 194 件。

第一节　刑事审判

县法院管辖第一审普通刑事案件，包括公诉案件和自诉案件。1986 年，县法院参与县委政法委统一开展的“严打”专项整治活动，严惩流氓团伙、拐卖人口、杀人、放火、强奸、抢劫和盗窃 7 类严重犯罪分子，严控暴力犯罪和破坏市场经济秩序犯罪行为。当年受理刑事案件 31 件，做到全部审结无存案。1988 年，严厉打击严重刑事犯罪和经济犯罪，依法惩处刑事犯罪。受理各类刑事案件 22 件。其中，公诉案件 18 件，自诉案件 4 件，审结 19 件。判处犯罪分子 14 人。其中，严重危害社会治安的犯罪分子 10 人，经济犯罪分子 4 人。自 2006 年，县法院不再受理刑事自诉案件。2007 年前，少年法庭没有单列，庭长由刑事审判庭副庭长兼任，主要审理少年刑事犯罪。2007 年 10 月，少年法庭单独设立，业务范围扩大，具体办理涉及未成年人的刑事、民事、行政案件。2008 年，审理少年刑事犯罪案件 6 件。2009 年，县法院在刑事审判工作上坚持宽严相济，切实维护辖区社会稳定。是年，受理刑事案件 56 件，结案率达 99.94%，获得全市基层法院审判综合业务考核第一名。2011—2013 年，审理贪污受贿等职务犯罪 24 件 35 人；受理少年刑事案件 9 件，审结 6 件。2013 年，审结刑事案件 105 件，无一上诉、发还、改判。其中，重点审结影响社会稳定的抢劫、盗窃、诈骗、贪污、受贿案件 35 件 38 人。

第二节　民事审判

1986 年后，县法院民事审判主要负责调处有明确原告、被告和具体诉讼请求的民事纠纷。是年，受理各类民事案件 395 件，年底审结 380 件，结案率 96.2%。此后，坚持下乡办案、着重调解到田间地头做当事人的工作，帮助指导人民调解委员会的工作。1991 年，全年收各类案件 873 件，审结 814 件，结案率达 93.2%。其中，受理各类民事案件 538 件（包括旧存案件），审结 492 件，办案效率与办案质量明显提高。1993 年后，坚持独立审判，县法院在审判中强调当事人的举证责任、庭审的调查、辩论和质证。2002 年 6 月，民事审判庭改为民事审判一庭，民事审判实施“阳光工程”，实行审判工作的公平化、公开化、透明化。2005 年，建立以民一庭为指挥中心，以联络站、点为依托，形成庭、站、点三位一体，覆盖全县的便民诉讼网络。2007 年，民事审判工作探索“诉调对接”新机制，完善民事审判中委托调解与邀请协助调解工作。2010 年，民商事审判做到司法公正与诉讼相结合、实体公正与程序公正相结合、法律效果与社会效果相结合、化解群众矛盾与维

图 19-6 庭审现场（2012 年 摄）

护社会稳定相结合“四个结合”，发挥司法能动作用。是年，受理各类民商事案件1696件，结案率为99.94%。2011年，参与社会管理创新，与县公安局协作，推出“庭所对接”化解矛盾纠纷工作机制。是年，民一庭受理案件124件，审结66件，调撤率95.3%。2012年2月，县法院增设交通事故合议庭，专门审理交通事故损害赔偿纠纷。2013年，推进“审判流程、裁判文书、执行信息”三大公开平台建设，开通互联网官方微博和官方网站，实现庭审微博直播。

第三节　商事审判

1981年2月，县法院经济审判庭成立，主要担负经济合同方面审判任务。1988年，县法院组织巡回法庭深入乡镇、农村就地办案，调解经济纠纷，打击经济犯罪。是年，受理各类经济纠纷案件54件，审结48件，结案率88.9%，结案诉讼标的额为66.86万元。1992年9月，增设经济纠纷调解中心，职权与经济审判庭相同。1993年2月，经济审判庭改为经济审判一庭，经济纠纷调解中心改为经济审判二庭。1994年，受理审结武城县百货公司第一例破产案件。1995年12月，审结武城县建筑公司第二例破产案件。进入21世纪，随着经济的快速发展，以玻璃钢加工、汽车零部件、白酒生产、地毯编织、棉花收购、辣椒深加工等企业的买卖合同、加工承揽合同、金融借款合同等合同类案件纠纷逐年增多，依法及时给予审结。2002年6月，撤销经济审判一、二庭，成立民二、民三庭。2005年3月，增设民四庭，负责全县经济纠纷案件的审理，将经济审判纳入大民事审判格局中。2008年，经济纠纷开始称“商事纠纷”。2010年6月，撤销民三、民四庭，设立商事审判庭。2008—2013年，累计受理合同类案件4239件，审结3806件。

第四节　行政审判

1988年10月，县法院组建行政审判庭，主要办理不服行政机关做出的处理和处罚的行政案件。1990年，行政审判步入正轨，受理行政案件2件，并全部予以审结。2002年9月，县法院被省高院定为第三届行政审判联系点法院，是全省140多个基层法院中选定的10个基层人民法院之一。2003年、2005年，均被评为全省行政审判工作先进单位。2003年，受理行政案件23件，审结23件。其中，诉县政府10件、民政局8件，其他5件。2005年，受理行政案件31件，审结31件。其中，诉县政府8件、民政局5件，其他18件。2010年，行政审判工作创新“圆桌审理”，有效化解“官民”矛盾纠纷。2010—2013年，受理行政案件460件，审结460件。其中，诉县政府85件，公安局1件，民政局46件，其他328件。

第五节　审判监督

1984年7月，县法院设立刑二庭，主要审理刑事申诉案件。1988年10月，将接待室与刑二庭合并，成立告诉申诉庭，专职从事对法院生效判决、调解、裁定等文书提出的申诉。是年，受理刑事申诉案件7件，审结6件。1990年，受理、审结各类申诉案件8件，年底无存案。1997年4月，撤销告诉申诉庭，成立审判监督庭，原告诉申诉庭的职能由立案庭和审判监督庭分别承担。2005年3月，成立案件评查办公室，由审监庭2名工作人员具体负责，专门对已结案件在入档前进行案卷评查。2005年，评查各类案件1424件。2005—2008年，案件评查办公室评查各类案件5128件。2008年9月，撤销案件评查办公室，案卷评查工作重新归审判监督庭。同年，基层法院不再承担对民事申请再审案件审查。2012年，设立审判管理办公室，依托审判管理软件，加强对案件审判及执行程序的节点控制，提高审判效率。同时，负责裁判文书上网的管理工作，以保证网上公布的裁判文书的质量及上网的比例。2010—2013年，县法院累计受理申诉案件23件，审结19件。

第六节　判决执行

1984年7月，县法院设立执行组。1987年8月，改为执行庭。1990年，受理各类执行案件49件，执行完毕54件，执行率110%，执行标的额35万元。2001年4月，组建执行局，下设执行庭4个。2002年6月，在全市率先设立裁决庭。2006年3月，建立多领域的执行联动机制，联合公安、工商、银行、出入境管理、房地产管理等部门，对拒不履行生效裁判文书确定的义务的被执行人，通过限制工商登记、限制贷款、限制出境、限制购房等办法，迫使其履行生效裁判。2009年，开展“集中会战”，清理积案。是年，受理各类执行案件229件，执结231件，执结率为101%。2010年6月，执行庭重新组建，由执行审查庭和执行实施庭组成。是年，受理各类执行案件178件，执结178件，执结率达100%。2012年，县法院重视涉及党政机关、政府、事业单位为被执行人案件的执行工作，依靠党委领导，打造涉公执行案件破解机制。2013年，县法院深化特殊主体执行工作，不断完善执行案件管理系统、被执行人信息查询系统及“点对点”查控机制，利用广播、电视、报刊等新闻媒体平台，对于拒不履行生效裁判文书的被执行人，采取罚款、拘留、限制高消费、限制出境、公开曝光、公布失信执行人名单等措施，增强执行威慑力。县法院连续多年被省高院评为“无执行积案先进单位”。

第七节　立案和信访

县法院自建院就设有接待室。1988年10月，接待室与刑二庭合并，成立告诉、申诉庭，开展信访及简易纠纷处理等工作。是年，接待人民来访800多人次，处理人民来信416件次。1990年，接待群众来访455人次，受理来信141件次，做到走访有答复，来信有着落。1994年12月，实行立、审分离，成立立案处和原告审判庭。1998年12月，立案处改为立案庭，原告审判庭并入立案庭。1999年3月，实行以统一立案和审判流程管理为主要内容的改革，形成“大立案”机制，实行立案审查、排期开庭、开票、收费“一条龙”服务。2005年2月，县法院在全市率先成立信访办公室。参与县里组织的社会矛盾调处中心的接待工作。从推行办案信访“一岗双责制”入手，建立大信访格局，将罢诉、息诉贯穿于办案的全过程，消除涉诉信访因素，力求不留任何信访“死角”。是年，接待来访群众481人次，处理群众来信5件次，主动回访群众131人次。2007年，接待来访群众532人次，处理群众来信8件次，主动回访群众157人次。是年，被最高人民法院评为“全国法院涉诉信访工作先进集体”。2010—2013年，接待来访群众3962人次，处理群众来信124件次，主动回访群众1776人次。

第八节　人民陪审员制度

2005年2月，县法院通过发布公告、组织推荐、公开报名、严格考试、考核政审，依法提请县人大常委会任命，颁发“人民陪审员”聘书，16名人员被聘为人民陪审员。其中，男性11人，女性5人。年龄在40岁以上的10人，40岁以下的6人。农民2人，工人14人。

拥有大学本科及以上学历9人，大学以下学历7人。同年5月，新任用的人民陪审员开始参与陪审，当年参加陪审案件近20件。2013年，县法院依法聘请25名人民陪审员，直接参与各类诉讼案件的审判和调解工作，参审率达到42.56%。

第四章　司法行政

第一节　法制宣传

1986年，县政府成立武城县普及法律常识领导小组，下设普及法律常识办公室，全县各乡镇相继成立普及法律常识领导小组。先后在全体公民中开展6个“五年普法规划”教育。

“一五”普法（1986—1990）

重点对象是工人、农民、知识分子、干部、学生、军人和其他劳动者、城镇居民中一切有接受教育能力的公民。普法内容侧重于《宪法》《婚姻法》《刑法》《经济合同法》《治安管理处罚条例》等“九法一条例”的法律常识。采取创办农民业余法制学校、组建普法宣讲小分队、举行农民学法擂台赛等形式，开展和推进普法工作。全县干部、居民、职工和农民的普及率分别为100%、95%、96%和90%。每年组织年度学法考试，检验学法成果。在普法实施的5年中，全县有4万多人次参加年度学法考试，参考率90%，合格率100%，优秀率80%以上。

“二五”普法（1991—1995）

重点对象是领导干部、执法人员（包括司法人员和行政执法人员）、青少年特别是中、小学校的在校生。采取聘请专家、学者举办法制讲座的形式，重点对县、乡领导班子成员和广大行政执法人员进行《公司法》《反不正当竞争法》《产品质量法》等法律法规以及经济法基础知识、社会主义法制建设理论等内容的培训学习。同时，实施法律常识进课堂，加强对青少年的法制教育。其间，全县开展普法宣传500多场次，受教育者2万多人次。

“三五”普法（1996—2000）

重点对象为领导干部、企业经营管理人员、学生等。5年间，全县有3万多人次参加普法学习。累计开展普法宣传800多场次，受教育5万多人次。探索和推行的青少年“三教一体”普法模式和完善普法考评体系等经验被司法部推广。

“四五”普法（2001—2005）

重点对象为领导干部、司法和行政执法人员、青少年以及企业经营管理人员。普法的主要内容是宣传与整顿规范市场经济秩序相关的法律法规，宣传与加入世界贸易组织相关的法律知识，宣传与维护社会稳定相关的法律法规。其间，普法对象参加不同形式的普法学习，各级领导干部和机关公职人员带头完成学法任务，在校学生接受不同层次的法制教育，95%以上的城镇人口和80%以上的农村人口学习规定的法律法规。“四五”普法期间，武城县被评为“全省普法依法治理工作先进县”。

“五五”普法（2006—2010）

重点对象为领导干部、公务员、青少年、企业经营管理人员和农民。2007年，完善落实领导干部和公务员学法用法制度，县政府组织全县公务员学法考试，参考率达99.7%。坚持普法宣传与法治实践相结合，深入开展“民主法治村（社区）”创建，全县建成4个省级、34个市级“民主法治村（社区）”。2008年，围绕“五五”普法规划和年度计划，开展“法律知多少家家到”活动，巡回上法制课50多堂，接受法律咨询2000多人次，散发宣传资料8万多份。“五五”普法期间，武城县被评为“全市普法依法治理工作先进县”。

“六五”普法（2011—2015）

截至2013年，县政府举办各级领导干部各类学法课80余场次，参学率达99%，组织近1200人次参加科级以上干部普法考试。举办25期农村普法培训班，7000余人受到普法教育。为全县70所中小学校配备法制副校长，成立法制宣讲团，举办法制讲座280余期，2万余名中小学生受到教育。普法工作者深入到20多家重点企业和50多家中、小企业集中宣讲与企业息息相关的法律法规，定期举办企业经营管理人员法制培训班57期，召开座谈会95次。开展“民主法治示范村”创建，不断提高村（居）民自治和法治化管理水平。2012年，四女寺镇张官寺村获“全国民主法治示范村”称号、老城镇范庄村获“全省民主法治示范村”称号。

第二节　公证业务

1981年6月，武城县公证处成立，隶属县司法局，有公证员3人。1986年，办理各种公证84件。其中，经济类61件，民间类23件。1990年起，随着人们法律意识的增强，公证业务开展由数项到多项、由单一到全面、由国内到涉外全面发展。是年，为全县办理老年人赡养、棉花种植、有线电视线路安装等大批量性公证业务1.6万件。2012年，办理各种公证490件。其中，经济类213件，民间类277件。截至2013年底，全县累计办理各类公证32667件。其中，经济类24611件，民间类7604件，涉外类及其他452件。

第三节　律师事务

1982年，武城县法律顾问处建立，为二级行政单位，隶属司法局。1986—1987年，全县15个乡镇建立律师服务所，开展中介服务。1986年，有执业律师3人。1993年，梁庄法律服务所撤销。1994年，全县14个乡镇法律服务所整合为5处，实行自主经营，自负盈亏。同年，原属于司法局的法律顾问处脱离司法局行政编制，改为自收自支的事业单位，更名为恒信德律师事务所。按照市司法局壮大律师机构的文件要求，此后又陆续成立漳南等4家律师事务所，全部为中介法律服务组织，实行自收自支。1997年，除恒信德律师事务所、漳南律师事务所外，其他3家律师事务所停办注销。1993—2013年，恒信德、漳南2个律师事务所，累计代理民事案件3504件，挽回经济损失2.08亿元。2010年，全县8处法律顾问处，代理民事案件241件，刑事辩护及代理11件，法律咨询950件，法律援助15件，挽回经济损失1700万元。2013年，全县有8处法律顾问处，接待法律咨询1100人次，提供法律援助17件，代理民事案件270件、刑事辩护8件，帮挽回经济损失2100万元。

第四节　基层法律服务

1986年，全县15个乡镇均建立法律服务站，后更名为乡镇法律服务所，由司法助理兼任站长。1990年，全县15处乡镇建立司法所后，司法所与法律服务所合署办公，由司法所管理。1994年，司法所与法律服务所分离，实行“两不四自”管理体制，即不吃财政、不占编制，自主经营、自负盈亏、自我约束、自我发展。同年底，根据市局基层法律服务改革意见，先后成立兴武、志峰、甲马营、鲁权屯、老城法律服务所5个，属中介法律服务性质。2003年，鲁权屯法律服务所被评为“省级文明法律服务所”。自2000年起，实行基层法律服务“三证”（法律服务资格证、法律服务上岗证、法律服务执业证）执业制度后，全县从事基层法律服务工作人员有20余人。基层法律服务工作业务上由县司法局基层科管理，并负责全县法律服务工作者的执业证年检注册。2010年，因行政区划调整，乡镇司法所缩减至8个。2011年3月，县司法局完成对8个镇（街）司法所收编工作。8个司法所均为副科级建制，每所编制3人，设司法所长1名，基层司法所由县司法局垂直管理。甲马营、老城、李家户3个司法所被授予“省级规范化司法所”称号。截至2013年底，全县注册法律服务执业人数14人，有志峰、兴武、鲁权屯、甲马营、老城5个法律服务所。代写各类法律文书1230份，协办公证175件，代理各类民事、商事案件615件，非诉讼调解172件，调处各类纠纷423件。

图19-7 法律援助宣传（2012年 摄）

第五节　法律援助

1997年，武城县法律援助中心成立，隶属于县司法局。2011年，办理法律援助案件276件。其中，援助刑事案件18件，援助民事案件47件，援助办理非诉讼案件9件，代写法律文书75份，法律咨询127件。2013年，武城县法律援助中心通过省级规范化验收。截至2013年底，全县累计办理法律援助1877件。

第六节　人民调解

1986年，全县各自然村均成立人民调解委员会，由3～9名委员组成，设主任1人。除村民委员会成员兼任的委员以外，其余委员由群众选举产生，每3年改选1次，可以连选连任。是年，县政府分层次培训人民调解员，全县培训217人。1992年，印制《人民调解工作手册》，分发到每个调解员手中。1997年，在全县开展“县乡创四无”活动，即无因民事纠纷激化酿成的自杀案件、刑事案件、群众性械斗和群体上访案件。2002年，滕庄镇成立全市第一家乡镇人民调解委员会。此后，全县各乡镇相继成立乡镇人民调解委员会，成员由乡镇综治办、公安、司法、信访、妇联等部门人员组成。2003年，全市在武城召开现场会，推广武城县建立乡镇人民调解委员会的做法。2008年4月，县委办、县政府办联合印发《关于加强大调解工作领导管理体制建设的实施意见》，并成立县社会矛盾纠纷调解工作领导小组及县社会矛盾纠纷调处服务中心，明确县司法局承担大调解指导、管理职能。全县大调解机制建设基本到位。截至2013年底，全县各级调解组织调解各类民间纠纷2.28万件，成功率99%以上。

第七节 社区矫正

2013年，县司法局申请筹建社区矫正中心，同年7月，武城县在全市率先启动社区矫正工作。建立集警示、教育、培训于一体的社区矫正中心，设置集中教育室、宣告室、警务室、联席会议室、教育管理室、监督管理室、心理咨询室，成为全市第一个高标准社区矫正中心。县司法局建成由18名干警组成的社区矫正工作监管大队，并配发头盔、警棍、手电等警用装备。社区矫正对象为具有本辖区正式户口、长期固定居住在本辖区的五类人员：被判处管制的罪犯；被宣告缓刑的罪犯；被裁定假释的罪犯；被剥夺政治权利，并在社会上服刑的罪犯；被决定暂予监外执行的罪犯（有严重疾病需要保外就医的，怀孕或者正在哺乳期的妇女，生活不能自理、适用暂予监外执行不致再危害社会的）。县司法局与中国电信合作，为每个矫正对象免费发放手机，实行GPS定位，及时监管矫正对象的动态行踪。截至2013年底，社区矫正基地共计接收社区服刑人员303人，解除124人，现管理179人，无一人脱管、漏管，无一人重新犯罪。

第二十编

军事

1986年，全县有县人民武装部及16个基层人民武装部、德州陆军预备役步兵师步兵第三团、县武警中队等军事组织，编有基干民兵营15个，厂企民兵营1个，民兵连12个。

县、乡人武部门及驻军部队在做好兵役征集和民兵预备役部队建设和战备执勤的同时，拥政爱民，军民共建，积极参与支持地方经济建设和扶贫济困、抢险救灾活动，为国防现代化建设和地方经济社会发展做出了突出贡献。

1991年，武城县国防教育委员会成立。国防知识竞赛、国防教育课，全民国防教育日活动等形式多样的国防教育活动逐渐实现常态化，青少年国防意识显著增强。同时，加大防空工程建设力度，定期举行防空演练，构建起完备的人民防空体系。

第一章　军事机构

第一节　武城县人民武装部

1986年6月，中国人民解放军山东省武城县人民武装部（简称“县人武部”）改归地方建制，称山东省武城县人民武装部，为副县级单位，受上级军事机关和县委、县政府双重领导，工作人员改为地方干部，着统一制式服装，佩戴人武工作专业符号。下辖武城镇、四女寺镇、老城镇、杨庄乡、大屯乡、马庄乡、蔡村乡、滕庄乡、董王庄乡、郝王庄乡、李家户乡、梁庄乡、鲁权屯乡、甲马营乡、祝官屯乡和县直机关16个基层人武部。

1993年9月，梁庄乡人武部并入武城镇人武部。1996年3月，县人武部回归军队建制，复称中国人民解放军山东省武城县人民武装部，为正团级军事单位。设部长、政治委员、副部长各1名。县委书记兼任县人武部第一书记，县人武部政委兼任县委常委，部长参加同级人民政府会议。县人武部下设军事科、政工科、后勤科，均为正营级军事单位，保留民兵训练基地和民兵武器装备仓库，为地方副科级事业单位。单位工作人员，一部分转为现役军人，一部分为地方工作人员。同年6月，祝官屯乡人武部并入老城镇和甲马营乡人武部。2000年5月，撤销郝王庄乡和蔡村乡人武部，设立郝王庄镇人武部。四女寺镇人武部撤销并入滕庄镇人武部。撤销大屯乡和董王庄乡人武部并入武城镇人武部。马庄乡人武部并入鲁权屯镇和滕庄镇人武部。此时，全县辖武城镇、老城镇、鲁权屯镇、滕庄镇、郝王庄镇、李家户乡、甲马营乡、杨庄乡、县直机关共9个基层人武部。2001年，县经济开发区人武部成立。2004年10月，对县直人武部工作职能进行调整，决定广运街道人武部正式履行基层兵役机关职能，县直人武部履行除征兵工作职能之外的其他职能。2005年，县人武部增设副部长兼军事科长。2009年，滕庄镇人武部划归鲁权屯镇人武部。2011年1月，杨庄镇人武部划归老城镇人武部，同时成立四女寺镇人武部。截至2013年底，县人武部体制、编制未变。下辖鲁权屯镇、武城镇、老城镇、郝王庄镇、甲马营镇、四女寺镇、李家户镇、广运街道和县经济开发区9个基层人武部。

第二节　预备役团

1983年8月，中国人民解放军德州陆军预备役步兵师步兵第三团在武城县组建，辖团属战斗分队和团直属分队。团属战斗分队有3个步兵营和1个炮兵营，步兵营每营辖5个连，炮兵营辖3个连。团直属分队有通信连、特务连、担架连。预备役步兵师第三团团长和政治委员分别由县人武部部长、政治委员兼任，副团长和副政治委员分别由副部长和副政治委员兼任。预备役师步兵第三团与县人武部合署办公。

1986年6月，预备役师步兵第三团与县人武部分开办公，并成立团党委。县委书记兼任预备役师步兵第三团政治委员，团长配专职现役干部担任，由上级军事机关任命，县人武部部长和政治委员不再兼任预备役师步兵第三团的团长和政治委员，副团长由县政府一名副县长兼任，副政治委员由县委一名副书记兼任。1990 年 4 月，组建预备役师第三团直属炮兵营。

德州预备役师步兵第三团机关设司令部、政治处和后勤处及其所属若干股。其预编范围为县直党政机关及部分科、局。军官预任对象主要是军队转业干部和地方业务对口干部。团属战斗分队步兵第一、二、三营预编范围各 4 个乡镇，炮兵营预编范围 2 个乡镇及县直部分单位。1994 年 4 月，该团撤销。

第三节　武警中队

1983 年 6 月，以县公安中队为基础组建中国人民武装警察部队山东省总队德州地区支队武城县中队。1995 年 4 月，改称中国人民武装警察部队德州市支队武城县中队。

武警武城县中队负责县看守所外围武装警戒，维护全县平安稳定。中队官兵利用业余时间，帮助和照顾革命功臣母亲韩妈妈和战斗英雄王洪宪老人，其事迹被《解放军报》《人民武警报》《大众日报》等媒体报道。1995 年、2000 年、2001 年、2005 年，武警武城县中队被记集体三等功 4 次。先后 10 次被武警总队授予“基层建设先进中队”。2003 年，被武警总队授予“学习雷锋先进单位”。2004 年、2008 年、2012 年，被支队评为“正规化执勤一级中队”。

第二章　兵　役

第一节　兵役登记

1986 年后，兵役登记由县人武部统一组织安排，各乡、镇和村（居）民委员会具体负责实施。组成专门登记班子，分片定点设立登记站，统一在一天内登记完毕。一般 2 万人以下的乡、镇设 1～2 个登记站，2 万人以上的设 2～3 个登记站。每站设站长兼调理员 1 人，由乡、镇分管兵役负责人或专武干部、派出所所长担任。登记员 2～3 人，医务人员 2 人。凡每年 12 月 31 日前年满 18 岁公民一律按照户口管理范围前往登记站登记。因故不能亲自前往者，可由父母或家庭主要成员到站代登。对前来登记公民，登记班子对预征对象进行目测初检。

进入 21 世纪，武城县借鉴其他县（市、区）兵役登记工作经验，在抓好“明白人”培训、设立正规登记站、严格登记程序、择优确定预征对象等方面制定落实措施，确保适龄青年登记率达到 95％以上。对个别不愿意进行登记，经教育仍不履行登记义务人员，依据《山东省兵役登记办法》《山东省征兵工作若干规定》和《廉洁征兵规定》进行处罚。同时，禁止任何单位和个人以任何名目向登记青年收取费用。在做好审查的基础上，按照上年征集任务 1∶3 的比例择优确定预征对象，并将预征对象张榜公布。

第二节　征兵

1986 年后，全县征兵工作由县人武部负责，县委、县政府成立征兵工作领导小组，由县委副书记或县长任组长。领导小组下设办公室，办公室设在县人武部。每年征兵工作由宣传发动、召开全县征兵工作会议、签订责任书、设立征兵体检站、体格检查、政治审查、家访、审批定兵、集结输送等步骤组成。

图 20-1 征兵宣传（2011 年 摄）

宣传发动　全县每年征兵工作首先从宣传发动开始，做好应征青年及其家庭思想工作。在县城主要街道悬挂征兵宣传条幅，在镇村张贴征兵标语，组成宣传车队在全县巡回宣传，县电视台开设征兵工作宣传栏目，对青年进行国防和爱国主义教育。2000 年，为增强应征青年国防建设、服役光荣等观念，利用广播、电视、标语等手段，开展宣传月活动，宣传《中华人民共和国兵役法》《征兵工作条例》《中华人民共和国国防教育法》。2011 年，县委、县政府加大对退役士兵安置工作力度，提高退役士兵自谋职业补助标准。适龄青年服兵役积极性普遍提高，每年报名应征率 90% 以上。

体格检查　为确保应征入伍青年身体素质合格，县征兵领导小组每年均成立临时体检组，成员 15 ～ 17 人，在全县各医院抽调。对应征公民按照《应征公民体格检查标准》和《应征公民体格检查办法》进行体格检查。

政治审查　1984 年，县征兵领导小组根据《关于提高新兵质量开创征兵工作新局面的实施办法》，由县公安局成立政治审查组，负责政治审查，一包到底，具体承办人全权负责。按照 1990 年 10 月颁布《关于征集公民服现役的政治条件的规定》和 1993 年 10 月颁布《对〈关于征集公民服现役的政治条件的规定〉的几点说明》对应征公民进行政审。1998 年，为保证兵员质量，县政府与各乡镇签订征兵工作目标责任书，在任务目标和奖惩诸方面做出具体规定。

审批定兵　在体检、政审工作完成后，县征兵办公室召开定兵会议，由县人武部、各基层人武部有关人员、征兵体检组主检、政审组负责人、接兵部队人员根据兵员标准进行全面审查和衡量，择优定兵。兵员确定后，由县征兵办公室对被批准入伍青年发放入伍通知书，并通知到村、家庭、本人。基层人武部做好入伍青年思想工作。

集结输送　在兵员确定后，由县征兵办公室与接兵部队人员办理新兵交接手续。将新兵送到车站，由接兵人员带新兵安全到达驻地。1987 年，恢复由部队接兵集结起运新兵办法。2002 年，山东省实行征兵制度改革，济南军区接兵部队不参与体检和政审，只在新兵起运前将新兵接达部队，至 2013 年未变。

第三节　预备役

预备役军官　自 1991 年开始，每年对全县符合服军官预备役的退出现役转入预备役的军官、确定服军官预备役的退出现役的士兵、确定服军官预备役的高等院校毕业学生，在上述人员到达工作单位或者居住地 30 天内，为他们办理预备役登记。同时对确定服军官预备役并适合担任军官职务的专职人武干部、民兵干部，由非军事部门和专业技术人员进行登记，报请德州军分区批准，服军官预备役。自 1996

年开始，每年12月对预备役军官进行登记、统计、建卡、立档工作。

预备役士兵　士兵预备役分为2类。第一类士兵预备役包括经过登记服士兵预备役的35岁以下的退出现役的士兵、经过登记服士兵预备役的35岁以下的地方军事专业对口的技术人员及其他编入预备役部队和预编到现役部队的28岁以下的预备役士兵。第二类士兵预备役包括除服第一类士兵预备役的人员外，编入民兵组织的人员、其他经过登记服士兵预备役的35岁以下的男性公民及其他编入预备役部队和预编预备役部队和编到现役部队的29～35岁的预备役士兵。每年结合民兵组织整顿，对应服民兵预备役人员进行分类登记。在建有民兵组织的单位，基干民兵为第一类预备役士兵，普通民兵为第二类预备役士兵。

第四节　全民国防教育

1986年，全县全民国防教育贯彻全民参与、长期坚持、讲求实效的方针，坚持经常教育与集中教育相结合、普及教育与重点教育相结合、理论教育与行为教育相结合原则，开展国防教育。1990年6月，武城县国防教育领导小组成立。1991年7月，县国防教育领导小组改建为武城县国防教育委员会。自1991年开始，在每年全民国防教育日和征兵时，利用广播、电视对全县人民进行国防教育。2005年，为强化国防意识，提高适龄青年参军积极性，开展以进机关、进社区、进家庭、进企业、进学校、进农村为主要内容的国防教育宣传系列活动。2007—2013年，在县电视台播放爱国主义教育片20余部，宣传字幕400余条，发送手机短信6万余条，直接接受国防教育近20万人。

国防知识竞赛活动　1994年6月，全县机关和武装系统干部，参加全国国防知识竞赛，全县收集、上交答卷1000余份。同年，全县5000多名民兵参加济南军区国防知识考试。1996年9月，组织干部和民兵参加市国防知识竞赛活动，完成答卷5000余份。其中3人分获一、二等奖。同月，全县举办全县国防知识竞赛。1997年4—6月，全县8000余人参加喜迎香港回归、纪念建军70周年“强我国防·兴我中华”全国国防教育系列活动，武城县被评为“全省先进单位”。1998年5月，为纪念《中华人民共和国国防法》（简称《国防法》）颁布实施1周年，全县2万余人参加全国“《国防法》实施1周年宣传月”活动。其间，向群众发放宣传材料2万余份，组织5000余人参加《国防法》知识竞赛，4人被评为市级以上先进个人。1999年4月，全县5所学校6123名学生参加全国“迎国庆万校国防教育活动”。其中3800名学生参加知识竞赛，评出优秀国防征文270篇，4个单位、13名个人受到省、市表彰，武城县第二中学学生刘宁获全国演讲比赛三等奖，

图20-2 国防知识竞赛（2002年 摄）

武城县第二中学获德州市示范学校奖，第一实验小学获德州市先进学校奖。2003年9月15日至10月20日，县国防教育委员会组织全县130多个单位参加德州市国防知识竞赛，全县完成答卷1万余份，收回答卷3236份。县国防教育委员会办公室获德州市最佳组织奖，有35名离休干部分获竞赛一、二、三等奖。2004年9月18日，县国防教育委员会在“全民国防教育日”开展国防知识竞赛万人答题、国防征文活动，1.9万余人参赛。2008年开始，为强化学生爱国主义教育，每年在武城县第二中学高一年级学生军训期间，开展国防知识竞赛，提高参训师生国防意识。截至2013年底，参加竞赛2.3万余人。

国防教育课　1994年，县人武部与县职业中专联合创办预备役军人学校，开设国防教育课。自2000年开始，县委党校开设国防教育课，对副科级以上干部进行国防法规和国防知识教育。截至2013年底，受教育人数达4000人次。

全民国防教育日　2001年，全国人大确立每年9月的第三个星期六为“全国国防教育日”。2004年，第四个全民国防教育日，全县开展国防知识竞赛万人答题、国防征文、国防教育日阅兵、表彰先进等国防教育活动。2005年，第五个全民国防教育日，组织全县党政机关干部、青年学生参观冀南“四二九”革命烈士陵园。至2013年，县委、县政府每年在全县开展国防征文、国防教育日阅兵、爱国主义教育电影周、防空警报试鸣、党政领导干部上街宣传、组建兵役法庭、国防教育电视讲座、表彰先进等国防教育活动。

关心国防建设人物评选　从1996年开始，市国防教育委员会在全市开展关心国防建设十佳人物评选活动。2005年，全县有8人被评为“德州市关心支持国防建设十佳人物”，3个单位被评为“德州市关心支持国防建设十佳单位”。截至2013年底，全县有17人被评为“德州市关心支持国防建设十佳人物”，12个单位被评为“德州市关心支持国防建设十佳单位”。

重大节日期间国防教育　1992年，为纪念毛泽东主席民兵工作“三落实”指示发表30周年，组织全县民兵进行军事表演和国防知识讲座。自1995年起，每年利用民兵训练和组织整顿、征兵等时机对全县民兵进行国防教育。2000—2013年，在每年建军节和国庆节期间，组织县、乡两级领导干部体验军事生活日。县人武部领导干部结合当时形势，为地方领导干部上国防教育课，参加活动人员达6000余人次。

第三章　民　兵

第一节　民兵组织

1986年，县委、县人武部对民兵组织进行调整，全县以行政村为单位组建民兵连，建有党总支的行政村编建民兵营。全县编有基干民兵营15个，厂企单位民兵营1个，民兵连12个。1990年，县委、县人武部在祝官屯乡、梁庄乡和武城镇组建民兵应急分队，在其他乡镇建立民兵维护社会治安分队。1993年，在乡镇企业规模较大、人员较多的鲁权屯镇进行民兵编组试点，同时在县直机关与县邮电局进行编组。1999 年，组建民兵对口专业分队。2001 年，县经济开发区人武部，先后在中南集团、永兴橡塑集团建立民兵组织，同年 11 月，在县经济开发区组建基干民兵营。2002 年，形成“以县城和乡镇为重点地域，以交通沿线为重点地带，以村民兵连为基础，以城镇为骨干，以农村为依托，以集体和非公有制企业为重点”组建民兵组织总体格局。2004 年，在县经济开发区所有企业中，凡是党团组织健全，能够建立一个基干民兵班的单位，均建立民兵组织。同时，结合企业特点、人员结构、组建规模等情况，集中连片编成民兵连或民兵排。2005 年，全县建有民兵应急分队、抗洪抢险分队、治安联防队和民兵专业技术分队 4 个。2006—2008 年，优化作战队伍、勤务保障队伍和应急队伍组织结构，民兵连（分队）长、指导员全部由村两委会委员担任。2010 年，全县基干民兵队伍有民兵作战队伍、应急队伍、勤务保障队伍和其他队伍。民兵作战队伍包括高射机枪连、空中设障分队。应急队伍包括应急连、应急排、公路专业救援分队、防汛分队、供水设施抢修分队、电力设施抢修分队。勤务保障队伍包括通讯连、物资保障分队、交通运输分队、医疗救护分队、民兵装备维修分队。其他队伍包括步兵连、机炮连、迫击炮连。截至 2013 年底，全县民兵组建有应急队伍、支援队伍、储备队伍和民兵专业技术分队 4 个。

图 20-3 民兵训练间隙进行学习（2010 年 摄）

第二节　教育　训练

政治教育　民兵政治教育结合组织整顿、军事训练、征兵和重大节日活动进行。1993 年，按照《关于进一步加强和改进民兵政治教育的意见》，对民兵进行国防知识、形势战备、民兵基本政治常识等方面教育，基本教材为《民兵政治教育课本》。每年对全体基干民兵进行政治教育 4 次，每次受教育面在 90% 以上。1995 年，广运街道东关村民兵连被德州军分区评为“基层民兵政治教育先进民兵连”。1999 年，对全县民兵进行“祖国在我心中”“我与祖国一起成长”“我爱祖国母亲”等专题教育，组织全县民兵收看澳门回归祖国电视直播节目。2000—2009 年，学习“三个代表”重要思想。2011 年 4 月，组织民兵各个分队进行军事训练，开展“坚定理想信念，忠实履行使命”培育当代革命军人核心价值观教育活动。

军事训练　自 1989 年开始，民兵预备役军事训练不再跨年度进行，实行以县为单位，在县民兵训练基地集中训练。自 1996 年起，对参训人员进行队列、战勤、射击等科目训练，训练时间长短按专业确定。自 2000 年起，先后组织参训人员进行各项军事训练，实现由基础训练向应用训练转变，由农村籍民兵训练向企业民兵训练转变，由分散训练向以民兵训练基地为依托的集中训练转变。2004 年、2005 年，分别组织各项军事训练和技术训练。2012 年，组成联合基础训练大队，开展各项军事训练。截至2013年底，参训人员数千人次。

执勤演练　2004年，武城县民兵开始执勤演练。同年4月，县民兵应急分队到临邑县执行打击邪恶势力、维护社会稳定任务，采取劝说、教育方式，阻止破坏活动，历时4天。2005年9月，县民兵应急分队到德州市执行中央电视台“同一首歌”大型演唱会外围执勤任务。2013年7月，全县组织防汛应急演练，动用应急分队230人、车辆20台次、装备器材600余件，分6个科目，完成1000余立方米土石作业、1000立方米应急排水、1500人救助转移任务。

第四章　拥政爱民

第一节　支援地方建设

1996年8月，漳卫南运河发生洪水，全县1万余名民兵参加抗洪救险。1998年，建设民兵精神文明带建示范点50个，开展帮助收麦、慰问贫困户活动。2007年，发动5个乡镇5000名民兵参加武城镇农田水利建设，提前2天完成任务。同年，举办各种技术讲座和培训班10期，参加民兵1000多人。在全县组建民兵科技小组400个。2008年，在防汛准备工作中，各基层人武部组织全县1万多名民兵参加加固大堤和整修滞洪区撤退路任务。抢险突击队450人，组建7～10人治安巡逻队398个，日夜巡逻。2009年，全县8个乡镇分为3个片，大王庄、祖寨、祝庄为示范联系点，由3个科室承包，将民兵发展个体私营经济情况纳入各科责任考评范围，在全县创建民兵个体私营经济示范点35处。2010—2013年，开展拥军爱民“六个一”活动，即援建一个重点项目、援建一处新农村、援建一处农村小学、援建一处农村敬老院、连以上干部帮扶一个贫困户、一名贫困学生。先后投入资金60余万元，支援武城运河大桥建设等3个重点项目。援建农村小学3处，在老城镇饮马庄村，协助安装变压器2台，完成绿化26.67公顷，结对帮扶困难学生80余名，参与扶贫捐赠9次。

第二节　军民共建

1986年后，县人武部每年制定军民共建实施方案，落实军民共建具体措施。基层人武部组织本机关干部和民兵参加义务劳动，在德武路、郑武路、平武路植树1000余株，整修路肩2000多米，发动民兵领办、创办个体私营经济实体520余家，年创利润1200万元。先后与祖寨村、孙尔庄村、祝庄村、武城一中、武城二中、武城实验中学、县职业中专、古贝春集团、县水务局等18个单位结成共建对子，加强军民关系。1998年，武城县成立维护军人军属权益领导小组，设立涉军案件法庭、法律咨询站。2000年，开展军民共建社会主义精神文明活动，与田庄村、祖寨村、董王庄村结成共建帮扶对子，促进农村经济发展。2005年，为灾区及贫困户、失学儿童捐献衣物200余件，现金2万余元。截至2013年底，接待军人军属来信来访260余人次，调解军民纠纷16起，解答法律咨询145件。

第五章　人民防空

第一节　防空组织

2001年9月，武城县人民防空办公室成立。2005年3月，全县在8个镇街，6个社区（居委会），13个住宅小区设立人防工作站27处。2010年，县政府印发《关于开展群众防空组织建设工作的意见》，规定群众性防空组织平时按城区人口一定比例组建，战时根据需要扩建。每年由县应急管理办公室和县人民防空办公室结合民兵整组，根据各组建单位和人员变动情况，及时调整和充实人防专业队伍。截至2013年底，全县先后成立防空应急专业队10个。

第二节　宣传教育

2001年后，县政府以宣传教育为先导，开展人防知识进学校、进机关、进社区、进企业、进网络“五进”活动。在县政府网站开设人防网页，开展人防民防宣传活动。发挥人防指挥通信网络优势，制作网易博客，利用短信平台，扩大宣传面。2013年，在全县中小学、企业、社区、城区主要街道等场所开展防空防灾宣传教育活动6次，发放宣传册1.2万本，利用短信平台发放人防知识、安全生产知识信息8700余条。

第三节　工程建设

2001年，全县将人防工程建设规划纳入城市建设总体规划，建成结建人防工程若干处，地上建设与地下建设同步发展，城市整体抗毁能力提高。县人防办加强应急预案体系建设，建立人口疏散基地和人防应急疏散点，制作“人防应急疏散点”标识牌。建设地下、地上为一体的人防应急指挥中心，建立人防有线二级电台及网络信息平台，安装防空警报器数台，装备应急救援器材。2011年，建设机动应急指挥通信系统，配备无线短波电台、图文传输及专业车辆。2013年，对指挥通信系统进行升级改造，购置3G单兵系统，改造全部警报器终端设备，新增电声警报器数台，城区警报音响覆盖面在95%以上。

第二十一编

教育

1986年后，武城县教育事业在改革中发展。扫除青壮年文盲，普及九年义务教育，社会力量参与办学，职业教育与时俱进，成人教育稳步发展。教育质量不断提高，高考本科上线、录取人数多年稳居全市各县区前茅。教育结构不断调整，中小学布局逐步趋于合理。教师队伍结构不断优化，民办教师退出历史舞台，教师由毕业分配转变为公开考试招聘，学历达标率和业务素质持续提高。教育经费支出规模不断扩大，办学条件日益改善，基础设施建设、教学设备配备向现代化迈进。

第一章 教育体制

第一节 管理体制

1986年，全县普通高中、职业学校、县直初中、实验小学隶属县教育局，乡镇中小学和成人教育由所在乡镇政府管理，幼儿园主管单位为县妇联。教师为县、乡两级管理，县教育局主管公办教师，乡镇政府主管民办教师。同年7月，乡镇教育组改为乡镇教育委员会，乡镇文教助理随即撤销。1993年11月，县教育局改为教育委员会。1999年，推行以“校长负责制、教职工聘任制、结构工资制、岗位目标责任制”为内容的“四制”改革，调整中小学布局，优化教育资源配置，村办小学开始撤并。2001年，面向社会公开选贤任能，竞聘实验中学校长。2002年4月，乡镇教育委员会改为乡镇教育管理办公室，农村教师工资实行乡征县管，由县财政统一发放。5月，县教育委员会改为教育局。同年，县委、县政府印发《关于进一步深化教育人事制度改革的实施意见》，在教育系统实施校长选聘制、教职工聘用聘任制、岗位目标责任制、结构工资制、工资总额年度动态包干制，调整乡镇小学布局，配套进行学校后勤社会化改革。2003年，改革学校的办学体制与运行机制，以武城县第二中学（简称武城二中）为试点，实行“国有民营、办学自主、经费包干、自负盈亏”的办学体制改革。2008年7月，教育教学研究中心成立，负责全县教育教学研究。2013年，全县中小学建立家长委员会，实行学校、家庭、社会三位一体的教育体系。

第二节 教学体制

1986年后，武城县不断探索教学改革。1991年，开展布鲁姆教育理论学习活动，推广“目标教学”，举行不同范围、各种形式的公开课、观摩课及学习交流研讨，举办研讨班，推行课堂教学改革，完善课堂教学结构。滕庄乡中学物理、化学学科“目标教学”课堂教学模式在全县推广。1993年后，将普通教育、职业教育、成人教育相互渗透、相互沟通，开展“三后”（回乡后、初中毕业后、高中毕业后）教育。小学阶段开设劳动课136课时，初中阶段开设劳动课200课时。有成人教育中心学校的乡镇，开始实行“三加一”（学生在初中毕业后再接受一年或一学期的职业技术教育）教育。从1994年开始，凡不能升入高一级学校的初中学生全部接受职业技术培训。普通高中实行高三分流，对不准备升学的学生进行职业技术教育。分流班可在本校继续学习，也可到职业高中学习。参加高中会考合格者发给普通高中毕业证书和职业高中毕业证书；会考不合格者由原学校命题，补考合格后发给职业高中毕业证书；受完高中教育，但会考不及格的学生，到职业中专学习一定时间的职业技术，颁发职业中专毕业证书；组织高考落榜的高中毕业生参加职业技术培训，时间不少于6个月，经考核合格者颁发职业技术培训合格证书和技术等级证书。2002年，实施课程改革和课堂教学改革，在全县推广“先学后教、当堂训练”的洋思教学模式。2003年，国家新一轮课程改革启动，武城县被纳入义务教育阶段课改实验区，全面推行新课程改革。义务教育学制由“五、三制”改为“六、三制”，实现九年义务教育。2004年，普通高中开展新课程改革实验。2007年，实施“教育塑名”和“提质、提能、提效”工程。2008年，印发《武城县普通中小学课程实施水平评价方案》，深化基础教育课程改革，规范中小学课程实施行为，提高中小学课程实施水平和教育教学质量。2012年，开展“高效课堂”系列年活动，推广东庐中学、杜郎口中学教学经验。

第三节 普及九年义务教育

1995年3月，县委、县政府决定在全县普及九年义务教育（简称“普九”），全县成立“普九”工作领导小组。县、乡两级政府利用电视、广播、报纸、专题会议等形式宣传“普九”。宣传《中华人民共和国义务教育法》及实施细则，依法保障适龄儿童少年入学，对不按时入学或中途辍学的学生，对其家长或监护人进行批评教育及经济处罚，制止工厂、作坊招用童工。对于侵占和破坏学校校舍、场地、设备、财产及干扰学校正常教学秩序的行为，各乡（镇）党委、政府及公安部门予以查处和打击。在保证小学适龄人口100%入学的基础上，重点提高小学毕业生升初中比率。采取边入学边完善的办法，在具备必要师资、校舍等基本条件的前提下，使小学毕业生全部升入初中。乡（镇）党委、政府负责“普九”工作中基本建设和资金筹措，县、乡教委负责规划标准、质量，乡（镇）提供内部设施配备方案，由县教委组织实施。县教委实行四个统一，即布局规划认定，教学仪器、图书、课桌凳等设备订购，档案资料整理，验收标准的掌握。县教委督导组每月对“普九”工作检查1次。1996年4月，中小学建设全部动工。5月，完成内部设施的订购。6月，修建平房的乡（镇）完成修建，同时完成小学合校并点任务。7月，完成内部设施的配备。8月，健全义务教育档案，修建楼房的乡（镇）楼房建设全部完成。9月，小学毕业生全部入初中学习。10月，县“普九”工作通过省政府验收，提前一年完成。截至2013年底，全县累计投入“普九”资金6500万元，中小学全部达到义务教育学校的办学基本标准。

第四节 民办教育

1994年，武城县开始有民办教育。当年有民办学校1处。1997年10月，国务院颁布《社会力量办学条例》，社会力量办学进入快速发展期。进入21世纪，随着家庭可支配收入增长和市民教育意识提高，课余、业余培训市场扩大，一些私人或机构在节假日、寒暑假等时间开办文化课补习班或美术、音乐、舞蹈等艺术类培训班。2008年，全县有民办学校13处，剑桥培训机构1处。学段涵盖高中、初中、小学，区域涉及全县所有乡镇，招生范围以本县为主。各单位办学规模大小不等，办学层次以小学为主，育英学校、新世纪学校、兴鲁文武学校规模较大。兴鲁文武学校学生一度达到3000余名，招生范围遍布全省及黑龙江、河南、河北等省。至2010年，全县民办学校有18处。此后，随着中小学学生减少、中小学学校布局调整、教学资源优化、教师调整，民办学校数量逐渐减少。截至2013年底，全县民办中小学有兴鲁文武学校、育英学校、新世纪学校、中英文学校、阳光小学、东方小学6处。规模较大的社会培训机构有10余处。

2013 年武城县民办中小学统计表

表 21-1

学校名称	简介	建立时间
兴鲁文武学校	位于武城镇两生官庄村东。多次代表武城县参加德州市各类大型艺术节及武术类比赛，夺得各类比赛奖杯及证书 40 余项	1994
育英学校	位于县城向阳路北首果里村南。有教学班 10 个，在校生 395 人，教职工 33 人	1998
新世纪学校	位于县城北方街东首。有教学班 31 个，在校生 2000 名。其中，小学教学班 19 个，在校生 1177 人；中学教学班 12 个，在校生 823 人。有教职工 147 人，其中专职教师 100 人	1999
中英文学校	位于古贝春大街北，向阳路西。双语特色小班制民办学校。有小学一至六年级 12 个教学班，在校生 400 多人，在职教师 25 人	2001
阳光小学	位于李家户镇郑官屯村北。有 10 个教学班，在校生 294 人，教职工 26 人	2008
东方小学	位于李家户镇富民商业街。有教学班 11 个，学生 420 人，教职工 25 人	2009

第二章　基础教育

第一节　学前教育

学校规模

1986 年，全县有幼儿园（所）234 处。其中，县办 1 处，乡镇、村办 233 处。1991 年，县教委成立幼教科，负责协调全县幼儿教育工作。1992 年，在全县实行幼儿园、学前班登记注册制度。1994 年，全县在德州地区注册幼儿园、学前班 61 处。1997 年后，坚持国办和民办“两条腿走路”，动员社会力量开办学前教育机构。1999 年起，小学生源逐年减少，全县不少小学利用闲置校舍办起幼儿园或学前班。2005 年，县教育局开始审批各类幼儿园办学资格，达到条件的进行登记注册，颁发办园许可证，是年，全县有 63 家幼儿园获得办学许可证。2007 年，全县改办幼儿园或附设幼儿园的小学有 32 处。2010 年，全县幼儿园 134 处，其中登记注册的 48 处，3 ～ 6 岁幼儿入园率 79%。截至 2013 年底，全县幼儿园 117 处，其中登记注册的 60 处。3 ～ 6 岁幼儿入园率 83%，在园幼儿 12591 人，教职工 983 人。

课程设置

1989 年，全县幼儿园使用省教研室组织编写，明天出版社出版的教材，开设课程 6 门。1998 年，开始使用省教研室组织编写，明天出版社出版的《山东省幼儿园教师指导用书》，分大、中、小班上下册。开展健康、数学、科学、社会、音乐、美术、语言 7 大领域教育。2001 年，教育部颁发《幼儿教育指导纲要（试行）》，具体规定学前教育内容与要求，明确提出健康、语言、科学、社会、艺术 5 大领域课程目标，同时对课程组织实施、教育评价等做出规定。2007 年，开设幼儿园礼仪教学特色课程。2011 年，开设“新蒙式多元宝盒”脑力开发课程。2012 年，全县幼儿园开始使用明天出版社出版的《幼儿教育资源》，分大、中、小班上下册，每个资源包有 6 册，涵盖健康、科学、社会、语言、艺术 5 大领域。

重点园所简介

县直机关第一幼儿园　位于文化西街78号。1977年3月建园，名为县直机关幼儿园，园舍为砖木结构平房。1985年6月，改属县政府办公室。1991年，更名为县直机关第一幼儿园，有教学班8个，在园幼儿400名，教职工23人。1997年，新建二层教学楼。2005年后，先后购置钢琴、电视、电脑、多媒体投影仪、数码照相机、摄像机等教学办公设备。截至2013年底，占地1846平方米，有教学班11个，在园幼儿500余人，教职工48人。

图21-1 实验幼儿园“六一”演出（2010年 摄）

县直机关实验幼儿园　位于文化街北三八路6号。1989年8月建成，名为县直机关第二幼儿园，有教学班5个，入园幼儿240名，教职工13人，园舍为砖木结构平房。1994年，更名为武城县县直机关实验幼儿园。1999年9月，新建两层教学楼。2008年后，配置监控系统和周边报警系统，更新大型玩具，装修多功能活动室。截至2013年底，占地5310平方米，有教学班12个，在园幼儿500余人，教职工34人。

第二节　小学教育

学校规模

1986年，全县小学有333处，教学班1605个，在校生46017人。20世纪90年代，小学生源不断减少，为集中利用教育资源，提高教育质量，一些农村小学撤销或合并到周边较大学校或乡镇中心校。2000年，全县小学有75处，在校生35932人。2013年，全县小学有65处，教学班631个，在校生26851人。

1986—2013年武城县小学规模统计表

表21-2

年份	学校数（所）	班级数（个）	毕业生数（人）	招生数（人）	在校学生数（人）
1986	333	1605	7264	10644	46017
1987	341	1523	7383	7779	42608
1988	351	1533	7285	7440	41664
1989	351	1572	7557	7793	41175
1990	348	1561	7913	7114	39563
1991	347	1563	7640	8075	39962
1992	333	1542	7277	8607	40667
1993	334	1541	7381	9185	42034

续表 21-2

年份	学校数（所）	班级数（个）	毕业生数（人）	招生数（人）	在校学生数（人）
1994	333	1509	7565	9638	43866
1995	266	1290	7690	9940	46215
1996	247	1272	6353	9790	44201
1997	104	1229	8682	9103	47753
1998	83	1172	9368	7816	46337
1999	83	1061	9995	5146	42403
2000	75	897	10331	3622	35932
2001	77	774	7824	4036	32474
2002	78	752	4813	3633	31992
2003	72	690	7897	3545	29266
2004	71	669	5978	2239	26570
2005	67	638	5953	4127	25236
2006	67	626	4522	4044	25126
2007	62	659	4359	5089	27001
2008	62	664	3666	4769	25803
2009	54	612	3849	4492	25476
2010	65	762	4091	5533	28774
2011	65	686	4311	4450	28744
2012	65	644	4130	4083	28459
2013	65	631	4294	4219	26851

学制与课程

1986 年，全县小学学制 5 年，开设语文、数学、思想品德、自然、历史、地理、体育、音乐、美术课程 9 门。1992 年，历史课与地理课合并为社会课，增加劳动课。1996 年，开设活动课，包括社会教育、科学技术、文学艺术、体育卫生。1999 年，开设语文、数学、思想品德、自然、社会、体育、音乐、美术、劳动、活动课程 10 门，自小学三年级开始开设英语课，四年级开设信息技术课。2001 年，全县小学学制由 5 年改为 6 年，将四、五 2 个年级分为四、五、六 3 个年级。2003 年，全县所有小学按照省基础教育课程改革试验区义务教育阶段课程安排表（试行）开设课程，小学一、二年级将思想品德改为品德与生活，三至六年级将思想与品德改为品德与社会，开设科学、英语、综合实践等课程，一至六年级均开设地方与学校课程。至 2013 年，学制与课程设置未变。

重点学校介绍

实验小学　位于县城文化东街 1 号。前身为清末弦歌书院。1986 年，有教学班 10 个，学生近 700 人，教师 40 余人。1994 年 6 月，将平房改建为四层教学楼，面积 3025 平方米。2003 年 5 月，修建科技楼南楼，面积 3043 平方米。2006 年 9 月，新建科技楼北楼，面积 982 平方米，新增专用教室、教师办公室、微机室、阅览室、实验室、舞蹈室、乒乓球训练室等。截至2013年底，占地1.8万平方米，建筑面积7050平方米，有教学班35个，学生2572人，教师99人。

第二实验小学　位于县城兴隆西街30号。1992年成立，有教学班18个，学生820人，教师59人。1995年，增加教学班3个，增加教师5人，学生增加至1186人。1998年，增加教学班3个，教师增加至71人，学生增加至1425人。2003年，建立校园网。2013年，建成南教学楼、塑胶操场。截至2013年底，占地1.62万平方米，建筑面积5898平方米，有探究式实验室、多功能阶梯教室、微机室、多媒体教室等，有学生1989人，教师70人。

第三实验小学　位于县城文化街西首。原为县直中学，1997年改为第三实验小学，建校伊始，有教学班10个，学生628人，教师22名。2003年，有教学班18个，学生1116人，教师47名。2006年，修建新教学楼，设标准化教室23个。截至2013年底，占地1.8万平方米，建筑面积3900平方米，有计算机室、图书阅览室、音乐教室、科学实验室、仪器室、音乐器材室、美术教室、综合实践活动室等，有教学班24个，学生1637人，教师55人。

第四实验小学　位于县城振华街东首北侧。2010年9月成立，有教学班22个，学生890多名，教师67名。截至2013年底，占地2万平方米，建筑面积6000平方米，有图书阅览室、仪器室、实验室、美术教室、音乐教室、书法教室、舞蹈练功室、微机室、电子备课室、心理咨询室、卫生室等。有教学班33个，学生2257人，教师110人。

弦歌小学　位于县城西郊弦歌湖畔。2012年12月开工，2013年9月投入使用。有微机室、仪器室、实验室、图书室、阅览室、体育器材室、音乐室、文印室、档案室、广播室等。截至2013年底，占地2.53万平方米，建筑面积9903平方米，有教学班21个，学生1083人，教师53人。

状元小学　位于县城状元湖畔。前身为旧城公社北关校区东关小学，始建于1962年。1986年，有教学班10个，学生465人，教师26人。2001年7月，搬迁到武城镇中学院内。2013年4月，成为县教育局直属学校，更名为武城县状元小学。同年9月，搬至现址，占地4.67万平方米。有图书室、阅览室、微机室、少先队活动室、德育展室、音乐室等。有教学班28个，学生1503人，教师75人。

第三节　初中教育

学校规模

1986年，全县有初级中学28所，教学班209个，在校生1.35万人。20世纪80年代中后期，农村初级中学开始撤并，数量逐渐减少。2000年，全县有初级中学17所。其中，教育部门和集体办15所，民办2所。2011年，开始实施初中进城工程。同年2月，老城镇中学、杨庄镇中学并入第一中学。8月，甲马营镇中学、李家户乡中学并入广运中学。2012年7月，广运中学更名为第五中学，武城镇中学更名为第四中学，列入县直学校。职业中专成立初中部，郝王庄镇中学并入职业中专。2013年7月，鲁权屯镇中学并入第二中学，四女寺镇中学并入实验中学，同时成立教育联合体。截至2013年底，全县有初中13所，教学班301个，在校学生12180人。

1986—2013年武城县初级中学规模统计表

表21-3

年份	学校数（所）	班级（个）	毕业生数（人）	招生数（人）	在校学生数（人）
1986	28	209	3376	4537	13500
1987	28	232	3851	4785	14238
1988	28	256	4389	5127	14641
1989	25	260	4561	5012	14675
1990	26	290	4577	4777	16068
1991	24	263	4853	5263	15406
1992	19	272	4905	5355	15607
1993	18	266	4787	5156	15769
1994	18	259	5379	5215	15097
1995	18	387	5076	8134	18529
1996	17	304	4935	6402	16525
1997	17	380	5522	7428	23159
1998	17	374	8298	8202	23464
1999	17	382	7661	8721	24629
2000	17	394	7696	9536	26625
2001	17	415	8761	8451	26662
2002	18	448	9402	5472	22717
2003	18	331	8944	6483	21228
2004	20	318	6157	7430	20062
2005	17	325	6157	5942	19688
2006	17	403	6461	4563	18207
2007	16	373	7281	4436	15547
2008	16	204	4051	3704	10728
2009	16	227	2942	3489	11539
2010	17	352	2960	3904	10406
2011	14	205	3157	3892	10874
2012	13	241	4309	4156	13914
2013	13	301	5291	4209	12180

课程设置

1986年，全县初级中学学制3年，开设语文、数学、英语、政治、历史、地理、生物、音乐、美术、物理、化学、体育、劳动技术等课程，其中政治课程包括社会发展简史、青少年修养和法律常识3项内容，分别在初中一、二、三年级开设。1993年，初中一年级改用新编九年制义务教育教材，其中政治科目改为思想政治，分为一、二、三册，依次在初中三个年级开设。2002年，按照山东省基础教育课程改革试验区义务教育阶段课程安排表（试行）设置课程，开设语文、数学、英语、思想品德、历史、地理、生物、物理、化学、音乐、美术、体育、综合实践及地方和学校课程，其中信息技术包含于综合实践课程中。至2013年，课程设置未变。

重点学校简介

第一中学　位于老城镇，1944年9月成立，前身为运河中学。1986年，有教学班12个（均为高中班），学生600余人，教职工73名。1991年，开设初中班，当年招收初一班4个，学生156人。到1993年，设初一至初三各2个班。2003年，高中班撤销，改为初中班，有教学班28个，学生1674人。2004年，开设小学班，当年招收小学一至六年级各1个班，学生323人。截至2013年底，学校占地1.57万平方米，建筑面积1.76万平方米，有教学楼3栋，实验楼、综合楼、办公楼、教师宿舍楼、学生餐厅楼各1栋，学生宿舍楼2栋。设初一至初三各8个班，小学五年级2个班，六年级5个班，在校生2034人，初中1527人，小学507人，教师161人。

实验中学　位于县城青龙河西侧，兴隆街以南（原武城二中旧址）。1997年7月成立，位于振华街南、少年路东，由原武城二中初中部与县直中学合并而成。建校初有教学班36个，在校学生2200人，教职工150名。2003年7月，迁至现址。2013年，修建餐厅1处，教学综合楼1栋，塑胶运动场1处。截至2013年底，学校占地5.3万平方米，有教学班54个，在校生3600人，教师261人。

县直中学　1984年7月成立，有教学班3个，初一2个班、高一1个班，在校学生120人，教师18人。1985年没有招生。1986年，县政府在文化街北，青年路西征地建设县直中学。同年恢复招生，招收初一2个班，高中1个班。1989年，高中部撤销，保留初中部。截至1997年6月，有教学班12个，在校生780人，教师83人。1997年7月，合并到县实验中学。

第四中学　位于广运街道东关东首。1989年成立，前身为武城镇中学。1993年11月，改称武城镇旧城中学。2000年，更名为武城镇中学。2012年7月，更名为武城县第四中学。截至2013年底，学校占地6.13万平方米，建筑面积1.47万平方米。有教学楼、综合楼、多媒体教室、实验楼、餐厅各1栋，宿舍楼2栋。有教学班30个，在校生1636人，教师171人。

第五中学　位于梁李路西，南环路北。1963年建校，始称梁庄中学。1994年，改称祝庄中学。2005年，更名为广运中学。2011年，李家户中学、甲马营中学并入该校。2012年7月，改称第五中学。有教学班17个，学生570名。截至2013年底，学校占地8.91万平方米，有教学楼2幢，宿舍楼2幢。有教学班23个，在校生818人，教师170人。

第四节　高中教育

学校规模

1986年，全县有武城一中、武城二中、武城三中、县直中学等高级中学4处，教学班34个，在校生1735人，当年招生604人，毕业生442人。1989年，县直中学撤销高中，全县有高中3处，教学班25个，在校生1291人。1990年，三中撤销高中，全县有高中2处，教学班24个，在校生1233人。1993年，全县高中第一次扩招，教学班增至36个，在校生1788人。1995年，二中成为省级规范化学校。1996年，全县高中第二次扩招，教学班增至38个，在校生3053人。2003年，一中撤销高中，全县高中教育全部集中到二中，教学班增至103个，在校生6953人。2006年，高中在校生数量最高达8634人。截至2013年底，全县有高中1处，教学班87个，在校生5764人，当年招生2013人，毕业生2556人。

1986—2013年武城县高级中学规模统计表

表 21-4

年份	学校数（所）	班级数（个）	毕业生数（人）	招生数（人）	在校生数（人）
1986	4	34	442	604	1735
1987	4	30	558	495	1630
1988	4	28	533	455	1530
1989	3	25	566	436	1291
1990	2	24	409	388	1233
1991	2	33	421	550	1332
1992	2	47	401	605	1678
1993	2	66	490	667	1788
1994	2	32	531	850	2590
1995	2	36	556	1160	2674
1996	2	38	617	966	3053
1997	2	39	897	983	3139
1998	2	39	1160	1125	2874
1999	2	48	866	1278	3239
2000	2	59	871	1670	4038
2001	2	73	1090	1986	4934
2002	2	73	1429	2274	5757
2003	1	103	2362	2378	6953
2004	1	92	2339	2626	6841
2005	1	102	2339	2734	7843
2006	1	108	2496	2932	8634
2007	1	110	2968	2451	8594
2008	1	104	2494	2130	6979
2009	1	94	2093	1700	5800
2010	1	109	1905	2060	5525
2011	1	88	1560	1840	5460
2012	1	94	2220	1876	6472
2013	1	87	2556	2013	5764

课程设置

1986年，高中学制3年，开设语文、数学、外语、物理、化学、生物、政治、历史、地理、体育、艺术、劳动技术等课程12门，使用全国统编教材。1989年，调整高中课程，课程结构由学科课程和活动课程组成。学科课程分必修课和选修课，必修课开设语文、数学、外语、物理、化学、生物、政治、历史、地理、体育和劳动技术，语文、数学、政治、体育和劳动技术在高中三个年级均为必修课，外语、物理、化学、生物、历史、地理在高一、高二年级为必修课。活动课程包括课外活动和社会实践。1996年，高中课程再次调整，普通高中学科类课程分为必修、限定选修和任意选修3类，开设语文、数学、外语、物理、化学、生物、思想政治、历史、地理、体育、劳动技术等课程11门。活动类课程包括校会、班会、社会实践、体育锻炼、科技、艺术等。2004年，实行新课程改革，通过学分描述学生学科修习状况。2013年，新课程分为必修课和选修课2部分，开设语言与文学、数学、人文与社会、科学、技术、艺术、体育与健康、综合实践活动8个领域16个科目，必修课学分为116分。

高考升学

1986年，全县高中生高考本科录取14人，专科录取49人。此后，高考本科上线、录取人数多年居全市各县区第一。1995年，武城二中学生姜东君以全省第四名的成绩通过保送生考试，成为武城保送清华大学第一人。1997年，武城二中应届毕业生武平在高考中以综合分900分的成绩获全省理科状元，被清华大学录取。同年，全县有3名学生被清华大学录取。2007年，全县高中生高考本科录取998人，专科录取625人。2008年，全省深化素质教育改革，不再统计高考录取情况。

1986—2007年武城县普通高中毕业生升学情况统计表

表21-5　　单位：人

年份	本科	专科	年份	本科	专科
1986	14	49	1997	259	335
1987	14	45	1998	271	326
1988	48	97	1999	294	385
1989	62	93	2000	406	397
1990	64	79	2001	566	428
1991	63	61	2002	559	410
1992	94	67	2003	626	513
1993	117	95	2004	561	544
1994	165	231	2005	774	577
1995	198	227	2006	862	601
1996	213	301	2007	998	625

重点学校简介

武城县第二中学　1956年7月成立，位于旧城镇（今广运街道）西1千米、恩武公路北侧，占地3.13万平方米。当年，招收初中班4个，在校学生200名。1958年，县政府在校址北邻、西邻先后为二中征地1.54万平方米，学校总面积增至4.67万平方米。1959年12月，武城县、夏津县合并，学校更名为山东省夏津县第三中学。1960年6月，两县分设，复称山东省武城县第二中学。1969年，第二中学划归梁庄公社管理，更名为武城县梁庄公社中学。1970年，复称山东省武城县第二中学。1978年，被德州地区行署批准为重点中学。1985年，建设完成建校后的第一座教学楼，建筑面积2215平方米。1986年，有高中4个班，学生200人，教师61人。初中2个班，学生152人，教师10人。1992年，修建教学楼、办公楼、实验楼、教工和学生宿舍楼、学生餐厅，建筑面积1.26万平方米，建成400米标准运动场，绿化面积1万平方米，道路硬化4330平方米。1993年，成为首批省级规范化学校。1994年，本科录取154人，各级各类学校录取398人，升学率列全市第一。1995年，本科上线174人，实际录取198人，本科录取率55%，列全市第一。1997年7月，初中撤销。1999年3月，征用公路局、汽车站、运输公司土地2万平方米用于学校扩建。2000年，先后修建学生宿舍楼、教工宿舍楼、科技综合楼等。2003年8月，迁入新校，位于北方街北，少年路东，总投资1.2亿元，建筑面积17万平方米。分为教学区、运动区、生活区，有学生公寓楼6栋，师生食堂1栋。同年，恢复初中，有教学班6个，学生372人，教师40人。2013年，有高中教学班87个，学生5764人，教师407人。初中教学班19个，学生1135人，教师100人。有全国模范教师2名，全国优秀教师2人，高级职称教师141人，省市级骨干教师120人，省市级教学能手、优秀教师80余人。

图21-2 武城县第二中学校园一角（2007年 摄）

第三章　职业教育　成人教育

第一节　职业教育

县职业中等专业学校　1970年成立，名为“五七”红校，校址在甲马营镇王虎庄村南1.5千米处。1983年，改称为武城县农业技术中学。1986年，迁至文化街西首78号，占地4.67万平方米。开设经管、幼师专业，学制3年。1987年，增设文秘、财会、机电专业。1988年1月，更名为职业高级中学。1989年，245名会统、机电专业毕业生安置到企事业单位。1991年，增设玻璃钢专业。是年，147人毕业后安置到各玻璃钢厂及其他相关企业。1992年，第一次校改工作完成，更名为武城县职业中等专业学校。1995年，面向县内及周边县区招生，增设电子、服装班，学生毕业后主要安置到青岛市相关企业。2003年，自筹资金4000余万元进行第二次校改，修建教学楼2栋、餐厅1栋、学生公

图 21-3 职业培训（2013 年 摄）

寓楼 3 栋、教工公寓楼 3 栋，购置微机、机电、多媒体等教学设备。2004 年，26 名电子专业学生毕业后安置到苏州吴江大智电子厂。2005 年，增设工业、民用建筑、护理和种植等专业。2006 年 6 月，被省教育厅认定为省级重点职业中专。2010 年，增设畜禽生产与疾病防治、农业机械使用与维护、现代农艺技术等专业。同年，被教育部认定为国家级重点职业中专。2012 年，50 名机电专业毕业生安置到北京、天津等企业。同年，被教育部列为国家中等职业教育改革发展示范学校第三批项目建设单位。截至 2013 年底，有教师 169 人。其中，"双师型"教师 79 人，高级教师 64 人。开设机电、建筑、护理、财经、计算机应用、餐旅服务、服装设计、CAD 制图、商贸、数控技术、焊工、车工等 12 个专业。

县职工卫生学校　1980 年成立，位于青龙河西，建筑面积 2400 平方米，有专、兼职教师 30 人，讲师以上 22 人，有定点教学实习医院 12 处。2001 年 10 月，迁至文化东街 10 号。办学期间，举办函授班 2 期，文化补习班 2 期 200 人次，心电图专业 1 期 80 余人次，B 超从业人员培训班 2 期 56 人次，为乡村、卫生机构培养人才 800 余人，开办 2 年制中专学历班 8 期，培养学生 417 人次。

县劳动技工学校　2006 年成立，以培养初、中级技术人才为主，同时开展短期培训。学校教师 90% 以上为大学本科毕业生，聘请企事业单位高级工程技术人员 20 余人担任兼职教师。采用全日制与非全日制、长训与短训、岗前与在岗、校内与校外、订单培养等多种形式办学。与县内企业、县外知名企业联合将课堂延伸至企业车间。设有计算机应用与维修、机电、服装制作与营销专业，另设有棉花检验加工与经营、种植 2 个涉农专业，有全日制在校生 571 人。面向社会举办各类在职人员、再就业人员的技能培训班，年均培训 1000 余人次。

齐鲁学院　2011 年成立，位于县城广运街北，历亭路西，占地 18.7 万平方米，建筑面积 9.8 万平方米。当年招生 2000 余人，开设电子商务、广告设计、建筑装饰设计、计算机及应用、电脑数控、学前教育、汽车检测与维修、无人机设计与制造 8 个专业，其中电子商务、建筑装饰设计、学前教育为三大精品专业，学制 3 年。有 400 米标准的塑胶跑道田径场，11 人制标准足球场 1 个，标准篮球场 6 个，羽毛球场 4 个，排球场 1 个，乒乓球台 10 个。有计算机 300 余台，多媒体教室 180 个，数控车间、汽修车间、专业舞蹈房、琴房、网络实训室、建筑展厅、广告展厅各 1 个。

第二节　成人教育

成人高考

1986 年，成人高考开始实行全国统一招生考试制度，考生根据需要可选定函授、业余、脱产三种进修途径中任何一种参加全国统考。每年3月报名，5月考试，考点设在德州市。当年，全县成人高考报名人数106人。1986—1991年，成人高考报名人数每年在100～200人之间。1992—2012年，报名人数每年在200～400人之间波动。2013年，报名人数最多，为439人。

自学考试

1986年，县招生办公室具体负责高等教育自学考试报名工作，当年全县有98人报名参加，随着“文凭热”的不断升温，报名人数呈增长趋势，2000年达到369人。进入21世纪，由于大学扩招，受教育人数不断增加，自学报名人数逐年减少。2013年，全县有70人报名参加考试。

农民教育

1986年，全县对农民开展初农教育和中专学历教育，开设畜牧、农学、乡镇企业管理、会计、统计、审计、园林、现代农艺等多个专业，累计培训762人。2006年，开始阳光工程培训，对有转业到二、三产业和城镇就业志愿的农民进行培训。先后开设商贸、建筑、计算机、化工、产品加工、餐饮服务、玻璃钢工艺、电子技术、电气焊、服装、机械加工、机电加工、纺织、市场营销、工业制造等专业，累计培训1.56万人。2007年，开始对全县农民开展新型农民培训，累计培训农民辅导员1000余人次，带动培训示范农户2万余户，培训中小型农产品加工企业负责人、农村初始创业者、农村合作经济组织负责人850余人次，培育新型职业农民600人次，扶贫科技带头人300人次。截至2013年底，通过组织科技人员下乡、举办各类农业实用技术培训班、电视讲座等形式普及性培训农民20万人次。

第四章　教　师

第一节　教师队伍

教师规模

1986年，全县有教师3133人。其中，小学教师1596人，初中教师887人，高中教师497人，中职教师133人。1999年，清退代课教师209人，教师竞聘落聘70人（公办52人，民办18人）。2002年，首次开展教师资格认定，856人通过相应的资格认定，此后教师资格认定每年进行1次。2005年，全县实行教职工竞聘上岗，教育系统精简分流299人。截至2013年底，全县有教师3209人。其中，小学教师1584人，初中教师908人，高中教师507人，中职教师210人。

1986—2013年武城县教师人数统计表

表21-6　　单位：人

年份	合计	年龄				任教类别			
		30岁及以下	31～40岁	41～50岁	51～60岁	小学	初中	高中	职业学校
1986	3113	560	1027	841	685	1596	887	497	133
1987	3140	565	1036	848	691	1601	892	501	146
1988	3167	570	1045	855	697	1609	899	504	155

续表 21-6

年份	合计	年龄				任教类别			
		30 岁及以下	31 ～ 40 岁	41 ～ 50 岁	51 ～ 60 岁	小学	初中	高中	职业学校
1989	3186	573	1051	860	701	1611	902	513	160
1990	3205	577	1058	865	705	1615	906	515	169
1991	3230	581	1066	872	711	1621	911	521	177
1992	3251	585	1073	878	715	1626	916	530	179
1993	3276	590	1081	885	721	1628	917	535	196
1994	3290	592	1086	888	724	1630	921	539	200
1995	3318	597	1095	896	730	1632	933	545	208
1996	3349	603	1105	904	737	1641	943	552	213
1997	3398	612	1121	917	748	1654	955	567	222
1998	3420	616	1129	923	752	1660	961	571	228
1999	3451	621	1139	932	759	1672	967	580	232
2000	3464	624	1143	935	762	1677	972	582	233
2001	3480	626	1148	940	766	1683	976	585	236
2002	3495	629	1153	944	769	1686	980	588	241
2003	3506	631	1157	947	771	1689	983	590	244
2004	3538	637	1168	955	778	1697	991	580	270
2005	3395	611	1120	917	747	1654	951	549	241
2006	3478	626	1148	939	765	1673	973	570	262
2007	3489	628	1151	942	768	1689	969	566	265
2008	3447	634	1149	952	712	1678	960	554	255
2009	3415	528	1193	957	737	1670	953	545	247
2010	3403	486	1169	1075	673	1665	950	542	246
2011	3362	472	1147	1072	671	1654	940	532	236
2012	3278	469	1116	1043	650	1613	925	518	222
2013	3209	452	1095	1037	625	1584	908	507	210

民办教师转正

1986 年，全县有民办教师 1551 人。1987 年，将民办教师纳入县级管理。开始对民办教师进行清理登记，登记范围是截至 1985 年 8 月 31 日在岗的民办教师，为符合条件的 2580 人建立教师档案。通过升学、转正等途径逐步减少民办教师数量。当年，全县有 85 名民办教师转为公办教师。1989 年，为在册在岗民办教师颁发民办教师任教证书。1993 年，全县有民办教师 1307 人，乡镇、村自行聘用的计划外民办教师（即不在册的民办教师）481 人，占全部民办教师的 27%。同年 10 月，开始清退计划外教师，对所有未经教育部门批准的乡镇、村自行聘用的计划外民办教师一律予以清退。1994 年，47 名民办教师转为公办教师。1996 年，144 名民办教师转为公办教师。1997 年，民办教师转为公办教师185人。2002年，民办教师转为公办教师117人。2003年，民办教师转为公办教师333人。自此，民办教师退出历史舞台。

职称评聘

1988年，全县教师首次开展专业技术职务评审。评出高级职称52人，中级职称248人，初级职称398人。1994年，评定特级教师1人，高级职称160人，中级职称668人，初级职称902人。2011年12月，教师专业技术职务聘任工作开展，设置专业技术岗位2989个。其中，高级岗位407个，中级岗位1428个，初级岗位1154个。有专业技术资格的教师3174人。其中，高级626人，中级1903人，初级645人。2013年，对专业技术职务人员进行资格过渡，过渡高级教师594人，一级教师1846人，二级教师610人。

教师招聘

1986年，全县教师实行分配制，师范类大中专毕业生毕业后，由教育部门根据学校师资需求分配到各学校。是年，安置师范类大中专毕业生110人。1994年，安置师范院校毕业生159人。其中，本科生3人，专科生82人，中专生74人，安置计划外大专毕业生53人。1995年，安置师范院校毕业生137人。其中，本科生4人，专科生64人，中专生69人。2002年后，师范类大中专毕业生不再分配，实行自主择业。2007年，开始实行公开招聘，当年招聘教师50人。2013年，招聘教师89人。截至2013年底，累计招聘教师438人。

第二节　教师培训

学历达标培训

1986年，全县小学教师学历合格率54.3%，初中教师学历达标率7.5%，高中教师学历达标率7.1%。同年9月，县教师进修学校开始招生，设学制为2年的中师脱产班1个，学员50人，学制为3年的中师函授班2个，学员100人。1987年开始，连续8年举办中师学历函授班，对不具备合格学历的小学教师进行学历达标培训。1993年，全县中学教师全员参加“三沟通”专科和本科学习。1994年，全县小学教师学历达标率98.7%。为进一步提高教师素质，动员全县中学教师参加省教育学院和市教育学院离职进修、高教自学考试、函授学习以及其他形式进修学习，有210名中学教师先后通过自学考试获得大专毕业证书，680名教师通过专业合格证书考试。1995年，全县中学教师学历达标率89%。1999年，进修学校与聊城大学、山东师范大学、中央电大联合办学，设立函授点，先后有1280人获得大学专科和本科毕业证。随着时代的发展，教师合格率的提升，教师学习逐渐以学习业务为主，向网络学习转变。2009年，省教育厅组织实施中小学教师全员远程培训，培训率在90%以上。2011年4月，市教育局安排全员教师开展周末“校本学习”，培训规模创历史之最。至2013年，国家、省、市每年安排一定数量的骨干教师进行远程学习、面对面培训。

教学基本功及新课程培训

1997年，全县在教师队伍中开展“三字一话”（钢笔字、粉笔字、毛笔字、普通话）岗位练兵。1999年，开展以“三字一话一画”（“一画”指简笔画）为主的教师教学基本功训练。同年，开展助学自考，有320人参加。其中，本科段210人，专科段110人。2008年，对全县中小学教师进行计算机教育信息技术培训，培训2362人。此后每年7月中旬开展新课程师资培训及考试考核。2007年开始，县进修学校邀请多名教育专家到武城讲学，每次培训1400余人。邀请全国十佳创新班主任对全县中小学班主任和骨干教师进行培训。2009年，举办魏书生教育思想报告会、任小艾教育理念报告会、窦桂梅教学艺术报告会，参训3100人次，参训率 90%。全县有全国、省市县优秀教师 418 人，有 140 人在省市优质课比赛中获奖，省市级获奖论文 270 篇。至 2013 年，县教师进修学校每年 7 月中旬举办全县新任教师培训班。

教育干部培训

1991 年，全县开展小学校长岗位培训和提高培训，先后举办小学校长任职资格培训班 3 期，136 名小学校长参加，经培训后全部考核合格，发放岗位任职资格证书。此后每年举办中小学校长素质提高培训班 2 期，全员参加。2013 年 4 月，邀请江苏省后六中学校长到武城讲学，全县中小学校长、教务主任和骨干班主任 720 人参加。

图 21-4 集体教研（2008 年 摄）

第三节 教学研究

1986 年后，全县加强教学研究机构建设，壮大教学教研力量。1990 年，开展优质课、教学论文、教学能手评选及公开课、观摩课、讲课、说课等教研活动，举办新教材培训班、辅导班 39 期，召开学科研讨会 68 期，编写辅导材料 70 万字，培训骨干教师 1500 余人次，各科教研员年均听课 100 余节。2002 年，新一轮课程改革启动，推进课堂教学改革，学习推广洋思中学教学经验。2005 年，实施教学改革，先后推广农村中心小学“教学四中心建设”“目标教学”“大语文综合实践活动整体改革”等实验项目。2008 年，县教学研究室改称教育教学研究中心。2009 年，开展“课堂教学改革年”“课堂效益提升年”活动。2011 年，开展小学一年级教师培训、数学教师几何画板培训、英语教师教材培训等，组织实验小学开放周、新教师通用基本功达标验收、“青蓝工程”结对子帮扶达标验收、中小学高效课堂大比武等活动。截至 2013 年底，全县有省级教学示范学校 5 处，市级教学示范学校 12 处。

第五章 教育行政

第一节 教育督导

1994 年，全县开展教育督导工作，县教委成立教育督导室。同年，对本级政府有关行政部门、下级政府及其教育行政部门促进教育事业发展，保障基础教育经费投入，落实地方教育事业发展目标责任制等情况进行监督、检查和考评。1996 年，开展专项检查，规范素质教育工作督导评估办法与程序，促进学校实施素质教育常规督导与随机督导相结合制度落实到位;改进学校督导评估方式,减轻学校工作负担,重点针对学校教学常规、课程实施情况开展督查。2002 年,迎接省市常规督导检查。加大学校危房改造的督促力度,加强中小学信息技术教育设施配套建设。2005 年,县教育督导室改称县政府教育督导室。同年起,迎接省、市政府督导验收。开展常规性督导和随机督导。每学期开始、期中、期末对各学校进行常规督导检查。2008 年,制定《武城素质教育千分制考核办法》。2009 年 9 月,建立日常性、经常性督导评估机制。2010 年 5 月,迎接市首轮随机督导,武城县被评为“山东省督导工作先进集体”。2011 年 12 月,迎接市年度教育工作第一轮督导评估,主要检查教育管理水平、平安校园、教师队伍、学校安全和校舍安全工程、条件装备等内容。2012 年 2 月,市教育局开展第二轮督导评估,主要检查教育经费、职业教育、学前教育等内容。同年 11 月,对全县学校进行督导。2013 年 7 月,建立责任区督学制度,聘任 18 名督学,均由县教育局各科室主任担任。同年,市教育局开展第五轮督导检查,前四轮为“督学”检查,主要对学校的规范办学、日常管理等方面进行检查,后一轮为“督政”检查,对政府投入进行督查。

第二节 招生工作

1986 年,全县小学、初中实行就近招生,初中升高中、中专采取预选方式招生。根据高中、中专招生计划,县教育部门根据各乡镇和县直中学毕业人数,下达预选指标,由各乡镇中学和县直中学自行组织考试。任何学校不可突破指令性计划,杜绝计划外招生。一中、二中分片招生。重点高中优先录取 2 个班,再录取初中中专,最后录取普通高中班 2 个。高中考试分文史类和理工类,招收高中毕业生的中等专业学校与高等学校招生同步进行。考试科目为语文、数学、外语、物理、化学、政治、生物,满分 630 分。语文、数学、外语、物理、化学、政治满分为 100 分。生物卷面分 100 分,按考生分数的 30% 记录成绩。数学、外语外加 20 分为参考分,不计入成绩。1992 年 4 月,县政府印发《武城县大、中专,中、小学招生工作意见》,对 1992 年大、中专学校及中、小学招生工作提出实施意见。普通中学应届高中毕业生不预选,按 1989 年高中招生计划数组织报名,往届高中毕业生(包括同等学历)继续实行预选,由学校根据指标具体安排。高中及中等专业学校招生仍实行预选。根据德州地区 1992 年普通高中指令性招生计划,全县普通高中招生 500 人,一中招生 200 人,二中招生 300 人,二中可提前招收部分新生。1994 年,高考在高中会考基础上,实行“3+2”科目改革,即文科“语文、数学、外语、历史、地理”,理科“语文、数学、外语、物理、化学”。1997 年,全县高中(中专)考试统一进行,取消预选考试,学生按个人志愿报考高中或中专。2001 年,高考科目开始实行“3+X”模式,文科为语文、数学、外语、文科综合(政治、历史、地理);理科为语文、数学、外语、理科综合(物理、化学、生物)。语文、数学、外语试卷满分各 150 分,文科综合和理科综合试卷各 300 分,总分 750 分。同年,高中中专停止招生。2007 年,高中生学籍纳入全省统一管理。高考实行“3+X+1”模式,“3”指语文、数学、外语三科,每科 150 分,“X”指文科综合和理科综合,分数为 240 分,“1”指基本能力测试,包括音乐、美术、体育、通用技术、信息技术和综合实践等方面知识,卷面 100 分,按考生实际成绩的 60% 计入高考成绩。

此外,全县还开展招收飞行学员工作。1986 年,招飞工作由省、地、县招生办公室和学校共同办理。1990 年，由县招生办公室与学校把目测合格学生直接送省体检站体检，体检合格者经政审、文化考试由省招生办统一录取。2001 年，改为县目测后送市体检，合格者再送省体检站体检，体检、政审、文化考试合格者由省招生办统一录取。至 2013 年未变。

第三节　教育经费

1986 年，全县国办中小学国拨教育经费由县教育部门统一管理，乡镇中小学教育经费由县财政部门划拨到各乡镇财政所，全年教育经费 356 万元。1988 年，开始征收教育附加费，先征后用，每年征收 2 次，当年征收，来年使用。同年 9 月，全县征收教育附加费 310.74 万元。10 月，对全县行政事业单位在职干部职工进行校改集资，筹集国办学校建设资金，至 11 月底，筹集校改资金 40.26 万元。1989 年 11 月，县委、县政府印发《关于 1989—1990 年国办中小学校改集资的决定》，决定 1989—1990 年国办中小学校改所需资金从以下几个渠道筹集：全县党政企事业单位的干部职工，每人按年总收入的 2% 集资，集资额合计 2.68 万元。个体工商户及联合体按营业额集资 25 万元。加征全县用电支教费，每度电加收 1 分，集资 60 万元。凡 1989—1990 年晋级增资的干部职工，将第一个月增长额支援教育，计 5 万元。县属企业及驻武直属单位集资 25 万元。经营性机动车辆征收支教费，计 5 万元。乡村两级企业按上年利润总额 5% 税前计征，计 10 万元。1992 年 1 月，农村教育事业费附加实行全县统管，乡镇村企业（含各种联合体、个体企业）按上年利润总额 3% 计征，农户按上年人均纯收入 2% 计征。农村教育事业费附加实行专户存放，专款专用。县教育局在银行设立“教育费附加”专户，农村教育事业费附加使用后主要用于民办教师工资、福利和农村中小学公用经费。1995 年 6 月，县政府印发《关于增加教育投入的若干意见》，规定增加各级财政对教育投入，在安排财政预算时，要优先保证教育需求，保证政府教育拨款增长高于财政支出增长，在校人均教育费用逐年增长，教师收入和学生人均共用经费逐年增长。是年，全县财政性教育经费支出占国民生产总值的比例为 3.5%，全县平均财政预算内教育经费支出占财政支出的比例超过 35%。2000 年，全县教育经费 3605 万元，2005 年达 5054 万元。2013 年，全县教育经费 3.82 亿元，是 1986 年的 104.71 倍。

1986—2013 年武城县教育经费统计表

表 21-7　　　　单位：万元

年份	金额	年份	金额	年份	金额
1986	356	1993	1081	2000	3605
1987	370	1994	1275	2001	3678
1988	516	1995	1945	2002	3945
1989	560	1996	2285	2003	4537
1990	639	1997	2453	2004	5822
1991	711	1998	2548	2005	5054
1992	847	1999	3201	2006	5949

续表 21-7

年份	金额	年份	金额	年份	金额
2007	9953	2010	22266	2013	38220
2008	13184	2011	28453	—	—
2009	14098	2012	35960	—	—

第四节　设施建设

1986年，县政府在农村中小学实施教学设施“六配套”（校舍、课桌凳、院墙、厕所、操场、校门），累计投资750余万元，对全县中小学校舍进行改建或修缮，新修教室、宿舍2000余间，购置桌凳4000余套，修建和改造学校367处，157处学校达到“六配套”标准。同年，投资5万元建设武城一中餐厅，面积402平方米。1990年，投资107.2万元，建设武城一中学生宿舍楼、教室宿舍楼、实验室等。1992年，投资600万元建设武城二中教学楼、办公楼、实验楼、宿舍楼、餐厅，面积1.26万平方米。投资164万元建设职业中专办公综合楼1栋，投资116万元建设教学楼1栋。投资80万元，建设进修学校教学综合楼，面积1600平方米。1994年，投资129万元建设县实验小学教学楼1栋。1996年，全县开展“普九”教育，投入6500万元用于新建教学楼与改造校舍。1997年，投资420万元，建设第五中学东教学楼1栋。1999年，建设武城二中教工学生宿舍、科技综合楼。投资74万元建设武城一中办公楼，面积1685平方米。

2000年，投资44万元建设武城一中西教学楼，面积1419平方米。2001年，投资1100万元建设县第四中学教学楼、宿舍楼、实验楼、综合楼、阶梯教室、学生餐厅各1栋。投资20万改造武城镇中心小学校舍。2002年，投资149万元修建武城一中东教学楼、学生餐厅。争取鲁能捐献资金50万元修建武城镇希望小学。2003年，投资139万元建设县实验小学科技楼1栋。2004年，投资290万元建设职业中专宿舍楼2栋，投资197万元建设教学楼1栋，投资196万元建设餐厅1栋，投资34.5万元改造教师进修学校综合楼。投资190万元建设第四中学男生宿舍楼1栋。争取海尔捐献资金77万元修建鲁权屯海尔希望小学。2005年，投资146万元建设职业中专宿舍楼1栋。2006年，投资230万元建设职业中专教学楼1栋，投资50万元建设县实验小学公寓楼1

图21-5 山东鲁能武城希望小学（2007年 摄）

栋，投资183万元新建第三实验小学教学楼。2008年，投资163万元建设县第五中学宿舍楼1栋。2009年，投资300万元，维修BC级危房。利用鲁能捐献资金120万元修建老城镇希望小学教学楼。投资150万元修建明智中学教职工宿舍楼。2010年，投资450万元建设县第五中学西教学楼1栋。投资200万元建设县实验小学宿舍楼1栋。投资800万元建设县第四实验小学教学楼1栋。2012年，投资1249万元建设职业中专实训楼2栋。投资886万元修建实验中学餐厅、新建教学综合楼各1栋。投资2169万元建设弦歌小学教学楼1栋。2013年，投资366.7万元修建实验中学塑胶运动场、办公楼外墙装修，投资132.7万元改造县第二实验小学操场。投资754万元改造状元小学校舍，投资102万元建设第三实验小学塑胶跑道，投资724万元新建武城二中教学楼1栋。投资215.4万元新建教师进修学校南教学楼1栋。截至2013年底，全县累计投入学校建设资金2亿余元。

第二十二编

科技

1986年后，武城县实施科技兴县战略，成立科技工作领导小组，建立健全县、乡（镇、街）、村三级科技管理体系，出台《武城县科学技术研究成果管理试行办法》《关于深化科技体制改革、推进科技进步若干问题的意见》《武城县科学技术奖励办法》《武城县科技创新引导资金管理办法》等一系列文件。1995年10月，县政府制定《武城县中长期科技发展规划》《武城县“九五”科技发展计划及2010年长期规划》。2013年，高新技术产业产值241.24亿元，占规模以上工业总产值的39.9%。拥有省级高新技术企业5家，市级高新技术企业22家。立项实施各级、各类科技计划项目142项，鉴定登记科技成果79项，获得国家科技进步奖二等奖1项，国家级星火奖1项，省科技进步奖8项，市科技进步奖74项。累计专利授权508件。批准组建省级工程技术研究中心3家，市级工程技术研究中心11家，市级企业重点实验室3家。

1996年，被国家认定为“全国科技工作先进县”。2005年，获山东省“食用菌科技星火示范县”。2008年，被评为“山东省科普惠农示范工程先进县”。2009年，被省知识产权局确定为第二批知识产权试点县。

第一章 科研机构与项目

第一节 科研机构

1986年后，全县逐步完善县、乡（镇、街）、村三级科技管理体系。1990年，成立厂办科研机构，为企业内设的从事应用开发、产品开发和科学研究的专门机构。1995年，县科委、县经委印发《关于成立厂办科研机构的通知》。科研机构大多与企业的技术部门合二为一，负责本厂新产品开发和技术改造服务。截至2013年底，全县共有县级科研单位5家，批准组建省级工程技术研究中心3家，市级工程技术研究中心11家。省级科研单位2家，市级科研单位13家。

古贝春科研中心 1977年，武城酒厂成立科研小组。1979年，科研所成立，与天津轻工学院合作，完成国家科委“六五”科技攻关项目——固定化微生物产己酸对提高白酒质量研究，获轻工业部科研项目二等奖。1996年，古贝春公司在原科研所基础上成立科研中心。2007年，修建古贝春科研大楼，建筑面积3000平方米。投资2000万元，购置岛津7890-5975气质联用仪、戴安1200液相色谱仪、6890气相色谱仪、4510原子吸收仪、UV-2100光度计、TG328A电光分析天平等仪器设备。2010年，引进JLL系列冷冻过滤机，采用低温冷冻过滤，淘汰活性炭过滤。2011年，投资1500万元引进全自动微机勾调系统，勾调生产实现自动化、机械化。

图22-1 古贝春科研中心（2006年 摄）

武城县玻璃钢研究所 1999年8月，依托北方玻璃钢厂，在中国玻璃钢研究院和县科委的协助下成立，企业化管理，有工程师4人，经济师4人，会计师1人，是一家集科研、开发、生产、服务、贸易为一体的科技产业实体，主要负责玻璃钢、复合材料新产品开发和产业化，并进行该类新材料制品的性能、结构、工艺与设备研究。研究所为企业提供技术资料近千份，技术咨询200余次，提供新型材料10余种，为用户设计改型产品6种。

山东省袋式除尘工程技术研究中心 2011年，经省科技厅批准成立，依托山东奥博环保科技有限公司组建。奥博公司与省科学院新材料研究所、东华大学和东北大学国家滤料检测中心建立科技合作关系，成立硕士研究生工作站。研究中心建筑面积3000平方米，配备先进检测仪器设备30余台（套），先后承担国家科技计划3项、省科技计划5项，耐高温纤维层复合过滤材料研究与开发项目被列入国家、省科技型中小企业技术创新基金，耐高温除尘过滤袋项目被列入国家重点新产品计划，年产100万平方米新型除尘过滤材料项目被列入省自主创新成果转化重大专项，高温烟气除尘用陶瓷过滤器高效关键技术研究被列入省科技攻关计划。中心先后申请专利20余件，授权专利15件，其中发明专利3件。共参与编制标准6项。

1992—2013年武城县主要科研单位统计表

表22-1

科研机构名称	依托单位	级别	成立时间
武城县眼病防治所	—	县级	1992
武城县农业研究所	县农业局	县级	1999
武城县化工研究所	康达化工有限公司	县级	1999
武城县玻璃钢研究所	北方玻璃钢厂	县级	1999
武城县橡塑研究所	水星橡塑集团	县级	1999
德州市有机酮化工工程技术研究中心	康达化工有限公司	市级	2006
德州市橡塑密封件工程技术研究中心	水星橡塑集团	市级	2007
德州市辣椒加工工程技术研究中心	英潮经贸有限公司	市级	2008
德州市生物肥工程技术研究中心	金宇肥业有限公司	市级	2008
德州市橡胶工程技术研究中心	龙祥橡塑制品有限公司	市级	2010
德州市白酒工程技术研究中心	古贝春集团有限公司	市级	2010
德州市工业除尘工程技术研究中心	奥博环保科技有限公司	市级	2011
山东省袋式除尘工程技术研究中心	奥博环保科技有限公司	省级	2011
山东省白酒清洁生产工程技术研究中心	古贝春集团有限公司	省级	2011
山东省秸秆颗粒燃料制造工程技术研究中心	昊源物产有限公司	省级	2012
德州市植物燃料颗粒化加工工程技术研究中心	昊源物产有限公司	市级	2012
德州市除尘过滤材料研究开发及应用技术重点实验室	奥博环保科技有限公司	市级	2012
德州市风机盘管机组工程技术研究中心	新佳空调设备有限公司	市级	2013
德州市自走式玉米收获机工程技术研究中心	春明农业机械有限公司	市级	2013
德州市双孢菇工程技术研究中心	丰裕食用菌有限公司	市级	2013
德州市白酒风味物质研究与应用重点实验室	古贝春集团有限公司	市级	2013
德州市轨道交通高分子材料重点实验室	龙祥橡塑制品有限公司	市级	2013

第二节　科研项目

1985年后，全县有关部门、企业分别承担国家、省市级，星火、火炬、重点新产品等科技计划项目。截至2013年底，累计完成142项。

科技发展计划（科技攻关计划、科技支撑计划）　1986年，全县实施小麦精播高产技术开发试验和“益寿醴”保健饮料酒科技发展计划项目2项，均为地区级。1995年，累计完成32项，其中省级9项、市级23项。2005年，累计完成59项，其中省级15项、市级44项。截至2013年底，全县累计组织各级科技发展计划项目89项，其中省级26项、市级63项。

1986—2013 年武城县科技发展计划项目统计表

表 22-2

年份	项目名称	承担单位	级别
1987	FQSn10 锡青铜球形粉末	济武联营粉末冶金厂	省级
1989	硫酸阿托品及胎盘注射液穴位注射治疗儿童哮喘	县人民医院	省级
1990	复合滤毒滤嘴介质的配方研究	环保器材厂	省级
1991	抗静电柔软剂 BS	染织助剂厂	省级
1991	无机玻璃钢地下防渗输水管件试制	运河玻璃钢厂	省级
1992	BWC6440 型玻璃钢车身旅行车试制	县旅行车厂	省级
1993	免维护蓄电池试制	鲁西北蓄电池厂	省级
1993	抗静电柔软剂 BS	染织助剂厂	省级
1995	N- 甲基 -β- 羟乙基吡咯烷醇	县化工厂	省级
2000	固定化床催化生产农药医药中间体酮类有机物新工艺	康达化工有限公司	省级
2001	辣椒深加工	县科委	省级
2002	造粒分离蛋白、酶解分离蛋白	大王集团有限公司	省级
2002	邻甲基苯腈	康达化工有限公司	省级
2005	有机食用菌、辣椒栽培技术	县科技开发中心	省级
2007	以副产物 CO_2 为原料联产 EC、EG、DMC 连续化工艺的研究与开发	日新复合材料有限公司	省级
2007	污水深度处理回用工程	伟达纸业有限公司	省级
2010	干法联合脱除燃煤高温烟气可吸入颗粒物及重金属复合过滤材料的关键技术研究与应用	奥博环保科技有限公司	省级
2010	防火型保温材料及复合板生产线研究	汇特环保科技有限公司	省级
2010	辣椒红色素辣椒精加工及应用	英潮经贸有限公司	省级
2011	高温烟气除尘用陶瓷过滤器高效清灰关键技术研究项目	奥博环保科技有限公司	省级
2011	物联网技术在酿酒生产过程中温湿度测控的研究与应用	古贝春集团有限公司	省级
2011	基于物联网技术的新型物流与智能仓储应用	昊源油业有限公司	省级
2012	RFID 与 ERP 系统在物流仓库智能管理系统的应用技术研究	昊源油业有限公司	省级
2012	全轮位低滚动高性能轻卡载重无内胎子午胎	德州玲珑轮胎有限公司	省级
2012	白酒生产副产物——酒糟的深加工利用	古贝春集团有限公司	省级

星火计划　1985 年，经党中央、国务院批准实施第一个依靠科技促进农村经济发展的计划。1987 年，完成 2 项。其中，国家级 1 项，地区级 1 项。1995 年，累计完成 17 项。其中，国家级 2 项，省级 15 项。2005 年，累计完成 21 项。其中，国家级 3 项，省级 15 项，市级 3 项。截至 2013 年底，全县组织实施各级星火计划项目 25 项。其中，国家级 5 项，省级 17 项，市级 3 项。

1986—2013年武城县星火计划项目统计表

表 22-3

年份	项目名称	承担单位	级别
1987	棉短绒制皮鞋内底纸板技术开发	县纸板厂	国家级
1987	玻璃钢生产技术开发、毛棉油精练技术培训	县乡镇工业培训中心	地区级
1990	玻璃钢屋顶风机	新丰玻璃钢厂	省级
1990	多孔钢丝圈生产技术开发	滕庄五金厂	省级
1991	新型聚乙烯大棚膜的开发	县塑料厂	省级
1991	高效除氟灭菌净化器的研制	环保器材厂	省级
1991	玻璃钢卫生洁具系列产品开发	玻璃钢卫生洁具厂	省级
1992	一年生植物纤维水泥复合板（中试）	新型建筑材料厂	省级
1992	利用废旧估棉纤维制鞋用纸板系列产品开发	县纸板厂	省级
1993	2HFL-B 型油脚分离器新产品开发	县榨油厂	省级
1993	植物纤维复合板	新型建筑材料厂	省级
1994	盘式加压过滤机玻璃钢滤扇新产品开发	玻璃钢矿山风机制品厂	省级
1994	BWC6470、BWC6480 轻型客车	县旅行车厂	省级
1994	N-甲基-β-羟乙基吡咯烷醇	县化工厂	省级
1995	RP 耐候塑料产品开发	华兴红泥塑料有限公司	省级
1995	地毯羊基地开发	县畜牧局	省级
1995	羧基氯丁橡胶沥青叠层防水涂料	高新建筑防水材料厂	国家级
2000	H112 及航选 2 号小麦新品种推广应用	农业科学研究所	市级
2002	有机食用菌栽培加工技术开发	九发武城食品有限公司	国家级
2002	秸秆综合利用技术研究与开发	县畜牧局	省级
2003	10 万亩出口加工型辣椒高产高效综合开发	英潮经贸有限公司	市级
2010	年产 10 万吨循环型生物质煤	昊源物产有限公司	省级
2010	双溶法萃取辣椒红色素技术应用与示范推广	英潮经贸有限公司	省级
2012	年产 100 万平方米太阳能电池背膜项目	鹏合复合材料有限公司	国家级
2013	优质白酒有机原料生产产业化开发应用	古贝春集团有限公司	国家级

火炬计划　1988 年 8 月，经国务院批准，由国家科委组织实施的指导性高技术产业发展计划，重点在新材料、生物技术、电子信息、机电一体化、新能源、高效节能及环境保护技术领域。是年，开始组织实施火炬计划。1994 年，完成 1 项。至 2005 年，累计完成 4 项。截至 2013 年底，累计组织实施火炬计划项目 7 项。其中，国家级 2 项，省级 5 项。

1994—2013年武城县火炬计划项目统计表

表 22-4

年份	项目名称	承担单位	级别
1994	植物纤维水泥复合板	新型建筑材料厂	省级
2003	生物有机肥“绿神丹”	华迪百灵肥业有限公司	省级
2003	复合式改性菱镁通风管道	华能玻璃钢制品有限公司	省级
2003	玻璃纤维环保节能门窗	鲁能中南复合材料科技有限公司	国家级
2012	年产200万平方米高温除尘过滤材料	奥博环保科技有限公司	省级
2012	年产30套非技术制品精密模具	双一集团公司	省级
2013	年产200万平方米高温除尘过滤材料	奥博环保科技有限公司	国家级

国家重点新产品计划　1988年启动，是国家科技计划体系中科技产业化环境建设的重要组成部分。2001年，全县完成国家重点新产品计划1项，为多功能浴房，承担单位白天鹅浴业有限公司。2003年，完成1项，为地铁接触轨防护罩项目，承担单位北方玻璃钢有限公司。2008年，完成1项，为RPTX热管平板式太阳热水系统，承担单位中立空调设备有限公司。截至2013年底，全县共组织实施国家重点新产品计划项目3项。

国家“863计划”　1986年3月，国家启动实施“高技术研究发展计划（863计划）”，2008年，全县完成国家级“863计划”1项，为干法联合脱除燃煤高温烟气可吸入颗粒物及重金属复合过滤材料的关键技术研究与应用，由山东奥博环保科技有限公司、上海东华大学承担。2011年，由山东奥博环保科技有限公司完成耐高温除尘过滤袋项目。截至2013年底，全县共组织实施国家“863计划”项目2项。

创新基金项目　1999年，国家和省设立支持科技型中小企业技术创新项目的政府专项基金。2006年，康达化工有限公司完成300吨/年合成对枯基苯酚新工艺1项，为省级项目。至2010年，共计完成3项。其中，国家级1项，省级2项。截至2013年底，共承担国家科技型中小企业技术创新基金项目（简称“创新基金”）和山东省科技型中小企业创新发展专项扶持资金项目（简称“省创新基金”）8项。其中，国家级3项，省级5项。

2006—2013年武城县创新基金项目统计表

表 22-5

年份	项目名称	承担单位	级别
2006	年产300吨合成对枯基苯酚新工艺	康达化工有限公司	省级
2009	耐高温纤维层复合过滤材料研究与开发	奥博环保科技有限公司	省级
2010	耐高温纤维层复合过滤材料研究与开发	奥博环保科技有限公司	国家级
2011	年产10万吨循环型生物质煤项目	昊源油业有限公司	国家级
2011	外贴式反应性丁基橡胶塑板止水带	派森科技有限公司	省级

续表 22-5

年份	项目名称	承担单位	级别
2012	年产 3000 吨赉亭酸甲酯项目	高新润农化学有限公司	省级
2013	船舶及海洋采油平台用高性能复合材料管道研发及产业化	欧森管道科技有限公司	国家级
2013	4YZP-3 型自走式玉米收获机研发及产业化	春明农业机械有限公司	省级

山东省农业良种工程项目 1998 年，全县组织实施山东省农业良种工程项目。2000 年，英潮经贸有限公司完成“武椒一号”辣椒品种的提纯复壮及高新栽培技术研究。2002 年，县畜牧水产局完成良种肉羊快繁技术体系研究与杂交新品种培育。2004 年，县农业科技开发研究所完成 SP×SP69 辣椒杂交种的试验示范。2005 年，县种猪场完成提高良种猪利用率配套技术研究与应用。2006 年，县农业科学研究所完成干辣椒优良品种的选育及高产栽培技术研究。2010 年，森源菌业有限公司完成珍稀高温鲍鱼菇优质高产品种的选育及标准化生产技术与研究。截至 2013 年底，全县共组织实施山东省农业良种工程项目 6 项。

科技富民强县专项行动计划 2008—2013 年，全县完成科技富民强县专项行动计划 2 项。2008 年，武城县英潮经贸有限公司“年产 10 万吨辣椒制品及配套基地建设”项目被列入山东省科技富民强县专项行动计划，争取科研经费 50 万元。2012 年，中椒英潮辣业有限公司“‘武城辣椒’产业化开发”项目被列入国家科技富民强县专项行动计划，争取科研经费 179 万元。

山东省自主创新成果转化重大专项 2013 年，山东奥博环保科技有限公司的“年产 100 万平方米新型除尘过滤材料”项目被列入山东省自主创新成果转化重大专项，争取科研经费 100 万元。

第二章　科技管理

第一节　科技成果认定

1986 年，根据《山东省科学技术研究成果管理办法》规定，全县完成科技成果鉴定 6 项，均为地区级科技成果。1995 年，共计完成 44 项。2002 年，由华能玻璃钢制品有限公司生产的改性菱镁复合材料电缆桥架，获省级科技成果，这是全县首个省级科技成果。至 2008 年，共计完成 61 项。其中，省级科技成果 2 项，市级科技成果 59 项。截至 2013 年底，全县共有 79 项科技成果。其中，省级科技成果 17 项，市级科技成果 62 项。

2002—2013 年武城县鉴定科技成果统计表

表 22-6

年份	成果名称	完成单位	鉴定组织单位
2002	改性菱镁复合材料电缆桥架	华能玻璃钢制品有限公司	山东省科技厅
2004	催化法生产农药、医药中间体绿色化工新工艺	康达化工有限公司	山东省科技厅
2009	生物质煤开发与循环利用	昊源油业有限公司	山东省科技厅
2009	生物有机肥料生产及应用	金宇肥业有限公司	山东省科技厅
2010	华奥特系耐高温复合过滤材料	奥博环保科技有限公司	山东省科技厅
2010	辣椒红色素、辣椒精加工及应用研究	中椒英潮辣业发展	山东省科技厅
2011	赉亭酸甲酯生产新工艺开发	高新润农有限公司	山东省科技厅
2012	无色辣椒精的生产工艺及应用研究	英潮经贸有限公司	山东省科技厅
2012	辣椒磷脂的提取工艺及应用研究	英潮经贸有限公司	山东省科技厅
2012	用于脱除高温烟气中超细颗粒物的新型滤料研究与开发	奥博环保科技有限公司	山东省科技厅
2012	高温烟气除尘用陶瓷过滤器高效清灰关键技术研究	奥博环保科技有限公司	山东省科技厅
2012	国蕴香型白酒生产技术研究	古贝春集团有限公司	山东省科技厅
2012	三步循环贮存及 BQCY 技术对提高白酒质量的研究	古贝春集团有限公司	山东省科技厅
2013	一种船舶及海洋工程专用增强 GRE 管道	金光玻璃钢集团有限公司	山东省科技厅
2013	利用作物秸秆生产矩型生物质煤技术研究	昊源物产有限公司	山东省科技厅
2013	复合溶剂技术在辣椒红色素和辣椒精生产中的应用研究	中椒英潮辣业发展有限公司	山东省科技厅
2013	乳酸菌发酵颗粒在辣椒红色素生产中的应用研究	中椒英潮辣业发展有限公司	山东省科技厅

第二节　科技成果奖

1986 年后，随着科技进步和各种科研活动的广泛开展，创新能力不断加强，科研成果奖励逐步增多。主要集中在工业、农业、卫生等领域。1995 年、1999 年、2001 年，3 次下发《武城县科学技术成果奖励办法》，并设立县级政府奖，规定在科学技术工作中取得具有新颖性、先进性和较高应用价值，实践证明有较大经济效益或社会效益的新成果（包括新产品、新技术、新材料、新工艺、新方法、新设计、生物新品种等），给予荣誉奖和物质奖。1995 年，奖励资金一等奖 1000 元，二等奖 700 元，三等奖 400 元。1999 年，奖励资金提高，一等奖 1500 元，二等奖 1000 元，三等奖 600 元。2001 年，科技成果奖励和 1999 年执行标准相同。至 2005 年，获得市级以上奖励科技成果 57 个，科技含量较高的有 7 个。其中，棉短绒制皮鞋内底板，获国家星火三等奖、“七五”星火成果博览会金奖；催化法生产农药、医药中间体绿色化工新工艺，获省科学技术进步奖一等奖；毛棉油碱炼新工艺、BW620 型玻璃钢车身获省科技成果二等奖。截至 2013 年底，全县获科技成果奖 72 个。其中，获国家级科技成果奖 2 个，省级科技成果奖 7 个，市级科技成果奖 63 个。按行业划分，工业科技成果奖 45 个，农业科技成果奖 14 个，卫生科技成果奖 11 个，其他科技成果奖 10 个。

1986—2013年部分年份武城县科技成果奖情况统计表

表 22-7

年份	成果名称	完成单位	奖励级别、等级
1986	玻璃钢旅游艇	滕庄旅游艇厂	地区三等奖
1987—1988	BW620 型玻璃钢车身	汽车改装厂	地区一等奖
	人造金刚石	老城机械厂	地区二等奖
	益寿醴研制	武城县酒厂	地区二等奖
	防风面罩	马庄头盔厂	地区二等奖
	医用玻璃钢汽车	汽车改装厂一分厂	地区一等奖
	锡青钢珠型粉末	县化工厂	地区二等奖
	夏谷中产变高产开发试验	李家户乡政府	地区三等奖
	武城县农业结构研究	县区划办	地区三等奖
	水资源调查	县区划办	地区三等奖
	农业机械区划	县农机公司	地区三等奖
	毛棉油碱炼新工艺	蔡村油厂	省二等奖
1989	B2K 型玻璃钢空调器	净化空调设备厂	地区二等奖
	蘑菇式消声器	建华环保设备厂	地区二等奖
	创猾皮染色新色号 6501、6502	外贸邢庄皮毛厂	地区三等奖
	BW620 型玻璃钢车身	县汽车改装厂	省二等奖
1990	填充聚四氯乙烯塑料闸门	县水利局	地区三等奖
	棉短绒制皮鞋内底纸板技术开发	李家户纸板厂	省星火二等奖，地区科技进步奖、优秀新产品一等奖
	断指移植再植手术	县医院	地区一等奖
	外伤显微修复术	县医院	地区二等奖
	毛白杨炮捻育苗技术	县林业局	地区三等奖
	山楂早期丰产技术	县林业局	地区三等奖
1991	BFE4-72 离心通风机	共青玻璃钢厂	地区三等奖
	阿托品穴封治哮喘	县医院	地区三等奖
	吸湿装置与油料蒸炒技术	老城镇榨油厂	地区三等奖
	哮喘流调查	县卫生局、县医院	地区三等奖
	高效除氟灭菌净化器的研制	环保器材厂	地区二等奖、省三等奖、“七五”星火成果博览会金奖
	显微精索静脉转流术	县医院	地区二等奖
	棉短绒制皮鞋内底板	李家户纸板厂	国家星火三等奖、“七五”星火成果博览会金奖

续表 22-7

年份	成果名称	完成单位	奖励级别、等级
1992	吻合血管的髂骨块转移治疗骨不愈合	县医院	地区二等奖
	线性规划程序研制及其在农业种植及动力调整中的应用	县农机局刘传普	地区三等奖
1993	BFM\BFT 玻璃钢导风筒	玻璃钢消声空调设备厂	地区二等奖
	ZKFF-65 型自动喷水机	自控机械厂	地区二等奖
	LZS-50/25 自动灭火装置	矿山机械厂	地区二等奖
	显微输卵管复通术	县医院	地区二等奖
	粮棉“双二”开发	县科委、老城镇政府	地区二等奖
	一季麦一季棉配套技术开发	老城镇政府	地区二等奖
1994	利用废旧估棉纤维制鞋用纸板系列产品开发	武城县纸板厂	省星火二等奖、地区星火一等奖
	中 17 繁育推广	县种子站	地区三等奖
	中长期供水计划	县水利局	地区三等奖
	牙移植在正畸中的运用	县医院	地区三等奖
	三连后房型人工晶体植入术	县眼病防治所	地区二等奖
1996	无晶体囊支持的后房型人工晶体缝线固定术	县眼病防治所	市科技进步三等奖
	羧基氯丁橡胶沥青叠层防水涂料	高新建筑防水材料厂	市科技进步三等奖
	KJ62-NO4.0 型 5.5KW 局扇	玻璃钢矿山风机制品厂	市科技进步三等奖
1997	竖井集水回水式氧化塘—土地渗滤污水处理系统	郝王庄造纸厂	市科技进步二等奖
1999	小麦地膜覆盖穴播栽培技术的示范与推广	县农业局	市星火奖三等奖
2000	10 万亩棉花种子包衣及综合配套增产技术	县棉花办公室	市科技进步三等奖
2001	无公害双孢蘑菇二次发酵技术	县农业局	市科技进步二等奖
	无公害西瓜保护地栽培技术开发	县农业局	市科技进步三等奖
	1400 万只规模化养鸡综合配套技术	县畜牧局	市科技进步三等奖
2002	改性菱镁复合材料电缆桥架	华能玻璃钢制品有限公司	市科学技术进步奖二等奖
2004	催化法生产农药、医药中间体绿色化工新工艺	康达化工有限公司	省科学技术进步奖一等奖
2005	冬暖大棚重茬黄瓜免嫁接抗病高产技术	郝王庄植物医院	市科学技术进步奖三等奖
	应用自制缝合针行腹腔镜下腹股沟斜疝高位结扎术	县医院	市科学技术进步奖三等奖
	米索前列醇终止 10-16 周妊娠的临床研究	县计划生育服务站	市科学技术进步奖三等奖
	无公害芦笋佛手 UC800 引进与推广	县农业局	市科学技术进步奖三等奖
2006	催化法生产农药、医药中间体绿色化工新工艺	康达化工有限公司	国家科学技术进步奖二等奖

续表 22-7

年份	成果名称	完成单位	奖励级别、等级
2008	建筑一体化太阳能智能空调热管平板式太阳热水系统	中立空调设备有限公司	市科学技术进步奖二等奖
	输电线路 GPS 移动巡视管理系统	县电业公司	市科学技术进步奖三等奖
	智能化变电站移动巡视管理系统	县电业公司	市科学技术进步奖三等奖
2009	关于心率变异性在重度脑外伤患者中的表现及临床意义	县医院	市科学技术奖二等奖
	生物质煤开发与循环利用	昊源油业有限公司	市科学技术奖三等奖
2010	华奥特系列耐高温纤维层复合过滤材料研发与开发	奥博环保科技有限公司、东华大学	市科学技术奖二等奖
	生物有机肥料生产及应用	金宇多元有机肥业有限公司	市科学技术奖三等奖
2011	辣椒红色素、辣椒精加工及应用研究	英潮经贸有限公司	市科学技术奖三等奖
2012	饮用水除氟工艺技术研究与应用	县惠民供水有限公司	省科学技术进步奖二等奖
	贲亭酸甲酯生产新工艺开发	高新润农化学有限公司	市科学技术奖三等奖
	国蕴酒生产技术研究	古贝春集团有限公司	市科学技术奖三等奖
2013	国蕴香型白酒生产技术研究	古贝春集团有限公司	市科学技术奖二等奖
	辣椒磷脂提取工艺及应用研究	中椒英潮辣业发展有限公司	市科学技术奖二等奖
	用于脱除高温烟气中超细颗粒物的新型滤料研究与开发	奥博环保科技有限公司	市科学技术奖二等奖

第三节　科技型企业认定

高新技术企业认定

1998 年，武城县开始高新技术企业认定，当年认定企业 1 家。至 2007 年，累计认定 17 家。其中，省级 7 家，市级企业 10 家。2008 年，科技部等四部门颁布《高新技术企业认定管理办法》，规定 2007 年前认定的高新技术企业需重新认定。截至 2013 年底，全县认定省级高新技术企业 5 家，市级高新技术企业 21 家。

1998—2013 年武城县省级高新技术企业统计表

表 22-8

企业名称	认定编号	认定时间
中南集团	13010A	1998
华能玻璃钢集团有限公司	13058A	2003
康达化工有限公司	13077A	2005
华迪百灵肥业有限公司	13084A	2005
伟达实业有限公司	13094A	2006
德州玲珑轮胎有限公司	GR201337000105	2013
奥博环保科技有限公司	GR201337000284	2013

续表 22-8

企业名称	认定编号	认定时间
中椒英潮辣业发展有限公司	GR201337000180	2013
新奥宇车业股份有限公司	GR201337000412	2013
高新润农化学有限公司	GR201337000126	2013

2001—2013 年武城县市级高新技术企业统计表

表 22-9

企业名称	认定编号	认定时间
金光玻璃钢集团公司	13020B	2001
鲁能中南复合材料科技有限公司		2003
新明玻璃钢制品有限公司	13045B	2005
水星橡塑集团股份有限公司	13054B	2005
日新复合材料有限公司	13055B	2005
水星来福气囊有限责任公司		2005
康达化工有限公司	13041B	2005
华迪百灵肥业有限公司	13042B	2005
金宇多元有机肥业有限公司		2006
英潮经贸有限公司	13108B	2007
伟达实业有限公司	20091126A044	2009
金宇肥业有限公司	20091126B050	2009
宏烨复合材料有限公司	20110601A015	2011
金信纺织风机空调设备有限公司	20121206A014	2012
春明农业机械有限公司	20121206A015	2012
鹏合复合材料有限公司	20121206A016	2012
古贝春集团有限公司	20121206A017	2012
德州玲珑轮胎有限公司	20121206A018	2012
奥博环保科技有限公司	20130715B028	2013
德州汇特环保科技有限公司	20130715B029	2013
龙祥橡塑制品有限公司	20130715B030	2013
派森科技有限公司	20130715B031	2013
昊源物产有限公司	20130715C032	2013
中立空调设备有限公司	20130715C033	2013
中椒英潮辣业发展有限公司	20130715C034	2013

续表 22-9

企业名称	认定编号	认定时间
新明玻璃钢制品有限公司	20130715C035	2013
日新复合材料有限公司	20130715C036	2013
新奥宇车业股份有限公司	20130715A037	2013
高新润农化学有限公司	20130715A038	2013
齐鲁汽车制造有限公司	20131230A015	2013
丰裕食用菌有限公司	20131230A016	2013

山东省创新型（试点）企业

全县自2010年开始山东省创新型（试点）企业认定，当年奥博环保科技有限公司被认定为山东省创新型（试点）企业。2011年，英潮经贸有限公司、日新复合材料有限公司被认定为德州市创新型企业。2012年，古贝春集团有限公司被认定为山东省创新型（试点）企业。2013年，昊源物产有限公司、丰裕食用菌有限公司被认定为德州市创新型企业。截至2013年底，共有6家企业被认定为创新型（试点）企业。其中，省级2家，市级4家。

第四节　专利管理

专利机构

1986年始，武城县科学技术委员会承担全县专利的管理工作，具体由县科委综合计划科管理，开始办理专利申请，主要对申请专利的单位和个人进行咨询服务。2003年12月，成立武城县知识产权局，与县科技局一个机构，两个牌子。

专利申请

全县自1985年4月申请专利。2001年，申报成功专利16件。2005年，申报成功专利49件。2008年，累计申报成功专利329件，专利授权量181件。至2012年，全县累计申请专利934件，经国家专利局（后称国家知识产权局）批准授予专利权的有493件。2013年，全年专利授权（发明专利）15件，累计专利权508件。

专利奖励

1994年9月，玻璃钢矿山风机厂KJ62-NO4.0型5.5KW风扇获第八届全国发明展览会铜牌，同时获山东省第三届发明技术展览会一等发明奖。武城县绿风生物开发公司天麻栽培技术获山东省第三届发明技术展览会二等发明奖，武城县蚂蚁制品有限公司蚂蚁神酒、蚁寿神蚂蚁健身茶、蚂蚁制剂获优秀新产品奖。

2012年，古贝春集团有限公司发明专利“白酒曲药制作无限测温系统”获得第十三届山东省专利奖一等奖。2013年，山东奥博环保科技有限公司发明专利“一种聚苯硫醚纤维除尘袋的制作方法”、中椒英潮辣业发展有限公司发明专利“复合型溶剂提取辣椒红色素、提取辣椒精的工艺”获德州市专利奖二等奖。截至2013年底，新明玻璃钢制品有限公司、古贝春集团有限公司、山东奥博环保科技有限公司、中椒英潮辣业发展有限公司4家企业获中国专利山东明星企业称号。

第三章　科技服务

第一节　科技宣传

1986年，全县组织科教电影队开展科教电影下乡活动，播放科教电影356场次，观众达26.5万人次，印发科普图书1.1万册，组织科普赶集活动58次。此后，每年利用放科教电影、印发科普宣传资料、组织科普赶集等活动形式对农民进行科普宣传。1999年11月，举办“99迎澳门回归‘古贝春杯’万人科技知识大奖赛”。2001年，举办“反对邪教组织”“崇尚科学、反对迷信”等为主题的科普宣传，制作展板65块，印制宣传册子1.5万份。2002年，开展“科技下乡”，以科普展览、科技咨询、送书下乡、科普知识讲座等形式为群众面对面服务。2003年，开展防“非典型肺炎”（简称非典）科普宣传，制作展板32块，挂图64张。2004年，开展防治高致病性禽流感科普宣传。2005年，在全县实施全省“科普村村通”工程，安装科普宣传栏393个，举办科普讲座45场次，开展科技下乡10次，举办科普展览8次。2006年，开展“一站、一栏、一员”建设，每村建一个科普站、一个科普宣传栏，选一名科普宣传员，当年建科普站107个，科普宣传栏393个。2007—2008年，依托“一站、一栏、一员”，开展科技培训102次，举办科普讲座89场次，开展科技下乡活动36次，发放科普图书3400余册。2010年开始，每年组织指导中小学师生参加德州市青少年科技创新大赛，先后有66件师生作品获奖。2011年起，在县广播电视台开办《科普大篷车》电视栏目。2013年12月，在全县实施山东省数字科普工程，在城镇社区、医院等人流量密集的地方安装23台数字科普电视，每天定时播放科普宣传片，内容涉及养生、科学种植、养殖、食品安全等方面。截至2013年底，累计播放258期。

第二节　科技培训

1986年，以农村干部、农民技术员作为重点培训对象，多形式、多渠道开展农民教育。1987—1990年，全县建立业余农校29处，学员2315人。举办各类培训班396期，培训人员2.3万人次。1990—1993年，建立乡镇科普夜校12所，村科普夜校312所。利用乡村科普夜校举办粮、棉、果树种植管理技术和畜牧养殖

图22-2　气象专家到蔬菜大棚进行业务指导（2013年　摄）

短期培训班 456 期，培训 3.5 万人次。1997—2005 年，利用农村科普夜校、农村文化大院、农资站等平台，举办农村基层干部实用技术培训班 102 期，受训人数 2 万人次。2006 年，全县依托“一站、一栏、一员”工程，举办科普宣传员培训 12 期，聘请专家指导和传授技术 50 多次，建立科普示范基地 13 处，推广新品种 10 种、新技术 6 项。2008—2013 年，举办各类农民培训班 178 期，培训人员 2.8 万人次；举办科普讲座 125 期，听讲人数 3.6 万人次。

第四章　气象观测　地震预测

第一节　气象观测

气象预测

1986 年，武城县气象观测站主要开展能见度、天气现象、气压、气温、湿度、风向风速、降水、日照、地温、雪深、雪压和冻土观测。2003 年 9 月，县自动气象观测站投入试运行。2004 年 1 月 1 日，自动气象站正式进行为期 2 年的平行观测。2005 年 1 月 1 日，转入以自动站为主的平行观测。2006 年 1 月 1 日，观测转入单轨业务运行，气温、湿度、风向风速、地温、气压和降水全部实现自动观测，自动传输气象观测资料。实现自动观测采集、数据处理和数据传输。

人工干预天气

1989 年 4 月，武城县成立防雹领导小组，具体业务由县人武部和气象局负责，全县设 6 个炮点，装备高射炮 6 门。2004 年，全县人工影响天气工作由县气象局负责，下辖老城、甲马营、鲁权屯、四女寺、郝王庄、大屯、祝庄 7 个炮点，装备 3 门 37 式双管高射炮和 4 门 37 式单管高射炮。1989—2012 年，年均开展人工防雹增雨作业 20 点次，发射炮弹在 300 ～ 500 发之间。2013 年，人工防雹增雨作业 40 点次，发射炮弹 346 发。

第二节　地震预测

防震

1986 年后，地震工作隶属于县科委，主要负责地震方面的日常工作。2012 年 4 月，成立武城县地震办公室，属县科技局内设股级机构，设主任 1 人，主要负责全县防震减灾工作，编制并组织实施全县防震减灾长期发展规划和年度计划，开展地震监测预报及建筑工程抗震安全评价等，会同有关部门开展防震减灾宣传教育，普及防震减灾知识。全县严格对建设项目抗震设防的审批，落实抗震设防标准，重点项目必须进行地震安全性评价报告，根据报告进行审批。一般建设项目按照不低于县抗震设防烈度等级进行设计、施工。学校、幼儿园、医院等公益性建筑提高一档抗震设防标准进行建设。农民自建住宅采取圈梁、构造柱、现浇楼面等必要的抗震构造措施，提升建筑抗震能力。

地震观测

武城县大地构造属冀鲁构造裂震带，基底构造复杂，断层交错。其中沧东大断裂横穿全境向西南延伸出境，是应力集中，地震孕育发生的危险地段。1986 年，全县有 10 余个地震观测点，进行仪器观察和宏观记录。骨干点有马庄中学观测点、武城一中观测点。20 世纪 90 年代，由于经费短缺，各观测点陆续撤销。

武城县志（1986—2013）

第二十三编

文化 体育 旅游

1986年后，全县文化、体育、旅游事业蓬勃发展。作家协会、摄影家协会、戏剧协会等文化团体相继建立。业余文学作者创作各类文学艺术作品超过6000件，在省级以上报刊发表作品1000余件，出版各类体裁的文学艺术作品30部以上。书画领域人才辈出，多次参与各类书画赛和书画展，有2人被吸收为中国书法家协会会员。2006年，启动文化遗产普查工作，查出非物质文化遗产项目400余项。至2013年，2项遗产被列入省级非物质文化遗产名录。文化会堂、文化馆、乡镇文化站、农村文化大院等文化设施不断健全。多次举办群众性文艺演出，并邀请县外文艺团体到县演出。档案管理日趋规范，史志编修成果丰硕，广电节目推陈出新，电视节目进入直播时代。体育健身设施不断完善，跑步、广场舞等体育活动成为群众健身娱乐的重要方式，体育运动员多次在省市级运动会上创造佳绩。旅游业不断发展，至2013年，全县有旅游景点5处。

第一章　文化艺术

第一节　文学艺术创作

文学创作

1986年，全县有业余文学创作者10余人，主要由教育、文化、宣传等领域的文学爱好者组成，有不少文学作品在各类报刊发表。此后，文学创作队伍不断壮大，创作活动日趋活跃，一些文学作品在《大众日报》《山东青年报》等省级报刊发表，体裁以诗歌、散文为主。1990年后，一些文学创作者开始出版个人作品集，其中高艳国出版《无人的夏夜》《今夜无眠》等书。1998年7月，他作为文化界代表出席共青团第十四次全国代表大会，受到江泽民、李鹏等党和国家领导人的接见。进入21世纪，文学创作者不断增加，文学创作水平不断提高。一些作品在《人民日报》《诗刊》《儿童文学》等国家级报刊发表。个人著作大量出版，许多作品从地方历史、现实中取材，从不同侧面记述武城县人文与变化，带有浓厚的地域文化特色。2003年，丰文茂出版《御马园纪事》，获德州市第二届精神文明建设精品工程奖。2011年，莫问天心的作品《画里画外》获冰心儿童文学新作奖。截至2013年底，全县文学创作者在全国各级报刊发表诗歌、散文、小说作品2000多篇（首），出版个人著作30部以上。

1986年后，武城籍在外影响较大的作家有桑恒昌、张曰凯、孙春亭、刘金忠、尹铁铮等。桑恒昌，中国当代著名诗人，曾任《黄河诗报》社长、主编，出版有《桑恒昌抒情诗选》《桑恒昌怀亲诗》等诗集。部分作品被译成英文、法文、德文、韩文、越文。张曰凯著有中短篇小说集《祭歌》，小说评论、散文集《觅踪寻痕》等。2011年，出版长篇小说《悠悠玄庄》。孙春亭，曾任《时代影视》杂志社社长、主编，著有电视文学剧本集《野蔷薇》，诗集《昨夜风》，散文集《岁月真情》等。刘金忠著有广播剧作选《颜真卿》《颜杲卿》，曾在中央人民广播电台和山东人民广播电台播出。另著有电影文学剧本选《取德州》，长篇传记文学《昨天的公仆》，长篇历史小说《故渎》等。尹铁铮在省内外文学期刊发表长中短篇小说100余万字，著有中短篇小说集《鼋庙轶事》、长篇历史小说《薛涛全传》等。

戏曲、曲艺、音乐、舞蹈创作

1980年后，受电视、电影的冲击，县评剧团处于半瘫痪状态，民间曲艺队相继停止演出，戏剧、曲艺创作进入低谷。1996年，李葆强创作的歌曲《小蜗牛》获山东省校园歌曲评选二等奖。进入21世纪，戏曲、曲艺、音乐创作日渐活跃，有一些优秀作品问世。2000年，县评剧团自编自演的评剧小戏《光棍相亲》获全市文艺汇演组织奖、创作奖、演出特等奖、演员表演特等奖和德州市第一届精神文明建设精品工程奖5个奖项。2001年，在全国小戏文艺调演中获山东片二等奖，剧团被评为“德州市先进文艺团体”。尹宝生创作的相声《酒鬼百态》获华东七省市相声、小品大奖赛一等奖。陈仲魁在《群众艺术》等杂志发表曲艺作品10余件。2008年，张子荣根据《四德歌》主题创作京剧联唱《道德歌》，多次在全县重大文艺活动中演唱，获得各界好评。2009年，德州市举办首届原创作品展演，歌曲《欢迎你到武城来》获创作表演一等奖，《武城怀古》《丰碑》获创作二等奖。2012 年，创作历史京剧《四女槐》、黄梅戏《观灯》等。2013 年，创作天津快板《武城旋饼》、表演唱《家乡特产数不清》等作品。

书画创作

1986 年后，全县书画交流活动频繁，创作队伍不断壮大。1996 年，县书画家协会成立。2006 年，举办鲁冀两省四县书画展。2010 年，举办鲁冀十一县市书画作品联展。截至 2013 年底，全县有中国书法家协会会员 2 人，中国楹联学会会员 3 人，省书法家协会会员 11 人，省美术家协会会员 2 人，省楹联协会会员 15 人，出版会员作品专辑 4 部，个人作品集（册）5 部，有 180 余件作品在全国、全省书画展、书画赛中参展或获奖。

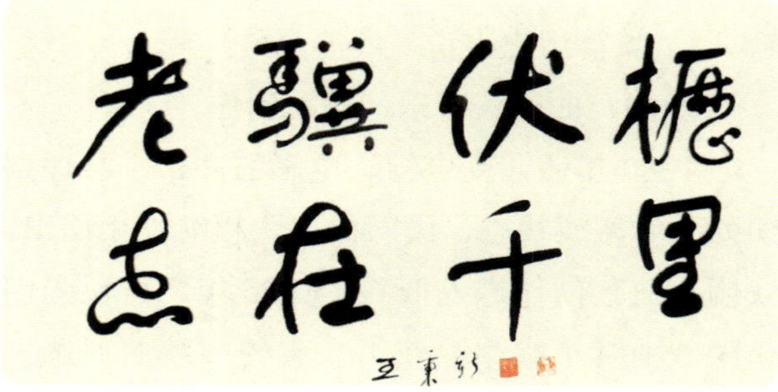

图 23-1 王秉新 书

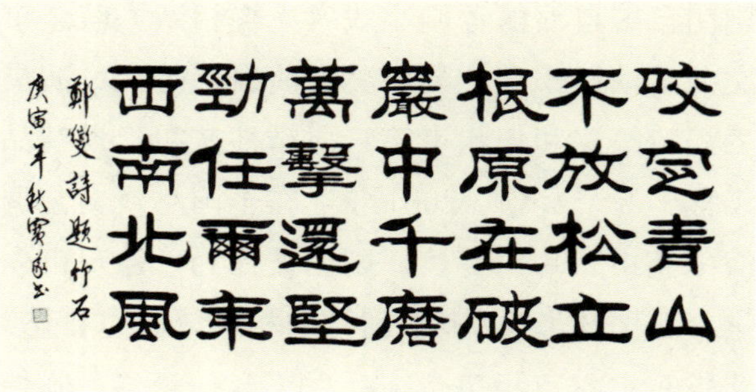

图 23-2《竹石》张宝义 书

王秉新，山东省舒同书法研究会理事，舒同弟子。多次在台湾、北京、上海、济南等地举办个展联展，在全国、全省书法大赛中多次获奖。作品被王羲之故居、邢侗纪念馆收藏。

图 23-3《盛春》柏庆坡 绘

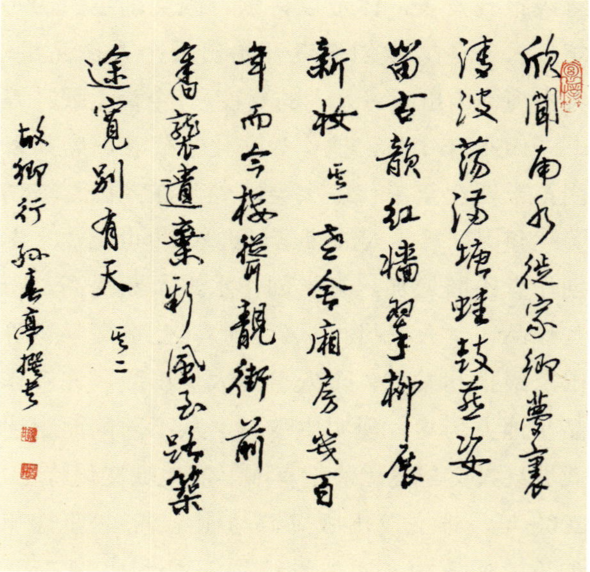

图 23-4《故乡行》孙春亭 书

1993 年，为电视剧《我爱我家》书写“老骥伏枥，志在千里”八字横幅。张宝义，书法以隶、楷见长。作品多次在全国老年书画大赛中获奖，在首届中国书画家金奖大赛中获书圣金奖。李永科，中国书法家协会会员，擅作行草、楷书。曾获首届全国青少年书法临帖大赛金奖，作品入展二十一世纪全国首届书画篆刻家作品展等。郭保军，中国书法家协会会员，以行草

图 23-5《万山红遍》乔丙俊 绘

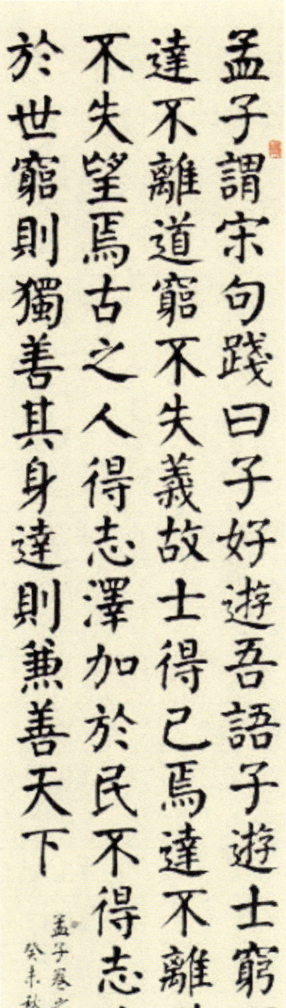

图 23-6《孟子·尽心章句》崔学路 书

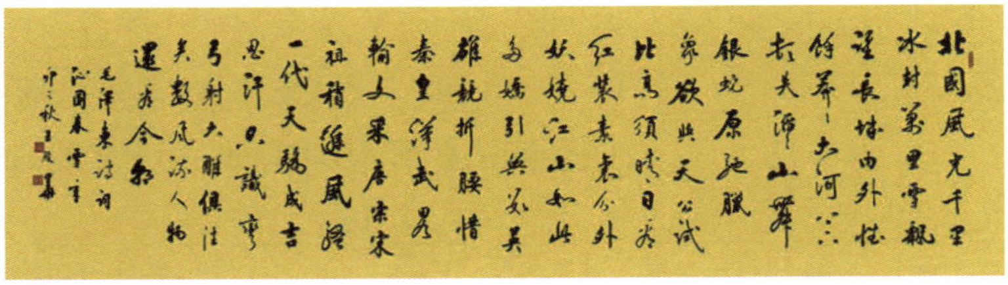

图 23-7《沁园春·雪》王殿华 书

见长。曾入展全国乾元杯、全国王安石杯等书法展。2012 年，作品获“泰山文艺奖”，系武城县文艺界人士首次获此奖项。柏庆坡，油画作品《送军粮》入选省美术作品展；国画作品《荷》入选全省画院作品展；国画作品《金曲颂秋》入选省首届花鸟画展、省首届青年美术大展。武红珺，作品《晨》获全国书画作品大赛金奖，《荷》系列入展省美协第九届新人新作展，《秋艳》获省美协首届中国画双年展佳作奖。

1986 年后，武城籍在外较有影响的书画家有崔学路、王殿华、乔丙俊、孙春亭、孙健、于占德、张宏等。崔学路，中国书法家协会会员，全国五届书展评委，《青少年书法报》创办者。参加首届中国书协优秀作品展，全国四届、五届书展等，作品镌刻于泰山、黄河等碑林，作品被多家博物馆、纪念馆收藏。王殿华，中国书法家协会会员，曾获全国纪念抗日战争胜利六十周年书画联展一等奖、第四届中国书画艺术“华表奖”创作大赛金奖等，作品被中国人民抗日战争纪念馆、井冈山革命斗争纪念馆收藏。乔丙俊，在美、日、韩等国数次举办画展。作品存于人民大会堂、钓鱼台国宾馆等地。2008 年，向青岛奥帆委捐赠国画作品《孔子论语语意图》。孙春亭，篆隶行草皆书，尤擅行草。作品多书自撰诗文、絮语心得，在省内多家景区有勒木、刻石等展示。2011 年，创作《大明湖赋》，存放于大明湖景区超然楼。孙健，中国书法家协会会员、泰安市书法家协会主席，绘画以油画为主，擅肖像和风景，书法擅行草兼隶篆。多次应邀赴日、美、韩、泰等国访问、办展和讲座。于占德，中国美术家协会会员，作品涉及花鸟、山水、人物，尤以儿童画见长。《农家宝宝》《连年有余》等作品参加全国美展，分获全国年画二等奖和三等奖，多幅作品作为国际文化交流被选送到加拿大、法国等国家展出。张宏，中国美术家协会会员，作品以人物画为主。《凋羽》《霜降》《惊蛰》等多幅作品参加全国美展。其中《霜降》获全国书画展一等奖，《惊蛰》获优秀奖。

1991—2013 年武城县书画创作者
在省级以上展览中参展、获奖的部分作品统计表

表 23-1

刊登、参展、参赛名称	作品类型	刊登、入展、获奖情况	作者	时间
山东省庆祝中国共产党成立 70 周年美展	国画	入展	柏庆坡	1991
“二王杯”全国书画大赛	书法	优秀奖	孙成斌	1991
建军七十周年老年书法展	书法	二等奖	詹春江	1997
“正则杯”全国书画大赛	书法	三等奖	朱振东	1998
山东省建国五十周年暨迎澳门回归书画展	国画	三等奖	董延亭	1999
全国老年诗书画大赛	书法	银奖	张宝义	2001
首届全国老年书画展	书法	优秀奖	张宝义	2001
第九届新人新作展	国画	入展	武红珺	2001
二十一世纪全国书画家作品展	书法	入展	李永科	2001
建军 75 周年全国书画展	书法	三等奖	李宝文	2002
迈向新世纪中华老年书画赛	书法	金奖	邹世享	2002
首届中国书画小品大赛	书法	优秀奖	张宝义	2002
全国中老年书画作品大展	国画	优秀奖	吴锦竹	2002
首届中国少字书法大赛	书法	优秀奖	张宝义	2003
纪念邓小平诞辰 100 周年全国书画大赛	书法	铜奖	徐庆仁	2004
“欧阳询奖”全国书法大赛	书法	金奖	王立堂	2004
“敦煌杯”书法篆刻大赛	书法	入展	郭保军	2005
“任伯年杯”全国书画大展赛	国画	一等奖	宋续原	2006
纪念孙中山诞辰 140 周年书画精品展	书法	优秀奖	马继武	2006
全国首届青年临帖大赛	书法	金奖	李永科	2007
第九届全国书法展篆刻大展	书法	入展	张春晓	2007

续表 23-1

刊登、参展、参赛名称	作品类型	刊登、入展、获奖情况	作者	时间
第四届“欧阳询奖”全国书画大赛	书法	金奖	孙洪荣	2008
改革开放 30 周年书画作品邀请展	书法	金奖	王志德	2008
全国第二届隶书艺术大展	书法	入展	张春晓	2008
上海市第二届榜书大赛	书法	一等奖	郑立泉	2008
山东省首届花鸟画展	国画	入展	柏庆坡	2009
山东省首届青年美术大展	国画	入展	柏庆坡	2009
新中国成立 60 周年书画展	国画	入展	王占斌	2009
中国书画金墨奖	书法	金奖	邹世享	2009
山东省新人新作展	国画	入展	陈尚勇	2010
“融正杯”第三届山东青年临帖大展	书法	入展	王建军	2010
第二届“宋璟碑”全国颜体书法大赛	书法	入展	冯建刚	2011
首届“王羲之奖”全国书法作品展	书法	入展	郭保军	2012
“养生文登　翰墨齐鲁”书法篆刻展	书法	入展	李希元	2013
山东省第二届书法篆刻展	书法	一等奖	郭希中	2013
全国第三届草书展	书法	入展	郭保军	2013
首届“孙过庭奖”全国行草书大展	书法	优秀奖	于　斌	2013

摄影创作

1986 年，县文化馆设有摄影组，配有专业摄影人员。1988 年 10 月，孙洪荣拍摄的《菜园秋色》获“中国·山东摄影大奖赛三等奖”。1992 年 10 月,《希望之光》获省“优秀作品奖”。业余摄影爱好者有王恒俊、赵登勤、黄荣成、赵书华等。王恒俊，中国摄影协会会员，作品多次在全国摄影展获奖。赵登勤，1997 年加入中国民俗摄影协会，1999 年作品被收入到《中国摄影家全集》，上百幅照片被各级各类报刊采用。赵书华，省摄影家协会会员，30 多幅作品在《齐鲁晚报》等报刊发表。进入 21 世纪，摄影爱好者逐渐增多，其中较有成就的有张恒录、韩冰、张恒武、杨洪涛、周玉峰、刘炳锋等。2009 年，县摄家影协会成立后，多次组织摄影活动，先后举办纪念建党 90 周年集中采风、四女寺采风、古贝春酒厂采风和英潮公司、大屯水库采风等活动。参加激情广场大家唱、新中国成立 60 周年歌咏比赛等大型纪念、庆典、奠基活动摄影 10 余次。参加德州市、夏津县和故城县举办的摄影采风活动 6 次。2013 年，县摄影协会组织以“弘扬好客文化，展现魅力武城”为主题的摄影大赛。

第二节　非物质文化遗产

武城县民间艺术历史悠久，种类繁多，有抬花杠、运河船工号子、大祁庄地秧歌、舞龙、踩高跷、大秧歌、跑驴、划旱船、吹打乐、剪纸、烙画等。其中抬花杠、秧歌、舞龙、踩高跷传承人数较多。2006 年，县政府启动文化遗产普查工作，查出非物质文化遗产项目 400 余项，征集实物 200 余件。2010 年，在首届中国非物质文化遗产博览会上，古贝春配制工艺传承人周晓峰、赵殿臣、吴兆征、董福新获“优先传承人”称号。截至 2013 年底，抬花杠、武城运河船工号子被列入省级非物质文化遗产名录，四女寺传说、姑嫂坟传说、武城旋饼制作工艺、武城架鼓、古贝春酒传统酿造技艺等被列入市级非物质文化遗产名录。县政府分两批公布县级非物质文化遗产38项。

图23-8 运河船工号子表演（2006年 摄）

抬花杠　又称花杠舞，流传在老城镇南屯村一带。明弘治年间，武城一带连年干旱，稼禾不生。农历四月十八日早晨，城东娘娘庙突现一位仙姑，脚踏祥云升至半空，手提花篮边走边撒，所到之处万物复苏，稼禾生芽，果树开花。后来在南屯上空落下不见踪影，人们奔走相告：这是王母娘娘让她的女儿（百姓后称其为“大姑”）拯救这方生灵来了。当地百姓感念恩情，在南屯村修建大姑庙供奉大姑。传说大姑神爱花，人们便抬着花篮在大姑庙前表演。南屯系武术之乡，抬杠人集舞蹈、武术于一体，形成独具一格的民间表演艺术。抬花杠即由这种仪式衍生而来。后来，为祈求大姑神保佑，把每年的农历四月十八日定为大姑回娘家的日子，称为“大姑出驾”或“大姑出巡”。到清乾隆年间，抬花杠达到鼎盛期，舞步动作及表演套路得到进一步规范。20世纪70年代末，抬花杠被选为节庆项目。1979年，县文化馆对抬花杠进行发掘整理和艺术加工，从民间搬上舞台，在德州市文艺会演中获优秀节目奖，同年赴济南会演，获山东省优秀节目奖。1984年，中国舞协将抬花杠录像保存。1992年，被收录到《中国民族民间舞蹈集成·山东卷》，成为国家艺术学科重点研究项目，在沈阳国际秧歌节上获优秀节目奖。1996年，参加省委宣传部、文化厅举办的齐鲁民间广场艺术展演，获“黑牡丹”奖。2006年12月，被列入山东省首批省级非物质文化遗产名录。2013年，武城县被省文化厅命名为“山东省抬花杠艺术之乡”。

运河船工号子　始于元代，盛于明清，止于1978年漳卫南运河断流。明清两代，运河上来往船只络绎不绝，船工号子此起彼伏，形成“南来北往船如梭，处处欣闻号子歌”的热闹景象。新中国成立后，运河航运繁荣兴旺，船工号子更加热情奔放，委婉动听。县文艺工作者根据运河号子旋律创作出民歌“唱秧歌”，1964年在“上海之春”音乐会上受到专家与观众的好评，并灌制成唱片多次在中央、省电台、电视台播放。武城运河船工号子大体可分为打蓬号、打锚号、拉冲号、拉纤号、撑篙号、撺篙号、摇橹号、绞关号、警戒号、联络号、出舱号11种。2006年12月，被列入山东省首批省级非物质文化遗产名录。

大祁庄地秧歌　始于元末明初。以舞为主，以唱为辅，集舞唱为一体。在春节、元宵节期间表演，自娱自乐。后来每年元宵节前后，周边村庄派德高望重之人，前往大祁庄邀请秧歌队，逐渐在平原、武城两县流传开来。表演队员六七十人，多数身着明清服装。领队（俗称打伞的）手持一把红色伞盖（也叫华盖）走在

图 23-9 大祁庄地秧歌表演（2009 年 摄）

原始表演风格，每年参加乡镇及全县民间文艺表演。

踩高跷　老城镇、武城镇、郝王庄镇、广运街道部分村庄传承着踩高跷这门艺术。高跷尺寸不一，一般在 50 厘米左右。高跷队伍人数无规定要求，舞者多为青年男子，扮成历史、戏剧人物，手持道具按鼓点节奏踩十字花舞步。表演时一人在队前吹哨挥旗，引领指挥。队分两列，两列排头为两名紧身青衣男子，手持双棍打场。高跷表演有跨单凳、跨三凳（叠加）、跳桌（在单桌上越过）、搭彩楼、老翁捕蝶等节目。老城镇南关村高跷队和郝王庄镇邱王庄村高跷队在表演上最为出色。

队伍前面，身后是四名武士（俗称打棒的），起领舞和打场子的作用。随后是宫女、官吏、官太太、浪荡公子、打渔公、打渔婆、算命先生、货郎、花郎、猎人、老头、瞎婆、瘸子、傻小子、傻闺女及三教九流等人物。呈两路纵队二人一排，横向交叉来回扭秧歌步，队形有转圆场、直行、二龙吐须。气氛热烈，令围观者拍手叫好。一旦场子围得太小，打伞者将伞向上一指往回一翻，四个武士就向前起飞脚，打场子，给秧歌队增添威武雄壮之势。

舞龙　又名龙灯。相传很久以前荷花池边有一对夫妻，妻子怀胎十月未生，到九百九十九天生一男孩，胸前长有九百九十九片龙鳞。村民以为不祥，欲加害，这时男孩忽然化龙升空而去，此后每年回到家乡施雨。百姓感念恩德，在池中采四十九朵荷花用九百九十九片叶包制成花形，取名百叶龙。舞龙只在逢年过节时表演，所到之处门前摆上烟酒糖茶，燃放鞭炮相迎。表演者身着衣襟、脚蹬快靴、戴头巾。表演时龙前一人持杆引领，杆顶有巨球，前后左右摇摆。龙首做抢球状，引龙身游走舞动，有鼓、锣、镲、唢呐等乐器伴奏。老城镇南街村、三合街村舞龙仍然保留

大秧歌　始于东北大秧歌，近代传入武城。武城秧歌保留原始风格，以方队两队形或直走秧歌点，或分队、或转圆始终走十字步，有鼓、大锣、铙钹、小锣、唢呐等乐器伴奏，节奏性强，动作豪放，气氛热烈。

跑驴　一般在喜庆节日、春节期间表演。一妇女骑用竹、纸、布做成的驴形道具，另一人扮赶驴人。表演者身体各部位相互配合扭逗，表演幽默、风趣、活泼。音乐欢快，一般有唢呐、鼓、钹等乐器伴奏。

划旱船　又名跑旱船，是一种模拟水中划船的民间舞蹈，相传为纪念大禹治水所创，经过世代相传，在保留原始遗风的基础上逐渐形成地方风格。一般在逢年过节时表演，表演时利用快速碎步保持自由平稳前进。女性表演者身着大襟上衣、围裙、灯笼裤，男性表演者身着对襟上衣、灯笼裤。道具一般是船形木架子，外饰水纹棉布裙、红绸，用纸花点缀。使用锣、鼓、钹、唢呐伴奏。

吹打乐　民间吹打乐在武城流传已有数百

年的历史，多为世传，遍及各个乡镇。吹打乐在新中国成立初期最为活跃，“文化大革命”时期受“破四旧”的影响，演出活动停止。改革开放后，民间吹打乐逐渐兴起，形成职业性的演出团体，班主们购置音响、话筒、架子鼓、电子琴、电贝司、锣、鼓、钹、梆子等乐器。吹打班成员除家庭成员外，多为临时应差，自由组合。演出曲目以唢呐独奏、河北梆子、流行歌曲为主。截至2013年，全县有民间吹打乐班20家。

剪纸　题材有花鸟虫鱼、戏曲人物、传说故事，还有大幅组画、结婚用的双喜字、龙凤图等。主要工具为剪刀，材料多是大红纸或各种色彩的纸张。制作方法是把纸对折或多次对折，用剪刀剪出图案，下剪时用剪刀画印，一般不用草稿，根据经验直接剪。尹淑华剪纸艺术水平较高，多次参加市、县民间艺术展览。

烙画　兴起于20世纪末，一般以中国画的山水、花鸟为主，也有传统年画。烙制作品经过反复研究、创作、定稿，用高温烙铁把定稿的纹理、线条勾勒出来，然后上色，刷一遍清漆，装潢上框。早期烙画是用型号不同的烙铁在炭火上烧红，然后在木板上烙，火候掌握不准，后改用电烙铁，火候控制较为简单。武城烙画曾畅销北京、上海、济南、青岛等城市，一度成为馈赠佳品。

四女寺的传说　四女寺传说有两种说法。其一，西汉景帝时期，在安乐镇（今四女寺），有一户傅姓人家，傅氏夫妇为人和善，经常救济穷苦乡邻，颇受百姓称赞。傅氏夫妇年届五十，膝下只有四个女儿，四女个个相貌出众，聪慧过人。有一年，她们在为双亲做寿时，发现父亲并无喜悦之容，于是便问缘由，父亲长叹道：“为父只有你们姊妹四个，惜无男儿，如今你们已到出嫁的年龄，日后无人为我们养老送终，我怎能不忧。”四姊妹听后恍然大悟，从此，改着男装，矢志不嫁，侍奉双亲。为表心愿，各自种下一棵槐树，并对天盟誓：“槐枯则嫁，槐茂则留。”后来为争养双亲，各在暗中用开水浇她人之槐，以免贻误其他姊妹的青春。不料，槐树却越长越繁茂。四姊妹同室侍亲，从早到晚读书诵经，祈祝父母长寿，遂修道成仙，举家超升。人虽已去，但傅家宅院还在，四棵槐树依然亭亭玉立，世人遂改安乐镇为四女树镇。后人为四女建祠（四女祠）塑像、树碑立传，将四女树更名为四女寺。其二，根据四女寺村出土的清代碑刻《四女寺诗有序》记载，四女寺之四女是指唐代贝州宋廷芬之五女中的若莘、若昭、若伦、若荀，因若宪被诛未被列入其中。宋氏五姐妹才华出众，均先后在宫中任职，或赠郡君，或呼学士、先生。后人为祭祀四女以宋氏家宅为寺，塑像立碑供人瞻仰。关于宋氏姐妹，《旧唐书》“后妃传”中有详细记载。明清时期的《恩县志》与民国时期的《重修恩县志》载：明代河南参政左杰的《四女遗槐》，管异之的《恩县四女碑》，清代恩县知县张光祖的《四女传》，清代异地县令黄始的《山东四女祠记》等，都详细记述了四女传说。四女祠建于何时已无从考证，原祠内碑刻为明代。1957年，运河拓宽时四女祠被拆，除仅存四女塑像照片及碑刻碑文外，其他祠内文物皆失。2007年5月，被列入德州市第一批非物质文化遗产保护名录。

武城架鼓　亦称家鼓，即民间家家皆有而得名。架鼓遍及县城周围及县内部分村庄，已有500多年历史。据传，明末当地连年兵荒马乱，百姓为防御匪患，便以鼓声示警传递消息。后来架鼓开始用于配合“抬花杠”，所以又称“驾鼓”。至清咸丰年间又融入军鼓乐、宫廷鼓乐的演奏套路，使这一以打击乐为演奏方式的民间艺术达到鼎盛。曾有“河西高跷河东杠（抬花杠），最数架鼓敲得棒。枣木鼓锤举三举，运河浪花唱九唱”的歌谣。架鼓以鼓充当伴奏，常

图 23-10 武城架鼓表演（2011 年 摄）

以鼓手自身为支架，把鼓绑在腰间，“架”在腹前，敲打演奏。一些乡民大都从小注重训练，没鼓没锤，以树枝当锤，以鞋底为鼓，学习演打技艺。架鼓演打以李家户镇刘王庄村和老城镇东屯村最为有名，是传承、发展武城架鼓的两大支系。2009 年 8 月，被列入德州市第二批非物质文化遗产保护名录。

姑嫂坟的传说　在老城镇祝官屯村北 500 米处有一座坟墓，当地群众称为“姑嫂坟”。传说，在明代祝官屯村一个姓陈的小伙娶了本村姑娘孙某为妻，与老母和小妹一家四人男耕女织，俭朴度日。不久，小伙被抓丁带走，几年都无音信。老母让儿媳趁年轻改嫁，儿媳不应，并发誓替夫养老，并劝小妹早日了却终身大事。小妹倍感嫂子疼爱，也决定终身不嫁。不久，老母病重离世，姑嫂生活愈加凄凉，还常常遭受刁民调戏。嫂屡劝妹出嫁，小妹誓死不从。某日夜晚，一歹徒潜入陈家，欲行不轨，搏斗中，性情刚烈的嫂子打伤歹徒，歹徒恼怒，将其杀死，随后仓皇而逃。搏斗中惊醒小妹，小妹见嫂子被杀，痛不欲生，遂自杀身亡。邻居亲友置两口陋棺将二人合葬。当地百姓敬佩姑嫂二人和睦相处、孝敬老人的美德，暗为其立碑，墓前有“烈女之墓”“淑姬之墓”“万世流芳”“二位仙姑之墓”等石碑，并逐年增加。2009 年 8 月，被列入德州市第二批非物质文化遗产保护名录。

武城柳子戏　柳子戏（又名“吹腔”“哼哼腔”）起源于清朝中期，传入武城已有 200 多年历史。老城镇吕洼村为柳子戏传承地，建有专业柳子戏剧团。鼎盛时期，柳子戏剧团的演职人员多达 40 余人，生、旦、净、丑行当齐全。传统剧目有《佘唐关》《挂龙灯》《破洪州》《三宝殿》等。20 世纪 70 年代，将革命样板戏《红灯记》《沙家浜》《智取威虎山》等改编成柳子戏。主要伴奏乐器有笛子、笙、三弦，还有二胡、箫、月琴、唢呐、管子等。打击乐器有板鼓、板、大锣、小锣、铙钹、小钹等，还有堂鼓、大皮鼓。

2013 年武城县非物质文化遗产项目统计表

表 23-2

项目名称	级别	类别	所在地区
抬花杠	省级	民间舞蹈类	老城镇南屯村
运河船工号子	省级	民间音乐类	甲马营镇
四女寺的传说	市级	民间文学类	四女寺镇四女寺村
姑嫂坟的传说	市级	民间文学类	老城镇祝官屯村
武城架鼓	市级	民间音乐类	李家户镇刘王庄村

续表 23-2

项目名称	级别	类别	所在地区
旋饼制作工艺	市级	手工技艺类	老城镇
古贝春酒传统酿造技艺	市级	手工技艺类	古贝春集团有限公司
武城柳子戏	县级	戏曲类	老城镇吕洼村
南街舞龙	县级	民间舞蹈类	老城镇南街
邱王庄高跷	县级	民间舞蹈类	郝王庄镇邱王庄村
大杨树的传说	县级	民间文学类	老城镇赵庄村北
刘秀在武城的传说	县级	民间文学类	全县
燕王扫北的传说	县级	民间文学类	全县
罗成在武城的传说	县级	民间文学类	全县
文圣人王道的传说	县级	民间文学类	全县
运河民谣	县级	民间文学类	全县
面祭	县级	传统美术类	武城镇付王庄村
剪纸	县级	传统美术类	老城镇杨庄村
野庄威风锣鼓	县级	民间音乐类	武城镇野庄村
杨庄叶家吹打乐	县级	民间音乐类	老城镇闫沟村
评剧	县级	戏曲类	振华街
大祁庄地秧歌	县级	民间舞蹈类	郝王庄镇大祁庄村
河南坠子	县级	曲艺类	鲁权屯镇北宋庄村
锔盆锔碗技艺	县级	手工技艺类	甲马营镇占官屯村
锭杆铣制技艺	县级	手工技艺类	武城镇后马村
传统纺织技艺	县级	手工技艺类	全县
千层豆腐制作技艺	县级	手工技艺类	武城镇杨官屯村
笼头编织技艺	县级	手工技艺类	武城镇丁王庄村
竹编筛子技艺	县级	手工技艺类	甲马营镇盐庄村
柳编技艺	县级	手工技艺类	甲马营镇尹庄村
卷卷	县级	手工技艺类	老城镇
二月二炒蝎子爪	县级	传统习俗类	全县
叫魂	县级	民间信仰类	全县
林氏吊斜风膏药	县级	传统医药类	老城镇林楼村
姜氏正骨术	县级	传统医药类	李家户镇刘韩联村
赵氏烧烫伤偏方	县级	传统医药类	甲马营镇田庄村
曲氏咽炎秘制汤药	县级	传统医药类	鲁权屯镇小馆村
南屯戊子门武术	县级	传统体育与竞技类	老城镇南屯村

第三节　文物

1986年，全县有玉、瓷、铜、陶、木、石器等历史文物119件。年代最早的有战国和秦汉时期的陶器、铜钱等。1998年，出土文物6件。2006年，漳南镇村出土石雕、经幢等10余件。2010年10月，在大屯水库出土三彩炉、瑞兽葡萄铜镜、开元通宝铜钱等文物30余件。截至2013年底，有馆藏文物318件，不可移动文物45处。其中，馆藏文物中一级文物2件，二级文物5件，三级文物29件，不可移动文物中市级保护单位5处，县级保护单位18处。

馆藏文物

丹阳公祠堂记碑　1972年秋，县城搬迁时在原运河河务段院内大门下被发现，曾暂存在老城镇小王庄村，1982年移至县文化馆。石碑通高2米，上部宽0.9米，下部宽0.97米，厚0.35米，顶部为半圆形，底部中心位置为榫状。碑文为阴刻楷书，四周刻有简单的阴刻花纹。据碑文显示，该碑刻是为祭祀子游仕为武城宰修建祠堂而立。据《嘉靖武城县志》载，《丹阳公祠堂记》为元代学士王鹗撰。

图23-11 大屯水库出土文物（2012年 摄）

"睡狮猛醒"石狮　石狮一对，原收藏在县图书馆，2007年移至古贝春酒文化馆。坐式，底座为长方体，长0.7米，宽0.45米，高0.4米，通高1.31米。背上题有"睡狮猛醒"四个大字和"十九师吉题"五个小字。前四个大字为双线阴刻，后五个小字为阴刻，均为正楷字体，庄重淳古，字字雄厚，系1928年爱国将领吉鸿昌在武城驻扎时题写。

唐代墓志　1973年出土，青石质，边长0.32米，顶式上篆刻"合祔墓志"四字，四周梯形斜面均刻云浪纹饰。墓志四个侧面各刻有三个侧身官像。志文用楷体，每字1.5厘米见方，竖排13行，满行20字，共207字。首题为"唐代周府君夫人王氏合墓志铭并育"。藏于县图书馆。

瓷枕　1955年在本地征集。呈腰圆形，长31厘米，宽24厘米，高14厘米，外施白釉绘黑彩纹饰，正面绘一卧鹿，四周立面绘卷叶纹饰。根据造型、尺寸、制做工艺等特点分析，该瓷枕系宋代磁州窑瓷器，国家一级文物。底面印有三个字，前二字为"张家"，最后一字印制浅不可辨认，据磁州窑瓷枕的特点推断，此字应为"造"字。藏于市博物馆。

水注　1982年在老城镇三义村出土。口径8.5厘米，底径6厘米，薄唇口沿，唇下有一短流，鼓腹，实足，内外使黑褐釉，外不及底，胎质微粗呈灰色。系唐代中前期制作，造型新颖，呈现唐代瓷器丰满、圆润的特点。藏于市博物馆。

陶房　陶栏　广运街道东关村民在贝州遗址东侧挖掘鱼塘时发现，后上交县文化馆。陶房高34厘米，宽19厘米，陶栏高10厘米，长26厘米，为典型的汉代墓葬随葬品，是全县年代最早的文物。藏于县图书馆。

彩斑玉壶春瓶　1955年在本地征集。高32.5厘米，腹径9厘米。喇叭口，细长颈，颈以下渐广，圆腹，圈足微外撇。胎质细而坚，白中泛黄。外施黑褐釉至下腹部，釉面上有不规则的横排红褐色斑点，斑点外晕呈黄褐及青蓝色，大小、形状各异。该瓶为元代制品，国家三级文物。藏于市博物馆。

竹青馆铭四系瓶　1973年在老武城遗址运河内出土。瓶口外撇，短颈，瓶形略如橄榄，腹部稍广，圈足。瓶身上半部施白釉，下半部施黑釉，颈肩之间有四系，由肩部向下斜书“竹青馆”三个字，行书体。为宋代馆驿里使用的酒瓶或水瓶。藏于县图书馆。

青铜多宝佛塔　1955年在本地征集。高54厘米，底径15.5厘米，顶径6厘米。除底座外分11层，顶部为莲花形，底座为圆形，由上而下逐层变广，层距亦高。顶层层距4厘米，底层层距6厘米，每层均有八角上翻，层间铸雕数量不等的罗汉、观音、侍童、瑞兽等，有立式、坐式、卧式，形态各异。年代为明代，国家三级文物。藏于市博物馆。

青花夹紫六棱瓶　1980年在本地征集。高40厘米，口径18厘米×12.5厘米，底径15厘米×10厘米。从瓶口至底均呈六棱状，盘口，外施青色釉，颈部正、背两面为青花夹紫山石牡丹图，腹部正、背两面为青花夹紫山水图。清代瓷器，国家三级文物。藏于市博物馆。

重修山西会馆碑　1996年旧城东西大街改建时在旧城镇政府院内出土。通高163厘米（不含底座），宽60厘米，厚16厘米，碑顶为半圆形，底部有插石卯的梯形石榫。阳面上部横款刻有四个楷体大字“永垂不朽”，左侧竖款刻“创建并重修会馆”，右侧竖款刻“大清嘉庆二十二年仲冬上浣之吉日立”，阴面上部横款四个楷体大字“流芳奕禩”。该碑是武城山西会馆唯一的历史见证，现存于广运街道南关村村民张保坤家中。

不可移动文物

王金铭墓　位于老城镇东屯村东500米处，四周为农田。坐北向南，砖混结构。南北长3米，东西宽2.4米，高1.5米，墓顶为拱形。正面刻“王金铭烈士墓”，墓联“勾求共和洒热血，英豪精神勉后人”。王金铭滦州起义失败被杀后葬于天津，1912年3月，国民政府将其遗体移葬故里。1990年，县政府为其修建地上永久性烈士墓。2005年，被公布为德州市第一批市级文物保护单位。

漳南镇古遗址　位于鲁权屯镇漳南镇村，南北长500米、东西宽800米。北半部分被民宅所覆盖。全国第二次文物普查发现该遗址，在遗址坑塘、沟渠内发现砖瓦片。据民国《恩县志》记载，此地为隋末农民起义领袖窦建德、刘黑闼起兵之地。遗址南侧曾有一土台，高出周围地面3米，20世纪70年代因取土夷平，传说为点将台。2006年5月，村民在清理水塘时，于地表下3米处发现建筑遗址，并出土碑刻、经幢、石雕、拴马桩等文物10余件。经省考古研究所专家考察，鉴定为唐代寺庙遗址，出土文物藏于县图书馆。

达官营清真寺　位于四女寺镇达官营村西首，卫运河右堤南岸。坐西向东，北侧建有男水房，南侧建有女水房。二门内正西为大殿，面阔3间，两侧各建1间耳房，进深3间，卷棚三联脊、灰瓦、硬山，大殿前南北两侧分别建有南讲堂和北讲堂各4间。始建于明代，但无史料可考。此寺为民国二十六年（1937）重建，男水房、女水房为20世纪60年代所建。清真寺整体保存良好，墙体因1963年洪水浸泡出现侵蚀现象。2010年11月，被县政府公布为第一批县级文物保护单位。2011年4月，被市政府公布为第二批市级文物保护单位。

老武城遗址　位于老城镇东关村西运河堤内，遗址南北长约1140米，东西宽约800米，运河大桥东西向在遗址北首穿过。河床及河道内有大量碎砖、陶片、瓷片等，出土器物有唐咸通年间墓志1方，唐末注子2件，元代尖底陶罐2件。遗址年代应为唐宋时期。根据嘉靖《武城县志》载：宋朝大观年间运河西决，将武城县治由距老城5千米的河西祖杨移至河东岸。1973年卫运河展宽，将原城址辟为河道，县治东迁20千米至旧城（贝州遗址）西北重建。2010年11月，被县政府公布为第一批县级文物保护单位。2011年4月，被市政府公布为第二批市级文物保护单位。

贝州遗址　位于广运街道四关，遗址南北长1800米，东西宽1000米，中心位置在县汽车站西100米，呈土埠状。遗址内有布纹瓦片，黑、白、青三色釉片，地下埋藏厚度在1米左右。1957年，被定为省级文物保护单位。经几次考古勘查，发现有大观通宝、小瓷狮、瓷坛、铜鼎等文物。在村周围的河沟或水湾断壁上，均暴露出大量陶片、瓷片、木炭片、马骨、牛骨、人骨等，上层年代早晚混杂现象明显。在南关村一水湾内距地表4米处出土唐末绞胎瓷坛（残）、白釉、黑釉瓷碗、盘残片。在北关村出土宋代黑釉小瓷狮及大观通宝、大泉五十、五铢钱数枚。在东关挖掘养龟池时出土汉代陶熏炉盖、陶盘、陶房、陶栏、残灯碗、铜鼎等器物。

东阳县遗址　位于甲马营镇甲马营村西北1000米处，遗址南北长1200米，东西宽500米，向西延伸，被运河河道覆盖，深3米。东阳县为汉代县治，根据《中国历史地图集》标注，城址应在甲马营村北一带。由于淤积较深，多年未被发现。卫运河干涸后，河道内暴露大量灰陶器物残片以及青砖、瓦等建筑痕迹。

烽火台遗址　位于广运街道张庄村东，呈圆形，直径约20米，高2米。由于开垦农田，遗址北部被破坏。原遗址高出地表近4米，东侧15米为青龙河，北200米为居民。有榆树数棵，发现井状青砖墙体，为古代传递战火信息所用。2010年，规划为建设用地。

三义唐墓　1982年1月，老城镇三义村村民在村南水湾内取土时发现，清理出随葬品13件。为长方形穹隆顶砖室墓，东西长3.1米，南北宽2.1米，墓底用单层砖直缝平铺，墓壁用条砖错缝平砌，在墓室南壁正中有一拱券墓门，高0.7米，宽0.5米，用青砖立砌隔堵，壁高0.3米处有一层用砖角凸出墓壁而形成的一周边牙，0.7米处墓壁逐渐内收成穹隆墓顶。用砖为一面素一面为直线划纹的青砖，砖长29厘米，宽13.5厘米，厚5.5厘米。出土开元通宝1枚、陶罐1件、陶豆1件、瓷罐3件、黑釉执手壶1件、黑釉水注1件、碗3件、瑞禽瑞兽葡萄镜1面。从墓葬的形制、结构以及所出土的器物分析，应为晚唐墓葬。

盛寨古墓群　位于武城镇盛寨村北，1984年2月被发现。古墓有8座，均为穹隆顶长方形砖室墓，南北向，长约2米，宽约0.9米。南20米为民宅，北25米、西30米均为粮田。大部分墓顶坍塌，只在稍完整的几个墓中清理出红陶罐2件、白釉瓷碗9件、铜器4件。根据出土器物及墓葬形制分析，为唐末平民墓群。

岳官屯唐墓　位于四女寺镇岳官屯村，1998年6月村民在水湾挖土时发现。古墓5座，四周为民宅，墓距地表约4米。圆形砖室墓4座，每个直径约3米，穹隆顶，南面各有一发碹墓门。长方形砖室墓1座，单室南北向，由下而上逐渐内砌封顶，南北长2.2米，宽0.8米。5座墓分布在水湾南首方圆30米内，考古人员将4座圆形墓分别编号为M1、M2、M3、M4，将长方形墓编为M5。5座墓均被群众挖开，M1、M2、

M5被清至墓底，M3、M4回填保护。M1出土陶武士俑2件，红陶直立姿势，全身武装，左手执刀，右手半握至胸前，头部残缺，高分别为48厘米和40厘米。红陶车轮1件，残马鞍、马腿3件。墓志1方，边长30厘米，厚14厘米，青石质，上刻“维大周天授二年成石墓志”。由于埋葬较深，墓室积水严重，加之挖掘时破坏严重，除M1出土随葬品外，其他均无器物出土。根据M1墓志记载及其他墓葬的结构与形制分析，应属唐朝墓葬。

岳觉寺明墓 位于武城镇西岳觉寺村内，封土高出地面2米，呈土丘状，直径10米。南20米是一条东西向街道，西15米、北5米、东7米处均为民宅，据《刘氏家谱》和墓碑记载，墓主人为明代嘉靖进士河南开封知府刘鲁生父母。

尚家岗子墓 位于武城镇尚家庄西南角处，墓葬群大致呈圆形分布，直径约45米，封土高约2米，地表种植古松60余棵。墓主人为坐姿下葬，墓室呈鸡窝状。根据出土瓦片和墓葬结构形态判断，为明代时期。

李和声墓 位于四女寺镇蔡后村北。直径6米，高1米。立有墓碑，碑文为《德县志》编修董瑶林撰并书写。据碑文记载，李和声死于民国二年（1913），同年下葬。李和声为清末人，地方武术高手，有“南京到北京，谁不知道李和声”之誉，其为当地百姓除恶保平安的故事流传至今。

宋景周、李兰亭墓 宋景周墓位于四女寺镇蒋家佛堂村西北200米处。墓葬为圆形，直径约2米，高约1米。墓碑坐南向北，碑文较为清晰，刻有“为国捐躯”，落款为“本村村民恭立　戊寅年菊月”。李兰亭墓位于宋景周墓东5米处，墓葬为圆形，直径约2米，高约1米。墓碑坐南向北，碑文较为清晰，刻有“媲美二颜”。宋景周、李兰亭系抗日义勇军二团二营营长、副营长。1938年10月16日，在日军扫荡突围中率部英勇杀敌，壮烈牺牲。1945年，当地百姓捐款为二人墓立纪念碑，以缅怀先烈。

戚夯、戚烽墓 位于老城镇戚庄村西南50米处，东靠夏武路。戚夯墓原为土冢，2005年4月建起新冢，占地12平方米，保护范围面积130平方米。砖混结构，半球形，直径3米，高1.5米，周围砌围墙，种侧柏6棵，立有高2米的青石墓碑，碑文为“革命烈士戚夯之墓”，碑阴面镌刻烈士墓铭志。戚烽墓原为土冢，同期修建，为砖混结构，半球形，直径3米，高1.5米，周围砌有围墙，种有侧柏6棵，立有高2米的青石墓碑，碑文为“革命烈士戚烽之墓”，碑阴面镌刻墓铭志。

陈公堤 北起四女寺牛角峪，南至临武路，长约20千米。高4～5米，顶宽6～8米。据旧志载，宋时为防黄河西决，“陈尧佐守滑筑之”，故名陈公堤，被《恩县志》列为八景之一。

张家宅第传统民居 位于甲马营镇占官屯村西部，清末传统民宅。南北长32米，东西宽17米。正房3间，耳房2间，偏房3间。二门1个，大门为后期重修。

文物发掘

刘庄村古墓位于广运街道东刘庄村村北六六河北坡。2009年4月，因水利施工被挖出，报请上级文化主管部门，进行抢救性发掘。该墓葬为砖室单室墓，年代为唐宋时期。由于早年被破坏，没有发现随葬品。墓葬形制结构等资料对于研究唐宋时期葬俗具有重要价值。2010年10月，为配合国家南水北调大屯水库建设工程，按照省文化厅南水北调文物工作办公室要求，由省文物考古研究所、市文物处及县文化局组成大屯水库地下文物联合考古工作队，对大屯水库范围内的文物古迹重点区域进行地下文物考古调查、勘探与抢救发掘。实现勘探面积4万余平方米，抢救清理唐、宋时期古墓葬20座，汉代至唐宋时期的灰坑4个。出土三彩炉、陶罐、陶壶、青瓷碗、瓷壶、瓷灯盏、瑞兽葡萄铜镜、开元通宝铜钱、铜带扣、铁釜、铁炉、铁鼎等各类文物30余件。

第四节　群众文化

艺术团体

武城县评剧团　1956年成立。20世纪80年代后，受电视电影的冲击，市场滑坡，剧团处于半瘫痪状态。1984年，剧团进行重组，实行团长负责制，略有起色，年均演出150多场。1991年后，由于财政经费拨发减少、市场不景气、人员老化等原因，演出能力下降，演出场次减少。县评剧团响应县里号召，开展多种经营，自谋生路，先后开办梨园饭店、皮毛加工厂。1998年，县政府决定重新振兴评剧团，拨付资金，到外地学习管理经营经验，重组文艺队伍，购置流动大棚舞台，更新灯光、服装等道具设备，招聘一批临时演员，增加歌舞、小品、杂技节目，每年下乡演出150余场次。2001年，自编自演的小戏《光棍相亲》在全市会演中获特别奖，在全省会演中获二等奖。2002年，县评剧团归属文化艺术中心。2012年，挂靠县文化馆，自此评剧团解散。

京剧联谊会　1985年，县离休干部成立京剧演唱小组，此后坚持每星期六晚上开展活动。1994年，演唱队伍扩大到40多人。同年7月，在县老干部局、县老龄委、老年体协支持下，成立县京剧联谊会，演唱队伍扩大到60多人。

古贝春艺术团　1998年3月成立，投资15万元。艺术团团长由国家一级演员、德州市艺术馆馆长孟昭君担任，专职演员20余人，定期在省内各地演出，多次为公司宣传活动助兴演出。

鲁权屯京剧社　2000年8月成立，时称鲁权屯京剧票友联谊会，2009年改称鲁权屯京剧社。成员均来自该镇所属部门和村庄，剧社成员利用业余时间学习、研究，有的到外地找专业老师求教。

古贝春秧歌队　2001年2月成立，由100余名古贝春集团公司员工组成。成立之初参加德州市民间文艺展演，获“表演奖”，后在武城及周边地区多次进行巡回演出。

紫雾乐队　2001年组建，是武城县第一支摇滚乐队，由多名业余音乐爱好者自发组合创办。2009年12月，筹办“点燃寒冬　大爱武城”专场公益演出，筹集所得善款全部捐赠给李家户乡某困难家庭。

古贝春京剧社　2005年7月成立，由县京剧团演员及票友组成，有演职员工30余人，成立后举行多场演出。

老年大学艺术团　2007年成立，称夕阳红合唱团，2008年更名为老年大学合唱团。每天下午集中学唱、排练。曾参与县春节晚会、元宵节文艺展演、激情广场大家唱等重大文化活动。

运河艺术团　2008年8月成立，是“自愿参加、自娱自乐、自我管理、自我发展”的群众性艺术团体，成员多为退休或内退教师、干部职工，有舞蹈、声乐、器乐、表演、编导、指挥等各类人员120余人。

古贝春锣鼓队　2008年成立，由古贝春集团120名公司员工组成。多次参加公司文体活动，为附近城乡居民进行多场义务演出。曾参加首届中国长勺鼓乐大赛并获银奖。

李家户京剧社　2008年成立，成员自发集资购置音响、乐器等，成立之初有社员10余人，后来人数越来越多。自编自排《四个大嫂说四德》《好婆婆》《好公公》《百善孝为先》《东北大秧歌》等节目。

文化设施

县影剧院　始建于1975年6月，位于振华街南、向阳路东，功能为电影放映、舞台演出。前门庭3层，观众座区2层，观众座席1458个，均为单人木质折叠椅。有35毫米坐式放映机和提包式放映机各1台。1992年，县财政拨款15万元对影剧院进行改造。县委、县政府组织的大型会议及文艺活动均在此举办。2000年，影剧院被规划为商业用地。

文化会堂　始建于2000年，2002年启用。建筑面积5000平方米，观众座椅860个，舞台灯光、音响齐全，电动吊杆10余个。2012年，扩建3D放映厅1个，贵宾厅3个。

文化馆　1986年，县文化馆设文艺、图书、美术、摄影、文学、文物6个组，负责全县图书、文物管理及文艺、美术、摄影、文学作品的创作辅导等工作。1995年，在振华街南侧修建四层办公楼，购置现代化舞台灯光1套、音响1套及部分铜管乐器等文艺演出设备。2002年，迁至文化大厦。2008年，文化馆迁至文化局。群众文化活动室迁至升平广场西门楼北侧，建筑面积2000平方米，设有舞蹈训练厅、综合活动厅、文艺排练厅、书画展览厅、艺术培训室。经常开展大合唱、舞蹈训练、艺术培训、书画展等群众性文化活动。2013年，投资30余万元进行升级改造，购置舞台音箱4组、LED舞台灯光24路、舞台追光灯1个、调音台2个。

老干部活动中心　始建于2006年，位于县城漳南街中段路北，隶属县老干部局，占地8000平方米，建筑面积3000平方米，投资368万元。设阅览室、乒乓球室、台球室、棋牌室、特色球室等，院内建有门球场、健身广场。每天接待老干部、老职工200～300人次。

镇街文化站　1986年，全县15个乡镇均建有文化站。2007年，实施综合文化站建设工程，各镇街文化站设图书室、文艺活动室、电子阅览室、培训室等固定设施。各级财政通过文化部门补助发放图书、电脑、音响、锣鼓、服装等器材设备。文化站建成后经常性组织开展文化活动，免费对外提供图书借阅、电子阅览等服务。截至2013年底，全县有镇街文化站8个。

人口文化大院　1996年，武城县甲马营乡前玉皇庙村筹资3万余元，建起全县第一个集科技之乡、开展宣传教育、提供致富信息、组织文化娱乐为一体的“人口文化大院”。该村连续三年无一例计划外生育、无一起上访和刑事治安案件、无聚众赌博等不良现象。1998年，县委、县政府根据这个村的经验，投资350万元在全县393个村建起“四室一校一家”（计生服务室、宣传展览室、娱乐活动室、图书阅览室，人口文化学校，会员之家），购置电视机、VCD、乐器、图书，配备优生优育、生殖保健等科技知识录像带。组建宣传队、秧歌队、锣鼓队163个，编排文艺节目738个，累计演出1200余场次。2001年，国家人口计生委召开基层人口文化工作研讨会，肯定武城县人口文化大院的成绩。《人民日报》、中央电视台、《中国人口报》先后作专题报道。2003年后，县委、县政府把人口文化长廊、文艺宣传队、服务室、图书室、娱乐室、宣传栏、人口学校等定为基本硬件，实行星级化评定。至2005年，改扩建人口文化大院182个。其中，三星级12个，二星级46个，一星级124个。2006年，排练文艺节目1600余个，组织演出200余次。各级文化部门为人口文化大院发放图书3万册，配备电脑90台，电脑桌90张，音响设备6套，总价值200余万元。2009年6月，武城县被列为“全省人口文化建设示范县”。2011年，投入30万元推广老城花杠舞、甲马营梆子，创作“四老汉逛人口文化大院”“人口文化大院喜事多”一大批具有乡土特色的节目，演身边事、唱身边人。同年，全市计划生育万场文艺会演在武城县启动。2013年，全县累计举办计划生育宣传教育文艺会演80余场次。

第五节　文化活动

县内节庆演出

元宵节活动　1986年后，元宵节期间，群众自发或政府组织各乡镇表演队在县城主要街道举行闹元宵活动。主要节目有舞龙、舞狮、高跷、架鼓、旱船、地秧歌、抬花杠等民间传统艺术。表演队伍主要有广运街道的四关（东关、南关、西关、北关）及老城镇的南街、南关、东屯、三义等村。自2007年开始，县政府每年举办一届元宵节民间艺术展演，组织全县各镇街及重点企业、县直业余文艺团体参演，除民间传统节目外增加自编自演的歌舞、戏剧、曲艺类节目，每个代表队一个专场，活动一般持续3～4天，参演人员1000人，观众近10万人次。

玻璃钢节　1993年9月，武城县举办首届“中国武城玻璃钢节”，演出分为以喜庆为主题的百人架鼓队表演、百人传统秧歌队表演、百人腰鼓队表演。以赞美为主题的百人武术表演、百人现代舞表演、十余辆玻璃钢模型彩车队。以腾飞为主题的十台花杠舞表演、百人高跷队表演、百人舞龙、舞狮表演。其间，有观众1万余人次。

消夏文艺晚会　1998年7月，县委、县政府首次举办消夏文艺晚会，在贝州市场连续演出一周。1999—2002年，县评剧团承办3届。自2008年始，消夏文艺晚会由县文化局组织，在升平广场搭台并提供演出服务，参演队伍包括县直各业余文艺团体、企事业单位、系统单位专场，一般持续7～10天。

春节文艺晚会　2009年1月15日，举办首次“唱响红色经典·舞动魅力武城”大型春节文艺晚会。2010年2月8日，武城县春节晚会暨电影《佛光寺传奇》首映式在县文化会堂举行。至2013年，先后组织春节文艺晚会5次。

新农村文化艺术节　2010年1月30日，举办德州市第三届新农村文化艺术节武城专场文艺演出，100多名演员参加演出，节目全部由基层群众自编自演，李家户乡选送的《诚信走天下》获得全市创作一等奖。

古贝春酒文化节　2002年，古贝春集团举办“古贝春酒文化节”。至2013年连续举办11届。文化节期间，组织开展系列文化活动，邀请演艺界艺术家、名人到场演出。

辣椒艺术节　2002年11月，在武城辣椒城举办首届辣椒艺术节，聘请3家歌舞团，连续三天演出文艺节目50余场。2004年12月，举办第二届辣椒艺术节。2009年11月，举办第三届辣椒文化艺术节，开展吃辣椒、喝辣椒酒比赛。2011年8月，举办第六届全国辣椒产业大会暨德州国际辣椒节（武城县第四届辣椒文化艺术节）。

外来文艺团体演出

1986年8月，京剧演员杨春霞、李保春到

图23-12　相声表演艺术家马季到武城县表演（1986年　摄）

武城，与德州京剧团合作演出《杜鹃山》《智取威虎山》《单刀会》等剧目，并到古贝春酒厂表演。同月，省京剧院演员方荣翔在老城剧院演出《铡美案》。同年10月，中国广播艺术说唱团马季、赵炎、李文华、唐杰忠、姜昆在县城影剧院、老城剧院演出相声专场。1988年11月，天津市评剧院到武城演出。1989年10月，中国评剧院演员谷文月到武城演出。1991年10月，中国京剧院演员于魁智、冯志孝、高牧坤到武城演出。1992年，国家京剧院演员李维康、耿其昌在县影剧院演出京剧《沙家浜》，并清唱京剧《四郎探母》。同年11月，评书演员刘兰芳到武城演出。1993年11月，演员马德华在县影剧院演出。1998年，国家京剧院演员刘长瑜、吴玉璋、李炎、沈建瑾、李光到武城演出。1999年，著名小品演员严顺开到武城演出。2009年8月25日，中央电视台文艺频道“激情广场大家唱”栏目在升平广场举办“爱国歌曲大家唱”大型歌咏活动。全县组织1200人互动演唱方队和5000人群众合唱方队，以拉歌、竞歌的合唱形式与专业演员穿插进行演唱，省、市领导同全县万名观众参与活动。2013年9月，省歌舞剧院在升平广场举办歌舞晚会，观众2000余人次。

文艺比赛

1986年，全县文艺会演、文艺比赛活动较少，多为单位内部组织的卡拉OK比赛、歌咏比赛。1993年，老城镇抬花杠表演队参加沈阳国际秧歌节，获优秀表演奖。1996年，参加齐鲁民间广场艺术展演获“牡丹奖”。1998年9月25—26日，举办武城县迎国庆合唱比赛，党政部门、企事业单位、垂直部门等30余个单位参加，参赛人员2600余人。2004年6月25日晚，在文化广场举办武城县纪念建党83周年大型歌咏比赛。2006年6月15日晚，举办新创廉政歌曲大型歌咏比赛。2008年12月15日，举办纪念改革开放30周年暨“四德”工程建设大型歌咏比赛。2009年8月10日，德州市“我爱我的祖国”庆祝新中国成立60周年群众歌咏比赛武城专场在升平广场举行。2010年8月，全县派出10支民间文艺队参赛，参加在市中心广场举办的德州市“古贝春杯”广场民间秧歌舞、健身舞大赛，武城两个参赛舞蹈节目分别获得二、三等奖。2011年6月18—23日，举办“颂歌献给党——庆祝建党90周年”大型歌咏比赛。2012年，举办“喜迎十八大·永远跟党走”合唱比赛，举办“喜迎十八大·诵经典爱中华”比赛，组织开展“朗读经典•共沐书香”读书朗读选拔大赛，在参加全市比赛中获二等奖1个，三等奖2个。2013年，举办两省四县歌手大奖赛。

文化下乡

1997年开始，全县每年开展“科技、卫生、文化”三下乡活动，组织文化馆、评剧团编排节目到全县各乡镇巡回演出，年均下乡演出40余场。每年派文艺工作者下基层辅导60余人次。县图书馆每年派业务骨干下基层指导乡镇

图23-13 文化下乡活动（2009年 摄）

综合文化站、村文化大院图书室建设40余人次。2013年，文化下乡活动覆盖全县8个镇街，为期40天，演出80场，观众5万余人次。

展览

1986年后，每年组织全县书画摄影展1～2次。1991年，县书画院成立，每年组织全县书画爱好者开展创作，举办展览。截至2013年底，全县组织书画展览30余次，展出书画作品近4000件。

第六节　文化市场管理

1986年，文化市场稽查由县文化局负责，重点检查物资交流会期间外来歌舞团。1990年，县文化稽查大队成立，开展对录像厅、磁带销售、外来流动文艺演出团体的检查。同年8月，县宣传、政法、文化、广播、公安、工商等部门组成清理整顿图书报刊、音像文化市场领导小组，定期组织“扫黄打非”集中行动。1993年，查缴淫秽书刊和非法出版物770册，对3家违法单位和个人进行处罚。1995年后，将卡拉OK、光盘出售出租、游戏厅经营业户纳入监管范围，检查内容以盗版、涉黄、涉赌为主，对印刷企业及发行单位进行日常管理。1996年3月，县新闻出版管理办公室成立，隶属县委宣传部。同年，在全县开展“扫黄打非”集中活动，查缴淫秽书画320册、黄色录音制品32盘。1997年，对全县164家印刷企业和发行单位进行审核、审批和发证。对县内印刷企业、书报刊市场及经营摊点进行专项检查。2000年，查缴非法出版物1800件，收缴一批图片、横幅、徽章和经文散页等。同年，将网吧、歌厅纳入监管范围。2002年，查缴非法书刊280册，查缴非法淫秽录像带120盘，录音带260盘。2004年，开展“扫黄打非”集中行动2次，查缴非法出版物1800册，销毁非法出版物980册（盘）。2005年，检查书报经营单位10余家，收缴非法出版物60余册，非法教学辅导资料70余册。2006年，组织全县10余家印刷企业法定代表人参加全市法律法规培训班。2007年，对全县20余家出版物经营业户及打字复印社法人代表进行法律法规培训。2008年，开展“扫黄打非”集中行动2次，清理整顿政治性非法出版物和盗版教学辅导材料专项治理行动各1次，查缴非法出版物1200余册。同年，安装网络文化监控平台系统，全县网吧均纳入净网平台监管。2010年，对国家重点动漫产品保护目录中所列的动漫类音像制品、互联网动漫产品、动漫形象角色扮演类动漫表演以及动漫衍生产品进行检查，同时加强网吧监管力度。全年出动检查人员400人次，开展联合检查4次，零点行动10次，专项检查6次，日常巡查30余次，警告10家，停业整顿6家。至2012年，文化稽查大队共出检1500余人次，收缴并销毁盗版光盘20万余张。查处出售（租）色情、暴力光盘的音像店13家，收缴并销毁色情光盘3000余张。同年，在县行政审批服务中心设立服务窗口，主要办理网吧、游艺、印刷、出版物、KTV等审批业务。2013年，审批网吧45家、KTV8家、出版物企业5家、印刷企业1家。

第二章　档案　史志

第一节　档案

档案馆建设

1986年，县档案局档案库房为6间砖木结构平房，面积144平方米。2005年11月，投资180余万元，在振华街南，兴武路东侧修建新档案馆，建筑面积2332平方米，2006年底竣工。2008年4月，馆藏档案资料全部迁入新馆。

馆藏档案

1986年，馆藏档案18380卷，资料4836册。2004年，开展馆藏档案目录数据库建设，至2013年输入目录1.81万余件，实现重要档案目录的微机检索。截至2013年底，馆藏档案96016卷、件（册），起止年限为1943—2012年。包括革命历史档案、文书档案、科技档案、死亡干部档案、纪检监察档案、照片档案等。

档案管理

1986年后，每年世界档案日举行档案法宣传活动。开放应开放的全部档案，在武城档案信息网发布信息，实行开放档案、已公开信息目录网上查询。采取电话查询、来人来函查询等形式提供利用档案服务。将电子文件中心建设纳入信息化建设中，对县直各单位在政务活动中形成的具有保存和利用价值的电子公文等电子信息实行集中采集、归档，统一管理，所有数据脱机备份保存。对南水北调截污一期工程、新增千亿斤粮食项目、党的群众路线教育实践活动、农村土地确权登记、创建省级文明城市等全县重大活动档案进行收集整理，收集整理档案8.8万件。截至2013年底，县档案馆接待社会各界档案查阅者8586人次，查阅档案1.88万卷（册），提供政府信息公开查阅服务1236人次，提供利用公开信息3446件次。

业务指导

1986年后，每年对全县各行政机关及基层企事业单位档案工作进行监督检查和业务指导。年均举办2～3期档案员短训班，对重大活动档案、企业档案、民生档案等开展专题培训。为古贝春集团有限公司、山东丰裕食用菌有限公司、龙祥公司等民营企业的规范化建档工作提供全程业务指导。截至2013年底，全县80%的单位建立综合档案室，档案管理省二级以上单位31个。其中，保持省特级单位4个，保持省一级单位15个。

第二节　史志

史志编纂

《武城县志》　1982年4月，县党史资料地方史志编纂委员会成立，着手编纂《武城县志》。1992年5月，《武城县志》编纂完成，时间断限为1840—1985年，含概述、大事记、行政区域、自然环境、基础设施、经济、政治、军事、文化、居民、人物、附录计12编，69万字。1994年4月，由齐鲁书社出版发行。

《武城县志简编》　1985年6月开始编纂，设建置沿革、自然条件、经济状况、科教文卫、重大事件、人物传略、文物古迹、乡镇概况及附录计9编，78节，6.8万余字。1986年7月出版。

图 23-14 史志成果（2013 年 摄）

《天南地北武城人》 1996 年 8 月，开始编纂，设简况、概述、乡镇概况、武城籍在外人员传略与名录，30 余万字。其中，传略 350 余人，名录 1200 余人。1998 年 12 月出版。

部门志编纂　县史志部门在完成《武城县志》编纂任务的同时，加强对部门志编写工作的指导，先后指导编写出版《武城县水利志》《武城县邮电志》《武城县政协志》《武城县人大志》《武城县军事志》和《古贝春酒业志》。2012 年后，指导编写《武城县信用合作社志》《武城县水利志》（续）等。

旧志整理

2010 年 5 月，县文化局完成嘉靖《武城县志》、顺治《武城县志》、乾隆《武城县志》、道光《武城县志》、光绪《武城县乡土志略》、民国增订《武城县志》续编、万历《恩县志》、嘉靖《恩县志》、雍正《恩县续志》、光绪《恩县乡土志》、宣统《重修恩县志》、民国《重修恩县志》12 部旧志的影印本。2012 年，县党史史志办公室出版嘉靖《武城县志》点校本。

第三章　图书　报刊

第一节　图书发行

1986 年，县新华书店承担全县图书发行任务，发行全县中小学教材，国家政治读物，县直机关、企业及社会各界所需的图书。当年，销售码洋 72 万元。1990—1991 年，发行《邓小平文选》第三卷 6000 册，发行《毛泽东选集》第一至三卷 1 万余套。1994 年，全县有综合门市部 1 个，县直部门及各企业用书由县直供应科负责，在较偏远和人口集中的乡镇设门市部 3 个。1995 年，发行《邓小平理论学习纲要》4500 册。1997 年，构建“城有门市部，镇有发行点，村有图书室，户有书架”的城、乡、村、户四级立体化图书发行网络，建成图书室 104 处。1998 年，发行《邓小平党建理论纲要》7000 册，《中小学生素质教育》5.8 万册，《爱祖国·爱澳门》《台湾问题》共计 3.1 万册，中共十五大文件及辅导读物 4000 多册，总计码洋 44.16 万元。1999 年 5 月，新华书店综合楼投入使用，面积 2600 平方米。同年 7 月，举办“服务三农”图书大联展活动。组建送书下乡服务队，销售农业科技、文化图书 7 万余册。2004 年，配合省新华书店 60 周年店庆举办消夏夜市，开展特价图书、五折优惠等销售活动，接待读者 1 万余人次。2011 年，向 22 个社区农村书屋捐赠图书 462 件。2012 年，发行新《党章》1.05

万册，中共十八大报告、文件汇编、辅导材料1818册。2013年，发行中共十八届三中全会文件汇编、公报、决定等7614册，向15个社区农村书屋捐赠图书1.8万册。

第二节　图书阅览

县图书馆

1986年，县文化馆图书室建筑面积200平方米，藏书9900册，办证读者300人，年借阅1200册次。2000年，县图书馆成立，位于振华街文化馆办公楼。2002年，新增图书5万册。同年，迁至文化大厦五楼，面积1000平方米，购入图书5万册，设类别21个。2007年，全国文化信息资源共享工程依托图书馆建设工程启动，总投资70万元。依托党员远程教育建成乡镇级服务点8个，行政村服务点375个。2008年，县图书馆迁至升平广场西门楼南侧，面积2000平方米，并设立地方文献室。同年，开展为武警中队官兵送书、送视频资源上门服务。2009年，开展“阅读一本好书·打造书香武城”活动，读者7000余人，年借阅3万余册次。2011年，读者免费借阅。2013年，县图书馆内设图书借阅室、报刊阅览室、少儿图书借阅室、电子阅览室、多媒体教室、采编室、地方文献室。有阅览座席50个，少儿阅览座席50个，电脑35台。藏书10万册，类别包括哲学、政治、法律、军事、经济、文化、科学、教育、文学、艺术、历史等图书22类。办证读者1.1万人，年借阅5万册次。

基层图书室

1986年后，全县学校、企业先后建起图书室、阅览室。武城二中图书室建筑面积500平方米，藏书8万册，报刊180余种。县实验中学图书室建筑面积300平方米，藏书3万余册，报刊100余种，设电子阅览室，电脑30台。第一实验小学、第二实验小学各藏书3万余册，其他小学藏书均在6000册以上。2004年，县地税局机关设图书室，藏书3000册。2006年，古贝春图书室建立，面积180平方米，有专职图书管理员2名，报刊21余种，电子音像制品100余张，有经济类、营销类、文学类、哲学类、管理类、技术类等门类的各种图书1万余册。2009年，被上级工会部门评为“山东省百佳职工书屋”和“德州市十佳职工书屋”。2010年开始，县政府加强农村图书室建设，利用党组织活动中心、村委办公室在社区、行政村设立图书室。截至2013年底，全县189个社区、行政村建有图书室，藏书一般在2000册左右。

第三节　报刊

1986年后，活跃在武城县文化领域的报刊有《贝州风》《乡音》《百草园》《古贝春报》《百花园》等，其中《乡音》《百花园》《百草园》相继停刊。

《乡音》　1985年由甲马营乡政府创办。创刊后，全国20多个省市文学爱好者投稿，发展会员30余人。出刊5期后，因经费紧张又油印3期，发稿近300篇（首），先后有5篇（首）小说、诗歌作品在《农村大众》《星星》诗刊及《松花江》文学报发表。1998年停刊。

《百草园》　1993年，武城二中组建百草园文学社，同时创办社刊《百草园》，刊登学生习作。1995年开始，每年组织学生参加全国性的中学生作文竞赛。2002年，《百草园》被定为书皮彩印的双月刊。文学社成立后，获得荣誉证书数百件，锦旗6面，学生习作曾被60多家报刊或出版社刊用。2010年停刊。

《古贝春报》　1996年11月，由古贝春集团有限公司创办，16开4版。1997年9月，扩大为4开4版。2009年8月，扩大为对开4版。

2011 年 2 月，改为单面彩印。每月 1 期，特殊情况下加期或加版。截至 2013 年底，累计发行 208 期。

《百花园》　2002 年，县实验中学成立百花园文学社，同时创办校刊《百花园》，旨在培养学生文学兴趣，提高学生读写能力，优化校园文化。年出版 4 期，2009 年停刊。

《贝州风》　2009 年 1 月，由县作家协会创办。体裁包括小说、散文、诗歌、曲艺、地域文化、文讯等内容。截至 2013 年底，累计出版 9 期。

第四章　广播　电视　电影

第一节　广播

信号传输

有线广播　1986 年，全县有广播放大站 15 个。1987 年，县广播站改为广播电视局。1988 年 10 月，在县城少年路南首修建机房 8 间，面积 320 平方米。1989 年，投资 1 万元，在县城城区架设广播专线 5 千米，安装低音喇叭 40 个。1993 年 6 月，在顺河街原广播局院内，投资 32 万元建二层办公楼。1993 年、1996 年，先后撤销梁庄乡和祝官屯乡广播放大站，全县广播放大站由 15 个减为 13 个。1998 年，全县 13 个乡镇、393 个行政村全部通调频广播。20 世纪末，随着无线设备的普及，全县有线广播撤销。

无线广播　1989 年 5 月，县广播电视局建立调频广播电台，设在电视转播台院内，1991 年 8 月 1 日播音。有 100 瓦调频发射机 2 部，频率为 96 兆赫。有编辑 1 名，二级播音员 1 名，技术人员 3 名。设新闻专题部和播出部，每天播音 3 次，每天播出文艺节目两个半小时，全天播音时间 5 个半小时至 6 个小时。1993 年，由于经费等原因停播。2011 年 4 月，县人民广播电台开播，调频为 96.7 兆赫，发射功率 3000 瓦，覆盖武城全境及夏津县、平原县、故城县、德州城区南部等周边地区，全天播音 17 小时。

广播节目

1986 年后，县广播电台主要转播的节目有中央人民广播电台第一套早晨 6:30 的《新闻和报纸摘要》，晚上 20:00 的《各地人民广播电台联播》，山东人民广播电台《山东新闻》《新闻节目》《听众园地》《社员节目》《每周一歌》《小说连播》等节目。其中，文字节目 1 小时 30 分钟，文艺节目 50 分钟。1990 年，新闻编播科获山东人民广播电台先进集体一等奖。2011 年开始，主要转播的节目有 6:30 的《新闻和报纸摘要》，7:00 的《武城新闻》，19:00 的《新闻联播》，19:30 的《德州新闻》，20:00 的《武城新闻》。直播节目有《民生热线》《精彩生活　有你有我》《音乐新干线》。联办节目有《交警就在您身边》《乡村百科》《武城质监》《城管之窗》。录播节目有《评书联播》《广播剧联播》《快乐合家欢》《百家讲坛》等。

第二节　电视

信号传输

电视转播台　1988 年，县广播电视局筹建电视发射台，位于县城少年路南首路东，占地 6600 平方米，有 1 千瓦、20 频道彩色电视发射机1部，120米四柱自立式铁塔1座，6米卫星地面接收站等配套设备，投资106万元。1989年5月开始转播，主要转播中央电视台第一套节目，覆盖半径25千米。1991年12月，购置300瓦、10频道彩色电视发射机1部，安装调试天线及馈线系统，当年12月开播，主要转播中央电视台第二套节目，覆盖半径10千米。1996年，购置1千瓦分米波彩色电视发射机2部，开通38频道、40频道，主要转播省、市电视台节目。2008年9月，120米电视发射塔由少年路电视台旧址迁至振华东街95号广电大厦院内，建副塔1座。第二频道电视发射机由1千瓦更换为3千瓦。2009年，依次更新第一频道、第二频道及文化频道的硬盘播出系统。2011年4月，新增武城文化频道3千瓦电视发射机，新增县人民广播电台3千瓦调频发射机。

微波站　1988年开工，1989年5月投入使用。投入资金20万元，购进WSF8-13B型微波收发信机2部，WSM02型电视调制解调机1部。购置宁波产ZV06型微波载波电终端机1部，DZ623硅整流器2台，交流配电屏、直流配电屏各1台，两组蓄电池共24节，总线架1套。县微波站有对德州收发天馈系统1套，对夏津收发天馈系统1套，属微波中继站，主要负责接收德州信号，并发至夏津，接收夏津信号，向德州总站回传夏津和武城信号。1995年，开始利用四波道传省电视台影视频道节目。1997年4月，有线电视前端移入微波站，由微波站管理，播出节目21套。同年7月，MMDS多路微波分配系统8路开通，由有线电视前端提供信号。1998年5月，增至12路。2000年12月，投资32万元对有线电视前端进行更新，播出节目增至28套，增加电视屏幕墙，可以同时监看32套节目。2002年7月，全县实现光缆“村村通”，MMDS多路微波停播。

有线电视　1992年，县城开始铺建有线电视区域网。县委招待所、建设银行、粮食局分别安装地面站接收，在本单位家属院内局部铺设有线电视网。1994年，县广播电视局设立有线科，整合各单位地面站并入广电网，由有线科统一管理。1996年，设立广播电视设备公司，主要业务是进购半成品，组装分支器，改装放大器，同时开始发展农村有线电视，以各村建立地面站的形式建立有线电视局域网。1997年7月，安装覆盖全县农村的MMDS微波传输设备。同年，成立广联有线电视有限公司。1999年，实现全县有线电视“村村通”。同年，被评为全省“村村通”广播电视先进县。2001年，有线电视光缆网工程开工建设。2002年7月，实现有线电视光缆村村通，建网后有线电视用户6万多户，传输有线电视节目47套。2013年，改造部分老线路，铺设部分新光缆，增加光接点100多处，提高信号质量，开通服务热线，新增用户3000多户。

电视节目

1990年2月，县电视台开办《武城新闻》，每期15分钟，每周星期二和星期四播出。1994年，开办《农技讲座》。1995年，《武城新闻》改为每周四次，周二、周四首播，周三、周六重播。同年，增设纪实性板块节目，总题目为《缤纷天地》，内设《今日视点》《百姓故事》《今日武城人》《娱乐园》等子栏目。1996年，《武城新闻》改为周一、周三、周五首播，周二、周四、周六重播，《缤纷天地》改名为《武城纵横》。1997年，县委组织部在县电视台开办《党建专题》栏目。1998年开始，先后开办《新闻聚焦》《健康之友》《时代风采》《古城乡韵》等栏目。2002年3月开始，每日均播出《武城新闻》。同年5月，开播《午间新闻》。2007年底，开办民生类栏目《关注》。2008年后，开办《四德建设风采》《唱出心中的歌》《道德论坛》《民生大看台》栏目。2009 年 6 月，县委组织部和广播电视台联合开办党建频道，每天 7:00 开播，播出 16 小时，开办《纪录片场》《金色田野》《科技大篷车》《党建影院》《村剧场》等 10 多套栏目。2009 年，推出民生新闻类栏目《新闻广角》，其中《留守的天空》《孝道火种燃烧　传统文化还魂》等 4 部作品获国家级二等奖。2010 年，开办《道德风景线》。2012 年，开办《真情》栏目，与中央台联合采制的新闻《粮袋子的十年变迁》在中央电视台新闻联播栏目头条播出。2013 年，《新闻广角》《贝州大讲堂》《曝光台》等民生栏目群众反响强烈，举办“少儿才艺大奖赛”“鲁冀两省四县歌手大赛”，实况转播全国卡车大赛等多场大型文体活动。

第三节　电影

放映队伍

1986 年，县电影公司、县影剧院各有 1 个电影放映队，全县 15 个乡镇各有 1 个电影放映队，每个放映队配放映员 1～3 人，个体电影放映队有 29 个。1990 年，乡镇电影放映队改为电影管理站。1996 年，乡镇放映队全部解散。1998 年，由于市场不景气，个体电影队全部停映。2007 年，成立农村公益电影放映队伍，按照“企业经营、市场运作、政府购买、群众受惠”的思路，在全县组建 18 支放映队，统一采购数字放映设备，采取个人出资，统一管理的模式，按照分片负责制及“一村一月一场电影”的放映任务开展放映工作。

电影放映

1986 年后，受电视冲击，电影市场逐年下滑。至 1990 年，县影剧院上座率由 50% 下降到 20%，农村电影同样由 5000 场次下滑到数百场。1996 年，农村电影基本停映，电影公司缺少经济来源，全体人员到影剧院上班，实行自收自支，自负盈亏。影剧院收入逐年减少，组织通宵电影、卡拉 OK 演唱、接待演出团体等方式创收。2000 年，影剧院拆迁，业务停止。2002 年，迁入文化会堂，由于设备老化，地理位置偏僻，一直未放映。2007 年 10 月，农村公益电影放映队伍成立，当年放映 350 场。2012 年 2 月，县影剧院加盟山东鲁信电影院线，影片实现国内同步上映。2013 年，影剧院年均放映电影 300 余场次，农村公益电影放映队放映电影 4000 余场次，观看群众 20 万人次。

影视剧拍摄

1986 年 10 月，北京电影制片厂、中央广播艺术说唱团等单位组成的摄制组到武城拍摄电视小品《贾厂长取经》。1990 年 8 月，第一部反映合同制工人工作生活的电视剧《情在人间》在县内开拍，该剧由县文学创作者刘贵华创作，中国电视剧制作中心和中国剧协北京音像部滨州拍摄基地联合摄制，在中央电视台播放。2010 年 2 月，电影《佛光寺传奇》公映。该剧由颢然任导演，金巧巧、洪天照、斯琴高丽为主演，是武城县第一部拥有自主知识产权的电影。同年 10 月，电视连续剧《民为邦本》在武城开机拍摄，县文艺爱好者参与群众演员及部分配角的演出。

第五章　体　育

第一节　学校体育

课程设置

1986年后，全县按照教育部《全日制中小学体育教学大纲》设置体育课程，小学中、低年级以游戏为主，辅以队列、体操、田径等项目的教学。高年级以田径为主，其他体育项目为辅。中学的体育教学内容包括体育基本知识、田径、体操、球类、武术等。小学体育与健康授课时数为每周2课时。中学体育与健康的授课时数除每周2课时外，另由学校安排每周3次以上的课外活动，保证学生每天锻炼1小时。有的学校根据体育教师特长开展太极拳、八极拳、戌子拳进课堂等活动。

业余训练

1986年后，各学校除坚持正常的体育课和项目训练外，还建有诸如田径队、篮球队、乒乓球队等专业队进行专门训练。武城二中、李家户中学被定为山东省田径体育传统项目学校，武城二中被定为山东省篮球体育传统项目学校，第一实验小学被定为山东省乒乓球传统项目学校。各学校利用星期天，寒、暑假期对中、小学生进行业余专项体育项目训练。截至2013年底，累计训练业余运动员3300余人次。部分受训学生在县、市体育比赛中取得良好成绩，大批学生依靠体育特长升入大学。

竞赛

1986年后，县体委与县教委联合，每年举办春季全县中、小学生田径运动会，各中小学的近千名运动员参加竞赛。武城二中、实验中学、李家户中学、甲马营中学等每年举办春、秋两次学校运动会，许多优秀体育新苗在各学校运动会中被选拔出来。县体育主管部门组织各中、小学校参加德州市举办的一至四届全民运动会，均取得优异成绩。

第二节　群众体育

武城县民间传统体育项目较多，有攻城、赶老窝、秧歌、武术等。随着体育设施的普及，篮球、乒乓球、羽毛球、门球、足球、台球、柔力球等竞技体育项目逐渐在群众中流行。

民间武术

老城镇南大屯的戌子门，历经数百年，久盛不衰。鲁权屯镇西王屯、李家户镇梁庄、老城镇南大屯等村庄，有不少老拳师和行家里手。他们利用冬闲和晚上时间开设场点，组织青少年学习武术。进入21世纪，城镇居民利用早晚、双休日等业余时间，练习太极拳者逐年增加。

球类

全县球类活动中篮球、乒乓球习练人数最多。1986年后，群众自发组织篮球、乒乓球团体，定期举办活动。篮球团体以浩天篮球俱乐部规模最大，水平最高。乒乓球团体以聚能俱乐部、三益俱乐部规模较大。进入21世纪，羽毛球的习练人数逐年增多。其他球类如门球、足球、台球、柔力球等运动在县体育部门的引导下，亦有发展。

棋类

全县棋类活动以象棋最普遍，另有军棋、跳棋、围棋、五子棋等。在青龙河公园、升平

图 23-15 骑行比赛（2012 年 摄）

广场全天均有象棋对垒者。进入 21 世纪，在“围棋进学校”的推动下，青少年中围棋爱好者增多，水平在德州市属于中上游。农村流行的有“动四子儿”“接五福”“憋死牛”等传统游戏。

骑行

2000 年后，全县自行车运动兴起，骑行者早晨或节假日，在俱乐部的组织下开展骑行活动。较大的自行车俱乐部有捷安特、美利达、喜德盛等。武城县多次举办全国自行车大赛，规模较大的有“玲珑君越欧典杯”全国公路自行车邀请赛、“美利达——张裕白兰地杯”全国场地越野自行车邀请赛等。1999 年，县邮电局退休职工王桂林历时 65 天，骑行 2556 千米，行经山东省 60 个县、市，完成“迎澳门回归•新中国五十大庆齐鲁行”。2007 年，开始北方十省万里行，历时 193 天，骑行 7385 千米，经过山东、河南、河北、山西、内蒙古、北京、天津、黑龙江、吉林、辽宁 10 个省市，宣传奥运、宣传山东、宣传武城。2012 年 5 月，年过七旬的他从武城出发，远赴海南，倡导低碳环保，历时 13 个月，行程 2.2 万千米。

跑步

20 世纪 80 年代，跑步晨练者大多为中老年人。1990 年后，每天早晨天不亮，县体育场就聚集跑步、快步行走的锻炼者。进入 21 世纪，随着人们健康意识提高，晨练人数增多。县城各主要街道、广场公园、学校操场、乡村小路到处都有跑步锻炼者的身影，除恶劣天气外，跑步爱好者几年甚至十几年如一日坚持锻炼。

广场舞

20 世纪 80 年代，群众自发组织广场舞队，开始有十几人，自筹款项购买录音机和舞蹈道具共同学习舞蹈。进入 21 世纪，利用业余时间跳广场舞的人逐年增多，以中老年为主体，妇女居多。早晨或晚饭后，县城各广场、公园、居民小区、农村大部分村庄，多有群众自发或随机组成的广场舞队伍随音乐起舞，规模少则几十人，多则上百人。另有跳交际舞者，多在晚间聚集在升平广场、文化广场、各公园，中青年居多，女性占大多数，舞步有慢三、快四、恰恰、伦巴等。

第三节 竞技体育

1986 年后，武城县多次参加国家、省、市（地）级体育竞赛，并取得较好成绩。田径以武城二中和李家户中学成绩最为突出。武城二中对篮球项目重视程度较高，培养出大批优秀篮球运动员。1997 年，武城县派代表团参加第一届全市运动会。此后，二、三、四届均派代表团参加。兴鲁文武学校代表武城县在市第一、二、三届运动会中获得武术项目团体总分第一名。2011 年，在市第四届全运会上，武城县被市政府授予“振兴德州体育突出贡献奖”。

在全国、省级赛事中成绩突出的有张九海、

阮斌、耿文博、刘健等。张九海于1987年6月获第二届山东省残疾人运动会铅球、铁饼、标枪、1500米长跑4枚金牌；1989年10月，获全国残疾人田径锦标赛铅球第5名；1992年，获第三届山东省残疾人运动会铅球、铁饼、50米仰泳3枚金牌；1993年2月，获第三届全国残疾人运动会铅球亚军。阮斌于1991年9月获全国田径冠军赛100米第四名；1992年，获山东省第十六届运动会200米冠军并打破省纪录。李登泉于1992年获全国青年田径锦标赛5000米第二名，10000米第三名。耿文博于2005年9月获第十届全国运动会铁人三项男子个人组冠军。刘健于2011年获全国射击锦标赛男子双向飞碟个人、团体金牌；2013年9月，获第十二届全国运动会男子飞碟双向亚军。

武城县男子田径最高纪录统计表

表23-3

项目	成绩	创造者	单位	时间	地点
60米	7″48	王玉东	武城二中	1989.11	武城
100米	10″90	陈显昌	武城二中	2004.1	德州
200米	23″00	刘鹏飞	武城二中	2005.3	淄博
400米	50″90	秦玉越	武城二中	2005.3	淄博
800米	2′00″93	于恩鹏	武城二中	2003.4	即墨
1500米	4′09″29	于鹏恩	武城二中	2003.4	即墨
3000米	9′12″0	王佃岭	李家户中学	1976.5	济南
5000米	16′00	李登泉	武城二中	1987.5	武城
10000米	33′32″2	刘朝良	李家户中学	1974.5	德州
15000米	54′46″	池中生	武城二中	1976.1	德州
110米栏	14″96	邵宪勇	武城二中	2003.4	即墨
200米栏	28″3	钱子章	武城二中	1979.5	武城
400米栏	57″7	袁长民	武城二中	2005.3	淄博
4×100米接力	43″7	武城二中	武城二中	2005.3	淄博
4×400米接力	3′30″8	武城二中	武城二中	2005.3	淄博
跳高	1.92米	卜庆慎	武城二中	2003.4	即墨
跳远	6.68米	张　磊	武城二中	2003.4	即墨
撑杆跳高	2.68米	高洪明	武城二中	1980.6	德州
三级跳远	14.15米	张　磊	武城二中	2005.3	淄博
铅球7.2千克	12.82米	张清磊	武城二中	2004.4	武城
铅球6千克	16.13米	张清磊	武城二中	2005.3	淄博
铅球5千克	15.30米	张清磊	武城二中	2004.1	德州

续表 23-3

项目	成绩	创造者	单位	时间	地点
铁饼 2 千克	30.1 米	钱子章	武城二中	1979.5	武城
标枪 800 克	45.08 米	刘化强	县工业局	1979.5	武城
手榴弹 500 克	71.29 米	郭桂海	武城一中	1972.9	济南
五项全能	2494 分	王永军	武城三中	1981.5	武城

说明：按竞技项目排序

武城县女子田径最高纪录统计表

表 23-4

项目	成绩	创造者	单位	时间	地点
60 米	7″8	李秀荣	李家户中学	1980.6	德州
100 米	12″8	李秀荣	李家户中学	1979.5	武城
200 米	26″3	李秀荣	李家户中学	1979.5	济南
400 米	1′00″5	胡小静	武城二中	2001.6	龙口
800 米	2′20″3	李凤玉	李家户中学	1982.6	德州
1500 米	4′42″34	李秀娟	李家户中学	1998.5	武城
3000 米	10′07″68	李秀娟	李家户中学	1998.5	武城
5000 米	19′13″3	侯文娟	武城二中	1982.9	青岛
10000 米	42′13″	侯文娟	武城二中	1987.12	德州
100 米栏	18″8	于桂芹	武城二中	1975.5	武城
200 米栏	38″5	潘秀清	武城二中	1985.5	武城
400 米栏	1′11″5	谢丽静	武城二中	2002.8	日照
4×100 米接力	52″6	武城二中	武城二中	1982.5	德州
4×400 米接力	4′17″9	武城二中	武城二中	2002.5	德州
瑞典式接力	2′26″7	武城二中	武城二中	2001.6	龙口
跳高	1.60 米	卢　迪	武城二中	2013.5	济南
跳远	5.08 米	沙金菲	武城二中	2005.1	武城
三级跳远	10.87 米	唐　红	武城二中	1995.4	武城
铅球 4 千克	10.88 米	王红梅	武城二中	1994.4	德州
铁饼 1 千克	31.56 米	王红梅	武城二中	1992.4	武城
标枪 600 克	34.96 米	徐宝英	李家户中学	1981.5	武城
三项全能	2008 分	管秀清	武城二中	1981.5	平原
五项全能	2906 分	陈爱芝	李家户中学	1974.1	张店

说明：按竞技项目排序

图 23-16 “陕汽杯”2013 全国超级卡车大赛（2013 年 摄）

第四节 重大赛事

2012 年 11 月 9—12 日，“陕汽杯”2012 全国卡车大赛总决赛在四女寺赛车场举行。该大赛由中国汽车运动联合会，县委、县政府联合主办，县体育办、四女寺镇政府、玲珑集团、北京市汽车摩托车运动协会、北京翰之龙传播联合承办。中央电视台、全国体育赛事联播平台 CSPN、凤凰网、搜狐网等 50 余家媒体全程跟踪报道，中央电视台现场直播赛场盛况。华夏银行 ETC 超级卡车队获团体冠军，固铂成山轮胎队、陕汽长沙环通队分获亚军和季军。2013 年 5 月 15 日，“陕汽杯”2013 全国超级卡车大赛首站赛在四女寺赛车场举行，固铂成山轮胎队夺冠，自由战士服饰队和华夏银行 ETC 卡车队分获本站第二和第三名。法士特开拓者队的程雷获蛇形单边挑战赛冠军。

第五节 体育设施

1986 年，县城有体育场 1 处，位于青龙河西振华街南，面积 1.5 万平方米。有 400 米标准跑道田径场地 1 处。设篮球场 2 处，健身路径 1 条，健身器材 20 余件，建有 2000 平方米的训练房，设有乒乓球台 20 张。2005 年，因城市规划拆除。除县城体育场外，各学校亦多配有体育场。县城学校的体育场以第二中学体育场面积最大，设施最齐全。乡镇中学体育场中以李家户中学、大屯中学、甲马营中学面积较大。进入 21 世纪，一些县直部门院内设有篮球场，有的还配备照明设备，可以夜间活动，大多单位设有乒乓球室，有球台 1～2 张，部分单位还设有台球室。在各部门的篮球场中以电业局、玲珑集团的篮球场最为规范。健身器械逐渐进入家庭，哑铃、杠铃、健身球等简便器材最为普遍，不少家庭在居室内备有跑步机、臂力器、仰卧板等。2005 年，全县开展基础体育设施建设。至 2013 年，建设全民健身广场 1 处，社区健身苑 1 处，乡镇健身中心 8 处，社区健身工程 5 处，农民健身工程 198 处，青龙河公园、升平广场、花园小区等休闲、游玩场所均设有单双杠、腹肌机、太极推揉器、大转轮、漫步机、转腰器等健身活动器材。

第六节 体育彩票

投注站建设

1991 年，中国体育彩票由县体育局统一组织大奖组集中销售，实行实物奖励，销售时抽取人员在城区组成销售点 2 个。2001 年，县体彩实行活动房销售，设立投注站 2 家。至 2009 年，城区和乡镇投注站 10 家。2010 年，成立县体彩办公室，取消简易活动房，设体彩投注站 16 家。2012 年，对体彩投注站进行全面升级改造，由省体彩中心补贴进行形象建设。是年，有站点20余家。截至2013年底，体彩投注站覆盖所有乡镇，完成市区空白终端布设，全县有投注站33家。

体育彩票销售

1991年，县体育彩票以即开形式销售，实行实物奖励。2001年，销售进入电脑型体育彩票阶段，主要以足球彩票为主，实行现金奖励。2004年，超级大乐透游戏玩法上市，设千万元大奖。2008年，“顶呱刮”品牌即开型体育彩票上市。同年10月，“十一运夺金”高频型电脑彩票上市，体彩销售进入高速发展期。2013年，县体彩销售1800万元左右。

第六章　旅　游

第一节　旅游景点

2007年，全县旅游景点开始建设。同年，古贝春集团多个工业旅游项目开工。此后又陆续修建四女寺风景区、农业展览馆、玻璃钢展览馆、神龙地毯艺术博物馆4处景点。截至2013年底，全县有旅游景点5处。其中，风景区1处，工农业旅游景点4处。

古贝春工业旅游园区　位于古贝春集团公司内，2007年开工建设。主要景点有古贝春酒文化馆、古贝春湖景区、百诗苑、诗酒大道、酒仙山、地下画廊、酱香酒生产车间参观走廊等。其中，古贝春酒文化馆建筑面积3000平方米，展览面积8200平方米，采取图画、雕塑、文物、实物及声、光、电等形式展示中华酒文化与企业文化，是山东省白酒企业中第一家酒文化场馆。2008年，园区被国家旅游局评定为“全国工业旅游示范点”。2013年，被评定为国家AAA级景区。

玻璃钢展览馆　位于县经济开发区，2008年5月建成，展馆东西长66米，南北宽44.3米，高11米，总面积2924平方米。展馆分为前沿区、文化区、产品实物区和企业展示区4个部分。主要展示自1972年始，武城玻璃钢生产经历创业、成长、发展、腾飞4个阶段，再现全县玻璃钢产业从无到有、从小到大、从弱变强，直至获全国第一个玻璃钢县称号的历史性发展过程。

农业展览馆　位于县辣椒城，2008年8月开工建设，同年11月竣工，占地1570平方米，展览面积5000平方米，是山东省第一家综合性农业展览馆。分综合展区、农业发展史展区（农业博物馆）、特色农业展区、农业产业化展区、现代农业展区、特色乡镇展区、一村一品展区、新农村建设展区、前景展望区、武城优质特色农产品营销区等10个展区。

神龙地毯艺术博物馆　位于县经济开发区，2008年12月建成，建筑面积4800平方米，布展面积5000平方米，是全国第一家地毯博物馆。一层为历史馆，展示中国毯业3000多年发展历程。二层新产品馆，展示神龙地毯艺术发展新成就。三层为珍品馆，展示中国地毯艺术之精深。四层为腾飞馆。以真实史料与稀有珍品呈现世人，再现中国民族毯业城的风采。

四女寺风景区　位于四女寺镇四女寺村，2008年12月开工建设，投资20亿元，占地78.47万平方米。按照“以史为根、以文为魂、以河为脉、以湖为韵、以树为景、以孝为

图 23-17 四女寺风景区（2013 年 摄）

先”的理念，复建四女祠、佛光寺、明德湖、二十四孝文化长廊、槐荫清风湿地公园及百槐园等人文景观。

第二节 旅游宣传

2010 年，全县第一家旅行社德之缘旅行社有限公司成立。同年 2 月，县委、县政府举办武城县 2010 年春节联欢晚会暨电影《佛光寺传奇》首映式，邀请国内著名演艺明星及《佛光寺传奇》剧组人员与全县人民共度春节，扩大武城知名度，推动旅游事业发展。2012 年 5 月，参加首届德州旅游交易会，加大对武城县品牌商贸产品宣传力度，扩大武城知名度。同年，借助全国卡车大赛开展旅游宣传工作，制作宣传画册 1 万余份。2013 年，“好客山东”贺年会期间，以“弘扬好客文化，展现魅力武城”为主题，推出美陈大赛、摄影大赛等贺年会活动及贺年产品。武城县剪纸获 2013 年“好客山东”贺年会十大过年老物件入围奖，“美丽新武城，美丽四女寺”文化艺术节获 2013 年“好客山东”休闲汇最佳主题周二等奖，古贝春酒被确定为首届十佳德州好礼品暨德州市推荐旅游商品。

武城县志（1986—2013）

第二十四编

卫生

1986年，武城县卫生事业机构有县医院1处，乡镇卫生院15处，门诊所8处，卫生防疫站、妇幼保健站、药品检验所各1处，其他卫生事业机构1处。此后，全县医疗卫生体制不断改革完善，城镇职工全部纳入医疗保险统筹范围，启动新型农村合作医疗，医疗保障水平不断提升。医疗技术持续提高，西医、中医、护理技术取得长足进步。医疗设备不断健全，从仅有X光机、心电图机、A超机等设备，发展到有万元以上设备437台（件）。卫生防疫能力不断提高，脊髓灰质炎被消灭，肺结核、病毒性肝炎、细菌性痢疾等常见、多发传染病得到有效控制。社会卫生事业统筹推进，爱国卫生运动持续开展，农村自来水普及率、农村卫生厕所普及率稳步提高。2013年，全县有公办医疗卫生事业机构16处。

第一章　医疗卫生体制改革

第一节　管理体制改革

1986 年，县卫生局统一管理全县卫生工作，各种医疗卫生机构由政府、集体、社会和个人在县、乡、村范围内设立，形成以公有制为主导、多种所有制形式共同发展的卫生服务网络。1988 年，乡镇卫生院和县医院分院全部划归乡镇政府管理，实行县、乡双重领导，以乡镇为主的管理体制，资金投入、医院建设由乡镇政府承担，技术人员、技术准入由县卫生局负责。县医院、县妇幼保健站由县卫生局直接管理，技术人员、技术准入由德州地区卫生局、县卫生局共同负责。1989 年，各乡镇建立防保站，实行县、乡双重领导。1993 年，乡镇防保站合并到相应的卫生院。1995 年，实行医院分级管理，按照二级医院的评审标准，在全县开展达标创建，实行医疗机构设置审批及登记制度，按照《武城县医疗机构设置规划》在执业资格等方面对各种医疗机构进行核实审定。1996 年，推行乡镇卫生院一体化管理，初级卫生保健工作通过全市评审验收。2005 年，成立新型农村合作医疗办公室，隶属县卫生局，为副科级全额事业单位。2007 年，撤销县卫生防疫站，成立县卫生局卫生监督所和疾病预防控制中心。2009 年，全县 10 处镇街卫生院全部实行基本药物制度。此后，推进公立医院改革，构建以县级医院为龙头，乡镇卫生院、社区卫生中心为枢纽，村卫生室、社区卫生服务站为基础的县乡联合、乡村一体的农村医疗服务体系。截至 2013 年底，全县初步形成基层首诊、分级医疗、急慢分治、双向转诊、上下联动的医疗服务格局。

第二节　公费医疗改革

1986 年，县公费医疗办公室负责全县行政事业单位在职及离退休人员公费医疗报销工作。单位职工每人按 24 元包干到单位，干部职工住院费用按比例报销，年报销药费总计 20 万元。1992 年，实行财政分级管理，县公费医疗办公室负责县直行政事业单位在职及离退休人员公费医疗报销工作，乡镇干部职工的医药费由各乡镇财政负担。1997 年，县公费医疗办公室由县财政局管理。2001 年，城镇职工全部纳入医疗保险统筹范围。

第三节　农村合作医疗改革

2005 年，县新型农村合作医疗办公室成立，隶属县卫生局。是年，在老城镇、李家户镇、杨庄乡试行新农合制度，当年参合人数 71200 人，农民个人缴纳 10 元，县财政补助每人 10 元，农民人均筹资 20 元。是年，住院费用 2000 元以内（含 2000 元）部分，按 20% 比例报销；住院费用 2000 元以上至 5000 元（含 5000 元）部分，按 30% 比例报销；住院费用 5000 元以上部分，按 40% 比例报销；年底超 10000 元部分再补 2000 元。全年合作医疗保险基金 142 万元，支出 4 万元。2006 年，武城县被确定为省级新型农村合作医疗试点县，开始增加市级及省、中央筹资，当年，农民个人缴费10元，县财政补助5元，市财政补助3元，省、中央财政补助24元，农民人均筹资42元。是年，乡级住院费用2000元以内（含2000元）部分，按30%比例报销；住院费用2000元以上至5000元（含5000元）部分，按40%比例报销；住院费用5000元以上部分，按50%比例报销。县级住院费用2000元以内（含2000元）部分，按20%比例报销；住院费用2000元以上至5000元（含5000元）部分，按30%比例报销；住院费用5000元以上部分，按40%比例报销。县级以上住院费用2000元以内（含2000元）部分，按15%比例报销；住院费用2000元以上至5000元（含5000元）部分，按25%比例报销；住院费用5000元以上部分，按35%比例报销；年底超10000元部分再补3000元。全年合作医疗保险基金839万元，支出688万元。最高封顶线为3万元。2007年，县级定点医疗机构费用2000元以内（含2000元）部分，按40%比例报销；住院费用2000元以上至5000元（含5000元）部分，按50%比例报销；住院费用5000元以上部分，按60%比例报销。县外定点医疗机构费用2000元以内（含2000元）部分，按30%比例报销；住院费用2000元以上至5000元（含5000元）部分，按40%比例报销；住院费用5000元以上部分，按50%比例报销。全年合作医疗保险基金1437万元，支出1247万元。2012年，新型合作医疗参保人数29.77万人，覆盖率99.84%。全年合作医疗保险基金8894万元，支出9422万元。乡级住院费按85%报销，县级住院费按70%报销，市级住院费按55%报销，省级以上住院费按50%报销，非定点医院按同级报销比例的80%报销。最高封顶线12万元。2013年，非定点医院按同级报销比例的40%报销，其他报销比例未变，最高封顶线提高至15万元。截至2013年底，全县享受医疗补助的参合农民累计受益110.67万人次，累计受益总额3.64亿元。

2005—2013年武城县新型农村合作医疗筹资情况统计表

表24-1　　单位：元

年份	参合人数	筹资标准				
		合计	农民缴费	县级补助	市级补助	省级／中央补助
2005	71200	20	10	10	—	—
2006	189227	42	10	5	3	24
2007	274614	50	10	11	3	26
2008	294161	70	10	14	4	42
2009	294208	100	20	19	5	56
2010	282310	140	30	27.5	5.5	77
2011	294965	250	50	52	8	140
2012	297718	300	60	63	9	168
2013	301287	350	70	74	10	196

2008—2013 年武城县新型农村合作医疗住院报销比例统计表

表 24-2

年份	住院报销比例					封顶线（元）
	乡镇医院（起付线）	县级医院（起付线）	市级医院（起付线）	省级医院（起付线）	非定点医院（起付线）	
2008	60%（100）	50%（200）	40%（500）	二级以上医院按同级报销比例 80%		30000
2009	60%（50）	50%（200）	40%（500）	二级以上医院按同级报销比例 80%		40000
2010	65%（50）	50%（200）	40%（500）	二级以上医院按同级报销比例 80%		50000
2011	80%（100）	65%（500）	50%（500）	50%（500）	同级报销比例 80%	100000
2012	85%（150）	70%（500）	55%（500）	50%（1000）	同级报销比例 80%	120000
2013	85%（200）	70%（500）	55%（500）	50%（1000）	40%（1000）	150000

第二章　医　疗

第一节　医疗机构

1986 年，全县有卫生事业机构 28 个。其中，县医院 1 处，乡镇卫生院 15 处，门诊所 8 处，卫生防疫站 1 处，妇幼保健站 1 处，药品检验所 1 处，其他卫生事业机构 1 处。1997 年，县中医院成立。2002 年，创建省级免疫接种示范门诊 2 个，市级免疫接种规范化门诊 9 个。2008 年，社区卫生服务中心投入使用，建筑面积 1003 平方米，重新规划 150 处标准化村卫生室。2013 年，全县有公办医疗卫生事业机构 16 处。其中县医院、县中医院、县疾病预防控制中心、县卫计局卫生监督所、县妇幼保健站、县卫生职工学校各 1 处，乡镇卫生院 10 处。

武城县人民医院　位于文化街北，青龙河西岸。1986 年，县医院有职工 247 名，其中卫生技术人员 196 名（含主治医师 15 名），病床 185 张。设门诊部、住院部。门诊部有内科、外科、妇科、小儿科、眼科、口腔科、病理科、针灸科、理疗科、中医科、检验科、放射科、胃镜科、急诊室、心电图室、超声波（A 型）室、激光室、

图 24-1 武城县人民医院（2013 年 摄）

脑电图室、病案室、中药房、西药房等，住院部有内科（附老干部）病房、外（眼）科病房、小儿科病房、妇产科病房、手术室、制剂室。1995年，修建西门诊楼，面积2448平方米。1998年，启用新病房大楼，面积5000平方米。2002年，投资1500万元修建门诊大楼，面积1万平方米。2005年5月，在县运河经济开发区建成传染病区。2009年，建成新病房大楼，高12层，建筑面积2.2万平方米。设消防、中心供氧、负压吸引、中央空调等系统，医生工作站、护理工作站及办公管理系统实现网络系统化，设层流净化手术室、远程会诊系统、ICU重症监护病房，桥架式吊塔系统将重症救护单元所需的气源（氧气、负压吸引、空气）、电源（强弱电输出端口）、各类仪器设备（监护仪、呼吸机、输液泵等）集中兼容。截至2013年底，县医院为集医疗、保健、教学、科研为一体的二级甲等综合性医院，有职工497人。其中，副高级以上技术人员36人，中级189人。门诊设内科、外科、妇产科、五官科、中医科、皮肤科、中西药房。医技科室有检验、影像（含MRI、CT、X光）、特检（含彩色B超、黑白B超、脑血流图、经颅多普勒、电子胃镜等）、供应室，住院部设内一、内二、内三、外一、外二、神经外、普外、妇一、妇二、产房、儿科、五官、康复、手术室、重症监护室（ICU）、急诊等，行政科室有院办公室、医务、护理、人事、院感（含防保）、宣传、财务、医保、信息、微机室、总务后勤等。有业务用房1.2万平方米，大型医疗设备150台（套），床位360张，年门诊量11万人次，年住院病人3万人次。

武城县中医院 1997年成立，有职工4人，租用民房3间，医疗设备短缺。1999年，租县环保局家属楼一楼4间房，二楼3室1厅，设药房、门诊、观察室、诊疗室、B超兼保管室、技工室、化验室，有口腔科综合治疗机1台。1999年4月，增设妇科。2001年，建立产科门诊并收住患者。同年5月，与县大树橡塑有限公司达成股份建院协议，院址位于漳南街北，历亭路东。2002年9月，迁入新综合门诊楼。2005年8月，成立武城县中医院医疗集团。2008年，扩建7000平方米的病房楼。2013年，县中医院为二级甲等中医医院。有职工122人。其中，副高级职称4人，中级职称30人，初级职称61人。设内科、外科、妇产科、儿科、眼科、中医科、口腔科等临床与医技科室30多个，医疗区建筑面积2万平方米，有万元以上医疗器械50余台（套），床位140张，年门诊9.3万人次，年住院病人4536人次。

武城县妇幼保健院 1986年，县妇幼保健站位于向阳路东，文化街北。有职工13人，设办公室、会计室、检验室、妇产科、儿保科、药房等6个科室。1987年，有主管医师3人，医师（士）10人。1992年，投资80余万元，在原址修建防保大楼，建筑面积1889平方米。1994年，开展婚前健康查体，设立妇检室、男检室、主检室。1997年，增设B超、心电图室，设产房、待产室各1间。1998年，被卫生部、世界卫生组织和联合国儿童基金会命名为“爱婴医院”。2002年，增设手术室1间。2012年4月，改称武城县妇幼保健院。2013年9月，在振华街北，兴武路西，修建妇幼保健大厦。截至2013年底，全院有职工56人，设妇产科、儿科、麻醉科、影像科、检验科、儿保中心、妇保中心等科室。

镇街卫生院 1986年，全县有董王庄乡卫生院、甲马营乡卫生院、鲁权屯镇卫生院、武城镇卫生院、大屯乡卫生院、杨庄乡卫生院、老城镇卫生院、郝王庄乡卫生院、李家户乡卫生院、四女寺镇卫生院、蔡村乡卫生院、马庄乡卫生院、滕庄乡卫生院、梁庄乡卫生院、祝官屯乡卫生院15个乡镇卫生院。1987年7月，甲马营乡卫生院门诊楼、滕庄镇卫生院门诊楼动工。1993年，梁庄乡卫生院撤销。1996年，祝官屯卫生院撤销。2000年，董王庄乡卫生院、大屯乡卫生院合并到武城镇卫生院，四女寺镇卫生院合并到滕庄镇卫生院，蔡村乡卫生院改为中心卫生所。同年9月，8处乡镇卫生院和1处中心卫生所实行股份合作制改革，滕庄镇卫生院被镇政府公开拍卖。同年，甲马营乡卫生院门诊楼正式启用，杨庄乡卫生院修建492平方米门诊业务用房。2001年，武城镇卫生院在城区修建600平方米门诊楼。2004年，武城镇卫生院改称广运街道卫生院，董王庄卫生所改为武城镇卫生院，蔡村中心卫生所合并到郝王庄镇卫生院。同年12月，确定老城镇卫生院、郝王庄镇卫生院、鲁权屯镇卫生院为中心卫生院，与县医院组建成立武城县医疗集团，其余6处乡镇卫生院改为一般卫生院，实行股份合作制改革，融入资金96万元，9处防保站从卫生院脱离，与乡镇计生站合署办公。2005年，3处中心卫生院完成建设任务，除滕庄镇卫生院外，其他5处乡镇卫生院与县中医院组建成立武城县中医院医疗集团。2006年，投资110万元建设李家户乡卫生院新门诊病房综合楼，建筑面积1500平方米。2007年，滕庄镇卫生院建设项目被列入全省“1127工程”。同年7月，门诊病房综合楼开工建设，投资110万元。其中，引进中央专项资金和省配套资金60万元，自筹资金50万元。建筑面积1220平方米，10月竣工。2008年，广运街道卫生院改建成社区卫生服务中心。截至2013年底，全县有镇街卫生院10处，职工508人。其中，执业医师117人，执业助理医师77人，药师30人，护士63人，其他221人。

农村卫生室　1986年，全县农村卫生室有376处，从业人员498名。1990年，实行合作医疗的有280处，自费医疗的96处，为符合条件的村卫生室发放行医执照。1999年，全县启动乡村卫生一体化工作，聘用乡村医生498名，建立一体化卫生室182处。2002年，落实省卫生厅《关于加强农村中医药人才培养的意见》，对在岗乡村医生进行中医药知识与技能培训，全县411名乡医通过培训考试。至2004年，全县518名乡村医生通过考核和考试，完成执业注册。2005年，全县有一体化农村卫生室271个，聘用乡村医生517名。截至2013年底，全县有一体化农村卫生室264个，聘用乡村医生720名。

厂企学校卫生所　1986年，全县厂企学校卫生所有15处，专职医务人员17人。1995年，增加到20处，从业人员20人。1999年，减少至10处，从业人员10人。2005年，减少至5处，从业人员6人。截至2013年底，厂企学校卫生所3处，从业人员8人。

个体诊所　1986年，全县有个体诊所25家，从业人员30名。1989年，个体诊所开业，需到主管部门考试，考试合格者颁发乡村医疗证书。1994年，《医疗机构管理条例》《山东省个体开业行医管理办法》出台，对25处个体诊所进行考核、整顿，取缔不符合标准的10家，考核合格者发给山东省个体开业行医许可证。1999年，《中华人民共和国执业医师法》出台，对个体开业诊所再次进行清理、整顿。2010年，全县个体诊所19处。截至2013年底，全县个体诊所26处，从业人员58人。

社区卫生服务站　1995年，县直医疗卫生单位开始安排医务人员在城区开设门诊，当年开设3处，从业人员15人。2002年，在城区内设置4处社区卫生服务机构，其中社区卫生服务站3处，贝州社区卫生服务站和振华社区卫生服务站通过市级验收。截至2013年底，全县有社区卫生服务站3处，从业人员21名。

民营医院 2007年，武城红霞医院成立，位于古贝春大街南、向阳路东。2008年，武城博爱医院成立，位于文化街北、历亭路东。截至2013年底，红霞医院营业面积2400平方米，有职工16人，床位20张，万元以上设备10台，年门诊1627人次。博爱医院营业面积1600平方米，有职工14人，床位20张，万元以上设备6台，年门诊6175人次。

第二节　医疗队伍

1986年，全县卫生事业机构有人员947人，卫生技术人员775人。其中，中医师12人，西医师69人，护师9人，中药师3人，西药师3人，检验师3人，中医士67人，西医士122人，护士104人，助产士16人，中药剂士15人，西药剂士16人，检验士13人，其他中医29人，护理员32人，中药剂员64人，西药剂员61人，检验员19人，其他技术人员118人。同年，391个自然村配备女乡村医生。1993年，实行人事制度改革，机关人员分流。1999年，职称评聘分开。2000年，乡镇卫生院院长实行公开招聘。2012年，县级公立医院增加编制数361名。截至2013年底，全县卫生事业机构有人员1218人，其中卫生技术人员1162人（执业医师293人，执业助理医师109人，注册护士327人，药剂师53人，检验人员44人，其他卫生技术人员336人）。

1986—2013年武城县医疗机构人员数量统计表

表24-3　　单位：人

年份	卫生技术人员	其他人员	年份	卫生技术人员	其他人员
1986	775	172	2000	620	113
1987	755	154	2001	620	78
1988	865	114	2002	976	128
1989	810	159	2003	968	130
1990	812	170	2004	1013	107
1991	745	161	2005	949	102
1992	543	134	2006	976	96
1993	748	153	2007	1069	89
1994	671	143	2008	1230	61
1995	760	117	2009	1330	100
1996	830	116	2010	1208	80
1997	458	77	2011	1216	91
1998	326	84	2012	1218	91
1999	620	113	2013	1162	119

第三节 医疗技术

西医

1986年，县医院外科能开展一般的腹部手术、骨伤外固定等简单的骨折手术，内科的疑难病例大多转至上级医院治疗。1988年，开展首例心动过速电复律治疗。1990年，开展急性心肌梗死经静脉溶栓治疗。1996年，开展脑出血微创颅内血肿清除手术，1997年，成立120急救中心。1998年，在上级医院指导下安装埋藏式永久起搏器。2000年，开展经导管化疗。2002年，开展血液透析联合血流灌流治疗尿毒症及重度有机磷中毒。2005年，开展小儿肾病、新生儿缺氧、新生儿黄疸等疾病治疗。2007年，120急救中心由德州市120调度中心统一指挥调度。2012年，开展纤维支气管镜检查和治疗。2013年，开展特发性血小板减少性紫癜治疗、新生儿肝炎综合症治疗。截至2013年底，县医院能开展脊柱骨折内固定术、股骨粗隆下骨折内固定术、断肢再植术、带血皮瓣转移术、清除颅内血肿及脑瘤摘除术、微创治疗脑出血术、肺叶切除术、肝叶部分切除术、十二指肠切除术、肾盂切除术、鞘状突高位结扎术、新式剖宫产术、无痛分娩、腹腔镜切除肿瘤术、宫腔镜手术、白内障超声乳化术＋人工晶体植入术、青光眼手术、扁桃体切除术、中耳炎根治术、颌骨颧骨骨折切开复位固定术等手术。县中医院能独立开展的手术有普外胆囊切除术、肝脾破裂修补术、乳腺癌改良根治术、胃大部切除胃肠吻合术、骨科髋关节置换术、腰椎间盘摘除术、直肠脱垂术、可调节缝线青光眼术、综合疗法治疗翼状胬肉、硝酸银烧灼治疗真菌性角膜炎等。

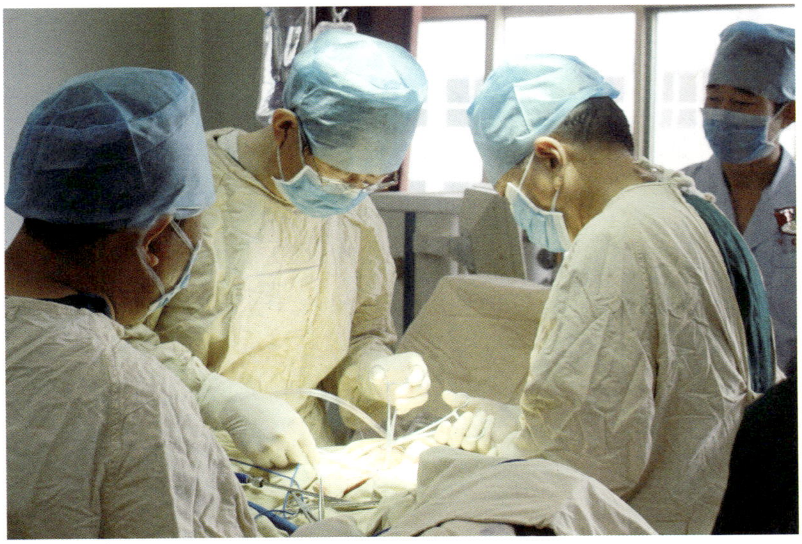

图24-2 直肠癌根治手术（2009年 摄）

中医

1986年，县医院设有中医科，开展中医诊治。1997年县中医院成立后，相继开展针灸、推拿、刮痧、穴位注射、耳穴压豆、拔罐等中医诊疗技术项目，开展冬病夏治三伏贴疗法，利用夏季气温高，机体阳气充沛，体表经络中气血旺盛的时机，通过外用方药治疗顽固性疾病。针对中医药治疗的优势病种，研究制定中西医结合诊疗方案，制定治疗常见病的常用方剂，发挥中医药在疾病治疗中的作用。2013年，全县8个镇街卫生院和1处社区卫生服务中心全部完成国医堂建设，均设有中医科、中药房和康复治疗室，推进“治未病”健康工程，探索建立完善预防、养生、保健、康复为一体的中医保健服务体系。四女寺镇卫生院中医药健康教育基地种植中草药百余种，推广中草药鲜药入药和中医保健药茶，开发中草药封包热敷疗法，开展药食同源中医饮食干预项目。

护理

1986年，县医院护理模式主要是以疾病为中心的功能制护理。1988年，开展责任制护理，责任护士以疾病为中心照护全科病人。2000年，开展整体化护理。2002年，在全市语言体态暨文明服务礼仪比赛中获团体三等奖。2005年，推行以病人为中心的责任制护理，开展星级护士评选活动，实行责任小组包干制，分组包干、分床到户、责任到人，每科室两个责任小组，设责任组长2名，护理人员以责任小组为单位管理病人。同年，应用小儿静脉留置针技术。2010年7月，开展优质护理服务，实行扁平式责任制整体护理，每名责任护士负责6～8名患者，每位患者住院期间有1名相对固定的护士负责。责任护士为患者提供从入院到出院全程、全方位无缝隙服务，负责患者的治疗措施、病情观察、特殊检查、基础护理、生活护理、心理护理以及健康教育等项目。

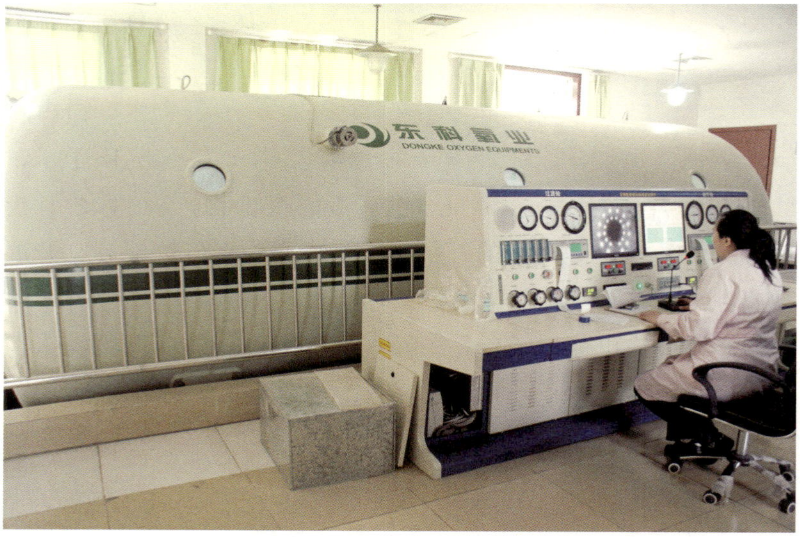

图24-3 高压氧舱（2011年摄）

第四节　医疗设备

1986年，全县医疗设备主要有X光机、心电图机、A超机等，设备数量少，且多为诊断设备，诊疗水平有限。进入21世纪后，随着政府对卫生事业投入不断增加，各医疗单位逐步购置和更新医疗器械，医疗设备种类持续增加，诊疗手段日趋丰富。2013年，全县医疗机构有万元以上设备437台（件），住院床位869张。

县人民医院医疗设备　1986年，县医院有上海产心电图机、汕头产A超、上海产200毫安X光机、721分光计各1台，显微镜2台，医院医疗设备资产不超过10万元。1997年，购置二手德国CT机1台。1999年，购置意大利大生化1台。进入21世纪后，先后购置新螺旋CT1、心电监护仪、除颤仪、进口腹腔镜、进口麻醉机、血液透析机，血液净化机、X光电子计算机数字拍片系统（CR）、东芝全自动生化分析仪、电切镜、激光刀、宫腔镜、磁共振、CR800图像扫描仪及高频摄影设备、核磁共振影像设备、超声海扶刀、体内碎石机等设备。2013年，县医院有3.0t磁共振、直线加速器、64排功能美国GE螺旋CT，美国GE、意大利百胜、日本东芝、阿洛卡彩色多普勒超声诊断仪5台，高强聚焦超声刀（海扶刀）、数字化摄影系统（DR）、800毫安高频数字胃肠机、500毫安X光机、C型臂、全自动生化分析仪、高压氧、碎石机、电子腹腔镜、前列腺气化切割仪等大型先进医疗设备150多台（件）。

县中医院医疗设备　1997年，医疗设备有心电图、黑白B超、显微镜、口腔综合治疗机各1台。2002年，购置东软螺旋CT、万东X光机、百胜B超机、裂隙灯、眼压计等设备。2006年，购进DR设备、眼底造影检查仪、法国光太眼底激光仪等。2009年，购进螺旋CT、双拥X线机等。2010年，购进西门子四维彩超。到2013年底，医院有万元以上医疗器械50余台（件），大型医疗设备有磁共振、美国CE16排CT、进口全自动数字拍片机（DR）、大型C型臂、胃肠X光机、进口四维彩超、全自动生化分析仪等。

县妇幼保健院医疗设备　1986年，县妇幼保健站有显微镜1台、多普勒胎心监护仪1台、冰箱1台。1987年，购置电动吸引器1台。1988年，购置冷强光乳腺透照仪1台。20世纪90年代后，购置37℃恒温培养箱、祥生牌B超机、心电图机、721光电比色计、离心机等设备。进入21世纪后，购置半自动生化仪、802型离心电机、双目电光原显微镜、新生儿听力诊断仪、胎心监护仪、心电监护仪、脚踏吸引器、电动吸引器、X光机、BPM红外线光照仪、波姆红外光治疗仪、彩超、麻醉呼吸机、胎心监护仪、红外线辐射抢救台、救护车等医疗设备。2013年，购置高端系统四维彩超、DR数字化X线诊断系统、全自动生化分析仪、妇科诊疗仪等几十种医疗设备。

第三章　卫生防疫

第一节　计划免疫

1986年，全县县、乡医疗卫生单位均设计划免疫管理组织，负责0～12岁儿童的疫苗接种和各种疫苗管理。每个行政村配备1～2名乡村医生负责儿童免疫。同年，县政府成立计划免疫协调领导小组。出台《武城县儿童计划免疫保偿管理办法》，规定：凡在武城县居住的0～12岁儿童，按照国家规定的免疫接种程序和应接种的疫苗种类及针次，每年须向接种单位交纳一定数量的儿童计划免疫保偿金。接种单位负责按国家规定的免疫程序全程为儿童接种疫苗，并对所发生的疫苗针对疫病治疗费用给予一定数额的补偿。县防疫站置备冷链车1辆、速冻冰箱6台、普通冰箱4台，15个乡镇卫生院分别购置疫苗储存专用电冰箱和冷藏箱，每个行政村卫生室配有冷藏背包、冰排等冷链设备。每年可接种疫苗20万人次。1988年，全县儿童计划免疫“四苗”（卡介苗、脊髓灰质炎疫苗、白破疫苗、麻疹疫苗）覆盖率85%，通过卫生部、联合国儿童基金会、世界卫生组织联合组织的儿童计划免疫接种率目标考核。1990年，县儿童计划免疫“四苗”覆盖率通过卫生部和省卫生厅组织的儿童计划免疫接种率目标考核，实现第二个85%的目标。1995年，以乡镇为单位的“四苗”接种率和卡介苗结疤率分别为100%和90%，实现儿童计划免疫“四苗”覆盖率第三个85%的目标。自1996年起，全县国

图24-4 注射甲流感疫苗（2011年 摄）

家免疫规划疫苗的常规免疫接种率都在95%以上。1999年，设立乡镇免疫规划接种门诊，接种模式由下村入户转变为规范化的门诊式集中接种。2000年，开展创建省级示范预防接种门诊活动。2001年，统一接种门诊的冷链运转时间，全县11个预防接种门诊均按旬运转冷链系统，每旬的1—3日为儿童计划免疫日。2002年，全县市级规范化门诊建设率实现100%。2007年，省级示范预防接种门诊建设率50%。2008年后，全县接种14种国家免疫规划疫苗146万余人次，平均年接种20余万人次。随着免疫规划的实施，白喉、脊灰、流脑等传染病连续20多年无病例出现，5岁以下儿童乙肝阳性率降至1%以下，麻疹、百日咳等传染病发病率也逐年下降。截至2013年底，全县有预防接种门诊11处。其中，市级五星级门诊7处，四星级门诊3处，数字化门诊1处，产科接种室3处。

第二节　传染病防治

1986年，全县传染病发病率274.56/10万。2004年，实行传染病网络报告制度。2006年，完成疫情网络建设，直报单位100%全覆盖。到2013年，县传染病发病率291.16/10万，脊髓灰质炎被消灭，肺结核、病毒性肝炎、细菌性痢疾、白喉、新生儿破伤风等常见、多发传染病得到有效控制，全县建立起较为完备的计划免疫冷链运转系统。

病毒性肝炎　1989年，对乡镇卫生院开展病毒性肝炎防治检查，落实一人一针一管注射。是年，全县儿童普遍注射乙肝疫苗。1990—1992年，全县发病率均低于10.8/10万。1993年，采用中药预防病毒性肝炎。2000年，发病率降到0.41/10万。县卫生防疫站成立肝病防治中心，以中西医结合治疗48例乙型肝炎病人，转阴率33.3%。2001年，使用上生甘迪和乙肝疫苗阻断母婴传播途径。2003年，将乙肝疫苗纳入儿童计划免疫。2005年，实施疫情网络直报，病例报告灵敏度提高，全年报告病毒性肝炎75例。其中，乙肝61例，发病率16.43/10万；丙肝5例，发病率16.43/10万；戊肝2例，发病率0.54/10万。未分型肝炎7例，发病率1.88/10万。甲肝未接到病例报告。2006—2013年，全县病毒性肝炎发病率一直控制在42.76/10万～74.62/10万。其中，20岁以上成人发病人数占发病总人数的80%以上，农民发病人数占80%以上，6岁以下儿童感染乙型肝炎病毒以母婴传播为主。

细菌性痢疾　1986年，全县发病382例，发病率116.28/10万。1987年开始，组织2个医疗队先后16次赴乡镇开展痢疾防治。1991年，采集大便151份，检出痢疾杆菌56株，检出率38.6%。1986—1996年，平均年发病率31.87/10万。1997—2008年，平均年发病率6.71/10万。2009—2013年，平均年发病率1.97/10万。

流行性出血热　1986年，全县发病235例，发病率71.53/10万，死亡5人。1987年开始，实施以群众性灭鼠为主的综合防治措施，发病率呈现逐年递减趋势。1993年开始，发病率呈现逐年上升趋势。是年，全县开展流行病学调查和鼠密度调查，采取多种方法降低鼠密度。1999—2008年，平均发病率4.86/10万。2009年，发病率0.26/10万。2010—2013年，无发病病例。

脊髓灰质炎　1986年，无疫情报告。1988年，郝王庄乡、董王庄乡各发生病例1例。1989年、1990年，各发生1例病例，并采取隔离、消毒措施，0～3岁儿童服用糖丸。1991年开始，在对脊髓灰质炎疫苗开展常规免疫工作的同时，对4岁以下儿童每年进行2轮强化免疫。此后到2013年，全县无脊髓灰质炎病例发生。

麻疹 1986年开始，全县采取提高疫苗接种率等防治措施，发病率下降。1992年，县医院临床诊断麻疹报告8例。1995—2011年，无病例发生。2002年，发病1例。同年，对全县适龄儿童分别进行普种和强化免疫。2005年，收到各级临床诊断麻疹病例31例，发病率8.35/10万。2006年，收到各级临床诊断麻疹病例65例，发病率17.37/10万。2007年，实行8月龄至6周岁儿童应急免疫，全年收到各级临床诊断麻疹病例20例，发病率5.30/10万。2008年，实行8月龄至6周岁儿童强化免疫，全年收到各级临床诊断麻疹病例32例，发病率8.42/10万。2009—2013年，年均发病率0.88/10万。其中，18岁以上患者占发病总人数的60%以上，不到麻疹疫苗接种年龄（8月龄以下）的婴幼儿患者占30%左右。由于常规免疫和应急免疫开展及时、有效，麻疹一直呈低度散发状态，未形成爆发性流行态势。

性病 1998年，始有淋病病例报告。是年发病率4.72/10万。2008—2009年无发病。2010—2013年，发病率在0.25/10万～4.45/10万。

1998年，全县始有梅毒病例报告。1998—2008年，发病率在0.27/10万～1.31/10万。2009—2013年，发病率在1.3/10万～10.21/10万。

艾滋病 2002年，武城县被确定为艾滋病宣传项目县。2005年，针对大众人群开展艾滋病宣传教育活动2次。对重点人群艾滋病病毒抗体筛查，调查393个村庄及6个居委会8.55万人，调查率100%。登记既往有偿供血（浆）人员18名。其中，已死亡3人，外出2人（地址不详），采血13人。登记重点省份外来人员44名，2人拒绝采血，7人外出，实际采血35人，未发现艾滋病及HIV患者。同年，外地报至本地艾滋病患者1例。2007年，发现首例HIV感染者，为外地在押人员。2008年，发现4例HIV/AIDS。2010年，医疗机构筛查1881人次，疾控中心筛查重点人群676人，羁押人群126人，其他人群67人，未检出阳性，外地报告艾滋病病人1例并死亡。2011年，医疗机构筛查3859人次，疾控中心筛查重点人群1209人，羁押人群280人，其他242人，未检出阳性，外地报告艾滋病病人1例并死亡。2012年，医疗机构筛查4657人次，疾控中心筛查重点人群880人，羁押人群600人，其他32人，未检出阳性，外地报告艾滋病病人2例。2013年，医疗机构筛查4984人次，疾控中心筛查重点人群1160人，确证阳性1人，羁押人群601人，其他25人，外地报告3例病人。截至2013年底，全县累计存活艾滋病病人和感染者17例。其中，男男性传播9例，异性性传播5例。

结核病 1986年，发现病人75例，复治15例。1987—1992年，诊治病人409例。1993年，世界银行贷款中国结核病控制项目启动，全年接诊470人，登记80人，涂阳78人，新发涂阳病人32人，新发登记率8.65/10万。1997

图24-5 结核病防治知识进校园（2012年 摄）

年，完成省结核病防治中心耐药监测任务34例。2002年，实施《中国结核病防治规划（2001—2010年）》。2005年，开始实施中央补助山东省结核病防治项目，发现肺结核病人2006人，其中新发病人1482人，治愈率98%。2006年，实施山东省FIDELIS结核病控制项目，对585名涂阳肺结核病人的1200名密切接触者进行痰菌检查筛查。2009年，实施第五轮全球基金耐多药肺结核病控制项目，筛查肺结核病人605名，发现耐多药肺结核病人2例。2005—2013年，中央补助山东省结核病防治项目在武城实施，累计发现肺结核病人1886人，其中新发病人1380人，病人治愈率98%，发病率逐年下降。

传染性非典型肺炎　2003年，全国爆发非典型肺炎疫情。同年5月，县委下发《关于转发〈中共武城县纪委武城县监察局关于严明纪律严格责任追究确保非典型肺炎防治工作顺利进行的紧急通知〉的通知》，要求严肃政治、工作纪律，严格执行疫情报告制度，严禁拒诊病人，严厉打击利用防治非典型肺炎名义进行的各种违法违纪行为，对责任追究和惩处办法作明确规定。非典型肺炎防治期间，全县建立疫情专报、疫情监测和流行病学三大网络，成立流调队730个、疫情监测点847个，建立发热门诊11个，建成隔离病区、驻守交通站点，消毒过往车辆1.8万辆，体检2.1万余人次，对5008名外来人员和务工返乡人员进行医学观察，未发现“非典”病毒感染者。

1986—2013年武城县传染病发病率统计表

表24-4　　单位：/10万

年份	发病率	年份	发病率	年份	发病率
1986	274.56	1996	55.43	2006	124.29
1987	131.46	1997	40.54	2007	158.62
1988	108.58	1998	55.81	2008	191.43
1989	53.78	1999	31.27	2009	256.61
1990	63.48	2000	25.74	2010	201.81
1991	51.56	2001	20.19	2011	165.92
1992	45.59	2002	37.66	2012	239.23
1993	21.66	2003	55.26	2013	291.16
1994	19.30	2004	65.71	—	—
1995	38.40	2005	107.71	—	—

第三节　地方病与慢性病防治

寄生虫病防治

1987年，发现疟疾病人1例。县政府在全县组织实施灭蚊、周围人群采血镜检、重点人群预防服药等措施。1988年，对1987年前有发病史的人员进行一次休止期治疗，对进入武城县的重点地区人员进行登记服药，血检高疟地区人员129人，对“四热”病人进行血检，血检发热病人1322人，无阳性发现。1989年，检查门诊“四热”病人1805人，无阳性发现。1990年开始，连续无疟疾病例发生，达到消除疟疾的标准。

地方病防治

碘盐监测　2005年开始，全县每年抽取每个乡镇的4个村，对居民的碘盐使用情况进行检测。2009年开始，每年采集盐样300份，进行半定量监测，无碘盐率95.92%。至2013年，全县已无碘盐供应。

水碘监测　1986年开始，全县每年对改水后的水碘监测1次。2009年，调查9个乡镇93个村，采集水样202份。2012年，对全县104个深水井（覆盖全县393个村庄）进行水样采集监测，150～300微克/升的村庄187个，大于300微克/升的村庄206个。2012年，对100名小学生开展家中食用盐半定量检测，未发现不合格碘盐。为抽取的100名儿童检测学生甲状腺容积。发现有25名儿童有不同程度的结节。其中，男生12名，女生13名。

尿碘监测　2012年，对李家户镇中心小学8～10岁的学生进行尿样采集，采集尿样100份，尿碘中位数为843.35微克/升。

甲状腺肿监测　1997年，市卫生防疫站在武城进行《碘盐对高碘地区居民健康的影响》科研项目的调查，调查282户，计835人，甲状腺肿大率4.91%。2012年，对李家户镇中心小学8～10岁的100名学生进行监测，甲状腺肿大率16%。

饮水型地方性水氟中毒防治

水氟监测　1986年开始，每年对全县水氟监测1次。2011年开始，对全县8个乡镇52个村进行改水降氟工程水样的采集，每个工程均采末梢水样1份，采集水样52份，监测氟含量逐年降低。

氟斑牙监测　2011年开始氟斑牙监测，至2013年，调查3个村（学校）8～12岁学生492人。其中，正常80人，可疑80人，极轻131人，轻度134人，中度61人，重度6人。

氟骨症及尿氟监测　2008年，全县抽取高氟地区4个村80名群众进行氟骨症调查。2012年，对3个村150人进行氟骨症X线检查，所拍X胶片送省、市研所由省级专家组集体诊断。反馈结果为正常135例，占90%。轻度12例，占8%。中度3例，占2%。同时采集尿样，进行氟含量检测，尿氟含量超标93例，占62%。

慢性病防治

2000年，成立高血压防治门诊，采用中西医结合方法治疗病人。2007年，成立县慢性病防治咨询门诊，开展铅及微量元素监测。2011年，武城县被列为省部联合减盐防控高血压项目县，开展基线调查。同年，对3个镇的9个村庄905人进行成人调查。其中，对129人进行72小时膳食回顾调查和24小时留尿检测工作，对3个班164名学生进行调查。2013年，对1个镇的3个村18～69岁人群300人进行成人调查，对初一2个班107学生进行现场基线调查。

第四节　公共卫生监督检测

饮用水卫生

1986年，全县开始对饮用水建档。对城

图24-6 水质监测（2009年 摄）

区自来水进行定期监测，对饮用高氟水的乡村登记建卡。1989年，对城区自来水进行水质采样监测，丰水期每月进行卫生指标监测。1995年，对所有供水人员进行健康查体，全县6个点开展除氟改水。1996年开始，定期监测水源水、出厂水、末梢水，对供水、管水人员进行卫生知识培训和健康查体。2008年，随机抽取150个村进行水砷调查。2009年开始，每月对城区饮用水进行采样监测，至2013年检测指标24项。

食品卫生

1986年开始，全县每年对所有食品生产经营单位开展检查。1991年开始，每年对食品生产经营业户验发卫生许可证，对从业人员进行健康查体。1998年，开展经常性食品卫生监督检查工作，对保健食品、学校食堂、中小饮食单位及群众反映强烈的食品卫生问题进行专项治理整顿。2001年后，加大执法力度，扩大监督覆盖面。截至2013年底，卫生许可证验发率100%，从业人员查体培训率在98%以上。

公共场所卫生

1987年，全县开展公共场所从业人员健康查体，查体536人。1988年开始，对城区22个公共场所进行卫生监测并建立档案。1991年，将200平方米以上商场列为管辖范围。1992—1994年，卫生许可证验发率在97%以上，从业人员查体率在98%以上，公共场所监测合格率在90%以上。1995年开始，全县理发店均按要求配备电子灭菌消毒器。2003年开始，加强对乡镇、农村公共场所卫生监督的执法力度。截至2013年底，全县卫生许可证验发率在98%以上，从业人员查体培训率在99%以上。

学校卫生

1986年开始，对县直中学和实验小学在校学生700余人进行沙眼、龋齿、近视、结核、蛔虫病等“五病”普查，建立健康档案。1990年，《学校卫生工作条例》颁布，对全县重点中小学校进行建档建卡工作，中学生建档14791人，小学生建卡10481人。1991年开始，开展中小学校学龄前学生常见病防治及预防性健康查体工作。2001年后，每年对全县近4万在校中小学生开展健康体检，建立健康体检档案。2013年，县防疫站取得学生健康体检资质。是年，为全县3.9万名中小学生进行健康体检。

职业卫生

1986年，开始对全县的工厂企业进行调查摸底，建立档案，开展企业工人查体及接尘监测，建立健全职业病报告网。1992年，开展机动车驾驶员健康查体。1993年开始，对2000多名机动车驾驶员进行健康查体，开展有害作业企业监督监测和农药中毒防治工作。1997年，开展就业前健康查体。1998年开始，建立完善有害作业企业劳动卫生档案，每年监测有害作业点80多个，不同工种作业人员健康查体1200多人。2006年后，每年对2000多名有害作业企业工人开展健康体检，建立个人健康档案，对企业出示体检报告单。2011年后，每年对保安公司员工开展健康体检。2012年，县防疫站取得职业卫生健康体检资质。2013年，全县职业健康体检2500余名。

公共卫生监测

2010年，开始承担全省公共卫生监测项目。开展食品安全风险监测，每年采集16大类食品180份监测样品。每年对全县饮水安全工程监测点进行集中采样监测，采水布点34个，采取水样136份，每份水样监测42项指标。开展农村环境卫生监测，完成20个行政村100份入户调查，10所中小学环境卫生状况调查，采集土壤样本20份。开展餐饮具集中消毒单位专项监督监测，与餐饮具集中消毒单位签订承诺书，每年抽检消毒餐饮具120份。

消毒杀菌

1988年，县防疫站成立消杀科，开展消毒杀菌工作。1997年，成立专业消杀队伍，在城区开展除“四害”活动。2001年，设立消杀服务咨询台，开展上门灭蚊蝇服务。2003年，在防治“非典”工作中，对各行政事业单位、监测站、过往车辆进行消毒。2004—2013年，推广使用新一代绿色环保灭蟑饵剂、灭蟑烟雾剂、超低容量喷雾机、热烟雾机。

第五节　健康教育

1986年，县卫生防疫部门在各乡镇举办学习班，对群众开展肺结核、病毒性肝炎、疟疾、细菌性痢疾、白喉、新生儿破伤风等常见、多发传染病的健康教育。在全县开展除苍蝇、蚊子、老鼠、蟑螂“四害”活动，避免交叉感染。20世纪90年代，利用广播和电视讲座的形式，向群众开展预防流脑、麻疹、狂犬病等疾病的健康宣传教育。进入21世纪，随着流动人口的增加和违法性行为活动的增多，健康教育以防艾滋病为主。2005年，全县开展艾滋病健康教育，制作展板15块，灯箱44个，印制宣传小折页1万多份，宣传单6万多份。对农村居民进行健康知识知晓率调查，普及预防艾滋病、人禽流感等防治知识。2006年，对从事有毒、有害化学品作业的职工进行健康教育。2007年，开展健康教育面对面乡村行、夏季常见病知识“健康教育宣传周”等活动。2008年，进行艾滋病健康宣传教育，制作展板21块，灯箱61个，印制宣传小折页2万多份，宣传单8万多份。宣传《中国公民健康素养——基本知识与技能（试行）》，组织首届全省农民健康知识电视大赛县级竞赛和全面戒烟竞赛。2011年，启动健康武城行动。开展无烟医疗卫生系统创建，制定《武城县卫生局控烟管理办法》《武城县卫生局控烟考评与奖惩制度》《控烟监督员、巡查员职责》，开展“禁烟行动从我做起”活动，与各医疗卫生单位签订控烟责任书。2012年，开展纪念爱国卫生运动60周年、健康山东宣传，分发健康山东标识宣传画、《卫生城市市民行为规范》宣传页，印制健康山东宣传标语招贴画，在广场、学校、社区张贴。城市社区举办健康教育专题讲座15次，1000余名群众受益。2013年，在升平广场组织爱国卫生月广场义诊宣传。

第四章　妇幼保健

第一节　妇女保健

婚前检查

1994年7月，全县在城区户口管辖区内开展婚前健康查体。1997年，婚前检查人数477对。1998—2003年，婚检人数为9792对，患病1229人。2003年，办理孕期保健服务376人，发放孕期保健册376本，建立孕期管理登记簿，定期进行孕期检查。2003年底，国家变强制婚检为免费自愿婚检，全县婚检率直线下降。2004—2008年，没有人进行婚检。2009—2013年，婚检人数年均15人。

妇女病筛查

1985年，全县开始对机关企事业单位妇女进行妇女病筛查。到1997年，累计筛查5824人，

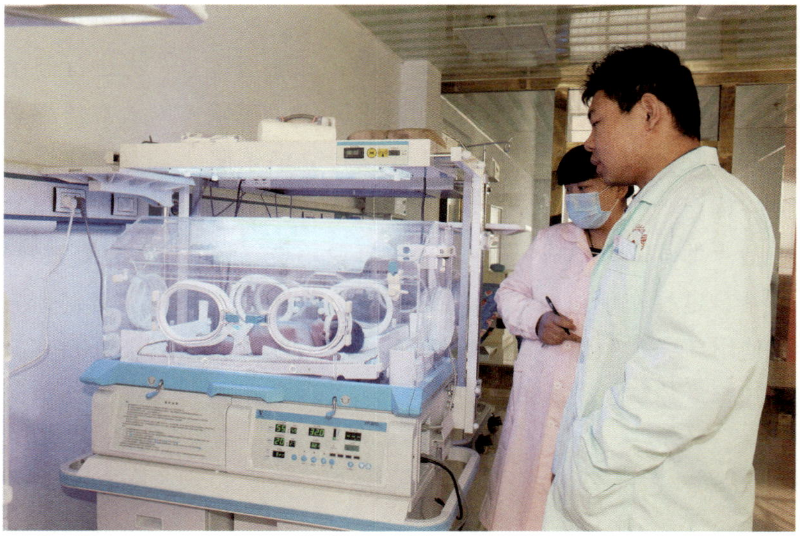

图 24-7 新生儿检查（2013 年 摄）

患病 2545 人。其中，宫颈炎 841 人，附件炎 539 人，霉菌性阴道炎 624 人，滴虫性阴道炎 498 人，子宫肌瘤 24 人，卵巢囊肿 16 人，疑似宫颈癌 3 人。1998—2005 年，查体 34205 人，患病 6016 人。2006—2008 年，查体 1.31 万人。其中，乳腺增生 609 人，宫颈炎 578 人。2009 年，机关企事业单位妇女病筛查与农村妇女病筛查合并进行。2012 年，对 2.28 万人名妇女进行健康查体，查出妇科病患者 1.11 万人。其中，阴道炎 5695 人，宫颈炎 5279 人。2013 年，省卫计委在妇女病筛查的基础上，要求重点筛查对妇女危害较重的乳腺癌和宫颈癌，简称“两癌筛查”，适龄妇女年龄为 35 ～ 64 周岁，目标人群主要是卫生条件较差的农村人口。全年妇女病筛查 25373 人，一般妇科病患者 9326 人，乳腺增生 5574 人，子宫肌瘤 169 人，疑似乳腺癌 5 人，疑似宫颈癌 2 人。

第二节 儿童保健

新生儿查体

1998 年，全县开展新生儿疾病筛查。2002 年，开展新生儿听力筛查。2000—2008 年，累计对 31396 名新生儿进行疾病筛查。2002—2008 年，累计对 21813 名新生儿进行听力筛查。2009—2013 年，累计筛查 15229 人。其中，甲低 25 人，苯丙酮尿症 6 人，听力障碍 17 人，高 TSH 血症 3 人，六磷酸脱氢酶缺乏症 2 人。

儿童常见病防治

2003 年，全县开展儿童常见病治疗，当年，治疗贫血儿童 560 人，佝偻病儿童 880 人，腹泻儿童 650 人，肺炎儿童 610 人。2008 年，治疗贫血儿童 737 人，佝偻病儿童 980 人，腹泻儿童 770 人，肺炎儿童 1075 人。截至 2013 年底，累计治疗贫血儿童 6228 人，佝偻病儿童 8192 人，腹泻儿童 8484 人，肺炎儿童 8693 人。

2003—2013 年武城县儿童常见病受治人数统计表

表 24-5 单位：人

年份	贫血	佝偻病	腹泻	肺炎
2003	560	880	650	610
2004	640	960	740	765
2005	733	1020	870	903
2006	690	1080	790	1015

续表 24-5

年份	贫血	佝偻病	腹泻	肺炎
2007	595	975	830	1106
2008	737	980	770	1075
2009	356	386	650	710
2010	564	496	740	665
2011	437	502	870	513
2012	390	438	791	625
2013	526	475	783	706
合计	6228	8192	8484	8693

第五章　社会卫生

第一节　红十字会

1985年，县红十字会成立。1986年后，每年农历年底为得大病致贫的困难家庭和遇到各种变故导致生活困难的群众发放救助金和救助物资。2008年，派出2名卫生防疫队员赴四川汶川地震灾区救援。募集善款83.28万元，总价值336.8万元的纯净水、食品、帐篷、衣物及净水设备等抗震救灾物资。同年，向青岛奥帆赛派出卫生监督员1名。2012年5月，武城镇后马村徐世娟成为武城县第一例、德州市第五例眼角膜捐献者。2013年9月，古贝春集团有限公司员工赵士君成为武城县第一名造血干细胞捐献者。截至2013年底，多名群众进行遗体器官捐献咨询，3名志愿者进行遗体捐献登记，1名志愿者进行眼角膜捐献登记。全县有团体会员单位18个，基层组织18个，会员1100多人。

第二节　献血

1999年，全县开展无偿献血活动，是年，无偿献血275人，献血量5.53万毫升。随

图 24-8 献血活动（2012 年 摄）

后，无偿献血人数逐年增多。2001 年，无偿献血 525 人，献血量 10.5 万毫升。2002 年，无偿献血人数增加到 1320 人，献血量 33.1 万毫升。此后，每年无偿献血量保持在 30 万毫升左右。2004 年，县政府办公室、县卫生局、县公安局被评为“无偿献血先进集体”。2010 年，县卫生局被评为“无偿献血优秀组织者”。2013 年，无偿献血 1200 人，献血量 36 万毫升。截至 2013 年底，全县累计献血 400 万毫升。

第三节　爱国卫生活动

卫生城创建

1989 年 4 月，城区开展“门前三包、门内达标、创建文明卫生单位”活动。同年 7 月，县政府办公室下发《关于建设卫生县城，开展爱国卫生运动消灭蚊蝇鼠工作的意见》，决定开展爱国卫生运动，责成爱卫会、城建局、卫生防疫站所属的消灭服务专业队对县城和乡镇驻地所有单位的室内和门前水沟进行两次药物质流喷洒，单位内环境和厕所指定专人定期喷洒扫除，消杀灭药品由防疫站有偿提供，县爱卫会定期组织检查验收。1991 年 5 月，县环卫所成立，有街道保洁员 29 人，卫生队员 38 人，消毒杀菌队员 15 人，城区街道保洁覆盖面在 80% 以上。是年，全县评出文明卫生单位 66 个，达标率 74.2%。1993 年，各乡镇卫生院建立消杀蚊蝇小分队，对各自辖区公共场所、办公场所、居住地及蚊蝇孳生地内的蚊蝇进行消杀。1997 年，县城被省爱国卫生运动委员会命名为“省级卫生县城”。2012 年，集中开展城乡环境综合整治，“五乱”（乱堆乱放、乱搭乱建、乱贴乱画、乱挂乱晒、乱泼乱倒）现象得到遏制，城乡卫生面貌明显改善。2013 年，深化城乡环境综合整治，筹备省级卫生县城复审。

农村改厕改水

1986 年，在全县农村开展“两管”（管理人、蓄粪便）、“五改”（改环境、改水、改厕、改炉灶、改畜圈）活动。2000 年，农村改水受益率 95%，农村安全饮用水人口覆盖率 44.8%，农村自来水普及率 51%，农村卫生厕所普及率 60%。2005 年，农村改水受益率提高到 98%，农村安全饮用水人口覆盖率提高到 51%，农村自来水普及率提高到 70%，农村卫生厕所普及率提高到 66%。2008 年，农村粪便无害化处理率 78%。2013 年，农村自来水普及率提高到 95%，农村卫生厕所普及率提高到 80%。

第二十五编

民政

1986年后，武城县把“以民为本，为民解困，为民服务”作为民政工作重点，在优抚安置、救灾救济、社会事务、区划地名管理等各项工作中开拓创新。1987年，全面推行火化。1996年，实行城镇最低生活保障制度。1997年，集中办理全县的婚姻登记。1999年，清理规范民间组织。2000年，启动“齐鲁风采”电脑福利彩票销售。2002年，优抚对象优待金实行县级统一发放。2006年，建立农村低保制度。2007年，实行“五保”（保吃、保穿、保住、保医、保葬）经费财政供给制。2013年，全县有国家抚恤、补助各类优抚对象6738人，支出3891.3万元。

2003年11月，武城县获“全省村民自治模范县”称号。2011年12月，县民政局被民政部授予“全国民政系统行风建设示范单位”。2012年2月，被省委、省政府、省军区授予“省级双拥模范县”。

第一章　基层自治组织

第一节　村民委员会

村委会换届选举

1984 年 4 月，全县实行县乡体制改革，公社改为乡（镇），生产大队改为村，生产小队改为村民小组，村设村民委员会，村民委员会由村民民主选举产生，由主任、副主任、委员 3 ～ 7 人组成，每届任期 3 年，村民委员会下设村民小组若干。全县 3 镇 12 乡，建立村民委员会 391 个，村民小组 1676 个。截至 2013 年底，全县共进行 10 届村民委员会换届选举。

1987 年 3 月、1990 年 5 月、1993 年 6 月、1996 年 4 月，分别选举产生第二、三、四、五届村民委员会。各村均按照县政府统一部署，由村党支部会同乡（镇）党委、政府提名候选人，再由村民以差额、无记名的方式进行投票选举。

1999 年 2 月，全县村民委员会的选举办法改为由村民直接提名候选人，再由村民以直接、差额、无记名的方式，一次性选举出村委会主任、副主任和委员。至 1999 年 4 月，全县 393 个行政村完成第六届村民委员会换届选举工作。

2002 年 3 月，为减轻农民负担，提高工作效率，提倡村“两委”（中共支部委员会，村民委员会）班子成员交叉任职和推行村委会主任与村党支部书记“一肩挑”，村委会配备 1 名妇女干部。2002 年 5 月，全县完成第七届村民委员会换届选举工作。

2004 年 12 月，全县进行第八届村民委员会换届选举工作。仍实行村“两委”成员交叉任职和推行村委会主任与村党支部书记“一肩挑”。推选优秀青年、妇女和文化程度较高的人进“两委”班子。实行干部回避制度，村“两委”成员中原则上不能有直系亲属同时任职。村委会主任与村党支部书记按照“双高双强”（政治素质高、群众威信高，带头致富能力强、带领群众共同富裕能力强）标准，推选候选人。每村“两委”成员一般不超过 3 职，人口较多的村增加 1 ～ 2 职。300 人以下的村 1 职，301 ～ 500 人的村 1 ～ 2 职，501 ～ 1000 人的村 2 ～ 3 职，1001 ～ 2000 人的村 3 ～ 4 职，2000 人以上的村 4 ～ 5 职。至 2005 年 1 月，全县完成第八届村民委员会换届选举工作。

2008 年 3 月 1 日至 5 月 31 日，全县进行第九届村民委员会换届选举工作，村“两委”同时换届，统筹兼顾，依次进行。全县 393 个村委会，村委会主任与村党支部书记“一肩挑”365 个，占比达 92.9%。

2011 年 4—5 月，全县进行第十届村民委员会换届选举工作，要求每个村委会至少配备 1 名女委员。全县 189 个（社区）村委会，换届 189 个，选民登记 75129 人，参加投票 65679 人，选出女委员 195 人。

村民自治

1994 年 6 月，县政府办公室下发《关于在全县开展村民自治活动的报告》，确定四女寺镇、李家户乡为首批村民自治示范乡镇，在四女寺镇确定四女寺、礼义庄为示范村，在李家户乡确定刘王庄、苑寨为示范村，取得经验后在全县逐步推广。1998 年 5 月，按照县政府统一部署，在全县推开村民自治工作。

2002 年 10 月，县政府办公室下发《关于在农村实行村务公开和民主管理制度的通知》，在村民的权利和义务、村级各类组织之间的关系和工作程序以及经济管理、社会治安、村风民俗、婚姻家庭、计划生育等方面作出规定，为开展村民自治活动奠定基础。

2010年5月，县民政局下发《关于健全和完善村务公开和民主管理制度的通知》，全县各村普遍实行村民代表会议制度，规模小的村庄则实行村民大会制度。凡村级土地发包、村基础设施、村容村貌建设和兴办公益事业等重大事项，均广泛听取村民意见，通过村民大会或村民代表会议进行决策。各村成立村务监督小组和财务理财小组，在醒目位置设立公开栏，按季度将本村村务财务进行公开，一些条件较好的村利用现代远程教育设备，实施村务即时公开。各村委会每年向村民大会或村民代表大会述职，并接受村支部及全体党员的评议。

第二节　居民委员会

1998年6月，县政府在城区依法选举漳南居民委员会、振东居民委员会、贝州居民委员会、兴武居民委员会、振华居民委员会、兴隆居民委员会6个居民委员会。

居委会成立之初，社区建设管理工作由武城镇政府代管，工作人员从镇政府内部调剂，每个居委会按2～3人配备，办公用房为临时租赁民房，后吸收一部分当地居民参加。1999年，各居民委员会普遍设立便民服务热线一部，记录诉求，答复咨询，提供便民信息服务。2000年，针对城区流动人口逐渐增加的趋势和随着一部分当地居民逐步由“单位人”转化为“社会人”的实际状况，各居委会建立健全流动人口台账，摸清辖区已婚育龄妇女底数。2000年10月至2002年4月，为便于工作，在广泛征求居民意见的基础上，各居民委员会分别确定联系人182人，居民小组长205人，楼长和院长168人。2003年12月，设立广运街道，随后城区6个居委会划归广运街道管辖。2004—2006年，各居委会协调各方，集中解决社区“两房”（办公用房、活动用房），使“三室三站一校一场所”（社区组织办公室、社区警务室、社区文体活动室，社区服务站、社区保障站、社区卫生站，社区居民学校，社区居民室外活动场所）硬件设施配置到位。2006年2月，社区警务室积极配合社区干部轮流值班，定期开展矛盾纠纷排查，了解刑满释放人员动向，协调居民小区加大巡逻力度。2008年，兴武社区被评为“省级文明社区”。2009年4月，会同医院、社区卫生服务站，建立辖区内18周岁以上人员健康档案，对一些患慢性病人进行跟踪调查，定期上门服务，定期进行健康讲座。2011年12月，社区人力资源和社会保障工作站，为80名60周岁以上无工作老年人办理领取居民养老保险手续。配合县人社部门收取城区居民养老、医疗保险保费。建立健全下岗失业人员各项基础台账，为他们提供就业信息及职业介绍，举办电脑、礼仪、机动车维修等技能培训班，使265名下岗失业人员实现再就业和自主创业。2012年，各社区充分发挥室外活动场所的作用，广泛开展丰富多彩的文体活动。截至2013年底，全县有戏剧社、中老年秧歌队、太极拳队、舞蹈队、自行车运动队等文体队伍40多支，2000余人。参加晨练人数达5000多人，竞走人数4000余人，在升平广场举办消夏电影晚会20余场。

第二章 优 抚

第一节 优待

1985年1月1日，全县对烈士遗属、因公牺牲军人遗属、病故军人遗属“三属”，革命伤残军人，复员及带病回乡退伍军人，义务兵（志愿兵、士官除外），普遍实行群众优待金。优待金由各乡镇统筹并发放。1995年，全县优待复员退伍军人金额55万元。2002年，县委、县政府下发《关于县级统一发放优待金的通知》，将优待金专项经费从现行的乡镇筹集发放方式改由县级筹集管理。资金在单位、乡镇、企业筹集。是年，农业户口义务兵优待金每人每年提高到1800元，非农业户口义务兵每人每年提高到1300元。在部队立功受奖人员持证件到县民政局领取加发优待金。2002年底，对235名现役军人落实优待金38.8万元。

2010年，提高义务兵家庭优待金标准，将2008年12月入伍、2009年12月入伍的农村义务兵家庭优待金提高到每人每年3000元。2011年，将2009年12月入伍、2010年12月入伍的农村义务兵家庭优待金提高到每人每年5000元，高原条件兵8000元。对2011年及以后入伍的义务兵，按照城乡一体、同役同酬发给优待金，不再区分户籍类别，发放标准不低于上年度农村人均纯收入，并根据经济社会发展状况逐步增长。对到西藏、新疆等高原艰苦地区服役的义务兵，其优待金标准按照普通义务兵2倍发放，大专以上学历的义务兵，优待金增发10%。对独生子女服兵役家庭另增发一次性优待金1000元。到2013年，按照不低于2012年全县农村人均纯收入9601.58元的标准，现役军人优待金执行10910元。对于义务兵服役期间立功受奖的，凭部队团以上政治机关通知书增发当年一定比例的优待金。

2012年8月1日起，对当年立功受奖军人，省、市、县在元旦春节期间对其家庭走访慰问，当年立个人一等功和授予个人荣誉称号的，由省一级组织走访慰问，每个家庭赠送慰问金5000元。当年立个人二等功的，由市一级组织走访慰问，每个家庭赠送慰问金3000元。当年立个人三等功的，由县一级组织走访慰问，每个家庭赠送慰问金1000元。2013年，全县11人立三等功，发放慰问金1.1万元。25人获得优秀士兵荣誉，增发优待金共4000元。

第二节 抚恤

死亡抚恤

1985年，武城县按照民政部、财政部《关于对革命烈士家属、因公牺牲军人家属、病故军人家属发给抚恤金的通知》要求，对在乡的革命烈士和因公牺牲军人家属，每人每月发放21元，孤老每月29元。城镇户口的每人每月30元。在乡病故军人家属每人每月16元。发放对象是烈士、因公牺牲、病故军人的父母、抚养人、配偶以及未满18周岁的子女、弟、妹。1995年，全县优抚4890户，220.7万元。2005年，抚恤事业费支出684.3万元。

随着国家经济的发展和人民生活水平的不断提高，定期抚恤金也相应提高。所需经费由中央和地方财政共同负担。自2011年7月1日起，对居住在农村和城镇无工作单位、18周岁之前没有享受过定期抚恤金待遇且年满60周岁的烈士子女，每人每月发放定期抚恤金130元。2013年，农村烈属每人每年7970元，城镇烈属每人每年13860元，农村因公牺牲军人家属每人每年7610元，城镇因公牺牲军人家属每人每年11890元，农村病故军人家属每人每年7290元，城镇病故军人家属每人每年11190元。根据《军人抚恤优待条例》，享受定期抚恤金的对象除烈士遗属、因公牺牲军人遗属、病故军人遗属外，还包括退出现役的因战、因公致残的残疾军人因旧病复发死亡，享受因公牺牲军人遗属待遇的遗属，以及因战、因公致残的一至四级残疾军人因病死亡的，享受病故军人遗属抚恤待遇的遗属。2013年，全县有国家抚恤、补助各类优抚对象6738人，支出3891.3万元。

伤残抚恤

按照国家规定，武城县评定（补）伤残的对象：全部退出现役的军人，移交政府安置的军队离休、退休干部，仍然包括参战民兵、民工，参加军事演习、军事训练和执行军事勤务的预备役人员、民兵、民工以及其他人员，为维护社会治安同犯罪分子进行斗争致残的无工作单位人员，国家机关行政编制工作人员，授予警衔的行政编制人民警察。评定（补）伤残工作由县民政部门负责。根据《军人优待抚恤条例》，综合考虑残疾军人于医疗期满后的器官缺损、功能障碍、心理障碍和对医疗护理依赖的程度，将现役军人因战、因公致残（含职业病）等级评定标准由重至轻分为1～10级，其中1～6级同时用于因病致残的义务兵和初级士官。

1985年，对在乡三等革命残疾军人的定期定量补助改为长期抚恤。1990年5月，民政部《军人抚恤优待条例》公布实施后，全县更换革命伤残人员证件。1991年1月1日起，旧证停止使用。2001年，实现抚恤定补县级统一发放，并形成规范的民政抚恤事业经费管理模式。

新中国成立至2003年，全县实施的是四等六级制的等级划分，即特等、一等、二等甲级、二等乙级、三等甲级、三等乙级。2004年，根据民政部、中国人民解放军总后勤部印发的《军人新旧残疾等级套改办法》，特等套改一级；一等套改三级；二等甲级套改五级；二等乙级套改六级；三等甲级套改七级；三等乙级套改八级。

县政府按照中央和省历次发布的政策、法规，多次调整残疾军人的抚恤标准，还对5～8级残疾军人分配工作、伤残治疗和乘坐车船等6方面给予优待和照顾。

1999—2003年武城县伤残补助标准调整统计表

表 25-1

单位：元

调整时间	在乡														
	特等		一等			二等甲级			二等乙级			三等甲级		三等乙级	
	因战	因公	因战	因公	因病	因战	因公	因病	因战	因公	因病	因战	因公	因战	因公
1999.1.1	5340	5180	4000	3870	3740	2120	2010	1920	1320	1240	1200	900	880	780	780
2000.1.1	6000	5840	4600	4470	4340	2480	2370	2280	1680	1600	1560	1050	1030	930	930
2001.1.1	7000	6840	5400	5270	5140	2900	2790	2700	1940	1860	1820	1180	1160	1050	1050
2002.1.1	8400	8240	6480	6350	6220	3330	3220	3130	2230	2150	2110	1360	1340	1210	1210
2003.7.1	9960	9800	7680	7550	7420	3880	3770	3680	2600	2520	2480	1560	1540	1390	1390

调整时间	在职														
	特等		一等			二等甲级			二等乙级			三等甲级		三等乙级	
	因战	因公	因战	因公	因病	因战	因公	因病	因战	因公	因病	因战	因公	因战	因公
1999.1.1	1000	970	800	760	750										
2000.1.1	1180	1150	980	940	930	515	495	475	420	400	390	320	300	265	265
2001.1.1	1500	1470	1200	1160	1150	600	580	560	500	480	470	380	360	320	310
2002.1.1	1800	1770	1440	1400	1390	690	670	650	580	560	550	440	420	370	360
2003.7.1	2140	2110	1720	1680	1670	810	790	770	680	660	650	510	490	430	420

2004—2013年武城县伤残补助标准调整统计表

表 25-2　　单位：元

调整时间	一级			二级			三级			四级			五级		
	因战	因公	因病	因战	因公	因病	因战	因公	因病	因战	因公	因病	因战	因公	因病
2004.10.1	11200	10800	10440	10080	9600	9200	8960	8400	7800	7280	6600	6000	5600	5040	4560
2006.1.1	14560	14040	13570	13100	12480	11960	11650	10920	10140	9470	8580	7800	7280	6550	5930
2007.8.1	18900	18300	17700	17100	16200	15600	15000	14100	13200	12300	11100	10200	9600	8400	7800
2008.10.1	22680	21960	21240	20520	19440	18720	18000	16920	15840	14760	13320	12240	11520	10080	9360
2009.10.1	26080	25250	24430	23600	22360	21530	20700	19460	18220	16970	15320	14080	13250	11590	10760
2010.10.1	28690	27780	26870	25960	24600	23680	22770	21410	20040	18670	16850	15490	14580	12750	11840
2011.10.1	32990	31950	30900	29850	28290	27230	26190	24620	23050	21470	19380	17810	16770	14660	13620
2012.10.1	37940	36740	35540	34330	32530	31310	30120	28310	26510	24690	22290	20480	19290	16860	15660
2013.10.1	43630	42250	40870	39480	37410	36010	34640	32560	30490	28390	25630	23550	22180	19390	18010

调整时间	六级			七级		八级		九级		十级	
	因战	因公	因病	因战	因公	因战	因公	因战	因公	因战	因公
2004.10.1	4480	4200	3600	3360	3000	2240	1920	1680	1440	1120	960
2006.1.1	5820	5460	4680	4350	3880	2880	2480	2180	1870	1460	1250
2007.8.1	7500	7080	6000	5700	5100	3600	3300	3000	2400	2100	1800
2008.10.1	9000	8520	7200	6840	6120	4320	3960	3600	2880	2520	2160
2009.10.1	10350	9800	8280	7870	7040	4970	4550	4140	3310	2900	2480
2010.10.1	11390	10780	9110	8660	7740	5470	5010	4550	3640	3190	2730
2011.10.1	13100	12400	10480	9960	8900	6290	5760	5230	4190	3670	3140
2012.10.1	15070	14260	12050	11450	10240	7230	6620	6010	4820	4220	3610
2013.10.1	17330	16400	13860	13170	11780	8310	7610	6910	5540	4850	4150

第三节　补助

1988 年、1989 年、1999 年、2000 年、2002 年，全县分别提高在乡老复员军人的定期定量补助标准。2002 年，全县老复员军人定补标准为每人每月 110 ～ 115 元。2003 年，县政府在全县建立优抚对象自然增长机制，对象是国家定期抚恤的革命伤残军人和革命烈士家属，因公牺牲、病故军人家属以及享受定期补助的在乡老复员军人，自然增长机制每年按 5% 比例增长。

2007 年，对农村和城镇无工作单位且生活困难的参战、参核人员每月补助 100 元。2008 年 10 月 1 日起，提高到每人每月 130 元。2009 年、2010 年、2011 年、2012 年，分别提高到每人每月 200 元、220 元、250 元、280 元。自 2011 年 8 月 1 日起，根据民政部、财政部《关于给部分农村籍退役军人发放老年生活补助的通知》规定，全省部分农村籍退役军人发放老年生活补助，每服役一年义务兵役每人每月发给 10 元。同年，对 1937 年 7 月 7 日至 1945 年 9 月 2 日期间入伍、健在的在乡抗日老战士发放一次性生活补助金每人 3000 元。2012 年 1 月，武城县按照民政部、财政部下发的《关于给部分烈士子女发放定期生活补助的通知》要求，自 2011 年 7 月 1 日起，给予符合条件的烈士子女每人每月 200 元的定期生活补助。同年 10 月 1 日，抗日老复员军人每人每年 6880 元，其他时期入伍的每人每年 6380 元，带病回乡退伍军人每人每月 280 元。

第四节　烈士褒扬

1986 年后，县民政部门通过走访烈士家属、挖掘线索、征集烈士档案资料丰富完善烈士档案。每年清明期间，县党政军领导和社会各界人士到烈士陵园举行祭奠革命先烈活动。对零散烈士墓和烈士纪念设施进行抢救保护和修葺。每年春节，县五大班子领导走访慰问烈士家属代表。2012 年，对新追认的烈士及时进行补录，完全按照系统内的各项要求，详尽录入，实现数据的及时更新和动态管理。同年，县政府全面推进零散烈士纪念设施集中管理保护，投资 2000 万元，在县城西北 6 千米处，修建占地 3.3 万平方米的烈士陵园，建有烈士墓、烈士纪念碑、纪念广场等设施。为 960 余名烈士统一制作墓穴、墓碑、统一编纂碑文，统一由专人管理。到 2013 年底，完成烈士墓、烈士纪念碑的建设。

图 25-1　武城县革命烈士陵园（2013 年　摄）

第三章　拥军　优属

第一节　拥军

1986年7月，县委、县政府组织募捐活动，募集资金2.8万元，用于参战军人家属的优抚。每年建军节期间，县委、县政府主要负责人到武装部门召开座谈会，为部队解决实际问题。元旦、春节期间，县领导走访慰问驻地官兵，为他们带去慰问品和慰问金。组织学生为军人家属贴春联、挂光荣牌。春节印制年画、“福”字等分送给军属。为武警中队退役官兵组织欢送仪式。在发放救济救灾款、分配住房、农村分配宅基地等方面优先照顾军烈属。对孤老军人、孤老烈属、残疾军人等重点优抚对象，不定期走访，为他们解决生活、医疗费等方面的问题。每年4月29日，武城县与河北省故城县联合，在故城县建国镇冀南“四·二九”烈士陵园开展纪念活动。1999—2001年，县政府组织医务人员携带医疗器械，到各乡镇为优抚对象巡诊，免费发放药品。2003年后，县政府组织县民政局、文化局、广播局及民间文艺团体举办军民庆八一文艺联欢活动，走进驻军单位慰问演出。

2011年，县政府投资1500万元，在历亭路东、景观河以南，为武警中队修建现代化营房，占地3.7万平方米，建筑面积8000平方米。

2013年，端午节期间组织社区给驻地官兵送粽子。国庆节期间采取“请进来，走出去”的方式，召开部分新中国成立前优抚对象座谈会，邀请新中国成立前优抚对象、军休干部做报告，发放8万元的慰问金和慰问品。对重点优抚对象发放春节慰问金20余万元。挂光荣牌2000个、送年画1万张。各“双拥”成员单位充分发挥部门优势，帮助驻军解决各种困难，县妇联走访慰问部分军嫂，县司法局对武警中队、消防大队官兵开展普法讲座。市民政局、“双拥”办领导慰问荣立二等功现役军人家庭及抗战时期老战士，并给二等功家庭送去慰问金，为抗战时期老战士送去慰问品。县领导分别慰问荣立三等功现役军人家庭，为他们带去慰问品及慰问金。

图25-2　拥军活动（2010年 摄）

第二节　优属

全县优属主要对象是老复员军人、烈属、伤残军人、带病回乡退伍军人等，重点优抚贫困户、孤老人员、重病和大病患者。2004 年，为符合条件的重点优抚对象按程序申请、发放轮椅或三轮车等辅助设备。2013 年，实施优抚对象联络员制度和优抚对象精神抚慰制度。组织慈善义工 350 人次，为 165 名重点优抚对象开展送慰问、送健康、送洁净的“三送”活动。在社区设立政务公开栏，保证各项优抚政策公开透明及时地反映给优抚对象。

生活优属

1986 年后，三等以上残疾军人享受半价车、船费。1998 年，全县局级干部 105 名，与优抚对象结成脱贫致富对子。1999 年，全县开展重点优抚对象住房保障工作，当年投资 46 万元，为老优抚对象、老革命功臣修缮房屋，让特困重点优抚对象住有所居。开展“爱心献功臣”活动，为武城镇残疾军人王义民建新房 3 间。2000 年，武城县被民政部评为“爱心献功臣”行动先进县。2003 年，筹资 20 万元为老烈属、老伤残军人、老复员军人“三老”人员修缮房屋 121 间。2008 年，投资 50 余万元，为 10 户新建房屋 21 间，为 19 户维修房屋 34 间。2009 年，制定《关于解决重点优抚对象住房难的意见》。2010 年，全县对优抚对象实行“五到位”，即优抚补助按标准落实到位，城镇退伍军人安置保障金发放到位，重点优抚对象生活、住房、就医等方面的困难解决到位，公共场所和旅游景点对军人优先、优惠、免费政策落实到位，驻军干部随军家属就业、子女就学安排到位。各乡镇街道、部门及企事业单位，发挥部门职能和行业优势，为驻军和优抚对象办实事、解难题，有 29 个部门单位赠送 8000 元慰问金及价值 10 万余元的空调、电扇、洗衣机等慰问品。同年，县政府组织书法协会成员，开展双拥书画展。2013 年，累计为 26 户重点优抚对象维修房屋 88 间，新建 15 间，合计补助金额 18.9 万元。

医疗优属

1986 年，全县对二等（含二等）以上的残疾军人，医药费实报实销。其直系血亲、配偶患病，减免医药费。在乡三等残疾军人的医药费，由县民政局酌情补助。二等（含二等）残疾军人经县民政局批准需往外地诊疗者，以在职因公标准核发。在乡三等残疾军人长期就医，由县民政局介绍至省荣军疗养院，生活费、疗养费由国家承担。1999 年，县民政局和卫生局联合为优抚对象办理《医疗优惠证》，优抚对象到指定医院就诊，优先挂号、就诊，优先检查取药。2002 年，县医院投资 5 万元，建优抚对象专用病房 6 间，设 36 个床位，对优抚对象医疗优惠，年均减免 10 余万元。2004 年后，组织安排 290 人次超过 60 岁的优抚对象到市优抚医院疗养，安排 165 人次重点优抚对象到省荣军总医院进行治疗或休养，安排 582 人次优抚对象查体。2008 年，县政府出台《武城县抚恤定补优抚对象医疗保障实施办法》，规范全县优抚对象医疗保障制度，初步建立全县优抚对象医疗保障体系。同年，划拨专项资金为城镇 7 ～ 10 级伤残军人、“三属”、复员军人、参战退役人员计 269 名优抚对象，办理城镇居民基本医疗保险。为农村 7 ～ 10 级残疾军人、“三属”、复员军人、带病回乡退伍军人、参战退役人员，办理新型农村合作医疗。全县 2 个县级医院和 11 个乡镇医院联网成立“一站式”医疗结算网络体系，所有优抚对象住院产生的费用，在医疗保险报销后的剩余部分，在 13 个医院“一站式”结算。1 ～ 6 级伤残军人报销比例 90%，7 ～ 10 级残疾军人、“三属”、复员军人补助比例 30%，带病回乡退伍军人、参战退役人员补助比例为 15%。2010 年，全面落实门诊补助政策，1 ～ 6 级残疾军人每人每年发放门诊补助 400 元，7 ～ 10 级残疾军人、“三属”、复员军人每人每年 120 元，带病回乡退伍军人，参战退役人员每人每年60元。2012年，全县对城镇烈属缴纳投保费，对农村烈属缴纳参合费，并给予农村烈属每年220元门诊补助。烈属患慢性病和住院，在城乡居民合作医疗报销的基础上，除自理自费部分，按50%比例给予二次报销补助。定期组织烈士家属，赴市优抚医院和省荣军医院进行短期疗养。2013年1月起，1～6级残疾军人每人每年门诊补助标准提高到1150元，7～10级残疾军人、"三属"、复员军人每人每年220元，带病回乡退伍军人，参战退役人员每人每年170元。其间，对困难优抚对象临时救助60万元。

第四章　退役军人安置

第一节　复退军人安置

1986年，根据国家和省市有关退伍军人安置规定，退伍义务兵安置工作贯彻"从哪里来、回哪里去"的原则进行安置，对城镇户口、服役期间荣立二等功、志愿兵和三等以上革命伤残军人由政府安排工作。是年，安排81人。1993年，安置退伍军人184人。其中，农村退伍军人109人，城镇退伍军人64人，志愿兵11人。2000年安置71人。自2002年开始，对退役军人采取政府安排工作和自谋职业相结合的办法进行安置。至2006年，全县累计安置城镇义务兵及转业士官1714人。2011年后，全县贯彻执行国家新颁布的《退役军人安置条例》和《兵役法》，采取自主就业、自谋职业和政府安排工作多种方式相结合的安置办法进行安置。对自主就业的退役军人，按照每服役1年4500元的标准给予一次性经济补助。2013年，全县安置退伍军人207人。其中，安置农村退伍军人161人，安置城镇义务兵、军人46人。

第二节　离退休军官安置

1985年8月，筹建武城县军队离退休干部休养所，由部队投资。1986年，接收县人武部转来离休干部6人。其中，副师职1人，正团职3人，副团职2人。1987年8月，县军队离退休干部休养所正式建成并投入使用，位于城区商业街北侧、青龙河东岸，占地4800平方米，有房屋40间，工作人员5人。1988年，接收部队退休干部2人。其中，正营职1人，正连职1人。1992年，接收无军籍职工1名。1996年，实施城区统一规划，军休所拆除，将青年路东侧、文化路北侧的县老干部活动中心供军休所使用。2003年，接收副团职退休干部1名。2006年后，接收退休士官6人。2010年，军休所迁至县民政局综合办公楼，有办公用房3间。在县优抚对象中心安排军休干部娱乐活动室1间。截至2013年底，全县累计接受离退休军官15人，无军籍职工1人。

第五章　救灾救济

第一节　救灾

1986年，县委、县政府建有救灾领导小组。每逢自然灾害发生，县委、县政府在组织群众开展生产自救的同时，争取上级民政部门支援，按照国家不同时期的救灾工作方针，采取有效措施，确保灾民的基本生活。1994年，县救灾领导小组改称生产救灾指挥部，办公室设在县民政局。1996年7月，全县普降暴雨。8月，卫运河泄洪，河堤内农作物受灾面积8160公顷，经济损失2.64亿元，直接经济损失1.22亿元。当年下拨救灾款168万元，化肥2400吨，得到国家救济4.22万人次。2002年4月，出台《武城县自然灾害应急方案》，各乡镇成立救灾站，各村设立报灾点，建成县、乡、村联动的组织网络。2012年7月30—31日，全县遭受暴风雨袭击，平均降雨142毫米，农作物受灾面积2.6万公顷，县委、县政府下拨救灾款821万元。2013年，下拨救灾款193万元。

1995—2013年武城县救灾款发放情况统计表

表25-3　　单位：万元

年份	数量	年份	数量	年份	数量	年份	数量
1995	36	2000	97	2005	59	2010	250
1996	168	2001	98	2006	68	2011	243
1997	73	2002	132	2007	95	2012	821
1998	23	2003	128	2008	150	2013	193
1999	93	2004	103	2009	120	—	—

第二节　“五保”供养

1986年，武城县有“五保”对象278人。其中，分散供养的234人，敬老院集中供养44人，敬老院月人均生活费50元。1989年，全县有敬老院8处，“五保”对象302人。其中，集中供养56人，由所在村委会或较近亲属分散供养246人，县民政局分别与其签订赡养合同书，用以保障赡养条件的落实。1994年，全县有敬老院15处，“五保”对象720人，各乡镇敬老院共收养“五保”对象425人，分散供养的295人。大屯乡敬老院被评为“1997年度全省模范敬老院”。

2000年，县政府先后投入390万元专款，对敬老院进行改、扩建，开展以副养院，如种菜、养羊、喂猪或上集市看管自行车等，既增加敬老院的收入，又改善了赡养老人的生活。2002年，省“星光计划”扶持各乡镇敬老院无偿资金130万元。2003年，全县敬老院集中供养对象增至1132人，为建敬老院以来的最高人数。2006年，县政府把“五保”供养及敬老院建设工作列

图 25-3 武城县第一中心敬老院（2013 年 摄）

入 2006 年为城乡人民办理的十件实事之一，多种渠道筹集资金 190 万元，对敬老院进行新建、扩建、改建，并为各敬老院统一配制电话、冰柜、洗衣机、家具及新配发棉被 300 床（套）。2007 年，敬老院供养经费实行县、乡 3：2 的比例分担，县财政负担生活费，乡镇负责日常办公和管理经费。2008 年后，民政部门筹集公益金 100 余万元，资助各乡镇敬老院。

2012 年 10 月，武城县第一中心敬老院开工建设，集社会养老、医疗康复、健身娱乐等功能于一体的综合性社会养老服务机构。位于武城镇西贾庄村北，德商路以南。占地 3 万平方米，建筑面积 5000 平方米，投资 800 余万元，拥有床位 200 张，主要解决武城镇、郝王庄镇、四女寺镇“五保”老人集中供养问题。2013 年，全县农村“五保”户供养支出 333.1 万元，“五保”老人 793 人，年人均供养标准 4000 元。分散供养支出 127.1 万元，分散供养“五保”老人 410 人，年人均供养标准 3000 元。

1986—2013 年武城县敬老院情况统计表

表 25-4

年份	数量（处）	供养人数（人）	年份	数量（处）	供养人数（人）	年份	数量（处）	供养人数（人）
1986	4	44	1996	14	453	2006	9	728
1987			1997	14	448	2007	9	687
1988	7	52	1998	13	389	2008	9	578
1989	8	56	1999	13	426	2009	8	485
1990	10	89	2000	13	456	2010	8	421
1991	13	146	2001	8	562	2011	8	348
1992	14	198	2002	8	785	2012	7	312
1993	15	248	2003	8	1132	2013	7	278
1994	15	425	2004	9	875	—	—	—
1995	14	461	2005	9	790	—	—	—

第三节　城乡最低生活保障

1986 年，县政府对城乡困难户实行临时救济。1990 年，全县扶贫户数 1400 户，6300 人，扶持资金 160 万元。1993 年为 960 户，4320 人，扶持资金 348 万元。1996 年，根据国家政策实行城镇最低生活保障制度，对年经济收入达不到120元、口粮125千克标准的予以补足。实行两证（“五保”供养证、灾民特困户救助证）、两卡（救助金领取卡、临时救济卡）统一管理、统一发放。1997年，将未参加社会保险的企业退休和下岗未就业人员，纳入城镇最低生活保障范畴，人均70元／月。2000年，城镇居民最低生活保障人数为472人，最低生活保障支出34万元。自2000年起，最低生活保障金通过银行直接划拨到保障对象的保障金领取账户上。2006年，全县实行农村最低生活保障制度，其标准为月人均20元。农村最低生活保障户数1812户，支出29.8万元。之后随着社会经济的快速发展，救助标准逐步提高。2013年，全县农村最低生活保障支出3035.7万元。城市最低生活保障户人数1550户，2315人，支出708.4万元。

第四节　收容遣送

1986年后，收容遣送工作由县民政局办公室具体负责。至2005年，累计收容遣送各类人员50余人次。被收容遣送对象主要包括弃婴和流浪到武城县域的社会人员。身体发育正常的弃婴，安排符合收养条件家庭办理收养手续。有残疾弃婴直接送德州儿童福利院。对具有判断能力社会流浪人员，发给车路费自行回家。无法与人正常沟通交流的人员，直接送德州遣送站。对需临时居住人员，多采用居民或敬老院代养方式解决。同年12月，武城县救助管理站成立（加挂武城县流浪儿童救助保护中心牌子），设置房间8间，厨房1间。截至2013年底，累计救助各类流浪乞讨人员96人次。

第六章　社会事务

第一节　婚姻登记

1986年，全县婚姻登记2202对，晚婚率87%。县婚姻登记管理工作经历分散、集中两个发展阶段。1997年前，婚姻登记农村由各乡镇政府的民政助理具体办理。城区的县直党政机关、企事业单位、城镇非农户口的居民婚姻登记由县民政局民政科办理。1991—2006年，提倡晚婚晚育，大多数男女结婚年龄不低于23周岁。1997年，全县居民婚姻登记管理体制进行重大改革，由各乡镇民政部门分散办理婚姻登记改为由县民政局直接集中办理婚姻登记，对偏远的滕庄镇、杨庄乡，实行定点定期巡回登记。同年4月，建立县婚姻登记管理处，集中办理全县的婚姻登记。

1998年，全部婚姻登记员均参加培训考试，取得《婚姻登记员资格证书》，实行挂牌上岗。1999年撤销巡回登记，全县结婚登记均到县婚姻登记管理处办理。2000年，婚姻登记处配备微机，建立起婚姻登记管理信息系统，实现网上查阅。是年，婚姻登记3545对，离婚32对。2003年6月，婚姻登记处迁入县行政审批服务中心办公。同年，婚姻登记管理信息系统更新为第二代2003HY-V1.0版。2005年，更新为第三代。2009年，武城县婚姻登记处被评为“全省婚姻登记规范化建设达标单位”和“全国婚姻登记规范化单位”。2010年，全省联网，升级后的新系统具有使用网络化、操作智能化及配置标准化的特点，完善了登记功能，加强了管理功能，提高了运行速度。通过网络实现异地审查重婚，确保档案资料的真实性、安全性。同年 4 月，婚姻登记处迁入县民政局办公楼。有房屋 384 平方米。2011 年，武城县婚姻登记处被评为“全国民政系统行风建设示范单位”。2013 年，全县婚姻登记 4167 对，离婚 635 对。

第二节　丧葬管理

1986 年后，全县丧葬管理工作大致分为推行、巩固、稳步发展 3 个阶段。县殡葬改革始于 20 世纪 80 年代，当时由于受“入土为安”“棺椁必重”“葬埋必厚”等思想观念的影响，推行火葬一度阻力重重。1987 年，县政府印发《关于进一步加强殡葬改革工作的意见》，全面推行火化。1994 年，火葬基本普及。20 世纪 90 年代中后期，针对部分乡镇土葬回潮，县政府多次下发通知，要求对过去土葬进行彻底清理，全县累计清理土葬 600 余具。1997 年，在全县范围内开展平坟还耕活动，平坟 1 万余座，还耕 10 公顷。为制止骨灰乱埋乱葬，1999 年在县殡仪馆附建一处公墓——武城县福安公墓，各村庄建一处有专人管理、标准统一的公益性公墓。此后，县政府先后投资 192 余万元，重新修建殡仪馆营业室、办公综合楼、告别厅、骨灰寄存室，整修火化车间，新购置火化炉 2 台、运尸车 2 辆。2010 年，全年火化尸体 2237 具。2013 年，全年火化尸体 2228 具，全县 98% 的村庄建有公益性公墓。

第三节　收养登记

1986 年，全县尚未开展收养登记工作，民间收养多是采用居民直接收养或办理公证的方式。收养子女工作经历逐步改进、渐次规范、依法收养的实施过程。1992 年，《中华人民共和国收养法》颁布实施后，全县收养登记工作由县民政局负责。1997 年，改由县民政局婚姻登记处办理。2000 年，全县收养登记 17 人。2008 年，针对收养婴幼儿不能落户问题，县政府出台政策。规定除 1999 年 4 月 1 日前私自收养，通过办理事实抚养公证的方式予以落户外，对 1999 年 4 月 1 日至 2009 年 4 月 1 日前私自收养区分不同情况予以解决。对符合收养条件的私自收养，允许办理收养登记。对不符合收养条件的私自收养，经公告查找不到生父母的弃婴儿童，按照收养社会福利机构的弃婴和儿童予以办理收养登记。收养人不满 30 周岁，但符合收养人的其他条件的私自收养，可先与县民政部门或社会福利机构签订助养协议，待收养人年满 30 周岁后，仍符合收养件的，可办理收养登记。单身男性私自收养女性弃婴和儿童，年龄相差不到 40 周岁的，动员其将弃婴和儿童送交县民政局指定的社会福利机构。私自收养生父母有特殊困难无力抚养的子女、监护人送养的孤儿，或三代以内同辈旁系血亲的子女，符合收养条件的，依法办理，不符合条件的，将私自收养的子女交由生父母或监护人抚养。并明确自 2008 年 9 月 5 日起，公民捡拾弃婴的，一律到当地公安部门报案，查找不到生父母和其他监护人的，一律由公安部门送交当地社会福利机构或者县民政局指定的抚养机构抚养。2009 年，全县收养登记 13 人。2012 年，县民政局建立收养科，专门承办收养登记。2013 年，重点解决民办机构和个人收留弃婴的问题。对已收留弃婴的民办机构，应达到社会福利机构设置的基本标准，与县民政局签订协议，明确责任，加强业务指导和规范化管理。若不具备社会福利机构设置基本条件的，县民政局会同公安等有关部门责令其停止收留，并将弃婴移交县民政局设立的儿童福利机构。已私自收留弃婴的个人，符合收养意愿且符合《中华人民共和国收养法》的，依法办理收养登记。收留人有收养意愿但不符合相关法律政策的，政府动员其将弃婴送交儿童福利机构，若收留人坚持自行抚养又符合家庭寄养条件的，可与儿童福利机构签订家庭寄养协议。截至2013年底，全县收养登记168人。

第四节　社会福利企业

福利企业为安置具有一定劳动能力的残疾人员就业而兴办的具有社会保障性质的特殊企业。按照政策规定，凡安置"四残"（盲、聋哑、肢体残疾、智力和精神残疾）人员达到职工总数25%以上的企业，均为社会福利企业，享受国家规定的相关优惠政策。

1988年，全县按照省政府提出的在乡镇实现"一厂、一院、一会"（一个福利厂、一个敬老院、一个救灾扶贫储金会）的基础上，建立基层社会保障网络。根据这一要求，在各乡镇建立一批社会福利企业。分别是老城镇福利被服加工厂，梁庄乡林尔庄餐具加工厂、新兴福利加工厂，郝王庄乡福利扒鸡加工厂、滕庄乡大于庄福利树脂厂，杨庄乡福利液化气供应站、戚庄福利皮革厂，祝官屯乡董白三村双扶皮毛厂、李家户乡辛庄福利毛巾厂、大屯乡西小屯毛巾厂、四女寺镇王庄化工福利厂、鲁权屯乡武城县福利玻璃钢厂、鲁权屯乡邢庄福利玻璃钢厂、董王庄乡董王庄织布厂。之后各福利厂逐步由县民政局实行归口管理。

20世纪90年代初期，全县福利企业发展到25处，安置"四残"人员200余人。随后社会主义市场经济逐步确立，福利企业对市场经济体制不适应，产品单一，技术含量低、缺乏市场竞争力，大部分处于停产半停产状态，甚至倒闭，到1999年全县仅剩1处。1993年2月，县民政局建成直属福利企业——德武联营食品厂。进入21世纪，福利企业步入健康、快速发展轨道，残疾人待遇逐步提高，为他们办理养老、医疗、工伤、失业等社会保险。截至2013年底，全县有武豪汽车密封件有限公司、奥太工贸有限公司福利企业2处，安置"四残"人员22人。

第五节　民间组织

社会团体登记

1991年，武城县注册登记的社会团体15个。1998年9月，国务院修订后的《社会团体登记管理条例》公布实施。1999年，县政府对社会团体进行清理整顿，注销有名无实、管理乱、功能差的团体8个。2010年，全县社会团体9个。截至2013年底，全县社会团体22个。

2013年武城县社会团体统计表

表25-5

序号	部门登记证号	登记时间	社团名称	地址
1	鲁NE003	2001.4.30	武城县消费者权益保护委员会	县工商局
2	鲁NE004	2001.7.21	武城县个体私营企业协会	县工商局
3	鲁NE008	2002.4.6	武城县计生协会	县计生局
4	鲁NE018	2005.5.21	武城县食用菌协会	县农业局
5	鲁NE015	2006.12.25	武城县农村供水协会	县水务局

续表 25-5

序号	部门登记证号	登记时间	社团名称	地址
6	鲁 NE022	2009.1.22	武城县羽毛球协会	文化街东首文汇
7	鲁 NE045	2009.2.12	武城县粮棉种植专业技术协会	广运街道沙东
8	鲁 NE025	2009.8.26	武城县棉花产业协会	振华西街 50 号
9	鲁 NE030	2010.5.15	武城县土壤肥料协会	振华东街 3 号
10	鲁 NE040	2011.2.24	武城县企业家协会	古贝春热电厂
11	鲁 NE043	2012.4.17	武城县企业联合会	古贝春热电厂
12	鲁 NE044	2012.4.17	武城县贝州蜜桃种植专业技术协会	广运街道曲庄
13	鲁 NE047	2012.5.10	武城县中央空调协会	鲁权屯
14	鲁 NE052	2012.7.5	武城县农村卫生协会	城区北方街
15	鲁 NE069	2013.3.20	武城县钓鱼协会	县花园小区
16	鲁 NE075	2013.5.28	武城县玻璃钢及中央空调行业协会	鲁权屯镇
17	鲁 NE076	2013.5.28	山东武城新能源汽车及汽车零部件行业协会	开发区
18	鲁 NE053	2013.10.16	武城县机关党的建设研究会	县机关工委
19	鲁 NE085	2013.11.15	武城县内部审计协会	县审计局
20	鲁 NE087	2013.12.6	武城县信诺农业种植专业科技协会	城区向阳北路
21	鲁 NE088	2013.12.13	武城县爱心联盟	文化东街
22	鲁 NE089	2013.12.16	武城县见义勇为协会	振华西街

民办非企业登记

民办非企业单位是由企业事业单位、社会团体和其他社会力量以及公民个人利用非国有资产举办的、从事社会服务活动的社会组织，分为教育、卫生、科技、文化、劳动、民政、体育、中介服务和法律服务等 10 大类。1998 年 10 月，国务院发布《民办非企业单位登记管理条例》。根据《条例》要求，武城县着手对全县非国有资产投资的卫生、教育、体育、科技、中介等民办非企业单位进行登记。2001 年，全县民办非企业单位 3 家，2010 年有 11 家。截至 2013 年底，全县民办非企业单位 18 个。

2013 年武城县民办非企业统计表

表 25-6

序号	部门登记证号	登记时间	单位名称	地址
1	鲁 NE0003	2001.4.28	武城县育英学校	教师进修学校
2	鲁 NE0006	2001.5.2	武城县兴鲁文武学校	城东区两生官庄
3	鲁 NE0001	2001.5.6	武城县新世纪学校	北方东街
4	鲁 NE0241	2006.1.20	武城县汽车零部件技术研发服务中心	城区振华东街 17 号
5	鲁 NE0242	2006.3.20	武城县酒类研发服务中心	古贝春大街西首

续表 25-6

序号	部门登记证号	登记时间	单位名称	地址
6	鲁 NE0245	2007.10.30	武城县瑞兴棉花研究所	古贝春大街 3 号
7	鲁 NE0246	2008.1.30	武城县广运老年公寓	文化街北
8	鲁 NE0252	2008.4.5	武城环保过滤材料研发服务中心	经济开发区
9	鲁 NE0249	2008.4.10	武城县辣椒制品研发检测服务中心	武城镇尚庄
10	鲁 NE0254	2009.11.3	武城县琴舞艺术活动中心	第一实验小学东邻
11	鲁 NE0256	2010.8.1	武城县清华职业培训学校	古贝路南首
12	鲁 NE0262	2011.10.15	武城县爱心老年公寓	经济开发区
13	鲁 NE0271	2013.6.10	武城县新东方英语学校	文化街东首
14	鲁 NE0276	2013.7.11	武城县老年人日间照料服务中心	文化街北
15	鲁 NE0277	2013.8.1	李家户镇康寿颐养中心	李家户镇
16	鲁 NE0278	2013.9.6	武城县新世纪科技保健活动中心	地下商城
17	鲁 NE0279	2013.9.24	武城县科学保健活动中心	滨湖小区
18	鲁 NE0282	2013.11.12	武城县仁爱敬老院	鲁权屯镇

第七章　地名　勘界

第一节　地名管理

管理机构

1982 年，县政府设地名管理委员会，下设地名办，隶属县政府办公室，区划地名管理工作开始启动。1985 年，区划地名管理工作划归县建委。1988 年，划归县民政局，由民政科负责。2004 年 12 月，县区划地名管理办公室升格为正科级单位，为全额拨款事业单位，编制 5 人。2005 年，县民政局设地名办公室挂靠区划地名科。自从，全县区划、地名工作步入规范化、正规化管理轨道。

地名分布特征

武城县历史久远，地处华北平原腹部，位于京杭大运河畔，境内地名的形成、演变和语词等具有鲜明的地方特色。据对全县自然村地名考证和分析，以姓氏命名的 273 条，以地理命名的 42 条，以古迹命名的 21 条，因事件奇闻命名的 34 条，以吉祥嘉言命名的 14 条，以御敌战事命名的 12 条，以特产特征命名的 3 条。沿用 1000 多年地名 27 个，其中汉朝用名 5 个，隋唐用名 6 个。沿用 500 ～ 1000 年的 184 个，其中明朝用名 127 个。沿用 500 年以下的 35 个。

地名工作

命名与更名　1998 年，县住房委员会办公室对全县城区街道、胡同开展命名更名。是年，城区命名（更名）街路 11 条。其中，南北走向的路 5 条，即古贝路、三八路、少年路、向阳路、青年路。东西走向的六条街，即历亭街、兴隆街、顺河街、振华街、文化街、漳南街。此外，命名胡同巷里 190 个。2002 年 4 月，县政府办

公室下发《关于编制武城县城镇地名规划的意见》，制定编制地名规划的范围、内容、原则及方法步骤。2006年7月，经讨论研究决定：城区堤顶路命名为北环路，水兴街命名为龙禧街，历亭街命名为古贝春大街，东环路命名为水兴路，东风路命名为龙祥路，古贝路命名为历亭路，梁李路城区段命名为惠民路，城区其他街路名称不变。2008年12月，县政府下发《关于城区街路命名及标牌设置的通知》，向市民政局报送《武城县城区街路巷命名（更名）统计表》。到2009年，全县完成城区街路巷、居民小区及各乡镇街政府驻地（经济开发区、风景旅游区）街路巷名称命名。全县办理街路巷、居民小区命名617条。其中，街路名称208条，居民小区名称19条，巷（胡同、里）390条。结合全县村庄合并社区建设工作，2009年9月、2010年4月、2011年1月，先后审批村庄（社区、新村）行政区划名称3次。经县政府批复，全县办理村庄（社区、新村）标准名称119条，实现全县行政区划名称标准化。2012—2013年，根据市民政局、市公安局等6部门下发《德州市地名申报和审批程序规定》《德州市地名命名规则》，审批标准居民小区名称20个。按照地名办制定的《武城县地名管理办公室关于加强居民地地名标志规范管理实施方案》实行。

地名法规建设 2001年9月，县政府制定《武城县地名管理规定》《武城县路街巷标志和门楼牌设置规范》《在全县开展标准地名标志设置工作的实施意见》。2006年9月，印发《编制地名规划及设置标准地名标志的通知》。2008年12月，印发《城区街路命名及标牌设置的通知》。2013年10月，印发《进一步规范地名管理的通知》。县地名办根据县政府制定的法律、法规，对地名进行管理。

地名标志设置 1988年，全县开始地名标志设置工作，在部分村设置村名碑。1992年，县公安部门统一设置农村门牌。1998年，县政府责成房改办，对城区的11条街（路），190个胡同（巷、里），1367个沿路街大门牌，199个门市牌，61幢住宅楼门牌，186个楼单元牌，1701户楼住户牌，640排平房，3611个住户门牌进行标牌设置。城区住户总数为5312户。2010年10月，甲马营镇、郝王庄镇完成镇政府驻地设标任务。补充设置25个村牌。2011年，城区街路标牌重新设置。按照国家质量技术监督局发布实施的GB1773.1-1999《地名标牌城乡》强制性国家标准执行。标牌全部为双支架不锈钢板架。地面以下为50厘米，地面以上为150厘米×250厘米，中间搭乘广告部位为透明耐力板。主要街路十字路口设置4块，次干道路口设置2块，共设置标牌108块。

数字地名建设 2003年，武城县建立地名数据库。2010年，录入边界线信息3条、界桩点信息20条（包括各种需要扫描的文件，省政府的批复、双方县区上报的请示、协议书、界桩成果表、界桩点信息、界线协议书附图、界桩位置略图等信息）全部完成。2012年7月，武城县出版行政区划新版地图。

第二节　勘界

武城县有县际界线3条（武城—平原段、武城—德城段、武城—夏津段），牵头方、被牵头方三年轮流认定；省际界线1条（冀鲁边界故城—武城段），行政区域界线总长为231.07千米。其中，县际界线长140.87千米，省际界线长90.2千米，共埋设界桩26个。

省级勘界 1990年，与河北省联合进行鲁冀线的勘界试点。河北省市县是牵头方，山东省市、县是被牵头方，武城县配合故城县勘界。同年3月，制定《关于勘定冀鲁两省行政区域界线工作方案》。5月，完成确定冀鲁豫三省交

会点、勘定边界线、调绘边界线带状地形图、埋设界桩。至1995年，完成省级勘界。

县级勘界　1999年3月，武城县勘界工作领导小组办公室成立。同年5月，出台由武城县牵头的武城—平原、武城—德城2县（区）的《联合勘界实施方案》。联合对方实地踏界，了解边界线走向，确定界桩点位，精确界桩数量、类型、编号，并埋设临时界桩。同年6—8月，完成由武城县牵头的边界线2条、三角点1个、界桩9块。8—10月，完成边界测量，联合上报审批边界协议书及附图，报省、市政府上报审批。与此同时，完成与夏津县实地勘界。2004年1月，勘界成果武城县首张政区图——《武城县地图》出版。

界线界桩管理

2002年，界线管理的重点从全面勘界转向依法治界。2003年后，地名办每年组织相关人员，对县界联检。2006年12月，建立“两图一责”界线管理模式，实行边界纠纷矛盾查处机制。2007年，会同相关部门，有效协调解决武城—平原线插花地归属纠纷问题。2008年，进行省界联检。绘制省界、县界线行政区域界线管理网络图、界桩示意图，分别与德城区、平原县及河北省故城县民政局签订《武城县民政局、平原县民政局、德城区民政局创建“平安边界”活动方案》。2010年10月，在武城—德城线、武城—平原线各设宣传碑1个。2012年11月，签订武城县行政区域界线、界桩、方位物管理维护记录表，行政区域界线管理责任书，武城县行政区域界线、界桩村级管理维护委托协议书和创建“边界和谐走廊”协议书。

第八章　慈善事业

第一节　慈善活动

1996年，古贝春集团承担甲马营乡初中贫困生荀爱香求学期间一切学费，直到参加工作有经济收入为止。1998年，长江、嫩江流域发生特大水灾，古贝春集团干部职工捐资11万元支援抗洪军民。2003年，古贝春有限公司筹集50余万元的白酒、高氧水、口罩等慰问品，支援奋战在一线的“防非”检查站工作人员，全国40余家新闻媒体报道了古贝春有限公司的义举。2005年，武城县成立慈善总会。随后每年在干部职工及爱心企业老板中开展“慈心一日捐”“慈善月”活动。到2008年，累计募集善款209.8万元。同年，为汶川大地震募集款物396万

图25-4　慈善义工为孤寡老人做寿

元，其中古贝春有限公司就筹集300万救灾物资。2009年，“慈善月”募集善款117.61万元。2010年，“慈善月”募集善款106.05万元。2011年，“慈善月”募集善款202.57万元。2012年，“慈善月”募集善款226万元。同年8月，古贝春集团有限公司向省慈善总会捐赠60万元善款。2013年，“慈心一日捐”募集善款251万元，社会捐赠接收站、点和慈善超市86个。

2012年，武城县成立慈善义工队伍，有义工76人。同年，“慈心一日捐”募集善款251万元，社会捐赠接收站、点和慈善超市86个。全县陆续开展“情暖万家、朝阳助学、爱心助残、康复助医、夕阳扶老”等社会救助工程。截至2013年底，情暖万家工程帮助5126人，朝阳助学帮助4355人次，爱心助残救济3100人，康复助医救助2557人，夕阳扶老为“五保”户查体2307人次。有义工458人，全年慈善义工活动时间累计4000余小时。

第二节　福利彩票

投注站建设

1991年至2000年4月，社会福利彩票（全部是即开型福利彩票）的销售由县民政局统一组织，大奖组集中销售，销售时抽调全局骨干人员组成临时销售小组。2000年5月，武城县福利彩票管理站成立，设置投注站3处，后新增投注站5处。2002年，为方便彩民投注，在县城繁华地段及乡镇驻地又新增投注站12处。2003年，增加小型投注机27台。2009年11月，改称武城县福利彩票销售管理中心，简称福彩中心。截至2013年底，全县有大、小投注机46台。

彩票销售

县福利彩票发行销售方式大致经历5个阶段，传统型网点式销售阶段（1991—1993）。即开型大奖组销售阶段（1994—1999）。大奖组与电脑彩票联合销售阶段（2000—2003）。电脑票阶段（2004—2007）。电脑票与“刮刮乐”即开票网店销售阶段（2007年10月开始）。截至2013年底，全县福利彩票有电脑票与“刮刮乐”2种方式。

即开型福利彩票

即开型福利彩票，就是购票者在一个销售点上一次完成购票和兑奖全过程的一种福利彩票。根据兑奖区的封装形式，分为揭开式、撕开式和刮开式3种。

1991年，武城县开始销售即开型福利彩票，先后在1991年、1994年、1995年、1996年、1998年、1999年，组织即开型福利彩票销售6次，每次大致历时7天，总计销售彩票400余万元。2003年后，大奖组销售方式不能满足人们快节奏的生活，即开型福利彩票进入销售低谷。2007年10月，武城县成立“刮刮乐”即开型福利彩票中心站，利用电脑福利彩票投注站和发展的社会网点销售“刮刮乐”即开型福利彩票。“刮刮乐”是一种全新的网点销售即开型福利彩票，即买即开，返奖率由原来的50%提高到65%。新型彩票“刮刮乐”游戏采用世界先进的二维条码防伪保安识别系统和与之相配套的先进的销售物流管理系统，使销售管理工作更加规范。

电脑型福利彩票

电脑型福利彩票是从接受投注自动打印出彩票，到数据保存汇总，直到开奖，都是由计算机自动处理，解决过去由人工操作所带来的有意或无意的失误，从技术上增强人们对彩票公平、公正、公开性的信任感，从而受到广大群众的喜爱。2000年5月1日，山东福利彩票“齐鲁风采”上市。武城县开通投注站3个。随后，武城县电脑福利彩票投注站陆续增加。截至2013年底，全县设置投注站46个。主要有“30选7”“36选7”“3D”“双色球”“群英会”5种玩法。

2000—2013年武城县福利彩票销售统计表

表25-7　　　　单位：万元

年份	金额	年份	金额	年份	金额
2000	135.7	2005	700.4	2010	1300.1
2001	309.4	2006	890.1	2011	1356.6
2002	487.9	2007	1020.8	2012	1439.3
2003	638.5	2008	1178.7	2013	1502.2
2004	650.1	2009	1200.3	—	—

福彩公益金使用

福利彩票公益金用于“扶老、助残、救孤、济困、赈灾”。2000年后，累计投资1020万元，资助14处敬老院新建和改扩建。投资200多万元，兴建老年活动设施及广场健身器材。救助城乡特困人口3.6万余人次，发放救助金360万元。救助有大病、重病病人的困难家庭830多户，发放救助金166万元。资助贫困大、中、小学生1600余人次，发放救助金192万元。截至2013年底，累计投资1800万元。

第九章　残疾事业

第一节　残疾人登记

1992年4月，对全县残疾人进行调查登记。1993年10月，制定《武城县残疾人优惠政策》。1994年5月，召开残疾人工作协调委员会会议，开展残疾人体检办证工作。1995年，对全县残疾人特困户进行逐一登记。2009年10月，通过公益性岗位招聘残疾人专职干事8名。2011—2013年，开展0～6岁残疾儿童调查、持证残疾人信息调查及录入。对4405名儿童进行调查，确诊脑瘫儿童3名，孤独症儿童2名。0～6岁残疾儿童127名。截至2013年底，全县持证残疾人5385名。其中，肢体残疾人3537名，智力残疾人523名，精神残疾人377名，视力残疾人265名，听力言语残疾人39名，多重残疾人644名。一级、二级重度残疾人2577名。

第二节　残疾人康复

1992年，全县开始为白内障及小儿麻痹症患者免费手术，到1996年，累计完成白内障手术736例，小儿麻痹症矫治手术83例，语训残疾儿童18名。1996—2000年，累计完成白内障手术961例，小儿麻痹症矫治手术18例，语训残疾儿童75名。发放辅助器具98件。2001—2005年，累计完成白内障复明手术1060例，假肢装配82人次。2006—2010年，完成白内障复明手术1425例。为65名听力残疾儿童免费佩戴了助听器。为240名残疾人免费配发轮椅。为145名肢体残疾人免费安装假肢。为125名低视力患者免费配发助视器。对40名盲人进行定向行走训练。对150名肢体残疾人进行康复训练。下发康复辅助器具700余件。依托县人民医院成立残疾人康复中心，乡镇村依托卫生院和卫生室成立康复技术指导站及康复室，服务各类残疾人1500余人次，办理残疾证3467件。开展残疾人康复需求调查，为6804名有康复需求的残疾人建立康复需求档案，康复服务建档率、受助率80%。

2011年，全县开始为0～6岁残疾儿童到准入机构免费进行康复，至2013年累计输送27名，补助康复资金30余万元。输送3名残疾儿童进行人工耳蜗植入手术，补助资金50余万元。为35名残疾儿童发放价值20万元的助听器，为30余名残疾人免费配发了辅助器具，免费进行白内障复明手术391例，为40名残疾人免费安装假肢，免费为肢体残疾人进行康复200人次，训练盲人定向行走25人，免费为60名下肢不能自理的残疾人配发价值3.6万元的轮椅，免费为30名低视力残疾人配发助视器，为40名盲人发放盲杖。推行社区与家庭康复，为基层残疾人康复站配发器材，推广实用、易行的康复方法，免费为残疾人提供康复服务。将康复项目列入医疗报销范围，有180名残疾人得到康复理疗服务。

第三节　残疾人保障与就业

残疾人保障

2010年，县政府建立重度残疾人低保生活补贴发放制度，为1127名重度残疾人发放生活救助金67.62万元，为80名残疾人免费发放轮椅和安装假肢。实施“阳光家园”项目，为268名16～59岁的智力缺陷、精神疾病和身体重度残疾人提供残疾人居家托养家庭资金资助17.1万元、实施“共享阳光——爱在‘舜’间·乐善助残工程”，为残疾人免费发放手机100部。全县所有一级、二级重度残疾人均享受社会养老保险免缴政策，其个人交纳部分由财政部门予以全额补贴。为130户残疾人贫困家庭的危房实施改造修葺，总建筑面积1.33万平方米。2011年，在全县开展“我和你·心连心”助学活动，为考入大中专院校的残疾学生和残疾人家庭子女发放助学金。是年，救助12人，发放助学金2.4万元。2012年，救助23人，发放助学金3.1万元。2013年，救助13人，发放助学金1.3万元。

残疾人就业

2010年后，全县依托社会资源创建残疾人就业扶贫和职业技术培训基地10处。举办残疾人电子元件加工、计算机应用等各类残疾人职业技能培训，辐射带动300余名残疾人脱贫致富。推进残疾人就业保障金征收，促进残疾人就业工作开展。截至2013年底，全县累计安置残疾人就业120名，评选表彰残疾人创业模范100名。

武城县志（1986—2013）

第二十六编

人事　劳动　社会保障

1986年后，县人事部门加强干部队伍建设，调整人才结构，推进人事制度改革；吸收国家干部采取录用和招聘制度；落实国家政策，在国家机关推行公务员制度；开发人才交流市场，促进人才交流。2004年，全县乡镇实行人事制度改革，共分流人员129名，清退临时工和返聘人员93名。2013年，招聘公务员34人，评审专业技术人员109人（除教育类），通过事业单位招聘引进人才266人。截至2013年底，全县共有干部6640人（包括机关事业单位和公有制企业）。

1986—2013年，全县在计划经济体制向市场经济体制转变形势下，国家包揽就业的旧体制终结，企业用工由国家统一调配改为面向社会自主选择。县劳动部门通过实施再就业工程、农村劳动力跨区域流动等形式，逐步建立起用人单位与求职人员双向选择的机制。2013年，全县新增就业人员5399人，培训人员4362人，职业技术鉴定1242人，全县国有、集体、私营企业等签订劳动合同率为95%。

第一章　人　事

第一节　人事制度改革

20 世纪 80 年代后，全县干部人事制度改革大体经历 3 个阶段。第一阶段（1982—1994 年），在改革干部管理体制、实行分类管理方面取得重大突破。1988 年 1 月，县委印发《关于在全县党政机关普遍试行工作岗位责任制的意见》，要求在全县各单位试行机关岗位责任制，各乡镇党委书记、乡镇长、县直各部门主要负责人制定《任期目标责任书》，明确规定出各自在任期内所要完成的目标要求，以及每年所要完成的任务指标要求，并建立严格的考核制度，建立干部实绩档案，实行严明的奖惩制度，从而在全县党政机关普遍建立起机关岗位责任制。1991 年，全县普遍推行企业管理人员聘用制和专业技术人员评聘制度。1993 年 10 月，实行考试录用制度、年度考核制度等。第二阶段（1994—2000 年），通过扩大民主，完善考核体系，推进交流，加强监督等措施，对党政领导干部选拔任用制度，逐步进行完善。第三阶段（2000—2013 年），干部人事制度改革整体推进，取得重大进展。干部人事工作制度化、法制化建设迈出重大步伐；扩大民主的改革措施普遍推行，干部工作的民主化程度明显提高；公开选拔、竞争上岗成为干部选拔任用的主要方式。

第二节　公务员管理

管理

全县公务员的管理工作由县委组织部（党委口）和县人社局（政府口）负责。1993 年 8 月，国务院颁布《国家公务员暂行条例》，全县公务员管理工作逐步趋向制度化、规范化。1996 年 8 月，根据《国家公务员暂行规定》，县政府印发《武城县国家公务员制度实施方案》，开始进行县、乡国家公务员过渡工作。是年，有 442 名政府部门工作人员过渡为国家公务员。2006 年 12 月，依据《中华人民共和国公务员法》，全县开展机关公务员登记工作，机关干部有 1135 人准予登记。同年，制定出台《武城县公务员录用计划管理实施意见》。2007 年底，按照中央、省市的要求，在事业单位开展参照公务员法管理工作。2008 年 6 月，根据省委组织部、省人事厅关于事业单位参照公务员法管理的批复，武城县 15 个事业单位 63 人被批准为参照公务员法管理。此后，公务员的录用实行“凡进必考”，坚持“公开、平等、竞争、择优”，录用计划、资格条件、考试成绩和录用结果都予以公开。是年，招录公务员 13 人。其中，男性 10 人，女性 3 人。至 2013 年，累计招录公务员 138 人。其中，男性 75 人，女性 63 人。截至 2013 年底，全县有公务员 1010 人。其中，男性 790 人，女性 220 人，研究生 23 人，本科生 574 人，专科生 303 人，中专生 110 人。

培训

1996 年起，凡录用国家公务员，均经过严格的考试选拔，并组织公务员到有关院校进行任职培训和政治经济理论、专业业务、更新知识、学历等方面的培训。2006 年，对全县公务员进行为期 3 个月的学习培训，并进行统一考试。至2007年，全县累计培训公务员1120人次。其中，初任培训10人，更新知识培训1110人。自2008年起，新录用公务员初任培训由德州市统一组织培训。截至2013年底，累计培训新录用公务员138人。

第三节 事业单位人员管理

1986年，县直党政群机构和事业单位实行编制工资基金管理，把人员编制与工资基金结合起来，通过对工资基金的控制，实现对人员编制的管理。1995年，县委、县政府印发《关于严格控制调入（分往）党政群机关、事业单位工作人员的通知》。2005年，全县事业单位人员（除副科级以上干部外）逐步实施人员聘用制度。从2005年起，凡是新进人员必须签订聘用合同。2005年、2006年，县人事部门先后在各大院校引进事业单位人员224人。2006年，制定《武城县事业单位人事计划管理实施意见》《武城县机关事业单位人事计划管理工作程序》。2007年后，根据省、市事业单位公开招聘人员的文件精神，按照部门需求、专业对口，实施事业单位公开招聘。是年，通过公开招聘，录用事业单位人员111人。2013年，公开招聘录用事业单位人员266人，累计招录事业单位人员1444人。截至2013年底，全县有事业单位管理人员8080人。

第四节 工资福利

1993年、2006年进行工资改革2次。1993年工资制度改革，机关事业单位实行以职务和级别为主的职级工资制。2006年工资制度改革，实行岗位级别（薪级）工资制，废除工龄工资。至2013年底，全县调整工资标准8次，正常晋升工资档次5次。截至2013年底，全县公务员人均工资额每月2900元，事业单位人均工资额每月2701元。

工资改革

机关事业单位工资改革 新中国成立后，全县机关事业单位工资先后经历1956年、1985年2次大的改革。其中，1985年7月1日，国家机关打破等级工资制，实行结构工资制。1993年10月，全县机关事业单位再次进行工资改革，改变1985年以后行政机关和事业单位干部工人执行的同一种工资制度，建立起符合行政机关和事业单位、干部和工人各自不同情况的工资制度。自10月1日起，机关执行行政管理人员、技工、普工3种工资制，事业单位中的专业技术人员按类型划分执行5种工资制。2006年7月，全县机关事业单位又进行工资改革。其中公务员工资制度改革，简化基本工资结构，将公务员现行基本工资结构由职务工资、级别工资、基础工资、工龄工资4项构成，简化为职务工资、级别工资2项构成；事业单位收入分配制度改革，建立岗位绩效工资制度，岗位绩效工资包括岗位工资、薪级工资、绩效工资和特岗补贴4部分。全县参加工资改革的干部工人有9485人，人均月增资284元。

企业工资改革 1988年，县政府印发《关于转发省政府〈关于改革企业内部工资分配意见的通知〉的通知》，对全县企业内部工资分配制度进行改革，贯彻按劳分配的原则，改革分配中吃“大锅饭”的现象，转变企业经营机制。2001年8月，县政府印发《关于公布2001年企业工资指导线及全县企业最低工资标准的通知》，以2000年全省全部企业在岗职工平均工资（8245元）为基数，2001年企业工资指导线基准数为10%，调整后的全县最低工资标准为每人每月280元，从2001年7月1日起执行。此后，企业工资实行自主分配。

工资调整

1989年，适当调整国家机关事业单位工作人员工资。1997年1月，国家机关事业单位人均月增资20元。1999年7月1日起，国家机关事业单位人均月增资120元。2001年1月1日起，国家机关事业单位人均月增资100元，同年10月1日起，人均又增资80元。至2006年6月，全县机关工作人员实行正常增资，凡连续2年考核优秀或称职，在本职务工资标准内晋升一个工资档次。考核不称职的，不得晋升工资档次。工作人员职务提升后，按新职务工资标准执行。晋升级别的工作人员，均可相应增加级别工资。工作人员在原级别任职期间连续5年称职或连续3年优秀，在本职务对应级别内晋升一个级别。随工作年限的增长，相应增加工龄工资。事业单位人员正常升级增资，凡连续2年考核合格的，晋升一个工资档次，考核不合格的不得晋升。晋升职务或技术职务等级后，增加并执行相应工资。2006年7月1日起，公务员晋升职务后，从晋升职务的下月起执行新任职务的职务工资和相应的级别工资。公务员年度考核累计2年称职及以上的，从次年1月1日起在所任级别对应工资标准内晋升一个工资档次。公务员年度考核累计5年称职及以上的，从次年1月1日起在所任职务对应级别内晋升一个级别，级别工资就近就高套入晋升后级别对应的工资标准。事业单位工作人员，从2006年7月1日起，年度考核结果为合格及以上等次的工作人员，每年增加一个薪级工资，并从第二年的1月1日起执行。年度考核结果为基本合格、不合格的，不能正常增加薪级工资。

福利待遇

1985年7月1日至1993年9月30日，全县机关事业单位工作人员每月享受的各种津贴、补贴标准为72.9元。1989年后，对全县机关事业单位的津贴、补贴进行调整。国家机关、全民所有制企事业单位干部职工，每月发给自行车修理费补贴5元；医疗卫生、卫生防疫津贴标准进行调整，一类津贴标准为每人每月17～26元，二类津贴标准为每人每月10～21元，三类津贴标准为每人每月7～15元；县中小学班主任津贴在现行标准基础上提高到15元，中等专业学校、技工学校参照中小学标准执行；国家机关、企事业单位工作人员的冬季宿舍取暖补贴标准调整为每人每年24元。全县机关事业单位的工作人员和离退休人员的职务补贴分别于1992年1月、1992年12月、1996年1月进行了3次调整。自1993年10月1日起，各种补贴、福利费合计纳入新工资64元。1998年1月1日起，机关事业单位在职人员现行的交通费、洗理费、粮油补贴、粮价补贴、开放城市补贴等5种津贴、补贴简化归并，统称为地方福利补贴，标准暂按每人每月65元。全县于2007、2008年规范津贴补贴，在职人员的地方福利补贴、津贴补贴，统一归并设立为工作性津贴和生活性补贴；离休人员的津贴补贴，统一归并设立为离休人员补贴；退休人员的津贴补贴，统一归并设立为退休人员补贴。2008年10月，全县机关事业单位工作人员又调整津贴补贴标准，规范津贴补贴后，全县津贴补贴分别于2011年、2012年、2013年调整3次，每次人均增资300元。

离休干部护理费

1982年4月，离休条件继续放宽，对所有新中国成立前参加革命工作的老干部，实行离休制度。同时规定，对1937年7月6日以前参加革命工作的老干部，按本人离休前标准工资，每年增发两个月的工资，作为生活补贴。对1937年7月7日至1942年12月31日参加革命工作的老干部，按本人离休前标准工资，每年增发一个半月工资，作为生活补贴。对1943

年1月1日至1945年9月2日参加革命工作的老干部，按本人离休前标准工资，每年增发一个月工资，作为生活补贴。1986年离休干部护理费为60元，1993年离休干部护理费为100元。2003年，印发《关于提高离休干部护理费标准及扩大发放护理费范围的通知》，规定抗日战争结束以前参加革命工作的离休干部和解放战争时期参加革命工作的离休干部，其护理费标准由每人每月100元提高到200元；解放战争时期参加革命工作的离休干部，护理费标准为每人每月100元。2009年1月，离休干部护理费提高到每人每月600元。2012年，离休干部护理费由每人每月600元提高到1300元。

第五节　人才交流

1986年，武城县人才交流服务中心成立，隶属于县人事局，为副科级事业单位，主要任务是制定大中专毕业生分配方案。1999年，建立人才市场。在尊重单位用人自主权、尊重专业技术人员和管理人员择业权的基础上，由县政府人事部门所属人才服务中心作为人事综合管理部门，接受用人单位或个人委托，提供人事方面的系列服务。2004年，依托省人才网开通县人才信息网，并在省人才市场设立人才招聘摊位。先后组织50余家用人单位赴东北、西北及衡水、济南、青岛、泰安、淄博、德州等地高等院校和人才市场参加人才招聘，为各企事业单位招聘各类人才1300多人。2005年，人才交流服务中心升格为正科级事业单位，实行人才管理储备、专业培训、职业简介、保管档案、转接关系等一系列社会化配套服务，优化人才交流环境，以促进人才合理交流。2005年，制订引进本科毕业生的若干优惠政策和规定，分别在山东师范大学、山东农业大学等8所高校引进本科毕业生224名。其中，2005年引进106名，2006年引进118名。2007年5月，出台《关于企业引进高层次急需人才优惠政策》，对企业引进的高层次急需人才在享受企业自身的工资福利同时，县财政给予相应补助；享受县财政工资补贴的高层次人才其养老、医疗保险按照同类人员标准直接在县财政提供的相应补助金中扣除；企业引进的高层次人才子女入学、入托，由相关部门优先安排，不收取教育法规之外的任何费用。2009年，全县上报需求项目13个，其中古贝春公司的“年产10万吨燃料乙醇研发生产急需人才项目”、英潮公司的“辣椒红色素提取急需人才项目”、奥博公司的“华奥特耐高温纤维复合过滤材料急需人才项目”3个项目申报成功。2010年6月，为鼓励和引导优秀干部到经济建设一线建功立业，破解全县企业发展中的人才“瓶颈”问题，县委办公室、县政府办公室制定出台《关于选派优秀干部到企业挂职的实施意见》，选派一批优秀年轻干部到企业挂职工作。2012年6月，全县办理人事代理1936人。其中，县直部门代理543人，教育系统代理456人，卫生系统代理296人，毕业生代理641人。截至2013年底，采取“柔性和刚性”引进的方式引进人才，引进博士杨晓慧、侯运华，专业技术管理人员1027人。接待外国专家7人次。

第六节　职称评聘管理

1987年7月，全民事业单位实行专业技术职务评聘。全县成立县职称改革领导小组，办公室设在县科委，具体负责职称评聘。1990年，专业技术职务评聘工作转交县人事局。2010年，又转交县人力资源和社会保障局。

职称评聘

按上级规定，凡在县企业事业单位、社会中介组织从事专业技术工作，与用人单位确定人员聘用关系的专业技术人员，以及在农村从事专业技术工作的农民，均可按规定的各系列标准任职条件申报评审相应的专业技术职务资格。1987年，根据单位实际工作需要和人员编制数额，确定评聘限额。按照高、中、初级不同的专业技术职务任职条件和专业技术人员基本条件，原则上“够哪一级评哪一级”。首次职称评审单位有县史志办、文化馆、档案馆、党史委等。其中，史志办有1人评为中级职称，7人被评为助理职称；文化馆有5人被评为中级职称。1988年，为教育、卫生系统符合条件的工作人员评审职称，是年，为1473人评定职称。其中，教育系统690人，卫生系统775人。1990年，县人事局印发《企事业单位评聘专业技术职务若干问题暂行规定》，专业技术职务评聘工作逐步转入经常化。当年起，统计、计算机两个专业的初级专业技术资格实行全国统一考试。同年，为农学、农经、农机、电业、水利、林果、建筑、电子、美术、财会、畜牧等11个专业的1303名农民专业技术人员评定专业技术职称。其中，农民技师257人，农民助理技师587人，农民技术员456人。1991年，为531名农民专业技术人员评定专业技术职称。其中，农民技师196人，农民助理技师190人，农民技术员145人。

1995年开始，在监理工程师、造价工程师、注册税务师等30个专业中实行职业资格考试制度，其他专业仍按国家规定的任职资格进行评审，克服单一评审的弊端。同年6月，对全县现任机关事业单位技术工种岗位，已转正定级，符合确定初级技术等级或晋升上一技术等级条件的工人进行等级考核工作，县人事部门负责所管辖申报人员的培训工作及除汽车驾驶员以外其他工种的中、初级工的考核，考核结束后报市人事局备案，办理工人技术岗位证书。2002年，全县有4868人参加全国计算机应用能力考试和职称外语考试专业技术资格考试。2006年，卫生类初、中级专业技术职务实行全国统考制度。根据省、市人事部门要求，武城县自2000年1月实行专业技术职务评聘分开，在全县各级各类事业单位中推行专业技术职务竞争聘任制度，原聘任的专业技术职务在1999年底解聘，每个聘期3年。2008年，重新对各事业单位的管理岗位、专业技术岗位、工勤岗位进行设置。截至2013年底，全县有专业技术人员5621人。

继续教育

1995年，开始对全县专业技术人员开展继续教育。2003年，采取集中培训为主、自学为辅的方式，建立、完善和规范教育、卫生、农业、林业、畜牧、水利等事业单位培训工作制度。2005年，把证书登记的学时、学分作为考核专业技术人员的重要内容和专业技术职务晋升、聘任的依据之一。先后以《创新思维的培养》《知识产权保护与自主创新》《专业技术人员职业修养与发展》为内容的培训。截至2013年底，累计举办各类培训班50余期次，培训专业技术人员2万余人次。

职称管理

1991年，按照德州行署部署，对专业技术职称评审聘任工作进行复查，对查出的不符合评聘条件的专业技术人员，取消其专业技术职务任职资格。1999年，原聘任的专业技术职务解聘，自2000年1月起，全县实行专业技术职务评聘分开，在全县各级各类事业单位中推行专业技术职务竞争聘任制度，每个聘期3年。2011年，县人社局印发《关于事业单位岗位设置和专业技术岗位竞聘上岗的通知》，原竞争聘任政策废止，根据省各行业岗位设置结构比例新的指导标准，重新对各事业单位的管理岗位、专业技术岗位、工勤岗位进行设置。是年，全县核准222个事业单位（县属101个，镇街

121 个）的岗位设置方案，其中镇街事业单位全部完成岗位设置，县属事业单位完成 93.2%。同时，按照《德州市事业单位工作人员考核暂行规定》对事业单位专业技术人员进行考核，考核内容以所签订聘约的内容为主要依据，重点考核德、能、勤、绩 4 个方面，考核结果作为专业技术职务聘任、续聘、高聘、低聘、解聘、晋升的主要依据。截至 2013 年底，全县聘用专业技术人员（除教育类）1513 人。其中，高级 82 人，中级 562 人，初级 869 人。省级专家 1 人，市级专家 2 人。

第七节　大中专毕业生分配与安置

1986 年，全县大中专毕业生实行集中分配制度，全年分配毕业生 221 人。其中，统一分配大学毕业生 36 人，统一分配中专毕业生 92 人，统一分配技工学校毕业生 5 人。1994 年，上级分配武城县大中专毕业生 315 人（统分 233 人，委培 82 人）。其中，本科 17 人，专科 126 人，中专 172 人；专业主要有师范 196 人，卫生 31 人，财经 32 人，工科 22 人，政法 18 人，农林水 12 人。1996 年，大中专毕业生分配工作权限归县人事局。1997 年、1998 年，基本延续统包统分的分配原则，所有回武城的大中专毕业生全部分配到相应的国有企事业单位。2002 年，县政府制定出台《关于引进高层次毕业生的暂行规定》，明确提出引进毕业生不受档案、户口粮食、人事关系和区域的限制，根据工作需要，按照专业对口、双向选择的原则，持有关学历证明，经面试合格后，可到县直部门、乡镇或企业单位工作，行政关系挂靠在县人才交流中心，同时列为后备干部重点培养，对成绩显著的优先提拔使用。

进入 21 世纪，为重点引进阶段。2005 年，县政府制定《武城县关于实施人才强县战略，进一步加强人才工作的意见》，引导各企事业单位根据各自实际制定具有本单位特点的优惠政策，建立“引进人才绿色通道”，形成区域性政策优势。2004 年、2005 年，邀请省人事厅领导和山东师范大学、济南大学等 8 所高校的毕业生就业处处长到武城召开引进本科毕业生对接会，20 多个用人单位分别与有关高校领导面对面地进行交流洽谈，为全县各企事业单位与高等院校建立帮扶关系，两年在高校直接引进本科生 224 人。

2007 年后，为全部考选阶段。随着高校毕业生总量不断扩大和毕业生就业形势的日益严峻，回武城就业的各类高校毕业生总量逐年上升。2013 年，全县事业单位招聘工作人员 266 人。截至 2013 年底，全县累计接收大中专毕业生 4024 人。其中，研究生 11 人，大学生 1020 人，两者占接收总数的 25.6%。

第八节　军转干部安置

1986 年后，县委、县政府重视军转干部安置工作，认真落实国家军转干部政策。按照专业对口、学以致用的原则拟定安置方案。根据军转干部职务层次、技术专长、立功受奖情况进行安置。是年，全县安置安排营职 2 人，连排职 4 人。1996 年，安排团职 2 人，连排级 2 人。其中，行政单位 2 人，企业单位 2 人。2008 年，国家实施志愿兵制度，军转干部回乡安置人数逐年减少。截至 2013 年底，全县安置团职 3 人，营职 47 人，连排职 69 人。其中，行政单位 62 人，事业单位 13 人，企业 43 人，自主择业 1 人。

第二章　劳　动

第一节　劳动就业

1986年，全县国营企业实行劳动合同制。1988年6月，全面推行劳动制度改革。1994年，县劳动部门由计划管理型转为服务型，国家包揽非农业人口就业的旧体制终止，企业用工由国家统一调配改为面向社会自主选择，逐步建立起用人单位与求职人员双向选择的机制，确立适应市场经济体制的新型劳动制度框架。2008年，全县紧紧围绕扩大就业这条主线，新增就业5500人。2010年，全面提升基层就业能力和水平。2011年，完善就业失业登记管理制度，符合条件的城乡劳动者按规定享受就业扶持政策和失业保险待遇。2012年，规范培训流程，强化培训日常监管，提高培训质量，实现培训工作的规范化、标准化、信息化。2013年，全县新增就业5399人，培训人员4362人。

待业青年安置

1986年，由农村户口转为城镇户口的人数大量增加，安置城镇待业青年劳动就业的任务加剧。1988年7月1日，县政府印发《关于加强临时工计划外用工管理的通知》，严格控制招用农业户口的临时工、计划外用工，把安置城镇待业青年工作做好。随后，城镇青年待业率一直在3%以下，90%以上的待业人员得到及时安置。1991年，为广开就业门路，多渠道、多形式安置待业青年，全县面向社会公开招生（培训生）1300人，统一考试，根据个人志愿和考试成绩择优录用，职业中专398名学生全部安置就业。1994年，为缓解就业压力，全县由单纯企业招工向兴办劳动就业服务企业和自谋职业方向转变。是年，全县有劳动就业服务企业7家。

农村劳动力转移

2008年，武城县成立农民工创业服务领导小组，建立以“就业、培训、维权”三位一体的服务机制，确保农村劳动力外出务工前后，得到免费政策咨询、就业信息及就业服务，改变农民工维护权益偏难、法律意识淡薄、专业技能偏低、社会服务滞后的状况。2009年，全县实现农村劳动力转移就业4950人。其中，市外3586人，就地就近就业1364人，有组织转移4918人。2010年5月，成立农民工培训工作领导小组，建立健全农民工培训管理、机构认定、资金使用、绩效考评体系，构建农民工培训长效机制。全县实现农村劳动力转移就业5280人。其中，市外3315人，就地就近就业1965人，有组织转移2982人。甲马营乡人力资源服务中心获“德州市十佳人力资源服务机构”称号。至2010年底，全县累计净转移124052人次。其中，市外59925人次，本市64127人次。

2011年，县政府实施“春风行动”，成立统筹城乡就业试点工作领导小组，发展县域经济，扶持发展中小企业、劳动密集型产业和服务业，增强吸纳农民工就业的能力，支持农村中小企业发展，最大限度地吸纳农民就地就近转移就业，培育劳务品牌，建设劳务基地，形成示范效应，带动农村劳动力转移就业。同年，全县实现农村劳动力转移就业6705人。其中，市外 3581 人，就地就近就业 3124 人，有组织转移 4635 人。至 2011 年底，累计净转移 121479 人次。其中，市外 58541 人次，本市 62938 人次。2013 年，全县新增农村劳动力转移就业 7683 人。

就业援助

2010 年，依托基层平台开展就业援助工作，摸清就业困难人员的基本情况，登记造册，建档建卡，建立数据库，实行分类管理，做到“六清”，即家庭状况清、生活状况清、失业原因清、就业能力清、择业意向清、所需帮助清。实施“一人一证”实名认定，为符合条件的就业困难人员进行身份认定和就业失业登记，逐一核发就业失业登记证。开展“民营企业招聘周”等各项就业援助，采取有针对性的税费减免、贷款贴息、社会保险补贴、岗位补贴等帮扶措施，是年，实现困难群体就业 214 人。认定 23 户城镇零就业家庭，发放失业救济金，每户每月领取失业救济金 315 元，领取 6 个月。开发公益性岗位 50 个，落实公益性岗位补贴 7.5 万元。

2011 年，开发公益性岗位 45 个，落实公益性岗位补贴 27 万元，实现困难群体就业 352 人。开展就业创业培训，组织城镇各类就业困难人员参加免费就业技能培训，帮助他们提高就业竞争能力，并落实培训补贴。向未就业的高校毕业生、返乡农民工、下岗失业人员提供创业培训、开业指导、创业培训实训、创业孵化等服务，并按规定落实小额担保贷款政策，帮助他们成功创业。全年发放小额担保贷款 1900 万元。至 2012 年 6 月，发放小额担保贷款 1959 万元。2012 年、2013 年分别实现困难群体就业 34 人、42 人。

人力资源市场建设

2006 年 12 月，县人力资源市场建成，隶属武城县劳动资源和社会保障局，是全县人力资源配置的综合性市场，具体承担求职登记、职业介绍、职业指导、特殊群体服务、就业培训、劳务输出、劳动保障事务代理、劳务派遣等多项管理和服务功能。2007 年，将下岗失业人员、城镇新增劳动力、农村富余劳动力、失地农民、大中专毕业生、退伍军人、农村进城务工人员等作为公共就业服务重点，登记求职 3967 人，介绍成功 3451 人。2013 年，登记求职 6237 人，介绍成功 5301 人。截至 2013 年底，全县累计登记求职 39468 人，累计介绍成功 35038 人。

图 26-1 企业招聘（2010 年 摄）

第二节 劳动工资

工资形式

1985 年，全县实行企业经济效益与工资总额挂钩的工资制度，先套改后升级。参加工资改革的全民所有制职工 2739 人，人均月增工资 15.53 元。集体所有制职工 3159 人，人均月增工资 13.45 元。2001 年，企业工资分配形式逐步放开，实现自主分配，政府监督调控，工资制度逐渐由等级工资制改为岗位技能工资制。至2013年，全县企业的分配形式实行计时工资、计件工资、奖励工资、岗位津贴等。

最低工资标准

1999年7月1日，武城县企业执行最低工资标准，执行标准240元。2001年，执行标准比1999年增加40元，为280元。2001—2013年，最低工资标准又先后上调9次。自2013年3月1日开始，最低工资执行标准1080元。

第三节　职业培训

1987年，县农村青年使用技术培训领导小组成立，同时组建农村青年使用技术培训导师团，对农村青年开展技术培训，全年培训待业青年1100人。1988年11月，县劳动局印发《关于进一步做好就业前培训工作的意见》，实行先培训、后就业，全年举办17个培训班，培训待业青年1046人。2009年，全县培训计划任务为3510人，实际培训4517人，完成培训任务的129%。其中，就业培训1635人，农村劳动力转移培训2657人，创业培训225人。

2010年5月，全县印发《关于进一步做好农民工培训工作的意见》，按照统筹规划、分工负责、整合资源、市场运作的原则，建立健全农民工培训管理、机构认定、资金使用、绩效考评体系，构建农民工培训长效机制。全县确定技工学校、职业中专、清华职业技术培训学校等专业学校为定点培训机构。培训计划任务为3370人，实际培训4198人，完成任务的125%。其中，就业培训1810人，农村劳动力转移培训2118人，创业培训270人。2011年，依托县职业中专、县劳动技校等定点培训机构，对下岗失业人员、进城务工的农村劳动者、新成长劳动力等人员实施就业与创业能力培训5842人，并全部实现就业，完成目标任务的107%。其中，开展创业培训402人，再就业培训2239人，城镇新成长劳动力培训1121人，农村劳动力转移培训2080人。2012年，培训3392人。其中，就业培训693人，农村劳动力转移培训1672人，创业培训232人。2013年，对农村富余劳动力、城镇下岗失业人员及招商引资企业职工开展实用技术和就业技能的培训。精心选择计算机维修、计算机操作员、收银员等专业进行培训，培训人数4362人。

第四节　劳动管理

劳动合同

1984年，全县国营企业实行劳动合同。1989年5月，县政府印发《武城县劳动合同鉴证暂行办法》。1993年，在企事业单位中打破干部、固定工、合同工界限，全面推行劳动合同。截至2013年底，全县国有、集体、私营企业等与工作员工签订劳动合同率为95%。

劳动争议仲裁

1995年，县劳动争议仲裁委员会办公室（以下简称仲裁办）成立。至2000年，先后开展以贯彻《劳动法》为主要内容的检查30余次。进入21世纪，劳动争议及来信来访出现偶发、多发、群发特点。劳动争议处理工作采取提前介入、跟进处理，综合预防多种方式，相继开展劳动保障法律法规监督检查、拖欠民工工资集中治理、劳动力市场整顿、劳动合同管理等活动，通过“部分裁决”“小访小议、大访大议、特访特议”，深入企业解决劳动关系方面的难点和遗留问题、参与县委、县政府集中大接访等方式，扩大执法范围，提高办案效率，增强防控能力，及时排查处理相关不稳定因素。2000年，受理案件12起，立案12起，涉及人员320人，涉案金额113.54万元，结案12起。2010年，出台《关于建立区域性和行业性劳动人事争议调解中心的通知》《关于在企业建立和完善劳动争议调解组织的意见》等一系列文件，制定《劳动争议调解委员会基本原则》《劳动争议调解委员会工作程序和要求》《调解员守则》《工作职责》等工作制度，规范调解委员会和调解员的工作；分三批参加省人社厅组织的劳动争议调解员培训班；邀请专家讲座，举办培训班5次，培训企业、镇（街）调解员165人。依托镇（街）劳动保障服务中心，指导帮助镇（街）成立劳动人事争议调解中心8个。调解中心接受县劳动人事争议仲裁委员会业务指导，统筹负责辖区内企业、事业单位发生的劳资、人事争议的调解工作，基层调解工作初步实现制度化、规范化，劳动人事争议纠纷在源头上得到很好的控制。是年，受理案件12起，立案12起，不予受理2起，涉及人员19人，涉案金额46.39万元，结案14起。同年9月，将县劳动争议仲裁委员会、人事争议仲裁委员会整合成立县劳动人事争议仲裁委员会，同时成立县劳动人事争议仲裁院。2012年，受理案件13起，立案12起，不予受理1起，涉及人员15人，涉案金额116.01万元，结案13起，鉴证合同2135份。截至2013年底，全县累计受理案件137件，立案131件，结案141件，涉案金额824.44万元。

劳动监察

1993年，县劳动局劳动监察科成立。2011年，开展社会养老保险扩面征缴，征缴社会养老保险费113万元。2012年，劳动监察科新扩面社会养老保险费31个单位，新增社会养老保险费49.63万元。2013年，劳动监察科扩面征缴社会养老保险18个个体工商户，新增社会养老保险费44.21万元。同年，在全县镇（街）和社区实现劳动保障监察“两网化”管理全覆盖。信访、投诉等案件得到及时处理，全年接待、处理信访投诉拖欠工资案件82起，结案80起，挽回经济损失14万余元。

第五节　劳务输出

1993年，全县开始劳务输出，通过定期举办招聘洽谈会，实现集中洽谈、集中签约、集中组织输出。根据县政府《关于鼓励做好劳务输出工作的若干规定》，健全完善农村劳动力输出转移集培训、中介、管理和维权在内的“一条龙”服务，同时建立和完善内部跟踪服务责任体系，成立专门工作组，指导各乡镇、县直有关部门加强对输出人员的跟踪服务管理，及时处理涉及损害外出务工人员权益的问题。全县在组织劳务输出中，加强对农村劳动力就业前引导性培训和职业技能培训，加强与用工企业的联系，提高外出务工人员的素质和输出转移的质量。将下岗失业人员、城镇新增劳动力、农村富余劳动力、失地农民、大中专毕业生、退伍军人、农村进城务工人员等各类人力资源纳入公共就业服务的范围，为各类用工单位和劳动者牵线搭桥。

2001年，全县有农村剩余劳动力6万多人，下岗、失业、城镇待业人员、复退军人等各类求职人员近6000人。为缓解就业压力，同年11月，县政府印发《关于对劳务输出工作进行考核的通知》，从2002年开始到“十五”期末，根据市政府下达的2001年输出指标（以1.5万人为基数），每年输出净增30%，计每年净增输出人数4500人。2004年，全县劳务输出9950人次。2007年，全县劳务输出4451人次，输出地主要是广东、北京、天津、青岛、烟台等省市。2010年9月，县人杰劳务派遣有限公司注册成立，隶属县人力资源和社会保障局管理。至2011年底，与6家单位顺利签订劳务派遣协议，派遣总人数4500余人次。用工企业有富士康烟台科技集团、浪潮乐金数字移动有限公司、玲珑轮胎股份有限公司、县邮政局、县邮政银行、县农村信用联社等单位，并全部签订劳动合同，足额缴纳社会保险，累计缴纳社会保险费400多万元。2007年后的5年间，全县劳务输出3.02万人次。2012年后，全县劳务输出工作推向市场。

第三章　社会保障

第一节　劳动保险

企业养老保险

1984年12月，全县开始实行全员劳动合同制，最初缴纳养老保险的时间是1985年。从招入单位之月起缴纳退休养老保险基金，每月按合同制工人工资总额的21%缴纳，其中单位缴纳18%，职工个人缴纳3%，合同制工人的养老保险金征缴由县劳动服务公司代为征收。1987年6月，县劳动保险处成立。同年8月，为全县乡镇企业职工建立养老保险关系。1988年6月，退休费用实行社会统筹，各企业按工资总额或工资总额加退休费之和的一定比例提取退休养老保险基金，交当地社会劳动保险机构统一管理和支付，改变当时由企业负担各自退休费用的办法。县国有企业固定工和县以上集体企业固定工从1988年6月开始实行退休费用社会统筹。统筹金提取比例，实行“以支定筹，略有结余”，保险基金实行社会统收、统支、统管、调剂使用。

1994年5月，县政府印发《关于改革企业职工基本养老金统筹和养老金计发办法的通知》，将原统筹基金和养老基金统筹为一体，统一提取，统一使用。改革基本养老金计发办法，实行养老金与社会平均工资和职工缴费年限、缴费金额挂钩。同年12月，县政府印发《关于贯彻〈德州地区关于调整企业离退休人员离退休金问题的实施意见〉的通知》，确定于1994年9月1日起增加离退休人员的待遇。1995年，社会保险机构实行“以支定收，略有结余，留有部分积累”，适当调整养老保险基金的收缴比例。2001年，全县企业养老保险费征缴1296万元，发放养老金1255万元。2010年，企业养老保险费征缴收入2502万元，发放养老金5464万元，年末离退休职工4670人，月人均养老金953元。随后，养老保险费征缴发放数额逐年递增。2013年，养老保险费收入5615万元，发放养老金9950万元，年末离退休职工5448人，月人均养老金1347元。

机关事业单位养老保险

1993年3月，县机关事业单位社会保险事业处成立。2000年7月，县机关事业单位社会养老保险的统筹采取“以支定收，略有结余”，之后逐步过渡到“以支定收，略有结余，留有部分积累”。社会养老保险的统筹范围包括县直党政群机关、社会团体、事业单位中的固定工作人员及离退休（职）人员，中央、省驻武城有关单位中的固定工作人员及离退休（职）人员，军队所属驻武城机关、事业单位中非军籍人员。

从2000年7月1日起，首批开展县直机关事业单位的社会养老保险工作，乡镇机关事业单位合同制工人的养老保险金仍按标准缴纳。机关事业单位养老保险统筹基金按在职工作人员工资总额加离退休（职）费总额的25%缴纳，其中单位负担23%，个人负担2%，离退休（职）人员个人不缴费，统筹基金由单位负责筹集按规定时间缴纳。

2005年1月，全面启动乡镇机关事业单位基本养老保险工作。参保人员：乡镇机关事业单位所有工作人员及离退休（职）人员（不含教育、卫生系统）。参保统筹时间统一为2005年1月，乡镇机关事业单位的国家正式干部和固定工，在乡镇机关事业单位工作的时间视为缴费年限。聘用制干部（指原合同制工人身份和聘干就业的聘用制干部）、合同制工人，从参加工作之日起缴纳养老保险金。机关事业单位养老保险统筹基金按在职工作人员工资总额加离退休（职）费总额的26%缴纳，其中单位负担24%，个人负担2%，离退休（职）人员个人不缴费，统筹基金由单位负责筹集按规定时间缴纳。

2006年12月1日，全面启动乡镇卫生院基本养老保险工作。参保人员：各乡（镇、街）卫生院所有在编工作人员及离休（职）人员。参保统筹时间统一为2006年12月1日。机关事业单位养老保险统筹基金按在职工作人员工资总额加离退休（职）费总额的32%缴纳，其中单位负担30%，个人负担2%，离退休（职）人员个人不缴费，统筹基金由单位负责筹集按规定时间缴纳。2007年，行政机关养老保险征收1542万元。

改革前已经退休的人员，继续按照国家、省和市规定的原待遇标准发放基本养老金，同时执行基本养老基金调整办法。其中，省政府规定的养老待遇项目（标准），经审核确认后，纳入基本养老保险基金支付；其他地方自行增加的项目和提高的标准，仍从原渠道列支。改革后达到退休年龄，但个人缴费年限累计不满15年的人员，其基本养老保险关系处理和基本养老金计发比照《实施〈中华人民共和国社会保险法〉若干规定》和省人力资源社会保障厅《关于参加企业职工基本养老保险人员延长缴费有关问题的通知》的有关规定执行。

离休干部待遇发放和调整。机关事业单位离休干部不纳入机关事业单位养老保险制度改革范围，继续按照国家、省和市规定发给离休费，并按规定调整待遇。离休人员离休费1～3个月生活补贴由同级财政负担，其他待遇由所在单位从原渠道列支，可由原所在单位负责发放，也可委托社会保险经办机构代发。

建立职业年金制度。单位按本单位基本养老保险缴费工资基数的8%缴费，个人按本人缴费工资的4%缴费。工作人员退休后，按规定领取职业年金待遇。职业年金的实施意见，由市人社局、市财政局根据国家和省规定另行制定。

按照上级相关规定，凡参保人员在本市内的机关事业单位之间流动，只转移养老保险关系，不转移基金。参保人员跨市流动或在机关事业单位与企业之间流动，在转移养老保险关系的同时，基本养老保险个人账户储存额随同转移，并以改革后本人各年度实际缴费工资为基数，按12%的总和转移基金，参保缴费不足1年的，按实际缴费月数计算转移基金。转移后基本养老保险缴费年限（含视同缴费年限）、个人账户储存额累计计算。2013年，全年征缴机关养老保险12480万元。

城乡居民社会养老保险

1992年11月，全县设立农村社会养老保险事业管理处，各乡镇设立农村养老保险管理所，开展农村社会养老保险工作，由民政局负责。1995年6月，县政府印发《关于对农村社会养老保险工作实行奖惩的通知》，确定全县1995年任务指标为254万元。1996年，将全县农村民办教师、乡村医生、个体工商户、18～25周岁男女青年、民政工作对象、独女户和双独女户纳入农村社会养老保险征缴范围。1999年12月，县农村社会养老保险事业管理处由民政局划归劳动和社会保障局。2011年9月，成立县城乡居民社会养老保险处，负责全县城乡居民社会养老保险工作，原农村养老保险处撤销，将其职能划入县城乡居民社会养老保险处。至2011年底，全县养老金领取人员52003人，16～59周岁的参保人员153509人，保费1832.46万元，参保率达95.8%。2012年，基础养老金由55元提高至60元，养老金领取人员53695人，发放养老金3738.18万元。其中，基础养老金3734.61万元，个人账户养老金3.57万元。

2013年，全面实现城乡居民养老保险网络化办公，通过山东省城乡居民社会养老保险管理信息系统进行参保缴费及待遇发放等业务的操作和信息的查询。基础养老金提高至65元，养老金领取人员58354人，发放养老金4188.96万元。其中，基础养老金4169.58万元，个人账户养老金19.38万元，发放率达100%。征缴保费金额1718.78万元，对基础养老金的补助资金，省级补贴4680万元，市级补贴100.65万元，县级补贴482.85万元。

工伤保险

2006年，全县工伤保险实施，但发展缓慢。2007年，全年征缴工伤保险基金3万元。2009年，由垂直管理企业扩大到全县所有企业，并下达各单位工伤保险缴费计划。是年，征缴工伤保险基金76万元。2010年，工伤保险实行市级统筹，按照《德州市工伤保险市级统筹实施意见》开展各项工作，统一参保范围和对象、统一行业差别费率标准和缴费基数标准、统一基金管理、统一工伤认定和劳动能力鉴定、统一工伤保险待遇支付标准、统一经办流程和信息系统。是年，征缴工伤保险83万元。2011年4月，对全县企事业单位老工伤人员具体情况进行调查摸底，详细了解工伤发生时间、伤残情况、企业处理情况及享受待遇情况，并进行备案留存。2012年3月，县人社局与县建设委员会要求建筑施工单位开工前，必须为职工缴纳工伤保险，将建筑施工单位纳入工伤保险范围。没有社会医疗保险事业处出具的《工伤保险参保证明》，主管部门不予办理施工许可证明及安全生产许可证。同年5月，根据测算向县政府提出《关于机关公务员和全额事业单位工作人员参加工伤保险的报告》，申请财政配套资金。7月1日起，全县机关事业单位在职人员参加工伤保险，缴费比例为0.5%。是年，征缴工伤保险343万元。截至2013年底，全县参保单位120个，参保职工32538人，累计收缴工伤保险基金1308万元，支付工伤保险费1245万元。

生育保险

2007年，全县生育保险实施。生育保险基金按照以支定收、收支平衡筹集，纳入财政专户，实行收支两条线管理。用人单位以本单位上年度职工工资总额为基数，按1%的比例

图26-2　工伤保险宣传（2013年　摄）

按月缴纳生育保险费，职工个人不缴纳生育保险费。

2013年10月，生育保险实行市级统筹，并调整生育医疗费报销标准和结算方式。对职工顺产、因难产剖宫产，妊娠期检查、并发症和实行计划生育手术及计划生育手术并发症发生的生育保险统筹范围内的医疗费，整体按35%的增长比例提高报销待遇标准，并分5大类实行限额结算；超过限额标准的部分由个人负担；统筹范围内的实际医疗费低于限额标准的，据实结算。职工分娩或计划生育手术伴危重并发症的，发生的生育保险统筹范围内的医疗费实行按项目结算，个人不负担。对参保职工回原籍分娩等特殊情况，经生育保险经办机构批准到非定点医疗机构生育发生分娩类的医疗费用，顺产生育的报销1280元，侧切生育的报销1600元，剖宫产生育的报销2480元。

第二节　医疗保险

城镇职工医疗保险

2001年5月，县政府印发《武城县城镇职工基本医疗保险暂行规定》，城镇职工基本医疗保险正式开始。城镇职工基本医疗保险参保范围和对象为武城县辖区内的城镇所有用人单位，包括党、政、群机关，事业单位、社会团体、民办非企业单位、中央、省驻武城单位及其全部职工。用人单位按本单位上年度工资总额和养老金两项之和的6%缴纳。职工本人按上年度本人工资收入的2%缴纳。退休人员个人不缴费。职工参加医疗保险，其单位和个人缴费基数不得低于全省上年度社会平均工资的60%。是年，全年增加医疗保险基金66万元。

2005年12月，将乡镇企业及其职工、城镇个体经济组织及其从业人员、自由职业者（含灵活就业人员）纳入城镇职工基本医疗保险统筹范围。规定城镇职工基本医疗保险最低缴费年限，即按规定办理退休（职）手续，按月领取养老金或退休费以及退职生活费的参保人员，缴纳基本医疗保险费的最低缴费年限女满20年、男满25年，方可享受基本医疗保险待遇；参保人员不得断保，不足缴费年限的，须由用人单位和本人以其退休（职）时的缴费基数为基数（不得低于上年度全省社会平均工资的60%），按规定一次性补缴至最低缴费年限；规范用人单位及其职工参保缴纳医疗保险费，调整城镇职工基本医疗保险待遇及大额医疗救助社会统筹金缴纳和支付标准；建立定点医疗机构和定点零售药店信用等级制度，完善准入、退出机制，促进定点医疗机构和定点零售药店提高服务水平和服务质量。是年，征缴医疗保险基金424万元，支出287万元。

2009年，将关闭、破产国有企业的994名退休人员全部纳入职工医疗保险统筹范围。2011年，全县参保人数43530人，征缴基本医疗保险费2244万元，支付职工个人账户829万元，参保职工住院2928人次，统筹金支付住院医疗费1365万元。2013年，全县参保人数44830人，征缴职工医疗保险费2989万元，支付职工个人账户1313万元，参保职工住院2296人次。

2012年，城镇医疗保险实现市级统筹，医疗保险待遇大幅提高，年度最高支付限额提高到23万元。同年4月，实现全市就医联网结算。城镇医疗保险参保人员可在全市任选一家定点医院就医，出院后在医院医保科即刻结算报销费用。

2013年10月，按照市政府《关于进一步完善城镇职工医疗保险政策有关问题的通知》要求，对城镇职工基本医疗保险政策进行调整：一是调整缴费比例，将单位缴费比例调整为7%，个体参保人员按9%的比例缴纳；二是实行单基数缴费。2013 年，启动城镇职工医保特病门诊统筹，将 33 种特殊疾病纳入特病门诊统筹范围。同年 12 月，开展特病门诊申报。是年，全县征缴医疗保险基金 3155 万元，支出 3053 万元。

城镇居民医疗保险

2009 年 1 月 1 日，全县城镇居民基本医疗保险正式实施。城镇居民基本医疗保险参保范围：县行政区域内，不属于城镇职工基本医疗保险制度覆盖范围的，具有本县户籍的非从业城镇居民。是年，全县参保人数 14106 人。

城镇居民基本医疗保险按年度缴费，医疗保险费由个人缴费和政府补助构成。其中，个人缴费标准为未成年居民个人缴纳 40 元，低保对象个人缴纳 20 元，重度残疾人个人缴纳 10 元。在校学生个人缴纳 20 元。成年居民个人缴纳 150 元，低保对象个人缴纳 70 元，重度残疾人个人缴纳 10 元。老年居民个人缴纳 110 元，低保对象个人缴纳 70 元，重度残疾人个人缴纳 10 元。

城镇居民基本医疗保险基金支付实行年度最高支付限额和起付标准制度。参保人员每个医疗年度最高支付限额为 3 万元；一、二、三级医院起付标准分别为 300 元、400 元、600 元，一个医疗年度内参保人第二次住院起付标准减半，第三次住院取消起付标准。起付线至最高支付限额部分，医疗保险基金支付比例一、二、三级医院分别为 60%、55%、50%。2011 年，按照《德州市人民政府关于调整城镇居民基本医疗保险政策的通知》规定，城镇居民医疗保险年度最高支付限额，未成年居民 14 万元、成年居民 7 万元。

2012 年，城镇医疗保险实现市级统筹，参保人员在市内定点医疗机构住院就医，可实现联网结算，出院时即可报销住院费用。2013 年 10 月 1 日起，按照市人力资源和社会保障局《关于进一步完善城镇居民基本医疗保险政策有关问题的通知》，成年参保居民年度最高支付限额由 7 万元提高至 14 万元。纳入城镇居民医疗保险统筹基金支付范围的医疗费，在起付标准以上、最高支付限额以下部分，一、二、三级医院的报销比例提高到 85%、75%、60%。同年底，开展城镇职工医保特病门诊统筹，将恶性肿瘤放化疗、白血病化疗、尿毒症患者透析治疗、器官移植患者抗排异治疗、再生障碍性贫血、血友病共 6 类疾病纳入城镇居民医疗保险门诊大病统筹。

第四章　机构编制管理

第一节　行政管理体制改革

1990 年，县政府把建立和推行国家公务员制度作为干部人事制度改革的重点，进一步搞好行政机关干部考选制，完善企、事业单位干部聘用制。1994 年，印发《武城县机构编制委员会工作细则》，对县机构编制委员会主要工作做出详细说明，并按照省机构编制委员会《关于推进事业单位分类管理的通知》精神和分类参照标准，对单位性质（全额、差额、自收自支、企业化管理）进一步明文规定。1995 年，按照先企业、后事业、一般不进党政机关、面向基层，充实生产第一线调配人员。1996 年，推行国家公务员和参照管理工作，经过过渡考核，1329 人过渡为国家公务员和机关工作者。2008

年，全县核定县直行政、政法编制774名，在职674人。加强乡镇机构编制管理，“十一五”期间乡镇机构编制和财政供养人员只减不增，乡镇实有人数894人。其中，机关182人，事业单位712人，行政空编146名。财政供养人员比2004年底减少146人。

2012年，对全县中小学、县级公立医院编制重新核定。核定后，县直教育编制增加831名，乡镇教育编制减少839名，教育编制总数减少8名。县级公立医院共增加编制数361名，全县事业编制数增加353名。2013年，全县行政机构46个，党政群、政法行政编制1353人，实有人员949人。乡镇行政编制374人，实有291人。事业单位237个，编制10299人，实有8312人。其中，财政拨款5977人，财政补贴1642人，经费自理3174人，企业化经营376人。

第二节　机构改革

1986年后，全县开展较大规模的党政机构改革4次，分别为1993年、2002年、2005年、2010年。

1993年县乡机构改革

1993年12月，完成县级党政机关机构改革和乡镇管理体制改革，全县党政群机构由原来的83个减到40个。其中，县委工作部门有办公室、组织部、宣传部、统战部、政法委5个。政府工作部门有办公室、经济委员会、贸易委员会、农业委员会、计划委员会、城乡建设环境保护委员会、计划生育委员会、科学技术委员会、教育委员会、文化体育委员会、公安局、司法局、民政局、人事局、劳动局、财政局、税务局、交通局、水利局、卫生局、审计局、统计局、工商行政管理局、土地管理局、乡镇企业局25个。按照《党章》《宪法》及有关规定设置的组织机构10个，精简幅度50%；党政群工作人员由1332人减少到578人，精减幅度54%；乡镇由15个减到14个（原梁庄乡并入武城镇）；乡镇工作人员由779人减少到405人，精减幅度48%。1996年，完成县经委、建委、农业办公室的职能转变，同时对新恢复的县粮食局、农业局、林业局进行职能界定，巩固机构改革的成果。

2002年县乡机构改革

2002年3月，对县级党政机构和乡镇事业单位机构进行改革。县委设办办公室、纪律检查委员会、组织部、宣传部、政法委、统战部、机关工委7个工作部门；设信访局、老干部局2个管理部门。县政府设办公室、经济贸易局、民营经济发展局、计划生育局、科学技术局、民政局、公安局、司法局、人事局、劳动和社会保障局、财政局、审计局、国土资源局、交通局、水务局、卫生局、对外贸易经济合作局、文化体育局、发展计划局、教育局、统计局、建设和环境保护局以及农林局23个工作部门（不含监察局、广播电视局）。另有省垂直管理部门5个。

领导职数配备方面，配备县委常委9名，书记1名，副书记3名；县政府配备县长1名，副县长5名。县党政工作部门领导职数总额159名。其中，党委工作部门领导职数36名，政府工作部门领导职数123名。

乡镇党政机构改革方面，县乡镇党委、政府机关行政编制总额328名。乡镇机关人员编制适用范围包括：乡镇党委、人大、政协、共青团、妇联、人武部的工作人员。机构改革后，乡镇党委、政府领导职数总额92名，乡镇党委一般由7人组成。其中，书记1名，副书记3名，（其中1名副书记兼任纪检书记）。乡镇领导提倡交叉任职，乡镇人民武装部一般设部长1名，可配备副乡级干部。

乡镇财政拨款事业单位人员实行总量控制，县乡镇财政拨款事业单位（不含教育、卫生事业单位）核定人员编制275名。

2005年县政府机构改革

县财政局承担国有资产监管职责，不再单独设立国有资产监督管理机构；县发展计划局改组为县发展和改革局，为县政府工作部门；撤销对外贸易经济合作局，其职能、编制、人员并入县经济贸易局（招商促进办公室）；组建安全生产监督管理局；县计划生育局更名为人口和计划生育局；县经济贸易局增加县药品行业管理职能。调整后，县政府设为办公室、发展和改革局、经济贸易局、民营经济发展局、建设和环境保护局、人口和计划生育局、教育局、科学技术局、民政局、公安局、司法局、人事局、劳动和社会保障局、财政局、审计局、统计局、国土资源局、交通局、农林局、水务局、文化体育局、卫生局、安全生产监督管理局23个工作部门。

2010年县乡机构改革

实行职能有机统一的大部门制，组建县经济和信息化局，挂商务局牌子，不再保留县经济贸易局、县民营经济发展局。组建县人力资源和社会保障局，机构编制委员会办公室单独设置，列入党委机构序列，不再保留县人事局、县劳动和社会保障局。组建县住房和城乡建设局，挂县规划局牌子，不再保留县建设和环境保护局、县房产管理局。组建县环境保护局。县交通局更名为县交通运输局。组建县文体广电新闻出版局，不再保留县文化体育局、县广播电视局。将原由省垂直管理的县食品药品监督管理局列入县政府工作部门。县政府办公室挂县民族与宗教事务局牌子，将民族和宗教管理职责划入县政府办公室。将县经济贸易局招商的相关职责，整合划入县政府办公室。县政府机构改革后，设置工作部门23个，正科级规格。改革过程中，制定和完善县政府工作部门“三定”规定，定职责、定内设机构、定人员编制，严控机构编制，进一步转变政府职能、理顺职责关系、落实和强化责任、优化组织结构、提升行政效能。

根据《德州市乡镇分类和机构编制核定实施意见》的规定，将乡镇划分类别：鲁权屯镇为一类，武城镇、老城镇、郝王庄镇、甲马营镇为二类，杨庄镇、李家户乡、广运街道为三类，乡镇分类只用于乡镇机构改革核定编制。机构设置方面，乡镇、街道党政工作机构均综合设置，鲁权屯镇设置党政工作机构5个，其他乡镇和街道设置党政工作机构4个。人员编制方面，全县乡镇、街道机关行政编制总额250名，另有78名乡镇机动行政编制，由县机构编制委员会用于乡镇之间行政编制动态管理。领导职数方面，全县乡镇、街道领导职数总额为62名，乡镇、街道领导职数7～9名，其中党委（党工委）设书记1名、副书记2名、纪委书记1名；政府设乡镇长（街道主任）1名，副乡镇长（街道副主任）2～3名；人大主席1名，人武部部长1名，提倡交叉任职。

根据分类情况，武城县对乡镇、街道的事业机构设置、人员编制进行重新核定。机构设置方面，乡镇、街道财政拨款事业机构（不含教育、卫生事业机构）均综合设置，鲁权屯镇设置事业机构6个，其他乡镇和街道设置事业机构5个；人员编制方面，全县乡镇、街道财政拨款事业机构（不含教育、卫生事业机构）核定人员编制303名。

第三节 事业单位管理

1996年，全县印发《关于规范乡镇事业单位和人员配置的意见》，规范乡镇机构设置和编制管理，转变政府职能。1997年，全县开展事业单位登记。2004年，印发《关于进一步加强乡镇（街）机构编制管理的意见》，对乡镇事业单位人员编制实行冻结式管理，对要求增加人员编制的有关事宜一律暂停审批，不再增加人员编制，不受理新增机构和增加人员编制的申请。

2005 年 3 月，武城县事业单位登记管理局成立，隶属县机构编制委员会办公室。同年，对乡镇机关事业单位编制进行实名制管理。2008 年，登记事业单位 261 个。其中，法人事业单位 245 个，非法人事业单位 16 个。2012 年，对全县党政群机关、镇街、事业单位进行统一核查。对全县事业单位进行清理规范，印发《武城县事业单位清理规范工作实施方案》。是年，全县事业单位 301 家，配事业编制 9823 名，全县各级各类事业单位按照实施方案的要求，对机构、编制、人员、职责、职数、参公情况进行逐一清理规范，将山东武城经济开发区管委会名称规范为武城县经济开发区管理委员会，将武城县供销合作社名称规范为武城县供销合作社联合社，将武城县农村保险事业处名称规范为武城县城乡居民社会养老保险处。减少事业单位 10 家。截至 2013 年底，全县有事业单位 237 个，事业编制总数 10299 名，实有事业人员 8312 人。

第二十七编

社会生活

1986年后，随着武城县经济发展，全县居民收入和生活消费发生巨大变化。2013年，全县职工年均工资38325元，农民年人均纯收入10905元，分别是1986年的49.2倍和23.6倍，年均增速15.52%和12.42%。2013年，武城县城镇居民消费的恩格尔系数为34.93%，农村居民消费的恩格尔系数为29.3%。从“楼上楼下，电灯电话”的梦想到汽车、电脑、手机普及，休闲娱乐方式的丰富，居民生活日趋丰富多彩。同时家庭对子女教育、赡养老人的投入增加。新中国成立后，一些陈规陋习大多被革除，社会主义新风尚逐渐形成。

改革开放后，民族宗教工作走向法制化、规范化。修建了佛光寺、重修吕洼天主教堂等宗教场所。至2013年，全县纳入依法管理的宗教主要有佛教、伊斯兰教、天主教、基督教，依法登记的宗教场所25处，信众5500余人。

第一章　居民收入与消费

第一节　居民收入

农村居民收入

1986年，武城县农民收入主要有集体经营收入、经济联合体收入、家庭经营收入和其他非生产性收入4个渠道，全县农业总产值2.28亿元，农民人均纯收入462元，生产性人均纯收入453元。1990年，受旱、涝自然灾害的影响，全县农业总产值3亿元，农民年人均纯收入560元。1995年，全县农业总产值6.55亿元，农民年人均纯收入1402元。1995年后，全县以提高农业综合经济效益为中心，缩减粮田，以棉花、辣椒、西瓜、食用菌种植为突破口，增加农业生产效益。同时，县委、县政府大力推动个体经济发展。随着种植业结构调整和社会经济快速发展，全县农民收入结构发生变化，农业生产收入不再是家庭的主要收入来源，外出经商、务工成为家庭的主要收入来源。这时期的农民收入主要包括基本收入、家庭经营收入、转移性收入和财产性收入。至2000年，全县农业总产值11.73亿元，农民年人均纯收入2432元，比1995年增长79.08%，年均递增13.18%。

进入21世纪，随着农业生产条件持续改善，民营经济的迅速发展，全县培植壮大辣椒、棉花、食用菌、畜牧业等“一红两白一牧”四大主导产业和玻璃钢、汽车零部件等特色产业，农民收入大幅度提高。至2005年，全县农业总产值16.93亿元，农民年人均纯收入3794元，比2000年增加1362元，年均递增9.4%。其中，工资性收入人均1789.26元，占46.8%；家庭经营性收入1847.34元，占48.4%；转移性收入人均68.96元，占1.9%；财产性收入人均113.67元，占2.9%。2008年，随着外出经商人数的增多，务工人员工资提高及粮食最低保护价的实施，农民纯收入快速增长。至2010年，全县农业总产值26.19亿元，农民年人均纯收入6962.38元。其中，工资性收入人均2751.24元，家庭经营性收入人均3868.25元，转移性收入人均106.22元，财产性收入人均236.67元。这一段时期，农民工资收入和家庭经营性收入基本持平。

2011年，全县深化农业结构，实施粮食高产创建，实行土地流转，发展规模经营，健全农机推广和农业机械化服务体系，农业效益提高，加之务工人员工资增长，农民收入进一步增加。截至2013年底，全县农业总产值39.58亿元，农民年人均纯收入10905元。其中，工资性收入6334元，家庭经营性收入4146元，转移性收入197元，财产性收入228元。工资性收入成为农民收入的主要来源。

城镇居民收入

城镇居民收入主要由家庭总收入（工资收入、工资及补贴收入、经营净收入、财产性收入、转移性收入）、出售财物收入、借贷收入组成，以工资为主。1986年，全县在岗职工17182人，城镇居民年人均可支配收入779元，城镇居民存款2483万元。至1990年，全县在岗职工19674人，城镇居民年人均可支配收入1652元，城镇居民存款6856万元，分别比1986年增加873元，4373万元。1993年，行政、事业单位进行工资制度改革，职工工资稳步提高。金融投资、业务提成、入股分红成为职工收入的新增长点。至1995年，全县在岗职工24700人，城镇居民年人均可支配收入2559元，城镇居民存款5.74亿元。

进入21世纪，全县突出大上工业，贯彻“全党抓经济、重点抓工业、关键抓投入”，实施“扶优培强工程”，工业经济效益稳步提高，个体私营经济呈井喷式发展，财政收入快速增长。2001年1月，国家机关事业单位人均增资100元。同年10月，人均增资80元。城镇居民收入除工资外，居民存（贷）款利息、出租房屋、经营商铺等收入呈增长趋势。2005年，全县在岗职工1.86万人，城镇居民可支配收入年人均6467元，城镇居民存款25.47亿元。家庭收入人均6632.37元，出售财物收入人均1.85元，储蓄借贷收入人均2357.74元。2006年7月，国家机关事业单位执行新的职务工资和级别工资。自2011年始，连续4年对津贴补贴调整，人均增资1200元。截至2013年底，单位从业人员31635人，职工收入年人均38325元，居民存款82.21亿元。

第二节 居民消费

农村居民消费

全县农村居民消费主要是家庭经营费用支出、农业生产资料消费、生活资料消费以及各类税费等。80年代中期，农用化肥供应品种数量增加，质量提高；农用塑料薄膜应用、农用机械购置和家庭生活水平提高，农民支出相应增多。1986年，450户农村抽样调查结果显示，户均家庭经营费用年支出1048.2元，购置生产性固定资产支出69.86元，税费39.94元，上缴集体承包费209.45元，生活消费支出1738.2元，其他非生产性支出52.34元。全县人均消费支出448元，比1985年增加220.3元。百户农民拥有大型家具249件、自行车170辆、缝纫机81.3架、电视机27.8台、电风扇18.9台、收音机91.8台、手表12.8只，座挂钟82.4个。

图27-1 武城县购物商场（2012年 摄）

20世纪90年代，全县民营经济不断发展，社会商品不断丰富，彩色电视机、电冰箱、洗衣机走进农户，农民生活资料消费有较大提升。2000年，130户农村抽样调查结果显示，户均家庭经营费用支出2119.6元，购置生产性固定资产支出315.18元，税费76.86元，上缴集体承包费130.88元，集体提留和摊派538.78元，生活消费支出3522.98元，其他非生产性支出153.41元。在生活消费支出中，副食支出1907.5元，衣着支出408.87元，居住支出304.58元，家庭设备、用品及服务支出62.65元，医疗保健151.47元，交通和通信支出75.98元，文化教育娱乐用品及服务支出542.45元，其他商品和服务支出69.48元。年末，全县农村住户总支出人均2826元。百户农民拥有自行车229辆、缝纫机80架、电视机91台、电风扇153台、收音机91.8台、手表144.6只，大型家具150件、座挂钟113只。进入21世纪，农民居民消费结构发生变化，购置房产、汽车、家用电器、移动电话、高档服装、肉、蛋、奶、副食消费支出逐年增加。2008年，全县农村住户支出人均3782.2元。其中，家庭经营费用支出1125.27元，购置生产性固定资产支出163.1元，税费4.42元，生活消费支出2267.19元，财产性支出0.46元，转移支出68.35元，其他非生产性支出153.41元。在生活消费支出中，食品支出576.63元，衣着支出131.36元，居住支出408.79元，家庭设备及服务支出133.51元，交通和通信支出364.82元，文化教育、用品及服务支出466.18元，医疗保健支出169.43元，其他支出16.47元。每百户农村居民耐用消费品拥有量中，彩色电视机28台、电冰箱及冰柜5台、洗衣机17台、助力车19辆、摩托车15辆、家用汽车1台。截至2013年底，农村住户生活年均消费支出5021.07元。其中，食品支出1471.05元，衣着支出447.57元，居住支出932.28元，家庭设备及服务支出280.58元，交通和通信支出1382.68元，文化教育、用品及服务支出254.43元，医疗保健支出192元，其他支出60.48元。

1986—2013年武城县农村居民年人均生活消费支出统计表

表27-1　　单位：元

年份	支出	年份	支出	年份	支出
1986	448	1996	580	2006	1378
1987	249	1997	674	2007	1801
1988	459	1998	782	2008	2267
1989	312	1999	853	2009	2399
1990	267	2000	822	2010	2764
1991	267	2001	1007	2011	4548
1992	493	2002	890	2012	4883
1993	389	2003	929	2013	5021
1994	769	2004	1040	—	—
1995	502	2005	1474	—	—

城镇居民消费

城镇居民消费主要有生活费支出、非消费支出和特别支出。1986年，年人均消费支出为563元。1989年，城镇居民人均年消费支出为796元。是年，50户城市住户基本情况和现金收支情况调查结果显示，城镇居民户月均生活费支出75.03元，非消费支出3.2元，特别支出7.91元。平均每百户期末消费品拥有量，沙发226.3个、自行车246辆、机械手表216只、电风扇150台、彩色电视机74台、黑白电视22台、收录机78台、洗衣机82台、电冰箱16台。1993年，工资改革后，城镇居民消费支出进一步增加。至1995年，城镇居民人均年消费性支出2051元。其中，消费性支出月人均170.85元，非消费性支出月人均 45.34 元，储蓄借贷支出月人均 58.08 元。平均每百户期末消费品拥有量，沙发 306 个、摩托车 10 辆、自行车 268 辆、电风扇 232 台、彩色电视机 86 台、黑白电视 14 台、收录机 70 台、洗衣机 86 台、电冰箱 30 台、照相机 12 架、脱排油烟机 18 台。2000 年，城镇居民年人均可支配收入 5141.38 元，人均年消费性支出 2983 元。平均每百户期末消费品拥有量，彩色电视机 51 台、电冰箱 31 台、洗衣机 45 台、电风扇 121 台、自行车 115 辆、摩托车 14 辆、影碟机 11 台、组合音响 6 套、移动电话 6 部。

进入 21 世纪，城镇居民消费随着国家增资政策、企业及个体私营经济效益好转，消费支出呈增长趋势。2008 年，城镇居民年人均可支配收入 11552 元，年人均消费性支出 7082.89 元。其中，食品支出 2474.07 元，衣着支出 923.56 元，家庭设备用品及服务支出 330.57 元，娱乐教育文化支出 1002.83 元，居住支出 537.21 元，医疗保健支出 367.94 元，其他杂项商品服务支出 1446.71 元。平均每百户期末消费品拥有量，彩色电视机 114 台、电冰箱 90 台、洗衣机 100 台、热水器 70 台、接入有线电视网用户 98 户、计算机互联网用户 56 户、空调器 108 台、照相机 38 架、助力车 70 辆、摩托车 42 辆、家用汽车 12 辆、摄像机 8 台、组合音响 24 台、家用电脑 68 台、电话机 78 部、移动电话 178 部、钢琴 2 架。2012 年，城镇居民年人均消费支出 9686 元。2013 年，城镇居民年人均消费支出 9743.7 元。其中，食品支出 3741.96 元，衣着支出 1338.95 元，家庭设备用品及维修服务支出 822.52 元，医疗保健和个人用品支出 540.7 元，交通通信支出 993.43 元，娱乐教育文化用品及服务支出 1045.17 元，居住支出 1054.99 元，其他商品和服务支出 205.98 元。

1986—2013 年武城县城镇居民年人均消费支出统计表

表 27-2　　　　单位：元

年份	支出	年份	支出	年份	支出
1986	563	1996	2383	2006	4958
1987	619	1997	2335	2007	5759
1988	651	1998	2656	2008	7083
1989	796	1999	2625	2009	7188
1990	965	2000	2983	2010	7417
1991	1099	2001	3057	2011	9124
1992	1297	2002	3233	2012	9686
1993	1486	2003	3318	2013	9744
1994	1120	2004	3601	—	—
1995	2051	2005	4694	—	—

第二章　社会养老

第一节　老龄构成

1986年，全县60岁以上的老年人口32982人，占全县总人口的10%。1995年，全县60岁以上的老年人口35649人，占全县总人口的10.1%，武城县开始进入“老年化”行列，且呈逐年上升态势。2000年，全县60岁以上老人43987人，占总人口的11.95%。2008年，全县老年人口47243人，占全县总人口的12.41%。2013年，全县老年人口65246人，占全县总人口的16.61%。

1986—2013年部分年份武城县60岁以上老人统计表

表27-3　　单位：人

年份	总人口	60岁以上人数	占总人口比例（%）
1986	329824	32982	10
1995	360900	35649	9.88
2000	368143	43987	11.95
2003	371668	45829	12.33
2004	372317	45900	12.33
2005	372959	47448	12.72
2006	374684	48067	12.83
2007	377495	47899	12.69
2008	380547	47243	12.41
2009	384622	54380	14.14
2010	387748	57197	14.75
2011	391917	58230	14.86
2012	391917	57980	14.79
2013	392828	65246	16.61

第二节　老年优待

2000年，县政府规定，农村70岁以上的老人免除村提留、乡统筹费用。是年，免除农村70岁以上老人的“三提五统”，金额112.16万元。2002年，免除全县农村70岁以上老人的农业税金额167万元。2004年，鲁权屯镇宋王庄村推行春节前夕为60岁以上老人发放生活补贴制度：60岁以上老人每人发放补助金120元，70岁以上老人每人发放240元，80岁以上老人每人发放240元补助金及一份生活补助品。

图 27-2 老年人权益保障条例宣传（2013 年 摄）

2005 年起，全县对百岁以上老人，每人每月发放长寿补贴 200 元。2013 年，百岁以上老人的长寿补贴增加到每人每月 360 元。

2008 年 10 月 7 日（农历九月九日），县老龄办与县医院联合开展为全县 60 岁及以上老人进行健康查体优惠活动，并根据检查结果为每个老人建立健康档案，建立老年人档案 480 件。2009 年起，在全县实施“银龄安康”工程，为 60 ～ 80 周岁的老人办理老年意外伤害。每年为 4 万名老人提供保额 4.8 亿元的风险保障。2012—2013 年，为 90 周岁以上老人每人每年发放 300 元的高龄津贴；对 80 周岁以上的，丧失劳动能力、疾病或其他原因致生活困难的老人，除享受政府低保补助政策外，每人可额外享受 500 元的救助金。2013 年，全县免费发放老年人优待证 1400 份。为 260 位老人办理“银龄安康”意外伤亡赔偿，理赔金额 40 余万元。

第三节　老年维权

1987 年，老龄问题委员会成立，主管全县老龄工作的议事协调，维护老年人权益。1988 年 7 月，《山东省保护老年人合法权益若干规定》颁布实施，全县老龄工作有法可依。1991 年，全县签订老年家庭赡养协议书工作，并进行公证。2000 年，武城县法律援助中心，健全老年法律援助制度，使老年人能够就地、及时地得到优质法律服务；各级法院对涉老案件优先受理、优先审理、优先执行；农业人口的“五保”老人，由政府供养的老年人优先给予法律援助，免收法律服务费，并减免诉讼费。2001 年 10 月，全县各乡镇均设立老龄工作委员会，配备专职干部，393 个行政村均成立村老龄工作委员会，村主任任主任，下设民事调解、法制宣传、移风易俗、参政议政、维护老年人权益等小组；县直各单位相继成立老龄工作领导小组，使老年人权益维护机构更加完善。2006 年，全县把老年法规和尊老敬老传统美德列入中小学德育课程和村规民约内容。2008 年 12 月，全县有 2.2 万户，4.1 万人签订老年家庭赡养协议书，占应签户数的 90%。2013 年，开展《中华人民共和国老人权益保障法》宣传，印发《老年法》宣传手册 3000 余册，接待咨询 1200 多人次。全县老年群众组织达有 200 多个，专、兼职老龄工作者 500 多人。

第四节　老年公寓

2006 年，武城县第一家民办养老机构爱心老年公寓成立，由滕振双创建。初期，爱心公寓规模小，仅有十几个房间，入住老人仅 3 人。2010 年，爱心公寓搬迁至古贝春大街北、水兴路西，建筑面积扩大到 2600 平方米，床位增至 105 张。2013 年，爱心老年公寓得到省老龄办、省财政厅发放的20万元扶持资金，进行装修改造。同年，郑玉玲投资260万元建成广运老年公寓，位于文化街北、公园路西，占地6666.67平方米，建筑面积2800平方米，床位148张，能容纳150人。截至2013年底，全县有老年公寓2处，建筑面积5400平方米，有床位253张，入住率91%，护理人员38人，管理人员8人。

第三章　宗　教

第一节　佛教

2005年，全县第一个佛教场所建立，位于梁李路北首路西，称佛聚缘居士林，有信众60余人。2008年，四女寺风景区寺院礼佛区开工，建有大雄宝殿等佛教场所。截至2013年底，全县有佛教寺庙1座，固定场所3个，有信众1000余人，认定备案的教职人员2人。其中，比丘1人，比丘尼1人。

第二节　伊斯兰教

1986年，全县有教徒2900余人，主要分布在四女寺、滕庄、蔡村、董王庄4个乡镇的达官营、四女寺、庙留庄、东良庄、南宋庄、满庄、祁村、东肖河、白庄9个村庄。达官营、南宋庄、四女寺和祁村、东肖河清真寺保留较为完整。达官营清真寺始建于明朝，1937年重建，一直沿用至今，面积1300平方米，可容纳100余人，为市级重点保护文物。庙留庄清真寺1464年建立，1930年重建，面积1500余平方米，可容纳200余人活动。1987年，东良庄清真寺开始修建，1990年完成。1996年，南宋庄清真寺又重新修建大殿。截至2013年底，全县有清真寺9坊，伊斯兰教信众3000余人，认定备案的教职人员8人。其中，阿訇5人，海里凡3人。

第三节　天主教

据1981年统计，全县有天主教徒778名，其中修女2名。分布在杨庄、李家户、甲马营、鲁权屯、蔡村、郝王庄、大屯、旧城的石庄、任珩、韩家洼、王珩、塔坡、高坟台、七机营、河北营、吕洼、五里长屯、蔡村、高庄、刘王庄、乔王庄、魏庄、代庄、耿庄、东小屯、孟王庄、蒋庄、北关、后王立屯22个村。主要教堂有刘王庄天主教堂、吕洼天主教堂。刘王庄教堂始建于1883年，占地1万平方米，1967年被毁。1993年，另选址重建，场所面积有100平方米，可容纳信众140人。吕洼天主教堂始建于1905年，占地1600余平方米，1958年被毁坏。1987年，重建教堂5间。1999年，重新翻修，争取省宗教局资金3万元，其余自筹。场所面积384平方米，可容纳300余信员，另有配房2座6间，平房3间。截至2013年底，全县有天主教爱国会组织1个，信众500余人。认定备案的教职人员2人，即执士2人。

第四节　基督教

1986年，全县有基督教信众30余人，主要集中在老城镇、李家户乡、董王庄乡部分村庄。2004年3月，东岳党寺村基督教活动场所建立，面积40平方米，有信众40余人。2008

年，武城县基督教“三自”爱国运动委员会成立，坚持按自治、自养、自传，独立自主办好教会，开展神学思想建设，协助政府贯彻宗教信仰自由政策。截至2013年底，全县有基督教信众1000余人，基督教堂1个，固定活动场所9处，主要集中在老城镇、李家户镇、武城镇部分村庄，认定备案的教职人员9人。其中，长老2人，传道员7人。

第四章　生活习俗

第一节　服饰

外套

1986年，武城男性多穿中山装、国防装，颜色以绿、蓝、灰、黑为主；女性服饰以中式服装及夹克装为主，颜色以棕、蓝、灰、绿居多。衣料多为的确良、的卡、涤纶、弹力尼。1990年后，男女服装款式逐渐增多，色彩也日益丰富。前期，衣料向合成纤维演变，后期为天然纤维面料。西装、风衣、夹克流行一时，西装分圆角领、圆襟和方角领、方襟2种，前者为休闲西装，质料有革、布两种。进入21世纪，西装领带、休闲服成为服饰主流，样式更加丰富多彩，外套质料品种繁多，有毛纺、绒纺、混纺、皮革等。

裤

1986年后，中式裤除农村老年人少有穿着外，年轻人以西式裤、喇叭裤（形似倒置的喇叭）为主。1990年后，女裤又流行紧身裤、港式裤、裙裤、靴裤。进入21世纪，休闲裤、运动裤、牛仔裤成为主流，阔腿裤、低腰裤、短裤、连衣裙、套裙为女性所喜爱。

内衣

1986年后，人们春秋季大多内着秋衣、秋裤，质地多为腈纶化纤类。夏季，男装以汗衫、背心、短袖褂为主，女装以长袖褂、短袖褂居多。冬季，无论男女多内着保暖衬衣、毛坎、毛裤、绒裤。进入21世纪，穿着内衣的习惯变化不大，更注重舒适度，质地多选择纯棉、丝绸布料。

棉衣

1986年后，普遍穿中式棉袄、挽腰棉裤，不加外套；年轻人则以内穿衬衫、秋裤，再套毛衣、毛坎，下套毛裤，再外罩西装或夹克。此外，军绿色、蓝色棉大衣曾流行数年。1990年后，流行穿呢子大衣和短大衣，质料有雪花呢、银枪呢、羊毛绒等。进入21世纪，羽绒服、面包服、羊绒、驼绒服因轻便、保暖、舒适深受人们的欢迎。至2013年，人们选择棉衣偏重于追求样式新颖。

鞋、袜

1986年，农村居民普遍穿手工布鞋，胶底鞋开始兴起。城区的年轻人多穿蓝、白色网球鞋；中年人则穿军绿色力士胶鞋。1990年后，休闲皮鞋成为流行。男士皮鞋样式以“三接头”皮鞋为主，冬季则穿高腰皮棉鞋。女式皮鞋较男士皮鞋样式繁多、颜色多变，质料有羊皮、鹿皮、仿真皮、绒布等。年轻人多穿旅游鞋、各式球鞋。春末至秋初，穿夏式凉鞋或皮凉鞋者较多。进入21世纪，鞋式更加多样，人们更加注重耐穿、价格合理外，更追求新颖。

1986年，尼龙袜、尼龙丝袜兴起，城区居民穿者较多。1990年后，男女多穿弹力袜，冬季多穿加厚的棉袜。进入21世纪，女性袜品种、样式丰富，有长筒袜、连体丝袜等。2010年后，年轻男女多穿“船袜”，袜筒不及踝，露出足面或脚踝。

帽

1986年，男女青年多戴有檐单帽，颜色有军绿、蓝、灰等色。冬帽，多是护耳栽绒帽。20世纪90年代末，流行鸭舌帽。进入21世纪，女帽流行线帽、绒帽、裘皮帽等，线帽最为流行，款式以圆形、八角带缨球者最时尚，有的还配以同类颜色的围巾；男冬帽流行滑雪式线帽，既能护额，也能护两耳，防寒性较强。至2013年，随着生活水平提高，审美、消费需求多元化趋势愈加明显，不同风格，适合不同场合的帽子样式更加细化，以鸭舌帽、棒球帽、网球帽、贝雷帽、礼帽等款式为主，颜色更加多样化。

第二节　饮食

1986年，武城居民主食粮有小麦、玉米、小米、地瓜等。1993年，城乡主食结构发生变化，主食以小麦（面粉）为主，食用大米者逐年增加。进入21世纪，人们保健意识的增强，以小米、大米作为主食外，更注重杂粮的摄入，讲究粗粮细作、粗细搭配。

肉食以猪、牛、羊、鸡肉为主，鱼的食用量较少。20世纪90年代后，还增加食用鸭、鹅、兔、驴、狗肉等肉制品。进入21世纪，食用牛、羊、驴、狗、鱼肉的人逐年增多。涮烤店、驴肉火烧店、炖狗肉店、鲜鱼馆在城乡随处可见。此时，烤羊肉串成为新兴食品，烧烤店散布于城区各街衢，也有不少饭店附设烤羊肉串业务。虾、蟹、蛤，各类淡水鱼、海鱼等海鲜类食用量增加。

1986年，蔬菜以时令季节性蔬菜为主。春季以菠菜、韭菜、小葱等为主，夏、秋季又杂以黄瓜、茄子、青椒、西红柿、芹菜、长豆角、西葫芦、丝瓜等，冬季以大白菜、冬瓜为主，辅以白萝卜、红萝卜、土豆等。1990年后，大棚蔬菜兴起，冬季蔬菜品种逐年增多。随着全县农业产业结构的调整，食用菌产业在武城兴起，平菇、木耳、香菇等菌菇类食用量增加。进入21世纪，出于保健意识，食用野菜人群逐年递增，主要有蒲公英、荠菜、马齿苋、面条菜等。

20世纪80年代，水果品种以苹果、梨、桃、杏等为主。进入21世纪，随着生活水平提高、饮食理念转变，水果消费人群、消费量剧增。再加上运输条件提高，保鲜技术的提升，全国各地水果甚至国外进口的水果涌入武城市场，主要有荔枝、龙眼、蜜橘、火龙果等。至2013年，武城居民家庭水果的消费量已远超过蔬菜消费量。

武城人早餐以馒头为主，辅以玉米面黏粥或小米稀饭，以咸菜佐食。进入21世纪，早饭以馒头、包子、油条、火烧为主食，辅以各类粥、稀饭、豆浆、老豆腐等。午餐通常以馒头、面条、大米饭为主食，亦有烙肉饼、合子的。菜肴以炒菜、炖鸡、炖排骨、炖肉、炖鱼、炖菜为主。晚餐主食与早餐略同，佐以炒菜或凉拌菜。

腌制咸菜是武城人的传统习惯。春夏腌制鸡鸭蛋、糖蒜，秋冬腌制白萝卜、红萝卜、辣菜疙瘩、黄瓜、茄泥。进入21世纪，腌制辣白菜、酸白菜、辣椒酱、西瓜酱和各类泡菜。秋冬季，农村多腌豆豉、萝卜，深秋时将黄豆煮熟、晾干发酵长出白醭后，成为豆豉，与白萝卜片或丁一起放入罐中，撒盐、花椒水、姜丝、大料等佐料，把口封严，20天后即可食用。虽有冲（略臭）味，但食用起来酱香浓郁，风味独特。

1986年后，城乡居民食用油以卫生油、豆油为主。1990年后，以豆油、花生油、葵花油等植物油为主。进入21世纪，食用油品种繁多，有玉米胚芽油、豆类调和油等。调制凉菜有芝麻油、专用调和油。

武城人聚餐、待客，多饮用产自于当地的

高度散白酒。自1984年古贝春酒荣获轻工部铜奖之后，大都饮用古贝春系列白酒。20世纪90年代开始，饮用啤酒的人渐多，多于夏秋饮用。较受欢迎的有青岛、崂山、银麦、趵突泉等品牌。进入21世纪，红酒成为新时尚，饮干红葡萄酒的较多，有长城、张裕等以及国外红酒人头马。此外，碳酸类饮料可口可乐、雪碧、健力宝、红牛和果汁类饮料橙汁、桃汁等，成为酒筵之上妇女、儿童的饮品。2010年后，宴会、酒会上普遍以古贝春“百年老窖”等中价白酒待客。

20世纪80年代中期，多饮用茉莉花茶。90年代后，饮用绿茶者增多，夏季则更为普遍，茶的质量也有所提升。进入21世纪，茶的档次进一步提高，专用茶类渐多。主要有铁观音、碧螺春、普洱茶、龙井、毛峰、毛尖等，另有菊花、苦丁以及其他专用茶。

第三节　起居

1986年，武城农村居民多睡土炕，城市居民多睡床。进入21世纪，武城农村基本上不再睡土炕，普遍改用木板床或席梦思床。

土炕之上，一般铺秫秸篾席，席上铺比炕略大的褥子，再铺炕单。炕单之上放被卷，武城农村过去习惯叠被卷，每人一卷。后多数家庭将被褥折成方块状，依床头或炕边靠墙处层叠放置，或将被褥叠成条状，放入炕橱中。

1990年前，灶台与土炕相连，做饭时，炊烟沿炕洞排出，使土炕及室内温度增加。冬季另有用杂碎柴草烧炕取暖者，俗称“煏炕”。进入21世纪，特别是新建房屋，将厨房与卧室分开，改用燃煤炉串联暖气片取暖。用烫壶、电热毯、水用电热毯加热被褥取暖的也为数不少。在县城、城镇政府驻地居民小区、新型农村社区则普遍采用地热井取暖，冬季室内温度保持在20℃～30℃之间。

夏天，土炕、床第上挂蚊帐，长度与土炕相等，高可及屋顶。炕床上铺凉席（用竹篾或草编）纳凉，睡眠时多盖毛巾被、夏凉被、被单。进入21世纪，多以燃蚊香或喷杀虫剂等方法驱赶蚊虫。纳凉方式上，一般采取电风扇、空调等电器制冷降温。

20世纪90年代后，床上用品发生巨大变化。城镇居民和农村新婚、富裕家庭一般床上铺棕垫、海绵垫、席梦思垫，上铺褥、床单或床罩，床罩多绣花卉图案。购买蚕丝被、羽绒被等整套床上用品（含枕头）的家庭逐年增多，价位从几百元到数千元不等。

武城旧式枕头为圆柱体，以秕谷、荞麦皮填充，或以糠与麦秸填充。20世纪90年代后，扁方枕头渐兴，枕芯以腈纶棉填充，外套枕套，枕套刺绣精美，带有飞边，故俗称荷叶枕头，除实用价值外，又富有装饰意味。

第四节　住宅

农村住宅

农村居所均为每家独门独院，瓦房、平顶房皆有。1986年后，农村家庭收入不断提高，翻盖、新建居住用房者逐年增加，多为砖木结构、砖混结构。正房建筑面积增大，南北向跨度在8米左右，高在2.8米左右，普遍采用实体墙隔断。室内分卧室、客厅、餐厅等。院落大门大都装修大门脸，影壁墙贴带图案的瓷砖壁画。大门宽阔，可径直出入拖拉机、三轮车、六轮车等农用车。进入21世纪，农村新建房门窗虽有木制的，但铝合金、塑钢门窗增多。院墙也用砖垒砌，高度在2.5米左右。随着农村新建房增加，占用耕地增多，多数农村出现“空心村”现象。2009年，全县新型农村社区建设实施后，全县有20余个村庄万余户住进与城市相同的楼房，居住条件得到改善。

城区住房

1986年前后，城区居民住房均由单位建设，产权归单位，全部为砖木结构瓦房，多为2～4间独院，或几户一院的大通院，多为年轻人居住。1990年后，出现公房私建、单位购地个人出资建房、集资建房等现象，但城区居民的住房仍紧张。进入21世纪，随着城区商品住宅小区兴起，城镇居民用房得到极大改善，购买商品楼房居住人群与日俱增，城区居民拥有2套以上住房者为数不少，住房产权完全归居民个人所有。县城及乡镇驻地商品楼一般在六层以下，规制一般分为两室一厅、三室一厅、四室一厅，面积在70～150平方米之间。2008年后，县城淘汰砖混结构楼房，普遍修建框架式6层以上带电梯小高层楼房，最高达21层，销售价格高出普通楼房1000～2000元。

楼房的装饰大致分中式和欧式，以装饰板、纸、布和预制浮雕件装饰室内，地面铺地板砖，客厅装有灯池。进入21世纪，新房装修价位在数千元至十余万元不等。

武城人习惯在客厅北墙上挂中堂、对子，中堂多为山水、花鸟、人物画，对子即对联。1995年前后，多在客厅悬挂大壁镜或水银镜，以宝石蓝色或深棕色为主。2000年后，多在客厅、卧室挂自制十字绣作品、小幅山水等图画，以横款较多，以木框装裱镶嵌。

第五节　出行　通信

出行

20世纪80年代中期，自行车是武城人的主要交通工具。品牌有永久、飞鸽、红旗、凤凰、金鹿等。90年代，小功率轻便摩托车渐兴，因其稳定性、安全性能较差，随后被稳定性能较好地中、大型摩托车替代。先后流行嘉陵、铃木、雅马哈、本田、豪爵、幸福125、宗申等品牌。进入21世纪，电动车、电动摩托车（亦称电摩）。另有电动三轮车，多为老年人乘用。由于电动自行车的普及，电动车专卖商店的激增，摩托车数量日渐减少。轿车开始进入家庭，早期为面包车，后为轿车。2005年后，在县城青年中兴起越野型、山地型自行车及保健锻炼型自行车（赛车），有美利达、黑马等。随着县内交通的发展。县城通往各乡镇驻地、村庄的班车增加，由过去的每天2班增加到多班。城区的出租车服务有“招手停”面包车和出租车。

20世纪80年代，县际交通只有武城—德州、武城—平原、武城—济南三条线路。进入21世纪，长途直达线路有武城至北京、天津、青岛、东营、烟台、济南等长途汽车线路6条，过路车4部。

通信

20世纪80年代，通信方式比较单一，人们联系主要通过书信传递信息，有紧急情况拍发电报，电话只有机关单位使用。20世纪90年代初期，随着通信设备的升级，全县富裕户开始安装程控电话，通话效率大大提高，另有不少人使用大哥大。中后期，固定电话走进普通家庭。之后，模拟信号手机开始兴起，并出现传呼机（BP机），末期数字信号手机兴起。进入21世纪，手机普及，除通话外，还能收发短信。随着电脑进入普通家庭及手机功能的增加，利用互联网传送电子邮件，或借助QQ、微信等软件进行社交。

第六节　器具

家具

20世纪80年代中期，武城除八仙桌、衣橱、铺柜、饭橱、椅子、板凳、马扎、盆架等传统家具外，竖（立）橱、高低柜、写字台、折叠圆桌、折叠椅、木板床、铁床兴起，少数富裕家庭开始有沙发、席梦思床等。20世纪90年代后，组合家具、沙发、茶几、配套餐桌渐兴。进入21世纪，农村同城镇家庭一样购置沙发、茶几等现代家居。家具多为密度板制作，茶几、餐桌有采用玻璃、大理石和不锈钢等材质。有的楼房装修直接做壁橱、影视墙、整体厨房，台面为色丽石、大理石等。

家电

20世纪80年代中后期，电视机、电风扇开始进入武城城乡家庭，农村多为12英寸、14英寸黑白电视机；城镇居民多为14英寸、18英寸彩色电视机。风扇主要为吊扇、台扇、落地扇。部分家庭有收录机、电冰箱、洗衣机。90年代后期，家用电器增多，彩电逐渐取代黑白电视机。录放机、空调机、影碟机、组合音响、全自动洗衣机等日渐增多。电锅、电炉、电烤箱、饮水机、电吹风等开始进入普通家庭。进入21世纪，电子产品更新换代加快。智能型的空调、冰箱、洗衣机、电水壶、电饭煲、电炒锅等家电在城镇居民家庭中普及。电脑、摄像机、数码相机等开始进入普通家庭。

灯具

20世纪80年代，普通家庭采用15瓦、25瓦、40瓦、60瓦的白炽灯照明。机关、学校、企业有用日光灯（习称灯棍儿、电棍儿）照明，灯具品种单一。20世纪90年代后，全县推广使用节能灯，灯具种类有台灯、壁灯、落地灯等。进入21世纪，灯具种类繁多，并逐渐呈现装饰作用，又增添了彩灯、吊灯等。

炊具

20世纪80年代，农户多用传统的烧柴灶，配以风箱，用大铁锅烧水做饭。少数家庭盘土煤炉，烧煤坯或块煤。城镇则以蜂窝煤炉为主，少数家庭使用煤气灶炒菜、烧水。21世纪初期，农村以蜂窝煤炉为主，少数使用煤气灶和各类电锅灶，传统烧柴灶仅在蒸馒头、炖肉时使用，城镇家庭多用罐装煤气。2010年，人们生活水平及生活质量提高，农村多使用罐装煤气，电磁炉、电饭锅、电饼铛等电器做饭，但传统的烧柴灶台仍保留；城镇居民普遍使用管道天然气，配以电饭锅。

餐具

20世纪80年代，武城家庭使用的碗、盘、碟、盆、勺等餐具多为粗陶瓷，纹饰、造型较为简单。90年代，多为细瓷器，纹饰、造型逐渐简洁明快。进入21世纪，碗、盘、碟等仍以瓷质为主，玻璃、不锈钢、仿瓷、搪瓷、塑料、铝质餐饮用具渐多。一次性餐饮用具在公共场所使用较为普遍。

酒具

20世纪80年代，酒具主要为酒壶、酒盅。酒壶质料有瓷、铜、锡等。酒盅大小不一，质料以陶瓷居多，无脚，如碗形。90年代，普遍使用玻璃高脚酒杯或桶状玻璃杯、瓷杯（茶杯），每杯盛酒1～3两不等。进入21世纪，武城人饮酒大多使用玻璃酒杯，很少使用陶瓷酒杯。各饭店、餐馆，大多使用成套消毒餐具，有酒杯、茶杯、碗、盘、勺。

茶具

20世纪80年代，饮水具为瓷质茶壶、茶碗、茶杯等，另有紫砂壶、碗及搪瓷缸。此时，无论公私场合，多用搪瓷缸沏茶，人手一杯，简单卫生。同时，以玻璃罐头瓶沏茶习俗渐兴，罐头瓶沏茶，拧紧盖即可随身携带，随时饮用，颇为方便。进入21世纪，又出现钢化玻璃杯、不锈钢杯，双重保温玻璃口杯。沏茶后，拧紧杯盖放入提包中，便于携带。至2013年，各式口杯流行于市，市场上各种口杯专营店应运而生。

第七节　首饰　妆饰

20世纪80年代中期，佩戴首饰者较少，年轻女子多戴耳坠（环、钉）、戒指、手镯等，多为金、银材质，但样式较少。90年代中期之后，妇女佩戴金耳环、金戒指、金项链者逐渐增多，样式较为丰富。进入21世纪后，铂金首饰逐渐超过黄金首饰。21世纪后，样式多样化，妇女戴项链者居多，男子则相对较少，质料有金、银、玉、珍珠等。同时妇女戴手镯之风又渐兴，但多戴一只，多为银、玉质。男子中有戴手串、念珠者。2005年后，戴佛像、菩萨像流行，其质料有金、银、玉、玛瑙等，以红线戴于脖项之上，藏于衣内，以求平安吉祥。另有戴“十二生肖”项链者，多为未成年人。

20世纪80年代中期，武城男性多留平头、分头、背头，部分老年人习惯剃光头。女性梳辫子、剪短发，中青年女性时兴烫发。装饰品有塑料、不锈钢和烤漆的艺术大发卡，涂绘鲜艳，有鱼、鸟、蝴蝶等形状，既美观又防止头发散乱。90年代中期，专业美容兴起，多为女性服务。21世纪初期，男子发式无多大变化，偶有留长发、烫染发者。女性发式多样，烫染发者渐多。女性烫发有编织烫、螺旋烫、离子烫等，染发一般为棕色、黄色。至2013年，男、女性烫染发者常见，颜色以黑色、棕色、亚麻、灰色等暗色居多。个别青年男女追求标新立异，头发染成紫色、红色、绿色、蓝色、黄色、白色等颜色。

第八节　节日习俗

春节

进入腊月，人们即备年货。腊月二十二日前扫屋，二十三日蒸枣窝窝、年糕，“辞灶”，谓之“过小年”，有“腊月二十三，灶王爷上天”的俗语。腊月二十五至二十八日期间，蒸馒头、蒸包子、炸食品、炖肉等，以备自家和待客食用。腊月的最后一天贴春联、年画，午饭最被重视，讲究阖家团圆。午饭后挂家堂、设香案、摆供品。傍晚，到村头道口请家堂，俗称请“爷爷奶奶”，请回后，在大门里侧横一木棍。除夕夜，全家守岁，吃年夜饭、看春晚。农历正月初一，旧称“岁朝”“元日”“元旦”，又名“阴历年”，俗称“过年”“过大年”。正月初一早饭吃水饺。饭后，晚辈给长辈拜年。待天微亮，男女老幼穿戴一新，老者守家堂，晚辈串门拜年，农村行磕头礼先拜家堂后拜长辈，平日不睦者，多由此而和解。城镇居民亦有请家堂、设香案者，相互拜年只登门问好。进入21世纪，随着手机、电话的普及，电话、短信拜年较为流行。初二早饭后（有的地方为早饭前）送家堂，意为将先祖魂灵送至祖坟。正月初二（县城以东为初二，县城以西为初三）是女儿回娘家的日子，新婚女婿更是贵客，尤为注重。正月初五，有吃饺子的习俗，俗称“破五”，寓意招财进宝，全家和气。

元宵节

农历正月十五，为元宵节，也叫“灯节”。家家放鞭炮，中午吃水饺、晚上吃元宵。由于是年后的第一个传统大节，又适值农闲，故有“闹十五”“闹队子”之俗。当天，踩高跷、敲架鼓、耍龙灯、舞狮子、跑旱船、抬花杠等多种民间传统艺术，涌现在大街小巷。元宵夜，悬挂花灯，种类繁多，有“荷花灯”“鲤鱼灯”“龙凤灯”“走马灯”等。21世纪后，元宵夜期间，在县城驻地多举办灯展、燃放烟花和文艺会演等活动。

龙翔节

农历二月初二，俗称“春龙节”“农头节”“青龙节”，旧有“二月二，龙抬头”的说法。

届时有两项主要活动，一是炒“蝎子爪（zhuǎ）”和“沙土鸡”。“蝎子爪”，是用一种武城习称大豆节（绿色，比黄豆粒大）、老鸹眼儿（豆类，粒大，上有环状花纹，形似乌鸦之眼，已绝种）的大豆，先是经过盐水、花椒、八角等香料浸泡，然后用沙土烘焙而成。“沙土鸡”，以糖水和面，搓成手指般粗的长条或圆球状，用刀切段，大小如枣，入热沙土中翻炒烘焙。二是黎明在室内、院中用草木灰画大圆圈，称“打囤”或“打仓”，圆形之外加一小梯形，谓之梯子，寓意为仓囤之高、储粮之多，须登梯攀爬方能够到。在打的囤或仓的中央用砖头压上钱或粮食，意为钱满柜、粮满仓。旧时有“正月不剃头，剃头死舅舅”的禁忌，故“二月二”理发成为风俗。

清明与寒食

寒食节的第二天为清明节。旧有寒食节三天不生火，吃凉食的习俗。清明节是传统扫墓祭祖之日，也有踏青、放风筝等习惯。新中国成立后，清明节系缅怀先烈之日，机关、企事业单位、学校等团体，组织干部职工、学生，为烈士扫墓，参观革命烈士纪念馆，开展一系列革命传统教育活动。

端午节

农历五月初五，又称“重午节”“端阳节”。端午节起源说法众多，以纪念屈原说最为广泛。清早，在门楣上插艾条、蒿草，意在驱蚊蝇、避瘟瘴，驱除不祥之兆，此俗在部分农村尚能见到。这天家家吃粽子、鸡蛋。成年人多佩戴“五香囊”、小儿多佩戴“长命锁”。2007 年 12 月，国务院修订《全国年节及纪念日放假办法》，将端午节定为法定公休日。

雨节

农历五月十三，是下雨的日子，俗称“雨节”。民谣称：“大旱三年，忘不了五月十三。忘了十三，晒个直干。”相传，这天是关公磨刀的日子，旧时如果这天不下雨，往往会举行多种祈雨仪式。

晒衣节

农历六月初六，这天在民间有晒衣服、晒粮食，士人晒书籍，僧人晒经卷的习俗，有“晒晒不生虫”之说。这天，在武城部分村庄还有吃炒面的习惯。

天爷爷生日

农历六月十九，传说是天爷爷的生日。在武城农村，依俗这天用饺子上供，大家焚香、烧纸、磕头，祈祷年景风调雨顺，有个好收成。

中秋节

农历八月十五，俗称“八月节”，因这一天恰好是秋季的正中，故称“中秋节”，此节仅次于春节。这天家人团聚，设家宴，故又称“团圆节”。节前购置月饼及其他食品，亲友间相互馈赠。2007 年 12 月，国务院修订《全国年节及纪念日放假办法》，将中秋节定为法定公休日。

重阳节

农历九月初九，中国古代以九为“阳”，九月九日系农历的阳月、阳日，故名“重阳节”。旧有赏菊、登高、食菊糕、饮菊花酒的习俗。1988 年，国家将重阳节定为老人节。在这一天，有关部门组织老年人开展文体比赛，各级领导走访慰问离退休老干部、百岁老人。

腊八节

农历腊月初八，传说是佛祖释迦牟尼成道之日。这天，全县大多数家庭用米、豆、枣等食材煮粥，俗称“腊八粥”。又有用醋腌蒜的习俗，俗称“腊八蒜”，供人们食用。

辞灶节

农历腊月二十三，为辞（祭）灶日，素有“小年”之称。据说这一天，诸神上天。当日晚，在天井（院子）里摆上香案，放上糖瓜、糖火烧及水饺之类的供品，连同旧“灶王爷”神祇画像、纸马、草料、纸折金银锭等一起焚化，意为旧灶神上天。焚化之前，有的还将糖涂在“灶王爷”嘴的四周，意思是甜甜嘴，以求“上天言好事，下界保平安”。

第九节　婚嫁习俗

武城县婚嫁的礼仪习俗，一般有见面、订婚、认门、迎娶、婚典、婚宴、祭祖等程序。

见面

又有“小见面”与“大见面”之分。“小见面”地点不拘，由介绍人相约男女双方，聚在一起交谈。彼此了解一下双方的相貌、身高和言谈举止。“大见面”，一般在女方家，带有女方集体“相女婿”性质。

订婚

全县大多仍然沿用“订婚帖”（俗称“交小帖”），由男方做东举办订婚仪式。订婚仪式中，有两项内容必不可少。一为互换“订婚帖”；二是男方向女方赠送戒指或“五金”。只要女方接受帖与礼物，意味着这门亲事正式订下。

认门

订婚后，女方到男方家去认家门，这天，三亲六戚、本家院中近亲，都来赴宴、随份子。临回，男方还必须给女方660元（或其他吉祥数）现金，取“六六大顺”之意。该仪式过后，便转入婚前准备阶段。

婚前筹备

首先是新房，20世纪80年代，村民大多在儿子十四五岁时，就开始筹备盖房，用彩纸裱糊屋顶。20世纪90年代后期，新建房屋大多吊顶。2005年后，大多在城镇购买楼房。其次，女方家庭为女儿准备嫁妆，俗称“陪送”。主要有被褥、家具、家电、日常用品。20世纪80年代，城镇、农村请2～4名巧媳妇缝制新被褥。被子的四角包有红枣、花生（长果）、莲子、桂圆干，以祈祝小家庭五谷丰登，早生贵子。2005年后，请人做被褥逐年减少，大多到专业门市部制作。家具，20世纪80年代，大多数自购木材，请木匠打制，多为立橱、高低柜、沙发等。1990年后，经济条件的改善，一律到家具商店购买。多为组合家具、组合沙发、席梦思、电视柜等。家电，20世纪80年代，黑白电视机（后来是彩色）、自行车（后来是摩托车）、洗衣机等家电是大多数新婚家庭必备。进入21世纪，液晶电视机、电脑、电动车、小汽车、空调、冰箱等一应俱全。

婚典

在“亲迎”（即迎亲）仪仗方面，经历骑自行车（各自）、拖拉机（男女）、骑摩托车（男女）、面包车、小轿车等阶段。车的颜色，初始皆选红色，后改为黑色车辆，有一段时间新郎、新娘乘坐车辆改为白车，寓意“白头偕老”。婚车车队有8辆、10辆、12辆不等。在婚礼地点方面，分男方家和在饭店两个阶段。20世纪80年代，一般均在男方家中，且典礼仪式简短，后来，农村与城镇出现差别，农村中除距城镇近者外，其余仍在家中。而城镇大多则在饭店举办，由婚庆公司包揽一切事务。仪式则由婚庆公司的专业主持人（司仪）主持，并统一安排议程。新婚夜闹洞房是武城人的传统习俗。等闹洞房者逐一散去后，则由新郎的嫂子（必须儿女双全）铺放被褥，口中还要念念有词，同时撒上栗子、花生、红枣，意早生子，早立子，儿子女儿“花”着生。

婚筵

20世纪80年代，儿子结婚发请帖、请柬（书写或制式），设宴待客，女儿出嫁，则无此俗。进入21世纪，女孩出嫁也逐渐设宴待客，2010年后成为普遍现象。20世纪90年代前，无论男方还是女方，举办婚宴的地点均在家中，进入 21 世纪，城镇大多在饭店办理。农村婚宴，有的自请厨师安排饭菜，租赁所需器具，有的在饭店，有的租用婚庆公司的餐车，根据预定标准、席数现场烹制。

第十节　喜庆习俗

祝寿

又称庆寿、做寿。按照传统惯例，人不过五十岁，不能称为“寿”，故在六十岁之前，通常一般不举行任何庆生日活动（亦有五十岁做寿者，称天命寿）。如果在诞辰之日安排小型庆贺活动，可以称作过生日（内祝）。只有到六十岁时才开始做寿，故有祝六十大寿（花甲寿）之说。六十大寿过后，还有过六十六寿辰之俗，求六六大顺之吉兆，民谚有“六十六吃块肉”之说。其余大多为逢十祝寿，即每逢七十岁（古稀寿）、八十岁（杖朝寿）、九十岁（冻梨寿）、一百岁（期颐寿）举办。此外，做寿年龄，又有“做九不做十”之说。做整旬大寿，都要提前一年，分别在五十九岁、六十九岁、七十九岁、八十九岁、九十九岁时庆寿。

吃十二晌

指在孩子出生后的第十二天，亲朋好友及族内近亲属，前来祝贺、吃酒席，称为吃十二晌。

吃满月

指在孩子出生后满一个月，亲朋好友及族内的近亲属，前来祝贺、吃酒席。届时，孩子的外婆、妗子、姑姑、姨等至亲送上婴儿的裤、褂、鞋、帽、绣花围嘴、绣花兜兜（兜肚）之类的贺礼。进入 21 世纪，大多用礼金代替。

过生日

在孩子出生后满一岁、满两岁、满三岁时，亲朋好友及族内的近亲属，前来祝贺、吃酒席。其中，尤以过一岁、三岁生日为多。贺礼较之满月时更加讲究、庄重。祖父、祖母或父母，要送“长命锁”。其材质根据家境状况，分别有金、银、镀金、镀银、铜质不等。这天有抓周的习俗，大人预先在桌上摆放书、笔、算盘、玩具、食物等生活用品，让孩子随意抓取物品，以拿到的东西来预测孩子未来志向。

第十一节　丧葬习俗

武城县传统丧葬习俗程序十分繁缛，从死亡到埋葬，称为丧事、白事。依照丧俗，一般有停灵、报庙、治丧、报丧、守灵、发盘缠、行奠、封门、入殓、出殡等传统习俗和仪式。自 20 世纪 80 年代中期实行殡葬改革，推行火化制度后，丧葬习俗大大简化。丧葬活动由专门的班子来承办，后来被称作红白理事会。尸体火化后，多葬于自家墓地，堆土成丘。90 年代后，陆续有树碑者。亡者下葬后第二天上午，子女及其近亲属，同去上坟，俗称“次日祭”。“烧七”祭祀，又称做七，七天为一祭，直到七七四十九天结束，后来简化，将二七、四七、七七省去，一般只将三七（满二十一天）、五七（满三十五天）和一百天作为祭日。其他上坟祭日，在周年（死期满一年）、三年（满三年）、十年（第九年祭）时。除“烧七”和周年祭祀外，无论是新坟还是旧坟，每逢清明节、农历六月初一、七月十五、十月初一都要上坟。

第五章　方　言

第一节　方言词汇

武城县方言与普通话有一定的差异，首轮志书已有备述，本节仅就前志未载的方言词作一些补遗。

邻世家——邻居

夜来后晌——昨天晚上

饭拨拉——学名“霰”

喰打木子——啄木鸟

燕巴虎——蝙蝠

拐子——鲤鱼

罗罗蛛子——蜘蛛

米羊——蚂蚁

页拉盖——额头

一护捺——一巴掌伸开的长度

半截腰儿——距离的一半，中间部分

稀汤瓜拉——泛指稀饭、黏粥等太稀

拾掇——整理、收拾

訙訙——喋喋不休

不熨帖——不舒服

齁儿的慌——味道过重

馊孬了——泛指食物发生霉变

第二节　谚语

亲情家庭类

三躺六坐八爬叉，十二个月会挪达

男儿十三夺父志

好男不吃祖宗饭，好女不穿嫁时衣

老儿子、大孙子，老太太的命根子

妻贤夫祸少，子孝父心宽

姑表亲，辈辈亲，砸断骨头连着筋

天上下雨地下流，两口子打架不记仇；

白天吃的一锅饭，夜里枕着一个枕头

是亲三分向，不向也两样

亲戚不动财，动财上不来

不问家中宝，但看门前草

锯响就有沫儿，掉到地上就沾泥

气象物候类

立春之日雨淋淋，阴阴湿湿到清明

春天有雨花开早，秋后无霜叶落迟

燕来不过三月三，燕走不过九月九

旱了东风不下雨，涝了西风不晴天

早晨下雨一天晴，夜晚下雨到天明

早起燕子贴地飞，盼雨不用到天黑

早晨立秋凉丢丢，晚上立秋热死牛

立冬晴天一冬寒，立冬阴天一冬暖

头九二九下了雪，头伏二伏雨不缺

九月九晴一冬凌，九月九阴一冬温

农时农事类

人糊弄地一时，地糊弄人一年

桃三杏四梨五年，枣树当年就见钱

春天播种要早，夏天除草要了

麦熟一晌，瓜熟一夜，蚕老一时

小麦浇到老，穗子籽粒饱

浅耩芝麻深耩麦，豆子不须用土盖

谷要稀，麦要稠，年年丰收不长愁

麦到芒种谷到秋，寒露就把红薯收

七月枣八月梨，九月柿子红了皮

谷倒压倒仓，麦倒一把糠

豆浇花，麦浇芽；玉米浇到尺七八

八成熟，十成收；十成熟，二分丢
棉花锄八遍，桃子像鸡蛋
寒露不刨葱，必定心里空
小雪不砍菜，必定有一害

社会生活类

鸡孵鸡，二十一；鸭孵鸭，二十八
宁隔千里远，不隔一层板
做贼不打，三年自招
不怕没好事，就怕没好人

第三节　歇后语

龙王爷搬家——离（厉）海（害）
正月十五贴门神——晚了半月
孙悟空翻跟头——云里来雾里去
猪八戒啃猪蹄——自餐（残）骨肉
裁缝丢了剪子——光剩尺（吃）啦
瓦匠干活——拖泥带水
铁匠铺里的买卖——件件是硬货
石膏店里的老板——白手起家
卖糖稀的摆摊儿——熬出来了
弹棉花的串乡——仗恃有弓（功）
八月十五蒸年糕——好大的料理
豆腐掉到灰堆里——吹不得、打不得
飞机上挂暖壶——高水瓶（平）
火车上演节目——载歌载舞
打破砂锅——纹（问）到底
砂锅子砸蒜——一槌子买卖
扫帚顶门——净出杈
提着茼杆打狼——两头儿害怕
上楼吃甘蔗——步步高节节甜
牵着巴狗打猎——有嘛犬（权）使嘛犬（权）
驴跟牛抵架——仗着脸上
老虎吃蚂蚱——零碎拾掇
黑瞎子打立正——一手遮天
井里的蛤蟆——见不了多大的天
嗑瓜子嗑出臭虫来——什么仁（人）都有
大水冲了龙王庙——一家人不认识一家人
碾子砸到磨盘上——石（实）打石（实）

第四节　歌谣

棉花谣

棉花种，着灰拌，耩到地里锄九遍。打棉心，落花盘，开的花，黄艳艳。结的桃子一连串，开的棉花白泛泛。大姐扎着包，二姐挎着篮，三姐拿着一个白卧单。箔上晒，箔上摊。铁山靠木山，“白胡子老头”往外钻，这边下“冷子”，那边下“雪片”。沙木弓，牛皮弦，枣木锤子对着弹，大嫂不弹二嫂弹，弹的“瓤子”（棉花）熟泛泛。一个莛杆一块砖，搓的布挤长衫衫。一个纺车十一个翅儿，一个锭杆两头尖，纺得穗子滴溜儿圆。拐子拐，篗子缠。牵机就是龙跑马，相机就是拉旱船。收拾机上阳梭钻，这边蹦，那边窜。织的布，门扇宽，送给染坊染老蓝。剪子铰，钢针钻，娘们儿家揍（做）给爷们儿家穿。

烙旋饼

小小锅头四尺三，里边没有外头宽。一个锅头俩火洞，灶囱最高四立砖。腰中水壶吱吱响，火门不过三尺三。小锅虽然不算大，里边盛着百座山。千百眼睛往里看，烙饼只有一人管。

节令歌

二月二，龙抬头，大人小孩剃新头；三月三，财神爷爷往家搬；五月五不穿黄，死了变个屎壳郎；七月七，牛郎织女天河会；八月十五月儿圆，家家户户庆团圆；九月九，财神爷爷往家走；十月一，鬼开门，家家户户都上坟。

老县城

武城县城不在中，水井打在河当中，大桥底下卖花生，西关修到东关东。南街搬到南关南，西徐搬到东徐东。

第六章　社会新风尚

第一节　社会新风

敬老爱老，家庭和睦

赡养老人、尊老爱幼是武城人的传统美德。富裕起来的武城人民，首先想到的是孝敬老人，使老人安享晚年。在财力、物力上，最大满足老人的物质生活需求。老人生病住院，子女轮流陪护、精心照料。老人孤独寂寞时，陪老人聊天、下棋、散步、外出旅游。春节、中秋节等重要节日、父母生日，全家共聚，共享团圆之乐。常回家探望父母，为老人洗脚、梳头、打扫卫生，让老人精神愉快、健康长寿，以此来报答父母的养育之恩。许多被赡养的老人主动为子女照看孩子，接送孩子上学，力所能及地为子女做些家务。虐待老人、不尽赡养义务行为减少，赡养老人的家庭则较为普遍。至2013年，武城老年人生活及受赡养状况已达新中国成立后的最好水平。争相赡养之风促使家庭和睦，婆媳妯娌之间因家庭琐事吵架打骂现象明显减少。宽容、礼让、和谐的家庭美德倍受推崇。

见义勇为，舍身救难

1986年后，全县涌现出大批在危难时刻舍身，挺身相助的英雄事迹。李绍建，男，1985年5月生，广运街道果里村村民。2011年9月25日晚7时许，李绍建在家中听到救火的呼喊后，马上跑出家门，见邻居家房子着火，便急忙参加救火。因房顶着火，水送不上去，李绍建不顾个人安危，迅速爬上3米多高的房顶，将屋顶的瓦和苇席揭掉。在他揭瓦时，被大火烧烤的木梁折断，李绍健从屋顶上摔落，砖瓦、檩条砸在他身上，躺在地上动弹不得。经诊断，李绍建胸口及椎体压缩（粉碎）性骨折，左小腿骨折，右脚跟骨裂，虽经两次手术，仍落下终身残疾，他却从未后悔当时的救助行为。2011年，获省见义勇为基金。张仲振，四女寺镇礼中村村民。2010年9月的一天，邻居做饭时煤气灶起火将输送气管烧断。他闻讯后立即跑过去将储气罐抱起放至屋外，迅速用包袱将储气罐蒙住。火熄灭了，但他的手、脸、胸部却被烧伤。2011年，张仲振获市级“见义勇为先进个人”称号。王圣强、张延强，四女寺镇庙留庄村村民。2011年10月19日傍晚，德商路发生车祸。住在附近的王圣强、张延强看到后赶到现场，见一辆出租车撞上一辆满载玉米的拖拉机后冲下路旁水沟里，水已没过车顶。两人不顾河水冰冷刺骨跳入水中，用拳头砸碎车窗玻璃，手被划破，鲜血直流，他们全然不顾，合力将一名女乘客救出送上岸，再次潜入水中，将另一名男乘客拖出水面。俩人虽筋疲力尽，但毅然第三次潜入水中，将出租车司机救出。王圣强、张延强舍身救人的事迹被群众广为称赞。2011—2013年，全县有31人受到市级表彰，其中1人受到省级表彰。

大爱无疆，无私奉献

爱心奉献、无私相助、互相帮助、同舟共济，诠释武城人仁德、诚德内涵，使一方有难、八方支援的传统美德发扬光大。四川汶川地震、青海玉树地震、长江防洪等自然灾害发生后，武城广大群众踊跃向灾区捐款捐物。有拿出新买的衣服、毛毯，年轻夫妇拿出新婚陪嫁的衣物，小学生还拿出自己的压岁钱，志愿者奔赴灾区与灾区群众一起抢救伤员，为灾区百姓献上一份爱心和关怀。自 1997 年起，机关企事业单位干部职工多次参加“爱心一日捐”，为下岗职工、特困户、“五保”户、贫困大学生捐款。自发为患有重大疾病的县棉纺厂职工、第二中学教师、电业公司职工、第二棉厂职捐款，到医院、患者家中探望慰问。自 1999 年，开展义务献血后，献血人数、次数逐年增加，有每年献血两次以上者。县公安局法制大队民警刘玉强就是义务献血队伍的一员，曾三次无偿献血 1000 毫升。据不完全统计，武城有近 2 万人次先后献血 400 多万毫升。自 2012 年始，有 1 名身体器官捐献志愿者捐献眼角膜、1 名捐献造血干细胞。

进入 21 世纪，人们把学雷锋活动称为爱心志愿服务。每年 3 月，机关事业单位干部、共青团员、中小学生纷纷走上街头，清除垃圾杂草，打扫公共场所。志愿者队伍定期或不定期到敬老院、“五保”户、特困户家庭中，为老人洗头、梳头、洗脚、修剪指甲、洗衣做饭、表演文艺节目。专业志愿者则经常走上街头为人们理发、修理电器、解答咨询。

尊师重教，树人为先

自 1985 年起，每逢教师节，县五大班子领导及各乡镇党政领导都要到各中小学慰问教师，帮助学校解决实际问题。各级政府逐年加大对教育的财政投入。莘莘学子在春节、暑假期间回校看望老师，表达对老师的培养教育之恩。为使子女受到更好教育，家长从择校、择师等方面多方比较，不惜钱财让子女上各种辅导班、补习班、专长班。陪读现象越来越普遍。上大学、读硕士、博士，出国留学，找一份高薪职业成为家长对子女的无限寄托，因此在子女教育上，舍得投入大量物力、财力、人力。进入 21 世纪，国家开始大幅度提高教师工资待遇，教师地位显著提高，教书育人的职业已成为令人羡慕的行业之一。至 2013 年，武城教育结出累累硕果，武城第二中学高考升学率曾连续十几年在全市名列前茅。

崇尚科学，遵纪守法

家庭联产承包责任制实施后，农民种田的积极性提高，通过科学选种、科学施肥、科学管理，实现了亩产吨粮的好收成。武城农民还利用科学技术，种植大棚蔬菜、水果，搞起水产、牲畜养殖，食用菌栽培以及农副产品深加工。

图 27-3 志愿者探望敬老院老人（2010 年 尹元渤 摄）

随着普法、学法、用法活动的深入，武城人法治意识提高，懂得依法维护自身合法权益。遇到涉法问题，通过学习法律法规寻找解决问题的方法。为避免矛盾纠纷的发生，用签订合同、协议来约定双方权利义务。通过协商、调解、诉讼、仲裁等法律途径解决纷争。自《中华人民共和国行政诉讼法》颁布实施后，“民告官”的行政案件数量呈逐年递增之势，而无理上访、闹访、越级上访等非法信访案件逐年减少。

移风易俗，破除迷信

1986年后，各行政村、县直机关、企事业单位相继成立不同形式的红白理事会。广运街道张庄村红白理事会规定丧事不得穿“白”（孝衣），由村委会提供统一的黑色臂箍，禁止摆宴席。喜事提倡一律从简。1987年，推行火化制度，在全县范围内平坟还耕，累计平坟1万余座，还耕10公顷，98%的村庄设有公益性公墓，火化普及率逐年提高，改变了“棺椁必重、葬埋必厚”等传统观念。自由恋爱，婚姻自主，晚婚晚育，优生优育，冲击传统的婚恋思想。进入21世纪，旅行结婚、不讲排场、不要彩礼、不摆或少摆宴席、婚事一切从简的做法时有出现，深受人们的理解和称赞。买卖婚姻现象基本绝迹，子女支持丧偶老人再婚者越来越多。

图27-4 青年集体婚礼（2013年 摄）

随着社会进步，封建迷信现象减少，尤其知识分子不再相信占卜、求神保佑等迷信。有病乱投医，求巫拜神现象已很少出现。随着健康理念的转变，人们开始注重疾病预防，在加强身体锻炼的同时，每年进行健康查体，发现疾病则到正规医院治疗。逐步完善的医疗服务体制和较为丰富的公共卫生资源，以及医疗水平的不断提高，有病治病、无病预防、科学医治已成为人们的共识。

第二节　树新风活动

1986年后，县委、县政府不断改进精神文明考核管理办法，对文明单位创建工作实行动态管理，1992年，全县开展学雷锋为民服务奉献月活动。1997年，以中共十四届六中全会《决议》和《爱国主义实施纲要》为指导，在全县广大干部群众中开展人生观、世界观和价值观教育。1999年，开展文化科技卫生“三下乡”活动，着力推进农村精神文明建设。2000年，开展“三讲”专题活动，切实改进工作作风，提高工作效率。2005年，开展争创省级文明城市，先后有3000余名干部群众和中小学生参加“创建文明城市从我做起”主题教育活动，发放《武城公民文明手册》。同时，举办“文明交通伴我行”道德实践活动和“创建文明城市争做文明市民”万人签名活动。2006年，在全体公民中开展社会主义荣辱观学习教育活动。2007年，开展学礼仪、用礼仪、争当文明公民活动，发放《文明礼仪读本》2000余册。2008年，为建设和谐武城，在全县开展“四德”工程建设。社会公德以“爱”为核心，实施爱德工程；职业道德以“诚”为核心，实施诚德工程；家庭美德以“孝”为核心，实施孝德工程；个人品德以“仁”为核心，实施仁德工程。为把活动推向深入，县委制定出台《关于在全县深入实施爱德工程、诚德工程、孝德工程、仁德工程，加强社会公德、职业道德、家庭美德、个人品德建设的意见》；成立“四德”工程建设工作委员会及办公室，成立9个督导考核组和4个巡视组。分层面制定爱德、诚德、孝德、仁德工程评价体系和标准。“四德”工程从每个人做起，从每个家庭、每个单位、每个行业抓起，实现道德建设对家庭、单位、社会三大活动空间的全覆盖。通过实施“四德”工程，公民道德素质显著提高，孝亲敬老、爱岗敬业、诚信做事为人蔚然成风，各类先进典型涌现。全县干部群众的凝聚力、向心力增强，城乡文明水平大幅提升，农村信访、治安案件大幅下降，连续5年实现重大活动期间进京、到省零上访，社会秩序更加和谐稳定。2010—2013年，先后举办“迎盛会、讲文明、树新风、建和谐”社会活动和“乡村文明行动”活动。

开展评先树优活动，以榜样的力量影响人，以身边的事例教育人，达到潜移默化的作用。自20世纪90年代中期开始，全县各系统各行业开展以争创“十佳”为主要内容的评选表彰活动，涌现出一大批爱岗敬业无私奉献的英模人物。自2008年开始，连续开展四届当代武城“二十四孝贤”孝德“千面旗帜”评选及表彰活动。2010年，在全县开展十佳诚信企业、十佳企业厂长（经理）、十佳城镇工商户、十佳价格诚信单位、十佳职业道德建设先进单位、十佳职业道德建设先进个人等诚信建设“百面旗帜”评选表彰活动。自2012年开始，连续开展“武城好人”评选活动。2013年，在升平广场、各单位办公楼外设立善行义举四德榜，面向社会宣传展示各类道德模范事迹，通过报刊、电视、英模事迹报告会、公益广告、手机短信，编印英模事迹材料等宣传形式，褒扬文明新风，为人们树立学习榜样。

2011年，武城县被授予“省级文明城市工作先进县”称号。2012年，鲁权屯镇被评为“全省首批乡村文明行动示范镇”，8个村庄（社区）被评为“全市乡村文明行动先进单位”。

第二十八编

组织机构

1986年，全县机关事业人员5162人。机关、团体工作人员2117人。其中，县委工作人员182人，政府工作人员199人，乡镇963人，武装部21人，公安司法218人，其他部门534人。县委工作部门12个，县政府工作部门44个，群众团体4个，乡镇15个。1993年，县乡机构改革，确定设置党政机构30个。其中，县委工作部门5个，政府工作部门25个，乡镇14个。全县党、政、群机关由83个减到40个。2002年，对县级党政机构进行改革，县委工作部门7个，部门管理机构2个。县政府工作部门23个，乡镇7个。2010年，实行职能统一的大部门制。全县下设6镇、1乡、1个街道。设置党委工作机构10个，政府工作机构23个，人民团体6个。设置事业单位机构279个。2013年，全县有行政机构46个，事业单位237个，下设7镇、1个街道。

第一章　县　直

第一节　县委工作部门

武城县委办公室

1986年，县委办公室内设信访科、机要科、通讯报道科、调研科。1988年7月，增设调查研究室，为正科级单位，信访科改称信访局。1990年5月，增设县委机关工会工作委员会，为副科级。同年12月，增设保密局，为正科级单位。1993年9月，撤销信访局。同年11月，县乡机构改革，撤销党史资料征集研究委员会、档案局、保密局、调查研究室、县委机关工会工作委员会。同时成立党史资料室，隶属县委办公室。1994年1月，撤销党史资料室，建立党史征集研究中心，从县委办公室析出，同时增设后勤服务中心。同年3月，增设信访办公室。9月，恢复档案局、保密局，机要科升为副科级单位，档案局从县委办公室析出。1995年10月，增设政策研究室。1996年1月，撤销信访办公室，成立信访局，从县委办公室析出。1997年2月，增设督查室。2002年2月，增设接待办公室。2007年7月，机要科改称机要局。2008年6月，增设维稳办。截至2013年底，有工作人员63人。

主　任：孔繁修（1979.11—1987.8）
王金箱（1987.8—1993.1）
陈德柱（兼，1993.1—1993.11）
石　敏（1993.11—1996.2）
李玉文（兼，1996.2—1996.12）
刘建军（1996.12—1999.3）
刘增瑞（1999.4—2007.2）
丰文茂（2007.2—2007.3）
王志强（2007.3—2011.11）
张传杰（2011.11—　）

武城县委组织部

1986年，县委组织部辖组织员办公室。1991年10月，建立党员电化教育中心，为副科级。1993年11月，撤销组织员办公室、党员电化教育中心，1994年7月恢复。1996年2月，党员电化教育中心升为正科级单位。2002年3月，增设考核办，为副科级单位。2005年3月，增设农村党员干部现代远程教育中心、人才工作办公室。2008年6月，考核办升为正科级单位，2012年3月改称县督查考核办，设为县委工作部门。截至2013年底，有工作人员21人。

部　长：谢万盛（1981.2—1987.7；兼，1987.7—1989.7）
满春重（回，1989.7—1992.12）
张　栋（1992.12—1996.12）
李玉文（1996.12—1998.3）
高世伦（1998.3—2003.1）
李玉梅（2003.1—2007.2）
郭洪霞（女，2007.2—2011.11）
高吉刚（2011.11—2013.12）
季之岭（2013.12—　）

武城县委宣传部

1986年，宣传部辖“五讲四美三热爱”办公室。1987年9月，“五讲四美三热爱”办公室改称精神文明建设协调委员会办公室，1990年5月改称精神文明建设委员会办公室。1994年9月，增设对外宣传办公室。1996年2月，增设新闻出版管理办公室。2008年6月，增设网络文化建设与管理办公室。2009年2月，增设文学艺术界联合会、《武城时报》编辑部。2010年5月，增设"四德"办公室。2013年3月，增设社会科学界联合会。截至2013年底，有工作人员23人。

部　长：李万居（1984.5—1987.8）
陈德柱（1987.8—1993.1）
任永贵（1993.1—1996.12）
石　敏（1996.12—1998.3）
李玉梅（1998.3—2003.1）
王洪林（2003.1—2007.2）
陈建军（2007.2—2012.1）
乔咏梅（女，2012.1—　）

武城县委政法委员会

1984年5月，设立县政法委员会。1987年8月，增设打击经济犯罪活动办公室。1991年3月，增设社会治安综合治理委员会办公室。1993年11月，打击经济犯罪活动办公室撤销。截至2013年底，有工作人员16人。

书　记：赵荣田（1984.5—1990.4）
霍云胜（兼，1990.4—1993.1）
孙连和（1993.1—1995.6）
李玉文（1995.6—1996.12）
刘令刚（1996.12—1999.3）
张慧君（女，1999.3—2003.1）
王庆菊（女，2003.1—2007.2）
王英华（2007.2—2012.1）
刘呈辉（2012.1—　）

武城县委统战部

1979年5月，恢复县委统战部。1989年9月，增设对台办公室。1994年9月，增设民族宗教事务办公室。同年11月，对台办公室改称对台事务办公室。2002年1月，民族宗教事务办公室改称民族宗教事务管理局。2007年11月，对台事务办公室析出。2011年6月，民族宗教事务管理局析出。截至2013年底，有工作人员14人。

部　长：王景玉（兼，1984.2—1986.6）
夏笏君（1986.9—1989.1）
郑树理（1990.5—1993.1）
杨步武（1993.1—1993.9）
张清昌（1994.6—1995.3）
高洪臣（1995.5—1996.2）
耿振岭（1996.2—1998.12）
王洪忠（1998.12—2000.10）
宫有学（2000.10—2007.12）
张彦泉（2007.12—2008.6）
赵可利（2008.6—2010.9）
刘志刚（2010.9—2013.3）
李俊青（女，2013.3—　）

武城县信访局

1988年7月，县委办公室信访科改称信访局。1993年9月，信访局撤销。1994年3月，成立信访办公室。1996年1月，撤销信访办公室，成立信访局，列为县委工作部门。2005年，增设社会矛盾纠纷调处中心。截至2013年底，有工作人员17人。

局长（科长）：
韩风田（1980.12—1990.5）
韩士奎（1990.5—1993.1）
姜春东（1993.1—1993.9）
王宗玉（1994.3—1994.12）
邱东旭（1994.12—1996.1）
石尚真（兼，1996.1—1997.4）
刘建军（兼，1997.4—1997.7）
张恩松（1997.7—2000.10）
张延泉（兼，2000.10—2007.11）
鲁学良（2007.11—2013.2）
姚建江（2013.2—2013.12）
王建峰（2013.12—　）

武城县直机关工委

1973年4月，恢复县直机关党委。1997

年 4 月，改称城区委员会。2002 年 2 月，改称县直机关工委。截至 2013 年底，有工作人员 10 人。

书　记：赵孔先（1974.11—1990.5）
王占彬（1990.5—1993.1）
李秀英（女，回，1993.1—1993.11）
秦金利（1993.11—1997.7）
董庆岭（1997.7—2003.12）
赵可利（2003.12—2008.6）
杜惠来（2008.6—2010.9）
郎庆敏（女，2010.9—2013.12）
姚建江（2013.12—　）

武城县老干部局

1980 年 9 月，县委组织部设立老干部科。1986 年 9 月，更名为老干部局。1993 年 11 月撤销，1994 年 9 月恢复。2006 年 11 月，增设老年大学。2006 年 11 月，增设老干部活动中心。截至 2013 年底，有工作人员 15 人。

局长（科长）：
胡登朝（1980.12—1986.9）
武新掌（兼，1986.9—1990.5）
王朝礼（1990.5—1993.11；1994.9—1996.2）
范培常（1996.2—2003.12）
刘建军（兼，2003.12—2013.3）
林茂昌（兼，2013.3—　）

武城县督查考核办公室

2002 年 3 月，设立县考核办，为副科级单位，隶属县委组织部，2008 年 6 月升为正科级单位。2012 年 3 月，改称武城县督查考核办，设为县委工作部门。截至 2013 年底，有工作人员 2 人。

主　任：高世伦（兼，2002.3—2003.1）
沙汉斌（兼，2008.6—2010.9）
陈　勇（兼，2011.6—　）

武城县机构编制委员会办公室

1988 年 7 月，设立县机构编制委员会办公室，2010 年 9 月设为县委工作部门。截至 2013 年底，有工作人员 6 人。

主　任：牟光勇（兼，2010.9—2011.11）
王玉涛（2011.12—　）

武城县关心下一代工作委员会办公室

2005 年 4 月，设立县关心下一代工作委员会办公室。2012 年 3 月，设为县委工作部门。

主　任：张宝辉（2012.3—　）

武城县企业政治部

1984 年 5 月，设立县企业政治部，1988 年 3 月撤销。

部　长：宋金波（1984.5—1988.3）

第二节　县人大常委会工作机构

1986 年，县人大设办公室、联络科、调研科。同年 9 月，设法制科。1989 年 7 月，调整办事机构，保留办公室，撤销联络科、调查研究科、法制科，设人事代表工作委员会、法制工作委员会、财政经济工作委员会、教科文卫工作委员会。1993 年 1 月，增设信访科。1996 年 2 月，增设老干部科。2004 年 1 月，老干部科撤销，增设城建环保工作委员会、农村经济工作委员会、研究室。2008 年 6 月，恢复老干部科。2008 年 6 月至 2009 年 5 月，办公室主任称秘书长。截至 2013 年底，有工作人员 41 人。

人事代表工作委员会

主　任：董玉兰（女，1989.7—1993.7）
耿向田（1993.7—1994.9）
邱东旭（1996.2—1999.2）
张洪霞（女，1999.2—　）

法制工作委员会

主　任：陈景祥（1989.7—1993.1）
陈锡震（1993.1—1999.2）

杨宝华（1999.2—2002.2）
郑惠民（2002.2—2004.1）
张延忠（2005.3—　）

财政经济工作委员会

主　任：杨文举（1989.7—1993.1）
姜桂英（女，1993.1—1999.2）
吴金华（1999.2—2002.2）
刘春梅（女，2002.2—2005.3）
张鹏祥（2007.11—　）

教科文卫工作委员会

主　任：周其山（1989.7—1992.8）
常凤云（女，1993.3—1993.11）
任凤田（1996.2—1999.2）
王瑞荣（1999.2—2005.3）
陈建忠（2005.3—　）

城建环保工作委员会

主　任：张　军（兼，2004.1—2005.12）
许凤河（2005.12—2007.11）
李　敏（女，2007.11—　）

农村经济工作委员会

主　任：徐宝成（2004.1—2007.11）
孙慎先（2007.11—2008.6）
尹　兵（2008.6—　）

人大办公室

主　任：李　桓（1984.5—1993.1）
高登天（1993.1—1996.2）
张洪祥（1996.2—1998.12）
李绍全（1998.12—2005.3）
于宝勇（2005.3—2008.6）
赵子坡（2008.6—2013.3）
尹光波（2013.3—　）

信访办公室（科）

主　任：张　军（兼，1993.1—2004.1；2005.12—2011.1）
赵秀双（女，2011.6—　）

老干部科

科　长：徐宝成（1996.2—2004.1）
于宝铎（2008.6—　）

研究室

主　任：郑惠民（兼，2004.1—2008.6）
孙慎先（2008.6—　）

联络科

科　长：张伯顺（1984.5—1988.3）
董玉兰（女，1988.3—1989.7）

调研科

科　长：杨文举（1984.5—1989.7）

法制科

科　长：陈景祥（1988.7—1989.7）

第三节　县政府工作部门

武城县政府办公室

1986年，政府办公室内设信访科、外事侨务办公室。1988年，信访科撤销。1990年5月，增设县法制局和机关工作委员会。1993年1月，撤销机关工作委员会。同年11月县史志办、经济体制改革委员会并入县政府办公室。1994年1月，县史志办恢复析出，增设政府机关后勤服务中心。1995年10月，县经济体制改革委员会恢复析出，同年11月，外事侨务办公室撤销。2003年6月，增设县招商促进办公室。2005年3月，县法制局析出，恢复外事侨务办公室。2008年6月，增设县应急办公室和金融工作办公室。2011年6月，县金融工作办公室析出，增设县政府投资项目管理中心和贸易促进会。同年12月，县招商促进办公室与招商局合并。2013年3月，增设电子政务室和食品安全办公室。截至2013年底，内设综合科、政务科、秘书科、督查科、信息科、“12345”市民热线办公室、电子政务室等科室，有工作人员70人。

主　任：李建中（1981.6—1987.5）

王庆荣（1987.9—1993.1）
沙文斌（1993.1—2002.8）
丰文茂（2002.8—2007.2）
张传杰（2007.2—2011.11）
牟光勇（2011.11—2013.3）
宋传虎（2013.3—　）

武城县民族宗教事务管理局

1994年9月，设立县民族宗教事务办公室，隶属县委统战部。2002年1月，改称县民族宗教事务管理局。2011年6月，列为县政府工作部门。截至2013年底，有工作人员3人。

局　长：满运水（回，2008.6—2011.12）
董春峰（2012.3—　）

武城县法制局

1990年6月，设立县法制局。截至2013年底，内设办公室、行政复议办公室，有工作人员8人。

局　长：刘建军（1990.6—1996.2）
李少华（1996.2—2005.3）
王孟良（2005.3—2010.9）
张德强（2010.9—2013.12）
徐宝勇（2013.12—　）

武城县发展和改革局

1976年8月，称县计划委员会，简称计委。1993年，县经济战略研究中心办公室、农业区划办公室并入计委。1995年6月，增设项目办公室。2002年5月，县计划委员会改称县发展计划局，2005年3月，改为县发展和改革局。截至2013年底，有工作人员30人。

局长（主任）：
李书彬（1978.12—1987.9）
徐贵廷（1987.9—1993.1）
臧治国（1993.1—1993.11）
才立华（1993.11—1998.12）
周洪春（1998.12—2010.9）
隋秀鹏（2010.9—2013.12）
沙汉斌（2013.12—　）

武城县经济和信息化局

1984年5月，称县经济委员会（简称县经委）。1990年5月，增设企业管理办公室。1991年，增设项目办公室。1993年11月，职工教育办公室并入县经委，项目办撤销。1996年2月，增设工业生产调度室。2010年9月，经济委员会改称经济和信息化局。截至2013年底，内设办公室、政工科、产业规划股、技术改造股、企业股、交通物流股、信息化推进和电子信息股，有工作人员28人。

局长（主任）：
李玉璞（1984.5—1990.5）
郭坤一（1990.5—1991.6）
姜福万（1991.6—1997.2）
王洪山（1997.2—1998.1）
王洪忠（1998.1—1998.12）
李鼎山（1998.12—2006.2）
任希峰（2006.2—2010.9）
范福亮（2010.9—　）

武城县商务局

1991年6月，设立县财贸委员会。1993年，更名为县贸易委员会。2010年9月，县贸易委员会与对外经济贸易委员会合并为商务局。截至2013年底，内设办公室、商贸服务科、企业管理科、外经外贸科、商务综合执法大队，有工作人员25人。

局长（主任）：
王汉录（1991.6—1993.1）
王福君（1993.1—1993.11）
王立忠（1993.11—1994.6）
王凤宝（1994.12—2000.10）
卢长生（2000.10—2011.12）
沙汉斌（2011.12—2013.12）
侯文广（2013.12—　）

武城县民营经济发展局

1984年5月，称县多种经营乡镇企业局。1998年3月，改称县民营经济发展委员会。2002年5月，改称县民营经济发展局。截至2013年底，内设办公室、政工科、业务科、政策调研科，有工作人员29人。

局　长：王金峰（1984.5—1987.12）
郭坤一（1987.12—1991.5）
刘廷柱（1991.5—1993.1）
田秀华（1993.1—1996.2）
王振明（1996.2—2001.8）
李际华（2001.8—2003.12）
范福亮（2003.12—2010.9）
杜惠来（2010.9—2013.12）
郑惠民（2013.12—　）

武城县人口和计划生育局

1984年6月，称武城县计划生育委员会（简称计生委）。1986年，有工作人员7人。1988年8月，增设计划生育协会（正科级）。1995年6月，增设计划生育稽查大队。2002年5月，改称计划生育局。2005年3月，改称人口和计划生育局。截至2013年底，有工作人员28人。

局长（主任）：
祝金立（1984.5—1993.1）
王占彬（1993.1—1995.5）
姜春东（1995.5—1996.2）
李冠军（1996.2—1998.1；
2002.2—2007.11）
火建国（1998.1—1998.12）
王玉璞（1998.12—2002.2）
郑新阳（2007.11—2011.12）
李俊青（女，2011.12—2013.3）
于宝勇（2013.3—　）

武城县卫生局

1973年9月，县卫生局恢复。1988年7月，增设县爱国卫生运动委员会办公室，1993年11月撤销。1996年2月，增设县红十字委员会办公室，同时恢复县爱卫会办公室。2005年12月，增设农村合作医疗办公室，为副科级单位。截至2013年底，内设办公室、人事科、政策法规科、疾控科、基层卫生科、业务科、科技宣传科、稽查科、财务领导小组、维稳领导小组、综合办、督查考核办公室、药政科，有工作人员45人。

局　长：张金城（1982.2—1993.1）
赵行五（1993.1—1998.12）
李洪志（1998.12—2005.3）
谢爱民（2005.3—2011.12）
张宝璞（2011.12—　）

武城县教育局

1976年8月，恢复县教育局称谓。1993年11月，改称武城县教育委员会。2002年5月，复称县教育局。2008年7月，增设教学研究中心。截至2013年底，内设办公室、政工股、财务股、工会、老干部股、团委、安全股、招生办公室、学籍办、普教股、结算中心、核算中心、成职教股、教科所、职称办、校产办、少工办、托幼办、教研中心、督导室、勤俭办、电教站、法规股，有工作人员76人。

局长（主任）：
王有桢（1979.1—1993.1）
刘文河（1993.1—1995.6）
崔立清（1995.6—1997.2）
王建民（1997.2—1998.12）
张有来（1998.12—2002.1）
马树文（2002.1—2006.12）
韩　涛（2006.12—2011.12）
容占岭（2011.12—　）

武城县科学技术局

1986年，称科学技术委员会，简称科委。1993年11月，县科协并入科委，1997年7月析出。2002年5月，改称科学技术局。2003年12月，增设知识产权局。截至2013年底，内设办公室、高新技术发展与产业化科、综合计划科，有工作人员18人。

局长（主任）：

贾志业（1986.9—1993.1）
张仲庆（1993.1—1998.12）
李景之（1998.12—2005.3）
王玉松（2005.3—2010.9）
刘　健（2010.9—2013.12）
高洪岩（2013.12—　）

武城县民政局

1986年，内设办公室、社会科、民政科、优抚科、安置办5个科室，二级部门有火化厂。1988年1月，增设军队离退休干部休养所（副科级）。1990年12月，增设残疾人联合会（副科级）。1994年9月，由县民政局析出。2002年2月，增设民间组织管理办公室（副科级）、慈善总会（正科级）和殡仪馆（副科级）。同年4月，增设双拥办公室（正科级）。截至2013年底，内设办公室、社区建设股、救灾救济股、社会事务股，下属事业单位有县区划地名管理办公室、军队离退休干部休养所、社会组织管理办公室、殡仪馆、婚姻登记处、第一中心敬老院、殡葬管理所、救助管理站、福利彩票管理中心、社会福利中心，有工作人员72人。

局　长：刁振英（1981.2—1987.9）
于宝桐（1987.9—1993.1）
张金荣（1993.1—1994.1）
庞春青（1994.1—1998.12）
王书生（1998.12—2002.2）
张玉清（2002.2—2011.12）
郑新阳（2011.12—　）

武城县人力资源和社会保障局

1986年，称县劳动局。1987年12月，增设劳动仲裁办公室、劳动服务公司、社会劳动保险事业处。1992年6月，增设劳动就业办公室，同时撤销劳动服务公司。1993年3月，增设劳动安全委员会办公室。1996年6月，增设劳动就业训练中心。1999年6月，县劳动局改称劳动和社会保障局。2002年2月，增设医疗保险事业处。2010年9月，县劳动和社会保障局与人事局合并成立县人力资源和社会保障局。截至2013年底，内设办公室、政研室、政策法规科、信息科、公务员管理科、职称科、档案科、工资福利科、财务科、后勤科、综合业务科、企业医疗保险处、机关医疗保险处、城镇居民养老保险处、城镇居民医疗保险处、就业能力建设科、基金监督科、仲裁院、劳动监察大队，有工作人员105人。

局　长：刘明凯（1983.8—1990.5）
周良民（1990.5—1993.1）
张玉清（1993.1—2002.2）
周树彬（2002.2—2006.2）
张家海（2006.2—2013.3）
牟光勇（2013.3—　）

武城县财政局

1983年5月，县财税局撤销，设立县财政局。1986年，有工作人员30人。1990年12月，增设税收、财务、物价检查办公室，为副科级单位。1993年3月，增设国有资产管理局。同年5月，增设经济开发投资公司。1996年12月，增设预算外资金管理局。2011年6月，增设财政监督局。2009年10月，增设住房基金管理部，2012年2月析出。截至2013年底，内设办公室、预算科、行财科、国库科、社保科、经建科、农财科、会计科，有工作人员68人。

局　长：胡兆杰（1981.1—1988.12）
冯延明（1988.12—1993.11）
孙其夫（1993.11—2000.10）
张金海（2000.10—2006.2）
周树彬（2006.2—2013.12）
隋秀鹏（2013.12—　）

武城县审计局

1984年5月，设立县审计局。2002年2月，增设经济责任审计办公室。截至2013年底，内设办公室、财政金融审计股、行政事业审计科、企业审计股、社保审计股、固定资产投资审计股、农业与环保资源股、法制股，有工作人员33人。

局　长：姜福万（1984.5—1991.6）
陈希志（1991.6—1993.1）
张洪祥（1993.1—1996.2）
刘金山（1996.2—2000.10）
崔建军（2000.10—2010.8）
孔春华（2010.8—2013.12）
殷庆利（2013.12—　）

武城县统计局

1982年3月，设立县统计局。1989年9月，增设城市抽样调查队。1998年1月，增设农村社会经济调查队。截至2013年底，内设办公室、投资科、社科科、贸易科、服务科、综合科、工业科、名录科、农业科、住户科，有工作人员33人。

局　长：郭坤一（1984.5—1987.9）
刘　铁（1987.9—1996.2）
李庆林（1996.2—1998.12）
王茂起（1998.12—2002.2）
隋秀鹏（2002.2—2010.9）
徐卫东（2010.9—　）

武城县国土资源局

1987年8月，设立县土地管理局，内设办公室、征地科、监察科、地籍科、规划站和财务科。2002年5月，改称县国土资源局。2011年5月，增设土地综合整治挖潜办公室（正科级事业单位）。2013年5月，增设土地储备中心。截至2013年底，内设办公室、人事科、监察科、信访科、地籍科、地价评估科、土地储备中心、耕地保护科、规划科，下辖武城镇国土所、老城镇国土所、四女寺镇国土所、郝王庄镇国土所、鲁权屯镇国土所、甲马营镇国土所、李家户镇国土所、广运街道国土所，有工作人员169人。

局　长：高春芳（1987.8—1993.1）
宫金忠（1993.1—1998.12）
卢宝常（1998.12—2011.4）
王富刚（2011.4—2013.11）
曲　哲（2013.11—　）

武城县建设委员会

1986年，称县城建环保委员会，有工作人员26人。1995年10月，改称县建设委员会。1990年9月，增设城建管理监察大队，2005年划归城市执法局。1998年10月，增设城区园林绿化公司，2005年划归城市执法局。1999年2月，增设公园住宅小区管理委员会。2002年2月，住房制度改革办公室归建委管理，2005年3月析出。截至2013年底，内设办公室、政工科、账务科、村镇建设科、城市建设科、房产管理科、安全科、建筑节能科、住房保障科、建管科、招投标办、妇联、城建档案科、财务审计科、重点工程科、测绘科、信访科、团支部、政策法规科、老干部科、收费大厅科，下辖勘察设计科、工程监理公司、污水处理厂、质量监督站，有工作人员182人。

主　任：李高斗（1975.12—1987.9）
耿振岭（1987.9—1995.5）
王占彬（1995.5—1998.1）
李景之（1998.3—1998.12）
程显虎（1998.12—2000.10）
宋金岭（2000.10—2002.1）
陈朋金（2002.2—2003.3）
周其震（2003.3—2010.4）
丰文茂（2010.4—2013.12）
孙国春（2013.12—　）

武城县规划局

2011年12月，设立县规划局。截至2013年底，内设办公室、规划管理服务中心、房屋征收管理中心，有工作人员 11 人。

局　长：王其勇（2011.12—2012.9）

刘建岭（2013.2—　）

武城县环境保护局

1988 年 12 月，设立县环境保护局。1993 年 11 月，改称县环境保护检测监理站。1996 年 1 月，恢复县环境保护局。截至 2013 年底，内设办公室、政宣科、财务科、法规信访科、监测站、监察大队、管理科、污防科，有工作人员 105 人。

局　长：宋传和（1988.12—1993.9）

王建华（1993.9—2003.12）

宗连国（2003.12—2013.12）

孔春华（2013.12—　）

武城县交通运输局

1986 年，称县交通局，有工作人员 64 人。1999 年 2 月，增设公路工程处。2008 年 6 月，增设农村公路管理所、稽查大队。2011 年 6 月，改称县交通运输局。截至 2013 年底，内设办公室、政工科、财务科、宣教科、后勤科、法规科、团委、妇联、安全科，下辖稽查大队、运管所、公路工程处、港航管理所，下属企业有汽车站、运输公司、机动车安全性能检测站，有工作人员 254 人。

局　长：高怀明（1984.5—1990.5）

张祥远（1990.5—1996.2）

张洪庆（1996.2—2003.12）

火建国（2003.12—2008.6）

许振中（2008.6—　）

武城县农业局

1986 年，称农牧渔业局，内设能源办公室，有工作人员 102 人。1991 年 3 月，增设农经管理站、畜牧站、良种服务公司、农业技术推广中心，均为副科级单位。1992 年 9 月，畜牧站改建畜牧办公室。1993 年 11 月，农业局撤销，改称农业技术服务推广中心。1994 年 12 月，畜牧办公室撤销，改建为畜牧局。1995 年 10 月，恢复农业局称谓。1996 年 2 月，农经管理站改建农村财务管理办公室，1997 年 2 月改称农村财务管理审计局。1999 年 2 月，增设农业研究所。截至 2013 年底，内设办公室、财务科、土肥站、植保站、农技站、农业行政执法大队、种植业管理科、生态能源办公室、种子站、食用菌工作站，有工作人员 115 人。

局　长：许连昌（1984.5—1987.8）

李秀岩（1987.8—1990.5）

张金荣（1990.5—1993.1）

马光义（1993.1—1995.5）

李庆林（1995.5—1996.2）

任希峰（1996.2—2006.2）

李胜奎（2006.2—2013.3）

张学丰（2013.3—　）

武城县林业局

1982 年 2 月，设立县林业局。1986 年，有工作人员 43 人。1993 年 11 月，县林业局撤销，改称林果服务中心。1995 年 10 月，林业局恢复。截至 2013 年底，内设办公室、人事科、林政科、绿化造林科、森林公安局、林业站、种苗站、林业技术推广站、营林站、林木保护站、经济林站、苗圃，有工作人员 69 人。

局　长：于荣胜（1984.5—1987.8）

才立华（1987.8—1993.11）

臧治国（1993.11—1996.2）

潘恩岭（1996.2—1997.2）

孙延亭（1997.2—2002.2）

赵国志（2002.2—2008.6）

王献峰（2008.6—　）

武城县水务局

1973 年 9 月，恢复县水利局。1986 年，有工作人员 55 人，下设水土保持委员会办公室。1990 年 5 月，增设恩县洼滞洪区办公室，为副科级单位，1993 年 11 月撤销。2001 年 9 月，改称县水务局。2005年3月，增设水利工程公司，为副科级单位。2007年12月，增设南水北调工程建设管理局，为正科级单位。截至2013年底，有工作人员301人。

局　长：白吉太（1984.4—1990.5）
师吉群（1990.5—1995.12）
刘令刚（1996.2—1996.12）
姜福成（1996.12—2002.1）
宋金岭（2002.1—2010.8）
贾保华（2010.8—2011.12）
张　君（2011.12—　）

武城县文体广电新闻出版局

1976年8月，恢复县文化局，下辖文化馆、图书馆。1993年11月，县文化局和体委合并，称县文化体育委员会。1996年2月，复称县文化局，体委析出。2002年6月，增设文化艺术中心。2006年7月，增设县旅游局。2010年9月，体委合并到文化局。2012年3月，县旅游局由文化局析出。2013年11月，更名为武城县文体广电新闻出版局。截至2013年底，有工作人员35人。

局　长：傅振东（1984.5—1987.9）
孙成忠（1987.9—1993.11）
苏连池（1993.11—1996.2）
刘建义（1996.2—2012.3）
张义忠（2012.3—2013.12）
杜惠来（2013.12—　）

武城县安全生产监督管理局

2002年1月，设立县安全生产监督管理局。2005年3月，列为县政府组成部门。截至2013年底，内设办公室、财务科、综合监督管理科、工矿商贸安全监督管理科、危险化学品安全监督管理科、职业安全健康监督管理科、政策法规科、规划科技科、应急救援指挥中心办公室、安全生产监察大队，有工作人员31人。

局　长：林连波（2002.2—2010.9）
张学丰（2010.9—2013.3）
王立堂（2013.3—　）

武城县食品药品监督管理局

2004年1月，设立县食品药品监督管理局，隶属于省药品监督管理局垂直管理。2009年1月，县食品药品监督管理局由省垂直管理改为地方管理。截至2013年底，下设办公室、政策法规股、食品监管股，药品、医疗器械和保健食品化妆品监管股，辖药品检验所、食品药品稽查大队，有工作人员48人。

局　长：刘　昭（女，2004.1—　）

武城县司法局

1980年8月，设立县司法局。1983年1月，增设公证处。1986年，有工作人员18人。1988年12月，增设法律顾问处、普法办公室。截至2013年底，内设办公室、政工科、法制宣传科、基层科、律师管理科，下辖8个镇街司法所、公证处、法律援助中心，有工作人员65人。

局　长：赵文玉（1984.5—1993.1）
刘才富（1993.1—1996.10）
陈廷昌（1996.10—2002.2）
周其震（2002.2—2003.3）
李俊青（女，2003.2—2011.12）
卢宝利（2011.12—　）

武城县公安局

1973年3月，恢复县公安局。1986年，公安局有工作人员92人。1987年3月，县交通局监理站划归公安局，成立县公安交通警察队（股级），1989年4月改称武城县公安局交通警察大队（副科级）。1990年8月，增设公安局城区分局、老城分局。1994年6月，增设巡警大队、刑事警察大队。1996年10月，增设指挥中心。2003年10月，县交通警察大队划归德州市公安局交警支队。2004年7月，增设治安防暴大队、监管大队、特警大队。2005年5月，公安局老城分局改称老城派出所、公安局武城镇分局改称旧城派出所，城区分局改称新城派出所。2011年10月，增设四女寺派出所。截至2013年底，内设指挥中心、政工、国内安全保卫大队、巡警大队、治安管理大队、警务保障室、纪检督查室、法制大队、出入境管理大队、情报大队、老城公安检查站、省道254线武城公安检查站，辖县治安巡逻大队和新城、旧城、老城、郝王庄、鲁权屯、甲马营、李家户、大屯水库、四女寺9个派出所，有工作人员220人。

局　长：于树田（1978.11—1990.5）
孙翔玉（1990.5—1997.1）
宋友堂（1997.1—2003.1）
赵　君（2003.1—2012.4）
刘学广（2012.4—　）

武城县职工教育办公室

1982年7月，设立县职工教育办公室。1993年11月，合并到县经委。

主　任：宋泰钧（1984.5—1993.1）
郑金岭（1993.1—1993.11）

武城县农业区划办公室

1981年5月，设立县区划办公室。1993年11月，合并到县计委。

主　任：徐洪生（1987.5—1990.5）
李志辰（1990.5—1993.11）

武城县经济战略研究中心

1984年5月，设立县经济战略研究中心。1993年11月，合并到县计委。

主　任：尚泓海（兼，1987.8—1988.7）
李高斗（1988.7—1988.10）
孙玉升（1990.5—1993.3）
王海峰（1993.3—1993.11）

武城县多种经营服务中心

1992年5月，设立县多种经营办公室，为副科级单位。1993年11月，改称多种经营服务中心。1994年9月撤销。

主　任：徐宝成（兼，1992.5—1994.9）

武城县税务局

1983年5月，设立县税务局。1986年有工作人员45人，1994年8月撤销。

局　长：于传成（1984.5—1990.5）
孙其夫（1990.5—1994.6）
王立忠（1994.6—1994.8）

武城县水产局

1994年9月，设立县水产局。1999年2月撤销。

局　长：宫英超（1994.9—1999.2）

武城县桑蚕办公室

1994年9月，设立县桑蚕办公室。1999年2月撤销。

主　任：张仲秋（1994.10—1999.2）

武城县经济协作中心办公室

1987年8月，设立县经济协作中心办公室。1995年1月，改称经济技术协作办公室。2005年3月撤销。

主　任：代中玉（1987.8—1995.10）
李际华（1995.10—2001.8）

武城县农业办公室

1984年5月，设立县农村工作部，为县委工作部门。1990年5月，改称县农业委员会，列政府工作部门。1995年10月，改称县农业办公室。2002年2月撤销。

主任（部长）：
李清章（1984.5—1987.8）
李　唐（1987.8—1990.5）
任永贵（1990.5—1993.1）
王汉录（1993.1—1994.9）
刘金山（1994.9—1996.2）
高洪臣（1996.2—1998.12）
宗连国（1998.12—2002.2）

武城县人事局

1976年8月，设立县人事局。1988年7月，增设机构编制委员会办公室。1996 年 2 月，增设人才交流中心、机关事业单位社会保险事业处。2005 年 3 月，增设事业单位登记管理局。2010 年 9 月与劳动和社会保障局合并。

局　长：陈锡荣（1980.4—1993.1）
杜金忠（1993.1—2002.2）
刘志刚（2002.2—2010.9）

武城县对外经济贸易委员会

1993 年 1 月，设立县对外经济贸易委员会，同年 11 月撤销。1994 年 1 月，设立县对外贸易领导小组办公室。同年 9 月，复称县对外经济贸易委员会。2010 年 9 月撤销。

主　任：崔建军（1993.3—1993.11；1994.1—1994.9）
耿向田（1994.9—1996.2）
李庆荣（1996.2—2002.2）
王振明（2002.2—2007.11）
刘　健（2007.11—2010.9）

武城县体育运动委员会

1973 年 3 月，县体育运动委员会恢复。1993 年 11 月，与文化局合并。1996 年 2 月恢复。2010 年 9 月，又与文化局合并。

主　任：梁海源（1985.3—1993.3）
孙新民（1993.3—1993.11；1996.2—1998.3）
宗连国（1998.3—1998.12）
王树和（1998.12—2000.10）
王朝甫（2000.10—2010.9）

武城县经济体制改革办公室

1988 年 7 月，设立县经济体制改革委员会。1993 年 11 月，合并到县政府办公室。1995 年 10 月恢复。1996 年 1 月，更名为经济体制改革办公室。2011 年 12 月撤销。

主　任：康之兴（1988.7—1991.3）
王玉山（1991.3—1993.1）
张兆义（1993.1—1993.11）
张有明（1995.10—1996.12）
李少军（1996.12—2010.9）
杨传辉（2010.9—2011.8）

第四节　县政协委员会工作机构

1981 年 1 月，建立中国人民政治协商会议山东省武城县委员会，下设办公室。1984 年 9 月，增设文教组、医药卫生组、科技组、民侨宗台组、群组、工商组、两户一体组。1986 年 3 月，增设工业组、农水组、文体组、民族宗教组、台属侨务组，撤销两户一体组、民侨宗台组，文教组改称教育组，医药卫生组改称卫生组，群组改称妇女青年组。1987 年 5 月，工业组、农水组、卫生组等全部撤销。1988 年 7 月，增设文史资料办公室。1989 年 11 月，文史资料办公室改称文史资料委员会，增设提案联络委员会、文教卫生委员会、经济科技委员会。2002 年 3 月，增设社会法制联谊委员会、老干部科。截至 2013 年底，有工作人员 38 人。

文史资料委员会

主　任：王方志（1988.7—1990.5）
刘德顺（1990.5—1993.3）
尹希华（1993.3—2005.3）
李希元（2005.3—　）

提案联络委员会

主　任：王景玉（兼，1989.11—1990.5）
赵孔先（兼，1990.5—1993.3）
王九柱（1993.3—2005.3）
郑玉祥（2005.3—2008.7）
张广森（2008.7—　）

文教卫生委员会

主　任：刘清洲（兼，1989.11—1990.5）
张名岩（兼，1990.5—1993.3）
胡振荣（1993.3—1999.2）
顾洪辰（1999.2—2002.3）

李希元（2002.3—2005.3）
王茂军（2005.3—2011.6）
刘振东（2011.6—　）

经济科技委员会

主　任：霍吉章（兼，1989.11—1990.5）
赵恒章（兼，1990.5—1993.3）
房志敏（1993.3—2005.3）
郭忠言（2005.3—2013.3）
霍树旭（2013.3—2013.12）

社会法制联谊委员会

主　任：郑玉祥（2002.3—2005.3）
徐慎友（2005.3—2011.6）
管　敏（女，2011.6—　）

办公室

秘书长：王方志（1993.3—1993.11）
李廷俊（2007.2—2012.1）
勾文柱（2012.1—　）

主　任：刘友岭（1981.3—1990.5）
王方志（1990.5—1993.3）
李廷俊（1993.3—2007.2；兼，2007.2—2008.7）
勾文柱（2008.7—2012.1；兼，2012.1—　）

老干部科

科　长：郭忠言（2002.3—2005.3）
付明华（2005.3—　）

教育组（文教组）

科　长：张名岩（1984.9—1987.5）

卫生组（医药卫生组）

科　长：赵恒佩（1984.9—1987.5）

科技组

组　长：张仲秋（1984.9—1987.5）

民侨宗台组

组　长：马守录（1984.9—1986.3）

妇女青年组（群组）

组　长：李秀英（女，1984.9—1987.5）

工商组

组　长：张广林（1984.9—1986.3）
陈树长（1986.3—1987.5）

两户一体组

组　长：陈树长（1984.9—1986.3）

工业组

组　长：张广林（1986.3—1987.5）

农水组

组　长：王大海（1986.3—1987.5）

文体组

组　长：于占德（1986.3—1987.5）

民族宗教组

组　长：金炳福（1986.3—1987.5）

台属侨务组

组　长：夏笏君（1986.3—1987.5）

第五节　县纪委工作机构

中共武城县纪律检查委员会

1979年6月，恢复中共武城县纪律检查委员会。1986年，设秘书科、检查科、审理科、信访科、经济检查科、调研室。1990年3月，撤销秘书科、经济检查科，信访科改称信访室，增设监察一室。1993年4月，增设监察二室、执法监察室、党风廉政建设室、监察综合室。1994年12月，增设教育研究室。2010年9月，增设5个纪委派出机构。截至2013年底，有工作人员21人。

书　记：霍云胜（1984.12—1995.4）
陈德柱（1995.4—1998.1）
任永贵（1998.1—2003.1）
徐　光（2003.1—2010.4）
赵　华（2010.4—　）

武城县监察局

1988年3月，设立县监察局，隶属县政府序列。1993年11月，与纪委合署办公。

局　长：宋金波（1988.3—1990.5）
冯芳范（1990.5—1993.11）
时子贵（1993.11—1995.10）
杨立忠（1995.10—2002.2）
贾保华（2002.2—2003.12）
孔春华（2003.12—2010.9）
沙汉斌（2010.9—2011.12）
王　申（2012.3—　）

第六节　县人民法院工作机构

1973年3月，恢复县人民法院。1986年，有工作人员61人。1995年2月，15处人民法庭合并为武城、老城、鲁权屯、大屯4处中心法庭。1998年12月，增设城区人民法庭。1999年3月，改为武城、老城、鲁权屯、县直4处人民法庭。2002年2月，增设执行局。2008年，增设审判委员会办公室。2010年，恢复郝王庄人民法庭。截至2013年底，内设办公室、政治处、研究室、审管办、民一庭、民二庭、刑庭、少年审判庭、交通事故合议庭、商事庭，有工作人员101人。

院　长：张慎行（1984.5—1993.1）
王庆荣（1993.1—1998.1）
刘殿亮（1998.1—2001.1）
苏建军（2001.1—2008.8）
黄　勇（2008.8—2013.12）

第七节　县人民检察院工作机构

1978年5月，恢复县人民检察院。1986年，有工作人员47人。1996年2月，增设反贪污贿赂局。截至2013年底，内设办公室、政治处、侦查监督科、公诉科、反渎职侵权局、刑事执行检察局、民事行政检察科、控告申诉检察科、职务犯罪预防局、检察技术科、信息管理科、法警大队、老干部科、人民监督员办公室、未成年人检察科、案件管理办公室、行政装备科、派驻四女寺检察室、派驻老城检察室等25个，有工作人员75人。

检察长：李朝枢（1984.5—1990.3）
赵荣田（1990.3—1993.1）
张慎行（1993.1—1998.1）
曲修宝（1998.1—1998.4）
郭宝君（1998.4—2002.1）
梁志宝（2002.1—2007.11）
李景平（2007.11—2011.11）
任少伟（2011.11—2013.12）

第八节　群团部门

武城县总工会

1973年4月，恢复县工会。1996年2月，增设女职工委员会。2002年2月，增设职工学校。截至2013年底，内设办公室、工会职工俱乐部，有工作人员10人。

主　席：孙朝柱（1973.4—1987.8）
刘玉山（1987.12—1990.5）
张广林（1990.5—1993.1）
王桂芹（女，1993.1—1993.11）
张兆义（1993.11—1996.2）
田秀华（1996.2—1998.12）
满春元（回，1998.12—2013.3）
刘建军（2013.3—　）

共青团武城县委员会

1970年，开始进行整团建团工作，团的基层组织陆续恢复。1989年，增设少先队委员会，1993年11月撤销，1997年9月恢复。截至2013年底，内设办公室、组织部、宣传部、学少部，有工作人员9人。

书　记：张清昌（1984.5—1987.4）
王合玉（1988.1—1990.2）

赵云峰（1990.5—1993.9）
张旌华（1994.1—1996.2）
王洪春（1996.2—1999.2）
沙淑红（女，1999.2—2002.1）
石连革（2002.1—2005.3）
宋传虎（2005.12—2010.9）
侯志刚（2010.9—2011.11）
杨 帆（2012.3— ）

武城县妇女联合会

1971年12月，恢复县妇女联合会。2005年3月，增设妇儿办。截至2013年底，内设办公室、组织联络部、宣传部、发展部、儿童部、权益部，有工作人员6人。

主 席：杨桂珍（女，1979.5—1993.1）
吕爱兰（女，1993.1—1993.11）
王桂芹（女，1993.11—1996.10）
赵玉香（女，1996.10—2006.12）
郎庆敏（女，2006.12—2010.9）
史洪娟（女，2010.9— ）

武城县科学技术协会

1980年5月，设立县科学技术协会。1993年11月，县科协并入县科学技术委员会。1997年7月，县科协恢复。截至2013年底，内设办公室、科普部、学会部、组宣部，有工作人员13人。

主 任：宋炳午（1980.5—1987.8）
孙玉升（1987.8—1990.5）
杨曰昌（1990.5—1993.1）
王宝恒（1993.1—1993.11）
刘景昌（1997.7—1998.3）
梁秀成（1998.3—2002.2）
张仲秋（2002.2—2007.11）
张宝璞（2007.11—2008.6）
韩风文（2008.6—2013.12）
林希君（2013.12— ）

武城县工商业联合会

1991年8月，设立县工商业联合会。1993年11月，并入工商局。1994年12月恢复，隶属县统战部。2005年12月，独立办公。2007年11月，全国统一工商联负责人称谓称主席、副主席。截至2013年底，有工作人员4人。

主席（主任）：
王汉录（兼，1991.8—1993.11）
潘华伟（女，2005.12— ）

武城县残疾人联合会

1990年12月，设立县残疾人联合会，为副科级单位。1994年9月，升为正科级。截至2013年底，内设办公室、康复部、教救部、组联部，有工作人员10人。

理事长：庞春清（兼，1990.12—1993.3）
袁同儒（1993.3—1996.2）
张建华（回，1996.2—2008.6）
黄立玲（女，2008.6— ）

武城县老龄工作委员会办公室

1988年1月，设立县老龄委员会办公室，1993年11月撤销，1994年9月恢复。2002年7月，改称县老龄工作委员会办公室。截至2013年底，有工作人员9人。

主 任：姚殿君（1988.1—1993.11）
曲 华（1994.9—1996.2）
张国礼（1996.2—1998.12）
张彦凯（1999.2—2013.3）
戴树超（2013.3— ）

第九节 事业单位

一、县委事业单位

武城县委党校

1975年7月，恢复县委党校。1996年11月，由县委书记兼任校长，设常务副校长。2012年

11月，增设社会主义学校。截至2013年底，有工作人员38人。

校　长：康子亭（1984.5—1987.8）
刘德顺（1987.8—1990.5）
王建民（1990.5—1991.5；1993.6—1996.11）
史好泉（兼，1991.5—1993.6；1996.11—1998.3）
赵忠新（兼，1998.3—2001.2）
韩建亭（兼，2001.2—2003.1）
邓光亮（兼，2003.1—2010.4）
王立来（兼，2010.4—2013.5）
张传忠（兼，2013.5—　）

常务副校长：
王建民（1996.11—1997.3）
杨步武（1997.3—2000.10）
刘金山（2000.10—2002.8）
沙文斌（2002.8—2006.8）
马树文（2006.8—2013.3）
贾保华（2013.3—　）

武城县党史史志办公室

1984年5月，设立县党史资料征集研究委员会，为正科级事业单位。1993年11月，改为县党史资料室，隶属县委办公室。1994年1月恢复，从县委办公室析出，改称县党史征集研究中心。1997年4月，改称县党史研究室，同时设立党史学会。1999年2月，与县志办合并，改称县史志编集研究室。2012年10月，改称县党史史志办公室。截至2013年底，有工作人员9人。

主　任：施观湘（1984.5—1987.8）
张人庆（1987.8—1990.5）
刘令刚（1990.5—1993.1）
苏连池（1993.3—1993.11）
刘廷柱（1994.1—1996.2）
王宗玉（1996.2—1998.12）
高洪臣（1998.12—2002.2）
宋绪原（兼，2002.2—2008.6）
王风军（兼，2008.6—2010.9）
高洪岩（2010.9—2013.12）
侯志刚（2013.12—　）

武城县档案局

1986年6月，设立县档案局（馆）。1993年11月，县档案局撤销，保留县档案馆。1994年9月，恢复县档案局。截至2013年底，有工作人员8人。

局　长：郑树理（兼，1986.4—1988.7）
王万臣（1990.3—1993.1）
程显梁（1993.1—1993.11；1994.9—2002.2）
刘振兰（女，2002.2—　）

武城县台湾工作办公室

1989年9月，设立县对台办公室。1993年11月，改称县对台事务办公室。2007年11月，从县统战部析出，设为县委工作部门，改称县台湾工作办公室。截至2013年底，有工作人员5人。

主　任：王瑞峰（2007.11—　）

武城县委接待办公室

2002年2月，设立接待办公室，有工作人员2人。截至2013年底，有工作人员6人。

主　任：张传杰（2002.2—2008.6）
田瑞华（2008.6—2012.3）
王文东（2012.3—　）

武城县新农村建设办公室

2008年6月，设立县新农村建设办公室。2013年3月，设为县委工作部门。截至2013年底，有工作人员3人。

主　任：王玉海（兼，2008.6—2013.3；2013.3—　）

二、政府事业单位

武城县农机局

1973年7月，恢复农业机械管理局。1984

年5月，改称县农机管理公司。1986年，有工作人员48人。1989年1月，复称农业机械管理局。1993年11月，改称农业机械服务中心。1995年10月，改称农业机械管理局。截至2013年底，内设办公室、政工科、推广站、鉴定站，有工作人员60人。

局　长：杨青峰（1984.5—1990.5）
于树亭（1990.5—1993.1）
张洪庆（1993.1—1996.2）
王庆峰（1996.2—2002.2）
宗连国（2002.2—2003.12）
赵云峰（2003.12—2008.6）
张宝璞（2008.6—2011.12）
刘庆同（2011.12—　）

武城县粮食管理局

1973年9月，县粮食局恢复。1986年，有工作人员71人。1993年11月，粮食局撤销，成立武城县粮油集团总公司。1995年10月，粮食局恢复。2005年12月，改称粮食管理局。截至2013年底，内设办公室、人事科、财务科、监督检查科、调控科、计生科、政务信息科、仓储科、保卫科，有工作人员54人。

局　长：李清浦（1984.5—1990.5）
王福君（1990.5—1993.1）
王立新（1993.1—1993.11；
1995.10—1996.2）
张金海（1996.2—2000.10）
袁洪福（2000.10—2002.2）
王振芳（2002.2—2010.9）
李学峰（2010.9—　）

武城县广播电视台

1984年5月，县广播事业管理局改称县广播站。1986年，有工作人员32人。1987年10月，县广播站改称县广播电视局。1993年11月，改称县广播电视台。1995年10月，复称广播电视局。2010年9月，改称县文体广电新闻出版局。2013年11月，复称县广播电视台。截至2013年底，内设办公室、财务科、政工科、计生办、新闻外宣部、技术部、监播部、监审部、播出部、播音部、新闻综合频道、生活综艺频道、影视频道、广播电台、电影公司，在职人员139人。

台长（局长）：
王秉新（1983.3—1987.8）
施观湘（1987.8—1993.1）
张国利（1993.1—1994.9）
王宝庆（1994.9—2007.11）
张宝砚（2007.11—2013.12）
刘振阳（2013.12—　）

武城县物价局

1982年2月，设立县物价局。1986年，有工作人员8人。1993年11月，撤销物价局，改称物价检查所。1995年10月，撤销物价检查所，恢复物价局。截至2013年底，内设办公室、政宣科、法制科、财务科、监督检查一所、监督检查二所、监督检查三所、价格监测中心、价格认证中心、价格管理中心、价格管理一科、价格管理二科、价格管理三科、收费管理科，有工作人员70人。

局　长：刘一志（1982.2—1990.5）
秦金利（1990.5—1993.11）
王桂亭（1993.11—1996.2）
耿向田（1996.2—2003.12）
李荣军（2003.12—2007.11）
许振中（2007.11—2008.6）
于宝勇（2008.6—2013.3）
赵子坡（2013.3—　）

武城县农业综合开发办公室

1988年4月，设立县黄淮海平原开发办公室。1993年11月，改称县农业开发服务中心。1995年3月，改称县农业综合开发办公室。截至2013年底，内设综合股、项目管理股、计划财务股，有工作人员21人。

主　任：李泽发（兼，1988.4—1990.5）
李秀岩（兼，1990.5—1993.1）
孙金城（1993.1—2000.10）
梁新元（2000.10—2011.12）
孟庆生（2011.12—　）

恩县洼滞洪区管理处

1990年5月，设立恩县滞洪区办公室，隶属县水利局，1993年11月撤销。1995年10月，恩县洼滞洪区管理处成立，为副县级单位。

主　任：师吉群（1995.10—1996.5）
刘令刚（1996.5—1996.12）
季万祯（1999.2—2000.10）
姜福成（2000.10—2005.11）
宋金岭（2005.11—2013.11）
丰文茂（2013.11—　）

武城县农村经济管理局

1991年3月，县农业局经管站升格为副科级单位。1996年2月，改称农村财务管理办公室。1997年2月，改称县农村财务管理审计局，从农业局析出。1998年12月，改称县农村经济管理局。截至2013年底，内设办公室、合作组织科、审计科、财务管理科、土地科、农民减负科、信访科、农村产权交易中心，有工作人员33人。

局　长：李玉东（1997.2—1998.12）
于维跃（兼，1998.12—2005.3）
王同坤（2005.3—2010.9）
姚建江（2010.9—2013.2）
赵子坡（2013.2—2013.3）
王洪胜（2013.3—　）

武城县畜牧水产局

1994年12月，设立县畜牧局。1999年2月，畜牧局与水产局合并为畜牧水产局。截至2013年底，内设办公室、财务股、畜牧股、水产股，下设动物卫生监督所、兽药饲料医政监察所、畜产品质量安全监管所、畜禽屠宰管理科、畜牧水产站、渔政科，有工作人员83人。

局　长：王书和（1994.12—1998.3）
李胜奎（1998.3—2006.2）
王春林（2006.2—　）

武城县蔬菜局

1994年9月，设立县蔬菜局，由多种经营服务中心改建。截至2013年底，内设办公室、信息科、综合科，有工作人员13人。

局　长：郭丰华（1994.9—1996.6）
卢宝常（1996.6—1997.2）
李汝海（1997.2—1999.7）
姜玉峰（2000.10—2005.3）
于维跃（2005.3—2008.6）
郑惠民（2008.6—2013.12）
霍树旭（2013.12—　）

武城县房产管理局

1996年2月，设立县住房制度改革办公室，1999年2月撤销。2002年2月恢复，归建委管理。2005年3月，设立县房产管理局。截至2013年底，内设办公室、财务科、信息中心、交易科、档案科、抵押科、物业办公室、房产科、住房保障科、测绘中心，有工作人员44人。

局长（主任）：
赵云峰（1996.2—1999.2）
王志林（2005.3—2010.9）
张子波（2010.9—　）

武城县人民防空办公室

2001年9月，设立县防空办公室。截至2013年底，内设综合科、工程科、通信指挥科、执法科、企管科、财务科、档案科，有工作人员29人。

主　任：张子坡（兼，2001.9—2002.6）
刘德海（2002.6—2008.6）
张　峰（2008.6—2010.9）
周卫东（2010.9—　）

武城县行政审批服务中心

2003年6月，设立县行政审批服务中心，为县政府工作部门。截至2013年底，内设办公室、督查科、交易中心，有工作人员9人。

主　任：张家海（兼，2003.6—2005.3）
　　　　侯文广（2008.6—2013.12）
　　　　戚宗越（2013.12—　）

武城县招商促进办公室

2003年6月，设立县招商促进办公室。截至2013年底，有工作人员6人。

主　任：张子波（兼，2003.6—2005.3）
　　　　王献峰（兼，2005.3—2008.6）
　　　　王立堂（兼，2008.6—2011.12）
　　　　杨传辉（2011.12—　）

武城县城市管理行政执法局

2005年3月，设立县城市管理行政执法局，下设执法一大队、执法二大队。截至2013年底，内设办公室、政工科、财务科、督查科、法规科、业务科、市容科、市政科、执法监督稽查科、数字城管办公室，有工作人员213人。

局　长：张子波（2005.3—2010.9）
　　　　张　峰（2010.9—　）

武城县旅游局

2006年7月，设立县旅游局。截至2013年底，内设综合科、规划科、质监科，有工作人员7人。

局　长：刘建义（兼，2006.7—2012.3）
　　　　耿春军（2012.3—　）

武城县金融工作办公室

2008年6月，设立县金融管理办公室。2011年8月，改称县金融工作办公室。2013年12月，加挂“武城县地方金融管理办公室”牌子。截至2013年底，内设综合科、证券与资本市场科、银行与监管科、保险与稳定科，有工作人员15人。

主　任：刘振山（2008.6—　）

武城县文化执法局

2012年6月，设立县文化市场综合执法局。截至2013年底，内设办公室、财务科、稽查一队、稽查二队、“扫黄打非”工作科、教育督查科，有工作人员7人。

局　长：徐金海（2013.12—　）

武城县史志编纂委员会办公室

1984年5月，设立县史志编纂委员会办公室（简称县志办）。1993年11月，县志办并入县政府办公室。1994年1月，恢复县志办。1999年2月，县党史研究室与县志办公室合并改称史志编集研究室。

主　任：耿振岭（1984.10—1987.9）
　　　　王秉新（1987.9—1993.1）
　　　　曲　华（1993.1—1993.11）
　　　　王宗玉（1994.12—1996.2）
　　　　刘廷柱（1996.2—1999.2）

武城县棉花办公室

1974年1月，设立县棉花办公室。1999年2月撤销。

主　任：许连昌（兼，1984.9—1986.9；
　　　　　　　1987.8—1993.1）
　　　　李　唐（兼，1986.9—1987.8）
　　　　李泽法（1993.1—1994.5）
　　　　李玉东（1994.5—1997.2）
　　　　潘恩岭（1997.2—1999.2）

武城县招商局

1999年2月，设立县招商局。2011年12月，与招商促进办公室合并。

局　长：李庆荣（1999.2—2000.10）
　　　　赵云峰（2000.10—2003.12）
　　　　李际华（2003.12—2007.11）
　　　　孟庆生（2007.11—2011.12）

第十节　县属商贸组织机构

武城县商业总公司

1975年8月，恢复县商业局。1993年11月，改称县商业总公司。截至2013年底，内设办公室、财务科、党员活动室，有工作人员6人。

经理（局长）：

梁德和（1979.11—1988.7）

曹福森（1988.7—1993.1）

张少勇（1993.1—2002.1）

管书才（2002.2—2013.12）

王洪金（2013.12— ）

武城县供销合作社联合社

1982年12月，称县供销社联社。1993年11月，改建为县供销合作社集团总公司。2012年，规范为武城县供销合作社联合社。截至2013年底，内设办公室、政工科、财务科、业务科、安全统筹办公室，有工作人员14人。

主　任：王汉录（1984.5—1987.8）

尹兆义（1987.8—1993.11）

王茂起（1993.11—1998.12）

杨宝华（1998.12—1999.12）

袁洪福（1999.12—2000.10）

火建国（2000.10—2003.12）

张丙旺（2003.12—2005.3）

刘庆同（2005.3—2011.12）

姜希武（2012.3— ）

武城县棉麻公司

1984年5月，设立县棉麻公司。1986年7月，并入县联社。1987年12月，恢复棉麻公司。截至2013年底，内设办公室、政工科、业务科、财务科、计生、妇联、保卫科、招商科，有工作人员10人。

经　理：王汉录（1984.5—1986.7）

王立忠（兼，1987.12—1993.11）

王洪忠（1993.11—1998.3）

袁洪福（1998.3—2000.10）

火建国（2000.10—2003.12）

董玉清（2003.12—2008.6）

尹光玉（2008.6— ）

武城县物资总公司

1984年，县物资局改称县物资公司。1986年，有工作人员198人。1989年1月，复称物资局，1993年11月，改称县物资总公司。截至2013年底，内设办公室、政工科、财务科，登记在册职工125人，在岗11人。

经理（局长）：

付士明（1984.5—1986.9）

刘庆成（1986.9—1993.1）

王风宝（1993.1—1994.12）

李杰成（1994.12—1996.2）

崔跃清（1996.2—1999.2）

商廷海（1999.2—2010.9）

高和平（2010.9— ）

武城县外贸公司

1984年，外贸局改称县外贸公司。1986年，有工作人员100人。1992年，由中央直属划归地方管理。截至2013年底，内设办公室、政工科、财务科，登记在册职工125人，在岗11人。

经理（局长）：

孙成忠（1984.5—1987.8）

陈连昌（1987.8—1993.1）

李杰成（1993.1—1994.12）

侯恩忠（1995.6—1998.3）

马洪群（1998.3— ）

武城县医药公司

1988年，武城县成立医药公司。2006年8月，成立药品配送中心。截至2013年底，内设办公室、财务科、质管科、业务科，有工作人员46人。

经　理：杨惠珍（女，1988.11—1999.4）

范建国（1999.4—2002.2）

宋庆英（女，2002.2—2004.8）

段金祥（2004.8—2006.7）

王　军（2006.7— ）

第二章　垂直管理部门

第一节　驻军组织机构

武城县人民武装部

1986年6月，中国人民解放军武城县人民武装部改归地方建制，名称为山东省武城县人民武装部。县委书记兼任武装部第一书记。1996年3月，改归军队建制，改称为中国人民解放军山东省武城县人民武装部。截至2013年底，内设军事机构有军事科、政工科、后勤科、民兵军事、训练基地、民兵武器装备仓库、军事志编纂委员会办公室，有编制24人。

部　长：张洪臣（1986.1—1996.3）
翟永森（1996.3—1997.9）
王兴宏（1997.12—2001.3）
张国兴（2001.3—2004.7）
王　伟（2004.7—2008.1）
曹建华（2008.1—2010.4）
李月山（2010.4—2012.3）
肖文斌（2012.3—　）

政　委：尹宝生（1986.1—1996.3）
齐效正（1996.3—1997.2）
祝洪良（1997.2—1999.1）
郝志新（1999.1—2000.12）
张庆良（2000.12—2002.12）
于克君（2003.1—2004.2）
李会录（2004.2—2005.2）
姚崇军（2005.2—2007.2）
郭簦堂（2007.2—2009.1）
崔式金（2009.1—2011.3）
王立波（2011.4—2013.3）
谭清顺（2013.3—　）

中国人民武装警察部队武城县中队

1982年6月，组建中国人民武装警察部队山东省总队德州地区支队武城县中队。1995年4月，改称中国人民武装警察部队德州市支队武城县中队。

中队长：黄玉华（1982.6—1982.10）
赵德章（1985.11—1989.7）
李保国（1991.11—1993.3）
吴兴强（1996.6—1997.12）
李金斗（1997.12—1999.8）
洪振国（1999.8—2001.8）
孙启军（2001.8—2002.12）
蔡孝文（2002.12—2007.2）
吕　永（2007.2—2009.1）
袁　贺（2009.1—2009.3）
张　鹏（2009.3—2011.6）
宋立健（2011.6—2011.11）
王增波（2011.11—2012.4）
武模春（2012.4—2012.8）
王　涛（2012.8—2013.4）
代中泽（2013.4—　）

指导员：杨维南（1982.6—1985.6）
王洪奎（1990.6—1996.6）
李广辉（1996.6—1998.2）
郑广远（1998.2—2000.12）
陈云龙（2000.12—2003.1）
王海波（2003.1—2004.1）
冯玉磊（2004.1—2006.2）
刘嘉宏（2006.2—2008.8）
孙喜庆（2008.8—2009.3）

袁　贺（2009.3—2010.4）
刘体超（2010.4—2011.4）
郑　全（2011.4—2011.11）
武模春（2011.11—2012.4）
王　坤（2012.4—2013.4）
葛培林（2013.4—　）

武城县公安消防大队

1999年5月，组建武城县消防大队，亦称武城县公安消防大队，编制为正营级单位（主要领导可配副团职）。截至2013年底，有工作人员44人。其中，现役14人，合同制消防员20人，文职雇员10人。

大队长：李炳山（1998.4—2007.6）
刘勇先（2007.6—2010.10）
张　辉（2010.10—2013.12）

政治指导员：
殷长禄（2001—2004.6）
梁丛昭（2004.6—2007.6）
高子毅（2007.6—2012.12）
周正超（2012.12—　）

第二节　垂直行政（事业）部门

武城县工商行政管理局

1976年2月，恢复工商局。1986年，有工作人员103人。下设个体劳动者协会、消费者协会。1990年，增设市场管理委员会办公室。1998年11月，县工商局归属德州市工商局管理。1999年2月，增设城区工商分局。2003年1月，增设公平交易局、办公室、企业注册局、市场合同科、商标广告科、法制科、城区工商所、武城工商所、老城工商所、鲁权屯工商所、滕庄工商所。2007年12月，增设人事政工科。2009年5月，增设财务装备科。截至2013年底，有工作人员129人。

局　长：张兆义（1982.2—1993.1）
高洪臣（1993.1—1995.5）
马光义（1995.5—1995.10）
时子贵（1995.10—1998.12）
张耀民（1998.12—2001.6）
卢晓华（2001.6—2005.3）
黄树森（2005.3—2011.1）
陈利华（2011.1—　）

武城县国家税务局

1994年8月，设立县国家税务局，下设国税局征收分局。1996年1月，增设国税局梁庄分局、国税局老城分局、国税局郝王庄分局、国税局滕庄分局、国税局鲁权屯分局。截至2013年底，内设办公室、人事教育科、监察室、征收管理科、税政科、政策法规科、纳税服务科、税源管理科、收入核算科、信息中心、机关党委办公室，有工作人员100人。

局　长：王立忠（1994.8—1998.1）
李国山（1998.1—2001.4）
杨立洪（2001.7—2011.7）
付宗才（2011.7—　）

武城县地方税务局

1994年8月，设立县地方税务局，辖稽查局、县直分局、城区分局、甲马营分局、滕庄分局、老城分局、鲁权屯分局、武城分局、郝王庄分局、梁庄分局。2009年2月，增设开发区中心税务所、广运中心税务所、农业税征收管理局，鲁权屯分局改称鲁权屯中心税务所、老城分局改称老城中心税务所。截至2013年底，内设办公室、监察室、人事科、收入核算和财务科、法规税政科、征管和科技发展科、税源管理科、纳税服务中心、党办，有工作人员91人。

局　长：孙其夫（兼，1994.8—1995.5）
戚绍友（1995.5—1999.8）
王　涛（1999.8—2008.3）
侯海珂（2008.3—　）

武城县质量技术监督局

1988 年 12 月，设立县标准计量局。1993 年 3 月，改称县技术监督局，同年 11 月撤销，改称县技术监督检测中心。1995 年 10 月，恢复县技术监督局。1999 年，县技术监督局实行省以下垂直管理。2000 年，更名为县质量技术监督局，为德州市质量技术监督局直属机构。2011 年 12 月，增设稽查队，为副科级单位。截至 2013 年底，内设办公室、财务科、综合业务科、监督与法制科、特种设备安全监察科、代码办、鲁权屯稽查中队、广运稽查中队、滕庄稽查中队、武城镇稽查中队、老城稽查中队，下辖产品质量监督检验所、计量检定测试所、质量技术监督稽查队 3 个直属事业单位，有工作人员 66 人。

局　长：王桂亭（1988.12—1993.11）
李泽发（1993.11—1996.2）
姜福成（1996.2—1996.12）
郎庆辉（1996.12—2009.12）
胡文胜（2009.12—　）

武城县公路局

1961 年，武城县公路站成立，隶属德州地区公路段。1993 年 3 月，改称县公路局。2011 年 3 月，增设白庄分局、城关分局。截至 2013 年底，内设办公室、政工科、养护科、财务科、路政科、计统科、安全科、工程科、教育科、妇工委、ETC 办，有工作人员 70 人。

局　长：高书申（1984.7—1987.5）
郑方廷（1987.12—1989.11）
徐德国（1993.3—1994.6）
张庆起（1994.6—2010.4）
赵希亭（2010.4—　）

德州市公安局交通警察支队武城大队

1987 年 3 月，县交通局监理站划归公安局。公安局设交通警察队（股级），有民警 17 人。1989 年 4 月，改称县公安局交通警察大队（副科级）。2003 年 10 月，隶属德州市公安局交警支队，改称德州市公安局交通警察支队武城大队（正科级）。截至 2013 年底，内设指挥中心、财务科、宣传科、法制督察科、违法办、车管所、事故处理中心、秩序科和老城中队、城区中队、机动中队、巡逻中队，有民警 25 人、工勤 19 人。

队　长：王子华（1989.7—1993.5）
李国茹（1993.5—1999.2）
曲风华（1999.2—2002.4）
徐永兰（2002.4—2011.5）
尹军红（2011.5—　）

武城县气象局

1986 年，称县气象站，有工作人员 14 人。1988 年 8 月，改称气象局。截至 2013 年底，内设办公室、防灾减灾科、气象台和服务中心，有工作人员 10 人。

局　长：赵云菊（女，1991.7—1993.10）
潘家龙（1993.10—1997.8）
段兴武（1997.8—2003.9）
崔建萍（女，2003.9—　）

德州市住房公积金管理中心武城管理部

2009 年 10 月，设立德州市住房公积金管理中心武城管理部，与财政局合署办公。2011 年 2 月，管理部上划。截至 2013 年底，有工作人员 4 人。

主　任：周树彬（兼，2009.10—2011.2）
董国岭（2011.2—　）

第三节　金融机构

中国人民银行武城县支行

1974 年 2 月，中国人民银行武城县支行恢复。1986 年，设办公室、会计发行科、金融系统纪检组监察室，有工作人员 21 人。1987 年，撤销会计发行科，增设人秘科、会计国库科、发行保卫科、金融管理科。1988 年，增设保卫科。1990 年，撤销金融管理科，增设金融稽核科、计划调研科。撤销人秘科，增设人事科、办公室。

1998年，增设稽查科、农金科。2000年，撤销稽查科、农金科、人事教育科、办公室、货币发行科、保卫科，改设综合科、发行保卫科，增设政工科。2003年，撤销金融管理科。2004年，撤销金融系统纪检组监察室。2006年，内设机构改革，调整为办公室、纪检监察室、综合业务部、调查信息部。截至2013年底，有工作人员27人。

行　长：付士明（1986.10—1991.9）
赵玉发（1991.9—1995.4）
程少华（1995.4—1997.8）
侯建省（1997.12—2001.4）
陈光珍（2001.4—2005.3）
曹国江（2005.3—2011.1）
张如宝（2011.1—　）

中国工商银行股份有限公司武城支行

1984年5月，中国工商银行股份有限公司武城支行成立。1986年，有工作人员79人。2005年12月，更名为中国工商银行股份有限公司武城支行。截至2013年底，内设办公室、营业部、风险管理部、市场营销部，辖新城储蓄所，有员工21人。

行　长：李泗涛（1984.5—1986.10）
于维明（1987.3—1997.3）
姜　凯（1997.3—1998.3）
赵忠江（1998.3—2001.1）
史　海（2001.1—2004.6）
周智勇（2004.6—2007.12）
刘秀江（2007.12—2010.8）
刘洪起（2010.8—2011.9）
李春生（2011.9—2012.12）
姬　涛（2013.1—2013.10）
代圣华（2013.10—　）

中国农业银行股份有限公司武城县支行

1980年9月，中国农业银行股份有限公司武城县支行恢复。1986年，内设办公室、人事科、营业部、农业信贷科、信用合作科、企业信贷科、计划科、会计出纳科、审计科、工会、保卫科，15个乡镇营业所，有工作人员139人。截至2013年底，内设综合管理部、运营财会部、公司业务部、个人金融部、风险管理部，辖营业部、中天分理处、历亭街分理处、鲁权屯支行、河东支行5个营业网点，有员工22人。

行　长：徐　晶（1980.9—1993.10）
徐清仁（1993.10—1997.8）
刘会来（1997.8—2000.1）
郝建武（2000.1—2004.1）
于爱民（2004.1—2006.4）
常　连（2006.4—2011.1）
王华伟（2011.1—2012.8）
张宏健（2012.8—　）

中国农业发展银行武城县支行

1996年10月，中国农业发展银行武城县支行成立。截至2013年底，有员工22人。

行　长：王文宣（1996.10—1999.5）
谢玉华（1999.7—2003.1）
宋怀兴（2003.2—2011.7）
张　军（2011.7—　）

中国银行股份有限公司武城支行

1993年12月，中国银行股份有限公司武城支行成立。截至2013年底，内设营业部、综合管理部、业务发展部，在岗员工27人。

行　长：张福顺（1996.12—2001.2）
姚瑞华（女，2001.2—2002.1）
潘　强（女，2003.5—2005.6）
侯建东（2005.12—2010.10）
赵立章（2010.1—　）

中国建设银行股份有限公司武城支行

1979年1月，中国人民建设银行武城县支行成立。1986年，有工作人员10人。1994年3月，更名为中国建设银行武城县支行。2005年10月，更名为中国建设银行股份有限公司武城支行。截至2013年底，设综合部、客户服务部、营业室和腾飞分理处，在岗员工 44 人。

行　长：夏连崑（1984.5—1989.2）
张春生（1989.2—1997.11）
赵　亮（1997.11—2005.9）
孙敬民（2005.9—2008.8）
李胜国（2008.8—2011.10）
刘义波（2011.10—　）

武城县农村信用合作社联合社

1994 年 5 月，县农村信用合作社联合社成立。截至 2013 年底，辖 23 个营业网点，其中城区网点 11 个，乡镇街网点 12 个，从业人员 415 人。

理事长：辛玉玺（2001.4—2005.7）
王伦明（2005.7—2009.1）
孙德奎（2009.1—2011.11）
李友山（2011.11—　）

德州银行武城支行

2011 年 12 月，德州银行武城支行成立。截至 2013 年底，内设办公室、业务科、营业室，在岗员工 21 人。

行　长：张传涛（2011.12—　）

中国邮政储蓄银行股份有限公司武城县支行

2008 年 3 月，中国邮政储蓄银行股份有限公司武城县支行成立。截至 2013 年底，内设综合管理部、综合业务部、营业部、振华支行、滕庄支行、运河支行，有员工 65 人。

行　长：纪金国（2008.3—2013.1）
史　辉（2013.1—　）

中国人民财产保险股份有限公司武城支公司

1984 年 3 月，中国人民银行武城县支行保险股析出，成立中国人民保险公司武城县支公司，设人险股、农险股、车险股。1996 年 4 月，更名为中国财产保险有限公司武城县支公司。2003 年 7 月，更名为中国人民财产保险股份有限公司武城县支公司。截至 2013 年底，内设综合部、营业室、理赔科、业务科，有员工 20 人。

经　理：伏传林（1984.5—1986.11）
都培芝（1987.5—1995.10）
耿兆荣（1995.10—1996.4；1999.1—2006.3）
李保东（2006.3—2008.11）
都均明（2008.11—　）

中国人寿保险股份有限公司武城县支公司

1996 年 4 月，中国人民保险公司寿险股析出，成立中国人寿保险有限公司武城县营业部。1999 年，更名为中国人寿保险公司武城县支公司。2003 年，更名为中国人寿保险股份有限公司武城县支公司。截至 2013 年底，内设办公室、理赔部、客服部、银保部、团体业务部、个险销售部，有工作人员 17 人。

经　理：王汉仲（1996.4—1997.6）
康小川（1997.6—2001.2）
杨洪青（2001.2—2003.2）
康小川（2003.2—2004.2）
刘文栋（2004.2—2008.2）
陈　敏（2008.2—2012.2）
张世祥（2012.2—　）

第四节　其他机构

武城县邮政局

1973 年 7 月，邮政和电信重新合并复称邮电局。1986 年，有工作人员 116 人。1998 年 9 月分营，设邮政局和电信局。截至 2013 年底，下设邮政支局（网点）17 处，有工作人员 64 人。

局　长：姚文泉（1984.5—1989.10）
祝春清（1990.1—2004.12）
李　军（2004.12—2008.12）
陈　晶（女，2009.2—2011.6）
唐保国（2011.6—2012.4）
马庆峰（2012.4—　）

中国电信集团山东电信总公司武城县分公司

2003年10月，中国电信集团山东电信总公司武城县分公司设立，内设综合部、市场部、装维部，有工作人员10人。截至2013年底，有工作人员26人。

经　理：张敬东（2003.9—2005.4）
　　　　刘永志（2005.5—2007.11）
　　　　吴朝智（2007.12—2013.9）
　　　　柴顺武（2013.10—　）

中国移动通信集团山东有限公司武城分公司

1999年9月，山东移动通信有限责任公司武城分公司设立，内设综合部、市场部，有工作人员13人。2002年7月，增设大客户服务中心、财务部、办公室。2005年2月，大客户服务中心改称重客部，同年7月增设分销商部。2006年10月，改称中国移动通信集团山东有限公司武城分公司。2007年1月，增设农村营销管理中心。2008年9月，增设渠道管理服务中心。2009年3月，增设G3中心。2011年8月，增设wlan办公室。截至2013年底，内设综合部、业务运营部、建设维护部、集团客户服务中心、城区经营部、振华街旗舰店和鲁权屯镇、四女寺镇、郝王庄镇、甲马营镇、广运街道、李家户镇、老城镇7个经营部，有工作人员87人。

经　理：刘炳镇（1999.9—2001.7）
　　　　陈　勇（2001.7—2005.4）
　　　　刘　建（2005.4—2006.12）
　　　　苗玉晖（2006.12—2010.6）
　　　　张岩飞（2010.6—2013.4）
　　　　孟　涛（2013.4—　）

中国联合网络通信有限公司武城县分公司

1998年9月，设立县电信局，内设办公室、市场部、运行维护部、供应部及鲁权屯、甲马营、老城、杨庄、李家户、董王庄、大屯、郝王庄、蔡村、四女寺、滕庄、马庄12处乡镇支局，有工作人员79人。2000年3月，增设工会、综合部。2002年11月，县电信局改称山东省通信公司武城分公司（简称武城通信公司），撤销工会、综合部。2004年9月，更名为中国网通集团有限公司武城分公司，乡镇支局改称乡镇营业部。2008年10月，网通公司与联通公司组合成立中国联合网络通信有限公司武城县分公司（简称武城新联通公司），内设综合部、市场部、客户服务部、集团客户服务部、建设维护部和12个基层营销部。截至2013年底，有工作人员57人。

总经理（局长）：
　　　　郑福利（1999.4—2000.1）
　　　　赵国治（2000.1—2002.12）
　　　　王　东（2002.12—2005.4）
　　　　巩方文（2005.4—2007.1）
　　　　张俊岭（2007.1—2009.9）
　　　　冯立军（2009.9—2011.1）
　　　　郭春芝（女，2011.1—2012.1）
　　　　张胜军（2012.1—　）

国网山东武城县供电公司

1984年4月，县电业局改称为武城县电业公司。2012年6月，改称武城县供电公司。2013年6月，改称国网山东武城县供电公司。截至2013年底，辖供电所12个，变电站14座，有工作人员366人。

总经理：刘洪波（1974.11—1992.12）
　　　　马有富（1992.12—2002.3）
　　　　杨玉明（2002.3—2012.12）
　　　　李伦诗（2012.12—　）

山东广电网络有限公司武城分公司

2013年12月，山东广电网络有限公司武城分公司设立，有工作人员143人。

总经理：任秀芬（女，2013.12—　）

武城县烟草专卖局（营销部）

1983年10月，山东省烟草有限公司武城支公司成立。1984年5月，设立县烟草专卖局，与山东省烟草有限公司武城支公司一套机构，两块牌子。2005年10月，更名为山东德州烟草有限公司武城营销部。截至2013年底，内设综合办公室、专卖监督管理科、营销科、财务科、法制科、派驻组、1532武城分公司7个部门和1个稽查大队、2个专卖管理所，从业人员46人。

局长（经理）：

王书堂（1983.10—1988.8）

马文祥（1988.8—2006.2）

李连合（2006.2—2009.3）

桑学胜（2009.3—2011.11）

张光岭（2011.11—　）

武城县盐业公司（盐务局）

2000年7月，设立县盐业公司。截至2013年底，内设办公室、人事科、财务科、业务科、稽查一科、稽查二科、稽查三科、稽查四科、督查一科、督查二科，有工作人员37人。

经理（局长）：

李学军（2000.7—2007.5）

吴　涛（2007.6—　）

第三章　镇　街道　开发区

1986年，乡镇机构统一设置党委办公室、政府办公室、人武部、纪检委、团委、妇联、文教、公安局派出所、司法所、财政所、民政、水利站、农技站、林业站、文化站，广播站、工交办公室、计划生育服务站。1990年3月，设人大主席团，同年5月设政协工委。2001年3月，乡镇政协工委撤销，2011年8月恢复，改称政协联络室。截至2013年底，镇街统一设置党政办公室、纪检委、人大主席团、政协联络室、人武部、团委、妇联、民政、教管办、公安局派出所、司法所、法庭、水利站、财政所、统计站、农技站、林业站、文化站、土管所、经管站、计生服务站、信访办、畜牧站。

第一节　镇

鲁权屯镇（乡）

党委书记：

秦金利（1984.5—1990.3）

戚绍友（1990.3—1990.4）

臧振华（1990.4—1995.5）

史光毅（1995.5—1998.2）

于龙浩（1998.2—2003.12）

王志强（2003.12—2007.3）

丰文茂（2007.3—2009.6）

贾保华（2009.6—2010.11）

田志清（2010.11—　）

人大主席团主席：

陈洪文（1989.1—1996.1）

刘万邦（1996.1—1999.2）

苏之泽（1999.2—2002.1）

王林敬（2002.1—2003.12）

曲荣生（兼，2003.12—2005.3）

霍树旭（兼，2005.3—2006.12）

李文斌（2006.12—2007.11）

贾保华（兼，2007.11—2009.6）

丰文茂（兼，2009.6—2010.9）

田志清（兼，2010.9—　）

镇（乡）长：

张金荣（1984.5—1987.5）

戚绍友（1987.5—1990.3）

郑佃振（1990.3—1992.12）

李桓刚（1992.12—1995.5）
李文军（1995.5—1998.2）
李国栋（1998.2—1998.12）
许振中（1998.12—2003.12）
孟庆生（2003.12—2007.11）
张学丰（2007.11—2009.6）
王　芳（女，2009.6—2011.11）
殷金明（2011.12—2013.12）
纪芳强（2013.12—　）

政协联络室（联络组、工委）主任（组长）：
郑佃振（1987.5—1992.12）
姜希贵（1992.12—1998.12）
王兰喜（女，1998.12—2001.3）
卢远飞（兼，2011.8—2012.12）
于　妍（女，兼，2012.12—　）

武城镇

党委书记：
都培芝（1984.4—1987.4）
孙其富（1987.4—1990.4）
孙连合（1990.4—1992.12）
王洪忠（1992.12—1993.9）
杨步武（1993.9—1995.5）
王书生（1995.5—1999.1）
火建国（1999.1—2000.5）
王振祥（2000.5—2002.1）
王志强（2002.1—2003.12）
孙丰勇（2003.12—2007.11）
容占岭（2007.11—2011.12）
孙国春（2011.12—2013.12）
张义忠（2013.12—　）

人大主席团主席：
王树林（1990.4—1993.1）
宫金堂（1993.1—1999.2）
任洪禹（1999.2—2003.12）
姚建江（兼，2003.12—2006.12）
卢远飞（2006.12—2007.11）
容占岭（兼，2007.11—2011.11）
孙国春（兼，2011.11—2013.12）
张义忠（兼，2013.12—　）

镇　长：
孙其富（1984.4—1987.5）
张国利（1987.5—1990.4）
王洪忠（1990.4—1993.1）
赵希臣（1993.1—1995.5）
宫有学（1995.10—1998.2）
张延泉（1998.2—2000.5）
王志强（2000.5—2002.1）
孙丰勇（2002.1—2003.12）
张　君（2003.12—2007.11）
姚建江（2007.11—2010.9）
姚汝壮（2010.9—2011.11）
刘　杰（2011.11—　）

政协联络室（联络组、工委）主任（组长）：
史光毅（1987.5—1990.3）
霍宪贵（1990.3—1996.1）
刘玉芝（女，1996.1—1998.12）
于怀英（女，1998.12—2001.3）
徐金海（兼，2011.8—2012.12）
韩兰霞（女，兼，2012.12—2013.12）
王风广（兼，2013.12—　）

老城镇

党委书记：
张家臣（1984.4—1987.4）
张清昌（1987.4—1990.3）
戚绍友（1990.3—1995.5）
陈朋金（1995.5—1998.2）
李冠军（1998.2—1998.12）
梁新元（1999.1—2000.5）
王英华（2000.5—2007.2）
许振中（2007.2—2007.11）
石连革（2007.11—2011.12）

王德星（2011.12—　）

人大主席团主席：

陈兆群（1990.4—1996.1）

李树才（1998.1—1999.2）

孙凤海（1999.2—2003.12）

高玉华（女，兼，2003.12—2005.3）

于春峰（兼，2005.3—2006.12）

董　军（2006.12—2007.11）

石连革（兼，2007.11—2011.11）

王德星（兼，2011.11—　）

镇　长：

勾恩庆（1984.4—1990.3）

田德荣（1990.3—1995.5）

于维跃（1996.1—1999.2）

刘志宏（1999.2—2000.5）

郑新阳（2000.5—2003.12）

王德星（2003.12—2007.2）

张义忠（2007.2—2011.11）

卢远飞（2011.11—　）

政协联络室（联络组、工委）主任（组长）：

田德荣（1987.5—1990.3）

张宝贵（1990.3—1996.1）

宋凤文（1996.1—2000.5）

王林敬（2000.5—2001.3）

史国兵（兼，2011.8—　）

郝王庄镇（乡）

党委书记：

孙玉升（1984.4—1987.4）

王洪浩（1987.4—1990.4）

王振芳（1990.4—2000.5）

李文军（2000.5—2003.12）

郑新阳（2003.12—2007.11）

张　君（2007.11—2011.1）

陈义太（回，2011.1—2011.12）

姚汝壮（2011.12—　）

人大主席团主席：

杨义堂（1987.12—1990.3）

赵同君（1990.3—1996.1）

祁见崇（1996.1—2002.1）

赵庆山（2002.1—2003.12）

王耀章（兼，2003.12—2006.12）

李子辉（2006.12—2007.11）

张　君（兼，2007.11—2011.1）

陈义太（回，兼，2011.1—2011.12）

姚汝壮（兼，2011.12—　）

镇（乡）长：

王建华（1984.4—1987.5）

王振芳（1987.5—1990.3）

潘恩岭（1990.3—1992.11）

于龙浩（1992.11—1996.2）

满春元（回，1996.2—1999.2）

王志强（1999.2—2000.5）

时云山（2000.5—2003.12）

鲁学良（2003.12—2007.11）

姚汝壮（2007.11—2010.9）

于春峰（2010.9—2011.11）

侯志刚（2011.11—2013.12）

祖全奎（2013.12—　）

政协联络室（联络组、工委）主任（组长）：

王洪忠（1987.5—1990.3）

赵汇泉（1990.3—1996.1）

张志国（1996.1—2001.3）

李新泉（兼，2011.8—2012.12）

宫宝文（兼，2012.12—　）

甲马营镇（乡）

党委书记：

王金箱（1984.4—1987.5）

巩金忠（1987.5—1992.12）

张耀民（1992.12—1999.1）

马树文（1999.1—2002.1）

李俊青（女，2002.1—2003.12）
田志清（2003.12—2007.2）
沙淑红（女，2007.2—2007.11）
孙玉民（2007.11—2011.12）
陈义太（回，2011.12—　）

人大主席团主席：

高维商（1990.4—1995.12）
田如斌（1995.12—1999.2）
李家福（1999.2—2003.12）
谈洪林（兼，2003.12—2005.3）
邵在东（兼，2005.3—2006.12）
田志清（兼，2006.12—2007.2）
沙淑红（女，兼，2007.2—2007.11）
孙玉民（兼，2007.11—2011.1）
陈义太（回，兼，2011.11—　）

镇（乡）长：

马玉昌（1983.3—1987.6）
张耀民（1987.6—1993.1）
苏敦芳（1993.1—1993.12）
袁金瑞（1993.12—1995.12）
马树文（1995.12—1999.2）
李俊青（女，1999.2—2002.1）
田志清（2002.1—2003.12）
张宝璞（2003.12—2007.11）
于春峰（2007.11—2010.9）
宋传虎（2010.9—2012.3）
王建峰（2012.3—2013.12）
杨　帆（2013.12—　）

政协联络室（联络组、工委）主任（组长）：

隋国秀（1987.5—1990.3）
耿宝祥（1993.1—1998.12）
李树明（1998.12—2001.3）
马士军（兼，2011.8—2012.12）
李新泉（兼，2012.12—　）

四女寺镇

党委书记：

陈连昌（1979.4—1987.5）
马友富（1987.5—1992.12）
李庆林（1992.12—1995.5）
何连生（1995.5—1998.2）
宫有学（1998.2—2000.5）
张　君（2011.1—2011.11）
张风江（2011.11—　）

人大主席团主席：

张善亭（1988.12—1995.11）
王立三（1995.11—2000.5）
张　君（2011.1—2011.11）
张风江（2011.11—　）

镇　长：

马友富（1984.5—1987.5）
杨步武（1987.5—1990.3）
李庆林（1990.3—1992.12）
刘泽民（1992.12—1995.11）
梁新元（1995.11—1999.2）
王佩峰（1999.2—2000.5）
王建峰（2011.1—2012.3）
田瑞华（2012.3—　）

政协联络室（联络组、工委）主任（组长）：

李桂珍（女，1987.5—1990.3）
郑乃俭（1990.3—1995.11）
李清亮（1995.11—2001.3）
祖全奎（兼，2011.8—2012.1）
徐宝振（兼，2012.12—2013.12）
张灵敏（兼，2013.12—　）

李家户镇（乡）

党委书记：

尹兆义（1984.4—1987.4）
王朝礼（1987.4—1990.2）
张文春（1990.2—1992.12）
姜福成（1992.12—1995.12）

王振祥（1995.12—2000.5）
李荣军（2000.5—2003.12）
许振中（2003.12—2007.2）
王德星（2007.2—2011.12）
王　芳（女，2011.12—　）

人大主席团主席：
李文田（1990.4—1993.1）
张福林（1993.1—1996.1）
曲久林（1996.1—2000.5）
刘合臣（2000.5—2003.12）
张学丰（兼，2003.12—2006.12）
纪芳强（2006.12—2007.11）
王德星（兼，2007.11—2011.11）
王　芳（女，兼，2011.11—　）

镇（乡）长：
王朝礼（1984.4—1987.4）
张俊山（1987.4—1990.4）
李景芝（1990.4—1990.4）
姜福成（1990.4—1993.1）
王振祥（1993.1—1995.12）
李冠军（1995.12—1996.1）
李荣军（1996.1—1999.2）
郑新阳（1999.2—2000.5）
刘志宏（2000.5—2003.12）
王华军（2003.12—2005.3）
石连革（2005.3—2007.11）
殷金明（2007.11—2011.11）
纪芳强（2011.11—2013.12）
刘　健（2013.12—　）

政协联络室（联络组、工委）主任（组长）：
姜福成（1987.5—1990.3）
刘再朝（1990.3—1993.1）
张志祥（1996.1—2000.5）
赵庆山（2000.5—2001.3）
韩兰霞（女，兼，2011.8—2012.12）
刘士泉（兼，2012.12—　）

梁庄乡

党委书记：
于宝桐（1984.8—1987.4）
张金荣（1987.4—1990.2）
高洪臣（1990.2—1992.12）
张洪庆（1992.12—1993.9）

人大主席团主席：
韩文尧（1990.3—1993.1）
柏庆云（1993.1—1993.9）

乡　长：
马光义（1984.4—1987.5）
宗金庆（1987.5—1990.3）
张洪庆（1990.3—1993.1）
袁洪福（1993.1—1993.9）

政协联络室（联络组、工委）主任（组长）：
张洪庆（1987.5—1990.3）
孟凡珂（1990.3—1993.9）

祝官屯乡

党委书记：
刘　铁（1984.9—1987.7）
于树廷（1987.7—1990.1）
王合玉（1990.2—1992.12）
李家庆（1992.12—1995.6）
卢宝常（1995.11—1996.6）

人大主席团主席：
李云林（1990.3—1991.5）
张金范（1991.5—1996.6）

乡　长：
于树廷（1984.4—1987.4）
李志辰（1987.4—1990.3）
王保恒（1990.3—1993.1）
卢宝常（1993.1—1996.1）
孙成印（1996.1—1996.6）

政协联络室（联络组、工委）主任（组长）：

王保恒（1987.5—1990.3）

赵其奎（1990.3—1996.6）

蔡村乡

党委书记：

王福君（1984.9—1990.3）

张仲庆（1990.3—1992.12）

王书生（1992.12—1995.5）

王玉璞（1995.5—1999.1）

王英华（1999.1—2000.5）

人大主席团主席：

王德秀（1991.5—1996.1）

杨庆水（1996.1—2000.5）

乡　长：

杨曰昌（1984.5—1987.5）

张仲庆（1987.5—1990.3）

孙玉丰（1990.3—1993.12）

王玉璞（1993.12—1996.1）

张立金（1996.1—1999.1）

时云山（1999.1—2000.5）

政协联络室（联络组、工委）主任（组长）：

孙玉丰（1987.5—1990.3）

王明章（1990.3—1996.1）

杨建华（1996.1—1998.12）

冯建成（1998.12—2000.5）

大屯乡

党委书记：

刘德顺（1984.9—1987.4）

任永贵（1987.4—1990.4）

李景芝（1990.4—1998.2）

卢长生（1998.2—2000.5）

人大主席团主席：

王文举（1990.3—1996.1）

李桂和（1996.1—1999.2）

秦光华（1999.2—2000.5）

乡　长：

于庆善（1984.4—1990.3）

郭丰华（1990.3—1994.9）

李胜奎（1994.9—1998.2）

才玉栋（1998.2—2000.5）

政协联络室（联络组、工委）主任（组长）：

郭丰华（1987.5—1990.3）

孙天录（1990.3—1993.1）

王会清（1993.1—1998.12）

王其申（1998.12—2000.5）

董王庄乡

党委书记：

才立华（1984.9—1987.4）

孙连合（1987.4—1990.2）

臧治国（1990.2—1992.12）

史光毅（1992.12—1995.5）

李洪志（1995.11—1999.1）

李荣军（1999.1—2000.5）

人大主席团主席：

李春田（1990.4—1993.1）

刘金祥（1993.1—1999.2）

陈豹敏（1999.2—2000.5）

乡　长：

臧治国（1984.5—1990.4）

史光毅（1990.4—1993.1）

李洪志（1993.1—1996.12）

秦子波（1996.12—1999.2）

陈仲华（1999.2—2000.5）

政协联络室（联络组、工委）主任（组长）：

李景之（1987.5—1990.3）

梁恩重（1996.1—1998.12）

马庄乡

党委书记：

李秀岩（1984.4—1987.4）

杨曰昌（1987.4—1990.2）

刘金山（1990.2—1993.9）

赵云峰（1993.9—1994.9）
袁洪福（1994.9—1998.2）
李文军（1998.2—2000.5）

人大主席团主席：
崔玉璋（1990.3—1996.1）
王振常（1996.1—1999.2）
李绍忠（1999.2—2000.5）

乡　长：
柳长惠（1984.4—1987.5）
刘金山（1987.5—1990.3）
孙金城（1990.3—1992.12）
王书合（1992.12—1994.9）
陈朋金（1994.9—1995.5）
卢长生（1995.5—1998.2）
姜玉峰（1998.2—2000.5）

政协联络室（联络组、工委）主任（组长）：
宫金堂（1987.5—1990.3）
刘丙瑞（1991.5—1998.12）
冷玉冰（1998.12—2000.5）

滕庄镇（乡）

党委书记：
姜金平（1984.4—1988.7）
杨步武（1988.7—1993.1）
刘令刚（1993.1—1996.2）
石　敏（1996.2—1996.12）
王庆菊（女，1996.12—1998.2）
陈朋金（1998.2—2002.1）
陈建军（2002.1—2007.2）
田志清（2007.2—2009.6）

人大主席团主席：
张希志（1987.12—1996.1）
陈俊堂（1996.1—1999.2）
梁洪斌（1999.2—2002.1）
王树祥（2002.1—2003.12）
时子生（2003.12—2006.12）
王志勇（2006.12—2007.11）
田志清（兼，2007.11—2009.6）

镇（乡）长：
曲　华（1984.4—1987.5）
李庆林（1987.5—1988.7）
王书生（1988.7—1993.1）
王振明（1993.1—1996.1）
李胜军（1996.1—1998.2）
邴玉生（1998.2—1998.12）
陈建军（1999.2—2002.1）
王德星（2002.1—2003.12）
容占岭（2003.12—2007.11）
王　芳（女，2007.11—2009.6）

政协联络室（联络组、工委）主任（组长）：
王建华（1987.5—1990.3）
侯桐林（1992.3—1996.1）
李庆章（1996.1—1998.12）
李怀亮（1998.12—2001.3）

杨庄镇（乡）

党委书记：
刘庆诚（1984.9—1986.9）
高洪臣（1986.9—1990.2）
马光义（1990.2—1992.12）
王庆峰（1992.12—1996.2）
于龙浩（1996.2—1998.2）
于宝泉（1998.2—2003.12）
李文军（2003.12—2007.11）
陈义太（回，2007.11—2011.1）

人大主席团主席：
黄济川（1990.4—1993.1）
王玉华（1993.1—1996.1）
徐清贵（1996.1—1999.2）
王　晶（1999.2—2003.12）
乔法明（兼，2003.12—2005.3）
李文军（兼，2005.3—2007.11）
陈义太（回，兼，2007.11—2011.1）

镇（乡）长：

高洪臣（1984.4—1987.5）

马光义（1987.5—1990.4）

王庆峰（1990.4—1993.1）

秦尚田（1993.1—1996.1）

于宝泉（1996.1—1998.2）

王瑞峰（1998.2—1998.12）

孙丰勇（1999.2—2002.1）

沙淑红（女，2002.1—2007.2）

张风江（2007.2—2010.9）

王建峰（2010.9—2011.1）

政协联络室（联络组、工委）主任（组长）：

王庆峰（1987.5—1990.3）

梁春旺（1990.3—1996.1）

董俊才（1996.1—1998.12）

李家福（1998.12—2001.3）

第二节　街道　开发区

广运街道

党工委书记：

陈朋金（兼，2003.12—2005.3）

贾保华（2005.3—2009.6）

田志清（2009.6—2010.9）

孙国春（2010.9—2011.12）

于春峰（2011.12—　）

人大工委主任：

王桂军（2003.12—2006.12）

孙国春（2006.12—2007.11）

贾保华（兼，2007.11—2009.6）

田志清（兼，2009.6—2010.9）

孙国春（2010.9—2011.11）

于春峰（2011.11—　）

主　任：

贾保华（2003.12—2005.3）

孙玉民（2005.3—2007.11）

孙国春（2007.11—2010.9）

谭桂阳（2010.9—　）

政协联络室主任：

纪芳强（兼，2011.8—2012.12）

张灵敏（兼，2012.12—2013.12）

宋延中（兼，2013.12—　）

山东武城经济开发区

党（工）委书记：

王振芳（兼，1998.3—2002.1）

王振明（2001.8—2002.1）

陈朋金（2002.1—2007.2）

贾保华（2007.2—2009.6）

丰文茂（2009.6—2010.4）

田志清（2010.4—2010.9）

杜文陆（兼，2010.9—2012.3）

孙玉民（2012.3—　）

主　任：

王振明（2000.10—2002.1）

陈朋金（2002.1—2007.2）

贾保华（2007.2—2009.6）

丰文茂（2009.6—2010.4）

田志清（2010.4—2010.9）

张风江（2010.9—2011.11）

孙玉民（2011.11—　）

第二十九编

镇街概况

1986年，全县设3镇12乡，农业生产是乡镇经济的主导产业。1993年，为加强县城建设，将县城驻地附近的梁庄乡整体并入武城镇，全县辖3镇11乡。1993年、1994年，鲁权屯乡、滕庄乡分别撤乡建镇。1996年，祝官屯乡被撤销，所辖村庄分别被划入老城镇和甲马营乡，全县辖5镇8乡。2000年5月，为壮大乡镇经济，促进乡镇平衡发展，经省政府批准，武城县进行第三次区划调整，撤销了大屯、董王庄两乡并入武城镇；合并郝王庄乡、蔡村乡成立郝王庄镇；撤销四女寺镇并入滕庄镇；析马庄乡分别并入滕庄镇、鲁权屯镇。至此，全县辖5镇3乡。2004年，为便于县城城区管理和建设，将武城镇所辖以县城为中心的24个村庄辟出设立广运街道。全县辖5镇3乡1街道。2009年，撤销滕庄镇，所辖区域并入鲁权屯镇。2010年，杨庄乡、甲马营乡撤乡设镇。2011年，撤销杨庄镇并入老城镇；将原属于四女寺镇的所辖村庄从鲁权屯镇析出，将原属于蔡村乡的村庄从郝王庄镇析出，合并成立新的四女寺镇；同年，李家户乡撤乡设镇。至2013年底，全县辖7镇1个街道。

1986年后，随着改革开放的不断深入，武城乡镇经济焕发出新的生机与活力。各乡镇因地制宜，因势利导，打破农业一业为主的单一经济发展模式，依托优势资源，形成独具特色的产业经济。鲁权屯镇依托玻璃钢产品加工，发展成中央空调制造业基地；甲马营镇依托橡塑密封条，带动起全县汽车零部件制造业；武城镇的辣椒产业成为全县农副产品加工业的领航者；老城镇的棉花深加工为传统产业注入生机；李家户镇的食用菌和蔬菜生产为全县现代农业发展创出了路子。

第一章　镇　街道

第一节　鲁权屯镇

位于武城县西北部，卫运河东畔，东与武城镇接壤，南与甲马营镇为邻，西、北以卫运河为界与河北省故城县隔河相望，东北与四女寺镇交界，镇政府驻王贤屯村北。2013 年，总面积 155 平方千米，耕地 7467 公顷，人口密度 600 人 / 平方千米，辖 82 个行政村，人口 7.2 万人。实现 GDP73.7 亿元，完成财政收入 8248 万元。系武城县玻璃钢发源地、玻璃钢及中央空调加工基地。

1945 年，除西北沿河几个村属武城县外，其余村庄均属恩县三区。1956 年，划归武城县。1965 年，成立鲁权屯人民公社。1984 年，改公社为乡。1993 年 10 月，撤销鲁权屯乡，设立鲁权屯镇。2000 年 5 月，马庄乡撤销，将该乡南部的 18 个村划归鲁权屯镇。2004 年 4 月，将滕庄镇宋王庄村划归鲁权屯镇。2009 年 6 月，滕庄镇整建制划入鲁权屯镇。2011 年 1 月，将原四女寺镇辖区划归四女寺镇。

该镇西部地势平坦，土壤耕层以轻壤为主。东部大部分为恩县洼滞洪区，多为碱地和半碱地。西和北临卫运河，境内有利民河、沙河沟等河流。

农业

1986 年，农作物播种面积 3447 公顷，粮食总产 6500 吨，单产 215 千克，皮棉单产 66 千克，农业机械总动力 8375 千瓦。畜牧养殖有牛、马、骡、驴等大牲畜以及猪、羊、鸡、鸭、鹅等。年末大牲畜存栏 3400 头，猪存栏 1500 头，羊存栏 1500 只，家禽存栏 4.2 万只。1986 年，沿卫运河建有扬水站 8 座。1994 年，开挖国庄沟，解决镇北部农田浇水难问题。2000 年，粮食单产 339 千克，皮棉单产 95 千克，农业机械总动力 5.63 万千瓦。畜牧养殖有大牲畜、猪、家禽等。年末大牲畜存栏 2.94 万头，猪存栏 1.1 万头，羊存栏 1.13 万只，家禽存栏 27.7 万只。2008 年，农作物播种面积 8087 公顷，粮食总产 3.4 万吨，单产 532.9 千克，皮棉单产 92.8

图 29-1 鲁权屯镇社会服务中心（2011 年 摄）

千克，种植食用菌 8.74 万平方米，农业机械总动力 6.05 万千瓦。年末猪存栏 9000 头，牛存栏 8700 头，羊存栏 8000 只，家禽存栏 4.85 万只。截至 2013 年底，主要农作物有小麦、玉米、辣椒、棉花、蔬菜、林果等，农作物播种面积 1.89 万公顷，粮食总产 13.53 万吨，单产 555.2 千克，皮棉单产 108.9 千克，农业总产值 6.67 亿元，农业机械总动力 11.26 万千瓦。全镇建成养殖专业小区 52 个。年出栏生猪 1.25 万头，大牲畜 7382 头，羊年 1.1 万只，家禽 29.43 万只。

工业

1986 年，全乡有玻璃钢加工、橡胶加工、皮毛加工、塑料加工等项目，278 家企业，年产值 3892 万元。为加快乡镇企业和民营企业发展，乡党委、政府先后制定《关于对引进人才、资金项目和对做出突出贡献者实行重奖的规定》《关于工业开发区内新兴工业、商业税收问题的意见》和《关于大力发展个体和私营工业企业的暂行规定》。1995 年，实现产值 5804.6 万元。1996 年，镇党委、政府又出台民营企业十一条扶持政策，帮助金光集团投资 300 万元搞技改，帮助漳南玻璃钢开发有限公司投资 200 万元新上 SMC 组合箱式模压板生产项目。1997 年仅玻璃钢加工一项就实现产值 3.12 亿元，利税 4358 万元。同年，根据县委、县政府指示精神，对金光集团、轻工机械厂、北甘泉皮毛厂、南甘泉皮毛厂、玻璃钢风机厂等企业进行改制。2000 年，镇党委、政府加大招商引资力度，引进龙马铝业、尚跃空调等企业，形成玻璃钢、铝合金、胶木轴瓦、裘皮四大支柱产业。有中型一档企业 3 家，中型二档企业 4 家，村办工业小区 16 处，小型企业 167 家，加工点和个体工业加工户 2100 多家，从业人员 1.2 万多人，完成工业年产值 6.4 亿元，利税 1.2 亿元。2008 年，镇党委、政府实施返乡创业工程，鼓励在外地创业的玻璃钢业务员、玻璃钢大户返乡，在镇工业园投资建厂，先后建立汇特公司、科禄格风机、中远公司等企业。截至 2013 年底，鲁权屯镇工业构建起以玻璃钢及中央空调产业为主导，汽车零部件、新型保温材料多元化发展的产业体系，有工业企业 2175 家，其中规模以上企业 146 家，实现年产值 301.26 亿元，利税 1.74 亿元。

教育

1986 年，有中学 3 处，教职工 77 人，学生 1068 人。小学 26 处，教职工 130 人，学生 2319 人。1993 年，投资 40 多万元，建成镇中心小学。1996 年，投资 900 多万元，建成镇中学 2 所，教学楼 1 座，完全小学 7 所。1998 年，在漳南镇村设私立学校 1 处。截至 2013 年底，全镇有初级中学 1 处，在校生 637 人，有教职工 64 人。完全小学 11 处，在校生 3025 人，教职工 233 人。幼儿园 11 所，在园幼儿 1000 余人，教职工 57 人。小学、初中适龄人口入学率 100%。

卫生

1986 年，有卫生院 1 处，村级卫生室 29 处，医护人员 66 人。2006 年，投资 135 万元，修建新卫生院。2013 年，建设武城仁爱敬老院，包括老年公寓寝室、健身房、活动室等，一期 3600 平方米已开工建设，可安置老人 240 名。截至 2013 年底，有卫生院 2 处，床位 80 张，卫生技术人员 91 人。村卫生室 51 处，乡村医生 152 人。敬老院 2 处。参加农村合作医疗 4.78 万人，参合率 79.7%。

基础设施

2013 年，有邮政支局 3 处，代办所 24 处，电信企业 2 家，服务网点 41 个，电话交换机总容量 8 万门。有农村客运站 2 个，日发客运汽车 22 班次。35 千伏及以上变电站（所）2 座，110 千伏变压器 1 台，主变压器 4 台，总容量 16 兆伏安，用电负荷 2.2 万千瓦。在建千伏变电站1座。累计投资4.7亿元，修建公路42千米。主要公里有郑郝路、宏海路、龙四路等6条。2004年，全镇实现“村村通”公路。先后修建了鲁腾社区和和悦社区。

2013年，建设污水处理厂1个，规模5000立方米/日，建主干网16.4千米，建支网12千米，建排水管21千米，排水沟渠7400米。投放垃圾箱30个，设立垃圾处理站点8处。同年，对滕庄宏海北路、滕翔路、滕宏路，鲁权屯中心街、利民路、运河路6条道路升级改造，安装了路灯，绿化面积38万平方米，种植白蜡、垂柳、金枝槐、木槿、黑松等花卉苗木30余万株。

第二节　武城镇

位于武城县中东部，东与平原县接壤，南与夏津县交界，西南一隅与李家户镇相接，向西半环抱广运街道，北濒临鲁权屯镇，东北与郝王庄镇为邻，镇政府驻振华东街87号。2013年，总面积150平方千米，耕地7353公顷。辖73个行政村，人口5.55万人。实现GDP26亿元，完成财政收入2264.85万元。系武城县辣椒生产加工基地。中国武城辣椒城坐落该镇。

1945年，属恩县四区。1956年，划归武城县。1958年10月，成立旧城人民公社。1984年，改旧城人民公社为武城镇。1993年9月，梁庄乡合并到武城镇。2000年5月，董王庄乡、大屯乡合并到武城镇。2003年12月，24个行政村及城区6个居民区析出，划归广运街道。2011年1月，又将8个行政村划归广运街道。

全镇地势平坦，大部分是沙壤地，适宜农作物种植。旧城河、六六河横贯东西，六五河、六干三、赵庄沟和姜庄沟纵贯南北，水利条件较好。

农业

1986年，农作物播种面积4033公顷，粮食总产7830吨，单产202千克，皮棉单产78千克。年末大牲畜存栏5000头，猪存栏2000头，家禽存栏5.6万只。农业机械总动力1.43万千瓦。1989年，镇党委、政府组织民工修复沟渠20条，打机井675眼，新修和修复扬水站5处。1992年，组织民工开挖坑塘15个，增加蓄水能力30万立方米，打机井50眼，扩大灌溉面积330公顷。1995年，农作物播种面积4667公顷，粮食总产2.38万吨，单产340千克，皮棉单产43千克，农业机械总动力7.74万千瓦。2008年，农作物播种面积9733公顷，粮食总产7.12万吨，单产487.2千克，皮棉单产90.2千克，农业机械总动力6.81万千瓦。年末猪存栏1.54万头，牛存栏2800头，羊存栏5500只，家禽存栏27.5万只。截至2013年底，主要种植作物有小麦、玉米、辣椒、棉花、蔬菜、林果等，农作物播种面积1.67万公顷，粮食总产12.04万吨，单产539.7千克，皮棉单产51.9千克，农业总产值6.04亿元。全镇有生猪养殖专业小区4个，年出栏2.22万头。大牲畜养殖专业小区2个，年出栏1.05万头。养羊专业户237家，年出栏1.24万只。年出栏家禽57.05万只。

工业

1986年，全镇有建筑、建材、玻璃钢、化工、食品加工、修理、五金等项目，有企业25家，产品45种。骨干企业有榨油厂、化工厂、玻璃钢厂，总产值744万元（1980年不变价格）。1987年，镇玻璃钢厂医用救护车玻璃钢外壳试制成功。1997年，对建材厂、烛业公司、玻璃钢空调设备厂、第二针织厂、华兴股份有限公司等镇办企业进行改制。2000年，镇党委、政府加大招商引资力度，引进英潮、新明、锦绣纺织、锦茂等规模以上企业18家。截至2013年底，武城镇工业企业形成以农副产品加工、汽车零部件、机械加工、纺织、新型材料为主

图 29-2 中椒英潮集团（2013 年 摄）

的工业体系。全镇有工业企业 1150 家，其中规模以上企业 24 家，年实现产值 25.5 亿元，利税 1.25 亿元。

教育

1986 年，有中学 1 处，教职工 54 人，学生 725 人。小学 25 处，教职工 154 人，学生 2613 人。同年，投资 280 万元，新建教室、宿舍 150 间，购桌凳 300 套，有 13 处小学达到“六配套”（校舍、课桌凳、院墙、操场、厕所、校门，下同）标准。1996 年，投资 330 万元，改造危房 1.6 万平方米。2008 年底，全镇有初级中学 1 处，完全小学 8 处，教学点 2 处。其中，武城镇中学为省级规范化学校，侯王庄学校为市级规范化学校，县级规范化学校 7 处，幼儿园 16 所，在校学生 4825 人，教职工 490 人。截至 2013 年底，全镇有中学 1 处，在校生 1674 人，教职工 161 人。有完全小学 8 处，教学点 1 处，在校生 3943 人，教职工 231 人。幼儿园 4 所，在校学生 469 人，教职工 11 人。小学、初中适龄人口入学率 100%。

卫生

1986 年，有卫生院 1 处，村级卫生室 24 处，医护人员 41 人。2007 年，投资 112 万元，修建卫生院门诊大楼。截至 2013 年底，有卫生院 1 处，床位 36 张，卫生技术人员 43 人。村卫生室 33 处，乡村医生 102 人。敬老院 1 处。参加新型农村合作医疗 4.8 万人，参合率 98%。

基础设施

该镇有邮政代办所 3 处。电信服务网点 25 个，电话交换机总容量 3 万门。主要有省道 254 线、省道 318 线干线公路，新恩武路、撤退路、窑场路、河沟路、新坡路等县乡公路，全长 150 余千米。累计投资 6000 余万元，修建“村村通”公路 300 余千米。累计投资 1000 余万元，到 2006 年实现“村村通”自来水。2013 年，开工建设的德上（德州—上饶）高速公路途经武城镇前马棚、后马棚 2 村。先后修建了李善屯社区和东杨官屯社区。

第三节　老城镇

位于武城县西南部，卫运河东岸，原武城县治驻地。东与李家户镇接壤，南与夏津县交界，西濒卫运河与河北省故城县隔河相望，北与甲马营镇为邻，镇政府驻新街社区。2013 年，总面积 107.23 平方千米，耕地 6560 公顷。全镇辖 50 个行政村，人口 6.63 万人。完成 GDP117 亿元，财政收入 4900 万元。该镇地处冀鲁交界，德武、平武、夏武公路的终端，交通便利，商业繁荣，工业发达。系武城县棉花加工业基地。

1945年，属武城县一区。1958年，成立城关人民公社。1973年，县城搬迁后，1982年更名老城人民公社。1984年5月，改公社为镇。1996年6月，祝官屯乡的祖寨、梁寨、范庄、韩寨、陈衣庄、后王庄、冶庄、前王庄、祝官屯9个行政村划归老城镇管辖。2011年1月，杨庄镇并入老城镇。

全镇地势平坦，西濒卫运河，东临西沙河，水利条件较好。

农业

该镇是农业强镇。1986年，农作物播种面积2260公顷，粮食总产量9245吨，单产330千克，皮棉单产130千克，农业机械总动力1.08万千瓦。年末大牲畜存栏3900头，猪存栏2000头，羊存栏2100只，家禽存栏4.41万只。2008年，农作物播种面积5747公顷，粮食总产量2.37万吨，粮食单产499.3千克，皮棉单产93.6千克，农业机械总动力7.45万千瓦。猪存栏8000头，牛存栏3600头，羊存栏5100只，家禽存栏15万只。截至2013年底，主要种植作物有小麦、玉米、辣椒、棉花、蔬菜、林果等，农作物播种面积1.18万公顷，粮食总产8.12万吨，单产549.6千克，皮棉单产107.4千克，农业总产值5.11亿元。全镇有生猪养殖专业小区9个，年出栏1.97万头。年出栏大牲畜1790头。有养羊专业户103家，年出栏4940只。年出栏家禽68.31万只。

工业

1986年，主要有食品加工、纺织加工、工艺美术品、纸制品、建材、金属、机械、化工等，企业19家，实现产值1228万元（1980年不变价格）。1988年，镇党委、政府制定《关于企业承包的具体意见》，投资326万元建立老城镇地毯分厂和老城镇化纤厂。1994年，镇党委、政府制定《关于镇村企业转换经营机制的意见》，从指导思想、基本方针、经营形式、使用范围、双方权利义务等方面作出详细规定。1997年，对老城镇五金工具厂、老城镇地毯厂、老城镇汽车装具厂、常恒集团、砖瓦厂5家乡镇企业进行改制。2010年，镇党委、政府加大招商引资力度，引进新和祥纸品包装有限公司、奥博环保科技有限公司、山东派森科技有限公司、武城康妮纺织有限公司等18家企业。截至2013年底，老城镇工业企业主要有汽车制造、金属制造、粮棉深加工等。有民营企业562家，其中规模以上企业107家，实现产值106亿元，利税1.1亿元。

教育

1986年，有中学3处，教职工87人，学生962人。小学21处，教职工128人，学生3321人。1987年，对学校进行改貌，修建教室70间，校门9座，更换桌凳1000余套。1997年，投资86万元，建2000平方米教学楼1栋。投资201.4万元，建小学10处，改造危房3万平

图29-3　老城镇南屯小学（2013年　摄）

方米。截至2013年底，全镇有完全小学10处，教学点1处，在校生2906人，教职工206人。幼儿园11所，在园幼儿818人，教职工21人。小学、初中适龄人口入学率100%。

卫生

1986年，有卫生院1处，村级卫生室21处，医护人员162人。2007年，投资630万元，修建新卫生院。截至2013年底，有卫生院2处，床位80张，卫生技术人员107人。村卫生室45处，乡村医生136人。敬老院1处。参加新型农村合作医疗4.93万人，参合率95.2%。

基础设施

该镇有邮政支局1处，代办所1处，电信企业1家。110千伏变电站2处。2006年，新建镇客运站，日发客12班次。主要道路13条。其中，东西走向的道路8条，南北走向的道路5条。2000年，实现“村村通”公路。2005年，实现“村村通”自来水。投资560万元，建设水厂1处，并配置除氟设备。投资870万元，兴建农贸市场和特色农产品交易市场。2011年，先后修建范庄社区和孟王庄社区。

第四节　郝王庄镇

位于武城县东北部，东临国道105线，与平原县王杲铺镇接壤，东南、南、西和武城镇为邻，北与四女寺镇交界，镇政府驻郝王庄村北侧。2013年，总面积50.68平方千米，耕地面积3347公顷，辖34个行政村，人口2.47万人。完成GDP15.6亿元，实现财政收入1097.89万元。国家南水北调东线工程——大屯水库位于该镇西1千米处。

1945年，属恩县二区。1956年，恩县撤销，划归平原县。1965年，成立郝王庄人民公社，同年9月划归武城县。1984年，改公社为乡。2000年5月，撤销郝王庄乡、蔡村乡，以原郝王庄乡、蔡村乡的行政区域设立郝王庄镇。2010年1月，郝王庄镇的原蔡村乡的26村析出，划归新成立的四女寺镇。

全镇地势高亢平坦，东部沿沙河一带属黄沙土，陈公堤下多系红黏土和碱地，中间为壤土。六五河、利民河（东支）在镇域西部自南向北穿过，与四女寺减河交汇。

农业

该镇为传统农业乡镇。1986年，农作物播种面积3887公顷，粮食总产9075吨，单产180千克，皮棉单产71千克，农业机械总动力5930千瓦。年末大牲畜存栏5000头。猪存栏2200头，羊存栏2100只，家禽存栏5.6万只。同年，乡党委、政府开挖罗庄干渠中心沟、南北中心沟，动土33万立方米。先后投资47万元扩建罗庄扬水站。1992年，投资60万元实施黄淮海开发工程，开挖沟渠90千米，动土60万立方米，建桥12座，涵洞10个，闸门15个，开发土地330公顷。2002年，镇党委、政府根据县委、县政府关于深化农业结构调整的实施意见，调整农业产业结构，扩大辣椒种植面积，当年种植200公顷。2008年，投资341.8万元，动土105.7万立方米，完成蔡村灌排沟建设，实现灌排面积2667公顷。同年，农作物播种面积1.06万公顷，粮食总产4.21万吨，粮食单产476.5千克，皮棉单产91千克，农业总产值3.88亿元，农业机械总动力6.2万千瓦。年末大牲畜存栏9800头，猪存栏1.39万头，羊存栏1.4万只，家禽存栏14.4万只。建成养殖规模达300头的大祁庄养牛小区、规模达200头的东张庄养牛小区，山鸡养殖规模达万只的邱王庄养殖小区和李古寺蛋鸡养殖小区。截至2013年底，农作物播种面积5333公顷，粮食总产3.81万吨，单产518.8千克。棉花面积247公顷，棉花单产85.5千克。辣椒面积66.67公顷，林果面积186.67公顷。年出栏生猪7264只，大牲畜766头，羊983只，家禽27.27万只。

工业

1986年，有砖瓦加工、面粉加工、籽棉加工、塑料加工等工业项目，实现产值229万元。1989年，乡党委、政府投资250万元筹建乡造纸厂。1992年和1995年，先后投资1100万元对造纸厂进行扩建，年生产能力达万吨，产品畅销10多个省市，并出口朝鲜、马来西亚等7个国家和地区，成为该乡经济支柱。1993年，大王庄村投资120万元建起大王庄针织厂，并先后建起蛋白食品公司、植物蛋白公司等6家分公司。1997年，对郝王庄造纸厂、砖瓦厂2家乡镇企业进行改制。2000年后，镇党委、政府加大招商引资力度，先后引进德州北辰复合材料有限公司、武城大王润滑油脂有限公司、山东永旺科技有限公司等5家企业。截至2013年底，全镇有工业企业72家，其中规模以上企业14家，年实现产值5.31亿元，利税2184.92万元。

教育

1986年，有中学1处，教职工47人，学生792人。小学30处，教职工155人，学生2427人。1987年，投资68万元对全乡学校进行改貌，修建房屋467间，建“六配套”学校26处。1992年7月，投资11万元，修建教室36间，仪器室5间，并购置部分教学仪器。1996年，投资140万元，修建乡中学教学楼，建筑面积3000平方米。截至2013年底，全镇有小学5处。其中，中心小学1处，学区小学4处，在校生896人，教职工105人。有幼儿园6处，教职工53人，幼儿640人。小学、初中适龄人口入学率100%。

卫生

1986年，有卫生院1处，村级卫生室34处，医护人员56人。2006年，投资100万元，重修卫生院。截至2013年底，有卫生院1处，床位45张，卫生技术人员34人。村卫生室20处，乡村医生47人。有敬老院1处。参加新型农村合作医疗2.11万人，参合率93%。

基础设施

该镇有邮政支局2处，代办所34处，电信企业3家，电话交换机总容量8万门。35万千伏变电站1座。镇境内有国道105线、郑郝路2条干线公路，双罗路、市场路等乡村公路。累计投资735万元，修建公路35千米，到2010年实现“村村通”公路。累计投资500余万元，到2013年，完成饮水管网改造，全镇群众吃上黄河水。先后兴建萱草水乡社区、邱王庄社区和中心社区。

图29-4　萱草水乡社区（2013年　摄）

第五节　甲马营镇

位于武城县西部，东与广运街道为邻，南与老城镇、李家户镇接壤，西临卫运河与河北省故城县隔河相望，北与鲁权屯镇相接，镇政府驻甲马营村北侧。2013 年，总面积 74.58 平方千米，耕地 3387 公顷，辖 33 个行政村，人口 3.7 万人。实现财政收入 5899.8 万元。系武城县汽车密封件发源地及生产加工基地。

1947 年，沿卫运河东岸的 15 个村划归恩县。1956 年，恩县撤销后划归武城县。1958 年 9 月，成立甲马营人民公社。1964 年，卫运河以西 14 个大队划归河北省故城县赵行公社。1984 年 5 月，改公社为乡。1996 年 6 月，祝官屯乡北侧的徐庄、董白三、谭庄、北王庄、田庄 5 个行政村并入甲马营乡。2010 年 7 月，撤乡建镇。

全镇地势平坦，西部偏高，东部稍低，卫运河从镇境西侧流过，且有六六河、利民河西支流经该镇。土壤耕层多为轻壤，适宜农作物种植。

农业

1986 年，农作物播种面积 4413 公顷，粮食总产 8420 吨，单产 185 千克，皮棉单产 85 千克，农业机械总动力 5786 千瓦。年末大牲畜存栏 3700 头，猪存栏 1400 头，羊存栏 1400 只，家禽存栏 4.3 万只。1988 年，改造中低产田 993 公顷，开发荒碱地 230 公顷。1990 年和 1994 年，乡党委、政府决定改善生产条件，建设万亩方，实行路、林、沟、渠综合治理，投工 32 万个，动土 60.5 万立方米，修路 15 条，开挖引水沟 22 条，植树 8.8 万株。2000 年，农作物播种面积 7540 公顷，粮食总产 1.76 万吨，单产 405 千克，皮棉单产 83 千克。农业机械总动力 5.63 万千瓦。2008 年，农作物播种面积 6768 公顷，粮食总产 2.24 万吨，单产 433 千克，皮棉单产 97.1 千克，农业机械总动力 5.88 万千瓦。年末猪存栏 9000 头，出栏 4800 头。年末牛存栏 7800 头，出栏 4500 头。年末羊存栏 6000 只，出栏 3500 只。年末家禽存栏 13.6 万只，出栏 15.4 万只。2010 年，镇党委、政府以粮棉生产为基础，瓜菜、畜禽为主导，发展良种繁育、食用菌、西瓜、奶牛养殖、生猪种猪饲养等特色农业。成为全市 30 个棉花生产基地之一，建设前庙、后曹店良种繁育基地，王虎庄奶牛养殖基地、田庄食用菌养殖基地。截至 2013 年底，农作物播种面积 8547 公顷，粮食总产 6.69 万吨，单产 602.8 千克，皮棉单产 95.1 千克。辣椒面积 67 公顷，食用菌面积 3000 平方米，林果面积 80 公顷。农业总产值 3.04 亿元。全镇建成养殖专业小区 3 个，年出栏生猪 4690 头。年出栏大牲畜 142 头。养羊专业户 47 家，年出栏 1110 头。年出栏家禽 16.49 万只。

工业

1986 年，主要有砖瓦加工、面粉加工、木器加工、农机修配、汽车配件等工业项目 21 个。骨干企业有甲马营砖瓦厂、面粉加工厂、农机厂、木器厂，实现产值 483 万元（1980 年不变价格）。为加快乡镇经济发展，修建起邢凤台综合厂、武城县汽车密封配件厂、武城县新城汽车密封件厂、武城县汽车配件厂、玻璃钢专用器材设备厂等民营企业。1993 年，以橡胶、玻璃钢、建筑、地毯加工、粮食运销产业为龙头，引导龙头企业的产品、技术向全乡扩散。一个龙头带一个行业，一个大户带一片农户。1997 年，对甲马营砖瓦厂、面粉加工厂、农机厂、木器厂等乡办企业进行改制。2000 年后，乡党委、政府加大招商引资力度，新建新奥宇车业公司、晨光公司、德兴橡塑制品公司等 15 家企业。截至 2013 年底，该镇工业企业主要有汽车零部件、金属制造、粮棉深加工等129家，其中规模以上企业27家，实现产值19.67亿元，利税7800万元。形成龙湾粮食供销专业村、花园屯汽车配件生产专业村，后曹店玻璃钢制品加工专业村，民营企业成为该镇经济支柱。

教育

1986年，有中学4处，教职工68人，在校生1188人。小学25处，教职工330人，在校生3997人。同年，根据县委、县政府的工作部署，按照"六配套"标准，对全乡中小学进行改貌。投资50万元，新建校舍94间，维修危房64间，购置桌凳670套。1996年，投资229万元，建5600平方米教学楼1栋，投资43万元建小学5处，改造危房3400平方米。2012年，镇中学合并到武城县四中。截至2013年底，全镇有完全小学5处，在校生907人，教职工121人。有幼儿园3所，在园幼儿320人，教职工12人。小学、初中适龄人口入学率100%。

卫生

1986年，有卫生院1处，村级卫生室40处，医护人员67人。2009年，投资135万元，重修甲马营卫生院。截至2013年底，有卫生院1处，床位30张，卫生技术人员31人。村卫生室23处，乡村医生76人。全镇有2.91万人参加农村合作医疗，参合率95%。

基础设施

该镇有邮政支局1处，代办所1处，电信网店1家。35千伏变电站1座。2006年，建客运站，日发客车50班次。累计投资360万元，到2006年实现"村村通"自来水。累计投资7550万元，修建公路175千米，全镇33个村实现"村村通"公路。2010年，修建了凤凰台社区。2013年，投资4000万元，建设至县城的新甲路。投资1.5亿元，兴建和完善甲马营赟兴市场、甲马营商贸市场、龙湾粮食专业批发市场、玉皇庙农贸市场、东堤口农贸市场。

图29-5　甲马营镇幼儿园（2013年　摄）

第六节　四女寺镇

位于武城县东北部，东与平原县接壤，南与武城镇和郝王庄镇为邻，西与鲁权屯镇相接，北与河北省故城县、东北与德城区隔河相望。地处山东、河北两省三县（区）交界处，镇政府驻四女寺村南。2013年，总面积120平方千米，耕地4967公顷，辖62个行政村，人口4.07万人。实现财政收入2458万元。四女寺风景区及千亩湿地所在地，系武城县旅游胜地。

1945年，隶属恩县。1956年，恩县撤销后划归平原县。1958年，成立四女寺人民公社。1965年9月，划归武城县。1984年，改公社为镇。2000年5月，四女寺镇并入滕庄镇。2009年6月，随滕庄镇并入鲁权屯镇。2011年1月，原四女寺辖区和原蔡村乡26村合并成立四女寺镇。

全镇系卫运河恩县洼滞洪区

所在地，地势东高西低，东部堤上部分为壤土，西部洼内为黏土。卫运河、减河从镇境北侧流过，境内有六五河、利民河、利民河东支、利民河北支4条骨干河道。

农业

1986年，农作物播种面积4420公顷，粮食总产8970吨，单产206千克，皮棉单产68千克，农业机械总动力7113千瓦。年末大牲畜存栏5200头，猪存栏2100头，羊存栏1600只，家禽存栏5.7万只。是年，全镇出工2.4万个，动土4.8万立方米，修复头屯南干渠。1988年，动土4万立方米，开挖庙留河，并对五屯沟进行清淤。1992年，开展坑塘建设，用工9.5万个，动土31万立方米，建坑塘27个。1994年，投资35万元，开发德武路两侧中低产田800公顷。1995年，实施黄淮海开发二期工程，投资60万元，完成桥、涵、闸配套工程75处，打井107眼。同年，镇党委、政府调整农村产业结构，实施全镇大蒜种植计划，当年种植大蒜200公顷，人均0.5亩。1999年，农作物播种面积5180公顷，粮食总产2.32万吨，单产450千克，皮棉单产50千克。年末大牲畜存栏1.05万头，猪存栏4500头，羊存栏6600只，家禽存栏2.7万只。截至2013年底，农作物播种面积9933公顷，粮食总产6.84万吨，单产566.2千克，皮棉单产89.3千克，农业总产值4.48亿元。全镇有生猪养殖专业小区5个，年出栏1.63万头。大牲畜养殖专业小区4个，年出栏8832头。养羊专业户256家，年出栏1.09万头。年出栏家禽37.65万只。

工业

1986年，有制砖、冷藏、地毯、玻璃钢、粮食、油料、棉花等加工项目，镇办、村办企业14家，工业总产值342万元。1988年，镇政府投资240万元，建立四女寺染化厂。1995年，投资100万元，对染化厂进行技术改造。1997年，对恒温库、染化厂、砖厂3家企业进行改制。1999年，工业总产值1.02亿元。

2011年1月，四女寺镇恢复后，镇党委、政府加大招商引资力度，建立德武新区。2013年8月，改称市南经济开发区。引进天琪商品混凝土、远新空调、远凯空调设备、正兴食品、巨星暖通等企业10余家。截至2013年底，形成以玻璃钢加工、化工为主的工业园区，有双一集团、山东鼎昌复合材料有限公司、鑫佳日化、德州远新空调器械设备有限公司、德州创一水箱有限公司等企业

图29-6 山东双一科技股份有限公司（2013年 摄）

53 家，规模以上企业 21 家，实现产值 39.25 亿元。

教育

1986 年，有中学 1 处，教职工 45 人，学生 650 人。小学 26 处，教职工 109 人，学生 2452 人。1988 年，投资 80 万元新建、扩建学校 26 处，修建房屋 388 间，按校改标准实现“六配套”。1996 年，投资 200 万元，建成镇中学 1 所，教学平房 19 栋。截至 2013 年底，全镇有初级中学 1 处，在校生 553 人，有教职工 44 人。完全小学 6 处，在校生 1662 人，有教职工 124 人。幼儿园 7 所，在园幼儿 750 人，教职工 16 人。小学、初中适龄人口入学率 100%。

卫生

1986 年，有卫生院 1 处，医护人员 27 人，床位 20 张，村办卫生室 33 个，村医 18 人。2013 年，投资 300 万元，重修四女寺卫生院。截至 2013 年底，有卫生院 1 处，床位 30 张，卫生技术人员 37 人。村卫生室 42 处，乡村医生 80 人。参加合作医疗 3.38 万人，参保率 93.72%。

基础设施

该镇有邮政支局 2 处，电信网点 3 家（联通、移动和网通），服务网点 36 个。客运站 1 个，日发客运汽车 2 班次。千伏变电站 1 座。有国道 105 线、省道 254 线干线公路 2 条。2012 年，投资 4500 万元，修建孝女路。2013 年，投资 2400 万元，修建富民路、减河景观路。投资 600 万元，实施景区内绿化、亮化、硬化，种植观光槐树、柳树、古树等 200 余棵，安装太阳能路灯 40 盏，硬化道路 1000 米。先后修建四女寺社区、蔡村社区和聂北社区。

第七节　李家户镇

位于武城县南部，东与武城镇接壤，东南、南与夏津县交界，西与老城镇相接，北与甲马营镇为邻，镇政府驻李家户村东侧。2013 年，总面积 60 平方千米，耕地 4267 公顷，辖 27 个行政村，人口 3.32 万人。完成 GDP15.42 亿元，实现财政收入 2016.67 万元。系山东省优质棉种植基地、食用菌种植基地。

1945 年，属恩县五区。1956 年，恩县撤销划归武城县。1958 年 10 月，成立李家户人民公社。1984 年 4 月，改公社为乡。2011 年 9 月，撤乡建镇。

全镇地势平坦，土壤多为沙壤土，适宜农作物种植，群众素有植棉习惯，为武城县老棉区之一。北有旧城河，南有辛庄沟，排灌方便。

农业

1986 年，农作物播种面积 6060 公顷，粮食总产 1.18 万吨，粮食单产 393 千克，皮棉单产 80 千克，农业机械总动力 1.93 万千瓦。年末大牲畜存栏 5600 头，猪存栏 2900 头，羊存栏 3000 只，家禽存栏 7.1 万只。为改善生产条件，乡党委、政府先后组织 6 次农田水利基本建设。1986 年，组织民工修渠 60 条，动土 17.5 万立方米。挖沟 13 条，动土 9.7 万立方米。修桥 15 座、涵洞 15 个。1988 年，清挖辛庄沟。1990 年，修建仁里庄扬水站，扩建刘官屯扬水站，开挖沟渠 51 条，动土 62 万立方米。1991 年，修复沟渠 10 条，开挖沟渠 39 条，修建涵、闸 80 处，动土 8 万立方米。1992 年，挖坑塘 27 个，增加蓄水能力 32 万立方米。1993 年，在全乡开展以打井为重点的农田水利基本建设，共打沙管井 168 眼，修复 32 眼，达到 70 亩一眼井，基本解决宜井区灌溉问题。1994 年，乡党委、政府大力发展多种经营，新建桑园 102.6 公顷，1995 年又新建 179.4 公顷，总面积 282 公顷。2006 年，筹集资金 800 多万元对刘官屯闸、石官屯闸进行维修，对小董王庄渠、辛庄渠等干渠进行清淤，农业生产条件进一步完善。2008 年，农作物播种面积 7507 公顷，粮食总产 2.38

万吨，单产435.2千克，皮棉单产92.4千克，农业机械总动力6.46万千瓦。年末牛存栏4100头，猪存栏7000头，羊存栏6000只，家禽存栏8.5万只。

2009年，乡党委、政府决定发展食用菌种植，以李官屯为中心，辐射四周10余个村庄，建成层架式菇房110栋，带动周边群众400余户参与生产经营。2011年，引进西班牙恒温菇房栽培模式，建设菌种厂、发酵场和50个智能恒温菇房。建有各类菇房（棚）287个，食用菌种植面积300多万平方米。2012年，镇党委、政府以食用菌、有机瓜菜、林果业、生态养殖四大主导产业为发展重点，按照“一村一品”选择品质农业项目，牵头组建各类农业合作社35家，发展会员1200多户。截至2013年底，农作物播种面积9027公顷，粮食总产6.49万吨，单产580.9千克，皮棉单产95.9千克，农业总产值6.44亿元。食用菌300万平方米，年产150万吨，林果面积400公顷。全镇共建成养殖专业小区15个，生猪养殖专业村2个。年出栏生猪5130头，大牲畜410头，羊1260只，家禽9.32万只。

工业

1986年，主要有农机加工、砖瓦加工、面粉加工、棉花加工、皮毛加工、地毯加工、建筑等项目，实现产值476万元（1980年不变价格）。1987年，投资131万元，建立纸板厂。1997年，对纸板厂、纸箱厂、预制厂、砖厂、榨油厂5家乡镇企业进行改制。2003年，乡党委、政府投资390万元，修建乡工业园。出台优惠政策，先后引进凯地兰纺织、山东芳华农业发展有限公司等13家规模以上企业。截至2013年底，全镇工业企业27家，其中规模以上企业11家，实现产值5.73亿元，利税1079万元。

教育

1986年，有中学1处，教职工58人，学生966人。小学26处，教职工222人，学生4163人。1989年，乡党委、政府投资17万元，对全乡中小学进行整修，新建教室310间，修建操场11个，购置桌凳950套。1996年，投资200万元，建2400平方米中学教学楼1栋。投资120万元，建小学4处，改造危房4500平方米。2013年3月，投资450余万元，修建李家户镇中心幼儿园，有教学班6个，专业幼儿教职工12人，幼儿280名。截至2013年底，全镇有完全小学8处，学生1043人，教职工133人。幼儿园4所，在园幼儿458人，教职工25人。小学、初中适龄人口入学率100%。

图29-7 山东凯地兰纺织有限公司（2013年 摄）

卫生

1986年，有卫生院1处，村级卫生室26处，医护人员62人。2006年，投资110万元，重修李家户卫生院。2012年，投资180万元，修建敬老院1处，可容纳160余人。截至2013年底，有卫生院1处，床位30张，卫生技术人员41人。村卫生室28处，乡村医生58人。参加新型农村合作医疗2.8万人，参合率90.75%。

基础设施

该镇有邮电支局1处、农村信用社1处，网通营业点1处，移动营业点1处、电信营业点1处，村级服务网点15处。千伏变电站1座。有发往济南、德州等城市客车，日发送2班次。先后建设了东升社区和祥顺社区。投资2亿元启动富民商业街建设项目。

德上高速穿境而过，商贸大道与省道254线连接。境内有梁李路、李老路、花耿路等县乡公路。筹集1300万元，修建、改造乡村公路120千米，2004年实现“村村通”公路。2006年，实施“村村通”自来水工程。此后，投资5000万元，修建商贸大道。投资1200万元，完成梁李路与商贸大道对接。投资5800万元，完成镇中心街、花耿路及部分村庄道路改造。

第八节　广运街道

位于武城县城中部。北与鲁权屯镇接壤，东与县经济开发区为邻，南部与武城镇交界，西与甲马营镇相接，街道办事处驻东关村。2013年，总面积40平方千米，耕地2293公顷。辖22个行政村、6个居民区，人口5.97万人。实现财政收入5500万元。

2003年12月，将原武城镇24个村及6个居委会划出，设立广运街道。2011年1月，又将原武城镇8个村划入。同年12月，将10个村析出，划归县经济开发区。

农业

2004年，农作物播种总面积4193公顷，粮食总产量1.42万吨，单产415千克，皮棉单产110千克，农业机械总动力5.46万千瓦。年末大牲畜存栏3900头，猪存栏1200头，羊存栏5000只，家禽存栏10.8万只。2008年，农作物播种面积3393公顷，粮食总产量1.18万吨，单产466.6千克，皮棉单产101.4千克，农业机械总动力4.22万千瓦。年末大牲畜存栏2500头，猪存栏7100头，羊存栏1000只，家禽存栏5.9万只。截至2013年底，农作物播种面积5873公顷，主要种植作物有小麦、玉米、辣椒、棉花、蔬菜、林果等，粮食总产量3.89万吨，单产557.4千克，皮棉单产100.8千克，农业机械总动力12.35万千瓦，农业总产值3.91亿元。辣椒种植66.67公顷，棉花面积453公顷，食用菌3万平方米，林果66.67公顷。有养殖专业村3个，各类养殖小区3个，养殖专业户180户。大牲畜养殖专业小区1个，年出栏750头。年出栏生猪8564头。养羊专业户15家，年出栏3992只。年出栏家禽20万只。

工业

2004年，有汽车及汽车零部件、新材料（玻璃钢）、特种纤维、精细化工、新能源、农产品加工和新兴建材等骨干企业15家，年产值1.2亿元。此后，先后引进民福棉业、海内特汽车零部件、凯悦生物科技、恒和车业等企业。截至2013年底，形成汽车零部件、棉纺、化工、农副产品深加工等四大优势产业，有工业企业820家，其中规模以上企业19家，实现年产值14亿元。

教育

2004年，有初级中学1处，教职工40人，学生990人。小学4处，教职工120人，学生320人。投资120万元新建小学1处，改造危房800平方米。截至2013年底，有初级中学

1处，完全小学4处，在校学生1043人，教职工94人。有幼儿园6所，在园幼儿1000余人，教职工33人。小学、初中适龄人口入学率100%。

卫生

2004年，有卫生院1处，村级卫生室8处，医护人员20人。2005—2013年，投资120余万元，修建村级卫生室10处。截至2013年底，有卫生院1处，床位20张，卫生技术人员102人。村卫生室22处，乡村医生76人。投资200余万元，修建敬老院1处，入院300人。

图29-8 张庄小区（2013年 摄）

基础设施

该街道有邮政支局1处，电信企业4家，服务网点20余处。电话普及率100%，手机普及率100%，互联网普及率达80%以上。境内有省道318线、省道254线、干线公路2条。2010年，投资2.88亿元，修建贝州家具建材城。先后修建了状元小区、张庄小区、黄花园小区、果里小区、蒋官屯社区、梁庄社区和棘围安置小区。

第二章　撤并乡镇

第一节　梁庄乡

位于武城县中部，东与武城镇接壤，南与李家户乡为邻，西与甲马营乡相接，北与马庄乡交界，乡政府驻梁庄村南。1992年，总面积43.76平方千米，耕地2720公顷，辖21个行政村，人口1.85万人。

1945年，属恩县四区。1956年，恩县撤销划归武城县，属旧城人民公社。1965年，成立梁庄人民公社。1984年，改公社为乡。1993年9月并入武城镇。

全乡地势西高东低，北部有少量盐碱地，其余大部为壤土，常年以粮棉种植为主，是全县重点产棉乡之一。南端有旧城河，北部有六六河和甲马营灌区二分干渠。

农业

该乡为传统农业乡镇。1986年，种植小麦、玉米、大豆、棉花等。农作物播种面积3580公顷，粮食总产8065吨，单产244千克，皮棉单产84千克，农业机械总动力4.63万千瓦。年末大牲畜存栏4300头，猪存栏1900头，羊存栏2000只，家禽存栏4.6万只。1992年，农作物播种面积3187公顷，粮食总产8188吨，单产327千克，皮棉单产39千克，农业机械总动力6.75万千瓦。年末大牲畜存栏5200头，猪存栏 2600 头，羊存栏 4300 只，家禽存栏 14 万只。

工业

1986 年，有小麦加工、砖瓦、工艺美术蜡、无纺布、玻璃钢加工等项目，骨干企业有蜡厂、砖瓦厂、面粉厂，乡办、村办工业实现产值 498 万元（1980 年不变价格）。1992 年，实现工业产值 3887 万元（1990 年不变价格）。1993 年，乡党委、政府投资 36 万元对工艺蜡厂进行扩建，共建厂房 32 间，购置注塑机 1 台，实现年产值 360 万元。

教育

1986 年，有中学 1 处，教职工 54 人，学生 650 人。小学 21 处，教职工 132 人，学生 2140 人。1987 年，乡党委、政府投资 50 万元，完成学校“六配套”。截至 1992 年，有中学 1 处，教职工 70 人，学生 760 人。小学 10 处，教职工 141 人，学生 3600 人。

卫生

1986 年，有卫生院 1 处，病床 5 张，村级卫生室 21 处，医护人员 78 人。1992 年，有卫生院 1 处，村级卫生室 17 处，医护人员 36 人。

第二节　祝官屯乡

位于武城县西部，东隔沙河与李家户乡为邻，南与老城镇接壤，西濒卫运河与河北省故城县隔河相望，北同甲马营乡相连，乡政府驻祝官屯村。1995 年，总面积 40.56 平方千米，耕地 2060 公顷，辖 14 个行政村，人口 2.02 万人。

1945 年，属武城县三区。1965 年，成立祝官屯人民公社。1984 年，改公社为乡。1996 年 6 月，祝官屯乡撤销，其辖区分别划归老城镇、甲马营乡。

全乡地势西高东低，大部分是壤土。南部有旧城河，西部、北部靠卫运河，且地下水资源丰富，水质较好，每村均打有机井，灌溉条件较好。

农业

该乡为传统农业乡镇，农作物以粮棉为主，是武城县重点产棉乡之一。1986 年，农作物播种面积 3153 公顷，粮食总产 7840 吨，单产 246 千克，皮棉单产 96 千克，农业机械总动力 1.2 万千瓦。年末大牲畜存栏 3100 头，猪存栏 1300 头，家禽存栏 4.1 万只。沿运河的谭庄、董白三、徐庄 3 村精于种植瓜菜。1995 年，农作物播种面积 2840 公顷，粮食总产 1.07 万吨，单产 372 千克，皮棉单产 61 千克，农业机械总动力 2.48 万千瓦。年末大牲畜存栏 8500 头，猪存栏 6800 头，羊存栏 6700 只，家禽存栏 59.23 万只。

工业

1986 年，有建筑、建材、电器、制鬃、农机修理等 9 个项目。骨干企业有砖瓦厂、电器厂。乡办、村办工业实现产值 413 万元。为发展乡镇企业，乡党委、政府先后建立橡胶厂、化工厂等企业。1995 年，有企业 4 家，产值 133.6 万元。个体私营企业 169 家，产值 376.5 万元。

教育

1986 年，有中学 1 处，教职工 75 人，学生 714 人。小学 15 处，教职工 130 人，学生 1239 人。1995 年，有中学 1 处，教职工 68 人，学生 546 人。小学 15 处。教职工 126 人，学生 1102 人。

卫生

1986 年，有卫生院 1 处，病床 5 张，村级卫生室 14 处，医护人员 47 人。1995 年，有卫生院 1 处，村级卫生室 15 处，医护人员 38 人。

第三节　蔡村乡

位于武城县东北角，东以国道 105 线为界和平原县王村店乡为邻，南与郝王庄乡接壤，西至陈公堤与四女寺镇相接，北隔四女寺减河与德城区相望，乡政府驻聂官屯南。1999年，总面积42.76平方千米，耕地2500公顷，辖26个行政村，人口1.75万人。

1965年，成立张官寺人民公社，隶属平原县。同年9月，划归武城县。1966年，公社迁驻蔡村南，1982年更名为蔡村人民公社。1984年，改公社为乡。2000年5月，蔡村乡和郝王庄乡合并，成立郝王庄镇。

全乡地势平坦，大部分为壤土，陈公堤下盐碱易涝。六五河从西侧穿过，四女寺减河在该乡北侧，由聂官屯向东流出县境。

农业

该乡为传统农业乡镇。1986年，农作物播种面积3513公顷，粮食总产1.08万吨，单产296千克，皮棉单产87千克，农业机械总动力5755千瓦。年末大牲畜存栏4200头，猪存栏2000头，羊存栏2500只，家禽存栏5.3万只。1995年，农作物播种面积4893公顷，粮食总产2.05万吨，粮食每亩单产396千克，皮棉单产38千克，农业机械总动力1.48万千瓦。年末大牲畜存栏1.08万头，猪存栏9600头，羊存栏1.27万只，家禽存栏61.29万只。1999年，农作物播种面积4187公顷，粮食总产1.73万吨，单产404千克，皮棉单产110千克，农业机械总动力1.95万千瓦。年末大牲畜存栏1.02万头，猪存栏1.87万头，羊存栏5200只，家禽存栏3.72万只。

工业

1986年，有制砖、榨油、皮革加工、酿造等项目，乡办企业5家，乡办、村办工业实现产值500万元。1990年，乡党委、政府投资兴建工艺地毯厂。1997年，对新型植物油厂、农机铸造厂、砖厂等乡镇企业进行改制。1999年，实现工业总产值1.04亿元。

教育

1986年，有中学1处，教职工54人，学生775人。小学25处，教职工106人，学生1999人。乡党委、政府投资6万元对乡中学进行扩建改貌。1996年，乡党委、政府对乡中学及3处小学进行扩建。截至1999年底，有中学1处，教职工62人，学生1300人。小学4处，教学点5处，教职工127人，学生1860人。

卫生

1986年，有卫生院1处，病床20张，村级卫生室22处，医护人员35人。1999年，有卫生院1处，村级卫生室39处，医护人员57人。

第四节　大屯乡

位于武城县中东部，地处恩县洼滞洪区，东隔六五河与郝王庄镇相望，南与武城镇交界，西与马庄乡接壤，北同四女寺镇为邻，乡政府驻大屯村北1千米处。1999年，总面积57平方千米，耕地3200公顷，辖29个行政村，人口1.76万人。

1945年，属恩县。1956年，恩县撤销划归平原县。1965年，成立大屯人民公社，同年9月划入武城县。1984年，改公社为乡。2000年5月，并入武城镇。

全乡多盐碱地和黑红土，地势低洼，由南向北，由西向东逐渐倾斜，高差2米。南部有六六河，横穿东西，利民河中支、东支纵贯南北。

农业

该乡为传统农业乡镇，以小麦、玉米、棉花种植为主，兼种花生、白菜。1986年，农作物播种面积4160公顷，粮食总产9870吨，单产276千克，皮棉单产71千克，农业机械总动力1.11万千瓦。年末大牲畜存栏4600头，猪存栏2000头，羊存栏2200只，家禽存栏5.3万只。1995年，农作物播种面积4180公顷，粮食总产1.38万吨，单产330千克，皮棉单产45千克，农业机械总动力1.96万千瓦。年末大牲畜存栏2.45万头，猪存栏1.67万头，羊存栏9300只，家禽存栏78.65万只，出栏151.63万只。1999年，农作物播种面积3373公顷，粮食总产2.5万吨，单产434千克，皮棉单产60千克，农业机械总动力2.35万千瓦。年末大牲畜存栏1.69万头，猪存栏3500头，羊存栏5400只，家禽存栏4.41万只，出栏10.2万只。

工业

1986年，有棉花加工、油料加工、建筑、建材、食品加工、机械修理等10多个项目，24家企业。乡办、村办工业实现产值871万元。1987年，乡党委、政府投资修建乡纺纱厂，建有9个车间，4200纱锭，年产值500万元，利税70万元。1993年，建立农工商联合总公司，制定引进人才、资金、信息的优惠政策。1995年，投资20万元建成乡地毯厂。1997年，对砖瓦厂、东方玻璃钢总厂、地毯厂、丁王庄化工厂、华龙橡塑有限公司、纸箱厂、丁王庄砖厂7家乡镇企业进行改制。1999年，实现工业总产值1.05亿元。

教育

1986年，有中学2处，教职工57人，学生794人。小学23处，教职工112人，学生2200人。同年，乡党委、政府投资50万元，新建大屯乡第二中学，建筑面积3024平方米，教学班10个。1987年，完成12处学校改貌工作，达到“六配套”标准。1995年，投资100万元建成高标准教学楼，建筑面积2122平方米，教学班18个。1996年，全面完成“普九”。截至1999年底，有中学2处，教职工70人，学生563人。小学10处，教职工152人，学生2763人。

卫生

1986年，有卫生院1处，病床10张，村级卫生室20处，医护人员30人。1999年，有卫生院1处，村级卫生室18处，医护人员26人。

第五节　董王庄乡

位于武城县东部，陈公堤与东沙河之间。东临沙河与平原县恩城镇交界，南与夏津县苏留庄镇为邻，西与武城镇接壤，北与郝王庄乡相连，乡政府驻董王庄村。1999年，总面积52.01平方千米，耕地3467公顷，辖31个行政村，人口2.27万人。

1945年，隶属恩县。1956年，恩县撤销后划归平原县。1958年，成立董王庄人民公社。1965年9月，划入武城县。1984年，改公社为乡。2000年5月，并入武城镇。

全乡地势平坦，沿沙河多沙壤地，陈公堤下大部分是黏土，宜种小麦、玉米、棉花、花生、地瓜等。六五河、旧城河从肖邢王庄入境，到李邦彦闸分两支，一支向东经马言庄至平原县小王庄入马颊河，称堤上旧城河，一支向北入四女寺减河，水利条件优越。

农业

该乡为传统农业乡镇。1986年，主要种植小麦、玉米、大豆、棉花、高粱等，农作物播种面积4640公顷，粮食总产9870吨，单产222千克，皮棉单产57千克，农业机械总动力2303千瓦。年末大牲畜存栏4700头，猪存栏2100头，羊存栏2300只，家禽存栏5.4万只。1990年，乡党委、政府投资35万元，修建马言庄扬水站。1995年，农作物播种面积4887公顷，粮食总产1.45万吨，单产330千克，皮棉单产40千克，农业机械总动力2.66万千瓦。年末大牲畜存栏1.12万头，猪存栏7100头，羊存栏7400只，家禽存栏63.64万只。到1999年，农作物播种面积5720公顷，粮食总产2.77万吨，单产370千克，皮棉单产59千克，农业机械总动力3.48万千瓦。年末大牲畜存栏1.27万头，猪存栏4200头，羊存栏4900只，家禽存栏 10 万只。

工业

1986 年，有织布、小麦加工、榨油、罐头加工、玻璃制瓶、农机修理等 12 家企业，乡办、村办工业实现产值 372 万元。1988 年，乡党委、政府建成“变形”纱厂。1989 年，玻璃制瓶厂实现半机械化生产。1995 年，投资 15 万元，购置塑料制瓶机，当年产值达 120 余万元。1997 年，对玻璃制瓶厂、董王庄第二砖厂 2 家乡镇企业进行改制。1999 年，实现工业总产值 1.02 亿元。

教育

1986 年，有中学 2 处，教职工 62 人，学生 1106 人。小学 24 处，教职工 128 人，学生 2717 人。1995 年，投资 338 万元，将两处中学合为一处，将小学合并为 10 处。1996 年，全面完成“普九”。截至 1999 年底，有中学 1 处，教职工 65 人，学生 806 人。小学 10 处，教职工 131 人，学生 3107 人。

卫生

1986 年，有卫生院 1 处，病床 9 张，村级卫生室 29 处，医护人员 41 人。1988 年，乡卫生院购置中风预测仪和高压氧舱。1999 年，有卫生院 1 处，村级卫生室 29 处，医护人员 38 人。

第六节　马庄乡

位于武城县城北部，东与大屯乡接壤，南与武城镇交界，西、北与鲁权屯镇和滕庄镇为邻，乡政府驻马庄村南。1999 年，总面积 58.96 平方千米，耕地 3400 公顷，辖 29 个行政村，1.74 万人。

1945 年，属恩县三区。1956 年，恩县撤销划归武城县，属滕庄区。1965 年，成立马庄人民公社。1984 年，改公社为乡。2000 年 5 月，马庄乡撤销，将南部的 18 个村划归鲁权屯镇，北部的代官屯、潘庄、小史庄、胡家洼、南郑庄、朱庄、小贾庄、张郭秦 8 个行政村划归滕庄镇。

全乡除少量黏壤土，多是盐碱地。地势南高北低，属恩县洼滞洪区。境内有利民河及大小沟渠 32 条，纵横全境。

农业

1986 年，农作物播种面积 4487 公顷，粮食总产 7670 吨，单产 165 千克，皮棉单产 75 千克，农业机械总动力 7652 千瓦。年末大牲畜存栏 4200 头，猪存栏 1900 头，羊存栏 2000 只，家禽存栏 5.1 万只。为改善水利条件，搞好农业生产，乡党委、政府投资 60 余万元，建扬水站 2 处，排灌站 1 处，开挖灌渠 37 条，修建配套设施 48 个。制定优惠政策，对盐碱荒地进行承包、改良，承包土地 1600 公顷，改良土地 530 公顷。1999 年，农作物播种面积 5467 公顷，粮食总产 2.46 万吨，单产 365 千克，皮棉单产 90 千克，农业机械总动力 2.37 万千瓦。年末大牲畜存栏 1.41 万头，猪存栏 3300 头，羊存栏 2400 只，家禽存栏 2.76 万只。

工业

1986 年，有金属、化工、建筑、建材、食品加工等项目，企业 25 家，产品 37 个，乡办、村办工业实现产值 807.4 万元。乡党委、政府投资 50 万元，对马庄砖厂进行改造升级。1997 年，对砖瓦厂、地毯厂、玻璃钢建材设备厂、第一汽车附件厂 4 家乡镇企业进行改制。1999 年，实现工业总产值 1.16 亿元。

教育

1986 年，有中学 1 处，教职工 44 人，学生 685 人。小学 21 处，教职工 105 人，学生 1998 人。同年，为提高教学质量，乡党委、政府投资 4.5 万元，12 处学校达到“六配套”标准。1996 年，投资 78 万元，新建校舍 35 间，完成县委、县政府部署的“普九”任务。截至 1999 年底，有中学 1 处，教职工 19 人，学生 309 人。小学 3 处，教职工 23 人，学生 1072 人。

卫生

1986年，有卫生院1处，病床15张，村级卫生室24处，医护人员45人。1999年，有卫生院1处，村级卫生室23处，医护人员27人。

第七节　滕庄镇

位于武城县北部，卫运河南岸，东与郝王庄镇接壤，南、西两面分别和武城镇、鲁权屯镇交界，北临卫运河与河北省故城县隔河相望，镇政府驻滕庄村。2008年，总面积122平方千米，耕地6000公顷，辖69个行政村，人口5.24万人。

1945年，属恩县三区。1956年，恩县撤销划归武城县。1958年，成立滕庄人民公社。1965年，将滕庄人民公社划为滕庄、马庄、鲁权屯3个人民公社。1984年5月，改公社为乡。1994年12月，撤乡建镇。2000年5月，经省政府批复同意，将四女寺镇并入滕庄镇，马庄乡代官屯、潘庄、小石庄、胡家洼、南郑庄、朱庄、小贾庄、张郭秦8个行政村划归滕庄镇。2009年6月，并入鲁权屯镇。

全镇大部分在恩县洼滞洪区，南部多黑土、碱地和半碱地，北部多壤土。

农业

1986年，农作物播种面积4660公顷，粮食总产量9350吨，单产189千克，皮棉单产61千克，农业机械总动力7874千瓦。年末大牲畜存栏3500头，猪存栏1500头，羊存栏1600只，家禽存栏5.1万只。为改善水利条件，搞好农业生产，乡党委、政府投资62万余元，先后开挖闫庄沟、南宋庄至八屯沟，“四支渠”、小于庄和大于庄沟，开挖坑塘27处，总蓄水量80多万立方米。1995年，粮食播种面积4273公顷，粮食总产1.13万吨，单产226千克，皮棉单产34千克，农业机械总动力2.15万千瓦。年末大牲畜存栏8800头，猪存栏3700头，羊存栏9000只，家禽存栏73.94万只。2008年，农作物播种面积1.21万公顷，粮食总产量5.42万吨，单产449.4千克，皮棉单产93.7千克，农业机械总动力5.9万千瓦。猪存栏1.72万头，牛存栏2000头，羊存栏3360只，家禽存栏17万只。

工业

1986年，有玻璃钢、废棉加工、自行车配件、地毯加工、制砖等16个行业门类，乡办企业14家，乡办、村办工业实现产值2612万元（1980年不变价格）。1993年，乡党委、政府投资300万元，新建无机玻璃钢厂。规划建设西郑庄、北伍旗、第十村3个工业小区，投资300万元对闫庄工业小区升级改造。1994年，投资4800万元在驻地西北部建设经济开发区。1997年，对农机厂、玻璃钢消声空调设备厂、华通实业总公司、跃华通风空调设备厂等乡镇企业进行改制。2000年，镇党委、政府加大招商引资力度，实施“以园区带动产业，以产业膨胀规模”战略，引进建设腾翔集团、贝州集团等企业。2008年，以玻璃钢加工业为主的民营企业280家，产值40亿元，利税5亿元。其中，腾翔集团、贝州空调、中立空调等39家规模以上企业，年实现销售收入28亿元，利税2.5亿元。

教育

1986年，有中学4处，教职工64人，学生1084人。小学24处，教职工144人，学生3268人。1988年，乡党委、政府投资50万元，修建教室30间，将原武城三中改建为滕庄中学。1992年，投资78万元修建房屋401间，扩建面积8670平方米，完成学校改貌20处。1996年，投资153万元，完成“普九”任务。截至2008年底，全镇有初级中学1处，教职工60人，学生1421人。完全小学1处，教学点5处，教职工55人，学生2035人。

卫生

1986年，有县医院分院1处，床位30张，村级卫生室 27 处，医护人员 86 人。1996 年，投资 140 万元，修建镇医院病房门诊楼。2008 年，有卫生院 1 处，村级卫生室 35 处，医护人员 46 名。

第八节　杨庄镇

位于武城县西南部，东与夏津县新盛店镇接壤，南与夏津县渡口驿乡为邻，西濒卫运河与河北省故城县、清河县隔河相望，北与老城镇相接，镇政府驻东杨村东。2010 年，总面积 40.45 平方千米，耕地 2067 公顷，辖 20 个行政村，人口 2.29 万人。

1945 年，属武城县一区。1958 年，属城关人民公社。1965 年，成立杨庄人民公社。1984 年，改公社为乡。2010 年 7 月，撤乡建镇，2011 年 1 月，并入老城镇。

全镇地势北部平坦，南部低洼，卫运河在西部通过，旧城河从吕洼村北入境，在戚庄村东北流入老城境内。土壤耕层多为轻壤土，土质肥沃，光照充足，适宜种植棉花、小麦、玉米、大豆、花生等农作物。

农业

该乡为传统农业乡镇。1986 年，农作物播种面积 3280 公顷，粮食总产 7500 吨，单产 326 千克，皮棉单产 92 千克，农业机械总动力 9306 千瓦。年末大牲畜存栏 4500 头，猪存栏 2100 头，羊存栏 2200 只，家禽存栏 4.2 万只。1990 年，乡党委、政府投资 81.44 万元，实施沙河治理工程，可灌溉 530 公顷。2000 年，农作物播种面积 5367 公顷，粮食总产 9476 吨，单产 473 千克，皮棉单产 120 千克，农业机械总动力 4.95 万千瓦。年末大牲畜存栏 1.16 万头，猪存栏 1.02 万头，羊存栏 7700 只，家禽存栏 43.75 万只。2010 年，农作物播种面积 3026 公顷，粮食总产量 1.07 万吨，单产 508.5 千克，皮棉单产 123.7 千克。农业机械总动力 4.84 万千瓦。年末大牲畜存栏 1500 头，猪年栏 4700 头，羊存栏 4400 只，家禽存栏 10.4 万只。

工业

1986 年，有建材、棉纺、玻璃钢加工等项目，企业 8 家，产品 15 种，乡办、村办工业实现产值 405 万元。1993 年，因势利导，新建估棉交易加工场所 20 处，年创利税 400 万元。1997 年，对地毯厂、洗涤剂厂、管件厂、织物染织厂等 8 家乡镇企业进行改制。2000 年，乡党委、政府在乡政府驻地建设杨庄银山工业园区，本着“政府搭台，民企唱戏”的原则，引导棉花加企业入园建厂，到 2008 年引进规模以上项目 20 个，引进资金 9 亿元。2010 年，工业企业主要有纺织、棉花加工、焊条加工等项目，有民营企业 310 家，规模以上企业 42 家，实现产值 5.6 亿元，利税 5600 万元。

教育

1986 年，有中学 1 处，教职工 47 人，学生 1203 人。小学 20 处，教职工 105 人，学生 1831 人。1989 年，投资 15 万元，新建校舍 132 间，整修 120 间，购置桌凳 560 套，全乡 21 处中小学达到“六配套”标准。1996 年，全面完成“普九”，新建标准化小学 4 处。截至 2010 年底，有中学 1 处，教职工 58 人，学生 469 人。小学 4 处，教职工 121 人，学生 1003 人。

卫生

1986 年，有卫生院 1 处，病床 10 张，村级卫生室 20 处，医护人员 33 人。2008 年，投资 320 万元，新建卫生院综合楼 1 栋，占地 6666.67 平方米，建筑面积 4000 平方米。2010 年，有卫生院 1 处，村级卫生室 20 处，医护人员 46 人。

武城县志（1986—2013）

人物

人物志由人物传略、人物简介、人物表3部分组成。收录1986—2013年间，为武城政治经济和社会事业发展产生影响、贡献较大的各界人物，以及武城籍在外地工作生活有一定知名度的人士。

人物传略、人物简介收录标准：一是现任或曾任武城县委、人大、政府、政协主要领导。二是武城籍全国人大代表、全国先进工作者、行业带头人、学术带头人。三是厅局级正职（正师职）以上武城籍人士。

人物表收录：“全国五一劳动奖章”获得者4人，“全国学雷锋先进个人”1人，“全国三八红旗手”1人、部级联合表彰的教育工作者7人，省委表彰的优秀党员和党务工作者7人，“山东省劳动模范”16人。“山东省富民兴鲁劳动奖章”获得者14人，“山东省新长征突击手”1人，“山东省十大杰出青年”1人，“山东省三八红旗手”1人，“德州市劳动模范”48人。

武城县人文历史积淀深厚，符合收录标准的人士济济，可能有的人士符合入志标准，但由于资料掌握不全或信息沟通不畅而未能收录，有待在第三轮修志中拾遗补阙。

人物传略

徐金升（1921.6—1986.9.7） 武城县老城镇西杨庄村人。1938年4月，参加八路军。1939年4月，加入中国共产党。抗日战争时期，曾任八路军第129师先遣纵队津浦支队警卫员，八路军山东纵队第二支队战士、工作队长，山东抗大一分校学员、山东省沂源县青龙区区长、鲁中军区警备旅一团侦察队指导员。曾参加破袭战，临朐、益都战斗及沙土集战役。解放战争时期，任华东野战军第八纵队24师72团协理员，第八纵队教导团、供给部协理员，第三野战军第26军司令部协理员。先后参加莱芜战役、济南战役、淮海战役、渡江战役、上海战役。因作战勇敢，获二等功1次、三等功1次。

新中国成立后，在南京军事学院学习。毕业后，任装甲兵司令部军训处科长。1957年，出席装甲兵积极分子代表大会，受到毛泽东主席的接见。1962年后，曾任第五坦克学校训练部副部长、吉林省军区独立第2师副师长、长春警备区顾问等职。1981年7月，离职休养。

王　中（1913—1986） 武城县军王庄村（今属河北省故城县）人。1936年，在聊城省立第三师范上学期间，参加革命活动，阅读进步书籍。1938年2月，经宋步祺、韩强介绍加入中国共产党，是武城县第一个党支部和工委成员之一，曾任宣传委员。从事武城县建党工作，先后发展徐庆春、张永达、胡玉成等人入党。1940年4月，中共武城县委员会成立，任宣传部部长。1941年4月，任县武装委员会动员科长，参加攻打何刘屯炮楼和解放县城等战斗。1942年4月，先后任组织部部长，二区、三区区长（兼政委），区委书记。1943年1月至1945年5月，在冀南党校参加整风学习。1945年8月，任中共武城县委书记，组织全县人民开展反奸诉苦、减租减息、参军支前等活动。

新中国成立后，曾任湖北省政府秘书处长、省直机关党委组织部部长，建材工业部中南建工局副局长、张掖建筑总公司经理，山东省基本建设委员会副主任、计划委员会副主任，莱芜钢铁厂副指挥等职。

张甦平（1913—1987.12） 武城县甲马营镇前玉皇庙村人。1934年，考入北平朝阳大学政治系。1935年，参加“一二•九”“一二•一六”学生运动。1936年3月，加入中国共产党，并参加“左联”。同年秋，到东北军开展党的工作和抗日救亡活动，参加“西安事变”，先后任东北军67军117师政治部副主任、东北军57军地下工委书记，57军111师地下党师工委组织委员、工委书记等职。1937年“七七事变”后，在苏、鲁、豫、皖地区进行抗日武装斗争。1942年，参与领导“八三”起义。1943年，任诸城县抗日民主政府县长。1946年春，任华东军区交际处处长，负责国共谈判代表的政治接待工作，后任济南前线国委会副书记。1948年，任华东军区俘训军官总团副教育长兼将官大队政委、大队长。

1949年上海解放后，历任上海市军管会、市政府交际处长，办公厅副主任，市人委副秘书长，市建委副主任，市政府秘书长等职。离休后曾任宋庆龄基金会理事，上海孙中山故居、宋庆龄故居和陵园管理委员会顾问等职。

郑学文（1943.10—1988.10） 武城县老城镇东关村人，中共党员。1961年8月入伍。1968年12月，毕业于天津师范学院政治系。1969年1月，在河北省景县东方铁厂工作。1970年9月后，历任甲马营公社广播站站长、团委书记、宣传干事、党委秘书。1979年8月，任甲马营公社党委副书记。1982年3月，任滕庄公社党委书记。1984年1月至1987年4月，任武城县委副书记、县长。1987年8月，任德州地区土地管理局副局长、党组成员。

孙贞先（1932.2—1989.1） 武城县老城镇范庄村人，中共党员。1947年7月参加工作，先后任小学教员、武城县一区、二区财政助理、共青团武城县委少先部长、武城县委办公室干事、共青团肥城矿务局副书记等职。1965年4月，任武城县城关公社党委副书记。1969年12月，任城关公社革命委员会主任。1970年，任城关公社书记。1973年8月，任武城县委副书记、革命委员会副主任。1978年4月，任商河县委副书记、革命委员会副主任。1979年12月，任县委副书记、县长。1980年9月，任商河县委书记。1987年，任德州地区人大联络处主任。

第六届全国人大代表。山东省第七届人大代表。

孙冠生（1916.7—1989.9.15） 武城县四女寺镇大孙庄村人。1939年6月，加入中国共产党。历任津浦大队第三中队指导员、团政委。1940年10月，任武城县委书记。抗日战争时期，从事敌工工作，机智勇敢地同日伪军斗争，瓦解伪军，打击了敌人。解放战争时期，先后参加邯郸、郑州、淮海、成都等著名战役。1949年11月，任四川省威远县第一书记，在极其艰苦的条件下，完成1.74万吨大米的征购任务，超额27.6%，有力地支援了解放战争。

1951年，奉命率部队入朝作战，参加第五次战役和上甘岭战役。在猫耳洞和团长一起，连续几天几夜得不到休息，圆满完成上级交给的作战任务。1964年，被授予大校军衔。后历任武汉军区空军政治部副主任、河南省军区副政委等职。曾获三级独立自由勋章、三级解放勋章、中国人民解放军独立功勋荣誉章。

郭　鲁（1917.3—1989.10.20） 原名郭桂棻，武城县四女寺镇四女寺村人。1931年，考入省立第十二中学。求学期间，经常阅读进步书籍，参加学生爱国运动。1932年，同北京进步学生孙景鲁（中共党员）接触，在政治上得到帮助。1934年，考入济南高中。1937年5月，参加中华民族解放先锋队。“七七事变”后，随平津流亡学生回到济南。同年8月，参加第三集团军政训处训练班。学习结束后，分配到聊城政训处。在中共堂邑县委领导下，开展抗日救国宣传活动，后参加范筑先、朱洪涛领导的抗日第一支队。同年冬，到莘县政训处工作，由张炳元、苏群介绍加入中国共产党，并任莘县游击支队政治部主任。1938年3月，受党组织派遣，做争取国民党第68军挺进队司令胡和道的工作，因活动暴露，离开胡和道部到临清特委。同年9月，任冀南三专署（驻武邑县）秘书主任。1939年4月，任枣强县抗日民主政府县长。1940年夏，枣强分县后，任冀南抗战学院总队长。同年冬，任冀南二专署秘书主任。1941年8月，任冀南运东专署专员。1945年，任冀南六专署专员。1948年初，调铁路系统工作，曾任石家庄铁路局衡水办事处主任、华北交通部津浦铁路筑路处主任等职。

1949年春，天津解放，调天津参加铁路接管工作。北平解放后，调铁道部工作，先后任铁道部计划局局长、办公室副主任。1951年冬，任中苏共管中长铁路中方局长、哈尔滨铁路局副局长。1954年冬，任铁道部办公厅主任。1958年秋，任铁道部工厂管理总局局长。1959年10月，任铁道部副部长。在主管全路运输工作期间，狠抓基础建设和管理工作，使铁路运输质量指标达到新的水平。2004年，其妻子、子女遵其遗愿，集资24.9万元寄回家乡，修建学校。为纪念郭鲁夫妇义举，武城县人民政府将学校命名为“四女寺郭鲁小学”。

第四届全国人大代表。

杨恒一（1912.10—1989.11）　曾用名杨成勋，山东省莘县人。1938年加入中国共产党，历任莘县文化界抗日救国会干事、主任，莘县县委秘书、宣传部部长，莘县抗日完小校长，朝城县抗日民主政府文教科长等职。1942年7月后，历任朝城、朝北、冠县、聊堂、武训县公安局局长。1949年2月，任冠县县长。1952年6月，任高唐县委书记。1954年6月，任聊城地委委员、公安处长。1956年5月，任地委委员、政法部长。1958年3月，任地委委员、武城县委第一书记。同年12月，武城县并入夏津县后，任肥城矿务局党委书记。1962年11月，任高唐县委书记。1966年4月，任聊城地委工交政治部主任，因“文化大革命”未到职。之后，任聊城地区“五七”干校党委书记兼校长、聊城地区纪委副书记等职。

李庆昌（1910—1990.3.13）　武城县武城镇东小屯村人，医学博士，结核病防治专家，中国民主促进会会员。1929年，考入清华大学，在西语系学习英语。1933年，转入上海圣约翰大学医学院学习。1936年，由上海圣约翰大学医学院转入济南齐鲁大学医学院继续深造。1939年，获加拿大多伦多大学医学院医学博士学位。毕业后，先后在重庆陈家桥卫生所、重庆歌乐山医院和贵州省立医院参加抗战服务工作。1942年，任成都中央大学医学院讲师兼附属医院内科主治医师。1948年，留学美国，在纽约州立结核病医院任研究员。1949年，在纽约慢性病医院肺科任医师，在实践中学习和积累了丰富的肺结核病防控经验。

新中国成立后，他冲破各种阻力返回祖国。1951年，任山东白求恩医学院教授，山东省立医院肺科主任。1952年，任浙江医学院教授，兼附属医院肺科主任。1956年，任杭州结核病防治所所长、杭州象山结核病医院院长，系全国肺结核防治领军成员之一。

杭州市政协委员。

田建兴（1919.7.28—1990.9.10）　武城县甲马营镇田庄村人。1945年参加革命，任党组织联络员。1946年，躲过地主还乡团的暗杀，投身土地改革运动，组织发动群众参军、支前，支援解放战争。1947年2月，加入中国共产党。1948年，任田庄村支部宣传委员。1959年，任村支部书记。新中国成立初期，田庄村有耕地2638亩，其中盐碱地896亩、涝洼地1200亩。过去田庄流传着一首歌谣：“田庄不甜地发咸，产量不高吃穿难，谁能改了碱，称起活神仙。”为改变农民吃穿难的问题，在村党支部的支持下，田建兴发动、带领群众，自1955年冬开始治理全村的盐碱地。他们采取先起碱围堰，然后铺沙（土）、使用有机肥、春天耕翻、多中耕等方法，经过连年的综合治理，田庄村所有盐碱地全部改造成良田。群众高兴地说：“做梦也没有想到‘瞎包地’变成粮、棉保收田，共产党真是活神仙”。1958年，田建兴带领群众与兄弟生产队一起，对全村1200亩涝洼地采取挖沟、筑渠的方式进行治理，先后动土9万多立方米，开挖大小渠道70余条，经过5个冬、春的奋战，使涝洼地变成旱能浇、涝能排的高产田。1962年，全村粮食平均亩产149千克，比1956年提高54%。棉花亩产籽棉65千克，比1956年提高63%。

1963年2月，被评为“华东局劳动模范”，并代表山东省农业先进集体发言，受到周恩来总理的亲切接见并合影留念。同年10月，出席山东省农业先进代表会议。

王　新（1919.8—1991.8.8）　原名王殿杰，武城县李家户镇辛庄村人。1938年，任国民党68军挺进军胡和道部政治部教育科长。不久，参加中华民族解放先锋队。同年6月，加入中国共产党。7月，王新等人的革命活动被胡和道发觉，经党组织同意撤出。后经中共临清特委介绍到冀南区党委，任八路军冀南军区第5分区政治部宣传股长。1939年3月，奉命到武城县组建地方抗日武装。同年8月，组建共产党领导的武城县第一支抗日武装——武城抗日游击队。11月，武城抗日游击队改编为八路军冀南军区第4分区武城独立营，王新任教导员。1940年2月，率独立营参加讨伐国民党顽军石友三部的战役。同年6月，武城独立营改编为第6分区武城县大队，王新任教导员。1942年，任武城县委书记兼县大队政委。1945年7月，武城全境解放。1946年6月，任晋冀鲁豫野战军第2纵队6旅18团政委。参加原（野）金（乡）鱼（台）战役，随后率第18团参加定陶战役，协同兄弟部队歼灭国民党整编第3师。同年10月，参加鄄（城）南包围战，缴获美造榴弹炮5门。1947年6月30日夜，王新与李开道率第18团参加解放曹县、攻歼羊山集之战。在主攻羊山街的战斗中，生俘敌师长宋瑞珂，全歼66师，18团记集体大功1次，随后挺进大别山。1948年11月，率部参加淮海战役，阻击李延年兵团，激战10昼夜，完成任务。1949年2月，任解放军第10军第29师政治部主任。同年4月，参加渡江战役，挺进赣南线。1949年8月，第29师奉命进军大西南。同年10月，参加成都战役。1950年1月，任川南军区内江军分区副政委兼内江地委副书记。

1951年1月，任第15军29师副政委，参加抗美援朝战争。同年3月任师政委，先后参加第五次战役和上甘岭战役，历经大小战斗170多次。29师英勇善战，歼敌1.7万余人，缴获大批武器弹药，涌现出邱少云等一大批英雄模范人物。1953年10月，任第15军政治部副主任。1954年4月，回国任第15军政治部主任。1955年9月，被授予大校军衔。1957年，获二级独立自由勋章、二级解放勋章。1959年4月，任第15军副政委。1964年10月，任第15军政委。同年，晋升为少将军衔。1967年7月，任河南省军区第二政委。1969年2月，任河南省委书记。同年4月，当选第九届中央委员会候补委员。1971年7月，任武汉军区副政委。1972年11月，遭受迫害。1981年8月，中共中央批准，撤销对王新的错误结论，恢复党籍、军籍和工作。1983年5月，任武汉军区顾问。1987年1月，离职休养。

王惠臣（1919.4—1992.1）　原名党东汉，武城县广运街道前王立屯村人。1938年8月，加入中国共产党。先后担任前王立屯村党支部书记，恩县四区区委组织委员、一区区委副书记、二区区长、六区区委书记等职。1949年3月，任恩县县委副书记兼组织部部长。1955年7月，任恩县县委代理书记。1956年7月，任武城县委第一书记。1958年后，历任夏津县委书记处书记、聊城地委工业部副部长、聊城地区工会办事处主任、武城县委书记、德州专区农林局局长等职。1971年5月，按地专级待遇离职休养。

李有彬（1914.9—1992.2）　原名秦子芳，武城县河西街梁窑村（今属河北省故城县）人。高小毕业后，先后在武城师范讲习所、山东省立第一乡村师范、山东菏泽乡村建设研究院等学校学习，后回乡任教。任教期间，结识了在武城县第二高小任教的中共地下党员宋步祺和赵墨轩，开始秘密为党工作。1938年春，根据党组织安排，负责运东的工作，在敌占区开展抗日救国宣传，搜集日伪军情报。同年，加入中国共产党。因李有彬的家离日伪军据点较近，便成为地下党的秘密联络站。1941年，李有彬被党组织派往武城县四区抗日区公所任行政助理，1942年1月任区长。此后，带领四区的抗日武装力量，与日伪军展开艰苦卓绝的游击斗争。他广泛发动群众，使四区成为群众基础好、战斗力强的抗日堡垒。为扑灭武城四区的抗日烽火，李有彬被日伪军列为重要打击目标，悬赏100块大洋，买李有彬的人头。为抓到李有彬，他们把李有彬的爱人王宝金和还在襁褓中的孩子抓进何刘屯炮楼，威逼李有彬停止抗日，缴械投降，李有彬没有妥协。1944年11月，任一区区长。其间，他带领8名武装工作人员到运东开展工作，在较短的时间内组建起30余人的游击队。同时，领导群众开展增资增佃（减租减息、雇工增资）等斗争。1946年9月，任武城县民政科长。1948年，先后任武城五区和一区区委书记。同年11月，任县委委员、宣传部副部长。1949年2月，任县政府县长，领导和组织了全县的“三反”“五反”“镇压反革命”等运动。1953年5月后，历任德州专署办公室副主任、民政科长、粮食局长、水利科长，聊城专区徒骇河指挥部指挥、水建指挥部副指挥，德州专区水建指挥部副指挥、鲁北水利局（山东省根治海河指挥部）工程处主任、指挥部顾问等职。1983年12月，离职休养。

许振英（1907.5.23—1993.9.25） 武城县武城镇孟王庄村人，国家著名畜牧学家、动物营养学家、农业教育家，动物营养科学的奠基人和开拓者，国务院学位委员会委员。1920年，以优异成绩考入北京清华学校。1927年，赴美留学，就学于康奈尔大学农学院。1929年，入威斯康星州立大学研究生院学习，1931年获科学硕士学位。1932年夏回国，任河南省禹王台第一区农业改良场技师。1933年，任河南大学教授，创建中国第一个畜牧系。1936年，任中央大学农学院教授，主持洛克菲勒基金“中国养猪研究”项目。1941年，任国民政府农林部中央畜牧实验所简任技正兼畜牧组主任。抗战胜利后负责善后救济总署援华种畜的接收与分配。1947年，任北京大学教授。1948年，任清华大学教授兼农艺系主任。1949年，任北京农业大学教授。1950年，任沈阳农学院教授兼畜牧兽医系主任。东北农学院成立后，历任畜牧系、动物营养研究室主任等职。1953年，被评为国家首批终身一级教授。1956年，参与制定国务院《1956—1967年12年科学发展远景规划》。1957年，错划为极右分子，“文化大革命”期间，下放基层劳动。1972年，恢复工作。1980年，创建中国第一个动物营养研究室。1983年，育成中国瘦肉型新品种“三江白猪”。开创中国瘦肉型新品种先河。

1978—1985年，主持完成“中国肉脂型猪的饲养标准”和“中国瘦肉型生长肥育猪的饲养标准”两项科学研究，获1983年农业部技术改进一等奖和1986年农业部科技进步二等奖。1979—1983年，主持完成“中国地方猪种种质特性的研究”，获1985年农业部科技进步一等奖和1987年国家科技进步二等奖。1983—1987年，主持完成“畜牧生产中物质转化规律及其影响因素的研究”，获1991年国家教委科技进步一等奖、1992年国家自然科学基金三等奖。著有《中国的畜牧》，译著有《养猪生产》《猪的营养与饲养》，主编《家畜饲养学》《动物营养进展》。

1985年，被授予“全国五一劳动奖章”。全国政协第六届委员。黑龙江省第五届、第六届人大代表。

董立芳（1918.12—1994.2.19） 武城县甲马营镇甲马营村人。少年时期接受进步思想，投身革命活动。1938年，参加八路军第129师东进纵队津浦支队，任军政干校、冀中抗战学院学员。同年8月，加入中国共产党。12月，任青年抗日纵队直属队文化干事。1939年7月，任第129师新第4旅东进抗日罗支队党总支书记。同年11月，任新第4旅政治部宣传干事。

1941年后，历任冀南第2分区教导员、组织科副科长，清河县大队副政委、政委。其间，他曾在恩县、高唐、夏津等地开辟抗日根据地，参加百团大战等战役战斗40余次。1943年12月，赴陕北入抗大总校任一大队二中队学员。1945年10月，任渤海军区第7旅第15团政治处主任。1947年9月，任华东野战军第10纵队第28师第84团副政委。1949年2月，任第10纵队炮兵团政委。解放战争期间，参加周（村）张（店）战役，胶济路阻击战，三打邹平，莱芜、泰安战役，梁山、郓南阻击战，马牧集、太和、邓县、老河口战役，上蔡、桃林岗阻击战，济南、淮海、渡江、淞沪、福州战役。

1950年10月，任第10兵团政治部直工部长。1955年，被授予上校军衔。1957年7月，任福州军区直属政治部主任。1961年，被授予大校军衔，获三级独立自由勋章，二级解放勋章。1963年6月，任陆军第31军第91师政委。1967年11月，调解放军报社工作。1968年10月，任陆军第28军副政委。1970年12月，任第28军政委。1979年2月，任河北省军区政委。1984年7月离职休养。1988年，被授予独立功勋荣誉章。

福建省第一届、第二届人大代表。

张若凡（1919.12—1994.8） 河北省武邑县人。1938年，加入中国共产党。1939年1月，参加工作。历任武邑县小学教师、抗日政府文教科员、九区区长、三区区长、区委书记、组织部干事、组织部副部长等职。1947年5月后，先后任衡水地委组织部干部科科长、党员管理科科长等职。1953年5月，任武城县委书记。1954年6月，任德州地委组织部副部长。1956年，任省委财贸部一级巡视员。1957年，先后任阳信县委书记、无棣县委书记处书记。1959年下放，任淄博市张店区江西公社社长。1960年，任德州地委农工部副部长。1962年，任平原县委副书记。1965年7月，任武城县委书记。1966年9月，任德州监委副书记。1974年，任德州贫协副主任。1978年，任德州科协主任。1983年11月离休。

陈盛甫（1902.2—1996） 曾用名陈世昌，武城县武城镇桃花店村人。国家级武术裁判员，曾任全国体总委员、全国武协委员、全国武术科学会委员、山西省政协委员、山西省体协副主席、山西省武协主席等职。自幼体弱多病，13岁随祖父学武，身体日趋强健。后师从六趟门名师鞠朝栋学习拳械套路。1921—1924年，师从武术名家杨明斋学习孙膑拳。1924—1926年，师从体育专家王杯琪及精武体育会武术教练赵保成学习《易筋经》《五禽戏》及许多少林拳械套路。1926—1927年，师从张克勤学“五手拳”“对打十六手”“十字棍”，师从韩冠洲、高作霖、韩冠英等学“太极拳”和“奇门剑”。至此，集众人之长于一身，武艺精湛，名声大振。“七七事变”后，参加抗日工作，先后任国民党山东省政府视察员、莒县及恩县县长等职。1942年，被日军所俘，押至抚顺煤矿下苦力60余日。1948年济南解放后，任济南女师体育和语文教师。1949年，任太原国民师范体育教师。1951年，创办山西大学体育科，任副教授、科主任。“文化大革命”期间，在农场劳动之余完成《鞭杆》一书的编写。1978年平反后，任教授，恢复系主任职务。1982年，专带武术研究生，讲授武术专选课。1988年离休后仍致力于武术事业。

他对长拳、形意拳、太极拳、八卦拳、剑术、鞭杆和武术散手等均有较深的研究。1978年、1979年、1983年作为老年运动员在湘潭、南宁、上海全国武术表演赛上均获一等奖。1985年，被评为“全国健康老人”。1988年，获中国国际武术节武术贡献奖。1992年，被国家教委评为“全国高校优秀体育老师”。1995年，被国家体委和中国武术协会评选为中国当代十大武术名教授之一。著有《中老年健身操》《鞭杆》《扬眉剑》《十六手对打》《五手散打》《技击制敌三十二拳》《武术讲义》《小花拳》《新六路弹腿》《一、二、三套武术操》《五手拳》《和平剑》等书。

张子文（1931.10—1997.7）　武城县武城镇付王庄人，中共党员。1947年7月参加革命，任恩县区政工队组织干事，1957年12月任滕庄区委副书记。1975年4月，任武城酒厂党总支书记、厂长。当时的武城酒厂年产瓜干白酒200吨，因产品滞销，亏损7万余元，处于停产状态。为振兴武城酒厂，他请回具有40多年烧酒经验的“酒把式”马绍星，组成学习小组到四川泸州，江苏洋河，山东兰陵、曲阜等酒厂虚心求教。回厂后，建起7个特曲池，开始试制特曲酒。1975年秋，成功酿造优质武城特曲（后改为古贝特曲），1976年投入批量生产，连续多年被评为“山东省优质白酒”。1978年，又成功酿造古贝春酒，该酒在全省评比中夺得第二块优质品牌。1984年，获轻工业部“铜杯奖”。在他的带领下，武城酒厂产品由单一的瓜干白酒发展到5大品种21个花色的粮食酒，年产量由200吨提高到2000多吨，成为武城县财政收入的重要支柱之一，为武城县经济的振兴和发展作出突出贡献。1985年4月，被全国总工会授予“优秀经营管理者”和“全国五一劳动奖章”。1986年4月，被山东省政府授予“省劳动模范”称号。1988年9月，任武城县政府副县级调研员。1992年6月离职休养。

王殿臣（1926.4—1998.1.13）　武城县鲁权屯镇马庄村人。少年时代，因家庭贫困到恩县恩记广货铺、德州火车站当学徒。在学徒期间，接触中共地下党组织，秘密帮助地下党传送信件、消息，向群众宣传抗日。抗战胜利后，王殿臣参加土地改革运动。1946年，到恩县完小参加干部培训班学习。同年6月，加入中国共产党。“干训班”毕业后，按照组织安排回家乡教书，利用冬春两闲组织群众学文化，宣传党的土改政策。1947年，任恩县县委办公室干事。1955年后，历任恩县县委办公室主任，平原县委办公室主任、县委委员、县委常委、书记处书记、县人委常务副县长、县委副书记等职。1966年11月至1971年10月，先后任德州地区农林局局长、农业局革命委员会主任。1971年10月后，历任商河县委第一副书记、县革命委员会副主任，县委书记、县革命委员会主任等职。

1977年7月，任德州地委副书记。1978年9月，任德州行署专员。1983年10月，任德州地委书记兼德州军分区第一政委、德州陆军预备役步兵师第一政委和师党委书记。1994年离职休养。

他任地委书记期间，认真贯彻中共十一届三中全会精神，积极推行家庭联产承包责任制，大力调整农业结构，因地制宜发挥传统优势，确立“以棉保粮，以粮促棉”和“粮棉一起抓，重点抓棉花”的工作新思路。全区棉花以每年100多万担到200多万担的速度递增，到1984年，棉花总产达到870万担，约占全省的三分之一、全国的十分之一。1984年，全区粮食总产超过40亿斤，比1977年翻一番，扭转了广大农民长期“吃粮靠统销、生产靠贷款、花钱靠救济”的贫困局面。农民人均纯收入由1978年的47元提高到456元，增长8.7倍。党和国家领导人胡耀邦、李鹏、万里、姚依林等先后到德州视察、调研，肯定德州的成绩，并给予鼓励。在稳定粮棉生产的同时，王殿臣结合德州实际，调整经济工作重点，适时提出并制定“提高农业，大上工业，重点发展乡镇企业，全面振兴德州经济”的工作思路和措施。极力推进工业改革，使德州乡镇企业取得长足发展，呈现出国营、集体、民营、个体“四个轮子”一齐转的良好局面。

第六届全国人大代表。中共山东省第四届委员会委员、山东省第六届人大代表、第七届人大常委会委员。

宫秋云（1922—1998.2） 原名宫存信，武城县武城镇李邦彦村人。1936年在平原第五乡村师范读书时，受地下党员马诚斋影响，参加进步活动。1939年8月，加入中国共产党，先后任村支部书记、中心支部书记。1942年底，任恩县一区区委书记。1943年，任恩县五区区委书记。1947年，任恩县武委会主任。1948年整风结束后，任平原县二区区委书记。1949年8月入伍，同年任桃源县大队副政委。1950年，调湖南省军区工作，曾任兵役局动员科长、司令处处长等职。1955年，立三等功。1956年，被湖南省军区司令部、政治部评为“保卫祖国积极分子”。1961年，任长沙军分区政治部主任，后任副政委。1965年，任湖北省军区政治部副主任。曾参加反“扫荡”、土地改革、动员和组织青年参军参战、支援解放战争等工作，率桃源县大队参加剿匪战斗。1983年6月离休，享受副军级待遇。获三级独立自由勋章、三级解放勋章、独立功勋荣誉章。

董振东（1911—1998.2.16） 原名董国成，武城县甲马营镇西魏村人。1937年6月，加入爱国将领宋哲元领导的国民革命军第29军。“七七事变”爆发，董振东随部队与日军展开艰苦卓绝的战斗。因伤病缠身，回老家养病疗伤。10月底，经恩县中共地下党员彭天琦介绍，参加鲁西北抗日游击大队，任副大队长。12月，鲁西北抗日游击大队划归八路军129师津浦支队。1938年4月，加入中国共产党。部队改编后，任八路军津浦支队2营7连副指导员兼1排长，同时担任7连党支部书记。1939年底，任津浦支队2营6连连长。1940年底，任八路军山东军区特务2团营长。1941年，任山东军区警备区第三大队（也称蒙费大队）大队长。1942年，任八路军山东纵队鲁中军区独立营营长。1943年，任八路军115师警卫团营长。1944年，赴延安学习，任中国人民抗日军政大学（简称“抗大”）一大队学员兼二区队区队长。抗日战争期间，先后参加宁津、南皮、清平、陈吴营、孙祖庄、大青山、莲花山等战斗。1945年8月，受党中央、中央军委及抗大总校校长何长工指派，带领抗大干部大队奔赴东北。同年10月，任东北民主联军独立14团团长。1946年，参加剿匪斗争。1947年初，任吉长支队支队长。1948年12月，参加辽沈战役。1949年，东北民主联军南下作战，董振东因伤，被鉴定为二等甲级残废军人，留在东北，任黑龙江北安军垦农场场长。

1951年，朝鲜战争爆发，他再次被调往前线，任中国人民志愿军50军参谋处长。1953年回国后，任吉林省军区后勤部长。1954年，先后任沈阳军区64军192师副师长、190师后勤部长。1955年，被授予中校军衔，获自由独立勋章、解放勋章。1960年转业，任第八机械工业部处长（司局级干部待遇）。1983年离职休养。

马金柱（1936.11—1998.3） 武城县广运街道沙中村人。1963年8月，毕业于山东农学院畜牧系，分配到山东农科院畜牧所。历任技术员、畜牧师、副研究员、研究室主任等职。1976年，第一次将法国利木赞牛引入山东，开展肉牛杂交改良工作，取得良好效果。1993年晋升为研究员，同年被山东农业大学聘为硕士研究生导师。他长期致力于养牛研究，率先提出山东省养牛业必然要走肉用型道路。随后，开展“肉牛冻精技术研究”和“棉籽饼喂奶牛试验”，分别获得省优秀成果及科技进步三等奖。“提高长毛兔产毛量综合技术”研究，获国家科技进步二等奖。先后承担国家科委和省下达的四项肉牛重点攻关课题，分别在全省 20 多个县、市设立试验基地。使利 X 本杂交牛周岁体重达 400 千克以上，实现一年出栏。为普及科学养牛，创造秸秆打包氨化方法，研制秸秆氨化机，在全国展览会上被评为优秀成果奖，为规模化科学养牛解决了技术难题。

曾在省级以上刊物上发表论文 20 余篇，其中《浅谈农牧结合》《农区发展畜牧业大有潜力》《利木赞牛和鲁西黄牛杂交效果观察》《鲁西黄牛育种方向和途径的探讨》等论文在全省乃至全国影响很大。先后出版《大家畜饲养管理技术》《肉牛饲养管理》《畜禽肉品学》《畜禽饲养新技术问答》《家庭副业指导》《科学养牛问答》《看图科学养肉牛》等多部专著。

刘维汉（1924.11—1998.9） 山东省垦利县人，中共党员。1943 年参加革命，任垦利县东村青救会主任。1945 年 3 月，任渤海行署印刷厂、纺织厂会计。1947 年 9 月，任总务科会审股副股长。1950 年 4 月，任平原县税务局副局长。1952 年 11 月，任德州市税务局局长。1953 年 4 月，任市财经委员会副主任。1955 年 7 月，任市委委员、财贸部长。1956 年 6 月，任市委委员、副市长。1959 年 12 月，任聊城地区粮食局副局长。1961 年 7 月，任德州地区粮食局局长。1965 年 6 月，任武城县委副书记、县长。1967 年 3 月，受冲击在机关劳动。1968 年，任武城县生产指挥部副主任。1971 年 2 月，任德州地区革命委员会生产指挥部办公室副主任。1975 年，任德州行署财贸办公室副主任。1984 年 4 月离休。

焦士杰（1924.2—1998.10.23） 河北省赤城县人。1945 年 11 月入伍。1946 年 8 月，加入中国共产党。入伍前，曾任内蒙古包头地区二区区长。入伍后，历任第 67 军干部管理部干事、200 师炮兵团干部处副处长、200 师 599 团干部处处长、200 师司令部队列科科长等职。1947 年 2 月，参加河北省易县姚村战斗。1948 年 7 月，参加徐水战斗。1949 年 4 月，参加太原战役。1951 年 9 月，参加抗美援朝。1961 年 10 月任武城县武装部党委副书记、政治委员。1968 年 9 月，任县革命委员会主任。1969 年 12 月，任县革命委员会主任，党的核心领导小组组长。1971 年 3 月，历任德州军分区政治部副主任、德州市委书记（县级）、德州市革委会主任等职。1982 年 2 月离休，同年 6 月享受副专级待遇。

1964 年 3 月，被授予中校军衔。1955 年 5 月，获三级解放勋章。1988 年 10 月，获胜利勋章。

李华珍（1914.9.6—1999.5.30） 武城县四女寺镇大孙庄村人。1937 年，加入中国共产党。同年冬，在德（州）平（原）恩（县）地区以张官寺为中心，组建农民抗日武装。1938 年春，被编入八路军津浦支队，任参谋及二营管理员。1939 年，任冀南军区新 9 旅骑兵连连长，在高唐、恩县、夏津、武城等县，与日寇开展游击战争。1942 年，任 129 师骑兵团作战参谋，转战于冀鲁豫边区。1945 年夏，任冀南军区恩县独立团参谋长，配合主力团参加解放夏津、武城、恩县等城镇的战斗。1947 年，任冀南军区教导团队长、训练科长。同年夏，随刘邓大军参加强渡黄河、鲁西南战役，尔后千里跃进大别山。同年秋任 2 野 2 纵 5 旅 3 团团长，负责大别山金寨县的武装斗争。1949 年 4 月，参加渡江战役。1950 年，任中南军区军政大学湖北分校一大队大队长。1952 年，在南京军事学院学习。1956 年，历任济南军区司令部军训、军务部副部长。1964 年，任山东省委、济南军区党委国防工业办公室主任。1978 年离休。

王桂森（1934.8—2000.4） 武城县广运街道果里村人，中共党员。1962 年，任果里村支部书记，上任伊始就带领干部群众大搞农田基本建设，打井 62 眼，挖沟渠 7 条，改造盐碱洼地1800亩，初步形成地成方、渠成网、条条道路树成行的格局。1968年，果里村粮食亩产由1962年的150千克提高到450千克，粮食总产量300吨，一举成为全国闻名的农业生产先进村。1969年10月1日，作为德州地区农业战线上的先进代表，出席国庆二十周年庆祝大会，登上天安门观礼台，受到毛泽东主席、周恩来总理等党和国家领导人的接见。中共十一届三中全会后，带领群众推行联产承包责任制，使粮棉产量连年提高，人均纯收入由1978年的500元上升到1995年的1600余元，粮食总产600吨。实行责任制后，他提出并实行“六统一”“三服务”制度，即统一规划、统一品种、统一耕种、统一治虫、统一收割，良种服务、技术服务、物资服务。“六统一”“三服务”的经验得到县委、县政府的肯定，并在全县推广。同时大上村办企业，先后建起了面粉厂、制氧厂、橡胶制品厂、化工厂和车床加工厂。1994年，公共资金积累达160万元。先后投资近100万元扩建3处扬水站，修建防渗渠和连接县城的柏油路，为群众安装自来水，建设高标准“六配套”学校等公共设施。随着市场经济的发展，王桂森又确定“稳粮保基础，多种经营增收入”的指导思想。集中规划600亩土地，发展果品生产，到1995年果园发展到670亩，总产100吨，收入9万元。1995年，又规划200亩土地，种植蔬菜及大棚菜，利用废弃的土地挖鱼塘40余亩，仅此两项人均增收1000元。

1990年，被省政府授予“山东省农业劳动模范”。多次被评为“德州市优秀农村支部书记”“优秀共产党员”和“先进个人”。

梁恩虎（1955.1—2000.5.24） 武城县广运街道梁庄村人，中共党员。山东省肿瘤医院主任医师。1973年，先后任通讯报道员、民办教师。1975年9月，到山东医学院医疗系学习。1978年8月，任山东省肿瘤医院外科医师。1987年，在中国医学科学院肿瘤医院头颈外科进修一年，回院后创建山东省第一个头颈外科专科。1993年后，先后担任中国抗癌协会头颈肿瘤外科专家委员会委员、中国康复协会无喉者专业委员会委员、中华医学会激光医学委员会理事、华东区头颈肿瘤专业委员会常委等职，并被聘为《齐鲁肿瘤》杂志、《医用激光》杂志等刊物的编委。在《中华外科》《耳鼻咽喉颈外科》《肿瘤防治研究》《中国肿瘤临床与康复》《山东医药》等刊物发表学术论文31篇。其中，1989年发表的《胸大肌皮瓣在头颈肿瘤外科的应用》获省科技进步二等奖。1992年发表的《不输血手术治疗甲状腺癌》获省卫生厅一等奖。1994年发表的《颈动脉鞘翻转修复食管颈段肌层缺损》获山东省卫生厅二等奖。

曾先后被评为“山东省优秀青年知识分子”“山东省新长征突击手”、山东省医学科学院“首批拔尖人才”。享受国务院政府特殊津贴。

王德富（1928.12—2000.11） 山东省临邑县人。1947年2月参加革命，任临邑县糖坊区委秘书。1948年7月，任临邑县委机关党总支委员、会计。1952年1月，任县人委财政科会计、科员。1953年，任财政科长。1955年2月，任财贸部副部长。1956年7月，任县委常委、财贸部部长。1962年，任县委副书记、副县长。1966年2月，任夏津县委常委、县长。1969年12月，任县革命委员会党的核心领导小组副组长、县革命委员会副主任。1972年3月，任禹城县委副书记、县革命委员会副主任。1973年10月至1975年6月，任武城县革命委员会负责人。1975年6月，任禹城县委书记、县革命委员会主任。1976年11月，任德州行署财办副主任。1978年1月，任德州行署科学技术委员会副主任。1980年3月，任德州行署科学技术委员会主任。

赵　坚（1919.3—2000）　曾用名赵玉田，武城县老城镇仓上村人，中共党员。1940年6月参加革命，先后任武城县大队区中队区队长、县大队二连排长。1941年，在冀南军区训练班学习。1942年4月，任分区侦察股参谋。1943年夏，任运河西情报中心站站长。1945年秋，任运河东情报中心站站长。1947年9月，历任夏津军分区侦察股长，第二野战军十纵三十旅侦察科副科长、科长。1949年春，任桐柏军分区侦察科长。1950年春，曾任第58军74师侦察科长、南阳军分区侦察科长。1951年，入南京军事学院学习。1954年7月，任39军侦察处长。1960年，历任沈阳军区二部科长、副部长、部长。1969年9月，任辽宁省军区副司令员。1987年5月离休。被授予独立自由勋章、解放勋章、独立功勋荣誉章。

薛金玉（1923.2—2001.7）　武城县鲁权屯镇西郑庄村人。武城县传播玻璃钢生产技术第一人。

薛金玉出身富裕农民家庭，幼年读过私塾，擅长木工手艺，是村里出名的能工巧匠。1972年，到石家庄学习玻璃钢加工技术，回村后从实践中不断摸索经验，完善操作规程，不久就能生产玻璃钢门、挡水板、调节阀和风管等多种产品，成为当地掌握制作玻璃钢技术的权威人物。不到半年时间，他所在生产队实现产值3万余元，第二年产值达到7万元，年终分配每个劳动日的工值比其他生产队高出十几倍。1976年，他迁到黑龙江拜泉县，时间不长就被苏庄村请回。回乡后，薛金玉毫无保留地把技术传授给当地群众。从此，鲁权屯村民一传十，十传百，掌握玻璃钢生产技术的人越来越多，生产玻璃钢产品的社队企业不断增加。短短几年工夫，武城县15个乡镇中就有13个乡镇搞起玻璃钢加工，生产厂家达160余家，从业人员1.2万人。在玻璃钢加工较为集中的鲁权屯、滕庄、马庄等乡镇，几乎家家是工厂，人人会生产，并相继形成金光集团、贝州集团、华能集团等一批以玻璃钢加工为主的大中型企业。技术的传播，为武城县玻璃钢产业的形成奠定了坚实的基础。

王　弗（1925—2001）　曾用名王汉章、王汉夫，武城县武城镇高王庄村人。享受政府津贴、教授级编审。1948年，毕业于北平中国大学政治经济系，其间担任北平《盖世报》的《诗与文》栏目副主编。毕业后，由中共北平地下组织介绍赴解放区参加革命。新中国成立后，历任建设部《建筑》杂志社总编辑、编审，建筑史志研究会主任、《中国建筑年鉴》常务副主编、中国建设文化艺术协会文化理论专业委员会常务副主任兼秘书长、建设部高级职称评审委员会副主任。从事编辑、编审、出版、文史研究50余年，对当代方志的新发展有深入研究。著文综述专业志在新方志中所占的重要地位及其本身的历史价值。

出版著作有《学习札记》《新中国建筑业纪事》《论新方志的文化性》《京华拾旧》《岁月流韵》，合作出版《当代中国的建筑业》等。撰写论文、文章近300篇，编著图书21种。

中国文联第六次全国代表大会代表。

王秉新（1935.7—2002.1）　武城县武城镇东七里庄村人，中共党员。1952年12月参加工作，历任夏津县委机要员、武城县机关党委副书记、革命委员会组织组副组长、郝王庄公社副书记、广播局局长等职。1982年4月，任县党史资料地方史志编纂委员会办公室主任。1987年8月，任史志编纂委员会办公室主任、《武城县志（1840—1985）》主编。

自幼酷爱书法艺术，是著名书法家舒同的弟子，学名齐华。其书法吸取舒同书艺精华，雍容秀雅，凝重洒脱，庄严肃穆，丰媚遒劲。充分运用裹锋、捻管等技巧。他的字沉雄而峭拔，恣肆中见逸气，筋骨涌现，意态超然。多次在台湾、北京、上海、济南等地举办个展、联展，在全国、全省书法大赛中多次获奖。曾为《四川日报》《大众日报》题写刊头。1993年，为大型电视剧《我爱我家》书写“老骥伏枥，志在千里”八个大字横幅。其作品多次被国家收藏，作品流传到美国、德国、日本、新加坡、澳大利亚等国家和香港地区。曾是中国书协会员，山东省舒同书法研究会理事。

高秀章（1932.12—2002.6.11）　武城县老城镇南关村人。1945年5月入伍。1947年，加入中国共产党。历任冀鲁豫野战军第2纵队6旅18团战士，川南军区内江军分区87七团3营8连班长、排长，志愿军15军29师87团三营8连排长、副连长，三营9连连长（邱少云生前所在连队），中国人民解放军15军29师87团炮兵营参谋长、营长等职。在解放战争中，曾参加邯郸战役、预山战役、鲁西南战役、羊山集战斗、千里跃进大别山、淮海战役、渡江战役和解放四川等战事。抗美援朝期间，在上甘岭战役中曾三次冒死穿越敌人密集的炮火，冲上阵地，出色地完成上级交给他的艰巨任务，受到军首长秦基伟的高度赞扬。

1965年5月，转业到地方后，历任武汉汽轮发电机厂人武部长、革命委员会副主任、主任，党委书记、厂长等职。1983年，任武汉市人民防空办公室副主任（正局级）。其间，为人防指挥通信、警报系统建设付出大量的心血。1992年5月离休。离职休养后，仍然关心人防的改革和建设，表现出一名老党员、老干部高尚的革命胸怀。“上马杀敌南征北战万里疆场洒热血，下马建设日夜操劳千古江城亮高风”是对他戎马一生真实的写照。曾立大功3次、小功10余次，被授予解放奖章、渡江奖章和抗美援朝奖章。

王志清（1922.10—2002）　曾用名王荫朴，武城县老城镇杨庄村人。1940年10月，加入中国共产党。1945年2月参加工作，历任武城县一区武委会副主任、主任。其间，组织发动群众抗粮、抗税。1948年，历任三区贫农团委员、武委会主任，二区区长、副书记、书记等职。1949年2月，任青年团武城县委书记。1951年6月，任县政府副县长。1954年7月，任武城县政府县长。1957年1月后，历任临清县委副书记，临西县委代书记，邢台地区工会党组书记、主任等职。

孙　泰（1907—2003.3.4）　原名周之良，曾用名孙成恩、孙宝成、欢喜笑，武城县李家户镇刘王庄人，中国农工民主党党员，国家一级演员。曾任上海杂技团艺委会主任、中国杂协副主席、中国杂协上海分会主席，上海市第五届政协委员。1923年，拜口技艺人尹士林（艺名开口笑）为师。1935年，应邀到新加坡、印度尼西亚及马来西亚等国演出，尔后又随国光艺术团去菲律宾、越南、香港、澳大利亚演出。1936年，世界幽默大师卓别林在新加坡观看孙泰的表演后，大加赞赏，从此获得“口技大王”的美誉。1951年，参加上海市人民杂技团，并赴朝鲜、东欧、北欧、东南亚等国家和地区访问演出。

他继承其师“开口笑”开创的口技表演形式，不断从生活中汲取素材，从自然界、劳动生活和革命战争中捕捉新声音，使口技艺术细腻逼真，格调清新，结构严谨，声情并茂，具有时代特色和生活气息，形成独特的表演风格。在朝鲜战场慰问演出时，晚上登台拟演轰炸机，观看演出的战士不明真伪，以为敌机真的来轰炸，随手将油灯全数熄灭，留下了以假乱真的佳话。1956年，在华沙第一届国际杂技比赛中，他以“一鸟啼鸣”，引来云雀对鸣，全场为之轰动，获口技金奖，成为新中国国际艺术比赛得金第一人。1960年后，创作演出隔壁戏《卖糕儿》《小木偶》《捉蝉》《锯木》等节目。20世纪80年代，他不顾自己年事已高，先后排演《渡江战斗》《金鸡报晓》《运动员入场式》《杨浦大桥通车典礼》等节目。他的创作演出具有很高的艺术水平，影响整整一代口技表演者。曾获中国杂技艺术家协会“百戏奖”，被杂技界誉为“口技界泰斗”。著有《走向社会》一书。

吴凤翔（1918.5—2003.10）　武城县四女寺镇五屯村人，中共党员。1938年2月，参加中华民族解放先锋队。同年，到西北青年训练班学习。5月，到延安抗大学习。1939年1月，历任平西挺进军随营学校政治处宣传股长、俱乐部主任、指导员。1940年1月，任挺进剧社社长。1942年，任12军分区（平北）宣教干事、宣传队长、连指导员。1945年春，任分区教导大队教导员，后任政治委员。1945年8月，率教导大队参加张家口战役。1946年，任冀热察军区教导大队副政委。1947年底，任军区政治部民联部副部长。1948年，参加平津战役。1949年，编入南下干部总队，参加渡江战役。同年7月，任皖南军区军政干校副政委。1950年，任军区政治部宣传部部长。1951年，任宣城分区政治部主任兼干部管理部部长。1952年夏，任华东军区第三政治学校党委常委、教育部长。1955年，被授予上校军衔。1958年，任长春第二政治学校训练部副部长。1959年初，被选送到中央高级党校理论班学习。1960年，晋升大校军衔。1965年，任国防科委政治部组织部部长，多次到原子弹试验基地及东风火箭发射场参加试验工作。“文化大革命”期间受到迫害。1971年，恢复工作。1985年离休。

获三级独立自由勋章和二级解放勋章。

宋步祺（1916—2003）　生于武城县河西小辛庄（今属河北省故城县）。1937年，聊城省立第三师范学校毕业。1938年2月，由王发武介绍加入中国共产党。同年2月21日，与韩强、王中、庄凤昌在小辛庄组建武城县第一个党支部，并任支部书记。在家乡秘密开展党的活动，先后发展20余名积极分子入党，建立起河西街、徐里庄、吴庙、高行杖、东西桥、饮马庄、巩庄等党支部。5月，在小辛庄党支部的基础上，成立中共武城县工作委员会，任工委书记。7月，参加鲁西北特委在南宫大窑召开的县委书记扩大会议。根据会议精神，为更好地做好各支部的巩固发展工作，以教员身份作掩护在河西街二完小开展党的工作，重点发展群众团体和地方武装。9月，到陕北学习，从此离开武城县。新中国成立后，曾任湖南省湘潭地委书记、湘潭市机电厂党委书记等职。

秦之堂（1930.2—2004.10.4）　河北省故城县人。1946年8月，加入中国共产党，同年参加革命。1947年10月，任武城县二区通讯员。1948年6月，任一区区委干事。1951年8月，先后任县公安局侦察员、公安助理等职。1952年，任三区副区长。1953年6月，任工商科长。1955年9月，任民政科长。1956年2月，任县人委办公室主任。1962年6月，任县委基点村组长。1964年12月，任城关公社副书记。1965年10月，任平原县“四清”工作队分队长。1966年，任武城县财贸政治部副主任。1969年12月，任李家户公社党委书记。1975年1月，任城关公社党委书记。1978年3月，任县委副书记。1981年1月，兼任县政协主席。1984年2月，任县第九届人大常委会主任。1991年1月离休。

李宝爱（1916—2006.4.30）　女，武城县武城镇东小屯村人，中共党员。医学博士，儿科医学专家。1937年，以优异的成绩考入齐鲁大学医学院。她积极参加爱国学生运动，结识了地下党员邢珊瑚，秘密为地下党传递文件和抗日宣传材料。1944年，毕业留校任教。1946年，获加拿大多伦多大学医学院医学博士学位。1947年，受聘到天津中央医院参加小儿科的创建。在天津解放前夕，与地下党小组团结广大医护人员，开展护院工作，为解放军完整接管医院做出了贡献。

1969年，任天津医学院儿科主任。1973年，代表国家参加由联合国非洲经济委员会发起的非洲儿童防护会议。1979年，被评为教授。1980年，被评为主任医师。毕生从事儿科临床、教学、科研的工作，特别是对小儿内分泌、遗传代谢性疾病的研究处于国内领先地位，在国内儿科界享有很高的声誉。在天津总医院（天津医学院前身）儿科建立了内分泌遗传代谢专业组和内分泌遗传代谢研究室，率先在全国开展先天性甲状腺功能低下和苯丙酮尿症的筛查，获得天津市技成果三等奖。发表论文20余篇，参与编写《实用儿科学》和儿科学教材的有关章节。曾经主持承担国家级科研项目“小儿智力低下病因学研究”。1990年7月，享受国务院政府特殊津贴。

政协天津市第六届、第七届委员。

张文光（1923.3—2006.6.27） 武城县瓦子庄乡张庄村（今属河北省故城县）人。1941年7月，参加革命。1942年1月，任武城县武委会通信排排长。同年9月，任三区武委会主任。1943年7月，加入中国共产党。1945年1月，任县武委会军事部长兼一区武委会主任。同年8月，到三区工作，组织发动群众参军，壮大革命力量。9月，任六区区委委员、区长。1948年3月，任县民政科长。同年11月，任一区区委书记。12月，任夏津军分区司令部战勤科长。1949年3月南下，历任长沙市中级人民法院办公室主任、长沙市失业工人救济处处长、长沙市监委办公室主任，湖南省工程公司处长、省基本建设办公室科长等职。1954年6月，任湖南省劳动局副局长。1960年10月，任桃源县委第一书记。1964年7月，先后任常德地委副书记、书记。1969年11月，任常德地区革命委员会副主任。1970年6月，任常德地区党的核心领导小组副组长。1973年5月，任常德地委书记、革命委员会主任。1977年，任湖南省计委主任。1979年12月，任湖南省副省长。1980年1月，任副省长兼政府秘书长。1983年10月，任省政府顾问。1986年6月，任顾问委员会常委。1996年11月离休。

傅成彬（1927.1.10—2007.7.14） 武城县武城镇孔庄村人。1943年2月入伍。1947年7月，加入中国共产党。曾任作战参谋、副主任、副团长、处长、副部长、部长等职。抗日战争时期，为争取民族解放英勇作战。解放战争时期，随部队转战南北，先后参加淮海、渡江、皖东战役，亲历数十次大小战斗，身负战伤数次。大别山反围剿时爬冰卧雪、忍饥挨饿留下终身残疾。新中国成立后，参与组建西南军区炮兵。为部队军事训练、后勤建设呕心沥血。1955年，先后在南京军事学院、张家口炮兵学院学习。1967年9月，任昆明市公检法军事管制委员会军总代表。“文化大革命”期间遭到迫害。1978年恢复工作后，任昆明军区司令部装备部长。1979年，在对越自卫反击战武器装备保障方面显示出非凡的指挥才能和超前的新思维、新理念，为现代武器装备的管理运用奠定坚实基础。1979年9月，被选送到解放军军事学院学习。1985年6月离职休养。1955年，获独立自由奖章和三级解放勋章。1988年，被中央军委授予“独立功勋荣誉勋章”。

王汉录（1947.11—2007.11） 河北省故城县人，中共党员。1970年10月，参加工作。1973年7月，任武城县委办公室干事。1976年7月，任梁庄公社党委书记。1984年4月，任县棉麻公司经理、党总支书记。1986年7月，任县供销社理事会主任。1987年12月，任供销社党委书记。1990年，任县财委主任兼供销社党委书记。1992年12月，任县委常委、农委主任。1994 年 4 月，任县政府副县长。1998 年 1 月，任县政协第六届主席。2004 年 2 月，任县政府顾问。

朱晓雷（1982.4—2008.1） 武城县甲马营镇梁小屯村人，中共党员。2000 年入伍，曾任乌鲁木齐市公安消防支队特勤大队一中队副中队长。立三等功 3 次。2007 年 12 月，被公安部消防局表彰为“党的十七大消防安全保卫专项行动先进个人”。2008 年 1 月 2 日，乌鲁木齐市钱塘江路 45 号附 1 号新疆德汇实业有限公司德汇国际广场批发市场发生大火，他在深入火场搜救被困群众时不幸壮烈牺牲。公安部批准朱晓雷为“革命烈士”。新疆维吾尔自治区人民政府追授朱晓雷“模范消防卫士”称号。新疆维吾尔自治区公安厅追授朱晓雷“优秀共产党员”。自治区团委、自治区青年联合会追授朱晓雷“新疆青年五四奖章”称号。

姜殿富（1911—2008.8.16） 武城县武城镇贾庄村人。1931 年 4 月入伍，任中央红军 12 师 34 团战士。1932 年 7 月，任红四军 11 师 33 团重机枪连排长。同年 10 月，加入中国共产党。1934 年 8 月，任江西瑞金县补充营连长。同年 10 月，参加长征。1935 年，任红四军 2 师 5 团机枪连排长。同年，任东渡黄河 28 勇士之一，胜利完成任务，受到军团部表彰奖励。1937 年 6 月，任红校教导师 5 队区队长。1938 年 3 月，任总部随营学校大队队长。1939 年 12 月，任抗大一分校 5 营营长兼军事主教。1940 年 6 月，任 129 师保安 6 团团长。同年 10 月，任八路军 129 师新编第 10 旅 28 团参谋长。1943 年 3 月，任 129 师轮训队大队长。1948 年，任华北军政大学四大队大队长。1949 年，任华北军政大学高干队副队长。1951 年 2 月，任衡水军分区副司令员。1952 年 2 月，参加抗美援朝，任志愿军第 23 军第 67 师副师长。1953 年 2 月，任华北工程兵部工区主任。1955 年 4 月，历任北京军区工程兵副主任、工程兵副主任兼任国防工事建筑部部长（正军级）。

1955 年 9 月，被授予大校军衔，获三级八一勋章、二级独立自由勋章、二级解放勋章。1988 年，获二级红星功勋荣誉章。

王林德（1919.10—2009.1） 武城县武城镇田尔庄村人。1938 年 3 月入伍，同年 11 月加入中国共产党。抗日战争时期，历任津浦支队一营战士、班长，山东纵队二支队党训班学员、教导队连长、山东抗大 2 大队一中队学员，山东省滨海支队 666 团 1 营 1 连连长、团作战参谋，苍马县大队副大队长等职。曾参加路房突围战、鲁中南保子崮战斗和胶州城战斗。解放战争时期，历任胶东军区滨北军分区独立 1 团 1 营营长，高密县独立团副团长，胶东军区滨北军分区独立 1 团参谋长，7 师 20 团参谋长，华东野战军 13 纵队 39 师 116 团参谋长、117 团副团长，13 纵队 37 师 110 团副团长，31 军 91 师 272 团团长，先后参加胶高战役、胶东保卫战、海阳保卫战、沙岭战斗、兖州战役、济南战役、淮海战役、渡江战役、上海浦东战役、福州战役、漳厦战役等战役战斗。新中国成立后，历任 31 军 92 师 276 团团长、93 师参谋长，92 师第一副师长兼参谋长、师长，福州军区步兵学校副校长、闽北指挥部副司令员、29 军副军长、福州军区司令部副参谋长、福州军区军政干部学校校长、南昌陆军学校校长等职。1991 年 7 月离职休养。

1955 年，被授予上校军衔。1960 年 6 月，晋升大校军衔。获三级独立自由勋章和三级解放勋章。1988 年，被中央军委授予“独立功勋荣誉勋章”。

赵犁荒（1922.3—2009.2.13） 原名赵兴龄，武城县老城镇沙庄村人。1937 年“七七事变”后，参加“抗日铁血团”，开展锄奸反特、破坏敌人通信、袭击日伪军、宣传抗日等活动。

1939 年 8 月，加入中国共产党，任党支部宣传委员。1941 年，到冀南四地委受训 3 个月后，分配到武城县抗日政府公安局工作，任支部书记和保卫队指导员。1944 年 1 月，任饶阳店区委书记兼区中队政委。抗战胜利后，任一区区委书记兼区中队政委。1947 年 10 月南下，任新 2 纵 4 团 3 营教导员。1948 年 11 月，到达湖北省汉南地区，先后任重阳、店亚区委书记兼区中队政委。举办多期蒋匪爪牙（伪、乡、保、军人员）自首训练班，开展攻心战，分化反动上层势力，镇压罪恶累累的伪乡保长、国民党区党部书记、三青团队长、红帮头子，巩固新生革命政权。

1949 年 2 月，任湖北省南漳县组织部部长。1952 年 6 月，任南漳县政府县长。1953 年 6 月，任“五三”农场办公室主任、副场长。1955 年 6 月后，历任省农业厅农场管理处处长、农垦局局长、农垦厅办公室主任、副厅长等职。1982 年离休。

马玉印（1954.2—2009.6.24） 武城县鲁权屯镇马庄村人，中共党员。高级工程师，技术五级（副军职待遇），大校军衔。1970 年 12 月入伍，在装甲兵器材总库任战士、班长。1973 年 9 月，入北京钢铁学院（北京科技大学）学习。毕业后，历任中国人民解放军驻第一拖拉机制造厂军事代表室副连职、正连职、副营职军事代表。1986 年 2 月，任副总军事代表。1991 年 7 月后，历任总参装甲兵部驻中信重型机械公司军事代表室总军事代表，总参兵种部驻 627 厂、驻第一拖拉机制造厂、驻洛阳地区军事代表室总军事代表等职。1996 年 12 月，晋升大校军衔。1999 年 6 月，任驻 482 厂军事代表室总军事代表。2004 年 4 月，任驻 5460 厂军事代表室高级工程师、技术五级，专业技术大校军衔。

长期从事武器装备建设，先后组织和参加多种新型坦克、装甲车辆的研制、检验验收和质量监督。特别是在 59D 式坦克、驻澳部队装备、装甲兵军代表系统应急预案编制、装甲兵军代表大事记编纂、军用蓄电池和国家重点型号研制生产、国庆 60 年阅兵装备准备中，他精心组织，严密实施，出色完成各项任务。获 6 项部级和军队级科技进步奖、技术攻关奖。曾作为总参兵种部装甲兵专家组成员赴东南亚国家执行军援装备交装和外军技术培训任务。先后被评为总参装甲兵部“精神文明先进个人”，5 次被评为“优秀共产党员”。

2009 年 6 月 24 日因公殉职。

谢万盛（1935.11—2009.8） 武城县鲁权屯镇北郑庄村人，中共党员。1952 年 10 月参加工作，先后任恩县县委办公室、武城县委办公室交通员。1956 年 7 月后，历任武城人委、夏津县委、武城县委办公室文印员。1962 年 5 月任武城县百货公司文书。1962 年 7 月，任县税务局文印收发。1964 年 1 月，任县文印办公室档案员。1965 年 5 月，任县人事监察科科员。1970 年 10 月，任县革命委员会组织组副组长，1971 年任县革命委员会组织组组长。1976 年 9 月，任县委组织部副部长。1980 年 9 月，任武城县委常委、组织部副部长。1981 年 2 月，任县委常委、组织部部长。1987 年 2 月，任县委副书记。1990 年 3 月至 1996 年 5 月，任县第十一、十二届人大常委会主任。

刘玉洁（1945.3—2009.10.6） 武城县武城镇安集村人，少将军衔。1963 年 8 月参加工作，历任总参三部四局五处侦收员、四局政治部干部科干事、三部政治部秘书处秘书。1965 年 12 月，加入中国共产党。1979 年 3 月，调总参政治部干部部工作，历任干事、副部长、部长。1990 年 6 月，任总参电子对抗雷达部政治部主任。同年 9 月，任总参政治部副主任。1994 年 1 月，任总参陆航局政治部主任。针对陆航特点，组织开展热爱陆航、奉献陆航教育，确保陆航的稳定和各项任务、特别是急难险重任务的顺利完成。1998年1月，任炮兵指挥学院政治委员（正军职）。他注重调查研究，公道正派使用干部，关心群众生活，推进现代化教学，使学院各项建设取得明显进步，被广大教职员工誉为“贴心的好政委”。1999年6月，任陆军航空兵学院政治委员。系陆航学院第一任政委、党委书记和第一代创业者。他提出新建院部的建议，领导建成设计超前、特色鲜明、布局合理的新院部，为航空学院的发展奠定坚实基础。一大批优秀学员脱颖而出。2005年8月退休。

苏凤文（1929.8—2010.3.5）　河北省清河县人，中共党员。1946年8月，在高唐县参加工作。1947年后，先后任高唐县政府财政科股长，聊城专署财政科副股长、粮食局计划股长、计划委员会科长等职。1960年，任聊城专署统计局副局长。1961年6月，任德州专署计划委员会副主任。1969年10月，任德州革命委员会计划办公室主任。1974年4月，任德州地区革命委员会生产指挥部核心小组成员。1975年7月，任武城县委书记、县革命委员会主任。1979年2月，兼任武城县武装部第一书记、第一政委。1980年6月，任武城县委书记。1984年4月，任德州地区城乡建设环境保护委员会主任。1988年9月，任德州地区人大工委副主任。

中共山东省第四次党代会代表。

董毅民（1922.6—2010.11.15）　山东省东昌府区人，中共党员。1943年1月参加工作，任筑先县抗日民主小学教员，同年参加抗日宣传队，曾参加攻打茌平、宁阳战斗，战后参加宁阳县大队宣传队。1944年1月，先后任宁阳县三区工作队队员、组长。1945年8月，任宁阳县大队宣传队员。1947年8月，历任宁阳三区武委会副主任、主任、区长。1949年1月，任宁阳县区公所区长、区委书记。同年5月，任浙江省分水县四区区委书记。1952年10月，先后任浙江省分水县干校校长、宣传部部长等职。1954年10月，任分水县委常委、县委副书记、县长。1959年8月，任浙江省计委农业处副处长。1961年1月，任齐河县委副书记、县长。1978年3月，任鲁北化肥厂副指挥。1980年5月，任武城县委副书记。1981年1月，任县人大主任。1983年12月离休，享受副厅级待遇。

张少农（1924—2010.12.27）　曾用名张之瑞，武城县李家户镇郑官屯村人，中共党员。1945年2月入伍，先后在冀南、晋冀鲁豫、第二野战军16旅147团任战士、干部，曾参加邯郸、陇海、大别山、淮海、渡江、上海、大西南、襄樊等战役，在淮海、襄樊战役中立特等功各1次。1950年1月，参加抗美援朝。1951年5月，在朝鲜汉城战斗中负伤，回国在湖南长沙疗伤（三等甲级伤残），伤愈在湖南省军区工作。1952年8月，先后在南海舰队、混合舰队一支队、榆林基地、汕头和川岛水警区等单位工作，历任处长、部长、政治委员（正师）、顾问等职。离休后，曾资助张家口、湖南山区等地8位贫困儿童就学。

田健民（1922.7—2011.1）　山东省寿张县人，中共党员。1944年3月参加工作，任张秋县八区联合会青救会干部。1945年7月，到冀鲁豫边区政干校学习。同年12月，任张秋县八区党委会组织干部。1947年，任张秋县八区政府行政助理员。同年12月，到冀鲁豫边区党委整党学习。1948年4月，任冀鲁豫边区党委工作团学习组长。1948年7月，任寿张县一区区长。1950年7月，任寿张县工商科长。1952年8月，任县民政科长。1953年2月，任县委统战部副部长。1954年11月，任县委宣传部部长。1956年8月，任寿张县委副书记。1957年8月，任县委书记处书记。1960年5月，任夏津县委书记处书记。1961年6月，任武城县委书记处书记。1962年9月，任武城县委副书记、县长。1965年1月，任故城县委副书记、县长。1968年8月，任故城县革命委员会副主任。1970年，任阜城县革命委员会副主任。1972年，任革命委员会副书记、副主任。1975年3月，任衡水地区革命委员会卫生局局长。1977年，任文办副主任兼卫生局局长。1978年12月，任衡水地委组织部副部长兼地直机关党委书记。1984年7月离休。

夏行进（1922.12—2011.8.31） 山东省夏津县人，中共党员。1945年4月参加工作，任夏津县九区武筹会政工部长。1946年12月，任一区武委会主任。1948年1月，任一区区委书记。1951年7月，任夏津县政府秘书。同年11月，任夏津县人民政府副县长。1952年1月，到中央政法干校学习。1953年6月至1955年4月，任夏津县人民政府县长。1957年7月，任夏津县委副书记、县长。1961年7月至1962年9月，任武城县委副书记、县长。1962年11月，任夏津县委副书记、县长。1966年2月，任临邑县政府县长。1967年2月，任临邑县革命委员会生产指挥部副指挥、县革命委员会常委。1971年1月，任革命委员会生产指挥部主任、县革命委员会常委。1973年8月，任县委副书记。同年10月，任县革命委员会副书记、副主任。1980年12月，任县委副书记、县长。1984年3月离休。

黄希昌（1937.12—2011.9） 武城县鲁权屯镇滕庄村人。武城县引进玻璃钢生产工艺第一人。1972年9月，时任滕庄公社滕庄大队第四生产队队长的黄希昌，为发展队办副业求助于胞兄黄希周。在黄希周的帮助下，引进玻璃钢生产工艺。利用环氧树脂6101＃、二丁酯，配二胺、玻纤布等原料，通过反复研制，在11月底生产出第一批玻璃钢风机叶片，经过使用，效果良好。随即，黄希昌又与邢台国棉厂签订3.8万元的玻璃钢风机叶片生产加工合同，同时创办全县第一家生产玻璃钢制品的队办企业，填补武城工业的一项空白，开创武城县玻璃钢制品业的先河。此后，武城县玻璃钢加工业成燎原之势在全县迅速扩展，生产企业不断增加。截至2013年底，仅鲁权屯镇就拥有玻璃钢及中央空调加工企业1126家，规模以上企业169家，从事产业人员10万余人。

李春鉴（1918.10—2012.3.18） 武城县武城镇桃花店村人，中共党员。1937年参加革命。1938年入伍。历任八路军津浦支队民运科长、莒县独立营政委、八路军山东纵队2旅4团教导员、莒县武委会主任兼任山东省军区滨海党校宣传委员、滨海专署民政二科长、滨海专署干部训练大队主任、滨海中学校长、滨海支前司令部三支队政委等职。曾参加孟良崮战役。1948年4月南下，历任中原大队中队长，中原大学队主任、中原大学四分部主任、中原大学财经学院校办主任、中原大学财经学院党委书记。1953年3月，任武汉市教育局副局长、党组书记。1957年6月，任党委书记兼局长，1964年兼任武汉师范学院党委书记。1965年1月，任市委宣传部副部长兼教育局党委书记、局长、武汉师范学院党委书记。1973年1月，任市委委员、市文办副主任。1978年8月，任市委常委、宣传部部长。1982年12月，任武汉市顾问委员会常委。1993年6月离休。

冯洗尘（1923.2—2012.5） 河北省南宫县人。1934年7月，加入中国共产党。1938年，任村党支部书记。同年7月，到冀南区党校学习。学习结束后，任南宫县六区区委宣传委员、区委书记。1939年6月，任南宫县第三工委宣传部部长。1940年4月，任武城县委组织部部长。同年10月，任县委书记。1942年9月，任垂杨县委书记。1943年1月，到太行分局党校学习。同年10月，任枣强县委书记。1945年10月，任恩县县委书记。1947年9月，任新兵四团政委。1948年9月，编入第二野战军，不久参加淮海战役。1948 年 10 月，任湖北省谷城县委书记。1949 年 7 月，任襄阳地委社会部部长兼公安处处长，后曾任组织部部长、地委副书记。1955 年 6 月，任湖北省财贸部副部长。1961 年，任省委组织部副部长兼省直机关党委书记。1975 年，任农村政治部副主任、农业办公室主任兼民政局局长。1980 年 7 月，任湖北省纪律检查委员会书记。1983 年 12 月，任湖北省顾问委员会委员。1986 年 5 月，任顾问委员会常委。

刘宝善（1940. 7—2012. 8. 23）　武城县甲马营镇七机营村人，中共党员。全国大肠癌委员会委员。1965 年参加工作，任四川省肿瘤医院医生。1981 年，晋升为外科主治医师。1987 年，晋升为副教授、副主任医师。1989 年，被卫生部选拔作为第十批医学代表团成员赴日本短期研修。1992 年，晋升为教授、主任医师。在肿瘤治疗方面，第一次在国内提出了大肠癌标准灶切除范围，首先开展保存神经的直肠癌根治术。“直肠癌根治范围的研究”获 1992 年四川省卫生厅三等奖。“保存神经的直肠癌根治术”获 1992 年四川省二等奖。主编《大肠肛门肿瘤学》一书，合编《现代肛肠外科学》《中西医结合肿瘤学》《食道癌译文丛书》等专著 4 部，发表论文 40 余篇。2000 年，享受国务院政府特殊津贴。

肖金森（1932. 5—2012. 9. 11）　山东省齐河县人，中共党员。1949 年 8 月参加工作，任齐河县十二区供销社会计。1952 年 7 月，任齐河县供销社统计。1954 年 4 月，任财委会干事。1956 年 2 月，任财贸部干事。1959 年 4 月，任财贸部办公室副主任。1960 年 2 月，任财贸部副部长。1962 年 5 月，任县委办公室副主任。1965 年 5 月，任计委副主任。1966 年 1 月，任武城县四女寺公社党委书记。1969 年 11 月，任武城县委常委、办公室主任。1975 年 10 月，任县委副书记。1981 年 1 月，任副书记、县长。1984 年 2 月，任县委书记。1987 年 8 月，任德州地区乡镇企业局局长。1988 年 11 月，任经委主任。1991 年 2 月，任政协工委副主任。1992 年 5 月离休。

山东省第五届人大代表。

侯道之（1910—2012）　武城县郝王庄镇庞庄村人，中共党员。早年留学美国，在美国获医学博士学位。他医学知识丰富，擅长外科手术。1937 年 12 月，中国红十字会二十三医疗队成立，侯道之为副队长，赴陕西延安。他带去 X 光机、显微镜等当时先进的重要医疗器械。他虽然是“洋知识分子”，但保持着山东大汉的耿直朴素的性格，对人诚恳、性情爽快、办事干脆、工作认真负责。在延安期间曾为周恩来等国家领导人医治疾病。侯道之率领的红十字会二十三队对后方医院的建设，特别是医务技术的提高做出很大贡献。新中国成立后，曾任上海铁道医院院长。

侯仁之（1911. 12—2013. 10. 22）　武城县郝王庄镇庞庄村人。历史地理学家，中国科学院院士。曾担任中国地理学会副理事长兼历史地理专业委员会主任委员、沙漠分会名誉会长、地理学思想史专业工作委员会常任委员、国务院学位委员会第一届学科评议组成员、三至七届全国政协委员。1936 年，燕京大学历史系毕业，任助教一年，转入研究院进修，1941 年，获硕士学位，留校任教。1946 年，赴英国利物浦大学地理系专攻历史地理学，1949 年获博士学位。回国后先任燕京大学副教授、教授，兼清华大学营建系教授和北京市都市计划委员会委员。1952 年，任北京大学副教务长兼地质地理系主任，开设了中国第一个“历史地理学”专业。“文化大革命”期间被停职审查，下放到江西省鲤鱼洲劳动 2 年。1978 年，恢复教学工作，任北京大学地理系主任，教授、博士生导师。1984 年，被英国利物浦大学授予“荣誉科学博士”。1985 年 4 月，在第六届全国政协第三次会议上提出中国加入《保护世界文化和自然遗产公约》的提案，为国家所采纳，侯仁之因此被誉为“中国申遗第一人”。1997年，获何梁何利“科学与技术进步奖”。1999年10月，获何梁何利基金“科学与技术成就奖”，同年12月被美国地理学会授予乔治·戴维森勋章，他是第一个获得这一荣誉的中国人。

著有《天津聚落之起源》《北京历史地图集》《侯仁之燕园问学集》《侯仁之文集》等书。其中，《历史地理学的理论及应用》获国家教委优秀科技成果奖。《试论北京城市规划的两个基本原则》获国家教委科技进步二等奖。《北京历史地图集》获北京市政府科学技术进步奖一等奖。

韩玉贵（1954—2013.9.2） 武城县李家户镇刘官屯村人，中共党员，教授，博士生导师。全国国际政治学会常务理事、全国WTO研究会常务理事。1973年参加工作，曾任民办教师，李家户公社党委常委、革委会副主任等职。1982年7月，先后任山东师范大学组织部科长、政法系主任等职。1995年，任政法学院院长。2001年，任政法学院院长兼知识产权学院院长、WTO研究中心主任。2006年10月，任山东师范大学人事处处长。

主要研究方向为世界政治经济与中国发展战略。先后出版《当代世界政治经济与国际关系》《走向世界——我国对外开放中的重大关系研究》《冷战后的中美关系》《当代资本主义概论》等书10余部，发表论文30余篇。主持教育部教学改革项目、山东省社科规划重点课题、山东省软科学课题和山东省教学改革试点专业。分别获国家教学成果二等奖和山东省教学成果一等奖，山东省优秀社科成果二等奖和三等奖。

人物简介

一

张　磊　1970年3月出生，山东省莱西市人，中共党员，大学学历。1993年7月参加工作，任青岛团校教师。1996年10月，任青岛市委办公厅机要交通处科员。1998年4月，任德州市委办公室督查科科员。1999年1月，任市委办公室副主任科员。2000年6月，任齐河县表白寺乡党委书记。2002年1月，任平原县委常委、平原镇党委书记。2004年4月，任平原县委常委、办公室主任。2005年11月，任夏津县委副书记。2007年1月，任宁津县委副书记。2010年2月，任禹城市委副书记。同年3月，任副书记，副市长、代市长。4月，任副书记，副市长、代市长，高新区管委会主任。5月，任副书记、市长，高新区管委会主任。2011年12月，任禹城市委副书记、市长。2016年1月，任武城县委副书记、县长。同年11月，任武城县委书记。

朱恩鹤　1970年4月出生，山东省夏津县人，中共党员，研究生学历。1989年7月参加工作，任德州地区财政局预算科员（1990年5月至1992年6月，在山东经济学院高教自考大专财政专业学习）。1995年3月，任德州市财政局预算科员。1997 年 4 月，任市财政局预算科副主任科员（1992 年 11 月至 1997 年 6 月，在山东经济学院高教自考大学财政专业学习）。2001 年 7 月，任市财政局预算科副科长。2003 年 3 月，任市财政局预算科长（2001 年 9 月至 2004 年 6 月，在山东省委党校在职研究生班经济管理专业学习）。2005 年 11 月，任市财政局助理调研员，预算科长。2008 年 6 月，任市财政局党组成员、副调研员，预算科长。2011 年 6 月，任市财政局总经济师、党组成员。2012 年 11 月，任市财政局副局长。2014 年 11 月，任市财政局党组副书记、副局长。同年 12 月，任市财政局党组副书记、市经济开发投资公司经理。2015 年 6 月，任市财政局党组副书记、市经济发展投资服务中心主任。2016 年 4 月，任市金融工作办公室主任。同年 12 月，任武城县委副书记、代县长。2017 年 1 月，任县委副书记、县长。

王英华　1961 年 7 月出生，武城县李家户镇辛庄村人，中共党员。1981 年 7 月参加工作，任甲马营乡中学教师。1984 年 10 月至 1986 年 7 月，在德州教育学院学习。1986 年 7 月，任武城县直中学教师。1989 年 12 月，任县教育局办公室干事。1990 年 7 月，先后任组织部干事、组织科长。1994 年 7 月，任组织员办公室副主任。1995 年 10 月，任组织部副部长兼组织员办公室副主任。1998 年 12 月，任蔡村乡党委书记。2000 年 5 月，任老城镇党委书记。2002 年 1 月，任副县级干部、老城镇党委书记。2005 年 2 月，任县委常委、老城镇党委书记。2007 年 2 月，任县委常委、政法委书记。2011 年 12 月，任县委常委、县人大常委会党组书记。2012 年 1 月，任县人大常委会党组书记、第一副主任。

王志强　1963 年 12 月出生，武城县武城镇东肖河庄村人，中共党员。1981 年 7 月参加工作，先后任大屯乡农技站技术员、政府文书。1988 年 7 月，任武城县信访局干事。1992 年 11 月，任郝王庄乡政府副乡长。1995 年 10 月，任郝王庄乡党委副书记（其间，1995 年 9 月至 1997 年 12 月在省委党校业余本科班学习）。1998 年 2 月，任郝王庄乡党委副书记、副乡长。同年 12 月，任党委副书记、乡长。2000 年 5 月，任武城镇党委副书记、镇长。2002 年 1 月，任武城镇党委书记。2003 年 12 月，任鲁权屯镇党委书记。2006 年 4 月，任副县级干部、鲁权屯镇党委书记。2007 年 2 月，任县委常委、鲁权屯镇党委书记。同年 3 月，任县委常委、县委办公室主任。2011 年 11 月，任县委常委、常务副县长。2017 年 1 月，任县政协第十届主席。

二

韩觉民　回族，原名韩天恩，1919 年 1 月出生，山东省邱县（今属河北省）人，1938 年 6 月加入中国共产党。青少年时曾就学于临清十一中学、邱县县立师范讲习所、聊城中学。1938 年 5 月，参加革命。抗日战争时期，先后任邱县工委宣传部部长、城关区委书记、组织部部长、县委书记等职。1946 年 5 月，任武城县委委员、宣传部部长。1948 年 9 月，任武城县委书记。1949 年 3 月，调冀南二地委工作。1950 年后，先后任河北省委组织部副部长，宁夏回族自治区党委组织部副部长、统战部副部长等职。1979 年 3 月，任中共中央纪律检查委员会第一检查室副主任。1980 年 4 月，任纪检二室主任。1983 年 1 月离休。

吴振齐 曾用名吴文武，1929 年 4 月出生，山东省新泰市人，中共党员。1945 年 8 月参加革命，历任新泰县城关区通讯员、县邮局收发员，新泰县果都区武工队队员。1948 年 5 月，曾任临邑县卞庙区委书记、团县委书记等职。1953 年 1 月，任临邑县委副书记。1955 年 8 月，任武城县委副书记。1959 年 1 月，先后任聊城团地委书记、地委青委书记。1961 年 5 月，任平原县委第一书记、副书记。1966 年 5 月，任武城县委书记。1971 年 8 月，任德州地委常委兼武城县委书记。1975 年 3 月，任地委常委兼地区建委主任。1978 年 3 月，任地委常委兼乐陵县委书记。1980 年 10 月，任地委常委。1981 年 1 月，任地委副书记。1988 年 6 月，先后任山东省人大常委会德州地区联络组组长、德州地区人大工委主任。1993 年 12 月离职休养。

李宗林 1939 年 1 月出生，河北省景县人，中共党员。1960 年 12 月参加工作，先后任商河县教育局、共青团商河县委、共青团德州地委、德州地委革命委员会干事。1973 年，历任德州团地委副书记、书记。1982 年 4 月，任武城县委副书记。1987 年 4 月，任县委书记。1990 年 1 月，任德州地区税务局局长。1999 年 9 月，任德州市国税局局长。1989 年 2 月，被德州地委、行署记三等功。

共青团第十次全国代表大会代表。

孔繁修 1937 年 3 月出生，武城县鲁权屯镇孔官屯村人，中共党员。1955 年 1 月参加工作，任德县刘玉台小学教师。1956 年 1 月，任德县将军寨高小教师。同年 7 月，任德县县委肃反办公室工作人员。1958 年 12 月，任平原县委肃反办公室、清档办公室工作人员。1961 年 5 月，任陵县县委政法部干事。1962 年 6 月，先后任陵县人委办公室秘书、副主任。1965 年 10 月，任山东省委党校学员。1968 年 8 月，任武城县生产指挥部干事。1969 年 12 月，任县委办公室副主任。1982 年 2 月，任武城县委常委兼县委办公室主任。1987 年 4 月，任县委副书记。1990 年 3 月至 1998 年 1 月，任县政协第四、五届主席。

王金箱 1945 年 12 月出生，河北省馆陶县人，中共党员，大学学历。1968 年 12 月，淮北军垦农场锻炼。1970 年 2 月，先后任武城一中教师、教导主任。1977 年 8 月，任武城县委组织部干事。1982 年 10 月，任甲马营公社党委副书记。1984 年 4 月，任甲马营乡党委书记。1987 年 2 月，任武城县委常委、办公室主任。1992 年 12 月，任县委常委、副县长。1995 年 3 月，任县人大常委会副主任、党组书记。1996 年 2 月至 2003 年 1 月，任县第十二、十三届人大常委会主任。

山东省第九届人大代表。

赵忠新 1949 年 10 月出生，山东省禹城县人，中共党员。1968 年 12 月参加工作，先后任禹城县房寺小学教师、公社教育组党支部委员、会计。1977 年 10 月，任房寺公社党委

组织干事。1981 年 10 月，任县委组织部干事。1984 年 4 月，任大程乡党委副书记、乡长。1985 年 2 月，先后任大程乡、禹城镇党委书记。1989 年 5 月，任县委办公室主任。同年 9 月，任县委常委、办公室主任。1992 年 12 月，任县委副书记。1993 年 10 月，任禹城市委副书记。1995 年 3 月，任武城县委副书记、县长。1997 年 12 月，任县委书记。2001 年 2 月，任德州市人大常委会副主任。2008 年 1 月，任市委、市府特约咨询。

郭作富 1949 年出生，山东省济阳县人，中共党员。1968 年 11 月至 1976 年 8 月，先后任济阳县曲堤公社郭家联中教师、校长。1976 年 8 月，历任县革命委员会政治部教育组组长、县教育局局长、济阳师范学校党支部书记、校长。1979 年 9 月，先后任庙朗乡党委副书记、书记。1984 年 2 月，任济阳县政府副县长。1987 年 4 月，任德州地区油区办副主任。1989 年 2 月，任德州地区环保局副局长、党组副书记。1990 年 1 月，任武城县委副书记、县长。1992 年 7 月，任县委书记。1995 年 4 月，任德州市政府副市长。2005 年 12 月，任市政府顾问。

刘富春 1950 年 2 月出生，山东省夏津县人，中共党员，大学学历。1971 年 12 月参加工作，历任夏津县双庙公社组织干事、党委常委、组织委员、栾庄公社党委副书记、白马湖公社党委书记、县委副书记等职。1987 年 4 月，任武城县委副书记、县长。1990 年 1 月，任县委书记。1992 年 6 月，任德州地区行署副专员。1995 年 4 月，任德州市政府副市长。2001 年 1 月，任市委副书记、副市长。2002 年 12 月，任莱芜市委副书记、代市长。2003 年 2 月，任市委副书记、市长。2006 年 12 月，任省环保局党组书记、副局长。2007 年 3 月，任省环保局党组书记、局长。

第十届全国人大代表。山东省第十届人大代表。

陈德柱 1951 年 12 月出生，武城县广运街道沙西村人，中共党员，大学学历。1972 年 2 月参加工作，任武城镇通讯报道员。1974 年 9 月至 1977 年 8 月，在山东省师范学院政史系读书。1977 年 8 月，任华东石油学院教师。1980 年 12 月，任武城县委党校教师。1984 年 5 月，任县委委员、党校副校长。1985 年 4 月，任县第二中学校长、支部书记。1987 年 4 月，任县委常委、宣传部部长。1992 年 12 月，任县委常委、纪检委书记。1993 年 1 月，任县委常委、纪委书记兼县委办公室主任。同年 9 月，任县委常委、纪委书记。1996 年 12 月，任县委副书记。2001 年 2 月，任县第十三届人大常委会副主任（正县级）。2003 年 1 月至 2007 年 12 月，任县第十四届人大常务副主任、党组书记。

任永贵 1953 年 8 月 8 日出生，武城县广运街道果里村人，中共党员，大学学历。1973 年 9 月参加工作。1975 年至 1978 年 8 月，在山东农学院农学系学习，毕业后留校任教。1982 年

2月，任武城县政府办公室干事。1984年5月，任县党史委副主任。同年11月，任农工部副部长。1987年4月，任大屯乡党委书记。1990年4月，任县农委主任。1991年5月，任县委常委、农委主任。1993年1月，任县委常委、宣传部部长。1996年12月，任县委常委、纪委书记。2001年2月，任县委副书记、纪委书记。2003年1月，任县政协副主席、党组副书记。2004年2月至2012年1月，任县政协第七届、八届主席。

史好泉 1953年10月出生，山东省齐河县人，中共党员，研究生学历。1975年4月参加工作，先后任齐河县华店公社教师、通讯报道员、县委宣传部干事。1982年4月，任共青团齐河县委书记。1985年7月，任潘店乡党委书记。1988年9月，任齐河县委常委、潘店乡党委书记。1990年1月，任武城县委副书记。1992年7月，任县委副书记、县长。1995年3月，任县委书记。1997年12月，任德州市政府党组成员。1998年3月，任德州市副市长。2003年2月，任市委常委、秘书长。2007年2月，任市委常委、副市长。2008年11月，任市委副书记。2011年1月，任德州市政协党组书记、主席。

山东省第八届人大代表。

李玉文 1955年8月出生，山东省平原县人，中共党员，大学学历。1974年6月参加工作，先后任平原县张华公社水利施工员、助理员、干事。1978年，先后任平原县王庙公社团委书记、党委委员、管委会副主任。1984年4月，历任坊子乡党委书记、平原县委宣传部副部长、腰站镇党委书记。1995年4月，任平原县委常委、纪委书记。同年6月，任武城县委常委、政法委书记。1996年2月，兼任县委办公室主任。同年12月，任县委常委、组织部部长。1997年12月，任县委副书记、副县长、组织部部长。1998年3月，任县委副书记、常务副县长。2001年1月，任武城县委副书记、县长。2006年8月，任德州市财贸办公室（市服务业促进办公室）主任。2007年12月，任政协德州市委员会秘书长、党组成员。

山东省第十届人大代表。

邓光亮 1957年5月出生，山东省临邑县人，中共党员，研究生学历。1973年9月参加工作，在临邑县林子棉厂当工人。1975年9月，临邑县师范学生。1977年8月，任临邑县一中团委副书记。1982年8月，任共青团临邑县委副书记。1984年9月至1986年8月，中国青年政治学院学习。1986年8月，任共青团临邑县委副书记。1987年4月，任营子乡党委副书记、乡长。同年12月，任党委书记。1993年2月，任乐陵市副市长。1995年3月，任乐陵市委副书记。1997年12月，任德城区委副书记、区长。2003年1月，任武城县委书记、人大常委会主任。2008年10月，任副市级干部、武城县委书记、县人大常委会主任。2010年4月，任德州市政府党组成员、副市级干部。2012年3月，任德州市人大常委会副主任。

中共山东省第九次党代会代表。

陈朋金 1960年10月出生，河北省平乡县人，中共党员。1980年7月参加工作，先后任德州棉纺厂教师、武城一中教师。1981年9月，任共青团武城县委干事。1984年9月，任共青

团武城县委副书记。1990年6月，任武城镇党委副书记。1992年12月，任大屯乡党委副书记。1993年10月，任马庄乡党委副书记、乡长。1994年10月，任老城镇党委书记。1995年6月，任滕庄镇党委书记。2002年1月，任建委主任、开发区党委书记、主任。2003年3月，任开发区主任、党委书记。2003年12月，任开发区主任、党委书记兼广运街道党工委书记。2005年3月，任开发区党委书记、主任。2006年2月，任政府副县长，开发区管委会主任、党委书记。2007年2月，任副县长。2010年4月，任县委常委、副县长。2012年1月，任县政协第九届主席。

韩建亭 1961年10月出生，山东省商河县人，中共党员。1982年7月参加工作，任德州二中教师、团委书记。1984年5月，任共青团德州市（县级）委书记。1989年6月，任德州市（县级）陈庄乡党委副书记（挂职）。1990年4月，任德州（县级）市委组织部副部长（正科级）。1992年10月，任共青团德州地委副书记，1993年12月任书记。1994年12月，任共青团德州市委书记。1997年12月，任临邑县委副书记、县长。2001年1月，任武城县委书记。2003年1月，任德城区委书记、区人大常委会主任。2005年12月，任德州市副市长。2011年1月，任市委常委、政法委书记。2012年，任市委常委、秘书长。

王立来 1963年10月出生，济南市市中区人，中共党员，研究生学历。1988年7月参加工作，任南京农业大学经贸学院助教。1990年，先后任山东省国际合作项目管理培训中心副主任科员、主任科员。1998年1月，任省外经贸委人事教育处主任科员。同年5月，任省外经贸委发展处助理调研员。2000年6月，任乐陵市委副书记（挂职）。2003年1月，任庆云县委副书记、县长。2006年12月，任武城县委副书记、县长。2008年2月，任德州市发改委主任。同年8月，兼任市项目规划建设管理办公室主任。2010年2月，任武城县委第一副书记，同年4月任县委书记，5月当选县人大常委会主任。2013年6月，任山东省外经贸委党组成员，山东商贸协会副会长。

山东省第十届、十一届人大代表。中共山东省第十次党代会代表。

王胜强 1966年9月出生，山东省宁津县人，中共党员，研究生学历。1984年7月参加工作，曾任德州地委办公室秘书科干事、供销社干事，德州地委办公室综合科干事、信息科副科级秘书、信息科正科级秘书等职。1995年4月，任德州市委办公室正科级秘书。1996年12月，任德州市政府办公室副县级秘书。1998年10月，任办公室副主任。2001年5月，任德州市纪委（监察局）办公室主任。2003年1月，任乐陵市委常委、纪委书记。同年8月，任市委副书记、纪委书记。2007年1—4月，任德州市纪委副书记候选人。同年4月，任德州市纪委副书记。2010年12月，任武城县委副书记、代县长。2011年1月，任县委副书记、县长。

山东省第十二届人大代表。

樊兆杰 1969年1月出生，山东省郓城县人，中共党员，大学学历。1991年7月参加工作，任郓城县审计局干事。1993年2月，任郓城县大潭乡党委副书记。1994年12月，任菏泽地委组织部副科级巡视员。1996年8月，任正科级巡视员。1999年3月，任知工科长。2000年6月，任夏津县副县长（挂职）。2003年1月，任武城县委副书记。2008年2月，任县委副书记、代县长。同年5月，任县委副书记、县长。2010年12月，任临邑县委副书记、县长。2013年7月，任运河开发区党工委书记、管委会主任。

张传忠 1970年8月出生，山东省五莲县人，中共党员，研究生学历。1993年7月参加工作，任五莲县叩官乡组织干事。1994年12月，任共青团五莲县委组织部副部长。1995年5月，任组织部部长。1996年6月，任副科级干事。1997年9月，任日照市委办公室副主任科员。2000年7月，任共青团日照市委副书记。2004年4月，任副书记，市青联主席。2006年5月，任书记。2010年1月，任日照市委副秘书长，大学科技园工委书记、管委主任，山东外国语职业学院党委书记（兼）。2011年12月，任德州市委常委。2012年2月，任市委常委、宣传部部长。2013年6月，任市委常委、宣传部部长，武城县委书记。

三

邢春环 女，1942年3月出生，武城县武城镇大邢王庄村人，中共党员。1956年参加工作，历任教师、教育局干事。1966年，任梁庄公社组织干事。1972年，先后任农行梁庄营业所、旧城办事处会计。1978年，任农业机械管理局农机化学校会计。在扫盲运动和普通话推广工作中，省教育厅以其扫盲教学为示范，编印成汉语拼音扫盲课本进行推广。1960年，两次参加全国教育文化卫生体育新闻方面社会主义建设先进单位和先进工作者代表大会，评为“全国先进工作者”。

韩金祥 1946年10月出生，武城县甲马营镇韩坟台村人，中共党员。武城县汽车密封装饰条行业的创始人和带头人。1983年，在天津创办装饰条加工厂。1984年，开始研制汽车密封装饰条。1985年初，带设备回到武城，成立邢凤台综合厂。经不懈的努力，在秋末冬初研制成功汽车密封装饰条。1989年3月，建起武城县新城汽车密封件厂。1993年8月，改称武城县龙祥有限公司，任董事长、总经理。曾被评为“德州市个体私营企业模范纳税大户”称号。

韩淑英 女，1947年3月出生，武城县老城镇韩寨村人，中共党员。1968年菏泽卫校毕业后，回乡任赤脚医生。1972年，任滕庄医院副院长。1975年，任武城县卫生局副局长。1976年，任德州地区行署文办副主任。1979年8月，任武城县医院副院长。1993年5月，任县医院党总支书记。1995年，任县第二中学党支部副书记。1991年获省、地、县三级“优秀妇女干部”“三八红旗手”。

第四届全国人大代表。

季万祯 1956年7月出生，武城县鲁权屯镇宋王庄村人，中共党员。1973年2月参加工作，任河北省故城县郑口镇机械修配厂车工技术员。1983年7月，历任消声器材厂厂长、滕庄镇农工商联社副社长，县乡镇企业局副局长、玻璃钢研究所所长、中国玻璃钢工业协会武城分会副会长等职。1993年3月至1995年5月，任武城县政协副主席兼玻璃钢集团公司总经理。政协武城县第五、六、七届副主席。1985年2月，被团中央、国家经委评为“全国百名优秀青年厂长”。同年5月，被团中央命名为“新长征突击手”。1986年，被省政府授予“山东省农业劳动模范”。

第七届全国人大代表。

周晓峰 1964年2月出生，河北省故城县人，中共党员，研究生学历，高级政工师、高级经济师。1979年9月参加工作，历任河北省故城县木材厂办事员、武城县百货公司干事、商业局批发部副经理、商业局副局长兼商业大楼总经理。1995年12月，任古贝春集团公司董事长、总经理。1999年9月，任山东古贝春有限公司董事长、总经理。2002年2月，任武城县政协副主席、山东古贝春有限公司董事长、总经理。1995年12月，初任古贝春集团公司董事长、总经理时，提出“庸者下，平者让，能者上”的用人制度，制定“一年稳定理顺、两年稳定加强、三年稳定发展”工作思路。为全面提升产品质量，依托名厂创品牌，与四川五粮液酒厂达成技术联营合作，研制出具有色泽透明、窖香浓郁、香味协调的五星级古贝春，填补了山东省无高档浓香型白酒的空白。2005年5月，实施10万吨白酒扩产项目，实现年产原酒5000吨，成品酒产能10万吨。建成江北最大的机械化酿酒和灌装车间，率先实现微机勾兑白酒技术。2010年，经过两年的刻苦攻关，又研制成功古贝春“国蕴”酒，结束古贝春无高端产品的历史。在扩大主业的同时，拓展经营范围，成立古贝春小额贷款公司和古贝春武城房地产开发有限公司，实现从单一经营到多元发展的转变。2013年，纳税1.26亿元，连续3年税金过亿元。企业经济指标保持30%以上的速度递增。曾获“内贸部劳动模范”，“五一劳动奖章”，“山东省新长征突击手”“振兴鲁酒，再铸辉煌”先进个人，“中国发展民族产业十大功勋企业家”“全面建设小康社会十佳领军人物”“中国酒类流通优秀企业家”等数十项荣誉。

山东省第九届、第十届人大代表。第十一届全国人大代表。

四

魏　章 原名张福先，1917年3月出生，武城县巩庄村（今属河北省故城县）人。1938年6月参加革命，同年6月加入中国共产党。抗战初期，先后任武城县一区区委书记，县委委员、敌工部长。1945年，任冀南区组织部副处长。新中国成立后，曾任河北省委组织部副部长兼老干部局长。1985年8月，任河北省顾问委员会常委、秘书长。1990年7月离休后，任冀南革命史编审委员会副主任。由他组织在河北省故城县、临西县分别修建“四二九”烈士陵园。曾出版《生命的电火花》《烛光闪烁》。

郭明桥 1917年6月出生，四女寺镇刘茂庄村人。高中毕业后就读于北京国立艺专图案系，拜著名画家张大千、蒋兆和为师。20世纪40年代初，赴日本东京上野学校留学。1946年，任台湾复业商工校长，文化大学及国立艺专教授。作品曾赠送美国前总统里根、泰国前国王。居住美国洛杉矶，从事景泰蓝绘画和国际贸易。离乡多年，心系故乡。2002年5月，捐资20万美元建成武城县第一所高标准学校——明桥小学。自2002年始，每年春节拿出2000美元奖励明桥小学的教师，至2006年他及家人已为家乡累计捐款213万元。

侯金镐 1924年出生，武城县郝王庄镇庞庄村人，中共党员。神经外科著名专家。1949年毕业于江苏医学院，历任江苏医学院讲师，南京医学院外科教研室副主任、教授、副院长、附属医院主任医师。曾任中华医学会理事，中华神经外科学会常委、委员，江苏省红十字会副会长，江苏省医学会理事、常委，江苏省神经外科学会主委及中央和省的多种专业杂志的编委。先后发表《带蒂大网膜颅内移植的实验研究》《听神经瘤》等论文30余篇。

第五届、六届全国人大代表。

赵建中 原名赵守洁，曾用名赵雪华，1925年8月出生，武城县开发区赵前坡村人，中共党员。1945年4月参加革命，曾参加解放恩县县城、德州城、济南市的战斗。1949年南下，任湖南省南县公安局副局长。后在常德地委、常德专署、南县县委、湖南省青年上山下乡办公室、娄底地委等地工作。1982年8月，任湖南省司法厅副厅长。1983年5月，任副厅长兼任党组副书记。1986年10月，任湖南省法学会副会长，后任常务副会长。1991年3月离休。享受副省级医疗待遇。离休后为武城县党史研究室撰写20余万字的党史资料。

崔洪源 1925年出生，武城县鲁权屯镇漳南镇村人，中共党员。1944年初参加革命，曾任区政工队干事、县委组织部干事。1949年2月南下，历任湖南省卫生厅人事科长、省中医院院长、省中医学院副院长等职。1972年，任湖南省卫生厅党组副书记、副厅长。1985年离休。离休后，组建长沙市离退休医务工作者协会，开办医疗实体6所、教学站1所，培养数千名医务人员。享受副省级医疗待遇。1996年发表《让老有所为》一文，此文被跨世纪战略文献丛书录用。1993年，被评为“全国优秀离退休科技工作者”。

雷凤鸣 1929年10月出生，武城县广运街道沙西村人，中共党员。中国文化促进会理事，中国曲艺家协会会员。1947年入伍，在部队做文艺宣传工作。曾参加淮海战役、渡江战役、进军大西南、四川剿匪等战役、战斗。1952年编入海军，曾任北京海军文工团曲艺队队长、海政文工团话剧团副团长兼演员队长、海政文工团政委、海政歌舞剧团政委等职。每年约三分之一的时间，在沿海岛屿为舰艇海防战士巡回演出或深入生活，进行话剧、曲艺、歌曲、诗词、电视剧创作，历时30多年。1984年离休。立个人三等功2次，获全国解放奖章。

李玉英 1930年1月出生，武城县武城镇小姜王庄村人，中共党员。1940年，入八路军小学读书，后在区党委当通讯员。1947年，随刘邓大军千里跃进大别山，曾负伤2次，为“三等甲级”残废军人。1951年，转业到湖北省财政厅工作。1972年，任湖北省林业厅副厅长。享受副省级医疗待遇。发表长篇小说、中短篇小说10余部，出版多部散文、散文诗集。曾获全国诗歌大赛优秀作品奖等多种奖项。

王恩田 回族，1932年4月出生，武城县四女寺镇祁村人。著名考古学家、古文字学家、先秦史研究专家。1964年2月，调入山东省博物馆，1987年，评为研究员。曾任省博物馆研究室主任、文物专家委员会和文物鉴定委员会委员、考古学会顾问、古文字研究会会长、古国史研究会常务理事等职。长期从事田野考古工作，主持临淄齐故城钻探，首次发现齐刀币铸造遗址；主持青州苏埠屯商代墓地发掘，发现的亚丑钺成为山东博物馆镇馆之宝；主持茌平尚庄遗址发掘，奠定山东新石器时代文化序列基础；主持调查测绘龙口莱国都城平面图，确定莱国的面貌和位置；主持淄博瓷窑的调查和试掘，填补山东古瓷研究的空白。1980年，开始致力于考古、古文字、先秦史研究，发表论文150余篇。专著《齐鲁文化志》获第四届国家图书奖，《陶文图录》《陶文字典》分获中国出版政府奖和全国优秀古籍图书奖。1992年，享受国务院政府特殊津贴。

山东省第六届政协委员。

庞居勤 1932年10月出生，武城县郝王庄镇高明庄村人，中共党员，研究员，棉花育种专家。1957年，考入山东农学院，毕业后分配到山东棉花研究所从事棉花遗传育种技术研究工作。曾任省棉花研究所育种室主任、所长，兼国家发明委员会特邀评审员，农业部科技委员会委员，全国品种审定委员会委员，山东农学会理事等职。主持国家科委下达的攻关课题和农业部、省科委下达的重点研究项目，育成鲁棉1号、鲁棉3号新品种。合作编纂出版《鲁棉1号》《棉花实用新技术》，发表论文20余篇。鲁棉1号以逆性强、适应性广、高产、易管理著称，在黄河流域大面积推广后，棉花单产实现突破性增长。成为20世纪80年代棉花大丰收，农民脱贫致富的当家棉花品种，全国推广种植面积1亿亩。1984年，被人事部评为“有突出贡献的中青年专家”。两次被评为“山东省劳动模范”。获国家发明一等奖主持人、有突出贡献专家的称号。

李毓麟 1934年6月出生，武城县广运街道姜官屯村人，中共党员。1954年考入北京第六炮兵学校，应征入伍。1956年毕业分配到某炮团任少尉排长。1959年，任第二炮兵技术学院中尉学员。1961年后，历任第二炮兵某基地团长、参谋长、副司令员等职。1994年退休。发表军事论文20余篇，3篇在全军范围推广，12篇在二炮范围推广。立三等功1次，多次受到上级嘉奖。1988年，被授予少将军衔。

第六届全国人大代表。

周文昌 1935年11月出生，武城县四女寺镇卜官屯村人，中共党员，高级统计师，山东省财政学院、山东省经济学院兼职教授。1960年9月，毕业于中国人民大学，分配到国家统计局工作。1961年，精简机构到平原县计划委员会工作，历任县委办公室副主任、县经济委员会副主任。1983年3月，任德州地区统计局长。同年10月，任地委委员、企业政治工作部长。1985年1月，任省统计局副局长、党组副书记。1996年，为正厅级，退休。组织研编的“山东省1987年投入产出模型编制与应用”科研项目，作为第一位主要研究人员获省科学技术进步三等奖。

周子玉 1935年11月出生，武城县周楼村（今属河北省故城县）人。中国人民解放军高级将领，正大军区级。1951年，参加中国人民解放军。1955年6月，加入中国共产党。曾在空军第5航空学校任统计助理员、政治处组织干事、连政治指导员、大队政治委员、团政治处主任、团政治委员。1977年10月，历任兰州军区空军政治部组织部副部长、部长，空军航空兵师政治委员。1981年，入空军学院学习。后任空军第16航空学校政治委员，空军地空导弹学院政治部主任，空军军政治委员，广州军区空军副政治委员，空军指挥学院政治委员。1992年11月，任中国人民解放军总政治部主任助理，次年5月任总政治部副主任兼中共中央军委纪律检查委员会书记。十五大当选为中共中央纪律检查委员会副书记。政协第十届全国委员会常委，社会和法制委员会副主任。1988年，被授予空军少将军衔。1992年11月，改授少将军衔。1993年7月，晋升为中将军衔。1996年1月，晋升为上将军衔。

中共第十五届中央委员，中共十五大代表。

张志义 1935年12月出生，武城县武城镇前马棚村人。中国科学院生物物理研究所研究员（教授）、博士生导师。1962年参加工作，曾任中国科学院生物物理研究所业务处副处长、研究室主任，中国空间科学学会常务理事，中国生物物理学会理事，中国空间科学学会生命科学专业委员会副主任等职。《感光科学与光化学》及《航天医学与医学工程》编委。主要从事辐射与光生物物理领域的科研工作，参与多项国防科研任务并获奖。1992年，享受国务院科研特殊津贴。

董国耀 1936年10月出生，武城县甲马营镇西魏村人，中共党员。北京理工大学图学教研室主任、教授。1960年，毕业于北京理工大学，留校任教。先后从事光学仪器及工程图学学科的教学和科研工作。主、参编《透视和体视》（自编）《机械图尺寸的合理标准》（主编）“AntoCAD教程”（主编）《机械制图》（主编）等11部专业书籍。承担多项国家级及省部级科研任务以及数项院校级课题，取得多项科研及教学成果。在国内外学术刊物上发表论文70余篇，曾获全国科学大会奖、中国兵器科学院科技进步奖、北京市优秀教学成果奖等16项奖励。1993年，享受国务院政府特殊津贴。

李太友 1936年出生，武城县老城镇小十八户村人。1960年，考入北京大学。1964

年毕业后，分配到中央党校工作。1971—1993年，历任人民出版社、中国新闻出版社、改革出版社编辑。1993年，负责《中国经济体制改革年鉴》的编纂。历任编辑、编辑室副主任、副编审、编辑部主任、编审和副主编等职。《文白对照全译〈资治通鉴〉》，在国内掀起出版文白对照图书的热潮。《中国经济体制改革年鉴》，总结全国各地经济体制改革的成果与经验。主编《新编党员手册》《数风流人物》等书。与他人合作编撰《祖国三十五年》《彭总在西北解放战场》《在大决战的日子里》等书。发表《写在〈党的基本知识〉出版之前》《叶帅在华北军大》等文章数十篇。

张曰凯　1936年出生，武城县郝王庄镇后玄村人，中共党员。中国作家协会会员，中国当代文学研究会会员、中国期刊协会理事、白鹿书院院士。1961年参加工作，历任内蒙古人民广播电台记者、编辑，《人民文学》杂志社编辑、《小说月刊》杂志社编辑、编审，中国作家协会秘书处处长、创研部副局级调研员等职。著有中短篇小说《两个同学》《祭歌》，散文集《谜踪寻痕》《故土怀古》《漳卫运河上的风》。主编《新笔记小说选》《当代百家小说精品集成》（六卷本）《茅盾文学奖获奖作家散文精品》（十卷本）《鲁迅文学奖获奖作家新作精品》（十卷本）等丛书。

张宝明　1940年11月出生，武城县武城镇前马棚村人，中共党员，高级工程师。1963年参加工作，历任阜新矿务局海州露天煤矿计划科技术员、技术科副科长、生产科副科长、革命

委员会副主任、副矿长、设计院采运室主任等职。1982年后，曾任阜新矿务局副局长、局长。1986年，任煤炭部党组成员、副部长。1988年，任中国统配煤矿总公司党组成员、副总经理。1993年，任煤炭部党组成员、副部长。1996年，任煤炭部党组副书记、副部长。1998年3月，任国家煤炭工业局党组书记、局长。2000年3月，任国家煤矿安全监察局党组书记、局长。2001年2月，任国家安全生产监督管理局党组书记、局长。

中共第十五届中央候补委员、十届全国政协常委。

霍新堂　1941年5月出生，武城县老城镇小王庄村人，中共党员。1961年8月入伍，历任空军航校学员，航空兵师机械员、机械师，师宣传科干事，济南军区空军政治部干部部干事、科长、副部长、部长，空军第一航空学院政治委员，济南军区空军政治部副主任，济南军区空军后勤部政治委员等职。1997年7月，被授予空军少将军衔。1990年10月，任空军第一航空学院政委。其间，因学院建设成绩显著，院党委连续4年被军委空军评为先进师党委，个人立三等功。被中央组织部评为“全国百名人民好公仆”。

桑恒昌　1941年12月出生，武城县鲁权屯镇桑庄村人，中共党员。中国当代著名诗人，中国作家协会会员、中国诗歌学会副秘书长、国际华文诗人笔会理事，《黄河诗报》原社长兼主编、编

审。1961年，在武汉空军雷达学院学习，毕业后到拉萨服役。1973年，转业到济南市瓷用花纸厂工作。1975年，调入山东文学杂志社，后一直在省文联和省作家协会工作。2001年，《黄河诗报》撤编后，随刊号调入山东省地方税务局，同年退休。1963年，开始发表诗作，先后出版诗集《光，是五颜六色的》《低垂的太阳》《桑恒昌抒情诗选》等。报告文学《爱的暖流》（合作）获1981—1982年全国优秀报告文学奖。《桑恒昌抒情诗选》1989年获由山东省委、省政府颁发的“首届山东泰山文艺创作二等奖”。他的诗作入编300多种选集。178多首（次）诗作被翻译成英、法、德、韩、越文发表，并在国外结集出版。

满运来 回族，1942年9月出生，武城县四女寺镇达官营村人，中共党员，高级记者。1960年8月参加工作，历任北京日报社记者、编辑、副主任、主任、副总编、副社长。1985年，任总编辑。1988年5月，任北京日报社社长，此后还担任中共北京市委副秘书长、中华全国新闻工作者协会副主席、北京市新闻学会会长、中国人民大学新闻学院兼职教授。2002年1月至2008年1月，任北京市政协副主席、党组成员。2007年1月，任北京市社会科学界联合会主席。被评为“全国先进工作者”，享受国务院政府特殊津贴。曾获中国新闻奖、北京新闻奖、中国记者新闻论文一等奖等。

中共十三大、十四大、十五大代表。

赵振东 1942年9月出生，武城县郝王庄镇吴庄村人，农学硕士。山东省农业科学院作物研究所研究员，省政府参事。长期在基层做农技推广工作，在小麦品质和产量协调改良，高产与广适双向提高两个方面实现重大突破，

主持育成“济南17”“济麦19”“济麦22”等5个主栽品种，至2013年在全国累计种植3.8亿亩，经济社会效益显著。在国内外学术期刊发表论文70多篇，参编专著5部。先后获国家科技进步二等奖4项，山东省最高科技奖、山东十大自主创新人物奖。2005年享受国务院特殊津贴。2006年，获何梁何利科技奖，同年获“全国五一劳动奖章”。2010年，被国务院授予“全国先进工作者”。2013年，当选中国工程院院士。

耿振祥 1942年12月出生，武城县李家户镇苑寨村人，中共党员，大校军衔。1959年12月入伍，曾任某团排长、济南军区洛阳步兵学校学员、陆军某军司令部作训处参谋，济南军区司令部军训部参谋、副科长、烟威警备区司令部作训处长，济南军区陆军学院学术研究室研究员，国防大学战役教研室教员（正师职）等职。2000年退休。立功受奖9次，获国防大学教学和科研学术成果奖5次。1988年，被评为“国防大学优秀教员”。1995年，被评为“国防大学优秀党员”。

蒋士良 1943年7月出生，武城县鲁权屯镇李贤屯村人，中共党员，研究生学历，少将军衔。解放军总装备部科技委委员，中国国际战略学会高级顾问，中国国际工程咨询公司专家委副主任，中国信息化推进联盟副理事长，中国交通运输协会顾问。先后在清华大学、太原理工大学、解放军后勤学院、国防大学学

习。1968 年，任解放军 2386 工程筹建处技术员。1969 年，任解放军 3606 工厂技术科副科长。1981 年，任军械维修研究所研究人员。1983 年，任军械维修研究所科研副所长。1985 年，任总后勤部军械部副部长。1992 年，任总后勤部军械供应部长。1994 年，任总后勤部司令部副参谋长。1995—2002 年，任总后勤部军运输部部长。

李禄安　1943 年 9 月出生，武城县鲁权屯镇苏庄村人，中共党员。1966 年 7 月参加工作，曾任云南国防工办所属九六九厂总工程师、厂长。1985 年 8 月，任南蓝箭汽车总厂常务副厂长。1986 年 1 月，任云南省经济技术协作办公室主任、旅游局局长。1989 年 5 月，任云南省旅游局局长、党组书记。1996 年 9 月，任中国国旅集团董事长、国旅总社总经理、中国旅行社协会会长、中国旅游协会副会长、中国企业家协会理事、中国中西部地区经济发展顾问、国旅联合股份公司（A 股）董事长、海南航空股份公司（A、B 股）董事、世界旅游组织战略发展委员会顾问。1993—2004 年，曾兼任云南大学研究生导师、云南大学旅游研究所名誉所长、云南师范大学客座教授、中国旅游学院兼职教授。

孙春亭　字龚辰，号贝乡耕人，书剑斋主，1943 年出生，武城县老城镇东屯村人。中国电视艺术家协会会员、中华诗词学会会员，国家一级文学编辑，山东省作家协会会员、书法家协会会员，省民族文化学会副会长，《羲之书画报·山东老年书画》主编。1961 年 8 月入伍。1969 年，转业到山东电视台，从事新闻记者、编辑、编剧工作。1989 年，创办《影视文学》。曾任《影视文学》执行主编、《影视文摘》总编，《时代影视》杂志主编。所创作和改编的电视剧有多部搬上银幕，其中《家乡红叶》获国家级奖、《泰山挑夫》获山东电影“贡献奖”。出版电视文学剧本集《野蔷薇》、诗集《昨夜风》、散文集《岁月真情》。擅诗词韵律、书法绘画，尤擅行草。其作品在《中国书画报》《齐鲁晚报》《羲之书画报》等媒体多有发表，多幅书法作品在全国、全省获奖。

于占德　1946 年 4 月出生，武城县郝王庄镇南王庄村人，中共党员。中国美术家协会会员，德州美术家协会副主席。1967 年参加工作，先后任郝王庄乡中学教师、县文化馆馆长等职。1994 年，调德州师专工作。作品多次参加全国及省级美展，其中《农家宝宝》《连年有余》《甜》分别获第三届全国年画二等奖和三等奖、《光荣人家喜事多》《宝宝识字图》分别获第四届全国年画二等奖和三等奖。其作品涉及花鸟、山水、人物，尤其以儿童画见长。

葛东升　1946 年 8 月出生，武城县鲁权屯镇西王屯村人，中共党员。中将军衔，研究员。1963 年入伍，任炮兵某团战士。1965 年，在武威炮兵学校学习。1967—1983 年，历任第二炮兵某基地排长，司令部军务处参谋，团参谋长、副团长、团长。1983—1993 年，历任第二炮兵某基地参谋长、副司令员、司令员。1993 年，任第二炮兵某基地司令员。1996 年，任第二炮兵参谋长。1999 年，任第二炮兵副司令员。2002—2006年，任军事科学院副院长。

中共第十五届中央候补委员。十一届全国政协常委。

崔学路 1945年12月6日出生，武城县四女寺镇蒋家佛堂村人。书法家、书法教育家、书道倡行者。

自幼喜爱书法艺术，初宗汉隶、颜楷，后得沈鹏先生“广取博览，以免拘束”的教诲，遂转习右军、鲁公、苏、米行草。曾任全国五届书展评委，《青少年书法报》社长、总编辑，《青少年书法报》《钢笔书法报》《东方书画报》《皖风书艺》艺术顾问等职。

作品镌刻于黄河碑林、南岳碑廊、韩国碑林园、中华泰山摩崖碑林、神农碑林、雁荡山书法碑廊等十余碑林镌刻。被中南海、人民大会堂、齐白石纪念馆、吴昌硕纪念馆、泰国曼谷中国画院、开封博物馆、中国人民革命军事博物馆等数十家博物馆收藏。曾获“敦煌飞天奖”艺术家、北京市纪念抗日战争胜利55周年美术书法作品展览一等奖等数十个奖项。

苏之渤 1948年出生，武城县鲁权屯镇北甘泉村人，国家级运动健将。1964年，选入河南省射击队。1974年，在伊朗德黑兰举办的第七届亚运会上，取得手枪短射第一名，并打破亚洲纪录，为中国体育代表团夺得本届运动会上的第一枚金牌。在第八届亚洲运动会上三次获男子手枪慢射个人冠军和团体冠军，成为该项目第一个亚洲冠军。1975年，获第三届亚洲射击锦标赛获大口径手枪慢加速射团体、气手枪团体冠军。1978年，在泰国曼谷举行的第八届亚运会上他再次夺冠，蝉联射击第一名。1979年，获第四届全运会男子气手枪团体冠军。1980年，获第四届亚洲射击锦标赛自选小口径手枪慢射团体、大口径手枪慢加速射团体冠军。他打破亚洲纪录12次、打破全国纪录5次，获亚运会冠军5次、亚锦赛冠军3次、全运会冠军1次。曾任国家射击、射箭总领队。1978年，被国家体委授予“体育荣誉勋章”，记一等功，并授一等奖。

陈广庆 1952年10月出生，武城县老城镇祝官屯村人，中共党员，研究生学历。1969年4月参加工作，历任中华职业教育社总干事、联合国非政府组织主要代表、中国和平统一促进会理事、中华海外联谊会理事、中国职业教育和职业培训协会副会长、中国民间组织国际交流促进会理事、中国职业技术教育学会理事。作为中央统战部援藏干部，曾任西藏自治区统战部副部长、区台湾事务办公室主任、区光彩事业办公室主任等职。主编《黄炎培职业教育思想文萃》《进城务工人员培训教材》等书，编辑出版《黄炎培日记》（十卷本）。

王风华 1953年6月出生，武城县鲁权屯镇小于庄村人，中共党员，硕士研究生，高级经济师。1977年参加工作，历任德州电业局副局长、局长，山东电力局财务部主任，英大国际信托投资公司总经理，山东电力集团公司总经济师，蔚深证券公司董事长，国电电力发展股份有限公司党组书记、副总经理，中国电力财务有限公司总经理、董事长、党组书记，国家电网公司副总经济师兼金融资产管理部主任。国家电网公司总经理助理，英大国际控股集团有限公司党组书记、董事长，广发银行股份有限公司董事、国家电网公司顾问等职。

刘立明　1954 年 5 月出生，武城县广运街道东刘庄村人，中共党员。1970 年 12 月入伍。1975 年 10 月，入吉林大学外语系学习日语。1978 年 8 月，分配到陆军某研究所工作，先后任研究实习员、工程师和高级工程师等职务。系军队文职干部，技术职务等级 4 级，军衔级别为文 2 级。代表作有《21 世纪初期的装甲装备发展》《外国陆军装备体制与组织编制》等。主持和参与科研项目 46 项，先后获军队科技进步二等奖 7 项，军队科技进步三等奖 13 项；获中国国防科技信息学会国防科技情报优秀研究成果一等奖 1 项，三等奖 1 项，获全军部队训练优秀教材三等奖 2 项。被总参《外国武器装备信息》评为一等奖 1 次，三等奖 4 次。被兵种部《现代兵种》评为优秀作者 1 次。被《国外坦克》杂志社评为积极译作者 5 次。曾立二等功和三等功各 1 次。2004 年 11 月，获全国“优秀国防科技情报研究工作者奖”。2006 年 12 月，被评为“优秀科技干部”并受嘉奖。2009 年，获军队优秀专业技术人才（三类）岗位津贴奖。

秦玉明　1955 年 2 月出生，武城县甲马营镇董白三村人，中共党员、教授。中国教育学会医学教育专业委员会常务理事、教育部教学评估专家组专家、中国医学伦理学会理事、山东省医学伦理学学会副理事长、《中国医学伦理学》杂志编委。1975 年 6 月参加工作，历任代课教师、新闻报道员。1977 年，考入滨州医学院。1982 年 1 月，留校工作。曾任党委办公室主任、学校科研处处长等职。1999 年 4 月，任潍坊医学院党委委员、副院长。2010 年 12 月，任副书记兼纪委书记。先后出版《新编医学伦理学》《大学生道德修养研究》《医学人际关系》等 14 部专著，其中《新编医学伦理学》1995 年获全国优秀教材二等奖。1989 年，参编的《职业道德》和 2010 年主编的《医学伦理学》列为全省高校教材。

王殿华　1955 年 3 月出生，武城县老城镇军营村人，中共党员。中国书法家协会会员，中国楹联学会会员，中国榜书艺术研究会理事，工程兵书画摄影协会副会长，中国书画收藏家协会会员。1972 年 11 月入伍。1978 年 2 月，任工程兵机械学校训练部教务科参谋。1981 年 9 月，在军委工程兵司令部军训处、总参工程兵军训处先后任副营、副团职参谋。1992 年 9 月，在总参兵种部作训局工程兵作训处、总参兵种局作训院校任副团、正团、副师职参谋。2000 年 3 月，任沈阳军区陆军第集团军装甲师代理副师长。2003 年 7 月，任总参谋部军训和兵种部工程兵局局长。自幼爱好书法，其作品多次获奖。有 200 多幅作品被抗日战争纪念馆、井冈山革命斗争纪念馆及国外政要、知名人士收藏。

谭久彬　1955 年 5 月出生，武城县武城镇付王庄村人，中共党员，工学博士，教授。1982 年参加工作，历任哈尔滨工业大学精密仪器系助教、讲师、副教授兼实验室主任、教授、博士导师兼系主任。2001 年，任哈尔滨工业大学超精密光电仪器工程研究所所长。系仪器科学与技术国家重点学科带头人、超精密仪器技术国防科技创新团队带头人，精密测量技术与仪器工程黑龙江省重点实验室主任，兼国务院学位委员会学科评议组（仪器科学与技术学科、光学工程学科）召集人，国际测量与仪器委员会常务委员，中国仪器仪表学会和中国计量测试学会常务理事，全国计量仪器专业委员会主任委员。曾获全国先进工作者、全国优秀科技工作者。2006年，获“全国五一劳动奖章”。

袁秀和 1955年6月出生，武城县李家户镇李官屯村人，中共党员。1974年3月参加工作，历任李家户公社通讯员、财政助理、文化站站长。1978年9月，考入德州师范学院。1980年7月，任平原县王打卦公社党委干事。1982年8月，任德州地委组织部干事，1984年10月任组织科副科长。1988年1月，任共青团德州地委副书记，1990年9月任书记。1992年9月，任陵县县委副书记、副县长。同年11月，任县委副书记、县长。1997年12月，任县委书记。2001年1月，任齐河县委书记。2003年1月，任德州市政府市长助理。同年2月，任副市长。2007年4月，任市委常委、副市长。2008年1月，任市委常委、秘书长。同年12月，任市委常委，副市长。2010年12月，任市委副书记。2012年2月，任政协第十三届德州市委员会主席。1997年，被评为“全国科技先进工作者”。2001年，被评为山东省“‘两基’工作先进个人”。

中共山东省第七次、八次党代会代表。

陆其杰 1957年1月出生，武城县四女寺镇大刘庄村人，中共党员。中国摄影家协会会员、中国艺术摄影家协会名誉主席。1974年12月入伍，历任团政治处放映员、电影组长、

文化干事，军电影队队长、军政治部秘书、组织干事，二炮组织部干事、二炮党委秘书、二炮组织部副部长兼党办主任，二炮工程设计研究院政委，军副政委兼纪委书记等职。2010年12月，被授予少将军衔。曾撰写近百篇研究性文章在军内外报纸发表，《我看改革开放三十年》获得军内征文一等奖。业余时间喜欢摄影，先后拍摄《北京湖》《横看宜居洛阳》等长画幅摄影专集以及《今秋坝上》《四山九日》等10多部大画幅摄影专集。

李克祥 1957年3月出生，武城县甲马营镇甲马营村人，中共党员。曾任村党支部书记、乡中学教师、副校长。1979年9月考入滨州医学院，1983年7月留校工作。历任人事处科长、办公室主任兼党委统战部长、院长助理。2004年7月，任滨州医学院党委委员、副院长。参与国家社科基金项目《我国残疾人就业问题研究》。主持山东省社科基金项目《残疾人大学生心理健康教育研究》。

曹洪欣 1958年2月出生，武城县李家户镇盐厂村人。首席研究员，教授，医学博士，博士研究生导师。历任黑龙江中医药大学校长、中国中医科学院院长、国家中医药管理局规划财务司司长，中国中西医结合学会副会长、国家药典委员会执行委员、世界卫生组织传统医学（临床与信息）合作中心主任等职。主要从事中医药治疗心血管病、中医理论的传承与

创新、中医药发展战略等方面研究工作。主持完成16项国家科研项目，获国家科技进步二等奖2项，国家技术发明奖1项，国家教学成果二等奖1项，获何梁何利科技进步奖，被俄罗斯授予国际合作发展奖，发表论文300余篇，出版著作37部，主编“十五”“十一五”国家规划教材《中医基 础理论》（七年制）。先后培养博士研究生33名，硕士研究生49名，指导博士后20名。获全国百名杰出青年中医银奖，第三届中国优秀青年科技创业奖，国家和卫生部有突出贡献的中青年专家等称号。享受国务院政府特殊津贴。

管尧平 1958年4月出生，武城县鲁权屯镇师庄村人，中共党员，研究生学历。1978年3月入伍，历任生产办副主任、营房办主任、副部长，总装备部装备学院院务部长（正师，大校军衔）等职。在全国、全军核心期刊发表20余篇学术文章，其中《大力推进我军高新技术武器装备建设》获全军第四届装备理论研讨会一等奖。结合工作实践，牵头研发的《后勤保障一体化指挥信息平台》已在学院建设中应用；撰写的《加快转变军队人员自有住房保障模式》填补此项领域空白。

吴井臣 1958年出生，武城县鲁权屯镇西郑庄村人，中共党员，高级工程师。1979年，创建武城最早的工业联合体——武城空调器厂。1983年，组建武城县通风机械厂。1990年，筹划组建德州地区玻璃钢公司。1996年，组建山东中大空调集团。2001年9月，成立山东贝莱特空调有限公司，专注于中央空调主机系列产品的研发和制造。同年，成立山东中大贝莱特压滤机有限公司，开始进军中国固液分离产业。2005年，组建中大贝莱特集团，出任董事长、总裁。1989年，被共青团山东省委授予“新长征突击手标兵”。1996年，被授予“全国青年科技星火带头人标兵”。1998年，享受国务院政府特殊津贴。

王佃江 1959年2月出生，武城县李家户镇辛庄村人，中共党员，高级教练员。1976年高中毕业后，入山东省田径队训练长跑。1976年，他以9′14″的成绩获山东省少年3000米第1名。1980年，在全国田径锦标赛上以31′10″的成绩获10000米第一名。1981年，在全国马拉松赛上获得第5名。退役任省田径队中长跑教练员，1994年，任山东省田径队副总教练。任教练期间，他培养出宋明友、屠翔、刘勋、张庆利等一大批优秀运动员。1998年，被省政府授予“山东省劳动模范”。

第九届全国人大代表。

杨振峰 1959年12月出生，武城县老城镇东屯村人，中共党员。中国氮肥协会副理事长，工商管理硕士、高级工程师。1980年12月参加工作，历任德州化肥厂副总工程师、副厂长、副总经理、山东华鲁恒升集团有限公司党委书记、山东华鲁恒升化工股份有限公司总经理。2012年，任山东华鲁控股集团副总经理。2002年9月，实施大氮肥装置国产化技改项目，成为全国化肥行业首个具有自主知识产权的国产化改造示范工程。2005年，被授予“全国劳动模范”。

邹英华 1960年12月出生，武城县老城镇南街村人。北京大学医院介入血管外科主任，教授，主任医师、博士生导师。1982年，毕业于山东医科大学医学系，1986年获硕士学位。同年，在北医大攻读博士学位，师从于全国一级教授、著名医学专家汪绍训、李松年。1991年，在德国深造，从事介入治疗学研究，与著名教授朗格（LANGE）一起从事介入和影像医学研究，其成果获得1993全德KKH科技大会进步奖。回国后主要从事肾动脉、下肢动脉、颈动脉和下腔静脉、肝静脉病变的血管扩张和支架成形术，肝癌、肝血管瘤、肾癌、膀胱癌、肺癌等恶性肿瘤的化疗栓塞、射频消融等治疗。成为国内全身各部位介入治疗领域的学术带头人之一。1995年5月，与他人合作完成“药物控释微球与磁性微球释放特性、靶向分布与化疗栓塞作用的研究”项目，获国家教委科学技术进步二等奖。2006年，当选为中华医学会放射学分会介入学组副组长。2012年，获“中国名医百强榜”上榜名医。

王书坚 1962年5月出生，武城县鲁权屯镇朱家圈村人，中共党员。1982年7月参加工作，曾任山东新华医疗器械厂技术员、团委副书记、副厂长。1988年4月，任共青团淄博市委副书记（主持工作）。同年6月，任共青团淄博市委书记、市青联主席。1992年12月，任淄博市博山区委副书记（正县级）。1993年2月，任博山区委副书记、区长。1995年4月，任博山区委书记。同年5月，兼任西藏自治区日喀则行署副专员。7月，任淄博市副市长、博山区委书记，山东省援藏工作总领队，西藏自治区日喀则地委委员、行署副专员。1998年6月，任淄博市副市长。同年8月，任烟台市委常委、组织部部长。2001年1月，任烟台市委副书记兼组织部部长。2002年4月，任烟台市委副书记。2003年12月，任青岛市委常委（正厅级）。2004年1月，任青岛市委常委、组织部部长。2006年12月，任青岛市委常委、常务副市长，市政府党组副书记。2012年3月，任青岛市政协主席。

中共山东省第七次、八次党代会代表。山东省第十届人大代表。

杨学军 1963年4月出生，武城县老城镇吴庄村人，中共党员，中国科学院院士。1983年7月，南京通讯工程学院毕业，在国防科技大学攻读硕士、博士研究生，1991年3月，获工学博士学位。历任国防科技大学计算机系副总工程师、计算机学院副院长、院长、训练部教育长。2009年，任国防科技大学副校长、博士生导师、中国计算机学会理事、体系结构专业委员会主任、系统软件专业委员会副主任。2011年6月，任国防科技大学校长。2004年7月，晋升少将军衔。2013年，晋升中将军衔。从事高性能计算机系统研制和并行分布处理前沿技术研究，是首台万亿次计算机系统——银河超级并行计算机的总设计师。先后承担国家自然科学基金、国家“863”重大专项等8项科研课题，获国家科技进步一等奖2项，部委级科技进步奖10项。获国家杰出青年基金。

第九届全国人大代表，中共十七大、十八大代表，第十八届中央委员会候补委员。

亢武超 1963年8月出生，武城县老城镇东屯村人，中共党员，军事学博士，大校军衔。

国防大学战略教研部教授，军事战略学硕士研究生导师。1983 年 7 月参加工作，在济南军区测绘大队工作。1990 年，到国防大学任教。曾于 2001 年 6 月赴西撒哈拉地区执行联合国维和任务，任军事观察员。参与编写多部专著和教材。在军内外刊物以及各种专题研讨会发表学术文章 50 余篇，获优秀教学成果国家级二等奖 1 次、军队科学技术进步二等奖 1 次。立三等功 1 次，两度获联合国维和勋章。

曹鸿鸣 1963 年 9 月出生，武城县李家户镇盐厂村人，中国致公党员。1982 年 7 月，任德州农校教师。1986 年 7 月至 1998 年 4 月，先后任山东农业大学德州专科部教授、副校长。1998 年 4 月，任德州市农业局副局长。2001 年 11 月，任德州市副市长。2004 年 12 月，任致公党中央秘书长，德州市副市长。2005 年 12 月，任致公党中央秘书长。2010 年 3 月，任致公党中央常委、秘书长。全国政协第十届、第十一届、第十二届委员，山东农业大学兼职教授、博士生导师。曾获山东省优秀教师、省优秀知识分子、省青年科技奖、省专业技术拔尖人才称号。出版学术专著《棉麦双高产栽培的理论与实践》《图说小麦栽培新技术》2 部。享受国务院政府特殊津贴。

葛洪魁 1963 年 9 月出生，武城县广运街道林尔庄村人，中共党员，研究员，博士生导师。1989 年 6 月至 2003 年 11 月，在中国石油大学（华东）任教，曾任教授、博导、石油工程学院院长。2003 年，入选“山东省千名知名技术专家”。同年 11 月，任中国地震局地球物理研究所三室主任，石油大学（华东）兼职教授。系《石油钻探技术》编委，中国 IODP 专家委员会委员，中国岩石力学与工程学会深部岩石力学委员会委员、高温高压委员会委员。2012 年，任中国石油大学（北京）非常规天然气研究院副院长、教授。研究方向主要为实验地球物理、岩石物理学及岩石力学及石油工程。享受国务院政府特殊津贴。

刘希强 1964 年 8 月出生，武城县郝王庄镇高明庄村人，中共党员。中国地球物理学会信息技术专业委员会常委、中国地震学专业委员会和构造物理专业委员会委员。《华北地震科学》《灾害学》杂志社编委。山东省地球物理学会理事、地震学会会员、地震安全性评定委员会委员、灾害评定委员会委员。1988 年，山东师范大学毕业。1991 年，获硕士学位，同年参加工作。1997 年 10 月至 2005 年 12 月，任山东省地震预报研究中心副主任。2006 年，任省地震台网中心主任。2005 年 5 月，入选“中国地震局优秀人才百人计划”。2008 年，获“山东省有突出贡献的中青年科学家”称号。

苗振江 1964年出生，武城县老城镇范庄村人，教授、博士生导师，外国文教专家。1987 年，清华大学毕业。1990 年，获硕士学位。1994 年，获博士学位。同年，在法国图卢兹国家理工学院（INPT）进行博士后研究，后工作于法国国家农艺科学院（INRA）。在加拿大先后在大国家科学院信息技术研究所（IIT-NRC）、加拿大北方电讯（Nortel）公司和黑莓公司（RIM）工作。2004年4月，应邀回国，在北京交通大学计算机与信息技术学院工作，主持和参加科研项目40余项，其中主持30多项国家和企业研究项目。在《IEEETrans》《中国科学》等发表论文300余篇，授权发明专利10余项。

王玉鹏 1965年3月出生，武城县广运街道王前坡村人，理学博士。国家重大研究计划“量子调控”项目首席科学家。1987年12月参加工作，历任中国科学院低温中心助理研究员、副研究员、物理开放实验室副主任，研究员，博士生导师等职。2003年6月，任中国科学院物理研究所副所长、研究员。2006年10月，任常务副所长、研究员。2007年6月，任所长、研究员。主要从事低维强关联电子体系的理论研究工作，该领域是当前凝聚态物理研究中最受关注的前沿领域之一。负责组建物理所凝聚态理论与材料计算实验室，主持并完成国家和院级基金项目10余项。获国家杰出青年基金，香港求是基金会杰出青年学者奖，中国科学院优秀青年，中国科学院青年科学家奖，第三届全国优秀科技工作者，第八届“茅以升北京青年科技奖”，中国物理学会“叶企孙物理奖”等多项荣誉。

刘悦坦 1973年5月出生，武城县城区人。2002年7月，山东大学毕业，获文学博士学位，留校任教。历任山东大学文学与新闻传播学院兼职博士生辅导员、学术委员会秘书、院长助理等职。2006年，获国家留学基金委公费出国留学奖学金，在美国密苏里大学从事博士后研究。2011年，入选“教育部新世纪优秀人才”。2012年，任山东大学文学与新闻传播学院副院长。2013年，被评为教授。出版专著6部，发表论文100余篇。获首届中国优秀广告学论文奖、教育部优秀留学回国人员科研基金奖励、山东大学教学成果奖、国际学术会议优秀青年论文奖多项奖项。

耿文博 1982年出生，武城县李家户镇刘官屯村人。自幼酷爱体育运动。1997年，被推荐到市体校，师从刘立广教练练习5000米和10000米长跑。经过两年的艰苦训练，在5000米和10000米项目上，冲进全省前八。2000年，入选八一军事五项队。2003年，开始改练铁人三项。同年10月，在济南举行的山东铁人两项锦标赛中获得男子甲组铁人两项银牌。2005年5月，获得全国铁人两项锦标赛金牌。同年9月，他代表解放军队参加第十届全国运动会铁人三项赛，夺得全运会比赛项目的铁人三项赛金牌，成为名副其实的“中国第一铁人”。

人物表

一、1986—2013年省部级以上表彰先进个人统计表（部分）

表1

姓名	性别	出生年月	籍贯	荣誉称号
孙延亭	男	1949.1	郝王庄镇李古寺村	1986年10月被省政府授予“山东省林业劳动模范”
李玉华	女	1956.9	河北省故城县	1988年4月获“全国五一劳动奖章”，被评为全国“优秀服务员”
赵恒章	男	1936.10	李家户镇郑官屯村	1989年4月被省政府授予“山东省劳动模范”
刘玉珍	男	1950.12	武城县武城镇	1989年9月被国家教委、人事部、中国教育工会全国委员会评为“全国优秀教师”
陈华敏	男	1947.10	广运街道东关村	1989年被国家教委、人事部、全国总工会评为“全国教育先进工作者”
杨明祥	男	1949.7	甲马营镇占官屯村	1990年4月获“全国五一劳动奖章”
祁兴军	男	1963.3	郝王庄镇大祁庄村	1990年12月被团中央评为“全国学雷锋先进个人”；
王洪山	男	1944.10	山东省平原县	1991年4月获“全国五一劳动奖章”
王士文	男	1944.6	四女寺镇祁村	1991年6月被省委评为“山东省优秀共产党员”
周恒厚	男	1939.12	广运街道南关村	1991年被国家教委、人事部评为“全国优秀教育工作者”
李庆荣	男	1951	四女寺镇李庄村	1992年5月被省政府授予“山东省劳动模范”
宋金生	男	1944.7	甲马营镇田庄村	1993年被省政府授予“山东省计划生育劳动模范”
崔立清	男	1949.3	鲁权屯镇漳南镇村	1993年被省委、省政府评为“科教兴鲁先进工作者”；1995年4月被省政府授予“山东省劳动模范”
王子良	男	1963.6	老城镇范庄村	1995年被国家教委、人事部评为“全国优秀教师”
苏凌云	男	1955.2	鲁权屯镇闫庄村	1995年4月被省政府授予“山东省劳动模范”
殷炳君	男	1955.10	河北省故城县	1995年4月被省政府授予“山东省劳动模范”
臧治国	男	1949.8	鲁权屯镇朱庄村	1996年3月被省委、省政府授予“山东省林业劳动模范”
王国富	男	1954.2	郝王庄镇大王庄村	1997年6月被省委评为“山东省优秀共产党员”
张有来	男	1955.7	李家户镇梁庄村	1998年4月被省政府授予“山东省劳动模范”
李鼎山	男	1957.9	河北省故城县	2001年6月被省委评为“山东省优秀共产动员”
商明新	男	1958.6	河北省故城县	2002年9月被省政府授予“山东省劳动模范”
王国富	男	1954.2	郝王庄镇大王庄村	2003年4月被省政府授予“山东省劳动模范”
张智娟	女	1954.3	河北省枣强县	2003年4月被省政府授予“山东省劳动模范”
王志强	男	1963.8	武城镇孟庄村	2004年被教育部、人事部评为“全国模范教师”

续表 1

姓名	性别	出生年月	籍贯	荣誉称号
王志林	男	1958.5	武城县开发区赵庄村	2004年6月被省委评为“山东省优秀党务工作者”
范大文	男	1953.8	老城镇范庄村	2007年9月被教育部、人事部评为“全国模范教师”；2011年6月被省委评为“山东省优秀党员”
尹卓今	女	1963.5	老城镇大十八户村	2008年3月被中华全国妇女联合会授予“全国三八红旗手”
吴兆征	男	1957.12	老城镇魏官屯村	2008年4月被省政府授予“山东省劳动模范”
谭英潮	男	1966.1	老城镇后庄村	2008年4月被省政府授予“山东省劳动模范”
张丽娟	女	1968.6	甲马营镇七机营村	2008年4月被省委授予“山东省优秀共产党员”
周晓峰	男	1964.2	河北省故城县	2008年4月获“全国五一劳动奖章”
田志清	男	1966.11	甲马营镇田庄村	2008年被省委评为“山东省优秀乡镇党委书记”
宋兆海	男	1941.8	李家户镇张庄村	2011年被教育部、人事部评为“全国模范教师”
牛文忠	男	1970.9	甲马营镇北王庄村	2012年6月被省委评为“齐鲁先锋共产党员”
李廷富	男	1968.1	广运街道沙东村	2013年4月被省政府授予“山东省劳动模范”
王树文	男	1969.9	河北省故城县	2013年4月被省政府授予“山东省劳动模范”

二、1986—2013年市级以上表彰先进个人统计表（部分）

表 2

姓名	性别	出生年月	籍贯	荣誉称号
王玉山	男	1940	鲁权屯镇林庄村	1987年4月被省总工会授予“山东省富民兴鲁劳动奖章”
鲁文波	男	1931.4	甲马营镇前曹店村	1987年4月被省总工会授予“山东省富民兴鲁劳动奖章”
纪德芳	男	1946.4	鲁权屯镇南郑庄村	1988年4月被省总工会授予“山东省富民兴鲁劳动奖章”
索振海	男	1934.8	郝王庄镇后玄村	1988年4月被行署授予“德州地区劳动模范”
王汉录	男	1947.11	河北省故城县	1988年4月被行署授予“德州地区劳动模范”
王保太	男	1952.12	广运街道前屯村	1988年4月被行署授予“德州地区劳动模范”
马恩海	男	1943.8	河北省故城县	1988年4月被行署授予“德州地区劳动模范”
张乃东	男	1945.8.8	山东省齐河县	1990年4月被省总工会授予“山东省富民兴鲁劳动奖章”，同年被行署授予“德州地区劳动模范”
随增先	男	1958.12	山东省夏津县	1990年9月被行署授予“德州地区劳动模范”
刘光朝	男	1950.7	广运街后屯村	1990年9月被行署授予“德州地区劳动模范”
孙朝玺	男	1945.10	郝王庄镇西李古寺村	1990年9月被行署授予“德州地区劳动模范”
王绪珍	男	1942.4	甲马营镇谈庄村	1990年9月被行署授予“德州地区劳动模范”
石连祥	男	1938.8	山东省平原县	1991年7月被省总工会授予“山东省富民兴鲁劳动模范”
白世忠	男	1943.2.10	甲马营镇占官屯村	1992年2月被行署授予“德州地区农业劳动模范”
刘洪波	男	1935.7	老城镇三合街村	1992年4月被行署授予“德州地区劳动模范”

续表 2

姓名	性别	出生年月	籍贯	荣誉称号
林朝贵	男	1938.1	河北省威县	1992 年 4 月被行署授予“德州地区劳动模范”
耿振岭	男	1945.2	李家户镇刘官屯村	1992 年 4 月被行署授予“德州地区劳动模范”
张祥元	男	1939.7	山东省邹平县	1993 年 4 月被省总工会授予“山东省富民兴鲁劳动奖章”
徐洪明	男	1945.9	老城镇仓上村	1994 年 4 月被行署授予“德州地区劳动模范”
刘丙生	男	1952.5	老城镇三合街村	1994 年 4 月被行署授予“德州地区劳动模范”
赵可敬	男	1948.10	老城镇沙庄村	1994 年 4 月被市政府授予“德州市劳动模范”
陈义成	男	1964.6	老城镇陈庄村	1994 年被团省委授予“山东省新长征突击手”
张 巍	男	1957.4	广运街道沙中村	1996 年 4 月被市政府授予“德州市劳动模范”
隋秀川	男	1954	老城镇东屯村	1996 年 4 月被市政府授予“德州市劳动模范”
吴宪令	男	1949	甲马营镇黄小屯村	1996 年 9 月被市政府授予“德州市劳动模范”
苏芳志	男	1955.6	鲁权屯镇苏厂村	1998 年 3 月被市政府授予“德州市职工劳动模范”
马有富	男	1947.7	郝王庄镇小吕王庄村	1998 年 3 月被市政府授予“德州市劳动模范”
杨玉明	男	1963.3	山东省夏津县	1999 年 4 月被省总工会授予“山东省富民兴鲁劳动奖章”
许振河	男	1958.5	老城镇三合街村	1999 年 4 月被省总工会授予“山东省富民兴鲁劳动奖章”
孙玉东	男	1954	老城镇范庄村	1999 年 4 月被市政府授予“德州市劳动模范”
王 广	男	1968.3	老城镇后王庄村	2000 年 4 月被市政府授予“德州市劳动模范”
李少波	男	1964.1	老城镇小屯村	2000 年 4 月被市政府授予“德州市劳动模范”
李春青	男	1972.6	武城县老城镇	2000 年 4 月被省总工会授予“山东省富民兴鲁劳动奖章”
王玉民	男	1965.11	武城县开发区赵庄村	2002 年 4 月被市政府授予“德州市劳动模范”
王立新	男	1964.8	武城镇辛王庄村	2002 年 4 月被市政府授予“德州市劳动模范”
钱风亭	男	1948	广运街道钱庄村	2002 年 4 月被市政府授予“德州市劳动模范”
金朝生	男	1965.5	鲁权屯镇陈庄村	2004 年 4 月被市政府授予“德州市劳动模范”
王素珍	女	1954.1	老城镇南街村	2004 年 4 月被市政府授予“德州市劳动模范”
张金峰	男	1975.5	广运街道沙东村	2004 年 4 月被市政府授予“德州市劳动模范”
李 军	男	1970.9	武城县城区	2005 年 4 月被市政府授予“德州市劳动模范”
李振军	男	1955.3	广运街道棘围村	2005 年 4 月被市政府授予“德州市劳动模范”
王新军	男	1966.8	老城镇东杨村	2005 年被共青团山东省委、省农业厅等 7 家单位评为第四届“山东省十大杰出青年”
王世强	男	1969.4	四女寺镇祁村	2006 年 4 月被市政府授予“德州市劳动模范”
张文廷	男	1965.9	李家户镇刘官屯村	2006 年 4 月被省总工会授予“山东省富民兴鲁劳动奖章”
矫庆国	男	1973.5	甲马营镇前庙村	2006 年 4 月被市政府授予“德州市劳动模范”
王世强	男	1969	四女寺镇祁村	2006 年 4 月被市政府授予“德州市劳动模范”

续表 2

姓名	性别	出生年月	籍贯	荣誉称号
刘建武	男	1959.10	老城镇东屯村	2006 年 4 月被市政府授予“德州市劳动模范”
朱有福	男	1974.7	黑龙江省伊春市	2006 年 4 月被市政府授予“德州市劳动模范”
李鼎峰	男	1968.7	河北省故城县	2008 年 4 月被市政府授予“德州市劳动模范”； 2009 年 4 月被省总工会授予“山东省富民兴鲁劳动奖章”
张建华	男	1957.6	四女寺镇张官寺村	2008 年 4 月被市政府授予“德州市劳动模范”
张俊岭	男	1973	李家户镇李官屯村	2008 年 4 月被市政府授予“德州市劳动模范”
王其勇	男	1970.7	李家户镇石官屯村	2010 年 4 月被市政府授予“德州市劳动模范”
张曰岭	男	1952.6	广运街道张庄村	2010 年 4 月被市政府授予“德州市劳动模范”
宫有文	男	1976.11	甲马营镇高坟台村	2010 年 4 月被市政府授予“德州市劳动模范”
刘宪清	男	1958.1	河北省故城县	2010 年 4 月被市政府授予“德州市劳动模范”
张家海	男	1962.10	老城镇祝官屯村	2010 年 4 月被市政府授予“德州市劳动模范”
侯海珂	男	1963.1	山东省夏津县	2010 年 4 月被省总工会授予“山东省富民兴鲁劳动奖章”
徐永兰	男	1959.11	老城镇闫沟村	2011 年 4 月被省总工会授予“山东省富民兴鲁劳动奖章”
袁长霞	女	1967.5	李家户镇李官屯村	2012 年 3 月被省妇联评为“山东省三八红旗手”
矫东平	男	1955.8	甲马营镇前庙村	2012 年 4 月被省总工会授予“山东省富民兴鲁劳动奖章”
杨万忠	男	1968.10	河北省枣强县	2012 年 4 月被市政府授予“德州市劳动模范”
董卫东	男	1970.4	甲马营镇盐庄村	2012 年 4 月被市政府授予“德州市劳动模范”
隋秀鹏	男	1967.9	老城镇东屯村	2012 年 4 月被市政府授予“德州市劳动模范”
姜　忠	男	1973.3	老城镇三合街村	2012 年 4 月被市政府授予“德州市劳动模范”
张秀兰	女	1965.5	四女寺镇张豹庄村	2012 年 4 月被市政府授予“德州市劳动模范”

附　录

附录由前志提要、重要文件选辑两部分组成。前志提要收录《武城县志(1840—1985)》编辑出版情况和记述的主要内容。重要文献辑存主要是中共武城县委、武城县人民政府为发展县域经济制发的3个重要文件。这3个文件的制定，对促进全县民营经济的发展具有重要的历史作用。

一、前志提要

《武城县志（1840—1985）》是新中国成立后编写的第一部武城地方志书。主编王秉新，副主编臧光儒、郭连禄、刘殿安。全书共12编，计57章，232节，69万余字，配有地图、照片70余幅。前设概述，后置附录，中间编依次为大事记、行政区划、自然环境、基础设施、经济、政治、军事、文化、居民、人物。1994年4月由齐鲁书社出版社发行。精装16开本，印数4000册。

新编《武城县志（1840—1985）》采用志、记、传、图、表、录的体裁，以志为主，主要用文字记述，辅以图、表和照片。采用语体文，大事记采用编年体记述，个别采用记事本末体。分编、章、节、目、子目5个层次，由概述、大事记、专志、人物、附录5部分组成。概述编统领全书，纵观武城古今；大事记全面记述武城县1840—1991年所发生的大事；专志分类记述辖区内自然、经济、政治、文化、军事、社会等方面的发展过程。在经济编中，鉴于玻璃钢加工已成为武城县工业的主导产业，专设玻璃钢制品业一节；人物设人物传、革命烈士英名录2部分；附录编由旧志编修记略、本志编纂始末、史料摘存和地名浅考组成。

武城县位于山东省西北边陲，鲁西北平原，京杭大运河东岸，隶属德州地区。总面积748平方千米，辖武城镇、老城镇、四女寺镇3镇，杨庄乡、祝官屯乡、甲马营乡、鲁权屯乡、滕庄乡、蔡村乡、郝王庄乡、董王庄乡、大屯乡、马庄乡、梁庄乡、李家户乡12个乡。全县391个行政村。1985年，全县总户数79611户，总人口327225人。其中，男性163995人，女性163230人。农业人口306192人，非农业人口21033人。

县城驻武城镇，位于县境中心偏南。1985年，总面积1.33平方千米，有2579户，9648人。交通便利，经济繁荣，系全县政治、经济、文化中心。

武城县属海河流域卫运河系。县境卫运河南自杨庄乡吕洼村南入境至四女寺枢纽，长62.5千米。左岸为河北省，右岸为山东省。沿河建有老城大桥、郑口大桥、祝官屯节制闸和四女寺水利枢纽。

境内主要河流有减河、岔河、六五河、六六河、旧城河、利民河。1985年，全县万亩以上灌区17处，有效灌溉面积3.34万公顷，实际灌溉面积2.98万公顷，占总耕地面积的70%。

武城县干湿变化明显，雨热同期，光照充足，四季分明。多年平均气温13℃，无霜期年平均197天。年平均日照时数2488小时，年平均降水量486.5毫米。适宜冬小麦、玉米、棉花等农作物生长。

武城县土地资源丰富。1985年，总耕地面积4.36万公顷，人均2.14亩。林木覆盖率5.8%。

武城县战国筑城，西汉立县。卫运河纵贯武城县境，原县治扼守卫运河要冲，历代为兵家必争之地。在这片土地上，勤劳朴实、勇敢智慧的武城人民辛勤耕耘，奋斗不息，谱写了一曲曲可歌可泣的光辉篇章。隋末农民起义领袖窦建德，为推翻隋王朝的黑暗统治，削木为兵，揭竿而起。义和团燃起的反列强侵略的怒火，遍及运河两岸，武城全境。1937年10月，日本侵略军的战火燃烧到武城县，武城人民同仇敌忾，先后建起自卫民团、抗日游击队、铁血团等抗敌组织，打击侵略者。1938 年 4 月，八路军一二九师东进纵队津浦支队由南宫东渡运河到达旧城（今广运街道），开辟运东抗日根据地。1940 年 5 月，中共武城县委成立。自此，全县人民在党的领导下，对日军进行了艰苦卓绝的斗争，历经大小战斗百余次，1945 年 7 月 24 日，武城人民终于迎来了武城全境的解放。在革命时期，全县先后有 900 多优秀儿女，为民族的独立和解放献出了宝贵的生命，他们用鲜血和生命凝聚成中华民族之魂，铸就了民族的脊梁。他们的革命精神和英雄业绩，与山河同在，与日月同辉。

历史上武城县是个传统的农业县。1945 年前，由于封建土地所有制的束缚，落后的生产力和生产关系，一直阻碍着经济发展，广大人民始终处于贫困状态。1945 年后，经过土地改革，农业合作化，调整了生产关系，初步解放了生产力，调动了农民生产的积极性，农业得到较快的恢复和发展。1949 年，粮食总产 3.96 万吨。1957 年，粮食总产 5.55 万吨。粮食单产由 1949 年的 42.55 千克，增加到 1957 年的 59 千克。1949 年，棉花总产 2288.2 吨。1957 年。棉花总产 3995.35 吨。棉花单产由 1949 年的 12.3 千克增加到 1957 年的 20 千克。由于受“大跃进”和三年自然灾害影响，1961 年粮食单产仅为 22.65 千克，粮食总产 1.66 万吨，棉花单产仅为 2.5 千克，总产 278.05 吨。全县处于新中国成立后最困难时期。1963 年，县委、县政府认真贯彻党的“调整、巩固、充实、提高”的方针，全县经济开始回升。到 1965 年粮食总产 4.68 万吨，粮食单产 64 千克，棉花总产 5005.95 吨，棉花单产 24.5 千克。“文化大革命”时期，受“左倾”路线的影响，全县农业经济发展缓慢。1979 年，全县农村实行联产到组责任制，极大地解放了生产力。是年，全县粮食总产 8.69 万吨，粮食单产 134 千克，棉花总产 3890 吨，棉花单产 22.25 千克。1980 年，全县农村实行家庭联产承包责任制，农民生产积极性空前高涨。加之县委、县政府注重农业科学技术推广，普及良种，提高复种指数，粮食、棉花产量连年递增，农民温饱问题彻底解决。1983 年，全县农业产值 1.64 亿元，比 1978 年增长 2.58 倍，率先成为全国四个农业总产值翻番地、县之一。1985 年，全县粮食总产 12.72 万吨，粮食单产 233 千克，棉花总产 2.12 万吨，棉花单产 81.5 千克。

武城县工业基础薄弱。清末民初，武城县仅有少数小农具、家具制造修理业、日用品加工业及染坊、油坊、酒坊、豆腐坊、粉坊等手工作坊。1928 年，武城县第一家以机械作动力的“裕兴”号榨油坊建立。1938 年，日军侵入县城后，掠占油坊为司令部，该油坊被迫停业。1946 年，县政府接管南屯一家濒临破产的油坊，经过精心经营，企业不断发展。1949 年，武城县有县办油厂 1 处，陆续成立华丰铁业社、民丰木业社、鞋业社、被服社、绳业社、印刷社等集体企业 6 处，工业总产值 83 万元。1952 年，工业总产值 210 万元。1953 年，手工业由个体或小集体走上公私合营的道路。这种新型的生产形式扩大了生产规模，促进了生产工艺的改进和技术水平的提高。1957 年，实现工业总产值 872 万元，比 1952 年增长 662 万元。1958 年，全县大办工业，陆续兴建 16 家全民所有制工厂，但因脱离实际，具有极大的盲目性。至 1962 年关停 7 家全民企业，6 家全民企业转为集体企业，保留 3 家国营企业。后又陆续修建磷肥厂、造纸厂、织布厂、化肥厂等企业。至 1975 年，全县工业总产值 2360 万元，职工 1315 名。1978 年，全县贯彻中央“调整、改革、整顿、提高”的方针，在企业推行各种形式的生产责任制，通过“挖潜、革新、改造”，大搞产品的更新换代，努力降低成本，充分调动职工的生产积极性，企业经济效益明显提高。1980 年，工业产值4513万元，是新中国成立初期的50倍，职工人数2205名。此后，在工业系统实行经营承包责任制，采取“承包、放权”、砸“铁饭碗”等措施，增强了企业活力，调动了职工的积极性。1985年，武城县工业企业有119家，工业总产值21381万元，有职工10476名。是年，全县工业总产值首次超过农业总产值。

武城县乡镇企业自1978年改革开放后，有了较大的发展，主要有建筑、建材、玻璃钢、化工、食品加工、家具制造、地毯加工、棉花加工、棉纺、机械加工等10个门类，到1985年，有乡办工业82家，职工5118名，实现工业产值4656万元。

武城县地处冀鲁之交，濒临运河，省道318线横穿县境，交通方便，商业发达，以集市贸易为主。新中国成立后，党和政府对个体商业实行改造政策。1956年，武城县完成对个体工商业的社会主义改造。改革开放后，县委、县政府为搞活经济，繁荣市场，实行各项经济政策，鼓励发展个体经营。1981年，全县有个体商业468家。1985年，全县有137家国营商业，320家供销合作社，1310家个体商业，商品销售总额1.16亿元。形成以国营商业为主，供销合作商业、集体商业为辅，个体商业为补充的商业网络。

新中国成立后，武城县对外贸易迅速发展。1972年出口额10万元，1981年增长到800多万元。出口商品品种由1972年的十几种，发展到1985年的22种。主要有畜产类、土特产类、轻纺工艺类。畜产类有裘皮加工产品，主要销往美国、西德、荷兰、丹麦、日本等国家。土特产类主要品种有苜蓿草和红枣。轻纺工艺类主要品种有柳制品、地毯、油灰刀等。1985年，全县出口额达852万元，出口的国家和地区近10个。

新中国成立前，武城县基础设施落后，各项事业发展缓慢。新中国成立后，随着经济的发展，基础设施得到改善，其他社会各项事业有了较快发展。交通运输业：清末民初，武城仅有一条土质公路与恩县相连，村镇交通多系破乱不堪的乡间小道。1971年，将原恩武土公路筑为宽7米的柏油路，并陆续修建乡镇公路127.8千米。1985年，全县有省养公路2条，县养公路7条，通车里程138.4千米，全县汽车总量为370辆，完成货运量4.3万吨，客运量21.5万人次。邮政电信业：1949年，全县邮路825千米。1985年，全县邮路1282千米。有长途电话电路5路，60路以下长途载话端机3部。有电报电路2路，全年收发电报4.6万份。城乡建设：武城县原县治在今老城镇，1973年迁建今址，新建县城呈棋盘状。1985年，占地1.33平方千米。城内南北向街道3条，东西向街道3条，街道总长7500米，均为柏油路。全县农村新建住房大多是在中共十一届三中全会后，随着农民收入的增加，新建住房逐年增多。1980—1985年，全县共建房屋8.27万间，总建筑面积106万平方米。大部分为石基起脊瓦房，坚固耐用。财政、金融：1949—1985年，全县财政收入和储蓄余额逐年增加。1961年，全县财政收入212.3万元，1985年全县财政收入886.2万元，是1961年的4.17倍。1952年，全县储蓄余额4万元。1978年后，全县储蓄余额大幅度上升。1985年，全县储蓄余额6519万元。其中，城镇储蓄额1588万元，农村储蓄额4931万元。科技事业：1985年，全县农业技术人员1730人，其他行业科技人员717人。学会12个，会员1900余人。1978—1985年，获国家部级科技成果奖励2项，获省级科技成果奖励3项，获地区级科技成果奖励11项，获县级科技成果奖励84项。教育事业：1930年，全县有师范讲习所1处，县立高等小学4处，初等小学9处，区立初等小学125处，入学率16.6%。新中国成立后，全县教育事业迅速发展。1958年，全县有中学4处，完全小学24处，初级小学395处。1985年，全县有幼儿园290处，入园儿童11590名。小学330处，1524个班，学生44793名。高中6处，学生1748名。初中31处，学生11827名。农技中学1处，学生200名。教师进修学校1处。医疗卫生事业：新中国成立前，武城县没有公办医疗机构，只有私立诊所、药铺及游医。新中国成立后，县委、县政府非常重视医疗卫生事业发展，先后建起卫生院、人民医院、卫生防疫站和妇幼保健站。1985年，全县有医疗卫生单位28个，病床495张。医护人员894人，农村卫生医疗点522个，乡村医生和卫生人员786人。文化体育事业：全县有文化馆、图书馆、影剧院、工人俱乐部、广播站等文化设施，建有400米、300米、250米不等的田径场地28个，篮球场地198个，乒乓球室121间。打破地区田径成绩纪录22项，打破省田径成绩纪录1项。

随着改革开放方针的贯彻落实和工农各业的振兴，城乡人民生活有了较大的改善。农村粮食人均占有量1949年为180千克，1978年为238.5千克，1985年为388.7千克。1985年，农民纯收入415.1元，全民所有制单位全年平均工资额为954.5元，集体所有制单位全年平均工资额为875.9元。人民由吃饱穿暖向吃好穿好迈进，自行车、钟表、电风扇、缝纫机、沙发、收音机、黑白电视已普及，彩色电视、冰箱、手表、收录机、洗衣机、摩托车等也走进部分城镇居民和农户家中。

二、重要文件选辑

中共武城县委　武城县人民政府
关于鼓励外商投资的规定

1992年7月15日

第一条：为加快外向型经济发展，更好地吸收外商投资，引进先进技术，提高产品质量，扩大出口创汇，县委、县政府根据上级有关文件精神，结合我县实际，特制定本规定。

第二条：鼓励外国的公司、企业和其他经济组织或个人（以下简称外国投资者），在武城境内举办中外合资经营企业、中外合作经营企业和外资企业（以下简称外商投资企业），并共同开展对外来料加工装配和补偿贸易。

第三条：对引荐外商投资项目成功者予以奖励。凡中国、外国公民、科研单位、社会团体、咨询机构等，均可向我县引荐利用外资项目。对引荐成功者可按不同情况给予奖励。一是对外商投资企业引荐者，奖金按外国投资者实际出资额的1%～1.5%在验资后1个月内一次付清。二是对外来加工料装配项目引荐者，奖金按实收工缴费的5‰在1个月付清。三是对外补偿贸易引荐者，奖金按外国投资者提供技术设备合同补偿的5‰在商检部门确认后1个月内一次付清，引进外资金额每项应不少于12.5万元。奖金按当月汇牌价折人民币支付，最高额不限，最低额不少于2000元。四是引荐项目建成投资后，被有关主管部门确认为产品出口企业或先进技术企业的，对引进者加发奖金

2000 元。

劳务输出引荐者的奖金，按当年劳务实收入的 5‰，于次年一季度内一次性支付。

奖金由我县受益合作者直接支付，外商独资企业引荐者奖金由县财政局一次性支付。

第四条：外国投资者，在武城县境内举办外商投资企业的场地使用费，属于先进技术企业或产品出口企业的，开发费用和使用费综合计收的，每年每平方米最高 10 元；开发费一次性计收或者企业自行开发场地的，使用费用最高每年每平方米 2 元；对经营期 10 年以上的先进技术（企业）和产品出口企业，经县政府批准，可免收场地使用费 5 ～ 10 年；对经营期 10 年以上的外商独资企业，经县政府批准，可免收场地使用费三至五年。

第五条：对外商投资企业优先提供生产、经营所需的水、电、热、运输条件和邮电通信设施等，按照本地最低收费标准计收费用。外商投资企业的新建、扩建、改建、技术改造项目按照合同规定年限，均作为我县重点建设项目，优先予以安排，其工程施工、建筑均按照本地最低收费标准计收费用。

第六条：产品出口企业和先进技术企业的外国投资者股份达到注册资本的 50% 以上、合资期 15 年以上的、从企业获利年度起，我县合作者可以连续五年从自己分得的利润中让出 10% ～ 30% 给外国投资者。

外国投资者将其从企业分得的利润，在我县境内再投资举办扩建产品出口企业和先进技术企业，且经营期不少于 5 年的，从企业获利年度起，我县合作者连续三年从自己分得的利润中让出 5% ～ 10% 给外国投资者。

第七条：产品出口企业和先进技术企业的外国投资者，将其从企业分得的利润汇出境外时，免缴汇出额的所得税。

外国投资者将其从企业分得的利润，在武城县境内再投资举办、扩建、改建产品出口企业和先进技术企业，经营期不少于 5 年的，经申请税务机关核准，全部退还其投资部分已缴纳的企业所得税和地方所得税税款。经营期不足五年撤出该项目投资的，应当缴回已退的企业所得税和地方所得税税款。

第八条：外商投资企业的出口产品，除原油、成品油和国家另有规定的产品外，免征工商统一税。

外国投资者将其从企业分得的利润不以现汇汇出而用于购买我县的产品时，在同等价格、质量要求条件下，优先供应。这部分产品出口免征工商统一税。

先进技术企业和举办的能源、交通、通信、原材料等生产性外商投资企业，为了解决其外汇平衡，经批准可以将获得的人民币利润用于购买我县外贸出口计划外或者完成收购计划后的产品出口，这部分产品出口可免征工商统一税。

第九条：外商投资企业的自有外汇、各类留成外汇以及国家外汇管理局准许的其他外汇，都可以通过外汇调剂中心相互调剂。

第十条：外商投资企业在建设、生产和经营过程中需要的短期周转资金和其他必需的信贷资金，经银行审核后，优先贷放。银行可以根据外商投资企业的建设、生产、经营情况，对外商投资企业开办现汇抵押业务，贷放人民币资金。

第十一条：在外商投资企业工作的外方职员，在我县境内因公出差，其食宿、交通和使用国内邮电的收费标准与国内职工享受同等待遇，可以用人民币缴纳费用。有关单位凭外商投资企业的介绍信和本人在外商投资企业的工作证按上述规定办理。

第十二条：保障外商投资企业的建设、生产、经营自主权，支持外商投资企业按照国际上通行的先进的科学方法管理企业。

外商投资企业有权在批准的合同范围内自行制定生产经营计划，筹措、运用资金，采购生产资料销售产品；自行确定工资标准、工资形式和奖励、津贴制度。

外商投资企业可以根据生产经营需要，自行确定其机构设置和人员编制，聘用或辞退高级经济管理人员，增加或辞退职工；可以在本区内招聘和招收或委托劳动人事部门招收技术人员、管理人员和工人，被录取人员所在单位应当给予支持，允许流动；对违反企业规章制度造成一定后果的职工，可以根据情节轻重，给予不同处分直至开除。外商投资企业招聘、招收、辞退或开除职工，应向县劳动人事部门备案。

外商投资企业可以依照合同章程制定本企业的发展规划；可以建立适合本企业发展的经营管理制度；可以决定本企业的利润分配方案和财务收支预算；可以对不属于国家统一定价的企业产品自主定价。

第十三条：外商投资企业有权拒付对企业和个人的乱摊派、乱收费、乱罚款和不合理负担；有权向县政府或其他组织申诉。

第十四条：土地使用权实行有偿出让、转让。鼓励外国投资者在指定的地块或其他地块包片开发、自主经营。对出让、转让的土地使用权，可依法抵押、赠予、交换、继承、出售；可以用土地使用权和地面建筑物作股本兴办合资、合作经营企业；可建立房地产市场，开展房地产买卖。

第十五条：对外来料加工装配业务所得收入，从同类产品的第一笔业务起三年免征营业税和所得税，免征地方所得税。期满后，纳税确有困难的，按税收管理规定批准减免。经批准，补偿贸易项目出口收汇和对外来料加工装配项目其工缴费收入可以先还贷后结汇。

第十六条：允许外国投资者投资，搞有利于发展我县第一、二产业的第三产业，经县政府批准可享受生产型企业待遇。

第十七条：县里成立外商投资服务公司，对外国投资者来我县投资实施系列化、全方位、多层次的服务。

第十八条：鼓励外商投资者向资本密集型和技术密集型项目投资，向基础设施和基础产业项目投资。对外商投资的资本、技术密集型和基础设施、产业项目，经批准可享受一事一议的特殊优惠。

第十九条：香港、澳门、台湾、华侨的公司、企业和其他经济组织或个人投资举办的企业，参照本规定执行。台湾、华侨投资者身份由投资者提出申请并提供有效法律文件，由对外经济贸易委员会会同有关部门认定。

第二十条：本规定由山东省武城县对外经济贸易委员会负责解释。

第二十一条：本规定自发布之日起执行。

中共武城县委　武城县人民政府
关于加快个体私营经济发展的意见

1997 年 9 月 20 日

为了全面贯彻落实党的十五大精神，进一步解放思想，强化措施，优化环境，抓住机遇，加快发展个体私营经济，经研究提出如下意见。

一、进一步解放思想，大力发展个体私营

经济

江泽民总书记在党的十五大报告中指出："公有制实现形式可以而且应当多样化，一切反映社会化生产规律的经营方式和组成形式都可以大胆利用。要努力寻找能够极大促进生产力发展的公有制实现形式。非公有制经济是我国社会主义市场经济的重要组成部分。对个体、私营等非公有制经济要继续鼓励、引导，使之健康发展。这对满足人们多样化的需要，促进国民经济的发展有重要作用。"十五大精神为我们经济的发展指明了方向。近年来，我县个体私营经济有了一定规模，并初步形成了玻璃钢、地毯、橡塑制品等主导产业。实践证明，个体私营经济是国民经济的重要组成部分，是我县经济的重要支柱和主要财源，是富民强县的必由之路。但是，我们也要看到，与经济发展的要求相比，我县个体私营经济还存在总量少、规模小、档次低的问题。全县广大干部群众要以十五大精神为指针，进一步解放思想，抓住机遇，在全社会营造发展个体私营经济的浓厚氛围，积极开展"个体私营经济二次创业"活动。克服"小富即满""小成则安"的小农意识，树立敢闯敢干的信心和决心，积极投身于个体私营经济的大潮。广大私营业户要树立干大事业、当大老板的雄心壮志，抓住历史性的发展机遇，加大投入，加快发展。机关干部和企业职工要克服惰性心理和畏难发愁情绪，充分发挥知识丰富、年富力强、有专业特长等优势，在个私营经济的大潮中一显身手。各级各部门要按照"三个有利于"的标准，冲破各种思想和陈旧观念的束缚，把个体私营经济作为县域经济的特色来抓，不断增强责任感、紧迫感，放手服务，放胆扶持，推动我县个体私营经济快速健康发展。

二、进一步放宽政策，为个体私营经济发展创造条件

为在全县范围内迅速形成发展个体私营经济的浓厚气氛，推动个体私营经济实现第二次跨越，县委、县政府确定重审并制定以下政策：

1. 放宽从业对象。城镇居民、农民、企业离岗下岗职工、社会待业青年、党政机关干部，均可申请开办个体私营企业。鼓励机关干部"下海"务工经商。在职机关干部可以留职留薪从事个体私营经济，实行"三不变"，即干部身份不变，领导职务不变、工资原额发放3年不变。从事个体私营经济期间，原单位承认工龄，并按规定给予调级，记入档案。3年后愿返回机关工作的，可以回到原岗位工作。乡镇机关和有些县直部门可以拿出1/3或一半的人员（包括副职领导干部）停止工作去从事私营经济。具体方案由组织部、人事局制定并负责落实。大中专毕业生自愿从事个体私营经济的保留干部身份，工作关系可以落在乡镇机关，基本工资由所在乡镇发放。工作一段后自愿离开私营企业的，由人事部门安排工作。

2. 放宽注册审批手续。个体工商户、私营企业的注册，工商部门要按照"放宽发照，管好年检"的原则，从宽审批。凡符合从业对象的，不受户籍限制，可持居民身份证直接到工商部门申请办理。对需领取许可证的，可先办照，后补证。

3. 规范企业收费。采取"一个漏斗"征收的办法，在严格审核的基础上，由乡镇政府或工业小区管理办公室实行"统一收费项目、统一收费标准、统一收取、统一分解上缴有关部门"。任何部门、单位和个人不准以任何借口到企业收敛和摊派。企业有权拒缴统收以外的各种费用，并向有关部门举报，县级领导机关将对乱收费部门的主要负责人及责任人进行严肃处理。各级都要像抓减轻农民负担那样抓减轻企业负担，以保护支持企业的发展。

4. 建立工业园区。在县城存量土地中，选

择优越地段，由县政府统一租赁后，规划工业园区，并负责搞好水、电、路等配套设施。凡固定资产投资50万元以上的企业（包括县外来投资的），均可申请入园建厂。入园企业占用土地长期无偿使用，待企业累缴所得税总额达到占用土地现价时（每亩3万元）再办理土地使用确权手续，使用权归占用者所有。同时，3年内免交一切费用。工业区内不准建住宅，县政府在工业园区附近统一规划住宅小区，从事私营企业的优先安排宅基地。进入工业园区的企业实现的税金，谁引进的列入谁的统计范围。

5. 鼓励私营企业扩大规模。凡新建项目或技改项目所实现的所得税，三年内由财政返还企业。条件成熟的企业可以组建企业集团，集团名称可以冠用山东省、德州市或武城县区划名称，由县工商局予以呈批。

6. 成立“武城县私营企业互助基金会”。该基金会是全县私营企业自愿发起、互助互保性质的民间信贷组织，基金会在执行国家利率政策的前提下，广泛吸纳社会资金和私营业户存款，专门为私营企业提供贷款。贷款数额以该户存款为基数，实行“存一贷二”或“存一贷三”的办法，解决私营企业发展中资金匮乏问题，基金会由县乡镇企业局和县信用社联合办理。

7. 对纳税多、规模大的私营业户给予优惠待遇。(1) 年纳税10万元以上的私营大户，子女升高中予以照顾；(2) 年纳税40万元以上或三年累计纳税120万元以上的，其子女大专毕业后，愿意到党政机关工作的，县里予以安排；(3) 年纳税50万元以上或连续3年纳税20万元以上的，经考察政治条件合格，可以在县直或乡镇挂任职务；(4) 企业规模达到国家规定标准，由县乡镇企业局申报相应企业规格；(5) 对个体私营业主，凡符合国家职称评定条件的，由乡镇企业局办理晋升相应职称。

8. 鼓励私营企业与高等院校、科研院所挂钩、“联姻”，私营企业所招聘的具有高、中级职称的专业技术人才，县委、县政府可聘之为科技副县长、县长助理或县政府经济顾问。

三、明确责任和任务目标，加强领导、抓好落实

各级党委、政府要把发展个体私营经济作为经济工作的重点，放在突出位置，明确责任，强化措施，狠抓落实。

（一）逐级明确任务目标

1. 要在全县组织实施个体私营企业“百千万”工程，即从1998—2000年，全县每年新增100户私营企业，增加1000万元的利税额，增加1万名从业人员。要把这个目标分解落实到各乡镇、各系统，并加强考核，真正落实到实处。

2. 村支部书记要积极带头创办领办工业项目，并每年力争抓出一个投资10万元以上的私营企业。

3. 乡镇和政府部门既担负着对个体私营经济的管理服务职能，同时又有动员分流机关干部职工发展个体私营经济的任务。在管理服务方面，要强化服务功能，充分发挥部门职能作用，不断优化个体私营经济发展环境，政法部门要严厉打击盗窃、敲诈、流氓滋扰、强装强卸等违法犯罪活动，保护企业合法权益。纪检、监察、工商等部门对重点私营企业要实行挂牌保护，严禁到私营企业乱收、乱罚、乱摊。金融机构、信用社和农村合作基金会要优先扶持私营企业发展。在分流人员方面，到1998年6月底，县乡机关要至少有1/3的人员在“三不变”的前提下离岗从事二、三产业。

（二）奖惩措施

1. 对乡镇的奖惩。

(1) 县对乡镇财政收入实行“一票否决”。否决的条件是以1997年核定的各乡镇税收任务

数为标准，一定三年不变。对半年完不成分配任务的乡镇党委书记、分管负责人和地税所长实行定期诫勉。对年终完不成任务的乡镇党委书记和地税所长进行调离或降职使用。乡镇长和分管负责人不能提拔。

（2）乡镇以上年上缴税金（工商税和农业特产税）为基数，每超收50万元为一档，每晋一档，奖励乡镇党委书记2000元，奖励乡镇长和分管负责人各1000元；比上年每增加100万元税收，在县城奖励住房一套，由乡镇党委、政府分配，资金由县财政和乡镇各承担50%。

（3）以上年实际完成税收为依据排定13个乡镇的位次，每前提一个位次，奖励乡镇党委书记1000元，乡镇长和分管负责人各500元；每后移一个位次，罚乡镇党委书记600元，乡镇长和分管负责人各300元

（4）完成地税任务的乡镇，可按地方税征收总额的2%由乡镇奖励征管人员。

2. 对村级干部的奖惩

（1）鼓励各村发展工业，村支部书记领办工业。村内企业达到小型（一）以上标准且年纳税50万元以上的，支部书记可在乡镇挂任职务。

（2）实行村干部报酬与私营经济发展挂钩。从1998年开始，村干部的工资采取基本工资加税收（工商税和农业特产税）奖励的办法，奖励工资按实际税收的5%予以返还奖励。从2000年开始，取消村干部的基本工资，按税收比例确定村干部的报酬。人均纳税（工商税和农业特产税）不足100元的村，对村支部书记予以撤换。

中共武城县委　武城县人民政府
关于深入推进“三回工程”的若干意见（试行）

2013年10月16日

为进一步鼓励和支持在外武城籍人士回乡创业、投资兴业，经县委、县政府研究，决定进一步大力推进以“创业回乡、人才回归、资金回流”为主要内容的“三回工程”，使“武城人经济”更好地转化为“武城经济”，特提出如下意见：

一、指导思想

以党的十八大精神为指导，深入实施“工业强县、民营兴县、民生安县、生态靓县”的发展战略，着力推进“三回工程”，大力宣传在外武城老乡的创业成功经验，充分发挥他们人脉广、信息多、资金足的资源优势和发展潜能，进一步鼓励他们荣归故里、回家创业，支持他们投资兴业、造福家乡，力争三年内实现回归“武商”过百人、完成投资过百亿的“双百”目标。

二、适用范围

在县外工作或生活的武城籍人士。

三、相关政策

（一）创业回乡政策

在外武城籍人士回乡创办企业，或与县内企业合资合作新上项目享受以下优惠政策：

1. 用地政策

（1）工业类项目：建设用地指标优先向工业项目倾斜。

在县经济开发区内落户的总投资在1亿元以上且亩均投资额度不低于100万元、建筑容

积率0.7以上、建筑密度35%以上、投产达效后每年亩均税收贡献率达5万元以上的回乡创业项目；在县内其他镇街落户的亩均固定资产投资在50万元以上、建筑容积率0.7以上、建筑密度35%以上、投产达效后每年亩均税收贡献率达2万元以上的回乡创业项目，企业按山东省国土资源厅规定的我县工业用地出让价格一次性缴纳土地出让金后，扣除应缴省市以上部分和对征地农民的补偿款，剩余部分由当地政府以奖励形式全额补贴企业，用于企业发展。

被列为省、市、县重点项目的，视项目投资额度、质量、效益、用地集约等情况，可再给予地价优惠，其优惠部分由当地政府以奖励形式补贴企业，用于企业发展。

（2）对现代农业、现代服务业以及文件中未涉及到的其他项目用地，可“一事一议”，给予优惠。

2. 财政政策

对符合以上标准的工业项目，按投资规模分别给予不同的税收奖励。

（1）对固定资产投资3000万～1亿元的，自投产之日起，前两年按实际上缴增值税、企业所得税地方留成部分的100%奖励企业，后三年按实际上缴增值税、企业所得税地方留成部分的50%奖励企业。

（2）对固定资产投资1亿元（含）至2亿元的，自投产之日起，前三年按实际上缴增值税、企业所得税地方留成部分的100%奖励企业，后两年按实际上缴增值税、企业所得税地方留成部分的50%奖励企业。

（3）对固定资产投资2亿元（含）以上的，自投产之日起，可享受5年的税收奖励政策，即：前五年按实际上缴增值税、企业所得税地方留成部分的100%奖励企业。

（4）对建筑面积5万平方米以上的大型商场类及综合性市场、四星级以上酒店、建筑面积10万平方米以上仓储物流等服务业项目和银行、非银行金融机构，自项目经营（机构营业）之日起，可享受3年的税收奖励政策，即：前三年按实际上缴营业税、企业所得税地方留成部分的100%给予奖励。

3. 收费政策

对回乡创办企业（房地产项目除外）的行政性收费项目，国家、省、市明文规定收取的一律按最低标准收取，其他收费项目一律免收。

4. 特事特办政策

对投资数额巨大、科技含量很高、纳税贡献特别多、对地方经济拉动能力强的重大项目，按照“一事一议、特事特办”的原则，在土地、财税方面给予最大幅度的政策优惠。

5. 总部经济政策

鼓励武城籍在外企业家（在县外生产经营的企业、公司、集团），将企业营运总部或科技创新研发中心、商品采购中心、财务核算中心、地区运营等分支机构在我县注册登记具有独立法人和纳税主体资格的新企业，并依法将所创税收在我县缴纳以及在外地和本县内均有企业，按县内公司年度纳税增量（以2012年度税收为基数），享受以下优惠政策：

（1）年度纳税地方留成部分或增量部分50万元（含）至100万元（含）的，按地方留成部分的20%予以奖励，以此为基数，超出100万元以上部分按以下比例再奖励：超出100万～400万元（含）的，按超出数的40%予以奖励，超出400万元～700万元（含）的，按超出数的50%予以奖励，超出700万元以上的，按超出数的60%予以奖励。

（2）总部经济企业自建办公楼及研发基地且投资巨大，年纳税地方留成500万元以上，除享受以上优惠政策外，可在土地、税费等方面实行“一事一议”。

6. 对回乡创业者收购、租赁、承包、兼并、改组、改造县内停产、半停产企业的，自经营之日起，达到用地政策中亩均税收贡献率的按财政政策的1、2、3条执行。

（二）人才回归政策

1. 对返乡创办企业刚性引进的人才且签约4年以上，能较好履行协议条款，为企业创造显著经济效益或科技创新成果的，经县人才工作领导小组组织评审认定后，授予“武城县现代产业首席专家”称号，根据考核结果按年度发给生活补贴。发放标准为：

(1) 国家“千人计划”专家、国家“特支计划”人选、国家级有突出贡献的中青年专家每人每年6万元；

(2)“泰山学者”、百千万人才工程国家级人选、享受国务院特殊津贴专家每人每年3万元；

(3) 返乡创业企业引进的以下人才：省级有突出贡献的中青年专家每人每年2万元；企业高级管理人员、有特殊专长人才每人每年3000元。

2. 柔性引进的两院院士、“千人计划”专家、“泰山学者”等高层次人才，每年在我县工作时间不少于6个月的，参照本意见第1条同层次刚性引进人才政策，按实际工作时间发放生活补贴。

3. 返乡创业企业引进的全日制博士研究生、硕士研究生，根据考核结果按年度发给生活补贴，每人每年分别为5000元、3000元。

4. 企业引进的人才中，经市人才工作领导小组评审认定，被授予“德州市现代产业首席专家”称号，属国内领先水平的，每月发放1万元生活补贴，给予100万元的科研资助；属省内领先水平的，每月发放5000元生活补贴，给予50万元的科研资助。

5. 以上引进的人才，其本人、配偶或子女愿到武城落户的，可免费办理落户手续或暂住证；其配偶或直系亲属随迁调动工作的，可在县内对口安置就业；其子女入托、就学，可优先择校就读，享受与本地学生同等待遇，免收借读费。

6. 享受我县引进人才的其他优惠政策。

（三）资金回流政策

1. 在金融部门设立“三回工程服务绿色通道”，明确专人负责，帮助代办银行开户、财务结算、个人储蓄、信用卡以及理财产品等金融业务，手续费一律免收。

2. 为沟通银企关系、搭建银企合作平台，成立“武城县在外武商投融资服务中心”，充分交流经济市场信息，对个体及中小企业提供非营利性金融服务，进一步促进中小企业健康发展。

3. 回乡开办银行个人账户的在外武商，经县“三回工程”领导小组办公室备案后，根据指定银行开具的相关证明，每月按日均账户余额的4%给予奖励：日均余额100万元（以此为基数），年可奖励4800元；日均余额200万元，年可奖励9600元；按实际余额及奖励标准依次类推。

4. 为使在外老乡资金发挥更大价值，鼓励将回流资金对县内企业实行委托贷款（可自行确定贷款对象），受委托的金融部门代为发放和监督使用，年收益率为6%～24%之间，金融部门其委托手续费按最低限收取。

5. 回流资金委托贷款给县内前50强企业或以回流资金给前50强企业提供贷款担保半年以上，年底县财政对贡献突出的给予一次性奖励。

（四）其他有关政策

1. 国家、省、市有明确规定的优惠政策，回乡创业企业同样享受。

2. 县政府将积极帮助和解决返乡创业企业在生产以及生活中遇到的实际困难和问题，以支持企业更好的发展。

3. 鼓励在外大型集团公司和行业龙头企业

投资兴办各类行业性工业园区。园区由政府实施规划，并赋予一定的政策支持；投资者按规划对园区实施开发、招商，并自主管理。

4. 优先推荐回乡创业项目争取国家或省有关技术改造、成果转化、科技创新等方面的扶持资金。

四、项目认定及奖励标准

（一）项目认定

对项目实际到位资金和年度纳税的认定，由县督查考核办牵头，成立由县财政局、审计局、招商办、物价局、建委、房管局、工商局等部门组成的专项考核组，通过查验现场和查看会计资料（原始发票、总账等）及相关资料（工商营业执照、税务登记证等）的形式，认定项目实际到位资金和年度纳税数额。

（二）奖励标准

1. 对回乡创业企业法人代表的奖励：

对单体项目从开工建设起三年内，年度平均纳税 1000 万元以上的企业法人代表，优先推荐为“武城县劳动模范”、县政协委员。

2. 对第一引荐人（引进外地武城籍人士回乡创业的机关干部和其他社会人士）的奖励：

实行投产即奖的奖励方式。即项目竣工投产后，经县专项考核组评审认定，给予一次性奖励。

（1）对引进单体固定资产投资 1000 万～3000 万元（含）的，按考核认定实际到位资金数额的 1‰给予奖励；

（2）对引进单体固定资产投资 3001 万～5000 万元（含）的，按考核认定实际到位资金数额的 2‰给予奖励；

（3）对引进单体固定资产投资 5001 万～10000 万元（含）的，按考核认定实际到位资金数额的 3‰给予奖励；

（4）对引进单体固定资产投资 1 亿元以上的，按考核认定实际到位资金数额的 4‰给予奖励。

五、工作措施

（一）健全组织、加强领导

1. 成立由县委副书记、县长王胜强同志任组长、县委副书记马文国同志任常务副组长，有关县领导和各镇街、县经济开发区、县直有关部门主要负责人参加的“三回工程”工作领导小组。领导小组具体负责我县“三回工程”的组织协调，制定出台相关政策措施；研究审定回乡创业及合资合作项目，指导落实相关配套政策，综合协调解决回乡创业项目的落户、开工和建设中的重大问题；充分发挥典型示范作用，多形式、全方位宣传回乡创业的重要意义和先进典型，在全县范围内形成回乡创业光荣、引荐在外人员回乡创业有功的良好氛围。

2. 各镇街、县经济开发区、县直各部门也要相应建立领导小组。具体负责本辖区、本单位内在外武城籍知名人士的联络工作，及时了解掌握他们的回乡动态，主动上门积极做好沟通、慰问，切实协调解决他们的实际困难和问题；认真落实县“三回工程”领导小组交办的各项任务。

（二）搭建平台、加强考核

1. 加强创业平台建设。打破行政区划界限，将地理相邻、产业相近、基础设施可共享的镇街、开发区等工业园区实施联合开发建设，以减少区块数量，扩大总体规模，提高资源配置效率。各镇街、县经济开发区要进一步加强辖区内闲置土地和闲置厂房的清理力度，腾出更多的发展空间承接创业回乡项目。

2. 强化考核，务求实效。加大对“三回工程”工作的督查、考核力度，列入对各镇街、县经济开发区和部门领导班子的年度单项考核内容之一。其考核奖惩按县委、县政府《关于进一步加强招商引资工作的意见》（武发〔2013〕2 号）文件规定的奖惩办法执行。

本政策自发布之日起执行，由县招商促进办公室负责解释。

武城县志（1986—2013）

索引

A

B

C

D

E

F

G

H

J

K

L

M

N

P

Q

R

R

S

T

W

X

信号传输…………………………………… 603

编后记

新编《武城县志（1986—2013）》是新中国成立后武城县编纂的第二部县级综合志书。第一部是1994年由齐鲁书社出版的《武城县志（1840—1985）》。

第二轮武城县志编纂工作先后经历了2006年、2008年和2014年三次启动，前两次由于多种原因搁浅。待到2014年9月第三次启动时，武城县已是全省少数，全市唯一的没有完成二轮修志的县份。动员大会后，重新制定编纂方案，在资料征集、篇目设计等方面做了一些工作，为后续打下一定基础。

2015年10月，我任县党史史志办公室主任、主编。是时距离省规定的到2018年全省完成二轮修志任务仅剩两三年的时间。时间紧迫，加之本身不懂修志业务，党史史志办公室是党史、史志合署机构，承担着党史编写和县志编纂双重任务，办公室仅有5名在编人员，而且大多没有修志经历，业务生疏。自己深感形势逼人，责任重大，时不我待而又一时感到茫然无措。2016年3月，时任县委副书记、县长张磊（后任县委书记）对县志工作做出批示：要坚持开门编史，开放编史，多听取社会各界和上级专家的意见，集全社会力量编好史志，把《武城县志》编纂成全省乃至全国的优秀志书。领导的关心和要求，给予我们鼓励和鞭策。我们党支部几经讨论研究，确立了“开门修志”，借势发力的修志理念。在上级部门强力推动和县委、县政府的有力支持下，我们重新调兵遣将，摆兵布阵，聘请有一定写作能力，了解县情的臧振民（县党史史志办公室原副主任）、秦玉林（县农业局原副局长）、时云山（县交通局原副局长）、董金臣（县司法局原副局长）作为特邀编辑，并委任臧振民任执行副主编、秦玉林任副主编。

为使大家尽快熟悉修志业务，避免走弯路，经市史志办公室主任李其常推荐，2016年6月，我们聘请省、市方志专家郭能勇、王德河、韩维新为特邀顾问，全程指导县志编写。2016年6月至2019年1月间，3位顾问不辞辛苦，先后10余次到武城参加业务研讨，从篇目设计、图表运用、行文规范等予以悉心指导，提出许多别有见地的意见建议。志稿每修改一次都要送3位顾问审查征求意见。他们亲自执笔修改，然后进行集体会商，达成共识，如此往复数次，直至志稿临近付梓，为确保志书质量做出重要贡献。

在具体工作中，我们实行主编负总责、执行副主编通览编务、分编到人，资料搜集和初稿编写同步推进的“一条龙”负责到底方式，并根据人员变动和工作需求及时调整分配任务。臧振民负责建置区划、科技、民政、组织机构、镇街概况5编及概述、大事记、人物、附录，并负责初稿通览。王如民负责中共地方组织、地方政权机关、地方行政机关、政协地方组织、人民团体5编（后由张君负责中共地方组织、人民团体，吕志会负责地方权力机关、地方行政机关、政协地方组织）。张君负责自然环境、人口、林业3编（后由王瑞瑞负责林业）。秦玉林负责经济综述、农业、工业、商贸服务业、经济综合管理5编。王梅梅负责人事劳动、教育、卫生3编（后由石继凯负责，再后由沙俊霞负责教育、卫生，王瑞瑞负责人事劳动）。石继凯负责财税金融1编（后由沙俊霞负责）。时云山负责交通邮电电力、城乡建设、水利3编（后由李希宾负责）。董金臣负责公安司法、军事、文化体育旅游、社会生活 4 编（后由吕志会负责公安司法、社会生活，李希宾负责军事，沙俊霞负责文化体育旅游）。全体人员每两周召开一次调度会，汇报工作进度，找出存在问题，提出具体解决办法。

资料是志书的基础，涉及政治、经济、文化、社会诸多领域。鉴于前期县直单位提供的资料稿内容空泛，不足以使用甚至空白的实际，编写人员不厌其烦，无数次催促有关单位予以补充资料，有的直接找撰稿人员座谈约稿，并对各单位报送的资料稿进行审查，拿出意见再与撰稿人员沟通交流，反复修改补充，少则返工三五次，多则十多次。对那些进度迟缓甚至无动于衷的部门，我亲自带队找部门“一把手”督促进度。针对个别部门档案资料缺失，资料征集困难这一重点、难点，各责任编辑不等不靠，或亲自查抄档案，或走访老领导、当事人。对于缺失重要数据资料，以《武城县统计年鉴》为主要来源，基本能满足编写需求。

2017 年 5 月，初稿进入统编总纂阶段，大家开始交叉阅稿，删繁就简，归并同类，调整结构。同年 9 月，形成征求意见稿，向社会广泛征求意见，并呈送县领导和曾在武城县工作过的老同志审阅。县委书记张磊阅后指出，史贵在真，编贵在细，请再接再厉，在细处下功夫。10 月，汇总各方面意见修改后形成送审稿。11 月 24 日，《武城县志（1986—2013）》评审会在武城宾馆召开，省、市修志专家 30 余人对志稿进行了详细点评。与会领导及专家一致认为武城县志送审稿“观点正确、体例严谨、资料丰富、内容全面，记述视野比较开阔”，是一部基础较好的志稿。会后，根据专家建议和意见，我们对志稿再次进行修订完善。2018 年 4 月，德州市地方史志编纂委员会批准正式出版。同年 5 月，志稿送交方志出版社审阅。12 月，根据方志出版社审读意见，再次进行修改。随后，执行副主编臧振民对全书进行通稿，增补调整内容，核实基本史实，统一行文风格。最后由郭能勇、王德河、韩维新 3 位顾问分工审订，把好最后一道关。2019 年 9 月，续修县志定稿。整个志书编纂过程中，全体编修人员弘扬“修志问道，直笔著史”的精神，同心同德，埋头苦干，用实际行动践行“为党立言，为国存史，为民修志”的历史使命。志稿虽然距离领导提出的“把《武城县志》编纂成全省乃至全国的优秀志书”尚有差距，但可以毫无愧色地说：我们努力了，奋斗了，为武城县文化事业交上的是一份合格答卷。

成就的取得离不开县委、县政府和上级部门及社会各界的大力支持。县委副书记、县长朱恩鹤，多次过问修志工作，在人财物方面给予全力支持，协调解决遇到的困难。省史志办公室副主任李刚、德州市史志办公室主任李其常等领导多次到武城指导工作。广大文史爱好者、老干部或提供资料，或协助撰稿，或建言献策，为志书编写尽心出力。可以说新编《武城县志》是集体智慧的结晶，众手成志的成果。值此志书即将付梓之际，仅向关心支持我们修志工作的各级领导、各界人士表示崇高的敬意和衷心的感谢！

千滴汗水一行字，万般辛苦一卷书。续修《武城县志（1986—2013）》是一项浩繁的文化建设工程，虽经各方共同努力，编辑人员反复锤炼、精雕细琢，但差错疏漏之处在所难免，恳请广大读者，特别是在武城工作过的老领导提出宝贵意见，以便在下一次修志时纠误补遗。

主编　尹莉

2019 年 9 月